2012
安徽财政年鉴

安徽省财政厅 编

全国百佳图书出版单位
APSTIME 时代出版
时代出版传媒股份有限公司
安徽人民出版社

编者的话

《安徽财政年鉴》是安徽省财政厅主办的综合性文献资料年刊，是广大财政干部和社会各界了解财政、宣传财政不可或缺的大型专业工具书。本卷年鉴详实记载了2011年全省各级财政部门积极贯彻落实科学发展观，主动推进科学理财，全力服务美好安徽建设的工作概况和辉煌成就。

2011年，是“十二五”规划的开局之年，也是贯彻落实党的十七大和十七届三中、四中、五中、六中全会以及省第九次党代会精神的关键之年。面对复杂严峻的宏观经济形势，全省各级财政部门紧紧围绕省委、省政府的各项决策部署，主动作为、克难奋进，认真实施积极财政政策，着力强化财政宏观调控，全面深化财政管理改革，圆满完成了各项工作任务，实现了“十二五”良好开局，为全省经济的平稳较快发展做出了积极贡献。这一年，全省财政运行态势良好，收入质量稳步提高，财政收支规模双双迈上新台阶；政府公共投资力度不断加大，重点项目建设保障有力，宏观调控取得明显成效；财政支出结构逐步优化，33项民生工程扎实推进，“民生财政”持续发力；统筹城乡步伐加快，“三农”支出不断扩大，新农村建设水平有效提升；重点领域改革不断深化，财政科学化精细化管理持续推进，财政服务能力和水平日益增强。所有这些工作成绩，都进一步丰富了本卷年鉴内容，增强了本卷年鉴亮点，提高了本卷资料性、可读性和咨政性。

本卷年鉴以出版年号为卷次名称，沿用分类编辑法，以篇目、分目、条目、子目组成全书框架主体。为方便广大读者阅读和利用，本卷年鉴本着“实用、精炼”的原则，共分为财经文献篇、民生工程和收入倍增规划篇、全省财政工作篇、市县（区）财政工作篇、财政部门大事篇、财经规章篇、财经调研篇、财经统计篇、财政机构人员篇等九个篇目。同时，进一步充实彩图内容，力求图文并茂地记录反映全省财政工作全貌，发挥好年鉴“存史、资政、育人”的功能作用。

一部厚重的《安徽财政年鉴》，既是全省财政工作的真实写照，也是作者、读者、编者集体智慧的结晶。本卷《安徽财政年鉴》是在厅党组的高度重视和关心指导下编纂而成的，得到了各处室单位的热忱支持，得到了各级财政部门及广大联络员的鼎力相助。在此，谨表示诚挚的感谢！

由于水平有限，疏漏和不妥之处在所难免，敬请广大读者批评指正。

《安徽财政年鉴》编辑部

二〇一二年十月

安徽财政年鉴编辑委员会

安徽财政年鉴编辑部

安徽财政年鉴联络员

尹立祥（厅办公室）
李　燕（厅综合处）
杨玉林（厅税政条法处）
黄栋栋（厅预算处）
马　锐（厅国库处）
刘儒之（厅行政处）
陈　晋（厅政法处）
侯振华（厅教科文处）
贾振东（厅经济建设处）
刘建军（厅农业处）
吴昌好（厅社会保障处）
关　勇（厅企业处）
刘凌列（厅金融处）
余　禹（厅国际债务处）
姚　瑶（厅农村财政管理局）
牛　劲（厅会计处）
谢　勇（厅行政事业资产管理处）
汪永飞（厅监督检查局）
侯洪玮（厅政府采购处）
杨作华（厅农村综合改革处）
孟　骞（厅民生工程办公室）
张　飞（厅人事教育处）
刘　恒（厅机关党委）
苏照存（厅纪检监察室）
王亚栋（厅离退休工作处）
李志红（省信用担保集团）
陈　杰（省农业综合开发局）
徐进超（省非税收入征收管理局）
汪新平（厅国库支付中心）
李　翼（省财政信息中心）
李昌鹏（省财政投资评审中心）
李成名（省政府采购中心）
刘　兴（省财政科学研究所）
王克法（省注册会计师协会）
叶伐朋（省财政干部教育中心）
董永权（省行政事业单位资产管理中心）
朱纪忠（合肥市财政局）
乔　林（淮北市财政局）
邓　昊（亳州市财政局）
寇　智（宿州市财政局）
王定安（蚌埠市财政局）
贺　瑾（阜阳市财政局）
吴　波（淮南市财政局）
高　宇（滁州市财政局）
潘　鸿（六安市财政局）
尹昌元（马鞍山市财政局）
周　圣（芜湖市财政局）
王先锋（宣城市财政局）
丁松林（铜陵市财政局）
宁　睿（池州市财政局）
叶武乐（安庆市财政局）
汪　蓉（黄山市财政局）

省十一届人大第五次会议

2012年2月11日，安徽省第十一届人民代表大会第五次会议在合肥隆重开幕。

省委书记、省人大常委会主任张宝顺主持开幕式和闭幕式。

省委副书记、省长李斌作《政府工作报告》。

（厅办公室供稿）

省领导视察省级部门预算查询工作

2011至2012年省“两会”期间，省财政厅在主会场及省人大代表团驻地，分别设立了省级部门预算查询台和查询室，为代表提供查询服务。省领导张宝顺、王明方、孙金龙、臧世凯、詹夏来、王宾宜、王秀芳、文可芝、任海深、朱维芳、文海英、胡连松、朱先发、郭万清等先后视察查询室。

省委书记张宝顺听取省财政厅厅长陈先森关于2011年省级部门预算编制情况的汇报。

省委副书记孙金龙翻阅了解部门预算编制情况。

省委常委、常务副省长詹夏来等省领导查阅有关部门预算文本。

省财政厅厅长陈先森介绍部门预算查询系统。

（厅预算处供稿）

省十一届人大常委会第34次会议

2012年6月13日，安徽省十一届人大常委会第三十四次会议在省人大会议中心召开。省人大常委会副主任臧世凯主持会议，副主任朱维芳、文海英、胡连松、郭万清、沈卫国、陈先森及秘书长汪国才出席会议。

受省政府委托，省财政厅厅长罗建国作《关于安徽省2011年财政决算的报告》和《关于2012年安徽省本级预算调整方案(草案)的说明》。

省十一届人大常委会第35次会议

2012年8月14日，安徽省十一届人大常委会第三十五次会议在省人大会议中心召开。省人大常委会副主任臧世凯主持会议，副主任朱维芳、文海英、胡连松、郭万清、沈卫国、陈先森及秘书长汪国才出席会议。

受省政府委托，省财政厅厅长罗建国作《安徽省2012年上半年预算执行情况及下半年工作意见的报告》。

（厅办公室供

全省民生工程暨居民收入倍增工作会议

省委书记张宝顺指出，民生工程是惠民工程、和谐工程、发展工程，要坚持从民所愿、为民谋利、由民监督，将群众满意不满意作为检验民生工程的第一标准，努力把民生工程打造成民心工程、德政工程。

省长王三运强调，要把握时代要求，统筹社会管理创新和民生工程拓展，科学规划和推进民生工程建设，不断提高民生工程建设水平，推进各项工作协调高效，提高群众的参与度、认同度和满意度。

省民生工程协调小组组长、省委常委、副省长赵树丛代表省政府与17市政府签订民生工程目标责任书。

省政府表彰2010年度民生工程组织实施工作先进市县。

2011年2月24日，省委省政府召开全省民生工程暨居民收入倍增工作会议，总结“十一五”期间全省民生工程实施情况，部署“十二五”民生和居民收入倍增工作。

（厅民生办供稿）

全省财政工作会议在肥召开

2011年1月7日，省政府在肥召开全省财政工作会议，传达全国财政工作会议精神，总结“十一五”及2010年财政工作，提出“十二五”财政发展目标任务，部署2011年财政工作。省委常委、副省长赵树丛出席会议并作重要讲话，省财政厅厅长陈先森作工作报告和会议总结。

省委常委、副省长赵树丛作重要讲话。

省财政厅厅长陈先森作工作报告。

财政部科研所所长贾康作专题讲座。

全省财政工作会议会场。

（厅办公室供稿）

全省各市财政局长座谈会

2011年4月9日，全省各市财政局长座谈会在合肥召开。会议通报了一季度全省预算执行情况和财政预算管理几项重点工作。围绕“实现开好局、起好步；切实动起来、求实效；确保干成事、不出事”的会议主题，与会人员谈想法、提建议，共同谋划促进发展、提升效能、提高形象的新思路、新举措。

省财政厅厅长陈先森主持会议并作总结讲话。

各市财政局长座谈交流。

（厅预算处供稿）

推进科学理财 服务跨越发展

2011年1月26日，省财政厅召开全省财政系统服务发展年动员会暨全厅干部职工大会，动员全省财政系统开展服务发展年活动，并全面总结2010年全厅工作，部署2011年各项工作任务。

全省财政系统“服务发展年”动员会会场。

省财政厅党组书记、厅长陈先森出席会议并讲话。

省财政厅党组副书记、副厅长王林建主持会议。

授予效能建设先进单位荣誉奖牌。

（厅办公室供稿）

深入开展“贴民情、听民意、惠民生

2011年4月16日，省财政厅厅长陈先森到舒城县晓天镇走访，正式拉开了万名财政干部大走访活动序幕。

2011年5月7日，省财政厅副厅长王林建在长丰县杜集乡走访。

2011年5月24日，省财政厅副厅长张广寿在肥东县八斗镇走访。

2011年4月21日，省财政厅副厅长左俊在铜陵县天门镇走访。

——万名财政干部大走访”活动

2011 年 5 月 3 日，省财政厅副厅长吴天宏在岳西县店前镇走访。

2011 年 5 月 19 日，省财政厅纪检组长刘浩在歙县富堨镇走访。

2011 年 5 月 7 日，省财政厅副厅长陈军在巢湖市居巢区槐林镇走访。

2011 年 5 月 11 日，省财政厅副巡视员李友兰在肥东县店埠镇走访。

2011 年 5 月 19 日，省财政厅副巡视员陈传文开展走访活动。

（厅民生办供稿）

不断提升财政综合管理水平

在纪念建党90周年之际，厅综合处党支部全体党员赴天长市中国人民抗日军政大学第八分校旧址开展“缅怀先烈、重温誓词”活动。

2011年5月14日，厅综合处党支部赴亳州市谯城区汤陵办事处丰华社区开展大走访活动。

召开社区党员、群众座谈会，宣讲民生工程政策。

2011年9月26日，厅综合处在六安市召开全省财政综合业务培训会议，厅综合处有关同志举办业务讲座。

2011.福彩爱涌江淮

第六届"让福彩的爱伴你回家"安徽大学现场会。

2011年是全国福彩文化年。安徽福彩坚持常规宣传与创新宣传相结合，以公益宣传为引领，以公信形象为核心，将综合营销与公益宣传有机结合，开展了"福彩爱心助学"、"让福彩的爱伴你回家"、"爱心2011，情牵贫困留守女童"、"情暖慈善践行者 关爱贫困大学生"、"福彩爱心 暖冬迎新"、"全省资助贫困学子上大学"等公益活动，提升了福彩形象，传播了福彩文化，促进了福彩事业健康持续发展。

高校学子领取"让福彩的爱伴你回家"爱心款。

在安庆、蚌埠等市举办"福彩情牵贫困留守女童"爱心款发放仪式。

举办"情牵贫困女童"合肥一日游活动。

孩子们开心地领到2000元资助。

（厅综合处供稿）

2011年安徽体彩销量突破23亿元

2011年，安徽体彩销量突破23亿元，为国家筹集公益金达7亿多元。11年来，安徽体彩累积为国家募集公益金逾30亿元。其中，一半上交国家，纳入全国社会保障基金、各类专项基金，为构建国家基础保障体系、残疾人事业、教育助学、法律援助、抗震救灾、扶贫以及落实《全民健身计划》等公益事业发挥着重要作用。

安徽省体育局局长冯潮在全国体育局长会议上领取2011年体育彩票工作贡献奖奖牌。

体彩倾力支持竞技体育与全民健身事业。

向"淮北万千百农村体育行动计划"捐赠健身器材。

2011中国池州首届绿色运动大会上体彩的绿运驿站备受群众喜爱关注。

体彩芜湖分中心举办的超市抢购活动引来奥运明星周吕鑫助阵。

（厅综合处供稿）

全省财政系统依法行政依法理财工作会议

2011年2月18日，省财政厅召开全省财政系统依法行政依法理财工作会议，提出全省财政部门加快推进依法行政依法理财的总体思路，明确各项工作任务。

省财政厅厅长陈先森全面部署依法行政依法理财工作。

省财政厅副厅长罗建国提出具体要求。

（厅税政条法处供稿）

全省财政法制宣传

2011 年 11 月 7 日—9 日，省财政厅在肥召开全省财政法制宣传教育工作及培训会议。

财政部条法司副巡视员王玉宗出席会议。

省财政厅副厅长左俊总结部署全省财政法制教育工作。

省财政厅税政条法处处长周名桨主持会议。

教育工作及培训会议

全省财政法制宣传教育培训会议会场。

财政部条法司综合处处长王进杰作专题讲座。

省法制办行政复议应诉处处长张书明作专题讲座。

省财政厅税政条法处副处长方旭华主持培训会。

安徽承义律师事务所王文峰律师作专题讲座。

（厅税政条法处供稿）

税政条法处开展基层走访活动

2011年5月7日，省财政厅税政条法处深入安庆市枞阳县横埠镇少丰村，开展“贴民情、听民意、惠民生——万名财政干部大走访”活动。

参会群众认真听取民生工程政策讲解。

走村入户发放《民生工程政策80问》。

受访群众认真填写民生工程社情民意调查表。

走访困难群众家庭。

（厅税政条法处供稿）

2012年省级部门预算编制工作会议

2011年8月17日，省财政厅在合肥召开2012年省级部门预算编制工作会议。

省委常委、常务副省长詹夏来出席会议并作重要讲话。

省人大预算工委主任庄立权出席会议并讲话。

省财政厅厅长陈先森布置省级部门预算编制工作。

省财政厅副厅长张广寿主持会议。

（厅预算处供稿）

全国预算执行工作视频会议暨全省财政工作视频会议

2011 年 11 月 30 日，财政部召开预算执行工作视频会议，总结分析前一阶段预算执行工作，要求切实加强预算执行管理。财政部视频会议结束后，省财政厅随即召开全省财政工作视频会议。

全国预算执行工作视频会议安徽分会场。

召开全省财政工作视频会议。

全省财政预算业务培训班

2011 年 5 月 16 日至 26 日，省财政厅在淮南和合肥分三期举办了全省财政预算业务培训班。省直各预算部门财务负责人，各市、县（区）财政局预算科（股）长及具体经办同志，以及省财政厅相关处室同志参加培训。

培训会议会场。

厅预算处处长孟照红在培训班上讲话。

培训学员认真听课。

预算处党支部创先争优活动领导点评会

2011 年 1 月 21 日，省财政厅党组书记、厅长陈先森出席预算处党支部创先争优活动领导点评会，与预算处同志开展了谈心活动，并对年轻干部成长提出要求。

省财政厅党组书记、厅长陈先森在点评会上讲话。

省财政厅预算处党支部书记孟照红介绍支部党建情况。

支部党员认真听取领导点评。

在寿县涧沟镇张郢村、皮店村开展大走访活动。

（厅预算处供稿）

2011年上半年全省财政收支形势分析会

2011年7月18日，省财政厅召开上半年全省财政收支形势分析会。

省财政厅副厅长王林建部署年内增收节支工作。

省财政厅国库处处长解立卫分析上半年财政运行情况。

市财政局代表作交流发言。

2010年度地方部门决算会审会

2010年度地方部门决算会审会在合肥召开。

财政部国库司副巡视员邹平出席会审会并讲话。

省财政厅副厅长吴天宏主持会议。

财政部国库司政府采购管理一处处长王勇到会指导。

有关人员认真审核决算数据。

（厅国库处供稿）

全省财政行政政法工作会议

2011年6月28日，全省财政行政政法工作会议在蚌埠召开。

省财政厅副厅长陈军出席会议并讲话。

省财政厅行政处处长张力部署财政行政工作。

省财政厅政法处处长汪代启传达2010年全国行政政法财务工作会议精神。

（厅行政处、政法处供稿）

行政处党支部深入开展党建活动

省财政厅行政处党支部和省直工委办公室党支部结对赴小岗村开展“缅怀先烈、重温誓词”活动。

省财政厅副厅长陈军将捐赠图书交给小岗村小学负责同志。

与小岗村小学领导座谈交流。

参观大包干纪念馆。

在沈浩同志墓碑前敬献花篮。

（厅行政处供稿）

全面加强政法财务管理工作

省政法部门装备采购领导小组召开全体会议，研究决定装备采购工作中的重大事项。省财政厅副厅长陈军出席会议并讲话。

省政法部门使用省产汽车情况座谈会在合肥召开，省财政厅副厅长陈军参加座谈会并讲话。

省直政法、执法部门财务管理工作座谈会在合肥召开，省财政厅副巡视员李友兰参会并讲话。

省财政厅政法处在淮南市举办全省政法经费统计报表培训班。

（厅政法处供稿）

充分发挥财政教科文管理职能

2011 年 3 月 22 日，省委、省政府在合肥召开全省文化强省建设大会。省委书记张宝顺、省长王三运出席会议并发表重要讲话。省财政厅厅长陈先森就十二五时期各级财政支持文化强省建设发言。

2011 年 4 月 11 日，省文化厅、省财政厅联合召开全省公共图书馆、文化馆(站)免费开放工作会议。

2011 年上半年省直教科文部门预算执行分析会。

2011 年前三季度省直教科文部门预算执行分析会。

厅教科文处开展“七一”党员重温入党誓词活动。

（厅教科文处供稿）

全省教育投入与管理工作会议

2011年9月26日，省财政厅在合肥市召开全省财政教育投入与管理工作会议。会议部署了全省加大财政教育投入和管理工作，就国家财政教育投入相关政策进行了培训。

省财政厅副厅长王林建出席会议并讲话。

省财政厅教科文处处长朱长才提出具体要求。

省财政厅教科文处副处长焦玲仪主持会议。

省财政厅教科文处副处长方习利讲解相关政策。

教科文处开展"贴民情、听民意、惠民生"走访活动

2011年5月7日，省财政厅教科文处党支部组织全体党员赴颍上县八里河镇潘冲村开展"贴民情、听民意、惠民生——万名财政干部大走访活动"。

召开镇村干部和群众代表参加的座谈会。

考察农家书屋。

查看校舍安全工程。

倾听群众呼声。

深入生活困难五保户家中。

（厅教科文处供稿）

2011年7月18日,全省财政经建工作座谈会在霍山县召开。

全省财政经建工作座谈会

省财政厅经建处处长于华伟讲话。

会议代表座谈讨论。

省财政厅经建处副处长张恒景讲话。

省财政厅经建处副处长陈维光讲话。

全省财政经建业务培训

全省财政经建业务培训班会场。

省财政厅经建处处长于华伟讲解财政经建职能并布置工作。

省财政厅经建处副处长张恒景讲解经建业务。

省财政厅经建处副处长陈维光讲解经建业务。

省财政投资评审中心副主任张进讲解基本建设有关业务。

（厅经建处供稿）

经建处深入开展“大走访”活动

在黄山区芙蓉社区召开群众座谈会。

社区群众倾述心声。

走访黄山区芙蓉社区困难群众。

走村串户访贫问苦。

省财政经建工作纪实

参加合肥金太阳工程揭牌仪式。

省财政厅副厅长王林建到长丰县调研。

重温入党誓词。

参观新四军史料陈列馆。

（厅经建处供稿）

农业财政工作专版

2011年10月9日—11日，省财政厅农业处举办农业财政业务培训班，省财政厅副厅长张广寿作动员讲话。

省财政厅副厅长张广寿带队在池州市开展2011年财政工作督查。

省财政厅农业处处长孔少林在财政业务培训班上讲课。

我省通过竞争立项方式选择现代农业生产发展资金项目县。

（厅农业处供稿）

全省财政社会保障工作会议

2011年3月30日—31日，全省财政社会保障工作会议在肥召开。

省财政厅副厅长吴天宏出席会议并讲话。

省财政厅社保处处长朱艾勇主持会议。

与会同志听取会议精神。

（厅社会保障处供稿）

深入推进基层医药卫生体制综合改革

省财政厅在合肥召开全面实施基层医药卫生体制综合改革动员会。

省财政厅在合肥召开县级公立医院改革工作座谈会。

省财政厅副厅长吴天宏在蚌埠市怀远县龙亢镇中心卫生院调研。

全省就业与社会保障工扎实开展

全省实施新型农村合作医疗基金住院费用支付总额预算管理工作视频会议在肥召开。

全省城乡居民社会养老保险试点工作会议在肥召开。

（厅社会保障处供稿）

启动合芜蚌企业股权和分红激励试点

2011年11月26日，省委、省政府召开合芜蚌自主创新综合试验区建设推进暨重大政策试点启动大会。

召开合芜蚌自主创新综合试验区企业股权和分红激励试点工作新闻发布会。

省财政厅厅长陈先森作新闻发布。

省财政厅副厅长左俊接受记者专访。

2011年11月26日下午，省政府新闻办、省财政厅、省科技厅在合肥市联合召开合芜蚌自主创新综合试验区企业股权和分红激励试点工作新闻发布会。

（厅企业处供稿）

举办合芜蚌企业股权和分红激励试点工作培训会

合芜蚌自主创新综合试验区企业股权和分红激励试点工作培训会现场。

省委常委、常务副省长詹夏来出席培训会。

2011年11月28日，合芜蚌自主创新综合试验区企业股权和分红激励试点工作培训会在肥召开。省委常委、常务副省长詹夏来出席会议并作重要讲话，省财政厅厅长陈先森出席会议。

省财政厅厅长陈先森主持培训会。

财政部企业司副司长宋康乐讲解试点政策。

2011年度全省企业财务会计决算布置会

2011年12月9日，全省企业财务会计决算布置会在淮南召开。

省财政厅副厅长左俊到会并讲话。

表彰企业财务会计决算工作先进单位。

与会代表进行分组讨论。

开展企业财务会计决算培训。

（厅企业处供稿）

财政企业管理工作专版

召开全省"家电下乡家电以旧换新监管年"活动电视电话会议。

省财政厅企业处党支部开展"缅怀先烈"活动。

在东至县大渡口镇新丰村开展"贴民情、听民意、惠民生——万名财政干部大走访"活动。

深入企业开展调研。

（厅企业处供稿）

全省财政金融工作暨培训会议

2011年7月22日—23日，全省财政金融工作暨培训会议在芜湖市召开。会议全面总结了近年来全省财政金融工作取得的成绩，深入分析当前财政金融工作面临的形势，谋划部署当前和今后一个时期财政金融工作。

省财政厅副厅长左俊出席会议并讲话。

财政部金融司金融四处处长韩斌到会指导并讲话。

省财政厅金融处处长黎学东作工作报告。

（厅金融处供稿）

金融财政监管和外国政府贷款管理工作

2011年，我省外国政府贷款工作持续保持良好发展态势。全年共申请贷款项目16个，贷款金额12632万美元，占全国贷款总额度的9.65%，居中部省份第一、全国第二。使用领域主要集中在城市基础设施、公共医疗卫生、节能环保等项目。

中国进出口银行与六安市城建投资公司在北京签订欧元德促贷款转贷协议。

合肥热力集团和德国复兴银行签署评估会议备忘录。

合肥市第一人民医院利用奥地利政府贷款990万欧元签约仪式。

池州市三二五发电有限公司利用德国政府贷款1300万欧元签字仪式。

（厅金融处供稿）

世行贷款支付局局长英博尔来皖考察

2011 年 11 月 14 日至 17 日，世行贷款支付局局长英博尔一行来我省调研世行贷款支付效率和服务水平情况。在皖期间，英博尔局长一行考察了世行贷款沙济林场和铜汤高速项目，并分别在合肥和黄山与省、市、县财政部门和项目单位的财务人员座谈。

英博尔一行到黄山市财政局调研。

召开世行贷款支付工作座谈会。

参观世行贷款项目太平湖大桥。

考察世行贷款林业项目。

（厅国际债务处供稿）

国际债务处扎实开展“大走访”活动

深入村庄走访。

2011年5月14日，省财政厅国际债务处赴霍邱县姚李镇育才村开展“贴民情、听民意、惠民生——万名财政干部大走访”活动。

与农户亲切交谈。

召开群众座谈会。

在农户家座谈。

慰问贫困户。

亚行贷款合肥城市环境改善项目成效显著

十五里河污水厂效果图。

亚行贷款合肥城市环境改善项目计划总投资28亿元人民币，其中利用亚行贷款1.5亿美元。该项目分为十五里河污水处理厂及配套管网工程、合肥市城市污水管网改善工程、清溪路垃圾填埋场综合治理工程、四里河综合治理工程及巢湖沿岸生态环境综合治理工程等8个子项目。项目自2007年开工以来，已累计完成基建投资11.3亿元（不含土地征收拆迁费用），实际利用亚行贷款1.05亿美元。

治理后的南淝河。

治理后的板桥河

治理后的清溪路垃圾场。

治理后的四里河。

（厅国际债务处供稿）

启动实施世行贷款淮河流域重点平原洼地治理项目

项目财务管理培训班开班仪式。

2011年1月27日，省政府与财政部签署了世行贷款“淮河流域重点平原洼地治理项目”的《转贷协议》，标志着该项目正式启动实施。该项目总投资约16.4亿元，涉及合肥、阜阳、淮南等9市的19个县(市、区)。

培训班学员认真听课。

介绍项目采购程序。

召开项目工作会议。

正式启动世行贷款

安徽沙颍河航道整治项目

中国驻世行执董办执董杨少林(中)接见安徽谈判团成员。

华盛顿世行总部谈判会场。

世行贷款安徽沙颍河航道整治项目总投资19.8亿元人民币，其中利用世行贷款1亿美元。2011年3月8日—14日，财政部国际司和安徽省财政厅组团赴美国华盛顿世界银行总部就沙颍河航道整治项目进行贷款谈判并取得圆满成功。

谈判取得圆满成功。

项目启动培训会。

项目启动座谈会。

（厅国际债务处供稿）

全省农村财政管理工作会议

2011年4月7日，省财政厅在岳西县召开全省农村财政管理工作会议。

省财政厅副厅长张广寿到会并讲话。

全省“两税”征管工作先进单位领奖。

全省“两税”征管工作先进个人代表领奖。

“两税”先进个人代表发言。

岳西县来榜镇财政所代表交流发言。

财政部检查组来皖检查

2011年5月29日至6月2日，财政部检查组（贵州省财政厅）到安徽检查乡镇财政资金监管工作情况，对安徽工作给予高度评价。

检查组检查乡镇财政资金使用情况。

在金寨县白塔畈乡开展工作。

在休宁县听取工作汇报。

在岳西县来榜镇检查工作。

（厅农村财政管理局供稿）

全省会计管理工作会议剪影

2011 年 11 月 16 日，全省会计管理工作会议在六安市召开。

财政部会计司副司长欧阳宗书莅临会议并作专题报告。

省财政厅副厅长左俊出席会议并讲话。

财政部会计司综合处处长胡兴国对我省会计工作提出要求。

省财政厅会计处处长黄克来主持会议。

会计从业资格无纸化考试

2011 年度会计从业资格无纸化考试考务工作会议。

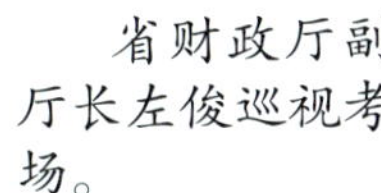

省财政厅副厅长左俊巡视考场。

省财政厅副厅长左俊现场指导。

召开考试布置会并开展软件培训。

（厅会计处供稿）

全省行政事业资产管理工作会议

2011年5月30日—31日，全省行政事业资产管理工作会议在芜湖市召开。省财政厅副厅长陈军出席会议并讲话，各市、县(区)财政局分管局长及资产管理科科长等100余人参加了会议。

全省行政事业资产管理工作会议在芜湖召开。

省财政厅副厅长陈军出席会议并讲话。

与会代表进行座谈讨论。

财政部教科文司事业资产处副处长王超到会指导。

省财政厅资产管理处处长虞明哲主持会议。

(厅资产管理处供稿)

财政部监督检查局领导来皖调研

2011年3月20日—22日，财政部监督检查局局长吴奇修一行来皖考察调研。省财政厅党组书记、厅长陈先森陪同调研。

参观小岗村大包干纪念馆。

看望监督检查局工作人员。

（厅监督检查局供稿）

全省各市财政监督局长座谈会

2011年4月13日—15日，全省各市财政监督局长座谈会在芜湖召开，17个市及部分县(区)监督检查局负责人参加会议。

省财政厅纪检组长刘浩出席会议并讲话。

省财政厅监督检查局局长汪学越部署工作。

与会代表进行认真研讨。

省财政监督检查工作

2011年9月30日，我省召开贯彻落实全国防治"小金库"长效机制建设经验交流电视电话会议。省委常委、常务副省长、省治理"小金库"工作领导小组组长詹夏来作重要讲话。

省财政厅纪检组长刘浩率队赴凤阳县小岗村深切缅怀沈浩同志。

向小岗村幼儿园捐赠教学用品。

2011年5月12日—15日，监督检查局党支部组织人员先后赴石台县、怀宁县进行走访。

与村民谈心交流。

（厅监督检查局供稿）

全省财政监督干部综合业务培训班

2011 年 11 月 28 日—30 日，省财政厅监督检查局在淮南举办全省财政监督检查干部综合业务培训班。

财政部监督检查局副局长张强指导并授课。

省财政厅监督检查局局长汪学越授课辅导。

省财政厅监督检查局组织授课。

（厅监督检查局供稿）

全省政府采购工作会议

2011年1月21日—22日，全省政府采购工作会议在合肥召开。

省财政厅副厅长王林建出席会议并讲话。

省财政厅政府采购处处长宋宝泉作总结讲话。

省政府采购中心主任姜毅作典型发言。

省财政厅政府采购处副处长孙友三介绍电子化政府采购系统建设推广方案。

进行分组讨论。

（厅政府采购处供稿）

扎实开展政府采购工作

2011 年 10 月 25 日—26 日，中部地区政府采购协议(GPA)谈判工作联络组第七次会议在池州召开。

省财政厅党组副书记、副厅长王林建出席中部地区政府采购协议(GPA)谈判工作联络组第七次会议并讲话。

2011 年 3 月 24 日—25 日，省财政厅在庐江举办政府采购业务培训班。

省财政厅政府采购处处长宋宝泉在政府采购业务培训班上授课。

2011 年 12 月 9 日，市县电子化政府采购系统试点推广工作座谈会在合肥召开，安排部署 7 个试点市、3 个试点县电子化政府采购系统的试点推广工作。

（厅政府采购处供稿）

2011 年 4 月 1 日，省政府在合肥召开全省村级公益事业建设一事一议财政奖补工作电视电话会议。

强力推进一事一议财政奖补工作

省财政厅厅长陈先森做工作部署。

省财政厅副厅长罗建国提出工作要求。

国务院综改办来皖调研公益性乡村债务清理核实情况。

部分省份清理核实公益性乡村债务工作座谈会在我省召开。

（厅综改处供稿）

省财政牵头抓总

2011年12月14日，陈先森厅长就建设民生财政接受新华网安徽频道专访。

召开联络员会议，推动民生工程加快实施。

省民生办对2011年度居民收入倍增规划和民生工程实施情况进行督察考核。

推进民生工程实施

促进"劳有所得"。

促进"学有所教"。

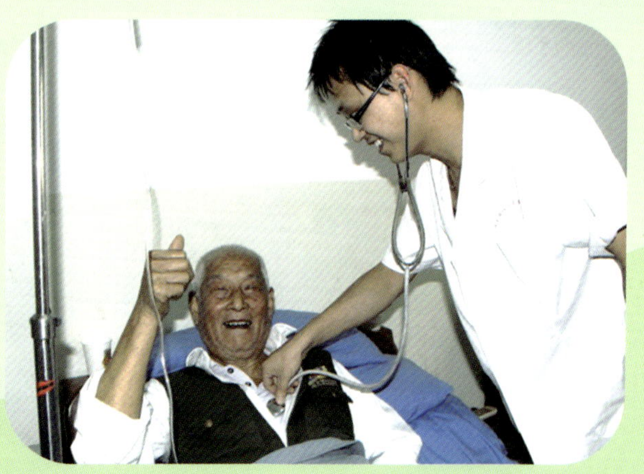

促进"病有所医"。

促进"老有所养"。

促进"住有所居"。

（厅民生办供稿）

加强人事教育培训 提高干部综合素质

召开全省财政系统干部教育工作座谈会。

举办农村财会人员财政支农政策培训互评会。

举办财政所长培训班。

黄山市财政干部学校举办乡镇财政干部培训活动。

开展厅属单位 副处级职位竞争上岗

答辩委员会对入围人员进行面试。

认真组织实施竞争上岗工作。

参加竞争上岗人员认真答题。

（厅人教处供稿）

全省财政系统庆祝

2011年6月24日，“永远的忠诚”全省财政系统庆祝建党90周年文艺演出在安徽大剧院举行。省委副书记、省政协主席王明方，省委常委、组织部长段敦厚，省委常委、常务副省长、省委秘书长詹夏来，省委常委、省总工会主席王秀芳，省人大常委会副主任郭万清及省直有关部门负责同志观看了演出。

歌舞《神州共举杯》。

舞蹈《红旗颂》。

表演唱《红军鞋》。

歌舞《做人》。

舞蹈《映山红》。

建党90周年文艺汇演

黄梅歌舞《黄山松 杜鹃花》。

歌舞《英雄》。

歌舞说唱《财政的春天》。

歌舞《青青的水 蓝蓝的天》。

《财缘》。

纪实情景表演《民生为天》。

表演唱《东向赞歌》。

（厅机关党委供稿）

省财政厅部署开展反腐倡廉建设工作

2011 年 2 月 18 日，全省财政系统反腐倡廉建设工作会议在肥召开。

省财政厅党组书记、厅长陈先森出席会议并讲话。

省纪委副书记、监察厅厅长张东安出席会议并讲话。

省财政厅党组副书记、副厅长王林建主持会议。

省财政厅党组成员、纪检组长刘浩作工作报告。

厅廉政风险防控试点扎实有效

省委常委、省纪委书记王宾宜一行调研省财政厅廉政风险防控试点工作。

2011年以来，按照省委、省政府的统一部署，在省纪委的精心指导下，省财政厅大力推进廉政风险防控试点，坚持组织保障，健全工作机制；坚持突出重点，排查廉政风险；坚持制度建设，制定防范措施；坚持主动预防，加强动态管理；坚持务求实效，强化监督检查，有计划、有步骤地扎实推进，顺利完成各项试点工作任务。

全国财政系统反腐倡廉建设工作会议安徽分会场。

全省财政系统廉政风险防控管理工作动员会会场。

全省财政廉政风险防控管理暨省财政厅试点工作推进会。

（厅纪检监察室供稿）

厅离退休干部
参观小岗村大包干纪念馆

厅离退休干部在大包干纪念馆前合影留念。

当年小岗人红手印的展版令大家驻足凝望。

向沈浩纪念碑献花圈。

一幅幅图片深深吸引财政老同志。

（厅离退休处供稿）

全省财政系统第九届离退休干部竞技麻将比赛

开幕式会场。

省财政厅副厅长吴天宏到会祝贺。

获奖的老干部。

紧张热烈的比赛现场。

（厅离退休处供稿）

做大做强省信用担保集团

省担保集团负责人参加皖江示范区对接会，并与有关领导合影。

省政协副主席王鹤龄一行在集团调研。

融资性担保工作座谈会在省担保集团召开，中国银监会融资担保部主任牛成立出席会议。

省级再就业小额贷款担保工作研讨会在省担保集团召开。

集团与中国国际商会安徽商会签订战略合作协议。

（省信用担保集团供稿）

省政协副主席郑牧民
考察现代农业综合开发示范区

召开现代农业综合开发示范区座谈会。

2011年5月5日—7日，省政协郑牧民副主席率领部分省政协委员参观考察了我省现代农业综合开发示范区，并向省委办公厅、省政府办公厅报送了《我省现代农业综合开发示范区建设考察报告》，张宝顺、王明方、詹夏来等省领导给予批示，对示范区建设给予高度评价。

省政协副主席郑牧民讲话。

省财政厅厅长陈先森出席座谈会并讲话。

考察巢湖郭河现代农业综合开发示范区。

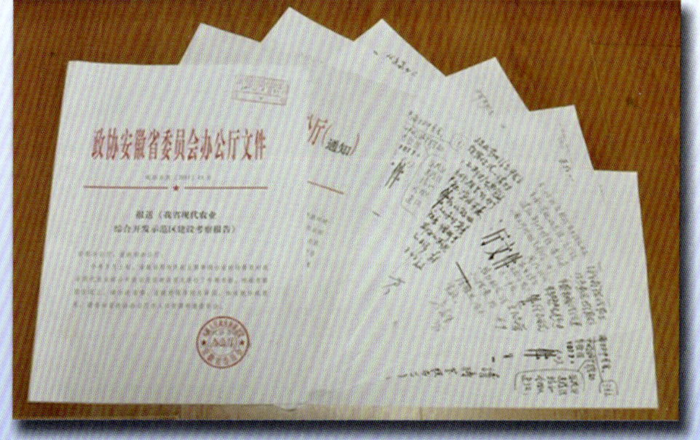

考察团向省委办公厅、省政府办公厅报送的《我省现代农业综合开发示范区建设考察报告》。

（省农业综合开发局供稿）

国家农发办来皖调研

2011年7月19日—23日，国家农发办主任王建国、副主任周可等一行来我省调研。调研组先后考察了六安木南、芜湖大浦、黄山耿城、巢湖郭河现代农业综合开发示范区，充分肯定了我省农业综合开发工作取得的显著成绩。

调研组与省市县同志合影。

召开调研座谈会。

考察六安木南示范区。

考察芜湖大浦示范区。

全省农业综合开发工作会议

大会会场。

省财政厅副厅长张广寿出席会议并讲话。

2011年4月27日—28日,全省农业综合开发工作会议在六安市召开,各市及省农垦、劳教局、监狱局农发办主任(局长)参加会议。

会议表彰2009年度农业综合开发优秀项目县。

与会代表参观木南示范区。

参会代表作经验交流。

(省农业综合开发局供稿)

全省农发项目建设推荐会

2011 年 12 月 6 日—7 日，省农发局在亳州市涡阳县、淮北市濉溪县和相山区召开全省农业综合开发项目建设推进会。

大会会场。

实地考察项目建设情况。

涡阳县楚店镇农业综合开发项目区。

濉溪县百善示范区经营户现场讲解远程农业控制技术。

与会代表查看项目工程质量。

加强项目和资金管理

省农发局分别在滁州和池州召开农业综合开发调研座谈会，与17个市及部分县的农发办主任（局长）反复讨论，形成《关于进一步加强农业综合开发资金和项目监管若干意见》。

在滁州市召开农业综合开发工作调研座谈会。

在池州调研座谈起草有关文件。

在项目区实地调研。

2011年6月17日，省农发局组织召开农发部门项目资金管理座谈会。

（省农业综合开发局供稿）

加强农发项目监督检查

2011年10月12日—11月5日,国家农发办检查验收组选取肥东县、长丰县、金安区、霍山县、舒城县、宜秀区、望江县七个县(区)开展综合检查工作。

国家农发办检查组到地市开展综合性检查。

现场检查项目。

召开农发项目省级验收培训会。

省级验收情况汇报。

现场检查工作。

(省农业综合开发局供稿)

开展非税调研考察

省财政厅副巡视员、省非税局局长李友兰带队调研省级非税收入银行代收工作。

省非税局调研交警罚缴收入改革工作。

赴地市非税征管机构调研。

福建省财政厅非税处一行来我省调研非税收入管理改革工作。

省非税局赴广东省财政厅学习考察非税票据管理信息化工作。

（省非税局供稿）

深化非税收入征管改革

省财政厅、省公安厅联合召开会议，动员布置全省道路交通违法行为罚款收入收缴管理改革工作。

省财政厅副巡视员、省非税局局长李友兰在全省道路交通违法行为处理罚缴工作视频会议上讲话。

召开相关单位座谈会，征求考试费收缴方式改革意见。

召开库区基金征管工作座谈会。

规范非税收入征收管理

组织召开全省非税收入征收管理座谈会。

省财政厅副巡视员、省非税局局长李友兰为省级政府非税收入征管先进代理银行颁奖。

全省非税收入收缴执行情况分析会会场。

举办非税票据管理及系统操作培训班。

（省非税局供稿）

加强非税干部队伍建设

开展财政干部大走访活动。

观看廉政教育宣传片。

开展“缅怀先烈、重温入党誓词”活动。

组织政治理论学习。

参加省财政厅春节文艺汇演。

（省非税局供稿）

积极服务发展 推进科学支付

召开省级国库集中支付改革暨财政平台一体化系统应用座谈会，厅副巡视员陈传文出席会议。

召开专题学习会，厅副巡视员陈传文到会并提出要求。

省财政厅国库支付中心赴预算单位调研。

赴铜陵市财政局国库支付中心调研。

宁夏财政厅有关同志来我省调研省级国库集中支付改革及系统建设情况。

（厅国库支付中心供稿）

厅国库支付中心工作风采

参观大包干纪念馆。

在小岗村沈浩墓前重温入党誓词。

开展团队拓展训练活动。

参加厅春节联欢表演。

参加省直机关第六届运动会。

（厅国库支付中心供稿）

提升财政投资评审能力

省财政厅党组副书记、副厅长王林建听取省财政评审中心工作汇报。

参加在福州召开的2011年全国部分省市财政投资评审中心主任座谈会。

召开服务发展年工作联动财政投资评审协作单位座谈会。

全体党员重温入党誓词。

在省直机关"创先争优在行动"征文比赛中，省财政投资评审中心党支部的征文获得一等奖。

(省财政投资评审中心供稿)

扎实开展财政投资评审工作

召开评审组长培训会。

在宿松县廉租房项目现场调研。

在外国政府贷款项目现场核实固定资产。

在中小河流治理项目现场测量护坡工程量。

在宿松县开展走基层活动。

进村入户开展问卷调查。

（省财政投资评审中心供稿）

省政府采购中心工作纪实

省委第一巡视组来采购中心视察指导工作。

省直效能建设督查调研组一行来采购中心视察。

省纪委常委、监察厅副厅长刘苹来采购中心视察指导工作。

省财政厅党组副书记、副厅长王林建对采购中心"创先争优"活动进行点评。

省财政厅副厅长左俊接待中国人民银行采购中心调研组一行。

省财政厅副厅长吴天宏出席省卫生厅2011年中医能力建设设备采购项目开标会。

省财政厅纪检组长刘浩到中心调研党风廉政建设工作。

省财政厅副厅长陈军出席项目开标会。

（省政府采购中心供稿）

省政府采购中心工作纪实

省委创先办有关领导莅临采购中心考察调研“为民服务创先争优”工作。

召开服务发展年活动动员大会。

开展2011年度目标责任管理考核评审。

与厅机关党委联合开展“缅怀先烈、重温誓词”主题教育活动。

开展大走访活动。

参加省财政厅迎春联欢晚会。

（省政府采购中心供稿）

财政科研宣传工作

举办2011年度全国财政协作课题第二次研讨会。

省财政厅副厅长左俊在全国财政协作课题研讨会上致辞。

召开全省财政科研暨《安徽财会》宣传工作会议。

召开《安徽财会》宣传工作座谈会。

纪念建党90周年，重温入党誓词。

（省财政科学研究所供稿）

加强注册会计师行业建设

中注协陈毓圭秘书长出席我省行业创先争优活动点评交流暨工作布置会议。

中组部、中国注册会计师行业党委“注册会计师行业系统党建调研组”来皖调研行业党建工作。

省财政厅厅长陈先森走访中国注册会计师协会。

制定行业发展“十二五”规划。

召开省注协、评协五届七次常务理事会。

召开资产评估行业发展座谈会。

注册会计师管理工作剪影

省财政厅厅长陈先森赴注册会计师考试考场巡视。

省财政厅副巡视员陈传文深入会计师事务所调研。

行业党委开展红色主题教育活动。

开展“三八”节建功创业活动。

举办行业第三届“诚信杯”羽毛球比赛。

举办行业新春联欢会。

（省注册会计师协会供稿）

推进财政干部教育培训

财政部部长助理刘红薇深入省财政厅干教中心调研财政干部教育培训工作。

省财政厅副厅长陈军出席乡镇财政干部教育培训会并提出要求。

举办全省市县(区)财政局及厅机关处级干部培训班。

举办干部教育管理岗位培训班。

省财政 干部教育专版

赴泾县开展“缅怀先烈、重温誓词”主题教育活动。

（省财政干部教育中心供稿）

部署开展省级行政事业单位资产清理工作

2011年7月11日，省委、省政府在合肥召开省级行政事业单位资产清理工作动员会议。

省财政厅厅长陈先森宣读资产清理工作方案。

省级行政事业单位资产清理工作领导小组办公室主任、省财政厅副厅长陈军提出工作要求。

省级资产清理领导小组办公室部署全面核查阶段各项工作。

（省行政事业单位资产管理中心供稿）

合肥财政“十二五”开局良好

2011年，合肥市财政实力稳步提升，在全国省会城市中排名第9，实现了争先进位。同时，支出结构进一步优化，有力地支持了全市经济和社会事业的发展，为“十二五”开创了良好的局面。

1月3日，召开合肥财政工作汇报会，全市财税金融工作座谈会召开，省委常委、市委书记孙金龙，市委副书记、市长吴存荣等领导出席会议。

市财政局领导班子研究合肥财政改革与发展新思路。

市财政局国库处被授予全国“巾帼文明岗”荣誉称号。

市财政局布置市本级政府性资金存放商业银行改革工作。

6月18日，首期合肥财政大讲堂拉开序幕，市财政局（投委办）全体工作人员和各县区财政局（投融资中心）班子成员参加学习。

10月30日，合肥市财政系统工作务虚会召开，市财政局领导班子、部门负责人与各县区财政局班子成员一起谋划2012年财政工作。

合肥财政保民生促发展成效显著

2011年，合肥市民生支出达354.7亿元，比上年增长28.5%，占全市财政支出的74.8%，民生工程品牌效应进一步显现。同时，累计投入支持经济发展资金48.4亿元，带动重点骨干企业及一大批中小企业快速发展。

8月23日—24日，省政协副主席郑牧民率省政协委员民生工程巡视评估组来肥考察。

市财政局开展“五级书记带头大走访”活动。

合肥财政多渠道筹集资金，支持城乡基础设施和重点项目建设。

合肥财政兑现工业发展资金8.2亿元，重点鼓励企业扩大投资、节能减排和资源综合利用。

合肥财政投入教育经费4亿元，惠及学生71.36万人。

合肥建成569个农家书屋并全部开放使用。

（合肥市财政局供稿）

合肥财政文明创建喜结硕果

2011 年，合肥市财政局狠抓文明创建和学习型机关建设，各项内部管理工作取得长足进步，营造了心齐、气顺、风正、劲足的良好工作环境和浓厚文化氛围，荣获第三届“全国文明单位”荣誉称号。

7 月 4 日，省文明办领导检查合肥市财政局文明创建情况。

合肥市财政系统职工书画摄影展现场。

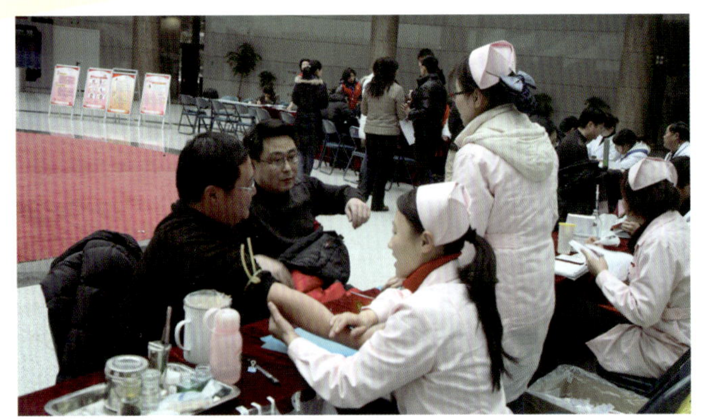

市财政局干部职工踊跃参与义务献血活动。

市财政局开展党员重温入党誓词活动。

组织参加市直机关第九届登山比赛。

开展义务植树活动。

（合肥市财政局供稿）

肥东县财政绘新图

县财政局副局长张东兵陪同省财政厅调研组前往店埠镇进行民生工程大走访。

县财政局局长何斌陪同市政协领导考察县民生工程实施情况。

2011年度春季财政干部培训班上，举办党风廉政建设专题讲座。

县农村财政管理局在县政府广场开展全国第20个税收宣传月活动。

县财政系统业务骨干在安徽财经大学参加培训。

县财政局干部职工深入基层开展民生工程大走访活动。

（合肥市财政局供稿）

肥西县财政工作快速发展

2011 年全县财政系统春训工作会议会场。

全县财政干部参观肥西改革发展成就展。

开展财政干部民生工程大走访活动。

肥西县金融办正式挂牌成立。

山南六合村新建成的村民文化广场。

严店乡苏小新农村建设一角。

长丰县财政开创新局面

省政协副主席郑牧民莅临检查指导工作。

开展财政干部大走访。

开展法制宣传教育。

召开乡镇财政会议谋划全年财政工作。

加强廉政风险防控。

召开银企对接会。

组织文体活动。

走村入户调研。

（合肥市财政局供稿）

巢湖市财政工作阔步向前

部署惠民直达工程工作。

市财政局局长张年明向有关领导汇报财政工作。

财政大力支持农村公益事业。

开展家电下乡及以旧换新宣传活动。

阳光工程合作社社员培训场景。

参加建党 90 周年歌咏比赛。

庐江县财政惠民生促和谐

2011年，庐江县共实施34项民生工程。全年累计投入民生工程资金8.6亿元，受益群众100多万人，民生工程的顺利实施赢得了民心、凝聚了民力、维护了稳定。

开展民生工程宣传月活动。

组织开展“民生情”文艺演出。

投入使用的同大镇综合文化站。

新建的县惠民小区廉租房。

新落成的罗河镇敬老院。

石头镇同心村“一事一议”财政奖补除险加固工程。

（合肥市财政局供稿）

淮北市财政工作展风采

市委副书记、市长牛弩韬视察民生工程。

参加全省财政系统庆祝建党90周年文艺演出获得最佳组织奖。

支持城市建设展新貌。

支持淮北经济开发区新区建设。

相山现代农业综合开发示范区蔬菜大棚种植。

支持建设的淮北淮纺路小学综合教学楼。

淮北市民生工程剪影

淮北市相南街道卫生服务中心。

烈山区新农村建设典型榴园新村。

杜集区高岳街道办事处综合文化站。

烈山区烈山镇农村清洁工程项目垃圾中转站。

百善现代农业综合开发示范区种子金属仓和小麦良种基地。

（淮北市财政局供稿）

宿州市财政工作谱写新篇

市财政局党组开会研究财政工作。

市财政局长王超英到泗县调研“一事一议”财政奖补工作。

市财政局调研员王辉到砀山县开展财政干部大走访活动。

市财政局调研员刘文英到灵璧县实地走访困难户。

市财政局副局长欧亚东慰问困难党员群众。

市财政副局长张建新到灵璧县查看小麦受灾情况。

市财政局纪检组长张民就党建工作大走访。

市财政局副局长谢安到宿州卫校调研助学金情况。

市财政局总会计师潘相明在政策性农业保险会查阅农保资料。

埇桥区财政工作专版

市委书记李宏鸣、副市长李令臣深入埇桥区农业综合开发项目区调研。

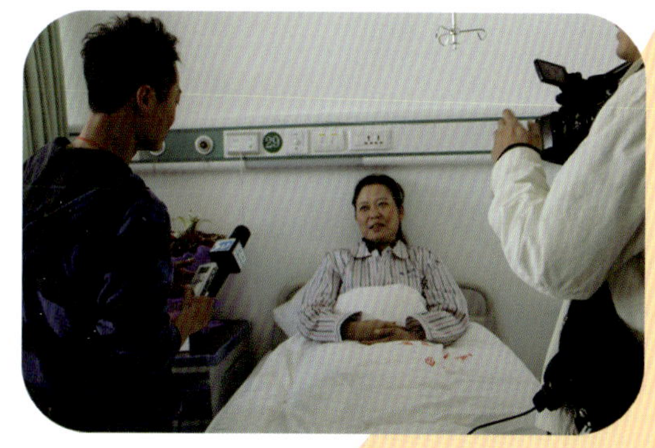

城镇居民医疗保险受益者接受记者采访。

加固后的褚兰中学教学楼。

新落成的宿州市绿洲嘉苑廉租房小区。

曹村镇中心医院综合病房楼全貌。

建成的褚兰镇冯楼村卫生室。

祁县镇初级中学新建教学楼。

（宿州市财政局供稿）

省财政厅纪检组长刘浩一行来萧县看望慰问沈浩同志的母亲。

省财政厅副厅长陈军到萧县督查民生工作。

萧县财政工作成效显著

省财政厅经建处在萧县督查农村饮水安全工程。

县财政局开展争创"四型"机关、争做优秀公仆活动。

春节前夕，县财政局局长刘善安赴帮扶村慰问困难群众。

县财政局领导为获奖单位颁奖。

萧县参加珠心算比赛的部分小选手和老师。

灵璧县民生工程扎实推进

2011年,灵璧县实施32项民生工程,包括补助类15项,工程类15项,培训类2项。累计投入资金8.1亿元,其中中央省级资金6.5亿元,县财政资金1.1亿元,群众自筹0.5亿元。

共建成197个儿童之家、6个留守儿童活动室。

建成154个农家书屋。

建设农村户用沼气1000户。

竣工廉租房632套,总面积31521平方米。

全年农民工技能培训5166人,新型农民培训2520人,农业专业技术培训2300人。

（宿州市财政局供稿）

泗县民生工程深入推进

省政协民生工程巡视评估组督查农村五保户供养及重度残疾人生活救助制度落实情况。

县委、县政府召开民生工程重点督查工作汇报会。

举办“情系民生”政策宣传文艺巡演活动。

建设城乡卫生服务体系。

举办民生工程专业技术培训。

农技专家来到田间地头开展新型农民培训。

廉租住房申请户喜获新居。

全县敬老院统一配装的老年人健身器材。

砀山县财政工作稳步向前

县财政局召开反腐倡廉、依法行政依法理财、文明创建工作动员会。

县财政局局长杨文祥带领班子成员到玄庙镇开展走访活动。

举行政策性农业(果树)保险签约仪式。

县财会信息服务中心举行奠基仪式。

良梨镇汪新庄村修建的环村“一事一议”水泥路工程。

农业综合开发项目——农路工程。

（宿州市财政局供稿）

领导关怀蚌埠财政

省政协副主席李宏塔带队到蚌埠市督查民生工程开展情况，省财政厅副厅长陈军等陪同检查。

市长周春雨、常务副市长张孝成、市人大副主任陈桂林出席2011年全市财政工作会议。

省财政厅副厅长张广寿考察蚌埠市禹会示范区项目建设情况，市财政局局长王莉敏陪同检查。

省财政厅纪检组长刘浩来蚌埠市督查2011年财政各项重点工作进展情况。

财政部社保司副巡视员路英在省财政厅有关领导陪同下来蚌埠市调研。

蚌埠市财政工作剪影

在市财政工作会议上，市财政局局长王莉敏提出建设发展型、民生型、创新型、绩效型财政的奋斗目标。

市财政局局长王莉敏、副局长唐忠利深入农户开展调研。

市财政局召开全体职工廉政工作会议。

市财政局召开全体职工"蚌埠要崛起，我该怎么办"大讨论动员会。

市财政局举办纪念建党90周年暨"创先争优"活动表彰大会。

（蚌埠市财政局供稿）

蚌埠市财政再创佳绩

市财政局局长王莉敏带领机关部门负责人深入基层走访。

全国文明单位

中央精神文明建设指导委员会

2011年9月

继2009年被授予“全国文明单位”称号之后，2011年蚌埠市财政局再获此殊荣。

市财政局领导班子前往市武警支队慰问。

市财政局与胜利街道开展结对帮扶活动。

市财政局代表队参加省财政厅庆祝建党90周年文艺汇演活动并获得优秀组织奖。

（蚌埠市财政局供稿）

界首市财政工作新面貌

大力开展
政风行风建设。

县财政局领导在农业开发项目区督导工作。

财政干部下基层宣传惠农政策。

农村沼气建成
投入使用。

（阜阳市财政局供稿）

临泉县财政倾力保障民生

召开全县民生工程工作会议。

全县民生工程工作推进会场景。

县财政局长李晖到基层走访调研。

部门预算公开展示，接受人大代表监督。

县财政局到基层宣传解读民生政策。

（阜阳市财政局供稿）

服务发展　改革创新

——淮南市财政工作剪影

全面开展服务发展年活动。

积极实施民生工程。

科学理财，民主理财。

开展参与式预算改革。

（淮南市财政局供稿）

倾情开展民生工程大专访
——淮南市财政工作剪影

市财政局局长陈永多在社区卫生服务站调研。

召开座谈会,认真听取群众对民生工程的意见。

深入基层了解民生工程实施情况。

走访群众问计于民。

建立廉政风险防控管理长效机制

——淮南市财政工作剪影

2011年，淮南市财政局被列为市廉政风险防控管理工作试点单位之一。局党组高度重视组织实施，全员主动参与，全局廉政风险防控管理工作实现了步子迈得大、风险切得准、制度定得严、试点显效果的良好局面。

召开廉政风险防控管理试点工作动员大会。

向市领导汇报廉政风险防控管理试点工作。

迎接市政风评议检查组的工作检查。

（淮南市财政局供稿）

努力打造优秀财政文化

——淮南市财政工作剪影

高歌庆祝建党90周年。

加强廉政文化建设,举办廉政征文活动。

组织职工赴淮南舰慰问并接受国防教育。

积极开展各类体育活动。

潘集区财政工作风采

开展绩效创新年活动。

全区民生工程调度会场景。

市财政局领导在潘集区基层卫生所检查工作。

举办民生工程春联大派送活动。

（淮南市财政局供稿）

凤台县民生工程宣传有声有色

县财政局举办民生政策宣传日活动。

群众喜领民生年画。

泼墨挥毫颂民生。

凤台县唱红歌颂民生。

举行民生工程文艺汇演。

民生政策宣传一条路。

（淮南市财政局供稿）

凤阳打造财政新形象

省财政厅有关领导来凤阳开展年度财政工作督查。

省财政厅领导在板桥镇财政所现场检查指导。

组织干部召开收看《永远的忠诚》座谈会。

县财政局在殷涧镇开展财政干部大走访。

县财政局在乡村集镇开展家电下乡政策宣传。

举办2011年新春文艺汇演。

（滁州市财政局供稿）

六安市民生工程成效显著

常务副市长王胜调研农村清洁工程。

市纪委书记牛向阳调研六安市第三光荣院建设。

全市民生工程实施工作暨财税工作会议。

淮南市前来交流民生工程实施工作。

市财政局深入基层走访受益群众。

政风行风热线大型户外直播走进舒城千人桥。

民生工程送大戏看电影启动仪式。

裕安区财政跨上新台阶

区委常委、常务副区长吴广进调研财政工作。

加强队伍建设，提高理财能力春训大会。

裕安区财政局引进工业项目签约仪式。

民生工程在线访谈了解群众诉求。

区财政局局长王化峰到联系村开展“大走访”。

参加区委建党90周年活动。

（六安市财政局供稿）

奋进中的马鞍山财政

财政干部为“四城同创”添砖加瓦。

财政干部深入基层走访。

市城乡义务教育经费保障机制改革暖人心。

开展家电下乡工作检查。

全市广播电视实现“村村通”。

市农村公路“村村通”工程。

市农村中小学D级危房改造。

雨山区财政工作风貌

召开民生工程协调推进会议。

市财政局领导督查雨山区民生工程包保责任制落实情况。

市财政局领导督查校安工程后期管护情况。

财政干部开展大走访活动。

（马鞍山市财政局供稿）

当涂县财政昂首前进

全县财政系统业务培训班现场。

全县财政系统干部参观“马鞍山反腐倡廉教育展”。

举办庆祝建党90周年党课报告会暨重温誓词活动。

财政职工参加全县大合唱。

举办消防安全知识讲座。

（马鞍山市财政局供稿）

芜湖财政助推经济社会大发展

市委市政府领导视察镜湖区电子商务发展情况。

第十届芜湖凤凰美食文化节。

普惠性幼儿园挂牌。

新建楼宇展示经济成果。

举办皖江城市带红酒文化交流会。

万达广场奠基典礼。

（芜湖市财政局供稿）

繁昌县财政工作展露新姿

县长贺东现场督查民生工程建设。

举办2011年财政系统春训班。

召开科所交流汇报会。

召开纪念建党90周年表彰大会。

参加县庆祝建党90周年经典歌曲演唱会。

组织有关人员赴长丰县调研考察。

（芜湖市财政局供稿）

宣州区财政朝气蓬勃

区长郭敬友在洪林项目区蔬菜基地调研。

宣讲民生工程政策。

举办民生工程广场宣传活动。

慰问救助贫困农户。

深入乡村走访。

洪林农业综合开发示范区。

（宣城市财政局供稿）

泾县民生工程成效显著

县民生工程领导组召开工作会议。

深入民生工程现场督查。

新建的民生工程项目。

推进民生工程 建设和谐宁国

市长王普考察民生工程项目。

市领导检查危桥改造工程项目。

召开民生工程工作会议。

召开民生工程工作推进会。

民生工程宣传月活动启动仪式。

开展财政干部大走访活动专题培训。

召开民生工程承担部门服务效能座谈会。

新建的乡镇文化站。

（宣城市财政局供稿）

广德财政展露新颜

部署财政干部大走访活动。

县财政局党员青年志愿者服务队积极服务农运会。

国务院综改办领导在广德县调研。

县财政局到基层走访调研。

财政系统职工参加"三八"节广场舞比赛。

获得第九届安徽省文明单位。

（宣城市财政局供稿）

努力开创铜陵财政工作新局面

财政部党组成员、部长助理刘红薇一行考察铜陵海螺垃圾处理项目，省财政厅党组书记、厅长陈先森陪同考察。

召开全市实施民生工程暨市委中心组理论学习会议。

举办“心系民生、幸福铜陵”民生工程专题文艺晚会。

召开纪念建党 90 周年暨“两优一先”表彰大会。

市财政局召开“四提四促”解放思想大讨论整改提高座谈会。

市财政局积极组织体育活动，丰富职工业余生活。

（铜陵市财政局供稿）

池州市财政工作谱新篇

参加省财政厅庆祝建党 90 周年文艺汇演——《红军鞋》剧照。

市财政局局长李建华深入石台县大山村走访。

2011 年民生工程项目——贵池区马衙街道灵芝村为民服务中心。

2011 年民生工程项目——贵池区洋浦廉租房。

2011 年民生工程项目——石台县小河镇第一敬老院。

举办迎新春文体活动——自行车慢骑比赛。

（池州市财政局供稿）

奏响安庆财政工作强音

省财政厅副厅长张广寿在安庆督查财政工作。

市政府与县区政府签订民生工程目标责任书。

市财政局局长王赵春深入基层调研。

市财政局党组召开"七一"表彰大会。

财政干部职工参加市直机关"民生杯""党在我心中"诗歌朗诵比赛。

在凤阳县小岗村设立党员教育基地。

（安庆市财政局供稿）

岳西县财政工作成果显著

财政部乡镇财政资金监管检查组莅临岳西县检查。

省财政厅副厅长吴天宏在来榜镇考察乡镇财政资金监管情况。

天堂镇城东社区2011年竣工的廉租房。

县财政局局长李爱群在全国第二期基层财政干部培训会议上作交流发言。

使用财政扶贫资金建设的冶溪镇琥珀村茶园。

新落成的响肠镇敬老院。

宿松县民生工程见成效

病险水库除险加固工程(东山水库)。

村级卫生室一角。

祝湾危桥改造工程。

凉亭镇一事一议项目。

新落成的柳坪敬老院。

农村公路村村通。

校安工程让学校面貌焕然一新。

许屋垅廉租房解决贫困村民住房困难。

(安庆市财政局供稿)

黄山区财政工作显风采

财政法制宣传教育工作受到财政部表彰。

举办创先争优活动专题党课。

区财政局领导慰问困难群众。

红歌大合唱。

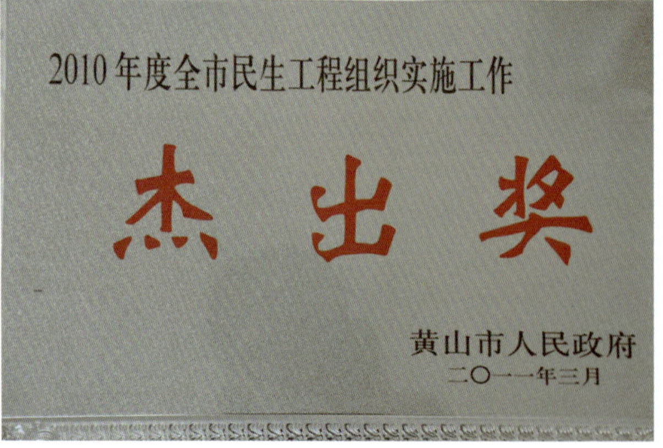

荣获全市民生工程组织实施工作杰出奖。

休宁县财政工作阔步迈进

国家发改委副主任杜鹰调研新安江水资源与环境保护工作。

省财政厅副厅长左俊调研新安源公司有机茶叶基地。

县委书记陆群调研高标准大棚蔬菜基地建设。

县财政局局长汪川(中)做客“在线访谈”解答民生问题咨询。

与消防官兵一起共庆建军节。

农业综合开发项目——荣山2000亩茶园基地综合治理。

(黄山市财政局供稿)

图书在版编目(CIP)数据

2012安徽财政年鉴/安徽省财政厅编.—合肥:安徽人民出版社,2012.11

ISBN 978-7-212-05851-7

Ⅰ.①安… Ⅱ.①安… Ⅲ.①地方财政-安徽省-2012-年鉴
Ⅳ.①F812.754-54

中国版本图书馆CIP数据核字(2012)第255175号

2012安徽财政年鉴

安徽省财政厅　编

出 版 人:胡正义
责任编辑:汪双琴　　　　装帧设计:万　勇　胡辰晨

出版发行:时代出版传媒股份有限公司 http://www.press-mart.com
安徽人民出版社 http://www.ahpeople.com
合肥市政务文化新区翡翠路1118号出版传媒广场八楼
邮编:230071
营销部电话:0551-3533258　0551-3533292(传真)
制　　版:安徽省财政厅印刷厂
印　　制:安徽省财政厅印刷厂
(如发现印装质量问题,影响阅读,请与印刷厂商联系调换)

开本:889×1194　1/16　印张:39.5　字数:1168千
版次:2012年11月第1版　2012年11月第1次印刷

标准书号:ISBN 978-7-212-05851-7　定价:260.00元(精)

目　录

工作纪实

全省财政工作篇

全省财政工作概述

财政专项工作概述

财政分项工作概述

财政学会和研究会工作概述

市县(区)财政工作篇

合肥市财政工作概况

淮北市财政工作概况

亳州市财政工作概况

宿州市财政工作概况

蚌埠市财政工作概况

阜阳市财政工作概况

淮南市财政工作概况

滁州市财政工作概况

六安市财政工作概况

马鞍山市财政工作概况

芜湖市财政工作概况

宣城市财政工作概况

铜陵市财政工作概况

池州市财政工作概况

财政部门大事篇

财经规章篇

省政府行政规章

省财政厅规范性文件

财经调研篇

财经论文及调研报告

财经统计篇

全省财经统计资料

各市财经统计资料

财政机构人员篇

附录篇

财经文献篇

省委省政府重要财经文件

深入贯彻落实科学发展观 为建设经济繁荣生态良好社会和谐人民幸福的美好安徽而奋斗

——在中国共产党安徽省第九次代表大会上的报告

中共安徽省委书记 张宝顺

（2011年10月26日）

同志们：

现在，我代表中国共产党安徽省第八届委员会向大会作报告。

中国共产党安徽省第九次代表大会，是在全国上下热烈庆祝建党90周年，我省“十二五”顺利开局的新形势下召开的一次重要会议。大会的主题是，高举中国特色社会主义伟大旗帜，以邓小平理论和“三个代表”重要思想为指导，深入贯彻落实科学发展观，系统总结省第八次党代会以来的工作，科学确立未来五年的奋斗目标和重点任务，进一步动员全省广大党员和各族人民，凝心聚力，抢抓机遇，求真务实，开拓创新，不断把科学发展、全面转型、加速崛起、兴皖富民大业推向前进。

一、过去五年的工作

省第八次党代会以来，面对复杂多变的宏观经济环境和艰巨繁重的改革发展任务，省委认真落实党的十七大精神和中央各项战略决策，先后就推进自主创新、承接产业转移、加快皖北发展、加强和创新社会管理、深化文化体制改革、制定“十二五”规划等关系全局的重大问题作出部署，积极探索具有安徽特色的科学发展之路。全省各级党组织团结带领广大党员和干部群众，抢抓国家促进中部崛起和扩大内需战略机遇，全面加强经济建设、政治建设、文化建设、社会建设以及生态文明建设，推进党的建设新的伟大工程，胜利完成省第八次党代会确定的目标任务，各项事业取得新的巨大成就。

一是综合实力跃上崭新平台。大力实施六大战略，强力推进“861”行动计划，有效应对国际金融危机冲击，经济发展的稳定性、协调性和可持续性显著增强。“十一五”期间，全省生产总值翻一番以上，达到12359亿元；财政收入增长2.1倍，达到2064亿元。投资支撑力明显提升，高速铁路、高速公路、治淮骨干工程等一批重大基础设施相继建成，发展条件大幅改善。今年以来，全省经济继续保持平稳较快发展，前三季度，生产总值增长13.8%，财政收入增长34.3%，固定资产投资增长30.6%，社会消费品零售总额增长18%，实现“十二五”良好开局。

二是经济结构调整成效显著。新农村建设稳步推进，农业基础地位不断巩固，现代农业产业体系加快构建，粮食总产连创历史新高。工业主导地位和自主创新引领作用更加凸显，高新技术产业和战略性新兴产业迅速发展，国家级创新型试点企业数和高新技术企业数均居中部首位，三次产业结构由18.1:42:39.9调整为14:52.1:33.9。中心城市带动作用进一步提升，城镇化率由35.5%提高到43.2%。生态文明建设深入开展，“十一五”节能减排目标顺利实现。事关长远发展的战略平台建设取得重大突破，国家级皖江城市带承接产业转移示范区建设开局良好，合芜蚌自主创新综合试验区和国家技术创新工程试点省建设进展顺利，合肥经济圈建设加快推进，皖北发展势头强劲，一批经济强县快速崛起。特别是部分行政区划调整平稳顺利实施，为进一步优化中心城市战略布局、打造核心增长极创造了有利条件。

三是改革开放迈出坚实步伐。新一轮政府机构改革全面完成，政府职能加快转变，事业单位改革稳步实施。农村综合改革向纵深推进，在全国率先完成乡镇机构改革任务，城乡一体化综合配套改革试点扎实开展，集体林权制度主体改革任务基本完成。基层医药卫生体制综合改革成效显著，在全国率先实现基本药物制度基层全覆盖。国有企业战略性重组取得新的进展，非公有制经济比重显著提升。地方金融体系逐步完善，合肥金融后台服务基地建设扎实推进。东向发展实现重大突破，与长三角一体化发展取得实质性进展，与珠三角战略合作持续深化，与央企、知名民企合作发展长效机制初步建立，与港澳台地区经贸交流日益密切，中博会、徽商大会、经贸文化宝岛行等活动成功举办，全方位对外开放格局进一步形成。

四是人民群众生活大幅改善。城乡居民收入较快增加，“十一五”期间，城镇居民人均可支配收入达15788元，年均增长13.3%；农民人均纯收入翻了一番，达到5285元，年均增长14.9%，增速居全国第一。积极探索以项目化手段、工程化措施发展民生事业，创造性实施民生工程，累计投入1243亿元，普惠全省城乡居民。社会保障体系不断完善，五项社会保险制度全面实施，养老保险实现省级统筹，最低生活保障制度实现城乡全覆盖，新型农村社会养老保险试点稳步推进。群众居住条件不断改善，保障性安居工程加快建设。对革命老区、山区、库区、沿淮行蓄洪区和少数民族聚居地区扶持力度持续加大。援藏、援疆工作扎实开展，对口支援四川松潘县恢复重建任务圆满完成。

五是文化建设取得重要进展。党的理论创新成果深入人心，社会主义核心价值体系建设扎实推进，群众性精神文明创建活动深入开展，公民道德水平和城乡文明程度不断提升。始终坚持正确导向，舆论环境持续优化。文化体制改革走在全国前列，改革重点任务全面完成。文艺创作精彩纷呈，推出了一批在全国有影响的精品力作和文化品牌。文化惠民工程加快实施，一批重点文化设施相继建成，公共文化服务体系框架初步建立。文化产业异军突起，一批骨干文化企业、文化产业基地迅速壮大，新型文化业态加速发展。文化“走出去”步伐加快，安徽文化的辐射力和影响力进一步扩大。

六是社会建设取得长足进步。各项社会事业全面发展，基本公共服务水平不断提升。产学研一体化建设步伐加快，科技对发展的支撑作用明显增强。城乡免费义务教育全面实行，职业教育大省建设积极推进，高等教育“双百”工程圆满完成。城镇医疗保障基本实现应保尽保，新型农村合作医疗制度普遍推开，城乡公共卫生和医疗服务体系日渐完善，人民健康水平不断提高。就业总量稳步增长，就业形势保持稳定。人口和计划生育工作水平进一步提升。全民健身和竞技体育取得新成绩，成功举办第四届全国体育大会。平安安徽建设有序开展，社会管理体制逐步完善，数字化社会治安防控体系初步建成，矛盾纠纷排查调处和公共应急管理机制日益健全，和谐社区建设成效明显，信访秩序不断好转，安全生产形势总体平稳，社会大局和谐稳定，人民群众安全感逐年提升。

七是民主法制建设扎实推进。坚持人民代表大会制度，支持人大及其常委会依法履行职责，加强经济社会领域立法，创新代表议案建议办理，增进监督工作实效，人大工作呈现新局面。坚持和完善中国共产党领导的多党合作和政治协商制度，丰富政治协商形式，完善民主监督机制，拓宽参政议政渠道，履行职能制度化、规范化、程序化水平不断提高。爱国统一战线不断巩固和壮大，民族、宗教、侨务和对台工作取得新进展。工会、共青团、妇联等人民团体的优势和作用充分发挥。依法治省进程加快，“五五”普法全面完成，科学执政、民主执政、依法执政水平持续提高，基层群众自治机制日益完善。行政管理体制改革不断深化，机关效能建设成效明显。坚持军民融合式发展，国防后备力量建设不断加强，军政军民团结的大好局面进一步巩固。

八是党的建设得到全面加强。学习型党组织建设扎实开展，深入学习实践科学发展观活动成效显著，广大党员干部的思想政治素质和推动科学发展能力明显提高。干部人事制度改革深入推进，市县乡三级党委换届圆满完成，领导班子和干部队伍建设持续加强，各类人才队伍蓬勃发展。坚持和健全民主集中制，不断完善党的领导方式和执政方式，党的建设制度化水平进一步提升。深入开展创先争优活动，涌现出沈浩、王坤友、周世友、房玫、王现伟、吴群等一批全国重大先进典型，基层党组织的创造力、凝聚力、战斗力切实增强。隆重举行纪念改革开放30周年、新中国成立60周年和建党90周年等重大活动，进一步凝聚了党心民心。着力优化政治生态，切实加强和改进新形势下群众工作，干部队伍作风明显好转，干事创业的良好氛围日益浓厚。深入开展党风廉政建设和反腐败斗争，严肃查处了一批违纪违法案件，惩治和预防腐败体系不断完善，反腐倡廉工作取得新进展。

过去的五年，是安徽发展史上极不平凡的五年，是综合实力提升最快、城乡面貌变化最大、人民群众得益最多，向着全面建设小康社会阔步前进的五年。五年的成就来之不易。这是党中央坚强领导、亲切关怀的结果，中央政治局各位常委和其他中央领导同志多次来安徽视察，特别是2008年胡锦涛总书记两次亲临我省，作出重要指示，提出明确要求，为我们指明了前进方向，增添了强大动力。这是全省各级党组织带领广大党员和干部群众同心同德、艰苦奋斗的结果，全省人民共同谱写了安徽现代化建设光辉灿烂的壮丽篇章。在此，我代表中共安徽省第八届委员会，向全省广大党员和各族人民，向各民主党派、各人民团体和社会各界人士，向驻皖解放军和武警部队，向所有关心支持安徽改革开放和现代化建设的海内外朋友，表示衷心的感谢！

总结五年来的工作，我们的主要体会是：必须坚持以科学发展观为统领，始终把发展作为解决安徽一切问题的“总钥匙”，在发展中促转型，在转型中谋发展，努力实现又好又快发展；必须坚持解放思想、实事求是、与时俱进，把中央精神与安徽实际结合起来，在深化省情认识中完善发展思路，在贯彻宏观调控中抢抓政策机遇，牢牢把握发展主动权；必须坚持深化改革、扩大开放，把激活内力与借助外力结合起来，积极拓展发展新空间，着力构筑竞争新优势，为经济社会发展提供制度保障和不竭动力；必须坚持以人为本、执政为民，把保障改善民生作为一切工作的出发点和落脚点，不断从人民群众中汲取智慧和力量，始终保持党同人民群众的血肉联系；必须坚持党要管党、从严治党，以党的执政能力建设和先进性建设为主线，着力提高各级干部领导科学发展的能力和水平，着力营造风清气正、干事创业的良好政治生态，为加速崛起、兴皖富民提供坚强政治保证。

在充分肯定成绩的同时，我们也清醒地看到工作中还存在不少困难和问题，主要是：发展不足、发展不优的问题仍然突出，资源环境约束不断强化，产业转型升级任务艰巨，经济社会发展中“两难”问题增多；城乡区域良性互动、协调发展的局面尚未形成，农业基础薄弱，农民持续增收难度增大；社会转型时期的矛盾更加凸显，统筹协调各方利益关系的难度不断加大，公共服务和社会保障水平有待提高，社会管理创新面临一系列新挑战；一些党员干部对加快转变经济发展方式的重要性认识不足，领导科学发展的能力不强，少数党员干部精神懈怠、作风飘浮、脱离群众、消极腐败，落实党要管党、从严治党的任务比以往任何时候都更为繁重、更为紧迫。对此，我们必须高度重视，采取更加有力的措施认真加以解决，不辜负全省人民的期望和重托。

二、坚定不移走科学发展道路

当前和今后一个时期，国际国内环境继续发生深刻变化，经济全球化和区域经济一体化深入发展，科技创新和经济转型处于新的孕育期，国内外产业转移方兴未艾，我省加快发展的外部环境总体有利，但不确定不稳定因素也会增多。未来五年，安徽经济社会发展呈现新的阶段性特征，工业化、城镇化、农业现代化加速推进，综合实力和核心竞争力显著增强，人民生活水平同步提高，既是大有可为的黄金发展期，也是错综复杂的矛盾凸显期。我们要科学把握发展规律，主动适应环境变化，抢抓机遇，乘势而上，努力把经济社会发展推向新的更高水平。

今后五年全省工作的指导思想是：高举中国特色社会主义伟大旗帜，以邓小平理论和“三个代表”重要思想为指导，深入贯彻落实科学发展观，紧紧围绕科学发展主题和全面转型、加速崛起、兴皖富民主线，坚持工业化城镇化双轮驱动，坚持转型发展、开放发展、创新发展、和谐发展，全面推进社会主义经济建设、政治建设、文化建设、社会建设以及生态文明建设，不断提升党的建设科学化水平，努力建设经济繁荣、生态良好、社会和谐、人民幸福的美好安徽。

贯彻这一指导思想，关键是要在科学发展观指导下，推动经济社会全面转型，努力走出“六条新路”，确保转变经济发展方式取得重大进展。

——更加突出改革开放，走出中部地区科学承接、跨越崛起的新路子。安徽今天发展的大好局面靠的是改革开放，未来发展也必须坚定不移依靠改革开放。我们要进一步弘扬敢为人先的创新精神，解放思想，锐意改革，坚决破除一切妨碍科学发展的思想观念和体制机制弊端，为经济社会发展注入强大动力。

要充分发挥内陆开放前沿的区位优势，充分利用国家级皖江城市带承接产业转移示范区战略平台，积极参与长三角区域发展分工合作，全面扩大对内对外开放，加速融入国际国内经济大循环，以大开放实现新跨越。

——更加突出创新驱动，走出资源性产业大省结构优化、转型升级的新路子。面对资源环境的刚性约束和更加激烈的市场竞争，我省传统产业优势日趋弱化，迫切需要加快产业转型升级，培育新的竞争优势。我们要坚持把自主创新作为结构调整的中心环节，深入推进合芜蚌自主创新综合试验区和国家技术创新工程试点省建设，快速突破战略性新兴产业，做大做强传统优势产业，加快发展现代服务业，促进三次产业在更高水平上协调发展、融合发展，加快构建更具竞争力的现代产业体系。

——更加突出统筹发展，走出农业大省城乡一体、区域联动的新路子。我省城镇化水平总体较低，区域差异很大，统筹发展的任务还很繁重。我们要坚持新型工业化和新型城镇化双轮驱动，同步推进农业现代化，把培育壮大中心城市和城市群摆在优先位置，积极发展中小城市，大力发展县域经济，加快新农村建设步伐，努力构建城乡一体化发展新格局。要全面实施主体功能区规划，完善科学考核评价体系，引导各地充分发挥比较优势，加大对困难地区支持力度，努力形成区域竞相发展、协调发展的生动局面。

——更加突出生态文明，走出后发地区低碳环保、持续发展的新路子。青山绿水是我省的靓丽品牌和宝贵财富，也是重要的竞争优势和发展潜力，决不能以牺牲资源环境为代价求得一时发展。我们要按照生态环境优美、宜居宜业宜游的要求，把能源资源节约和生态环境保护摆上更加重要的战略位置，坚持在开发中保护、在保护中开发，努力实现经济发展与人口资源环境相协调。

——更加突出人才优先，走出人口大省素质提升、科教兴皖的新路子。区域竞争归根结底是人才的竞争，加速崛起关键取决于人的素质。我们要进一步强化人才资源是第一资源的理念，主动顺应产业升级和社会转型的需要，着力优化基础教育，大力发展职业教育，全面提高高等教育质量，加快培养引进创新型科技人才、经济社会发展重点领域专门人才和高技能人才，培养一大批创业型人才，进一步完善人才激励机制，充分激发各类人才的创造活力，培育素质型人口红利新优势，为经济社会发展提供强大智力支撑。

——更加突出富民导向，走出发展中省份普惠民生、和谐发展的新路子。保障和改善民生是发展的根本目的，只有民生持续改善，经济增长才有持久动力，社会才能长治久安。我们要坚持尽力而为、量力而行，在加快经济发展的基础上，更加重视改善民生和发展社会事业，更加重视提高城乡居民收入，更加重视维护社会公平正义，努力使发展成果更好地惠及全省人民，不断提升群众幸福指数，确保社会和谐稳定、人民安居乐业。

今后五年，我们的奋斗目标是：全面完成“十二五”规划目标任务，努力打造“三个强省”，加快建设美好安徽，为全面建成小康社会打下具有决定性意义的基础。

——努力打造加速崛起的经济强省。奋力走在中部崛起前列，实现生产总值、财政收入、城乡居民收入、战略性新兴产业增加值和服务业增加值翻一番。结构调整取得重大进展，经济国际化水平显著提升，形成一批具有自主品牌、核心技术和国际竞争力的新兴产业和骨干企业，努力成为全国重要的先进制造业基地、战略性新兴产业基地、优质农产品供应及加工基地和内陆开放新高地。

——努力打造充满活力的文化强省。社会主义核心价值体系深入人心，全省人民思想道德素质、科学文化素质和健康素质不断提高，科技教育事业全面进步，自主创新能力进入全国先进行列。诚信合作、创新创业的精神风尚进一步弘扬，奋发进取、理性平和、开放包容的社会心态进一步形成，信用安徽建设取得实质性进展。文化创新能力显著增强，惠及全民的公共文化服务体系基本形成，文化产业成为重要支柱产业，文化软实力和影响力持续提升。

——努力打造宜居宜业的生态强省。生态文明观念在全社会牢固树立,节约资源和保护生态环境的产业结构、增长方式、消费模式加快形成。资源能源综合利用效率大幅提升，节能减排任务全面完成。水利发展实现新的跨越,淮河、巢湖等重点流域水环境质量明显好转,基本实现江河安澜、人水和谐。城乡环境面貌变化显著,森林覆盖率稳步提高,争创一批国家森林城市和园林城市,培育建设一大批美丽乡村,江淮大地山更青、水更绿,成为全国重要的旅游休闲基地和创新创业高地。

我们坚信,经过全省上下共同努力,五年后的安徽,科学发展一定会再上新台阶,人民生活一定会更幸福,崛起中的安徽一定会更美好!

三、全力推进经济又好又快发展

加速崛起进程,必须坚持发展是硬道理,牢牢扭住经济建设这个中心,抢抓国家扩大内需战略机遇，切实把全面转型贯穿经济社会发展全过程,着力提升发展质量和效益,努力保持经济又好又快发展势头,不断夯实兴皖富民的强大物质基础。

(一)加快产业转型升级步伐。推动产业结构调整是加快转变经济发展方式的主攻方向,要坚定不移走新型工业化道路,推动传统产业新型化、新兴产业规模化,突出产业特色,坚持错位发展,加快构建现代产业体系，全面提升产业素质和核心竞争力。把扩大有效需求作为转型升级的主抓手,深入实施“861”行动计划,着力优化投资结构,加快谋划建设一批牵动性强、综合效益好的重大项目;优化消费环境,促进消费结构升级,进一步增强经济增长的内生动力。把培育发展战略性新兴产业作为转型升级的突破口,围绕电子信息、节能环保、新能源、生物、高端装备制造、新材料、新能源汽车、公共安全等重点领域,进一步聚焦力量,强化政策支持,创新体制机制,全力持续推进,加快形成若干支撑未来发展新的支柱产业。把改造提升传统优势产业作为转型升级的重大任务,调整优化能源原材料产业,巩固提升汽车、家电、装备制造等优势产业,促进基础产业和加工制造业做强做优。把推动服务业大发展作为转型升级的战略重点,加快发展现代物流、金融、商务、服务外包、研发等生产性服务业,大力发展商贸、文化旅游、家庭服务、体育休闲等生活性服务业,推进规模化、品牌化、网络化经营,显著提高服务业比重和水平。按照布局集中、节约集约、环境友好的要求,建立健全分工协作体系,强化产业配套能力,推进企业兼并重组,加快培育一批千亿元企业、千亿元产业和千亿元园区。

(二)推动城镇化快速健康发展。城镇化的过程就是经济社会现代化的过程，要根据综合承载能力,加快构建更加合理的城市化战略格局,促进大中小城市和小城镇协调发展。提升中心城市能级是推进城镇化的首要任务，要以行政区划调整为契机,大力提高城市规划、建设和管理水平,支持合肥建设全国有影响力的区域性特大城市;支持芜湖次中心城市建设,推进芜马跨江联动发展,加快铜池一体化进程，共同构建滨江组团式城市群发展格局;推动阜阳、蚌埠、安庆、黄山建设成为重要的区域中心城市;加快淮北、淮南、马鞍山、铜陵等资源型城市转型步伐;促进亳州、宿州、滁州、六安、宣城等城市完善综合功能,提升承载力和带动力。壮大县域经济是兴皖富民的重要基础,要以推进扩权强县改革为抓手,加快建设一批经济强县,着力提升县域工业化城镇化水平,支持基础条件好的县城和重点镇提质扩容,努力打造一批特色鲜明的中小城市。加快农民市民化进程是推进城镇化的核心环节,要以深化户籍制度改革为切入点,下大力气解决进城农民在就业、住房、社保、医疗卫生、子女教育等方面的突出问题,逐步实现基本公共服务由户籍人口向常住人口全覆盖。

(三)加大社会主义新农村建设力度。农业、农村、农民问题事关全面建设小康社会大局,要全面落实强农惠农政策,认真贯彻“三化同步”战略部署,深入推进农业结构调整,切实转变发展方式,促进农民收入持续较快增长,推动“三农”现代化不断取得实质性进展。以现代农业示范区建设为突破口,以农业科技创新为支撑,大力发展高产优质高效农业,加大对粮食主产区支持力度,全面实施新增粮食生产能力规划,加快发展标准化、规模化畜禽养殖,积极培育林特产业,显著提升农业综合生产能力;深入实施农业产业化转型倍增计划,着力培育一批“国字号”品牌和领军企业,打造一批百亿元产业集群,推动农产品加工业精深化、品牌化、集群化发展,加快构建现代农业产业体系。科学编制村镇建设和村庄布点规划,以中心镇、中心村为载体,以土地整治整村推进为抓手,大力实施农村危房改造和村庄整治，引导农民适度集中居住，强化基础设施和公共服务建设，打造一批布局合理、特色鲜明、设施配套、环境整洁的新型农村社区。农村改革已进入城乡联动新阶段，要以激活生产要素为核心，全面加强农村制度建设，力争继续走在全国前列。创新农业经营机制，大力培育龙头企业、农民专业合作社、家庭农场、种养大户等现代农业经营主体，健全农业社会化服务体系，不断提高农业规模化、组织化水平；开展农村土地产权制度改革试点，推进征地制度改革，加快建立城乡统一的建设用地市场，完善农村宅基地制度，保障农户宅基地用益物权；深化农村金融改革，加快农村银行发展步伐，积极发展农村小型金融组织和小额信贷，大力发展农业保险，创新抵押担保方式，积极构建符合农业特点和农民需求的现代农村金融体系。

（四）大力推进自主创新。增强自主创新能力是塑造竞争新优势的根本途径。以合芜蚌自主创新综合试验区为重点，深入推进国家技术创新工程试点省建设，加快构建以企业为主体、市场为导向、产学研相结合的技术创新体系，努力打造在全国具有影响力的自主创新高地。顺应产业升级趋势和市场需求导向，凝练实施一批重大科技攻关项目，着力突破一批关键共性技术，不断强化科技对经济发展的引领和推动作用。积极推动协同创新，加强产学研战略联盟、技术服务平台和交易平台建设，加速科技成果向现实生产力转化，打造更多具有国际竞争力的创新企业、新兴产业和自主品牌。充分发挥国家赋予合芜蚌自主创新综合试验区政策效应，完善鼓励自主创新的法制保障、政策体系、激励机制、市场环境，大力培育引进创新型人才、领军人才和创新团队，进一步激发全社会创新活力。

（五）促进区域经济协调发展。安徽区域特色鲜明，必须按照主体功能区战略的总体要求，坚持因地制宜、分类指导、科学考核，加快形成人口、经济、资源环境相协调的国土空间开发格局。高水平建设皖江城市带承接产业转移示范区，做大做强合肥经济圈，加快推进江北、江南集中区建设，着力培育一批承接产业转移园区，加快构建以先进制造业和现代服务业为主导的产业体系，充分发挥圈带聚合效应，打造引领安徽崛起的重要增长极。加快皖北地区发展步伐，完善政策支持体系，着力改善发展条件，强化资源深度开发和综合利用，培育壮大煤电、食品、医药、商贸物流等优势产业，大力发展劳动密集型产业，加速工业化城镇化和农业现代化进程，努力成为兴皖富民的新支撑。深入推进皖南国际旅游文化示范区建设，努力建成世界一流的旅游观光度假地。支持大别山等革命老区充分发挥生态环境、红色旅游等特色资源优势，实现绿色发展，加快兴区富民。加大对山区、库区、沿淮行蓄洪区、江淮分水岭地区的扶贫开发力度，显著改善生产生活条件。

（六）强化基础承载能力。顺应区域经济一体化趋势，构建结构合理、功能齐全的基础设施体系，夯实加速崛起的基础支撑。抓住国家加快水利改革发展历史性机遇，全面实施水利安徽战略，突出加强农田水利建设，大力推进新一轮治淮工程，加快长江干流河道整治和主要支流治理，加大中小河流治理力度，认真做好病险水库水闸除险加固，推进引江济淮（巢）等骨干水资源配置工程，加强城市水利建设，积极构建与全面小康社会基本适应的现代水利支撑体系。按照适度超前原则，加快铁路客运专线、城际铁路和主要铁路枢纽建设，加强高速公路和国省干线公路建设，积极推进过江通道建设，大力实施县乡公路改造、危桥加固改造和安全保障工程，提高重要港口和干支流航道等级，优化机场布局，完善城市公共交通系统，加快形成便捷、安全、高效的现代化综合交通运输体系。加大能源输送通道建设力度，积极推进智能电网建设，大力实施新一轮城乡电网建设与升级改造，加快完善成品油和天然气管道网络，切实保障能源安全供给。推动信息化与工业化深度融合，积极开展下一代信息基础设施建设，稳步推进“三网融合”，积极发展物联网产业，大力推进社会管理和服务信息化，显著提升经济社会信息化水平。

（七）继续深化改革开放。积极推进行政管理体制改革，加快事业单位分类改革步伐，切实转变政府职能，着力提升行政效能，打造一流发展环境。强力推进国有企业改革，完善法人治理结构，加快产权多元化改造和兼并重组步伐，健全国有资产监管体制；落实支持非公有制经济加快发展的政策措施，加强对非公有制经济的服务指导和规范管理，健全中小企业社会化服务体系，培育更多富有活力和竞争力的市场主体。围绕推进基本公共服务均等化和主体功能区建设，进一步完善公共财政体系，健全财政转移支付制度,加快构建有利于科学发展的财税体制机制。创新基本公共服务提供方式,引入竞争机制,扩大购买服务,推动形成多元参与、公平竞争的服务格局。积极推进金融改革创新,完善地方金融体系,引进更多境内外金融机构,大力发展多种金融业态,拓宽融资渠道,扩大社会融资总量,加强地方金融监管,不断提高金融服务经济发展能力。扩大开放是转型发展的强大动力和加速崛起的必由之路,要深化与长三角区域分工合作,加强与珠三角、港澳台、央企、知名民企战略合作,创新招商引资方式,显著提升利用内外资质量和水平;加快转变外贸发展方式,培育更多外贸主体,不断优化外贸结构,积极拓展国际经济合作的空间和途径,支持有条件企业"走出去",努力形成全方位、多层次、宽领域的开放合作格局。

四、显著提高人民生活水平

提高人民生活水平是发展经济之本、加快转型之源、促进和谐之基。要顺应人民群众过上更好生活新期待,坚持以人为本、富民优先,扎实推进民生工程,全面实施居民收入倍增规划,加快完善保障和改善民生的制度安排,坚定不移走共同富裕道路,尽快让全省人民过上更加殷实的小康生活。

(一)千方百计提升就业水平。扩大就业是改善民生的头等大事。要实施就业优先战略,健全政府引导和市场调节相结合的机制,努力实现更加充分、更为公平、更高层次的就业。坚持发展经济与扩大就业并举,在推动产业升级的同时,注重发展就业容量大的服务业、劳动密集型产业,促进就业稳定增长。统筹城乡和区域劳动力布局,加快城乡就业一体化,深入开展皖江皖北就业对接活动,研究制定区域人口转移就业和落户政策,实现经济发展水平、综合承载能力与人口分布相协调。完善政府就业服务体系,强化对高校毕业生、农村转移劳动力、城镇就业困难人员等重点人群的就业服务,尤其要加强和改进对农民工的技能培训,着力提升就业技能和就业质量。认真贯彻执行各项劳动法律法规,建立健全劳动关系协调、劳动监察执法和劳动纠纷调处机制,维护劳动者合法权益,构建和谐劳动关系。

(二)充分激发全民创业活力。推进创业是居民增收致富、提高生活水平的持久动力。要大力弘扬创业精神,积极培育创业文化,努力营造崇尚创业、支持创业、竞相创业的良好风尚。大力培育创业主体,坚持招商引资与培育本土企业相结合,全面落实各项政策措施,健全公平竞争、充满活力的创业机制,推动小微型企业大发展。深入开展创建创业型城市活动,以扶持大学生和农民工创业为重点,完善财税金融支持政策,健全创业服务体系,推进创业基地建设,为创业者提供最大的支持、最优的服务。

(三)加快完善社会保障体系。社会保障是民生安全网。要按照"广覆盖、保基本、多层次、可持续"的方针,加快健全覆盖城乡居民的社会保障体系。继续扩大社会保险覆盖面,着力提高统筹层次,逐步提高保障标准。健全养老保险体系,推进城镇职工养老保险扩面提标,加快机关事业单位养老保险制度改革,开展城镇居民社会养老保险试点,2012年实现城乡居民社会养老保险制度全覆盖。完善城镇职工、城镇居民医疗保险和新型农村合作医疗制度,努力构建城乡一体化的基本医疗保障体系。进一步完善工伤、失业、生育保险制度,健全城乡居民最低生活保障制度,加强社会救助体系建设。促进房地产市场健康发展,加强保障性住房建设,力争到2015年城镇保障性住房覆盖面达到20%。

(四)深化收入分配制度改革。合理的收入分配制度是社会公平的重要体现。要坚持"提低、扩中、调高"的政策导向,加大政府对初次分配和再分配的调控力度,大幅增加低收入者收入,持续扩大中等收入群体,显著减少贫困人口,着力扭转收入差距扩大的趋势。深化工资制度改革,推进工资集体协商,发展企业年金,完善公务员工资制度,分类推进事业单位收入分配制度改革,建立离退休人员工资待遇动态增长机制,稳步提高最低工资标准。加大对群众财产权益的保护力度,创造条件让更多的群众拥有财产性收入。

五、大力加强和谐社会建设

加强社会建设是科学发展的重要任务,是全面转型的内在要求。当前,我省正处在经济社会加速转型的关键时期,社会建设面临的形势更加复杂,任务更加繁重,要切实把社会建设摆上更加突出的位置,努力实现经济发展与社会进步协调推进。

(一)加快发展社会事业。发展社会事业与人民幸福息息相关。要大力推进基本公共服务均等化,提高公共产品和公共服务保障水平,推动公共资源向农村倾斜、向贫困地区倾斜,逐步缩小城乡之间、区域之间基本公共服务差距。坚持优先发展教育,确保经济社会发展规划优先安排教育发展、财政资金优先保障教育投入、公共资源优先满足教育和人力资源开发需要,大力实施中长期教育改革和发展规划纲要,着力建设更加均衡的基础教育、更具特色的职业教育和更高质量的高等教育,不断提高人民群众对教育工作的满意度。深化科技体制改革,加强科学技术普及,提高人民群众科学素养,充分激发广大科技工作者和全社会的创新活力。深化医药卫生体制改革,加强基层医疗卫生服务体系和人才队伍建设,完善基本药物供应保障体系,积极稳妥推进公立医院改革,努力为人民群众提供安全、有效、方便、价廉的医疗卫生服务。广泛开展全民健身运动,不断提高人民群众健康素质,着力提升竞技体育水平。完善人口与计划生育政策,促进人口长期均衡发展,积极应对人口老龄化。切实保障妇女、儿童合法权益。支持残疾人事业发展。

(二)加强和创新社会管理。这是构建社会主义和谐社会的必然要求。要牢牢把握最大限度激发社会活力、最大限度增加和谐因素、最大限度减少不和谐因素的总要求,完善党委领导、政府负责、社会协同、公众参与的社会管理格局,着力解决影响社会和谐稳定的源头性、基础性、根本性问题,不断提高社会管理科学化水平。坚持用群众工作统揽信访工作,畅通群众诉求表达渠道,完善社会矛盾调解机制,深入推进社会稳定风险评估,切实维护群众合法权益,不断巩固和扩大社会管理的群众基础。坚持培育发展和监督管理并重,推动社会组织健康有序发展,充分发挥其提供服务、反映诉求、规范行为的作用。建立健全互联网管理体系,提高对虚拟社会的管理水平。做好流动人口和特殊人群服务管理。完善基层社会管理和服务体系,积极稳妥推进社区综合管理体制改革,提升社区自治和服务能力,加强和谐社区建设,实现政府行政管理与基层群众自治有效衔接、良性互动。

(三)加强公共安全体系建设。公共安全是社会和谐的基础和保障。要完善食品药品安全监管体制,建立质量追溯制度,严厉打击违法犯罪行为,全面提高食品药品安全保障水平,让人民群众放心和满意。始终把安全生产摆在突出位置,落实安全生产责任,加大隐患排查治理力度,坚决遏制重特大安全生产事故。推进防灾减灾能力建设,加强重点区域地质灾害防治工作,建立健全覆盖全省的综合防灾减灾体系。完善突发事件应急管理体制,提高危机管理和风险管理能力。加强社会治安综合治理,深入推进平安安徽建设,不断提高人民群众的安全感和满意度,努力使安徽成为全国最和谐稳定的省份之一。

六、扎实推进生态文明建设

生态文明建设是实现可持续发展的必由之路。必须牢固树立绿色发展理念,着力建设以低碳排放为特征的产业体系和消费模式,切实增强可持续发展能力,加快建设资源节约型、环境友好型社会,力争以最小的资源环境代价支撑更高水平、更长时期的发展。

(一)强力推进节能减排。我省正处于工业化、城镇化加速推进阶段,节能减排任务更加艰巨、更为繁重。要坚持标本兼治、综合治理,严格落实节能减排目标责任制,健全激励和约束机制,使节能减排走上法制化、规范化轨道,确保完成国家下达的约束性指标。坚决抑制高耗能产业过快增长,突出抓好工业、建筑、交通、公共机构等领域节能,加强重点节能工程建设,加快推行合同能源管理,积极推广先进节能技术和产品,提高能源转化效率,促进能源消耗与经济增长协调发展。大力发展新能源,逐步提升非化石能源比重。实施主要污染物排放总量控制,加强重点行业污染防治,推进城镇污水和垃圾无害化处理,严控农村面源污染,实施农村清洁工程,切实改善城乡环境质量。

(二)着力提高资源节约集约利用水平。全面实行资源利用总量控制、供需双向调节、差别化管理,大幅提高资源利用效率,提升各类资源保障程度。实行最严格的耕地保护制度,完善各类建设用地控制指标体系和地耗考核评价体系,合理确定新增建设用地的规模、结构、时序,严禁违法违规批地用地,加大闲置土地清理处置力度,提高单位土地投资强度和产出率,切实保障经济社会发展用地需求。实行最严格的水资源管理制度,推进农业节水增效,加快高耗水行业节水技术改造,加强城市节约用水,严格控制开采地下水,稳步推行阶梯式水价制度,全面保障城乡居民饮水安全和经济社会发展合理用水需求。加大矿产资源勘查力度,加强市场准入管理和矿业权市场建设,实行矿产资源有偿使用制度和矿山环境恢复补偿机制，促进矿产资源有序开发、合理利用。

（三）积极发展循环经济。以提高资源产出效率为目标，加强规划指导，加大财税、金融等政策支持力度，实行生产者责任延伸制度，推进生产、流通、消费各环节循环经济发展，形成覆盖全社会的资源循环利用体系。加快推进循环经济示范城市、园区和企业建设，积极开展低碳城市试点，建立资源循环利用回收体系，推进废旧汽车零部件、工程机械等再制造产业发展，促进循环经济规模化发展。加强节能环保技术研发推广和应用，支持鼓励企业加强技术改造，积极发展节能环保、资源循环利用关键技术装备和产品，加快把节能环保产业培育成新的支柱产业。

（四）切实加强生态保护。保护好青山绿水是我们肩负的历史责任。要按照主体功能区规划的总体要求，坚持保护优先和自然修复为主，大力开展植树造林，推进水土流失综合防治工程建设，强化大别山区、皖南山区等重要水源涵养区和生物多样性保护区等区域生态功能，加强淮河、巢湖和长江、新安江等流域水污染治理，加大对江淮分水岭地区、沿淮地区、矿区等生态脆弱地区综合治理力度，构建坚实的生态安全屏障。加大生态保护和建设投入，健全生态文明建设指标体系和考评体系，建立完善生态补偿机制。加强生态资源综合开发利用，着力培育一批在全国有影响力、竞争力的绿色产品和生态产业，切实把绿色优势转化为发展优势。

七、积极发展社会主义民主政治

发展社会主义民主政治是我们党始终不渝的奋斗目标。要坚定不移走中国特色社会主义政治发展道路，坚持党的领导、人民当家作主、依法治国有机统一，不断推进社会主义民主政治制度化、规范化、程序化，进一步巩固和发展民主团结、生动活泼、安定和谐的政治局面。

（一）切实扩大人民民主。人民当家作主是社会主义民主政治的本质和核心。要坚持发挥党总揽全局、协调各方的领导核心作用，提高党科学执政、民主执政、依法执政水平。支持人民代表大会及其常委会依法履行职能，保障人大代表依法行使职权，健全人大常委会会议制度和工作制度，提高议事决策和整体工作水平。支持人民政协围绕团结和民主两大主题履行职能，总结资政会等专题议政会工作经验，推进政治协商、民主监督、参政议政制度建设，不断提高政协工作科学化水平。支持工会、共青团、妇联等人民团体依照法律和各自章程开展工作。推进决策科学化、民主化、程序化，建立健全深入了解民情、充分反映民意、广泛集中民智、切实珍惜民力的决策机制，增强决策的透明度和公众参与度，保证决策符合人民利益和愿望。

（二）积极发展基层民主。发展基层民主是社会主义民主政治的基础工程，也是人民依法直接行使民主权利最有效、最广泛的途径。要健全基层党组织领导的充满活力的基层群众自治机制，推广“四议两公开”等有效做法，积极探索扩大基层民主的途径和方法。健全城乡基层民主管理制度，巩固和扩大“难点村”治理成果，深化政务、村务、事务、厂务公开，做到凡是需要公开和涉及群众切身利益的工作，都要及时公开，听取群众意见，接受群众监督。健全基层民主选举制度，总结推广村委会换届选举“三项制度”改革等经验，完善村（居）委会民主选举。健全以职工代表大会为基本形式的企事业单位职工民主管理制度，支持职工参与管理，切实维护职工合法权益。

（三）不断壮大爱国统一战线。坚持长期共存、互相监督、肝胆相照、荣辱与共的方针，完善同民主党派合作共事机制，支持民主党派和无党派人士更好履行参政议政、民主监督职能，充分发挥工商联作为党和政府联系非公有制经济人士的桥梁纽带作用，加强党外代表人士队伍建设，选拔和推荐更多优秀党外干部担任领导职务。牢牢把握各民族共同团结奋斗、共同繁荣发展的主题，加快少数民族和民族聚居区经济社会发展，巩固和发展平等团结互助和谐的社会主义民族关系。全面贯彻党的宗教工作基本方针，发挥宗教界人士和信教群众在促进经济社会发展中的积极作用。加强新的社会阶层人士工作，鼓励他们积极投身中国特色社会主义建设。深化与港澳台地区交流合作，积极做好侨务工作，广泛凝聚海内外同胞共同促进兴皖富民大业。

（四）加快推进依法治省进程。贯彻落实依法治国基本方略，深化法治安徽建设，把各项工作纳入法治化轨道，是社会主义民主政治的基本要求。要坚持科学立法、民主立法，重点围绕加快转变经济发展方式、加强和创新社会管理、保障和改善民生等，加强地方立法工作。

强化对法律法规实施情况的监督检查，切实做到有法必依、执法必严、违法必究。深入推进依法行政，建立健全权力运行和监督机制，落实质询、问责、经济责任审计等制度，统筹推进政务服务体系建设，着力打造法治型、服务型政府。深化司法体制和工作机制改革，优化司法职权配置，规范司法行为，维护司法公正，保证人民法院和人民检察院依法独立公正行使审判权、检察权。加强政法队伍建设，做到严格公正文明执法。实施“六五”普法规划，弘扬法治精神，加强法律援助和法律服务工作，保障困难群众平等享受法律保护。各级领导干部要发挥示范作用，努力形成人人学法守法用法的良好社会氛围。

坚持军民融合式发展，支持国防和驻皖部队现代化建设，深化全民国防教育，抓好民兵预备役工作，提高国防动员能力，加强人民防空建设，扎实开展双拥共建工作。

八、奋力推动文化大发展大繁荣

社会主义先进文化是马克思主义政党思想精神上的旗帜。必须深入贯彻党的十七届六中全会精神，坚定不移走中国特色社会主义文化发展道路，不断强化文化自觉和文化自信，以更大力度推进文化改革发展，加快实现由文化资源大省向文化强省跨越。

（一）扎实推进社会主义核心价值体系建设。社会主义核心价值体系是兴国之魂，是社会主义先进文化的精髓。要坚持不懈用中国特色社会主义理论体系武装党员、教育群众，进一步增强党的创新理论的说服力、社会主义核心价值体系的影响力、主流意识形态的指导力，推进马克思主义中国化时代化大众化。大力弘扬以爱国主义为核心的民族精神和以改革创新为核心的时代精神，坚持用社会主义荣辱观引领社会风尚，深入推进社会公德、职业道德、家庭美德、个人品德建设，不断拓展公民道德实践和文明创建活动，进一步丰富城乡社区文化生活，形成积极向上的精神追求和健康文明的生活方式。大力弘扬徽商重信守诺的优良传统，加快建设信用安徽，建立健全覆盖全社会的征信系统，积极营造守信光荣、失信可耻的浓厚氛围。大力弘扬科学精神，加强人文关怀，注重心理疏导，培育良好的社会心态。实施哲学社会科学创新工程，推进哲学社会科学繁荣发展。牢牢把握正确舆论导向，壮大主流舆论，整合宣传资源，加强网上思想文化阵地建设，规范网上信息传播秩序，形成健康向上的思想舆论环境。

（二）全面繁荣文化事业。为了谁、依靠谁是推进文化改革发展的根本问题，决定着社会主义文化的性质和方向。要牢固树立文化民生理念，坚持政府主导、社会参与、群众共建共享，以农村为重点，大力实施文化惠民工程，扎实推进重点公共文化设施建设，加快城乡文化一体化发展，到2015年基本建成公共文化服务体系。大力实施精品战略，深入发掘安徽历史文化丰厚底蕴，热情讴歌当代江淮儿女伟大创造，培育一批具有核心竞争力的优势艺术门类，打造更多思想性艺术性观赏性相统一、群众喜闻乐见的精品力作。发挥人民在文化建设中的主体作用，激发人民群众关心文化、参与文化的强烈热情和创造活力，引导文化工作者坚持以人民为中心的创作导向，在人民伟大创造中汲取营养，把最好的精神食粮奉献给人民。传承、创新安徽地域文化，发展黄梅戏、花鼓灯等地方文化艺术，科学保护、合理利用各类文物和非物质文化遗产，加强历史文化名城名镇名村和街(区)保护，加快推进徽州文化生态保护区建设，丰富提升安徽文化品牌内涵。江淮儿女创造了博大精深的安徽文化，也一定能够在弘扬优秀传统文化的基础上铸就新的辉煌。

（三）加快发展文化产业。发展文化产业是社会主义市场经济条件下满足人民多样化精神文化需求的重要途径，也是推进转型发展、培育新的经济增长点的重要抓手。要大力实施重大项目带动战略，加大政策支持和资源整合力度，加强文化产业基地规划和建设，做大做强一批“徽”字号文化航母，发展一批专、精、特、新的中小型文化企业，形成特色鲜明的文化产业集群，提升文化产业规模化、集约化、专业化水平，推动文化产业跨越式发展。引导社会资本以多种形式投资文化产业，营造公平参与市场竞争、同等受到法律保护的体制和法制环境。推动文化产业和现代科技深度融合，加快发展数字出版、动漫游戏等新型文化业态，催生更多具有自主知识产权的创意产品，抢占文化产业发展制高点。进一步推进文化“走出去”，加强对外文化交流，扩大对外文化贸易，不断提高安徽文化的国际知名度和影响力。

（四）深入推进文化体制改革。文化引领时代风气之先，是最需要创新的领域。要巩固拓展文化体制改革成果，着力构建充满活力、富有效率、更加开放、有利于文化科学发展的体制机制，进一步解放和发展文化生产力。推动转制文化企业建立现代企业制度，完善法人治理结构，加强文化企业家队伍建设，打造有竞争力的文化市场主体。深化公益性文化事业单位改革，创新公共文化服务运行机制，提高公共文化服务水平。健全文化产品和要素市场，构建统一开放竞争有序的现代文化市场体系。深入推进文化管理体制改革，推动形成文化事业和文化产业两手抓、两加强的工作格局，促进文化创造活力持续迸发。

九、不断提高党的建设科学化水平

推进兴皖富民、建设美好安徽，关键在党。要坚持党要管党、从严治党，以党的执政能力建设和先进性建设为主线，以改革创新为动力，以优化政治生态为抓手，以制度建设为保障，全面推进党的建设新的伟大工程，不断提高党的建设科学化水平。

（一）大力加强思想理论建设。这是党的建设的首要任务，是党的先进性建设的灵魂。要加快建设学习型党组织，引导党员干部深入学习和掌握马克思列宁主义、毛泽东思想，深入学习和掌握中国特色社会主义理论体系，坚定不移信仰共产主义，坚定不移为党和人民事业而奋斗。切实加强科学发展观的学习和宣传，深刻认识加快转变经济发展方式的重要性和紧迫性，始终不渝走科学发展之路。进一步加强对国情、省情及发展阶段性特征的学习和教育，引导广大党员干部增强兴皖富民的责任感和使命感，解放思想、实事求是、与时俱进，创造性开展工作，以只争朝夕的精神，百折不挠的毅力，推进全面转型，加速安徽崛起。

（二）努力建设高素质的干部和人才队伍。干部是事业成败的决定因素，要坚持五湖四海、任人唯贤，坚持干部“四化”方针，坚持德才兼备、以德为先用人标准，深化干部人事制度改革，加强干部教育培训工作，完善体现科学发展观和正确政绩观要求的干部考核评价体系，努力建设政治坚定、能力突出、作风过硬、群众信任的高素质干部队伍。树立靠实干说话、凭实绩用人的导向，注重选拔思想解放、务实创新的干部，注重选拔一心为民、乐于奉献的干部，注重选拔扎根基层、埋头苦干的干部，加强女干部、少数民族干部和党外干部培养选拔，加大竞争性选拔干部力度，积极推进干部交流轮岗，切实把各方面优秀干部及时发现出来、合理使用起来。着眼于党的事业长远发展，切实加强青年工作，把有工作实绩、有发展潜力的优秀年轻干部推荐到领导岗位。全面做好离退休干部工作。领导班子是干部队伍建设的重点，要以提高领导水平和执政能力为核心内容，健全领导体制和工作机制，改善领导方式和执政方式，努力把各级领导班子建设成为坚定贯彻党的理论和路线方针政策、善于领导科学发展、求真务实、改革创新、勤政廉政、团结和谐、朝气蓬勃、奋发有为的坚强领导集体。人才优势是最有潜力、最可依靠的优势，要大力实施人才强省战略，统筹抓好各类人才队伍建设，完善人才工作体制机制，努力形成人才辈出、人尽其才、才尽其用的生动局面，为推进兴皖富民大业提供坚强人才保证和广泛智力支持。

（三）进一步夯实基层基础。党的基层组织是党全部工作和战斗力的基础。要进一步巩固和加强党的基层组织，使之成为推动发展、服务群众、凝聚人心、促进和谐的坚强战斗堡垒。全面推进农村、企业、社区、机关和学校等基层党组织建设，加大在非公有制经济组织和社会组织建立党组织力度，推进网络党建，实现党组织和党的工作全覆盖。深入开展创先争优活动，深化基层党建工作三级联创，总结推广为民服务全程代理、双培双带、双向承诺、选派优秀年轻干部到村镇任职等经验做法，不断加强基层党组织工作创新。广泛开展城乡党组织结对共建活动，构建城乡统筹的基层党建新格局。建设高素质基层党组织带头人队伍，选好配强基层党组织书记。建立健全教育、管理、服务党员长效机制，提高发展党员质量，及时处置不合格党员。健全党内激励、关怀、帮扶机制，加强对老党员、生活困难党员的关怀帮扶。广大基层干部工作在一线，任务重、压力大，要更加关心爱护，充分调动他们的积极性和创造性。

（四）切实加强和改进党的作风。加强作风建设，核心问题是保持党同人民群众的血肉联系。要始终把人民利益放在第一位，把实现好、维护好、发展好最广大人民根本利益作为一切工作的出发点和落脚点，使我们的工作获得最广泛最可靠最牢固的群众基础和力量源泉。坚持感情上亲近群众，牢固树立群众观点，从思想深处把群众当主人，发自内心视群众为亲人，真心实意与群众以心交心，诚心诚意与群众以情换情。坚持工作上依靠群众，尊重群众主体地位和首创精神，拜人民为师，向群众学习，问政、问需、问计于民，从基层的鲜活经验中启迪思路，在群众的丰富实践里汲取智慧，更好地指导和推动工作。坚持行动上深入群众，以开展“五级书记带头大走访”活动为新起点，进一步建立健全联系群众、服务群众制度，推动机关工作重心下移，引导广大干部深入一线，真正形成关注基层、重视基层、支持基层的良好氛围。坚持发展上为了群众，以群众满意为根本目的，多干顺民意、解民忧的实事，多办惠民生、增民利的好事，切实维护群众利益，不断增进人民福祉。

（五）深入开展党风廉政建设和反腐败斗争。当前，反腐败斗争形势依然严峻，必须始终把反腐倡廉建设作为重大政治任务，摆在更加突出的位置，坚持标本兼治、综合治理、惩防并举、注重预防的方针，加快推进惩治和预防腐败体系建设，更加科学有效地防治腐败。认真贯彻廉政准则，深入开展廉洁从政教育，筑牢反腐倡廉思想防线。加大廉政风险防控力度，规范权力运行机制，深化重点领域和关键环节改革，发挥纪检监察机关在反腐倡廉制度建设方面的统筹作用，努力从源头上铲除滋生腐败的土壤。坚决纠正损害群众利益的不正之风，着力解决征地拆迁、企业改制、环境保护等方面群众反映强烈的突出问题。继续保持惩治腐败的高压态势，严肃查办各类腐败案件，对任何腐败分子都要依法惩处、绝不姑息。严格落实党风廉政建设责任制，形成反腐倡廉整体合力。加强纪检监察机关队伍建设，提高依纪依法、安全文明办案水平。各级领导干部和广大党员要始终牢记，手中的权力是人民赋予的，必须为人民谋利益，切实做到立身不忘做人之本、为政不移公仆之心、用权不谋一己之私，永葆共产党人政治本色。

（六）不断推进党的建设制度化。制度更带有根本性、全局性、稳定性、长期性。要把制度建设贯穿于党的建设各方面，着力构建内容协调、程序严密、配套完备、有效管用的制度体系，建立健全决策权、执行权、监督权既相互制约又相互协调的权力结构和运行机制，真正做到用制度管权、按制度办事、靠制度管人。坚持以党章为根本、以民主集中制为核心，发展党内民主，推进党务公开，保障党员主体地位和民主权利，完善党代表大会制度和党内选举制度，健全党内民主决策机制，坚决克服违反民主集中制的个人独断专行和软弱涣散现象。各级领导干部要牢固树立法律面前人人平等、制度面前没有特权、制度约束没有例外的意识，带头学习制度，严格执行制度，影响和带动全社会形成遵守和维护制度的良好风气。

同志们，中国共产党走过了90年的光辉历程，中华民族昂首踏上了伟大复兴之路。在党中央的坚强领导下，勤劳勇敢的安徽人民，前赴后继，顽强拼搏，为中华民族解放和新中国成立，为改革开放和社会主义现代化建设作出了重要贡献。站在新的历史起点，推进兴皖富民，建设美好安徽，是时代赋予我们的神圣使命。在前进道路上，我们面临的发展机遇前所未有，困难挑战也前所未有，能不能实现宏伟目标，是对我们新的考验。各级领导干部和广大共产党员一定要增强宗旨意识、忧患意识，常怀忧党之心，恪尽兴党之责，坚定信念不动摇，牢记使命不懈怠，与时俱进不僵化，永葆本色不腐败，不断巩固和发展党的先进性；一定要增强机遇意识、责任意识，牢牢抓住和用好大有可为的黄金发展期，不为任何风险所惧，不被任何干扰所惑，聚精会神搞建设，奋发有为促崛起，努力把安徽的事情办得更好，不辜负党中央的重托，不辜负全省人民的期盼！

同志们，发展成就令人鼓舞，美好未来催人奋进。让我们紧密团结在以胡锦涛同志为总书记的党中央周围，高举中国特色社会主义伟大旗帜，以邓小平理论和“三个代表”重要思想为指导，深入贯彻落实科学发展观，团结和带领全省人民，万众一心，开拓奋进，为建设经济繁荣、生态良好、社会和谐、人民幸福的美好安徽而奋斗！

安徽省人民政府关于省江北江南产业集中区财政体制有关问题的通知

（2011年4月26日 皖政〔2011〕41号）

各市、县人民政府，省政府各部门、各直属机构：

根据省委、省政府《关于推进皖江城市带承接产业转移示范区建设的决定》(皖发〔2010〕2号)精神,省政府决定省江北、江南产业集中区建立一级财政,2011—2015年省财政对集中区实行过渡期财政体制。现将有关问题通知如下:

一、收入划分

坚持"保证既得利益、范围清晰、便于征缴"的原则,妥善处理集中区与属地市县财政收入的划分。在对集中区内现有税源情况(包括政府非税收入和社会保险基金收入)及所涉企事业单位进行全面清理登记的基础上,2011年1月1日以前在集中区内设立的企业,其提供的税收收入,继续作为原归属地市县财政收入,并按现行财政体制,分别缴入各级金库;2011年1月1日后在集中区内新设立的企业(包括原企业分立、合并、重组后设立的企业),其提供的税收收入全部作为集中区收入,按现行体制规定,属于地方收入的,全部作为省级收入。

对政府非税收入和社会保险基金收入,按照税收收入划分原则处理,由省财政厅另行逐项明确收入归属。集中区内地方新增建设用地土地有偿使用费收入和国有土地使用权出让金收入全额作为集中区政府性基金收入。

二、支出划分

集中区享受市级人民政府经济管理权限。在集中区支出责任划分上,省统筹考虑集中区职责范围及与属地市县政府的关系。集中区支出划分为运转类支出和建设类支出,各类支出具体内容根据集中区管委会"三定"方案和管理体制确定。集中区内的社会管理事务,过渡期内,暂由属地市县政府负责。

三、体制形式

过渡期内,省财政对集中区不核定财政收支基数。集中区财政收入地方分成部分归集中区全额留用。根据省委、省政府《关于加快推进皖江城市带承接产业转移示范区建设的若干政策意见》(皖发〔2010〕10号)规定,省财政对集中区每年安排专项补助。除专项补助外,省财政每年对集中区实行定额补助,定额补助收入由集中区按规定统筹安排。

四、收入征管

税收收入由国税、地税部门按照规定的征管范围和征缴级次分别负责征管。省国税局、省地税局在集中区分别单独设立征管机构。政府非税收入按省级非税收入管理有关规定,由集中区财政部门征管。

五、预算管理

省财政直接与集中区办理资金调度、指标下达、财政结算等事项。

省财政在预算报表、执行情况表、结算表、决算表等方面增加两个集中区,单独反映集中区的财政收支。在汇总编报财政预算、决算时,将集中区的财政收支并在省本级反映。

集中区财政每年编制本级预算、决算。

六、债务管理

集中区管委会要按照国务院有关文件精神,规范政府性债务管理,重大举债事项报省政府审批。集中区政府性债务收支,由集中区财政部门统一监管。

七、金库设立

人行合肥中心支行在集中区单独设立金库,独立办理集中区财政预算收入的收纳、划分和留解,预算支出的拨付等。

八、优惠政策

集中区有关招商引资财税优惠政策,按照省委、省政府《关于加快推进皖江城市带承接产业转移示范区建设的若干政策意见》(皖发〔2010〕10号)规定的范围执行。集中区兑现所有招商引资优惠政策所需支出,由集中区自行承担,省财政不另行安排资金。

九、项目申报

集中区可直接向省财政厅和省有关主管部门申报专项资金项目,省财政厅和省有关主管部门按照项目管理的有关规定给予支持。

十、其他事项

(一)过渡期结束后,省财政根据集中区发展情况,核定集中区财政收支基数,实行规范的财政体制。

(二)集中区内新设立企业应分别在省级工商、税务部门办理工商登记、税务登记。

(三)本通知由省财政厅负责解释。

安徽省人民政府关于全面推进预算绩效管理的意见

（2011 年 11 月 19 日　皖政〔2011〕115 号）

各市、县人民政府，省政府各部门、各直属机构：

为深入贯彻党中央、国务院关于加强预算绩效管理工作的决策部署，加快建立健全政府绩效管理制度，进一步推进财政科学化、精细化管理，不断提高财政资金配置和使用效益，现就全面推进我省预算绩效管理提出如下意见：

一、充分认识全面推进预算绩效管理的重要意义

预算绩效管理是政府绩效管理的重要组成部分。深入推进预算绩效管理是建设“责任政府”、“阳光政府”、“服务政府”和“节约政府”的有效举措，有利于优化公共资源配置，提高政府理财和公共服务水平；有利于加快经济发展方式转变，促进和谐社会建设。我省自 2005 年起，探索开展预算绩效管理工作，取得了重要的阶段性成效。但总体上看，当前我省预算绩效管理仍处于起步阶段，制度建设还比较滞后，发展还不够平衡。各级各有关部门要充分认识推进预算绩效管理的重大意义，按照国务院及省政府关于加强预算绩效管理的各项要求，制定明确的预算支出绩效目标，建立规范的绩效评价指标体系，将绩效管理理念贯穿于预算编制、执行、监督的全过程，不断提升我省预算管理的科学化、精细化管理水平。

二、预算绩效管理的指导思想、总体目标和基本原则

（一）指导思想

深入贯彻落实科学发展观，按照党中央、国务院和省委省政府关于加强政府绩效和预算绩效管理的总体要求，强化预算支出责任和效率，统筹规划、分级管理、因地制宜、重点突破，建立健全预算绩效管理制度，提高财政资金配置和使用效益，提升政府公共服务水平，促进全省经济社会又好又快发展。

（二）总体目标

按照加强政府绩效管理的要求，以绩效目标实现为导向，以绩效评价为手段，以结果应用为保障，以改进预算管理、优化资源配置、控制节约成本、提高公共产品质量和公共服务水平为目的，建立具有安徽特色的预算绩效管理体系，使财政支出责任更加明晰，财政资源配置更加优化，财政资金使用更加有效。

“十二五”期间，全省各级政府都要建立完善的预算绩效管理运行机制，实行比较规范的预算绩效管理，将预算绩效管理覆盖到所有财政性资金和预算单位。

（三）基本原则

1.分级管理。省政府统筹谋划推进全省预算绩效管理工作，组织并指导下级政府以及纳入本级政府预算保障的政府部门和单位（以下简称“预算部门”）开展预算绩效管理工作；各市、县政府负责本地区预算绩效管理工作。

2.科学规范。要探索建立科学规范、符合实际、便于操作的预算绩效管理制度体系，优化预算管理流程，健全工作机制，做到分工合理、职责明确、责权对等、简便易行、规范高效。

3.职责明确。各级预算部门是本部门预算绩效管理的主体，负责组织、指导本单位和所属单位的预算绩效管理工作。各级政府财政部门具体牵头负责本级政府预算绩效管理工作，组织对重点支出进行绩效评价或对预算部门绩效管理实施再评价。

4.公正公开。预算绩效管理要符合真实、客观、公平、公正的要求，做到标准统一、数据准确、程序透明、方法科学、结果公正。评价过程和评价结果依法公开，接受监督。

三、全面推进预算绩效管理的主要任务

（一）强化绩效目标管理

1.编制绩效目标。预算部门在编制下一年度预算时，要根据各级政府和财政部门的要求，编制预算支出绩效目标。绩效目标应与单位工作职责、任务紧密相关，做到指向明确、具体细化、合理可行。

2.审核绩效目标。财政部门要加强对绩效目标的评审论证。未按规定要求编制绩效目标的，不予进入预算编审流程；无绩效或低绩效的项目，不予列入预算或调减预算。

3.批复绩效目标。政府预算经各级人民代表大会审查批准后，财政部门应在部门预算批复中同时批复绩效目标。批复的绩效目标应当清晰、可量化，以便在预算执行过程中进行监控和预算完成后实施绩效评价时对照比较。

(二)加强绩效运行跟踪

1.跟踪绩效运行。加强对预算实施过程中绩效目标实现情况的监督和控制，及时掌握项目绩效目标的完成情况、项目实施进程和资金支出进度。当绩效运行情况与预期绩效目标发生偏离时，及时采取措施予以纠正。预期无绩效的项目要取消，预期不能完成目标的项目要调减预算。

2.适时调整绩效目标。预算执行过程中，因政策变化、突发事件等因素影响绩效目标实现，确需调整绩效目标的，要根据绩效目标管理的要求和审核流程，随预算一起调整。

(三)实施绩效评价

1.全面开展绩效自我评价。预算执行结束后，预算部门要及时组织对本部门预算资金的产出和结果进行绩效自我评价，并指导和督促所属单位做好绩效自我评价工作，及时将自评结果报同级财政部门审核。

2.科学实施重点项目评价和再评价。财政部门要加强对绩效评价工作的指导、监督和检查，必要时对预算部门绩效自评实施再评价，或选取预算数额较大、社会影响较广、具有明显公共效应的重大项目，实施财政重点评价。

3.逐步扩大评价范围。绩效评价优先选择立项依据充分、资金数额较大、与民生保障和社会发展密切相关、能充分体现部门履行职能的项目。在此基础上，稳步推进基本支出绩效评价、单位整体支出绩效评价和财政综合绩效评价。

(四)运用评价结果

1.建立结果反馈与整改制度。财政部门和主管部门要及时将绩效评价结果反馈到预算具体执行单位。预算执行单位要根据绩效评价结果，进一步完善管理制度，改进管理措施，提高管理水平，降低支出成本，增强支出责任。

2.建立绩效管理与预算编制结合制度。将绩效评价结果与预算编制有机结合，把绩效评价结果作为安排以后年度预算的重要依据，优化资源配置，提高财政资金使用效益。

3.建立绩效报告制度。预算部门定期向同级财政部门、下级财政部门定期向上级财政部门提交预算绩效报告，说明预算绩效的完成进度、存在问题、纠正措施和下一步工作重点。各级财政部门每年向同级政府提交预算绩效报告，报告本级部门和下级政府预算绩效综合情况，重点项目绩效完成情况，为政府决策提供参考。

4.建立信息公开制度。按照政府信息公开的有关规定，将绩效管理结果尤其是社会关注度高、影响力大的民生项目和重点项目支出绩效情况，依法向社会公开，接受社会监督。

5.建立绩效问责制度。按照“谁用款、谁负责”的原则，对在预算编制和执行过程中，由于种种原因导致预算绩效管理未达到相关要求，致使财政资金配置和执行绩效未能达到预期目标或规定标准的各级预算部门及其责任人员实行绩效问责。

四、全面推进预算绩效管理的保障措施

(一)健全组织体系

建立政府负责、财政部门牵头、预算部门执行、各方共同参与的预算绩效管理组织体系。各级政府要高度重视预算绩效管理工作，加强领导，精心组织，尽快制定本地区预算绩效管理总体工作方案。各级财政部门要认真履行职责，把预算绩效管理作为深化财政预算改革的重中之重，加强协调、指导和监督等各项工作。各级预算部门要切实做好本部门的预算绩效管理，形成工作合力。

(二)完善制度体系

建立健全预算绩效管理制度，规范管理流程，确保绩效管理与预算编制、执行、监督的有效衔接。加快建立科学、规范的财政支出绩效评价指标体系，完善以财政部门为主导、预算部门为主体、社会中介机构和专家广泛参与的工作机制，建立与预算编制相结合、强化评价结果运用的应用体系。

(三)建立长效机制

各级各部门要把预算绩效管理作为加强财政资金管理不可或缺的重要环节，作为提高财政资金使用效益的重要抓手，做到预算编制围绕绩效、预算执行体现绩效、预算监督评价绩效。要充分利用各种新闻媒体、政府网络平台等，积极宣传预算绩效管理理念，努力营造良好的舆论环境。要强化对预算绩效管理的考核督查，推动预算绩效管理工作健康持续发展。

安徽省人民政府关于印发合芜蚌自主创新综合试验区企业股权和分红激励试点工作指导意见的通知

(2011年11月3日 皖政〔2011〕100号)

合肥、芜湖、蚌埠市人民政府,省政府各部门、各直属机构:

现将《合芜蚌自主创新综合试验区企业股权和分红激励试点工作指导意见》印发给你们,请认真组织实施。

创新综合试验区开展企业股权和分红激励试点,是一件具有里程碑意义的大事,必将进一步激发技术人员和经营管理人员的积极性、创造性,提高企业、高等院校和科研院所的创新能力,为试验区建设提供强有力的科技和人才支撑。省财政、科技等部门要加强对试点工作的指导,用足用好政策,确保试点工作顺利开展。合肥、芜湖、蚌埠三市要切实发挥主体作用,精心组织实施,及时制定本地区企业股权和分红激励试点的具体实施办法和实施细则,报省政府及有关部门备案。对执行中出现的问题,要及时向省政府及有关部门报告。

合芜蚌自主创新综合试验区企业股权和分红激励试点工作指导意见

为进一步调动技术人员和经营管理人员的积极性和创造性,提高企业和高等院校、科研院所的创新能力,促进合芜蚌自主创新综合试验区(以下简称“试验区”)的建设和发展,根据财政部、科技部《关于同意在合芜蚌自主创新综合试验区开展企业股权和分红激励试点有关问题的函》(财企函〔2011〕30号)和《中关村国家自主创新示范区企业股权和分红激励实施办法》(财企〔2010〕8号,以下简称“8号文件”)等文件精神,特制定本指导意见。

第一章 指导思想、基本原则和工作目标

第一条 指导思想。

深入贯彻落实科学发展观,紧紧围绕合芜蚌自主创新综合试验区发展战略目标,积极探索企业分配制度改革,建立有利于自主创新和科技成果转化的中长期激励机制,充分发挥人才、技术、管理等生产要素的作用,推动试验区高新技术产业化和各项建设,为安徽全面转型、加速崛起提供强有力的科技和人才支撑。

第二条 基本原则。

充分运用。积极抢抓试验区列入国家试点的重大机遇,发挥自身优势,用好用足政策,建立长效、多元的激励约束机制,激发广大技术人员和经营管理人员的创新积极性,促进科技成果加速转化为现实生产力。

扩大影响。充分利用多种方式,加大宣传培训力度,扩大试点影响,放大示范效应,大力提升试验区招商引资、招才引智的吸引力,促使更多的高新技术企业和科技成果在试验区集聚。

市为主体。在省政府的统一领导下,合肥、芜湖、蚌埠(以下简称合芜蚌)三市按照属地原则,负责具体实施,上下联动,合力推进。省有关部门主要负责指导、督促、组织、协调、服务工作。

规范操作。坚持效率优先、兼顾公平,统筹协调国家、企业、个人之间的利益关系。严格执行政策,规范操作程序,把握推进节奏,积极稳妥地开展试点工作。

务求实效。借鉴先进经验,结合安徽实际,研究制定相关配套政策,不断完善政策体系。切实加强领导、精心组织,创造性地开展工作,确保试点工作取得实效。

第三条 工作目标。

2011年底前,合芜蚌三市启动股权和分红激励试点工作。“十二五”期间,试验区计划辅导培训100家以上列入试点名单的企业,并在总结试点经验的基础上,力争完成30—50家企业的股权和分红激励试点工作。

第二章 试点范围与激励对象

第四条 本指导意见适用于试验区内的以下企业:

国有及国有控股的院所转制企业、高新技术企业。

高等院校、科研院所以科技成果作价入股的企业。

省级及以上创新型企业、技术中心企业、工程技术研究中心企业、工程研究中心企业、重点实验室企业,省自主创新品牌示范企业,博士后工作站

企业。

其他科技创新企业。

第五条　激励对象应当是重要的技术人员和企业经营管理人员。具体范围由试点企业股东(大)会或董事会决定:

对企业科技成果研发和产业化做出突出贡献的技术人员,包括企业内关键职务科技成果的主要完成人,重大研发项目的负责人,对主导产品或者核心技术、工艺流程做出重大创新或者改进的主要技术人员,高等院校和科研院所研究开发和向企业转移转化科技成果的主要技术人员。

对企业发展做出突出贡献的经营管理人员,包括主持企业全面生产经营工作的高级管理人员,负责企业主要产品(服务)生产经营合计占主营业务收入(或者主营业务利润)50%以上的中、高级经营管理人员。

企业不得面向全体员工实施股权或者分红激励。

企业监事、独立董事、企业控股股东单位的经营管理人员不得参与本企业股权或者分红激励。

第六条　股权奖励和股权出售的激励对象,除满足本指导意见第五条规定条件外,应当在本企业连续工作3年以上。

企业引进的国家“千人计划”、中科院“百人计划”、人力资源社会保障部“百千万人才工程”、教育部“长江学者”、国家有突出贡献的中青年专家、享受国务院特殊津贴专家、国家杰出青年基金获得者、安徽省突出贡献人才、安徽省杰出专业技术人才、合芜蚌自主创新综合试验区创新人才奖获得者、安徽省“百人计划”、安徽省“115产业创新团队”带头人、安徽省学术和技术带头人、享受省政府特殊津贴专家,以及高等院校和科研院所研究开发和向企业转移转化科技成果的主要技术人员,其参与企业股权激励不受本条第一款规定的“应当在本企业连续工作3年以上”的限制。

第三章　激励方式

第七条　股权激励,是指企业以本企业股权为标的,采取以下方式对激励对象实施激励的行为:

(一)股权奖励,即企业无偿授予激励对象一定份额的股权或一定数量的股份。

股权出售,即企业按不低于股权评估价值的价格,以协议方式将企业股权(包括股份,下同)有偿出售给激励对象。

股票期权,即企业授予激励对象在未来一定期限内以预先确定的行权价格购买本企业一定数量股份的权利。

企业以股权奖励和股权出售方式实施激励的,企业近3年税后利润形成的净资产增值额应当占企业近3年年初净资产总额的20%以上,且实施激励当年年初未分配利润没有赤字。

近3年税后利润形成的净资产增值额,是指激励方案获批日上年末账面净资产相对于近3年年初账面净资产的增加值,不包括财政补助直接形成的净资产、土地转让增值形成的利润和已经向股东分配的利润(下同)。

企业用于股权奖励和股权出售的激励总额,不得超过近3年税后利润形成的净资产增值额的35%。其中,用于股权奖励的部分不得超过激励总额的50%。

第八条　分红激励,是指企业以科技成果实施产业化、对外转让、合作转化、作价入股形成的净收益为标的,采取项目收益分成方式对激励对象实施激励的行为。企业可以根据以下不同情形,选择不同方式实施分红激励:

由本企业自行投资实施科技成果产业化的,自产业化项目开始盈利的年度起,在3—5年内,每年从当年投资项目净收益中,提取不低于5%但不高于30%用于激励。

投资项目净收益为该项目营业收入扣除相应的营业成本和项目应合理分摊的管理费用、销售费用、财务费用及税费后的金额。

向本企业以外的单位或者个人转让科技成果所有权、使用权(含许可使用)的,从转让净收益中,提取不低于20%但不高于50%用于一次性激励。

转让净收益为企业取得的科技成果转让收入扣除相关税费和企业为该项科技成果投入的全部研发费用及维护、维权费用后的金额。企业将同一项科技成果使用权向多个单位或者个人转让的,转让收入应当合并计算。

以科技成果作为合作条件与其他单位或者个人共同实施转化的,自合作项目开始盈利的年度起,在3—5年内,每年从当年合作净收益中,提取不低于5%但不高于30%用于激励。

合作净收益为企业取得的合作收入扣除相关税费和无形资产摊销费用后的金额。

以科技成果作价入股其他企业的，自入股企业开始分配利润的年度起，在3–5年内，每年从当年投资收益中，提取不低于5%但不高于30%用于激励。

投资收益为企业以科技成果作价入股后，从被投资企业分配的利润扣除相关税费后的金额。

第九条　企业实施分红激励，应当按照科技成果投资、对外转让、合作、作价入股的具体项目实施财务管理，进行专户核算。

第十条　大中型企业实施重大科技成果产业化，可以探索实施岗位分红激励制度，按照岗位在科技成果产业化中的重要性和贡献，分别确定不同岗位的分红标准。

企业实施岗位分红激励的，企业近3年税后利润形成的净资产增值额应当占企业近3年年初净资产总额的10%以上，实施当年年初未分配利润没有赤字，且激励对象应当在该岗位上连续工作1年以上。

企业年度岗位分红激励总额不得高于当年税后利润的15%，激励对象个人岗位分红所得不得高于其薪酬总水平（含岗位分红）的40%。

第十一条　企业实施分红激励所需支出计入工资总额，但不纳入工资总额基数，不作为企业职工教育经费、工会经费、社会保险费、补充养老及补充医疗保险费、住房公积金等的计提依据。

第十二条　企业对分红激励设定实施条件的，应当在激励方案中与激励对象约定相应条件以及业绩考核办法，并约定分红收益的扣减或者暂缓、停止分红激励的情形及具体办法。

实施岗位分红激励制度的大中型企业，对离开激励岗位的激励对象，即予停止分红激励。

第四章　激励方案的拟订和审批

第十三条　企业实施股权和分红激励，应当拟订激励方案。激励方案由企业总经理办公会或者董事会（以下统称企业内部管理机构）负责拟订。

第十四条　激励方案涉及的财务数据和资产评估价值，应当分别经国有产权主要持有单位同意的具有资质的会计师事务所审计和资产评估机构评估，并按有关规定办理备案手续。

第十五条　企业内部管理机构拟订激励方案时，应当以职工代表大会或者其他形式充分听取职工的意见和建议。

第十六条　企业内部管理机构应当将激励方案及听取职工意见情况先行报经履行出资人职责的机构批准。

由国有资产监督管理委员会代表本级人民政府履行出资人职责的企业，相关材料报本级国有资产监督管理委员会批准。其中，省属企业按照省国资委制定的实施细则执行。

由其他部门、机构代表本级人民政府履行出资人职责的企业，相关材料暂报其主管的部门、机构批准。其中，省级事业单位全资与控股企业按照省财政厅、省科技厅制定的实施细则执行。

第十七条　履行出资人职责的机构可以要求企业法律事务机构或者外聘律师对激励方案出具法律意见书。

第十八条　履行出资人职责的机构应当自受理激励方案之日起20个工作日内，提出书面审定意见。符合条件的，形成审批文件，正式行文批复；不符合条件的，应说明理由。

第十九条　履行出资人职责的机构批准企业激励方案后，企业内部管理机构应当将批准的激励方案提请股东（大）会审议。

在股东（大）会审议激励方案时，国有股东代表应当按照批准文件发表意见。

第二十条　企业可以选择一种或者多种激励方式，但是对同一激励对象不得就同一职务科技成果或者产业化项目进行重复激励。对已实施股权激励的激励对象，企业在5年内不得再对其实施股权激励。

第五章　组织实施

第二十一条　省政府成立合芜蚌自主创新综合试验区企业股权和分红激励试点工作协调小组，统筹协调解决试点工作中的重大问题，指导各地开展试点工作。省财政厅、省科技厅、省委宣传部、省发展改革委、省教育厅、省经济和信息化委、省人力资源社会保障厅、省国资委、省国税局、省地税局、省工商局、省政府金融办、安徽证监局以及合肥、芜湖、蚌埠三市人民政府为成员单位。省协调小组办公室设在省财政厅，具体承担有关日常工作。

第二十二条　合芜蚌三市成立企业股权和分红激励试点工作领导小组，全面负责本地区企业股权和分红激励试点工作。三市领导小组下设办公室（以下称“试点工作机构”），按照属地原则负责试点企业资格条件的审查，指导制定激励方案，组织会计师事务所、资产评估事务所、律师事务所等中介机构为试点企业提供相关服务，协调解决企业试点过程中的问题。

第二十三条 省协调小组办公室和省有关部门要加强对三市试点工作的指导，加强与国家有关部委的沟通联系，及时掌握政策需求，积极争取后续政策，不断完善推进措施。要认真开展试点工作的绩效评估，及时总结推广试点经验。

第二十四条 省协调小组办公室和三市试点工作机构要高度重视企业股权和分红激励试点宣传工作，制定切实可行的宣传方案，加大宣传力度，扩大政策效应。

第六章 工作流程

第二十五条 试验区内拟参加试点的企业向试点工作机构提出试点申请，并报送相关申请材料，经试点工作机构审核同意后列入试点名单。

第二十六条 试点企业根据相关文件规定，结合本企业实际，采用试点工作机构制定的规范文本，制订激励方案和相关工作方案，并严格履行本指导意见第四章规定的内部审议和外部审批程序。

第二十七条 试点企业的激励方案获批后，企业应及时组织实施，并依法办理资产评估、国有资产变更、工商登记、纳税备案等手续。

第二十八条 因出现特殊情形企业需要调整激励方案的，企业内部管理机构应当重新履行内部审议和外部审批的程序。

企业应当在激励方案和调整方案经股东（大）会审议通过后5个工作日内，将相关材料报送本级政府财政、科技部门。

第二十九条 因出现特殊情形需要终止实施激励的，企业内部管理机构应当向股东(大)会说明情况，并且于20个工作日内书面报告履行出资人职责的机构和本级政府财政、科技部门。

第七章 附则

第三十条 高等院校和科研院所经批准以科技成果向企业作价入股，可以按科技成果评估作价金额的20%以上但不高于30%的比例折算为股权奖励给有关技术人员，企业应当从高等院校和科研院所作价入股的股权中划出相应份额予以兑现。

第三十一条 为保障试验区企业股权和分红激励顺利实施，在试验区开展事业单位科技成果处置权、收益权管理改革和股权奖励个人所得税等相关政策试点。省财政、科技、国资、税务、工商等部门制定相关政策实施细则。

第三十二条 合芜蚌三市政府要根据本指导意见制定具体实施办法和细则。

第三十三条 试点企业应当严格按照相关法律、法规、规章和本指导意见的要求进行试点。各级财政、科技部门对企业股权或者分红激励方案及其实施情况进行监督，发现违反法律、法规、规章和本指导意见规定的，应当责令改正。

第三十四条 鼓励试验区内的民营企业参照8号文件和本指导意见实施股权和分红激励。

第三十五条 本指导意见中“以上”均含本数。

第三十六条 上市公司股权激励另有规定的，从其规定。

第三十七条 本指导意见未作规定的，按照8号文件执行。

第三十八条 本指导意见自印发之日起施行，由省财政厅、省科技厅负责解释。

安徽省人民政府关于统一从土地出让收益中提取农田水利建设、教育资金的通知

（2011年11月15日 皖政秘〔2011〕392号）

各市、县人民政府，省政府各部门、各直属机构：

为认真落实党中央、国务院的决策部署，进一步加大对农田水利建设、教育的投入，根据《财政部、水利部关于从土地出让收益中计提农田水利建设资金有关事项的通知》（财综〔2011〕48号）、《财政部、教育部关于从土地出让收益中计提教育资金有关事项的通知》（财综〔2011〕62号）精神，现就统一从土地出让收益中提取农田水利建设、教育资金政策有关事宜通知如下：

一、严格按规定计提专项资金

农田水利建设、教育资金的计提口径和比例，严格按照国家规定执行，从土地出让收益中分别按10%比例提取。年终清算时，严格核定扣除的相关收支项目，根据核定结果计算各专项资金全年应计提数。若全年应计提数小于土地出让收入2%计提数，则按土地

出让收入计提到2%。

二、省级统筹部分农田水利建设资金

市、县计提的农田水利建设资金，省级按30%实行统筹。省级统筹资金重点向粮食主产区和农田水利建设任务重的地区倾斜。计提的教育资金，暂不实施省级统筹。

三、切实加强专项资金管理

各级财政和水利、教育等部门要按照各自职能，加强对专项资金的监管，及时足额计提专项资金，规范专项资金分配使用，做到专款专用，切实提高资金使用效益。审计、监察等部门要依法加强专项资金管理使用情况的监督检查。对不按规定计提和管理使用专项资金的，要严格按照《财政违法行为处罚处分条例》有关规定进行处理。

本通知自下发之日起施行。

安徽省人民政府关于进一步加大财政教育投入的实施意见

（2011年10月13日 皖政〔2011〕97号）

各市、县人民政府，省政府各部门、各直属机构：

《国家中长期教育改革和发展规划纲要（2010—2020年）》明确提出，到2012年实现国家财政性教育经费支出占国内生产总值比例达到4%的目标。为贯彻落实《国家中长期教育改革和发展规划纲要（2010—2020年）》、《国务院关于进一步加大财政教育投入的意见》（国发〔2011〕22号）和《安徽省中长期教育改革和发展规划纲要（2010—2020）》精神，现结合我省实际，就进一步加大财政教育投入提出如下意见：

一、统一思想，充分认识加大财政教育投入的重要意义

教育投入是支撑国家长远发展的基础性、战略性投资，是发展教育事业的重要物质基础，是公共财政保障的重点。多年来，全省各级各有关部门始终坚持教育优先发展，认真贯彻落实党中央、国务院关于加大教育投入的一系列政策措施，财政教育投入规模持续快速增长。2001—2010年，全省公共财政教育投入从66.7亿元增加到386.3亿元，年均增长21.55%，财政教育支出已成为我省公共财政的第一大支出，为推动教育事业改革发展、建设人力资源强省提供了有力支撑。但也要看到，与国家和省《中长期教育改革和发展规划纲要（2010—2020年）》的要求相比，我省教育投入总量仍然不高，投入结构有待进一步优化，创新教育投入体制机制的任务依然繁重。

“十二五”时期是我省经济转型发展、全面建设小康社会的关键时期。进一步加大财政教育投入，对于完善基本公共服务体系，促进全省经济社会又好又快发展，具有十分重要的意义。各级各部门要从全局和战略的高度，深刻认识加大教育投入的重要性和紧迫性，切实把优先发展教育的各项政策措施落到实处。

二、强化措施，全面落实国家教育投入政策

各级政府及有关部门要着力强化教育投入责任，拓宽教育投入渠道，把教育作为财政支出的重点领域予以优先保障，确保到2012年我省各级各类教育生均经费不低于中部省份平均水平，到2020年达到或超过全国平均水平。

（一）合理分解各级目标任务，全面落实教育投入责任。1.严格落实财政教育投入法定增长的要求。各级政府要严格按照《中华人民共和国教育法》等法律法规规定，在年初安排财政支出预算时，确保财政教育支出增长幅度明显高于财政经常性收入增长幅度。预算执行中的超收收入部分，也要按照上述原则优先安排教育经费，确保全年预算执行结果达到法定增长要求。

2.提高财政教育支出占公共财政支出比重。按财政部核定我省的教育投入目标，由省财政厅比照中央做法，采取因素法对全省目标任务进行分解，核定各市、县的教育投入任务，落实市、县投入责任，切实提高财政教育支出占公共财政支出的比重。

3.提高预算内基建投资用于教育的比重。要把支持教育事业发展作为公共投资的重点。在编制基建投资计划、实施基建投资项目时，充分考虑教育的实际需要，确保用于教育的预算内基建投资明显增加，不断健全促进教育事业发展的长效保障机制。

4.加大省、市对下转移支付力度。省、市两级要根据财力分布状况和支出责任划分，加大对本行政区域内经济欠发达地区的转移支付力度。2011、2012年对下转移支付中用于教育的投入要有明显增长。

（二）积极拓宽经费来源渠道，全面落实教育投入政策。1.税务部门要严格执行统一内外资企业和个人教育费附加制度，统一按增值税、消费税、营业税实际缴纳税额的3%、2%分别征收教育费附加和地方教育附加，并切实加强收入征管，依法足额征收，不得随意减免。

2.国土资源部门要会同财政部门，依据国家相关规定，从当年以招标、拍卖、挂牌或者协议方式出让国家土地使用权取得的土地出让收入中，按照扣除征地和拆迁补偿、土地开发等支出后余额10%的比例计提教育资金，按季提取。在年终清算时，对扣除的相关收支项目进行严格核定，根据核定结果计算全年应计提数。若全年应计提数小于土地出让收入2%，则按土地出让收入计提到2%。

3. 各级财政要会同有关部门将增加的教育资金，按照财政部《关于统一地方教育附加政策有关问题的通知》（财综〔2010〕98号）和财政部、教育部《关于从土地出让收益中计提教育资金有关事项的通知》（财综〔2011〕62号）等文件规定，全部用于支持教育事业发展，并不得因此而减少其他应由公共财政预算安排的教育经费。

（三）积极利用社会教育投入，完善教育经费筹集机制。各市、县政府在落实财政教育投入任务的同时，要积极创新教育投入机制，健全以政府投入为主、多渠道筹集教育经费的机制。在不断加大财政教育投入的基础上，充分调动社会办教育的积极性，积极引导社会投入，拓宽社会资源进入教育途径，多渠道增加教育投入。

三、优化结构，科学合理使用财政教育经费

各级各有关部门要按照国家和省《中长期教育改革和发展规划纲要（2010—2020年）》的要求，进一步突出重点，优化教育投入结构，合理配置教育资源，促进教育公平，全面提高教育质量。

（一）全面优化教育投入结构。在教育经费安排上，要科学规划、统筹兼顾，结合我省“十二五”规划和《中长期教育改革和发展规划纲要（2010—2020年）》要求，着力解决当前制约教育事业发展的突出矛盾和问题。既要体现教育改革发展的全局性、战略性要求，又要增强针对性和可操作性。要统筹城乡、区域之间教育协调发展，合理配置教育资源，重点向农村地区、贫困地区和革命老区倾斜，加快缩小教育差距，促进基本公共服务均等化。要调整优化教育经费投入结构，在落实国家关于义务教育和高等教育重大投入政策的同时，进一步向职业教育、普通高中教育、学前教育倾斜，实现各类教育协调发展。

（二）保障教育民生工程实施。教育经费安排要坚持以人为本，保障公民依法享有受教育的权利，切实减轻人民群众负担，让广大人民群众共享教育改革发展的成果。要大力支持乡镇公办中心幼儿园建设、农村义务教育薄弱学校改造计划、城乡义务教育经费保障机制改革、农村留守儿童之家建设、农村儿童安全保障、中小学校舍安全工程、普通高校、中职学校和普通高中家庭经济困难学生资助、农村教师周转宿舍建设等民生工程建设。

（三）突出支持重大教育项目。按照国家和省《中长期教育改革和发展规划纲要（2010—2020年）》要求，坚持顶层设计、总体规划、政策先行、机制创新等统筹推进，着力解决教育发展关键领域和薄弱环节存在的问题。各市、县政府要结合本地实际，按照中央和省里的统一部署，在保障教育民生工程实施的同时，重点保障高等教育质量提升工程、义务教育学校标准化建设工程、中小学教师国家级培训计划、职业教育基础能力建设工程、学前教育三年行动计划等重大项目，统筹落实经费，扎实推进项目实施。

四、创新管理，切实提高科学化精细化水平

各级、各有关部门要创新体制机制，切实加强教育经费管理，进一步提高资金使用效益。

（一）健全教育管理体制。各市、县政府及教育行政主管部门要以加大教育投入为契机，进一步理顺各类教育管理体制，明确教育管理职责。要加快重点领域和关键环节改革步伐，坚决破除不利于教育发展的体制机制障碍，使教育发展更加符合广大人民群众的期盼。教育经费管理、教育项目安排要与教育改革相协调，将改革创新贯穿于教育投入及项目实施的全过程，促进建立现代教育管理体制。

（二）建立健全监管机制。要坚持依法理财、科学理财的原则，全面推进教育经费科学化精细化管理。

1.明确经费管理责任。各市、县政府要按照教育事权划分，督促有关部门加强经费使用管理。各级教育行政部门和各级各类学校在教育经费使用管理中负有主体责任，要采取有效措施，切实提高经费管理水平。

2.建立健全内控机制。一是进一步完善财务监督制度，严格依照国家规定，健全财务管理规章，完善各项经费使用制度，规范学校经费行为，防范学校财务风险。要建立健全科学、合理、公开、透明的经费分配标准和办法，坚决杜绝分配的随意性。二是加强经费内部稽查和审计监督，确保经费分配和使用规范、安全、有效。要加强学校国有资产管理，防止国有资产流失，提高使用效益。三是切实加强管理基础工作和基层建设。充分发挥基层管理部门的职能作用，做好教育基础数据的收集、分析和信息化管理工作。

3.建立过程监管和绩效评价机制。重大项目建设、重大资金使用，必须科学论证，集体决策。研究制定重大项目资金管理办法，严格项目资金使用管理，形成全过程、全方位、常态化监督机制。建立科学合理的教育经费支出评价体系，采取定量分析与定性分析相结合的方式，进行权衡比较和综合判断。及时整理、归纳、分析、反馈绩效评价结果，并将其作为改进教育预算管理和安排以后年度预算的重要依据。

4.加强监督检查。各级政府及有关部门要自觉接受人大对教育经费预算和预算执行情况的依法监督。审计部门每年要将教育经费管理作为审计工作重点，定期开展经费使用和管理情况的专项审计，依法严肃处理各类违法违规行为。教育部门要联合财政、发展改革、国土资源、监察等相关部门适时开展专项督查，并将有关情况及时报告同级人民政府。

五、强化领导，确保教育投入和管理各项工作落到实处

（一）加强组织领导。各市、县政府要把加大教育投入作为一项重要而紧迫的任务，严格落实责任制，确保领导到位、责任到位、措施到位。各市、县要参照省里做法，迅速成立协调领导机构，由政府主要负责人担任组长，及时研究解决相关重点、难点问题。分管领导要集中力量抓好各项目标任务的落实。要根据省里核定的教育投入任务，结合本地区实际制定具体实施方案。省政府各有关部门要按照职责分工，加强沟通协调，完善配套政策和措施，形成推进合力。

（二）强化考核督查。省政府将对各市、县及省政府各有关部门加大财政教育投入落实情况进行考核。省财政厅要会同有关部门制定我省教育投入分析评价指标体系，加强对各地落实教育投入法定增长、提高财政教育支出比重、拓宽财政性教育经费来源渠道等工作进展情况的检查，及时研究解决政策执行落实中发现的问题。相关部门要切实负起责任，加大监督检查和责任追究力度，并将检查结果作为省财政安排转移支付的依据。

安徽省人民政府办公厅关于发挥财政引导作用支持中小企业和“三农”发展的意见

（2011年7月22日　皖政办〔2011〕56号）

各市、县人民政府，省政府各部门、各直属机构：

为深入贯彻落实国家宏观调控政策，努力提升对中小企业、“三农”、创业就业等经济社会薄弱环节的金融服务水平，促进全省经济社会平稳健康发展，经省政府同意，现就发挥财政引导作用，支持中小企业和“三农”发展提出以下意见：

一、支持中小企业融资发展

（一）已建立中小企业贷款风险补偿资金的地区，凡符合条件的银行业金融机构、融资性担保机构的中小企业贷款损失和担保代偿损失，同级财政给予一定的补偿。

（二）对市辖区银行业金融机构新增的小企业、微型企业贷款，省和同级财政按其当年季末平均增加额的2‰给予奖励。

（三）依法合规经营的融资性担保机构季末在保贷款平均余额同比增加且担保放大倍数5倍以上的，同级财政对其季末在保贷款平均余额放大5—10倍部分，按1.5‰的比例（单户最高不超过150万元）给予奖励。

（四）对依法合规经营且担保放大倍数3倍以上、年化综合担保费率低于2%的县域融资性担保机构，省和同级财政按融资担保费收入的20%给予担保费补贴（单户最高不超过150万元）。

（五）对改制成功且与保荐机构签订上市辅导协议的上市后备中小企业，省和同级财政分别给予100

万元的补助；上市成功的，省和同级财政分别给予50万元的奖励。中小企业因上市而补缴的企业所得税地方留成部分全额奖励给企业。对上市中小企业成功实施再融资的，省和同级财政分别给予50万元的奖励。皖北地区和大别山革命老区每培育1家上市中小企业，省财政给予企业所在地政府100万元奖励。

（六）对成功发行集合债券、短期融资券和集合票据的中小企业，省和同级财政分别给予发行费用10%、最高不超过20万元的补贴。

二、支持加强“三农”金融服务

（七）继续开展大宗农作物和重要畜禽产品保险试点，逐步扩大试点品种和范围，提高农业保险覆盖面，分散和化解农业生产风险。

（八）新设的县域涉农融资性担保公司1年内担保放大倍数1倍以上、农业项目担保额占比50%以上的，省和同级财政给予其实收货币资本的1%、最高不超过30万元的一次性奖励。

（九）对新设的新型农村金融机构，省和同级财政给予其实收货币资本的1%、最高不超过100万元的一次性奖励。

（十）鼓励和支持银行业金融机构在县域增设分支机构。对政策性银行、国有商业银行、股份制银行、城市商业银行、农村银行、邮政储蓄银行新设的分支行，省财政按每个30万元予以补助。

（十一）皖北3市7县农村合作金融机构营业税减免政策延长到2012年。支持农村信用社改组改制，做大做强；对成功改制为农村商业银行的，省财政给予20万元的一次性奖励。

（十二）完善县域金融机构涉农贷款增量奖励政策，县域金融机构当年涉农贷款季度平均余额同比增长超过15%以上的部分，由中央、省、县（市）财政分别按1%、0.5%、0.5%给予奖励。实施新型农村金融机构定向费用补贴政策，对符合条件的新型农村金融机构，中央财政按其贷款平均余额的2%给予奖励。县域金融机构当年新增贷款占新增存款的比例达到50%以上的，同级财政给予奖励。

（十三）支持银行业金融机构开展农业保险保单质押贷款，省和同级财政按其当年季末农业保险保单质押贷款平均余额的5‰给予奖励。支持融资性担保机构开展农业保险保单质押担保业务，按其当年季末农业保险保单质押担保贷款平均余额的5‰给予奖励。

（十四）对年度考核合格的县域小额贷款公司，同级财政按其实际缴库营业税的40%返还；小额贷款公司、融资性担保机构所得税前扣除，分别比照银行业金融机构和保险机构相关政策执行。对考核合格、服务“三农”、贷款利率不高于基准利率2倍的县域小额贷款公司，同级财政按其涉农贷款、工业企业贷款季末平均余额的2‰给予奖励。

三、支持创业促进就业

（十五）对从事微利项目的个人或者合伙经营和组织起来就业的，其借入的小额担保贷款，认真落实中央财政给予全额贴息的政策。

（十六）对符合条件的劳动密集型小企业贷款，中央和同级财政分别按照基准贷款利率的25%给予财政贴息。

（十七）鼓励和支持地方政府扩大小额贷款担保基金规模，加强担保基金和贴息资金监管，用好用足小额担保贷款政策。对担保基金担保的小额担保贷款且免收担保费的，由同级财政按照2%年化费率给予经办担保机构补助。

（十八）鼓励金融机构开发适合中小企业、“三农”和个人创业的金融创新产品。省政府适时组织开展金融创新产品评奖活动，对获奖的金融机构给予奖励。

四、支持地方金融体系建设

（十九）鼓励各类金融机构在我省设立分支机构。对在我省设立总部性或者区域总部性金融机构的，省财政结合其注册资本规模给予一次性补助。其中注册资本超过10亿元的，补助500万元；注册资本5—10亿元的（不含5亿元），补助300万元；注册资本1—5亿元的，补助200万元。省级银行业金融机构在亳州、阜阳、宿州等皖北3市新设市级以上分支机构的，省财政给予每个新设机构30万元的一次性补助。

（二十）鼓励民间资本和外资依法进入融资性担保行业，增加行业资本实力，促进市场竞争；安排专项资金，支持省担保集团以资本为纽带，采取参股、控股等方式，加快推进全省特别是皖北地区担保体系建设。

五、有关要求

（二十一）各级政府要加强领导，精心组织，周密安排，稳步实施。各相关职能部门、各金融监管机构要各司其职、各尽其责，加强协作、密切配合。

（二十二）省财政厅、省政府金融办要会同人民银行合肥中心支行、安徽银监局等有关部门尽快研究制定实施细则和具体办法，确保各项政策落到实处。

（二十三）各金融机构要积极响应，研究制定具体落实方案和措施，进一步拓展业务范围，调整业务结构，创新产品服务，为全省经济社会发展提供有力的金融支撑。

（二十四）本意见自 2011 年 1 月 1 日起执行，期限暂定 2 年。

安徽省人民政府办公厅转发省财政厅等部门关于进一步加强政策性农业保险管理促进政策性农业保险规范发展意见的通知

（2011 年 7 月 13 日 皖政办〔2011〕52 号）

各市、县人民政府，省直有关部门：

省财政厅、省政府金融办、省农委、安徽保监局《关于进一步加强政策性农业保险管理促进政策性农业保险规范发展的意见》已经省政府同意，现转发给你们，请结合实际，认真贯彻执行。

关于进一步加强政策性农业保险管理促进政策性农业保险规范发展的意见

省财政厅　省政府金融办　省农委　安徽保监局

2008 年开展政策性农业保险试点以来，在省委省政府的正确领导下，通过全省各级各有关部门的扎实工作，政策性农业保险取得了较为明显的成效，为农业生产提供了有力保障。在试点过程中，也还不同程度地存在基层农业保险服务体系不健全、基层政府和保险经办机构履责越位与缺位并存、承保理赔手续不够细致规范、资金运作存在安全隐患等问题，直接影响了农业保险服务质量，阻碍了农业保险健康持续发展。为进一步加强政策性农业保险管理，规范农业保险经营行为，促进政策性农业保险规范健康发展，现提出以下意见：

一、统一思想，深刻认识政策性农业保险规范发展的重大意义

1.切实增强规范发展政策性农业保险的责任感和紧迫感。规范运作是农业保险健康持续发展的基础，关系到农业保险惠农政策的落实，关系到党和政府的形象，关系到农村的和谐稳定，也关系到政策性农业保险试点的成败。各级各有关部门和保险经办机构要充分认识政策性农业保险规范发展的重大意义，进一步增强责任感和紧迫感，切实加强组织领导，采取切实有效措施，确保各项政策措施落到实处。

二、把握重点，不断增强政策性农业保险管理的针对性和有效性

2.把握原则要领，稳步推进农业保险运作市场化。基层政府和保险经办机构要深刻领会政策性农业保险工作原则和政策要领，正确把握各自角色定位，做到不缺位、不越位。基层政府要负责引导、支持和推动政策性农业保险工作，督促落实本地农业保险各项政策措施。保险经办机构要切实承担起农业保险经营主体职责，加强基层服务网络建设，具体做好承保、理赔等各项工作。

3.加强网络建设，加快建立基层农业保险工作新机制。各级、各保险经办机构要全面贯彻落实省政府办公厅《转发省财政厅等部门关于进一步加强政策性农业保险基层管理和服务的指导意见》（皖政办〔2010〕31 号）精神，进一步理顺基层政府和保险经办机构的关系，明晰各自工作职责，加快建立分工合理、协作有力、运转高效的基层农业保险工作新机制。在基层政府的支持下，各保险经办机构要规范站（点）设置，加强软硬件建设，健全基层农业保险服务体系，着力提高自主经营能力；在乡镇政府的见证下，与乡村协保员签订委托协议，明确各方的职责、义务。乡村协保员在保险经办机构授权的范围内办理农业保险业务。

4.加强宣传引导，坚持农户投保自愿原则。各级各有关部门和保险经办机构要进一步加大宣传力度，切实做好面上和点上宣传工作。通过大众传媒、送戏下乡、墙体广告、理赔宣导等农民群众喜闻乐见的方式，广泛深入宣传农业保险，引导农户自愿参与农业保险。要坚持农户投保自愿原则，尊重农户投保意愿，严禁以任何方式欺瞒、误导或者强制农户投保，严禁下指标、分任务、搞摊派，严禁代垫保费、抵扣补贴、抵扣赔款。

5.加强承保管理，推进承保规范化精细化。保险经办机构要强化保险标的数量、权属等要素的审验，确保承保信息真实。要规范流转土地农作物承保工作，对投保的集约化种植农作物，应核对其承包或租赁经营协议。保险标的不符合承保条件的不予承保，对保险标的不具有保险利益的不得确认为被保险人，基层政府及其机构不得作为投保人投保。农作物尚未播种的，不得签单承保；在农作物生长后期，不得通过行政手段组织农户集中投保。要严格执行"见费出单"和承保公示制度。收取投保人保费应出具省级保险经办机构统一印制的收据或保险凭证；将直接投保和集中投保情况，统一纳入标的所在行政村张榜公示，且不少于7天。

6.规范查勘定损，着力提高理赔工作效率。各级各有关部门要切实履行职责，督促保险经办机构准确及时理赔，不得越位代办理赔工作。保险经办机构要严格按照保险条款理赔，不得随意降低赔付标准，严禁拖赔、惜赔、无理拒赔。要建立理赔绿色通道，严格执行限时结案制和责任追究制，努力提高理赔工作时效。要充分听取专家和被保险人意见，加强与被保险人的沟通协商，合理确定标的受损面积和损失率，严禁均摊或者变相均摊赔款。

7.统一赔付流程，确保赔款及时足额支付。保险经办机构要公开理赔标准和相关政策规定；将种养大户、龙头企业、农村合作经济组织和一般农户赔款，统一纳入标的所在地行政村张榜公示，且不少于7天；召开较大或者重大赔案理赔情况说明会，说明查勘定损过程和赔款理算方法。要将养殖业保险赔款直接支付到农户"一卡通"账户或者龙头企业、农村合作经济组织银行账户，将种植业保险赔款统一委托县级农村财政局通过"一卡通"发放到户。不得以现金方式发放赔款，杜绝截留、侵占、挪用农业保险赔款行为发生。

8.加强资金管理，确保农业保险资金安全。各级财政部门要将本级应承担的保费补贴，足额列入财政预算安排，并纳入国库集中支付；以保险经办机构签单数量、投保人负担保费足额收取和承保情况已公示为标准，定期核拨应匹配的保费补贴；加强政策性农业保险资金专用账户监管，严禁多头开户和违规运营，确保专户资金封闭运作。各级各有关部门要加强监督检查，依法严肃查处虚构保险标的、骗取财政补贴资金、编造虚假赔案和扩大事故损失套取保险资金等违法违规行为。

三、完善措施，加快建立政策性农业保险规范发展的保障机制

9.加强队伍建设，提高农业保险服务能力。各级农险办、理赔办（组）要巩固充实人员力量，加大指导、协调和督查力度。各乡镇政府要监督保险经办机构和协保员严格履行委托协议。各保险经办机构要加强自身队伍建设，增加人员配备，使人员数量、结构与业务规模相适应；加强乡村协保员管理和培训，提高协保员综合素质和服务技能；规范工作流程，细化工作内容，强化工作责任，加强业绩考核，调动协保员的主动性和积极性，提高协保员服务质量和水平。

10.落实工作经费，保障农业保险顺利开展。各地要将引导、组织和推动政策性农业保险工作发生的经费列入同级财政预算，不得在保险经办机构列支。各保险经办机构要严格按照省政府办公厅皖政办〔2010〕31号文件和委托协议规定，及时结算、分配工作费用。

11.完善政策制度，促进农业保险规范发展。坚持农业保险市场化方向，对农业保险的费率、保障水平、理赔标准、风险管控、保费补贴等政策进行调整完善（调整方案附后），使政策调整惠及广大农户、保险经办机构和地方政府，以进一步调动农业保险参与各方的积极性，逐步建立健全农业保险规范持续发展的长效机制。

四、齐抓共管，形成推动政策性农业保险规范发展的强大合力

12. 加强试点单位考核，深入开展规范管理活动。全面贯彻落实农业保险政策，进一步规范职责分工、站（点）建设、展业承保、保险理赔和资金管理。把规范管理贯穿于农业保险工作各环节、全过程，着力提高农业保险的服务质量和水平。省农险办将会同有关部门加强对各地农业保险规范运作情况的考核，并以此作为试点单位年度考核的重要内容。

13. 加强经办机构考核，建立健全优胜劣汰机制。各试点单位要建立保险经办机构的优胜劣汰机制，对保险经办机构农业保险服务质量进行跟踪考核。对管理不规范、理赔不及时、服务不到位的保险经办机构，要责令其限期改正；对到期仍不纠正或者存在重大工作过失、造成较大负面影响的，要取消其经办资格，直至追究其法律责任。

14.强化监督管理，抓好各项政策措施落实。各地农险办要会同有关监管部门加强对保险经办机构农业保险业务的合法性、合规性检查，促进农业保险工作规范化、精细化。要充分发挥人大及政协监督、审计监督、农户监督和舆论监督的功能和作用，努力形成多层次、全方位的农业保险监督体系，确保农业保险各项政策落到实处。

全省政策性农业保险政策调整方案

一、种植业保险

1.适当提高保险费率。维持大豆保险费率不变，油菜保险费率提高 2%，小麦保险费率提高 0.5%，其他种植业保险费率各提高 1%。调整后的各险种费率分别为：水稻 6%、玉米 6%、棉花 6%、大豆 6%、小麦 4.5%、油菜 6%。

2.适当提高保险金额。玉米、大豆、小麦、油菜每亩保险金额各提高 10 元，水稻、棉花每亩保险金额分别提高 30 元、40 元。调整后的各险种保险金额分别为：水稻 330 元/亩、玉米 250 元/亩、棉花 340 元/亩、大豆 170 元/亩、小麦 270 元/亩、油菜 270 元/亩。

3.实行保费全省统筹、风险全省管控。种植业保险资金仍实行“专户存储、单独核算、封闭运作、财政监督”的管理办法；省级保险经办机构在银行开设农业保险资金专用账户，对其经办地区的种植业保险保费收缴、赔款支付实行“两条线”管理。保险经办机构承担经办地区单季（午季或秋季）种植业保险保费 3 倍以内的赔付责任，3 倍以上的赔付责任由省政府与市县政府共担。

4.适当降低绝对免赔率。将种植业保险的绝对免赔率由 15%下调到 10%。

5.调整种植业保费补贴政策。种植业保险保费，中央、省、市县财政分别补贴 40%、25%、15%；对皖北三市七县种植业保险保费，中央、省、市县财政分别补贴 40%、30%、10%。

二、养殖业保险

1.适当下调奶牛保险费率。将奶牛保险费率由 8%下调到 6%。

2.调整养殖业保费补贴政策。将奶牛保险地方财政保费补贴比例由 30%提高到 40%，统一市县养殖业保险保费补贴比例。能繁母猪保险保费，中央、省、市县财政分别补贴 50%、25%、5%；奶牛保险保费，中央、省、市县财政分别补贴 30%、25%、15%。

三、实施时间

上述政策调整，自 2012 年 1 月 1 日起施行。

省十一届人大重要财经文件

在省十一届人大五次会议闭幕会上的讲话

中共安徽省委书记 张宝顺

（2012 年 2 月 15 日）

各位代表，同志们：

安徽省第十一届人民代表大会第五次会议，经过全体代表和与会同志的共同努力，圆满完成了各项议程，即将胜利闭幕。这是一次民主团结、务实创新的大会，是一次凝心聚力、鼓舞士气的大会。

会议期间，代表们肩负着 6800 万江淮儿女的重托，以饱满的政治热情和严谨的工作态度，认真履行职责，依法行使权力，积极建言献策，共商发展大计，体现了热爱安徽、心系人民的责任情怀，展示了奋发向上、开拓进取的精神风貌。会议审议通过的政府工作报告和其他各项报告，凝聚着全体代表的集体智慧，代表了全省人民的共同意愿，是做好我省今年工作的重要指导性文件。会议顺利完成选举任务，为推进兴皖富民提供了坚强组织保证。大会的圆满成功，必将极大地激励和鼓舞全省人民以更加坚定的信心、更加昂扬的斗志，投身我省改革开放和现代化建设的伟大实践！

各位代表，2011 年是安徽发展史上不同寻常的一年。

面对困难和挑战，全省上下坚持以科学发展观为指导，顽强拼搏，攻坚克难，实现了“十二五”良好开局。2012 年是党的十八大召开的喜庆之年，也是实施“十二五”规划承上启下的关键一年，做好今年工作具有十分重要的意义。我们要认真贯彻落实党的十七届六中全会和中央经济工作会议精神，紧紧围绕科学发展主题和全面转型、加速崛起、兴皖富民主线，牢牢把握稳中求进的工作总基调，全力以赴稳增长、调结构、保民生、促稳定，确保完成本次会议确定的目标任务，奋力开创建设美好安徽的新局面。

我们要清醒认识宏观形势，牢牢把握工作的主动权。当前，宏观经济形势总体复杂严峻，不确定不稳定因素增多。我们必须保持清醒头脑，增强忧患意识，主动做好应对各种挑战的准备。同时，我们更要充分认识到，有工业化城镇化加速推进的持续增长动力，有国家政策重点支持的多重叠加效应，有多年蓄积势能的全面加速释放，安徽发展仍处于大有可为的黄金发展期。我们一定要坚定必胜信念，以时不我待的紧迫感和只争朝夕的使命感，抢抓机遇、用好机遇，着力巩固经济社会发展的良好势头，在加速崛起进程中迈出更大步伐。

我们要自觉坚持稳中求进，努力实现又好又快发展。稳中求进的工作总基调是科学发展观的生动体现，是巩固良好发展势头的重要遵循。把握好这一工作总基调，就是要把加快转变发展方式和保持经济平稳较快发展有机统一起来，努力在稳增长上取得新成效，在调结构上取得新突破，真正实现好中求快、又好又快。我们要紧密结合安徽实际，认真落实国家宏观调控政策，统筹兼顾，多措并举，千方百计扩大有效投入，拉动消费，拓展外需，促进经济平稳健康运行。要坚持转型发展、创新发展、开放发展，以皖江示范区、技术创新工程试点省、加快皖北发展等重大战略平台建设为引领，大力推进自主创新和发展方式转变，大力推进区域协调发展和城乡一体发展，不断提升发展质量和效益，为全面建成小康社会奠定坚实基础。

我们要着力保障改善民生，全面推进社会事业进步。保障和改善民生是我们一切工作的出发点和落脚点。要牢固树立以人为本、执政为民理念，坚持维护群众利益高于一切、关心群众疾苦重于一切、解决群众困难先于一切，常怀爱民之心，恪守为民之责，善谋富民之策，多办利民之事，使广大人民群众共享改革发展成果。要把保障和改善民生摆在更加突出的位置，深入实施民生工程，积极促进充分就业，加快发展社会事业，不断完善社会保障体系，着力提高城乡居民收入，让全省人民过上更加富裕、更加安定、更加美满的幸福生活。

我们要加强创新社会管理，切实维护和谐稳定大局。当前，我省正处于经济转轨、社会转型时期，社会矛盾和风险增多，特别是今年我们党将召开十八大，维护社会稳定尤为重要。各级领导干部要沉下身子、深入基层，面对面、心贴心、实打实地了解社情民意，解决信访难题，努力从源头上预防和化解社会矛盾。尤其要认真总结运用“五级书记带头大走访”活动的成功经验，扎实开展“领导干部大接访”活动，不断密切同群众的血肉联系，使维稳工作获得最牢固的群众基础。要大力加强和创新社会管理，着力夯实基层基础，抓好重点人群服务管理，加强社会治安综合治理，高度重视安全生产，最大限度增加和谐因素，最大限度减少不和谐因素，确保全省社会大局和谐稳定。

我们要不断优化政治生态，积极营造良好发展环境。这些年我省崛起势头强劲，很重要的就是通过持续优化政治生态，凝聚起干事创业的强大合力，形成了风清气正的良好氛围。站在新的发展起点上，我们必须持之以恒优化政治生态，深入推进创先争优，坚定理想信念，为民、务实、清廉，着力保持党的先进性和纯洁性，进一步打造团结一心干事业、奋发有为促崛起的发展环境。要大力弘扬敢为人先的优良传统，积极营造崇尚创新、支持探索、宽容失败的社会风气，真抓实干，敢闯敢试，不断加大改革攻坚力度，破解科学发展难题，构建更富活力、更有效率的体制机制，为推进兴皖富民大业注入不竭动力。

各位代表，新的形势和新的任务，对人大工作提出了新的更高要求。全省各级人大及其常委会要牢牢把握人大工作的正确方向，坚持围绕中心、服务大局，认真履行法定职责，着力提高立法质量，完善监督机制，做好代表工作，加强自身建设，全面提升人大工作水平。各位代表即将返回各自的工作岗位，希望大家充分发挥表率作用，带头学习领会、贯彻落实这次大会精神，更好地调动和发挥各方面的积极性、主动性、创造性，为推进科学发展、建设美好安徽作出更大贡献。

各位代表，同志们！我们已经踏上了建设美好安徽的新征程，宏伟的目标鼓舞人心，光荣的使命催人奋进。让我们紧密团结在以胡锦涛同志为总书记的党中央周围，高举中国特色社会主义伟大旗帜，以邓小平理论和“三个代表”重要思想为指导，深入贯彻落实科学发展观，同心同德，锐意进取，不断谱写各项事业发展的新篇章，奋力夺取全面建设小康社会的新胜利，以优异成绩迎接党的十八大召开！

安徽省 2012 年政府工作报告

——2012 年 2 月 11 日在安徽省第十一届人民代表大会第五次会议上

安徽省人民政府代理省长　李　斌

各位代表：

现在，我代表省人民政府，向大会报告政府工作，请予审议，并请省政协委员和其他列席人员提出意见。

一、2011 年工作回顾

2011 年是实施“十二五”规划的第一年，是安徽发展进程中不同寻常的一年。在党中央、国务院和中共安徽省委的坚强领导下，我们紧紧依靠全省人民，认真贯彻党的十七大和十七届三中、四中、五中、六中全会及省第九次党代会精神，牢牢把握科学发展主题和全面转型、加速崛起、兴皖富民主线，锐意进取，扎实工作，加快推进经济发展方式转变，全力保持经济社会又好又快发展，较好地完成了省十一届人大四次会议确定的年度目标任务，实现了“十二五”良好开局。

初步核算，全省生产总值15110.3亿元，增长13.5%；财政收入2632.8亿元，增长27.6%，其中地方财政收入1463.4亿元，增长27.3%；社会消费品零售总额4900.6亿元，增长18%；固定资产投资12126.3亿元，增长27.6%；城镇居民人均可支配收入18606元，增长17.8%；农民人均纯收入6232元，增长17.9%：城镇新增就业62.3万人，城镇登记失业率3.7%。单位生产总值能耗预计下降3.5%左右，除氮氧化物排放量外，完成年度主要污染物减排任务。全省经济社会发展呈现速度较快、结构趋优、效益提升、后劲增强、民生改善、社会和谐的良好态势。

（一）着力落实国家宏观调控政策，经济保持又好又快发展

持续扩大有效投入，深入实施“861”行动计划，在民生保障、战略性新兴产业、交通等基础设施方面推进了一批重点项目建设。加强经济运行调节，把帮扶实体经济作为稳增长的关键举措，清理整顿涉企收费，努力缓解企业特别是小型微型企业发展难题，规模以上工业增加值增长21.1%，增速居中部首位。经济增长的内生动力不断增强，民间投资占总投资比重达65.5%，提高2.1个百分点。认真落实中央鼓励消费的政策措施，建成一批大型商贸流通项目，举办一系列经贸交流活动，带动消费持续增长。努力克服外需放缓的不利影响，进出口总额313.4亿美元，增长29.1%，其中出口170.8亿美元，增长37.6%，机电和高新技术产品出口比重进一步提高，汽车出口量全国第一。强化金融支撑作用，新增本外币贷款2456.1亿元，贷款余额增长21.2%。直接融资754.9亿元，增长50.9%，新增上市公司11家，保险直投突破100亿元。及时出台16条稳定物价措施，保障供给，加强监管，居民消费价格涨幅连续6个月回落，全年涨幅为5.6%。

（二）着力转变经济发展方式，产业结构转型升级加快

积极推进传统产业改造提升，完成企业技改投资2946.9亿元，增长41.8%。汽车和装备制造等重点行业生产规模进一步壮大，技术装备水平明显提高。发挥自主创新的驱动作用，巩固扩大合芜蚌自主创新综合试验区和国家技术创新工程试点省建设成果，试验区获准开展企业股权和分红激励试点，新认定高新技术企业344家，高新技术企业和国家级创新型企业总数分别居中部首位和全国前列。实施战略性新兴产业“千百十”工程，启动首批21项重大产业化项目，新型平板显示、高端装备制造、新材料等一批特色产业实现集群发展。大力发展服务业，建立服务业统计指标、评价考核和政策支撑体系，出台加快发展的34条政策措施，稳步推进服务业综合改革试点，加快服务业集聚区建设。强力推进节能减排，加强重点领域、重点行业和关键环节监管，完善激励约束机制和考核评价体系，加大高污染、高耗能行业结构调整力度，淘汰落后产能。深入实施品牌战略，新增中国驰名商标30件。开展“省政府质量奖”活动。

（三）着力巩固和加强农业基础，“三农”工作取得新成绩

大力实施新增粮食生产能力规划，粮食生产“三大行动”成效显著，战胜60年一遇的秋冬春三季连旱，粮食总产达627.1亿斤，连续6年创历史新高。深入推进畜牧业升级计划、水产跨越工程和蔬菜产业提升行动，畜牧业规模养殖比重较上年提高3个百分点，设施蔬菜规模进一步扩大。新增营造林315万亩。创建国家级和省级现代农业示范区26个。实施农业产业化转型倍增计划，实现农产品加工业产值5061.2亿元，增长50.2%。各类农民专业合作组织新增5387个，总数达2.3万个。提高涉农补贴标准，发放各类补贴159.8亿元，增长9.2%。政策性农业保险实现县(市、区)全覆盖。实施水利安徽战略，推进新一轮治淮建设，开展长江干支流治理，完成429座小型水库除险加固和31个中小河流治理项目，新解决312万农村人口饮水安全问题。深入推进新农村建设，“千村百镇示范工程”成效明显，省级示范村、镇分别达1930个和202个，实施240个乡镇农村清洁工程，开展970个村庄整治试点，改造10万户农村危房。加大扶贫开发力度，全年扶贫资金投入10.7亿元，贫困地区群众生活进一步改善。

（四）着力推动区域协调发展，县域经济发展提速

推进皖江示范区建设，承接产业转移的规模扩大、质量提高，2900多个大项目落户示范区。加快开发园区转型升级，滁州、铜陵、池州经济技术开发区晋升为国家级，全省国家级开发区达到12家。江北、江南集中区建设扎实推进。顺利实施巢湖行政区划调整，区域性特大城市建设进入新阶段，芜湖、马鞍山迈进跨江发展新时期。加快皖北振兴，皖北地区比

较优势日益显现,内生动力和活力不断增强。落实和完善扶持政策,深入开展结对帮扶,皖北地区主要经济指标增幅持续高于全省平均水平。加快皖南和大别山区绿色发展,出台促进大别山革命老区发展20条扶持政策,推进黄山市国家服务业综合改革试点和皖南国际旅游文化示范区建设。出台加快城镇化发展的政策措施,城镇化率达44.8%,比上年提高1.6个百分点。扩权强县和扩权强镇工作稳步推进,34个县(市、区)财政收入超过10亿元,其中14个县(市、区)突破20亿元,县域经济呈现竞相加快发展的可喜局面。

(五)着力深化改革开放,经济社会发展动力和活力进一步增强

深入推进国有企业改革,省属企业间的联合重组迈出新步伐。加快推进财税金融体制改革,完善县级财力保障机制,加强预算绩效管理,落实国家结构性减税政策,大力发展地方金融机构,区域性金融后台中心建设取得突破性进展。深化文化体制改革,启动非时政类报刊转企改制,全国文化体制改革工作会议在我省成功召开,省及全部省辖市被评为"全国文化体制改革先进地区"。深化医药卫生体制改革,全民基本医保制度基本形成,出台完善基层医改的30条政策措施,新的运行机制进一步巩固,基层医疗卫生机构药品零差率销售实现全覆盖,公立医院改革试点积极推进。扎实推进国家教育统筹综合改革试点省工作,健全教育经费稳定增长机制。启动省直管县体制试点。推进乡镇机构改革。深化行政审批权相对集中改革。有序推进事业单位分类改革。深化农村土地管理制度改革试点,实施农村土地确权登记颁证,加强土地承包经营权流转市场和服务体系建设。开展"一事一议"财政奖补项目建设的村(居)达1.6万个,占总数的92%。推进集体林权制度配套改革。不断深化对外开放合作,成功承办长三角交流合作系列活动,全面融入长三角区域发展合作机制,承接产业转移、交通、能源等领域合作进一步加强。深度拓展与央企、全国知名民企对接合作,与珠三角、环渤海、中西部、港澳台等区域和国际合作取得明显成效。亿元以上省外投资项目实际到位资金4181.2亿元、增长56.5%,实际利用外商直接投资66.3亿美元、增长32.2%。落户我省的世界500强企业达57家,新增6家。加快"走出去"步伐,新批境外企业和机构47家。

(六)着力保障改善民生,各项社会事业全面进步

把促进就业作为民生工作的头等大事,进一步完善就业政策,大力推动创业带动就业,突出做好高校毕业生、农村转移劳动力、城镇就业困难人员就业工作。扩大社会保障覆盖面,社会保障体系不断完善,五大保险均超额完成全年任务,城乡居民养老保险试点县(市、区)达到67个。财政支出进一步向民生倾斜,其中33项民生工程投入468亿元,比上年增加123亿元。元旦春节前,共筹措困难群众生活专项补助资金11.5亿元,惠及900多万人。开工建设各类保障性住房42.9万套,基本建成20.5万套,超额完成国家下达的任务。实施学前教育三年行动计划,加快义务教育学校标准化建设,提高农村义务教育阶段学生人均公用经费补助标准,加固改造中小学校舍944万平方米,实施皖江城市带职业教育发展规划,推进高校提标和化债工作,高考录取率达76.7%,首次超过全国平均水平。实施41项免费基本公共卫生服务项目,95%的基层医疗卫生机构实现标准化建设。持续加强人口和计划生育工作,大力提高出生人口素质,人口自然增长率为6.32‰。全面推进公共文化服务体系建设,建成乡镇综合文化站583个、农家书屋6924个,公共图书馆、文化馆、博物馆和乡镇综合文化站全部免费开放。成功举办第四届中国农民歌会。马鞍山市、65个村镇、110个单位荣获全国文明城市、村镇和单位称号,徽州文化生态保护实验区建设取得新进展。广播影视、新闻出版、文学艺术、哲学社会科学进一步繁荣。全民健身活动广泛开展,竞技体育取得新成绩。民族宗教、外事、侨务、港澳台、档案、地方志、参事文史工作继续加强,地震、气象、地质、测绘、防灾减灾工作健康发展,妇女、儿童、老龄、残疾人和红十字事业都取得新的进步。

(七)着力加强和创新社会管理,社会保持和谐稳定

把加强和创新社会管理放在更加突出的位置,扎实推进"平安安徽"建设。全面开展重大事项社会稳定风险评估。建立完善人民调解、行政调解、司法调解相互衔接的"大调解"工作体系,行政复议和法律援助工作成效明显。加大劳动者合法权益维护力度,调解仲裁案件办结率达94.7%。扎实开展信访工作,全省信访形势平稳趋好。社区综合管理体制改革

试点稳步推进,城乡社区自治和服务功能不断增强。深入开展安全生产、食品药品、环境保护等重点领域专项整治,安全生产形势总体平稳,食品药品安全保障水平进一步提高,环境违法行为得到有效整治。深入推进社会治安防控体系建设,严厉打击各种违法犯罪活动,人民群众安全感和满意度不断提高。圆满完成对口支援四川松潘县恢复重建任务,积极做好援疆援藏工作。扎实开展全民国防教育、国防动员、人民防空和双拥优抚工作,驻皖部队和广大民兵预备役人员在维护社会稳定、支持地方建设等方面作出了重要贡献。

在推进经济社会发展的同时,我们着力加强政府自身建设,用科学发展观统领政府工作,不断提高推动科学发展的能力和水平。自觉接受人大监督和政协民主监督,进一步密切与工会、共青团、妇联等人民团体的联系,认真听取各方面的意见和建议,办理人大代表建议782件、政协委员提案850件。加强法治政府建设,提请省人大常委会审议地方性法规7件,制定、发布省政府规章7件,启动"六五"普法。建立健全符合科学发展观要求的市县目标管理分类考核评价体系。深入开展创先争优活动,持续推进机关效能建设,健全网络问政机制,政务公开和政务服务进一步深化。认真开展"五级书记带头大走访"活动,解决了一批热点难点问题。加大反腐倡廉力度,强化重点领域、关键环节的行政监察和审计监督,严厉查处违法违纪案件,坚决纠正损害群众利益的不正之风,勤政廉政建设进一步加强。

过去的一年成绩来之不易,令人鼓舞。但我们也清醒地看到,还存在不少困难和问题。主要是:需求增长放缓,物价上涨压力较大,土地等要素和环境约束趋紧,部分企业特别是小型微型企业生产经营困难,保持经济又好又快发展的基础仍不稳固;农业基础依然薄弱,企业核心竞争力和产业综合竞争力不强,战略性新兴产业比重较低,服务业发展相对滞后,非公有制经济发展不足,节能减排和生态环境建设任务艰巨,转变经济发展方式任重道远;基本公共服务体系还不健全,城乡居民收入持续快速增长难度较大,社会建设和改善民生还有大量工作要做;政府自身建设还不完全适应形势发展的需要,政府职能需要进一步转变,效能建设、廉政建设需要进一步加强,领导和推动科学发展的能力需要进一步提升。对此,我们一定高度重视,坚决采取有力措施,切实加以解决。

各位代表!

过去的一年,全省经济社会发展取得了新成绩,迈出了全面转型、加速崛起的新步伐。这是党中央、国务院和中共安徽省委正确领导的结果,是全省人民团结奋斗的结果,是历届班子坚持不懈、奋发努力打下坚实基础的结果。我代表省人民政府,向全省广大工人、农民、知识分子、干部,向驻皖解放军指战员、武警官兵和政法干警,向各民主党派、各人民团体和各界人士,表示衷心感谢!向关心、支持安徽发展的中央各部门、兄弟省市区和海内外友好人士,向在我省创业的投资者、建设者,表示衷心感谢!

二、2012年的主要工作

今年是实施"十二五"规划承上启下的重要一年,是全面贯彻落实省第九次党代会决策部署的关键一年,做好今年各项工作意义重大。当前,世界经济形势依然复杂严峻,国内经济运行中长期矛盾和短期问题相互交织,保持经济社会又好又快发展的难度加大,我们必须准确研判、正确应对。越是遇到困难,越要坚定加快发展的信心;越是面临挑战,越要强化抢抓机遇的意识。经济全球化和区域经济一体化深入发展,要素重组和经济转型加速推进,我省综合承载力较强的竞争优势进一步凸显,大规模高起点承接产业转移面临新的机遇;中央继续实施积极的财政政策和稳健的货币政策,坚持分类指导、有扶有控,加大对"三农"、社会事业、科技创新、基础设施等方面的支持力度,这些宏观政策取向与我省的工作着力点高度契合,提供了有利的外部条件;几年来我省致力打造的自主创新、开放合作、区域联动发展等战略平台效应日益显现,高强度投入累积的发展能量逐步释放,初步形成了较为完善的基础设施体系和现代产业体系,发展的潜力巨大。尤为重要的是,省第九次党代会描绘了美好安徽的宏伟蓝图,指明了科学发展的"六条新路",进一步提振了全省人民昂扬向上、奋发有为的精神状态,为我们实现新发展、创造新业绩增添了强大动力。综合分析,我省处于大有可为的黄金发展期没有变,工业化、城镇化快速发展的阶段性特征没有变,加速崛起的大趋势没有变。我们一定要以只争朝夕的精神抢抓机遇,攻坚克难,不断开创经济社会又好又快发展的新局面。

今年工作的总体要求是:以邓小平理论和"三个代表"重要思想为指导,深入贯彻落实科学发展观,全面贯彻党的十七届六中全会、中央经济工作会议和省第九次党代会精神，围绕科学发展主题和全面转型、加速崛起、兴皖富民主线，把握稳中求进的工作总基调，奋力保持经济又好又快发展，大力调整经济结构，着力深化改革开放，全力保障改善民生，促进社会和谐稳定，努力打造“三个强省”，全面推进美好安徽建设。

今年经济社会发展的主要预期目标是：全省生产总值增长10%以上，财政收入增长12%，社会消费品零售总额增长15%，固定资产投资增长20%，城镇居民人均可支配收入增长12.5%以上，农民人均纯收入增长13%以上，居民消费价格涨幅控制在4%左右，城镇新增就业60万人，城镇登记失业率控制在4.5%以内，人口自然增长率控制在7.4‰以内，节能减排完成年度任务要求。

围绕上述目标，重点做好十个方面工作：

(一)奋力保持经济又好又快发展

进一步巩固经济又好又快发展势头，必须认真贯彻落实中央宏观调控政策，充分用好投资这个现实而直接的手段，突出消费拉动，稳定扩大外需。

坚持加大有效投入不动摇。大力推进“861”行动计划，启动建设1200个以上超亿元项目，推进1300个以上超亿元在建项目进度，建成投产300多个亿元以上项目。加快重大基础设施建设，力争在建高速公路1200公里以上，通车总里程达到3200公里，新改建国省干线公路1500公里，确保新桥国际机场、合蚌客运专线等项目投入运营，加快合福客运专线和宁安城际铁路等项目建设，完善公路、铁路、水运、航空等综合运输网络体系。新增煤炭产能900万吨、电力装机426万千瓦。进一步优化投资结构，谋划一批大项目、好项目，引导民间资本更多地投向鼓励发展的产业和领域。坚持金融服务实体经济的本质要求，进一步扩大社会融资总量，引导金融机构加大信贷支持力度，确保贷款增速高于全国平均水平。积极支持企业上市融资，扩大债券融资规模，鼓励保险资金以股权、债权等方式投资重要基础设施和重大产业项目。

大力促进消费和对外贸易。拓展消费领域，发展文化、旅游、健身、家政、养老等服务消费，继续落实好家电下乡等促进消费政策。认真落实房地产市场调控政策，增加普通商品住房供应，促进房地产市场健康发展。优化消费环境，加强城乡流通体系建设，提升“万村千乡”市场工程质量，促进电子商务、网络购物等新型业态健康发展。深入开展打击侵犯知识产权和制售假冒伪劣商品专项行动。不断优化进出口结构，培育更多外贸主体，进一步提高机电产品出口比重，推进出口产业集群和出口基地建设，扩大紧缺资源和关键装备等进口，在巩固传统市场的同时，积极开拓新兴市场，争取全年进出口总额增长15%。

切实加强经济运行调节。密切跟踪宏观形势变化，强化工业经济运行监测预警，加强煤电油气运保障。加大对企业特别是小型微型企业的支持力度，协调帮助解决融资等方面难题。认真落实稳定物价各项政策，及时采取针对性措施，确保市场供应，加强市场监管，保持物价总水平基本稳定，落实完善社会救助和保障标准与物价上涨挂钩的联动机制。

(二)加快产业结构优化升级

建设经济强省，必须着力发展实体经济，夯实工业基础，认真组织实施国家工业转型升级“十二五”规划，培育壮大主导产业，推进优势传统产业和战略性新兴产业融合发展，加快构建更具竞争力的现代产业体系。

着力培育壮大主导产业。进一步加强全省产业布局的规划指导和综合协调，大力发展市场潜力大、科技含量高、成长性好、带动力强的产业。省里重点围绕电子信息、汽车和装备制造、材料和新材料、新能源、食品医药、纺织服装、现代服务业等主导产业，整合各种资源，持之以恒推进，打造若干个5000亿元级以上的大产业。引导各市立足自身产业基础和资源优势，锁定有限目标，重点突破，做大做强主导产业。深入实施“千百十”工程，力争战略性新兴产业产值增长35%，鼓励和支持重大技术装备、关键成套设备的研发应用，加快培育领军企业，尽快形成规模、形成基地。实施4400多项重点技术改造和技术创新项目，不断提升传统优势产业的综合竞争力。全面推进质量提升行动，大力实施品牌战略，着力打造一批在国内外市场有较大影响力和占有率的安徽品牌。

不断增强自主创新能力。推进合芜蚌自主创新综合试验区和国家技术创新工程试点省建设，新建一批研发平台，加快发展产业技术创新战略联盟，构建企业为主体、市场为导向、产学研相结合的技术创新体系。大力发展高新技术产业，组织实施重大产业创新发展工程和应用示范工程，实施150项重点科技攻关和成果转化项目，着力突破重点领域核心关键技术，争取全年专利授权量增长30%，其中发明专利授权量增长40%，全社会研发支出占生产总值比重稳步提高。认真开展试验区企业股权和分红激励政策试点，扶持本地科技人员创业，大力引进和培育科技领军人才、科技企业家和创业团队，推动合芜蚌人才特区建设。加强国家级高新区建设，支持条件成熟的地方新建省级高新区。推进创新平台"一中心三基地"和科技孵化基地建设。开展试验区国家促进科技和金融结合试点工作，充分发挥创业风险投资引导基金作用。

推动服务业加快发展。落实和完善支持服务业发展的政策措施，促进服务业发展提速、比重提高、水平提升。加快发展金融、现代物流、电子商务、研发设计等生产性服务业，大力发展商贸等生活性服务业。加快合肥区域性金融综合服务中心建设，深入推进黄山市国家服务业综合改革试点，再选择一批县(市、区)开展省级服务业综合改革试点，规划建设一批特色鲜明的现代服务业集聚区。推动旅游与文化、科技、体育、农业等行业深度融合，挖掘、整合旅游资源，深化旅游产品开发，完善旅游基础设施，打造纵贯全省、对接周边的旅游精品线路，加大宣传推介力度，打响安徽旅游品牌，壮大提升旅游经济。

(三)扎实推进农业现代化

坚持工业化、城镇化、农业现代化同步推进，对保持经济又好又快发展至关重要，必须加大强农惠农富农政策落实力度，加快发展现代农业，加快推进新农村建设，加快培养新型农民，进一步巩固农业基础，统筹城乡发展。

大力发展现代农业。深入开展粮食稳定增产行动，以提高单产为主攻方向，以良田、良种、良法、良制为依托，推进高产创建活动，力争粮食生产再获丰收。加快发展经济作物，深入推进新一轮"菜篮子"工程。积极发展林业经济。启动农业标准化整体推进示范县建设，集中建设一批优质畜禽水产养殖基地。充分发挥原产地名优特产品品牌资源效应，培育一批特色鲜明、类型多样、竞争力强的专业乡(村)。建立健全农产品质量安全监管体系，抓好标准化认证，加强检验检测能力建设。高起点建设国家级和省级现代农业示范区，深入实施农业产业化"671"，转型倍增计划，培育壮大龙头企业，加快发展农产品加工产业集群，力争农产品加工业产值达5500亿元以上。认真落实支持农业科技创新政策，加强农业科技攻关，提高农业装备水平，加快基层农技推广体系建设，启动农业物联网工程试点。

实施水利安徽战略。全面启动以防洪、防旱、防污、供水为主要内容的新一轮淮河综合治理工程。动工建设淮水北调骨干水资源工程，实施淮河临淮岗枢纽综合利用工程，推进引江济淮(巢)前期工作。加快青弋江分洪道、水阳江、滁河等长江重要支流治理项目建设，加强长江崩岸应急治理。实施726座小型水库除险加固工程，加快中小河流治理、山洪灾害防治等建设。大力兴修农田水利，实施塘坝扩挖、河沟清淤、泵站更新改造等工程，建成100万亩高标准农田。加快实施大中型灌区续建配套与节水改造，新增高效节水灌溉工程面积57万亩。加强防汛抗旱工作。

推进新农村建设。新改建县乡公路3000公里，加固改造农村公路危桥1000座，实施新一轮农村电网改造升级工程，再解决300万农村人口饮水安全问题。科学制定村镇发展规划，完成10万户以上农村危房改造，实施240个乡镇农村清洁工程，开展2000个以上村庄整治，保护村庄自然文化生态，打造一批有地域特色的名镇名村。加大各项涉农资金整合力度。加强农民技能培训，培养造就大批农村实用人才。全面落实新十年扶贫开发纲要，确保国家扶贫开发工作重点县农民人均纯收入增幅高于全省平均水平。

(四)大力促进区域协调发展

我省区域特色鲜明，差异较大，统筹协调发展的任务艰巨，必须坚持因地制宜、分类指导，按照主体功能区规划的总体要求，优化区域发展布局，加快形成良性互动、多极支撑的增长格局。

全面提升皖江示范区建设水平。进一步落实皖江城市带承接产业转移示范区规划，坚持科学承接、绿色承接和创新承接，加快构建现代产业体系、现代城镇体系和自主创新体系集成发展的重要平台，打造具有较高规模经济效益、人口资源环境协调发展的新型工业化示范基地。推动开发区转型升级，提高入区项目质量和投入强度，加快建设江北、江南集中区，支持中新苏滁产业园等合作共建园区发展，支持有条件的省级开发区晋升为国家级。瞄准主导产业、领军企业发展和产业链拓展需求，加强与境内外行业龙头企业的合作对接，带动配套企业快速跟进。着力完善基础设施,加强职业技能人才培养,为产业承接提供坚实保障。

加快皖北振兴步伐。争取将淮北、亳州、宿州、蚌埠、阜阳、淮南等市县列入国家中原经济区规划,着力建设工业化、城镇化、农业现代化协调发展示范区,打造加速崛起的重要增长极。持续加大投入,坚持科教兴农,稳步提高粮食综合生产能力。发挥比较优势,重点发展能源和煤基新材料、农产品加工、生物医药、以劳动密集型为主的轻工业和现代物流,逐步形成结构优化的产业体系。坚持科学规划、精细建设、严格管理,持续提升城镇化质量和水平。加强基础设施建设,不断增强承载能力。进一步完善和落实优惠政策,加大财税、金融支持力度,优化发展环境,激发内生动力,促进全民创业。加大招商引资力度,有序承接产业转移,突出特色,集群发展。加强南北合作,创新体制机制,重点构建产城一体化发展的现代产业园区。

促进皖南和大别山区加速发展。坚持绿色发展、扶贫开发、生态保护"三位一体"协调推进,推动创建生态文明建设示范区。深入推进皖南国际旅游文化示范区建设,提升黄山和徽文化品牌影响力和综合竞争力。落实大别山革命老区扶持政策,编制实施六安、安庆等大别山片区区域发展与扶贫攻坚规划,加快构建与生态相适宜的产业体系。

加快合肥经济圈和中心城市建设。统筹考虑人口增长、产业发展与资源环境承载能力,优化城镇体系,提升城镇建设管理水平。支持合肥建设区域性特大城市,加快合肥经济圈一体化进程,促进沿江城市跨江发展、联动发展,加快皖北城市群发展,推进铜陵等资源型城市转型。力争城镇化率提高 1.5 个百分点以上。

推动县域经济做大做强。深化省直管县体制试点和扩权强镇试点。总结推广先进县发展经验,进一步完善县域分类考核办法。推进城乡一体化综合配套改革试点,充分发挥中心城市对县域的辐射带动作用,引导资金、技术、人才等要素加速向县域流动,努力打造一批充满活力、宜居宜业的中小城市。大力招商引资,支持民营经济快速健康发展。鼓励各地依托资源禀赋,发展特色产业,加速产业集聚,促进"三化"同步提升,催生更多的经济强县强镇。支持基础条件好的县城和重点城镇提质扩容。加大对深山区、库区、沿淮行蓄洪区、少数民族聚居区等扶持力度。

(五)深入推进改革开放

改革开放是安徽科学发展的不竭动力,必须始终高举改革开放旗帜,大力弘扬解放思想、敢为人先的精神,在深化改革开放上迈出新步伐。

深入推进国有企业改革。统筹运用引入战略投资、上市融资、整合重组等多种方式,加快产权多元化、资产证券化、主业规模化步伐,打造一批"皖字号"的国家级大企业大集团。建立健全国有资本运营责任机制,完善国有企业经营业绩考核体系、国有资产重大损失责任追究和预算管理制度。

深化农村综合改革。启动实施国家农村综合改革示范试点省工作,积极推进国家级农村改革试验区建设。扩大农村土地承包经营权登记试点。按照依法自愿有偿原则,发展多种形式的适度规模经营。推进农民专业合作示范社建设,培育新型农业社会化服务组织。深化集体林权制度改革。

大力发展非公有制经济。加快落实促进非公有制经济健康发展的政策措施,进一步优化发展环境。鼓励非公有制经济参与国有企业改革,进入基础产业、基础设施、社会事业、金融等领域。实施初创企业、小型微型企业扶持工程和中小企业成长工程,加快完善中小企业社会化服务体系,使我省真正成为非公有制经济的投资沃土和创业乐园。

扎实开展财税体制改革。抢抓国家深化财税体制改革机遇,积极做好基础性工作,争取先行先试。认真落实中央结构性减税政策,全面推进资源税改革。完善省以下财政体制,健全县级基本财力保障机制。加快转移支付制度建设,提高一般性转移支付规模和比例。加强公共财政预算、国有资本经营预算、政府性基金预算和社会保险基金预算体系建设,推进预算绩效管理,建立健全政府性债务管理制度。

加快金融改革创新。支持各类金融机构快速健康发展,支持地方法人金融机构做大做强。积极培育面向小型微型企业和"三农"的金融机构,引导银行服务网点向基层延伸。深入推进农村信用社改革,大力发展村镇银行,规范发展小额贷款公司、融资性担保公司。创新金融产品和服务,支持发展创业投资和股权投资基金,完善多层次资本市场体系,深化与金融机构总部的战略合作。优化金融生态,防范金融风险。

深化教育和医药卫生体制等改革。全面推进国家教育统筹综合改革试点省工作,促进各级各类教育协调发展。巩固基层医药卫生体制综合改革成果，加快推进县级公立医院和市公立医院改革试点。稳妥做好省级以下工商、质监行政管理体制调整工作。抓紧抓好统计改革。推进事业单位分类改革。

全方位扩大对外开放合作。继续深化与长三角的分工合作，积极推进与珠三角、环渤海、中西部、港澳台等地区的交流合作，深入开展国际合作。加强与央企新一轮战略合作，扩大与全国知名民企合作成果。进一步提高利用外资规模、质量和水平，引导外资投向高新技术、先进制造业和现代服务业。鼓励有条件的企业“走出去”。

(六)努力建设文化强省

安徽文化底蕴深厚，多姿多彩，是发展的重要软实力，必须坚持继承创新，巩固拓展文化体制改革成果，积极推动文化资源大省向文化强省迈进。

加强社会主义核心价值体系建设。坚持用社会主义核心价值体系引领社会思潮，深入开展社会公德、职业道德、家庭美德、个人品德教育，加强青少年思想道德建设。广泛开展群众性精神文明创建活动。坚持正确舆论导向，进一步加强网上思想文化阵地建设。

繁荣发展文化事业。健全文化惠民工程长效机制，加强重点公共文化设施建设，基本实现乡乡有综合文化站、村村有农家书屋的目标。全面发展广播影视、新闻出版、文学艺术事业，实施哲学社会科学创新工程，着力打造符合时代特征、体现徽风皖韵的精品力作。办好中国黄梅戏艺术节等大型文化活动。科学保护、合理利用文物和非物质文化遗产。不断扩大对外文化交流。

加快发展文化产业。实施重大文化项目带动战略，推进文化产业招商和上市融资，培育一批骨干企业，发展一批专、精、特、新的中小型文化企业，加快建设文化园区和产业集群，形成一批知名文化品牌。建立省文化产业创业投资基金。推动文化与科技融合，发展新兴文化业态。切实加强文化市场管理。

(七)着力打造生态强省

绿水青山，天赋于皖，是江淮儿女赖以生存发展、引以为豪的家园，必须倍加珍爱，坚持绿色发展，建设生态环境优美、宜居宜业宜游的生态强省。

强力推进节能减排。落实国家能源消费强度和总量双控制要求，执行淘汰和限制类行业企业差别电价政策，实行合同能源管理，推进节能重点项目建设，坚决淘汰落后产能。强化环保目标责任制，严格环境准入标准，加强脱硫脱硝设施建设和低氮燃烧技术改造，强化机动车尾气污染治理，切实控制氮氧化物等主要污染物排放，严肃查处环境违法突出问题。新增城镇污水处理配套管网1000公里以上，提高生活垃圾无害化处理能力，加大重点建制镇环保设施投入。

加强资源节约集约利用。严格规范土地管理，加大清理闲置土地力度，完善单位面积土地投资强度及产出效益的标准和激励机制，坚决遏制土地违法违规行为。推进矿产资源开发整合和清洁高效利用。继续实施节能产品惠民工程和绿色照明工程，促进全社会低碳消费。抓好农业、城市、企业节约用水，建设节水型社会。加快实施重点企业和各类园区循环经济改造，全面推行清洁生产，建设100个省级循环经济示范单位。

加大生态保护力度。启动巢湖、新安江流域综合治理项目建设，加大长江、淮河流域水污染防治力度。强化大气、水体、农业面源污染防治，推进生态省示范基地、重大项目和生态示范区建设，开展生态补偿机制试点。加强森林、湖泊、湿地等生态环境保护，做好地质灾害、水土流失综合防治工作。大力开展植树造林和城乡绿化，启动大别山区和新安江流域水源涵养林工程建设，加强江淮分水岭、矿区、采煤塌陷区等生态脆弱区综合治理，让蓝天白云常在、青山绿水永存。

(八)进一步保障和改善民生

“治国有常，而利民为本。”民生连着民心、连着发展，体现社会公平，经济越发展，越要注重保障和改善民生。

优先发展教育事业。办好教育，才能充分发挥人力资源优势，才能占领未来发展制高点。进一步提高财政教育支出占公共财政支出比重。大力实施学前教育三年行动计划，新建、改扩建公办幼儿园656所。完成城乡义务教育标准化学校建设2314所。办好高中教育，发展职业教育，加快推进皖江城市带职业教育规划和皖北职教园区建设。不断提高高等教育质量，支持合肥工业大学宣城校区建设。完善家庭经济困难学生资助体系，高度重视、真情关怀农村留守儿童、残疾儿童的教育和成长，进一步解决进城务工人员随迁子女平等就学问题。实施12个试点县农村义务教育阶段学生营养改善计划。加强校车安全管理。加固改造校舍248万平方米,全面完成中小学校舍安全工程。

促进就业和增加居民收入。实施更加积极的就业政策,多渠道开发就业岗位,大力促进创业带动就业,做好重点群体就业工作,完成就业技能培训30万人。全面实施"十二五"居民收入倍增规划,着力增加低收入者收入,持续扩大中等收入群体。稳步提高最低工资标准,推进企业工资集体协商制度,建立健全进城务工人员工资支付保障制度,完善职工工资正常增长机制。创造条件让更多群众拥有财产性收入。

加快医药卫生事业发展。推进基本公共卫生服务均等化,加强城乡医疗卫生服务体系建设。城镇居民医保、新农合政府补助标准由每人每年200元提高到240元,省内医疗机构新农合住院补偿比例普遍上调10个百分点。加强突发公共卫生事件应急体系建设,做好重大传染病防控和大病救助工作。支持中医药事业发展。鼓励社会资本办医。强化基层卫生人才队伍建设,加快建立全科医生制度。

健全社会保障体系。实现新型农村社会养老保险和城镇居民社会养老保险制度全覆盖。继续增加企业退休人员基本养老金。完善社会保险接续办法,加强社会保险扩面征缴,规范养老保险省级统筹和基本医疗、工伤、失业保险市级统筹,扩大社会保障"一卡通"应用。完善社会救助体系。发展慈善事业。

推进保障性安居工程建设。新增保障性安居工程40万套,基本建成25万套,其中竣工15万套以上。认真落实用地指标、建设资金和支持政策,强化工程质量终身责任制,完善分配、管理和退出办法,确保公开公平公正。

拓展提升民生工程。今年计划投入540亿元,实施33项民生工程。农村居民最低生活保障标准、农村五保户供养补助标准和重度残疾人生活救助标准均提高10%以上。建立健全资金筹措机制,加强项目管理和考核绩效评估,完善工程类项目建后管养长效机制,确保民生工程成为民心工程、德政工程。

统筹发展各项社会事业。实施全民健身计划,促进群众体育和竞技体育协调发展。办好第五届世界传统武术锦标赛。加强人口和计划生育工作,稳定低生育水平,综合治理出生人口性别比偏高问题。提高妇女儿童发展和权益保障水平。进一步完善残疾人社会保障体系和服务体系。加快建设社会养老服务体系。加强民族宗教工作。充分发挥工会、共青团、妇联等人民团体的重要作用,做好科普、档案、地方志、参事文史等工作,加强外事、侨务、港澳台、地震、气象、地质、测绘、老龄、红十字会等工作。深化全民国防教育,支持驻皖部队现代化建设,加强国防动员、民兵预备役和人民防空工作,扎实开展双拥共建,巩固发展军政军民团结。继续做好援疆援藏工作。

(九)积极推进社会管理创新

加强和创新社会管理,事关人民安居乐业、社会和谐稳定,必须健全党委领导、政府负责、社会协同、公众参与的社会管理格局,不断提高社会管理科学化水平。

着力夯实基层基础。坚持社会建设和管理重心下移,提高基层社会管理能力。深入推进社区综合管理体制改革,鼓励社会组织参与社区建设,强化城乡社区自治和服务功能。积极稳妥推进户籍管理制度改革,全面实行居住证制度。

维护群众切身利益。加强社会稳定风险评估,完善涉及群众切身利益的重大决策和重大项目社会公示、听证等制度。加强信访工作创新,开展领导干部大接访活动,加大矛盾纠纷排查化解力度,扎实推进信访积案化解。巩固"五级书记带头大走访"活动成果,健全联系群众的长效机制。坚决纠正损害群众利益的行为,有错必纠,绝不姑息。

加强公共安全体系建设。严格落实安全生产责任,突出交通运输、建筑施工、煤矿及非煤矿山、特种设备等重点行业和领域,加大隐患排查治理力度,坚决遏制重特大事故发生。健全食品药品安全监管机制。完善覆盖城乡的社会治安防控体系,依法打击各类违法犯罪活动。加强应急处置力量建设。

加快建设信用安徽。大力推进政务诚信、商务诚信、社会诚信和司法公信建设,建立健全覆盖全社会的诚信系统,加强诚信教育,加大对守信行为的鼓励保护和对失信行为的约束惩戒。

(十)加强政府自身建设

实现科学发展,必须始终加强政府自身建设,不断推进政府管理创新,保持公务员队伍的纯洁性,努力提高推动科学发展的能力和水平。

牢固树立执政为民理念。政府的全部工作都要立足于人民、服务于人民。坚持正确的政绩观,保持工作的连续性,多做打基础、利长远的工作,多办顺民心、惠民生的实事。坚持从群众最需要的地方做起，从群众不满意的地方改起，主动回应群众关切和期待，帮助群众解决实际问题，不断提高群众的满意度和幸福感。

全面提升依法行政水平。严格依照法定权限和程序行使权力、履行职责，推进法治政府建设。完善行政决策程序，提高决策科学化、民主化水平。规范执法行为，推进文明执法。自觉接受人大监督和政协民主监督，认真办理人大代表议案和政协委员提案，广泛听取民主党派、工商联、无党派人士和人民团体的意见，主动接受社会公众和新闻舆论监督。加强政务服务体系和电子政务平台建设。推进网络问政。

切实提高政府行政效能。深化行政管理体制改革，加快政府职能转变，努力建设服务型政府。深化行政审批制度改革，精简行政审批事项。进一步提高公务员素质，推进政府绩效管理。大兴求真务实之风，讲实话、办实事、求实效，提倡讲短话、开短会、行短文，坚决摒弃形式主义、官僚主义，坚决反对弄虚作假和做表面文章。

扎实推进反腐倡廉建设。认真落实党风廉政建设责任制，深入推进惩治和预防腐败体系建设，着力健全长效机制，全面开展廉政风险防控工作。加强政务公开，加强对重大决策部署落实情况的监督检查，加强领导干部经济责任审计，加强对政府重大投资项目的审计监督，深化工程建设领域突出问题等专项治理。深入推进节约型机关建设，严格控制“三公”消费。严肃查处各种违法违纪案件，决不让任何腐败分子逃脱党纪国法的惩处。

各位代表!

科学发展任重道远，美好安徽催人奋进。让我们紧密团结在以胡锦涛同志为总书记的党中央周围，在中共安徽省委的领导下，紧紧依靠和团结全省人民，开拓进取，埋头苦干，为加快建设美好安徽而努力奋斗，以优异成绩迎接党的十八大胜利召开!

安徽省2011年上半年预算执行情况及下半年工作意见的报告

——2011年8月17日在安徽省第十一届人大常委会第二十七次会议上

安徽省财政厅厅长 陈先森

主任、各位副主任，秘书长，各位委员：

我受省人民政府委托，向省第十一届人大常委会第二十七次会议作2011年上半年预算执行情况及下半年工作意见的报告，请予审查。

一、上半年全省财政收支情况

今年以来，在省委、省政府的正确领导下，全省各级财政部门以科学发展观为统领，贯彻实施积极财政政策，充分发挥财政职能作用，财政运行继续保持良好发展势头，有力促进了全省经济社会又好又快发展。

(一)收入情况

上半年，全省财政总收入完成1384亿元，同比增长35.9%(下同)，为全年收入预算59.1%，其中全省地方财政收入完成752.6亿元，增长35.8%，为全年收入预算60.5%。省级财政总收入完成82.7亿元，下降6.4%，其中省级地方财政收入完成81.6亿元，下降4.5%。省级财政收入下降主要是受探矿权采矿权价款收入去年同期一次性缴库、省广电集团因改制广告收入延迟缴库及今年取消31项涉企行政事业性收费等因素影响。

全省财政收入实现较快增长的主要原因：一是经济增长因素。上半年，全省生产总值初步核算增长13.4%，规模以上工业增加值增长20%，固定资产投资增长35.5%，社会消费品零售总额增长17.8%，进出口总额增长32.2%，规模以上工业企业实现利润增长48.4%，良好的经济发展形势为财政增收奠定了坚实基础。二是政策性增收因素。统一对内外资企业征收城市维护建设税和教育费附加，恢复征收1.6升及以下排量乘用车车辆购置税，将预算外资金纳入预算管理，根据购房情况不同调整契税税率，调整二手商品房买卖营业税等一系列政策的实施，带动了相关税收收入增长。三是价格上涨因素。

上半年，全省居民消费价格上涨5.7%，涨幅比上年同期提高3.2个百分点；全省工业生产者出厂价格上涨9.7%，涨幅比上年同期提高0.5个百分点，带动以现价计算的税收收入增加。四是特殊增收因素。去年年底部分在途税款延期入库、企业所得税和再生资源增值税汇算清缴等非即期因素也在一定程度上增加了财政收入。

（二）支出情况

上半年，全省财政支出完成1367.2亿元，增长39.4%，为全年支出预算56.3%，其中省级财政支出完成308.8亿元，增长16.5%。

全省21个支出大类中，有18个支出大类实现较快增长。其中，教育支出191.4亿元，增长34.4%；科学技术支出22.4亿元，增长26.9%；文化体育与传媒支出26亿元，增长66.6%；社会保障和就业支出214.6亿元，增长27.8%；医疗卫生支出94.1亿元，增长55.7%；节能环保支出21.4亿元，增长80.7%；城乡社区事务支出134.6亿元，增长52.7%；农林水事务支出158.3亿元，增长33.2%；交通运输支出75.3亿元，增长50.8%；资源勘探电力信息等事务支出72.3亿元，增长81.3%；商业服务业支出18.3亿元，增长48%；住房保障支出60.2亿元，增长121.4%。

全省财政支出增长较快的主要原因：一方面得益于预算执行管理制度的不断完善。近年来，我省陆续出台了加强财政结转结余资金管理、进一步加快财政支出进度和提前通知转移支付指标等相关制度，构建了从省级到市县、财政系统到预算单位、预算安排到结转结余、国库资金到专户资金的全方位预算执行管理制度体系，为加快财政支出进度提供了制度保障。另一方面得益于各级各部门的共同努力。全省各级各部门高度重视预算执行工作，健全机制，科学调度，强化横向联系和纵向督导，加大预算执行力度，提高预算执行效率，不断改进预算执行中的薄弱环节，促进了财政支出提速增效。

（三）全年预测

全年来看，我省经济将继续保持平稳较快发展，为财政增收奠定良好基础。但外部环境复杂多变、宏观调控效应显现、通胀压力仍然较大、重点行业增速下滑、中小企业融资困难等都将对经济运行产生影响。因此，下半年财政收入持续保持高位增长难度较大，加之财政刚性支出大幅增加，全省财政收支矛盾仍将十分突出。综合分析，经过努力，可以确保完成年度预算目标任务。

二、上半年全省财政预算执行的主要特点

（一）财政综合实力不断增强

按照省十一届人大四次会议批准的预算计划，分解落实收入任务，加强财税协调沟通，依法规范收入征管，不断强化支出管理，上半年，财政收支双双实现时间过半、任务过半。财政收支规模不断扩大。全省财政总收入完成1384亿元，月均230.7亿元，收入总量相当于2008年全年水平；全省财政支出完成1367.2亿元，月均227.9亿元，支出规模超过2007年全年水平。财政收入质量明显提高。全省税收收入完成1224.3亿元，增长38.8%，占财政总收入的88.5%，较上年同期提高1.8个百分点；增值税、营业税、所得税等分别增长34.2%、35.6%和50.5%，主体税种贡献稳定，收入结构更趋合理。区域财政发展态势良好。17个市完成财政总收入1301.3亿元，增长40%，其中12个市财政总收入超过50亿元；76个县（区）完成财政总收入484.5亿元，增长54.7%，其中16个县（区）财政总收入超过10亿元；皖江城市带承接产业转移示范区、合芜蚌自主创新综合试验区、皖北三市七县财政总收入分别增长40.8%、41.2%、46%，增幅均高于全省平均水平。

（二）宏观调控能力不断提升

准确把握宏观经济形势，积极采取有效措施，持续增强全省经济发展后劲和活力。强力拉动有效需求。不断加大政府公共投资力度，争取财政部代理发行地方政府债券90亿元，协议利用国际金融组织和外国政府贷款1.3亿美元，全省固定资产投资完成5662.3亿元，有力保障了重大投资项目顺利推进；用足用活国家家电下乡、以旧换新政策，兑付财政补贴资金14.7亿元，拉动市场销售138.4亿元；充分利用外贸出口促进政策，支持引导全省外向型经济发展；进一步拓宽企业融资渠道，努力缓解中小企业融资难，上半年省信用担保集团累计完成担保再担保243.6亿元。全力推进结构调整。安排7亿元，支持合芜蚌自主创新综合试验区和国家技术创新工程试点省建设；抢抓政策机遇，争取国家批准合芜蚌自主创新综合试验区开展企业股权和分红激励试点，进一步激发创新活力；加强省级创业风险投资引导基金运作管理，累计引导设立13只创投基金，吸引到位资金31.4亿元，促进创业投资发展；安排5亿元，培育壮大战略性新兴产业，推进产业转型升级；安排17.1亿元，推进节能减排、资源枯竭城市转型和生态功能区保护，增强经济发展的可持续性。竭力支持区域发展。安排10亿元，支持皖江城市带承接产业转移示范区建设；继续加快皖北振兴步伐，细化政策措施，加大资金投入，强化要素支持，集聚发展动力；从2011年起连续5年，每年安排2亿元，支持大别山革命老区加快发展。

（三）民生工程实施不断深入

明确目标责任，完善管理制度，精心组织推进，不断提高民生工程建设的科学化水平。组织开展全省民生工程宣传月活动，在全省财政系统开展"贴民情、听民意、惠民生——万名财政干部大走访"活动，深入1.8万个行政村（社区），累计走访城乡居民27.8万户，宣讲民生政策，了解群众期盼，推进政策落实。认真吸纳人大代表意见建议，不断加强民生工程后期管理养护，实现工程类项目后期管养制度全覆盖。上半年，全省拨付民生工程资金283.5亿元，拨付进度达到73%。全省33项民生工程扎实推进，农村低保、五保等发放补助类项目，资金均按时足额发放；新型农村合作医疗、政策性农业保险等保险报销类项目，保障标准逐步提高；校舍安全、廉租房、公租房等工程建设类项目，按计划进度顺利实施。通过民生工程的有效实施，带动了全省民生问题的加快解决，让广大人民群众共享多享改革发展成果。

（四）城乡协调发展不断推进

全面落实强农惠农政策，不断增加"三农"投入，着力提升新农村建设水平。加大农业投入。统筹安排45.1亿元，用于小型农田水利、中小河流治理、病险水库除险加固等水利基础设施建设，巩固农业发展基础；积极筹措10.1亿元，支持春耕生产、夏粮抢收和防汛抗旱；安排专项资金2.9亿元，推进粮食生产三大行动，保障主要农产品供给；下达产粮、产油大县奖励资金13.6亿元，促进全省粮油生产；开展政策性农业保险试点，为976万次农户提供109.6亿元农业生产风险保障；筹措项目资金13.1亿元，推进24个现代农业综合开发示范区建设；安排2亿元，支持林业生态工程建设。促进农民增收。通过一卡通发放27项涉农补贴资金101.3亿元，比上年同期增加16.6亿元；筹集扶贫资金6.3亿元，创新财政扶贫工作机制，促进贫困地区脱贫致富；安排1.3亿元，支持新型农民培训，增强农民就业创业能力。上半年，全省农民人均现金收入达到3584元，增长19.9%。支持农村发展。统筹安排12.8亿元，推进村级公益事业建设一事一议财政奖补试点工作深入开展，有效改善农村生产生活条件；安排10.6亿元，健全村级组织运转经费保障机制；投入2.7亿元，支持千村百镇示范工程建设；农村危房改造、村庄治理工作和农村清洁工程建设协调推进，农村土地整治示范省建设稳步实施，城乡一体化综合配套改革试点工作顺利开展。

（五）社会事业建设不断加强

加快推进基本公共服务均等化，努力提高社会管理和公共服务水平。大力支持高教强省建设，统筹安排21.4亿元，将普通高校生均拨款水平提高到8000元；安排5亿元，引导高校积极化解债务，帮助高校把债务规模降低到合理水平。巩固基层医药卫生体制改革成果，重点推进县级公立医院改革。不断健全社会保险制度体系，企业职工基本养老保险扩面提标，城镇职工基本医疗保险市级统筹加快推进，城镇居民社会养老保险和新型农村社会养老保险试点范围进一步扩大，新型农村合作医疗和城镇居民医疗补助标准从每人每年120元提高到200元。统筹安排就业资金近7亿元，支持解决高校毕业生、农民工和城乡困难群体就业。统筹安排68.7亿元，大力支持保障性安居工程建设，上半年，全省共开工各类保障性住房29.7万套，达到国家与省政府签订目标任务数的77.9%，居全国第六位。加大政策和资金支持力度，保障全省各级公共图书馆、文化馆（站）全部免费开放，进一步推动文化体制深化改革和文化产业快速发展，有力促进公共文化服务体系建设。大力支持政法经费保障机制改革、社会治安综合治理和政府突发公共事件应急体系建设，切实维护社会稳定和公共安全。

（六）科学理财水平不断提高

坚持抓管理促规范、抓队伍促效能，全面推进财政科学化精细化管理。加强财政收入管理，规范非税收入征缴，将除教育收费以外的预算外收入全部纳入预算管理。加强财政支出管理，加快预算执行进度，全省全面推开财政支出绩效评价工作。完善财政体制机制，规范转移支付制度，建立健全县级基本财力保障机制。强化财政监督管理，认真开展重大财税政策实施情况专项检查，建立健全治理和防范小金库长效机制。推进节约型机关建设，认真贯彻中央厉行节约有关规定，严格控制因公出国境、公务车辆购置及运行、公务接待等经费支出。强化财政基层建设，深入开展创建规范化乡镇财政所（分局）工作，充分发挥乡镇财政就近就地实施监管优势。大力弘扬沈浩精神，在财政系统开展服务发展年活动，进一步推进学习型党组织和学习型机关建设。围绕省委、省政府重大决策部署，开展重点课题调研，充分发挥财政参谋助手作用。

三、下半年全省财政工作重点

面对复杂多变的宏观经济形势，我们将抢抓偏紧宏观政策蕴含的有利机遇，牢牢把握发展主动，坚定不移推动转型，更加突出富民优先，不断巩固扩大经济社会发展良好势头，重点做好五个方面工作：

（一）坚持科学发展，着力保持经济稳定增长

充分发挥财政宏观调控作用，把握好政策实施的力度、节奏和重点，力求实现经济增长速度、质量和效益的有机统一。不断扩大有效投入，优化投资结构，加快关系国计民生的重点项目建设。积极拉动消费需求，持续抓好家电下乡、以旧换新等政策落实。不断加大农业生产扶持力度，增加主要农副产品供应，保持物价水平基本稳定。以培育发展战略性新兴产业为突破口，大力促进传统产业新型化、新兴产业规模化。出台实施《关于发挥财政引导作用支持中小企业和“三农”发展的意见》，加强财政政策与金融政策协调配合，充分利用财政资金的引导作用，有效整合金融资源，为中小企业、“三农”等薄弱环节发展提供金融支持。继续促进区域经济协调发展，大力支持皖江城市带承接产业转移示范区建设，加快推进皖北振兴步伐，进一步促进大别山革命老区又好又快发展。

（二）坚持城乡统筹，着力夯实“三农”发展基础

围绕农业增产、农民增收、农村繁荣，加快推进城乡经济社会一体化步伐。大力支持水利改革发展，健全水利投入稳定增长机制，全面加强农田水利建设，提高农业综合生产能力。加快实施农业产业化671转型倍增计划，进一步提升农业产业化经营水平，促进农业增产增效。充分发挥扶贫贷款贴息资金导向作用，推进产业化扶贫，促进农民增收致富。深入推进村级公益事业建设一事一议财政奖补，建立项目管护长效机制，促进村级事业加快发展。继续推进支农资金整合，大力支持万亩高产高效吨粮田示范县创建工作。加快现代农业发展，扎实开展高标准农田示范工程和现代农业综合开发示范区建设。支持农村土地流转，加快推进农村危房改造和村庄整治工作。积极争取国家新一轮农村综合改革试点。

（三）坚持改善民生，着力提升群众幸福指数

充分发挥公共财政分配职能，有效配置公共资源，努力增进群众福祉。加强后续管理，严格跟踪问效，组织开展人大代表政协委员巡视评估活动，确保33项民生工程一项一项落到实处。编制《安徽省民生工程“十二五”规划》，建立民生工程重点项目库，完善民生工程决策机制，不断增强民生工程建设的科学性和系统性。以城乡居民社会养老保险扩大试点、新型农村合作医疗和城镇居民医疗补助提标等为重点，加快完善各项社会保障制度建设。进一步拓宽筹资渠道，加力政策落实，强化资金监管，突出抓好保障性安居工程建设。落实城乡居民收入倍增规划，实施更加积极的就业政策，保障低收入群体的基本生活，促进社会和谐稳定。深入实施国家教育改革和发展规划纲要，认真贯彻国务院进一步加大财政教育投入的有关要求，支持教育优先发展。大力推进文化强省建设，不断提升安徽软实力。

（四）坚持改革创新，着力激发体制机制活力

加快推进公共财政体系建设步伐，构建有利于科学发展的财政体制机制。深化预算管理制度改革，建立完善四大预算体系，科学编制2012年预算。完善省以下财政管理体制，统筹省与市县分配关系，加大省对下转移支付力度，健全县级基本财力保障机制。积极推进预算绩效管理制度改革，努力构建“预算编制有目标、预算执行有监控、项目完成有评价、评价结果有反馈、反馈结果要运用”的预算绩效管理模式。进一步完善国库集中收付制度，规范政府采购行为，深化政府非税收入管理改革。统筹推进医药卫生体制改革、事业单位分类改革等各项重点领域改革，不断满足人民群众对社会公共服务的需求。

（五）坚持精细管理，着力提高科学理财水平

坚持依法理财、科学理财、民主理财，扎实推进财政科学化精细化管理。继续加强对重点税源的跟踪监控，努力挖掘增收潜力，依法组织财政收入。不断加快财政支出进度，千方百计减少年度结转结余，切实提高预算执行的均衡性和有效性。进一步加强地方政府性债务管理，研究制定规范地方政府债务的管理办法。深入开展省级行政事业单位资产清理工作，规范国有资产的配置、使用、处置和管理。扎实

推进廉政风险防控试点工作,不断强化财政系统内部监控,确保财政资金安全高效运行。按照国务院统一部署,稳步推进预算信息公开工作,自觉接受社会监督。继续加强财政管理基础工作和基层建设,切实提高财政服务经济社会发展的能力和水平。

主任、各位副主任,秘书长,各位委员,年内财政工作任务艰巨而繁重。我们将在省委的正确领导下,在省人大的依法监督下,认真落实本次会议的决议要求,坚定信心,开拓进取,真抓实干,圆满完成全年财政收支任务,为推进科学发展、全面转型、加速崛起、兴皖富民进程作出积极贡献。

关于安徽省2011年预算执行情况和2012年预算草案的报告(摘要)

——2012年2月11日在安徽省第十一届人民代表大会第五次会议上

安徽省财政厅厅长 陈先森

一、2011年预算执行情况

2011年,全省上下深入贯彻落实科学发展观,抢抓机遇,扎实工作,有效应对宏观环境复杂变化,全力促进经济平稳较快增长,实现"十二五"发展良好开局,继续保持财政良好发展态势,圆满完成省十一届人大四次会议批准的年度预算。

——财政实力持续增强。2011年,全省财政总收入实现2632.8亿元,比上年(下同)增加569亿元,增长27.6%,完成预算的112.4%。地方财政收入实现1463.4亿元,增长27.3%。全省财政支出突破3000亿元,实现3305.7亿元,比上年增加718.1亿元,增长27.8%,完成预算的115.1%。财政支出大于财政总收入672.9亿元,大于地方财政收入1842.3亿元,55.7%来自于中央转移支付。省级地方财政收入190.7亿元,增长5.5%,完成预算的133.2%。省级财政支出597.4亿元,增长8%,完成预算的113%。收入质量稳步提高。税收收入占财政总收入比重达86.2%,较上年提高0.6个百分点,收入结构更趋合理。主体税种对财政收入增长的拉动作用明显,增值税、消费税、营业税、所得税分别增长25.3%、19.3%、29.9%和40.3%,四项税收拉动财政总收入增长18.9个百分点。除教育收费外所有政府非税收入全部纳入预算管理,政府非税收入征管进一步规范。重点支出保障有力。教育、医疗卫生和住房保障等民生支出分别增长45.7%、49.1%、71.7%;交通运输、商业服务业和金融监管等促进发展支出分别增长76.6 %、45.1%、56.7%。支出进度不断加快。全省年终滚存结余92.7亿元,其中:结转下年支出85亿元,净结余7.7亿元。省级年终滚存结余35.1亿元,其中:结转下年支出34.7亿元,净结余0.4亿元。全省结转结余资金占财政支出的比重进一步降低,预算执行管理得到加强。区域财政协调发展。10个市财政收入超100亿元,34个县(市、区)财政收入超10亿元。皖江示范区财政收入增长27.7%,继续保持较快增长;皖北三市七县财政收入增长41.4%,高于全省平均增幅13.8个百分点;县级财政收入增长42.2%,高于全省平均增幅14.6个百分点。

——促进发展措施得力。大力实施积极的财政政策,努力巩固和扩大应对金融危机冲击的成果,着力激发经济增长的活力和动力,促进全省经济持续保持平稳较快发展势头。积极拉动有效需求。增加政府公共投资,争取财政部代理发行地方政府债券90亿元,协议利用国际金融组织和外国政府贷款2.6亿美元,带动全省固定资产投资快速增长,有力地保障了全省重点项目资金需要。用足用活家电下乡和以旧换新政策,兑付财政补贴资金30.5亿元,拉动市场销售288亿元,家电下乡销售量和补贴兑付率均居全国前列。支持徽商大会、农业产业化交易会等会展平台建设,推进与长三角、珠三角、港澳台地区、央企及知名民企合作,深度拓展经济发展空间;统筹安排促进外经贸发展资金4.9亿元,加快企业"走出去"步伐,推动进出口贸易增长。大力扶持中小企业发展。统筹安排5亿元,支持特色型、科技型、就业型中小企业发展。支持担保体系建设,全省累计完成担保再担保1200亿元,其中省信用担保集团完成担保再担保475亿元;安排专项资金,灵活运用奖励、风险补偿等财政杠杆,引导金融机构新增中小企业贷款479亿元,中小企业融资环境得到改善。提高小型微型企业增值税和营业税起征点,37万个体户年受益近9亿元。着力推动结构优化升级。经积极争取,合芜蚌综合试验区获准比照中关村开展企业股权和分红激励试点，制定了“1+7”配套政策体系，进一步提升试验区品牌效应和创新活力。安排5亿元专项资金培育壮大战略性新兴产业，安排7亿元专项资金支持合芜蚌综合试验区和国家技术创新工程试点省建设，国家高新技术企业和国家级创新型企业数分别居中部首位和全国前列；加强省级创业风险投资引导基金运作管理，引导设立18只创投基金，吸引到位资金33亿元，促进创业投资企业发展。统筹安排贴息资金1.8亿元，推进开发区转型升级。出台系列财政优惠政策，安排1亿元专项资金，支持现代服务业加快发展。统筹安排1.9亿元，支持深化文化体制改革和文化产业发展。出台9项财政优惠政策，安排1.5亿元培育旅游支柱产业发展。统筹安排45.9亿元，推进节能减排和污染治理，支持可再生能源建筑应用市县镇示范建设，有力地促进了经济转型升级。努力促进区域协调发展。认真落实支持皖江示范区、皖北和大别山革命老区加快发展的各项政策措施。安排各类专项资金405.6亿元，提升皖江示范区产业承接能力和水平；安排各类专项资金221.2亿元，支持皖北三市七县加快振兴；安排各类专项资金61.6亿元，支持大别山革命老区加快发展。新增安排30亿元省对下均衡性转移支付，其中新增安排10亿元县级基本财力保障机制转移支付，皖北三市七县受益14.2亿元，占47.3%；拨付生态功能区转移支付和资源枯竭城市转型转移支付15.9亿元，提高市县基本公共服务均等化水平。

——保障民生成效显著。2011年，全省民生支出2600.7亿元，增长32.4%，占全省财政支出78.7%，同比提高2.8个百分点，地方财力新增部分80%用于民生。其中：投入33项民生工程资金468亿元，完成年初计划筹资额120.6%。优先发展教育事业。投入教育经费562.8亿元，完成中央对我省下达的教育支出占地方公共财政支出比重目标考核任务，推进国家教育统筹综合改革试点省建设，提高农村义务教育公用经费补助标准，实施薄弱学校改造，保障校舍安全工程资金需求，完善家庭经济困难学生资助体系，地方普通本科高校生均拨款标准提高到8000元，促进高校债务化解，加快推进职教大省和高教强省建设。调整收入分配结构。实施居民收入倍增规划，细化监测指标，出台考核办法，启动就业提升、创业富民、民生普惠、财富增值四大工程。进一步规范公务员津贴补贴，积极推进事业单位绩效工资改革。开创性地实施就业技能提升工程，支持新建50个农民工创业园和26个省级大学生创业孵化基地，多措并举促进农民工、高校毕业生、困难群体就业创业，全省城镇新增就业62.3万人，城镇登记失业率3.7%，低于年度控制目标。建立健全城乡低保标准正常动态调整机制、社会救助标准与物价上涨挂钩联动机制、孤儿基本生活保障救助机制，发放62.1亿元临时补贴和生活补贴，帮助困难群体应对物价上涨。完善社会保障体系。投入48亿元，将五保对象供养财政补助标准每人每年从1200元提高到1400元，城乡居民最低生活月均补助标准由176元和76元分别提高到244元和97元，企业退休人员月人均养老金水平从1257元提高到1400元。城乡低保、农村五保覆盖354万人，所有符合条件的4万名孤儿和22万孤老优抚对象得到基本生活保障，城乡41万贫困重度残疾人实现统一标准救助。统筹安排30亿元，新农保试点县（市、区）增加到67个，城镇居民社会养老保险同步推进，逐步解决城乡居民养老保障的制度“空白”。全省企业职工基本养老、基本医疗、失业保险基金支出分别为320亿元、86亿元、6亿元，省级统筹企业职工基本养老保险基金由统筹前的3.3亿元增加到85亿元，社会保障功能更加突显。推进医药卫生体制改革。投入30亿元，健全基层医疗卫生机构运行补偿机制，新农合和城镇居民基本医疗保险的财政补助标准由人均120元提高到200元，人均基本公共卫生服务经费标准由15元提高到25元，大幅度改善村医的补偿待遇，推进县级公立医院改革，提前一年实现基本药物制度基层全覆盖。加快建设标准化乡镇卫生院和村卫生室，农村公共卫生服务体系基本建立。下拨医疗救助专项资金5.8亿元，进一步减轻城乡困难家庭医疗费用负担。加快保障性安居工程建设。落实各项税收优惠政策，建立健全公共预算、土地出让收益、政府债券等多渠道政府投入机制，统筹安排93.8亿元，开工建设廉租住房、公共租赁住房、棚户区改造等保障性住房42.9万套，超额完成20万套年度竣工任务，改造农村危房10万户，不断改善群众住房条件。出台加强廉租住房和公共租赁住房项目建成后管理养护指导意见，建立健全廉租住房和公共租赁住房使用管理长效机制。

——支持“三农”再创佳绩。2011年,全省“三农”支出1239.3亿元,增长47.1%,高于全省财政支出增幅19.3个百分点,有力促进了农业农村各项事业发展。引入竞争分配机制,加大整合奖励力度,整合涉农资金42亿元,持续提高支农资金使用效益。促进农业加快发展。加大对农业支持保护力度,下达产粮油大县奖励资金15.7亿元,安排专项资金2.9亿元推进粮食生产“三大行动”,有力促进全省粮食总产连续6年创历史新高。统筹安排1.1亿元,支持畜牧、水产、蔬菜、水果和茶叶的标准化和规模化生产,推进农业产业化“671”转型倍增计划,不断提高农业产出效益。统筹安排农业综合开发资金14.6亿元,改造中低产田、建设高标准农田125万亩,支持26个国家级和省级现代农业示范区建设,强力推进现代农业发展。提高农民收入水平。通过“一卡通”及时兑现27项涉农补贴资金159.8亿元,增长9.2%,农民人均直接受益412元。统筹安排扶贫资金10.7亿元,拨付9.5亿元水库移民后期扶持资金,促进贫困地区和库区群众增收致富。统筹安排2.4亿元,加大森林生态效益补偿力度,增加林农收入。投入10.9亿元支持开展政策性农业保险试点,为2420万次农户提供293.5亿元农业生产风险保障。安排10.7亿元全力支持春耕生产、田间管理和防汛抗旱,最大限度减少灾害对农民增收的影响。一系列强农惠农富农政策的实施,有力地推动全省农民人均纯收入实现较快增长。夯实农村发展基础。设立引导资金对各类银行新设县域分支机构和新设村镇银行、农业担保公司等给予奖励补助,推进农村金融服务体系建设。投入1.9亿元,引导县域金融机构增加涉农贷款投放322亿元,为农村经济发展提供金融支撑。统筹安排66.3亿元,推进新一轮治淮工程、病险水库除险加固、中小河流防洪减灾、大型灌区续建配套和节水改造等水利基础设施建设,巩固农村发展基础。投入13.8亿元,支持农田水利、农村沟河塘坝和小型泵站建设,实现小型农田水利重点县建设全省农业大县全覆盖,提升农业发展水平。投入18.6亿元,推进村级公益事业建设一事一议财政奖补工作;投入14.8亿元,新解决312万农村人口饮水安全问题,有效改善农村生产生活条件。安排13.2亿元,其中省级财政10.7亿元,健全村级组织运转经费保障机制,平均每个行政村达8.3万元。投入41亿元,积极开展全国农村环境连片整治示范省和整体推进农村土地整治示范省建设,大力实施新农村“千村百镇示范工程”。

——管理效能明显提升。立足新形势新要求,全省财政系统开展“服务发展年”活动,全面推进财政科学化精细化管理,不断提高履职能力和水平。着力优化依法理财环境。启动实施财政“六五”普法,组织编印《企业财税优惠政策实用指南》,免费发放到各市县和企业单位,扩大财政普法覆盖面和渗透力。加强会计管理监督,规范财务会计行为。深入开展财政行政审批制度改革,足额兑现各项优惠政策,对省级133项行政事业性收费项目进行全面清理,取消51项涉企行政事业性收费,进一步优化财税环境。2012年省级公共财政预算、政府性基金预算、国有资本经营预算和社会保险基金预算全部报省人代会审查批准。完善预算信息公开制度,在主动公开财政总预算、总决算的基础上,积极推进部门预算、部门决算公开,全面推行基层财政专项支出公开,财政工作透明度进一步提高。不断提高科学理财水平。认真贯彻省第九次党代会精神,及时出台《关于发挥财政职能致力科学发展建设美好安徽的指导意见》,制定30条措施,全力服务“六条新路”、建设“三个强省”。编制《安徽省财政发展“十二五”规划》和《安徽省民生工程“十二五”规划》,理清发展思路和举措。加强预算绩效管理,在所有市县全面推开财政支出绩效评价工作,省级绩效评价项目逐年增加,省政府出台全面推进预算绩效管理的意见,开启预算绩效管理新局面。启动实施省级行政事业单位资产清理,规范和加强资产配置、使用和处置管理。深化财政体制改革,建立县级基本财力保障机制,完善转移支付制度。健全预算管理制度,进一步规范政府采购管理。全面清理整顿财政专户,制定各类专项资金管理办法65个。出台20个工程类项目后续管理养护指导意见,确保民生工程持久发挥功效。深入推进财政信息化建设,省、市、县(区)平台一体化信息系统全面实施。积极拓展民主理财渠道。组织开展“万名财政干部大走访”活动,走访28万户居民;历时半年在全省开展财政补贴农民资金“十万农户大调查”活动,走访11万户农户,探索建立密切联系群众的新途径,提高财政政策实施效果。自觉接受人大、审计和社会监督,配合开展“省人大代表、省政协委员民生工程巡视评估”活动,全年按时办结建议提案314件,力求做到办理一件建议提案、解决一批类似问题、推动一方面工作。

上述工作成绩的取得，是省委科学决策、坚强领导的结果，是省人大依法监督的结果，是各地各部门共同努力的结果。在看到成绩的同时，我们也清醒地认识到，当前我省财政改革发展中仍然面临不少困难和问题。主要是：人均财力水平偏低，财政收支矛盾依然突出；资源配置效率不高，绩效管理有待加强；基本公共服务均等化程度仍有较大差异，公共财政体制改革有待推进；财政潜在风险不容忽视，政府性债务管理机制有待健全；财政工作水平与广大群众期待还有较大差距，财政自身建设有待加强等。我们要高度重视这些问题，切实采取有效措施，努力加以解决。

二、2012 年财政预算安排

2012 年是实施"十二五"规划承上启下的重要一年。宏观经济形势总体偏紧，财政收支矛盾十分突出。安排好 2012 年财政预算，对于继续保持全省经济社会平稳较快发展态势，加快推进美好安徽建设意义重大。

（一）公共财政预算

全省预算：根据市县预算汇编及经济增长和财税政策变化情况，全省财政总收入计划 2948.8 亿元，增长 12%。其中：地方财政收入 1639 亿元，增长 12%。

省级预算：省级地方预算收入 182.5 亿元，比上年预算执行数减少 8.2 亿元。加转移性收入 1484.5 亿元，省级预算总收入 1667 亿元。省级预算支出 484.8 亿元，比上年预算增长 21.7%，减省级预算提前下达市县转移支付 24.4 亿元，加中央提前下达转移支付列入省级预算 129.8 亿元，省级预算支出合计 590.2 亿元。加转移性支出 1076.8 亿元，省级预算总支出 1667 亿元。

按照法定支出考核口径，农业、科学、教育支出增长比例均达到法律规定要求。

2012 年省级预算安排的基本原则：

统筹兼顾保平衡。认真测算各项财政收入，收入预算安排坚持积极稳妥、留有余地，与经济社会发展指标相适应。统筹安排各项财政支出，坚持突出重点、有保有压，合理配置财政资源。统筹预算年度之间的平衡，保持财政持续稳健运行。统筹省与市县分配关系，增强省级宏观调控能力，促进区域基本公共服务均等化。

集中财力办大事。贯彻落实积极财政政策，紧紧围绕省委、省政府决策部署，贴近中心，主动理财，服务大局。不断调整和优化财政支出结构，集中有限财力，促进经济稳定增长，促进经济结构调整，促进城乡统筹发展，保持经济又好又快发展，保持社会和谐稳定。

突出重点惠民生。巩固民生工程实施成果，加速推进以改善民生为重点的社会建设，资金分配继续向民生领域倾斜。加大财政投入力度，实施更加积极的就业政策，规范国民收入分配，完善社会保障体系，支持保障性安居工程建设，深化医药卫生体制改革，优先发展教育，促进文化大发展大繁荣

科学理财重绩效。继续深化财税制度改革，积极实施结构性减税政策。健全预算支出定额标准体系，创新财政资金分配机制，推进预算绩效管理工作。注重预算绩效与预算编制的有机结合，更加有效配置财政资源，努力提高财政资金使用效益。

按照上述原则，省级基本支出预算共安排 122.2 亿元，比上年增加 16.9 亿元，增长 16%。项目支出预算共安排 362.6 亿元，比上年增加 69.4 亿元，增长 23.7%。

（二）政府性基金预算

2012 年，省级政府性基金本年预算收入安排 32.5 亿元，上年结余 3 亿元；本年支出安排 31.9 亿元，滚存结余 3.6 亿元。

（三）国有资本经营预算

2012 年，省级国有资本经营预算收入安排 5.3 亿元，其中：利润收入 1.8 亿元，股利股息收入 3.5 亿元；支出安排 5.3 亿元，其中：农林水事务支出 0.1 亿元，资源勘探电力信息等事务支出 2.3 亿元，商业服务业等事务支出 2.8 亿元，其他支出 0.1 亿元。

（四）社会保险基金预算

2012 年，省级社会保险基金本年预算收入安排 79.2 亿元，上年结余 80.2 亿元；本年支出安排 67.1 亿元，滚存结余 92.3 亿元。

省政府对江北江南产业集中区实行过渡期财政体制。2012 年江北江南产业集中区财政收支纳入省级预算管理范围，单独列报反映。

三、2012 年财政主要工作

为圆满完成全年预算，将重点抓好五个方面工作：

（一）突出科学发展，稳定经济增长

抢抓国家扩大内需战略机遇，发挥积极财政政策在支撑发展、优化结构等方面作用，努力保持经济平稳较快增长和物价水平基本稳定。一是落实结构性减税政策。积极做好营业税改征增值税准备工作，促进服务业更好发展。落实提高增值税、营业税起征点和对小型微型企业的所得税优惠政策，激发中小企业发展活力。落实支持物流企业大宗商品仓储设施用地的城镇土地使用税政策，对蔬菜批发零售免征增值税，降低物流成本。加大行政事业性收费项目检查力度，免征小型微型企业管理类、登记类和证明类等有关行政事业性收费，为企业发展营造更好财税环境。二是拉动内外需求增长。积极争取中央投资和财政部代理发行地方政府债券额度，放大国际金融组织和外国政府贷款使用效果，鼓励扩大保险资金投资规模，强化对民间投资拉动和引导，不断扩大有效投入，推动实施“861”行动计划，保障重点项目建设资金需要。积极落实刺激消费的政策措施，继续实施家电下乡，支持“万村千乡、双百市场、农超对接”等工程建设，推进流通体系建设，发展新兴消费业态，促进消费较快增长。强化财税政策引导，积极推动外贸发展方式转变，提高经济外向度。三是推动产业转型升级。更多运用贴息、担保和创投等市场化手段，支持战略性新兴产业“千百十”工程，支持重点技术改造和技术创新项目，大力推进传统产业新型化和新兴产业规模化。最大限度用足合芜蚌综合试验区企业股权和分红激励试点政策，培育和引进科技领军人才、科技企业家和创业团队，聚集创新资源，激发创新活力，更好地把科技优势转化为发展优势。加强财政政策与产业政策协调配合，大力发展实体经济，支持现代服务业加快发展，推进节能减排，加强合同能源管理，积极发展循环经济；继续安排专项资金，支持文化园区、产业基地和产业集群建设。加强财政政策与金融政策协调配合，引导金融机构提升对中小企业、“三农”等领域的金融服务，鼓励和支持引进总部和地区总部性金融机构，支持企业上市融资和再融资，为产业转型升级提供金融支持。四是促进区域协调发展。放大财政资金示范引导作用，集成政策叠加效应，强力推进皖江示范区建设。完善政策体系，以县域经济和园区发展为载体，落实新10年扶贫开发规划政策措施，促进皖北加快振兴，促进大别山革命老区又好又快发展，走出城乡一体、区域联动的发展新路。出台政策措施，支持中新苏滁产业园加快建设。以实施生态补偿机制试点为契机，支持皖南国际旅游文化示范区和黄山市国家服务业综合改革试点建设，构建新安江“绿色经济带”。

（二）突出民生根本，加强社会建设

顺应人民群众过上更好生活新期待，把更多财政资源用于加强经济社会发展薄弱环节、用于改善民生和发展社会事业。一是扎实推进民生工程。按照省委省政府部署，今年调整优化后继续实施33项民生工程，财政预算安排资金540亿元。完善协调推进、督促检查和考核奖惩等措施，建立健全民生工程“课题式设计、项目式管理、工程式推进、台账式督查”管理新机制，最大限度提高工程实施效果。二是着力支持教育优先发展。继续加大教育投入，完成中央对我省下达的教育支出占地方公共财政支出比重达到15%的目标考核任务，大力发展城乡学前教育，实施农村义务教育薄弱学校改造计划，推进农村义务教育学生营养改善计划试点工作，促进义务教育均衡发展，支持职教大省建设，提高地方普通本科高校生均拨款水平，加快高校债务化解，完善教育资助政策体系，加大人才开发投入，推动科教兴皖战略和人才强省战略实施。三是实施更加积极的就业政策。提高农村劳动力转移阳光培训实效，推进创业就业园和农民工创业园建设。落实各项社会保险补贴，完善就业困难人群小额担保贷款贴息政策，切实做好高校毕业生、农村转移劳动力等重点群体就业工作。大力推进中小企业成长工程和创业富民工程，进一步优化就业创业环境。四是加快健全社会保障体系。继续扩大社会保险覆盖面，提高保障标准，完善统筹制度，实现城乡居民社会养老保险制度全覆盖。巩固基层医药卫生体制综合改革成果，推进县级公立医院和市公立医院试点改革，提高新型农村合作医疗和城镇居民基本医疗保险财政补助标准，提高省内医疗机构新农合住院补偿比例，构建覆盖城乡的基本医疗保障体系。继续提高企业退休人员基本养老金水平。完善最低生活保障、五保供养标准与物价挂钩的动态调整机制，保障低收入群体的基本生活。落实各项财税扶持政策，加大保障性安居工程财政投入力度，规范实物分配和资金管理。五是全面实施居民收入倍增规划。突出富民导向，构建城乡居民收入倍增的多元支撑体系，多渠道增加居民收入。坚持“提低、扩中、调高”的政策导向，加大对初次分配和再分配的调控力度。强化部门协调和城乡共进，完善配套政策，建立评价监测和考核激励机制，确保完成年度居民收入增长目标。六是促进文化繁荣发展。贯彻落实党的十七届六中全会精神，建立健全财政文化投入稳定增长机制，保证公共财政对文化建设投入增长幅度高于财政经常性收入增长幅度，提高文化支出占财政支出比例。实施博物馆、纪念馆、图书馆、文化馆（站）免费开放等文化惠民工程，构建覆盖城乡的公共文化服务体系。设立省文化产业创业投资基金，引导社会资本投资文化产业。深入推进文化体制改革，激发文化创造活力。七是支持社会管理创新。完善计划生育家庭奖励扶助和计划生育家庭特别扶助制度，促进人口和计划生育事业协调发展。加大食品、药品安全监管支持力度，重视安全生产投入，支持社区管理建设，推动社会组织健康有序发展，维护信访和公共秩序，推进“平安安徽”建设。继续深化政法经费保障体制改革，建立健全资金管理制度，进一步增强基层政法部门提供公共安全服务的能力。

（三）突出城乡统筹，促进“三农”发展

贯彻“三化”同步战略部署，强化“双轮驱动”发展机制，完善强农惠农富农政策体系，加大财政资金投入和整合力度，加快推进新农村建设步伐。一是促进农业转型。加大对粮食主产区支持力度，增加农业综合开发投入，提升农业综合生产能力。大力支持农业科技创新，推进基层农业技术推广体系改革和示范县建设，促进农业科技进步，提高农业转型的科技支撑力。整合涉农资金支持推进现代农业示范区建设，实施农业产业化“671”转型倍增计划，发展高质高效农业，推动农产品加工业精深化、品牌化、集群化发展，支持农业物联网工程试点，加快构建现代农业产业体系。二是促进农民增收。全面落实各项强农惠农富农政策，增加农民补贴规模，减少农民公共产品消费支出，增加农民转移性收入。健全农业社会化服务体系，大力培育农业专业合作社、家庭农场等现代农业经营主体，增加农民经营性收入。支持农民劳务输出，强化农民工就业服务，增加农民工资性收入。加快农村资源资产化、资产资本化改革进程，盘活农村土地和林权资源，探索农村土地承包经营权、林权、农村居民房屋“三权”融资，努力增加农民财产性收入。推进开发式扶贫，加大连片特困地区支持力度，促进贫困农民增收。完善生猪、化肥、糖等重要生产资料和生活物质的收储政策，保护农民权益。支持开展政策性农业保险和特色农产品保险，化解农业生产风险，保障农民增收。三是促进农村繁荣。抓住国家加快水利改革发展机遇，全面支持实施水利安徽战略，大力推进新一轮淮河综合治理等重点工程建设，加快重要河道整治、中小河流治理和山洪灾害防治建设，实施小型水库除险加固和农田水利重点县建设，强化农村基础设施承载能力。支持城镇体系规划编制，培育新兴小城市和特色镇，优化城镇空间布局。加大资金整合力度，加快推进农村危房改造和村庄整治，大力实施农村环境连片整治示范省和农村清洁工程，推进新型农村社区建设。继续深化农村综合改革，积极启动国家农村综合改革示范试点省建设，深入推进村级公益事业建设一事一议财政奖补，完善农村为民服务全程代理制，着力推进“惠民直达工程”，进一步增强村级组织运转经费保障能力，完善农村发展体制机制。

（四）突出改革创新，增强财政活力

进一步发挥财政敢为人先的创新精神，围绕推进基本公共服务均等化和主体功能区建设，完善公共财政体系，着力构建有利于科学发展的财税体制机制。一是深化财税体制改革。按照财力与事权相匹配的原则，统筹省与市县财政分配关系，合理划分省与市县支出责任，健全县级基本财力保障机制，增强基层政府提供基本公共服务的能力。完善财政转移支付制度，增加一般性转移支付规模，清理归并专项转移支付项目，加快建立统一规范透明的财政转移支付制度。抢抓国家税制改革试点机遇，争取先行试点，推进税收制度改革。二是构建基本公共服务保障机制。丰富政策内容，发挥生态功能区转移支付和产粮油大县奖励等政策作用，重点加大对禁止和限制开发区域及革命老区、贫困地区的支持力度，稳步推进基本公共服务均等化。切合我省发展实际，逐步完善覆盖城乡、可持续的基本公共服务体系。继续创新基本公共服务购买和提供机制，提高政府基本公共服务效率。三是健全预算管理制度。全面完善政府预算体系，增强政府预算的完整性和科学性。继续深化部门预算改革，完善定员定额标准体系，细化预算编制内容，推进预算编制与预算执行、结转结余资金管理和资产管理的有机结合。继续推进国库集中收付制度改革,完善国库单一账户体系,全面推进公务卡改革扩围,建立覆盖各级财政的预算执行动态监控体系。推进政府采购制度改革,加大对集中采购目录以及公开招标执行情况的监督检查力度,规范政府采购行为。稳步推进财政预算信息公开,进一步提高财政工作透明度。四是加强政府性债务管理。继续规范政府性融资平台公司管理,积极探索建立政府性债务的归口管理制度、举借审批制度和预算管理制度,完善偿还保障机制、存量消化机制和风险预警机制,依法规范政府及其部门担保承诺行为,实现政府负债和财政风险的综合平衡。支持化解基层医疗卫生机构和政法基础设施建设债务。五是完善财政监督机制。主动接受人大、审计和社会监督,积极推进依法理财。牢固树立"全员参与、全面覆盖、全程监控"的财政大监督理念,加快构建预算编制、执行和监督相互协调、相互制衡的新机制,加大财政监督力度,增强财政监督效能,强化乡镇财政就地就近监管职责,确保财政政策有效执行和财政资金使用安全规范有效。

(五)突出绩效管理,推进科学理财

按照省政府全面推进预算绩效管理意见要求,在全省财政系统开展"绩效创新年"活动,加强财政资金绩效管理,不断优化财政资源配置,提高财政资金使用效益。一是预算编制围绕绩效。强化部门的支出责任意识和绩效意识,编制预算时同步编制绩效目标,预算批复时同步批复绩效目标。建立以结果为导向的项目资金分配机制,把绩效评价结果作为预算编制的重要参考依据。完善预算收入体系,盘活公共资产存量,规范公共资源配置。优化财政支出结构,减少支出"越位"与"缺位"现象。巩固厉行节约成果,严格控制"三公经费",降低行政成本。二是预算执行体现绩效。不断扩大绩效评价范围,逐步将绩效管理覆盖到所有财政性资金和预算单位。强化绩效评价结果与预算执行管理的结合,实行资金绩效动态监管,对低绩效项目和不能完工项目调减预算安排,因政策变化调整绩效目标的同步调整预算。三是预算监督评价绩效。完善绩效评价体系,稳步推进项目支出绩效评价、部门整体支出绩效评价和财政综合绩效评价。逐步建立财政支出绩效评价定期报告制度、评价结果内部通报和外部公开制度,重点加大涉及社会民生和经济发展的重大项目以及竞争性分配项目评价结果的信息公开力度。四是制度建设保障绩效。推进绩效管理制度体系建设,建立政府负责、财政部门牵头、预算部门执行、各方共同参与的预算绩效管理组织体系,完善绩效管理与预算编制、执行、监督的有效衔接的工作机制,健全科学规范的财政支出绩效评价指标体系,加快构建"谁用款、谁负责"的绩效问责制度。

全省财政工作重要文件

在全省财政工作会议上的讲话(摘要)

安徽省委常委、常务副省长　詹夏来

(2012年1月8日)

一、吃透政策,抢抓机遇

中央经济工作会议、第四次全国金融工作会议、全国财政工作会议和全省经济工作会议对经济形势进行了深入分析,部署了今年的工作。从国际上看,2008年发生的金融危机影响仍未结束,当前世界经济形势总体仍然十分复杂严峻。从国内来看,经济下行压力和物价上涨压力同时存在,外需形势十分严峻,内需消费亮点也不多,股市连续两年低迷,对经济影响很大,虽然形势依然复杂严峻,但我国仍处于战略机遇期,经济发展的基本面和长期向好趋势没有改变。基于这些形势,中央作出科学判断,就是要稳中求进。稳中求进的核心:"稳"体现在四个方面,即保持宏观经济政策基本稳定、保持经济平稳较快发展、保持物价基本稳定、保持社会大局和谐稳定;"进"体现在三个方面,即转变经济发展方式取得新进展、深化改革开放取得新突破、改善民生取得新成效。今年实行的积极财政政策和稳健的货币政策,都是按照稳中求进总基调来确定的。贯彻落实好中央决策部署,一定要吃透中央精神,吃透政策要点。去年全省财政支出能达到3278.5亿,比上年净增645亿,很重要的一条就是我们比较好地吃透了中央的精神,就是我们自身工作与国家支持方向契合得比较好,所以才能争取到支持。积极的财政政策不是一句空话,而是有实实在在内容的,有非常具体的项目和资金。从全国财政安排来说,去年中央对地方税收返还和转移支付是39716亿,今年初步安排是44841亿,净增5125亿,增长12.9%。只要经济形势不出现大的波动,实际执行过程中可能还要超过这一数字。另外,今年中央代地方发债2500亿,增加500亿。我们要认真做好各项准备工作,积极向上争取,力争得到更大份额。稳健货币政策,可以概括为四句话,即信贷规模合理增长、总量适度、审慎灵活、定向支持。去年小微企业出现了融资难、融资贵,出现了高利贷等等,很重要一个原因是中央为了控制物价,降低信贷投放规模,这是完全正确的,否则物价难以趋稳,但也付出了必须付出的代价,就是资金供求关系发生变化。去年12月份新增贷款6400多亿,起到了立竿见影的效果。所以,宏观调控政策随经济形势预调微调将成为常态。无论是财政政策,还是货币政策,调控方向都是分类指导、有扶有控。总体上说,高污染、高能耗、产能过剩的"两高一剩"行业是要控制的,对于"三农"、保障性住房、社会事业、科技创新、重大基础设施等方面是要继续加大支持力度的。安徽仍处于投资拉动阶段,包括基础设施项目、水利项目、传统优势产业改造升级项目、战略性新兴产业项目都需要投资。我省紧抓在手的重点工作与国家宏观政策走向是高度契合的。希望各市、省直各部门深刻理解中央经济工作会议等有关会议精神,吃透政策,把前期工作做深做细做实,提出的项目要和国家支持的重点高度一致,努力争取更大支持。通过争取更多财政性资金带动信贷投入,进而带动整个社会投资,来完成一些打基础、利长远的重大项目。

二、围绕中心，服务大局

省委省政府综合分析，认为我省发展的黄金机遇期没有变，工业化城镇化加速推进的阶段性特征没有变，加速崛起的态势也没有变，财政收支较快增长的趋势没有变。基于这种形势，省里提出奋力实现稳中求进、进中求好、好中求快，又好又快发展的目标。财政工作就是要围绕这个中心，围绕这个大局做好服务工作。

第一，要促进内需持续扩大。保持经济平稳较快发展，扩大内需是根本，稳定投资是关键，要把内需持续扩大作为保持经济又好又快发展的关键环节来抓。综合运用消费、投资、出口“三驾马车”，对我们提出了更高要求。扩大消费关键在于提高城乡居民消费能力。去年省委省政府出台了城乡居民收入倍增规划，就是要增加居民收入。通过加强收入分配调节，增加低收入群体收入，促进中等收入者比重提高，做了详细部署，省城乡居民收入倍增办公室设在财政厅，各个市、县都要细化工作部署，抓好工作落实。现在来看，实现“十二五”发展目标，最难的是收入倍增目标。2010年，农民人均纯收入5285元，城镇居民人均可支配收入15788元，与全国平均水平还有小的差距。2011年，城乡居民收入都保持了较高增幅。这是扩大消费的根本，老百姓手里没有钱就不敢花。再一个是扩大投资。投资是拉动我省经济增长的主要力量，克强副总理曾讲，投资是最现实、最直接的手段。希望财政、发改等部门密切配合，争取更多的中央投资项目，把我们长期想办没有办的事情办好。最后一个是出口。尽管我省出口比例不高，但是出口作用很大，对提高企业管理水平、增强企业核心竞争力具有非常重要作用。希望各市县研究出台针对性政策措施，大力支持企业出口，发挥“三驾马车”作用。

第二，要促进产业结构升级。当前，不仅要保持即期经济又好又快发展，而且要长期持续保持经济又好又快发展，这就必须大力培育主导产业，这是金融危机给我们的启示。各市县要进一步深入研究，立足自身产业基础和资源优势，锁定有限目标，有所为有所不为，用有限的资源引导、培育具有一定基础的产业，将其发展成具有竞争力的主导产业。要突出首位产业，实现错位发展，每个市形成一两个主导产业。从全省情况看，要重点围绕电子信息、汽车和装配制造、新材料、新能源、食品药品和农副产品深加工、轻纺工业、现代服务业和文化产业，集中力量突破，持之以恒地推进，做大做强企业，延长产业链，扩大产业群，形成集聚效应，提升企业的核心竞争力和综合竞争力。产业扶持上一定要锁定目标、持之以恒推进，要一年接着一年、一届接着一届、一任接着一任抓。产业发展是长跑接力，一棒接一棒，长跑不懈，才能把产业做强做大。不可能几年、十几年搞成一个主导产业，没有几十年，哪个产业也不可能有核心竞争力，产业发展规律就是这样，高端引领、龙头带动、全球市场、集聚效应。在招商引资过程中，大家一定要头脑清醒，心中有数，坚定不移地往前进，千万不要被虚假的投资所欺骗。同时，财政有限的资金一定要支持有研发机构的企业，提高自主创新能力。

第三，要推动服务业加快发展。当前，我省服务业发展不够、发展不足。去年开了全省服务业大会，提出了34条具体政策，建立了三大体系，要与时俱进地加以推进。传统服务业要做大做强，现代服务业要选定目标，集中力量持续推进，形成集聚效应。也要坚持有所为有所不为，避免重复建设。

第四，要做好民生工作。要牢固树立民生优先理念，把民生工作摆在突出位置，列入政府工作的优先序列。做好民生工作一定要区分基本与非基本，保障基本民生，提供基本的公共服务。对于义务教育、公共就业服务、基本医疗卫生、社会保障、保障性住房等基本公共服务要做到广覆盖、可持续，使保障的范围逐步实现城乡全覆盖，同时要本着积极而为、量力而行的原则，逐步提高保障水平。对非基本的部分，应当交给市场、社会，充分利用市场机制，满足多层次、个性化的需求。近年来，中央领导同志都强调保障和改善民生，一定要坚持保基本，积极而为、量力而行。希望各市县安排民生工程时要区分基本与非基本，比如高速公路就不能算是基本公共服务，二级以上公路算是基本服务，政府就应该掏钱，高速公路政府就不应该掏钱，应该用市场的行为来建设。关于教育方面。国家已经明确规定，到2012年教育支出占GDP的比重达到4%，这是法定的。中央核定我省2012年教育支出占一般预算支出的比例为15%，也就是在去年基础上增加140多亿。虽然省里做了统筹安排，但是教育事权、支出责任主要在市县，各市县要积极拓宽经费来源渠道，确保各项政策落实到位。关于就业方面：今年的新增城镇就业60

万人,大体与去年持平,压力还是很大的。今年,国家将大幅增加小额贷款财政贴息,这是支持创业、扩大就业最直接的渠道,希望财政、人社、金融办等部门密切配合,争取国家更多的小额贷款财政贴息份额。关于社会保障方面。今年提标扩面举措很多,有些是硬性的,初步测算,实现新型农村社会养老保险和城镇居民社会养老保险制度全覆盖,将增加支出8亿多;继续提高企业退休人员基本养老金水平,全省需筹集调标资金近20亿元;按照实施居民收入倍增规划的进度要求,城乡低保标准、五保供养标准新增支出也将超过4亿元。全省各级政府和财政部门要认真测算,打足预算,早作安排,确保投入到位。关于保障性住房建设方面:实施保障性安居工程建设是利国利民的大事,具有惠民生、稳房价、扩内需、促发展的多重作用。按顺序排,去年国家投入多少依次是农业、教育、医改,第四是保障性住房,累计投入资金超过1700亿元,今年投资力度还将进一步加大。初步估算,除争取中央补助75亿元外,我省还需配套投资约425亿元。这个工作要政府主导、市场运作、创新模式、务求实效。既要完成保障性住房任务,把国家补助争取来,又不要让各级财政背上大包袱、形成大窟窿,要在不违背中央政策的基础上创新办法,用市场运作的方式做好这件事。关于医药卫生体制改革方面:这项工作我省走在全国前列,去年出台30条巩固基层医改的措施,这个工作大家务必要抓好,这是基本民生,是政府必须保的。今年县级公立医院改革的试点面扩大,财政上要加大投入,实现药品零差率销售,“以药养医”的机制必须破除。关于民生工程方面:要牢固树立民生财政理念,从“吃饭财政”、“建设财政”转到“民生财政”上来,精心打造好民生工程这一品牌。今年民生工程项目仍然是33项,总投资540亿元,省里拿大头,市县配套比例降到16%,希望这个16%一定要到位。民生工程项目是反复征求各方面意见提出来的,是从民生工程五年规划中提炼出来的,人大、政协都参与调查研究,反复进行了论证,大家一定要确保顺利实施。

三、深化改革,加强管理

第一,关于财税改革工作。今年的财税改革工作任务很重,大家一定要认真学习中央政策,深入研判,打好基础。事实上,每次财税改革都是一次利益调整,如果基础工作做不好,改革就无法推行。这里提几项重点改革。目前营业税改征增值税在上海试点,在原有税率17%和13%基础上,增加了11%和6%两档。短期看税收会减少。长期看有利于服务业发展。我省也要争取列入试点,大家要做一些准备,把这项工作抓好。还有几个税改大家也要做一些研究,包括房产税、调整消费税范围和税率结构、资源税和环境保护税,国家都提出了改革意向。大家都要密切关注税制改革方向,深入研究,加强研判,做好基础性工作,做好预案。一旦启动,我们就能做好衔接。

第二,关于其他重点改革。要进一步深入推进文化体制改革,加大投入,创新机制,促进文化事业和文化产业加速发展。经过积极争取,财政部将我省作为农村综合改革示范试点省,向国务院进行申报,试点内容主要是机构改革、农村义务教育、县乡财政管理体制等6个方面。还有事业单位分类推进改革,今年是第一年,主要是分类工作、清理工作,这里面可能最难的就是事业单位基本养老、基本医疗等五大保险,这是要付出改革成本的,希望财政部门要超前谋划,积极跟进。

第三,关于财政自身改革。公共财政体制改革,合理界定省以下各级政府事权和支出责任,按照财力与事权相匹配的原则,进一步完善省以下财政体制。继续完善县级基本财力保障机制,加大省对下均衡性转移支付力度,进一步优化转移支付结构,提高一般性转移支付规模和比例,清理归并部分转移支付项目,推进建立规范透明的转移支付制度。

第四,关于增收节支。今年增支项目很多,增收的点不多,收支压力很大,矛盾很大,大家一定要高度重视。要严格控制行政经费等一般性支出,厉行节约,切实降低行政成本。要进一步增强忧患意识、危机意识,连续多年的两位数甚至是20%以上的财政收入增幅,财政支出也是建立在这个基础之上的,大家知道像这样的好日子,我们希望能够长期保持,但实际上是很难很难的。富日子过惯了,再过穷日子能不能适应。我们一定要有过紧日子的思想,要厉行勤俭节约,大力弘扬艰苦奋斗,反对摆排场、比阔气、铺张浪费等奢靡之风,精简会议和文件,减少迎来送往,把有限的财力用在发展经济和改善民生上来。同时,要严格实行“阳光工资”制度,中央六部委文件明确规定,市县发放标准审批权在省,省级及省会城市发放标准审批权在中央,一定要按照批准的标准严格执行。

第五,关于政府债务管理。我省负债风险整体上可控，去年全省各级政府负债全部加起来3400亿左右，占GDP比重约21%，在全国是比较低的。但大家不可掉以轻心，要高度重视，积极构建地方性政府债务规模控制和风险预警机制。国家的《预算法》已经提交全国人大讨论了，讨论的是将来政府债务要"双控"，一是本级人大要控，二是上级政府要控。实行"双控"使政府性债务保障在一个合理的水平。

第六，关于财政队伍建设。全省财政系统是一支政治坚定、业务熟练、作风优良的队伍，希望各级财政部门进一步加强队伍建设，牢固树立为人民理财、做人民公仆的理念，切实增强全局观念、法治观念、创新观念、效率观念、服务观念、责任观念。工作中要有坚定的原则性，任何一笔开支，都要经得起历史的检验，经得起最严格的监督，受得住最严格的审计，巩固提升财政形象。

做好今年财政工作任务繁重、意义深远，我们要在省委省政府的坚强领导下，继续保持昂扬向上、奋发有为的精神状态，再接再厉，扎实工作，为服务科学发展、建设美好安徽作出更大的贡献。

（厅办公室供稿）

主动理财　服务发展
不断谱写财政事业新篇章

——在全省财政工作会议上的讲话

安徽省财政厅厅长　陈先森

（2012年1月8日）

这次会议的主要任务是：深入贯彻党的十七届六中全会和省第九次党代会精神，认真落实全国财政工作会议和全省经济工作会议要求，总结2011年财政工作，明确新形势下财政科学发展的思路，部署2012年工作任务。省政府对这次会议十分重视，李斌代省长对开好这次会议提出明确要求，今天，省委常委、常务副省长詹夏来同志亲临会议并作重要讲话，我们一定要认真学习领会，全面贯彻落实。下面，我讲四点意见。

一、主动作为　奋力实现"十二五"良好开局

刚刚过去的2011年，在省委、省政府的坚强领导下，全省各级财政部门深入贯彻落实科学发展观，继往开来、砥砺奋进，全面落实财政宏观调控政策，大力推动财政改革发展，克服多种复杂严峻困难，实现了"十二五"良好开局。

（一）紧抓争先进位目标，财政实力再上台阶。全省各级财税部门依法加强收入征管，着力提高征管效率和质量，财政运行继续保持高位增长势头，收支规模迈上新台阶。全省财政总收入完成2632.8亿元，增长27.6%，其中地方财政收入完成1463.3亿元，增长27.3%。财政收入质量进一步提高，税收收入占财政收入的比重为86.2%，非税收入完成355.3亿元，增长25.6%，主体税种贡献稳定，收入结构更趋合理。区域财政协调发展，市级财政总收入完成2435.2亿元，增长30.0%；县级财政总收入增长42.2%，高出全省平均增幅14.6个百分点。皖江示范区、合芜蚌试验区、合肥经济圈、皖北三市七县财政总收入分别增长27.7%、26.4%、25.4%、41.4%。财政支出突破3000亿元大关，达到3305.7亿元，增长27.8%。财力的不断壮大，为安徽科学发展、全面转型提供了坚实的物质基础。

（二）紧抓各项政策落实，财政调控卓有成效。认真实施积极的财政政策，千方百计保持经济发展良好态势。持续扩大有效投入，丰富提升"861"行动计划，争取财政部代理发行地方政府债券90亿元，协议利用国际金融组织和外国政府贷款2.6亿美元，支持建设一批事关全局和长远发展的大工程大项目。坚持把扩大消费放在突出位置，认真落实家电下乡、以旧换新政策，兑付财政补贴资金30.5亿元，拉动市场销售288亿元，家电下乡销售量和补贴兑付率均居全国前列。及时调整制定外贸促进政策，安排外经贸发展资金4.9亿元，支持外贸企业做大做强，着力优化外贸结构，开辟新兴市场。积极采取有力措施缓解通胀压力，保障生活必需品的供应和流通，及时发放困难群众和高校学生生活补贴。积极落实和完善减轻企业负担的各项措施，加强财政政策与金融政策的有效衔接，加快金融机构体系建设，形成财政引导金融支持经济发展制度框架，省信用担保集团完成担保再担保突破475亿元。

（三）紧抓促进改革创新，服务发展措施得力。充分发挥财政杠杆作用，继续安排7亿元专项资金，支持国家技术创新工程试点省和合芜蚌自主创新综合试验区建设，引导设立18只创投基金，注册资金规模60亿元，目前到位资金33亿元，累计投资项目

90 个，成功争取并积极开展试验区企业股权和分红激励试点，试验区建设进入国家方阵。积极培育壮大战略性新兴产业，出台专项引导资金项目管理办法，安排 5 亿元支持 7 大类产业 21 个项目，有力促进产业基地集群发展。加强节能减排和环境治理，全面启动新安江流域生态补偿机制试点和全国农村环境连片整治示范省建设，安排 16 亿元促进资源枯竭城市和生态功能区发展，加快推进资源节约型和环境友好型社会建设。促进区域协调发展，安排 10 亿元支持皖江示范区建设，对集中区实行过渡期财政体制，全面提升示范区产业承接能力和水平。加快皖北振兴步伐，安排 5.4 亿元支持皖北“三市七县”工业园区基础设施建设和贷款贴息，出台 14 条极具“含金量”的财政政策措施，加大资金投入，强化要素支持，使更多的“人财物”向皖北汇聚，激发皖北发展内生动力。从 2011 年起连续 5 年，省财政每年安排 2.2 亿元，支持革命老区发展。稳步实施巢湖区划调整财政配套政策，为优化中心城市战略布局、打造安徽核心增长极创造有利条件。

（四）紧抓优化支出结构，民生财政持续发力。坚持把保障和改善民生作为财政工作的出发点和落脚点，在财政收支压力增大的情况下，将更多财力向民生倾斜。全年民生投入 2600.7 亿元，占财政支出 78.7%，地方新增财力 80%以上用于民生。牢牢抓住民生工程这一社会建设重要抓手，履行牵头抓总职责，精心实施 33 项民生工程，投入 468 亿元，完成年初计划筹资额的 120.6%，办成了一批群众欢迎、社会满意的实事难事。深入推进义务教育保障机制改革，加快推进中小学校舍安全工程，安排近 21 亿元启动高校提标化债工作。开创性地实施就业技能提升工程，支持新建 50 个农民工创业园和省级大学生创业孵化基地，多措并举促进农民工、高校毕业生、困难群体就业创业。加强社会保障体系建设，推进企业职工基本养老保险基金“扩面提标”，全面启动城乡居民社会养老保险制度试点。积极落实保障性住房建设财税扶持政策，保障性住房开工建设 42.9 万套，超额完成 20 万套的年度竣工任务。大力支持文化强省建设，全面推进文化体制改革，加快构建公共文化服务体系。

（五）紧抓统筹城乡发展，支持“三农”再创佳绩。全面落实强农惠农富农政策，着力提升新农村建设水平。全年全省农林水事务支出 349.9 亿元，增长 19.6%；通过“一卡通”发放 27 项涉农补贴资金 159.8 亿元，增长 9.2%，人均受益 412 元。加快农田水利建设步伐，多渠道筹集资金，大幅度增加农村基础设施建设和生态环境保护的投入。筹集扶贫资金 10.5 亿元，积极支持整村推进工程，大力推进产业化扶贫、开发式扶贫。跨部门整合支农资金 1.05 亿元，启动实施农业产业化“671”转型倍增计划，加快农业产业化示范区建设步伐，促进农产品加工业集群发展。认真实施政策性农业保险，投入保费补贴 10.9 亿元，为 2420 万次农户提供了 293.5 亿元的风险保障。大力支持农村金融机构建设，引导金融机构加大“三农”信贷投放。积极调整支农方向，安排专项资金 2.9 亿元，扎实推进粮食生产“三大行动”，保障主要农产品供给。整合资金 4.2 亿元，大力支持“万亩高产高效吨粮田示范县”创建工作，示范县范围扩大至 14 个，着力提升支农资金整体效益。大力支持现代农业发展，全省农业综合开发投入规模突破 17 亿元，改造中低产田、建设高标准农田 120 万亩，24 个“现代农业综合开发示范区”建设加快推进，有力保障了粮食生产连续 8 年增产增收。

（六）紧抓完善体制机制，重点改革实现突破。不断完善省以下财政管理体制，2011 年新增省对下均衡性转移支付 30 亿元，其中健全县级基本财力保障资金 10 亿元，促进区域基本公共服务均等化。规范国库集中收付制度，全面完成县级会计集中核算向国库集中支付制度转轨工作，实现财税库银税收收入电子缴库横向联网在市县两级全覆盖。全面清理整顿财政专户，提高财政专户资金的安全性、规范性和有效性。全面推行政府预算体系改革，加快建立由公共财政预算、国有资本经营预算、政府性基金预算和社会保障预算组成的财政预算体系。深化预算管理改革，除教育收费外，预算外收入全部纳入预算管理，提高预算编制的科学性和准确性。切实加强地方政府性债务管理，建立健全债务规模控制和风险预警等制度，有效防范政府债务风险。深化农村综合改革，各级财政安排资金 18.6 亿元支持推进村级公益事业建设“一事一议”财政奖补试点工作。全面建立村级组织运转经费保障机制，城乡一体化改革、国有农场税费改革、集体林权制度配套改革等工作协调推进。加大财政支持力度，继续深化医药卫生体制改革，重点推进县级公立医院改革。基层医疗卫生机构次均门诊费用、门诊药品费用同比下降 20%、30%，次均住院费用、住院药品费用同比下降10%、13%。教育体制、政法经费保障体制和监狱体制改革加快推进。

(七)紧抓科学精细管理,财政绩效明显提升。强化财政管理基础工作和基层建设,全面推进财政科学化精细化管理。加强预算编制,调整基本支出供给政策,完善基本支出定额体系。狠抓预算执行,继续强化市县考核,财政支出进度明显加快。推行绩效预算,全面推开财政支出绩效评价工作,省级评价项目扩大至56个,覆盖省直所有重点支出部门,涉及财政资金587.5亿元。规范非税收入征管,全面实施道路交通违法行为处理罚缴改革,切实加强非税收入资金划解和核算管理,保证非税收入及时入库和资金安全。强化财政监督,深入开展省级行政事业单位资产清理工作,加强会计信息质量检查,涉及违规金额54亿元,查补税款4832万元,启动实施财政部门内部监督试点,圆满完成再生资源增值税退税复审工作,积极稳妥地推进预算信息公开,加快建立健全治理和防范"小金库"长效机制,2009—2011年全省共查处"小金库"2067个,涉及金额6.0亿元。深入推进财政信息化建设,省级财政专户管理系统正式上线运行,省级平台一体化信息系统顺利通过财政部验收,省级电子化政府采购平台全面运行,市县(区)平台一体化信息系统推广实施工作顺利完成。加强注册会计师行业党建及会计中介机构管理,继续做好会计领军人才培养工作。加强干部队伍建设,深入开展"学沈浩创先进争优秀"活动,扎实推进窗口和服务行业创先争优工作,全面推进"创建规范化乡镇财政所(分局)"工作,组织市县财政局长、乡镇财政所长、农村财会人员"三个层次集训"近万人次,扎实推进学习型机关建设,在全国学习型党组织建设工作经验交流会上,安徽省财政厅作为唯一一家基层单位特约作典型发言。

2011年是"十二五"开局之年,也是财政事业发展进程中不平凡的一年。这一年,我们描绘财政事业发展的新蓝图,立足当前,着眼长远,牵头编制《安徽省财政发展"十二五"规划》、《安徽省民生工程"十二五"规划》、《安徽省"十二五"居民收入倍增规划》,明确了新时期财政改革发展方向;我们探索密切联系群众的新途径,倾听民意,整改提高,深入开展"贴民情、听民意、惠民生——万名财政干部大走访"活动,配合开展省人大代表、省政协委员民生工程巡视评估活动,在全系统开展"财政班子成员大走访"活动,不断提高财政决策的科学性和政策执行的有效性;我们实现财政系统建设的新延伸,标本兼治,整体推进,将廉政风险防控管理工作从工程建设领域向全面财政业务延伸,将反腐倡廉建设从财政厅机关向全省财政系统延伸,将机关效能建设向全厅处室和单位延伸,全面实现了财政系统建设的常态化、制度化;我们搭建财政队伍建设的新平台,上下联动,全员参与,深入开展"创先争优"活动、争创"全国文明单位"活动和"服务发展年"活动,汇集全省系统财政干部的智慧和力量,显著增强了财政大家庭的凝聚力和战斗力;我们提炼升华财政文化新内涵,深入挖掘,激励奋进,大力弘扬沈浩精神,成功举办全系统"纪念建党90周年文艺演出",系统归纳财政系统核心价值,整理汇编《财政文化集萃》,凝聚集体智慧,升华为"创新、博爱、务实、卓越"的安徽财政精神。2011年,省财政厅先后荣获"全国文明单位"等省部以上表彰30余项,省领导、财政部领导先后批示肯定财政工作20余次。

回顾一年来的工作,深感成绩来之不易。这是省委省政府统揽全局、正确领导的结果,是各市县党委政府重视关心、同心协力的结果,是省直各部门积极支持、共同努力的结果,也是全省财政干部职工积极进取、辛勤工作的结果。在此,我代表财政厅党组向大家表示衷心的感谢!在肯定成绩的同时,我们也清醒地认识到,财政事业发展还存在不少困难和问题,财政工作与省委省政府的要求、人民群众的期盼还有不小差距。主要是:财政收支矛盾依然突出,收入质量有待提高,支出结构有待优化;财政管理仍需规范,预算绩效有待进一步提高,财政潜在的风险管理有待进一步加强;财政干部整体素质有待进一步提升,等等。对此,我们要高度重视,认真研究,着力解决。

二、清晰思路 不断提升财政服务发展水平

中央经济工作会议全面分析了今年宏观形势,确立了"稳中求进"的总基调,突出强调要继续加强和改善宏观调控,决定继续实施积极的财政政策和稳健的货币政策。总的来说,今年经济运行面临诸多不确定、不稳定性的问题,长期积累的体制性、结构性矛盾依然突出,财政改革发展任务十分繁重,我们务必保持求真务实、奋发有为的精神状态,坚持五个有机统一,不断提升理财施政能力。

(一)坚持主动理财与稳中求进有机统一。主动理财既是一种理念，更是一种责任。把握稳中求进的总基调，继续坚持实践证明切实可行的理念和举措，保持思想不松懈、干劲不放松、方法不僵化，做好“稳”的工作，做足“进”的文章，努力保持财政宏观调控政策的基本稳定，保持经济平稳较快发展，保持物价总水平基本稳定，保持社会大局稳定。以更加积极主动的姿态，以时不我待的责任感，促改革、促发展、促和谐，把主动理财的成果体现在开创财政工作的新局面上，体现在服务党委政府中心工作的新举措上，体现在服务经济社会又好又快发展的新成效上。

（二）坚持服务发展与扩大内需有机统一。服务发展是财政部门的职责所在，加强和改善宏观调控，财政政策具有目标定位准、针对性强、作用直接有效的天然优势，在扩大内需特别是消费需求方面要有更大的作为。把服务发展的成果体现到促进扩大内需上来，进一步加大政府投资力度，引导社会资金更多地投向优先发展的产业和领域。大力促进区域经济协调发展，加快我省工业化、城镇化和农业现代化进程，多措并举、深度挖掘扩大内需的潜力。把扩大消费需求摆在更加突出的位置，发挥财税政策稳定物价的作用，努力增强城乡居民消费能力，强化政策刺激和引导，引导和促进消费升级。

（三）坚持全面转型与壮大实体有机统一。实体经济是社会财富和综合实力的基础，也是改善民生的物质基础。全面转型最终要以实体经济的体量、容量和质量来体现。去年底，省财政深入贯彻落实省第九次党代会精神，第一时间出台了支持建设美好安徽的30条财政政策，经省政府同意印发各市县人民政府。要不断完善服务全面转型的思路，把支持自主创新作为全面转型的关键举措，完善促进服务业加快发展的财税政策，加快培育旅游战略支柱性产业，发挥财税政策与金融政策、产业政策的协同效应，促进三次产业在更高水平上协调发展、融合发展，努力在培育实体中促进转型发展，在全面转型中壮大实体经济。

（四）坚持规范管理与改革创新有机统一。当前，转型发展的最大瓶颈制约在于体制机制障碍。要牢牢把握加快改革创新这一强大动力，抓住时机尽快在一些重点领域和关键环节取得突破。在支付改革成本问题上算“大账”、算“长远账”，在实施改革过程中更加重视务实管理、规范操作，切实发挥财政资金的引导和带动作用。对于已经实践证明正确的改革尝试，要在巩固和扩大成果上下功夫，着力建立可持续发展的长效机制，对于认准的改革方向和领域，要加强总体规划、制度设计和统筹协调，尊重基层和群众的首创精神，力求不断涌现更多的破解改革发展难题的安徽模式。

（五）坚持做大蛋糕与改善民生有机统一。保障和改善民生既是加快转变经济发展方式的重要内容，也是经济发展的根本出发点和落脚点。只有切好“蛋糕”、分好“蛋糕”，才能不断做大蛋糕。要把保障和改善民生作为公共财政优先方向，进一步优化财政支出结构，集中更多的财政资源保障和改善民生，着力解决教育、医疗卫生、社会保障和就业、保障性安居工程等涉及人民群众切身利益的急事、难事，更加有力地支持农村地区、欠发达地区和困难群体，加快构建民生工程长效机制，加快推进基本公共服务均等化。牢记“两个务必”，坚持勤俭办一切事业，努力实现经济发展与社会进步协调推进，不断增强人民群众的幸福感和满意度。

三、求真务实　确保完成2012年工作任务

根据全国财政工作会议和全省经济工作会议精神，今年全省财政工作的总体要求是：坚持以科学发展观为统领，认真贯彻落实十七届六中全会和省第九次党代会精神，紧紧围绕科学发展主题和全面转型主线，实施积极的财政政策，狠抓增收节支，优化支出结构，切实保障和改善民生；深化财税制度改革，促进经济平稳较快发展和物价总水平基本稳定，维护社会大局和谐稳定，发挥财政调节收入分配作用，促进形成合理有序的收入分配格局；推进财政科学化精细化管理，提高财政资金使用效益，为建设美好安徽提供更加坚实有力的财政保障。综合考虑，与经济发展相适应，2012年全省财政收入计划增长12%，具体数额以省人代会批准的预算报告为准。重点做好五个方面工作。

（一）全力服务大局，推动安徽加速崛起。加强和改善财政宏观调控，着力提升发展质量和效益，努力保持财政经济又好又快发展势头。一是调节经济运行。密切跟踪宏观形势变化，增强财政调控政策的针对性、及时性和有效性。落实提高增值税、营业税起征点以及所得税优惠等减轻小型微型企业税费负担的各项政策，引导和帮助小型微型企业稳健经营和持续发展；落实其他各项税费减免政策，促进产业结

构调整升级。进一步规范各类涉企收费管理，全面清理规范公路收费，减轻企业和社会负担；积极跟踪营业税改征增值税试点等相关工作，做好税源基数测算等前期工作；积极争取我省纳入资源税改革试点范围。建立健全社会救助和保障标准与物价上涨挂钩的联动机制，全力保障生活必需品市场供应，促进市场物价基本稳定。二是扩大有效需求。扎实推进家电下乡工作，改善消费环境，拉动消费需求。持续加大有效投入，积极利用国际金融组织贷款，鼓励和引导民间投资，优化投资结构，重点支持在建和续建工程，足额保障国家已经批准开工的在建水利、铁路等项目资金需求。注重稳定外需，认真落实出口退税政策，促进出口结构转型升级，稳定和扩大我省外贸出口份额。三是推动转型升级。加快推进合芜蚌自主创新综合试验区和国家技术创新工程试点省建设，认真落实试验区企业股权和分红激励政策，完善配套措施，充分激发创新创造活力。落实和完善财税扶持政策，支持实施战略性新兴产业“千百十”工程，支持优势产业做大做强，加快培育壮大现代服务业。强力推进节能减排，进一步淘汰落后产能，促进兼并重组，发展循环经济，促进产业布局合理化。四是协调区域发展。按照主体功能区战略的要求，进一步加大财税支持力度，推进皖江示范区建设，全力支持合肥加快区域性特大城市建设步伐，培育壮大中心城市和城市群。加强财税政策的支持和引导，支持皖北地区、皖南皖西和大别山区生态安全区域因地制宜、协调发展。大力支持县域经济发展，积极推进扩权强县改革，深入推进省直管县试点，培育建设一批经济强县。

（二）倾力改善民生，提升群众幸福指数。坚持以人为本、富民优先，扎实推进民生工程，不断提高基本公共服务水平。一是巩固提升民生工程。履行牵头抓总职责，精心组织实施33项民生工程，建立健全稳定多元的筹资机制，全年计划投入540亿元，在2011年民生工程项目的基础上，退出3项新增3项，调整完善5项，提高6项补助标准，加强项目建后管理养护，继续提高民生工程的质量和效益。尤其要把实施民生工程与健全社会保障体系、发展社会事业和推进新农村建设有机结合起来，充分发挥综合效应，不断增进群众福祉。二是实施居民收入倍增规划。深入实施更加积极的就业政策，研究出台促进就业、扶持创业、完善扶贫开发等政策措施，深化收入分配制度改革，稳步提高企业最低工资标准，力争全省城镇居民可支配收入增长14.5%以上，农村居民人均纯收入增长14.9%以上。三是支持教育优先发展。提高财政教育支出占公共财政支出比重，提高预算内基建投资用于教育的比重，扎实推进国家教育统筹综合改革试点省建设，大力实施学前教育三年行动计划，大力实施农村义务教育薄弱学校改造计划，支持推进义务教育均衡发展，继续提高普通本科高校生均拨款水平，多措并举化解高校债务，推动科教兴皖战略和人才强省战略实施。四是支持文化强省建设。建立健全文化投入稳定增长机制，支持建立覆盖城乡、比较完备的公共文化服务体系，设立文化产业创业投资基金，推进文化产业跨越发展，进一步支持深化文化体制改革，推动文化大发展大繁荣。五是健全社会保障体系。加强社会保险扩面征缴，规范养老保险省级统筹，全面实行医疗、失业保险市级统筹，实现新型农村养老保险和城镇居民养老保险制度全覆盖。完善社会救助体系，提高城乡低保、五保供养、医疗救助、优抚对象等补助标准。加快保障性安居工程建设，积极争取中央补助资金，继续落实相关税费减免优惠政策，统筹利用土地出让金收益和住房公积金增值收益，多渠道利用社会资金，足额落实保障性安居工程配套资金。

（三）强力支持“三农”，加快城乡统筹步伐。认真贯彻“三化”同步战略部署，采取更加有力的举措，促进农业增产增效、农民持续增收、农村繁荣稳定。一是加大支农资金投入。健全“三农”投入稳定增长机制，不断优化和调整支出结构，财力重点向农业农村倾斜，预算内固定资产投资重点用于农业农村基础设施建设，土地出让收益重点投向农业土地开发、农田水利和农村基础设施建设，确保足额提取、定向使用。二是加快现代农业发展。整合支农资金支持省级现代农业示范区建设，大力发展高产优质高效农业，加大对粮食主产区支持力度，深入推进粮食生产“三大行动”，积极整合支农资金支持“万亩高产高效吨粮田示范县”创建工作，着力提升农业综合生产能力。以农业科技创新为支撑，深入实施农业产业化“671”转型倍增规划，重点提升龙头企业科技水平和带动能力，大力发展农民专业合作社。三是大力促进农民增收。支持开展农村劳动力转移培训，积极支持农民工返乡创业，鼓励农民就地就近创业就业。深入推进财政扶贫开发工作，大力支持发展特色产业，促进贫困劳动力转移就业，扩大农村互助资金试点规模。认真落实惠农补贴政策，扩大补贴范围，提高补贴标准。深入实施政策性农业保险，支持特色农业保险发展，不断增强农户抗风险能力。四是深化农村综合改革。积极争取国家新一轮农村综合改革在安徽试点，健全"一事一议"财政奖补工作机制，完善村级组织运转经费保障机制，深入推进农村为民服务全程代理制，积极探索清理化解其他公益性乡村债务办法，推进国有农场分离办社会职能改革、集体林权制度改革、城乡一体化综合配套改革试点。

（四）大力改革创新，增强体制机制活力。不断完善公共财政体系，积极构建有利于科学发展的财税体制、运行机制和管理制度。一是完善省以下财政管理体制。统筹省与市县财政分配关系，合理界定事权与支出责任。调整财政转移支付结构，增加一般性转移支付，清理归并专项转移支付，加强县级基本财力保障，促进区域基本公共服务均等化。二是规范国库集中收付制度。全面深化完善财政国库集中收付改革，加快推进公务卡制度改革，积极稳妥地研究开展国库现金管理工作。严格预算单位银行账户管理，加快建立预算执行动态监管机制，完善财政专户管理制度，保障财政资金安全运行。三是健全预算管理制度。不断完善政府预算体系，提高政府预算的完整性。继续深化部门预算改革，建立完善预算编制与预算执行、结余结转资金管理和行政事业单位资产管理有机结合的制度。继续推进政府采购制度改革，全面深化政府非税收入管理改革。四是加强地方政府债务管理。继续加强政府投融资平台管理，建立完善政府债务规模管理和风险预警机制。更加注重发挥财政投融资功能，逐步形成管理规范、风险可控、运行高效的地方政府举债融资机制。五是支持重点领域改革。充分发挥财政政策和财政资金的引导作用，支持和促进社会管理创新，统筹推进行政管理体制改革、政法经费保障体制改革，维护社会稳定。巩固完善基层医改基础，积极推动化解基层医疗卫生机构债务工作。健全财政保障机制，加大资金投入力度，启动部分县公立医院改革试点工作。

（五）致力精细管理，提高科学理财水平。全面推进财政科学化精细化管理，加快建立适应时代发展要求的财政管理新格局。一是加强预算编制管理。规范预算编制程序，细化预算编制内容，完善支出标准体系，加强项目库建设，夯实预算编制基础。继续完善公共财政预算，细化政府性基金预算，完善政府采购预算，推动市县编制国有资本经营预算和社会保险基金预算。二是加强预算执行管理。依法加强税收收入征管，规范非税收入管理，提高收入质量。加强财政支出管理，规范操作流程，加快支出进度，控制压缩"三公"等一般性支出，大力推进党政机关出差和会议定点管理，严肃财经纪律，充分发挥财政资金使用效益。三是加强财政绩效管理。全面推开财政支出绩效评价工作，加快建立"预算编制有目标、预算执行有监控、预算完成有评价、评价结果有反馈、反馈结果有运用"的预算绩效管理模式。四是加强财政监督管理。继续开展重大财税政策实施情况专项检查，进一步加强会计监督检查，加大处理处罚力度，重点推进绩效监督和内部监督工作，加快建立健全覆盖政府性资金和财政运行全过程的监督机制。建立完善财政监督信息披露和公告制度，稳步推进财政预算信息公开，逐步扩大财政预算信息公开范围。强化行政事业单位国有资产管理，进一步完善资产管理与预算管理相结合。五是加强基础建设和基层管理。加强财政基础业务管理，加快"金财工程"建设，扎实推进平台一体化信息系统深化应用，完善部门基础信息数据库，实现对本级行政事业单位各类数据的动态管理。加强会计领军人才培养工作，强化注册会计师行业及会计中介机构管理，推进会计管理信息化进程，深入开展会计信息质量检查。完善乡镇财政职能，提高乡镇基本公共服务保障水平，巩固完善"创建规范化乡镇财政所（分局）"工作，充分发挥乡镇财政"一线服务"和"一线监督"优势。

四、开拓进取　积极构建财政绩效管理格局

新的一年，我们要认真贯彻省政府《关于全面推进预算绩效管理意见》的精神，以全省财政系统"绩效创新年"活动为牵引，紧紧抓住绩效预算这个"龙头"，开展行之有效的创新实践，努力实现财政绩效的全面提升。

（一）以健全体制机制求绩效。讲究生财、聚财、用财之道，切实转变"重分配轻效益"观念，引导各种经济资源优化配置，实现提高经济质量和可持续发展的施政目标。建立以追求综合效益为导向的财政管理机制，积极探索科学的绩效财政管理方法，最大限度地发挥财政资金使用效率。建立客观公正的财政绩效评价机制，坚持定量分析与定性分析相结合，

客观评价财政管理活动实绩,努力促进政府理财活动的良性循环。

(二)以强化预算管理求绩效。加强绩效目标管理,做到三个"同步",即同步编制、同步审核、同步批复部门预算和绩效目标。加强绩效运行管理,跟踪绩效运行,及时纠偏校正,确保绩效运行与预期绩效运行的一致性。加强评价过程管理,预算部门全面开展绩效自我评价,财政部门选择部分项目适时开展评价和再评价,稳步推进项目支出绩效评价、单位整体支出评价和财政综合绩效评价。加强结果运用管理,切实把绩效评价结果作为安排以后年度预算的重要依据。

(三)以聚焦关键环节求绩效。完善财政体制抓绩效,清晰界定预算单位的绩效主体责任、财政部门的监督主体责任。健全收入体系抓绩效,统筹发挥税收主渠道作用和非税收入的调节作用,促进财政收入与经济协调增长。完善支出体系抓绩效,进一步明细财政供给范围,加大基本公共服务的投入力度,扩大招标采购效果和引导作用,提高财政支出效益。强化资产管理抓绩效,推进行政事业单位国有资产管理改革,盘活公共资产存量,规范国有资产配置、出租出借和处置收入管理,促进公共资产的共建共享,提高资产配置效益和使用效益。强化财政监督抓绩效,建立内外结合的财政监督体系,完善财政监督方法,大力推行政务公开,建设阳光财政。

(四)以营造理财环境求绩效。各级财政部门要牢固树立服务至上理念,加强与服务对象的联系沟通,实现"管理"与"服务"的有机融合。更加注重固本强基,持续完善具有安徽财政特色的基层建设和基础管理体系,深入推进财政科学化精细化管理。深入持久地加强机关效能建设,以聚焦核心职能、聚焦财政绩效、聚焦干部素质、聚焦品格操守、聚焦财政文化,引领效能全方位延伸。加强财政新闻宣传,针对社会普遍关注的财政热点、焦点问题,及时回应社会关切,争取社会各界理解支持。自觉接受社会各界监督,拓宽社情民意反映渠道,积极营造和谐顺畅的理财环境。

(五)以提升队伍素质求绩效。大力弘扬沈浩精神,增强群众观念,注重深入基层调查研究,在为民理财、服务群众中实现人生价值。牢固树立"终身学习"理念,切实加强学习能力建设,创新教育培训机制,不断提升胜任岗位、服务发展的本领。树立正确的用人导向,完善干部选拔任用机制和考核激励机制,加大竞争选拔和轮岗交流力度。筑牢廉政防线,巩固廉政风险防控管理成果,大力规范从政行为,强化权力自我约束。践行安徽财政精神,加强财政文化载体建设,巩固文明创建成果,丰富干部业余文化生活,以优秀文化构筑财政干部共同的精神家园,进一步增强财政队伍的凝聚力和战斗力。

同志们,美好安徽催人奋进,财政使命重任在肩。让我们在省委省政府的坚强领导下,深入贯彻落实科学发展观,开拓进取,扎实工作,不断谱写安徽财政改革发展新篇章,以优异成绩迎接党的十八大胜利召开!

(厅办公室供稿)

在全省财政工作会议上的总结讲话(摘要)

安徽省财政厅厅长 陈先森

(2012 年 1 月 9 日)

一、关于财政收入形势

当前我省经济社会发展基本面是好的,但今年宏观经济形势仍然复杂严峻,经济增长面临较大压力,财政收入增幅会有所回落。

一是经济下行影响。国际经济形势仍然存在较多不确定性,国内受物价上涨、外需减少、刺激消费政策效应减弱、加快经济结构调整等影响,经济下行风险明显加大,今年全国经济增幅初定 7.5%,中央财政收入增幅 9%,代编地方财政收入增幅 10%。这样的外部环境,对我省经济增长的传导效应会逐步显现。今年全省 GDP 增幅预期目标由去年的 12%调低到 10%。在这种情况下,财政收入增长目标虽然仍定在 12%,但与去年相比,内涵不同,压力更大。

二是结构性减税影响。目前增值税扩围改革,已在上海交通运输业和现代服务业试点,年内将逐步推开。因为这项政策有利于发展服务业,我们也将积极争取早日纳入试点范围。交通运输业改征增值税后,税率由 3%上调为 11%,现代服务业改征后税率由 5%上调为 6%,因为可以抵扣,实际税负在降低。目前交通运输业营业税总收入约 6.3 亿元,现代服务业营业税总收入11%左右。一旦政策启动，将对我省财政收入增长产生不小影响。同时，从去年9月起提高工资薪金所得税减除费用标准，并对税率结构进行了调整，影响今年收入约20亿；从去年11月1日起，提高增值税和营业税起征点，全省有37万户个体户免缴增值税、营业税，影响今年收入9亿元；实施一系列支持小型微型企业的优惠政策措施，仅对年应纳税所得额低于6万元的小型微型企业减按50%计入应纳所得税额，并按20%税率征税，影响今年收入1–2亿元；从去年11月1日起，对金融机构与小型微型企业签订的借款免征印花税等政策；扩大物流企业营业税差额纳税试点范围，实施支持物流企业大宗商品仓储设施用地的城镇土地使用税政策，对蔬菜的批发、零售免征增值税等，都将造成财政减收。

三是非税收入基数变化影响。今年非税收入面临基数抬高和政策减收的双重压力。一方面，去年将预算外收入纳入预算收入管理，对外商投资企业开征教育费附加等，有效拉动财政收入增长，但这些增收因素也抬高了今年非税收入基数。另一方面，国家陆续取消行政事业性收费，去年取消44项，前几天又取消253项，进一步减轻企业和社会负担。总之，大家既要坚定不移地实施好结构性减税政策，又要依法加强收入征管，做到应收尽收，规范非税收入，不断提高收入质量，保持财政收入平稳较快增长。

二、关于财政支出压力

今年增支政策较多，目前已经明确大幅增加的支出就有六类：一是加大教育投入力度，全国要实现财政性教育支出占GDP4%的目标，财政部对我省的要求是教育支出占一般预算支出的15%。要达到这个要求，扣除中央部分外，我省教育支出需在去年基础上，新增150亿元。二是完善社会保障体系，实现城乡居民养老保险全覆盖，提高企业退休人员基本养老金水平，提高城乡低保和五保供养标准，新增34亿元。三是提高城乡居民医疗保障水平。将新型农村合作医疗和城镇居民基本医疗保险人均补助标准由200元提高到240元，全省需新增支出41.6亿元。其中，中央承担23.8亿元、省级承担12.3亿元、市县承担5.5亿元。四是推进保障性住房建设，并扩大农村危房改造范围，全省各级财政仅兑现公共租赁住房和廉租住房补贴将增支70多亿元。五是大力支持农田水利建设，今年全省含大江大河治理在内的重大水利基建项目匡算总投资约120亿元，其中地方预计需安排60亿元。六是推进其他事业单位绩效工资改革，初步匡算，全省各级财政补发2010年1–6月份工资性(生活)补贴，需增支18.6亿元；2011年执行新确定的绩效工资标准，需再增加支出26.9亿元(含省级公务员津补贴提高标准后省级事业单位联动提高部分)。2011年的增支部分将作为基数带入2012年，2012年还要再增加支出26.9亿元。此外，偿还政府性债务，去年增支提高今年基数，特别是财政保增长、调结构、惠民生、促稳定任务繁重，加剧各级财政支出压力，刚性支出不断增加，财政保障能力面临严峻考验。各级财政在安排支出预算时，必须统筹兼顾、突出重点、有保有压，进一步优化财政支出结构，严格控制行政经费等一般性支出，真正把钱花在刀刃上，花出效益、花出水平。

三、关于财政监督工作

财政监督是财政四大职能之一。加强财政监督是财政管理的内在要求，是财政改革的重要保障。近年来，我们确立财政“大监督”理念，不断加强制度建设，创新监督方式方法，财政监督职能进一步强化。成绩来之不易，必须持之以恒、常抓不懈。今年要重点抓好三项工作。

一是推进财政绩效监督。财政绩效监督是提高资金效益、实现科学理财的重要途径。各级财政要在有效开展财政资金合规性监督的基础上，按照“先易后难，突出重点，夯实基础，规范操作，分步实施”的原则，以预算绩效目标编制和绩效评价工作为切入点，有重点地开展与人民群众密切相关的社会保障、教育、扶贫、涉农等民生专项资金的绩效监督工作。尤其要探索研究财政绩效监督的方式方法，建立和完善绩效监督成果与预算管理挂钩机制，切实提高财政绩效监督质量。

二是推进财政内部监督。财政内部监督是财政部门规范管理、提高效能和风险防控的重要措施，也是保护财政资金和财政干部“双安全”的重要手段。去年我们在厅机关选择三个处室进行试点，今年又将内部监督列为“绩效创新年”活动的一项重要内容，在全系统加以推进。各级财政尤其是“一把手”要高度重视，带头抓紧抓好落实，早谋划、早动手，积极推进、务求实效，进一步规范财政权力运行，促进依法行政依法理财。

三是推进财政监督法制建设。2002年，我省以政府令第142号颁布《安徽省财政监督暂行办法》，对依法开展财政监督工作起到了巨大的促进作用。但随着经济社会不断发展，财政监督工作面临着新形势，亟须提高财政监督立法层次，进一步明确财政监督的主体、职责、程序、权限等内容。1995年出台的《预算法》已进入中央修改程序，修改后的《预算法》出台后，我们要将《安徽省财政监督条例》列入省人大立法规划。下一步将开展立法调研等工作，各级财政要积极谏言，群策群力，着力加快工作节奏，加大协调力度，力争条例早日出台。

四、关于财政“两基”建设

全面推进财政科学化精细化管理，重点在基础，关键在基层。各级财政必须更加重视“两基”建设，在思想上再深化，在行动上再统一，突出工作重点，细化工作措施，巩固提升安徽财政“两基”建设成效。

*一是夯实管理基础工作。*加强财政内部管理是财政事业持续健康发展的内在需要。必须进一步完善基础制度建设，建立健全各项基础数据动态采集机制，尤其要整合内设机构、充实人员力量、提高工作效能。当前，要加快完成契税和耕地占用税划转工作，统筹安排乡镇财政管理工作经费，并纳入同级财政预算，保障工作正常开展。

*二是加快财政信息化建设。*信息化建设是财政科学精细管理的重要基础。目前，平台一体化管理信息系统开发与推广实施工作基本完成，省级平台一体化系统已正常运行两年，市级主要业务模块已应用一年，大部分县已经或正在向正常应用阶段过渡。下一步，要在平台系统深化应用上下功夫，市县财政要巩固运行成果，开展自我验收，实现各功能模块全面应用，尤其是少数县(区)还没有完成机房达标建设任务，要加快工作进度，确保系统尽快投入使用。

*三是加强乡镇财政建设。*乡镇财政处于财政工作的最前沿，直接面向广大群众，工作涉及范围广、影响面大，体现着财政科学精细管理的最终成效。必须深入推进“创建规范化乡镇财政所（分局)”工作，全面完成乡镇财政所基础设施三年建设任务。特别是县(区)政府能更加重视基层财政工作。县级财政要大力支持乡镇财政所工作，细化对乡镇财政资金监管的内容、重点、主要环节和责任，强化对乡镇财政干部和农村财会人员财政政策培训，充分发挥好乡镇财政就地、就近实施监管的优势。

五、关于财政内涵说明

俗话说，隔行如隔山。但身处知识普及年代，只要学习，也不至于那么难。我们天天念到财政的概念，还需认清财政内涵。在去年底全省经济工作会议上，各市汇报工作时，有的市把今年收入增幅安排明显偏高。在此，有必要把政府公共预算中的财政收入、财力和财政支出三者的基本概念及相互关系与大家交流。

*一是财政收入，通俗地讲就是当年地方政府收了多少钱。*包括两个口径，财政总收入和地方财政收入。财政总收入是指在属地范围内，缴入中央和地方各级金库的税收收入和非税收入。缴入地方各级金库的就是地方财政收入。

二是财力，就是当年地方政府能够支配多少钱。

三是财政支出，就是当年地方政府实际用了多少钱。

*四是从三者关系看，收入与财力不匹配，收入与支出也不匹配。*这当中涉及财政体制问题。不是收入有多少就有多少财力、就有多少支出，因为财政总收入中有部分要上划中央和省里，省财政对市县通过各种渠道再给予补助。若年初财政收入增幅安排过高，支出增幅需相对应，向人大报告收支平衡，但收入与财力不能画等号，若年终不能超收，就会造成年初预算形成支出缺口。我省现行财政体制收入划分相对清晰，除所得税省级对市分享15%以外，省以下没有再层层划分和分享其他税种，分配关系较为规范，财力下沉特征明显。所有市县财政支出都大于地方财政收入，绝大多数市县财政支出超过财政总收入。财政支出大于财政总收入的部分，体现为省里净补助；财政支出大于地方财政收入的部分，体现为省里转移支付。应该说，财力与支出基本是匹配的，若财力当年全部花完就是财政支出；若财力不能用完，就形成结转结余。因此，虽然收入与支出不匹配，但大多数人往往很难理解。现在很多单位和部门认为，财政收入增长这么快，支出也要“水涨船高”。这既需要财政部门多宣传、多解释，也需要单位和部门合理引导支出需求，减轻支出压力。

六、关于财政预算公开

预算公开是预算管理的重要内容，也是加强预算监督的重要手段。近年来，我们不断推进财政预算公开，财政透明度明显提高。下一步，要按照中央和省里的要求及《政府信息公开条例》的规定，继续深入推进财政预算公开。

一是明确公开主体。各级财政部门负责本级政府总预算、决算的公开,各部门具体负责本部门预算信息的公开。同时,财政部门负责公开由财政部门直接安排到人(户)、到项目的财政专项支出资金,其他部门负责公开由其分配到人(户)、到项目的财政专项支出资金。

二是细化公开内容。及时公开预算执行情况,主动公开经人大审议批准的政府总预算、决算。先行公开经人大审查的部门预算中的收支预算和财政拨款支出预算,并逐步增加部门预算公开内容。要认真做好"三公"经费和行政经费支出情况统计分析,积极做好公开的各项准备工作。

三是形成公开合力。去年我们制定了《安徽省基层财政专项资金公开目录》,市县财政也要结合各地实际,统筹确定财政专项支出预算公开范围,及时将教育、医疗卫生、社会保障和就业、住房保障、"三农"等基层财政专项支出政策以及补助标准、资金安排、实施情况等向社会公开。

四是夯实公开基础。逐步细化部门预算编制,提高年初预算到位率,增强预算编制的准确性、科学性。加强预算执行管理,提高预算执行的均衡性和有效性。加强预算绩效管理,全面开展财政支出绩效评价,强化预算监督,不断提高财政预算管理水平,为推进财政预算公开打下坚实基础。

七、关于财政宣传工作

当前,随着财政收支规模日益壮大,财政服务对象和领域不断拓展,社会各界对财政工作越来越关注。要进一步重视宣传工作,努力营造财政改革与发展的良好舆论环境。

一是注重汇报财政工作。作为党委政府综合职能部门,财政要主动及时报告重要事项、汇报工作开展情况、介绍出台的政策措施,需要党委政府帮助解决的问题,积极争取理解支持。

二是注重财政政策公开。近年来,为支持发展,出台很多财税优惠政策,财政持续加大强农惠民政策力度,政策含金量越来越高,资金投入越来越大,牵头工作越来越多。比如,民生工程、居民收入倍增规划、农村综合改革、家电下乡等,这些好政策都要及时、大力地加以宣传,不断提高政策知晓度和执行透明度。

三是注重广泛吸纳意见。巩固"万名财政干部大走访"等活动成果,继续探索密切联系群众的新途径,访民情、汇民智、释民惑、解民忧,大力吸收采纳群众意见建议,提高财政决策的民主性和科学性。

四是注重拓展宣传载体。要在全系统建立通畅、快捷、高效、安全的信息通道,形成财政新闻宣传系统联动机制。综合利用信息、报刊、电台、电视台等载体,重视和发挥网络等新兴媒体的作用,努力构建全方位、立体式的宣传格局,扩大影响,提升形象。

八、关于财政系统联动

近年来,我们以主题建设年活动为抓手,抓机关、带系统、促基层;大力弘扬沈浩精神,系统建设得到全面加强,财政物质文明、精神文明、政治文明协调发展。但要清醒地看到,财政工作与形势发展的需要、上级领导的要求、人民群众的期盼相比,还有较大差距。虽然财政系统没有隶属关系,但我们业务上负有指导责任,系统联系的紧密度还是很高的,可以说一荣俱荣、一损俱损,系统联动建设必须引起重视。

一是思想上同心。当前,要迅速传达学习本次会议精神,把思想和认识统一到会议作出的决策部署上来,把智慧和力量凝聚到实现会议确定的目标任务上来,牢固树立"上下一盘棋"理念,及时谋划全年财政工作。

二是目标上同向。加强工作目标衔接,量化细化工作任务,紧紧围绕党委政府中心工作,积极发挥财政职能作用,全力服务"六条新路"、建设"三个强省"。

三是行动上同步。加大工作协同推进力度,厅机关处室单位要加强业务指导,加大工作督查力度,广泛听取市县财政意见和建议,充分尊重基层的首创精神,善于培养典型、发现典型、宣传典型。市县财政局要主动报告情况,反映问题,积极配合事关全局、事关系统的相关工作,进一步增强全省财政系统的凝聚力和战斗力。

(厅办公室供稿)

安徽省财政"十二五"规划

"十二五"时期,是我省实现科学发展、全面转型、加速崛起、兴皖富民的关键时期,也是健全公共财政体系、加快转变经济发展方式的攻坚时期。根据《安徽省国民经济和社会发展规划纲要(2011—2015

年)》、《国家财政"十二五"规划纲要》，结合我省财政改革与发展实际，制定《安徽省财政发展"十二五"规划(2011—2015)》，总结回顾"十一五"时期我省财政发展情况，分析"十二五"时期我省财政发展面临的机遇和挑战，明确了"十二五"时期我省财政发展的指导思想和目标、任务，提出了今后五年主要采取的政策措施。

第一部分 "十一五"全省财政发展回顾

"十一五"期间，在省委、省政府的坚强领导下，全省各级财政部门深入学习实践科学发展观，积极应对各种挑战，全面落实财政宏观调控政策，取得了令人鼓舞的巨大成就。这五年，是财政综合实力显著增强的五年，财政运行质量不断提高，健康、可持续的财政收入稳定增长机制初步形成；是服务经济发展措施得力的五年，先后实施稳健的财政政策和积极的财政政策，相机抉择的财政宏观调控机制更加完善；是保障改善民生力度空前的五年，坚持将财力向基层倾斜，向新农村建设倾斜，向困难地区和困难群体倾斜，促进和谐的民生保障机制逐步健全；是公共财政体系不断完善的五年，财政制度改革向纵深推进，有利于科学发展的财政体制机制加快建立；是财政管理水平明显提高的五年，科学化精细化管理理念融入财政工作全过程，规范高效的财政监管机制基本确立，财政改革与发展迈上了新的台阶。

(一)不断创新发展思路，理财观念逐步转变

在科学发展观的指引下，确立了"四破四立"的理财观，即破除账房先生意识，树立主动理财理念；破除摇头先生意识，树立服务大局理念；破除财力困难意识，树立服务发展理念；破除主观臆断意识，树立科学理财理念。突出"推进科学发展、加速安徽崛起"主题，把财政工作重心进一步转变到"三保二促进"上来，即保运转、保民生、保稳定、促发展、促和谐；审时度势，主动作为，凝聚起做好"五篇文章"的强大合力，即围绕崛起做支持发展文章，围绕管理做规范理财文章，围绕民生做强农惠农文章，围绕和谐做工作协调文章，围绕效能做能力建设文章。

(二)不断加强理财治税，收入规模显著扩大

财政与经济良性互动格局更加稳固，全省财政收入规模连续跨越1000亿、2000亿元新台阶。2010年完成2063.8亿元，实现五年翻了一番多，其中：地方财政收入突破1000亿元大关，完成1149.4亿元，总量和增幅均位居中部地区第二；全省财政收入五年累计完成6792.5亿元，是"十五"时期的3倍，年均增长25.7%；全省财政收入占GDP的比重由"十五"末的12.2%提高到2010年的17%；人均财政收入由"十五"末的1007元提高到2010年的3300元。财政收入质量稳步提高，税收收入占财政收入的比重达到85.6%。区域财政协调发展，合肥、芜湖等中心城市引领地位更加突出，皖北地区财政加快发展，县域财政发展强劲，涌现出24个财政收入超10亿元的县(市)。财政实力的不断壮大，为安徽跨越发展、加速崛起奠定了坚实的物质基础。

(三)不断发挥职能作用，宏观调控卓有成效

坚持把促发展作为首要任务，加大政府性投入带动投资快速增长，全省固定资产投资突破1万亿元大关，为经济社会长远发展积蓄了能量。全面落实结构性减税政策，安排25亿元财政资金支持市县建立中小企业担保基金和贷款风险补偿资金，着力建设全省信用担保体系，有力促进了全省中小企业发展。坚持把促消费作为应对危机的重要举措，深度挖掘城乡消费潜力，认真实施"四下乡、两换新"政策，累计补贴财政资金53.7亿元，家电下乡销售量和补贴兑付率稳居全国前列，"真金白银"的政策促进了消费市场繁荣。坚持把调结构作为财政调控的主攻方向，综合运用财政投资、税收优惠、资金扶持、贷款贴息等多种政策手段，大力支持自主创新，稳步推进合芜蚌自主创新综合改革试验区建设，启动实施国家技术创新工程试点省建设；大力支持区域经济协调发展，增加对皖北地区的均衡性转移支付，支持150个镇开展扩权强镇试点，支持皖江城市带承接产业转移示范区和合肥经济圈建设；加大节能环保投入，积极支持循环经济和低碳经济发展，加强重点流域污染防治，节能减排目标全面完成。

(四)不断优化支出结构，社会建设全面加强

全省财政支出规模实现新跨越，2010年达到2566.9亿元，是2005年的3.6倍；五年累计完成8539.9亿元，是"十五"时期的3.2倍，年均增长29.2%。人均财政支出水平由2005年的1094元提高到2010年的3775元，跨越3000元新台阶。坚持调整和优化财政支出结构，不断加大公共服务领域的投入，优先保障和改善民生，教育、科技、文化、社保支出保持较快增长，有力促进了社会事业均衡发展。政法经费保障体制改革、工商管理体制改革和文化体制改革稳步推进。新型农村合作医疗实现全覆盖，

基层医药卫生体制综合改革全面推开，新型农村养老保险试点顺利实施。财政应急保障联动机制不断健全，为应对一系列自然灾害和突发事件提供了坚强保障。在全国率先组织实施民生工程，民生工程项目从2007年的12项增加到2010年的33项，4年累计投入853.8亿元，人民群众生活质量和幸福指数明显提升，胡锦涛总书记两次视察安徽时对此充分肯定。

（五）不断加大“三农”投入，城乡统筹协调推进

全面落实强农惠农政策，全省财政“三农”累计投入2649.8亿元，投入总量、增量、增幅以及占财政总支出的比重逐年增加；通过“一卡通”发放各项财政涉农补贴492亿元，农民人均受益1217元。注重发挥财政支农投入的导向作用，跨部门整合涉农资金，提前完成农业产业化“532”提升行动；积极开展省级支农资金整合试点，支农资金使用效益不断提高；加大农业综合开发力度，改造中低产田629万亩，建设高标准农田35万亩；大力支持粮食生产“三大行动”，粮食连续七年丰产、五年创新高。大力支持农村交通、水利等重大基础设施建设，解决1195万农村人口饮水安全问题。加大财政扶贫投入力度，累计减少贫困人口173万人；扎实推进农村综合改革，乡镇机构改革、农村义务教育和县乡财政管理体制等重点改革任务基本完成。顺利实施义务教育经费保障机制改革，农村义务教育债务偿还兑付工作全面完成并顺利通过国家考核验收。村级公益事业建设“一事一议”财政奖补试点全面推进，村级组织运转经费保障机制和为民服务全程代理制不断完善。扎实推进社会主义新农村建设，大力实施“千村百镇”示范工程，让公共财政的阳光更多地照耀“三农”。

（六）不断深化财政改革，财政管理日趋规范

全面实施政府收支分类改革，推行政府预算体系改革，公共财政预算、国有资本经营预算、政府性基金预算和社会保障预算组成的财政预算体系逐步建立。进一步完善省以下财政体制，健全转移支付制度，完善省直管县财政体制和乡财县管改革措施。部门预算、国库集中收付、政府采购制度体系更加健全，“收支两条线”管理改革深入推进，政府非税收入管理改革不断深化，行政事业单位资产管理体制逐步理顺，预算绩效评价试点有序开展。启动惠民直达工程试点，加快构建“五个一”惠民政策落实新机制。积极稳妥地推进公务员津贴补贴改革和事业单位绩效工资改革。狠抓财政管理基础工作和基层建设，全面推进财政科学化精细化管理。加强预算执行管理，加快财政支出进度，千方百计提高预算执行率，降低年终结转率。扎实推进金财工程建设，着力构建覆盖所有财政性资金、辐射各级财政部门和预算单位的财政一体化管理信息系统。加强财政监督管理，树立“大监督”理念，完善财政监督体系，加强监督机构建设，大力推进“小金库”专项治理，坚持标本兼治，着力构建“小金库”治理长效机制。

（七）不断加强队伍建设，财政形象明显提升

坚持抓机关、带系统、促发展，相继开展了“岗位大练兵、作风建设年、创建五型机关、规范管理年，能力建设年、学习提升年”主题活动，成功实施“百千万培训工程”，对全省108名县区财政局长、1398名乡镇财政所长进行集中培训，分期分批对近4万名农村财会人员进行轮训，财政干部综合素质不断提高。招录了一批年轻干部，改善了干部队伍结构，为财政事业发展注入了新生力量。全面完成“五五”普法系列宣传活动，财政干部法制观念不断增强。扎实推进注册会计师行业党建，实现党的组织和党的工作在行业的全覆盖。全面加强党风廉政建设和反腐倡廉建设，规范权力运行，全面推行文明办公“五要五不”，扎实推进机关效能建设和政风行风建设，财政机关作风不断改进。大力加强财政文化建设，组织开展全系统文体活动，涌现出一批体现时代精神和行业特点的文化精品。特别是2009年11月以来，大力弘扬沈浩精神，以“科学理财创先进、学习沈浩争先锋”为主题，开展创先争优活动，精心组织“五要五比”主题实践活动，掀起了“学沈浩创先进争优秀”活动的热潮。

“十一五”时期，全省各级财政部门始终坚持科学发展，努力培植壮大财源，为全省经济社会又好又快发展提供坚实的财力保障；始终坚持主动理财，服务大局，充分发挥财政职能作用，当参谋，解难题，促发展；始终坚持以人为本，把维护好、实现好、发展好人民群众的根本利益作为财政工作的出发点和落脚点，不断调整和优化支出结构，着力保障和改善民生；始终坚持规范管理，不断加强制度建设，努力促进财政管理规范化、科学化，发挥财政资金使用效益；始终坚持改革创新，用改革的办法解决发展中的问题，将创新作为推动财政发展的强大动力，促进财政经济持续健康发展。当前，我省财政改革发展中仍

然面临不少困难和问题，主要是：人均财政收支水平偏低，财政收支矛盾依然突出；区域财政发展均衡性不够，基本公共服务均等化水平有待提高；财政资金使用绩效还不高，财政管理和监督有待加强；政府债务管理机制尚未健全，财政风险不容忽视；等等。这些都需要在"十二五"时期高度重视，深入分析，采取有效措施，努力加以解决。

第二部分 "十二五"时期安徽财政发展面临的形势

"十二五"时期，国际、国内宏观经济形势面临很多新变化，全省经济社会发展步入调结构、促转型、惠民生的新阶段，对财政改革发展将产生重大影响。面对新形势、新任务，必须增强机遇意识和忧患意识，科学把握发展规律，主动适应环境变化，有效化解各种矛盾，更加奋发有为地推进我省财政深化改革，加速发展。

（一）"十二五"时期我省财政发展面临重大机遇

从外部环境看，世界多极化、经济全球化深入发展，科技创新孕育新突破，技术进步在经济增长中的作用将进一步提升。国家实施中部崛起战略，扶持粮食主产区加快发展、加快重大交通和基础设施项目建设，将为我省经济增长提供新的政策支撑。国内外产业转移方兴未艾，长三角区域一体化深入发展，工业化、城镇化快速推进，转变经济发展方式，大力发展战略性新兴产业，投资和消费潜力稳步释放，将为我省经济崛起创造良好环境。从内部条件看，全省经济总量已突破万亿元大关，基础设施日益完善，体制活力显著增强，投资和消费结构明显升级，经济发展的内生效应和提速效应显著增强。国家技术创新工程试点省、皖江城市带承接产业转移示范区、合芜蚌自主创新综合配套改革试验区建设深入推进，加快皖北地区发展力度不断加大，将为我省加速崛起提供重要战略平台。"十二五"时期，我省以科学发展为主题，以全面转型、加速崛起、兴皖富民为主线，实行工业化城镇化双轮驱动、转型发展、开放发展、创新发展、和谐发展战略，努力走在中部崛起前列，经济增长质量和效益将明显提高。未来五年是安徽经济社会黄金发展期，也是财政实力高速增长期，在经济社会长期向好的大趋势下，实现财政跨越发展的机遇前所未有。

（二）我省财政改革发展也将面临诸多挑战

一是转变经济发展方式任务繁重。国际金融危机的后续影响仍然存在，贸易保护主义抬头，全球性通胀隐忧加剧，世界经济复苏缓慢曲折。我省经济总量居中、人均水平靠后的欠发达省情还没有根本改变，制约科学发展的体制机制障碍依然较多，面临加快发展与转型发展的双重压力。解决投资、消费、出口结构性失衡问题，提高自主创新能力，缓解资源和环境瓶颈制约，推动经济发展方式转变，对加强和改善财政宏观调控提出更高要求。二是经济结构调整任务繁重。我省产业结构层次较低，资源性产业比重偏高，先进制造业发展不足，高新技术、战略性新兴产业比重偏低。城乡区域发展不协调，中心城市带动力不强，农业稳定发展和农民持续增收难度增大，加快皖北发展迫在眉睫。科技创新能力不足，要素成本快速上升，产业转型升级的内在要求更加迫切。实施主体功能区规划，优化产业布局，调整经济结构，推进低碳经济、循环经济和战略性新兴产业发展，将是财政与经济协调发展的重大课题。三是加强和创新社会管理任务繁重。我省区域之间、城乡之间生活条件和公共服务水平差距仍然较大，随着外部发展环境的变化，长期积累的深层次问题和结构性矛盾逐步显现，人口老龄化问题日渐突出，人民群众对就业、教育、医疗、养老、社保、住房等需求日益强烈。保障和改善民生，推进公共服务均等化，加强和创新社会管理，财政保障任务将十分繁重。管理好通胀预期，应对突发公共事件，实施城乡居民收入倍增规划，也将显著增加财政压力。

总体判断，"十二五"时期，我省经济总量将平稳较快增长，为财政实力的发展壮大奠定基础，有利于财政职能作用的充分发挥；工业化和城镇化加速发展，一批新的财源、税源将加快形成；改革和完善资源税、房产税等税制，健全财力与事权相匹配的财政体制，将进一步壮大地方财政实力；保证农业、科技、教育支出法定增长，加大社会事业和民生领域投入，调整优化财政支出结构将面临考验。促进发展方式转变，加速安徽崛起，实现经济繁荣、人民富足、生态良好的发展目标，既为财政发展提供了新平台、新空间，也对财政改革提出了新课题、新任务。

第三部分 "十二五"安徽财政发展的指导思想和目标、任务

（一）指导思想

坚持以邓小平理论和"三个代表"重要思想为指导，以科学发展为主题，以全面转型、加速崛起、兴皖富民为主线，加强和改善财政宏观调控，优化财政支出结构，深化财税制度改革，推进财政科学化精细化管理，努力构建有利于科学发展的财税体制机制，建设发展型财政、民生型财政、创新型财政、绩效型财政、法治型财政，为实现全省经济繁荣、人民富足、生态良好的发展目标提供更加坚实有力的财政保障。

（二）主要目标

1.财政收入总量实现翻一番。“十二五”时期，在经济保持平稳较快增长，经济运行质量和效益不断提高的基础上，全省财政收入将继续保持持续较快增长。到2015年，通过努力，力争全省财政收入总量突破4000亿元，实现五年翻一番。财政收入总量在全国位次前移，人均财政收入在全国位次前移，财政收入占GDP的比重稳步提高，税收收入占财政收入比重稳步提高，省级财政宏观调控能力进一步增强，财政自身发展再上新台阶。

2.财政支出管理再上新水平。到2015年，力争全省财政支出超过5000亿元，财政支出总量在全国位次进一步前移，地方新增财力80%以上用于民生领域，人均财政支出与全国平均水平的差距进一步缩小。财政支出结构进一步优化，农业、科技等项支出达到法定增长比例，教育支出占财政总支出比重达到国家规定比例，城镇化和新农村建设支出、节约资源能源与环境保护支出占财政总支出比重明显提升，提供公共产品和服务的保障水平不断提高，财政支持发展、保障民生的能力再有新突破。

3.区域财政发展日趋协调。纵向上，实施“超十过百进千”工程，即到2015年，力争50个县财政收入超过10亿元大关，13个以上的市财政收入突破100亿元大关，合肥市财政收入突破1000亿元，省、市、县三级财政发展更加协调。横向上，皖南、皖中、皖北三大区域经济互动发展，皖江城市带、合芜蚌自主创新试验区、合肥经济圈等区域财政经济快速发展，形成新的财政收入增长极，财政推进自主创新再有新进展，财政支持皖北发展力度进一步加大。

4.财政体制机制更加健全。财政税收体系更加完善，政府之间的财力与事权划分更加合理，转移支付制度设计更加科学，财政支持主体功能区建设、推进基本公共服务水平均等化、保障和改善民生的长效机制逐步完善。财政法制体系进一步完善，政府预算体系不断健全，公共财政预算、国有资本经营预算、政府性基金预算和社会保障预算组成有机衔接。财政投融资管理体制和机制更加健全，财政管理、运行和监督科学化、精细化水平不断提高，财政绩效实现新提升。

（三）主要任务

1.建设发展型财政，推动安徽加速崛起。贯彻落实国家扩大内需战略，坚持工业化城镇化双轮驱动，着力推动转型发展、开放发展、创新发展、和谐发展，加强和改善财政宏观调控，做好科学生财、聚财、用财的文章，健全财政经济良性互动发展机制，促进我省经济长期平稳健康发展。

2.建设民生型财政，提高群众幸福指数。牢固树立民生优先理念，把保障和改善民生作为财政工作的出发点和落脚点，继续加大民生投入，巩固提升民生工程，夯实农业农村发展基础，加大收入分配调节力度，重点解决好教育、就业、社保、医疗、住房等事关群众切身利益的民生问题，进一步加强社会建设，构建符合省情、比较完整、覆盖城乡、可持续的基本公共服务体系，让更多群众共享改革发展成果。

3.建设创新型财政，增强体制机制活力。合理界定省以下各级政府事权和支出责任，按照财力与事权相匹配的原则，进一步完善省以下财政体制，加快完善县级基本财力保障机制，建立统一规范透明的财政转移支付制度。贯彻和推进税制改革，逐步健全地方税体系。健全预算管理制度，完善政府预算体系，深化部门预算、国库集中收付、政府采购等制度改革。

4.建设绩效型财政，提升财政管理水平。规范预算编制管理，合理配置财政资源，进一步增强预算编制的完整性和准确性。强化预算执行管理，加快财政支出进度，明晰财政支出责任，不断提高预算执行的均衡性和有效性。严格财政监督管理，健全监督机制，改善监督方式，提高财政资金使用效益。加强政府债务管理，完善管理制度，积极防范和化解财政风险。建立健全预算绩效管理制度。

5.建设法治型财政，推进依法理财治税。进一步健全财政法规制度体系，规范财政执法行为，推进财政依法行政。依法加强收支管理，自觉接受人大、审计和社会监督。稳步推进财政预算公开，加快预算公开的法制化、规范化进程，不断增强财政预算的透明度。组织开展财政“六五”普法工作，提高依法理财能力和水平。

第四部分 “十二五”安徽财政改革发展的政策措施

为全面完成“十二五”财政发展目标任务，今后五年主要采取以下九个方面政策措施：

（一）壮大地方财政实力，奠定安徽加速崛起经济基础

1.完善财政收入体系。落实国家改革完善增值税、消费税和个人所得税等税收政策。充分把握中央赋予省级人民政府一定的税政管理权限，逐步健全地方税体系，壮大地方税收入，提高地方政府公共服务的保障能力。继续规范行政事业性收费和政府性基金管理。

2.依法加强收入征管。完善财税库银征管协调机制，大力推进财税库银税收收入电子缴库横向联网工作。强化税收征管基础工作，依法严格执行税收收入政策，健全税收征管运行机制，进一步提高依法征管水平。优化非税收入收缴流程，完善缴款方式。

3.稳步提高收入质量。深入开展财政收入形势预测，改进财政收入统计分析指标体系，完善财政收入评价办法，稳步提高财政收入质量。进一步加强财政收入执行分析，切实把经济发展的成果体现到财政收入上来，保持财政收入长期平稳快速发展。

（二）落实扩大内需政策，促进经济又好又快发展

4.完善促进消费的财政政策。完善就业促进、失业调控、困难帮扶等的财政政策体系，增加城乡居民特别是中低收入群体的收入，提高居民消费能力。贯彻落实国家各项促进消费政策，大力推进家电下乡、家电以旧换新，全面开拓农村市场，提高农村和农民消费水平。进一步完善财政政策措施，促进商贸服务业发展，大力推进流通体系建设，发展新型消费业态，支持培育新的消费热点，优化消费结构，提升消费层次。

5.健全政府投资引导机制。争取扩大中央投资资金规模和代理发行地方政府债券额度，积极利用外国政府和国际金融组织贷款。继续完善促进社会投资的财政政策，建立健全政府投资出资人制度和政府投资引导机制，拉动社会资金、民间资本和外来投资，千方百计扩大有效投入，提高民间资本、省外境外投资比重。进一步规范政府与市场的关系，优化政府投资结构，以支持“861”行动计划为重点，调整优化财政资金投向，引导投资进一步向民生和社会事业、农业农村、科技创新、生态环保、资源节约等领域倾斜，推动安徽经济转型，引领安徽加速崛起。

6.加快推进城镇化进程。充分运用财政政策手段，大力支持合肥经济圈、皖江城市带和皖北城市群建设，推进形成以中心城市为核心、中小城市和小城镇为基础的现代城镇体系。进一步加强城市基础设施建设，大力支持城市生产性服务业和生活性服务业发展，提高城市综合承载能力。支持城市基础设施体系向农村延伸，推动城市优质公共服务向农村覆盖，稳步推进城乡一体化进程。进一步支持户籍制度改革，依法有序引导农村土地使用权流转，着力解决进城农民在就业、住房、社保、教育、医疗等方面的突出问题，促进更多的农村劳动力转移到城镇安居乐业。

（三）完善财政激励措施，推进新型工业化进程

7.推进产业结构优化升级。围绕“三大千亿元”计划，细化落实财税扶持政策，建立稳定的财政投入增长机制，综合运用风险补偿等财政政策，促进金融机构加大支持战略性新型产业发展的力度，引导和带动民间资本投资战略性新型产业。创新财政支持方式，集中财力推进战略性新兴产业“千百十工程”，培育和壮大战略性新兴产业。研究完善壮大支柱产业和做大做强优势产业的财政政策，着力改造提升传统产业。进一步完善支持文化旅游、金融保险、现代物流等现代服务业发展的财税政策，提高服务业比重和水平。深入推进企业兼并重组和淘汰落后产能，优化企业组织和空间结构。积极探索新的财政支持方式，支持非公有制经济和中小企业加快发展，增强安徽工业综合竞争力。

8.推进自主创新能力建设。大力支持创新体系和创新平台建设，推动国家技术创新工程试点省建设取得新成效。在财政投资、财政补贴、税收优惠、政府采购等方面继续加大扶持力度，推动合芜蚌自主创新综合配套改革试验区取得新突破。认真落实科教兴皖战略，完善科技投入体系，深化科研经费管理制度改革，加大对实施“六大科技攻关工程”的支持力度，促进创新载体建设，培育“十百千”创新型企业。加大对人才发展的投入，健全政府、社会、用人单位和个人多元人才投入机制，鼓励引进经济社会发展紧缺人才和高端人才，为我省自主创新能力建设提供智力支撑。

9.推进资源节约型和环境友好型社会建设。建立健全支持循环经济和低碳经济发展的财政扶持政策，稳步推进资源要素价格改革，强力推进节能减

排，促进资源节约集约利用。继续加大对淮河、巢湖、长江、新安江等流域水污染防治的支持力度，完善大别山等重点生态功能区和皖南山区等生态脆弱区的生态环境补偿机制，深化排污权有偿使用和交易制度改革，继续推进农村环境连片整治示范工作，促进生态安徽建设，加快实现经济增长模式从粗放型向资源节约型和环境友好型转轨。

(四)加大财政支持力度，推动区域统筹协调发展

10.大力支持皖江城市带率先崛起。积极争取中央财政支持，建立财政投资引导机制，强力推进示范区承接载体建设。进一步研究落实税收优惠、税费减免、加速折旧等政策，促进产业创新升级。积极采取奖补、贴息等政策手段，促进资源节约和节能减排。继续完善财政补助、税费减免等措施，加大对示范区科技、教育、就业、卫生和社会保障等方面的投入力度，着力优化服务环境，推动示范区建设五年大发展目标任务的如期完成，切实把皖江城市带打造成安徽崛起的战略平台。

11.积极推动皖北地区加快发展。认真落实加快皖北地区发展的各项财税政策，加大对开发园区、重点产业、基础设施的支持力度。灵活运用税收、贴息、奖励、风险补偿等财税杠杆，扶持发展金融业，引导金融机构加大信贷投放力度，促进当地经济社会事业发展。积极支持皖北开展城乡建设用地增减挂钩试点工作，在土地整治项目安排和建设用地置换周转计划上予以倾斜。积极支持皖北、沿淮部分市县发展现代农业项目和淮河流域基本农田整理项目建设，农民工创业园建设布局向皖北地区倾斜，改善皖北发展环境。

12.分类扶持促进区域协调发展。进一步制定和完善财政分类支持政策，推进形成主体功能区，促进合肥经济圈一体化，促进皖南皖西等地加快发展。加大对革命老区、贫困地区、少数民族和民族聚集区的支持力度。进一步做好民族乡村的对口扶持工作。支持扩权强县，推进扩权强镇试点，推动县域经济再上新台阶。

(五)创新资金投入机制，推进“三农”现代化

13.支持现代农业发展。加大财政支农投入，创新财政支农投入引导机制，逐步形成多元化的支农投入格局。采取贷款贴息、以奖代补、以物代资、先建后补等多种方式，集中资金，加大农业基础设施建设，支持粮食等优势主导产业发展。以现代农业生产发展资金项目为平台，引导和支持各地加大支农资金整合力度。加大农业综合开发资金投入，支持高标准农田和现代农业产业体系建设，扩大现代农业示范区试点范围。推进农业科技创新，支持建立新型农业社会化服务体系，扶持农业产业化龙头企业和农民合作组织发展，加快推进农业产业化步伐。

14.支持加快新农村建设。引导各类涉农资金和项目集中配套，积极稳妥推动国家农村土地整治整村推进试点省建设，继续支持“千村百镇”示范工程建设，有序推进农村社区化。进一步推进农村公路建设，支持农村清洁工程，加快用电、改水、改厨、改厕和改圈，改善村容村貌和人居环境，提升新农村建设的层次和水平。实施新型农民培训工程，支持农民就业培训教育体系建设，大力推进农村实用技术和经营管理培训，培养造就一大批有文化、懂技术、会经营的新型农民。进一步加强农村医疗卫生服务和公共文化服务等体系建设，加快农村社会事业发展。

15.推进农村体制机制创新。充分发挥财政杠杆作用，完善征地补偿机制，规范引导土地流转，探索进城农民承包地和宅基地有偿流转退出机制。深化和完善村级公益事业建设一事一议财政奖补制度，健全村内公益事业建设投入长效机制。深化集体林权制度配套改革和国有农场、林场体制改革。进一步完善农业支持保护制度，调整和优化财政资金补贴结构，扩大补贴范围，提高补贴标准。完善农业保险试点政策，加快建立农村金融服务体系。进一步加快乡镇政府职能转变，完善为民服务全程代理制，提高村级组织运转经费保障能力。

(六)倾力保障和改善民生，努力提升人民群众幸福指数

16.大力实施民生工程。按照“学有所教、劳有所得、病有所医、老有所养、住有所居”的目标，制定民生工程规划，着力健全民生工程项目选择机制，稳步扩大实施范围，提高保障标准。进一步健全工作协调推进机制，规范民生工程基础管理，完善民生工程政策体系，强化民生工程资金保障，抓好各项民生工程的落实。建立健全民生工程项目建成后续管养机制，着力增强民生工程实施效果，不断提高人民群众的生活质量和幸福指数。

17.提高城乡居民收入水平。深入实施城乡居民收入倍增规划。扩大就业容量，促进劳动力转移就

业，建立工资正常增长机制，增加工资性收入。优化创业环境，完善创业服务体系，拓宽农业创业领域，增加经营性收入。减少居民公共产品消费支出，落实强农惠农政策，推进开发式扶贫，增加转移性收入。加大财产权益保护力度，推进农村产权制度改革，增加财产性收入。合理调节收入分配，增加低收入群体收入，扩大中等收入阶层比重，有效调节过高收入。

18.统筹支持社会事业发展。坚持把发展教育事业放在优先位置，积极调整和优化财政支出结构，建立多元化教育投入机制，不断提升财政性教育经费支出占地区生产总值的比重，推动义务教育均衡发展，推进职教大省和高教强省建设。支持文化体制改革，扶持文化事业和文化产业发展，推动文化大发展大繁荣。按照保基本、强基础、建机制的要求，深化医药卫生体制改革，建立健全覆盖城乡居民的基本医疗卫生服务体系，逐步提高保障标准。继续加大财政投入力度，完善财政奖扶政策，促进体育、计生等社会事业协调发展。积极应对人口老龄化，扶持壮大老龄服务事业和产业发展。

19.支持社会保障体系建设。继续完善基本养老保险制度，进一步做实城镇职工基本养老保险个人账户，逐步提高社会保险统筹层次和保障水平。开展城镇居民养老保险试点，扩大新型农村养老保险试点范围，实现“十二五”两项制度全覆盖。继续完善失业保险制度，建立健全覆盖城乡居民的医疗保障制度，推进社会福利、社会救助和社会优抚制度建设，健全社会保障体系。实施更加积极的财政扶持就业政策，改善公共就业服务，健全公共就业服务体系，提高社会就业水平。完善土地出让收入和收费基金优惠政策，健全保障性安居工程推进机制，加快保障性安居工程建设，进一步加大对廉租住房建设、公共租赁住房发展、棚户区和农村危房改造等保障性安居工程的投入力度，合理引导住房需求。

20.提升社会管理保障水平。进一步深化政法经费保障体系改革，健全分级分类保障机制，着力提高政法部门经费保障水平。加大对公共安全投入力度，支持防灾减灾、公共卫生和食品安全监管、社会安全事件监测预防体系和社会治安综合防控体系建设，完善维护群众权益机制。进一步加强财政应急保障体系建设，完善财政应急保障政策措施和运行机制，不断提高人民群众的安全感和满意度。

（七）深化财政体制改革，提高基本公共服务均等化水平

21.完善省对下财政管理体制。进一步理顺各级政府间财政分配关系。完善市级财政管理体制，增强市级财政在市域范围内的财政职能，理顺市与非直管县、市辖区的财政分配关系。完善省直管县财政体制，进一步明确省、市、县的财政管理职责，规范省、市、县的财政分配关系，推行省以下直接高效的财政扁平化管理模式。理顺开发区财政管理体制，合理界定开发区的财政定位，发挥开发区作为区级经济发展重要载体作用。深化乡财县管改革，强化乡镇财政垂直管理，转变和充实乡镇财政职能，充分发挥乡镇财政为民服务的职能作用。

22.完善转移支付制度。完善均衡性转移支付办法，逐步提高均衡性转移支付的规模和比例，促进地区间公共服务均等化。整合专项转移支付项目，规范和创新专项转移支付管理模式，提高资金分配的科学性。围绕主体功能区建设，通过提高转移支付补助比例的方式，增强禁止与限制开发区域的政府公共服务保障能力。

23.建立县级基本财力保障机制。以“保工资、保运转、保民生”为目标，强化省级政府保障县级基本财力的责任，研究制定县级基本财力保障动态标准和分类补助办法，力争在“十二五”前三年全面建立起县级基本财力保障机制，并随着财政经济发展逐步提高保障水平。进一步加大对县乡财政管理指导力度，增强基层财政提供公共服务的能力。

24.稳步推进基本公共服务均等化。启动基本公共服务均等化规划编制工作，明确基本公共服务均等化的主要范围、保障标准、阶段目标，不断完善基本公共服务标准体系。积极探索基本公共服务多元化供给制度，建立健全基本公共服务均等化评价、监督、问责机制。

（八）加强财政管理创新，不断提升财政科学化精细化管理水平

25.深化预算管理改革。细化预算编制，提高预算的科学完整性。健全预算执行动态监控机制，提高预算执行的均衡度和效率。强化部门结转结余资金管理。深化行政事业单位资产管理，实现资产管理与预算管理、财务管理的有机结合。加强国库资金调度管理。完善政府采购制度，进一步规范政府采购行为，增强政府采购政策的执行效应。推进预算支出绩

效评价，建立健全目标确定、绩效跟踪、绩效评价和结果应用有机结合的预算绩效管理机制。

26.加强财政“两基”建设。强化财政基础数据归集应用，健全支出标准体系，加强项目库建设管理，加快金财工程建设，进一步完善财政一体化管理信息系统，夯实财政管理基础。细化财政管理操作规则，规范财政业务流程，提高财政内部管理效率。开展规范化乡镇财政所(分局)创建活动，突出职能建设、业务建设、队伍建设和设施建设，不断提升乡镇财政管理效能，实现乡镇财政管理工作新跨越。

27.加强地方政府债务管理。按照权责一致的原则，规范地方政府投融资平台，理顺政府性债务管理体制，实现对地方融资平台公司债务的全口径管理和动态监控。清理核实地方政府机关事业单位债务，并纳入动态监控范围。制定完善地方政府性债务管理制度，改进地方政府性债务统计分析方法。建立地方政府性债务风险预警、新债控制、存量化解、到期偿还等激励约束机制，逐步形成与地方经济发展相适应的规模适度、管理规范、运行高效、监管有力的地方政府投融资机制，实现财政可持续发展。

28.健全财政“大监督”体系。建立健全“预算编制、预算执行、监督检查、绩效评价”四位一体的监督管理新机制，牢固树立“全员参与、全面覆盖、全程监控”的“大监督”理念，实现财政监督覆盖所有政府性资金和财政运行全过程。进一步完善财政执法责任制，加大财政违规违纪行为查处力度，促进依法行政。完善会计人员管理模式，加大会计领军人才培养力度，加强会计业务培训和职业操守教育，强化会计人员和会计师事务所执业监管，提高会计信息质量。完善相关制度，促进评估业健康发展。逐步建立政府财务报告制度，主动接受人大、审计和社会监督，提高财政管理的科学性和有效性。

29. 推进依法行政依法理财。加强财政制度建设，进一步提升财政制度的质量，认真抓好有关法律法规清理工作。加强财政行政执法程序建设，建立健全财政执法主体资格制度，深入推进行政审批制度改革，进一步规范财政执法行为。严格财政行政问责，加大财政执法监督力度，扎实做好财政行政复议工作。继续强化依法行政依法理财的组织保障。

（九）强化机关能力建设，不断夯实财政服务经济社会发展的基础

30.加强干部队伍建设。深入开展创先争优活动，大力弘扬沈浩精神，全面开展“五要五比”主题实践活动，即要主动理财，比科学发展；要解放思想，比改革创新；要爱岗敬业，比真抓实干；要节俭自律，比无私奉献；要服务之上，比优良作风，坚持在“创、先、争、优、比、学、赶、超”八个字上下功夫，切实加强基层组织建设。贯彻落实人才强省战略，全面推行学习型机关建设，创新干部教育培训机制，进一步提高干部职工主动理财、科学理财、依法理财和民主理财的能力。继续深化干部人事制度改革，完善干部考核评价体系，树立正确的选才用人导向，逐步建立科学合理、充满活力的干部选拔任用机制。

31.加强机关作风建设。深入开展效能建设，优化工作流程，提高财政工作效能。大兴调查研究之风，广泛听取民意，扩大公众民主决策知情权和参与权。深化行政审批制度改革，大力推进政务公开，创建人民满意的财政机关。深入开展党风廉政建设，健全预防惩治腐败体系，完善财政权力运行监督制约机制，严格执行党员干部廉洁从政各项规定，保持财政干部的清廉本色和浩然正气。

32.加强财政文化建设。探索构建财政干部职工普遍认同和共同遵守的核心价值体系，拓展财政文化内涵，大力培育具有财政特色的文化理念和行为体系，努力塑造敢为人先、开拓创新、团结协作、求真务实的财政精神，激发财政干部职工干事创业的内动力和创造力。加强机关党建工作，强化“党建带工建、党建带团建、党建带妇建”。深入开展文明创建活动，抓机关、促系统、带基层，拓展文明创建载体，提升文明创建层次，进一步提升财政机关良好形象。

安徽省财政厅关于发挥财政职能致力科学发展建设美好安徽的指导意见

（2011年11月7日 财办〔2011〕1870号）

各市、县(区)人民政府：

为深入贯彻省第九次党代会精神，未来五年，不断创新理财思路，主动理财，积极作为，进一步发挥财政职能作用，全力服务“六条新路”、建设“三个强省”，经省政府同意，提出如下指导意见。

一、服务改革开放，在科学承接中促进跨越崛起

1.推进重点领域改革。围绕推进基本公共服务均等化和主体功能区建设，加强和改善财政宏观调控，完善公共财政体系，健全财政转移支付制度，着力构建有利于科学发展的财税体制机制。加大财政信息公开，提高财政透明度。充分发挥财政政策和财政资金的引导作用，统筹推进各项重点改革。积极争取国家新一轮农村综合改革试点。支持农村土地产权制度改革试点。深化医药卫生体制改革。完善政法经费保障体制和监狱体制改革。促进收入分配改革和工资制度改革。深化基层运转经费保障机制改革。

2.加快皖江示范区发展。安排专项资金，重点支持江北、江南集中区建设，大力促进皖江示范区发展。进一步拓宽融资渠道，引导银行、保险、担保、产业基金等金融业支持示范区基础设施建设，加快承接步伐，提高承接水平，着力培育安徽崛起的重要增长极。

3.推进经济开发区转型。加大对国家级开发区基础设施建设贷款贴息力度。逐步增加省级县域园区贴息资金，支持省级开发区产业转型、功能提升。对省级战略层面的产业集聚区内的龙头企业及掌握核心技术的高科技企业，给予国家和省专项资金优先扶持。鼓励支持有条件的开发区建立各类创业风险投资基金。

4.提升开放合作格局。统筹各类外经贸发展资金，综合运用补贴、以奖代补和贴息等方式，支持企业开拓国际市场，拓展经济发展空间。安排专项资金，支持徽商大会、自主创新要素对接会、皖粤合作、港澳台合作、央企合作、民企合作等会展和招商活动，积极为企业搭建战略合作平台，促进招商引资，承接产业转移。

5.促进金融对外开放。加强与世行、亚行等国际金融组织和外国政府部门合作，积极用好国际金融组织和外国政府贷款，着力引进国外先进技术、管理经验和发展理念，促进经济社会发展。鼓励和支持国内外金融机构入驻或设立分支机构，对在我省设立的银行、保险公司、证券公司、信托投资公司、基金管理公司等总部和地区总部性金融机构给予补助。

6.优化地方金融环境。采取财政奖励、补助或风险补偿，引导金融机构增加对中小企业和“三农”信贷投放、担保服务。对在县域内增设银行分支行，新设村镇银行、融资性担保机构给予补助。支持以省信用担保集团为龙头，加快推进全省特别是皖北地区担保体系建设。灵活运用财政政策工具，支持地方金融改革发展。对成功上市或发行债券融资的中小企业给予发行费用补助。积极推进“信用安徽”建设，吸引更多金融资源流入，为跨越发展提供金融支撑。

7.落实财税优惠政策。全面落实各项税收优惠政策，积极推进个人所得税和资源税改革，提高小型微利企业营业税增值税起征点。积极兑现自主创新、文化体制改革、基础设施建设、承接产业转移等方面税收优惠和奖补政策，加大对重点领域和重点地区财税政策扶持。进一步规范各类涉企收费管理，减轻企业负担。

二、服务创新驱动，在优化结构中促进转型升级

8.升级传统优势产业。进一步加大财政资金投入，以财政贴息、补助、以奖代补等方式，引导社会资金、银行资金投入，推进企业技术改造、技术创新、节能减排和资源综合利用项目的实施。支持调整优化能源原材料产业，巩固提升汽车、家电、装备制造业，促进基础产业和加工制造业做强做优。

9.大力推进自主创新。继续安排专项资金，推进合芜蚌自主创新综合试验区和国家技术创新工程试点省建设，打造自主创新高地。引导设立各类产业投资基金和创业风险投资基金，加速科技成果转化。安排战略性新兴产业发展专项资金，着力支持重大关键技术研发、重大产业创新发展工程、重大创新成果产业化、重大应用示范工程和创新能力建设。支持奇瑞、江淮和星马等企业提高核心竞争力。

10.推进股权分红激励试点。充分发挥国家赋予合芜蚌自主创新综合试验区企业股权和分红激励试点政策效应。建立健全组织机构，完善政策措施，加强督查指导，放大激励效果，大力推进股权和分红激励试点，吸引省内外更多创新资源和成果向试验区集聚转化，激发全社会创新活力。

11.推动服务业大发展。建立和完善促进服务业发展的投入机制，切实落实各项支持服务业发展的财税政策。设立服务业发展引导专项资金，用于支持服务业重点项目和发展载体建设。落实税费减免政策，引导生产性、生活性和新兴服务业全面发展。实施以奖代补，支持省级服务业集聚区建设，支持国家服务业综合改革试点工作的实施。安排专项资金，重点推进旅游业和现代物流体系建设。

12. 着力扩大有效需求。加大政府公共投资力度，充分发挥财政资金引导作用，拉动扩大社会投资。积极利用政府采购政策，支持节能环保产品销售及省产汽车工业发展。用足用活家电下乡政策，优化消费环境，促进消费结构升级，释放城乡消费潜能。

13.促进中小企业发展。积极落实各项结构性减税政策，减轻中小企业税费负担。统筹安排专项资金，支持特色产业中小企业集群集聚发展。设立中小进出口企业和产业集群专业镇中小企业专项贷款担保资金，进一步缓解中小企业融资难问题，发挥财政资金放大效应和杠杆作用。

三、服务统筹发展，在“三化”同步中促进城乡一体

14.推进农业现代化。研究出台推进农业现代化财政支持措施，整合支农资金，支持省级现代农业示范区建设，推动农业产业化“671”转型倍增规划实施，加快构建现代农业产业体系。安排专项奖补资金，加大对粮食、油料生产大县和生猪调出大县支持力度。开展高标准农田示范工程和现代农业综合开发示范区建设。安排专项资金开展政策性农业保险和特色农业保险，降低农业生产风险。支持新增粮食生产能力规划实施和粮食生产高产创建活动，提高粮食综合生产能力。

15.加快城镇化建设。进一步规范政府融资平台管理，更好地发挥融资平台在筹措基础设施建设资金方面的主渠道作用。安排专项资金，支持城镇体系规划编制，优化全省城镇空间布局。加大基础设施和公共服务设施投入，支持中心城市加快发展步伐，支持县城加快发展，培育新兴小城市和特色镇。整合各项涉农资金，大力支持新农村建设，实施村庄整治试点，逐步改善农村居住环境，建设新型农村社区。

16.促进区域联动发展。继续完善政策体系，全面落实各项扶持政策，支持县域经济加快发展，加快皖北地区振兴步伐，支持大别山等革命老区又好又快发展。积极支持合肥经济圈和皖南国际旅游文化示范区建设。坚持开发式扶贫方针，加大对山区、库区、沿淮行蓄洪区、江淮分水岭地区资金支持力度。

17.支持基础设施建设。大力支持实施水利安徽战略，加大农田水利建设投入，加快推进新一轮治淮工程、中小河流治理和病险水库除险加固治理等。实施农村公益事业一事一议财政奖补工作，加快农村基础设施和公共服务建设。设立铁路建设投资基金，安排水运建设专项资金等，支持铁路、高速公路、水运建设和航空发展，构建加速崛起的现代化综合交通运输体系。

四、服务生态文明，在青山绿水中促进持续发展

18.切实加强环境保护。加大环境保护和建设投入，切实提高环境承载能力。安排50亿元，支持城镇污水管网建设和垃圾无害化处理，开展工业污染整治和城镇饮用水水源地保护。投入30亿元，全面实施农村清洁工程，推进农村环境连片综合整治试点。统筹安排100亿元，支持矿山地质环境治理和采煤沉陷区居民搬迁。安排10亿元，巩固退耕还林成果，加大对国家和省级公益林补偿力度。多方筹资15亿元以上，建立新安江流域生态补偿机制。启动瓦埠湖流域生态环境保护试点。

19.支持节能减排工作。争取将有条件的市列入国家城市节能减排试点市，将有条件的10个县(市、区)列入国家绿色能源县，5个有条件的经济开发区列入国家级“金太阳”示范工程。支持节能和新能源汽车开发应用。加大财政奖补力度，重点推进节能产品惠民、节能技改、淘汰落后产能、煤层气利用和合同能源管理工作。

20.支持循环经济发展。积极支持各地建立循环经济园区，推动资源循环利用规模化、产业化发展。鼓励企业综合利用各种资源，促进可持续发展。支持淮北、铜陵、马鞍山矿业资源综合利用示范基地建设，大幅度提高资源开发利用效率和水平，促进资源性城市发展转型。争取国家城市矿山基地建设项目，将有条件的循环经济园区列入国家试点。

五、服务人才优先，在素质提升中促进科教兴皖

21.优先发展教育。全面落实教育投入政策，保证财政教育支出增长幅度明显高于财政经常性收入增长幅度，提高财政教育支出占公共财政支出的比重。投入不少于10亿元支持学前教育，提供"广覆盖、保基本"的学前教育公共服务。投入不少于300亿元支持提高义务教育保障水平，促进义务教育均衡发展。积极支持发展职业教育，建设职教大省。投入不少于200亿元提高普通本科高校生均拨款水平和化解高校债务，促进地方高校持续健康发展。不断完善教育资助政策，建立健全贫困学生资助体系。

22.注重科技引领。保证财政用于科学技术经费的增长幅度高于同级财政经常性收入的增长幅度，本省地方财政科技投入占地方财政经常性支出的比例不低于全国平均水平，安排投入不少于50亿元，带动社会、企业加大对科学研究和科技人才的投入力度。

23.重视人才开发。继续加大对人才工作的投入，支持实施海外高层次人才引进工程，积极推动引进海外高层次人才"百人计划"，深化拓展"115"创新团队建设。进一步促进区域人才协调发展，支持皖北地区和大别山区人才引进与培训。完善农村人才建设，支持做好选聘大学生村官到村任职工作。积极实施会计领军人才培养规划。

六、服务富民导向，在普惠民生中促进社会和谐

24.实施收入倍增规划。积极履行牵头职责，细化年度目标任务，制订考核办法，强化督查检查。坚持"提低、扩中、调高"的政策导向，加大对初次分配和再分配的调控力度。全面落实各项强农惠农政策，增加农民补贴规模，提高农民收入。确保到2015年城镇居民人均可支配收入、农村居民人均纯收入分别达到3.1万元和1万元。

25.大力实施民生工程。充分发挥财政部门牵头职责，顺应群众意愿，继续加大民生投入，全省民生工程累计投入达到3000亿元。完善协调推进、督促检查、考核奖惩等措施，加强项目后续养护管理，建立民生工程长效发展机制，切实将民生工程打造成民心工程、德政工程。

26.支持创业就业。支持实施更加积极的就业政策，落实各项社会保险补贴，落实就业困难人群小额担保贷款贴息政策，支持大学生创业和就业，大力实施农村劳动力转移阳光培训和农民工技能培训工程，推进创业就业园和农民工创业园建设，促进创业就业。

27.完善社会保障体系。继续扩大社会保险覆盖面，健全城乡养老保障体系，完善城镇职工基本养老保险省级统筹制度，2012年实现城乡居民社会养老保险制度全覆盖。完善城镇职工、城镇居民医疗保险和新型农村合作医疗制度，构建覆盖城乡的基本医疗保障体系。建立最低生活保障、五保供养标准与物价挂钩的动态调整机制。推进社会福利事业发展，强化社区养老服务体系建设。

28.大力推进保障性安居工程。继续加大省级资金支持和统筹力度，建立健全公共预算、土地出让收益、政府债券等多渠道政府投入机制，创新财政支持方式，引导社会和信贷资金投入。大幅度增加公共租赁住房、廉租住房、棚户区改造和农村危房改造等项目建设投入，逐步解决中低收入人群住房问题，力争到2015年末城镇住房保障覆盖率达到20%。

29.促进文化大发展大繁荣。保证公共财政对文化建设投入增长幅度高于财政经常性收入增长幅度，提高文化支出占财政支出比例。实施文化惠民工程，建成覆盖城乡的公共文化服务体系。增加文化事业发展专项资金，发展地方文化艺术，保护各类文物、非物质文化遗产和历史文化名城名镇名村。安排文化发展专项资金，设立文化产业创业投资基金，引导社会资本投资文化产业。深入推进文化体制改革，建立健全新型国有文化资产管理体制，激发文化创造活力。

30.推进基本公共服务均等化。加快完善基本公共服务体系建设，逐步实现城乡、区域和群体间基本公共服务均等化目标，积极推进社保、医疗卫生、教育等方面的基本公共服务由户籍人口向常住人口的全覆盖。将一些基础薄弱和群众反映强烈的基本公共服务体系项目，纳入年度重点工作或民生工程，突出重点加以解决。加快建立统一规范透明的转移支付制度，加大均衡性转移支付力度，完善县级基本财力保障机制，进一步提高基层政府提供基本公共服务的能力。

深入学习贯彻省第九次党代会精神是一项长期任务，各级财政部门要紧紧围绕科学发展主题和全面转型、加速崛起、兴皖富民主线，主动理财、依法理财、科学理财、民主理财，为加快建设经济繁荣、生态良好、社会和谐、人民幸福的美好安徽作出新的贡献。

民生工程和收入倍增规划篇

领导讲话及有关报告

在全省民生工程暨居民收入倍增工作会议上的讲话

中共安徽省委书记 张宝顺

（2012年2月20日）

省“两会”刚刚闭幕，省委、省政府紧接着召开全省民生工程暨居民收入倍增工作会议，目的是进一步提高思想认识，明确目标任务，把保障和改善民生的各项工作抓得更紧更实，不断为建设美好安徽注入新的活力和动力。刚才，会上表彰了民生工程先进市县，签订了目标责任书，李斌同志作了全面部署。希望大家按照会议要求，认真贯彻落实。下面，我再强调三点意见。

一、始终把保障改善民生摆在突出位置

让人民群众过上更好生活，是我们党委和政府孜孜以求的奋斗目标。胡锦涛总书记在中央经济工作会议上强调，要牢牢把握保障和改善民生这一根本目的，切实办好涉及民生的大事要事。省第九次党代会明确提出，要更加突出富民导向，走出发展中省份普惠民生、和谐发展的新路子。从这几年的发展实践中，我们越来越认识到，做好保障和改善民生工作，是贯彻落实科学发展观的应有之义，是构建社会主义和谐社会的重大任务，也是践行党的宗旨的内在要求，必须始终摆在突出位置，倾心尽力抓紧抓好。

*第一，充分肯定近年来改善民生取得的新成效。*刚刚过去的一年，我省顺利实现了“十二五”良好开局，民生也得到持续改善。全年民生总投入超过260亿元，公共服务能力、社会保障和人民生活水平都有新的提升，这其中，33项民生工程已成为最具特色的工作品牌、最见成效的制度安排。我省从2007年起，围绕“五有”目标，坚持以项目化手段、工程化举措，创造性实施民生工程，累计投入1322亿元，惠及6000多万人民群众，人均受益2200多元，初步搭建起保障和改善民生的制度框架。去年，我们又主动顺应群众期待，在全国较早出台了“十二五”居民收入倍增规划指导意见，明确了增收目标和路径，反映出我省民生工作已经从侧重扶贫济困向注重民生普惠转变。我省近些年在改善民生方面的有益探索和成功实践，不仅得到了中央领导同志的充分肯定，社会各界的广泛好评，更受到了全省人民的普遍欢迎。这说明，我们富民优先的发展导向是完全正确的，工作举措是扎实有力的。各级各部门要沿着这个路子继续走下去，不断总结完善，锐意创新提升，努力把保障和改善民生工作提高到新水平。

*第二，清醒认识建设美好安徽对民生工作提出的新要求。*尽管这几年我省在民生建设上取得长足进展，但这方面的任务仍然艰巨繁重。全省城乡居民收入水平总体偏低，农业人口、贫困人口比重较大，基本公共服务和公共产品供给能力还不强，与全面建设小康社会的要求相比，与人民群众过上更好生活的期待相比，还有很大差距。去年，省里在谋划未来五年发展时，明确提出要加快建设经济繁荣、生态良好、社会和谐、人民幸福的美好安徽，其中对改善民生提出了许多新的更高要求。比如，要促进城乡居民收入较快增加，实现翻一番；完善保障和改善民生

的制度安排，加快实现基本公共服务均等化；提高保障标准和统筹层次，建立健全覆盖城乡居民的社会保障体系；加强和创新社会管理，努力使我省成为全国最和谐稳定的省份之一。我们要深刻领会、充分认识这些新要求新部署，进一步增强紧迫感和责任感，紧紧扭住发展第一要务，不断做大经济规模、提升发展质量，更加重视改善民生工作，努力让人民群众得到更多实惠。

第三，准确把握我省加速崛起为改善民生带来的新机遇。民生问题实质上是发展问题，改善民生归根结底要靠加快发展。从"十一五"特别是近两年的发展轨迹看，我省经济增长的稳定性、协调性和抗风险能力显著增强，步入了发展的快车道；未来一个时期，受宏观大势影响，我省发展可能会产生一些波动，但平稳较快增长的态势不会改变，兴皖富民的进程将加速推进。随着"三化同步"战略的深入实施，将催生更多投资消费需求，带动产业转型升级，提供更多就业岗位和创业空间，这对增加居民收入十分有利。伴随整体经济实力和各级财力的持续攀升，改善民生的物质基础会更加坚实，我们更有条件为群众办更多的实事好事，加快提高人民群众生活水平。还要看到，国家将更加重视改善民生和居民增收，投入力度逐年加大，制度体系日趋完善，收入分配制度等重点改革也会有新的突破，做好民生工作的政策环境会越来越好。可以说，我们完全有条件、有能力也必须把人民群众关切的民生问题解决好。

总之，保障和改善民生是建设美好安徽的大事要事，我们要抢抓机遇、乘势而上，扎扎实实推进民生建设，尽最大努力让人民群众生活得更加幸福、更有尊严。

二、不断提升民生工作科学化水平

未来五年，我省经济社会发展将呈现新的阶段性特征，民生工程和收入倍增工作面临一系列新任务新挑战，必须科学把握发展规律，主动适应环境变化，建立健全体制机制，以民生改善的实际成效造福于民、取信于民。

第一，积极而为、量力而行，确保民生工程不折不扣落实到位。今年我省继续实施33项民生工程，与去年相比，投入力度进一步加大，项目类别也作了调整提升。应当说，这些调整变化，都遵循了积极而为、量力而行的原则，保持了工作的延续性，也有一定的发展。关于今年民生工程的各项工作，省里已经作了具体安排，现在的关键是抓好落实。这里我强调几个重点：一要确保项目选择科学有效。各地要根据省里的安排部署，结合自身实际，在充分调研和系统论证的基础上，坚持民主公开，分清轻重缓急，合理确定项目数量和标准，着重解决好群众反映最强烈、最迫切的民生问题，切实提高民生工程建设的针对性、有效性。二要确保资金落实到位。今年经济环境严峻复杂，财力增长存在一定的不确定性，财政收支矛盾可能加剧，但一定要坚持民生财政导向，民生投入的力度只能加大，不能减少。要按照城乡一体、制度衔接、便民利民的方向，进一步加大项目和资金整合力度，集中财力办大事，减少行政成本，着力提高资金使用效率。三要确保民生工程长久发挥效益。伴随民生工程的深入实施，工程类项目的建后管养问题越来越突出。要强化政府监管职责，真正做到管护主体到位、经费到位、措施到位，绝不能一建了之，杜绝闲置浪费、失修毁损等现象。同时坚持市场化办法，扩大政府购买服务，充分调动群众参与管养的积极性、主动性。

第二，突出重点、凝心聚力，坚决打好新一轮扶贫开发攻坚战。帮助贫困地区群众脱贫致富是党和政府义不容辞的责任，也是民生工作的重要方向。新世纪以来，我省认真贯彻落实中央决策部署，扎实推进农村扶贫开发工作，基本解决了农村居民生存和温饱问题。但我省贫困地区发展仍然滞后，脱贫与返贫相互交织，相对贫困问题日益凸显，特别是国家扶贫标准提高后，我省扶贫对象数量大幅增加，扶贫范围进一步扩大，做好扶贫开发工作任重道远。最近，我们根据中央精神，对国家和省扶贫开发工作重点县进行了调整，保持30个重点县总量不变，有进有出、逐步减少，努力营造加快发展、争先进位、致富光荣的良好氛围。下一步，我们要主攻大别山革命老区和皖北地区两个重点区域，加大产业布局、政策资金倾斜力度，统筹规划、集中解决基础设施和公共服务等方面的问题，从根本上改变困难地区面貌。抓住和用好"千村整推工程"这个重要载体，真正将扶贫规划、项目、资金等落实到村一级，逐步改善农民生产生活条件。同时要充分调动全社会力量参与扶贫开发，着力构建专项扶贫、行业扶贫、社会扶贫"三位一体"的大扶贫工作格局，注重发挥贫困地区干部群众的主体作用，积极推行参与式扶贫，增强自我发展能力，鼓励他们用自己的双手创造幸福生活。

第三，系统谋划、整体推进，不断提高民生工作的普惠性。改善民生是一个持续跟进、动态提升的过程。随着经济社会的发展进步，民生问题的领域越来越宽泛，内涵越来越丰富，人们的需求层次也会逐步提高。我们现在实施的民生工程，只是涉及民生工作的部分领域，抓好了民生工程，并不意味着就做好了全部民生工作。要以建立惠及全民的基本公共服务体系为目标，立足当前、着眼长远，加强民生工作整体设计，更加有效地利用和配置公共资源，统筹推进各项社会事业发展，不断满足人民群众日益增长的公共服务需求。在这一过程中，要坚持突出特惠和注重普惠相结合，分步实施、稳步推进，确保每年都能办成一批利民惠民的实事好事，让人民群众得到的实惠越来越多。要在保障群众衣食住行等基本生活的基础上，着力改善人民群众的生活品质，不断丰富群众精神文化生活，积极探索民主建设等更深层次的民生问题，使人民群众不断获得切实的经济、政治和文化权益。

第四，坚定信心、主动作为，实现居民收入持续较快增长。增加城乡居民收入是改善民生的基础，是最大的民生问题。我省未来五年发展规划目标体系中，城乡居民收入翻一番是核心也是难度最大的目标。从“十一五”时期的情况看，我省城乡居民收入年均分别增长 13.3%、14.9%，农民人均纯收入成功实现了翻番，城镇居民收入也接近翻番。2011 年延续了这一好势头，我省城乡居民收入增幅达到 17.8%、17.9%，超过生产总值增速，可以说起步良好。当前乃至今后更长一个时期，是我省推进全面转型、加速崛起进程的关键阶段。我们既要坚定信心，看到增收的有利条件和机遇，又要清醒认识面临的风险挑战，进一步创新思路，多管齐下、多措并举，千方百计拓宽增收渠道，促进城乡居民收入较快增加，人民群众生活持续改善。一要扩大就业促增收，积极发展就业容量大的劳动密集型产业和服务业，更加注重通过提升就业层次和水平来增加工资性收入。二要全民创业促增收，认真落实扶持小型微型企业发展各项政策措施，优化创业环境，强化创业扶持，让更多人想创业、能创业、创成业。三要深化改革促增收，重点抓好收入分配制度改革，逐步扭转城乡、区域、行业之间收入差距扩大的趋势；深入推进农村土地制度改革，大幅增加农民财产性收入。四要保障权益促增收，加大对公民财产权的保护力度，坚持和谐拆迁、富民拆迁，确保公民的财产权利不受侵犯。

三、切实加强对民生工作的组织领导

实施民生工程和城乡居民收入倍增规划是省委、省政府的重大决策部署，是对全省 6800 万人民的庄严承诺。“十二五”规划和今年工作已经作出了全面部署，必须加强组织领导，强力扎实推进，务求取得实效。

一要强化执政为民理念。民生连着民心，民心凝聚民力。只有把民生问题解决好，才能巩固党的执政基础和执政地位。这就要求我们，在执政理念上，始终坚持以人为本、执政为民，想问题、作决策、干事情都必须把人民利益放在第一位，努力实现好、维护好、发展好人民群众的根本利益；在发展导向上，坚持富民优先、发展为民，在加快经济发展的基础上，更加注重解决民生问题，持续加大民生投入，大兴利民惠民之举，使发展成果更好地惠及全省人民；在工作方式上，自觉践行党的群众路线，带着感情、带着责任全身心投入民生工作，深入基层、深入一线，问政问需问计于民，满腔热情地为群众排忧解难，真正让民生工作深入人心、温暖民心。

二要健全工作推进机制。解决民生问题、促进居民增收，是一项复杂的系统工程，必须坚持上下联动、左右衔接，多方协同、合力推进。省一级领导小组要加强统筹协调，抓好政策总体设计，及时总结推广好经验、好做法，研究解决工作推进过程中出现的重大问题。省直各有关部门要强化服务指导，密切协同配合，抓好督促检查，确保各项民生工作扎实有序推进。有抓手、可考核是我省民生工程和收入倍增工作的鲜明特色，要强化目标管理，探索建立科学合理的绩效评价制度，并把民生工程和倍增规划实施情况纳入各级领导干部考核评价的重要内容。市县是民生工程和居民收入倍增工作的实施主体和责任主体，要结合自身实际，建立健全领导体系、政策体系，搞好协调调度，精心组织实施，确保民生工程干一项、成一项，确保收入倍增年度目标顺利实现。

三要弘扬求真务实作风。民生工作都是与人民群众息息相关的实事，来不得半点马虎，容不得丝毫虚假。要把握好稳中求进的工作导向，做到有多少钱办多少事，不开空头支票，不搞层层加码，定下来的事情就要一抓到底，兑现承诺、取信于民。坚决克服形式主义和官僚主义，坚决反对搞劳民伤财的政绩工程和形象工程，继续发扬勤俭节约、艰苦奋斗的优良传统，真正把有限的资源用到群众最需要的地方。要加强基层服务平台和网络建设，把涉及民生的数据信息摸清核准，尽最大努力减少各类虚假冒领现象，确保民生补助资金及时发放到最需要的群众手中，真正做到公正公平、雪中送炭。全省“五级书记带头大走访”活动开展以来，我们发现了很多涉及民生的新情况、新问题，对此要逐一梳理、深入分析，及时校准民生工作的着力点。省里即将深入开展保持党的纯洁性主题教育实践活动，要把改善民生的成效作为检验标准，进一步密切党群干群关系，不断增强各级党组织的创造力、凝聚力、战斗力。

同志们，保障和改善民生，意义重大，任务艰巨。我们要以对党和人民高度负责的态度，坚持发展为民、民生优先，不断提升人民群众幸福指数，为打造“三个强省”、建设美好安徽作出新的贡献，以优异成绩迎接党的十八大胜利召开！

在全省民生工程暨居民收入倍增工作会议上的讲话

安徽省人民政府省长　李　斌

（2012 年 2 月 20 日）

这次全省民生工程暨居民收入倍增工作会议的主要任务是，深入贯彻落实省第九次党代会和省“两会”精神，总结去年民生工程和城乡居民收入倍增规划实施工作，全面部署今年各项任务，切实做好改善民生的重点工作。

一、充分肯定我省改善民生工作取得的成绩

省委、省政府坚持以科学发展观为统领，突出以人为本、执政为民，高度重视改善民生工作。自 2007 年以来，我省连续 6 年实施民生工程，探索了以项目化、工程化措施解决民生问题的制度框架，解决了一大批群众最关心、最直接、最现实的利益问题。进入“十二五”时期，我们进一步突出富民导向，出台居民收入倍增规划，抓住了改善民生的工作根本。各级各部门按照省委、省政府的部署，立足自身实际，不断完善措施，精心组织推进，全省民生工作水平不断提升，人民生活得到明显改善。

一是社会事业加快发展，社会保障水平明显提升。2011 年全省民生方面财政投入 2600.7 亿元，占财政支出的 78.7 %，比上年增加 636.5 亿元，增长 32.4 %。其中，实施民生工程投入 468 亿元，惠及 6000 多万城乡群众，人均受益近 800 元。随着民生工程的扩面提标，覆盖面越来越广，综合效应越来越明显，促进了教育、卫生、文化等社会事业加快发展。去年，全省加固改造中小学校舍 944 万平方米，建成乡镇文化站 583 个、农家书屋 6924 个。社会保障体系进一步健全，新农合和城镇居民医保补助标准由人均 120 元提高到 200 元，城乡居民养老保险试点县（市、区）达到 67 个，参保人数达 2178 万人，发放养老金 29. 4 亿元。开工各类保障性住房 43 万套，建成 20.5 万套，完成投资 399 亿元，全省 27.7 万户城镇低收入家庭改善了居住条件。投入 5.4 亿元，对 10.2 万户农村危房进行改造。

二是民生领域的薄弱环节得到加强，公共服务均等化步伐加快。民生项目和资金进一步向“三农”领域、困难地区和弱势群体倾斜。去年，33 项民生工程中有 30 项涉及农业、农村、农民，累计投入 356.3 亿元，占总投入的 76 %，增长 39.9 %，基本公共服务向农村延伸的格局加速形成。补助 19 个国家扶贫开发工作重点县 100.5 亿元，增长 41.5 %，高于全省 39.7 %的投入增幅，进一步缩小了公共服务体系建设的区域和城乡差距。高度关注困难弱势群体，保障农村五保对象 46.02 万人，补助标准从每人每年 1200 元提高到 1400 元，统一城乡贫困重度残疾人生活救助标准，由每人每月 30 元提高到 50 元，向 5.7 万名特困精神病患者发放药费补贴，有效改善了困难人群的生活质量。

三是城乡居民收入较快增长，人民生活水平显著提高。随着经济持续发展和收入倍增规划的实施，城乡居民收入增幅进一步提高。去年，全省城镇居民人均可支配收入达到 18606 元，在全国位次由第 18 位上升到第 14 位，在中部位次由第 4 位上升到第 2 位，比上年增加 2818 元，增长 17.8%；农民人均纯收入 6232 元，增长 17.9%，增幅比上年高 0.6 个百分点。增收结构出现新亮点，特别是农民工资性收入增长 23.6%，份额占全部收入的 43.7%，首次超过经营性收入的比重。

四是实践经验不断积累，民生工作的制度性安排逐步形成。在民生工程的推进中，结合中央要求和我省实际，注重民生工作制度性安排，科学设计工

程项目，逐步形成了改善民生的政策体系。在工作运行上，建立健全科学高效的工作推进机制、督促检查机制、考核奖惩机制和相应的工作制度，形成了“党委政府负责、财政牵头抓总、部门合力推进、社会广泛参与”的工作格局。在资金保障上，着力构建公共财政向民生倾斜的框架结构，形成稳定多元的资金筹措机制。在项目推进上，坚持有进有出，动态管理，滚动发展，在建设、管理、养护等各个环节建立了相应的工作机制，保障民生工程取得实效，使广大人民群众得到更多实惠。在我省人均财力有限、地区发展差异较大、社会建设欠账较多的情况下，民生工作能够取得这样的成绩，确实来之不易。这是各级各部门在省委、省政府的领导下，认真贯彻落实党中央、国务院一系列改善民生决策部署的结果，是民生工作战线的同志们狠抓落实、埋头苦干的结果，也是广大群众和社会各方面积极配合、大力支持的结果。在总结成绩的同时，我们也要看到，我省城乡居民收入与全国平均水平还存在不小差距，民生工程项目进展不平衡，后续管理养护机制还不健全，一些地方资金配套压力比较大，今后的任务还十分艰巨。对这些问题，我们一定要高度重视，采取有效措施加以解决。

二、扎实推进今年民生工程的各项任务

省委、省政府决定今年继续实施33项民生工程，计划投入540亿元。其中，继续实施的有19项；新增了城乡居民养老保险、乡镇公办幼儿园建设、公共文化服务信息化建设3项；提高了农村低保、五保供养、重度残疾人生活救助等6个项目的补助标准；调整了就业技能培训、计划生育奖励扶助、贫困残疾人康复等5个项目的政策措施。农村卫生服务体系、光荣院建设2个项目完成任务退出，大中型水库移民后期扶持项目转入部门正常工作。刚才，夏来同志代表省政府与各市政府签订了2012年民生工程目标责任书，各级各部门要在前几年的工作基础上，进一步总结经验，巩固成果，创新工作举措，切实抓紧抓好。

一要加大民生投入，健全资金保障机制。要牢固树立民生财政理念，建立民生资金预算的自然增长机制，处理好尽力而为和量力而行的关系，把更多的财力向民生倾斜，向困难地区、困难群体倾斜。省实施的民生工程，由市县配套的资金呈现出逐年下降趋势，今年33项民生工程需要市县配套80亿元，配套比例为14.8%，比2011年下降了2.8个百分点。市县政府要积极落实配套资金，保障民生支出。要大力调整财政支出结构，从紧安排一般性支出，将新增财力更多地用在改善民生上。要拓宽筹资渠道，抓好资金拨付和管理，发挥财政资金的杠杆作用，引导更多的社会资金投入民生项目的建设、运行、维护和管理，形成多元筹资机制。

二要提升工程质量，确保人民群众满意。质量是民生工程的“生命线”，要坚持高标准、严要求，确保干一项、成一项。要严格管理程序，对发放或补助到人的项目，大力推广群众评议、“三榜公示”等做法，保证政策公开、程序透明；对工程类项目，要严格实行法人责任制、招投标制、合同管理制、质量终身负责制等制度，保障工程进度和质量。要充分发挥人民群众在民生工程建设中的主体地位，尊重群众的知情权、参与权、表达权和监督权，引导群众参与民生工程选择、立项、实施、管护全方位工作，真正把好事办好。

三要加强建后管养，注重长效化建设。现在全省建成了一大批工程类民生项目，要管好用好，尤其要注重后期的管理养护，让每一项工程都能持续发挥效益。去年，省直部门出台了20个加强工程类项目后期管护的意见，各地也制定了具体办法，要进一步抓好落实，切实解决好管养不到位的问题。要落实责任，创新机制，积极探索特许经营、政府购买服务、政府补贴等多种管养方式，综合运用县乡为主、一事一议、单位自筹、社会资助等多种途径筹措管养经费，发挥政府主导、群众自主、市场调节的合力。要开拓思路，因地制宜，将民生工程与健全社会保障体系、发展社会事业紧密结合，与土地治理整村推进、新农村建设紧密结合，把民生工程项目与其他基础设施统筹规划、同步推进，有机衔接各类民生资源，持续放大民生政策效应。

四要明确工作责任，完善推进落实机制。今年民生工程的任务量主要在市县，其中有19个项目直接由县级实施，超过90%的补助资金通过县级发放。市县政府要切实负起责任，加强组织领导，深入宣传发动，强化调度推进，建立更加有效的推进机制，促进民生工程责任在一线落实、资金在一线保障、任务在一线完成。要真抓实干，防止做表面文章、搞形式主义。各级财政部门要切实承担牵头职责，加大协调指导力度，强化资金管理，防止资金浪费。

省直各主管部门要及早下达任务，制定政策措施，加强分类指导，有条不紊推进各项工作。发改、土地、规划、建设等部门要制定相关扶持政策，确保各项工程类项目早批复、早开工，按时高质量完成。各级监察、审计等部门要加强对民生工程的监督检查和审计监督，严厉惩处截留挤占、虚报冒领、贪污资金等违法违纪行为，确保各项民生工程项目稳步健康推进。要开展对部分民生项目的绩效评估，探索实施第三方评估考核办法，邀请人大代表、政协委员、决策咨询机构及社会各界人士参与中期和后评估。同时，进一步加大政务公开力度，广泛接受群众监督和社会监督，真正把民生工程做成民心工程、德政工程。

*五要全面抓好事关民生的各项工作。*民生工程是改善民生的一个重要抓手，但不是民生工作的全部。在抓好民生工程的同时，要积极回应社会关切，统筹推进教育卫生、劳动就业、社会保障、安全生产、社会治安等事关群众切身利益的各项工作。这次省"两会"期间，代表委员们反映不少事关民生的问题，包括物价上涨对低收入群体生活影响的问题，零散居住小区生活服务和安全隐患的问题等等，对此我们都要高度重视，纳入民生工作范围，逐步加以解决。要结合"五级书记带头大走访"活动，深入基层调查研究，倾听群众呼声，发现有待解决的问题，进一步完善改善民生的政策体系。

三、深入实施城乡居民收入倍增规划

实现城乡居民收入翻一番，是我省"十二五"规划的一个重要目标。按照2010年的基数测算，要实现倍增，城镇居民人均可支配收入年均需要增长14.5%，农民人均纯收入年均增幅要达到14.9%，任务比较艰巨。今年，我们确定的城镇居民人均可支配收入和农民人均纯收入的增长目标分别是12.5%以上和13%以上，总体上是积极稳妥的。我们必须千方百计完成目标任务，力争增长幅度更大一些。要着力抓好四个方面的工作：

*一要把促进就业创业作为增加居民收入的主要渠道。*工资性收入是城乡居民收入的主体，去年城乡居民两项收入中工资性收入分别占到69.4 %和43.7 %，成为拉动收入增长的主要力量。在我省工业化加速发展的阶段，工资性收入比重扩大的趋势将会在较长时期内存在，我们必须把扩大就业创业作为主渠道，实施更加积极的就业政策。要统筹稳定经济增长和稳定就业，在实施重大战略、推进产业升级、布局建设项目等方面，优先考虑扩大就业。要进一步完善扶持政策，鼓励引导我省劳动力就近就业和创业，鼓励创业促就业，对吸纳就业多的企业给予结构性减税等政策扶持。实体经济是吸纳就业的主阵地，当前发展遇到一些困难，这要通过完善政策措施、加大扶持力度来解决，不能在降低用工成本上找出路。要大力培育和发展中小微企业和劳动密集型产业，加快服务业发展，进一步增强实体经济吸纳就业的能力。

*二要多措并举促进农民收入快速增长。*认真落实各项强农惠农富农政策，抓好对农业、农民各项政策性补贴的兑现发放，执行好重点粮食品种最低收购价、农产品价格保护、政策性农业保险等政策措施，进一步发挥政策性增收效应。要加大科技兴农力度，加快农业产业结构的调整优化，因地制宜发展特色高效农业、畜牧养殖业，进一步发掘农业内部增收潜力。要把农业产业化作为增加农民收入的重要手段，完善龙头企业与农户利益联结机制，加快发展农民专业合作组织，让农民在产业链条中分享更多的利润。从根本上讲，促进农民收入的持续增加，还是要在推进"三化同步"上下功夫，尤其要在工业化和城镇化的发展中，增加农民的就业机会，促进农民工就近就业创业，不断增加农民的工资性收入。要加快建立和完善城乡一体的人力资源市场和公共服务平台，促进城乡劳动者平等就业，让农民享有更多的公共服务和更高水平的社会保障，保护农民的合法权益，多渠道增加农民收入。

*三要理顺分配关系，构建更加公平合理的收入分配格局。*目前，居民收入在城乡、区域、行业之间的差距还比较大，国家已把收入分配制度改革提上重要日程，我们要把握国家政策导向，立足本省实际，在理顺分配关系上采取相应政策和措施。要进一步理顺要素市场，在资源配置、市场准入等环节消除不合理的垄断，完善资金、资源、劳动力等生产要素的价格形成机制，从源头上提高劳动报酬在初次分配中的比重。建立健全职工工资正常增长机制、集体协商机制、支付保障机制和最低工资标准调整机制，引导用工单位形成规范合理的收入分配体系。要加大再分配的调节力度，落实好针对中小企业、个体工商户等方面的税费减免措施，加大"三农"、集中连片特困地区的财政扶持政策，以及低收入群体、特殊困难群体社会救助政策的落实力度，增加居民的转移性

收入。要着力解决好群众普遍关心的就业、教育、医疗、住房和社会保障等问题，进一步提高民生普惠水平。

四要加强城乡居民收入的统计工作。城乡居民收入统计调查是一项基础性工作，要适应人口流动的变化和不同收入阶层的变化，进一步完善统计调查体系，改进调查方法，规范核算标准，在统计范围、样点选择上更加突出合理性、代表性，提高收入统计数据的质量，真实反映居民生活状况和收入水平。在城乡住户调查中，要加大对记账户统计规范的普及，注重调动记账户的积极性，尽量保持统计样本的稳定性和可比性。要强化统计调查管理，坚持依法调查、规范操作，保证居民收入源头数据的真实性，为居民收入倍增规划的实施提供可靠的数据支撑。

牢固树立民生财政理念 积极推进美好安徽建设

——全省民生工程暨居民收入倍增工作报告

省财政厅

（2012年2月20日）

一、2011年民生工程建设取得新的成效

2011年，在省委、省政府的坚强领导下，各级各部门牢固树立民生优先理念，不断加大投入，狠抓工作落实，33项民生工程深入推进。

（一）民生工程组织实施工作扎实有序

一是创新工作举措。各级各部门团结协作，密切配合，全省民生工程工作调度有序，亮点纷呈。经过深入研讨，多方论证，省政府出台了《关于印发安徽省民生工程“十二五”规划的通知》（皖政〔2011〕83号），确定了新时期民生工程的发展路径和攻坚方向。5月份，全省财政系统开展了“贴民情、听民意、惠民生——万名财政干部大走访”活动，走访居民、农户27.8万户。8月份，省人大、省政协组织100多名省人大代表、省政协委员对16个市民生工程进行巡视评估。省财政厅会同省直各部门制定出台了20个工程类项目建后管养的指导意见。铜陵市、谯城区、南陵县、芜湖县等15个市、县（区）实现新农合和城镇居民医保并轨，宿州、淮南、池州、黄山等市将民生工程与其他农村基础设施统一规划建设，充分发挥整体效益。

二是深入调度推进。年初，省政府出台1号文件，省财政厅印发《33项民生工程实施办法》等实施方案及配套文件。2月24日，召开全省实施民生工程工作会议，书记张宝顺、时任省长王三运作重要讲话，省政府与各市政府签订目标责任书。省财政厅认真履行牵头职责，完善民生工程省直、市县联络员制度，召开4次省直单位联络员会议和3次全省民生工程工作座谈会，在横向、纵向两个层面加强调度推进。省发改委、省卫生厅3月底前下达村卫生室投资计划。省广电局提前启动实施广播电视“村村通”工程，及早部署落实工作任务。省民政厅成立民生工程实施领导小组，定期研究解决问题。省交通厅多次召开专题工作推进会，对农村危桥改造工程进行调度推进。省水利厅、省文化厅按月通报进展，推动工程实施。

三是强化资金保障。2011年，全省民生投入2600.7亿元，占财政支出78.7%，地方新增财力80%以上用于民生。民生工程累计投入468亿元，其中省财政拨付中央和省级资金385.8亿元，占总投入的82.4%，较上年增长108.6亿元。省级新增省对下均衡性转移支付30亿元，其中健全县级基本财力保障资金10亿元，有效减轻了市县配套压力。各级财政部门打足预算，优先安排拨付民生工程资金，确保配套足额落实，确保资金发挥效益。

四是深化政策宣传。3月22日，省委宣传部、省民生办印发《关于进一步加强民生工程宣传报道的通知》，在全省开展民生工程宣传月活动。从4月1日起，在《安徽新闻联播》开设“民生工程进行时”专栏，在《安徽日报》开设“33项民生工程巡礼”专栏，每天介绍1个项目，展示实施成效，解读项目政策。省民生办编印《民生工程政策80问》和致城乡居民的一封信，在省财政厅门户网站进行民生工程社情民意调查，共征集953名网民意见376条。

五是严格监督考核。在征集部门、市县意见的基础上，对民生工程考核办法进行修改完善，将社情民意调查结果列入单项得分，实行统一考核分项评分，减轻基层迎检负担，增加中央媒体曝光一票否决等内容。民生工程各牵头单位按照要求，认真完成各单项考核工作。省统计局完成了社情民意调

查考核，运用群众知晓度、满意度指标，反映各地工作效果。省监察厅、省审计厅认真开展民生工程专题监督检查，严格跟踪问效。

(二)33 项民生工程目标任务全面完成

8 项生活保障类项目。300 多万城乡困难群众生活保障问题得到有效缓解，各级财政投入资金 98.9 亿元。加大农村五保供养保障力度，补助标准由每人每年 1200 元提高到 1400 元。加快推进保障性住房建设，将公租房纳入民生工程范围，逐步解决城市低收入家庭住房困难问题。

6 项教育培训类项目。落实城乡义务教育保障政策，700 多万名义务教育阶段学生受益。提高高校国家助学金资助水平，对中职家庭经济困难学生和涉农专业学生免学费，将困难学生资助延伸到普通高中。完成农民工技能培训和新型农民培训 84 万人，促进农民创业就业。

7 项医疗卫生类项目。新农合、城镇居民医保财政补助标准提高到每人每年 200 元，覆盖范围进一步扩大，保障水平进一步提高。扩充重大传染病医疗救治和生活救助项目内容，进一步推进血吸虫病传染源控制工作。

8 项农业和农村基础设施类项目。加快推进农村危房改造和农村清洁工程，改善农村环境卫生。新增实施公路危桥加固改造、一事一议财政奖补项目，提高农村基本公共服务水平。

4 项文化建设类项目。完成广播电视村村通、农家书屋和乡镇综合文化站建设任务，健全公共文化服务体系。开展家电下乡和家电以旧换新，进一步扩大城乡消费，提高居民生活质量。

2011 年，33 项民生工程累计投入 468 亿元，比上年增加 123 亿元，增长 35.6%，惠及全省 6000 多万群众，人均受益近 800 元。其中发放或补助到人资金 289.3 亿元，占 33 项民生工程资金总额 61.8%；建设类项目投入资金 178.8 亿元，进一步拉动了内需，增加了投资，促进了全省经济发展。30 个涉农项目投入资金 356.3 亿元，占民生工程资金总额 76.1%，基本公共服务向农村延伸的格局加速形成。2011 年 4 月，习近平副主席来我省视察时指出，近年来，安徽改善民生的工作力度不断加大，探索了一条以项目化手段发展社会事业、用工程化措施解决民生问题的路子。省领导对民生工程作出 7 次重要批示，省人大、省政协和社会各界对民生工程组织实施工作，也给予了高度评价。

二、2011 年居民收入倍增工作开局良好

全省各级各部门认真贯彻落实省委、省政府《关于实施“十二五”居民收入倍增规划的指导意见》(皖发〔2011〕14 号)，密切协作，共同推进，居民收入倍增工作开局良好。

一是建立工作机制。为确保收入倍增规划各项牵头协调任务落实，省财政厅抽调力量，成立倍增办，与民生工程办公室合署办公，负责倍增规划实施领导小组日常工作，谋划政策建议、督促协调部门、形成工作合力。建立省直和市县联络员制度，通过会商走访、开展调研等方式，加强沟通协调、推进政策落实。省农委、省人社厅等部门成立推进规划实施领导小组；淮北、亳州、淮南、六安、安庆、池州等市，成立以市长为组长、市直相关部门主要领导为成员的推进城乡居民收入倍增规划实施领导小组。

二是落实目标任务。各部门密切协作，围绕倍增目标，抓好任务落实。9 月份，按照省政府办公厅要求，对全省城乡居民收入倍增规划工作进展进行统计调度。11 月份，省政府召开推进居民倍增规划实施领导小组第一次会议，确立工作领导机构，明确工作目标任务，对落实居民收入倍增规划进行全面部署。12 月份，倍增办与省直部门共同配合，将“十二五”倍增规划各项目标分解到各市，并督促各市将倍增核心指标分解到县。

三是完善政策措施。省委、省政府办公厅印发了《关于促进“十二五”农民收入倍增的实施意见》。省财政厅会同省统计局、国家统计局安徽调查总队研究设立“十二五”居民收入倍增规划监测考核指标体系，确定核心指标、发展指标、增收性指标，分解落实任务。省财政厅、省人社厅研究制定《安徽省就业专项资金使用管理暂行办法》，实施积极的财政政策，扩大就业、扶持创业。省农委、省人社厅等结合部门职责，积极研究收入倍增配套政策和推进方案。六安、蚌埠、淮南、宣城、铜陵、黄山等市研究制定《“十二五”居民收入倍增规划的实施意见》。

四是严格督查考核。在充分征求省直有关部门和社会公众意见的基础上，省政府办公厅印发《安徽省“十二五”居民收入倍增规划实施情况考核办法》。12 月份，将全省居民收入倍增规划考核与民生工程考核同步进行，从组织领导、任务分解、政策措施、工作成效及创新举措等方面对 16 个市倍增规划组织实施情况进行了综合考评。芜湖市将居民收入倍增规划纳入市委、市政府重点督查范围,定期检查工作落实情况。淮北市建立内部督查制度、联席调度会制度,及时研究解决推进工作中的困难和问题。

2011 年是实施居民收入倍增规划的第一年,经过全省上下的共同努力,省委、省政府提出的城镇居民人均可支配收入(增长 14.5%)和农民人均纯收入(增长 14.9%)的目标超额完成。城镇居民人均可支配收入达到 18606 元,增长 17.8%,增幅比上年提高 5.7 个百分点。农民人均纯收入达到 6232 元,增长 17.9%,增幅比上年提高 0.6 个百分点。全年实现城镇新增就业人数 62.3 万人,实现转移农业劳动力人口数 74 万人,完成新型农民培训 48.7 万人,实现农产品加工业总值 5061.4 亿元,完成 50 亩以上规模化种养面积 1356 万亩,实现城乡低保、五保供养标准比上年增长 10%以上,实现"新农合"政策范围内的住院医疗费用支付比例达到 71.9%。

三、2012 年民生工程和收入倍增工作安排

2012 年是巩固发展"十二五"时期良好开局的关键一年,也是民生工程完善提升、收入倍增规划全面推进的关键一年。各级各部门要围绕省委、省政府决策部署,按照民生工程和收入倍增工作要点安排,重点抓好以下几项工作。

*一是抓好任务分解。*元月 18 日,省政府印发《关于 2012 年实施 33 项民生工程的通知》(皖政〔2012〕1 号)。省倍增规划实施领导小组办公室也将今年收入倍增规划指标分解下达到各市。省政府与各市政府签订了 2012 年民生工程目标责任书。省各主管部门要在 3 月底前下达民生工程项目计划,争取早开工、早建设。抓紧研究出台促进就业、扶持创业、完善社保等配套政策。各地也要尽快制订具体实施意见和方案,及时分解两项工作任务,层层抓好落实,确保每项任务和责任落实到具体单位、具体人。

*二是抓好协调推进。*民生工程和收入倍增涉及面广、系统性强,需要各级各部门密切配合、强化沟通、上下联动、多方协同。财政部门要切实发挥牵头协调作用,省直主管部门要发挥政策规划、分类指导职责,市、县政府要强化统筹协调、政策落实责任。各地要建立收入倍增数据共享机制和信息报送制度,定期汇总反映情况,及时通报实施进展、存在问题、检查结果,公布收入倍增考核性指标和监测性指标完成情况,确保年度目标顺利完成。

*三是抓好资金保障。*今年全省实施 33 项民生工程,预计投入 540 亿元,6 个项目将提高标准,新增的 3 个项目资金投入超过 60 亿元。根据测算,市县需配套 80 亿元,配套比例为 14.8%,比去年下降 2.8 个百分点。各级政府和财政部门要牢固树立民生财政理念,将新增财力的主要部分用于改善民生。要区分基本与非基本,保障基本民生,提供基本的公共服务。对学前教育、新农合、城镇居民医保、农村低保、五保供养等基本民生要本着积极而为、量力而行的原则,逐步扩大覆盖范围,提高补助标准;对非基本的部分,要充分利用市场机制,用市场化方式解决。

*四是抓好效益提升。*各级各部门要强化绩效意识,切实加强和规范民生工程项目运行、维护和管理,努力提升项目惠民功效。要全程抓好资金拨付和监督管理,提高资金使用效率。发放或补助到人的项目,要公开政策范围、筹资标准、办事程序,确保资金发放公开、透明、及时;补助到学校、医院、培训机构等单位的,要严格审批管理,规范资金拨付程序。工程类项目,要按照工程序时进度,及时拨付至项目实施单位。要注重加大各类民生资金的整合力度,统筹安排、合理使用。要加强同类型项目的政策衔接,多作制度性安排,积极探索实行城乡一体化的管理模式,不断放大政策效应。要重点抓好民生工程项目建后管养,各地要按照省直部门出台的 20 个工程类项目管养指导性意见,逐项抓好落实,做到管护人员到位、管护经费到位、管护措施到位。

*五是抓好绩效评估。*各级民生办要认真组织民生工程回访,巩固"万名财政干部大走访"活动、民生工程巡视评估活动成果。省直部门要出台落实倍增规划政策的指导性文件,强化对各地倍增规划政策落实的跟踪评估和指导。今年,省政府将对民生工程和收入倍增两项工作实施情况开展考核评比。完善民生工程考核办法,增加建成项目运行管理情况评分权重,强化媒体曝光、负面新闻以及社会监督等方面的否决作用;将倍增规划实施情况纳入各市县(市、区)党委和政府目标考核体系、党政领导干部绩效考评体系,并作为创先争优活动和加强效能建设的重要内容。

重要文件

中共安徽省委　安徽省人民政府关于实施“十二五”居民收入倍增规划的指导意见

（2011年6月29日　皖发〔2011〕14号）

加快城乡居民收入增长，是坚持以人为本、推进科学发展的必然要求，是着力扩大消费需求、加快转变发展方式的重要举措，是促进社会公平正义、维护社会和谐稳定的迫切任务，对于全面转型、加速崛起、兴皖富民和全面建设小康社会具有全局性、战略性意义。为深入贯彻落实党的十七届五中全会和省委八届十三次全会精神，省委、省政府决定“十二五”期间在全省实施城乡居民收入倍增规划。现提出如下指导意见。

一、实施城乡居民收入倍增规划的总体要求

（一）指导思想。以邓小平理论和“三个代表”重要思想为指导，深入贯彻落实科学发展观，以全面转型、加速崛起、兴皖富民为主线，坚持工业化城镇化双轮驱动，统筹推进农业现代化，深入推进全民创业，深化收入分配制度改革，建立健全基本公共服务体系，加快构建居民收入持续较快增长的多元支撑体系，使发展成果更好地惠及城乡居民，为全面建成小康社会打下坚实基础。

（二）目标任务。力争到2015年城乡居民收入比2010年翻一番，城镇居民人均可支配收入、农村居民人均纯收入分别突破31000元、10000元，居民收入在国民收入分配中比重、劳动报酬在初次分配中比重逐年提高，城乡居民收入与全国平均水平差距逐步缩小；收入分配格局更加合理，低收入者收入明显增加，中等收入群体持续扩大，贫困人口显著减少，收入差距扩大的趋势尽快得到扭转，城乡居民幸福指数显著提升。

（三）基本原则。——坚持以人为本、富民优先。在加快经济发展、优化经济结构的基础上，更加突出富民导向，努力实现居民收入增长和经济发展同步、劳动报酬增长和劳动生产率提高同步，实现兴皖和富民有机统一。

——坚持市场主导、政府调控。充分发挥市场机制的基础性作用，不断建立健全劳动、资本、技术、管理等要素按贡献参与分配的制度，同时加大政府对初次分配和再分配的调控力度，正确处理公平与效率的关系，调整优化财政支出结构，加大民生投入力度，大力推进基本公共服务均等化，整顿规范分配秩序，促进社会公平正义。

——坚持统筹兼顾、突出重点。统筹城乡发展、区域发展、行业发展，加大对皖北地区、大别山等革命老区、皖南深山区等扶持力度，坚持“提低、扩中、调高”的政策导向，有效调节过高收入，着力帮扶低收入群体、弱势群体，创新农民增收机制，逐步形成中等收入群体为主的社会结构。

——坚持立足当前、着眼长远。立足各地发展阶段和自身实际，明确主攻方向和增收路径，既要从群众最关心、最直接、最现实的问题入手，使城乡居民早见收益、多得实惠，又要着力解决影响富民的结构性和体制性问题，形成城乡居民持续增收、民生不断改善的长效机制。

二、实施就业提升工程，着力增加工资性收入

（四）扩大就业容量。实施更加积极的就业政策，在产业升级、项目布局、政策制定等方面，优先考虑对扩大就业的影响，促进产业结构调整与就业结构调整有机结合。研究制定促进就业的倾斜性产业政策，大力培育和引进劳动密集型产业，建立健全第三产业统计指标体系，推动服务业加快发展，积极支持小型微型企业发展，在培育新的经济增长点中形成更多就业增长点。完善就业援助政策，多渠道开发公益性岗位，切实解决好大学生等重点人群就业问题，推进退役士兵教育培训基地建设，做好退役军人就业工作。“十二五”期间，实现城镇新增就业300万人以上。

（五）促进农村劳动力转移就业。加快建立和完善城乡一体的人力资源市场、基层公共就业服务平台和农民工城市服务中心，促进城乡劳动者平等就业，努力实现农民工与城镇就业人员同工同酬。大力发展劳务经济，加强组织推动和中介服务，引导成建制建筑、服装加工、机电产品加工、家政服务等劳务输出，促进农民向二、三产业和城镇有序转移就业。按照形成主体功能区要求，研究制定区域人口转移就业和落户等相关政策措施，充分发挥皖江城市带承接产业转移示范区和合肥经济圈的辐射带动作用，深入开展皖江皖北就业对接活动，引导劳动力在区域之间合理流动和分布。支持劳动密集型产业、农产品加工业向县城和中心镇集聚，促进农村劳动力就地就近转移就业。支持有条件的市、县(市、区)开展深化户籍制度改革试点，推动居住条件、劳动就业、社会保障、子女就学、医疗卫生等相关配套改革，加快农民市民化进程。“十二五”期间，实现转移农业劳动力350万人以上。

（六）提高就业培训实效。顺应产业优化升级趋势，围绕市场和企业需求，整合培训资源，创新培训机制，着力提高劳动者职业技能和就业能力。实施面向城镇失业人员、农村转移就业劳动者、城镇新成长劳动力的补贴性就业技能培训，提高补贴标准，创新补贴方式。支持企业兴办职业教育，开展职工岗位技能提升培训，加强实训基地建设，推进校企合作办学，切实缓解企业技能人才结构性短缺矛盾。依托农民专业合作社、专业协会开展针对性培训，着力培养新型农民。支持骨干示范职业院校、技工院校、公共实训基地、职教园区和“双师型”教师队伍建设，形成一批骨干职业院校群体，组建跨区域、跨行业的职业教育集团。

（七）建立健全工资正常增长机制。按照市场机制调节、企业自主分配、平等协商确定、政府监督指导的原则，形成反映劳动力市场供求关系和企业经济效益的工资决定机制和增长机制，使广大劳动者共享企业发展成果。完善最低工资制度，逐步提高最低工资标准，“十二五”期间，各地最低工资标准年均增长15%以上。以中小企业和非公有制企业为重点，推进企业工资集体协商和区域性、行业性工资集体协商。发展企业年金制度，研究出台鼓励引导企业增加工资分配的优惠政策。研究建立统一规范的企业薪酬调查制度，定期发布人力资源市场工资指导价位和工资指导线。加强对垄断行业企业工资水平和工资总额的调控与监管。规范国有企业负责人薪酬管理。以实现同城同待遇和向基层倾斜为目标，完善公务员工资制度。分类推进事业单位收入分配制度改革，建立事业单位岗位绩效工资制度。建立离退休人员工资待遇动态增长机制。健全企业工资支付保障机制，完善“工资保证金”制度，建立“欠薪应急周转金”制度，加大劳动保障监察执法力度，维护劳动者合法权益，努力构建和谐劳动关系。

三、实施创业富民工程，着力增加经营性收入

（八）优化创业环境。落实和完善鼓励全民创业的政策措施，掀起全民创业热潮。坚持非禁即准、平等待遇原则，进一步放宽市场准入，鼓励民间资本进入基础产业、基础设施、市政公用事业、社会事业、金融服务等领域。进一步简化行政审批程序，深入开展涉企收费清理整顿工作，切实降低创业成本，减轻企业负担。支持有条件的地方争创国家级创业型城市。组织开展创业成果展示活动，多渠道、多形式宣传创业政策和成功典型，营造全社会崇尚创业、支持创业、竞相创业的良好氛围。

（九）完善创业服务体系。建立健全中小企业社会化服务体系，依托社区、工业园区建设一批创业服务中心，提供自主创业各环节的全程跟踪服务。加大财政支持力度，扩大全省青年创业基金规模，设立返乡农民工创业投资引导基金，重点资助大中专毕业生、青年农民工等群体创业。创新金融产品和服务，加大创业投资风险补偿力度，健全面向中小企业的贷款担保体系，建立融资性担保机构风险补偿机制，比照金融机构落实担保业税收优惠政策，逐步扩大小额担保贷款总量和贷款业务覆盖面，引导地方金

融机构增加对创业的信贷支持。加强创新创业人才队伍建设，强化企业主要创业者及创业团队核心人员创业能力培训，提高创业成功率。完善科技人员和科技成果考核评价机制，促进科技创业。加强各类创业园区和创业基地建设，对入驻的初创企业实行租金减免。

（十）拓展农业创业领域。大力实施农业产业化转型倍增计划，加快各级农业产业化示范区建设，培育壮大农产品加工业，大力发展特色高效农业，加快发展观光农业、休闲农业等新型农业业态，着力打造现代农业产业体系，使农民在农业功能拓展中获得更多收益。完善龙头企业与农户利益联结机制，促进农民更多地分享农产品增值收益。加大对家庭农场、农业大户、农民专业合作社等培育力度，加快发展现代农业经营主体。健全农产品流通体系，深入推进万村千乡市场工程、新网工程、农产品批发市场、农贸市场、农超对接、农产品冷链物流等建设，支持现代农业经营主体开办平价市场，减少流通环节，提高流通效率。

四、实施民生普惠工程，着力增加转移性收入

（十一）建立完善覆盖城乡的社会保障体系。继续扩大社会保险覆盖面，重点推进农民工、非公有制经济组织从业人员、灵活就业人员和自由职业者参加社会保险。提高社会保险统筹层次，规范和巩固养老保险省级统筹，按国家规定做好企业退休人员基本养老金调整工作。推进城镇职工养老保险扩面提标，加快机关事业单位养老保险制度改革，开展城镇居民社会养老保险试点，2012 年实现城乡居民社会养老保险制度全覆盖。完善被征地农民养老保险制度。完善城镇职工、城镇居民医疗保险和新型农村合作医疗制度，逐步提高保障标准，努力构建城乡一体化的基本医疗保障体系。建立完善工伤预防、补偿和康复相结合的现代工伤保险制度，健全失业保险金标准正常调整机制，进一步提高生育保险待遇。建立健全最低生活保障、五保供养、孤儿基本生活费、抚恤优待标准与物价挂钩机制和动态调整机制，确保城乡低保标准、五保供养标准年均增长 10%以上。加大对临时生活困难人群的救助力度，落实省级财政对临时救助资金的预算，完善有关灾害救助政策，逐步提高灾害救助标准，健全城乡医疗救助和优抚对象医疗保障制度，努力增加生活困难群众收入。将残疾人普遍纳入覆盖城乡居民的社会保障体系并予以重点保障和特殊扶助。支持慈善事业加快发展，广泛开展慈善救助活动，落实完善公益性捐赠的税收优惠政策，健全社会扶贫济困机制。加快保障性住房建设，推进城市和工矿等各类棚户区改造，逐步把城镇中等偏下收入住房困难家庭、城镇新就业无房职工和在城镇稳定就业的外来务工人员等纳入住房保障体系，力争到 2015 年末城镇住房保障的覆盖面达到 20%。

（十二）减少居民公共产品消费支出。坚持普惠性和公益性原则，加快构建覆盖城乡的学前教育公共服务体系，进一步提高城乡义务教育经费保障水平，推进免费中等职业教育进程。健全各类助学体系，逐步把农村家庭经济困难和城镇低保家庭子女接受学前教育纳入资助范围，推进实施农村义务教育阶段学生营养改善工程，完善普通高中、中等职业学校和普通高校家庭经济困难学生资助制度。进一步加强对弱势群体的法律援助服务。深化医药卫生体制改革，健全公共卫生和基本医疗服务体系，完善急救体系，巩固基层医药卫生体制改革成果，加快推进公立医院改革试点，切实缓解“看病难、看病贵”问题。深入实施文化惠民工程，加快建成覆盖城乡、惠及全民的公共文化服务体系，创新文化产品和服务，降低居民文化消费成本。

（十三）落实和完善强农惠农政策。增加农业补贴资金规模和范围，加大涉农资金整合力度，提高资金使用效益。继续实施家电下乡政策，争取国家建材下乡试点，增加对农民的消费补贴。认真执行重点粮食品种最低收购价政策，完善农产品临时收储政策，确保价格总体稳定。扩大政策性农业保险覆盖率，减少农民因灾损失。进一步加大“三农”投入，健全一事一议筹资筹劳办法，大力推进农田水利、道路、流通、教育、卫生、养老等基础设施建设，开展农村社区建设，大力加强农村危房改造和村庄整治，着力打造一批环境整洁、设施配套、特色鲜明的美丽乡村。建立健全农民负担监管长效机制，加强重点地区、重点行业监管，确保农民负担不反弹。

（十四）推进开发式扶贫。落实扶贫开发全覆盖，逐步提高扶贫标准，对农村低收入人口全面实施扶贫政策，加强扶贫开发政策和农村低保制度的衔接。增加省级扶贫配套资金规模，建立健全市县（市、区）财政投入稳定增长机制。创新整村推进、产业扶贫等工作机制，完善结对帮扶制度。“十二五”期间，全省实现 200 万扶贫对象脱贫，国家扶贫开发工作重点县人均纯收入增长率高于全省1个百分点,基本消除绝对贫困现象。

五、实施财富增值工程,着力增加财产性收入

(十五)加大财产权益保护力度。坚持依法行政,确保群众土地、房产等财产权益不受侵犯。健全知识产权保护制度,完善知识产权参与分配政策。依法严厉打击非法集资等行为,保障居民财产安全。

(十六)拓宽居民投资理财渠道。研究制定鼓励居民资产投资的相关政策法规,不断优化财产性投资环境。积极发展证券、期货、基金、保险、信托、典当、租赁公司等金融服务机构,鼓励优质企业上市,规范和健全资本市场。探索开展股权、债权、知识产权质押、抵押融资,发展更多适合普通投资者的理财产品。积极发展产业投资基金、风险投资基金等各类股权投资基金,引导民间融资健康发展。规范发展商品房、汽车等二级市场以及房屋租赁和收藏品市场。加强投资理财宣传培训和投资风险教育,加快发展专业理财服务,引导居民逐步从存款保值向投资增值转变。

(十七)积极推进农村产权制度改革。全面推进农村土地承包经营权、集体土地所有权、集体建设用地和宅基地使用权等确权登记发证,进一步明晰农村土地财产权属。严格执行国家关于征地拆迁的法律法规和政策规定,改革征地制度,提高征地补偿标准,探索农村宅基地征收补偿机制。加大政策引导力度,培育和健全土地承包经营权流转市场,积极稳妥发展多种形式的适度规模经营。加快建立城乡统一的建设用地市场,推进集体建设用地入市。加快建立宅基地抵押、有偿流转和有偿退出机制,切实盘活农民资产。建立规范有序的林权交易市场,逐步提高森林生态补偿基金补偿标准。鼓励有条件的地方开展农村集体产权制度改革试点,支持农村集体经济发展壮大,让农民获取更多的集体资产收益。

六、加强实施城乡居民收入倍增规划的组织领导

(十八)健全领导机构。成立省推进城乡居民收入倍增规划领导小组,切实加强统筹协调和组织实施。领导小组办公室设在省财政厅,负责联络协调、监测评估和督促检查等日常运转工作。各市县要建立相应领导机构和工作机制,层层抓好落实。

(十九)强化目标考核。建立健全城乡居民收入倍增规划统计和评价体系,实施情况纳入各市县(市、区)党委和政府目标考核体系,纳入党政领导干部绩效考评体系,并作为创先争优活动和加强效能建设重要内容。

(二十)完善配套措施。省直各部门要结合自身职责,抓紧研究出台配套政策和推进方案,加强指导服务,形成推动倍增规划落实的整体合力。有关部门要抓紧研究制定"'十二五'农村居民收入倍增规划"。各市县(市、区)要从本地实际出发,认真研究制定具体实施办法,细化目标任务,强化工作要求,完善扶持政策,强力扎实推进,真正使发展造福于民、致富于民。

安徽省人民政府关于印发安徽省民生工程"十二五"规划的通知

(2011年9月5日 皖政〔2011〕83号)

各市、县人民政府,省政府各部门、各直属机构:

现将《安徽省民生工程"十二五"规划》印发给你们,请认真组织实施。

安徽省民生工程"十二五"规划

为科学系统实施民生工程,根据《安徽省国民经济和社会发展第十二个五年规划纲要》和各项社会事业发展专项规划,编制本规划。

一、"十一五"时期民生工程实施取得显著成效

"十一五"时期,省委、省政府深入贯彻落实科学发展观,不断加大财政投入,创新体制机制,全力保障和改善民生。自2007年起在全国率先启动实施民生工程,并以此为抓手,逐步推动各类民生问题的解决。经过多年的实践和全省上下的共同努力,民生工程已经成为推动科学发展、加速安徽崛起的重要政策平台,成为促进社会和谐、保障改善民生的重要工作品牌,开创了群众得实惠、政府得民心的良好局面。

一是惠及全省6000多万城乡居民。2007—2010年,4年间全省共实施34项民生工程(农村中小学D级危房改造2008年完成任务退出),全省

6000 多万群众人均受益 1400 多元，民生工程推进了基本公共服务均等化，提升了人民群众的幸福指数。

*二是促进了经济又好又快发展。*2007—2010 年，全省民生工程累计投入 853.8 亿元，其中补助到人资金 529.6 亿元，项目建设资金 324.2 亿元。坚持集中财力办大事，解决了一些人民群众最关心、最直接、最现实的利益问题，拉动了消费，扩大了内需，有力地促进了全省经济发展。

*三是推进了和谐社会建设。*各项民生工程的实施，促进了教育、文化、卫生、体育等各项社会事业的发展，进一步完善了基层公共服务体系；注重加大对弱势群体的帮助力度，进一步完善了社会保障体系，促进了社会公平正义。

*四是支持了农民增收农村发展。*民生工程涉农项目由 2007 年的 10 项，逐年增加到 2010 年的 28 项，累计投入资金 662.4 亿元，占民生工程总投入的 77.6%，极大地改善了农村基础设施，拓宽了农民增收渠道，推动了城乡一体化发展进程。

*五是密切了党群干群关系。*社情民意调查结果显示，全省群众对民生工程知晓度、满意度均在 80%以上，新农合、农村五保供养、义务教育经费保障等项目满意度达到 90%以上。民生工程让老百姓真切感受到了生活变化，巩固了党的执政基础，受到人民群众的衷心拥护和普遍好评。

2007—2010 年民生工程投入情况：2007 年投入 78.4 亿元，惠及 4000 多万城乡群众，人均受益 200 多元；2008 年投入 176.4 亿元，惠及 5000 多万群众，人均受益 300 多元；2009 年投入 254 亿元，惠及 6000 多万群众，人均受益 400 多元；2010 年投入 345 亿元，惠及 6000 多万群众，人均受益 500 多元。

二、“十二五”时期改善民生工作面临的形势

“十二五”时期是安徽科学发展、加速崛起的重要时期，也是全面转型、兴皖富民的关键时期，工业化、城镇化加速推进，消费结构加快升级，国内外产业转移深入推进，政策叠加效应逐步释放，我们完全有条件推动全省经济社会发展迈上更高水平，财政经济实力大幅跃升，也为我们进一步改善民生工作创造了更加有利的条件。

同时，我们也清醒地认识到，“十二五”时期我省保障和改善民生的任务十分繁重。一是区域发展不平衡的问题较为突出，困难地区人口众多，农村基础设施薄弱，城乡收入分配差距较大，推进基本公共服务均等化和城乡区域协调统筹发展任务艰巨。二是经济发展方式亟待转变，资源和环境面临更大压力，促进人与自然和谐相处、实现可持续发展任重道远。三是社会事业和民生领域欠账较多，人民群众改善民生的要求越来越强烈，加强社会建设、保持和谐稳定面临一系列新问题、新挑战。四是当前民生工程的实施还存在着政策措施不够系统完善、民生工程效应发挥不够到位等问题，必须继续加大工作力度，着力健全民生工程长效机制。

三、指导思想、基本原则和总体目标

*（一）指导思想。*以党的十七大、十七届五中全会精神为指导，深入贯彻落实科学发展观，全面落实全省国民经济和社会发展第十二个五年规划纲要精神，围绕“五有”目标，顺应新期待，优先保民生，尽力而为，量力而行，统筹安排，突出重点，切实解决好人民群众最关心、最直接、最现实的民生问题，不断推进基本公共服务均等化，不断提升人民群众幸福指数，为安徽科学发展、全面转型、加速崛起、兴皖富民做出新贡献。

（二）基本原则。——以人为本，顺应民意。坚持从安徽实际出发，将群众期盼并且通过努力可以解决的问题作为民生工程的重点。尊重群众意愿，适时调整项目和政策，有进有退，滚动发展。

——尽力而为，量力而行。坚持新增财力向民生倾斜、向基层倾斜、向困难群体倾斜，鼓励社会力量参与民生工程，使改善民生与经济发展相适应，与财政实力相匹配。

——注重普惠，突出特惠。既要健全制度体系，让广大城乡居民普遍得到实惠，共享发展成果；又要雪中送炭，对困难群体、弱势群体给予特殊关照、更多关怀。

——统筹兼顾，分步实施。坚持保基本、先起步、全覆盖、再提高，逐步提高民生保障水平。加强政策衔接、资源整合，逐步扩面提标，努力让群众直接得到更多实惠。

——建管并重，完善提高。进一步加强建成项目的运行、维护和管理，创新机制，整合资源，努力提高民生工程政策的系统性和科学性。

——各负其责，合力推进。坚持财权事权相统一，强化落实责任，形成整体合力，确保供给有效扩大，服务方便可及，民生工程知晓度和满意度不断提升。

（三）总体目标。通过5年的努力，扩大社会保障、住房保障、就业服务覆盖范围，不断提高人民生活质量和水平，促进公共教育、医疗卫生、文化等事业均衡发展，着力缩小城乡之间、区域之间、群体之间的基本公共服务差距，加快农村基础设施建设，努力使全省人民学有所教、劳有所得、病有所医、老有所养、住有所居。

——群众基本生活保障更加充分。健全就业公共服务体系，提高就业培训实效，增强劳动者就业创业和增收能力；加快城乡养老保险制度体系建设，2012年基本实现新型农村社会养老保险、城镇居民养老保险全覆盖；完善新农合、城镇居民医保政策，逐步提高保障标准，到2015年全省城乡居民医保政策范围内住院医疗费用报销水平提高到70%以上，构建城乡一体化的基本医疗保障体系；加大保障性安居工程建设力度，力争到2015年末城镇住房保障的覆盖面达到20%；建立最低生活保障、五保供养标准与物价挂钩和动态调整机制，确保城乡低保标准、五保供养标准年均增长10%以上；实施孤儿基本生活保障，对贫困残疾儿童实行免费抢救性康复，调整完善计划生育奖励扶助制度，加大城乡医疗救助力度，保障特困群体基本生活。通过建立健全广覆盖、保基本、多层次、可持续的社会保障体系，切实解决就业、养老、医保、住房等民生问题，努力实现就业持续增加，低收入者收入明显增加，贫困人口显著减少，人民生活质量和水平不断提高。

——社会公共服务体系更加完备。优先发展公共教育，全面完成校舍安全和农村留守儿童之家（活动室）建设任务，加快农村教师周转宿舍建设，实施农村儿童安全保障项目，加快构建学前教育公共服务体系，力争2015年全省学前三年毛入园率达到65%，促进城乡义务教育均衡发展；推进实施基本公共卫生服务均等化计划，全面完成城乡卫生服务体系建设任务，深入推进医药卫生体制改革，加强社区卫生服务中心和中心卫生院建设，进一步提高城乡居民健康水平；积极构建覆盖城乡、惠及全民的公共文化服务体系，促进文化事业更加繁荣，人民群众文化生活更加丰富；健全养老服务体系，加快社区养老服务机构、农村五保供养服务机构建设，完成社会（儿童）福利中心、光荣院建设任务。通过健全完善配置公平、发展均衡的社会事业体系，满足人民群众教育、医疗卫生、文化等基本公共需求，推进基本公共服务全覆盖和均等化。

——农村生产生活条件更加改善。加大水利基础设施建设投入，进行病险水库除险加固，切实保障水库下游人民生命财产安全，继续实施农村饮水安全工程，惠及2000多万农村居民；加强农村基础设施建设，实行农村公路危桥改造，满足群众出行需要，全面开展村级公益事业一事一议财政奖补，力争覆盖全省95%以上的行政村；加大农村环境整治力度，继续实施农村沼气工程，推进农村使用清洁能源和节能减排，实施农村清洁工程，整合一事一议资金加大投入，显著改善农村环境卫生状况。努力扩大政策性农业保险覆盖面，增强农业抵御风险能力，推进家电下乡和家电以旧换新，提高城乡群众生活质量。通过改善农村基础设施和农业社会化服务，加快社会主义新农村建设，推动农业大省向农业强省跨越，建设农民幸福生活的美好家园。

四、“十二五”时期重点实施的民生工程项目

围绕上述目标，建立安徽省2011—2015年重点民生工程项目库。按照不低于16%的年均增幅，不断加大投入，重点实施八大类民生工程项目。

（一）公共教育类。围绕学有所教目标，巩固义务教育普及成果，推进城乡义务教育均衡发展。大力发展学前教育，加快农村义务教育薄弱学校标准化建设，全面完成校舍安全和农村留守儿童之家（活动室）建设任务，加大家庭经济困难学生资助力度。

大力发展农村学前教育。加强乡镇公办幼儿园建设，利用中小学闲置校舍改扩建公办幼儿园，积极引导、扶持民办幼儿园，努力构建覆盖城乡、主体多元、布局合理的学前教育公共服务体系，争取2015年学前三年毛入园率达到65%。依托农村中小学校和乡镇文化站建设留守儿童之家，添置图书和体育活动器材，配备电视机、电话等，使农村留守儿童课余有去处、课外有关爱。实施农村儿童安全保障项目，明确部门职责，加强宣传教育，防止儿童溺水等安全事故发生。

推进城乡义务教育均衡发展。继续免除城乡义务教育阶段学生学杂费，向农村义务教育阶段学生免费提供国家课程教科书，逐步提高义务教育阶段中小学生均公用经费补助标准和家庭经济困难寄宿生生活费补助标准。实施农村义务教育薄弱学校标准化建设工程,购置图书、配备多媒体远程教学设备和教学实验仪器,开展县镇学校扩容改造和寄宿制学校建设,到2015年实现全省农村义务教育薄弱学校标准化建设全覆盖。实施农村教师周转宿舍建设项目,改善农村教师基本工作生活条件。加快校舍安全工程建设,对中小学校教学用房、学生宿舍和食堂3类重点校舍实施加固改造或迁移避险,提高防震能力和综合防灾能力,保障师生生命安全。

落实和完善各项助学政策。继续实施高校、中职和普通高中家庭经济困难学生资助,扩大受助学生比例,提高资助水平,帮助家庭经济困难学生完成学业。

(二)就业服务类。围绕劳有所得目标,建立覆盖对象广泛、培训形式多样、管理运作规范、保障措施健全,面向全体劳动者的就业技能培训制度。提高农民培训的有效性和针对性,增强农民就业创业能力。推进实现全省到2015年城镇新增就业300万人、城镇登记失业率控制在5%以内目标。

开展多种形式的就业技能培训。调整农民工培训政策,丰富培训手段,采取订单式、定向式等多种形式,分类开展就业技能培训,提高劳动者就业能力,促进社会充分就业。到2015年,力争使有培训需求和就业愿望的城乡劳动者得到1次以上的技能培训,掌握1项实用技能。实施更加积极的就业政策,加强公共就业服务,重点解决好高校毕业生、农村转移劳动力、城镇就业困难人员的就业问题。落实鼓励自主创业政策,促进各类群体以创业带动就业。

加强新型农民培训。围绕一、二、三产业,大力开展农村实用技术和农业职业技能培训,为保障农产品有效供给、食品安全和农业可持续发展提供技术支撑和智力支持。其中,阳光工程培训,重点面向现代农业、农村服务业和农产品加工业等从业人员,开展从业技能、农业经营管理等知识培训;农业专业技术培训,主要面向从事农业生产的专业农民、基层(县、乡)农技推广人员,开展农业科技知识、实用生产技术等培训;农民创业培训,主要对在农村有创业愿望并有创业基础的人员,开展创业必备知识和能力培训;农民科技示范培训,主要围绕当地主导产业、主导品种、主推技术开展培训,使技术指导员全面提升业务素质,科技示范户和辐射户提高应用农业科技能力。

(三)社会保障类。围绕老有所养目标,力争城乡居民养老保险2012年基本实现全覆盖,逐步提高农村"五保户"供养标准,加快城乡养老服务体系建设。逐年提高全省农村最低生活保障线,实施孤儿基本生活保障项目,继续开展贫困重度残疾人生活救助,实现困有所济、基本消除绝对贫困目标。

解决城乡居民养老保障问题。逐步扩大新型农村社会养老保险试点,2011年覆盖60%的市、县(区),2012年基本实现全覆盖。开展城镇居民养老保险试点,2011年覆盖60%的市、县(区),2012年基本实现全覆盖。建设社区养老服务机构,加快养老服务体系建设。

提升困难群体保障水平。逐年提高全省农村最低生活保障标准,月人均补差额年递增10%以上。逐步提高农村五保户供养标准和集中供养率。加快农村五保供养服务机构建设步伐,全面完成社会(儿童)福利中心、光荣院建设任务。

加大对特殊群体的救助力度。实施孤儿基本生活保障项目,向社会散居孤儿和集中供养孤儿发放基本生活费。继续开展贫困重度残疾人生活救助,实施大中型水库移民后期扶持。完善计划生育家庭奖励扶助制度,建立奖扶(特扶)金标准动态增长机制,逐步推进长效节育措施奖励制度全覆盖。

(四)医疗卫生类。围绕病有所医目标,巩固深化医药卫生体制改革,实现新农合制度全覆盖,提高城镇居民医保待遇水平,到2015年将医保基金支付水平提高到70%以上。实施基本公共卫生服务均等化计划,调整完善城乡医疗救助政策,切实缓解因病致贫、因病返贫问题。

健全覆盖城乡居民的基本医疗保障体系。实现新农合和城镇居民医保制度基本全覆盖,逐步建立稳定的筹资增长机制,建立和完善有效的管理体制、运行机制和社会监督机制,建成具有较高保障能力的城乡居民基本医疗保障制度。推进城镇居民医保市级统筹和普通门诊统筹,全面实现新农合"一卡通"和"异地结算",逐步提高参保参合人员的医疗待遇水平,扩大政策受益面。到2015年,全省城乡居民医保政策范围内住院医疗费用报销水平提高到70%以上,参保参合率达到95%以上。

大力推进基本公共卫生服务均等化。实施建立居民健康档案、健康教育、预防接种、传染病和突发公共卫生事件报告和处理、慢性疾病和重症精神病人管理、孕产妇保健、0—6岁儿童保健、老年保健、卫生监督协管等项目，逐步扩大服务人群、增加服务内容、提高服务质量。到2015年基本公共卫生服务逐步均等化的机制基本完善，基本公共卫生服务得到普及，城乡居民健康水平进一步提高。

加强基层医疗卫生机构建设。巩固深化医药卫生体制改革，全面完成城乡卫生服务体系建设任务。通过改扩建、新建、购买等形式，加快社区卫生服务中心业务用房建设。强化中心卫生院建设，提高中心卫生院的服务条件和服务能力。实施提高妇女儿童健康水平项目，提供免费婚前保健服务，对农村孕产妇住院分娩给予补助，进行妇幼保健服务能力建设，推进儿童免疫规划疫苗接种服务全覆盖，接种率达90%以上。

完善医疗救助体系。调整城乡医疗救助政策，将白血病、尿毒症两种重大疾病纳入保障范围，在医保报销后给予二次救助，切实缓解因病致贫、因病返贫问题。实施贫困残疾人康复工程，继续为贫困白内障患者实施免费复明手术，向特困精神病患者发放药费补助，对贫困儿童开展免费抢救性康复，解决0—6岁贫困残疾儿童的康复需求问题。实施健全重大传染病病人医疗救治机制，加强血吸虫病传染源控制，进行晚期血吸虫病病人医疗救治。

（五）住房保障类。围绕住有所居目标，加大保障性安居工程建设力度，大力发展公共租赁住房，完善廉租住房保障制度，加快推进各类棚户区改造和农村危房改造。

加强廉租房和公租房保障。实行租赁补贴和实物配租相结合，加快建设廉租房和公租房。到2015年，新增廉租住房、公共租赁住房、各类棚户区改造以及农村危房改造等保障性住房200万套，使城镇中低收入家庭住房困难问题得到明显缓解。

扩大农村危房改造试点范围。重点对农村分散供养五保户、低保户和其他困难户的住房进行加固和重建，加快解决农村困难群众的基本居住安全问题。

（六）文化惠民类。以基层文化建设为重点，推动公共文化服务体系良性运行和可持续发展，保障广大人民群众基本文化权益，加快构建覆盖城乡、惠及全民的公共文化服务体系，推进实现民有所乐。

加强文化平台载体建设。继续建设乡镇综合文化站、农家书屋，实施广播电视村村通工程。加强城乡文化活动室建设，到2015年基本实现每村、每社区均有文化活动室（文化活动中心）的目标。支持农村电影放映，保证每个行政村一月放映一场公益电影，完成95万场电影放映任务。

建设覆盖城乡的公共文化服务数字信息化网络。实施公共文化服务信息化建设，以数字图书馆推广工程和公共电子阅览室建设为载体，借助手机、数字电视、移动电视等新兴媒体，以互联网、移动通讯网、广电网、农远网等为通道，向社会提供多层次、多样化、专业化、个性化的文化数字信息化服务。实行全省图书馆、文化馆、美术馆、博物馆、文化站公共空间、设施、场地免费开放。

（七）基础设施类。统筹城乡发展，加大强农惠农力度，扩大政策性农业保险覆盖面，健全农业社会化服务体系，加大水利等基础设施建设投入，切实改善农村环境状况，提高农民群众生活质量。

加大水利基础设施建设投入。实施病险水库除险加固工程，完成中型、小型病险水库除险加固任务，切实保障水库下游人民生命财产安全。继续实施农村饮水安全工程，惠及2000多万农村居民，让广大农民喝上安全水、放心水。

加强农村基础设施建设。全面开展一事一议财政奖补，力争覆盖全省95%以上的行政村，建成7.5万个村级公益事业建设项目，推进新农村建设。实行农村公路危桥改造，基本完成公路养护统计年报中在册的县、乡、村道上并经过检测认定的6000多座四、五类危桥重建或加固、维修工程，完善农村交通出行安全网。

加大农村环境整治力度。继续实施农村沼气工程，推进农村使用清洁能源和节能减排。实施农村清洁工程，每年配套建设240个乡镇生活垃圾收集、转运设施，整合一事一议资金加大投入，逐步向村级延伸，健全“村收集、乡（镇）转运、县处理”的农村生活垃圾处理模式和卫生保洁制度，推进农村环境整治和垃圾处理，显著改善农村卫生状况。

（八）其他。实施菜市场升级改造，优化城镇消费环境，搞活农产品流通，保障农产品安全稳定供应。扩大政策性农业保险覆盖面，开展大宗农作物、重要畜禽产品和森林保险，不断扩大保险品种和范围，增强农业抵御风险能力，促进“三农”和农村金融的发展。推进家电下乡和家电以旧换新，进一步扩大城乡消费，提高群众生活质量。

五、实施“十二五”民生工程规划的保障措施

（一）强化协调高效的推进落实机制。坚持财权事权相统一，强化落实责任，形成整体合力。强化民生工程品牌理念，更加注重社会管理和公共服务，推进民生工程机制科学化、系统化、长效化。落实工作责任制，健全协调推进机制，一级抓一级，层层抓落实。省各主管部门充分发挥政策规划、分类指导、督促检查职责，市、县政府强化统筹协调、资金保障、政策落实责任，形成齐抓共管的良好格局。加强民生工程工作机构和队伍建设，增强协调力、执行力，切实把好事办好，实事办实，让广大人民群众共享多享改革发展成果。

（二）建立科学系统的项目选择机制。根据国家宏观政策取向和我省经济社会发展实际，省委、省政府每年研究决定年度民生工程实施计划，项目主要从《安徽省 2011—2015 年重点民生工程项目库》中遴选。省各主管部门和各市、县（市、区）进一步细化措施，制定具体的实施意见，逐年落实推进。在项目安排上向皖北和大别山革命老区倾斜。鼓励有条件、有能力的市县，适当扩大实施范围，提高保障标准，更多更好地解决民生问题。加强对项目有效性、合理性的系统论证，加强不同项目的有机衔接，完善民生工程项目储备和遴选机制，实现项目有进有退，循序渐进，滚动发展。统筹资源，细化措施，建立民生项目和资金整合机制，有效解决多头立项、重复建设、“撒胡椒面”等问题。

（三）形成稳定多元的资金筹措机制。以基本公共服务均等化为导向，各级政府都要调整和优化财政支出结构，探索建立民生工程预算制度，将每年新增财力的主要部分用于改善民生。省级完善均衡性转移支付政策，建立县级基本财力保障机制，增强基层提供基本公共服务的能力。市县对民生工程规划的重点项目，要优先安排，重点保障，落实配套资金。拓宽民生工程筹资渠道，鼓励引导社会、企业和个人投入，加快形成政府主导、多方参与的多元筹资机制。加快民生工程资金支出进度，加强资金管理使用情况的监督，严禁挤占、挪用、滞留以及虚报冒领等行为。

（四）健全规范长效的项目管理机制。对资金补助类项目，抓好调查摸底、审核评议、公开公布 3 个重点环节，确保基础数据核清、发放对象搞准、各项程序走实。对工程类项目，严格执行建设计划、建设标准，完善落实招投标、政府采购和竣工验收等各项制度，确保工程建一处、成一处。健全完善建成项目后期运行维护制度，确保项目持久发挥效益。省直各有关部门出台所有工程类项目管护指导性文件，项目所在地的市县和乡镇政府承担运行、管理和养护职责。实行民生工程质量终身责任制，定期组织开展“回头看”活动，将建后管养纳入考核内容，逐步统一民生工程设施形象化标识，接受群众监督。

（五）巩固民主公开的政策宣传机制。倾听基层意见和群众呼声，适时调整完善政策措施。有效发挥人民群众的主体作用，充分尊重群众的知情权、参与权、表达权和监督权，用民主的办法推进民生工程，引导群众参与、支持、监督民生工程。面向基层、面向群众，改进政策宣传方式，建立走访和社情民意调查长效机制，加强和改进服务，实行公开、便民、利民制度，努力提升群众的知晓度、满意度。

（六）完善严格透明的激励约束机制。将民生工程规划实施工作纳入各地各部门目标责任考核指标体系，逐步增加民生指标在各类综合性考核中的权重。加大执法监察、审计监督、财政检查力度，定期向社会公布民生工程建设进展情况，接受社会各界的监督。引入绩效评价制度，继续实施民生工程年度考核评比，严格兑现奖惩措施。

中共安徽省委办公厅　安徽省人民政府办公厅关于促进“十二五”农民收入倍增的实施意见

（2011 年 8 月 28 日　皖办发〔2011〕30 号）

实现“十二五”农民收入倍增目标，是我省实施“十二五”居民收入倍增规划的重点和难点，对于我省科学发展、全面转型、加速崛起、兴皖富民具有全局性、战略性意义。经省委、省政府同意，现就促进“十二五”农民收入倍增提出如下实施意见。

一、总体思路和主要目标

（一）总体思路。以省委、省政府实施“十二五”居民收入倍增规划的战略决策为指导，深入贯彻落实科学发展观，坚持城乡统筹，树立富民优先理念，坚定不移走共同富裕道路。坚持以深化改革、扩大开放促增收，以加快转型、创新机制促增收，以完善政策、加强服务促增收，以强化社保、防灾减灾促增收。加快农业专业化、规模化、社会化进程，努力提高农民家庭经营性收入；加快农民分业、就业、创业进程，努力增加农民工资性收入；加快农村资源资产化、资产资本化进程，努力增加农民财产性收入；加快公共服务均等化、城乡一体化进程，努力增加农民转移性收入。拓宽农民增收渠道，构建农民增收多元支撑体系，使发展成果更好地惠及广大农民，为全面建成小康社会打下坚实基础。

（二）主要目标。力争到2015年农民收入比2010年翻一番；全省农民人均纯收入突破10000元，农民收入水平在中部地区和全国的位次前移，力争达到或超过全国平均水平；城乡、区域居民收入差距逐步缩小。2011年全省农民收入增幅10%以上，2012年至2015年年均增幅15%以上。

二、加快农业专业化、规模化、社会化进程，努力提高农民家庭经营性收入

（三）促进农业转型增收。加快现代农业示范区建设，在每个农业县（市、区）建成1个省级现代农业示范区。大力实施农业产业化转型倍增计划，积极承接以长三角地区为主的国内外产业转移，打造皖北小麦、沿江大米和油脂加工、皖南皖西和皖西南特色农产品生态食品加工基地，以及一批肉类果蔬深加工基地，支持农业产业化龙头企业上市。“十二五”期间培育60个年产值超50亿元的农业产业化示范区，推动农产品加工业集群化发展，农产品加工业产值突破7000亿元，完善龙头企业与农户利益联结机制，让农民分享更多农产品增值收益，农业产业化带动农民人均增收1000元。创新农业经营体制机制，积极推动适度规模经营，加大对农民专业合作社、专业大户、家庭农场等规模经营主体的扶持力度。大力扶持设施农业，对达到一定规模的，各级财政给予补助。强化农产品质量安全建设，大力发展绿色有机农产品，“十二五”期间创建农产品标准化生产示范基地300个，让农民获得更多农产品增质收益。加快农产品现代流通体系建设，扩大实施“农超对接”，支持鲜活农产品仓储物流、加工配送和冷链设施建设。实施粮食现代物流工程。加大农产品出口基地建设，支持优势农产品“走出去”。大力发展休闲农业与乡村旅游，使农民在农业功能拓展中获得更多收益。

（四）发挥农业优势增收。实施粮食生产能力提升工程，深入推进粮食生产“三大行动”，打造2000万亩小麦、1500万亩水稻、600万亩玉米核心示范区。加大良种良法配套推广力度，推进粮食高产创建示范片和高产高效万亩吨粮田示范县创建。稳定发展棉花、油料生产。推进畜牧业升级计划，建设畜禽标准化规模养殖场（区）3万个。推进水产跨越工程，建设水产健康养殖示范场200个、精养鱼塘100万亩。推进新一轮菜篮子工程，每年新增设施蔬菜50万亩。推进茶产业振兴工程，建设标准茶园30个，整合茶叶品牌，做大做强茶产业。大力发展特色农业，建成中药材基地250万亩、特色经济林基地500万亩、苗木花卉基地100万亩、蚕桑标准园15个。健全农产品价格保护制度，认真执行粮食最低收购价和农产品临时收储政策。

三、加快农民分业、就业、创业进程，努力增加农民工资性收入

（五）促进农民劳务输出。为农民提供优质高效的劳务输出服务，进一步提高农民劳务经济收入。积极培育、宣传和推广地方特色鲜明的劳务品牌，引导成建制建筑、服装加工、机电产品加工、家政服务等劳务输出。完善城乡统一的人力资源市场，健全用工信息发布制度。加强职业培训和择业观念教育，强化面向农村转移劳动力的补贴性就业技能培训，探索普惠制的农民职业技能鉴定获证奖补制度，提高农民转移就业能力。

（六）大力发展县域经济。大力发展非公有制经济、园区经济、特色经济，推动县域内产业集聚和企业集群发展，支持劳动密集型产业、农产品加工业向工业园区、县城和中心镇集聚，力争“十二五”末全省县域实现地区生产总值1万亿元以上。进一步扩大县域经济社会管理权限，推进省直管县、扩权强镇试点，引导更多农民进镇进园创业就业。充分发挥皖江城市带承接产业转移示范区和合肥经济圈的辐射带动作用，开展皖江皖北就业对接活动，引导劳动力在区域之间合理流动和分布。“十二五”期间实现转移农业劳动力350万人以上。积极稳妥推进户籍

制度改革，进一步放宽城镇入户条件。农民进城落户，可以依法保留在农村的承包地和宅基地。

（七）强化农民工就业服务。省内各城市都要建立农民工城市服务中心，加大对农民工服务支持力度，对企业新增岗位吸纳农民工达到要求的，给予税费减免、贷款担保和利息补贴。推进企业工资集体协商，建立企业职工工资正常增长机制，实现农民工与城镇就业人员同工同酬。适时调整最低工资标准，“十二五”期间，各地最低工资标准年均增长 15%以上。加强劳动保障监察执法力度，提高农民工劳动合同签订率。积极推进农民工参加社会保险，农民工比照城镇户籍职工缴纳失业保险费，享受失业保险待遇。加强公租房建设和管理，为农民工提供住房保障。建立健全农民工养老、医疗、工伤等保障制度。完善“工资保证金”、“欠薪应急周转金”制度，维护农民工合法权益。

（八）以创业促就业。努力营造低成本、高效率的投资环境，培育创业热土，激发创业活力。建立返乡农民工创业投资引导基金，重点资助青年农民工群体创业。实施农民工创业示范园计划，建立创业者入园孵化、出园兴业的良性机制。支持农民发展小型微型企业，鼓励农民创办家庭农场和生态农庄。抓紧完善资本金补助、税收返还、融资担保、规费减免、简化审批手续等促进农民创业的政策措施。对农民创业按期交纳税款确有困难的，应允许按规定延期缴纳。重视培育、引进和用好农民创业带头人和农村致富带头人。适应农业专业化、规模化需求，扩大开发农业中的工资性就业岗位，促进留守农民充分就业。强化农业社会化服务体系建设，组建“农田保姆”专业服务队，增加农村服务业就业岗位。

四、加快农村资源资产化、资产资本化进程，努力增加农民财产性收入

（九）盘活农村土地和林权资源。明晰农村土地财产权属，支持农民从土地的出让、转让中获取财产性收入。加快推进农村集体土地所有权、土地承包经营权、集体建设用地使用权、宅基地使用权确权登记颁证，建立城乡统一的土地市场，推进集体建设用地入市，实现“两种产权、一个市场”。加强农村土地承包经营权流转的引导和扶持，培育土地承包经营权流转市场，加强土地流转服务和仲裁体系建设。全面建成从省到镇的土地承包合同信息化管理系统，实现乡镇土地流转服务中心和县（市、区）土地承包纠纷仲裁庭建设全覆盖。加强农村社区建设，大力实施农村危房改造，稳步规范推进城乡土地增减挂钩，优化土地资源配置，实现土地效益最大化，增加农民收益。统筹开展村庄整治，深入开展整体推进农村土地整治示范建设，强化农民集中居住区建设，着力打造一批环境整洁、设施配套、特色鲜明的美丽乡村，大幅提升农房品质和市场价值。依法科学合理地确定征占用补偿标准，切实解决好被征地农民的就业问题。以保护、发展和实现林农利益为核心，加快建立林业产权交易平台。引导农民建立林业专业合作组织，加快建立森林保险制度，完善地方各级政府森林生态效益补偿基金制度，将符合生态区位条件的退耕还林生态林纳入公益林补偿范围。

（十）推进集体“三资”市场化运营。加强农村集体资金、资产、资源规范化管理，建立集体产权交易平台，让农民从集体“三资”市场化运营中获取更多收益。鼓励有条件的地方开展农村产权制度改革试点，探索农村资源资产化、资产资本化、资本股份化的有效实现形式，对农村集体资产量化确股到户，让农民享有按股分红的权益。

（十一）探索农村“三权”融资。推进林权抵押贷款。在维护农民权益的前提下，依据有关规定，开展土地承包经营权、农村居民房屋抵押融资试点。完善权益评估、风险补偿、资产流转等配套政策，实施政策性担保、财政贴息等扶持政策，引导商业银行、村镇银行等金融机构创新金融产品和服务方式，不断拓宽农民融资渠道。

五、加快公共服务均等化、城乡一体化进程，努力增加农民转移性收入

（十二）增加农民补贴收入。认真落实中央惠农补贴政策，扩大补贴范围，提高补贴标准。逐步加大对种粮农民直补力度，建立和完善农资综合补贴动态调整机制，补贴新增部分重点支持种粮大户。对粮食生产核心示范区良种良法示范农户进行补贴。增加农机具购置补贴类别和品目，加大对农机大户、农机合作社和农机专业服务组织的扶持力度。

（十三）加大扶贫解困力度。深入实施“552”扶贫行动计划，对低收入人口全面实施扶贫政策，推进扶贫开发与低保制度的有效衔接。逐步提高扶贫标准，做好扶贫结对帮扶工作，实施整村推进、产业扶贫、“雨露计划”，对集中连片特殊困难地区加大扶贫攻坚力度，力争“十二五”期间实现 200 万扶贫对象脱贫。加大对低收入群体的救助力度，把收入没有达到最低生活保障标准的贫困家庭全部纳入低保。完善灾害救助政策,逐步提高救助标准,为因灾受困群众提供帮助。健全农村医疗救助和优抚对象医疗保障制度,将农村残疾人普遍纳入社会保障体系并予以扶助，加强农村贫困残疾人危房改造。发展农村慈善事业,广泛开展慈善救助活动,落实完善公益性捐赠的税收优惠政策,健全社会扶贫济困机制。

（十四）提高社会保障水平。加快推进新型农村社会养老保险试点工作,2012 年基本实现新型农村社会养老保险全覆盖。加快农村养老服务中心建设。完善被征地农民养老保障制度,做到先保后征,切实解决好被征地农民的社会保障问题。巩固完善新型农村合作医疗制度,逐步提高政府补助标准,力争农民医疗费用报销比例达到 60%以上。建立健全农村最低生活保障、五保供养、孤儿基本生活费、抚恤优待标准与物价挂钩机制和动态调整机制,农村低保标准、五保供养标准年均增长 10%以上,到 2015 年将五保供养标准提高到 2000 元。

（十五）减少农民公共产品消费支出。加快农村公益事业建设，降低农民文教卫支出负担。坚持普惠性和公益性原则,构建农村学前教育公共服务体系,提高义务教育经费保障水平,推进免费中等职业教育进程。健全助学体系，逐步把经济困难家庭子女接受学前教育纳入资助范围,实施义务教育阶段学生营养改善工程,完善农村普通高中、中等职业学校家庭经济困难学生资助制度。深化农村医药卫生体制改革,健全农村公共卫生和基本医疗服务体系,“十二五”期间有效建立基本药物制度,普及基本公共卫生服务。深入实施“文化信息资源共享工程”、广播电视“村村通”工程和农家书屋、电影数字化放映、乡镇综合文化站建设等工程。

六、保障措施

（十六）加大“三农”投入力度。按照总量依法增加、比例稳步提高的要求,切实落实财政对“三农”的投入,大幅度增加对农业农村基础设施和环境建设的投入，为农民收入倍增提供有力支持。严格落实财政支出重点向农业农村倾斜,确保用于农业农村的总量、增量均有提高。调整财政支出结构,提高公共服务支出比重，扩大公共财政覆盖农村范围。积极引导社会资源参与农村产业发展和基础设施建设。健全一事一议筹资筹劳办法，建立一事一议财政奖补资金稳定增长机制，逐步提高各级财政奖补比例,到 2015 年将各级财政奖补比例提高到 50%以上。

（十七）强化科技支撑。加大农业科研投入,实施现代农业科技工程，集中力量攻克一批关键共性技术,提高我省农业自主创新能力和核心竞争力。发展现代种业,加强良种培育和动植物种质资源保护,扶持育繁推一体化龙头企业的发展。增加农技推广专项资金,加快农技推广乡镇站(区域站)条件建设,实施科技进村入户工程,加快农业科技成果转化,加大农业新品种、新技术、新材料、新机具及信息化手段的普及应用。

（十八）加强防灾减灾。积极构建监测预警、应变防灾、灾后恢复等防灾减灾体系,降低农民因灾收入损失。加强农业气象服务和气象灾害防御体系建设,提高重大自然灾害预测预报预警水平和保障农业生产能力。推广农业防灾减灾技术,支持重大病虫害专业化统防统治和动植物疫病防控。大力促进农业机械化,充分发挥农机抗灾作用。加强农田水利建设,抓紧实施灌区配套和节水改造、小型农田水利重点县建设、高效节水灌溉技术推广,大幅增强农业抗灾增收能力。加强中小河流治理、病险水库除险加固、山洪灾害防治,大幅增强防洪排涝能力。统一规划、整合资源,加快高标准农田建设,“十二五”期间建成高标准农田 800 万亩。大力发展农业保险,增加政策性保险品种,扩大政策性保险区域覆盖范围,支持发展特色农业保险，把大棚蔬菜等设施农业纳入政策性农业保险。

（十九）强化农民负担监管。落实减轻农民负担制度,重点加强对农村中小学教育、计划生育、农民建房、农民专业合作社乱收费乱罚款行为的监管,加强对土地征占用中损害农民权益行为的监管。整顿农村市场秩序,严惩坑农害农行为。加强农资市场价格监管,建立农业生产成本收益监测机制,防止因农资价格过快上涨增加农民生产成本。加强农村社会治安综合治理,依法严厉打击非法集资等行为,保障农民财产安全。

（二十）健全工作推进机制。各地、各有关部门要根据“十二五”农民收入倍增的要求,科学制定农民收入年度目标,将农民增收情况纳入各市、县(市、区)党委和政府目标考核内容,纳入有关党政领导干部绩效考评内容。省直有关部门要结合自身职责,抓紧研究出台配套政策,制定具体实施方案,形成工作合力。各市、县(市、区)要从本地实际出发,研究制定具体实施办法,细化目标任务,加大政策力度,确保农民收入倍增目标如期实现。

安徽省人民政府办公厅关于印发安徽省“十二五”居民收入倍增规划实施情况考核办法的通知

(2011年12月22日　皖政办秘〔2011〕212号)

各市、县人民政府,省政府各部门、各直属机构:

《安徽省“十二五”居民收入倍增规划实施情况考核办法》已经省政府同意,现印发给你们,请遵照执行。

安徽省“十二五”居民收入倍增规划实施情况考核办法

根据省委、省政府《关于实施“十二五”居民收入倍增规划的指导意见》(皖发〔2011〕14号)精神,自2011年起对“十二五”期间城乡居民收入倍增规划实施情况进行考核,特制定本办法。

第一条　考核组织。在省推进城乡居民收入倍增规划实施领导小组(以下简称省领导小组)统一领导下,由省领导小组办公室(设在省财政厅)会同有关部门组织实施。

第二条　考核原则。突出重点,统筹兼顾;立足当前,着眼长远;简明规范,注重成效;客观公正,接受监督。

第三条　考核内容。建立城乡居民收入倍增规划实施情况考核评价和统计监测指标体系。

考核性指标21项,其中:核心指标2项,包括城镇居民人均可支配收入和农民人均纯收入;发展指标2项,包括地区GDP增速、非公有制经济增加值占GDP比重;增收性指标17项。

监测性指标3项,主要分析监测城镇居民人均可支配收入、农民人均纯收入分项结构情况和城镇分类职工年均工资增长情况。

指标体系将根据形势发展及国民经济核算体系完善需要,适时进行改进完善。

第四条　考核方式。实行半年测评、全年考核。每年2月底和8月底前,国家统计局安徽调查总队和省统计局对全省及各市上年全年和当年上半年的核心指标、发展指标和相关增收性指标,以及监测性指标进行审核确认,将统计数据及考评报告提供给省领导小组办公室。省牵头部门分别对各市增收性指标实行半年测评、全年考核,统计数据和考评报告于2月底、8月底报省领导小组办公室。省领导小组办公室汇总审核半年进展情况和年度考核结果,提出工作建议和考评建议,提请省领导小组审议。

第五条　考核分值。居民收入倍增规划实施情况考核采取以核心指标为主、逐年累进的方法,考核目标完成程度。其中,核心指标权重占50%,发展指标占10%,增收性指标占40%。每年按各项(21项)目标完成进度进行考核。分别考核每项得分,其计算公式为:当期完成值/目标任务值*100%*权重。各项汇总得出总分,各市每年按考核得分高低排出位次。

第六条　考核要求。省有关部门要严格按照省领导小组办公室统一规定的口径、范围和时间要求,及时报送“十二五”和年度各项目标任务(增收性指标)分解到各市的情况,如实提供统计资料和考评报告,客观考评各地目标完成情况,不得虚报、瞒报、拒报、迟报,不伪造、篡改指标数据,不打主观分,不搞平均主义。

第七条　考核结果。各市居民收入倍增规划实施情况考核结果经省领导小组审定后,纳入政府目标管理考核指标体系。根据《中共安徽省委安徽省人民政府关于实施“十二五”居民收入倍增规划的指导意见》(皖发〔2011〕14号)规定,考核结果同时纳入各市党委、政府工作目标和党政领导干部绩效考核体系,并作为考评创先争优活动和效能建设开展情况的重要内容。各县(市、区)城乡居民收入倍增规划完成情况由所属市进行考核,考核结果报省领导小组办公室。

第八条　本办法由省推进城乡居民收入倍增规划实施领导小组办公室负责解释。

安徽省人民政府关于 2011 年实施 33 项民生工程的通知

（2011 年 1 月 11 日　皖政〔2011〕1 号）

各市、县人民政府，省政府各部门、各直属机构：

为贯彻落实党的十七届五中全会和省委八届十三次会议精神，更好地保障和改善民生，省政府决定，2011 年实施 33 项民生工程。现就有关事项通知如下：

一、新增 3 项民生工程

（一）一事一议财政奖补试点。在全省开展一事一议财政奖补试点工作，促进村级公益事业发展，改善农民生产生活条件，推进新农村建设，2011 年各级财政投入资金 15.4 亿元。

（二）农村公路危桥加固改造工程。从 2011 年开始用 5 年时间，投入 40 亿元，完成 6000 余座农村公路危桥改造任务，进一步提高农村公路通行能力，保障群众出行安全，2011 年投入资金 8 亿元。

（三）家电下乡和家电以旧换新政策。在全省开展家电下乡和家电以旧换新，进一步扩大城乡消费，提高居民生活质量，2011 年投入资金 14 亿元。

二、调整完善 6 项民生工程

（一）落实城乡义务教育经费保障政策。从 2010 年起，国家将农村义务教育阶段中小学生均公用经费补助标准在 2009 年小学 325 元、初中 525 元基础上提高 100 元，贫困寄宿生生活费补助标准由小学 500 元、初中 750 元提高到小学 750 元、初中 1000 元。2011 年继续按照提标后的政策实施。

（二）调整高校和中职家庭经济困难学生资助项目政策。从 2010 年秋季开始，国家进一步提高高校国家助学金资助水平，由平均每生每年 2000 元提高到 3000 元；将中等职业学校城市家庭经济困难学生纳入免学费政策范围；实施普通高中家庭经济困难学生资助政策，平均每生每年补助 1500 元。2011 年继续按照提标扩面后的政策实施，并将原高校和中职家庭经济困难学生资助项目调整为“高校、中职和普通高中家庭经济困难学生资助”。

（三）提高农村五保供养补助标准。2011 年，将农村五保供养标准由 1200 元提高到 1400 元，新增部分由省与县（市、区）按 8:2 分担。

（四）充实贫困重度残疾人生活救助项目内容。将特困精神病患者药费补贴作为已有的贫困重度残疾人生活救助项目的扩充内容。2011 年，向 5.7 万名持有低保证的特困精神病患者每人补助 500 元药费。同时，统一城乡贫困重度残疾人生活救助标准，将农村贫困重度残疾人生活救助标准由每人每月 30 元提高到 50 元。

（五）调整农村清洁工程项目政策。2011 年，将原农村清洁工程项目调整为“农村危房改造及清洁工程”，在实施农村清洁工程项目的同时，开展农村危房改造工程，完成 5 万户危房改造任务。

（六）充实重大传染病病人医疗救治和生活救助项目内容。将血吸虫病传染源控制和血防机构能力建设作为已有的重大传染病病人医疗救治和生活救助项目的扩充内容。2011 年，进一步推进全省血吸虫病传染源控制工作，实施淘汰耕牛、封洲禁牧、建设无害化厕所、加强血防机构能力建设。

三、继续实施 24 项民生工程

农村公路“村村通”工程、农民体育健身工程已按期完成目标任务，自 2011 年起退出民生工程；随着各地将城镇未参保集体企业退休人员逐步纳入城镇职工基本养老保险，城镇未参保集体企业退休人员基本生活费保障受益人数将不断减少，自 2011 年起转入部门正常工作。农村居民最低生活保障、计划生育家庭奖励扶助、大中型水库移民后期扶持、城市低收入家庭廉租住房保障、光荣院建设、社会（儿童）福利中心建设、新型农民培训工程、农民工技能培训工程、农村留守儿童之家建设、校舍安全工程、新型农村合作医疗、城镇居民基本医疗保险、城乡医疗救助、贫困白内障患者复明、城乡卫生服务体系建设、提高妇女儿童健康水平、政策性农业保险、农村饮水安全工程、农村五保供养服务机构建设、农村沼气建设工程、病险水库除险加固工程、广播电视“村村通”工程、农家书屋工程、乡镇综合文化站建设等 24 项民生工程，继续按《安徽省人民政府关于 2010 年实施 33 项民生工程的通知》（皖政〔2010〕1 号）规定执行。

四、工作要求

保障和改善民生是我们一切工作的根本出发点和落脚点。各地、各有关部门要牢固树立民生优先的理念，顺应人民群众的新期待，更好地发挥民生工程对扩内需、调结构、促和谐的多重效应，着力健全改善民生的长效机制，不断增进人民群众福祉。

（一）加强组织领导，强化工作责任。各地、各有关部门要进一步增强使命感、责任感，切实把实施民生工程摆在突出位置，主要领导负总责，分管领导具体抓，层层落实工作责任。省民生工程协调小组办公室要充分发挥牵头抓总作用，积极主动做好工作。省各有关部门要对照职责分工，加强工作调度，完善制度措施，强化指导督查，确保各项工作有序推进。市、县政府作为民生工程的责任主体，要切实加强组织领导，下移工作重心，精心组织、精细实施，确保各项政策措施落到实处。

（二）优先保障资金，严格民生工程资金管理。各级政府要优先安排民生工程资金，打足预算，重点保障，确保资金及时足额到位。省级财政要进一步增加均衡性转移支付规模，尽量减轻市、县财政配套压力。要采取以奖代补、贴息、担保等多种方式，鼓励和引导社会资金投入。要加大各类民生资金的整合力度，不断提高资金使用效益。要进一步严格资金管理，加强对民生工程资金管理使用情况的监督，严禁挤占、挪用、滞留以及虚报冒领等行为发生。

（三）完善政策措施，持续发挥民生工程效益。各地要结合实际，进一步细化和完善民生工程各项政策措施，积极整合民生工程项目资源，进一步提高已建成项目的使用率，健全工程类项目后期管护机制，促进各项工程稳定健康运行，实现民生政策效益的最大化。

（四）加大宣传力度，扩大民生工程影响。各地、各有关部门要面向基层、面向群众加强政策宣传，创新宣传方式，提高宣传实效，扩大民生工程社会影响力。要严格执行各项公开制度，积极引导群众参与、支持和监督民生工程的实施，提升群众的参与度和满意率。

（五）加强督促检查，务求工作实效。各地要进一步完善督查工作机制，采取随机抽样、暗访、开展回头看活动等多种方式开展督查，严肃查处督查中发现的违规违纪行为，情节严重并造成重大影响的，要追究有关责任人的责任。同时，要探索建立民生工程科学评估体系，引入绩效评价制度，对已经建成的民生工程项目进行评估。省政府将继续对民生工程年度实施情况进行考核评比，严格兑现奖惩措施。

安徽省2011年度民生工程考核办法

皖政办秘〔2011〕138号

为深入实施民生工程，确保各项惠民政策落到实处，根据《安徽省人民政府关于2011年实施33项民生工程的通知》（皖政〔2011〕1号）精神，制定本办法。

第一条　考核组织。在省民生工程协调小组统一领导下，由省民生工程协调小组各成员单位分别负责组织实施。

第二条　考核内容。按照皖政〔2011〕1号文件要求，根据省政府与各市政府签订的民生工程目标责任书，主要考核各市政府民生工程组织实施、资金管理、实施效果情况。各市自行增加的民生工程项目不列入考核范围。

第三条　考核原则。注重实施效果，力求客观公正；简化考核方式，硬化考核指标；公开考核结果，接受社会监督。

第四条　考核方式。省各项民生工程牵头部门根据皖政〔2011〕1号文件及项目实施办法，对照省政府与各市政府签订目标责任书的相关内容，制定分项具体考核办法，与省民生办会签后印发。省直牵头部门结合日常工作中掌握的情况，以专项督查、抽样验证为主，进行各项民生工程考核评分。省财政厅负责对民生工程资金保障情况进行考核，省统计局负责进行民生工程社情民意调查考核。

第五条　考核分值。民生工程实施情况考核总分3400分。33个项目考核每项按基准分100分评分，其中省牵头部门考核占90%，社情民意调查考核占10%；资金保障考核按基准分100分评分，经汇总折算后计入总分。

第六条　省监察、审计等部门通过开展民生工程检查和审计监督，对各项民生工程年度考核结果提出意见建议。查实有重大违法违纪行为的，或被中央媒体曝光经核实的，取消该市此项工程年度考核成绩。发现有违反民生工程政策规定，弄虚作假、虚报冒领、截留、挤占、挪用民生工程资金的，视情节轻重相应扣减项目考核得分。

第七条　省民生工程协调小组办公室在各市推荐的基础上，通过抽查审核，研究提出民生工程组织实施工作先进县(市、区)建议名单。

第八条 省有关部门于年底前完成民生工程年度考核工作,考核成绩应拉开档次,不打满分、不保留小数。省有关部门应加大日常管理、督查力度,减少年终实地考核。牵头实施2个以上项目的省有关部门应统一组织、联合考核、分项评分。省民生办汇总各项考核、社情民意调查得分,对得分按百分制折算在90分以上的市,提出表彰建议,提请省民生工程协调小组审核,报省政府研究审定。

第九条 各项考核成绩和社情民意调查结果向各地通报。对于全面完成任务、工作成绩突出的市、县(市、区),省政府给予表彰,并适当奖励工作经费。

第十条 本办法由省民生工程协调小组办公室负责解释。

关于2011年民生工程资金筹措有关问题的通知

省财政厅

根据《安徽省人民政府关于2011年实施33项民生工程的通知》(皖政〔2011〕1号)精神,为统筹落实资金,保证民生工程顺利实施,现就2011年民生工程资金筹措有关事项通知如下:

一、农村居民最低生活保障制度

2011年我省农村居民最低生活保障标准为人年均1000元。执行过程中,如提高保障标准即按新标准执行。市、县(区)人民政府应根据核定的农村低保对象人数、实际差补水平、保障标准和一次性补助发放计划等因素,编制年度农村低保资金预算。预算资金总额扣除上级财政上年实际补助的差额部分(不含一次性补助和预拨下年补助),由市、县(区)财政承担。预算执行过程中,因不可预见因素导致农村低保资金出现缺口时,市、县(区)财政应及时予以弥补。

二、农村"五保户"供养制度

2011年农村五保户供养标准由1200元提高到1400元,新增部分由省与县(市、区)按8:2分担。原供养标准1200元,61个县(市)和15个县改区,省财政按年人均850元标准补助,县(市、区)财政按年人均350元标准补助;其他市辖区,省财政按年人均500元标准补助,市(区)财政按年人均700元标准补助。

三、计划生育家庭奖励扶助制度

奖励扶助资金:国家规定的每人每年720元部分,61个县(市)和15个县改区的配套资金,由中央、省与县(市、区)按5:4:1的比例负担,其他市辖区,由中央、省与市(区)按5:3:2的比例负担。省提标部分,由省财政承担。

特别扶助资金:由中央与省按5:5比例分担。省提标部分,由省财政承担。

四、大中型水库移民后期扶持政策

按照《国务院关于完善大中型水库移民后期扶持政策的意见》(国发〔2006〕17号)规定,所需资金,由中央财政统筹安排。

五、城市低收入家庭住房困难保障机制

根据《国务院关于解决城市低收入家庭住房困难的若干意见》(国发〔2007〕24号)、《安徽省人民政府关于解决城市低收入家庭住房困难的实施意见》(皖政〔2007〕106号)、财政部印发的《廉租住房保障资金管理办法》(财综〔2007〕64号)、省财政厅印发的《安徽省补助廉租住房保障专项资金管理办法》(财综〔2010〕2257号)规定,建立城市低收入家庭住房困难保障机制所需资金,按照保障方式进行筹集:

租赁补贴所需资金,主要由中央和省财政廉租住房保障专项补助资金解决,其中省级财政预算安排的廉租住房保障资金通过"以奖代补"专项补助市县,同时省财政继续将此因素纳入一般转移支付范围,对困难市、县给予支持。

实物配租所需资金多渠道筹集:1.住房公积金增值收益扣除计提贷款风险准备金和管理费用后的全部余额;2.从土地出让金净收益中按照不低于10%的比例安排用于廉租住房保障的资金;3.市、县财政预算安排用于廉租住房保障的资金;4.中央预算内投资中安排的补助资金;5. 社会捐赠的廉租住房保障资金;6.其他资金。

六、重度残疾人生活救助制度

从2011年起,将农村贫困重度残疾人生活救助标准由每人每月30元提高到每人每月50元,城乡救助对象统一按每人每年600元补助,所需经费,省与市、县(市、区)按8:2的比例分担。市、县(市、区)承担部分，市级对 61 个县（市）和 15 个县改区不承担配套资金。同时，对持有低保证的特困精神病患者，每人每年补助 500 元药费，所需经费由省财政承担。

七、城乡义务教育经费保障机制

向农村义务教育阶段学生免费提供国家课程教科书，所需资金由中央财政负担。

农村义务教育阶段中小学公用经费资金由中央、省、县（市、区）三级分担，省与县（市、区）分担比例具体为：比照实施西部大开发政策和加快皖北地区发展政策范围内的 40 个县（市、区）为 8:2，其他县（市、区）为 6:4。

补助农村贫困寄宿生生活费所需资金，中央按照落实基本标准所需经费总额的 50%给予奖励性补助，地方财政应承担的 50%部分由市、县（市、区）承担，市级对 61 个县（市）和 15 个县改区不再承担配套资金。

城市义务教育免学杂费和公用经费，9 个地改市（含 15 个县改区）和 5 个县级市，省与市（县）按 8:2 比例负担，其余 8 市（含市辖区），省与市按 6:4 比例负担。

中小学校舍维修经费，根据现保障标准和学生统计数测算所需资金，中央和省财政各承担 50%。

八、高校、中职和普通高中家庭经济困难学生资助制度

高校（高职）国家奖学金由中央财政全额负担。

高校（高职）国家励志奖学金和国家助学金，中央和地方按 6:4 的比例分担。地方分担部分，根据财政供给渠道实行分级负担，即省级财政供给的学校由省财政负担，市级财政供给的学校由市级财政负担，民办高校、高职（含独立学院）由省财政承担。

中等职业学校国家助学金、普通高中国家助学金、城乡家庭经济困难学生和涉农专业学生免费资金，中央和地方按 6:4 比例分担。地方分担部分，根据财政供给渠道实行分级负担，即省级财政供给的学校由省财政负担，市级财政供给的学校由市级财政负担，县（市、区）级财政供给的学校由省级与县（市、区）财政按 8:2 的比例分担，民办中等职业学校由省级与所在市、县（市、区）财政按 7:3 的比例分担。

九、新型农民培训工程

农村劳动力转移培训阳光工程：中央按下达培训任务和人均补助标准安排，省级按总任务和人均 100 元标准安排，市、县（市、区）按培训任务和人均 50 元标准安排。市、县（市、区）承担部分，市级对 61 个县（市）和 15 个县改区不承担配套资金。

农民科技示范培训：实施基层农技推广体系改革和建设示范县项目，争取中央补助 5000 万元，省级预算安排 300 万元。

农业专业技术和农民创业培训：农业专业技术培训省级按人均 400 元标准补助，农民创业培训省级按人均 800 元标准补助。市、县（市、区）按人均 100 元标准安排。市、县（市、区）承担部分，市级对 61 个县（市）和 15 个县改区不承担配套资金。

十、农民工技能培训工程

2011 年农民工技能培训所需资金 1.5 亿元，从中央财政补助资金中统筹安排。

十一、新型农村合作医疗制度

新农合现行筹资标准为每人每年 150 元，其中：中央财政人均补助 60 元，省财政对建立新农合制度的地区人均补助 45 元，县（市、区）财政人均补助 15 元，农民个人缴费 30 元。如中央提高筹资标准，分担办法另行规定。

十二、城镇居民基本医疗保险制度

实行以个人和家庭缴费为主、政府支持和社会捐助相结合的筹资机制。个人缴费比例由各统筹地区根据当地经济发展水平、居民人均收入水平以及不同人群的医疗消费需求等合理确定。现行补助标准为：中央财政每人每年补助 60 元，省财政每人每年补助市级 30 元、补助县级 45 元，市级财政每人每年补助不低于 30 元，县级财政每人每年补助不低于 15 元。如中央提高补助标准，补助办法另行规定。

十三、城乡医疗救助制度

所需资金通过财政安排、彩票公益金安排、社会捐助等渠道筹集。2011 年，在争取中央财政补助的基础上，省财政预算安排 4500 万元，省级福利彩票公益金安排 1200 万元。市级财政按不低于上年省财政专项补助资金总量（含中央补助部分）20%的比例安排本级资金；县级财政按不低于上年省财政专项补助资金总量（含中央补助部分）10%的比例安排本级资金。

十四、重大传染病病人医疗救治和生活救助保障机制

所需资金由中央、省与市、县（市、区）财政共同负担。

艾滋病：对艾滋病病人的抗病毒治疗经费，由中央财政负担；机会性感染治疗经费由省财政定额补助；特困艾滋病病人及孤儿孤老的生活救助经费由省财政定额补助。

结核病：对结核病及并发症患者，化疗费用由中央财政负担；治疗费用由省财政定额补助。

血吸虫病：晚期血吸虫病病人救治费用由中央和省财政负担；急性血吸虫病病人救治费用由市、县（市、区）财政定额补助。

从2011年起，将血吸虫病传染源控制和血防机构能力建设纳入民生工程，项目分三年实施。其中：血防区无害化厕所建设所需资金，仍按现行渠道由中央和地方财政按6:4负担，其中地方负担部分由省与市（县、区）财政按1:1承担；传染源控制和机构能力建设，省与市、县（市、区）财政按7:3比例负担；省血防所装备建设资金，由省财政承担。

经国家和省级卫生部门确诊的其他重大传染性疾病，救治费用由省财政和市、县（市、区）财政按1:1比例负担。

十五、贫困白内障患者复明工程

2011年，每例贫困白内障患者复明手术经费1000元。所需资金，中央按每例手术800元的标准补助，省财政预算每例补助100元，省级残疾人就业保障金每例补助100元。

十六、城乡卫生服务体系建设

农村卫生服务体系建设，省发改委基本建设投资安排4000万元，省财政预算安排6900万元，市县财政承担的1500万元，按省下达各地的年度投资计划，由市、县（市、区）财政安排。

城市社区卫生服务体系建设，每个社区服务中心省财政补助25万元，每个社区服务站省财政补助4万元。

十七、提高妇女儿童健康水平

农村孕产妇住院分娩救助资金15690万元，由中央财政负担；免费婚前医学检查经费3780万元，由省与市、县（市、区）按1:1比例分担，省财政承担1890万元，市、县（市、区）财政承担1890万元。市、县（市、区）承担部分，市级对61个县（市）和15个县改区不承担配套资金；县级妇幼保健机构房屋维修、设备购置经费2500万元，由省财政承担；儿童计划免疫接种补助经费10023万元，由中央财政补助9248万元，省财政承担775万元。

十八、广播电视“村村通”工程

2011年广播电视“村村通”任务7072个村，按每个村1万元补助标准，共需工程建设资金7072万元，其中：国家补助3536万元，省级配套3536万元。

十九、农家书屋工程

2011年农家书屋总投资13848万元，每家书屋2万元，其中：中央财政补助6924万元，地方财政承担6924万元。地方财政承担部分，由省与市、县（市、区）按7:3的比例承担。市、县（市、区）承担部分，市级对61个县（市）和15个县改区不承担配套资金。

二十、乡镇综合文化站建设

2011年每个乡镇综合文化站投资40万元，其中建设资金30万元，配套设施设备资金10万元，所需资金由国家和地方共同负担。项目建设补助标准为：国家扶贫工作重点县（区），每个文化站中央补助20万元，省级补助7万元，县级安排3万元；比照西部政策县（市、区），每个文化站中央补助16万元，省级补助10万元，县级安排4万元；其他市、县（市、区）每个文化站补助中央补助12万元，省财政安排13万元，市县安排5万元。配套设施购置经费，每个乡镇综合文化站中央补助5万元，省级补助3.5万元，市、县（市、区）安排1.5万元。市、县（市、区）承担部分，市级对61个县（市）和15个县改区不承担配套资金。

二十一、政策性农业保险制度

县（含县级市、县改区，下同）政策性农业保险保费补贴比例为：种植业保险保费中央财政补贴40%、省财政补贴30%、县财政补贴10%、种植场（户）承担20%；能繁母猪保险保费中央财政补贴50%、省财政补贴25%、县财政补贴5%、养殖场（户）承担20%；奶牛保险保费中央财政补贴30%、省财政补贴25%、县财政补贴5%、养殖场（户）承担40%。

省辖市政策性农业保险保费补贴比例为：种植业保险保费中央财政补贴40%、省财政补贴20%、市及市辖区财政补贴20%、种植场(户)承担20%；能繁母猪保险保费中央财政补贴50%、省财政补贴21%、市及市辖区财政补贴9%、养殖场（户）承担20%；奶牛保险保费中央财政补贴30%、省财政补贴21%、市及市辖区财政补贴9%、养殖场（户）承担40%。

有条件的市、县，可适当提高农户特别是“五保户”、特困户的保费补贴比例，减轻农户保费负担。鼓励龙头企业、农村经济合作组织替农户承担一部分保费。市、县保费补贴不到位的，中央和省财政不予补贴。

二十二、农村饮水安全工程

2011年，每解决1人的农村饮水安全，中央核定投资为496.25元。比照实施西部大开发政策的县，中央承担80%；其他县，中央承担60%。地方承担的部分，省级分担50%，其余投资由项目所在市县政府承担；受益农户不承担主体工程配套投资，仅承担入户材料（入户水表及以下部分材料）等费用。

二十三、农村五保供养服务机构建设

2011年新增农村五保供养床位22000张，省财政补助标准每张4160元，市、县（市、区）财政每张配套1680元，省福彩公益金每张安排430元，市、县（市、区）福彩公益金每张安排2130元。市、县（市、区）承担部分，市级对61个县（市）和15个县改区不承担配套资金。

二十四、农村沼气建设工程

新建农村户用沼气，除申请中央补助外，省财政每户补助640元，市、县（市、区）财政补助160元，受益农户承担不超过500元（农户可投工投劳折算）；每个乡村沼气服务网点，除申请中央补助外，省级补助4000元，其余由服务实体和项目村承担；每个县级服务站投资标准为60万元，申请中央补助15万元，省级补助15万元，其余资金由县（市、区）财政或服务站自筹；每个市级服务站投资标准为60万元，申请中央补助15万元，其余资金由服务站自筹。大中型沼气工程争取中央补助资金占项目资金的40%左右，省财政每处补助15万元，其余资金由项目建设单位承担。市、县（市、区）承担部分，市级对61个县（市）和15个县改区不承担配套资金。

二十五、病险水库除险加固工程

中型水库除险加固工程，比照实施西部大开发政策的县，中央承担总投资80%；其他县，中央承担总投资60%。省级承担总投资的20%。中央和省级资金由市级财政统筹，不足部分由所在地市级承担。

重点小型病险水库，核定每座水库除险加固基准投资450万元，中央项目由中央承担全额投资。地方项目，属于国贫县或比照实施西部大开发政策的县，省级每座补助450万元；属于一般县的，省级每座补助315万元，其余由市县承担。每座水库除险加固批复概算投资超过450万元部分，由项目所在市县承担。

省计划内小型病险水库，2011年计划新开工实施159座小型病险水库加固，省级每座补助启动资金7.5万元；2010年开工建设小型病险水库除险加固工程300座，竣工验收后省级每座补助结算资金42.5万元。

二十六、校舍安全工程

校舍安全工程资金实行中央补助、省级统筹、市县（区）负责、多渠道筹集机制。2011年计划投入资金50亿元，其中中央补助7亿元，省级通过申请开行贷款安排33亿元，市县配套10亿元，按工程项目实施。

二十七、农村留守儿童之家建设

每个留守流动儿童活动室投资标准2万元，每个留守流动儿童之家投资标准3000元。所需资金全部由省财政承担。

二十八、光荣院建设

光荣院建设每张床位投资标准2.7万元，2007年人均财政收入低于全省平均水平的市，省和市按6∶4比例分担，2007年人均财政收入高于全省平均水平的市，省和市按4∶6比例分担，省级所需资金由省财政厅、省发改委和省民政厅按4∶4∶2的比例分担。

二十九、社会（儿童）福利中心建设

社会（儿童）福利中心建设床均综合投资标准为6万元，省和县（市、区）按7∶3比例分担。

三十、农村危房改造及清洁工程

为整体改善农村环境面貌，提高农民居住水平和生活质量，从2011年起，将原农村清洁工程项目调整为“农村危房改造及清洁工程”。2011年计划完成5万户危房改造任务，实施240个乡镇农村清洁工程项目建设。

农村危房改造资金以农户自筹为主，政府补助为辅，根据国家试点意见，我省补助范围暂定为国家扶贫开发县和比照实施西部大开发政策的31个县（市、区）分散供养的五保户、低保户、其他困难户农村C级和D级危房改造。政府分类补助标准为：1.五保户、农村低保户重建房屋户均2万元；五保户、农村低保户修缮加固户均0.6万元。2.贫困残疾人家庭（非低保户）、其他困难户重建房屋户均1万元，贫困残疾人家庭（非低保户）、其他困难户修缮加固户均0.4万元。政府补助部分，中央和省级每户综合补助标准为0.9万元，其余资金由市县承担。

农村清洁工程，1万人以下规模的乡镇每个乡镇投资120万元，1—3万人规模的乡镇每个乡镇投资130万元,3万人以上规模的乡镇每个乡镇投资160万元。所需资金,省与市、县(市、区)按7∶3比例承担。市、县(市、区)承担部分,市级对61个县(市)和15个县改区不承担配套资金。

三十一、村级公益事业建设一事一议财政奖补试点

中央和地方各级政府对农民通过一事一议筹资筹劳开展村级公益事业建设给予奖补。中央财政对地方财政奖补资金的上限,按照规定的当地农民一事一议筹资筹劳上限标准及政府补助比例计算确定,具体计算比例按照中央有关规定执行。

省财政按农业人口人均10元的标准安排奖补资金。

1.补助。补助范围为61个县(市)及15个县改区。对农民人均筹资10元以上,且人均市县财政奖补资金5元以上的县(市、区),省财政按照开展一事一议财政奖补项目建设的农业人口和人均8元标准予以补助。

2.奖励。奖励范围为105个县(市、区)。省财政按照农业人口人均2元的标准安排奖励资金,对开展村级公益事业建设一事一议工作成效显著的县(市、区)予以奖励。在农民筹资筹劳限额内,奖励资金按照人均筹资筹劳数额、人均市县财政奖补数额、开展一事一议建设的覆盖面等指标综合评分,统一规范分配,并适当向山区、库区、贫困地区倾斜。

人均筹资数额、人均筹劳数额、人均市县财政奖补数额,以各县(市、区)开展一事一议建设的村为单位汇总计算。

三十二、农村公路危桥加固改造工程

十二五期间,计划投资40亿元。其中:中央投资25亿元,省市县补助15亿元,省与市县按7∶3分担。2011年计划投入8亿元,其中:中央投入5亿元,省财政承担2.1亿元(其中:燃油税费改革转移支付资金承担1.3亿元),市县承担9000万元。

三十三、家电下乡和家电以旧换新政策

家电下乡,财政按下乡家电产品销售价格补助13%;家电以旧换新,财政按新家电销售价格补助10%。财政补助部分,中央和省财政分别按80%和20%承担。

各级财政部门要主动加强与相关部门联系,明确计划任务,认真测算民生工程财政投入,落实资金筹集安排渠道,确保不留硬缺口。市级财政要本着照顾所辖县(市、区)的原则,尽可能地增加对县(市、区)的资金支持。要及时拨付民生工程资金,确保工程实施的需要。凡应直接发放或补助到人的资金,要实行“政策公开、程序透明、支付到人、打卡发放”的社会化发放办法,及时足额发放到人到户;凡是按人数补助到学校、医院等单位的,要严格审批程序,核实补助对象,及时足额拨付到项目实施单位,确保专款专用;凡涉及工程建设的资金,要实行专户管理,严格按照工程进度和资金管理办法拨付资金,确保工程建设资金、工程建设进度、工程建设标准、工程建设质量全面落实。要加强民生工程资金监管,完善资金管理制度,加强审计监督,严禁截留、挤占、挪用、拖欠民生工程资金,切实提高资金使用效益。

关于进一步加强民生工程审计监督的意见

省审计厅

为充分发挥审计监督的作用,切实保障民生工程顺利实施,根据《安徽省人民政府关于2011年实施33项民生工程的通知》(皖政〔2011〕1号)精神,现就进一步加强民生工程审计监督,提出如下意见:

一、充分认识深入实施民生工程的重大意义

(一)深入实施民生工程是安徽全面转型加速崛起兴皖富民的需要。“十二五”是安徽全面建设小康社会的关键期、工业化城镇化的加速期、经济社会发展的转型期,是大有可为的黄金发展期。推进社会体制改革,增加财政投入,加快社会事业建设,完善社会管理,促进经济与社会的协调发展,是实现全面转型、加速崛起、兴皖富民的重要内容。深入实施民生工程是省委、省政府从战略的高度加强社会建设、推动加速崛起的重大部署。

*(二)深入实施民生工程是使广大群众更好地共享改革发展成果的需要。*改革开放以来,在经济快速发展的同时,公共基础投入和社会建设相对滞后,部分群众的生活还比较困难。深入实施民生工程,关注低收入人群和弱势群体,增强公共服务能力,不断提高城乡居民的衣食住行用水平,顺应了广大人民群众过上更好生活的新期待,保障改革发展的成果惠

及所有人民。

（三）深入实施民生工程是进一步推进构建和谐社会的需要。把构建和谐社会摆到更加突出的位置，是党中央适应经济社会发展新趋势作出的一项重大战略部署。深入实施民生工程，努力解决教育、医疗、卫生、社会保障等人民群众最关心、最直接、最现实的切身利益问题，是落实中央决策的具体体现，有利于舒缓社会压力，化解人民内部矛盾，不断增加和谐因素，推进和谐安徽建设进程。各级审计机关要充分认识省委、省政府深入实施民生工程的重大意义，进一步增强责任感和使命感，切实加强对民生工程的审计监督，保障民生政策落到实处。

二、明确审计内容，突出工作重点

（一）制定审计计划。各级审计机关要继续坚持“全面审计、突出重点”的原则，正确把握经济社会发展形势，及时了解民生工程实施的总体情况，按照“十二五”审计工作发展规划要求，科学合理地将民生工程审计的各项任务纳入年度项目计划。通过扎实有效的审计工作，努力促进省委、省政府的决策部署得到更加有效的贯彻落实。

（二）强化资金监督。各级审计机关要进一步加强对民生工程资金筹集、管理和使用情况的审计，保障民生工程资金真正惠及广大群众。在审计过程中，要根据民生工程的不同特点和要求，重点关注：各级财政分担的配套资金是否到位；项目资金的拨付是否及时；补助资金的发放是否公开透明；项目资金是否被挤占挪用；有无降低标准发放或克扣截留项目资金；有无虚报冒领、弄虚作假骗取财政资金；是否存在损失浪费；有无借民生工程之名变相增加群众负担等。

（三）保障工程质量。各级审计机关要针对工程建设类项目的特殊性，有计划、有步骤地开展跟踪审计和滚动审计，必要时延伸审计建设、设计、施工、监理、采购等单位的有关事项，切实保障工程建设质量，维护群众利益。在审计过程中要重点关注：项目审批是否合规、是否及时；招投标是否符合有关规定、是否存在舞弊和转包及违法分包行为；工程合同是否合法、有效、完整、可行；工程监理是否有效；工程造价是否真实；投资的经济效益与社会效益是否良好；项目的后期管理是否科学并达到预期目的等。

（四）加强分析研究。各级审计机关在实施审计的过程中，要坚持在揭露问题、查处问题的同时，加强对项目资金使用效益情况的评估，促进提高财政资金的使用效益。要更好地发挥审计的建设性作用，密切关注制度建设、机制运行、数据库管理等方面的情况，针对审计过程中发现的普遍性、倾向性和苗头性问题，强化分析研究，提出有针对性的意见和建议，促进各项制度的进一步完善和管理水平的进一步提高。

（五）加大整改力度。各级审计机关要进一步加强与民生工程牵头责任部门的沟通，加强与纪检监察及司法机关的协作，健全和完善责任追究制，加大处理处罚力度，对各种侵害人民群众切身利益的违法违纪行为，依据审计法、《财政违法行为处罚处分条例》等法律法规进行处理，追究相关责任人的责任；构成犯罪的，依法追究刑事责任。要根据审计结果公告的有关规定，报经省政府批准，向社会公布民生工程审计结果，与社会监督、舆论监督相结合，加强审计整改，及时纠正审计发现的问题，保障民生工程顺利实施。

三、加强组织领导，保障各项工作顺利进行

（一）强化组织保障。各级审计机关要进一步健全主要负责同志为第一责任人的领导机构，按职责分工分解民生工程审计任务。要进一步完善全省审计系统民生工程审计联络机制，明确工作职责，完善各项制度，加强协调配合，努力做到信息畅通、资源共享。通过加强领导和完善机制，为民生工程审计工作提供更加有力的组织保障。

（二）加强自身建设。随着民生工程的深入开展，相关审计任务较重与审计资源相对有限的矛盾日益突出，尤其是基层审计机关。各级审计机关要采取多种举措，进一步加强队伍建设，整合审计资源，推进使用先进的审计技术和手段，提高审计效率，更好地服务民生工程建设大局。

（三）探索审计方式。民生工程审计工作点多面广。各级审计机关要充分发挥专项审计调查的作用，从宏观的层面、全局的高度发现、研究并解决问题，促进各项惠民政策的落实。要积极探索在现行审计体制下的审计组织与运行方式，摸清情况，防范风险，提高质量。通过采取有效的审计方式，进一步加强审计监督，努力保障民生工程顺利实施。

关于进一步做好民生工程实施情况监督检查工作的意见

省监察厅

为深入贯彻落实党的十七大精神，服务科学发展观大局，维护社会和谐稳定，着力保障和改善民生，确保中央和省委、省政府各项惠民政策措施落到实处，进一步做好民生工程实施情况监督检查工作，现提出如下意见：

一、提高认识，增强做好民生工程监督检查工作的责任感和使命感

实施民生工程，是省委、省政府深入贯彻党的十七大精神，坚持科学发展观、构建和谐安徽的重大举措。继续加强对民生工程实施情况的监督检查，是各级监察机关义不容辞的责任。各级监察机关要组织广大干部认真学习省委、省政府的有关文件精神，深刻领会省委、省政府和省纪委关注民生、重视民生、保障民生、改善民生的坚强决心，充分认识实施民生工程的重大意义，进一步把思想和行动统一到省委、省政府的决策部署上来，不断增强做好监督检查工作的责任感、使命感，以对党和人民高度负责的态度，把对民生工程实施情况的监督检查，作为执法监察和效能监察的重中之重，摆上突出位置，切实抓紧抓好，抓出成效。

二、突出重点，加强督查，确保各项惠民政策落到实处

民生工程涉及面广、政策性强、工作环节多。各级监察机关要按照省政府和省纪委的部署要求，理清思路，突出重点，切实加强工程实施全过程的监督检查，确保各项惠民政策落到实处。重点抓好以下四个方面的监督检查：

一是加强对民生工程政策措施贯彻执行情况的监督检查。重点检查：是否按规定的标准，发放“五保户”供养费和医疗保险费；是否按规定的范围，对农村低保对象、农村“五保户”、农村重点优抚对象、农村计划生育家庭，分别给予相应的生活保障、医疗救助和奖励扶助；是否按规定的要求，落实城乡卫生服务体系建设、农村饮水安全工程、农村广播电视村村通工程、白内障患者复明工程等建设任务；是否建立高校、中职和普通高中家庭经济困难学生资助制度；是否建立政策性农业保险制度，农村新型合作医疗制度是否覆盖到全省所有农村居民，城乡义务教育经费保障机制改革是否全面实施；病险水库除险加固工程开工建设情况，以及大中型水库移民后期扶持政策是否得到完善等。

二是加强对地方政府和有关主管部门履行职责情况的监督检查。重点检查：各级地方政府和省财政、发展改革、教育、民政、劳动保障、水利、卫生、计生等有关职能部门，是否制定并实行了领导责任制、工作责任制和责任追究制，以及制度的落实情况如何，是否建立了计算机工作程序库，是否按规定建立了政务公开制度，是否认真履行应尽的工作责任，有无失职渎职行为。

三是加强对民生工程资金保障及管理使用情况的监督检查。重点检查：项目资金的拨付是否及时，由各级财政分担的资金是否及时到位；项目资金是否被挤占、挪用、拖欠，有无降低标准发放和克扣截留项目资金问题；有无虚报冒领、弄虚作假骗取财政资金的问题；项目资金在管理使用中是否存在损失浪费，以及应发放或补助到人的项目资金，是否实行“张榜公布、打卡发放、直接到人”的社会化发放办法等，有无贪污挪用等违纪违法行为。

四是加强对工程进展和效能情况的监督检查。重点检查：地方政府和有关主管部门工程进展的经济性、效果性、效能性，以及工作是否细致、作风是否扎实，任务是否按期完成等情况，有无效能低下、推诿扯皮，不作为和乱作为等行为。同时，对民生工程中涉及具体工程建设的，如农村饮水安全工程、广播电视“村村通”工程等建设和农村卫生服务体系建设，还要加强对工程建设规划、程序和制度执行等情况的监督检查。重点检查是否建立并落实工程建设项目法人责任制、招标投标制、工程监理制和竣工验收制等。

三、严肃纪律，严格责任追究，坚决纠正和查处民生工程实施中的违法违纪行为

坚决纠正民生工程实施过程中存在的问题，从严查处违法违纪案件，既是监察机关的重要职责，也是严肃工作纪律的具体体现。各级监察机关要公布和设立专项举报电话，认真受理人民群众对实施民生工程的举报和投诉，并注意发现和查处违纪违法案件。对下列违法违纪行为，一经发现，要依照法律法规和政策严肃处理，绝不姑息迁就。触犯刑律的要及时移送司法机关依法处理。后果严重、影响恶劣的典型案件要公开曝光。一是擅自降低补助和发放标准，应公开未公开，搞暗箱操作的；二是有令不行、有禁不止，不认真落实民生工程政策措施，搞变通、打折扣的；三是工作不负责，推诿扯皮、玩忽职守，严重影响民生工程顺利实施的；四是虚报冒领、弄虚作假骗取财政资金的；五是克扣、截留、挤占、挪用、拖欠、贪污项目资金的；六是领导干部违规插手建设工程招标投标活动，搞以权谋私的。在坚决纠正民生工程实施中存在的问题、严肃查处违法违纪行为的同时，还要注意剖析问题产生的原因，责成有关地方和部门举一反三，认真整改。管理制度不健全的，要责成其限期制定和完善；管理不到位、不落实的，要责成其立即改进。

四、加强领导，严密组织，全面推进民生工程监督检查工作

做好民生工程实施情况的监督检查工作，意义重大，任务艰巨。各级监察机关要加强领导、严密组织，强化措施、狠抓落实，确保民生工程监督检查工作取得实效。

一要加强组织领导。要切实加强对民生工程监督检查工作的组织领导，层层落实目标任务和工作责任，精心谋划，扎实工作，稳步推进民生工程顺利实施。省监察厅建立了由厅长负总责、分管厅长具体抓，执法监察一室牵头、纠风室和执法监察二室协办的领导机制和工作机制。各级监察机关要根据本地区本部门实际，在建立健全民生工程监督检查的领导机制和工作机制基础上，层层分解目标任务，明确工作责任，并落实具体承办人员抓好此项工作。要加强作风建设，不断改进工作方法，深入基层了解民生工程具体实施情况，善于发现问题，纠正并解决问题，确保民生工程中的每项工作都能落到实处。

二要加强协调配合。各级监察机关要在政府的统一领导下，按照协调小组办公室的统一安排部署，加强与有关业务主管部门的沟通和联系。既要督促业务主管部门严格落实相关政策，又要支持业务主管部门开展工作；既要注意在监督检查过程中发现问题、纠正问题，也要注意针对管理中的薄弱环节，及时提出改进工作的意见和建议；既要坚决纠正、严肃查处违规违纪违法行为，也要注意发现和总结成功的经验和做法，充分发挥监察机关应有的职能作用。

三要精心组织实施。各级监察机关要结合本地区本部门实际，进一步明确开展民生工程监督检查的内容、重点、措施和要求，并在此基础上制定落实本意见的具体实施方案。要对监督检查工作进行周密的部署和安排，一是积极配当地民生工程协调小组认真开展综合督查，讲究督查方法，注重提高督查效果，积极帮助基层解决实际问题。二是各地根据民生工程的项目安排，每年确定二到三个重点项目，会同工程实施主管部门，适时开展专项督查，对在监督检查过程中遇到的重大问题要及时上报。每年年底前，各市监察局要将开展民生工程监督检查的工作情况专题报省监察厅。

工作纪实

2011 年全省 33 项民生工程实施工作情况

2011 年，全省各级各部门认真贯彻落实省委、省政府决策部署，围绕中心、服务大局，创新工作机制，完善工作措施，全面完成民生工程各项工作任务。

一、33 项民生工程目标任务完成情况

（一）8 项生活保障类项目。300 多万城乡困难群众生活保障问题得到有效缓解，各级财政投入资金 98.9 亿元。加大对农村五保供养保障力度，补助标准由每人每年 1200 元提高到 1400 元。加快推进保障性住房建设，将公租房纳入民生工程范围，逐步解决城市低收入家庭住房困难问题。

（二）6 项教育培训类项目。落实城乡义务教育保障政策，700 多万名义务教育阶段学生受益。提高高校国家助学金资助水平，对中职家庭经济困难学生和涉农专业学生免学费，将困难学生资助延伸到普通高中。完成农民工技能培训和新型农民培训 84 万人，促进农民创业就业。

（三）7 项医疗卫生类项目。新农合、城镇居民医保财政补助标准提高到每人每年 200 元，覆盖范围进一步扩大，保障水平进一步提高。扩充重大传染病医疗救治和生活救助项目内容，进一步推进血吸虫病传染源控制工作。

（四）8 项农业和农村基础设施类项目。加快推进农村危房改造和农村清洁工程，改善农村环境卫生。新增实施公路危桥加固改造、一事一议财政奖补项目，提高农村公共服务水平。

（五）4 项文化建设类项目。全面完成广播电视村村通、农家书屋和乡镇综合文化站建设任务，满足农民精神文化需求；开展家电下乡和家电以旧换新，进一步扩大城乡消费，提高居民生活质量。

二、33 项民生工程组织实施工作情况

（一）及早动员部署。年初，省政府出台《关于 2011 年实施 33 项民生工程的通知》，省财政厅印发《2011 年 33 项民生工程实施办法的通知》、《关于 2011 年民生工程资金筹措有关问题的通知》等实施方案及配套文件。2 月 24 日，召开全省实施民生工程工作会议，张宝顺书记、王三运省长作重要讲话，省政府与各市政府签订目标责任书。省教育厅、省人社厅、省住建厅、省残联等召开推进会、现场会，细化分解任务，落实工作责任。省卫生厅 3 月底前下达村卫生室投资计划，省广电局提前启动实施广播电视村村通工程，及早部署落实任务。

（二）创新工作举措。编制《安徽省民生工程“十二五”规划》。在广泛征求意见、多方深入论证的基础上，研究编制了《安徽省民生工程十二五规划》和全省民生工程重点项目库。经省政府第 82 次常务会议研究审定，9 月 5 日，省政府出台了《关于印发安徽省民生工程“十二五”规划的通知》。开展万名财政干部大走访活动。5 月份，全省财政系统开展了“贴民情、听民意、惠民生——万名财政干部大走访”活动，1.9 万名财政干部深入 1.5 万个行政村和 3 千多个社区，走访居民、农户 27.8 万户，人民日报、光明日报、经济日报作了专门报道。组织人大代表、政协委员巡视评估活动。8 月份，省人大两位副主任、省政协4位副主席率领100多名省人大代表、政协委员，分赴16个市开展民生工程巡视评估活动，对各地民生工程实施工作、进展情况、建后管养进行全面检验。初步建立建后管养机制。省财政厅会同省直各部门制定出台了20个工程类项目建后管养的指导意见，各地结合自身实际，制定实施细则，进一步健全完善工程类项目建后管养机制。积极探索资源整合。积极推进各地各部门开展民生工程政策、资源整合。铜陵市、谯城区、南陵县、芜湖县等15个市、县(区)实现新农合和城镇居民医保并轨，宿州、淮南等市将农村危房改造与新农村连片建设，池州、黄山等地将农家书屋、留守儿童之家等项目与党员活动室、计生服务站等统一规划建设，发挥更大效益。

(三)深入调度推进。省财政厅认真履行牵头职责，印发《2011年全省民生工程工作要点》，完善民生工程省直、市县联络员制度，召开省直单位联络员会议和全省民生工程工作座谈会，在横向、纵向两个层面加强调度推进。省民政厅成立民政民生工程实施领导小组，定期研究民生工程问题，协商解决办法。省交通厅多次召开专题工作推进会，对危桥改造加固工程进行部署、推进和督促。省水利厅、省文化厅按月发出通报，推动工程进展。

(四)强化资金保障。全省33项民生工程计划投入资金388亿元，全年实际拨付资金468亿元，增长35.6%。省财政坚持把保障和改善民生作为财政工作的出发点和落脚点，在财政收支压力增大的情况下，将更多财力向民生倾斜，全省民生投入2600.7亿元，占财政支出78.7%，地方新增财力80%以上用于民生。新增省对下均衡性转移支付30亿元，其中健全县级基本财力保障资金10亿元，减轻市县配套压力。各级财政部门打足预算，优先安排民生工程资金，确保配套资金足额落实。

(五)深化政策宣传。3月22日，省民生办、省委宣传部印发《关于进一步加强民生工程宣传报道的通知》，在全省开展民生工程宣传月活动。从4月1日起，在《安徽新闻联播》开设“民生工程进行时”专栏，在《安徽日报》开设“33项民生工程巡礼”专栏，每天介绍1个项目，展示实施成效，解读项目政策。省民生办编印《民生工程政策80问》和致城乡居民的一封信，在省财政厅门户网站进行民生工程社情民意调查，共征集953名网民意见376条。

(六)加强监督考核。省民生办在征集部门、市县意见的基础上，对民生工程考核办法进行修改完善，将社情民意调查结果列入单项得分，减轻基层负担减少实地考核，增加中央媒体曝光一票否决等内容，省政府印发了《2011年民生工程实施情况考核办法》(皖政办秘〔2011〕138号)。民生工程各牵头单位按照要求，实施2个或以上项目的联合考核，认真完成各单项考核工作。省统计局完成了社情民意调查考核，用群众知晓度、满意度指标，更加准确、客观反映每项工程实施效果。省监察厅、省审计厅认真开展民生工程专题监督检查，严格跟踪问效。

三、民生工程实施成效

2011年民生工程工作总体上有以下几个特点。一是民生财政投入加大。各级政府牢固树立民生财政理念，把更多的资金用到保障社会和谐稳定上来，用到改善人民群众生活上来。二是民生蓝图全面展开。民生工程“十二五”规划坚持兴皖富民导向，重点项目库坚持保基本、重农村、雪中送炭要求，明确了新时期保障和改善民生的发展路径和攻坚方向。三是民生理念深入人心。各级各部门在为民服务中投入真情，付出真心，广泛听取民意、汲取民智、贴近民需，形成了民生至上、民生优先的良好氛围。四是民生效应持续显现。民生工程的深入实施，充分发挥了稳增长、扩内需的双重效应，实现了保民生、促和谐的双重作用，彰显了树信心、提形象的双重意义。

(一)群众生活更加改善。2011年我省实施的33项民生工程，涉及生活保障、教育培训、医疗卫生、农业和农村基础设施、农村文化建设等方面。累计投入468亿元，比上年增加123亿元，增长35.6%，惠及全省6000多万群众，人均受益近800元。其中，直接发放或补助到人资金289.3亿元，占当年资金总额61.8%，人民群众得到了实实在在的实惠。

(二)公共服务更加均等。在民生工程的推动下，社会保障和救助体系得到进一步加强，最低生活保障、义务教育、医疗保险和合作医疗制度、困难群众医疗救助实现了城乡全覆盖。特别是对“三农”的支持力度持续加大，民生工程涉农项目累计投入资金356.3亿元，占当年资金总额76.1%，基本公共服务向农村延伸的格局加速形成。

（三）经济社会更加和谐。民生工程注重帮助最困难的弱势群体，注重促进公平正义，推动了医疗卫生体制改革，繁荣了农村文化，营造了良好的改革发展环境。2011 年，民生工程建设类项目投入资金 178.8 亿元，拉动了消费，扩大了内需，有力地促进了全省经济发展。

（四）干群关系更加密切。社情民意调查结果显示，新农合、城镇居民医保等项目群众知晓度达到90%以上，广播电视村村通、城乡医疗救助、计生奖扶、廉租房和公租房建设等项目群众满意度达到90%以上，深得人民群众的欢迎。各级政府认真履行社会管理、公共服务职能，不断提升民生工作水平，更好地服务广大人民群众，为推进科学发展、建设美好安徽奠定了坚实的群众基础。

（省民生办供稿）

省人大代表、省政协委员民生工程巡视评估活动情况

2007 年以来，民生工程从酝酿、出台，到扩面提标、滚动发展，始终得到了各级人大和政协的关心与重视，从制订计划、宣传发动，到工程实施、运行管理，始终得到了代表、委员们的参与和支持。在 2 月 24 日全省实施民生工程工作会议上，省委书记张宝顺、省长王三运均对人大、政协视察督查民生工程提出了明确要求。2011 年的全省民生工程工作要点，把组织省人大代表、省政协委员巡视评估民生工程列为一项重要工作，在 8 月 4 日省民生工程协调小组会议上，詹夏来常务副省长也对活动开展作出具体要求。为切实发挥人大代表、政协委员监督作用，推进民生工程各项惠民政策落实，近期省财政厅提请省人大、省政协组织巡视组，对全省民生工程实施情况进行巡视评估。

一、领导高度重视，精心组织实施，民生工程巡视评估活动圆满结束

为确保巡视评估活动顺利完成，8 月 9 日、10 日，省财政厅分别向省政协主席王明方、省人大常委副主任任海深作了专题汇报。8 月 12 日，陈先森厅长专题召开活动布置会，要求各市财政局高度重视，抓紧向地方党委、政府报告，主动衔接当地人大、政协，切实做好迎接巡视评估活动相关工作，并下发了《关于做好省人大代表、省政协委员民生工程巡视评估活动准备工作的通知》以及《关于进一步做好全省民生工程巡视评估活动准备工作的通知》两个文件，部署安排具体准备工作。

省人大、省政协高度重视民生工程巡视评估活动，8 月 15 日和 23 日，省人大、省政协分别召开布置会和动员会，介绍重点事项，部署活动安排。8 月 17 日至 9 月 8 日，由省人大常委会组织 2 个巡视组、省政协组织 4 个巡视组，分别对全省 16 个市民生工程实施情况进行巡视评估。各巡视组通过座谈汇报、查阅资料、实地查看、入户走访等方式，视察检查了各地民生工程组织实施、项目进展、工程建后管养等情况。活动主要呈现以下几个特点：

一是重视程度高。省人大、省政协在听取省财政厅有关情况汇报后，立即召开会议专门研究部署巡视评估活动。省人大常委会副主任朱维芳、郭万清，省政协副主席郑牧民、李宏塔、赵韩、李卫华分别带队，组成 6 个巡视评估组。省财政厅为巡视评估活动作了充分准备，提供相关工作资料，就全省民生工程情况向代表、委员们作了专门汇报，省财政厅领导全程陪同各组巡视评估活动。各市高度重视，精心准备，及时召开会议汇报情况。

二是参与代表、委员多。省人大、省政协进行广泛发动，召集代表、委员参与支持，共有 60 多名省人大代表和部分当地人大代表、40 多名省政协委员和部分当地政协委员参加民生工程巡视评估活动。代表、委员们认真履行参政议政职能，主动开展民主监督，对民生工程实施情况进行一次全面检验。

三是巡视范围广。省人大、省政协巡视组深入全省 16 个市及所属 16 个县（区），召开民生工程汇报座谈会 18 场，现场查看廉租房、校舍安全工程、农村五保供养机构等项目点 100 多处，走访农村低保、农村五保户等受益对象 120 多名。通过巡视走访，掌握了各地民生工程总体情况，了解了群众对民生工程组织实施、进展成效的评价和意见。

四是评估内容实。为确保巡视评估活动实效，对补助到人类项目，各巡视组随机抽取样本，确定受益对象，深入所在镇、村实地走访，检查项目审核公示是否公开、透明，资金发放是否及时、足额；对工程类项目，重点了解建后运行管理维护情况，检查工程管养制度是否健全，运行、管理、维护措施是否执行到位。

二、发挥监督作用，推进民主公开，民生工程巡视评估活动取得明显成效

此次巡视评估活动是一次规格高、组织严、规模大、效果实的重大活动，100 多位省人大代表、省政协委员参与，这在民生工程实施中是第一次。从人大代表、政协委员反馈情况看，活动取得了明显成效。

一是科学评估了民生工程成效。人大代表、政协委员通过听取汇报、查阅资料、实地走访等方式，全面评估了各地民生工程实施情况。从评估调查表汇总情况看，民生工程组织推进工作、实施进展、工程类项目建后运行管理维护情况良好，各项调查指标均符合要求。人大代表、政协委员评价，民生工程实施以来，各级各部门围绕省委、省政府决策部署，建立健全了党委、政府统一领导、财政牵头协调、部门组织实施、社会广泛参与的推进机制，形成了多方协同、上下联动、真抓实干、争先进位的良好局面。四年来民生工程投入达到 853.8 亿元，惠及全省 6000 多万群众，人均受益 1400 多元。民生工程覆盖范围越来越宽，受益群众越来越多，资金投入越来越大，社会影响越来越广，品牌效应越来越强，有力地改善了民生，切实维护了稳定，促进了社会和谐。

二是民主监督了民生工程实施。巡视评估活动充分发挥了人大、政协依法监督、参政议政的职能作用，对全省民生工程进行了一次全面系统的督促检查，有力地推进了民生工程实施。发现了存在问题。省人大、省政协巡视评估报告总结 4 类问题，主要有民生政策体系不够系统，项目设立有待进一步优化；政策措施有待完善，项目资源、资金需要进一步整合；管理养护仍需加强，工程质量、项目运行管理水平有待进一步提高；工作推进的创新机制有待健全，市县工作机构建设、考核机制、政策宣传需要进一步加强。提出了合理建议。省人大提出，要科学选择项目，创新多元筹资，提升工程质量，科学考核评价，健全长效机制。省政协提出，要建立完善项目选择、工作推进、资源整合、运行管理、激励约束机制，推进民生工程取得更长远效益。

三是着力夯实了民生工程成果。人大代表、政协委员查看 100 多处工程点，走访 120 多名群众，掌握了民生工程总体情况。对好的做法，要求各地认真总结，及时推广；对矛盾问题，要求纠正整改，完善提高。总结了做法经验。合肥、铜陵等市根据群众需要，增加实施一批惠民实事；滁州、芜湖等市在农村饮水安全工程、廉租房建设中，探索规模化发展模式；宿州、池州等市在资源整合、共建共享等方面创新举措，最大化发挥民生工程效益；六安、黄山等市实行工程质量终身负责制，健全后期管养制度。巩固民生工程成果。人大代表、政协委员积极反馈巡视评估情况，要求各地健全完善长效推进机制，确保民生工程持久发挥效益。各地认真吸纳意见建议，提出将进一步创新工作机制，完善政策措施，把好事办好，实事办实，全面提升人民群众幸福指数。

四是有效扩大了民生工程影响。此次巡视评估活动，既是一次严格的检查视察活动，又是一次重要的宣传引导活动；既是代表、委员们参与、支持、监督民生工程实施的有效实践，又是扩大民生工程影响，提升群众知晓度、满意度的有力举措。让代表、委员关心支持民生工程。通过巡视评估，人大代表、政协委员认识到民生工程是省委、省政府顺应时代要求和人民群众新期待的正确决策，体会到各地各部门真抓实干、争先进位的工作作风，感受到人民群众得实惠的满意与肯定。有代表、委员反映，省委、省政府实施民生工程做了那么多惠民实事，很感动也很欣慰，以后要更加关注和支持民生工程。提升群众知晓度、满意度。人大代表、政协委员深入走访调研，了解群众意愿，倾听群众呼声，使民生工程更加深入人心，扩大了社会影响力。巡视组在走访滁州市创业北苑廉租房项目时，今年顺利搬迁入住的租户张香兰激动地说："我和老伴过了大半辈子的棚户区生活，感谢共产党，让老百姓住上了宽敞明亮的新房子。"

三、汲取意见建议，科学系统研究，进一步健全完善民生工程长效机制

目前，人大代表、政协委员民生工程巡视评估活动已圆满结束，我们将认真吸收意见建议，科学系统研究，充分运用好活动结果。认真总结经验，进一步完善制度，创新举措，推动民生工程抓好落实，抓出成效，为安徽科学发展、加速崛起、全面转型、兴皖富民做出新贡献。

一是建立科学系统的项目选择机制。根据《安徽省民生工程"十二五"规划》，充分发扬民主，结合实际所需，选准年度民生工程项目。会同省直有关部门进一步细化措施，制定具体的实施办法，逐年落实推进。鼓励有条件、有能力的市县,适当扩大实施范围,提高保障标准,更多更好地解决民生问题。完善民生工程项目储备和遴选机制,实现项目有进有退,循序渐进,滚动发展。统筹资源,细化措施,建立民生项目和资金整合机制,发挥民生工程综合效益。

二是强化协调高效的责任落实机制。坚持财权事权相统一,强化落实责任,形成整体合力。强化各级各部门民生工程品牌观念,更加注重社会管理和公共服务,推进民生工程机制科学化、系统化、长效化。落实目标责任制,健全协调推进机制,一级抓一级,层层抓落实。推动省直各主管部门发挥政策规划、分类指导、督促检查职责,要求市县政府强化统筹协调、资金保障、政策落实责任,形成齐抓共管的工作合力。加强民生工程工作机构、队伍建设,增强其协调力、执行力,切实把好事办好,实事办实。

三是形成稳定多元的资金筹措机制。以基本公共服务均等化为导向,调整和优化财政支出结构,将每年新增财力的主要部分用于改善民生。省级完善均衡性转移支付政策,建立县级基本财力保障机制,增强基层提供基本公共服务的能力。要求市县对民生工程规划的重点项目,优先安排,重点保障,落实配套资金。拓宽民生工程筹资渠道,鼓励引导社会、企业和个人投入,加快形成政府主导、多方参与的多元筹资机制。加快民生工程资金支出进度,加强资金管理使用情况的监督,严禁挤占、挪用、滞留以及虚报冒领等行为。

四是健全规范长效的项目管理机制。对资金补助类项目,抓好调查摸底、审核评议、公开公布三个重点环节,确保基础数据核清、发放对象搞准、各项程序走实。对工程类项目,严格执行建设计划和标准,完善落实招投标、政府采购和竣工验收等各项制度。健全完善建成项目后期运行维护制度,确保项目持久发挥效益。省直各有关部门出台所有工程类项目管护指导性文件,项目所在地的市县和乡镇政府承担运行、管理和养护职责。实行民生工程质量终身责任制,定期组织开展“回头看”活动,将建后管养纳入考核内容。

五是巩固民主公开的政策宣传机制。倾听基层意见和群众呼声,适时调整完善政策措施。积极发挥人民群众的主体作用,充分尊重群众的知情权、参与权、表达权和监督权,用民主的办法推进民生工程,引导群众参与、支持、监督民生工程。面向基层、面向群众,改进政策宣传方式,开展社情民意调查,加强和改进服务,实行公开、便民、利民制度,努力提升群众的知晓度、满意度。

六是完善严格透明的激励约束机制。加大执法监察、审计监督、财政检查力度,定期向社会公布民生工程建设进展情况,接受社会各界的监督。巩固和加强民主监督,建立民生工程视察和评估长效机制,切实发挥好人大、政协监督作用,推进民生工程抓好落实。引入绩效评价制度,继续实施民生工程年度考核评比,严格兑现奖惩措施。

(省民生办供稿)

全省财政系统“贴民情、听民意、惠民生”——万名财政干部大走访活动纪实

为进一步改进新形势下群众工作,推进创先争优活动,努力打造民生财政,推动全省科学发展,省财政厅从4月下旬开始,集中利用一个多月的时间,在全省开展“贴民情、听民意、惠民生——万名财政干部大走访”活动。全省财政系统18828名党员干部深入15421个行政村和3047个社区,累计走访居民、农户278420户。

一、精心部署,广泛动员,大走访活动组织有序

民生工程实施以来,省财政厅认真履行牵头职责,高度重视民生工程政策宣传工作,每年开展社情民意调查,将群众知晓度、满意度纳入民生工程考核内容。2011年3月,省民生办、省委宣传部印发《关于进一步加强民生工程宣传报道的通知》,4月份开展了全省民生工程宣传月活动。为明确工作载体和抓手,省财政厅党组经过认真研究,决定在全省开展“贴民情、听民意、惠民生——万名财政干部大走访”活动,进一步加大财政惠民政策和民生工程宣传力度。

各级财政部门高度重视,精心组织,迅速行动,扎实推进大走访活动。加强组织领导。省财政厅党组召开专题会议,研究部署大走访活动,提出“厅领导带头、厅机关带头、党支部书记带头”,率先垂范、以身作则。各地加强组织领导,指导大走访活动开

展。认真制订方案。4月7日，省财政厅印发了《关于开展“贴民情、听民意、惠民生——万名财政干部大走访活动”的意见》(财办〔2011〕373号)。4月12日前，将373号文件和17万份《民生工程政策80问》小册子快递到各市县财政局和乡镇财政所。各地结合实际制订实施方案，对大走访活动总体要求、内容形式、活动安排等作出明确规定。强化政策培训。省财政厅召开厅机关大走访活动布置会，精心部署任务，认真开展培训。各地对参加大走访活动的财政干部进行系统培训，让进乡村、入社区的财政干部熟悉民生工程、惠农补贴政策及相关工作程序。全面组织发动。4月16日，省财政厅厅长陈先森到舒城县晓天镇走访，与群众面对面沟通，心贴心交流，正式启动全省大走访活动。活动持续一个多月时间，全省财政系统干部累计走访278420户，平均每人走访15户。

二、开拓进取，求实创新，大走访工作特色鲜明

大走访活动是全省财政系统创先争优、学习沈浩、服务发展年和迎接建党90周年等活动的重要组成部分。各级财政部门结合自身实际，创新方式，完善举措，积极推进大走访活动顺利开展。

一是走访范围广。活动要求每个行政村走访10户，每个社区走访5户，目标任务是169445户，全省财政干部实际走访278420户，比目标任务多出11万户，平均每个村(社区)走访15户。省财政厅9位厅领导、28个支部，走访了38个行政村和7个社区近500户群众，宣讲33项民生工程政策，赠送《民生工程政策80问》，发放回收社情民意调查表600多份，收集群众意见建议100多条，发挥了示范带头作用。省财政厅民生办深入固镇、和县、含山、明光等地社区、农村走访，收集群众普遍关心的重点难点问题，带着问题走访，为大走访活动积累经验。合肥、六安等市在省定任务基础上，扩大走访范围，并在每个乡镇、社区召开群众座谈会。宣城市将大走访活动与“千名干部下基层活动”相结合，每个行政村走访不少于30户、每个社居委不少于10户。铜陵市将大走访活动扩展到市直各部门，市领导带头走访，每个项目入户走访不少于100户，广泛征求群众意见建议。

二是走访形式活。走访中，各级财政部门采取灵活多样的方式，或在人口密集村庄召开党员干部、村民代表座谈会，或到农户家庭、田间地头、施工工地与群众聊天谈心，诚恳征询意见，敞开心扉交流。六安市充分考虑农忙因素，要求主动走向田间地头，减少集中座谈。黄山市推行“驻村夜访”制度，利用晚上走访城乡群众。铜陵市组织开展民生工程“问卷调查、知识问答、问计求策”活动，了解群众的知晓度和满意度。贵池区做到村民组必去、困难户必去、群众反映问题多的地方必去、工作推进有难度的地方必去。芜湖县开展民生工程政策“进乡村、进社区、进学校、进企业、进机关”五进活动，最大限度地让群众了解惠民惠农政策。

三是走访载体新。为确保大走访活动取得实效，省财政厅民生办编印了《民生工程政策80问》，致城镇(农村)居民一封信、社情民意调查表，作为民生工程宣传月和大走访活动的主要工作载体。积极协调《安徽日报》开辟“改善民生、共创和谐——33项民生工程巡礼”专栏，在安徽电视台《新闻联播》设立“民生工程进行时”专栏，在省电台、安徽商报、市场星报等媒体上加大政策宣传力度。自4月18日起，在省财政厅门户网站同时进行了民生工程社情民意调查，共征集953名网民意见376条。淮北、巢湖、马鞍山、安庆等市利用广播、电视、报纸、网站等多种媒体，立体式宣传民生政策。蚌埠市设立“互动交流”网站栏目接受群众咨询，合肥市包河区开通“民生微博”与网民互动，泗县编排泗州戏、快板书、小品，在乡镇巡回演出。

四是走访责任实。各级财政部门结合工作实际，丰富走访内容，进村入户服务民生、服务基层、服务群众，确保走访活动实效。宿州、阜阳、宣城等市建立大走访分级包保责任制，层层落实责任人。滁州市各县区实行领导小组成员包干负责制，每个副科级干部包一片，每个股室包一个乡镇。合肥市建立“走访—汇总—反馈”机制，对走访发现的问题，督促县区整改，并及时将整改情况反馈受访人。池州市将召开民生工程恳谈会与大走访相结合，坚持做到“五个征求”，即面对面、召开座谈会、走访调查、设立意见箱和电子信箱，征求群众意见。黄山市将大走访与民生工程“回头看”相结合，面对面征求群众意见，实地评估民生工程质量和效益。

五是走访跟踪严。活动要求参加大走访人员严明工作纪律，坚持轻车简从，定期不定期组织开展抽查，确保活动有序开展。5月10日和27日，省财政厅民生办两次抽查汇总各地大走访活动进展情

况，汇总整理群众意见建议。合肥、宿州、巢湖等市通过随机抽样、查阅走访台账、电话问询等方式，加大对走访活动的督查指导。利辛县要求将受访群众电话同时填写，并拍摄影像资料，县民生办进行电话抽查，确保走访真实性。芜湖县实行走访报告总结制度，认真做好走访笔录，建立走访台账，每天逐条梳理走访座谈记录，每周小结走访情况，对不符合规定的要求重新走访。

三、贴近民心，促进和谐，大走访取得明显成效

一个多月来，全省财政干部坚持服务民生、服务基层、服务群众，走入田间地头、街头巷尾，开展社情民意大调查、民生热点大摸底、民生政策大宣讲、惠民效果大走访，认真梳理解决群众最关心、最直接、最现实的民生问题，取得了明显的成效。

一是进村入户、贴心交流，宣讲了民生政策。财政干部大走访活动，通过多渠道、全方位宣传，把民生政策送到千家万户，把惠民成效真实展现给群众，使民生工程更加深入人心，扩大了民生工程社会影响力。从知晓度看，受访的278420户城乡群众中，知晓5项以上民生工程的有174996户，占62.9%；知晓3—5项的有69855户，占25.1%；知晓1—3项的有33569户，占12%。从满意度看，对民生工程非常满意的有190001户，占68.2%；满意的有77778户，占27.9%；基本满意的有10383户，占3.8%，对民生工程不满意的有258户，占0.09%。总体来说，被走访对象基本了解民生工程政策，大多数群众对民生工程是满意的，对政府各项惠民举措是支持的。群众反映，民生工程惠及千家万户，自古以来都没有现在的政策好，像阳光一样照映到方方面面。民生工程办了很多老百姓想都不敢想的好事，我们打心眼里支持民生工程。

二是尊重民意、吸纳民智，了解了群众期盼。体察民情，倾听民意，问计于民，真正把民生工程办到人民群众的心坎里，是开展大走访活动的初衷之一。大走访活动通过与群众零距离接触、面对面沟通、心贴心交流，基本实现了掌握了解社情民意的目的。收集了意见建议。群众反映的主要问题有，农村五保、低保等补助类项目标准偏低；培训类项目内容针对性不强、培训时间较短；因病制贫、因病返贫现象仍有发生，大病医疗报销比例应进一步提高；农村生产生活垃圾污染和环境卫生应加快治理；乡镇综合文化站、农家书屋、农民体育健身工程等已建成项目使用效率不高等。通过走访，了解了当前群众关心的热点实情，掌握了群众提供的第一手资料。了解了群众期盼。群众要求比较迫切的主要问题有，进一步提高重大疾病医疗救治补助标准；实行城镇居民养老保险，加快推进新型农村养老保险；加大学前教育投入力度，解决幼儿入园难问题；加强农村道路、水利等基础设施建设等。为响应广大群众的热切期盼，我们经过认真研究，计划将属于"五有"范畴的学前教育、城乡养老保险、大病救助等项目，纳入民生工程"十二五"规划中统筹考虑，切实做到雪中送炭，顺应民意。

三是解决问题、整改不足，夯实了惠民成果。活动要求在大走访活动中，对群众诉求合理的问题，要及时协调解决到位；确有实际困难的，要释疑解惑到位；普遍共性问题，要向上级反映到位。为群众排忧解难。合肥市在大走访中协调解决群众实际问题500多个，消除信访问题30多件。铜陵市就群众提出的小学生就读、社区卫生机构服务建设等问题，专题进行协调，提出解决办法。利辛县梳理有价值建议100余条和热点问题10条，现场解决或转办问题50余件。长丰县财政局在走访中，了解到朱巷镇柘塘村渠道被淤泥堵塞，积极联系相关部门将清淤工作纳入一事一议项目。淮南市谢家集杨公镇财政所在走访时，发现70多岁的孤寡老人王丙先生活有困难，立即为他申请办理入住敬老院，享受集中供养。巩固民生工程成果。各地通过走访受益对象和困难群众，对近年来民生工程、惠农补贴等一系列惠民政策进行又一次的"回头看"，检查了各项政策落实情况，发现了工作中存在的不足和问题，找准了民生工程实施的薄弱环节。对走访中群众反映较多的民生工程项目建后管理养护问题，省财政厅会同省直各部门制订出台了所有工程类项目建后管养的指导意见，并要求各地不断改进工作，6月底前健全完善工程类项目建后管养机制，确保民生工程持久发挥效益。

四是改进作风、提升效能，锻炼了干部队伍。牵头实施民生工程是省委、省政府交给财政部门的光荣任务，此次大走访动员了全省财政系统的所有干部，全员参与、全面推开，收到干部受教育、群众得实惠的良好效果。提升了创先争优活动。"远学杨善洲，身边学沈浩"，组织发动财政系统党员干部进村入户，宣讲政策，征集期盼，做到民有所呼，我有所应，充分发挥了基层党组织和广大党员的先锋模范作用，切实增强宗旨意识，保持党的先进性，进一步提升创先争优活动质量和效果。加强和改进了群众工作。大走访活动认真贯彻省委《关于加强和改进新形势下群众工作的若干意见》，广大财政干部职工努力做到思想上尊重群众、感情上贴近群众、工作上依靠群众，以人民群众利益为重，以人民群众期待为念，想问题、做决策、办事情能够真心诚意地为群众考虑，真正做好事、办实事、解难事。促进了作风效能和队伍建设。广大财政干部深入基层、深入实际、访贫问苦、嘘寒问暖，强化了爱民为民的公仆情怀，增进了与人民群众的感情，展现了真诚服务、勤政为民、务实清廉的良好形象。各地对参加大走访活动的财政干部进行了一次系统培训，使广大干部熟悉了有关惠民政策、33项民生工程政策及相关工作程序，巩固了业务技能。

五是社会认可、群众欢迎，获得各界好评。大走访活动引起了广泛的社会反响，4月26日，省委书记张宝顺在《民生工程简报》上对大走访活动作出重要批示："此项活动很好。"6月29日，省长王三运批示："大走访活动很有意义，很有成效。始终围绕大局，贴近民生去做，这是财政系统工作的一大特色和亮点，望持续不断，创新发展。"6月30日，常务副省长詹夏来批示："贴民情、听民意、惠民生——万名财政干部大走访活动，走访范围广、形式活、载体新、责任实、效果好。"4月29日，省创先争优活动简报专报了大走访活动。5月19日，财政部深入开展创新争优专刊报道了安徽省大走访活动。5月24日，《人民日报》在"创先争优进行时"专栏中，充分肯定安徽省大走访活动做法。6月中旬，人民日报、光明日报、经济日报在报道省财政厅建设学习型党组织的稿件中都充分肯定了大走访活动。省电台、电视台等媒体集中报道大走访活动开展情况。人大代表、政协委员、社会各界和人民群众对大走访反响热烈，并给予了高度评价。

（省民生办供稿）

全省民生工程宣传月活动开展情况

为努力提高广大群众对民生工程的知晓度、满意度，根据全省实施民生工程工作会议和省民生工程协调小组第一次会议精神，全省民生工程宣传月活动于4月1日起全面展开。3月22日，省民生工程协调小组办公室、省委宣传部印发《关于进一步加强民生工程宣传报道的通知》（民生办〔2011〕10号），对民生工程宣传月活动进行全面部署。在省电视台、安徽日报的大力支持下，从4月1日起，在《安徽新闻联播》开设"民生工程进行时"专栏，在《安徽日报》开设"改善民生、共创和谐、33项民生工程巡礼"专栏，通过"政策链接"等形式，每天介绍1个项目，从百姓的视角，用通俗的语言、典型的事例展示民生工程实施成效，解读各项目政策程序。省民生办将印发《安徽财会》民生工程专刊，编印《民生工程政策80问》，在省财政厅宣传橱窗集中宣传民生工程政策和实施成效。省人社厅、省农委、省文化厅、省广电局、省残联、省妇联等省直部门和六安市、黄山市、颍上县等市县陆续制定出台了民生工程宣传方案，通过广播电视、报纸、网络、民生工程"大篷车"、文艺演出、横幅标语、短信等群众喜闻乐见的形式，全方位多角度开展宣传活动，在全省形成浓厚的民生工程政策宣传氛围。

（省民生办供稿）

全省财政工作篇

全省财政工作概述

全省财政工作综述

2011年,在省委、省政府的坚强领导下,全省各级财政部门深入贯彻落实科学发展观,认真实施积极的财政政策,大力推动财政改革发展,克服多种复杂严峻困难,实现了"十二五"良好开局。

【促进财政收支跨越】各级财税部门依法加强收入征管,着力提高征管效率和质量,财政运行继续保持高位增长势头,收支规模迈上新台阶。全省财政总收入完成2632.8亿元,增长27.6%,其中地方财政收入完成1463.3元,增长27.3%。财政收入质量进一步提高,税收收入占财政收入的比重为86.2%,非税收入完成355.3亿元,增长25.6%,主体税种贡献稳定,收入结构更趋合理。区域财政协调发展,市级财政总收入完成2435.2亿元,增长30.0%;县级财政总收入增长42.2%,高出全省平均增幅14.6个百分点。皖江示范区、合芜蚌试验区、合肥经济圈、皖北三市七县财政总收入分别增长27.7%、26.4%、25.4%、41.4%。财政支出突破3000亿元大关,达到3278.5亿元,增长26.7%。

【促进经济较快增长】认真实施积极财政政策。加大政府公共投资力度,着力保障重点项目建设。认真落实家电下乡、以旧换新政策,兑付财政补贴资金30.5亿元,拉动市场销售288亿元,家电下乡销售量和补贴兑付率均居全国前列,有效挖掘城乡消费潜力。加强经济运行调节,积极落实和完善减轻企业负担的各项措施,推动各类金融机构开展产品创新,进一步拓宽企业融资渠道,省信用担保集团完成担保再担保突破475亿元,着力缓解中小企业"融资难"。

【促进发展方式转变】大力支持国家技术创新工程试点省和合芜蚌试验区建设,积极推进合芜蚌试验区开展企业股权和分红激励试点。培育壮大战略性新兴产业,加强省级创业风险投资引导基金运作管理。强力推进节能减排,支持低碳经济和循环经济发展。促进区域协调发展,对皖江示范区实行过渡期财政体制,着力提升示范区开放承接水平;坚持人财物向皖北聚集,加快皖北振兴步伐,大力支持革命老区加快发展。稳步实施巢湖区划调整财政配套政策,为优化中心城市战略布局、打造安徽核心增长极创造有利条件。

【促进保障改善民生】全省民生投入2570亿元,占财政支出78.4%,地方新增财力80%以上用于民生。牢牢抓住民生工程这一社会建设重要抓手,科学编制《安徽省民生工程"十二五"规划》,履行牵头抓总职责,精心组织实施民生工程,投入468亿元,完成年初计划筹资额的120.6%,办成了一批群众欢迎、社会满意的实事难事。注重带动和促进其他民生问题有效解决,研究提出增加城乡居民收入的政策建议,被省委省政府"十二五"居民收入倍增规划充分吸纳;坚持教育优先发展,支持文化强省建设,实施城乡居民收入倍增规划,推行更加积极的就业政策,加快完善覆盖城乡的社会保障体系。创新社会管理,深入开展"贴民情、听民意、惠民生——万名财政干部大走访"活动和"省人大代表、省政协委员民生工程巡视评估"活动。

【促进城乡统筹发展】不断增加"三农"投入,着力提升新农村建设水平。全年全省农林水事务支出349.9亿元,增长19.6%,通过"一卡通"发放27项涉农补贴资金 159.8 亿元,增长 9.2%。加大资金整合力度,加快实施农业产业化“671”转型倍增计划,大力推进产业化扶贫、开发式扶贫。扎实开展政策性农业保险试点,投入保费补贴 10.9 亿元,为 2420 万次农户提供了 293.5 亿元的风险保障,显著增强农业抗风险能力。积极调整支农方向,扎实推进粮食生产“三大行动”,保障主要农产品供给。大力支持现代农业发展,全省农业综合开发投入规模突破 17 亿元,改造中低产田、建设高标准农田 120 万亩,24 个“现代农业综合开发示范区”建设加快推进,有力保障了粮食生产连续 8 年增产增收。

【促进重点领域改革】完善省以下财政管理体制,促进区域基本公共服务均等化。规范国库集中收付制度,全面完成县级会计集中核算向国库集中支付制度转轨工作,实现财税库银税收收入电子缴库横向联网在市县两级全覆盖。全面清理整顿财政专户,进一步加强和规范地方财政专户的管理。全面推行政府预算体系改革,加快建立由公共财政预算、国有资本经营预算、政府性基金预算和社会保障预算组成的财政预算体系。深化预算管理改革,除教育收费外,预算外收入全部纳入预算管理。加强地方政府性债务管理,建立健全债务规模控制和风险预警等制度,有效防范政府债务风险。深化农村综合改革,支持推进村级公益事业建设“一事一议”财政奖补试点工作,村级组织运转经费保障机制不断完善,其他公益性乡村债务化解试点扎实开展,国有农场税费改革、集体林权制度配套改革等工作协调推进。加大财政支持力度,继续深化医药卫生体制改革,重点推进县级公立医院改革,教育体制、文化体制、政法经费保障体制和监狱体制改革加快推进。

【促进科学精细管理】坚持抓管理促规范、抓队伍促效能,全面推进财政科学化精细化管理。大力弘扬沈浩精神,在全系统开展“服务发展年”活动,大规模开展应用课题调研,编制出台《财政“十二五”发展规划》。强化财政基础建设,加强预算执行管理,财政支出进度明显加快。强化财政监督管理,深入开展省级行政事业单位资产清理工作,建立健全治理和防范“小金库”长效机制。强化财政基层建设,全面开展“创建规范化乡镇财政所(分局)”工作。加强机关精神文明建设,申报全国文明单位通过省级验收。深入推进学习型机关和学习型党组织建设,在中宣部召开的学习型党组织建设工作经验交流会上,省财政厅作为唯一一家基层单位参会并作典型发言。

(厅办公室供稿 尹立祥执笔)

财政专项工作概述

开展"服务发展年"活动

2011年，省财政厅在全省财政系统组织开展"服务发展年"活动，立足"五个服务"，即服务经济、服务社会、服务民生、服务基层、服务群众，充分发挥财政职能作用，着力促进全省经济社会又好又快发展，实现"十二五"良好开局，为推进科学发展、全面转型、加速崛起、兴皖富民进程作出积极贡献。

【强化组织保障】把"五个服务"作为"服务发展年"活动的主题，精心组织，周密安排。成立财政厅服务发展年活动领导小组，厅主要负责同志任组长，领导小组办公室设在厅办公室，负责具体组织实施工作。市县财政也相应成立活动领导机构和工作机构。及时出台《关于在全省财政系统开展服务发展年活动的指导意见》，明确活动总体目标、主要内容和总体要求。厅机关各处室(局)、单位及市县财政制定具体实施方案。专门召开全系统服务发展年活动动员会，在厅门户网站开辟"服务发展年活动"专栏，并通过《安徽财会》、宣传橱窗、活动简报、新闻媒体等形式，及时总结推广经验，为活动顺利开展奠定坚实的群众基础，营造良好的舆论氛围。四是加强考核。将服务发展年活动开展情况纳入2011年省财政厅效能建设绩效考评范围，确保部署有落实、责任有分解、实施有检查、年终有考评，确保活动深入扎实开展。

【强化系统联动】各级财政按照厅党组的统一部署，紧密结合实际，认真落实"服务发展年"活动各项重点工作。开展解放思想大讨论，围绕"实现开好局、起好步，切实动起来、求实效，确保干成事、不出事"主题，拓展理财思路，创新工作举措，推动事业发展。编制《2011—2015年安徽省财政厅干部教育培训规划》，组织市县财政局长、乡镇财政所长和农村财会人员"三个层次集训"近万人次。修订《财政基础知识读本》，组织全厅干部职工参加财政基础知识网上测验，参赛率达86%，取得平均97.5分的好成绩。组织"服务发展"有奖征文活动，征集论文119篇。召开"服务发展年"理论研讨会，联系工作实际，谈问题、找差距、谋对策。开展"三个层次评比"。积极挖掘党员群众公认的突出事迹、先进典型和成功经验，评选"五个好"先进基层党组织、"五带头"优秀共产党员和"五规范"乡镇财政所，激发干部干事创业活力。

【强化协调推进】把"服务发展年"活动与创先争优、文明创建、党风廉政主题教育月、效能建设等活动紧密结合起来，发挥综合效应、形成强大合力。推进创先争优活动，突出"科学理财创先进、学习沈浩争先锋"主题，深入开展"迎建党90周年"系列活动，认真落实基层党组织和广大共产党员公开承诺事项。深化文明创建工作，全面推行文明办公"五要五不"，营造整洁优美、秩序井然的工作环境，系统联动，全员参与，争创全国文明单位，带动财政干部在参与中感悟文明、提升素养、规范行为。开展党风廉政主题教育月活动，组织学习《以人为本、执政为民教育读本》、观看警示教育片、《廉政准则》知识测试、廉政论文评选等系列活动，引导党员干部牢固树立正确的世界观、人生观和价值观。推动效能建设延伸，细化明确财政核心职能，进一步推动职能定位向主动理财延伸、财政管理向科学精细延伸、作风建设向创先争优延伸、文化建设向精神世界延伸、工作机制向基层处室延伸，不断激发干部为民理财的活力和动力。

【强化跟踪问效】把组织评议、查找问题、征集建议贯穿于"服务发展年"活动全过程，不断提高活动的针对性和实效性。厅领导领衔组成课题组，深入开展11项重点课题调研，了解基层情况，听取意见建议，形成调研报告，主动当好参谋助手。在全系统开展"贴民情、听民意、惠民生——万名财政干部大走访"活动，深入15421个行政村和3047个社区，累计走访农户、居民27.8万户，宣讲民生政策，了解群众期盼，推进政策落实。在全省开展省人大代表、省政协委员民生工程巡视评估活动，广泛征集人民群众对实施民生工程的意见建议。开展班子成员走访督查活动，由厅领导带队，组成9个督查组，分赴16个市及所辖县区，深入开展"班子成员大走访"活动，全面督查财政牵头重点工作、年度目标任务和服务发展年活动进展情况，收集到许多宝贵的"基层心声"和"一线意见"，为适时适度预调微调财政政策奠定坚实基础。

【强化建章立制】以开展廉政风险防控管理工作为抓手，健全内控机制，构筑制度防线，促进财政事业持续健康发展。核定权力清单，巩固规范权力运行工作成果，进一步清理单位、部门和岗位权力事项，摸清权力底数，确定行使的职权。排查廉政风险，重点查找预算安排、资金分配、财政专户管理、国库集中收付、工程建设、政府采购、投资评审、非税管理和会计管理等关键岗位和重点环节的风险点。评估风险等级，依据廉政风险点的多少和权力大小、权力行使的频率等内容，科学评定廉政风险点。强化风险防范，对照风险等级，围绕岗位责任、业务流程、合理配置权力加强制衡等方面，单位部门制定廉政风险防控工作流程图，党员干部制定自我防控措施。健全成效机制，积极研究建立有效防控的干部教育、风险监测、预警纠错和评估修正机制，不断加强权力运行的前期预防、中期监控和后期处置，着力从制度、机制上堵塞财政管理漏洞。2011年，省财政厅共查找风险点273个，制定防控措施680条，核定权力事项401个，制定工作规则1548条，绘制权力运行流程图398个。

（厅办公室供稿 尹立祥执笔）

深入开展文明创建活动

省财政厅深入贯彻落实科学发展观，坚持"两手抓，两手都要硬"的方针，主动理财，积极作为，扎实推进文明创建工作，全省财政物质文明、精神文明、政治文明协调发展，为促进全省经济社会平稳较快发展作出了积极贡献。省财政厅连续5届荣获"安徽省文明单位"，先后获得"全国精神文明建设工作先进单位"、"全国民族团结进步模范集体"、"全国助残扶残先进集体"等多项省部级以上荣誉表彰；是全省第一批学习实践科学发展观活动先进典型单位，涌现出了基层干部的楷模——沈浩；在省直机关效能建设和省政府目标考核中连续4年名列前茅。

【夯实创建基础】将文明创建工作列入重要议事日程，与财政业务工作、机关效能建设同部署、同落实、同检查、同考核。一是强化组织领导。成立厅精神文明建设领导小组，根据厅领导分工，及时调整领导小组成员，下设办公室在厅机关党委，建立健全领导小组牵头协调、处室单位各司其职、群团组织齐抓共管、干部职工全员参与的文明创建工作领导体制和工作机制。二是强化协调推进。出台《关于进一步加强精神文明创建工作的意见》，凝聚共识，分解任务，落实责任。2月18日，召开全系统文明创建工作推进会，将参会范围扩大到乡镇财政所，在省直机关中第一个贯彻落实省文明委全委会精神，掀起了争创全国文明单位的热潮。坚持检查指导，结合开展省直预算单位"百份问卷调查"、"效能建设八项制度执行情况检查"等明察暗访活动，及时全面、客观地了解创建情况，召开专题会议，通报、查找、改进工作。坚持考核评议，把文明创建纳入年度财政工作总体目标和绩效考核范围，统一考评奖惩，确保工作有部署、实施有检查、年终有考核、违规有追究。三是强化系统联动。坚持以主题活动为牵引，相继开展了"岗位大练兵、作风建设年、规范管理年、能力建设年、学习提升年、服务发展年"等活动，把文明创建纳入全省财政工作要点，积极指导、支持和推动基层财政单位开展创建，着力增强系统文明创建合力。蚌埠市、歙县财政局入选全国文明单位，合肥市、池州市、金寨县财政局入选全国精神文明建设工作先进单位，19家单位荣获第八届省级文明单位，26家单位候选第九届省级文明单位。

【提升道德修养】始终把深化理论武装、坚定理想信念作为机关文明创建的首要任务来抓，引导财政干部在参与中感悟文明、提升素养。一是加强思想政治教育。每月进行一次厅党组中心组理论学习，每期确定一个主题，由一位厅领导作中心发言、三位处室负责同志作重点发言，集中学习中央和省里路线方针政策，持之以恒地用先进理论武装头脑、指导实践，获得2008—2010年度全省党委（党组）中心组学习先进单位荣誉称号。二是加强公民道德教育。认真贯彻落实《公民道德建设实施纲要》，深入开展“讲文明、树新风”活动，切实加强社会公德、职业道德、家庭美德和个人品德建设。在全系统推行文明办公“五要五不”，即要热心诚恳接待来访，不冷漠应付；要虚心礼貌沟通交流，不生硬傲慢；要耐心和蔼回答问题，不敷衍塞责；要精心调研掌握情况，不主观臆断；要用心高效反馈意见，不漂浮懈怠。积极组织干部职工参与道德模范评选表彰和学习宣传活动，厅处室、干部多次获得“安徽青年五四奖章”、“省直机关五一劳动奖状、奖章及工人先锋号”等荣誉表彰。三是加强革命传统教育。深入开展“缅怀先烈、重温誓词”活动，组织干部职工参观革命纪念场所，以“红色教育”激励广大党员牢记宗旨、爱岗敬业、无私奉献。积极开展形式多样的互帮互学、结对共建活动，与凤阳县小岗村党委和安庆路街道杏花社区党总支建立结对共建关系，用文明的境界涵养道德情怀。四是加强党风廉政教育。每年年初召开一次全系统反腐倡廉建设工作会议，分析形势、剖析问题，部署年度财政反腐倡廉建设工作任务。“七一”前夕，专门开展“书记讲党课”活动，相继为全体党员干部作了“加强党性修养，树立正确的人生价值观、忠实践行科学发展观、始终坚持人本群众观、牢固树立终身学习观”等系列报告。积极开展警示教育，组织观看廉政电教片和图片展，参观惩治和预防渎职侵权犯罪展览，赴合肥市蜀山监狱和巢湖监狱，以真实案例和现身说法，警示全厅广大干部职工远离党纪和法律“红线”。积极开展“廉政文化进机关、进家庭”活动，倡导“当好贤内助、吹好耳边风”，引导党员干部牢固树立正确的世界观、人生观、价值观，确保资金安全、队伍安全、干部安全，全厅未发生严重违法违纪案件及刑事案件。

【提高能力素质】大力弘扬沈浩精神，以学风引领作风、以学习促进工作，抓机关、促系统、带基层，着力营造崇尚学习、竞相学习的良好氛围。一是创建学习型机关。在全系统开展创建“五型机关”（学习型、创新型、法治型、绩效型、和谐型机关）活动，突出学习型机关建设的基础地位，科学制定教育培训规划和年度计划，全力打造学习型财政团队。二是加强干部教育培训。树立“知识是最大财富、培训是最大福利”的导向，全面完成厅新进人员、新任市县财政局长、农村财会人员“三个层次集训”，全员参加“通用能力”、网络教育、执法资格“三次大规模测试”，成功举办“百千万培训工程”，对全省108名县区财政局长、1390名乡镇财政所长、10081名农村财务人员进行集中培训，培训规模之大、层次之深、时间跨度之长、效果之显著，在全国财政系统尚属首次。三是深入开展课题调研。坚持把课题研究作为锻炼队伍、提升能力的重要载体，围绕省委省政府中心工作，每年遴选一批重点课题，由厅领导领衔组成课题组，深入基层、深入农村、深入企业，力求做到出台政策时必须调研在前，执行政策中注重调研求证，完善政策时真正以调研为依据，形成了许多高质量的调研报告，省领导多次批示肯定，许多意见建议被省委省政府重要文件吸纳。四是把握正确用人导向。坚持德才兼备、以德为先、注重实绩、群众公认的选人用人标准，优化干部资源配置，改善干部队伍结构，以正确的用人导向激励干部埋头苦干、奋发有为。注重实践锻炼培养，统筹运用主题实践、窗口锻炼、基层挂职、交流轮岗等多种形式，有计划地安排培养年轻干部到艰苦地区、基层一线砥砺品质、锤炼作风、增长才干。沈浩离开后，省财政厅9名符合条件的干部全部报名去小岗村，最终丁俊同志接替沈浩任小岗村党委第一书记。五是开展创先争优活动。围绕“科学理财创先进、学习沈浩争先锋”主题，全面践行“五要五比”承诺，即要主动理财，比科学发展；要解放思想，比改革创新；要爱岗敬业，比真抓实干；要节俭自律，比无私奉献；要服务至上，比优良作风，迅速掀起了学沈浩创先进争优秀的热潮。今年6月10日，中央宣传部在杭州市召开全国学习型党组织建设工作经验交流会，我厅作为唯一一家基层单位参加大会，并作了典型发言。

【推行阳光财政】坚决贯彻民主集中制，扎实推进民主建设，以和谐班子引领和谐团队，以和谐团队赢得社会各界的理解与支持。一是完善民主决策。按照“集体领导、民主集中、个别酝酿、会议决定”的原则，凡是重要工作部署及重大事项，均经过领导班子集体研究决定。特别是对涉及经济社会发展的重大财政决策，严格执行事前调查、征求意见、专家论证、技术咨询、决策评估及听证、公示等程序，广泛征集意见。今年4月份，在全系统开展“贴民情、听民意、惠民生——万名财政干部大走访”活动，集中一个月的时间，宣讲民生政策、摸清基层情况、征集民众建议、检查政策落实。对此，张宝顺书记指出，财政厅的这个做法很好，詹夏来常务副省长也予以肯定：“只有把民意民声作为依据，把民愿民盼作为方向，才能切实保障和改善民生。”二是完善民主推进。严格执行集体领导下的个人分工负责制，各负其责、互相支持、互相配合，确保政令畅通。充分发挥处室能动性，尊重党员干部主体地位，相继开展了“如何将被动变主动理财，如何将困境变主动发展，如何将能力变主动实践”、“面对新的形势怎么办，面对新的任务怎么干，面对走过的路怎么看”、“实现开好局、起好步，切实动起来、求实效，确保干成事、不出事”等主题大讨论活动，以解放思想打开发展空间、以创新思路寻求跨越路径，有效拓宽党员干部参与事务的渠道。三是完善民主监督。注重加强党内监督，每年召开民主生活会。自觉接受社会监督，认真落实领导干部信访接待日制度，主动向省人大代表、省政协委员通报财政工作，积极配合审计检查，加大政务公开力度，新版门户网站成功上线运行，着力提高财政政策知晓度和财政工作透明度。在学习实践科学发展观活动中，我们充分运用征求意见、专题民主生活会的成果，对梳理出的六大类36个问题，从财政体制、财政调控、财政管理、财政支出、班子建设等五个方面分析查找成因，分类提出了进一步贯彻落实科学发展观的具体措施，形成的党组分析检查报告得到了省委学习实践活动领导小组的高度肯定，并经省、市、县三个层次，书面和座谈两种形式广泛接受各界评议后，及时召开了全厅干部职工大会，通报了党组分析检查报告评议结果，各方面反响强烈。时任省委常委、常务副省长孙志刚充分肯定“财政厅班子团结务实，开拓创新，是想干事能干事的好班子”。

【营造和谐氛围】深度挖掘财政文化内涵，着力培育清正廉洁、团结进取、和谐顺畅的工作环境。一是加强精神文化建设。提炼广大财政干部共同的学习理念、工作理念、服务理念、创新理念、管理理念、从政理念、廉政理念，升华财政机关精神，围绕经济增长、做到“八个贴近”，规范财政管理、构建“五项机制”，强化“五种能力”、实现“五个提升”，加强“两基”建设、促进“两化”管理等一系列财政文化理念，已经成为财政干部职工普遍认同和共同遵守的核心价值体系。2008年汶川大地震后，全体财政干部以“大爱在人间”的实际行动支援抗震救灾工作，全厅共捐款35.9万元，其中464名党员自愿缴纳“特殊党费”25.7万元。二是加强制度文化建设。坚持建章立制，一年选择一个主题，一年突出一些重点，着力以行之有效的制度管人、管事、管权。2008年深入开展反腐倡廉制度建设推进年活动，加强财政制度“立、改、废”工作，共建立制度61项，修改制度17项，废止制度2项。2009年深入开展规范权力运行工作，从财政分配管理监督类、行政管理类等方面，“搜索”权力事项390项，制定工作规则1490条，研究并绘制权力事项流程图390个，我厅的做法得到省纪委的高度评价，在全省反腐倡廉创新经验交流会上予以典型介绍。2010年深入开展制度执行年活动，严格制度梳理、制度完善、制度落实、制度评价，进一步清理规范性文件307件。今年6月14日，召开全系统廉政风险防控管理工作动员会，全面推行廉政风险防控管理，进一步梳理工作流程，排查权力事项，制定廉政风险防范措施，着力构建有效管用的风险防控机制。三是加强行为文化建设。加强环境整治和美化工作，营造整洁优美的办公、生活区域环境。积极保障干部职工权益，积极改善职工工作和生活条件。深入开展“五五”普法活动，加强社会治安综合治理，健全安全防范网络。深入开展基层党组织建设年活动，成立新一届厅直机关党委，厅直34个党支部完成换届和改选工作，表彰了一批基层先进党支部和优秀共产党员。四是加强文化载体建设。创作并广为传唱财政之歌《财缘》，完成《财缘》黄梅戏版二次创作，涌现出一批体现时代精神和行业特点的文化精品。积极拓展财政文化交流平台，开展丰富多彩的文体活动，成功举办第一届“注协杯”全省财政系统运动会、建国60

周年及建党90周年文艺汇演；2010年在省直机关第六届运动会中，获得了团体总分第九和优秀组织奖的佳绩；今年在省文明办主办的全省“红歌满江淮、合唱促崛起”大型红色经典合唱比赛总决赛上，代表省直机关工委参赛，并以总分第一名的优异成绩荣获金奖，充分展现了财政厅奋发有为的崭新风貌。

【服务科学发展】面对宏观形势的复杂变化，我们紧扣中心、服务大局、促进发展，充分发挥财政职能作用，全面落实财政宏观调控政策，为实现“保增长、保民生、保稳定”目标任务发挥了更直接、更有力、更有效的作用。一是财政综合实力显著增强。注重培植财源、涵养税源，依法加强收入征管，财政与经济良性互动格局更加稳固，2010年全省财政总收入完成2064亿元，全省财政支出达到2584亿元，双双实现5年增长2倍多。今年1—6月份，全省财政收入累计完成1384亿元，同比增长35.9%；全省财政支出完成1367亿元，同比增长39.4%，财政收支继续保持高位增长态势。财政实力的不断壮大，为安徽跨越发展、加速崛起奠定了坚实的物质基础。二是支持经济发展措施得力。在全系统确立“四破四立”理财观，即破除账房先生意识，树立主动理财理念；破除摇头先生意识，树立服务大局理念；破除财力困难意识，树立服务发展理念；破除主观臆断意识，树立科学理财理念。主动服务“三保二促进”，即保运转、保民生、保稳定、促发展、促和谐，全力围绕崛起作支持促进发展的文章。2008年安排25亿元支持市县建立中小企业担保基金、中小企业贷款风险补偿和贴息，着力健全担保体系，省政府主要领导评价为“主动理财的经典之作”。大力实施创新推动战略，专项支持国家技术创新工程试点省、合芜蚌自主创新试验区建设，2010年集中财力一次性安排25亿元支持和培育战略性新兴产业，迅速抢滩创新发展“制高点”。从2010年开始，每年安排10亿元专项支持皖江城市带承接产业转移示范区建设，促进全省经济发展方式转变。三是服务社会水平不断提升。加大政策和资金支持力度，促进文化体制改革，2009年，省财政就通过预算追加安排文化强省建设专项资金，并从2010年起列入预算予以保障，促进提升安徽发展软实力。推进基层医药卫生体制综合改革，率先在全国实现基本药物制度基层全覆盖，创造了“弱财政”破解医改“大难题”的“安徽模式”。不断加大对社会管理和公共服务的资金保障力度，加强应急资金筹措和拨付，集中财力办大事、解难事；坚持勤俭办一切事业，严格控制公务购车和用车、会议、公务接待、党政机关出国(境)等经费，使更多的资金用到保持经济平稳较快增长上来，用到保障社会和谐稳定上来。四是保障改善民生力度空前。在全国率先组织实施民生工程，履行牵头职责，加强部门配合，强化资金筹措，民生工程项目从2007年的12项增加到2010年的33项，4年累计投入853.8亿元，增长了3.4倍，有效解决了一批群众最关心、最直接、最现实的利益问题。这种以项目化手段发展社会事业，以工程化措施解决民生问题的方式，尽管政府责任大一些，财政压力大一些，但目标明确、措施具体，资金得到保障，民生得到改善，群众得到实惠。我们深感这是一种行之有效的载体，可称创新之举、求实之举。胡锦涛总书记两次视察安徽均对我省的做法给予充分肯定。目前，《安徽省民生工程“十二五”规划》和《安徽省基本公共服务均等化规划纲要(2011—2015)》正在编制之中，将进一步提升人民群众的幸福指数。五是财政管理水平明显提高。加强财政基础管理和基层建设，全面推进财政科学化精细化管理。狠抓预算执行，加快支出进度，千方百计提高预算执行率，降低年终结转率。扎实推进金财工程建设，着力构建覆盖所有财政性资金、辐射各级财政部门和预算单位的财政一体化管理信息系统。加强财政监督管理，树立“大监督”理念，完善财政监督体系，加强监督机构建设，大力推进“小金库”专项治理，坚持标本兼治，着力构建“小金库”治理长效机制。扎实开展创建规范化乡镇财政所(分局)工作，建立“百名乡镇联系点”，实现县财政局对乡镇财政所的垂直管理，全面规范乡镇财政组织机构、队伍建设、业务工作、基础设施和内部管理，充分发挥乡镇财政“一线服务”和“一线监管”职能。我们推进财政科学化精细化管理的做法得到了省委省政府和财政部的充分肯定，2010年7月，财政部专门在我省召开全国财政厅(局)长座谈会，现场推广我省财政“两基”建设经验。

(厅办公室供稿 尹立祥执笔)

扎实推进机关效能建设

2011年，省财政厅紧紧围绕省委省政府深入推进机关效能建设的总体部署，以学习沈浩精神为动力，以争创全国文明单位为契机，推进机关效能建设全方位、多角度延伸，着力推进科学理财，服务跨越发展，为全面转型、加速崛起、兴皖富民作出了积极贡献。

【服务发展大局】深入贯彻落实科学发展观，不断创新理财思路，破除账房先生、摇头先生意识，引导财政干部以更大气魄推进改革，以创新举措加快发展，争创一流业绩，把效能建设成效体现到财政服务科学发展的成果上来。抢抓安徽“十二五”发展战略机遇期，将核心职能确定为“坚持主动理财，服务科学发展”，确定预算处、民生办为财政核心职能处室，突出服务发展、服务民生，起到引导、示范、带动作用。充分发挥财政宏观调控作用，坚持双轮驱动，积极拉动内需，优化结构升级，统筹区域发展，努力实现经济增长速度和质量的有机统一。推进加快创新步伐，重点支持国家技术创新工程试点省和合芜蚌试验区建设，成功争取并积极推动合芜蚌试验区开展企业股权和分红激励试点，出台“1+7”政策体系，着力激发科技人员和管理人员的创新积极性。培育壮大战略性新兴产业，加强省级创业风险投资引导基金运作管理，累计引导设立14只创投基金，到位资金31.2亿元。强力推进节能减排，支持低碳经济和循环经济发展。省第九次党代会后，第一时间学习贯彻落实会议精神，从六个方面提出30条财政政策措施，全力服务“六条新路”、建设“三个强省”。

【提升管理水平】坚持把机关效能实化于财政绩效的提高，切实转变“重收入轻支出、重分配轻管理、重投入轻监督”的旧观念，狠抓财政管理基础工作，不断提高财政科学化精细化管理水平，切实发挥财政资金使用效益。完善绩效管理制度，将绩效理念融入财政预算管理全过程，总结试点经验，建立健全绩效目标设定、运行监控、评价实施、结果反馈和应用管理等综合制度框架，提高了预算管理水平、增强了单位支出责任、提升了公共服务质量、节约了公共支出成本。坚持将结果运用作为绩效评价工作可持续发展的“生命线”，对评价过程中发现的问题及时反馈预算部门，督促部门整改；将绩效评价和预算编制相结合，将绩效评价结果作为以后年度安排预算的重要参考依据；在一定范围内披露部分社会关注高的项目资金使用绩效情况，着力在全省财政系统树立以支出绩效为导向的现代财政管理格局。

【加强队伍建设】坚持把队伍建设作为效能建设重要内容，抓机关、带系统、促基层，丰富载体、创新形式，着力增强财政系统的凝聚力和战斗力。坚持岗位练兵常态化，采取集中培训与个人自学相结合形式，以会议部署、集中培训、知识竞赛、组织考试为抓手，切实把政治、经济、法律、文化、业务学习任务纳入系统培训范围、支部学习的重要方面、个人学习的考核内容，将干部任用与业务培训、学习深造等紧密挂钩，形成了“终身学习”、“主动学习”的氛围。坚持调查研究制度化，坚持把课题研究作为锻炼队伍、提升能力的重要平台，围绕省委省政府中心工作，年初遴选一批重点课题，由厅领导领衔，深入基层，深入农村，深入企业，掌握实情，实战练兵，科学分析深层次原因，善于提出前瞻性、针对性、可操作性强的对策建议，增强了财政干部破解发展难题的能力。坚持学习提升全员化，集中开展厅新进人员、新任市县财政局长和农村财会人员“三个层次集训”，全员参加网络在线教育，全面检验了财政干部的理论水平，切实促进“五个提升”，即提升干部综合素质，提升班子整体合力，提升财政文化品位，提升机关和谐氛围，提升干部党性修养。

【改进机关作风】坚持把思想道德教育作为效能建设首要任务，引导广大党员干部树立正确的为政官德、职业道德、社会公德、家庭美德，推进政府职能转变，建立“服务型政府”。大力弘扬沈浩精神，以“科学理财创先进、学习沈浩争先锋”为主题，深入推进创先争优活动，全面践行“五要五比”承诺，即要主动理财，比科学发展；要解放思想，比改革创新；要爱岗敬业，比真抓实干；要节俭自律，比无私奉献；要服务至上，比优良作风，引导干部职工正确对待名誉、地位、金钱、权力、苦乐，净化心灵，激励奋进。坚持发挥党组中心组学习的示范效应，每期确定一个主题，由一位厅领导作中心发言、三位处室单位负责同志作重点发言，启迪智慧，开阔思路。

在全省党委(党组)中心组学习考评中以总分第一荣获2008—2010年度先进单位。围绕深入学习贯彻胡锦涛总书记“七一”讲话精神,组织开展为民服务创先争优系列活动,在亲身经历中践行宗旨、强化意识。以服务经济、服务社会、服务民生、服务基层、服务群众为理念,在全系统开展“服务发展年”活动,引导全省财政系统咬定发展不放松、坚持发展不动摇、加快发展不停步。同时,全面推行廉政风险防控管理工作,进一步排查权力事项,制定防范措施,着力构建有效管用的风险防控机制。

【凝聚系统合力】加强文化载体建设,将效能意识真正融入财政文化理念,努力实现财政文化与财政制度的柔性互补,潜移默化地影响财政系统干部职工的行为。编印《财政文化集萃》,提炼广大财政干部共同的学习、工作、服务、创新、管理、廉政等理念,升华财政机关精神,相继形成了科学理财“四破四立”、服务发展“五篇文章”、工作重心“三保三促”、作风建设“五看五比五树”等一系列财政文化理念,已经成为财政干部职工普遍认同和共同遵守的核心价值体系。在全系统广泛征集意见建议,确立“创新 博爱 务实 卓越”的安徽财政精神,为做好新时期财政工作树立了旗帜、塑造了灵魂。严格执行效能建设“八项制度”,全面推行文明办公“五要五不”,形成爱岗敬业、诚实守信、办事公道、服务群众、奉献社会的良好风尚,营造整洁优美、秩序井然的工作环境,系统联动,全员参与,争创全国文明单位,带动财政干部在参与中感悟文明、提升素养、规范行为。开展形式多样的文体活动,认真组织庆祝建党90周年系列文艺活动,展现财政干部职工奋发有为的崭新风貌。

(厅办公室供稿 尹立祥执笔)

积极推进政务公开

2011年,省财政厅围绕“推进科学理财、服务跨越发展”的工作目标,求真务实,开拓创新,不断提高政务公开工作科学化、精细化水平。

【强化组织保障】财政厅党组高度重视政务公开,将其列入重要议事日程,纳入财政改革发展的总体规划,与财政业务工作同部署、同检查、同考核。坚持厅党组书记、厅长亲自抓,分管厅长直接抓,厅办公室具体抓的领导体系,根据厅领导分工,及时调整厅政务公开工作领导小组成员,健全一级抓一级、层层抓落实的工作机制。下发《全省财政工作要点》,明确年度政务公开工作要求;及时传达贯彻全省政务公开会议精神,进一步部署工作、分解任务;结合全省财政督查月活动,掌握进展情况、解决工作难题。研究修改《省财政厅效能建设绩效考评办法》,将政务公开目标任务完成情况纳入考评范围,确保工作有部署、责任有分解、实施有检查、年终有考核、违规有追究。

【强化协调推进】扎实开展政务公开“深化年”活动,先后下发《关于进一步推进预算信息公开工作的意见》、《关于深入推进基层财政专项支出预算公开的意见》等规范性文件,着力实现预算信息公开的制度化、规范化和常态化。各级财政部门负责本级政府总预算、决算的公开,各部门具体负责本部门预算信息的公开。同时,财政部门负责公开由财政部门直接安排到人(户)到项目的财政专项支出资金,其他部门负责公开由其分配到人(户)到项目的财政专项支出资金。及时公开预算执行情况,主动公开经省人大审议批准的政府总预算、决算;先行公开经省人大审查的部门预算中的收支预算和财政拨款支出预算,并逐步增加部门预算公开内容;研究制定《安徽省基层财政专项资金公开目录》,在此基础上,市县财政结合本地区实际,统筹确定财政专项支出预算公开范围,及时将教育、医疗卫生、社会保障和就业、住房保障、“三农”等基层财政专项支出政策、补助标准、资金安排、实施情况等向社会公开。

【强化网站管理】加强财政网站建设。明确专人专岗,及时更新维护财政门户网站,不断完善网站版面,丰富栏目内容,网站年点击率达到210万次。改版升级内部网站“安徽财政综合办公平台”,全力打造覆盖市县且与省政府办公厅对接的电子公文交换平台,与新建档案管理系统对接的电子公文拟办系统平台及涵盖“学习园地”等特色专栏的互动交流平台。加强信息主动公开。实现门户外网与信息公开网的有效链接,不断升级优化信息公开系统,将信息公开目录整合为15个一级信息目录,并新增“专项资金分配”、“服务发展”等财政特色栏目。全年在政务公开网站主动公开信息900多条。规范信息依申请公开。每天关注信息公开网站上的依申请公开栏目、政府财政信息公开查询台和财政窗口"政务公开申请受理点",不断健全"集中受理,分散处理;一单到底,全程跟踪"的受理及反馈机制,严把受理关、办理关和答复关。全年共收到信息公开申请20多件,均依法按期办理完毕。

【强化窗口管理】完善管理制度,制定《安徽省政务服务中心财政厅窗口工作管理暂行办法》,明确窗口人员选派、考核、激励等工作机制。认真选派首席代表。梳理窗口项目,重新校对财政窗口所有项目"八公开"材料,完善办事流程。重新印制服务指南和告知单,接受社会监督。优化审批机制,将"资产评估机构审批"、"会计从业资格证书核发"、"注册会计师、注册资产评估师年检"等项目承诺时间提速。开展并联审批,积极探索"并联审批"新模式,"行政事业性收费标准审批"、"矿产资源补偿费减免事项审批"等项目,实行"一窗受理、并联审批、限时办结"。完善电子政务,推进厅门户网站与中心协同审批平台互联互通,实现数据交换和信息共享。开展网上政策法规查询、网上申报、网上受理、网上审批和远程核验证件等业务。开展便民服务,为来窗口办事人员免费提供复印、打印等服务以及实用信息。加强工作协调。加强与省政务服务中心、厅内相关处室联系,推进工作落实。深入开展"树形象、立规范、争一流"活动,文明办公,高效服务。财政窗口全年共办理各类项目40486件,办件提前率94.3%,即办率81.4%,社会满意率100%,分别被中心评为"服务之星"和"党员先锋岗"称号,收到办事人员及中介机构赠送旌旗2面、表扬信1封,获得满意评议超过2千次。

【强化载体建设】坚持做好结合文章、抓好有效衔接,充分发挥政务公开工作综合效应,不断提高财政工作效能。与财政决策公开相结合。涉及经济社会发展的重大财政决策,严格执行事前调查、征求意见、专家论证、技术咨询、决策评估及听证、公示等程序,广泛征集意见。今年5月份,在全系统开展"贴民情、听民意、惠民生——万名财政干部大走访"活动,深入15421个行政村和3047个社区,累计走访农户、居民278420户,宣讲民生政策,了解群众期盼,推进政策落实。与财政权力公开相结合。深入开展廉政风险防控试点,着力从重点部门、重点岗位、重点环节入手,排查廉政风险,健全内控机制,构筑制度防线。共查找风险点273个,核定权力事项401个,制定工作规则1548条,绘制权力运行流程图398个,制定防控措施680条。与财政信息宣传相结合。坚持紧扣中心、把握重点、突出导向,利用《财政信息专报》、《安徽财政信息》等信息平台,借助《中国财经报》、安徽电视台等中央、省直新闻媒体,全面准确及时地反映财政在保增长、调结构、惠民生、促和谐等方面的措施和成效。全年共编印《财政信息专报》910期、《安徽财政信息》52期、《督查专报》21期,全面解读财政政策,及时发布财政重点工作进程,为财政部及省委省政府领导决策提供参考。

(厅办公室供稿　尹立祥执笔)

加快全省保障性安居工程建设

保障性安居工程是政府得民心、百姓得实惠、经济得发展的德政工程、民心工程。2011年,全省各级财政部门立足经济社会发展全局,深刻理解加快保障性安居工程建设的重大意义,切实把握财政在支持保障性安居工程建设的重要职责,着力构建保障性住房政策体系,不断加大支持保障性安居工程建设力度。

【建立稳定投入渠道】拓宽保障性安居工程资金来源渠道,形成多渠道、多层次的财政投入机制。主要包括:中央和省级财政安排的专项补助资金、市县财政一般预算安排的资金、住房公积金增值净收益安排的资金、从土地出让收益中安排的资金、地方债券安排的资金等。2011年,省财政共拨付各类保障性安居工程专项补助资金93.77亿元。其中:中央补助资金79.75亿元,省级补助资金14.02亿元,重点支持廉租住房保障、公共租赁住房建设、棚户区改造等保障性安居工程建设。市、县财政部门进一步加大对保障性安居工程资金投入力度,通过本级财政一般预算、住房公积金增值收益、土地出让收益等足额安排保障性安居工程建设资金。省财政将市、县廉租住房和公共租赁住房等保障性安居工程建设项目地方配套需求作为重要因素予以考虑,积极分配落实地方政府债券转贷资金,不断加大对市、县保障性安居工程项目建设的投入力度。

【落实税费优惠政策】全省各级财政部门按照

中央和省政府的有关规定，通过税收优惠、收费减免等优惠政策，充分调动各类机构投资和经营保障性住房的积极性，加快推进我省保障性安居工程建设。对廉租住房保障、公共租赁住房建设、棚户区改造、旧住宅区整治，一律免收各项行政事业性收费和政府性基金（防空地下室易地建设费、城市房屋拆迁管理费、建设工程质量监督费、城市基础设施配套费、城市教育附加费、地方教育附加费、城镇公用事业附加等）。廉租住房、城市棚户区改造中的安置住房、经济适用住房以及面向经济适用住房对象供应的公共租赁住房建设用地实行行政划拨方式供应，除依法支付土地补偿费、拆迁补偿费外，一律免交土地出让金。对廉租住房、经济适用住房、公共租赁住房以及城市和国有工矿棚户区改造分别从营业税、房产税、城镇土地使用税、土地增值税、印花税、契税等方面给予税收优惠政策。

【加强资金监督管理】各级财政部门强化机制，不断加大对财政资金使用的监管力度。严把制度保障关、资金投向关、程序控制关、责任落实关，建立健全财政资金管理制度，加强对专项资金使用全过程的监管。建立健全项目绩效评价制度，通过财政投资评审机构和有资质的中介机构，加强对项目概算、预算、决算的评审，并将评审结果作为资金拨付、改进管理的重要依据。加强保障性安居工程资金管理和使用的监督检查，对违反资金使用规定的，及时追究责任，并按照有关规定严肃处理。全年全省廉租住房保障实际发放租赁补贴户数19.3万户。全省保障性住房和棚户区改造共开工建设42.2万户，其中：廉租住房开工建设7.4万套；公共租赁住房开工建设11.7万套；城市、工矿等棚户区改造新开工安置房23.1万套。

（厅综合处供稿）

大力推进“六五”普法宣传教育

2011年，省财政厅紧紧围绕经济社会发展和财政工作中心大局，坚持学用结合，把财政普法工作作为建设法制财政，推进依法行政依法理财的重要内容，“六五”普法工作取得了显著成效。省财政厅先后获得全国文明单位、全国精神文明建设工作先进单位、全国财政“五五”普法法规知识竞赛组织奖、2006—2010年全国财政法制宣传教育先进单位等多项荣誉。

【健全组织，加强领导】成立了厅长和分管厅长为正副组长、相关处室单位主要负责人为成员的省财政“六五”法制宣传教育领导小组，领导小组下设办公室，具体负责法制宣传日常工作。制定了《安徽省财政法制宣传教育第五个五年规划》，促进法制宣传教育工作走上规范化轨道。将法制宣传教育工作经费列入了年初财政预算，并逐年有所递增，如遇有重大活动给予预算追加。2011年、2012年两年，厅本级累计安排100万元进行普法工作，有力保障了财政法制宣传教育工作开展。

【细分对象，注重实效】细分普法对象，有针对性地推行特色化宣传服务。对于广大财政领导干部，继续推进法律教育制度化、规范化、示范化。坚持和完善党组中心组学习法律制度、领导干部法律讲座制度等，着力提高财政领导干部依法行政、依法决策的能力和水平；对于广大财政干部，邀请专家学者等进行法制讲座，精心组织各类培训班，编写了财税干部法律知识读本和各种实用手册等；对于广大财务会计人员，注重宣传财税、会计等法律制度，提高其学法用法积极性，提升其财会法律素质；对于社会一般公众，注重宣传公共财政的惠民政策，树立了公共财政的良好形象。广泛宣传与群众生活密切相关的各项财政惠民政策及直接关系企业发展的最新财税法规政策。

【丰富内容，扩大影响】开展“江淮普法行”、“12·4”全国法制宣传日、4月法制宣传月等活动，大力宣传以《宪法》、《预算法》、《政府采购法》、《安徽省预算审查监督条例》、《安徽省财政监督检查暂行办法》等法律法规和政府规章，努力培育一批法制宣传教育品牌工程。“六五”普法以来，省财政厅先后建立《法制宣传教育目标考核制度》、《厅党组中心组学习法律制度》、《公务员法律知识培训制度》等多项学法制度；举行《行政许可法》等法律法规方面的报告多场，听众达到2000余人；参观合肥蜀山监狱等普法廉政教育基地3次；举办各类财政法制培训班多期，参与学习人数数千人；编写《企业财税优惠政策适用指南》《安徽省财税法规制度汇编》、《岗位大练兵》等书籍70余套，免费提供给广大财政干部和企业单位、社会公众学习参考。

【强化指导，促进联动】加大系统工作指导力度，创新普法宣传方式。六安、金寨等地方财政部门，通过举办“六安政策性农业保险文艺专场”、“全省惠民资金一线实文艺晚会”等，以身边的人、事、法为主要素材，采用戏曲、相声、小品、快板等群众喜闻乐见的形式，融财税法规宣传教育于其中。合肥、淮北、铜陵等市利用知识竞赛的形式，组织全市财政系统干部职工参加《预算法》、《廉政法律法规》知识竞赛等，安庆市、长丰县、金寨县等地方将周五下午作为法制宣传教育学习日，蚌埠、淮南、明光等市则规定每月至少学习一次法律知识，马鞍山、滁州、宁国等市在全局建立了法制联络员制度，含山县利用学费报销的办法，鼓励机关干部利用业余时间自学法律知识，提高财政干部学法积极性。

（厅税政条法处供稿　杨玉林执笔）

完善省对下财政体制

2011 年，省财政进一步理顺政府间分配关系，扩大财力性转移支付规模，规范专项转移支付制度，积极推进县级基本财力保障机制建设，着力提高县级财政保障能力。省对下均衡性转移支付和县级基本财力保障转移支付已成为缩小省内区域间财力差异、增强基层政府基本公共服务能力的主要手段。

【建立完善县级基本财力保障机制】研究出台《安徽省财政厅关于建立和完善县级基本财力保障机制的实施意见》（财预〔2011〕989 号）。制定《2011 年县级基本财力保障转移支付办法》，分配下达新增县级基本财力保障转移支付 10 亿元。

【健全和完善均衡性转移支付体系】建立县级基本财力保障转移支付，按照“保工资、保运转、保民生”的要求，着重帮助解决县级基本财力缺口，着重向皖北及大别山革命老区倾斜。进一步完善原有均衡性转移支付办法，着重帮助市县提高基本公共服务均等化水平，两项转移支付各有侧重，有机统一。

【稳步推进巢湖区划调整财政相关工作】根据省委、省政府《关于撤销地级巢湖市及部分行政区划调整的实施意见》（皖发〔2011〕19 号）精神，积极参与制定财经及公用事业组工作方案，明确人员工资福利待遇确定、债权债务清理划转、财税管理体制调整等工作要求，保障了巢湖区划调整工作的稳步推进。就区划调整期间税务、金库等机构设置变动前业务衔接问题，与省国税局、省地税局、人行合肥中心支行多次进行了磋商与衔接，并联合下发了《关于巢湖区划调整后有关预算管理问题的通知》（财预〔2011〕1392 号），进一步明确了相关地区区划调整期间及调整后财政体制、收入征管、国库管理、收入缴库、预算执行等问题，促进了区划调整工作的有序进行及相关地区预算管理的规范运行。同时，积极协调相关市县，做好区划调整涉及财政体制基数划转工作。

（厅预算处供稿　黄栋栋执笔）

全面推进预算绩效管理

2011 年，全省预算绩效管理工作围绕建立“预算编制有目标、预算执行有监控、预算完成有评价、评价结果有反馈、反馈结果有应用”的“五有”预算绩效管理模式，以制度建设为抓手，不断强化管理措施，扩大评价范围，加快工作进度，形成了以省级为引领，以市县为依托，省市县三级联动、协调推进的工作格局，实现了预算绩效管理覆盖所有类型财政资金和所有预算部门。

【出台绩效评价指导文件】省政府出台《关于全面推进预算绩效管理的意见》（皖政〔2011〕115 号），就推进全省预算绩效管理工作专门下发文件，要求全省各级政府在“十二五”期间，都要建立完善的预算绩效管理运行机制，实行比较规范的预算绩效管理，将绩效理念贯穿于预算编制、执行、监督的全过程，将绩效管理覆盖到所有财政性资金和预算单位。

【编制预算支出绩效目标】省级首次试行编制预算支出绩效目标，在编制 2012 年省级部门预算时，每个省直预算部门都选择了 1—2 个立项依据充分、资金数额较大、与民生保障和社会发展密切相关的项目试点编制预算支出绩效目标，省财政将经审核后的 136 个项目绩效目标随同预算一并批复到各预算部门。

【继续扩大绩效评价范围】省级继续扩大绩效评价范围，并首次将政府性基金和国有资产收益资金的使用情况纳入了绩效评价范围。省级绩效评价项目由 2010 年的 31 个扩大到 2011 年的 56 个，涉及财政资金从2010年的385.8亿元增至2011年的587.5亿元。

【强化绩效评价结果运用】将财政重点评价项目结果反馈给预算部门,要求部门整改落实;在省直机关和市县财政部门通报全省预算绩效管理工作开展情况;将绩效评价结果作为预算编制的重要依据等方法,强化预算部门的支出责任意识和绩效意识,使预算部门自觉地把工作重心放在项目的运作和管理上,形成一种自我约束、内部规范的管理机制。

【市县推开预算绩效管理】全省16个市和76个县预算绩效管理工作全面推开,全省各级党委、政府和预算部门对预算绩效管理逐渐形成共识,各项工作稳步推进,成效明显,绩效评价日益成为政府决策的重要手段。

(厅预算处供稿 黄栋栋执笔)

深化基层医药卫生体制改革

省财政厅高度重视医疗卫生事业发展,牢固树立民生财政理念,坚持将基本医疗卫生制度作为公共产品向居民提供,千方百计加大投入,深入推进医药卫生体制综合改革顺利开展,全年累计投入医改五项资金191亿元,全省医疗卫生事业呈现蓬勃发展态势。

【医保体系不断健全】健全城镇职工基本医疗保险制度。在完善补偿方案,提升统筹层次,扩大覆盖范围的基础上,将未参保的国有关闭破产企业退休人员纳入当地城镇职工医保,基本解决关闭破产退休人员和困难企业职工的参保问题,全年累计实现基金收入106.6亿元。健全城镇居民医疗保险制度。进一步扩大居民医保参保范围,近889.7万城镇户籍的各类院校学生和少年儿童、失地农民、非从业人员以及享受半费医疗的企业职工家属参加城镇居民医保,全年累计实现基金收入25.3亿元。健全新型农村合作医疗制度。继续保持新农合制度全覆盖,全省共有新农合统筹单位87个,实际参合人数4917万,参合率为98.98%。健全城乡医疗救助制度。逐步提高对经济困难家庭成员自负医疗费用的补助水平,继续资助城乡低保对象中"三无"人员、农村五保户和重点优抚对象等困难人群参加城镇居民医保或新农合。

【保障标准显著提高】全省各级财政认真履行职责,强化投入,不断提高医疗保障待遇水平。逐年提高医保补助标准。城镇居民医保和新农合财政补助标准由2010年120元/人提高至200元/人,医保报销待遇、保障项目等进一步增加。有效提升村医保障水平。将基本公共卫生服务经费的35%切块给村卫生室;按照每1000个农业户籍人口年补助5000元的标准,对村卫生室实行药品零差率的补助,大幅提高全省村医待遇。不断提高基层医务人员待遇。实施基层医疗卫生机构绩效工资制度,完善内部分配机制,不断提高基层医务人员待遇水平,全省基层医疗卫生的人均工资由改革前1.7万元提高至2.7万元左右。

【基层医改保障有力】强化预算管理体制。统筹考虑基层医疗卫生机构以前年度执行情况、基本公共卫生服务经费、新农合基金筹资及补偿水平提高、药品零差率销售等增减因素,并结合基层医疗卫生机构的业务特点,合理核定收支;以核定的基层医疗卫生机构收支为基础,按照统一的预算编制程序和定额标准,科学编制基层医疗卫生机构的收支预算;强化预算执行管理,严格控制超支,健全超收奖惩机制。实行国库集中支付。加快推进县级会计核算中心向国库支付中心过渡,健全县级国库支付中心职能,确保收支全部纳入县级国库集中收付、统一管理;规范并公示国库支付中心办事程序,明确国库集中收付环节和要求,实行县级国库支付中心对基层医疗卫生机构直接支付,减少资金拨付环节,提高资金拨付效率;加大资金调度力度,统筹筹措资金,切实做好经费保障,确保基层医疗卫生机构合理支出和正常运转不受影响。建立分级保障机制。对于基层医疗卫生机构经常性经费保障实行"核定任务、核定收支、绩效考核补助"的办法,由同级财政予以保障,省财政通过一般性转移支付安排,均衡各地财力差异,着力提高县级财政保障能力;基本公共卫生服务经费和重大公共卫生项目经费主要由中央和省级财政负担,对于基本公共卫生服务经费中地方负担部分由省与市、县(区)级财政按5:5比例分担;突发公共卫生事件处置经费由同级财政负担,中央和省级财政给予重大突发性公共卫生事件处置经费适当补助;基层医疗卫生机构的基本建设、设备购置、人员培训和人才招聘、离退休人员等经费由同级财政保障，中央和省级财政予以专项补助；基层医疗卫生事业单位实施绩效工资所需经费，由同级财政保障、省级财政统筹；社会力量举办的基层医疗卫生机构按规定获得政府公共卫生服务补偿，政府在其房屋建设、设备购置以及人员培训等方面给予扶持；基层医疗卫生机构人员分流安置所需经费均由省财政与市、县（区）级财政按5:5分担。

【化债工作开展有序】深入开展债务清理审核工作，按照省政府印发的《安徽省清理化解基层医疗卫生机构债务工作实施方案》等文件，将全省政府举办的乡镇卫生院和社区卫生服务机构在发展过程中形成的长期负债纳入化解范围。积极推动债务审核认定，圆满完成审核认定工作，初步核实，截至2009年底的基层医疗卫生机构长期负债8.8亿元。会同有关部门出台《安徽省基层医疗卫生机构债务化解奖补资金管理办法》，明确市县政府是化债的责任主体，同时建立了省与市县共同分担、省级承担大头的分担机制。经省政府同意，年初，省财政按照因素法和系数法，综合考虑各地债务数额、人均负债、财力水平、卫生投入等因素，一次性下达基层医疗卫生机构债务化解奖补资金4.76亿元，支持各地开展化债工作。规定各地要积极筹措资金，确保应承担的资金及时足额到位。在还款发放时，化债资金一律实行直接支付，其中：偿还个人集资或借款通过银行打卡发放、偿还单位或设备供应商的统一实行专户直接支付。

（厅社保处供稿　吴昌好执笔）

启动实施合芜蚌自主创新综合试验区企业股权和分红激励试点工作

2011年7月25日，经国务院批准，财政部、科技部下发《关于同意在合芜蚌自主创新综合试验区开展企业股权和分红激励试点有关问题的函》（财企函〔2011〕30号），同意在合芜蚌自主创新综合试验区开展企业股权和分红激励试点工作。在省委、省政府的高度重视和统一领导下，省财政厅牵头省科技厅等有关部门积极组织推动，有效保证了试点工作有条不紊开展。

【成立机构，加强组织领导】省政府成立了合芜蚌自主创新综合试验区企业股权和分红激励试点工作协调小组，负责统筹协调解决试点工作中的重大问题，指导各地开展试点工作。省财政厅、省科技厅等13个省直部门以及合肥、芜湖、蚌埠三市人民政府为成员单位。省协调小组办公室设在省财政厅，具体承担有关日常工作。合肥、芜湖和蚌埠三市均成立了企业股权和分红激励试点工作领导小组，全面负责本地区企业股权和分红激励试点工作。

【完善政策，规范具体操作】省财政厅会同省科技厅、省经信委、省国资委、省工商局等部门，借鉴中关村有关做法，起草了有关文件，经协调小组会议多次讨论并经省政府同意，迅速出台了"1+7"政策体系，即《合芜蚌自主创新综合试验区企业股权和分红激励试点工作指导意见》、7个配套文件。7个配套文件包括：《省级事业单位科技成果处置权改革试点的通知》、《省级事业单位科技成果收益权管理改革试点的通知》等，对省级事业单位科技成果的处置权和收益权改革、获得股权奖励的企业相关人员缓缴个人所得税、各类企业开展试点的激励条件、方式和审批等进行了明确，为试点工作的具体操作提供了政策依据。

【广泛动员，加强政策培训】省委、省政府召开合芜蚌自主创新综合试验区建设推进暨重大政策试点启动大会，对企业股权和分红激励试点工作提出了明确要求和布置了具体任务，为试点工作的顺利开展奠定了良好的基础。同时，举行政策培训班，邀请财政部、北京中关村等有关领导、专家，为合芜蚌三市及所属县区财政、科技部门，省属高校、科研院所及园区、企业等相关人员授课讲解政策，做好试点工作培训辅导。

【加大宣传，营造良好氛围】为加强对合芜蚌自主创新综合试验区企业股权和分红激励试点工作的宣传，积极营造良好的社会舆论氛围，顺利推进试点工作，省协调小组办公室通过各类媒体进行了广泛政策宣传，同时会同省委宣传部联合下发了《关于做好合芜蚌自主创新综合试验区企业股权和分红激励试点宣传报道的通知》，为各新闻媒体及时、准确宣传股权和分红激励政策，明确了宣传重点、宣传方式等。

（厅企业处供稿）

支持地方金融体系建设

省财政厅立足公共财政，坚持“监管”、“扶持”两手抓，灵活运用财税政策工具，积极支持地方金融改革发展，加快推进全省地方金融体系建设，为实现我省科学发展、全面转型、加速崛起、兴皖富民的战略目标提供强力支撑。

【支持地方农村信用社改革发展】实施一次性财政奖励政策，支持农村信用社改制为农村商业银行。为减轻皖北部分农村合作金融机构改制负担，采取重点扶持政策，将其营业税返还政策延长到2012年。2011年底，我省农村信用联社系统83家机构统一法人改造全部完成，已开业或组建中的农村银行达56家，占全部法人机构数的67.5%，组建进度位居全国第二，中西部第一。

【推动地方融资担保业加快发展】采取直接注资、风险补偿、考核奖励等手段，支持省担保集团做大做强，领跑全国；支持省担保集团运用参股、再担保等经济手段，构建覆盖全省的信用担保体系。通过中小企业担保基金注资，引导社会资本依法进入融资性担保行业，不断壮大担保机构实力。坚持“正向激励，促进规范”，制定完善行业扶持政策，引导融资性担保机构规范运作，做强主业。2011年，全省融资性担保机构累计接受财政注资102亿元，吸引社会资金258亿元，单体平均规模达9500万元。平均放大倍数由去年的2.6倍提高到当前的3倍，并且相当部分机构放大倍数接近10倍。

【促进地方保险业又好又快发展】对全省农业保险工作进行全面检查，根据检查情况，制定并提请省政府办公厅转发了《关于进一步加强政策性农业保险管理 促进政策性农业保险规范发展的意见》（皖政办〔2011〕52号）。以费率为核心，系统调整我省农业保险政策，提高了应对局部乃至较大自然灾害的能力；修订完善资金、理赔等管理办法，提升政策科学化水平。顺应基层需求，研究出台《安徽省特色农产品保险财政补助实施办法》，采取以奖代补形式，支持市县开展特色农业保险。2011年，全省累计承保农作物1.06亿亩，牲畜136.5万头，为2420万次农户提供了294亿元的农业生产风险保障，累计赔付7.7亿元，685.8万次农户从中受益。

【支持地方证券业和基金业发展】支持证券公司健康发展。2006年，省财政向中央财政借入专项贷款6亿元，有效解决了华安证券公司的财务危机。支持中小企业上市融资。2009年、2010年，省财政安排资金2699万元，支持9家中小企业成功上市；2011年，我们又将扶持范围扩大上市融资各个环节，支持11家中小企业上市融资353亿元，居中部第一。大力支持基金业发展。2008年起，省财政连续5年，每年安排6亿元专项支持合芜蚌实验区创新体系建设，建立8只创业（风险）投资基金；2010年至2015年，省财政安排50亿元，用于建立战略性新型产业发展引导资金和风险投资引导资金。

【优化地方金融发展环境】采取财政奖励、补助或风险补偿等手段，着力优化地方金融发展环境。2008年末，省财政厅下达10亿元专项资金，支持各地建立中小企业贷款风险补偿资金，对金融机构中小企业贷款和代偿损失累计给予3.9亿元的补偿。支持引进总部性金融机构。对在我省设立的总部和地区总部性金融机构给予补助。支持农村金融体系建设。对在县域设立银行分支行的给予补助；对新设新型农村金融机构和县域融资性担保机构，按其货币资本的1%给予补助。2009—2011年，共计支持商业银行在县域设立28个分支行，聚合社会资本设立33家新型农村金融机构，扭转了多年来县域金融机构减少的局面。促进金融产品服务创新。实施金融产品创新奖励，引导金融机构积极开发适应中小企业、“三农”、创业就业发展需要的金融产品，提升金融服务水平。2009年、2010年两年，省财政安排3291万元，对银行新增“小、个、农”贷款给予奖励；各级财政投入资金3.8亿元，对县域金融机构涉农贷款增量、14家新型农村金融机构给予奖励和费用补贴，引导县域金融机构增加涉农贷款350亿元。省财政累计安排1.5亿元，对毗邻苏浙的20个县市担保机构给予担保费补贴。

【强化地方金融财务监管】制定出台了农村合作金融机构、小额贷款公司和融资性担保机构财务管理制度，健全地方金融企业财务管理制度；开展地方金融机构财务检查，指导建立规范的财务会计制度和内部控制制度；组织开展金融企业绩效评价，促进金融企业提高经营管理水平；建立健全财务风险预警和处置制度，加强财政与金融监管部门间的沟通协作，有效防范化解地方金融风险，促进地方金融企业持续健康发展。

（厅金融处供稿　刘凌列执笔）

创建规范化乡镇财政所

为进一步加强乡镇财政管理，大力营造创先争优的工作氛围，切实增强乡镇财政公共服务能力，根据《安徽省人民政府关于加强财政科学化精细化管理的指导意见》（皖政〔2009〕93号）精神，省财政厅决定在全省开展创建规范化乡镇财政所（分局）工作，从2010年至2012年，通过三年考评验收，每年有10%左右乡镇财政所（分局）达到创建规范化乡镇财政所（分局）省级先进单位，15%左右为市级先进单位，到2012年，全省乡镇财政所（分局）达到创建规范化目标，其中：省级先进单位达到30%，市级先进单位达到50%。

【加强组织领导】财政厅党组高度重视，成立以厅主要负责同志任组长、分管负责同志任副组长、相关处室（局）为成员的创建规范化乡镇财政所（分局）工作领导小组，召开全省创建规范化乡镇财政所（分局）现场大会，制定创建实施方案，量化千分制考评办法，举办大规模业务培训，大力支持乡镇财政所（分局）基础设施建设，建立百乡联系点工作制度，健全激励考评奖励机制，组织全方位宣传报道，深入基层指导督促检查，在全省营造创先争优、真抓实干的创建氛围，全面推进了乡镇财政组织机构、业务工作、内部管理、队伍建设和基础设施“五规范”，142个乡镇财政所（分局）荣获2010年度创建规范化“省级先进单位”，175个获得“市级先进单位”。

【加强机构队伍建设】理顺乡镇财政所（分局）管理体制，全面完成乡镇财政所（分局）垂直管理和归口管理工作。明确新形势下乡镇财政职能和任务，明确“完善预算管理、支持经济发展、建立服务机制、强化资金监管”四大职能，进一步梳理乡镇财政业务，突出资金监管和为民服务两项重点任务。设置与职能相匹配的财政分局，截至2011年底，全省共设置乡镇财政分局200个。健全人员管理和交流机制，积极解决乡镇财政人员普遍关心的身份和工资待遇问题，充实乡镇财政所（分局）力量并建立人员交流机制，不断优化年龄结构，激发工作热情。着力提高队伍素质，省及各市县制定乡镇财政干部培训方案，建立完善三年轮训制度，组织开展多种形式培训，人员专业素质明显提高。

【改善基础设施和办公条件】加大资金投入。2009—2011年，省财政下拨补助资金33640万元，支持乡镇财政所（分局）办公用房建设，各地积极筹措配套资金，已投入2.2亿多元，截至2011年底，875个新建和改扩建办公用房基本完工并投入使用，407个改扩建工作正在抓紧有序推进，乡镇财政所（分局）整体面貌焕然一新。完善服务功能。围绕“节俭实用、方便群众、因地制宜、统筹兼顾”的原则，完善功能设施，每个财政所都设有不少于50平方米的为民服务大厅，实行窗口受理和一站服务，提高了办公用房综合利用率和服务功能。提高工作效率。各地投入配套资金为乡镇财政所（分局）配置和更新办公设备，乡镇财政所（分局）办公条件明显改善，工作效率大大提高。

【规范内部管理】各地重新明确乡镇财政所（分局）岗位设置及工作职责，设立岗位牌，建立健全首问负责制、服务承诺制、学习制度、档案管理等一系列规章制度，做到制度上墙，亮证上岗，严格抓好制度的落实，用制度来保障财政所（分局）规范化建设。各地普遍制定乡镇财政预算管理、惠民资金管理和发放、项目资金监督管理等操作流程和办法，建立健全各类工作台账，一些地方开展了形式多样的业务能手竞赛、岗位标兵评比、档案管理达标升级等活动，进一步推进乡镇财政各项业务、各个环节的精细管理。广大乡镇财政人员在规范化创建工作中，以主动作为的姿态、求真务实的作风、严格规范的标准，加强作风建设、反腐倡廉建设和财政文化建设，扎实开展“服务发展年”、“科学理财创先进、学习沈浩争先锋”等活动，把更多的精力投入到为民服务上来，确保各项惠民政策落实到位，争创“人民满意基层站所”、“优秀乡镇财政干部”，内抓规范管理，外树财政形象。

【建立乡镇财政资金监管机制】对资金量日益增加和社会高度关注的强农惠农、民生工程资金等，积极探索，强化分类监管。建立省市工作联系点，强化督促指导，组织培训和交流观摩，建立相应考评激励制度，积极探索乡镇财政资金监管新机制，发挥典型示范作用。省财政厅组织研究开发《乡镇财政资金监管信息系统》,并在岳西县所有乡镇试运行,搭建县、乡两级财政项目类资金监管平台,着力解决县乡财政之间、县级项目主管部门与乡镇财政之间信息不对称、数据不共享、资金难监管等问题。

【提升服务质量和水平】全面开通为民服务平台,在乡镇财政服务大厅安装触摸屏、电子显示屏,方便农民查询政策和资金发放情况,为广大农民采取细致周到的服务措施。截至2011年底,共有50个县(市、区)建立了手机信息发布平台,第一时间告知农户补贴资金发放信息。开设"800一卡通免费服务电话"或咨询举报电话,接受政策咨询和违规违纪举报,切实保障财政补贴农民资金落实到户、发放到人。当年4—10月,全省农村财政管理系统和乡镇财政所(分局)共9262名干部,走访12709个行政村,115988户农户,开展以"送政策、访民意、促发展"为主题的"十万农户大调查"活动,与农民群众"零距离"接触、面对面交流,进一步宣传党的惠农政策,讲解"一卡通"发放工作程序,掌握补贴资金发放工作实情,了解农民群众的热切期盼,有针对性地改进服务措施。

【创建工作成效显著】安徽省创建规范化乡镇财政所(分局)的经验和做法得到了财政部的充分肯定,2010年7月全国财政厅(局)长座谈会代表参观考察两个乡镇财政所(分局),2010年、2011年全国基层财政干部培训班上,安徽省、县、乡三级分别作了交流发言,2011年财政部《财政信息》、预算司《情况反映》、国务院综改办《农村综合改革动态》等分别刊登安徽乡镇财政建设做法及成效,《中国财经报》先后多次作了大幅报道,省财政厅撰写的《安徽打造乡镇财政所"王牌军"》荣获财政部"第十届全国财政好新闻(报刊类)三等奖"。安徽省创建工作取得的阶段性成效,为加强财政"两基"建设、推进财政"两化"管理奠定了坚实的基础。

(厅农村局供稿 姚瑶执笔)

深入推进"小金库"专项治理

2011年,按照中央的统一部署和省"小金库"治理工作领导小组的要求,我省各级"小金库"治理专门机构坚持防治结合,惩防并举,深入推进"小金库"治理工作,圆满完成阶段性治理任务。2009—2011年,全省共发现"小金库"2067个,涉及金额6.03亿元,有效遏制了"小金库"多发高发势头,回应了社会关切,推进了源头治腐和反腐倡廉建设。

【组织全面复查】省"治理办"认真制定治理方案,及时做好动员布置工作,进一步健全治理工作领导机构和日常工作机构,稳步推进全面复查工作。截至2011年6月15日,我省共有35191户开展全面复查工作,复查面为100%。复查共发现存在"小金库"问题的户数为48户,"小金库"个数63个,涉及金额2249.95万元。

【开展督导抽查】在认真做好全面复查工作的基础上,自2011年7月起在全省范围内开展了有针对性的抽查和现场督导工作。全省重点抽查单位户数为3979户,重点抽查面为11.31%;重点抽查发现存在"小金库"问题的单位户数为40户,"小金库"个数42个,"小金库"资金1086.2万元。在督导抽查中,以举报线索为切入点,对举报事项进行核实和延伸检查,做到件件有交代。据统计,三年来全省各级治理办共受理举报532件,经核查属实(或部分属实)65件,处理处罚5个单位,处理处罚169人,其中行政处罚59人,组织处理41人,党纪政纪处理41人,移交司法机关28人。

【建立长效机制】注重机制建设的系统性、针对性和有效性,坚持将长效机制建设贯穿于"小金库"治理工作全过程。全国防治"小金库"长效机制建设经验交流电视电话会议结束后,我省及时召开电视电话会议进行传达贯彻,研究部署推进防治"小金库"长效机制建设的具体措施,认真研究制订长效机制建设工作方案,建立健全教育、预防和惩处机制,不断完善资产财务管理制度,积极探索根治"小金库"的途径和办法。

(厅国库处供稿 马锐执笔)

全面开展省级行政事业单位资产清理工作

为进一步规范和加强省级行政事业单位资产管理,全面、准确掌握省级行政事业单位资产状况,根据省政府2010年第62次常务会议和省委2011

年第2次常委会议精神，省政府决定自2011年7月15日至11月30日，重点对省级行政事业单位房屋土地、车辆、资产出租出借、资产处置、对外投资以及资产收益等情况进行集中清理。省财政厅作为牵头单位，认真履职尽责，加强协调配合，通过组织单位自查、主管部门复查和全面核查，对省直116家一级预算单位、1276家二级预算单位进行了全面清理，取得显著成效。

【加强组织领导】省委、省政府对资产清理工作高度重视，成立了高规格的领导小组，省委常委、常务副省长詹夏来任组长，省委办公厅、省人大办公厅、省政府办公厅、省政协办公厅、省监察厅、省行管局、省公安厅、省财政厅、省国土厅、省审计厅、省工商局等单位主要领导为成员，并在省财政厅设立省级行政事业单位资产清理领导小组办公室（简称"省资清办"），成立政策、督查、综合、宣传四个工作小组，实行集中办公，积极研究制定清理工作计划和推进方案，同时建立办文、办会、举报、咨询等各项制度，为清理工作稳步有序开展提供组织和制度保障。

【广泛动员部署】7月11日，省委、省政府召开省级行政事业单位资产清理工作动员会议，省直各部门负责人和资产管理负责人参加会议，省委常委、常务副省长詹夏来主持会议，省长王三运亲自到会动员部署，要求做到全面清理与重点清查相结合、资产清理与资产核实相结合、即期清理与长效管理相结合，有力推动清理工作开展。

【营造舆论氛围】在省财政厅门户网站开设资产清理专题网页，编发15期工作简报，及时发布清理政策、宣传工作动态、交流经验做法，在中国财经报、安徽日报、新安晚报、《行政事业资产与财务》杂志上开展重点宣传，营造良好舆论氛围。

【严明工作纪律】公布举报电话和举报信箱，制定印发《关于严明省级行政事业单位资产清理工作纪律的通知》，畅通投诉举报渠道，严肃清理工作纪律，保障清理工作按时保质完成。

【强化推进措施】制定印发《安徽省省级行政事业单位资产清理工作实施方案》，加强组织协调，通过报刊、网络、简报等宣传清理工作政策，强化工作的协调指导。省直各部门认真贯彻会议精神，按要求成立清理领导小组，制订工作方案，全面、深入进行财务核查和资产清查，确保基础信息真实、准确、完整。制定印发《关于做好资产清理复查阶段工作的通知》，明确复查内容和方式。在省直各部门自查、复查的基础上，省资清办委托21家会计师事务所，对116家省直部门资产清理结果进行实地核查，重点核查土地、房屋建筑物、车辆、出租出借和对外投资等情况；同时，组建6个督查组，由省人大办公厅、省政府办公厅、省纪委、省审计厅、省行管局、省财政厅等领导小组成员单位厅级领导带队，对30个省直部门进行重点督查，全面了解资产清理工作开展情况，强力推进资产清理工作的开展。

【取得明显成效】通过清理工作，省直各单位进一步明确了资产使用、资产管理和财务管理三方职责，增强了行政事业资产管理的政策水平，提高国有资产使用管理的责任意识。基本掌握了省级行政事业单位资产存量和资产收益，截至2010年12月31日，省级行政事业单位资产总额1180.22亿元，其中房屋建筑物价值249.70亿元，土地价值25亿元，车辆价值21.09亿元，对外投资33.25亿元，出租出借房屋建筑物面积72.81万平方米，年出租出借收入1.91亿元。理清了资产管理思路，通过清理发现，部分单位存在资产管理基础薄弱、房屋土地产权不清、出租出借管理混乱、资产收益流失严重、对外投资脱离监管等问题，为理顺管理体制、完善制度体系、规范管理行为、创新管理方式、提升管理绩效等打下了良好基础。

（厅资产处、资产管理中心供稿）

财政分项工作概述

财政政务工作概述

2011年，在厅党组的正确领导下，在各兄弟单位的关心支持下，办公室围绕中心、团结奋进，服务至上、和谐发展，全力以赴做好各项服务工作。

【强化质量，抓好综合文稿服务】紧贴中心、用心写作，切实发挥以文辅政作用。一是严格公文审核。组织专题讲座，普及公文处理知识，优化办文流程，严格审核程序，从内容上审视、从形式上推敲、从语言上斟酌，着力提升财政公文的质量和水平。二是推进文稿创新。深刻领会领导意图，注重多学习、勤总结，不断改进文风，力争每篇文稿有分量、有见地、有价值。积极开展促进我省全面转型发展的财政政策研究，形成的调研报告《经济研究参考》予以刊发。三是注重总结提升。认真总结厅党组创建学习型机关的做法和经验，在全国学习型党组织建设工作经验交流会上，省财政厅作为唯一一家基层单位作典型发言。编印《财政文化集萃》，提炼安徽财政精神，进一步凝聚智慧和力量，谱写财政发展新篇章。

【强化效果，抓好信息宣传服务】把握节奏、突出导向，力求社会各界更多地了解财政、关注财政、支持财政。一是增强信息工作的有效性。完善信息报送制度，改进信息工作考评办法，主动出击，开发“订单信息”，在“快、准、深”上下功夫。全年共编印各类信息983期，被财政部、省委、省政府采用211条，采用率达到21%。二是完善新闻宣传工作机制。年初制定下发《关于进一步加强财政新闻宣传工作的通知》，明确目标、落实任务、强化责任；组织开展全省财政系统2009—2010年财政好新闻评比活动，加强系统互动、形成宣传合力。三是增强宣传工作的针对性。加强舆情研判，定期召开媒体记者通气会，组织万名财政干部大走访、学习型机关建设、科学理财促发展等重点宣传，在《人民日报》、《安徽日报》、《中国财经报》、《中国财政》、《决策》等媒体刊发宣传文章40余篇。四是协同共建财政部门户网站。安徽编报信息被财政部门户网站“财政新闻”栏目引用，上载分值位居全国第一。荣获全国财政新闻宣传、信息工作先进单位。

【强化责任，抓好效能建设服务】以主题建设年活动为主线，以“效能延伸”为重点，认真履行牵头职责。一是精心制订方案。认真学习张宝顺书记对效能建设重要批示和省直机关效能建设工作会议精神，牵头制定《关于进一步加强机关效能建设的若干意见》、《关于在全省财政系统开展服务发展年活动的指导意见》，明确规定动作，鼓励创新载体，强化组织保障，深入推进效能建设向核心职能、处室单位和精神世界全方位、多角度延伸。二是加强日常服务。立责于心，履责于行，全面贯彻执行效能建设八项制度、文明办公“五要五不”，开展明察暗访和“百份问卷调查”活动，跟踪上级政策动态，及时向有关部门报告我厅效能建设的做法和成绩，适时出台《2011年效能建设绩效考评办法》。三是推行政务公开。深入开展政务公开“深化年”活动，以厅门户网站为载体，及时公开预算决算报告、预算编制政策、月度财政运行分析等内容；主动征求省政务公开办公室意见，进一步改版厅门户网站网页栏目，丰富表现形式。截至目前，厅门户网站发布信息超过1.4万条，答复公众咨询近2800件，按时答复信息公开申请20余件。四是强化窗口管理。制定《安徽省政务服务中心财政厅窗口工作管理暂行办法》，完善窗口工作联席会议制度，重新梳理所有行政审批和便民服务项目，优化流程，缩短时限，印制服务指南和服务手册，全年办理各类项目40335件，办件提前率95%，即办率97%，社会满意率100%，各项指标处于历史最好水平。

【强化落实，抓好政务协调服务】以饱满的精神状态和扎实的工作作风，在政令畅通上下工夫，着力提升财政部门良好形象。一是注重制度先行。年初下发工作要点，分解重点任务，年中组织督查；专门制定《省财政厅督查工作暂行办法》，严格实行登记催办制度、限时办结制度、督查报告制度，加强上下联系，定期与相关部门沟通，积极完成各项目标任务。二是注重改进服务。积极参与人民网网友给省领导留言办理和“金点子”征集活动，认真办复“厅长信箱”回信。按时办结建议提案314件，办件总量居省直部门第一位。主动加强与代表委员的沟通，主动争取理解支持。张学平副主席批示肯定了我厅的做法。三是注重做好信访。本着实事求是、高度负责的态度，热情耐心接待群众来访53次、225人，妥善协调办理信访案件110件，其中厅领导批阅15件。连续多年荣获全省信访工作责任目标管理先进单位。

【强化规范，抓好机关运转服务】进一步健全管理制度，严格程序，积极为机关高效运转提供良好服务。一是规范财务管理。严格执行厉行节约“八项要求”，大力压缩一般性支出；做好厅属事业单位改革服务工作；积极筹措资金，规范发放一次性工作奖励。二是开展资产清理。牵头制定《省财政厅资产清理工作实施方案》和《厅资产清理工作任务分解表》，明确分工和时限，严格审核数据，盘点资产，摸清家底。三是强化车辆服务。全面接管车队，开展公务用车专项治理，进一步完善制度，推进精细管理，确保文明出车、安全行车。在省直机关后勤六项竞赛中获得先进车队荣誉称号。四是夯实管理基础。顺应政务公开要求，会同信息中心立足机关、面向系统，全面改造安徽财政综合办公网，着力打造一个办公的平台、学习的平台、交流的平台。扎实做好会务接待、办公用品、公文收发、档案、保密等服务工作。

【强化保障，抓好内部管理服务】深入开展学沈浩创先进争优秀活动和“以人为本、执政为民”主题教育活动，扎实推进廉政风险防控试点，着力营造和谐发展的良好氛围。一是加强学习。深入学习胡锦涛总书记“七一”讲话精神，开展“缅怀先烈、重温誓词”活动，强化集中学习和在线学习，组织开展财政公共基础知识网上竞赛，全厅参赛率达86%以上。二是优化规程。认真落实“一岗双责”，排查廉政风险点，制定防控措施，绘制防控流程图，修订《办公室工作人员守则》、《办公室主任守则》，强化科学精细管理。三是民主管理。坚持民主集中制、做到分工不分家。精心组织民主生活会，广泛开展谈心活动，加强交流、换位思考、互相帮助，不断增强凝聚力、战斗力。四是改进作风。深入合肥市蜀山区南七街道丁香社区、南岗镇梁墩村，开展“贴民情、听民意、惠民生”大走访活动；大力发扬“责任如山、勤奋如牛、心细如发、团结如一”精神，努力做到雷厉风行、令行禁止。

（厅办公室供稿 尹立祥执笔）

财政综合工作概述

2011年，厅综合处紧紧围绕全省财政工作总体部署，凝心聚力，抢抓机遇，主动作为，倾力服务经济社会发展，顺利完成各项工作任务。

【深化收入分配制度改革】一是按照省委省政府主要负责同志指示精神，会同有关部门，研究提出省直第二步规范工作建议，以省政府名义上报国务院。配合审计署重庆特派办开展我省省直机关、合肥市规范津贴补贴实施情况检查工作。二是按照中纪发〔2011〕9号文件要求，经省政府同意，会同有关部门出台省直驻外单位津贴补贴管理逐步属地化政策。三是根据省委、省政府《关于撤销地级巢湖市及部分行政区划调整机构编制划转及人员安置意见》（皖办发〔2011〕29号）精神，会同六部门组织实施相关县（市）公务员津贴补贴职级标准调整工作。四是配合财政部驻安徽专员办做好调节基金申报情况核查工作，按时向财政部申报津贴补贴调节基金。组织部分市申报交纳津贴补贴调节基金。五是按照中央六部委统一部署，组织开展省直机关、合肥市规范津贴补贴实施情况自查工作，代省政府起草《安徽省省直机关、合肥市市直机关规范津贴补贴清理自查情况报告》上报中央六部委，进一步规范津贴补贴发放管理。六是支持做好事业单位分类改革相关工作，提出了我省其他事业单位实施绩效工资工作的意见和建议，得到了省领导的认可。

积极配合其他事业单位工作人员工资收入分配情况清理核查工作,多次与省人社厅沟通,修改完善《关于其他事业单位实施绩效工资的意见》。七是参加全省事业单位机构编制清理规范工作督查指导,赴亳州、阜阳了解清理规范主要做法、工作进展情况及存在的困难和问题,形成督察报告报省事改办。牵头草拟《安徽省分类推进事业单位改革中财政有关政策》、《安徽省分类推进事业单位改革中从事生产经营活动事业单位转制为企业的若干规定》、《安徽省分类推进事业单位改革中加强国有资产管理的实施意见》三个办法。

【规范行政事业性收费】配合省物价局核定调整16项行政事业性收费标准,及时公布国家新设、调整和取消的行政事业性收费项目。向社会公布2010年安徽省行政事业性收费项目目录。积极配合有关部门开展收费公路专项清理工作,规范收费公路管理。委托社会中介机构开展合淮阜等4条高速公路收费期限评估工作,为省政府批准收费期限提供决策参考。整理2008年以来国家和省支持经济发展的28项行政事业性收费优惠政策,促进收费优惠政策的落实。

【规范财政票据管理】印发公益事业捐赠票据使用管理实施方案,组织开展《安徽省公益事业捐赠票据》印刷、发放工作。清理核销《安徽省接受捐赠统一收据》、《希望工程捐赠专用收据》。公布《安徽省新型墙体材料专项基金专用票据》、《安徽省新型农村社会养老保险基金筹资专用收据》式样,明确票据购领、核销规程。组织开展全省医疗收费票据使用管理情况专题调研工作,提出了加强管理的政策建议上报财政部。开发财政票据管理软件,实现省级财政票据印制、发放、核销电子信息化管理,提高了财政票据管理工作效率和水平。

【规范政府性基金管理】依据国家有关文件要求,规范我省港口建设费的征收、使用和管理。公布2010年全国政府性基金项目目录。印发《安徽省地方教育附加征收和使用管理暂行办法》,规范地方教育附加管理。依据国家规定,修订《安徽省地方水利建设基金筹集使用和管理办法》报省政府审定。按照政府性基金使用管理政策和预算编审要求,对2012年省级政府性基金收支预算提出总体审核意见。

【深化土地出让收支管理】开展专题培训,指导市县做好土地出让收支统计基础性工作。会同省国土厅、省住建厅开展专项检查,形成《土地出让金收支管理及公共租赁住房补助资金使用自查情况报告》,供厅领导决策参考。按照詹夏来常务副省长批示"原则赞成所提建议,请据此代省政府拟文报审"要求,起草《关于统一从土地出让收益中提取农田水利建设、教育资金的通知》以省政府名义印发,明确了从土地出让收益中提取农田水利建设、教育资金的政策口径,促进了水利、教育事业发展。及时转发《财政部 水利部关于从土地出让收益中计提农田水利建设资金有关事项的通知》和《财政部 教育部关于从土地出让收益中计提教育资金有关事项的通知》,规范土地出让收益使用管理。

【强化彩票公益金管理】委托社会中介机构对彩票机构2010年度收支计划执行情况、彩票公益金上缴及分成拨付情况进行审计。审核批复2011年彩票发行机构发行费预算和彩票公益金预算,及时细化省级福利彩票公益金支出,督促体育、民政等部门加快彩票公益金支出进度,促进社会福利事业发展。及时向社会公告2010年度彩票公益金筹集、分配和使用情况。积极开展我省未成年人校外活动场所使用管理情况调研,提出了进一步做好未成年人校外教育事业项目管理工作的意见和建议上报财政部。及时转发中央有关部门中央专项彩票公益金支持未成年人校外活动保障和能力提升项目管理办法、支持示范性综合实践基地项目管理办法和支持乡村学校少年宫项目管理办法,分配拨付2011年未成年人校外活动保障和能力提升项目资金7546万元和支持乡村学校少年宫项目资金1340万元,支持全省未成年人校外教育事业发展。

【支持城镇职工住房制度改革】会同省直房改办组织开展2010年度省直驻肥财政供给单位住房货币化补贴申报、审核和兑付工作。配合省住房城乡建设厅组织开展2010年度住房公积金管理机构业务考核,促进住房公积金管理机构提高管理水平。及时汇总上报我省2010年度保障性安居工程有关报表,及时分配下达市县中央专项补助资金36.8亿元。组织开展公共租赁住房专项检查,分别对合肥、芜湖、滁州、淮北、蚌埠、铜陵等地2010年、2011年公共租赁住房建设和专项资金拨付使用情况进行了实地督察。督促并会同省住建厅出台《关于加强廉租住房和公共租赁住房项目建成后管理养护的指导意见》(建保〔2011〕120号),建立健全廉租房和公租房使用管理长效机制。按照詹夏来常务副省长批示精神,认真总结有关市县筹措保障房建设资金经验,通过安徽财政专题信息刊发市县借鉴学习。全省实际开工建设公租房11.69万套,实际发放廉租房租赁补贴17.8万户,均超额完成年度目标任务。

【加强部门预算收支情况监管】 规范物价部门预算管理,督促物价部门积极组织收入,规范项目支出管理,加快支出进度。支持物价部门开展价格监管、稳定市场物价水平。按照省领导批示精神,安排200万元专项经费支持价格监测预警平台建设。及时完成了2012年省物价局部门预算编制审核工作。物价部门价格罚没收入1592万元,超额完成年度收入任务。认真编制审核政府住房基金预算、彩票发行费预算、彩票公益金预算,加强部门预算执行与监督,督促有关部门加快支出进度,提高财政资金使用效益。积极帮助和指导有关部门加强财务管理、规范财务收支行为。

【开展"服务发展年"、效能建设活动】认真贯彻落实厅党组统一部署,制定《综合处服务发展年活动实施方案》,切实把"服务发展年"活动与效能建设、"争先创优"、廉政风险防控等工作有机结合起来,紧密围绕"五项服务"、"五个更加注重"的要求,注重制度创新,完善体制机制,突出工作重点,在工作服务思路上有新突破,在服务效能上有新提高,在服务实效上有新进展。一是加强政治理论和宏观经济理论学习,积极参加厅机关统一安排的各种专题学习活动,坚持党支部"三会一课"制度,积极参加财政公共基础知识竞赛、全省公共机构节能知识竞赛、党史知识竞赛,全处同志全部通过了干部教育在线学习任务。二是加强宏观经济专题研究工作,密切关注国家宏观经济发展动向,做好财政经济形势预测分析工作,按季撰写财政经济形势分析报告上报财政部。完成《安徽省财政发展"十二五"规划(2011—2015年)》编制工作,按程序上报省政府、财政部。围绕财政综合业务,先后完成多项专题调研报告,上报省政府或财政部。三是坚持热心服务群众,公开办事要求、程序、时限,及时更新政务公开信息,落实首问负责制、限时办结制、责任追究制,不断改进工作作风,提高工作效率,受到省直单位财务人员的好评。全年办理人大、政协建议和提案9件,满意率达100%;答复群众来信20余封、"领导信箱"等业务咨询30余件;反馈省政府办公厅、有关部门及厅内处室征求意见稿100余件。四是积极参与"创先争优"活动,认真完成党员创先争优情况领导点评工作,赴抗大八分校开展"缅怀先烈、重温誓词"活动,组织全体党员赴亳州市开展了"贴民情、听民意、惠民生——万名财政干部大走访"活动,以活动为平台,努力培养全处开拓进取、求真务实、公道正派、团结协作的优良工作作风认真开展廉政风险防控管理、领导干部述职述廉等工作,努力实现廉政风险防范与财政综合干部队伍建设双促进。完善内部工作调度制度、政治业务学习制度、分工协作制度,强化内部责任意识,全面提高处室综合素质和能力。加强系统横向、纵向沟通互动,举办财政综合业务知识培训班,先后培训人员达近200人次。

(厅综合处供稿)

税政条法工作概述

2011年,省财政厅税政条法处在厅党组的坚强领导下,共同努力,财政税政条法工作取得了良好成绩,省财政厅先后获得"全国财政'五五'法制宣传教育先进单位"、"2010年全国财政企业所得税税源调查工作优秀单位"、"全国财政关税调整方案建议工作通报表扬单位"、"全省政府法制工作先进集体"等荣誉称号。

【认真落实依法行政依法理财责任制】 厅党组召开全省依法行政依法理财工作视频会议,全面部署全省财政系统依法行政依法理财工作相关事宜。按照一把手负总责和分管领导各尽其责的要求,实行厅领导与厅机关各处室单位主要负责人签订依法行政依法理财责任书,从财政立法、决策、执法、政务公开、监督等十三个方面构建财政工作责、权、利有机统一制度,切实落实责任制。

【严格规范性文件制定工作】印发《关于进一步做好规范性文件制定有关问题的通知》,进一步健全规范性文件制定程序制度,会签制度、前置审查制度等各项制度。全年共会签规范性文件《安徽省小型农田水利重点县建设资金绩效考评细则》等15件,前置审查规范性文件《安徽省外国政府贷款转贷银行评选办法》等2件，提出合理化建议11条，有效避免了规范性文件中出现政策规定相互抵触等问题。

【扎实做好财税政策把关工作】对财政部、省人大、省政府法制办等有关部门转来的各类法律法规、部门规章及规范性文件征求意见稿共计127件，认真研究审查，及时准确地提出了审核意见，特别是多次纠正和杜绝某些部门随意出台减免税、先征后返等税收优惠政策的不当行为，发挥了财政部门在立法工作中的应有作用。

【加强财政行政执法队伍建设】进一步加强执法队伍建设，严格执法人员持证上岗和资格管理制度，共计为厅机关和部分厅属单位办理财政行政执法资格证273本，坚决杜绝未取得执法资格的人员从事执法行为。通过开展以考促学、工作经验交流、典型案例点评等方式，狠抓执法纪律和职业道德教育，全面提高执法人员素质。

【高效公平做好财政行政执法工作】全年处理无锡协创工贸公司提请对滁州某采购活动行政复议一起案件。案件处理过程中，积极向当事三方了解情况，查看原始资料凭证，认真研究相关法律法规，并咨询律师，高效、公平、准确地做出了行政复议决定书。

【积极推动财政"六五"普法工作】根据全国财政法制宣传教育规划和全省法制宣传教育规划精神，制定了《全省财政法制宣传教育第六个五年规划》，明确了"六五"财政法制宣传教育期间，全省财政法制宣传教育工作的指导思想、主要内容、方法步骤、监督考核等内容。召开全省财政法制宣传教育工作暨培训会议，深入贯彻落实全国财政法制宣传教育会议精神，全面部署全省财政"六五"法制宣传教育工作，做到财政法制宣传教育与财政业务工作同部署、同推进、同落实。

【主动做好财政信息公开工作】在厅门户网站、安徽日报等媒体上主动公开财政税政法制信息数十条，进一步增强了工作的透明性，推进政务公开，实现财政税政法制信息公开工作由点上突破向面上铺开转变。

【扎实做好高新技术企业认定工作】积极配合省科技厅、省国税局、省地税局进一步加强高新技术企业认定工作，全年共有147家企业获得高新技术企业资格（累计共认定高新技术企业1460家）。全年全省规模以上高新技术产业实现产值7615亿元，比上年增长49%；实现工业增加值2294亿元，占全省工业增加值的28.9%。高新技术企业快速发展，已成为我省经济发展新的增长极。

【认真做好公益性捐赠税前扣除资格认定工作】进一步规范公益性捐赠税前扣除资格认定程序，会同省民政厅、省国税局、省地税局出台了《安徽省公益性捐赠税前扣除资格审核管理工作实施办法》，明确了此项工作的流程、办理期限和审核材料。全年审批通过了安徽省老年基金会等12家公益性社会团体的税前扣除资格。截至2011年底，全省有24家公益性组织累计接受企业捐赠近2亿元，在一定程度上实现了企业社会责任与社会公益事业的有效衔接。

【大力支持转制文化企业发展】会同省国税局、省地税局、省委宣传部对安徽演艺集团有限责任公司等16家企业转企改制情况进行了审核、认定，保证了企业可以享受经营性文化事业单位转企改制的企业所得税优惠政策。税收"瘦身"促进了改制文化企业的高速发展，我省文化企业改革成效走在全国前列。

【积极推动开展企业股权和分红激励试点工作】为支持合芜蚌自主创新综合试验区建设，国务院批准同意我省合芜蚌自主创新综合试验区参照中关村国家自主创新示范区开展企业股权和分红激励试点，根据财政部、国家税务总局的相关政策，会同省地税局制定了《关于贯彻落实国家支持合芜蚌自主创新综合试验区有关股权奖励个人所得税试点政策的通知》，对企业有突出贡献的技术人员和经营管理人员实施股权和分红激励政策，大大鼓励了企业的优秀技术人才长期留在试验区企业服务。

【着力减轻中小企业负担】为支持我省小型和微型企业发展，根据新修改的《增值税暂行条例实施细则》和《营业税暂行条例实施细则》有关规定，报经省政府同意，从2011年11月1日起，对我省个体工商户增值税、营业税起征点进行调整：按月纳税的为月销售额（营业额）20000元；按次纳税的，为每次（日）销售额（营业额）500元。这两项起征点都为国家规定政策范围的上限，预计每年减税8.9亿元，增加免税个体工商户8.8万户，大大降低了中小企业的税负，鼓励中小企业发展壮大。

【实施车船税适用税额新标准】在广泛听取社会大众意见的基础上，综合考虑国家环境保护、节能减排的政策导向和我省税收收入稳定增长等因素，根据《车船税法》及其《车船税法实施条例》的授权，经省政府批准，从 2012 年 1 月 1 日起，以排气量作为机动车保有环节征税的计税依据，执行我省车船税税额新标准。其中对于 1.6 升以下排气量乘用车的适用税额下调，1.6—2.0 升排气量车辆的税额保持不变，2.0 以上大排气量车辆的适用税额上升。新的税额标准，鼓励购置低排量车，占总量 57%的 1.6 升以下排气量的小轿车税额标准下降，有力地支持了我省汽车的生产，同时也符合节能减排的原则；大排量车适用税额标准上调，保证了我省车船税的稳定增长。

【鼓励社会就业创业】会同省人社厅、省国税局、省地税局、省教育厅等单位联合下发了《关于落实国家支持和促进就业有关税收政策的通知》，进一步落实国家促进就业政策的具体实施流程，鼓励下岗职工再就业及高校毕业生自主创业。

【积极争取进出口税收优惠政策】一是利用财政部《关于新型显示器件产业进口物资税收优惠政策的通知》中关于对新型显示器件产业发展有优惠税收政策的条款，先后三次向财政部提出将该文件规定的政策优惠期限适当延长，并增加部分材料和设备进口关税免税政策申请，以扶持我省新型显示器件产业、8.5 代 TFT—LCD 项目等发展。二是支持海螺水泥集团建设水泥窑处理生活垃圾项目，向财政部报送《关于给予海螺水泥集团有限责任公司利用水泥窑处理生活垃圾项目税收优惠的请示》，建议给予海螺水泥集团利用水泥窑处理生活垃圾项目增值税即征即退，免征城镇土地使用税两项税收优惠政策。三是向财政部请求将太和县人发产品列入再生资源并享受相关退税政策，财政部发布了《关于调整完善资源综合利用产品及劳务增值税政策的通知》，明确将人发产品列入再生资源加以退税。

【开展资源税改革试点调查研究】根据《中共中央关于制定国民经济和社会发展第十二个五年规划的建议》中"全面改革资源税"的精神，结合我省淮南、淮北两个资源枯竭型城市的现状和要求，在深入调研的基础上，为省政府代拟起草了《关于将安徽省纳入煤炭资源税改革试点的请示》，向国务院积极争取将我省煤炭列入资源税改革试点，并提出由从量计征改为从价计征，适用税率确定为 2%的建议。这项税收政策若能得以推行，将为我省资源枯竭型城市转型和民生工程的实施提供相应的资金保障，推动资源枯竭型城市转型发展。

【开展增值税征收改革试点调查研究】9 月，财政部、国家税务总局通报在上海市开展增值税征收改革试点。省财政厅会同省地税局等部门，密切关注跟踪上海试点的情况，以及周边省份的反映，做好对我省影响的调研分析测算工作。

【开展企业所得税税源调查和重点产品国际竞争力调查研究】根据财政部税政司和关税司的布置和要求，在全省范围内开展企业所得税税源调查和重点产品国际竞争力调查工作，并就调查数据进行汇总审核，认真分析，形成了调研报告上报财政部。据统计，今年我省税源调查户数 1886 户，超出财政部要求的样本数 686 户；重点产品国际竞争力调查户数 634 户，提出特种炭黑、玻璃基板、液晶显示板、矿用浓缩机、草甘膦等 6 种产品的税率、税目调整建议。调查户数在全国依旧处于领先地位，数据质量和有关调整建议也得到了财政部领导的充分肯定。同时，建立优秀调研报告评比制度，开展优秀调研报告评比活动，充分拓展调研数据利用价值，努力将调研成果转化为推动经济发展的正确思路和有效举措。

（厅税政条法处供稿　杨玉林执笔）

预算管理工作概述

2011 年，在厅党组的坚强领导下，在兄弟处室的大力支持下，厅预算处坚持围绕中心、服务大局，注重把握重点、强化落实，圆满完成全年各项工作任务。

【紧抓财政收支管理】认真落实积极的财政政策，加大对收入预算执行情况的分析和监控。开展全省财政收入质量检查，全面掌握全省收入质量现状。科学预测收入规模，规范收入征管。2011 年，全省财政总收入完成 2632.8 亿元，增长 27.6%。每月定期分析支出情况，每季坚持调度支出进度，出台《关于做好 2011 年预算执行工作的通知》，完善加快支出进度的具体举措。主动跟踪了解预算执行情况，及时办理预算追加、非税收入清算等事项。按照《安徽省财政支出进度考核运行办法》，不断硬化对市县支出进度的考核。2011年，全省财政支出完成3305.7亿元，增长27.8%。

【完善部门预算编制】一是健全政府预算管理体系。在编制2012年预算时，省级第一次实现将公共财政预算、国有资本经营预算、政府性基金预算和社会保险基金预算等四大预算全部报人大审批。从2011年1月1日起，将按预算外管理的收入(不含教育收费)全部纳入预算管理，进一步规范收入预算的填报口径、项目类别。二是强化部门预算编制管理。有序开展2012年省级部门预算编制工作。调整基本支出供给政策，保障部门履行职能需要。公平预算供给，调整省直行政单位公用经费综合定额为四类十七档。细化项目绩效目标申报、扩大项目支出绩效评价范围，控制行政成本，保证重点支出需要，调整项目支出结构。三是加强市县预算编制指导。以省政府名义印发《关于做好2012年预算编制工作的通知》，提出编制2012年预算的总体要求、财政收支政策和时间安排。提前下文告知市县编制2012年预算的要求和新增重点支出情况，帮助市县统筹做好各项收支预算安排。将已明确的中央和省对下转移支付数额提前通知市县，不断增强市县预算编制的完整性和准确性。

【加大转移支付力度】一是大力支持皖北加快振兴。出台《关于省财政支持皖北加快振兴的实施意见》，从完善财政政策、加大资金投入、强化要素支持三个方面，明确了对皖北加大财政支持力度的14项具体措施，并继续安排5.4亿元皖北发展专项资金。二是促进大别山革命老区加快发展。认真贯彻落实《中共安徽省委 安徽省人民政府关于进一步促进安徽大别山革命老区又好又快发展的若干意见》和《省委办公厅关于同意石台县比照执行皖发〔2011〕15号文件有关政策的复函》，从2011年起连续5年，省财政每年拿出2.2亿元，用于补助大别山11个县(区)基础设施、现代农业、生态环保和库区移民建设等。三是逐步完善省对下转移支付制度。修订均衡性转移支付办法，分配下达新增均衡性转移支付30亿元，保障市县教育、医疗、社保、住房等民生工程及事业单位绩效工资改革等重点项目支出。及时兑现相关财政激励政策，下达税收增长奖励、财政强县奖励、企业所得税省级分成超上年基数奖励、出口退税奖补等资金20.5亿元，鼓励县域经济加快发展。分配下达革命老区专项转移支付资金、资源枯竭城市转移支付资金、国家重点生态功能区转移支付资金共计17.9亿元，推动当地的生态保护和民生改善。

【提升资金使用效益】一是扎实开展省级绩效评价工作。精心筛选确定2011年绩效评价项目，2011年省级评价项目增加至56个，覆盖到省直所有重点支出部门和各种类型的财政资金，涉及资金总额587.5亿元，其中省直部门自评项目43个，财政重点评价项目12个，社情民意调查项目1个。二是做好评价结果反馈整改。对省直单位自评工作和市县绩效评价工作进行考核，通报2010年度全省绩效评价工作整体情况。将省级重点评价项目结果正式行文反馈部门，要求对照问题，认真摸排，积极整改。三是全面推进财政绩效管理改革。提请省政府出台《关于全面推进预算绩效管理的意见》(皖政〔2011〕115号)，从2011年起，预算绩效管理改革在省级各部门和全省各市县全面推开，“预算编制有目标、预算执行有监控、项目完成有评价、评价结果有反馈，反馈结果有运用”的预算绩效管理模式加快健全完善。

【完善财政体制机制】一是建立完善县级基本财力保障机制。结合我省支持县域经济发展的财政激励政策已到期、需要统筹考虑后续政策等实际，研究出台《安徽省财政厅关于建立和完善县级基本财力保障机制的实施意见》。制定《2011年县级基本财力保障转移支付办法》，分配下达新增县级基本财力保障转移支付10亿元，增强基层政府提供公共服务能力。二是规范江北江南产业集中区财政体制。提请省政府下发《关于省江北江南产业集中区财政体制有关问题的通知》(皖政〔2011〕41号)，明确江北江南产业集中区建立一级财政，2011—2015年省财政对集中区实行过渡期财政体制，并就省财政对集中区实行过渡期财政体制期间的预算管理具体操作，出台《关于省江北江南产业集中区实行过渡期财政体制有关预算管理问题的暂行规定》。及时下达江北江南产业集中区专项资金10亿元，定额补助两集中区各5000万元，按规定返还土地报批相关税费1.6亿元，支持集中区建设。三是稳步推进巢湖区划调整。积极参与制定财经及公用事业组工作方案，保障巢湖区划调整工作稳步推进。下发《关于巢湖区划调整后有关预算管理问题的通知》,促进了相关地区预算管理规范运行。认真测算区划调整对省级财政增支影响,做好区划调整涉及财政体制基数划转工作。研究制定区划调整预算供给政策,做好安置人员的工资统发,保障安置人员平稳过渡和经费供给。

【加强政府债务管理】一是做好地方政府债券相关工作。综合考虑全年我省保障性安居工程建设和其他中央投资公益性项目地方配套需求, 及省委、省政府确定的重大公益性建设项目,统筹兼顾省与市县偿债压力, 分配债券资金省级留用 55 亿元,分配市县 35 亿元。二是加强政府性债务基础管理。从 2011 年起,全省推广应用地方政府性债务统计软件,制发《关于建立地方政府性债务月报制度的通知》,按月汇总、审核、分析上报全省政府性债务数据,扎实做好全省政府融资平台公司数据四方对账和省级政府融资平台公司退出平台贷款管理工作。三是研究制定全省政府性债务管理制度。拟通过建立政府性债务归口管理制度、举借审批制度,预算管理制度、偿还保障机制、存量消化机制、风险评价预警体系等措施,进一步规范地方政府性债务管理,切实防范财政金融风险。

【配合人大审计监督】一是服务人大监督。2011 年省级 123 个一级预算单位的部门预算草案全部按时报送省人大审查。顺利完成全省 2010 年预算执行情况和 2011 年预算草案、2010 年全省财政决算报告、2011 年上半年预算执行情况、财政部代理发行地方政府债券省级留用部分引起的预算调整、2011 年省级预算超收收入使用安排情况报送省人大审批工作。认真向人大财经委汇报落实省人大常委会批准 2010 年省级财政决算决议落实情况和全省政府融资平台公司管理情况。二是配合审计监督。牵头负责省审计厅 2010 年预算执行及其他财政收支情况审计,财政部驻安徽专员办中央政府公共投资预算执行情况专项检查,审计署南京特派办中央转移支付及部分专项资金审计、王三运省长经济责任、省本级政府性债务审计调查等。三是推进预算公开。"两会"期间编印《省级部门预算编制手册》、《财政预算参阅材料》,设立部门预算查询台和查询热线,向人大代表和政协委员公开省直 123 家部门预算信息。制发《关于深入推进基层财政专项支出预算公开的意见》和《关于进一步推进预算信息公开工作的意见》,大力推进政府总预算、决算,部门预算、决算和民生专项资金的公开工作,积极稳步推进"三公"经费预算公开。

【积极争取中央支持】积极争取中央资金和政策支持,全年争取的中央资金主要包括:地方政府债券规模 90 亿元,额度居全国第 4 位;新增均衡性转移支付资金 96.7 亿元;国家重点生态功能区转移支付资金 8.92 亿元,比上年增加 1.94 亿元;革命老区专项转移支付资金 2.04 亿元, 较上年增加 0.34 亿元;资源枯竭城市转移支付资金 6.33 亿元,较上年增加 1.23 亿元;新增成品油价格和税费改革转移支付资金 15.72 亿元;财政部与我省办理 2010 年度结算时,增加安排我省结算补助 3.6 亿元。全国首家专文建议财政部对京沪高铁运营后实现的地方税收主要以营运里程作为测算因素进行分配,积极争取京沪高速铁路通车运营后税收份额。专文恳请国务院对芜湖经济技术开发区"先征后返"税收资金 24733 万元予以免扣,支持芜湖加快发展。

【切实当好参谋助手】一是超前开展政策研究。编制基本公共服务均等化规划纲要,起草增加城乡居民收入指导意见。对规范政府性债务风险管理、完善县级基本财力保障机制、支持大别山革命老区发展、支持战略性新兴产业发展、建立水利投入稳定增长机制等工作开展调研,为省委省政府相关政策出台提供参考依据。二是主动提供决策参考。充分发挥参谋助手作用,全年向省委、省政府、财政部上报各种汇报材料 30 余篇, 提供数据 50 余次,认真配合省委政研室、省政府政研室、省政府办公厅做好省领导讲话文稿的起草工作,为领导决策提供参考依据,得到领导充分肯定。三是积极开展信息宣传。多渠道、广视角宣传加强预算管理、深化部门预算改革、推进绩效管理等工作,财政部《财政信息》、《情况反映》专题介绍我省绩效评价和预算执行管理经验做法。全年共在《中国财政》、《预算管理与会计》、《安徽日报》、《中国财经报》等国家、省部级报刊上发表文章 12 篇。财政部门户网站头版、安徽日报专版分别介绍了我省财政绩效管理工作。

【加强处室自身建设】一是积极开展创先争优活动。召开创先争优领导点评会,组织全处同志赴寿县开展"贴民情、听民意、惠民生——万名财政干部大走访"活动,进一步强化服务理念、效能意识、品牌追求,努力营造人人创先争优良好氛围。二是不断强化主题活动。紧紧围绕服务处室、服务部门、服务基层“三个层次”,坚持做到与加强工作谋划相结合,做好进一步发挥参谋助手作用的文章;与创新工作机制相结合,做好进一步推进重点工作落实的文章;与提升工作质量相结合,做好进一步提高服务对象满意度的文章,深入推进服务发展年活动。三是扎实推进反腐倡廉。认真部署处室廉政风险防控管理工作,严把廉政关,提高自律意识,改进政风行风,准确查找岗位廉政风险,确保防控措施落到实处,不断从源头上预防和治理腐败。

(厅预算处供稿 黄栋栋执笔)

财政国库工作概述

2011年,省财政厅国库处认真贯彻落实厅党组各项工作部署和财政部国库司有关工作要求,坚持依法理财,发挥职能作用,财政资金安全管理进一步巩固,财政资金使用效率和效益进一步提升,财政国库集中支付制度改革进一步推进,效能建设和“服务发展年”活动全面完成。

【科学合理调度财政资金】一是积极向财政部争取地方财政资金留用比例。二是根据预算单位用款计划结合各地收入形势和库款情况,主动开展用款需求预测,科学安排资金调度,在保障省级用款计划的同时,做到对省对市、县返还性一般转移支付和专项资金及时足额调度。三是为加快预算支出执行进度,提高全省预算执行的均衡性和有效性,制定并印发了《安徽省财政厅财政国库资金调度管理暂行办法》。四是按照建立财政应急资金机制的要求,对各类救灾、专项应急资金做到迅速拨付。

【做好地方政府债券和国债转贷工作】一是按期偿还地方政府债券应付利息。按照《财政部关于印发地方政府债券2011年付息计划表的通知》要求,及时对省本级和市、县应付利息进行测算,并按期统一偿还2009、2010年地方政府债券利息,维护了政府偿债信誉。二是收回转贷市、县地方政府债券利息。印发《安徽省转贷地方政府债券2011年付息计划表的通知》,按时收回了2009年和2010年两年转贷市、县政府债券利息。三是妥善做好2011年地方政府债券发行工作。及时报送了2011年地方政府债券收款账户信息,抓好工作衔接,在省人大批准2011年安徽省本级预算调整方案后,第一时间向财政部上报了我省2011年地方政府债券发行计划,并分别于8月1日和8月8日成功发行3年期和5年期地方政府债券各45亿元。四是及时拨付转贷市县地方政府债券资金35亿元。

【认真做好预算执行分析工作】一是根据省本级收支预算执行情况,仔细分析市、县上报的财政收支执行数据,汇总核对无误后,按时向财政部上报全省预算执行旬、月报。二是及时编制全省预算执行月报分析表,报送省委、省政府、省人大和厅领导,为领导决策提供参考依据。三是及时做好预算收支执行分析。通过召开座谈会等方式,更多的了解和把握经济形势,开展经济运行、政策调整等与财政收入增长的关联性分析,准确地把握财政收入增长与经济发展的内在联系,客观反映落实积极财政政策取得的成效以及经济财政运行中的苗头性、趋势性问题。2010年预算执行分析工作荣获全国三等奖。

【全面完成财政决算工作】一是认真贯彻落实“真实、准确、全面、及时”的方针,圆满完成全省财政总决算、部门决算的编审和上报工作,在2010年度全国决算工作评比中,总决算和部门决算中均获得一等奖。二是按照有关工作要求,向省人大财经委报送了124个省直部门决算,并在省人大批准决算草案后,对所有省直单位批复了部门决算。三是开展部门决算账表一致性核查,选择国土资源厅等5个部门及二级预算单位和安庆等4个市12个预算单位作为核查对象,通过核查,进一步规范单位财务管理,真实反映部门预算执行情况,切实提高部门决算报表编制质量。

【推动市县国库集中支付制度改革】按照国库集中支付制度改革“横向到边、纵向到底”的要求,指导并督促县级财政完善国库单一账户体系,进一步扩大国库集中支付改革和资金支付范围。截止2011年年底,全省75个县(区)基本完成国库集中支付转轨工作。

【扎实开展财政专户清理整顿工作】一是及时部署。2月中上旬,厅机关启动专户清理整顿工作,并同时部署全省财政系统同步开展。及时转发《财政部关于清理整顿地方财政专户的通知》、《财政部关于进一步加强和规范财政资金安全管理的通知》,并要求严格按照财政部规定的方法和步骤开展清理整顿。二是初显成效。2月中旬至3月下旬，全面开展厅机关财政专户清理整顿工作，先后两次出台并修订专户资金管理办法，撤并账户45个，所有财政专户实行国库统管。三是制定办法。按照财政部“一个集中，三个统一”的要求，制定并完善了《安徽省财政厅财政专户管理办法》，从原来手工开具凭证改为信息系统操作，从申报到支出，环环相扣，确保了财政专户资金安全运行。四是开展核查。6月初，组成5个核查小组对17个市、部分县(区)、部分乡镇进行了核查。通过核查，摸清了全省财政专户管理情况，并针对核查问题提出了改进意见。7月份，财政部组织核查小组对我省以及安庆市、枞阳县财政专户清理整顿工作进行了核查，并对我省财政专户管理工作给予充分肯定。

【严格预算单位银行账户管理】与省政务中心财政窗口密切协作，做好预算单位银行账户的开立、变更、撤户的财政审批和备案工作，进一步提高办事效率。开展了省本级预算单位银行账户清理核实工作。

【认真开展主题教育活动】按照上下联动，全员参与的要求，积极开展服务发展年、创先争优和“以人为本、执政为民”主题教育活动，全面提升财政国库干部“五个服务”的能力，树立财政国库干部的良好形象。

(厅国库处供稿　马　锐执笔)

行政财务管理工作概述

2011年，省财政厅行政处认真贯彻厅党组的决策部署，以科学发展观为统领，紧紧围绕财政工作的中心任务，积极开展“服务发展年”活动，牢固树立大局意识、服务意识和效能意识，进一步完善行政经费保障机制，强化预算执行管理，严格控制一般性支出，行政财务管理水平和服务能力得到较大提升。

【建立健全控制“三公支出”长效机制】一是不断完善公务用车编制管理、预决算管理制度。积极研究制定公务用车购置、运行经费预决算制度，参与制定公务用车专项治理工作实施方案，修订安徽省公务用车配备管理办法，安徽省党政机关违规公务用车处理实施细则，积极开展公务用车核实督查。核定省直机关公务用车编制1534辆，与2008年相比，4年仅增加60辆，平均每年仅增加15辆。二是严格执行因公出国计划与经费审批联动制度。巩固因公出国专项治理工作成果，严格执行因公出国计划和经费联席会议审批制度。当年通过联席会议审核，压缩省直党政机关出国团组43%、出国人数46%。省直党政机关因公出国(境)经费从2008年开始，连续4年实现下降，节约资金4000多万元。三是建立健全出差和会议定点管理制度。在认真实施省直党政机关出差和会议定点管理的基础上，全面布置市级党政机关出差和会议定点管理工作，组织了第二批定点饭店招标采购工作，将原有的省内出差定点增加到120家、会议定点增加到128家，基本满足了省直部门出差和会议需要。省直机关出差和会议实行定点管理为全省第九次党代会、全国文化体制改革会议节省了大量开支，省委、省政府召开的二类会议在物价上涨的情况下连续4年保持了零增长。

【主动服务经济民生发展】一是大力支持旅游业发展。省财政安排旅游发展资金1.5亿元，着力支持全省重点旅游航线航班补助，目前已开通了合肥到台北、首尔、新加坡、香港、澳门等多条国际航线；加大旅游宣传力度，安徽旅游形象首次在央视连续播出，“旅游难忘安徽”的宣传口号深入人心；加大对重点旅游景点景区的补助力度，天柱山顺利晋升为5A级景区，全省重点旅游景点景区品位进一步提升，黄山、九华山、天柱山、方特世界接待游客人数均超200万人，门票收入超过2000万元。二是大力支持人才事业发展。围绕促进我省建设人才大省，认真贯彻落实我省人才事业发展“十二五”规划。安排资金1000万元，重点支持100个“115”产业创新团队；全省首次实施“百人计划”，安排资金1000万元，对20个引进海外高层次人才进行奖励；大力支持皖北、皖西革命老区人才事业发展，积极引导各类人才向皖北、皖西南聚集。三是大力支持质监事业发展。积极配合技术监督部门开展质量兴省活动，研究制定安徽省政府质量奖管理办法；研究加快推进标准化工作的意见，提高经济增长的质量与效益；切实保障食品安全监管经费，开展食品安全监管经费使用情况调研；大力支持申请设立国家级产品质量检测中心，对每个国家级检测中心省财政补助1000万元。四是积极实施“农村留守儿童活动室”民生工程建设。省财政投入910万元,为全省455所农村留守儿童活动室购置了图书、体育活动器材等设备。积极参加省人大牵头组织的关爱留守儿童代表建议办理情况回头看活动。五是切实做好选聘高校毕业生到村任职经费保障工作。积极配合省委组织部,科学合理安排资金,切实改善大学生“村官”工作生活条件。积极落实选聘生政策待遇,按照每人2万元的标准发放生活补贴;为选聘生办理城镇职工基本养老保险、医疗保险和人身意外伤害商业保险;对选聘生国家助学贷款,实行财政代偿和补偿政策;积极开展优秀大学生村官评比表彰活动,对40位优秀村官予以表彰奖励。六是扎实开展对口帮扶民族乡工作。配合省民委研究制定“十二五”少数民族经济社会发展规划,确定对口帮扶寿县陶店乡计划,实施对口帮扶“共同发展提升行动”,帮助解决陶店乡堰陶路建设资金440万元。认真总结前期帮扶工作,向省政府领导专题上报了《关于我厅对口帮扶寿县陶店回族乡有关情况的报告》。唐承沛副省长作出重要批示:“省财政厅对口帮扶寿县陶店回族乡两年来,领导高度重视,认真摸清乡情,坚持实行规划纲领,以项目带动发展,同时主动协调市县政府和相关部门,形成帮扶工作的合力,促进陶店回族乡经济社会发展赶上了全省平均水平,受到了民族干部群众的欢迎和好评。请省民委转发省财政厅帮扶工作的经验和做法,为‘十二五’建设做好帮扶工作提供借鉴。”

【加大部门预算执行力度】一是强化部门预算执行主体理念。加强与联系部门的沟通协调,切实强化部门预算执行主体的责任,要求对口省直部门及时制定预算执行计划,把握预算执行关键环节,制定待细化项目支出方案,提高部门预算执行的科学性,严格按照预算计划安排使用资金,切实加快资金支出进度。2011年,联系的46个部门除进入政府采购程序的项目资金外,部门基本没有结转资金。二是完善加快预算支出进度的体制机制。建立预算执行与预算安排挂钩机制,预算支出进度慢的部门原则上不考虑追加;建立政府采购预算年初申报制度,政府采购项目要求部门在一季度申报采购计划,9月份以后原则上不予申报;建立预算支出进度通报制度,5月份后,一月一通报,10月份后,一周一通报,12月份以后,一日一通报。三是加强预算支出项目绩效考评管理。主动与部门联系,研究考评计划,确定考评方案,保证了考核数据准确、真实,考核指标科学、合理,圆满完成了绩效考评工作。四是配合做好财政专户清理工作。加强和规范财政专户管理,按照“精简、统一、规范、高效”的原则,积极配合国库处做好财政专户清理工作,确保财政专户资金安全、规范、有效运行。

【改革行政财务管理方式】一是创新旅游发展专项资金支出方式。设立旅游项目贷款担保风险补助资金,起草并以省政府办公厅名义印发《安徽省旅游项目贷款担保风险补助资金管理暂行实施办法》,对旅游企业融资担保进行风险补偿,明确金融机构、担保公司支持旅游企业融资的责任并要求给予旅游企业贷款优惠。二是改革省直机关公务用车加油方式。改革公务用车加油管理方式,制定了省直机关公务用车定点加油管理工作方案,下发了《关于省直机关公务用车实行定点加油管理的通知》,规定从2012年1月1日起,省直机关公务用车实行定点加油管理,提高公务用车管理水平和定点加油供应商服务水平,从源头上、制度上堵塞公务用车管理漏洞。三是创新机关后勤服务支出方式。为切实保障政务大厦的正常运转和省级干部的后勤保障,积极创新机关后勤服务支出方式,严格审核预算,对公共部分设备购置、保安保洁等物业管理费,全部实行政府采购,通过政府购买服务,切实减少财政供给人员,减轻财政负担;对水电气暖等运行保障经费,根据定额测算,厉行节约,减少浪费。

【不断提升处室凝聚力】一是拓展效能建设外延和内涵。进一步巩固效能建设成果,在完善党风廉政责任制度、权力运行约束机制、效能建设八项制度、处室工作职责和规程以及文明办公“五要五不”等一系列制度的基础上,着力拓展效能建设外延和内涵,在更高层次和更广领域推进效能建设。二是深入开展创先争优活动。积极组织党员干部赴安庆市大观区菱湖社区开展“贴民情、听民意、惠民生——万名财政干部大走访”活动,和省直工委办公室党支部结对共赴小岗村开展“缅怀先烈、重温誓词”主题教育活动。三是积极开展业务知识培训。举办省直部门行政财务知识培训班,培训行政单位资产管理、政府采购政策及实务、国库集中支付制度和财政一体化指标管理系统应用等知识。四是切实加强信息公开和宣传工作。及时通过网站、报纸等新闻媒体以及宣传栏等公开处室工作信息，宣传主动理财、科学理财、民主理财、依法理财的做法，提升行政财务工作影响和形象。先后在安徽电视台、安徽日报、省委《安徽信息》、省政府《政务要情》和《中国财经报》等媒体上，刊发 14 篇信息，在厅内办公网站上刊发工作信息 38 条，在省财政厅门户网站主动公开信息 20 多条，在《中国财政》第 12 期发表《应对突发公共事件的财政政策选择》等文章。

（厅行政处供稿　刘儒之执笔）

政法财务管理工作概述

2011 年，省财政厅政法处坚持以创先争优和服务发展年等活动为抓手，认真学习贯彻党的十七届六中全会和省第九次党代会精神，提升效能，转变作风，强化预算执行，规范财务管理，组织实施重点项目，较好地完成了各项工作任务。

【研究制定县级政法机关业务装备配备标准】根据财政部和中央政法主管部门联合制定的县级政法机关基本业务装备配备指导标准（试行），会同省公安厅、省人民检察院、省高级人民法院、省司法厅分别出台了《县级公安机关基本业务装备配备实施标准（试行）》、《县级人民检察院基本业务装备配备实施标准（试行）》、《基层人民法院基本业务装备配备实施标准（试行）》、《县级司法行政机关基本业务装备配备实施标准（试行）》，为今后一个时期县级政法部门业务装备配备提供了政策依据。同时，会同省公安厅出台了《安徽省公安机关政法转移支付资金绩效考评实施细则（暂行）》。

【调整完善政法装备采购方式】我省政法装备采购方式，由 2010 年的省和市县分别集中采购（70%由省级集中采购，30%由各市县区集中进行采购零星低值的办案业务设备等），调整为由省级组织集中统一采购全省性共建共享装备、反恐装备、民警个人特种防护装备、大型业务技术装备、武器装备、制式服装，其余由各地组织政府集中采购。采购方式的调整和完善，更好地满足了全省基层政法部门的工作需要。

【提前谋划 2012 年政法装备共建共享项目】会同省政法主管部门，提前完成 2012 年中央和省政法转移支付资金全省共建共享项目编报和评审论证等前期工作，加快下一年度财政资金支出进度，提高中央和省政法转移支付资金的使用效益。

【顺利完成全省政法经费报表审查汇总工作】根据财政部的统一要求，认真做好全省政法经费报表审查汇总工作。采取举办培训班和逐级审查的方式，对整套报表的软件操作、填报口径、填报要求等进行详细培训和讲解，组织市县集中统一对各地上报的报表进行汇审，按时按质将会总报表报送财政部。

【积极做好部门预算执行工作】2011 年，省直政法、执法部门非税收入实际完成 7.3 亿元，为年初预算 143.1%。主动与省直有关部门沟通协商，召开布置会，与支出进度慢的单位就加强支出进度管理等问题进行沟通和协商，督促加快支出进度，全年完成调整后支出预算的 99.7%，积极支持公安科技强警等重点项目建设、消防事业发展、监狱劳教事业发展、武警、国防和后备力量建设等。

【广泛开展调查研究】会同省司法厅、省监狱管理局财务部门赴基层监狱单位调研监狱经费保障情况，全面了解掌握基层监狱单位反映突出的罪犯伙食费和医药费问题，并提出相关意见、建议和解决方案，得到省领导肯定。成立调研组，对我省政法装备采购与服务经济发展情况进行研究，调研报告得到省政府领导批示。詹夏来常务副省长批示："政法采购是支持产业和企业发展的一条重要途径。完全赞成这个调研报告所提出的六条建议，望进一步细化，使之成为政府招标工作内部掌握的约束性原则，以促进更多安徽企业的产品和服务成为全省各级政府采购的标的。"唐承沛副省长批示："近年来，省政法装备政府采购工作开展积极稳妥，卓有成效，有效改善了政法部门装备水平，促进了工作效率提高。下一步，要继续扩大政法装备采购的规模和范围，支持政法部门改善工作条件；要在保证质量的前提下，进一步完善政策，加强省产产品的采购力度，支持我省企业自主创新，做大做强。"

【做好重点项目绩效评价和监督检查工作】积极开展省人防办补助全省重点人防建设经费、省消防总队 119 指挥系统设备购置费、省地方税务局现代化分局专项补助经费等 5 个省级财政支出绩效自评项目，以及 1 个管理性监督检查项目，指导有关联系部门制定项目绩效评价指标体系，就项目管理、项目财务绩效、项目效益绩效三个方面制定了具体评价指标,指导自评项目单位开展绩效考评工作,并组织力量对绩效考评工作开展重点检查,对发现的问题提出了整改意见和建议。

【做好内部管理基础工作】推进创先争优活动,扎实开展“缅怀先烈、重温誓词”、“贴民情、听民意、惠民生——万名财政干部大走访”等活动,深入省财政厅社会治安综合治理工作联系点郎溪县及所辖乡镇实地了解情况。抓内部管理,建章立制,完善内部工作规则和岗位责任制,细化各项工作任务,制定政法处工作规则、AB岗一览表、党风廉政制度、文书处理制度、学习制度、保密制度等,积极探索工作新思路和新方法。

(厅政法处供稿　陈　晋执笔)

教科文财务管理工作概述

2011年,全省教科文支出694.7亿元,比上年增加169.6亿元,增长37.2%,占全省财政支出的21%。其中教育支出562.8亿元,增长45.7%,科技支出69.9亿元,增长36.5%,文体传媒支出62亿元,增长20.6%。与此同时,争取中央财政支持有了新突破,全年共争取资金118.5亿元,比上年增加了41.5亿元,增长54%。

【倾力支持教科文民生事业发展】2011年,省政府确定的33项民生工程中,涉及教科文事业的共有8项,资金达128.24亿元,占民生工程资金总量的27.4%。一是深入推进义务教育保障机制改革,全面落实中央和省义务教育经费保障机制改革相关政策,实际拨付中央和省级补助资金54.47亿元,其中拨付中央资金37.59亿元,拨付省级资金11.87亿元。二是筹集和发放高校、中职和普通高中学校家庭经济困难学生资助和实施中等职业学校农村家庭经济困难学生和涉农专业学生免学费中央和省级补助资金17.06亿元,惠及贫困学生近百万人。三是支持广播电视“村村通”工程建设。2011年,中央和省财政共投入7072万元,完成了7072个“盲村”广播电视覆盖和无线覆盖建设任务。四是全面落实计划生育家庭奖励扶助制度,做好部分市县长效节育措施奖励制度试点工作,共安排资金1.17亿元。会同计生部门对照政策精神,按照“一线实”的要求,做好扶助、奖励对象的认定、确认和核实统计工作。五是投入校舍安全工程建设经费51.12亿元,切实保障工程实施需要。六是积极支持农家书屋工程实施,下拨中央与省级资金1.2亿元,确保6924个农家书屋建设经费需要,同时省级统一采购图书设备并配送各地。七是着力促进农村留守儿童之家建设,省财政承担全部工程所需资金,2011年安排资金2100万元。八是支持乡镇综合文化站建设工程,安排9810万元用于乡镇文化站建设,完成583个乡镇综合文化站建设任务。

【进一步加大财政教育投入】一是健全组织领导。省委、省政府专门成立了“省加大教育投入暨化解高校债务领导小组”,省长任领导小组组长。领导小组下设“加大教育投入办公室”,设在财政厅。二是积极采取措施。提请省政府召开全省财政教育投入与管理工作会议,部署相关工作。积极会同发展改革部门把支持教育事业发展作为公共投资的重点,确保用于教育的预算内基建投资明显增加。三是加强完善政策。积极会同有关部门,及时提出我省加大教育投入的意见和措施,提请省政府印发《安徽省人民政府关于进一步加大财政教育投入的实施意见》。比照中央做法,建立完善我省财政教育投入分析评价指标体系,完善拓宽经费来源渠道有关政策。四是分解落实责任。在对近几年教育投入分析测算的基础上,根据财政部核定全省教育投入目标,采取因素法对目标任务进行分解,核定各市、县(区)的教育投入任务,落实市、县(区)投入责任。2011年我省教育支出占公共财政支出的比重为14.27%,完成中央核定我省14.1%的任务目标。五是建立信息报送和动态监测机制。下发《关于建立加大教育投入政策落实信息报送制度的通知》,要求各市、县要按照相关规定做好财政教育投入数据统计、分析和报送工作。

【积极开展普通高校提标化债工作】建立高校提标化债有关政策体系,会同省教育厅下发《关于严格控制新增贷款 加强高校债务管理的通知》、《关于做好市财政供给高等院校债务化解工作的通知》、《安徽省省属公办普通本科高校提标和化债专项资金管理办法》、《安徽省省属公办普通高等职业院校和高等专科学校化债专项资金管理办法》等文件,为高校提标化债工作提供了制度保障。2011年,省级安排本科高校提标经费6.2亿元,积极争取中央财政奖补资金 9.8 亿元，合计 16 亿元，实现了中央财政确定的我省本科高校生均拨款水平 8000 元的目标要求；同时，省级安排高校化债专项资金 5 亿元，争取中央奖补资金 4.68 亿元。

【支持学前教育普及发展情况】2011 年，中央下达我省学前教育校舍改建类项目中央专项资金 4.3 亿元。按照财政部关于支持学前教育发展有关部署，会同教育部门研究制定我省扩大学前教育资源规划并上报财政部，重点实施"利用农村闲置校舍改建幼儿园，农村小学增设附属幼儿园；开展学前教育巡回支教试点；积极扶持民办幼儿园发展，鼓励城市多渠道多形式办园和妥善解决进城务工人员随迁子女入园；实施幼儿教师国家级培训计划；建立学前教育资助等 4 大类 7 个项目。

【促进城乡义务教育均衡发展】全省各级财政加大投入，积极保障我省义务教育发展。在全面实施义务教育经费保障机制改革的基础上，争取中央专项资金 6.99 亿元，省、市县配套 6.99 亿元，改善农村薄弱学校的办学条件，加强农村寄宿制学校建设，支持中小学教师素质提升工程。启动农村义务教育学生营养改善计划试点工作，我省临泉县、阜南县、颍上县、利辛县、寿县、霍邱县、金寨县、潜山县、太湖县、宿松县、望江县、岳西县等 12 个县列入农村义务教育学生营养改善计划试点地区，2011 年共争取营养改善计划专项资金 2.092 亿元，农村义务教育薄弱学校改造计划—食堂建设专项资金 6 亿元，提高连片特困地区农村义务教育学生营养膳食水平。在普及和完善远程教育的基础上，积极提高远程教育设备利用率，充分发挥远程教育提供优质教学资源的作用，积极支持和实施新农村卫生新校园建设工程，进一步改善农村中小学卫生和生活条件。

【加强高等教育内涵式发展】坚持稳步发展和提高质量相结合，着力实施高等教育质量工程。省财政安排 1 亿元专项资金，重点支持高校重点学科、特色专业、教学实验平台、公告服务平台等建设。积极争取中央财政支持地方高校发展专项资金 1.73 亿元，提高我省高等学校办学水平和实力。认真落实高校提高本科高校生均拨款水平和化解高校债务的目标任务。进一步完善我省本科高校预算拨款方式，研究核定不同学科的生均水平。

【支持职业教育做大做强】适应我省经济发展和职业教育发展要求，积极用好财政资金，引导建立多元化的投入机制；支持创新办学模式，体现职业教育发展特色；支持国家和省示范高职院校建设和中等职业教育实训基地的建设，鼓励和支持职业教育与企事业等实践部门相结合，不断转变职业教育发展方式，切实提高职业教育学校办学水平。争取中央财政支持实训基地建设资金 4560 万元。

【支持科技自主创新】一是着力支持创新型省份建设。2011 年，继续安排 6 亿元自主创新专项资金，全面支持合芜蚌自主创新综合试验区和国家技术创新工程试点省建设。并积极引导全省各级财政加大自主创新的投入力度，着力增强自主创新能力和产业核心竞争力。合芜蚌自主创新综合试验区与北京中关村、武汉东湖、上海张江示范区作为国家"3+1"自主创新试验示范区序列，成功列入国家"十二五"科技发展规划和国家自主创新能力建设规划。二是继续加大创业（风险）投资引导基金的扶持力度。截至 2011 年底，已引导省及合芜蚌三市设立创投基金 18 只，注册资金规模达 60 亿元，省财政资金放大效应达到 7.5 倍；累计投资项目 90 个，所投企业均为安徽省内创新型企业。三是支持科技攻关计划项目实施。省财政安排 1 亿元科技攻关计划项目资金，通过支持全省国民经济建设和社会发展中的共性、关键性、公益性技术的研发活动，为产业结构调整、人民生活质量提高和社会可持续发展提供技术支撑，逐步提升我省经济发展的比较优势，一批科技攻关项目取得了显著成果。四是加强科技资金管理制度建设。联合省科技厅修订完善《安徽省重点实验室建设与运行管理办法》等制度，督促省科技厅完善内部资金管理办法，保证财政资金安全、高效。

【重点支持公共文化服务体系建设】持续加大省级农村文化建设专项资金投入。2011 年省级农村文化建设专项资金投入 2500 万元，重点用于农村基层文化建设。支持基层公共文化设施建设。投入 4145 万元对 133 个县级公共图书馆、文化馆进行维修及设备购置。支持公共文化设施免费开放。2011 年，投入博物馆、纪念馆免费开放及陈列布展经费 9817 万元，全省 100 多家博物馆、念馆实行免费开放。同时，新增图书馆、文化馆（站）免费开放经费近 1.2 亿，确保各级公共图书馆、文化馆（站）实现免费开放。支持农村电影放映工程。2011 年，中央和省级财政投入资金4035万元，保障每个行政村每月放映一场电影。

【切实推动文化体制改革不断深化】落实有关文化体制改革的财税优惠政策，着力支持经营性文化事业单位转制。2011年，省财政统筹财政资金2500万元，对安徽报业集团、安徽大剧院改制给予补助，同时启动非时政类报刊改革，补助安徽报业传媒集团开办费、注册资本金2000万元。

【积极引导文化产业跨越发展】支持省属文化企业率先发展，省属"五大集团"为龙头的文化产业集团资产由五年前不足30亿元增长到2011年的300多亿元。支持地方文化龙头企业发展，为充分发挥黄梅戏领军人物韩再芬的影响和品牌优势，省与市共同设立再芬黄梅艺术发展专项资金2000万元，一定五年不变，专项用于再芬黄梅艺术剧院打造具有较强艺术创新力、市场竞争力和品牌影响力的现代大型演艺企业。

【支持教科文其他事业发展】一是全面实施计划生育家庭奖励扶助制度。为进一步完善我省计划生育利益导向政策体系，扩大计划生育家庭奖扶特扶政策覆盖面，在原有的计生奖扶制度的基础上，从2011年起，我省又将符合规定的"半边户"农村居民纳入农村计划生育家庭奖励扶助制度，同时将三级以上计划生育手术并发症人员纳入计划生育家庭特别扶助制度。2011年我省共奖补计划生育奖扶、特扶对象14万人，安排财政资金1.12亿元，其中省财政安排4826万元。二是深入推进长效节育一次性奖励试点工作，2011年我省在皖北、沿淮和大别山革命老区共34个县（市、区）实施长效节育奖励制度，奖励标准从3000元提高到4000元。长效节育措施奖励制度所需资金，按照省级财政拿大头，同时兼顾有利于调动地方积极性，促进工作开展的原则，省级承担75%，试点县（市、区）承担25%。2011年，共确认奖励对象1.7万余人，共安排奖励资金6882万元，其中省财政安排资金5161.5万元。三是积极支持孕前免费健康检查和技术服务工作。2011年，我省有8个县被列为国家免费孕前优生健康检查试点县。参照计生奖扶政策，确定孕前优生健康免费检查负担比例，安排财政资金1126万元。同时，2011年安排财政资金2亿多元，积极支持计划生育免费技术服务；加大对县区落实独生子女保健费计生奖励政策的支持力度，2011年拨付"以奖代补"资金4070万元。

（厅教科文处供稿　侯正华执笔）

经济建设财务管理工作概述

2011年以来，省财政厅经济建设处围绕厅党组的统一部署，坚持以落实科学发展为主题，以保增长、调结构、惠民生为主线，深化经建财政、财务管理制度改革，强化各项政策的落实和监管，全年共争取中央各项补助资金达404.7亿元，较上年度增加101.7亿元，增长33.6%，全年支出达560.6亿元，增长13.7%。其中，我省被国家列为农村环境连片整治试点省、新安江流域生态补偿综合试点、瓦泊湖流域环境保护试点、整体推进农村土地整治示范建设省、资源枯竭型城市环境综合整治试点、六安和池州列为国家级可再生能源试点市、青阳等五县列为国家首批绿色能源示范县、新能源汽车双试点、金太阳全国试点工作持续推进，以上示范项类项目争取的中央补助资金达50亿元，在全国经建系统位于前列。先后获得"全国军粮供应管理工作先进单位"、"2010年度财政性资金投资基本建设项目决算报表编报工作先进单位"、"2010年省铁路建设先进集体"、"2010年实施'861'行动计划突出贡献单位"、"2011年安全生产月活动先进组织单位"、"2011年度节能宣传周活动先进单位"及"安徽省五一劳动奖章"、"'十一五'节能工作先进个人"、"'861'行动计划先进个人"等荣誉称号。

【主动作为惠民生】2011年经建处民生类支出占比超过60%，一是落实工程类民生工程预算执行和管理。加快农村饮水安全工程进度，统筹资金14.8亿元，解决312万人饮水安全问题；农村沼气工程建设有序开展，统筹资金2亿元，支持6.11万户户用沼气，393个乡村沼气服务网点，18处养殖场大中型沼气工程建设；安排资金2.1亿元，大力推进农村清洁工程，集中完善乡镇生活垃圾转运设施。二是加大水利基础设施建设。全年安排拨付资金60多亿元，支持4座中型、175座重点小一型、336座重点小二型和省规划159座一般小二型病险水库除险加固以及50条中小河流治理。三是推进保障房建设。统筹资金94亿元，支持开工保障住房和棚户区改造安置房39.52万套、农村危房改造10

万套。四是落实涉农补贴资金。下达粮食直补8.89亿元、农资综合补贴50.67亿元、油补20.58亿元。

【立足本职保增长】一是积极落实区域发展政策。继续推进皖江城市带建设，研究制定2011年示范区专项资金分配方案，明确10亿元专项资金全部用于省直管集中区投融资平台建设；落实皖北发展各项政策，安排皖北发展贴息资金5000万元、皖北地区青年创业小额贷款贴息资金1000万元；安排县域经济开发区贴息资金2000万元，争取国家级开发区贴息资金1.6亿元，推进地区经济快速发展。二是加大重大建设项目资金投入。深入推进"861"重点工程建设，实际拨付基建项目资金188.5亿元，全力保证全省重大项目建设，积极拉动全省经济发展。三是全力不断推进对口援建工作，落实援疆资金2.28亿元、预拨8200万元，援藏资金7600万元，安排工作经费500万元，促进援建地区的经济社会快速发展。

【推进示范调结构】一是着力节能技改和淘汰落后产能项目管理。2011年累计审核节能技术改造、合同能源管理、淘汰落后产能项目232个，安排资金1.8亿元。同时，安排省级节能、循环经济、生态安徽专项资金4500万元，深入推进全社会节能工作；累计争取各项惠民工程专项资金10.6亿元、乙醇补贴资金4.5亿元、煤层气开发利用资金5326万元、秸秆能源化利用资金995万元。二是深入开展淮河、巢湖等重点流域水污染整治。做好农村环保连片整治示范省、瓦埠湖生态环境保护试点、新安江流域水环境补偿试点、国家级自然保护区、环保监察机构能力建设等工作，累计争取中央资金11亿元。三是支持建设领域节能减排工作。投入资金7.69万元，支持污水管网建设；扎实推进可再生能源"城市示范"和"农村县级示范"项目建设，积极争取国家第三批可再生能源建筑应用示范市（县）中央奖补资金1.48亿元。四是推进新能源汽车试点和金太阳示范工程。指导合肥市新能源汽车双试点工作，争取中央资金9169万元；积极组织申报金太阳示范工程项目，全省3个开发区获得国家开发区连片示范项目资格，争取中央资金2.7亿元。

【创新机制促改革】一是加快推进燃油税费改革。完善省交通运输厅燃油税费改革后的部门预算管理，做好成品油价格改革财政补贴资金发放工作，累计发放成品油补贴资金近20亿元。二是支持战略性新兴产业发展。会同部门研究制定《安徽省战略性新兴产业发展引导资金项目管理办法》，安排2010年度专项资金5亿元，支持21个重点项目建设，撬动投资794亿元。同时会同部门出版发行《财政支持战略性新兴产业系列读本》，探索财政支持战略性新兴产业新模式。三是推进新安江流域跨省补偿机制。制定《跨省流域水环境补偿试点的实施方案》，下达新安江流域生态补偿机制资金2亿元。四是切实做好农村环境连片整治工作。我省被财政部、环保部确定为全国农村环境连片整治示范省，中央财政在3年示范期内投入资金8亿元，同时省财政按1:1比例落实配套资金8亿元。

（厅经建处供稿　贾振东执笔）

农业财政管理工作概述

2011年，农业财政工作以科学发展观为指导，围绕"大兴水利强基础、狠抓生产保供给、力促增收惠民生、着眼统筹添活力"的中心任务，大力加强农业基础设施建设，贯彻落实各项强农惠农政策，全面提升服务发展水平，不断提高财政支农工作水平，实现"十二五"农业财政工作良好开局。

【大力增加支农支出投入】按照"三个重点、三个确保"的要求，继续加大"三农"投入。2011年，全省"农林水事务"预算安排120.8亿元，比上年增加26.7亿元，增长22.1%，其中省级预算安排"农林水事务"39.2亿元，比上年增加7.5亿元，增长23.6%。省级预算安排"三农"方面的项目支出92.7亿元，占省级项目支出的31.6%，比上年增加14.4亿元，增长18.4%。全年全省实际完成"农林水事务"累计支出349.9亿元，其中，省级"农林水事务"支出41.9亿元。

【突出支持农田水利设施建设】一是切实加大农田水利建设预算投入。在年初预算已安排小农水专项资金的基础上，增加安排农田水利专项资金3亿元，重点支持面上农田水利、农村沟河塘坝、小型泵站建设。二是认真落实从土地出让收益中提取10%的资金支持农田水利建设政策。三是深入实施农业排涝电费补助政策。在已实施对跨市排涝泵站和省直属排涝泵站排涝电费补助的基础上，从2011年起，省财政安排专项资金对排涝泵站农业排涝电费进行补助,不再向农民收取排涝电费。研究制定了《安徽省省级农业排涝电费补助补助资金管理办法(暂行)》。四是扎实推进小型农田水利重点县建设。提前将第一批、第二批39个重点县中央财政补助资金3.12亿元,预拨到各项目县,要求各重点县根据规划提前部署,加快推进2009年和2010年项目实施工作。争取中央财政资金2.11亿元,实施17个第三批小农水重点县项目。当年实施的第一、二、三批小农水重点县项目,覆盖56个县,实现了农业主产区、粮食生产大县小农水重点县项目全覆盖。五是认真开展小农水重点县项目省级绩效考评工作,会同水利部门对39个重点县2010年项目实施情况开展绩效考评工作,强化考评结果运用,促进各地加强项目建设和资金管理,取得了良好的效果。

【组织实施新一轮现代农业生产发展项目】一是绩效评价应用成效显著。委托会计事务所对2010年现代农业生产发展项目进行绩效评价,并对2008年和2009年项目开展"回头看",进行再评价,评价结果予以通报。在财政部2010年度现代农业生产发展资金绩效考评中,我省排名较上年前进5位,中央财政增加安排我省现代农业生产发展资金4500万元,2011年资金总规模达3.65亿元。二是推行公开评审,竞争立项。2011年我省现代农业生产发展项目县确定首次实行公开评审,竞争立项办法。根据前期调研及我省农业主导产业发展现状,将新一轮现代农业生产发展项目支持产业调整为粮食、畜禽、茶叶、油茶等四个产业,选择56个县(市、区)作为项目申报县,按照"县级申报、专家审查,公开陈述、现场打分,当场亮分、纪检监督"的评选程序,择优选择46个县作为2011年现代农业生产发展项目实施县。我省公开评审、竞争立项的举措,得到了财政部的充分肯定,在财政部《财政支农与新农村建设动态》(第十六期)做了宣传介绍,推广我省经验和做法。省委常委、纪委书记王宾宜来我厅调研廉政风险防控试点工作时,给予了充分肯定。

【支持林业改革发展和生态建设】一是紧紧抓住国家惠林强林补贴政策密集出台的机遇,努力争取中央财政增加对我省的林业投入,其中,森林抚育补贴试点资金1.2亿元,比上年增加9000万元;新增造林补贴专项2200万元。二是着力支持林业生态建设与保护。拨付中央、省财政林业专项资金15.2亿元,加强林业生态建设与保护。三是配合做好国有林场改革试点申报工作。今年国家选择部分地区国有林场进行改革试点。根据国务院部署和省政府批准,我省选择滁州市、黄山区进行试点,我处积极配合相关部门,搜集资料,了解情况,认真测算,与厅有关处室共同研究和解决国有林场人员安置、社会保障、林场债务和社会负担等改革成本问题,提出了改革试点资金来源筹措渠道建议和意见,为编制我省国有林场改革试点工作方案提供决策依据。

【大力促进财政扶贫工作机制创新】一是积极筹集财政扶贫资金,加大扶贫投入。全年争取中央财政扶贫资金9.37亿元,比上年增加7500万元,增长8.7%。省财政预算配套安排1.2亿元,比上年增加5027万元,增长9.1%。二是初步建立了财政扶贫资金稳定增长的投入机制。全省30个扶贫工作重点县规划了594个重点村,其中纳入国家"十二五"整村推进规划的重点村167个。明确财政扶贫资金对省重点村的投入不低于50万元,并按照1:1的比例整合其他涉农资金集中投入;对国家重点村的投入不低于100万元,其中安排产业发展的资金比例不低于70%,并按照1:2的比例整合其他涉农资金集中投入。三是大力实施"雨露计划"。积极开展"贫困家庭子女职业教育资助行动",对贫困家庭子女接受大中专和职业教育,给予学费或生活费补助;四是大力开展贫困地区劳动力转移培训、创业培训和农业实用技术培训。全年转移培训和教育资助扶贫对象4万人,培训农业实用技术15万人次以上,充分发挥扶贫贴息资金的杠杆效应。五是大力实施产业化扶贫。安排扶贫项目贷款贴息资金2469万元,重点支持贫困地区99家扶贫龙头企业发展,发挥扶贫龙头企业的辐射带动作用。安排到户贷款贴息资金1072万元,继续实施扶贫到户贷款贴息。六是继续稳步推进互助资金试点。安排互助资金4090万元,在逐步发展壮大互助组织和资金规模的基础上,进一步完善资金操作规程和运作模式,不断完善互助资金内部民主管理制度。

【大力推进支农资金整合】一是继续推进县级支农资金整合工作。年初下发《关于做好2011年县级财政支农资金整合工作的通知》,扩大2011年省级支农资金整合县申报范围,继续实行县级先行自主整合、申报,市级财政部门评审推荐,省财政考核评估后给予奖励的制度。2011年,省确定30个县为省级支农资金整合试点县,各试点县围绕区域发展规划,立足当地资源优势,整合和统筹资金,促进县域优势主导产业发展。30个试点县共整合各类财政41亿元,带动社会资金45.2亿元。二是巩固和扩大省级层面支农资金整合成果。按照省政府文件要求,在总结上年整合现代农业生产发展资金、小型农田水利建设资金和农业综合开发资金支持高产高效万亩吨粮田示范县创建活动实施经验的基础上,今年将示范县由去年的6个扩大至16个,整合资金5.1亿元以上,重点支持示范区内农田水利基础设施建设、物质装备能力建设、农业科技推广应用和新型服务体系构建等,着力再打造一批小麦、玉米单产千斤县,促进全省粮食生产再上新台阶。三是整合资金支持木本油料产业发展。为促进我省木本油料产业发展,提高食用植物油生产能力,我厅会商有关部门成立了省整合和统筹资金支持木本油料产业发展工作领导小组,牵头制定了《省财政整合和统筹资金支持木本油料产业发展方案》,会同林业部门制定《关于整合和统筹资金支持木本油料产业发展的意见》,截至12月底,全省财政共计整合资金5.6亿元,其中县级财政1.1亿元,带动企业及林农投入2.7亿元,全省有33个县(市、区)财政专门安排资金支持木本油料产业发展。

【大力推进支农资金科学化精细化管理】一是积极扩大绩效评价范围。根据财政厅《关于全面推进财政支出绩效评价工作的通知》精神,2011年选择小型农田水利重点县、现代农业生产发展、省级龙头企业贷款贴息、中央财政林业科技推广示范、县级支农资金整合5个项目进行绩效评价。二是强化评价结果运用。对小型农田水利建设重点县考评合格的县,及时拨付省级配套资金,考评位列最后一名的县扣减省级配套资金;现代农业生产发展项目绩效考评结果作为重要因素,列入竞争立项评选指标,存在违规违纪的项目县一律取消申报资格。三是规范支农项目申报。会同省农委印发了《省级农业财政补助市县项目申报指南》,涉及重点项目14类,资金规模7.44亿元。四是全面加强制度建设。制定了《安徽省现代农业生产发展资金管理实施细则》、《安徽省小型农田水利重点县建设资金绩效考评细则》、《安徽省森林抚育补贴试点资金管理办法(试行)》等9个农业专项资金管理制度、办法,逐步构建支农资金科学化精细化管理的长效机制。五是加强支农资金和项目监管工作。会同省农委、林业厅、水利厅等部门出台《关于切实加强财政支农资金和项目监督管理的实施意见》,进一步明确各级财政、农口部门在支农项目实施和资金管理中的责任,注重发挥基层财政部门就地就近监管的优势,确保财政支农资金安全高效使用,支农项目顺利实施。我省全面加强支农资金科学化精细化管理的做法,得到了财政部的充分肯定,在8月底召开全国农业财政工作会上,安徽省财政厅作为6个单位之一,在大会作经验介绍。

【切实加快预算执行,全面完成支农支出目标任务】一是建立预算执行定期通报制度。坚持每季度召开一次由省直农口部门财务处负责人参加的省级支农支出分析会,通报各部门预算执行情况,分析下季度支出计划,对预算执行较慢的部门重点督促。二是建立省直农口支农预算执行周报和地市支农预算执行旬报制度,切实强化对支农预算执行的督促指导,坚决杜绝支出前松后紧、年终突击花钱的现象,促进财政支农资金均衡支出、高效实用,确保完成全年预算执行目标任务。三是强化预算执行管理制度。出台《关于加强省级财政支农预算执行管理工作的若干意见》,就进一步强化省级财政支农预算执行管理工作提出十四条措施,着力构建执行前有目标计划、执行中有跟踪落实、执行后有考核管理的预算执行机制。

(厅农业处供稿　刘建军执笔)

社会保障财务管理工作概述

2011年,省财政厅社会保障处坚持以科学发展观为指导,认真贯彻全省经济工作会议和财政工作会议精神,以"发展和绩效"为主线,以"服务发展、强化保障、深化改革、夯实基础、提升绩效"为思路,按照"五个突出、五个促进"的基本要求,坚持把保障和改善民生作为根本出发点和落脚点,有效地完成了年度各项目标任务,得到了各级领导的充分肯定。我处先后被授予"全国残疾人康复工作先进单位"、"2011年全国社会保险基金决算工作一等奖"、"第一届省直机关文明处室"等荣誉称号。

【着力完善就业促进政策】一是创新补助方向。制定就业技能培训补助资金管理办法,将过去城乡分割、零散的就业技能培训政策和资金补助,统一整合为个人、企业、培训机构“分类清晰、结构合理”的补助政策。二是创新补助方式。制定就业实训设备补助资金管理办法,将开展就业技能培训成效显著的公办和民办培训机构纳入财政补助范围,并采取“先购置后补助”方式,调动了社会力量参与培训的积极性。三是创新补助重点。引导实施就业技能提升工程,将企业职工岗位技能提升培训作为重点,对企业开展岗位技能提升培训的按其培训后取得相应资格证书得给予财政补贴。

【着力深化医药卫生改革】一是推动公立医院改革。通过点面结合、典型分析等形式,对全省县级公立医院的人员、收支及运行等情况进行了全面梳理,提出了县级公立医院改革的相关建议以及财政保障的基本思路,为全省启动实施改革工作奠定了扎实基础。二是着力巩固基层综合改革。认真贯彻全省巩固完善基层综合改革会议精神,进一步提高村医待遇财政补助标准,累计下达基层医药卫生体制综合改革省级补助资金 5.5 亿元,保障了基层医疗卫生机构体制机制健康运行。三是积极推进基层债务化解。研究提出了债务化解方案和以奖代补资金办法,一次性安排基层医疗卫生机构化解债务以奖代补资金 5 亿元,有序推进了全省基层医疗卫生机构债务化解工作。

【着力实施社保民生工程】一是扩充项目内容。在继续实施新型农村合作医疗等 12 项原有民生工程项目的同时,调整或扩充 3 项已有的民生工程项目内容。二是强化后续管理。制定出台城乡卫生服务体系建设、敬老院建设等工程类民生工程后续管养办法,有力地推动了民生工程长效保障机制建立。三是加大保障力度。累计下达社保民生工程省级补助资金 126 亿元,占年初计划投 113.8%,有效地保障了各项民生工程项目实施。

【着力完善社会保障制度】一是坚持制度推进,巩固城镇职工养老保险省级调控体制。完善了企业职工基本养老保险省级统筹责任分担办法,建立了省级调剂制度和基金征缴和监管激励约束制度,进一步提高了企业职工基本养老金待遇,全省养老保险基金省级统筹基金规模明显增加,由实施省级统筹前的 3.3 亿元增加到 83 亿元。二是拓展制度覆盖,健全城乡养老保障体制。积极推进城乡居民养老保险试点,争取中央将我省新农保试点县由 2010 年的 26 个增加到 67 个;建立健全新农保财政补助办法和财务管理制度、会计核算办法,进一步规范了新农保基金预决算管理。三是强化制度建设,建立孤儿生活救助体制。制定孤儿基本生活保障经费管理暂行办法,加强全省孤儿基本生活保障经费管理,规范经费安排、拨付、发放和监管,发挥孤儿养育经费的保障作用,累计下达中央及省级财政专项补助资金 1.83 亿元,为全省近 4 万名孤儿提供了基本生活保障。

【着力健全社会保障体系】一是建立社会救助标准物价联动机制。研究制定社会救助和保障标准与物价上涨挂钩的联动机制的意见,在居民基本生活费用价格指数或居民消费价格指数月度涨幅达到临界条件时,启动联动机制,发放价格临时补贴,保持社会和谐稳定。二是健全城乡低保标准动态调整机制。督促市县根据当地经济社会发展水平和居民消费价格指数等因素,制定下一年度城乡低保标准并及时公布执行,增强了城乡低保标准的科学性。2011 年,省财政累计下达城乡低保生活补助资金近 42 亿元。三是建立医保基金支付总额预算机制。按照“以收定支、按量分配、合理补偿、结算与管理相挂钩”的原则,积极推行全省新农合基金、省直职工医保基金住院费用总额预算管理,强化医院自身规范运行,推动了医保支付机制创新。

【着力提升财政资金绩效】一是率先开展社保基金预算考核。对社保基金预算实行全过程管理,不断加强制度化建设,全省社会保险基金收入持续增长,支出日趋规范,基础逐步夯实,监管更加有力。二是深入开展就业资金绩效考核。通过市县开展自评、省级书面审核、重点指标考核、结合实地核查等四个阶段,首次对全省各市县 2010 年度就业资金使用支出开展了绩效考评,并将评价结果与资金分配和表彰奖励挂钩,进一步提升了就业资金使用效益。三是有效推进政府购买服务机制。会同卫生部门制定了基本公共卫生服务券管理办法,对老年人健康体检等四种服务项目实行服务券管理;促成省政府出台《关于加快推进养老服务体系建设的决定》,通过税费优惠、资金补贴等政策引导社会资金举办养老服务;研究制定鼓励和支持社会力量兴办听障及脑瘫儿童康复机构促进残疾儿童康复事业发展的意见，提出以政府补助的方式，引导、支持社会力量兴办残疾儿童康复机构。

【着力提高服务能力】一是抓课题。积极开展户籍制度改革与社会保障关系、政府购买社会服务财政政策等8个财政社保政策课题研究。二是抓分析。积极做好社会保险基金、社保部门预算等收支执行情况定期分析工作，不断加强专项资金分析，建立了社保处指标一体化管理系统，开发应用了社保基金预决算系统，为提高了工作效率和服务质量奠定了坚实的基础。三是抓学习。坚持落实处室集中学习制度，深入学习宏观经济形势类、重点领域改革类和社保业务拓展类相关政策及理论文章，不断提升全处学习氛围，推动了学习型处室建设。四是抓主题。以开展"服务发展年"活动为载体，坚持学习沈浩精神，深入开展"创先争优"活动和"万名财政干部大走访"活动，积极开展财政廉政风险防控工作，不断强化廉政建设。

（厅社保处供稿　吴昌好执笔）

财政企业管理工作概述

【大力支持重点企业】筹集10亿元增加省投资集团公司国家资本金，返还铁路建安营业税5.5亿元，支持其扩大融资规模，加快我省铁路建设；继续拨付1.7亿元，以研发补助的方式，支持奇瑞汽车公司、江淮汽车集团公司和星马汽车集团公司自主研发和创新。

【积极促进结构调整】拨付节能与资源综合利用专项资金5000万元，下达新型墙体材料专项基金560万元，支持企业节能降耗、提高资源综合利用和新型墙体材料生产技术改造和设备更新。争取关闭小煤矿中央财政补助资金922万元，涉及15个小煤矿、3506名职工；拨付中央财政关闭小企业补助资金8111万元，促进产业结构调整和优化升级，节约资源和能源。

【强化扶持中小企业】争取国家中小企业发展专项资金1.2亿元，其中，36户担保机构共获得中央财政补助资金7640万元，有效缓解了中小企业融资难问题；积极争取国家包装行业高新技术研发资金、清洁生产专项资金和物联网发展专项资金项目，分别获得中央财政补助资金380万元、850万元和1600万元；积极争取国家特色产业中小企业专项资金9075万元，创新方式，着力对全省86个产业基地进行扶持；及时拨付省级中小企业发展专项资金3000万元，支持全省199户专、精、特、新和成长型中小企业发展。会同有关部门编制《安徽省中小企业公共服务平台网络总体建设方案》，被财政部、工信部批准为全国首批重点支持立项的十个省市之一，中央财政专项资金分3年补助4150万元，其中2011年补助2500万元，重点建设1个省级服务平台，14个市级窗口服务平台，3个产业集群窗口服务平台共18个服务平台项目。

【着力引导自主创新】拨付技术改造和技术创新专项资金1.35亿元，支持企业积极采用新设备、新技术、新工艺，支持重大装备制造业基地发展；争取国家科技型中小企业技术创新基金项目1.67亿元，省财政拨付资金5000万元，与国家资金配套使用，共同推进科技型中小企业加快发展。

【促进军民结合高技术产业发展】省财政安排800万元专项资金，主要用于军民结合高技术产业以及军民结合产业区、示范基地建设等项目。

【深入推进家电下乡等工作】按照财政部和商务部的统一要求，扎实开展"家电下乡和家电以旧换新监管年"活动，创造性地组织了"家电下乡防治骗补检查突击月"活动，联合有关部门对全省1.4万多个销售网点进行了拉网式排查，通过责令限期整改、罚款、通报批评、取消网点备案资格、吊销营业执照、移送移交司法机关处理等方式，共查处骗补销售网点1001家，骗补金额519万元，有效规范了市场秩序；顺利完成我省第二批电动自行车下乡招标工作，新增20家电动车生产企业和172个型号下乡产品，进一步放大政策效应；认真清算汽车下乡和汽车以旧换新补贴资金，各地对发放的每一笔补贴资金仔细核对，做到不遗不漏不错，确保了清算工作顺利实施。

【加快农产品现代流通体系项目建设】争取全国农产品现代流通综合试点，获得国家专项补助资金8000万元，支持合肥、芜湖、蚌埠三市开展试点工作，共支持5个农产品批发市场建设与改造项目，38个农贸市场标准化建设和升级改造，9个农超对接项目建设，受益合作社社员7013户；深入推进"万村千乡"市场工程，拨付中央补助资金6069万元，分别支持5000个农家店建设和6000个农家店信息化改造项目建设；安排省级农村市场体系建设资金2000万元，支持34家农贸市场、8家农产品批发市场和9个农超对接项目建设，鼓励大型商贸流通企业建设直营连锁店。

【推动商贸流通服务业加快发展】争取中央商贸流通服务业发展专项资金1821万元，重点支持2个市6个县市场监管公共服务体系建设。省级安排现代流通业发展专项资金900万元，支持12个重点流通企业在全省拓展连锁直营便民网点、24个区域性大型商贸企业发展现代流通方式、16个全国第二批中华老字号企业开展品牌宣传等。

【支持肉菜追溯、再生资源回收和家政服务体系建设】争取城市肉菜流通可追溯体系建设资金4000万元，支持合肥市建设肉类、蔬菜进场信息读取或录入登记、食品安全检测、交易信息自动生成等软硬件追溯平台；下达马鞍山市城市再生资源回收利用体系建设专项资金2200万元，重点支持建设标准化社区回收点、分拣加工中心、拆解中心等；拨付家政服务体系建设资金2100万元，其中，1000万元用于支持亳州市加快家政企业连锁门店建设、中小专业型月嫂、婴幼儿早教和居家养老家政企业加快门店改造等，1100万元用于支持全省家政人员培训并安排就业，培训人数达1万人。

【支持出口生产企业发展】以补助方式支持17个市的孵化中心建设，推动各市进出口孵化工作，壮大进出口经营主体；安排出口品牌专项建设项目1000万元，对新评选的出口名牌企业进行奖励；整合中央外贸区域发展专项资金，加大对出口过亿元企业、过亿元县的支持力度。同时，对出口额3000万美元以下，但具有成长潜力的中小出口企业予以支持。支持10个新建、33个续建农产品出口基地建设。

【促进企业开拓国内外市场】争取中央资金3650万元，省级统筹2000万元，支持企业参加境外展览会、赴境外开展对接活动、开展国际认证等。拨付专项资金，支持徽商大会、自主创新要素对接会、皖粤合作、港澳台合作、央企合作、民企合作等会展和招商活动，积极为企业搭建战略合作平台，促进招商引资，承接产业转移。

【积极帮助外贸企业融资】充分发挥中小进出口企业专项贷款担保资金的杠杆作用，会同省商务厅积极向徽商银行、兴业银行、建设银行推荐345家中小进出口企业申请信贷资金11.1亿元，银行实际为180家企业办理担保贷款6亿元。

【努力降低企业出口风险】安排贸易摩擦应对资金700万元，继续对出口企业涉外法律案件等应对贸易摩擦的费用给予资助；安排资金3400万元，对224家中小企业出口信用保险的保费给予补贴，推动出口企业投保，降低国际信用风险。

【支持外贸公共服务平台建设】下达资金4190万元，支持奇瑞、江汽、丰原集团、粮油、轻工、纺织等企业搭建研发、检测、设计等公共服务平台，为相应的出口基地提供服务。

【支持企业“走出去”】拨付3000万元专项资金，支持57个企业项目，促进铜陵有色、合肥水泥设计院、安徽外经建设集团、中铁四局、建工集团等企业对外承包工程、投资和合作。

【开展企业股权和分红激励试点】合芜蚌自主创新综合试验区顺利获批开展企业股权和分红激励试点工作，省财政厅企业处作为牵头处室，在厅党组的领导下，超前谋划，主动作为，扎实推进，确保了试点工作有条不紊开展。一是健全领导机构。省政府成立了由省财政厅、省科技厅等13个省直部门和合肥、芜湖、蚌埠三市政府组成的合芜蚌自主创新综合试验区企业股权和分红激励试点工作协调小组，协调解决试点工作中的重大问题。二是完善政策体系。起草出台了“1+7”政策文件，“1”指由省政府印发的《合芜蚌自主创新综合试验区企业股权和分红激励试点工作指导意见》，“7”指7个配套文件，为试点工作的具体操作提供政策依据。三是广泛动员部署。2011年11月26日，省委、省政府召开了合芜蚌自主创新综合试验区建设推进暨重大政策试点启动大会。张宝顺书记、王三运省长作了重要讲话，省财政厅对这项工作的开展作了具体布置。四是加大宣传力度。下发了《关于做好合芜蚌自主创新综合试验区企业股权和分红激励试点宣传报道的通知》。11月26日下午，召开了新闻发布会，陈先森厅长在会上发布了企业股权和分红激励试点有关政策情况。27日安徽日报发表了评论员文章和陈先森厅长答记者问，宣传工作全面展开。28日，省财政厅召开培训会，合肥、芜湖、蚌埠三市、省协调小组成员单位有关负责同志及经办同志、省属企业、高校、科研院所相关负责同志和经办同志共计约400人参加，财政部企业司和中关村国家自主创新示范区有关领导、专家授课，取得良好效果。

【积极推进厂办大集体改革】开展我省厂办大集体改革调查摸底等前期工作，积极参加财政部举办的政策培训班，并将会议有关精神专题报告省政府领导。会同省国资委、省人社厅研究拟订了《关于开展全省厂办大集体改革工作实施意见》，提交省政府常务会和省委常委会研究。

【推进省属国有企业改制重组】会同省国资委、省劳动和社会保障厅对省直脱钩托管企业的改革方案及改制费用进行审核，拨付巢东集团公司改制费用573.2万元；协同省国资委对省旅游集团与省粮食集团重组方案、安徽建工集团与安徽省水利建筑工程总公司、省投资集团与上海裕安投资发展有限公司重组方案进行了审核完善，报省政府批准后实施，对省属国有企业优化结构，做大做强起到了积极促进作用。同时，配合省国资委、人社厅审核了省水泥设计院、省交通规划院和交通勘查院资产重组方案，推进事业单位转企改制，转换经营机制。

【落实国有企业职教幼教退休教师待遇】会同省国资委、省教育厅、省人社厅在认真研究国家国资发分配〔2011〕63号文件精神的基础上，经省政府同意，出台了《关于妥善解决全省国有企业职教幼教等教育机构退休教师待遇问题的通知》。认真做好我省国有企业职教幼教退休教师调查摸底工作，为争取中央财政补助资金打下基础。

【做好库区移民后扶资金管理】一是及时拨付资金。省财政累计下拨资金6.9亿元，其中：直补4.2亿元；项目资金2.5亿元，应急资金2000万元。提前下达项目资金控制数，为各地申报项目争取了时间。二是完善配套措施。草拟了《关于进一步完善大中型水库移民后期扶持资金报账制管理有关问题的通知》和《安徽省大中型水库移民后期扶持项目奖励资金管理暂行办法》两个资金管理办法，进一步完善移民资金管理制度体系。三是加大督查调研。针对移民群众关心的热点难点问题，多次召开座谈会进行探讨，同时，实地走访移民农户，查看移民项目公示栏和档案资料，督促各地严格执行有关政策。

【切实加强企业月报工作】下发《关于下达各市企业财务月报填报户数目标任务的通知》，对各市月报企业户数提出明确目标及奖惩措施。截至9月底，月报网络报送系统共汇总企业4657户，其中国有企业383户，非国有企业4274户，总量较上年同期增加3224户，增长225%，月报分析质量进一步提高，月报工作取得阶段性成果。

【完成2010年度全省企业财务会计决算工作】建立部门、企业间交流协作机制，充分借鉴、发挥有关部门、省属企业在编制企业决算工作方面的做法和经验，聘请专业人才讲解企业财务报表专业知识和使用报表软件操作技能，及时对有关人员进行业务培训，报表数据的完整性、规范性和真实性不断提高，2010年我省决算工作获得财政部通报表彰。

【做好外商投资企业基础与服务工作】会同商务、工商等部门对外商投资企业实施联合年检，了解掌握我省外商投资企业的基本情况。针对企业在年检中提出的要求和经营中存在的困难，及时上报到各级政府联合年检办公室，帮助企业解决问题。及时布置和汇编我省外商投资企业财务报表，连续第7年受到财政部通报表扬。

（厅企业处供稿　李志斌执笔）

金融财政监管和外国政府贷款管理工作概述

2011年，省财政厅金融处在厅党组的领导下，紧紧围绕全省财政工作主要目标，认真贯彻落实科学发展观，以"服务发展年"活动为抓手，以创先争优为动力，坚持效能建设与财政金融业务工作和干部队伍建设三位一体，积极发挥职能作用，促进各项工作再上新台阶。

【研究引导金融服务经济发展新举措】面对实体经济"钱紧"、"钱贵"现实难题，积极作为，起草并以省政府名义下发了《关于发挥财政引导作用支持中小企业和"三农"发展的意见》(皖政办〔2011〕56号)，提出24条措施，着力引导金融服务经济薄弱环节发展。会同有关部门制定4个配套办法，形成了"1+4"的制度框架，成为我省破解中小企业融资难题的一大亮点，受到广泛关注，《中国财经报》、新华网、《安徽日报》、安徽电视台等多家中央和省级媒体进行深入报道。

【夯实金融国有资产和财务监管基础工作】为规范地方金融机构运行，防范地方金融风险，按照

“一手抓扶持、一手抓监管”的思路,研究提出了以财务登记、重大财务事项报告、绩效考核评价、负责人薪酬和年金方案审批等八项内容为重点的财务资产监管政策框架。一是出台了《安徽省小额贷款公司财务管理办法》和《安徽省融资性担保公司财务管理暂行办法》。二是完善了与绩效评价相挂钩的《安徽省省属金融类企业负责人薪酬管理暂行办法》,并上报省政府。三是分两期组织全省各级财政部门、融资性担保行业监管部门和融资性担保机构800余人进行业务培训。四是做好地方金融企业财务报表、产权登记报表和绩效评价等财务基础工作。五是强化对省信用担保集团的监管和扶持,切实履行国有出资人职责。

【扎实推进农业保险试点健康持续发展】一是开展专项检查。会同省直有关部门,对全省政策性农业保险工作进行全面检查,进一步了解掌握各地农业保险政策落实情况和存在问题,提高工作指导的针对性和有效性。二是狠抓规范发展。针对检查发现问题,制定并提请省政府办公厅下发了《关于进一步加强政策性农业保险管理促进政策性农业保险规范发展的意见》(皖政办〔2011〕52号),指导各地、各保险经办机构进一步规范农业保险经营行为,促进农业保险规范化发展。三是调整完善政策。以调整费率为核心,对保险金额、理赔标准、风险管控、保费补贴等农业保险政策内容进行了试点以来的第一次全面系统调整,并及时修订政策性农业保险资金管理和理赔管理两个配套办法,不断规范理赔行为和资金管理。四是支持特色农业保险发展。深入开展调研,顺应广大农户的期待和需求,研究出台《安徽省特色农产品保险财政补助实施办法》,采取以奖代补形式,支持市县自主开展特色农产品保险试点。2011年,全省累计承保农作物10663万亩,牲畜136.5万头,为2420万次农户提供294亿元的农业生产风险保障,累计赔付7.7亿元,685.8万次农户从中得到了实惠;共有13个市34个县(市、区)开展了15个品种的特色农产品保险,满足了广大农户的保险需求。

【着力支持中小企业融资和农村金融发展】一是支持中小企业融资。安排奖励资金1725万元,对银行业金融机构新增的中小企业贷款实施奖励,引导和支持12家省级银行机构增加中小企业贷款479亿元;对金融产品和服务创新奖励311万元,鼓励金融机构创新符合中小企业需求的金融产品。支持小企业直接融资,共安排奖补资金2169万元,支持7家中小企业成功上市融资,有力促进了我省中小企业加快上市直接融资步伐。二是引导金融机构支持“三农”发展。对全省61个县(市)196家银行业金融机构涉农贷款增量奖励1.9亿元,促进县域金融机构增加涉农贷款投放322亿元。争取中央农村金融机构定向费用补贴2769万元,对12家村镇银行和农村资金互助社按季末贷款平均余额给予费用补贴,促进了新型农村金融机构发展壮大,更好地服务了县域经济发展。支持创新农村金融服务。通过财政奖补政策,支持开展农业保险和涉农担保业务,建立农业生产风险分担转移机制;支持农村金融创新,对金融机构开展农业保险保单质押贷款和担保给予奖励,盘活农业保险保单资源,有效缓解规模经营主体的融资难问题。

【支持地方金融体系建设】一是支持融资担保行业发展。通过中小企业担保基金注资,引导社会资本依法进入融资性担保行业,不断壮大担保机构实力。坚持“政府引导,市场运作”,制定完善行业扶持政策,引导融资性担保机构规范运作,做强主业。二是支持农村信用社改革发展。实施一次性财政奖励政策,支持农村信用社改制为农村商业银行。为减轻皖北部分农村合作金融机构改制负担,采取重点扶持政策,将其营业税返还政策延长到2012年。三是引导设立农村金融机构。安排奖励资金662万元,对新设的12家村镇银行、1家农村资金互助社和1家农业担保机构给予一次性奖励,促进了农村金融发展。四是支持新设和引进金融机构。通过财政奖补,鼓励和支持各类金融机构在我省设立总部和区域总部性金融机构,支持银行业金融机构在县域增设分支机构,增加对县域经济的有效金融供给。2011年共兑现奖补资金1152万元,引导银行机构增设县域网点20个。

【大力推进小额担保贷款工作】贯彻落实省领导指示精神,召开全省财政系统小额担保贷款工作推进会。会同省人社厅,明确劳动密集型小企业认定标准,着力解决制约发展的瓶颈问题。印发《关于进一步做好财政支持小额担保贷款工作的通知》,完善风险补偿和担保费补贴标准,充分调动各方积极性。创新推进“巾帼创业”农村妇女小额担保贷款批量业务,开辟省级小额担保贷款工作新途径。全年共安排奖补资金 1327 万元，全省新增小额担保贷款规模首次突破 20 亿元大关，达到了 21.8 亿元，其中：个人贷款 12.8 亿元，劳动密集型小企业贷款 9 亿元，完成年初 12 亿元贷款目标任务的 181.7%，较去年同期增长 150.6%，占历年累计贷款发放总额的 46.5%，支持 3 万人创业，带动 9 万人就业；全年贷款贴息 8700 万元，各项指标均到达历史最高水平，我省小额担保贷款工作取得明显进展。

【着力强化外国政府贷款管理】积极争取新项目，财政部新批我省外贷项目 16 个，占全国项目总数的 20%，位居全国第一；贷款金额 1.24 亿美元，占全国各省份贷款总额的 9.7%，位居中部第一，全国第二。加强对各市工作的调研、指导和前期介入，集中一个月时间，主动上门至 8 个重点项目市及项目单位进行摸排和推进，挖掘了 37 个潜在项目，并联合省发改委赴重点市县进行调研指导，促进重点项目尽快上马。全年开展绩效评价外贷项目 46 个，“优”级 7 个，“良”级 29 个，优良率占比 78.26%。积极配合财政部专员办、审计署南京特派办对项目开展专项检查和绩效审计，会同厅监督检查局深入 19 个在建项目进行全面检查，指导和监督项目单位合规使用外资。

【切实增强干部队伍素质和工作效能】一是强化学习研究。认真学习并深刻领会党的基本理论和国家的各项方针政策，深入研究财政引导金融促进地方经济发展的新思路、新途径和新举措。二是不断提高工作绩效。按照创建“五型机关”和“服务发展年”活动要求，加强效能建设，求真务实，开拓创新，提高科学化、精细化管理水平。深入开展调查研究，充分了解实际情况，着力解决广大群众最直接、最关心、最现实的财政金融问题。三是切实加强廉政建设。按照廉政准则的规定，重点在清权确权、风险查找、风险等级评估和防控措施四个环节抓好廉政建设，增强拒腐防变的能力，努力打造出一支高效、务实、廉洁、创新、和谐的财政金融干部队伍。

（厅金融处供稿　刘凌列执笔）

国际金融组织及国家开发银行贷款工作概述

2011 年，国际债务管理处深入贯彻落实科学发展观，认真学习贯彻党的十七届六中全会和省第九次党代会精神，不断创新工作方式，积极争取国际金融组织贷款，充分利用国际国内两个市场、两种资源，为我省的发展与改革积极引资、引智，较好地完成了全年各项工作任务，在争取国际金融组织贷款新项目方面又取得了新成绩。

【保证项目资金供应，加快项目实施进度】全省利用国际金融组织贷款项目已达 60 个，协议利用国际金融组织贷款约 29.9 亿美元，约占全国利用国际金融组织贷款总额的 4%。其中利用世行贷款项目 50 个，协议贷款额 20.67 亿美元；利用亚行贷款项目 9 个，协议贷款额 8.98 亿美元；利用国际农发基金会项目 1 个，协议贷款额 0.25 亿美元。积极配合项目主管部门加强对在建的世行、亚行贷款项目的财务和资金管理，认真审查并报出提款申请，不断加快项目报账提款速度和资金支付进度。全年共提取世行、亚行贷款 1.61 亿美元，比上年同期增长 179%。

【做好新项目的准备、谈判和启动工作】配合有关部门做好列入规划的新项目的前期论证和准备工作，积极创造条件，推动项目尽快启动实施。总投资达 16.2 亿元的淮河流域重点平原洼地治理项目，拟利用世行贷款 7500 万美元，顺利完成项目各项前期准备工作。1 月 27 日，财政部与安徽省人民政府正式签署关于世界银行贷款淮河流域重点平原洼地治理项目《转贷协议》，9 月 20—22 日，与省水利厅外资办在淮南市联合举办了该项目财务管理及提款报账培训班，为项目的顺利实施打下良好基础。3 月 8 日—14 日，财政部国际司和安徽省财政厅组团赴美国华盛顿世界银行总部就安徽沙颍河航道整治项目进行贷款谈判并取得圆满成功，该项目总投资为人民币 19.8 亿元，其中利用世行贷款 1 亿美元，预计于 2016 年底完工。9 月 1 日，财政部与安徽省人民政府签订关于世界银行贷款安徽航道整治项目《转贷协议》。

4月18日，与省林业厅项目办在黄山市联合召开了世界银行贷款林业综合发展项目启动会，总结表彰林业持续发展项目先进单位和个人，全面启动林业综合发展项目实施工作。林业综合发展项目是我省利用世界银行贷款实施的第一个以生态效益为主的社会公益性林业项目，总投资约为29920万元，其中世行贷款2200美元。3月25—29日，亚行派出考察团来皖对巢湖流域水环境综合治理项目进行实地考察，双方签署了备忘录，该项目由亚行提供90万美元赠款安排的技术援助中标公司也于7月1日开始进驻，正式启动项目前期准备技术援助工作。6月13—17日，世行派出项目鉴别团对马鞍山慈湖河流域生态环境综合治理项目进行了考察，并与马鞍山方面初步商定了项目准备日程安排。11月22—23日，省财政厅国际债务管理处配合厅科研所在北京亚行代表处完成了40万美元亚行技术援助赠款支持农村发展的中部省份发展战略研究项目的咨询采购谈判工作，顺利地签署了咨询合同和备忘录。全球环境基金赠款黄山地区生物多样性保护与可持续利用项目经财政部和联合国粮农组织会签，报送全球环境基金秘书处审核，于11月获得了全球环境基金董事会的批准，安排赠款272万美元，这是我省从该渠道获得的最大一笔赠款。

【积极争取新项目】为充分利用黄山市丰富的徽文化资源发展现代农村旅游经济，黄山市将以古村落、古民居保护为抓手，加强农村基础设施建设，实现新农村建设与徽文化保护的有机结合，经省财政厅向财政部申请利用世行贷款1亿美元，开展新农村建设(百村)示范项目建设。该项目总投资约21.5亿元人民币。为贯彻落实《国务院关于中西部地区承接产业转移的指导意见》精神，高水平建好承接东部产业转移平台，宣城市通过省财政厅向财政部申请利用世界银行贷款2亿美元建设承接东部产业转移基地基础设施改造示范项目。该项目建设总投资31.7亿元，致力于打造与东部地区无缝对接的承接平台。为加快皖江城市带承接产业转移示范区交通基础设施建设步伐，以更好地适应承接产业转移的需要，根据省交通运输厅的申请，省财政厅向财政部上报了皖江示范区综合交通基础设施项目，获得亚行贷款2亿美元。2009—2011年，我省被列入国家利用世行、亚行贷款规划的项目多达五个，共计安排贷款8亿美元，所占份额接近全国的9%。

【加强债务管理，积极防范债务风险】针对我省目前仍处于国际金融组织贷款还贷高峰期，每年约有8500万美元的债务需要偿还，同时还有大量的逾期债务需要催收的实际，不断加大贷款回收力度，采取把还款和新项目申报挂钩，还款和奖励挂钩等措施千方百计回收资金按时归还财政部，积极利用间歇资金垫付部分到期欠款。2011年，共计归还财政部到期债务折合人民币4.31亿元，向项目市县和单位回收债务折合人民币1.47亿元。对少数过去由行业主管部门负责转贷和管理，地方财政从未参与的老项目，省财政厅国际债务管理处积极协调处理还贷事宜，2011年，我省对财政部结清所有到期债务。联合省林业厅项目办积极开展灾害债务减免政策落实情况的专项检查，重点检查了债务减免政策是否落实到最终债务人，并按要求向财政部和国家林业局上报了世行贷款林业项目债务减免政策落实情况自查整改报告。认真贯彻落实财政工作科学化、精细化管理要求，不断加强国际金融组织贷款资金、财务、债务管理等基础工作，财政部于2011年给予我省世行、亚行贷款利差减免奖励154万美元，折合人民币约980万元。积极配合审计署完成对我省国际金融组织贷款债务进行的地方政府债务审计和已完工的世行贷款淮河流域污染控制项目绩效审计；配合厅国库处，对银行账户进行了清理和移交。

【接待世行贷款局局长来访】11月，世行贷款支付局局长英博尔一行四人来我省调研世行贷款支付效率和服务水平情况。在皖期间，英博尔一行考察了我省世行贷款沙济林场和铜汤高速项目，并分别在合肥和黄山与省、市、县财政部门和项目单位的财务人员进行座谈，听取了大家对世行贷款资金安排、支付效率和服务水平的意见和建议。

(厅国际处供稿　余　禹执笔)

农村财政管理工作概述

2011年，全省农村财政管理工作围绕贴近基层、贴近农村、贴近农民的方针，深入推进“一卡通”管理和发放责任机制建设，全面落实惠农政策，扎实开展创建规范化乡镇财政所(分局)工作,依法加强契税和耕地占用税征管,各项工作取得积极成效。

【全面落实惠农补贴政策】全省通过"一卡通"打卡发放各类财政补贴农民资金 159.8 亿元,共 27 大类、69 小项,比上年增加 13.5 亿元、增长 9.2%,1400 多万农户户均增收 1122 元、近 4000 万农村居民人均受益 412 元。一是健全工作机制,夯实管理基础。与省直六部门联合下发了《关于进一步明确财政补贴农民资金管理和发放工作职责的通知》,着重厘清与涉农相关部门的职责, 同时, 充分利用信息化手段,加强日常监控管理,确保及时打卡发放和数据上传。全省 50 个县(市、区)建立了手机信息发布平台,及时告知农户当期补贴农民资金明细信息, 提高补贴资金打卡发放透明度。二是深入十万农户,开展监测调查。按照"万名财政干部大走访"活动的部署和要求,开展以"送政策、访民意、促发展"为主题的"十万农户大调查"活动。历时 6 个月,全省农村财政管理系统和乡镇财政所共 9262 名干部参加, 走访 12709 个行政村、115988 户农户。通过广大财政干部与农民群众"零距离"接触、面对面交流,进一步宣传了党的惠农政策和"一卡通"发放工作程序,了解了补贴资金发放工作实情和农民群众的热切期盼。三是开展专项检查,强化监管考评。按照强农惠农资金专项清理检查"回头看"活动的要求,组织开展了全省财政补贴农民资金工作专项检查。共抽查了 32 个县(区)、64 个乡镇,走访了 329 户农户。既是一次业务工作检查,也是一次经验交流和学习机会,更是对两年一次全省财政补贴农民资金管理和"一卡通"发放工作考核进行摸底。在充分掌握各地情况的基础上,组织实施全省两年一度的"一卡通"管理和发放绩效考评工作。

【加快推进乡镇财政建设】立足乡镇财政组织机构、业务工作、内部管理、队伍建设和基础设施"五规范",着力提高乡镇财政管理水平。一是加强机构队伍建设,健全人员交流机制,坚持业务培训。2011 年,各地开展乡镇财政各类业务培训 534 班次、16244 人次,其中:计算机等级证书培训 117 班次、4094 人次,取得了良好效果。二是完善基础设施建设。采取有效措施,及时督查第二批工程建设质量和进度。全年省财政下达补助资金 7640 万元,重点支持第三批 382 个乡镇财政所改善办公条件, 基础设施建设工作有序推进。三是督查考评,推进规范化创建工作。按照开展创建规范化乡镇财政所(分局)工作考评标准和程序,省财政厅组织市、县农村局长到乡镇财政所(分局),逐一核查验收后,通报表彰了 142 个乡镇财政所(分局)为 2010 年度创建规范化乡镇财政所(分局)工作省级先进单位。各市财政局严把数量、质量、程序"三个关口",评比表彰 175 个市级先进单位。三年创建工作取得阶段性成效,安徽省创建规范化乡镇财政所的经验和做法得到财政部肯定,2011 年全国第二期基层财政干部培训班, 安徽省县乡三级财政分别作经验交流发言,财政部财政信息、预算司情况反映、国务院综改办农村综合改革动态等分别刊登了安徽省乡镇财政建设及资金监管工作的主要做法及成效,许多省市也到安徽省参观考察。

【建立乡镇财政资金监管工作机制】强化乡镇财政资金监管措施,充分发挥乡镇财政就地、就近监管的优势,不断提高乡镇财政资金使用效益。一是完善"百名乡镇联系点"工作制度。对部分工作起色不大、不能发挥典型示范作用的联系点乡镇进行调整,建立定期报告制, 开展驻点指导制, 加强分类指导,抓典型促全面, 努力把联系点打造成为加强乡镇财政资金监管的示范点。黄山、滁州、池州、铜陵等地建立健全走访调研、信息报送、工作考核等各项制度。安庆市制定百分制考评奖励制度,对联系点乡镇年度工作进行考评。淮北市建立考核激励机制,根据联系点乡镇相关材料上报的及时性、上报质量、工作任务完成情况等加强考核。二是构建资金监管工作平台。年初,省财政厅着手研究开发《乡镇财政资金监管信息系统》,并在岳西县试点运行,搭建县、乡两级财政项目类资金监管平台, 将上级财政和乡镇本级财政在本乡镇实施的各类项目建设资金纳入监管平台。通过监管平台传输财政资金使用信息,反馈乡镇财政在监管中发现的问题, 建立项目档案和项目监督档案。在国务院综改办组织的 6 省乡镇财政管理类软件座谈会上, 安徽省开发的乡镇财政资金监管信息系统主要功能及运行效果得到肯定。三是组织开展资金监管工作检查。按照财政部布置,组织开展乡镇财政资金监管工作检查, 对照检查内容认真自查自纠、 补缺补差, 做好迎接全国检查准备工作。财政部检查组在听取了省级专题汇报、深入部分县及所属乡镇进行检查后, 对安徽省工作给予充分肯定。预算司根据检查结果对各省乡镇财政资金监管工作评分, 补助安徽省乡镇财政资金监管绩效考核奖励资金4925万元,居全国前列。

【努力保持两税收入稳定增长】一是两税收入稳定增长。面对全省契税和耕地占用税征管职能划转和国家严格的房地产宏观调控政策，全省两税征管人员和乡镇财政干部保持思想不乱、工作不断,积极应对形势，坚持依法征管，准确把握两税工作着力点,落实“先税后证”制度,控制税源流失,加大清查力度,杜绝跑冒滴漏现象,为全省财政增收做出积极贡献。2011年,全省耕地占用税和契税收入累计完成142.3亿元,其中:耕地占用税完成42亿元、契税完成100.3亿元。二是配合做好职能划转。按照省政府的决定和要求,积极配合省地税局、省编办、省人事厅落实划转方案。妥善处理划转过程中出现的问题,耐心细致地做好部分划转人员的思想工作。15个市审核公示了划转人员203人，没有出现举报上访等问题。三是省级两税征管职能划转至省地税局。从2011年11月10日起，省级耕地占用税由省财政厅农村局划转给省地税局直属局负责征收，省财政厅积极协助地税部门做好过渡时期的两税征收工作,包括账务处理、票证印制发放、决算报表编制等。

(厅农村局供稿　姚瑶执笔)

会计管理工作概述

2011年全省会计管理工作以服务社会经济发展为大局,以服务财政中心工作为宗旨,坚持开拓奋进、务实创新,各项会计管理工作有序开展。

【推动会计制度的贯彻实施】一是积极推行会计准则在省属大中型企业执行力度。密切关注34家省属企业会计准则执行中有关情况,总结分析执行中的总体状况和存在的问题,形成省财政重点课题《新〈企业会计准则〉在安徽省省属国有大型企业执行情况分析》。2011年,全省34家省属企业均按照要求的时间全面执行了新会计准则,省属大中型企业新准则的执行率达到100%。二是牵头与省证监局、财政监察专员驻安徽办事处合作,加强对省属77家上市公司新会计准则体系实施情况的指导监督,通过逐户分析数据、动态把握情况、研究解决问题,全力推动上市公司新准则的规范执行;系统分析年度财务报告,反映实施效果及执行中存在的问题,及时报告部会计司。三是围绕企业内控基本规范和20项配套指引要求,加强宣传,协调审计、证监局、银监局、保监局、国资委等监管部门,发挥内控协调小组领导作用,为企业建立健全内部控制规范体系提供技术支持和信息咨询服务;组织上市公司、会计师事务所、有关部门座谈,努力探索符合企业实际的内部控制实施机制;要求各地要尽快选择具有代表性的企业开展内控试点工作,及早了解掌握了能面临的主要问题，有针对性的采取应对措施,积极推动企业内部控制规范的贯彻实施。2011年,我省3家A+H股公司马钢股份、海螺水泥、皖通高速内控规范实施工作已全面启动。四是扎实做好医疗机构新财务会计制度执行。省财政拨付20万元专项经费,为新制度的宣传、培训工作提供保障。五是着力推进农村财务会计工作。完成省财政重点课题《新农村建设背景下农村财务会计管理若干问题思考》,提出相关对策。

【推进会计领军(后备)人才培养工程】与上海国家会计学院合作，继续开展第一批15名领军人才培养工作,制定《安徽省会计领军人才培养项目考核暂行办法》,建立培训考核淘汰机制。顺利完成第二批会计领军(后备)人才的笔试、面试工作,共选拔出20名会计领军(后备)人才。通过层层推荐,共有181人入选全省会计领军后备人才库,并与安徽大学、安徽财经大学合作,分企业类和行政事业类,培养为行业领先人才。2011年通过考评结合,新增高级会计师145人;全省共有8人入选全国会计领军人才,高级会计人才培养体系正逐步形成。

【认真组织各类会计资格考试】省财政厅联合省保密局下发《关于开展会计资格考试安全保密工作检查的通知》，进一步强化考试安全保密工作检查力度。2011年全省会计从业资格传统考试报名考生15万人，实考11.7万人，考试合格率达到35.7%;全省初、中级、高级报名考生73340人,其中:初级、中级、高级分别为54957人、17395人、988人，达到笔试合格分数线分别为9674人、1029人、404人。

【开展先进会计工作者评选表彰活动】为激励广大会计工作者爱岗敬业，树立良好的诚信氛围，联合省注协、监督检查局,在全省范围内开展先进会计工作者(注册会计师系列)评选表彰活动。通过制定评选表彰方案，明确评选条件，层层推荐、公示、领导小组评定等环节,评选表彰了10名全省先进会计工作者，其中杨庞怀被我省推荐为参加全国先进会计工作者公选人选。

【加强会计师事务所监管】一是规范会计师事务所合伙人（股东）准入和退出机制。贯彻落实国办〔2009〕56 号文件、皖政办〔2010〕35 号文件精神，制定下发《关于进一步加强我省会计师管理的通知》。全年新增设立会计师事务所 16 家，注销 3 家，变更备案 42 家。会同省财政厅监督检查局对 68 家会计师事务所，分别就合伙人设立条件保持、审计收费标准执行、会计人员持证上岗、会计信息质量报备等情况进行检查，对检查结果及时通报处理。其中要求限期整改 4 家，在网上予以公告 2 家，撤回行政许可 1 家。二是顺利完成年度基本信息报备工作。按照部会计司会计师事务所年度信息报备要求，及时制定下发我省工作通知，提出具体要求；适时跟进报备工作进度，后期建立定期催报制度，对已上报资料认真审核，确保基本信息报备工作保质保量完成。截止报备期结束，除个别事务所拟注销未参加报备外，共完成 229 家会计师事务所信息报备，报备率达到 99.1%。三是认真做好关于推进事务所规范管理意见征求工作。组织省内部分会计师事务所，广泛听取意见，对《会计师事务所服务收费管理办法》、《关于引导企事业单位科学规范选择会计师事务所指导意见》、《关于就进一步加强和完善基金会注册会计师审计征求意见的函》和《关于进一步贯彻落实〈会计师事务所服务收费管理办法〉的通知》等征求意见稿提出修改完善建议。

【推动会计信息化建设】一是全面完成会计从业资格无纸化考试试点，提升考试效能。从年初小范围试点，到 11 月份将全省 16 个市全部纳入试点，实现试点工作全覆盖，完善了考试系统软件，建立了无纸化考务管理制度、应急预案、应考人员守则等配套规章，顺利实现了与全国“统一考试大纲、统一试题库、统一合格标准”对接，提高了会计管理工作效率。全省参与试点考生 1.7 万人，通过率达 28.7%。二是改造升级会计人员综合管理信息系统，建立集会计从业资格报名、会计人员信息采集与变更、统计查询等数据管理一体化服务平台，实现了与财政部全国会计人员信息管理系统平台无缝对接。同时，按照财政部统一要求，制发《安徽省会计从业资格证书信息化调转暂行办法》（财会〔2011〕735 号），切实规范会计人员证书信息化调转工作。三是顺利实施会计人员信息采集工作，采取按部门划分时间段、上门服务、设立办理点、与继续教育相结合等多种办理方式，确保信息采集工作顺利进行，全年共完成会计人员换证 31.6 万人，占全部应换证人员总数的 70.4%。四是加强安徽会计网站建设，结合我省会计人员特点，开发满足广大会计工作者不同层次需求的信息中枢系统，构建了集信息宣传、从业资格管理、政策规章发布、问题答疑等功能为一体的综合化服务平台，年度点击人数达 141 万人／次。

【积极开展会计理论研究】一是加快推进会计事业改革发展规划。研究制定了《安徽省会计改革与发展“十二五”规划实施意见》和《安徽省会计行业中长期人才发展规划（2011—2020 年）》，为进一步深化我省会计改革、推动会计事业持续稳定发展、优化会计人才结构指明了方向。二是积极参加财政部全国会计重点课题研究《新形势下会计从业资格管理问题研究》，对新形势下会计从业资格管理存在的问题及改进管理方式方法的必要性进行深入探讨。三是充分发挥学会理论研究的优势作用。2011 年，省会计学会调动全省财经院校和会计实务工作者开展课题研究，完成《企业内控》、《公允价值对企业经营成果的影响及风险防范研究》、《企业资本运作问题研究—以安徽省国有企业为例》等 4 个重点课题。将优秀论文汇编成《安徽省会计学会成立 30 周年纪念活动征文选编》，供广大会计人员学习。

【提升服务效能成果】全省会计管理工作围绕经济发展，服务财政中心主题，深入开展创先争优活动，提升服务效能。一是将设在”窗口“的业务进一步提速，承诺比原来规定的时间再提前 2 天，及时完成省直和中央驻皖单位人员会计从业资格证书核发 29 件、会计师事务所设立审批 17 件。二是加大信息公开力度，充分利用财政厅门户网站、政务公开平台、安徽会计网等及时发布会计准则、制度和考试考务相关政策要求，全年网上回复咨询 3200 余件。三是做好信访处理，热情接待广大社会人员来访，对举报信件、电话，及时受理，实地调查，高效予以解决，全年共办理人民来信 7 件。

（厅会计处供稿　牛　劲执笔）

行政事业国有资产管理与国有资本经营预算工作概述

2011年，省财政厅行政事业国有资产管理处(国有资本经营预算处)坚持以科学发展观为指引，围绕十二五规划纲要中提出的“完善行政事业单位资产监管体制”、“健全国有资本经营预算制度”的总体目标，积极探索，狠抓落实，较好地完成了全年工作任务。

【完善省级行政事业资产管理体制】根据2010年省政府第62次常务会议、2011年省委第2次常委会关于加强省级行政事业单位资产管理工作精神，为进一步理顺资产管理体制，结合省直单位实际，经与省编办、省管局联系和沟通，形成省本级行政事业单位资产管理职责分工意见，经省政府主要领导同意后，省编办对省财政厅和省管局有关资产管理的具体职责分工给予了进一步界定和明确。同时，在省财政厅成立省资产管理中心的基础上，及时研究提出厅资产管理处与资产管理中心的职责分工建议，明确各自工作职责，促进财政内部协调配合，努力形成资产监管合力。

【强化资产管理与预算编制的有机结合】严格2011年省级新增资产配置预算执行管理，对各单位追加预算中涉及资产购置的，对照要求认真做好配置审核。结合2012年省级部门预算，加强与预算处的沟通，不断完善资产配置预算编审流程，依据单位资产占有和使用等情况，严格审核2012年各单位新增资产购置项目，及时提出审核意见，为预算资金的安排提供参考依据，促进资产的合理配置。同时，进一步强化资产收入预算管理，在2012年省级部门预算报表中首次增加《资产处置收入、出租出借收入计划表》，将省直各单位资产处置收入和出租出借收入全部纳入预算编审范围，努力提高收入预算编制的完整性和准确性。

【大力开展行政事业单位资产清理工作】按照省委省政府关于开展资产清理工作的要求，及时研究起草《省级行政事业单位资产清理工作实施方案》，多次向省领导就资产清理工作进行专题汇报，并以省委、省政府办公厅的名义召开省级行政事业单位资产清理工作动员大会，省长亲自到会动员部署。省财政厅作为资产清理工作的牵头单位，注重加强与省纪委、省管局等相关部门的协调配合，通过成立组织机构、建立工作制度、开展政策宣传、强化督查指导，扎实推进资产清理工作。经过单位自查、主管部门复查和全面核查，11月30日，全面完成清理工作的各项任务。通过开展资产清理，进一步摸清了省直单位资产“家底”，掌握了资产使用和收益状况，截至2010年12月底，省级行政事业单位资产总额为1180.22亿元，其中出租出借房屋建筑物面积72.81万平方米，年出租出借收入1.91亿元。同时也发现了在资产产权管理、出租出借、资产处置、对外投资和收益管理等方面存在的问题和管理漏洞。

【不断加强行政事业单位资产日常管理】认真执行省政府214号令等相关规定，严把资产出口关，切实做好资产处置、事业单位对外投资等事项的审核工作，积极督促省直各单位及时足额上缴资产处置收入。据统计，2011年共办理下达省级行政事业单位的资产处置批复96份，审批省级事业单位对外投资项目8个，对外投资总额约2000万元，累计收缴资产处置收入约1.3亿元，资产出租出借收入约1.4亿元。同时，进一步强化对资产收入资金使用的监管，对事业单位申请使用缴入财政专户的资产出租收入，严格审核资金可用额度和支出用途，确保财政资金的安全和使用高效。

【继续推进资产管理信息系统建设工作】根据资产管理信息化建设的总体要求，积极组织对行政事业资产管理信息系统的优化、升级。通过与财政信息中心、软件公司的密切配合，依托财政专网，顺利实现了资产管理软件由单机版到网络版的升级，为全面实现资产的动态监管打下了基础。同时，加强对市县资产管理信息系统实施工作的指导，建立市县资产数据半年报制度，不断完善资产管理动态数据库。根据财政部的统一要求，按时完成了全省行政事业单位资产数据的收集、审核和汇总上报工作，为统计分析和管理决策提供可靠依据。

【不断深化全省行政事业资产管理工作】5月底，在芜湖市召开全省行政事业资产管理工作会议，陈军副厅长出席会议并作重要讲话，财政部教科文司事业资产处领导到会指导，各市、县(区)财政局分管局长及各市财政局资产管理部门负责人近

200 人参会。会议上传达学习了全国资产管理工作会议精神，总结交流了“十一五”以来全省行政事业资产管理工作经验，研究提出今后一个时期全省资产管理的总体思路和工作重点。

【严格执行 2011 年省级国有资本经营预算】根据省十一届人大四次会议精神，及时将 2011 年省级国有资本经营预算批复到各省级预算单位，其中预算收入 20050.7 万元，支出 21528.2 万元。同时，按照批复的预算，认真督促省级预算单位及时收缴 24 户省属企业 2011 年预算收入 57617.9 万元，超收 37567.2 万元，为年初预算的 187.3%。针对收入超收较多情况，报经批准后，及时对支出预算进行了调整。全年累计安排资本经营预算支出 59095.3 万元，支持 20 户省属企业 21 个项目建设与发展。

【及时组织编报 2012 年省级国有资本经营预算】按照《预算法》等规定，研究下发《关于编制 2012 年省级国有资本经营预算的通知》，对编制的程序、上报时间及有关工作要求等予以明确，组织预算单位和监管企业严格按要求测算、申报应上交的国有资本收益和支出项目计划。经与预算单位反复沟通，及时编制国有资本经营预算草案上报省政府。经测算，2012 年省级国有资本经营预算收入和支出均为 53234.8 万元。

【积极推动市级开展国有资本经营预算工作】按照财政部要求，为进一步推进全省国有资本经营预算管理工作，研究制定《关于推进市级国有资本经营预算试行工作的意见》（财资[2011]178 号），不断加强对市级国有资本经营预算工作的调研指导，组织到芜湖、宣城、黄山等六市开展实地调研，督促各地从本地区实际出发，切实抓好资本经营预算管理工作。

【积极开展调研和政策宣传】为探索资产管理的新举措，积极会同资产管理中心到湖北、广东、江苏等省考察学习，深入合肥、芜湖、马鞍山等市和相关单位开展专题调研，接待北京、江西、甘肃等省市财政部门来皖考察，相互学习交流，借鉴成功经验。同时，应邀到省政协办公厅、科技厅、地税局等单位，开展有针对性的专题讲座，宣传资产管理政策，指导相关业务开展。及时在厅门户网站以及《安徽财会》、《行政事业资产与财务》等杂志上刊登相关政策和工作动态，不断扩大社会影响力。

（厅资产处供稿　谢　勇执笔）

财政监督检查工作概述

2011 年，全省财政监督工作紧紧围绕财政中心工作，牢固确立财政大监督理念，努力建立健全预算编制、执行和监督相互制衡、相互协调的监督机制，注重创新方式方法，增强质量效能，大力强化财政收支监督、会计监督、内部监督、“小金库”专项治理以及再生资源增值税退税审核工作。全年各级财政监督检查机构通过对 5014 户行政企事业单位开展专项检查，共查出财政违法、违规、违纪资金 37212.21 万元，纠正违法、违规、违纪资金 26549.51 万元，查补财政收入 10901.67 万元，对部分单位给予罚款共 85.3 万元。

【加快构建财政大监督工作机制】一是改进监督检查计划编制。各级财政监督机构坚持归口管理财政监督工作，积极研究如何增强财政监督检查计划的科学性，真正把财政“大监督”理念落实到财政管理具体工作中去，使其有效指导年度监督检查工作的开展。二是建立上下联动检查机制。省财政厅监督检查局通过统一下达计划任务，统一组织业务培训，联合开展监督检查等方式，积极推动财政监督专职机构间的上下联动，有力整合和凝聚全省财政监督专职机构力量，有效解决监督力量不足、能力不适应问题。三是推进乡镇财政职能转换。认真组织各市、县开展《财政大监督理念与乡镇财政职能转换》课题研究，从理论上理清乡镇财政监督工作思路，为实践中指导并推进基层财政监督工作奠定基础。四是完善财政监督法规制度。主动协调省人大常委会将《安徽省财政监督条例》列入立法规划，积极协同省人大财经委开展立法调研工作。

【加强财政监督机构和队伍建设】全省各市、县财政部门在大监督理念下，坚持把财政监督作为财政内部各部门的共同职责，坚持把专职财政监督机构作为“牵头组织、综合管理、协调督促、保障全局”的综合监督管理机构，不断强化监督职能，采取有效措施，加强财政监督机构和队伍建设。2011 年底，我省各地财政监督机构实有人员 445 名，比上年增加 93 人，增长 26.4%；8 个市财政监督机构高配为副处级，64 个县（区）财政监督机构高配为副科级或正科级，为财政监督工作的开展提供了组织保障。

【创造性开展管理性监督工作】充分发挥财政厅各业务处室(局)监督职能，推进管理与监督的有机融合，组织开展管理性监督工作试点。协调18个业务处室(局)，每个业务处室至少选择一个财政专项，共确定28个管理性监督项目，由其自行组织开展监督检查。监督检查局将各处室(局)确定的管理性监督项目统一纳入年度省级财政监督检查计划，统一协调，积极配合各处室(局)做好管理性监督工作。各相关处室(局)根据检查情况，拟制监督检查报告，监督检查局负责对其报告进行审核反馈。

【精心组织财政支出绩效评价】根据省财政厅《关于全面推进财政支出绩效评价工作的通知》(财预〔2011〕270号)和"2011年省级预算支出绩效评价项目表"，监督检查局负责实施财政重点项目6个、协助预算单位自评项目19个。为保证工作成效，监督检查局周密谋划，精心组织实施。一是认真制订实施方案；二是科学设计评价指标；三是组织绩效评价培训；四是展开现场绩效评价；五撰写绩效评价报告。6月13日至11月上旬，成立6个绩效评价组对大中型水库移民扶持、监狱布局调整资金、国家技术创新工程试点省专项资金、新农合补助资金、战略性新型产业发展引导资金和风险投资引导基金、皖江城市带承接产业转移示范区专项资金等6大类项目开展现场评价工作，涉及16个市40个县(区)，检查9个新农合中心、15家医院、17个乡镇卫生院、7所监狱、30个乡镇141个行政村、44家企业，发放调查问卷2052份，走访群众722人，编制工作底稿321份，涉及资金107.6亿元。

【妥善查处群众举报和领导交办案件】高度重视举报和移办的案件。年初，针对举报人以实名制方式限性举报某县国家养殖业专项扶持资金问题，并在有关网络媒体上发布，造成一定社会影响。根据厅领导的批示，省财政厅监督检查局迅速成立调查组，克服种种困难和阻力，通过详细核查有关资料、现场察看养殖场，走访周边群众、约谈有关当事人等方式，查明事实真相，并妥善处理善后事宜，有效防止事态的进一步扩大，将事件的社会负面影响降至最低。

【不断提升会计监督工作水平】2011年，我省各级财政监督机构认真贯彻财政部《关于组织地方财政部门开展2011年度会计信息质量检查和会计师事务所执业质量检查的通知》(财监〔2011〕23号)精神，致力会计监督方式创新，进一步加大会计监督检查力度，全年全省共组织检查行政企事业单位580户，处理处罚117户，涉及违规金额约54亿元，查补税款4832.1万元；检查会计师事务所53户，处理处罚事务所5家，注册会计师11名，并处罚没款8.04万元，会计监督工作取得明显成效。

【扎实开展财政部门内部监督试点】按照财政部第58号令要求，研究确定我省财政部门内部监督工作思路和目标，制定具体实施方案，采取处室自查与重点检查相结合的方式，对有预算管理职能处室按照三年查一次的思路，每年安排对三分之一的处室开展检查。制定《财政厅处(室、局)内部监督检查自查报告(文本格式)》和自查相关表格，明确内部监督检查的相关要求，保证处室顺利开展自查工作。2011年，确定厅社保处、政法处、金融处为财政厅内部监督检查试点对象，主要检查2010年度履行财政日常监督管理职责和内部控制等情况。

【完成"小金库"专项治理阶段性治理任务】按照中央的统一部署和省"小金库"治理工作领导小组的要求，我省各级"小金库"治理专门机构坚持防治结合，惩防并举，认真组织全面复辟查、督导抽查、长效机制建设工作，深入推进"小金库"治理工作，圆满完成阶段性治理任务。2009年至2011年底，全省共发现"小金库"2067个，涉及金额6.03亿元，有效遏制了"小金库"多发高发势头，回应了社会关切，推进了源头治腐和反腐倡廉建设。

【圆满完成再生资源增值税退税任务】认真落实再生资源增值税"先征后返"政策，从2009年开始到2011年上半年结束，历时两年半，监督检查局共审核763家再生资源回收企业退税资料，累计办理再生资源增值税退税83.95亿元，保障了国家的减税拉动内需政策的正确执行。

【加强财政监督信息化建设】充分利用"安徽财政监督网"门户网站，加大财政监督宣传力度，及时发布监督信息，反映工作动态，交流工作经验，财政监督系统与社会各界的沟通交流进一步增强，有力扩大了财政监督工作的社会影响力和知名度。截至2011年底，发布通知、新闻及经验交流各类信息640余条，访问量近13万人次。

【组织全省财政监督系统工作考核】依据《安徽省财政监督工作考核办法(试行)》，2011年首次组织开展了对全省市、县(区)财政监督机构工作的考核评比,对全省财政监督工作先进单位进行通报表彰。

(厅监督局供稿 汪永飞执笔)

政府采购管理工作概述

2011 年,省财政厅政府采购处认真贯彻落实全国政府采购工作会议精神,深化政府采购制度改革,完善政府采购政策调控功能,强化政府采购预算管理,加快电子化政府采购系统建设步伐,稳步推进加入 GPA谈判研究工作,加大政府采购监管力度,积极开展效能建设和"服务发展年"活动,开拓进取,团结协作,各项工作取得明显成效。

【扩大政府采购规模和范围】2011 年,全省政府采购规模大幅增长,达到 555.61 亿元,比去年增长 34.8%,其中省本级采购规模达到 51.09 亿元。政府采购的范围和规模不断向新的领域突破,一是货物类采购从办公设备等通用类货物向专用类延伸;二是服务类采购从传统的专业服务快速扩展到公共服务、服务外包等新型服务领域;三是工程类采购正逐步纳入政府采购管理范围。各市县结合实际将工程项目纳入政府采购取得新进展,促进政府采购规模快速增长;四是政府采购资金构成从单纯财政性资金逐步向单位自筹资金等方面扩展;五是民生工程的支出项目正全面纳入政府采购范围。如中小学免费教材、农业综合开发、良种补贴、农家书屋、卫生疫苗、救灾物资以及农村中小学远程教育设备等日益增多的民生采购项目,成为采购规模不断增长的新亮点。

【不断完善政府采购规章制度】一是制定了《安徽省政府采购特邀监察员工作暂行办法》,设计了电子化政府采购全生命周期的流程,从源头上预防腐败;二是制定《安徽省政府采购代理机构信用评价暂行办法》,加强政府采购诚信体系建设;三是根据政府采购工作日常监管的需要,制定了《安徽省政府采购代理机构监督管理考核细则》、《安徽省政府采购合同履约和验收管理暂行办法》;四是为加快推进政府采购信息化建设步伐,制定了《安徽省财政厅关于进一步推动全省电子化政府采购管理应用系统建设工作的通知》、《安徽省政府采购网信息发布管理办法》、《安徽省政府采购供应商注册管理暂行办法》。这些制度办法有的已经下发,有的正在广泛征求各地各部门意见,修改完善后,将印发全省执行;五是按照《国务院办公厅关于深入开展创新政策与提供政府采购优惠挂钩相关文件清理工作的通知》要求,对有关自主创新产品政府采购优惠政策文件进行了及时的清理。发文停止执行《安徽省自主创新产品政府采购管理暂行办法》、《关于政府采购政策促进我省经济又好又快发展的意见》等。

【充分发挥政府采购的政策功能】充分发挥政府采购政策宏观调控功能,支持国内和省内相关产业和行业的发展。一是严格执行国家节能、环保政府采购政策。对空调机、电视机、照明产品等九类产品严格实行政府强制采购节能产品制度。节能、环保产品采购占同类产品的比重达 80%以上;二是积极贯彻落实《国务院办公厅关于进一步加强政府采购管理工作的意见》和省促进经济社会发展的有关文件精神,加大对中小企业发展的支持力度;三是严格审核进口产品的采购,全省采购国内产品的比重达到 99%以上。各级政府部门带头使用正版软件,在软件采购过程中,引导采购人采购国产正版软件,支持国内软件业的发展。

【强化政府采购预算管理工作】坚持实行部门预算与政府采购预算同编制、同批复、同执行。坚持省级政府采购预算执行情况定期通报制度、项目催办制度。2011 年初,组织人员到政府采购预算资金较大的有关省直部门和大专院校,帮助解决政府采购申报中的具体问题,督促省直各部门、各单位及早申报政府采购计划,合理均衡地安排预算适时执行进度,避免政府采购预算执行前松后紧的现象。

【全面推进全省电子化政府采购系统建设】电子化政府采购门户网站日均访问量突破 1.3 万次,累计访问量突破 830 万次。一是实现了省级政府采购全流程电子化操作。完成了省本级政府采购监管和执行操作系统的建设,《政府采购法》规定的公开招标等各种采购方式已全面上线运行。通过省级电子化政府采购系统下达政府采购任务 2972 项,涉及政府采购预算金额 34.85 亿元;签订 4955 个政府采购合同,涉及政府采购合同金额 33.66 亿元;并为 1120 个政府采购项目,抽取政府采购评审专家计 14344 人次。二是扎实推进电子化系统应用培训工作。2011 年,在省政府采购中心内部对电子化系统应用操作进行了全面培训,对省直 126 个一级预算部门进行了电子化政府采购系统应用培训,开展了厅内有关业务支出处室政府采购电子化系统统计分析报表使用培训,开展了试点市、县电子化政府采购系统推广培训等。通过培训,进一步推广了电子化政府采购系统的应用。三是积极开展市县电子化建设调研及试点工作。2011 年,由厅政府采购处处牵头,省政府采购中心、厅财政信息中心等单位参与,先后赴黄山、马鞍山、六安、池州等 17 个市 20 个县,进行了电子化政府采购系统建设调研,摸清了全省政府采购监管和执行中具有代表性的业务模式,确定了阜阳、六安、宿州、黄山、淮南、池州、蚌埠 7 市和肥西、金寨、太湖 3 县开展电子化政府采购管理应用系统的试点推广工作。四是加强与兄弟省市的经验交流。内蒙古自治区、天津市、海南省、中国人民银行等多个兄弟省市和单位对"安徽电子化政府采购系统"进行了考察,通过双向交流和沟通,在推广本省做法的同时,也吸收了外省好的建设经验。

【稳步推进加入 GPA 谈判研究工作】一是积极参加由加拿大、欧盟以及 WTO 政府采购委员会与财政部联合举办的加入 GPA 的研讨会,进一步了解了 GPA 规则、程序、原则及进程,为本省开展加入 GPA 谈判应对研究工作以及做好相关准备工作奠定了基础;二是积极落实全国 GPA 谈判应对工作会议精神。及时召开了 GPA 研究工作组会议,传达了全国会议精神,并对本省加入 GPA 谈判应对研究工作阶段性任务进行了重新调整和安排;三是按时完成研究任务并提交加入 GPA 出价建议。省 GPA 谈判应对研究工作组深入相关单位收集、整理数据,通过系统研究,于 6 月底完成《安徽省政府加入 GPA 初步出价清单研究报告》,表明了安徽省 2011 年出价建议的基本立场,阐明了出价建议的原因,明确了对外表态的口径。通过三年研究,第一次向外提交了安徽省加入 GPA 谈判应对的研究成果;四是组织召开了中部地区 GPA 谈判工作联络组第七次会议。10 月,承办了中部地区(GPA)谈判工作联络组第七次会议,中部十省财政厅分管厅领导、政府采购处主要负责人及经办人参加了会议,财政部国库司采购二处领导到会指导。会议通报了中部各省工作进展情况,讨论了中部地区出价策略,研究了中部各省省本级可开放机构清单、可以列入出价的产业及分批开放的次序。

【抓好政府采购监管】一是依法处理质疑与投诉。2011 年,省本级共受理投诉案 5 起,其中经做工作撤诉 2 起,下达处理决定 3 起;二是加强社会监督,确保采购项目规范操作。全省各地相继建立了政府采购特邀监察员制度,聘请人大代表、政协委员等有关人员作为政府采购特邀监察员,监督政府采购工作,提出工作意见和建议;省级及部分市积极探索政府采购公证制度,对一些采购规模大、社会影响大的招标采购项目,邀请公证人员对招投标过程进行现场公证监督;三是实行政务公开,加强信息透明度建设。通过"安徽政府采购网"及时发布有关政府采购法规制度、采购项目公告信息、投诉及处罚决定、集中采购目录、代理机构名单等。全省政府采购信息发布量逐年提升,2011 年全省共发布政府采购各类信息公告 7300 多条。

【加强政府采购的规范管理】一是规范政府采购代理机构资格认定工作。2011 年底,全省共有乙级政府采购代理机构 96 家。全年已审核认定或延续 14 批共计 32 家企业为乙级政府采购代理机构,并依法颁发了资格证书。组织开展政府采购代理机构业务培训,全省 76 家乙级资格代理机构和 9 家甲级资格代理机构共计 150 余人参加培训并经考试取得合格证书;二是规范专家库管理工作。实行政府采购专家动态管理,对专家参与评审情况实行承诺制度和反馈制度。不断完善升级专家库系统,专家库品目分类更为科学,行业分布更为合理。专家征集工作实现日常化,评审专家队伍不断充实扩大,2011 年新入库专家 227 人,在库专家达到 1572 人;三是规范市县政府采购管理工作。2011 年,对市县政府采购工作了进行调研,摸清了市县政府采购工作的现状,宣传政府采购法规制度,指导和规范了市县政府采购机构设置、执行平台、信息化建设、信息统计等工作;四是规范政府采购宣传工作。2011 年,组织全省各市政府采购系统宣传人员参加了财政部举办的"政府采购新闻采写培训班"。积极与《中国政府采购报》、《中国政府采购》杂志、《政府采购信息报》、《公共采购》杂志、《安徽日报》等主流媒体联系,充分利用专业媒体宣传安徽省政府采购制度改革的成果,开展政策法规宣传,正面引导舆论媒体,传播亮点、讨论热点、探究难点;利用安徽省政府采购网站为政府采购当事人和社会公众提供全面、详尽的政策信息、采购动态和业务培训信息,并确保信息发布的内容真实、完整、及时、准确。

(厅采购处供稿 侯洪玮执笔)

农村综合改革工作概述

2011 年,是"十二五"开局之年,按照省委、省政府和厅党组的工作要求,省财政厅农村综合改革处根据年初工作计划,围绕中心、服务大局、团结奋进,大力加强业务建设和效能建设,着力抓好一事一议财政奖补试点工作,认真落实村级组织运转经费保障机制有关政策,大力推进相关改革,顺利完成全年工作任务,取得较好成效。

【加大工作力度,全力推进一事一议财政奖补工作】省委、省政府和厅党组高度重视,将一事一议财政奖补工作纳入 33 项民生工程,大力推进。一是完善政策措施。制定了一事一议财政奖补民生工程实施办法,进一步明确一事一议工作要求;制定了村级公益设施管护办法,明确村级公益设施管护范围、管护主体和管护资金来源;制定了一事一议考评办法,明确考核标准、考核对象和考核要求;制定了一事一议"十二五"规划,明确"十二五"期间一事一议工作目标。二是召开全省会议。4 月 1 日上午,省政府召开全省村级公益事业建设一事一议财政奖补工作电视电话会议,贯彻落实全国会议精神,部署一事一议财政奖补工作。原副省长赵树丛到会并作重要讲话,陈先森厅长安排部署下一步工作。三是加强政策宣传。通过安徽日报、安徽人民广播电台、安徽电视台等新闻媒体,对全国会议和全省会议情况进行了系统宣传;通过《安徽财会》编印宣传专辑,将全国会议和省会议主要精神、领导讲话,以及近年出台的有关文件等,编印成宣传专辑,系统宣传一事一议财政奖补政策;通过安徽财政信息、财政宣传橱窗、农村综合改革简报、厅内信息网等,对会议精神和领导讲话等进行及时宣传,营造良好舆论氛围。四是开展工作督查。7 月底至 8 月初,在全省范围内组织开展了一事一议财政奖补工作大检查,及时掌握了解各地一事一议财政奖补组织领导情况、目标任务落实情况、项目实施进展情况、资金到位和拨付情况、制度建设情况、业务基础工作情况以及机构队伍建设情况等。通过此次检查,对各地一事一议财政奖补工作进行了经验总结,同时,对检查中发现的一些问题及时提出了整改意见,并要求各地按期整改。五是强化政策落实。各级综改部门强化政策落实,多渠道筹集资金,不断增加投入,形成了中央财政、地方财政、农民群众和社会投入"四位一体"的村级公益事业投入新格局。2011 年,全省共有 1.59 万个村(居)开展了一事一议财政奖补项目建设,占总数的 90%,受益人口 4800 万余人,占农业人口总数的 92.3%。全省共投入财政奖补资金 22 亿元,村集体投入和社会捐赠资金 1.9 亿元,农民筹资 5.5 亿元,农民投劳折资 7.6 亿元,投入总额达 37 亿元,建成 2.29 万个群众直接受益的公益性项目,有效改善了农村生产生活条件。

【全面落实政策,完善村级组织运转经费保障机制】将完善村级组织运转经费保障机制列入 2011 年重点工作,全面落实各项政策。一是深入调研,掌握情况。将村级组织运转经费保障机制列入农村综合改革重点工作和重点调研课题,厅领导多次带队奔赴县、乡、村与县直有关部门、乡镇、村干部进行座谈,了解村级组织运转经费收入来源、支出构成以及经费缺口等,听取基层意见和建议。通过调研,进一步掌握我省村级组织运转的现状和存在问题,提出对策措施。二是筹措资金,加大投入。根据中央两办文件和省委办公厅、省政府办公厅《关于完善村级组织运转经费保障机制促进村级组织建设的实施意见》(皖办发〔2009〕21 号),认真研究制定省级财政补助方案。2010—2011 年省级财政共安排村级补助经费 20142 万元,分两步到位,在 2010 年安排 10088 万元的基础上,2011 年安排 10054 万元,进一步提高村级组织经费保障标准。三是督促指导,落实政策。在全省范围内开展了村级组织运转经费落实情况专项检查,督促各地积极落实村级组织各项政策,并将检查情况向省委、省政府汇报。张宝顺书记在报告上批示:"村级组织的建设和正常运转非常重要,经费保障至关重要。各级财政为此做了卓有成效的工作。随着经济状况的改善,村级组织的财政保障水平也要逐步增加。"詹夏来常务副省长批示:"保障村级组织健康运转,是建设美好安徽的一项基础性工作。请财政厅继续按照资金来源稳定、管理规范、保障有力的要求,进一步巩固成果，着力解决存在的问题，逐步建立比较完善的村级组织运转经费保障长效机制。”

【积极破解难题，探索清理化解乡村公益性债务】按时完成农业税垫税和农村义务教育债务化解工作，并积极探索其他乡村公益性债务清理化解工作。一是承办全国会议。受国务院综改办委托，4月28日，国务院农村综合改革工作小组办公室在合肥召开了部分省份清理核实公益性乡村债务工作座谈会。认真做好会议的相关筹备和接待工作，为会议召开创造良好条件，会议顺利召开，得到国务院综改办的充分肯定。二是积极争取试点。及时跟踪了解国务院综改办关于清理化解其他公益性乡村债务相关政策，并向国务院综改工作小组提交列入全国试点的申请和《安徽省清理化解乡村垫交税费债务试点工作实施方案》，经努力争取，被列入国家试点省范围。

【加强调查研究，做好国有农场税费改革工作】不断开展国有农场税费改革工作调研，了解国有农场改革中存在的新情况和新问题。一是认真落实国有农场税费改革政策措施。2011年安排农工减负补助资金7181万元，安排农场公益事业发展补助资金3286万元，大大减轻了农工负担，改善了农场公益设施，提高了农工生活水平，调动了农工从事农业生产的积极性。二是大力推进国有农场分离办社会改革。基本完成了公安、教育移交，促进了农场内部管理体制改革等。11月，国务院综改办就国有农场分离办社会工作来我省调研，了解我省的主要做法。

【加强统筹协调，推进农村综合改革相关工作】在工作中，充分发挥牵头协调作用，注重增进与相关部门的联系，加强配合，通力合作，形成推进农村综合改革的合力。一是大力推进集体林权制度改革。在国有林权主体改革任务基本完成基础上，认真做好抵押林权质押管理服务和林地林木权属抵押登记管理工作，全省已办理林权抵押贷款1.9万宗，抵押林地面积139万亩，办理贷款15.4亿元；不断发展壮大农民林业专业合作组织，全省已成立农民林业专业合作组织621个，其中在工商部门进行登记的林业专业合作社有334个，带动农户13万户，整合林地面积214万亩；建立林权管理服务中心，完善服务功能，创新服务模式，搭建服务平台，全省已建立林权管理服务中心91个，其中县级55个，乡镇级36个。二是积极推进农村土地经营权流转。全省乡镇农村土地流转服务平台建设达到93%，农村土地流转面积1197亩。三是明晰农村集体土地产权关系。持续推进农村集体土地确权和登记发证工作，完成农村集体土地所有权确权和发证17073本，确权和发证率达95%；完成集体建设用地使用权确权和登记发证44692本，确权和登记发证率82%。四是拓展为农服务范围。积极总结南陵县推行“四代一管”全程代耕服务模式；不断巩固完善基层农技推广、畜牧兽医和动物防疫体系建设；部分县将农业技术、水利工程管护等农村公益性项目列入“以钱养事”范围，构建“服务主体多元化、服务行为社会化、服务形式多样化”的农村公益性服务新模式。五是创新推进城乡一体化综合配套改革试点。认真开展调研，及时总结交流试点地区的好经验、好做法，以铜陵户籍制度改革为突破口，进一步促进城乡一体化试点工作。进一步扩大城乡一体化实验区范围，批准郎溪县以县为单位开展试点。

（厅综改处供稿　杨作华执笔）

民生工程实施工作概述

2011年，在省委、省政府的坚强领导下，全省各级各部门认真贯彻落实中央关于保障和改善民生的决策部署，上下联动，横向互动，强化措施，狠抓落实，33项民生工程目标任务全面完成，居民收入倍增规划工作开局良好。

【加强组织领导】年初，省政府出台《关于2011年实施33项民生工程的通知》（皖政〔2011〕1号）。2月24日，省政府召开全省实施民生工程工作会议，张宝顺书记、王三运省长作重要讲话，赵树丛副省长与各市签订了目标责任书。省民生办印发《2011年33项民生工程实施办法的通知》等实施方案及配套文件，形成一套完整的政策体系，印发各地贯彻执行。提请成立省推进城乡居民收入倍增规划实施领导小组，建立工作联络员制度，加强联络协调，形成横向到边、纵向到底的工作联动机制。

【强化资金保障】2011年，省财政厅出台《关于2011年民生工程资金筹措有关问题的通知》，全省33项民生工程计划投入资金388亿元，全年实际拨付资金468亿元，其中省财政拨付中央和省级资金

385.8 亿元，占总投入的 82.4%，较上年增长 108.6 亿元。省财政坚持把保障和改善民生作为财政工作的出发点和落脚点，在财政收支压力增大的情况下，将更多财力向民生倾斜，全省民生投入 2600.7 亿元，占财政支出 78.7%，地方新增财力 80%以上用于民生。省级新增省对下均衡性转移支付 30 亿元，其中健全县级基本财力保障资金 10 亿元，有效减轻了市县配套压力。各级财政部门打足预算，优先安排拨付民生工程资金，确保配套足额落实，确保资金发挥效益。

【创新工作举措】经过深入研讨，多方论证，省政府出台了《关于印发安徽省民生工程"十二五"规划的通知》(皖政〔2011〕83 号)，确定了新时期民生工程的发展路径和攻坚方向。5 月份，全省财政系统开展了"贴民情、听民意、惠民生——万名财政干部大走访"活动，1.9 万名财政干部深入 1.5 万个行政村和 3 千多个社区，走访居民、农户 27.8 万户。8 月份，省人大、省政协组织 100 多名省人大代表、省政协委员对 16 个市民生工程进行巡视评估。省财政厅会同省直各部门制定出台了 20 个工程类项目建后管养的指导意见。

【加强协调调度】各级各部门认真履行职责，深入调度推进，强力推动民生工程实施。省财政厅认真履行牵头职责，完善民生工程省直、市县联络员制度，召开 4 次省直单位联络员会议和 3 次全省民生工程工作座谈会，在横向、纵向两个层面加强调度推进。11 月 25 日，省民生办提请王三运省长主持召开省推进城乡居民收入倍增规划实施领导小组第一次会议，听取工作汇报，部署工作任务。召开省直部门座谈会，做好政策意见征询、进展情况汇总等工作。协调省直相关部门将"十二五"居民收入倍增规划考核指标逐年分解到各市。

【完善配套措施】及时印发通知，督促省直有关部门以加快城乡居民收入增长为核心，围绕就业提升、创业富民、民生普惠、财富增值四大工程，结合自身职责，研究配套政策和推进方案，出台促进就业、扶持创业、完善社保、工资增长、强农惠农、公共服务、扶贫开发、产权保护、投资理财等九项政策措施，加快形成政策合力。

【夯实基础工作】进一步完善情况报送制度和资金报表系统，按月汇总报告民生工程工作进展、资金拨付等情况，建立健全 2011 年全省民生工程资料库。加强收入倍增工作的信息收集整理分析、做好各项监测指标数据的采集报送发布、协调和组织省直各部门的收入倍增政策措施的制定实施、督促指导市县区收入倍增规划各项政策的贯彻落实。

【深化政策宣传】3 月 22 日，与省委宣传部印发《关于进一步加强民生工程宣传报道的通知》，在全省开展民生工程宣传月活动。从 4 月 1 日起，在《安徽新闻联播》开设"民生工程进行时"专栏，在《安徽日报》开设"33 项民生工程巡礼"专栏，每天介绍 1 个项目，展示实施成效，解读项目政策。编印《民生工程政策 80 问》和致城乡居民的一封信，编发民生工程简报 30 期、收入倍增简报 4 期。及时更新民生工程专栏网页，在省财政厅门户网站进行民生工程社情民意调查，共征集 953 名网民意见 376 条。

【改革考核方式】在征集部门、市县意见的基础上，对民生工程考核办法进行修改完善，将社情民意调查结果列入单项得分，实行统一考核分项评分，减轻基层迎检负担，增加中央媒体曝光一票否决等内容。在充分征求省直有关部门和社会公众意见的基础上，省政府办公厅印发《安徽省人民政府办公厅关于印发安徽省"十二五"居民收入倍增规划实施情况考核办法的通知》(皖政办秘〔2011〕212 号)。12 月份，全省民生工程考核与居民收入倍增规划考核同步进行，民生工程各牵头单位按照要求，认真完成各单项考核工作。为进一步调动县级实施民生工程的积极性，下移工作重心，提请省政府表彰 21 个民生工程组织实施工作先进县。

【完成目标任务】从全省考核情况看，33 项民生工程和居民收入倍增规划组织实施工作进展有序，配套资金基本落实到位，发放或补助到人项目资金已发放完毕，保险保障类项目资金按规定合理使用，工程类项目主体建设基本完工，省委、省政府提出的城镇居民人均可支配收入(增长 14.5%)和农民人均纯收入(增长 14.9%)的目标超额完成，圆满完成民生工程和城乡居民收入倍增各项目标任务。

(厅民生办供稿　孟　骞执笔)

人事教育管理工作概述

2011 年，在厅党组的正确领导下，省财政厅人事教育工作紧紧围绕财政中心，以创先争优、服务发展两项活动为抓手，加强干部队伍建设，规范机构编制管理，强化干部教育培训，推进事业单位改革，进一步提升科学化管理水平。

【全力做好机构编制清理】一是在2010年工作的基础上，对12家厅属事业单位进行了机构编制规范清理工作，分类制订了清理意见并报省编办备案。二是针对省国有资产运营公司相关资产、人员已经整体划转省国资委的实际，根据有关文件精神并报省编办同意，撤销我厅省国有资产运营公司事业单位牌子。三是因省中小企业信用担保中心和省财政经济开发处已经无法履行事业单位职能，经省编办同意，撤销两家自收自支事业单位。四是认真做好处室间职能界定工作，牵头组织资产处与资产中心、人教处与干教育中心等相关单位，协商界定各自职责分工，并经厅长办公会研究通过。

【积极做好机构编制申报】在分管厅长的直接领导下，经多方努力，机构编制申报成绩显著。一是厅机关增设民生工程工作办公室，同时增加行政编制8名，其中处级领导职数3名。二是在撤销服务中心的基础上，新成立干教中心，列入全额拨款事业单位，核定事业编制18名，其中处级领导职数3名。三是新成立资产中心，列入全额拨款事业单位，核定事业编制25名，其中处级领导职数4名。四是经省人社厅批准，采购中心成功列入参公管理序列。五是经积极努力，省编办下达我厅军转编制3名，省公务员局下达我厅调研员职数1名。

【认真做好常规管理工作】一是认真做好事业单位参公申报工作，根据省人社厅有关文件精神，梳理并报送了资产中心等5家事业参公申报材料。二是完成厅机关及厅属参公单位18名同志的公务员登记工作，确保新录用(过渡)人员及时登记。三是按照省编办的统一布置，指导11家厅属事业单位通过2011年度法人年检，完成并报送了2010年度机构编制信息统计信息。四是精心组织参公人员考试登记工作，尽力为有关同志争取参公考试资格，目前6名参加考试登记人员，已经省公务员局批准，完成登记。

【扎实做好机构编制改革】一是根据部分厅属事业单位机构改革需要，对省农发局等6家单位的编制职数进行统筹调整，并得到省编办批复同意，优化了相关单位的编制职数资源。二是坚持做好事业单位岗位设置工作，精心组织，认真做好岗位设置前期准备工作；在岗位设置方案经省人社厅审核批准后，及时组织各单位定人定岗、签订聘用合同，并报省人社厅备案。

【积极做好干部调配】一是认真做好干部配备。根据职位空缺和工作需要，按照干部任用条例规定，通过常规选拔程序任用处级领导干部3名。二是积极拓展选人用人视野，丰富干部成长渠道，通过竞争上岗方式，竞争性选拔厅属事业单位处级领导干部5名。三是精心做好处级领导干部交流工作。根据部分厅属事业单位机构改革需要，结合干部素质和岗位职能，对7名同志的职位进行了调整，其中单位正职3名，副职2名。四是继续加强干部梯队建设，不断充实人员力量，在厅办公室的协助下，为厅机关和厅属单位遴选选调生17名。五是积极做好原巢湖市接收人员安置工作，结合干部经历及时定职定岗并核定工资，切实保障接收人员稳定。六是主动对接军转干部双向选择，精心遴选我厅适用人才，顺利完成本年度4名军转干部安置任务。

【认真做好干部考核考察】一是及时完成全厅干部年度考核工作。组织并完成422名处以下人员年度考核；配合省委组织部完成了厅级干部2010年度考核。二是为厅党组及领导班子成员开好2010年度民主生活会做好各项服务工作，配合省委巡视组完成对厅党组巡视工作。三是坚持做好党员干部报告个人事项工作。结合年度考核，组织全厅处级党员干部报告个人有关事项，报送厅级干部本年度集中报告个人事项材料，并建立了全厅处级党员干部报告个人有关事项年度档案。四是认真进行试用期满干部考察工作，及时完成11名新任处级领导转正有关手续。

【继续做好干部挂职工作】一是认真做好双向交流挂职工作。推荐4名干部到县挂职，接收并安排4名干部到厅挂职。二是继续做好财政窗口挂职工作，安排胥慰庆同志挂任省政务中心财政窗口首席代表。三是大力选派干部支持皖北地区发展。推荐3位干部到市财政局挂职。四是坚持做好扶贫联系点干部推荐。推荐管立新、王俊同志分别到太湖县、肥东县八斗镇挂职，继续支持两地经济社会发展。四是做好挂职干部期满考核工作，全面了解挂职干部挂职期间各方面表现情况，并作为下一步干部使用的重要依据。

【系统规范开展干部培训】一是认真贯彻落实财政部 2010—2020 年干部教育培训改革纲要实施意见，编制了《2011—2015 年安徽省财政厅干部教育培训规划》，进一步推动全系统学习型机关建设。二是按照规划目标和工作进度，年初编制下达了《2011 年省财政厅干部教育工作计划》，积极完善统筹规划、上下联动工作机制，加强规范管理，有序推进本年度培训工作。

【加大基层培训力度】一是注重思想发动。分管领导带队到相关片区进行开班动员，增强乡镇财政干部对培训工作的认识；召开基层培训工作座谈会，认真总结基层培训工作经验，明确工作思路和努力方向；搭建基层培训信息宣传平台，推进培训信息交流；广泛宣传基层培训成效，扩大基层培训影响。二是加强调查研究。深入乡镇财政所和行政村，了解和掌握基层培训需求；紧密联系基层财政工作实际，完成了财政部《基层财政干部廉政道德教育》教材的编写任务，《农村财会人员和基层财政干部培训的影响因素分析与对策研究》课题研究。注重提升培训管理者素质，举办专题培训班，并与兄弟省份进行工作交流。三是强化组织指导。坚持靠前组织，现场指导，开展乡镇财政干部培训工作专项调研督查；坚持以考促学，以考促管。结合工作实际，适时调整考评内容和标准，开展了 2011 年全省农村财会人员财政支农政策培训互评。四是不断创新机制。建立以省干教中心为龙头，合肥、黄山、阜阳财校为培训基地，分片实施培训的组织方式，充分发挥财政培训基地优势，推动了乡镇财政干部培训持久、有效开展。全年，培训乡镇财政干部 3210 人次、农村财会人员 6177 人次。

【不断丰富培训手段】一是精心组织干部在线学习。进一步加强机关干部在线学习组织领导，规范在线学习行为，督促落实任务完成，确保在线学习效果。二是积极推行干部学分制考核。加大学分制考核工作宣传力度，提高思想认识，明确目标任务，进一步完善了干部学习学分证明材料申报、审核、评定的依据和程序，并开展组织干部学分制学习情况审核。三是认真完成干部调学任务。全年完成省委党校、省直党校和省行政学院等 18 个班次、47 名干部的调训任务；完成财政部 23 个班次、35 名干部的调训任务。

【着力加强制度机制建设】一是定期开展处内业务学习，不断提升处室整体工作能力和水平。二是结合开展廉政风险防控工作，认真梳理人事教育权力运行流程，进一步完善工作机制。三是开展缅怀先烈、重温誓词活动，鼓励引导党员干部牢记宗旨，永葆先进。四是开展“贴民情、听民意、惠民生”大走访以及省委组织部千名组织部长“三走进、三服务”活动，调查民情民意，倾听基层群众诉求，进一步密切党群干群关系。五是依据 2007 年以来财政政策发展实际，精心组织修订《财政基础知识读本》，为全省财政干部系统学习财政业务，熟悉财政工作，增强服务发展业务能力提供有力支持。

【切实加强劳资职称管理】一是及完成工资变动调整。全年共计完成工资变动 459 人次，并为 300 名在职人员发放 2010 年度第十三个月工资；调整 20 名离休干部提高离休人员生活补贴发放标准。二是主动做好职称推荐申报。组织、部署了 38 类专业技术考试网上报名，4 人申报中级专业技术职称。三是积极办理荣誉表彰申报手续。全年办理申报省直单位表彰的先进集体 8 个、先进个人 26 次。

【着力做好综合事务服务】一是及时完成出国政审手续。执行了省外办批复我厅出国团组计划 9 个团组；为厅机关及厅属单位 81 人办理了因公出国(境)手续；为 2 名干部办理因私护照申请手续，3 名退休干部办理因私出访手续。二是认真填报各类统计信息。全年共完成省人社厅、统计局、财政部等单位布置的各类统计报表 4 套，并被财政部评为 2010 年度全国财政系统人事教育统计工作先进单位。三是切实加强档案管理。认真把好材料收交关、审核关，接收整理干部人事档案 55 份，归档材料 243 件，装订、移交厅档案室 2010 年度文书档案 248 份。

（厅人教处供稿　张　飞执笔）

机关党建工作概述

2011 年，在厅党组和省直机关工委的正确领导下，机关党委坚持以科学发展观为指导，围绕服务财政中心工作，深入开展“服务发展年”活动，全面推进机关党的建设，努力提高机关党建工作科学化水平，较好地完成了年度工作任务，为促进财政改革发展和机关各项重点工作任务的完成提供有力的政治和思想保障。

【提升党员干部思想政治素质】把思想理论建设摆在工作首位，注重理论武装工作、着力思想引领，全厅广大党员干部的思想政治素质明显提高，机关学习型党组织建设成效明显。一是坚持学习制度。按照省直工委有关工作安排以及厅党组具体部署，以党组中心组为龙头，以处级以上领导干部为重点，促进中心组学习内容、人员、时间和效果落实。围绕学习贯彻党的十七大、十七届五中、六中全会和省委八届十三次全会、省第九次党代会精神以及全省经济工作会议等主要内容，坚持每月一次中心组学习，全年共组织中心组集中学习12次。切实抓好党支部"三会一课"制度落实，各支部年均集中学习教育在25次以上。2011年，省财政厅以省直单位总分第一的优异成绩被评为2008—2010年度全省党委(党组)中心组学习先进单位。二是强化学习保障。扎实做好理论学习服务保障工作，先后向中心组成员及机关党员干部发放《十七届六中全会文件汇编》、《十二五规划建议辅导读本》、《机关干部常用法律知识手册》、《中国共产党党史》、《机关党务干部读本》等各类理论书籍、辅导资料14册(套)，组织党员干部参加"省直机关大讲堂"等专家学者授课8批次，在全厅范围内组织专家授课辅导2次。三是推动学习型党组织建设。以纪念建党90周年活动为契机，深入开展了党史党建教育活动，组织全体党员干部参加了省直机关党史知识竞赛活动；组织参加了省直机关书香伴我行读书游园活动；组织收看、观看了《永远的忠诚》、《建党伟业》、《复兴之路》、《飞天》等主旋律影视作品等。通过形式多样的学习方式，推进机关学习型党组织建设。6月份，中宣部在杭州召开全国学习型党组织建设工作经验交流会，省财政厅作为唯一一家基层单位参会并作典型发言。12月份，省财政厅获"省直机关学习型党组织建设先进单位"表彰。

【深入推进创先争优活动】围绕"科学理财创先进，学习沈浩争先锋"主题，把"学沈浩、创先进、争优秀"贯穿创先争优活动始终，坚持围绕财政中心工作强化主题实践，深入开展窗口单位和服务行业"为民服务创先争优"活动，强化宗旨意识，推进基层组织和党员干部立足本职发挥先锋模范作用。一是开展党员领导干部点评创先争优活动。年初，按照上级统一部署，省财政厅11名厅级领导干部、40个党支部及支部书记共456名党员参加了党员领导干部点评创先争优活动，实现了领导干部100%参加点评，党支部和党员100%被点评，有力推动了创先争优活动持续深入开展。二是组织厅机关"贴民情、听民意、惠民生"大走访活动。4月份，围绕进一步加强和改进新形势下群众工作，加强社会建设和管理，推进创先争优，按照厅党组部署，厅机关开展了"贴民情、听民意、惠民生"大走访活动，厅领导、厅机关和党支部书记带头进村入户，厅机关24个党支部、300余名党员干部共走访了全省47个行政村、社区，383户居民、农户。三是组织开展"万名党员便民行"主题实践活动。按照省直机关工委有关部署，厅机关党委结合实际开展主题实践活动。与杏花社居委党总支、小岗村党委分别开展了帮扶共建活动，组织了"送温暖献爱心"活动，走访了驻地附近困难家庭和益寿苑老年公寓；开展了"进基层大走访"社情民意座谈活动；组织党员干部参加省直工委集中开展的"党员便民服务活动"。四是深化"学沈浩、创先进、争优秀"活动。紧密结合弘扬沈浩精神，深入开展了学习杨善洲同志先进事迹活动。组织参加了省直机关"创先争优在行动"征文比赛，省财政厅两篇选送征文分获一、二等奖。组织开展了"七一"表彰活动，表彰了一批厅机关先进党支部及优秀党员；"七一"期间，省财政厅一批先进党支部和优秀党员受到了省直工委"一先两优"表彰，厅机关党委获评"省直机关先进基层党组织。

【全面加强机关党建工作】一是开展"机关党建提升年"活动。按照省直工委统一部署，深入开展"机关党建提升年"活动。全面落实《中国共产党党和国家机关基层组织工作条例》和《安徽省直机关党支部工作规程》，适应形势任务发展，不断强化厅直机关基层党组织建设。上半年，新成立了干教中心、资产中心等两个党支部；对涉及人员变动的厅属4个党支部组织进行了改选。二是强化机关党务工作。选送10批次15名党务干部参加省直党校党支部书记培训班；新发展党员1人，批准预备党员转正10人；进一步加强党员管理工作，升级完善了党员管理信息数据库，全年党员组织关系转入67人，转出11人。三是推动基层党务公开。落实省直机关党务公开工作部署，成立了省财政厅基层党务公开工作领导小组，印发了《安徽省财政厅直属机关党支部党务公开目录》，推进党务公开工作。先后组织开展了中央、省委、省直工委管理和厅机关党委管理四级党费收支情况的公示公开工作。四是注重机关党建研究与宣传工作。针对机关党建工作重点、热点、难点问题，结合财政工作实际，加强党建工作调研，积极探索新形势下党建工作思路与对策。参加省直机关党建研究会开展的专题调研活动，撰写的调研报告《推进学习型机关党组织建设的实践探索》获评2011年度省直机关党建优秀研究成果一等奖（第一名）；结合党建工作实际，积极参与厅里开展的廉政论文征集活动，撰写的研究论文《推行党务公开 推进反腐倡廉》获评优秀。进一步加强党建宣传工作，全年在《安徽日报》、安徽卫视、中安网等省级以上新闻媒体累计发布厅机关党建、文明创建等宣传稿件21篇（件）；2011年度，厅机关党建、文明创建工作简报、动态被厅领导集体传签7次，《省直机关情况》用稿量省财政厅再创第一，受到省直工委通报表扬。

【组织庆祝建党90周年系列活动】按照厅党组统一部署，机关党委以全省财政系统专场文艺演出为重点，开展了形式多样、丰富多彩的主题实践活动和纪念活动，强化财政系统党员干部责任意识，激发荣誉感。一是成功举办全省财政系统专场文艺演出。牵头筹办了“永远的忠诚”——全省财政系统庆祝建党90周年专场文艺演出，通过近半年的谋划、筹备，在各参演市财政局及厅各处室（局）、单位的积极协助配合下演出获得了圆满成功，赢得了各方面的广泛赞誉，反响强烈。二是组织“七一”专题党课。6月21日，组织召开纪念建党90周年专题党课大会。厅党组书记、厅长陈先森同志作题为《加强党性修养，牢固树立终身学习观》的专题党课，深刻阐述终身学习的重要意义以及抓好学习的“五条路径”，厅机关全体党员干部职工和厅属单位中层以上党员干部参加了党课学习。三是组织开展“缅怀先烈 重温入党誓词”主题实践活动。机关党委转发了省委组织部、宣传部关于在全省开展百万党员“缅怀先烈、重温誓词”活动的通知，布置各支部结合实际，深入开展主题实践活动。厅属各党支部组织干部职工参观革命纪念场所，开展了专题党课、座谈交流、重温入党誓词等主题教育和实践活动。四是组织参加财政部摄影书法文学作品征集活动。按照财政部《关于举办财政系统庆祝建党90周年文学征文和书法摄影展活动的通知》要求，机关党委及时组织在全省财政系统开展作品征集工作，共上报各类作品99篇（件），其中，10篇文学作品分获一、二、三等奖，17幅书法作品全部入选财政部书法展，8件摄影作品分别获二、三等奖。5月份，机关党委组织赴小岗村进行专题拍摄，以《学习沈浩再立新功》为专题报送财政部参展，成为财政部庆祝建党90周年摄影展中设立专题展板的两个省区之一。

【深入推进精神文明创建工作】年初，机关党委牵头起草印发了《关于进一步推进文明创建工作的意见》（财机〔2011〕133号）；2月份，组织召开了全省财政系统文明创建工作推进会（视频）进行部署动员发动，省文明办主任贺懋燮、省直工委书记张国富同志应邀出席会议并作重要讲话。年初，省直文明委表彰了2008—2010年省直机关文明单位，省财政厅及厅属11个单位获评省直机关文明单位，厅办公室、社保处获评省直机关文明处室。7月份，省直文明委主任张国富、副主任刘加莹率检查组考评我厅申报全国文明单位创建工作，对省财政厅文明创建工作给予了充分肯定。10月份，省财政厅获评第九届安徽省文明单位，连续第6次获评“安徽省文明单位”称号。12月20日，全国精神文明建设工作表彰大会在北京召开，省财政厅被中央文明委授予“全国文明单位”称号。

【认真做好群众工作】重视发挥机关党建工作优势，带动群团工作开展，推进群团组织创先争优，营造和谐机关氛围。2011年省财政厅被省直工委先后授予省直机关“工会目标责任制先进单位”、“计划生育先进集体”、“工会财务工作先进集体”等荣誉称号。一是丰富活跃机关文化活动。成功举办了2011年迎新春联欢会；牵头组织省直财金党建联系片（17个厅局单位）参加“永远跟党走”省直机关红歌演唱大会，并获优秀组织奖；代表省直机关参加全省“红歌满江淮 合唱促崛起”大型红歌演唱比赛，以总分第一获得金奖。积极开展群众性体育健身活动，加入了省直机关体育联合会，并推动建立机关群众性体育组织。先后组织参加了第三届省直机关万佛湖环湖健身走活动、安徽省首届红色运动会、2011年省直机关篮球赛、省直机关乒乓球比赛及省直机关第一届羽毛球比赛等，均取得较好成绩。二是推动群团组织创先争优。在首届省直机关五一评比表彰中，省财政厅获得“五一劳动奖状”、“五一劳动奖章”及“工人先锋号”等多项荣誉表彰。注重保障女职工权益，鼓励女职工积极投身“巾帼建功”活动。“三八”妇女节期间，组织女职工一行29人赴江西学习考察；组织女职工参加省直机关第二届女职工才艺展，省财政厅报送的21副作品全部入选参展，并获得优秀组织奖；政府采购中心范晓玲同志在今年被评为省直机关“三八红旗手”。发挥团组织职能，引导广大机关青年立足岗位，建功成才。厅农业处吴小林同志荣获第十四届“安徽青年五四奖章”荣誉称号；厅办公室王知国同志获评“省直机关优秀青年”。此外，在年度省直机关“五四”表彰中，多名团员青年获得省直优秀共青团员、团干部和青年岗位能手称号，省信用担保集团信息技术部被评为省直机关“青年文明号”。三是认真做好结对共建及困难党员、职工帮扶工作。广泛开展联系帮扶活动，认真落实定点帮扶长丰县工作，履行牵头职责，会同农发局先后多次实地调研，采取务实举措，支持长丰县现代农业发展，促进当地农民增产增收。加强与小岗村共建帮扶，5月份、12月份先后两次组织向凤阳县小岗村开展走访、帮扶及慰问捐赠活动。结合重大节庆时机，开展慰问困难党员、职工活动，先后组织慰问厅直单位困难职工12户、社区(村)困难群众40户；看望外地挂职干部4人；组织看望伤病职工15人次；并组织慰问了沈浩同志家属。

(厅机关党委供稿　刘　恒执笔)

财政纪检监察工作概述

2011年，全省各级财政部门认真贯彻落实党的十七大、中纪委全会、省纪委全会、省政府廉政工作会议和全国财政反腐倡廉建设工作会议精神，以加快推进惩治和预防腐败体系建设为载体，以健全权力运行监督制约机制为重点，以廉政风险防控为抓手，围绕中心、服务大局，全面推进财政反腐倡廉建设，取得了新的工作成效。

【强化财政监督检查，保障重点工作落实】各级财政部门切实履行监督检查职能，确保各项重点工作部署落到实处。一是开展民生工程监督检查。深入开展“万名财政干部大走访”活动和“省人大代表、省政协委员民生工程巡视评估”活动，组织开展财政牵头的民生工程考核评价工作。2011年10月，厅班子成员组成9个督查组分赴各市、县(区)，进行实地督查。各级财政部门着力加强民生工程资金管理和监督，保障民生工程顺利实施。二是开展重点资金监督检查。开展省级绩效评价工作，覆盖到省直所有重点支出部门和各种类型的财政资金，涉及资金总额587.5亿元。开展对涉农、教育、就业、社保、医疗卫生、公共文化等资金项目的监督检查，确保了资金落实和发挥效益。三是开展监督监察工作。认真贯彻执行《党内监督条例》，严格执行民主生活会、述职述廉、诫勉谈话和函询等党内监督制度。抓好干部选拔任用和监督管理等方面政策法规的贯彻落实，加强对“三重一大”决策程序、制度执行情况的监督监察。省财政厅对新任处级干部任免过程进行监督并进行廉政考核，对贯彻落实《廉政准则》进行了专项检查。厅党组对新进人员进行集体廉政谈话。四是开展制度体系建设。牢固树立财政“大监督”理念，切实推进财政监督规范化、科学化管理，先后出台《安徽省财政国库资金调度管理暂行办法》、《关于进一步加强地方金融机构财务和国有资产监管工作的若干意见》、《省财政厅督查工作暂行办法》等多项制度办法，建立了较为完备的财政监督制度体系。

【强化“一岗双责”，全面履行责任制度】各级财政部门认真履行党风廉政建设责任制，完善反腐倡廉工作机制，形成了目标具体、分工明确、齐抓共管、责任到位的工作格局。一是加强组织领导。各级财政部门把落实党风廉政建设责任制列入财政工作要点，将反腐倡廉建设与财政业务工作同部署、同推进、同检查、同考核，为反腐倡廉工作的有效落实提供了有力的组织保障。厅党组召开部署反腐倡廉工作会议5次，研究反腐倡廉工作8项。二是加强责任落实。按照一把手负总责和分管领导各负其责的要求，省财政厅继续实行分管领导与各处室单位主要负责人签订反腐倡廉建设责任书的办法，实行责任制。根据省委、省政府的工作部署，省厅印发了《安徽省财政厅2011年反腐倡廉主要工作任务分解表》，将由省财政厅主办的10项任务，协同参与的19项任务分解到有关处室单位，并明确了责任人和完成时限。三是加强考核评价。各级财政部门年终对履行党风廉政建设责任制情况进行了考核，并将考核结果列入处(科)室考核和效能建设绩效考评的重要内容。省厅处室(局)和厅属单位对党风廉政建设情况进行了自查,处级领导干部进行了述职述廉,并在网上进行了公示。

【强化反腐倡廉教育,营造勤政廉政氛围】各级财政部门高度重视廉政宣传教育,开展形式多样、内容丰富的宣教活动,不断增强广大财政干部的勤政廉政意识。一是开展“以人为本、执政为民”主题教育。根据省里统一部署,省财政厅集中2个月时间,通过学习文件、《廉政准则》测试、自查自纠等形式,使广大党员干部进一步树立“以人为本、执政为民”理念,增强了宗旨意识,强化了服务意识,提高了廉政意识。二是开展理想信念教育。以纪念建党90周年活动为契机,组织全厅党员干部开展“缅怀先烈、重温誓词”和观看电视剧《永远的忠诚》、“七一”专题党课等系列活动,使广大党员干部坚定理想信念。三是加强警示教育。省财政厅先后组织参观全国检察机关惩治和预防渎职侵权犯罪展览安徽巡展、赴巢湖监狱接受警示教育、集中观看警示教育片。四是加强廉政文化建设。在《安徽财会》、宣传橱窗上开辟反腐倡廉专栏,在办公楼一楼大厅电子屏幕巡显廉政标语,购买廉政文化书籍,发放廉政台历。2011年8—10月,在全系统组织廉政论文和警言警句征集评选活动,各级财政部门广泛参与,共收到廉政论文92篇,警言警句370条,推进了廉政文化建设,取得了积极效果。

【强化权力监督约束,推进廉政风险防控】各级财政部门在规范权力运行的基础上,系统开展廉政风险防控工作,排查廉政风险,制定防控措施,强化权力监督和约束,省财政厅圆满完成全省廉政风险防控试点任务,受到省委、省纪委主要领导的充分肯定。一是精心谋划准备。6月份,厅长办公会专门研究部署此项工作。成立了廉政风险防控试点工作领导小组,在充分学习调研的基础上,制订实施方案。二是深入推进部署。整个工作分为六个步骤、四个环节、三个时间节点,先后召开了全省财政系统动员会、推进会、联络员会议,进行广泛动员、深入部署。三是全面排查风险。按照“三下三上”的程序,从“点、面、线”三个层面全面排查风险,对重要部门、关键环节和重点岗位进行重点排查。省厅共搜索核定权力事项420个,制定工作规则1548条,绘制防控流程图398个,排查出282个权力风险点,其中一级风险点73个、二级风险点143个、三级风险点66个,在网上进行了公开公示。四是探索防控措施。省财政厅共制定防控措施704条,填写个人承诺422份,制定了《省财政厅廉政风险防控工作考核办法》,并积极探索防控管理长效机制和权力运行监控机制。7月份,会同省农委、省林业厅,组织开展2011年现代农业生产发展项目实施方案评审和现场公开答辩活动。出台《省财政厅财政专户管理办法》,设计研发“安徽省财政厅财政专户管理系统”,并于8月份成功上线运行,实现专户管理各环节既相互分离又相互制约的实时防控,使财政资金拨付更加科学、严密。

【强化专项治理工作,维护群众合法权益】立足维护财经纪律,保障人民群众合法权益,突出重点,针对难点,扎实开展专项工作。一是开展“小金库”专项治理工作。继续扎实开展“小金库”专项治理工作,做好为期三年的“小金库”专项治理总结工作。据统计,2009—2011年,全省共发现“小金库”2067个,涉及金额60288.24万元,共处理处罚169人次,处理处罚单位5个,同时注重推进防治“小金库”长效机制建设。二是开展工程建设领域突出问题检查治理。从2010年11月起,开展了为期五个月的重点项目大排查,从152个省直项目中抽取30个项目进行重点抽查,及时发出整改意见,并在财政门户网站开辟“工程建设领域信息公开”专栏,推进信息公开和诚信体系建设,发布相关信息47条。三是对强农惠农资金专项清查。在全省财政系统开展强农惠农资金专项清查“回头看”活动。“回头看”发现2010年强农惠农违规违纪资金4644万元。截至年底,整改收回资金4319万元,占93%,各地财政健全完善相关财政资金管理办法39个。四是开展厉行节约工作。会同有关部门,进一步控制公务接待,规范公务用车管理,并对党政机关举办庆典、研讨会、论坛活动进行了清查。2011年,厅公务接待支出、会议支出、通信支出分别同比减少13.54万元、36.84万元、6.88万元。五是加强政风行风建设。年初制定了加强政风行风工作的意见,认真组织了“政风行风财政专题”活动,积极配合省委巡视组做好对省厅的巡视工作。省厅两部监督电话共解答民众咨询、投诉20余次,均全部办结。

【强化队伍自身建设,提升纪检业务水平】各级财政部门高度重视纪检干部培养、锻炼工作,通过各项行之有效的手段,全面加强财政纪检部门建设。一是加强队伍建设。各地财政纪检干部积极参与"创先争优"、"服务发展年"和"以人为本、执政为民"等主题活动,深入学习沈浩同志先进事迹,提高了理论水平和业务能力,在全国纪检监察系统纪念建党90周年表彰大会上,马鞍山市财政局纪检组长曾祥宝同志受到中央纪委、监察部嘉奖。二是加强能力建设。组织纪检干部分别参加了中纪委北戴河培训班、省纪委业务培训班等,组织部分市局监察室主任赴内蒙古进行调研学习,提升了业务水平。三是加强理论探索。通过调研和探索,形成了《安徽省财政系统部分案件的剖析与启示》、《浅析廉政风险防控动态管理》等成果,分别在财政部和省纪委召开的研讨会上交流发言。

【强化责任意识,做好信访查办】本着实事求是、高度负责的态度,严肃查处违纪违规和违法行为,做好信访举报和案件管理工作,努力取得良好的政治效果、经济效果和社会效果。一是加快办理进度。接到信件后及时进行阅件分析,在规定的时间办理。二是梳理信访问题。对信件反映的财政工作的问题,通过归类整理,向厅内相关处室与部门反馈,督促他们及时加强工作中的监督与管理。2011年,省财政厅共热情接待来访群众44次、195人,妥善协调办理信访案件92件,省政风行风热线转来的投诉17件,已全部办结。

(厅监察室供稿　苏照存执笔)

离退休干部管理工作概述

2011年,在厅党组的正确领导下,在省委老干部局的指导下,在各兄弟处室(局)和厅属各单位的大力帮助支持下,省财政离退休处认真贯彻党的十七届五中全会、省委八届十三次全会和全省老干部处长会议精神,深入学习实践科学发展观,以服务发展年和创先争优活动为载体,以庆祝建党九十周年为契机,认真贯彻执行党的老干部工作方针政策,大力推进离退休党支部建设,不断加强思想政治工作,认真落实老干部政治生活待遇,围绕中心,服务大局,扎实做好老干部服务管理工作,较好地完成了全年工作目标和任务。

【落实老干部工作的相关政策规定】组织开展了登门走访、医院探望、集中慰问等多种形式的慰问活动。春节前以团拜会形式,厅党组对厅机关和厅属单位离退休人员进行了集中慰问;分别登门走访慰问了部分离退休厅级老干部、离退休干部遗属、生病住院、行动不便和生活困难的老干部。建党90周年之际,按照省委组织部、省委老干部局和厅党组的要求,分别给厅机关和厅属单位离退休干部发放了慰问信和慰问金,并登门走访了部分离休干部。今年对4名年满八十周岁的离退休干部进行了登门贺寿。全年慰问生病住院离退休干部60多人次。

【加强离退休干部党支部建设】积极开展创建"五好"离退休干部党支部和争当"四好"离退休干部党员活动,全体离退休党员以实际行动投身迎接建党90周年系列活动,各支部组织开展参观合肥大建设、唱红歌、重温党史等活动。为配合开展学习杨善洲活动,组织大家观看了电影《杨善洲》,还组织全厅退休干部到小岗村参观学习,进一步颂扬沈浩精神,积极开展创先争优活动。"七一"前夕,省财政厅离休干部浦惠英受到省委老干部局表彰,被评为全省"四好"离退休干部党员。全年分别组织召开了20次各离退休党支部会议,进一步完善和规范了"学习通报制度、参观考察制度、走访慰问制度、车辆使用管理规定和活动室管理规定"等五项管理制度规定。

【丰富老干部精神文化生活】全年组织外出参观考察活动共7批次,300多人次参加。一是3月份组织退休女干部到江西三清山春游;二是全年三次组织部分厅级离退休干部到祁门、绩溪、郎溪、芜湖县、青阳、天长、来安、全椒等地进行参观考察;三是5月份组织老干部门球队到太湖县进行交流比赛;四是11月份组织老干部戏曲小组到淮南、寿县等地学习交流。积极组织老干部参加省委老干部局、省老年体协、省政府老干部活动中心开展的各种比赛活动,组织参加各类竞技麻将比赛活动12次,组织参与桥牌、台球、钓鱼、门球比赛活动13次,共有400多人次参加了上述活动。2011年4月份和9月份,分别在池州和淮北举办全省财政系统离退干部竞技麻将比赛,全省财政系统离退休老同志200多人次参加该项活动,整个活动组织严密,保障有力,安全无事故。

【做好日常服务管理工作】全年为老干部订阅、收发报刊和书信8000余件;发送慰问品1600余件;协助办理个人医药费、书报费报销等300余次;组织活动、看病、住院、走访等保障用车1000余台次,安全行程60000余公里。积极处理好部分老同志家庭矛盾,解决好部分老同志实际困难。

(厅离退休处供稿 王亚栋执笔)

信用担保工作概述

2011年,安徽省信用担保集团围绕省委省政府"科学发展、全面转型、加速崛起、兴皖富民"的主题主线,迎难而上,顽强拼搏,圆满完成了各项目标任务。集团全年实现利润总额1.78亿元,综合财务实力信用等级被评为AA,并先后获得了"2010年度全省金融工作最佳贡献奖"、"2008—2010年度省直机关文明单位"、"全省十佳担保机构"、"2010年全国担保机构三十强"等多项荣誉,集团工会被评为"2010年度省直目标责任制优良单位",取得了较好的经济效益和品牌效益,社会影响力进一步增强。

【促进担保再担保业务发展】集团全年完成担保再担保475.05亿元,同比增长50.95%,超过全年目标任务94.05亿元。其中:直接担保157.14亿元、再担保317.91亿元。通过担保再担保的支持,累计使受保企业新增销售收入631.33亿元,新增利润34.35亿元,新增税收19.81亿元,新增就业岗位11.4万个,创造了较好的社会效益。

【完成"十二五"战略规划纲要编制】确立"十二五"时期把集团建设成为在全国具有一流素质、一流管理、一流业绩、一流作风、一流品牌的地方金融综合服务平台的总体目标,以及到2015年担保再担保规模达到600亿—630亿元的业务发展目标。

【推进全省担保体系建设】与8家市、县(区)担保机构建立了再担保合作关系,体系建设覆盖全省16个省辖市和69.5%的县(市)。

【稳步推进各项政策性业务】国开行转贷工作累计实现放款197.16亿元,全年办理下岗再就业小额贷款担保2.94亿元,开拓了"巾帼创业"农村妇女小额担保贷款计划和劳动密集型小企业担保;进一步推进不良资产打包处置,完成了与3个市新签约工作,清收对价款3960万元;处置省属不良项目4项,清收回款154万元。

【大力推进业务创新】开拓保本基金担保、中小企业集合票据担保和中小企业集合债担保等一批新的业务品种。

【继续加强投资管理】累计收回现金1.25亿元,科投公司全年实现投资收益2243.8万元,确保了国有资产保值增值,省创投基金完成首批募集资金1.6亿元的项目投资;科技园区全年新入园企业16家、毕业企业3家。

【严格控制经营风险】集团直接担保代偿率为0.59%(按银监会新口径,下同),再担保代偿率为0.64%,均未发生代偿损失。

【加强党建和企业文化建设】组织开展创先争优和文明创建活动,扎实推进党风廉政建设;进一步推进科学化精细化规范化管理,集团整体服务水平得到了明显提升。

(省信用担保集团供稿)

农业综合开发工作概述

2011年,在省委、省政府和财政厅党组的正确领导下,全省农业综合开发工作按照国家农业综合开发总体部署,紧紧围绕全省"三农"工作大局和财政支农中心工作,以服务发展为主线,以促进粮食增产、农业增效、和农民增收为目标,以科学化精细化管理为保障,科学谋划,精心组织,扎实推进,圆满完成了全年各项工作目标任务,为全省现代农业建设和"三化"同步发展作出了积极贡献。

【科学谋划"十二五"开发总体思路】在六安市召开全省农业综合开发工作会议,全面总结"十一五"时期全省农发工作的经验做法和成效,准确研判形势,科学谋划了"十二五"工作总体思路:围绕一条主线,即粮食增产、农业增效、农民增收;贯彻两个聚焦,即资金安排向高标准农田建设聚焦、项目布局向粮食主产区聚焦;突出三大重点,即加强农业基础设施建设、支持优势特色产业发展、示范引领现代农业发展;采取四项措施,即加大资金投入、创新机制体制、加强精细管理、狠抓队伍建设,不断推进农发事业科学发展,为安徽全面转型、加速崛起、兴皖富民作出新贡献。

【加大农业综合开发大资金投入】抓住国家农业综合开发资金向粮食主产区倾斜的机遇,通过扎实做好各项基础工作，主动向财政部国家农发办汇报，加强联系，争取支持。2011年，中央财政共安排我省农发项目财政资金104826万元，同比增长17.2%。同时，进一步加大地方财政配套投入力度，省本级预算安排财政配套资金39125万元，积极引导农民、龙头企业及合作社等社会资本投入，全省农业综合开发投入总规模突破18亿元，为推进现代农业发展、促进农民增收提供了资金支持。在积极争取资金加大投入的同时，认真贯彻落实厅里关于加快财政支出进度的各项要求，在国家农发办批复我省项目与资金计划后，及时将资金拨付下达到项目县(区)，并督促各地及时足额将项目资金划拨到农发资金专户，确保项目建设顺利实施。

【推进现代农业综合开发示范区建设】把示范区建设向纵深推进，在更大范围、更高层次上示范引领全省现代农业发展作为2011年工作重点，组织开展了首批六个示范区全面验收，系统回顾三年建设历程，对各项探索实践进行全面总结和理性思考，科学谋划继续深入推进示范区建设的方向、思路和举措。2011年底，示范区发展为24个，共集中农业综合开发资金15.7亿元、整合涉农资金19.3亿元、撬动社会资金102亿元，在高标准完成110万亩基础设施建设的同时，推进土地流转近30万亩，培育各种类型农村服务组织65个，招商引进企业150家，新建农民新村37处、6855套、100.4万平方米，初步呈现了“基础设施标准化、经营形式规模化、服务体系社会化、生产过程科技化、农民新村城镇化、目标效益多元化”的农业现代化特征。示范区建设的显著成效，得到了各级领导、社会各界的广泛关注和重视。吴邦国委员长亲临南陵大埔示范区视察；中央多部委及安徽省委、省政府领导多次到示范区调研视察；财政部领将示范区建设做法报中央领导并送各部委、各省。2011年5月上旬，省政协副主席郑牧民率20多名省政协委员对示范区进行了专题考察，并向省委、省政府报送了《我省现代农业综合开发示范区建设考察报告》。张宝顺、王明方、余欣荣、詹夏来等省领导分别在考察报告上作出重要批示，对示范区建设工作给予肯定。2011年共接待省内外1794批、32000多人次的考察学习，各大媒体多次进行报道，特别是在2011年中央经济工作会议期间，中央电视台新闻联播播出了安徽财政整合资金支持现代农业的新闻，得到了回良玉副总理的赞许。

【加快农业综合开发项目建设进度】按照“加快进度，提高质量，规范管理”的总体要求，年初召开各市农发办主任会议，部署全面加快项目建设进度；年末召开项目建设推进现场会，学习推广先进经验做法，从促进度、保质量、强管理、提绩效等方面，对抓好项目建设作出新部署、提出新要求；项目建设期间，派出信息员加强督查指导，帮助各地加快项目建设进度，加强工程质量监管。各地按照省里部署，采取倒计时办法排出建设进度表、建立质量监控体系、实施全程跟踪监督等诸多行之有效的措施，全面抓好项目建设。项目建设进度明显加快，2011年7月底已基本完成2010年度项目建设任务，比以往年度提前了3个多月。项目建设成效显著提升，全面改善了125.3万亩农田生产条件，新增农业综合生产能力1.4亿公斤，新增农民纯收入总额3.2亿元；扶持168家农业产业化龙头企业、186个农业专业合作社，新增总产值113.05亿元，带动208.02万农户增收33.39亿元，既促进了粮食增产、农业增效和农民增收，又为现代农业发展夯实了基础。

【强化项目资金监管】一是加强制度建设。根据国家农业综合开发的新政策、新要求，结合我省实际，制定印发了《关于进一步加强农业综合开发资金和项目监管若干意见》、《安徽省农业综合开发项目管理费使用规定》、《安徽省农业综合开发省级集中科技推广费使用管理规定》、《关于加强乡镇财政所监管农业综合开发项目和资金的通知》、《关于切实加强农业综合开发管理工作的通知》、《关于进一步加强农业综合开发土地治理项目前期工作的通知》等政策制度，为深入推进农业综合开发科学化精细化管理提供了制度保障。二是强化监督检查。主动配合国家审计署、省审计厅开展农业综合开发项目资金专项审计，及时抓好问题的整改落实。开展专项检查，在全省农发系统抽调业务骨干，聘请10多名会计师事务所专业技术人员，组成8个检查组，从3月下旬至4月中旬，对世行加灌三期、世行农业科技和部门项目开展了专项检查。组织省级验收，8月初至9月上旬，抽调60多人，组成13个验收小组，对全省84个开发县及省农垦、监狱、劳教管理局的6个农场2010年度369个农发项目进行了全面省级验收。通过检查、验收，全面掌握了各地项目与资金管理情况，发现了一些问题和薄弱环节，并对各地整改落实情况进行跟踪问效。严格的监管，进一步增强了全省农发系统规范管理意识，全面提升了科学化精细化管理水平，在 2011 年审计部门多项审计和国家农发办综合检查中，获得一致好评，并顺利通过审计和综合检查。三是推进机制创新。在六安市积极推进精细化管理改革试点，探索建立信息反馈、监督约束、激励引导和责任落实四位一体的农业综合开发项目精细化管理体系，搭建全程监控信息平台。各地按照《关于进一步加强农业综合开发资金和项目监管若干意见》规定，结合实际进一步优化管理流程、细化管理责任、量化管理标准，建立健全了按制度按程序办事、按责任分工管理、按标准严格执行的科学化精细化管理机制。

【加强干部队伍建设】按照财政厅党组统一部署，深入开展“创先争优”和“服务发展年”活动，进一步强化干部队伍建设。加强政治学习，坚持党内“三会一课”和每周一次政治学习制度，结合实际开展讨论交流，提出贯彻落实意见和措施。加强思想教育，深入开展向沈浩、杨善洲等先进人物学习活动，经常开展思想教育和谈心活动，教育引导农发干部牢固树立立足农发、服务“三农”的宗旨观念，增强大局意识、服务意识和效能意识。加强业务培训，针对近年来农发新人多和政策制度变化大的情况，科学制订培训计划，坚持局机关每月一次和全省农发系统每年一次业务集中学习培训制度，组织干部职工学习财政、农发政策制度和业务知识，开展在线学习，干部队伍执行政策、依法办事和服务“三农”的能力与水平显著提升。

（省农发局供稿　陈　杰执笔）

非税收入征管工作概述

2011 年，省非税局在厅党组的正确领导下，以深入开展服务发展年活动为动力，依法加强非税收入征管，着力深化非税收入管理改革，全年共完成省级非税收入 165.7 亿元，为全年预算的 162.9%，其中，缴入国库 119.9 亿元，缴入财政专户 45.8 亿元。

【非税收入征收管理不断规范】一是认真审核省级预算部门 2010 年非税收入决算和 2012 建议数，促进非税收入预算编制真实、准确、完整。二是规范非税收入征管范围。先后将 51 个省级执收单位纳入非税征管范围，对 48 个执收单位 71 个非税收入项目进行变更、调整，夯实非税征管工作基础。三是挖掘非税收入增收潜力。将省直单位国有资产处置收入、出租收入、投资收益、利息收入等纳入非税收入管理，实现省级国有资产（资源）有偿使用收入 4.6 亿元、国有资本经营收入 5.8 亿元，同比分别增长 88%和 70%。四是定期开展全省非税收入收缴执行分析，及时掌握非税收入收缴进度，科学研判发展趋势，不断提高非税收入收缴执行分析质量，为领导决策提供参考。在财政部召开的全国非税收入收缴专题工作会上，代表省财政厅做了大会专题发言。五是加强非税收入监督检查。研究制定《安徽省省级政府非税收入检查工作规程》，细化监督检查工作流程，不断规范监督检查行为。先后对 46 家执收单位 2010 年度非税收入收缴情况进行重点检查共查缴非税收入 6400 万元。六是加强非税收入票据管理。建立非税票据台账制度，定期开展票据对账，对 31 家执收单位开展票据年检工作试点，对 12 家执收单位开展非税票据专项检查。

【非税收入管理改革不断深化】一是规范非税收入预算管理。根据将预算外资金纳入预算管理的规定，对 1208 个省级执收单位的 2501 个专户管理非税收入项目进行梳理、核对，凡应纳入预算管理的全部纳入预算管理。二是创新非税收入收缴方式。在全省实施道路交通违法行为处理罚缴改革，采取自助设备、POS 刷卡等电子化收缴方式，实现交警罚款收入的系统化监管。探索非税收入直征方式，在 16 个市收费点安装 POS 机，将营运驾驶员考试费直接缴入省级非税收入汇缴结算户；对差别电价收入和地方小水库移民后期扶持资金收入，由省电力公司代征改由省局直接征收。三是加强非税收入资金管理。制定《省级非税收入资金划解规程》，采用因素法和公式法确定划解非税收入资金额度。全面开展待查资金清理清查工作，共清理以前年度待查资金 3093 笔，金额 3.34 亿元。准确界定资金性质，规范操作程序，依法办理非税收入退还结算。全年共审核退付 19 笔，金额 2193.1 万元。四是拓展非税收入管理信息系统功能。优化非税收入管理信息系统架构，开发新版非税收入专用 POS 系统，搭建全省道路交通违法处罚信息交换平台和交警罚款收入收缴信息查询平台，研发高校专用票据自动归集与核销系统。

【学习调研活动不断深入】一是加强学习。坚持集中学习制度，引导干部职工通过在线学习、学历教育、资格考试等方式，加强自觉学习，提升自身素质。全局在线学习人均学分70.7分，1位同志被安徽省干部教育培训工作领导小组评为“2011年干部在线学习优秀学员”。二是加强业务交流。积极参加财政部举办的专题会议及培训班。主动加强省际交流，先后赴湖北、湖南、广东、福建等地学习调研。加强与市县、执收单位、代理银行等之间的沟通联系，宣传政策，交流经验，共同提高。三是加强工作调研。围绕非税征管热点、难点等问题，分别就全省道路交通违法行为处理罚缴、大中型水库库区基金征收、省直考试类收费网上收缴、非税票据电子化、罚没物资管理和国有资源(资产)有偿使用收入管理等专题进行调研，形成相应的调研报告和实施文件。四是出版发行《安徽政府非税收入管理改革实践与探索》一书。

【局机关建设不断加强】一是着力服务发展。按照厅里统一部署，制订实施方案，推动服务发展年活动扎实开展，着力增强服务发展意识，提升服务发展能力，健全服务发展长效机制。二是积极创先争优。召开创先争优领导点评会，扎实开展万名财政干部大走访和五级书记带头大走访活动，倾听社情民意，宣讲财政政策，共征求各方意见20余条。三是狠抓党风廉政建设。深入开展“以人为本、执政为民”主题教育活动和廉政风险防控管理试点。严格遵守《中国共产党党员干部廉洁从政若干准则》，多种形式开展廉政教育，筑牢干部职工廉政防线。四是坚持政务公开。主动做好非税政策、工作流程等信息公开工作，及时处理网络信箱、来信来电来访反映的问题。

(省非税局供稿)

国库支付工作概述

2011年，省财政厅国库支付中心认真贯彻落实厅党组的各项决策部署，围绕全省财政中心工作，继续深化完善省级国库集中支付改革，不断健全省级国库集中支付动态监控机制，着力改进提升支付窗口工作效能和服务水平，切实保障财政资金高效安全规范支付，为“十二五”开局之年全省经济社会事业发展提供高效、安全的财政资金集中支付保障。

【集中支付资金总量大幅增长】省级国库集中支付资金再一次实现了百亿规模的增长，全年累计办理支付业务28.47万笔，实际支付资金827.67亿元，较2010年增加了166.5亿元，增长25.18%，其中，财政直接支付业务5.87万笔，692.53亿元，占到了集中支付资金总额的83.67%，较2010年上升了4.07个百分点；授权支付22.60万笔，135.14亿元。此外，累计办理统发工资业务2.06万笔，18.67亿元，代扣代缴个人所得税1074.79万元，集中划转工会经费1.32万笔，金额6208.02万元。

【财政专户资金纳入集中支付】2011年6月，《安徽省财政厅财政专户管理办法》修订后，省财政专户资金纳入国库集中收付范围，实现了财政专户资金集中管理、统一收付、统一调度、统一核算。截至2011年底，纳入集中收付管理的财政专户79个，涉及专户开户行14家，累计办理专户收入登账2081笔，财政专户集中支付业务2136笔，96.5亿元。目前，实行国库集中支付的财政资金范围包括：财政预算内资金及部分政府性基金，省级财政专户资金和中央农村义务教育、农业保险保费补贴、新型农村合作医疗及“家电下乡”等9类中央专项转移支付资金。截至2011年底，纳入国库集中支付管理的预算单位1104个，其中，一级预算单位134个，基层预算单位970个。

【集中支付执行进度明显加快】2011年初省级部门预算批复工作提前及结转指标下达较往年提前，同时，各部门按照加快支出进度有关要求，做到日常支出管理早计划、早安排，厅业务处室加快了用款计划的批复，支付中心按时、准确下达用款计划，非均衡性用款计划随到随下，限时办结预算单位的各项支付申请，省级预算执行“前慢后紧”的支付情况进一步改观。2011年，累计批复集中支付可执行指标879.8亿元，指标执行率达到94.07%，较2010年增加了3.15个百分点，2011年上半年支付资金占全年支付总额比重较2010年提高了4.23个百分点，12月当月集中支付资金占全年集中支付总额的比重较2010年同期下降了3.2个百分点。

【集中支付动态监控日益加强】2011年,在财政授权支付监控方面,加强了对出国经费、会议经费、公务接待费用、账户间资金转移、公务卡使用情况等支出的实时监控,全年监控财政授权支付业务226078笔,确认违规并退回申报业务5198笔,涉及财政资金5.36亿元。在后续监控管理方面,加强了对代理银行集中支付业务办理的监控,2011年累计接收代理银行反馈的集中支付业务信息260897笔,零余额账户余额信息2193条,账户累计发生余额9059.52万元。先后撰写了季报、半年报、年报等监控分析报告,针对集中支付工作专项指标细化、项目用款计划审批管理、财政一体化管理信息系统功能改进等工作提出了多条意见建议。

【集中支付基础管理不断改进】一是继续优化集中支付流程。2011年取消了"项目支出分月用款计划"和"政府采购计划"内部审核环节,缩短了用款计划下达时间。在财政资金清算方面,加强与人民银行协商,正式启用改版的财政授权支付汇总清算凭证,简化了资金清算程序。二是规范集中支付账户管理。2011年初集中对省级预算单位600余个代发工资账户进行了核实确认,进一步明确了预算单位代发工资账户的管理要求。三是及时、准确向代理银行和人民银行准确传送用款额度与清算数据,按时完成会计账务处理并出具资金支付日报表、月报表及对账单。同时针对代理银行国库集中支付业务信息反馈、基层银行网点管理等方面存在的问题,加强了与代理银行工作会商。

【集中支付系统建设进展明显】一是改进完善财政一体化管理信息系统功能。2011年,在听取预算单位意见建议基础上,结合业务实际办理情况,针对用款计划管理、财政资金支付、会计报表查询、账务核算管理等应用模块,提出修改建议36条。二是做好集中支付动态监控系统升级准备。根据《财政部关于加快建立地方预算执行动态监控机制的指导意见》要求,进一步修订了预警规则,丰富了报表功能,优化了监控程序,提高了集中支付信息的全面采集和监控能力。三是"授权支付财银直联系统"完成开发。截至2011年底,工商银行"授权支付财银直联系统"已在省级133个预算单位推广使用,累计办理授权支付财银直联业务6717笔、金额3.43亿。

【深入一线调研,增强服务能力】加强工作调研,促进服务发展,在财政系统"贴民情、听民意、惠民生——万名财政干部大走访活动"中,支付中心组成3个调研小组,深入12个预算主管部门、30余个基层预算单位走访调研,与70余名财务人员进行了交流。5月,召开了20个基层预算单位和5家代理银行参加的"服务发展、提升效能,深化省级国库集中支付改革"座谈会。在"领导班子成员带头大走访活动"中,班子成员分别带队赴省经信委、淮南市海事局等单位进行走访调研,共同研究商讨年底加快预算单位集中支付执行进度的有效措施。年内,还分赴铜陵、芜湖市国库支付中心实地考察市级国库集中支付工作,学习交流经验,促进系统内上下联动。

【规范内部管理,提升工作效能】一是落实《关于进一步加强机关效能建设的若干意见》要求,进一步完善了岗位职责、服务承诺、岗位告示等方面管理,切实遵守效能建设八项制度及"五要五不"文明办公。二是规范内部财务管理。完成了资产清理各项工作任务,认真执行《安徽省省直机关差旅费管理办法》、《安徽省省直机关会议费管理办法》等管理办法,切实压缩行政费用支出。三是大力推进政务公开。开展政务公开"深化年"活动,在厅综合办公平台上,设计了支付中心主页,公开了工作规程、支付动态、规划总结、政策法规等内容,累计发布各类通讯报道20余篇,并在《安徽财会》上专版宣传省级国库集中支付改革推进情况。

【防控廉政风险,推进廉政建设】一是加强廉政宣传教育。结合"以人为本、执政为民"主题教育活动,组织职工认真学习《廉政准则》,廉政工作会议精神、观看警示教育片、参加廉政知识测试、廉政论文和廉政警句征集评比等活动,引导教育干部职工常修为政之德、常思贪欲之害、常怀律己之心。二是根据厅《关于开展财政廉政风险防控管理工作通知》要求,落实廉政风险防控管理工作。各部门紧扣集中支付业务环节、工作岗位、操作流程、支付制度,仔细排查风险源,查找出省级国库集中支付在制度机制、岗位职责、外部环境等方面5个风险点,合理评定风险等级,提出了建立健全内部管理制度、明确分工落实岗位责任等22项风险防控措施。

【加强教育培训,提升职工素质】落实《2011—2015年安徽省财政厅干部教育培训规划》等文件要求,深入学习研讨科学发展观理论体系、党的十七大精神、十七届六中全会精神、财政理论政策等内容。2011 年组织政治理论集中学习 19 次，中心党支部学习会 15 次，支付工作研讨会 12 次。全体干部职工按时完成安徽干部教育在线学习任务。5 人参加财政干部专题培训班，5 人参加了 MPA 公共管理培训，33 人次参加了财政基础知识、党史知识、公共机构节能知识等竞赛活动。首次组团访问学习加拿大、美国州、市级财政国库资金支付管理工作经验。学习考察宁夏、甘肃、陕西、重庆等省市在推进国库集中支付相关配套改革方面的有效措施，撰写多篇学习考察报告。

【积极创先争优，深化文明创建】2011 年继续深入推进创先争优活动，丰富文明创建内容。一是认真学习沈浩、杨善洲、吴群等同志的先进事迹，组织收看电视剧《永远的忠诚》，激励干部职工时时以先进典型为标杆，找差距、查不足。二是在建党 90 周年之际，积极参加了省直工委举办的“唱响五好助力崛起”歌咏大会、全省财政系统庆祝建党 90 周年文艺演出、“创先争优在行动”主题征文、“五爱”红色短信格言佳句征集传递等多项活动。集中观看了红色经典影片《建国大业》，赴金寨县开展“走进大别山、重温入党誓词”的党日活动，加强爱国爱党教育。三是按照《省财政厅深入开展“为民服务创先争优”活动实施方案》要求，结合文明行业窗口单位创建工作，以“服务优、作风好、形象佳”为目标，围绕“抓亮牌工程、抓优质服务、抓制度建设、抓民主评议”4 项内容，推进落实了“亮明岗位创建、构建和谐环境、拓展服务方式……”等 9 项工作。2011 年支付中心被评为“省文明窗口”。

（厅国库支付中心供稿 汪新平执笔）

财政信息管理工作概述

2011 年，在财政厅党组的正确领导下和处室单位的配合支持下，省财政信息中心深入学习实践科学发展观，以平台一体化信息系统推广实施为重点，加快我省财政信息化建设与应用步伐，完成了预定的各项工作任务，工作效能和技术服务保障能力得到进一步提升。

【省本级平台一体化系统通过财政部验收】省本级平台一体化信息系统自 2010 年 1 月 1 日投入应用后，针对不断变化的业务应用需求，多次征集用户意见，协调软件公司进行系统修改升级，使系统应用功能逐步完善、操作更便捷。年初，积极协调处室单位和软件公司，突击开发了满足部分结余资金按权责发生制要求结转的功能，并应用完成了省级平台一体化系统的跨年度财务结转工作。2 月，财政部将我省报送的交流材料在全国应用支撑平台推广实施与应用工作视频会上印发。11 月，我省平台一体化系统开发应用成果顺利通过了财政部验收，验收专家对我省的系统应用工作和软件开发文档管理给予了充分肯定。

【省级财政专户资金管理系统投入应用】5 月，按照财政部关于进一步清理和规范专户管理的部署、财政厅新制定的财政专户管理办法和厅领导关于尽快实现省级财政专户信息化管理的要求，组织软件公司突击开发了平台化的财政专户管理子系统，建立了 81 个省级财政专户财务账套。系统于 8 月 1 日上线运行，实现了专户收支自动记账和机打票据取代手工开票，满足了流程规范、信息共享、电子开票、监管透明的财政专户管理要求。

【市县平台一体化系统推广实施工作全面完成】在上年集中采购软硬件、组织人员培训和系统安装调试的基础上，17 个市（含大巢湖市）和 7 个试点县（区）的平台一体化系统按计划于元月 1 日投入运行。组织其余 69 个县（区）分三批开展系统推广实施，指导协调各地进行系统安装调试、业务流程梳理、功能模块定制、新老系统切换和应用培训等新系统上线准备工作。7 月底，市县（区）财政平台一体化系统推广实施工作全面完成，各地陆续开始了预算指标管理、国库集中支付管理和工资统发等平台系统核心业务模块应用，逐步取代了原先的各单项业务软件。系统的推广应用使我省三级财政部门朝着构建信息共享、业务处理功能顺畅衔接、覆盖财政主体业务和全部预算单位的一体化管理信息系统的既定目标迈进了一大步。

【配合开展电子化政府采购系统的市县推广】省级电子化政府采购系统在上年应用的基础上，为扩大系统应用范围，配合完成了对省级预算单位财务人员的应用培训，并通过召开部分单位座谈会，征集系统应用问题与改进意见。在做好省级电子化采购系统应用服务的同时，配合采购处赴各市开展电子化政府采购系统推广工作调研，进行系统应用演示,积极推动系统在市县试点应用。

【加强网络信息安全管理与保障措施】一是印发了财政厅网络与信息安全管理暂行办法和网络安全问题应急预案;二是完成了四里河财政数据备份机房装修;三是配合办公室对厅机关涉密计算机管理和信息安全隐患等开展了保密检查和专项督察;四是增设了供省本级外网系统使用的网络安全监控管理设备,实施完成了网络防病毒系统大版本升级,提高了内外网应用系统的安全防护能力;五是编印了财政信息化暨金财工程建设工作手册和机房设施与应用系统维护手册;六是承办完成了财政厅机关软件正版化检查整改情况自查汇报;七是承办完成了财政厅信息系统安全等级保护自查,接受了省信息安全等级保护工作协调检查组的现场检查;八是承办完成了将厅机关外网线路带宽由原先100兆拓宽为200兆工作;九是参加全国财政系统安全设备集中采购,为省市县三级财政采购了网络入侵检测和漏洞扫描设备。

【广泛开展信息系统应用推广培训】一是组织各市县(区)财政局的预算、国库、采购等业务科(股),以及支付中心、信息中心相关人员,开展平台一体化信息系统和电子化政府采购信息系统推广应用培训,全省参训人员数达500多人次;二是举办了市级信息系统应用维护培训班,就网络入侵检测设备、漏洞扫描设备和趋势网络防病毒软件升级等进行培训部署;三是举办了县级财政信息系统应用维护培训班,讲解了机房设施及网络系统管理、服务器双机热备系统配置、平台一体化信息系统应用维护等方面的知识;四是配合会计处举办了全省会计职称资格考试系统应用培训班、会计从业资格证书信息调转培训班和会计从业资格无纸化考试系统应用培训班;五是配合预算处举办了债务信息管理系统应用培训班。

【做好省本级信息系统应用维护工作】一是认真做好面向全省"两会"代表的财政预决算信息查询服务,承办了计算机设备搬运与安装调试,开发优化了触摸屏查询系统网页,完善了查询功能和视觉效果;二是组织对会计人员综合信息管理系统进行升级改造,实现了涉及全省会计从业人员发证、换证、上岗注册、信息变更、调转、继续教育和奖惩等信息的共享与管理,方便了跨省调转人员信息交换;三是配合会计处试点推广会计从业资格无纸化考试系统应用,实现了考试报名、试卷生成、上机考试、自动阅卷、成绩统计、合格证打印等环节的一体化管理,并应用系统完成了当年全省1.6万多人的从业资格无纸化考试工作;四是配合企业处收集处理了全省4400户企业网上报送的财务月报,帮助完成了报表信息提取、数据审核汇总和上报财政部的相关工作;五是在做好财政厅门户网站、安徽政府采购网、安徽会计信息网,以及企业财务信息网上报送系统、财政扶贫资金监测管理系统和农村一事一议奖补项目信息系统运维管理和安全监控的同时,为省直单位、市县财政和社会公众提供了系统应用咨询服务。

【接待老挝财政部技术考察团】应老挝方面要求和我国外事部门协调安排,10月27日上午,老挝财政部技术组一行10人来我厅考察了解财政管理信息系统建设及其应用工作。省财政信息中心牵头相关处室单位承办了接待工作,向客人介绍了我省财政管理信息系统应用和机房网络设施建设情况,解答了相关财政收支管理方面的问题。

【开展学习教育活动,提升职工精神面貌】按照厅机关党委的部署,积极组织职工参加学习教育活动,组织党员参加纪念建党90周年专题党课,学习胡锦涛在庆祝中国共产党成立90周年大会上的讲话,组织党员职工赴泾县新四军活动旧址纪念馆开展"缅怀先烈、重温入党誓词"专题实践教育活动。

【开展"服务发展年"活动,促进工作效能提升】积极响应全省财政系统开展服务发展年活动的号召,以平台一体化信息系统推广实施为活动重点,会同相关处室单位举办以"服务发展、提升效能"为主题的部分省直部门单位座谈会,深入市县调研征求对财政信息化工作的意见,并组织认真改进完善,不断提升服务保障能力,更好地服务于财政中心工作。

【加强廉政风险防控管理】按照财政厅关于加强廉政风险防控管理工作要求,认真开展廉政风险防控管理工作,将防范措施细化到工作流程的各个环节并落实到人,努力做到落实工作有责任、履行职责有章法、遵守纪律有要求、运行权力有制约。

(省财政信息中心供稿　李森林执笔)

财政投资评审工作概述

2011年,省财政投资评审中心紧紧围绕财政中心工作,以"服务发展"为工作宗旨、以科学高效为工作标准,持之以恒抓效能建设,扎实有序推进各项工作。全年评审预决算项目23个,投资额16.53亿元,审减资金2.40亿元,审减率14.52%;初步设计审查项目2批次56个,涉及资金13.86亿元;绩效考评项目7批次173个,考评资金44.92亿元;同时还完成了财政部和厅里安排的专项核查4批61个项目,核查资金72.09亿元,取得了显著的工作成绩。

【超额完成评审计划,精心服务财政工作】在充分征求各处室意见的基础上,制订下发了全年评审计划。2011年度原计划评审项目20批次,实际完成各类评审项目36批次,超年初计划近一倍,评审各类项目投资147.40亿元;所评审项目涵盖基本建设项目预决算、部门预算、初步设计审查、投资测算、绩效评价、专项核查等各种类型,不仅按要求完成了评审任务,所有评审结论均得到项目单位认可,实现了评审工作软着陆。

【严把项目支出关口,预决算评审攻坚克难】全年共完成23个项目的预决算评审,送审投资额16.53亿元,审减资金2.40亿元,审减率达到14.52%,充分发挥了财政资金的控制器和节流阀作用。其中全国水利普查费用项目涉及资源普查、机构普查等多个方面,评审时间紧、难度高,中心领导带头收集资料,多方了解其他省费用安排情况,分析、测算,及时完成评审任务,较报审额核减2300万,核减率达40%。6个会展经费决算评审涉及省直相关单位多,评审中心经过仔细的审核、测算、反馈,压缩会展经费1295.32万元,审减率达到20.23%。此外,首次开展投资测算工作,通过分类取样,逐个现场踏勘,深入研究初步设计资料及有关设计规范,较概算分析核减大型排灌泵站改造重建项目投资7289.16万元,投资分析核减率达36%。

【积极实践不断创新,绩效考评科学规范】共承担省质监局检测中心建设项目、农业产业化、省服务业引导资金、外国政府贷款、大型病险水库和中小河流治理7项考评任务,涉及项目173个,投资额44.92亿元。评审中心充分了解相关业务处室的管理要求和项目的具体建设内容,认真研究分析项目特点和绩效目标,广泛征求相关处室单位的意见,制定了科学合理、操作可行的项目考评指标体系;并按照绩效考评的规范要求,开展实地调研、座谈、邀约面访等工作,采取现场档案资料直观阅审和信息调查案卷研究相结合的方式,出色地完成了考评任务。同时,遴选了中小河流治理、农村公路、乡镇卫生院、农村敬老院、信息化工程等5类项目对考评指标进行了重新梳理,统一指标设置思路,统一分配指标权重,探索出科学系统,注重操作,横向可比的绩效考评指标体系,进一步实现了考评指标的科学规范。

【深入现场精心实施,专项核查扎实推进】在保质保量完成省厅安排的3批次专项核查任务的同时,按照财政部经建司统一部署,对贵州省无线电频率占用费中央转移支付资金项目进行了核查。核查组全体成员严格审阅专项资金下达文件和预算安排文件,核实每笔费用支出凭证,赶赴贵州全省64个固定站和小型站点核实专业技术设备等固定资产情况,在短短15天内,理清了贵州省无线电管理机构9年的财务收支状况,审核各类凭证万余份,所出具的核查结论获得了部领导和相关单位的高度评价,并受部经建司之邀,到国家无线电监测中心讲解核查发现问题及相关工作建议,对业务人员进行工作培训,树立了安徽评审的良好形象。

【理论创新服务发展,课题研究成效显著】充分发挥自身专业技术优势,以强化民生工程项目绩效评价指标体系建设为重点,实施"财政投资项目绩效考评"课题研究工作,最终形成了一个集科学性、理论性、操作性与前瞻性为一体的研究成果,并在国家级核心期刊《经济研究参考》2011年第62期全文发表,进一步提升了评审工作服务发展的理论水平。

【创新举措提升内涵,文明创建续写华章】坚持以文明创建促进评审工作可持续发展的工作思路,通过创新举措,不断提升文明创建的各项内涵,引导单位全体同志在工作、精神、作风、生活、语言、仪表、面貌、环境等方面创新文明创建工作,不断提高单位全体干部职工的个人素质、文明意识、服务意识、效能意识和责任意识,努力将文明创建活动贯穿于评审工作全过程,使之成为安徽财政投资评审的特色和品牌，促进评审业务工作再上新台阶。10月，被省委省政府授予“第九届省级文明单位”称号，实现了文明创建三连冠。

（省财政投资评审中心供稿　李昌鹏执笔）

政府采购执行工作概述

2011年，省政府采购中心在省财政厅党组的正确领导下，坚持为民服务创先争优，服务经济社会发展大局和财政中心工作，初步实现规范采购、高效采购、廉洁采购、和谐采购。省政府采购中心连续第二年被评为“全国十佳集中采购机构”，中心党支部被省直机关工委授予“省直机关先进基层党组织”荣誉称号。

【坚持扩大采购规模，经济和社会效益显著提高】2011年，中心完成采购项目851个，预算50.62亿元,同比增长10.32亿元，增幅25.61%。其中公开招标（含竞争性谈判）项目280个，项目预算46.53亿元，占全部预算的91.92%。完成项目合同金额44.72亿元，节约资金5.9亿元，资金综合节约率11.65%。连续第五年组织实施全省小麦良种采购，预算金额11.2亿元，采购良种3.1196亿公斤，惠及全省优势产区31个项目县的3900万亩小麦种植田，助力我省小麦增产丰收，该项目被《中国政府采购报》评为全国十大公共服务采购案例第一名；连续第四年组织实施全省农家书屋出版物采购，今年采购规模1.18亿元，经过公开招标获得的图书音像制品和报纸期刊折扣率为历年最优。此外，中心还组织实施“家电下乡”、“家电以旧换新”、农村留守儿童活动室、新农村科技粮仓、土壤有机质等一批民生或强农惠农项目。完成服务类采购项目86个、占比达10.11%，预算金额12.58亿元，占全部采购预算的24.85%。采购内容在原来较单一的印刷、软件开发、布展基础上，扩展到旅游宣传、服务外包、定点饭店、高科技服务、物业管理等多方面。

【坚持全面目标管理，规范化和标准化建设不断增强】2011年，中心继续推行全面目标责任管理，涵盖项目采购、内部管理及基础工作、创建及宣传工作三大类共30多项指标；完善指标考核体系，强化对各项工作实时完成情况的跟踪考核，科学评价各科工作。突出对重点环节和执行程序的制度化要求和管理，从采购文件范本、采购信息公告、采购业务流程、开评标现场管理、项目质疑处理、采购合同模板等方面推进标准化和规范化建设。新出台工程类采购项目询价函格式、投标保证金管理暂行办法等文件，修订完善汇编中心工作手册。规范项目档案资料整理，清理归档2009年、2010年和2011年上半年编号的近2000余个项目档案，近一万余卷。坚持信息全面公开，全年发布各类采购信息1871条；坚持执行特邀监察员和公证员制度，邀请监察员143次184人、公证员31次63人。抽取专家2508人次。质疑数量明显下降，全年收到供应商对9个项目的书面质疑，占全部项目的比例由2010年的1.9%降至1.1%。

【坚持为民服务创先争优，采购效能和质量显著提升】制定“服务发展年”活动实施方案，拟定上门服务计划表，先后到省审计厅、安徽大学、安徽中医学院、省武警系统、地税系统、质检系统等50多个部门单位开展上门服务，通过项目对接、项目回访、政策宣传等活动开展，对推进项目进展，协调督促合同履约起到积极作用。认真研究制定中心2011年电子化政府采购管理应用系统实施方案，基本实现项目全部进入电子化系统，具备条件的项目全程电子化操作；举办电子化政府采购应用培训班，增强网上操作能力；坚持与业务流程和标准化建设相结合，稳步推进电子化政府采购操作系统的应用和完善，积极稳妥地推进电子评审工作。严格执行项目限时办结、催办和合同履约监督制度，全年编发项目催办函77份，围绕合同履约监督工作开展调研，认真研究制定相关制度办法，强化合同执行力度，逐步建立了合同履约过程中相关情况的反馈及通报制度，提高合同履约监督实施效果。

【坚持完善机构内控，构筑反腐倡廉长效机制】坚持以项目负责制为主，按采购流程细化工作和监督环节，明确相关责任，形成流程上环环相扣、管理上内外结合的防控体系，不断推进中心自身建设和发展。4月22日，刘浩组长到中心调研，充分肯定中心党风廉政和机构自身建设等工作，指出具有“领导重视、教育有效、制度规范、监督有力、管理严格”五个特点。先后开展反腐倡廉专题学习6次，组织全体人员前往蜀山监狱，接受警示教育，组织观看《财苑警钟》电视专题片。开辟“廉政工作”宣传栏，积极营造浓厚的廉政文化氛围。研究制定廉政建设风险防控管理工作实施方案，结合岗位职责，从业务流程、操作程序入手，梳理廉政风险点14个，具体表现形式近30项。科学制定风险等级，认真绘制风险防控流程图，制定防控措施。

【坚持落实政策功能，政府采购作用得到强化】全年组织签订政府采购合同2682份，其中98%以上都授予中小企业。坚持环保节能产品优先（强制）采购政策。省新闻出版局实施正版软件采购预算3638.30万元，省直机关所有办公软件将全面实现正版化。全年采购我省江淮、奇瑞汽车共计863辆、9948.98万元，占全部汽车采购总量、总金额的95.89%和87.1%。

【坚持加强文明创建，营造和谐采购氛围】中心连续第三次在全国政府采购工作会议上做典型发言。《中国财经报》、《经济参考报》等各类媒体，2011年报道中心稿件37篇，其中《中国财经报》13篇，多家主流网站转载。发布厅内网信息46条，印发内部简报122篇，为中心工作开展营造了和谐的舆论氛围。组织人员到天津、江苏等地就机构建设、合同履约监督、电子化政府采购等工作开展实地调研。中心领导受邀参加《中国政府采购报》组织的政府采购标准化研讨和公共服务论坛，参加中央国家机关政府采购中心、山东省政府采购中心组织的两次全国政府采购中心主任研讨会。接待北京、天津、广州、深圳地采购中心、武警总部军需部等来中心进行工作调研。深入开展创先争优活动，7月1日，联合厅机关党委党支部到六安大别山革命历史纪念馆开展“缅怀先烈、重温誓词”主题教育。组织全体人员参加素质拓展训练，提升采购队伍凝聚力。省委创先办、省委巡视组、省直效能办、省监察厅以及省直政风行风评议组领导分别到中心视察指导，听取工作汇报，视察办公场所及软硬件设施，对中心工作给予充分肯定。中心被省委创先办指定上报“为民服务创先争优”活动开展书面材料。同时，还被推荐参评第三届“安徽省文明窗口”。

（省财政采购中心供稿　李成名执笔）

财政科研工作概述

2011年，省财政科学研究所全面贯彻落实科学发展观，围绕财政中心，服务发展大局，全力构建全省财政科研“大格局”、财政宣传“大平台”，较好地完成了全年各项工作任务，全省财政科研事业呈现良好的发展态势。

【紧贴“两为”，初步构建财政科研大格局】一是统筹协调全省财政重点课题研究工作。紧紧围绕全省财政中心工作，结合财政经济发展中的热点和难点问题，广泛征求厅机关各处室局、厅属各单位及市县财政局意见，起草全省财政2011年度课题计划，并及时下发《关于布置2011年全省财政重点课题研究任务的通知》（财办函〔2011〕79号），确定省厅11项重点调研课题和17个市及部分县（市、区）共同参与的6项重点调研课题。积极推动处室单位、市县承担的重点课题研究工作，主动做好课题报告的收集整理等协调服务工作。二是认真完成全国财政协作课题研究任务。组织召开2010年全国财政协作课题《财政支农效应分析》第四次会议，提交《财政支农与农民增收效应分析》分报告，参与完成课题总报告。积极参与2011年全国协作课题《“十二五”期间促进中国农业现代化的财税政策研究》调研工作，组织召开课题第二次会议，并递交了课题相关材料，为2011年全国财政协作课题研究任务顺利完成打下基础。三是强化横向互动、多层联动的合作研究。积极参与处室单位课题研究，形成财政科研横向合力。参与完成企业处《财政促进会展经济发展的研究与思考》、政法处《关于我省政法装备采购与服务经济发展情况的调研报告》、预算处《财政预算绩效管理研究》、农业处《安徽省连片特殊困难地区财政扶贫政策调研报告》、社保处《我省户籍制度改革与社会保障关系问题研究》、金融处《提升地方政府投融资能力问题研究》等课题报告，其中，参与的企业处、政法处的两个课题成果，得到了詹夏来常务副省长的重要批示。承担国际债务处亚行技援项目的协调与管理工作，组织、协调和参与GPA研究工作。积极参与编纂经建处的《“十一五”安徽财政经济投资发展报告》、税政条法处的《企业财税优惠政策适用指南》等。四是大力推动市县课题研究工作。及时开展2010年度市县课题研究报告的评审工作，并创新思路，指导市、县财政部门采用协作方式，开展2011年全省财政重点课题研究，有力推进了市、县的财政科研工作。邀请厅相关处室全程参与市、县的协作课题研究工作，变督促为指导，提高课题研究质量。深入安庆、马鞍山、芜湖、合肥、六安、池州、颍上、宁国等市县，开展课题指导督促，促进市县财政科研工作稳步开展。五是牵头完成一批高质量的科研成果。围绕省委、省政府和财政厅的战略决策，开展具有重大影响的财经现实问题研究，完成了《提高城乡居民收入问题研究》、《安徽省政府加入GPA初步出价清单研究报告》等重大课题研究报告。围绕当前宏观经济形势变化，深入研究一些贴近地方财政工作的现实问题，开展《"十二五"国家财政体制改革趋势及应对策略分析》、《"十二五"我省财源建设的思路及应对研究》、《"十二五"我省民生财政建设的战略规划问题研究》等课题调研工作，为财政改革发展出谋献策。围绕财政体制、机制、制度和办法的创新完善，主动开展《当前加强我省投融资平台管理的对策研究》、《土地出让金管理问题研究》、《行政成本控制问题研究》等课题研究工作。完成省科技厅委托的《安徽省财政科技投入成效分析》课题研究工作，得到了科技厅领导的肯定。六是扩大财政科研内外影响力度。在全国财政科研工作会议上介绍我省财政科研工作经验，提升我省财政科研工作形象。组织召开厅各处室、全省17个市和部分县区财政部门参加的全省财政科研宣传工作会议。组织召开16个市财政科研部门参加的全省财政科研工作座谈会。对2011年财政重点课题研究成果通过《经济研究参考》等全国经济类重点期刊予以刊登宣传。将财政系统重点课题研究成果汇编成册，公开出版发行《探索与创新——2010年安徽省财政科研课题报告》。将2011年财政重点课题研究报告进行修改和编辑，以《调研报告》等形式报送省市各级领导及市县财政部门，努力扩大科研成果的运用范围。

【立足"两基"，积极构筑财政宣传大平台】一是围绕中心，做好全面宣传。全年出刊《安徽财会》12期，围绕财政经济改革发展目标、重大财政经济会议精神、省及厅领导重要讲话精神，打造《安徽财会》首要栏目"财政要闻"，集中报道中央和全省经济工作会议精神，全国财政及安徽财政工作会议精神，民生工程工作会议精神，财政部、省委、省政府主要领导来厅调研、巡视讲话精神等。做好专题报道栏目，大力宣传财政改革中取得的经验和成绩，及时报道省财政厅年内各项工作进展情况，围绕财政系统开展的各项活动进行连续报道。二是紧贴重点，做好专栏宣传。主动加强与处室单位合作交流，围绕重点业务工作，共同开辟宣传专栏，与农村局协作，开辟《乡镇财政》专栏，连续12期全面介绍乡镇财政所在推进职能建设、业务建设、设施建设、队伍建设和创建规范化乡镇财政所等方面的做法成效。与资产处、资产管理中心合作，开辟资产清理相关专栏，连续5期全面宣传报道行政事业单位资产清理工作。与民生办合作，开辟民生工程专栏，连续4期报道民生工程政策措施。三是立足基层，做好市县宣传。深入市县了解基层工作动态，加大与市县财政局合作力度，积极做好"工作研究"、"乡镇财政"等专栏的宣传报道，充实专栏内容。激励市县加大投稿力度，全年累计刊发市县来稿130余篇。四是立足基础，做好专辑宣传。全年制作专辑7期，大力支持业务处室做好基础工作宣传，与企业处合作制作专辑《安徽省家电下乡以旧换新监管年活动宣传》、与金融处制作专辑《全省财政金融工作暨培训会议》、与农村局制作专辑《全省农村财政管理工作会议》、与综改处制作专辑《全省村级公益事业建设一事一议财政奖补工作》，与农发局联合制作《安徽省农业综合开发工作》，与税政处、会计处合作制作2期专辑，集中报道专项重点工作。发挥自身优势，积极参与业务处室重点工作、重大会议摄影报道，全年随处室外出采访100多次。五是突出亮点，做好橱窗宣传。全年设计制作财政橱窗91版，充分展示全省财政良好形象。突出安徽财政支出绩效管理改革、民生工程、省级部门预算管理编制等亮点工作，积极开展对外宣传，优化财政工作氛围。突出主题活动，专题宣传全省财政系统"服务发展年"活动、部署开展廉政风险防控管理工作、推进文明创建工作、开展"为民服务创先争优"活动等内容，专题报道厅财政干部大走访有关情况，创造良好的舆论氛围。

【凝心聚力，努力完成财政科研其他工作】一是努力完成《安徽财政年鉴》编撰工作。及时起草新一卷的编辑大纲，提前筹划组稿工作。调整2011年卷年鉴相关篇章，完善编纂结构，进一步加大组稿组版工作力度，加快编辑工作进度。下发2011年年鉴宣传任务，制定通联工作考评奖励办法意见稿，加强市县年鉴通联发行工作力度，努力拓展宣传发行阵地。二是加大《安徽省志□财政志》工作力度。组织处室评审书稿，及时将《安徽省志□财政志》年限由2008年拓展到2010年，进一步调整完善篇章结构，充实修改志稿内容。财政志鉴工作得到了省地方志办公室的充分肯定，2011年，财政厅被省人社厅、省地方志办联合评为“全省地方志先进工作单位”。三是出色完成财政部“六刊两鉴”征订任务。进一步加强与各市沟通联系，较好完成财政部科研所和中国财政杂志社下达的“六刊两鉴”征订任务，荣获2011年度财政部科研所“财经科研成果宣传一等奖”、中国财政杂志社“宣传工作先进集体”称号、经济科学出版社“宣传发行工作先进单位”荣誉称号。四是积极推动学会工作有序开展。主动参与省社科界组织的学术年会和创新社会管理论坛等学术活动。围绕“服务发展年”活动，积极开展征文、评审、理论研讨等系列活动。首批通过全省标准化学会评估，被省民间组织管理局评为全省“百优社会组织”，被省社科界联合会评为省“先进学会”。五是扎实开展综合管理工作。完成党支部和工会委员会换届选举工作，调整党小组及成员，组织党员干部赴泾县开展“缅怀先烈、重温誓词”及“贴民情、听民意、惠民生”大走访活动。认真做好事业单位岗位设置及岗位聘用工作，及时上报、调整设置方案和聘用情况材料，积极准备申请参公管理材料。修订《〈安徽财会〉和宣传栏相关费用收支标准》等财务管理制度，做好增收节支工作。对全所固定资产进行了登记、核查、清理，按时完成财务决算工作，认真做好档案、后勤、老干部服务等工作。

【服务发展，科研工作效能全面提升】一是“服务发展年”活动扎实有效开展。按照厅服务发展年活动的统一部署和要求，围绕服务科学理财、服务财政中心、服务改革发展、服务单位建设主题,全面提升服务能力。坚持政治理论学习与业务学习相结合，集中学习和个人学习相结合，严格按照学习计划和要求进行网上学习，积极参加部科研所等组织的业务培训，主动邀请专家学者来所开展学术交流，提升服务发展能力。围绕“科学理财创先进、学习沈浩争先锋”主题，开展“五要五比”主题实践活动，深入推进“五五”财政普法宣传教育活动，积极开展《廉政准则》主题教育系列活动，加强文明创建工作，深入推进“五型机关”建设，积极组织职工参与“建党九十周年”文艺演出、“五爱”红色短信格言评选、公共机构节能知识竞赛、廉政论文警句评选等活动，优化服务发展环境。二是效能建设工作迈上新台阶。制定科研所深入推进效能建设任务分解表，召开效能建设专题会议，分阶段部署效能建设工作目标和任务。组织开展专题学习教育活动，学习贯彻省直和厅效能建设领导小组有关会议和文件精神，增强全所职工效能建设意识。严格执行效能建设“八项制度”，探索构建效能建设长效机制。注重将效能建设与业务工作结合起来，以效能促工作，以工作提效能，坚持理论联系实际，深入基层开展调查研究，跟踪财政改革发展热点，不断提高财政科研的操作性，切实提高财政宣传的精准度。

（省财科所供稿　刘　兴执笔）

注册会计师管理及资产评估工作概述

2011年，在省财政厅党组的正确领导和上级协会的悉心指导下，安徽省注册会计师管理处以“服务发展年活动”为契机，大力推进行业党建，加强人才培养，提升行业诚信，开展分级管理，重考核、提效率、优服务，行业发展和自身建设取得新成绩。截至2011年底，共有会计师事务所242家，评估机构77家。执业注册会计师2542人，执业注册资产评估师722人，注册会计师非执业会员3755人，注册资产评估师非执业会员215人。全省行业业务收入8.4亿元，增长率为35.16%。其中注册会计师行业业务收入7.53亿元，较上年增长37.35%，资产评估行业业务收入8600万元，较上年增长18.67%。

【深化行业党建，荣获全国先进荣誉称号】2011年，省注册会计师行业党委先后4次获财政部、省委和财政厅领导的批示肯定。1月20日，省财政厅党组书记、厅长陈先森在《关于中国注册会计师行业党委(扩大)会议精神的汇报》上做出重要批示：目前已有很好基础，希望继续增强行业的凝聚力、战斗力，新年要有新局面。5月20日，财政部党组成员、副部长王军在《安徽省行业党委以创先争优综合评价指标体系为基础，推进事务所分级分类管理》上做出重要批示，先森厅长：此项工作抓得有声有色，谢谢您的支持与帮助。5月23日，时任省委常委、组织部长段敦厚在《关于我省注册会计师行业党建工作的汇报》上做出重要批示：财政厅党组高度重视注册会计师行业党建工作。在创先争优活动中,推进三项建设,狠抓党建工作规范化,推进“四个一”工程,突出党建工作实效化,开展五项活动,行业党建工作呈现常规化,很有实践特色,成效明显。请创先办总结推广。9月2日,省委常委、组织部长王炯同志在《大力实施“四个一”工程,积极推进注册会计师行业党建工作》上作出重要批示,亚东、何军同志:创先争优活动中大力推进注册会计师行业党建工作经验良好,要充分借鉴以促进我省其他“两新”组织党建工作迈上新台阶。同年,中组部、中国注册会计师行业党委“注册会计师行业系统党建调研组”来皖调研时,对全省行业党建工作给予了充分肯定。在建党90周年之际,省行业党委被中国注册会计师行业党委授予“全国先进注册会计师行业党组织”荣誉称号。

【加强制度建设,统筹规划行业发展】指导全省事务所共建立2202项制度,在管理处层面上,修订完善了行业管理和服务制度50项;建立岗位设置管理基本制度,将在编工作人员纳入岗位设置管理,完成全员聘用合同的签订工作,管理处内部管理制度已基本完善。按照《安徽省会计师事务所综合评价暂行办法》、《安徽省资产评估机构综合评价暂行办法》要求,在行业全面开展执业机构综合评价工作。评选出A级会计师事务所20家、资产评估机构10家,B级会计师事务所30家、资产评估机构20家。邀请各界专家学者、业内精英,研究制定《安徽省注册会计师行业发展规划(2011—2015)》和《安徽省资产评估行业发展规划(2011—2015)》。明确了今后五年内注册会计师行业总收入年均增长15%以上,全行业业务收入翻一番,资产评估行业年收入突破1亿元,培育5家左右具有国内一流水准的会计师事务所,扶持1—2家在全国范围内具有较强竞争力的评估机构,使全省行业综合竞争力显著增强,人才队伍素质显著提高,自律和执业监管取得重大进展的发展目标。

【强化行业管理,推进行业诚信建设】认真做好会员管理方面的各项日常管理和服务。完成2396名注册会计师的任职资格检查,699名注册资产评估师的年检。为13家新批会计师事务所和17家会计师事务所股东变更做好资格审查,为14名转外省申办新所注册会计师出具执业经历证明。为资产评估机构办理审批备案手续1家,办理变更备案手续4家,发放(更换)机构执业证书4家。完成141名注册会计师、30名资产评估师的注册,完成1040名注册会计师和443名资产评估师换证工作。办理转所232人次,为执业机构发布招聘启事157则。为3456名注册会计师非执业会员换发证书,办理非执业会员转会23人次,办理新入会28人,转非执业11人。充分发挥行业管理职能,加大行业监管,认真开展执业质量检查。自主检查了11家会计师事务所和15家资产评估机构,对系统风险、两师任职资格、财务状况进行重点检查。通过检查,综合评价了执业机构的内部质量控制和职业道德情况,对部分机构和人员进行了行业惩戒,提升了行业的公信力。加强了诚信档案管理,共为客户单位和申报作为股东(合伙人)的注册会计师、资产评估师提供诚信证明材料195份;严格防伪标识管理,截至12月31日,已累计发放防伪标识83.63万枚。理事会、常务理事会和专门(专业)委员会正常运转。全年共召开协会常务理事会2次,自律委员会1次,专业技术咨询委员会1次。完成我省60周岁以上拟做股东(合伙人)综合能力考评题库建设。加快推进注册会计师人才建设,在省注册会计师考试委员会的领导和厅纪检监察室的大力支持帮助下,顺利完成全省注册会计师考试工作,其中专业阶段考试报名人数为26257人,综合阶段考试为125人,英语测试18人。加大注册会计师人才继续教育,在厅人教处和干教中心的指导帮助下,高规格举办了全省机构负责人培训班,256家执业机构的负责人参加了三位全国行业资深专家授课的培训班,受到了职业道德、内部治理、领导能力与沟通技巧方面的全面培训,得到了业内的广泛好评;全面完成2011年度行业培训工作计划,共举办注册会计师培训班11期,培训注册会计师1999名;举办资产评估师培训班5期,培训资产评估师538名;谋划草拟了《安徽省注册会计师、资产评估行业人才培养基金管理办法》,树立以人为本的理念,安排专项基金,从政策、业务、荣誉等方面支持行业精英人才培养,吸引高学历、高素质的优秀人才加盟注册会计师行业,形成尊重知识、尊重人才的良好氛围。

【加强宣传交流,推进行业文化建设】积极组织参与行业的各种交流活动,成功承办中评协中东部会长会议,高效的组织工作得到上级领导和兄弟省市同行的赞誉;受邀参加华北地区行业交流会;帮助广西注协在我省开展主任会计师培训；组织各市考办负责同志赴贵州交流考试工作；参加华东地区行业交流会；接待了云南、河南等地同行来皖考察。创造条件全方位开展省内行业政策、业务交流。在宣传工作上，采取主动宣传、大局宣传、渠道宣传、借力宣传和常态宣传“五大举措”，得到财政部副部长王军的充分肯定。积极倡导并引领全省行业建设和谐行业文化，开展各类主题活动，大力培育行业的文明道德风尚，带领行业科学健康发展。举办行业2011年新春联欢会；召开“巾帼建功座谈会”，组织全行业的女支部书记、女所长学习六安市注册会计师行业创先争优活动经验，激励行业“半边天”建功十二五、巾帼创伟业；开展建党90周年“重温入党誓词，重走红军路”系列活动，以“和谐奋进”为主题开展行业发展成果图片展；组织行业第三届“诚信杯”羽毛球比赛。行业和谐文化氛围初步形成。

【加强自身建设，提高服务管理水平】注重加强队伍建设、思想建设、制度建设和组织建设，不断提高服务意识和管理水平，培育和谐高效的协作工作机制。加大内部处室交流轮岗力度，促进干部多岗位锻炼和合理流动，形成“人岗相适”的和谐用人机制；以开展“学习提升年”活动为契机，督促全体员工按时按量完成网络培训课程；积极组织开展课题调研活动，研究行业发展问题；开展了审计软件的研究、开发、运行等情况调研，为行业和协会全面开展信息化建设打好基础。加强了协会基本建设，购置了房产，拟建设成服务行业科学发展的基地。

（省注协供稿 王克法执笔）

财政干部教育与培训工作概述

省财政干部教育中心于2011年3月成立，在厅党组的正确领导下，在机关各处室（局）、厅属各单位的大力支持下，夯实基础、凝心聚力、积极探索、扎实工作，较好完成了各项工作任务。

【夯实基础，深入推进内部管理规范化】以规范管理为抓手，着力单位筹建、制度建设、岗位设置、人员定岗等工作，各项基础性工作稳步推进。一是做好开办工作。二是明确工作职责。完成了岗位设置、人员定岗等工作，明确了科室工作职责分工。三是注重综合管理。制定工作规则和权力运行图，建立综合管理制度，加强对所属企业的管理与指导。四是加强思想教育。针对新成立单位实际，强化组织领导，完善组织建设。注重加强思想政治工作，广泛开展谈心活动，要求大家努力做到“五不”、“三合”。“五不”即人心不能散，标准不能降，要求不能松，工作不能乱，联系不能断；“三合”即融合好，磨合好，配合好。要增强大局意识，服从组织安排，迅速转变角色，主动适应新形势、新任务、新岗位需要。

【强化学习，努力增强员工队伍凝聚力】一是开展岗前业务培训。分别组织和参加了干部教育管理、财政政策及预算管理、公文写作、办公自动化、财会教育和职业道德专题培训。二是积极参加学习活动。认真组织开展政治理论学习、财政基础知识学习、干部教育在线学习，组织人员参加财政部举办的各类培训班，不断提高干部教育管理工作水平。三是大力推进主题活动。按照厅党组统一要求，结合单位实际，扎实开展了创先争优活动、“服务发展年”、“以人为本、执政为民”主题教育活动，组织开展了革命传统主题教育、“缅怀先烈、重温誓词”等活动。四是深入推进效能建设。认真贯彻落实各级效能建设工作会议和有关文件精神，要求干部职工要在强化意识、服务大局、抓好结合、健全制度、推进落实上下功夫，不断推进效能建设向科室延伸，向自我延伸。

【积极探索，不断开创干部教育新局面】一是积极开展调研。组织人员到财政部干教中心及福建、山东等省进行学习调研。先后到合肥、阜阳、黄山三个培训片区，开展基层财政教育培训工作调研等，了解实情，检查指导，推动工作。二是大力开展培训。在人教处的指导下，按照2011年全省财政干部教育培训计划安排，着力推动财政干部教育培训工作。举办乡镇财政所长培训班。2011年7月、10月，先后在合肥举办了两期全省乡镇财政所长培训班。分管厅领导在首期培训班上作了重要讲话，厅相关处室（局）负责人分别作了“我省民生工程政策措施”、“围绕‘两基’建设，加大乡镇财政资金监管”、“财政大监督理念与乡镇财政职能转换”、“当前农村社保主要政策措施”和“当前农村综合改革重点工作”等专题讲座。举办了财政干部岗位培训班。2011年5月、9月，先后在上海财大举办了两期全省市、县（区）财政局长、机关处级、科级干部岗位培训班。两期培训班根据“缺什么补什么”的要求，针对参训人员不同特点，设置不同的培训模块。培训达到了预期的效果。举办了信息管理系统软件操作培训班。按照财政部要求，2011 年 7 月，举办了全省农村财会人员支农政策培训管理系统软件培训班。对推广运用培训管理系统软件提出了具体要求，详细讲解和辅导了软件的具体操作，进一步提高了参训人员的实际操作能力。举办教育管理岗位培训班。2011 年 11 月，与人教处一起在合肥举办了全省财政系统干部教育管理岗位培训班。培训班的专题讲座，就培训需求分析、培训计划制定、培训组织实施、培训效果评估等方面做了深入浅出的讲解，为进一步推进全省财政干部教育培训工作奠定了良好基础。三是探索培训思路。中心成立后，对如何服务机关各处室（局）、厅属各单位开展的业务培训工作，进行了一些积极探索。为进一步规范全厅财政业务培训管理工作，借鉴全国财政系统业务培训管理有关经验做法，与厅人事教育处研究制订并正式印发了《安徽省财政厅财政业务培训管理暂行办法》。四是加强信息宣传。为及时、全面宣传全省财政干部教育工作，专门印发了《关于进一步加强财政干部教育培训信息宣传工作的通知》，要求全省各级财政部门切实加强干部教育培训信息宣传工作，努力做到“五个面向、五个覆盖”。

【注重品质，切实提高财会培训新水平】根据职能调整要求，原科研所承担的财会培训工作整体划转到干教中心。干教中心确保财会培训业务稳妥顺利交接，进一步改善培训条件、增添培训力量、强化培训服务，提高培训质量，全年共举办注册会计师、会计职称初中级、会计从业资格、会计电算化、会计从业人员继续教育和会计实践等培训班 58 个，培训学员 9502 人，取得了较好的成绩。2011 年，中心还承担了省直单位会计从业人员从业资格换证工作，截至 2011 年 12 月底，共换发新版会计从业资格证书 9631 本。

【持续经营，稳步推动企业发展上台阶】根据厅党组决定，新成立的干教中心负责百花宾馆、印刷厂的协调管理工作。百花宾馆和印刷厂围绕中心，服务大局，积极为机关工作服务，切实发挥自身优势，不断拓宽经营范围，充分调动职工积极性，企业持续稳定经营。百花宾馆于 2011 年 6 月下旬完成装修改造并正式营业后，截至 12 月底，共完成经营收入 1252 万元，上缴税收 71 万元。是“安徽省公务接待优秀定点饭店”，获得 2010—2011 年度省直机关六项竞赛“十佳宾馆”荣誉称号。百花宾馆接管机关食堂后，进一步完善各项管理制度，狠抓菜肴质量，不断变换花色品种，严把原材料采购关，确保食品安全，得到了干部职工的好评。在 2010—2011 年度省直机关六项竞赛活动中，机关食堂获得“十佳机关食堂”荣誉称号。印刷厂围绕生产经营目标，强化内部管理，大力开拓业务，提高服务意识，全年完成生产销售总产值 1228 万元，超额完成目标任务，固定资产投入 87 万元，上缴税收 167 万元，利税创历史最好水平。再次荣获合肥市“卫生先进单位”、“质量管理小组活动优秀企业”等荣誉称号。

（省财政干部教育中心供稿　叶伐朋执笔）

省级行政事业单位资产管理工作概述

安徽省行政事业单位资产管理中心于 2011 年 3 月经省编办批准成立，属全额拨款事业单位，编制数 25 个。其职责是：管理、整合省直行政事业单位国有资产；负责省直行政事业单位国有资产清理；统一管理国有资产出租、处置以及相关资产收入的监缴；承担省直行政事业单位闲置资产和临时性配置资产的统一调剂、置换等工作。中心机构成立后，按照厅党组要求，通过人员转岗、公开选拔、公开选调等途径，组成中心领导班子及工作人员，4 月 6 日全面完成人员组建工作，现有在编在岗人员 23 人。2011 年，资产管理中心在省财政厅党组的正确领导下，按照省政府赋予的职责要求，立足新职能、新起点、新角色、新目标和新要求，明确工作职责，认真学习业务，夯实工作基础，提升业务能力，干部队伍朝气蓬勃，充满活力，资产管理工作实现良好开局，机关物业改革取得关键突破，被评为“省财政厅 2011 年度效能建设先进单位”。

【以基础建设为抓手，迅速完成岗位职能定位】一是抓学习，夯实理论基础。组织全体干部职工集中开展资产管理业务培训，系统学习《行政单位国有资产管理暂行办法》（财政部第 35 号令）、《事业单位国有资产管理暂行办法》（财政部第 36 号令）和《安徽省行政事业单位资产管理暂行办法》（省政府第 214 号令）等政策法规以及相关财政理论、财政政策、资产管理业务和机关效能建设、党风廉政建设等一系列内容,为打开工作局面奠定基础。二是定制度,注重规范管理。先后研究制定了《资产管理中心工作规则》、《党风廉政建设制度》、《省级行政事业单位资产处置流程》、《省级行政事业单位资产出租出借管理流程》和《深入开展创先争优活动实施方案》、《加强机关效能建设若干意见》、《文明单位创建实施办法》等31项工作制度,内容覆盖了资产管理中心工作职责、业务流程、效能建设、党风廉政建设等诸多方面的环节,形成了一整套较为系统的制度体系,为各项工作开好头、起好步创造了有利条件。三是广调研,理清工作思路。积极组织人员赴江西、江苏、湖北、广东和合肥、芜湖、马鞍山、宣城等地开展资产管理业务调研,学习借鉴兄弟省市好的经验和做法;同时,围绕资产出租出借、资产处置拍卖、产权集中管理和公务用车改革等内容,深入部分省直单位了解情况,实地观摩学习,积极开展课题研究,为全面推进省级行政事业单位资产管理奠定基础。四是勇实践,积极拓展业务。在厅资产处的指导下,按照《安徽省行政事业单位国有资产处置管理暂行办法》(财资〔2009〕392号)相关制度规定,对省地税局、省海事局、省考古所、省建工技师学院等单位经审批后的1077.31万元房产、车辆处置项目进行全面跟进,全程监督,边实践、边学习、边总结,在中介机构选择、拍卖过程监管等方面进行有益的尝试,力求资产处置"阳光操作",实现国有资产保值增值,同时,也为全面推进行政事业单位资产公开处置积累经验。

【以资产清理为契机,稳步推进省级资产管理】 一是积极参与,履职尽责。资产管理中心作为省级行政事业单位资产清理领导小组办公室成员单位,按照省资清办的职责分工,着力抓好综合组、宣传组的日常工作。在极短时间内开发资产清理报表软件,用信息手段为清理工作顺利开展创造条件。通过报纸、杂志、网络、橱窗全面宣传清理工作政策和工作动态,设立资产清理专题网页,公布举报电话和举报邮箱,编发15期工作简报,为资产清理工作营造良好的舆论氛围。二是认真核查,掌握实情。按照省资清办的统一部署和安排,在自查阶段重点对省直各部门、单位进行业务指导,宣传清理政策,落实工作要求;复查阶段重点把握清理进度、报表汇总上报;核查阶段重点把握清理质量,组织21家会计师事务所对116家主管部门全面核查,成立6个督察组,由领导小组成员单位厅级领导带队,对30个部门进行重点督察,圆满完成资产清理各阶段工作任务。三是及时总结,注重实效。通过参与资产清理,基本摸清了省级行政事业资产存量情况,掌握了资产收益的总体情况。同时,发现了省级行政事业单位在资产管理方面存在资产管理基础薄弱、房屋土地产权不清、出租出借管理混乱、资产收益流失严重、对外投资脱离监管等一系列问题,为下一步完善管理制度体系,规范资产管理行为,提高资产使用效益,建立科学、规范的行政事业资产管理长效机制提出了建议。

【以物业改革为契机,持续提升服务保障水平】 一是积极推进机关物业管理改革。按照省财政厅党组要求,从2011年7月中旬至9月底,全面启动财政厅机关物业管理社会化改革工作。中心领导班子统一思想认识,加强组织领导,制定了《安徽省财政厅机关物业社会化改革实施意见》、《物业管理移交工作方案》、《终止劳动合同政策解释口径》和《聘用人员终止劳动合同经济补偿方案》等改革文件,确保物业管理改革稳步实施。依法与原厅机关服务中心74名聘用人员签订了书面协议,正式终止了劳动合同关系。二是不断提升机关物业管理水平。2011年10月份,通过公开招标,引入了社会化物业管理企业,建立起"服务—监管—结算"机关物业管理新模式,大大降低了机关运行成本。为确保管理水平和服务质量逐步提升,资产管理中心努力做好物业服务监管,制定了《省财政厅机关物业监督管理暂行规定》,明确了物业监管职责和工作要求。同时,全面落实省委、省政府关于做好公共机构节能降耗工作任务,加强节能减排宣传,强化机关节能管理,2011年,我厅"十一五"公共机构能源资源消耗统计工作受到省管局的表彰,2011年全省公共机构节能知识竞赛我厅荣获组织奖。三是认真落实社会治安综合治理目标责任。财政厅社会治安综合治理领导小组办公室(简称"厅综治办")设在资产管理中心。2011年,厅综治办认真贯彻《中共安徽省委、安徽省人民政府关于加强和创新社会管理的实施意见》(皖发〔2011〕22号)以及《2011年全省社会治安综合治理工作要点》精神,以"平安安徽"建设为载体,全面落实社会治安综合治理各项目标责任;加强与辖区街道、社居委和公安消防等部门的协调联系,积极开展结对共建、平安创建、邻里守望等活动,按照"谁主管、谁负责”的原则，切实做好“管好自家的人，看好自家的门，办好自家的事”，确保一方平安，社会治安综合治理取得丰硕成果。2011 年，省财政厅分别被省综治委和合肥市庐阳区授予社会治安综合治理优秀单位称号。四是继续完善和优化办公生活环境。加大对厅办公区和宿舍区的环境整治力度，不断完善各项基础设施建设。2011 年，投入资金 346.3 万元，清洗办公大楼外墙、更换厅办公区和宿舍区的电动门，对杏花小区、淮河路宿舍、舒城路宿舍区实施水表、电表出户和屋面防水改造；投入 150 万元，对水木春城住宅小区的电视监控、环境绿化、雨污分流和防渗处理等基础设施进行了大规模改造。

【以创先争优为载体，不断强化团队文化建设】一是支部建设增强组织“向心力”。为充分发挥基层党组织战斗堡垒作用和党员先锋模范作用，中心按照厅机关党委要求，及时成立了党支部，组建了支委会，为创先争优活动开展提供坚强的组织保证。在财政厅机关率先公开党支部“五项承诺”和共产党员“八项承诺”，并由 15 名党员签名后，张榜公布，主动接受群众监督。制定《资产管理中心建设学习型党支部实施意见》，围绕财政发展大局和中心自身建设，增强“五种能力”，促进“五个提升”，推行“五个一”学习模式，促进资产管理事业和资产管理队伍健康发展。10 月初，省委创先办到财政厅调研，对资产管理中心创先争优活动做法给予了充分肯定，并在《全省创先争优活动简报》第 384 期专题宣传了。二是廉政教育增强干部“感召力”。积极开展廉政风险防控试点工作，填写单位和个人廉政风险自查登记表 24 份，查找存在或潜在的廉政风险点 158 个，确定 3 个二级权力项目风险点，2 个三级权力项目风险点，确定个人一级风险 1 个，二级风险 12 个，三级风险 10 个，做到从源头防腐，做到财政工作和财政干部“双安全”；积极组织广大干部职工参加厅里统一组织的《廉政准则》知识竞赛、廉政论文和廉政警言警句征集评选等活动，还深入到安徽蜀山监狱等地，开展廉政警示教育，在广大干部职工中积极倡导“以廉为荣、以贪为耻”的良好风尚。三是主题活动增强团队“凝聚力”。围绕“以人为本，执政为民”和“进基层、大走访、送温暖”主题，积极开展“民生工程大走访”和“万名党员便民行”等活动，深入合肥市杏花社区，了解民情、倾听民意；结合建党 90 周年，积极开展“六个一”活动，组织全体党员赴小岗村开展“学习沈浩精神，重温入党誓词”活动，走访慰问老党员和困难党员，开展支部书记上党课活动；中心工会组织开展拓展训练、体育健身等内容丰富的文体活动和学习调研、岗位培训等技能提升活动，进一步提升了团队的凝聚力和战斗力，提高职工综合素质和工作水平。

（省行政事业单位资产管理中心供稿）

财政学会和研究会工作概述

安徽省财政学会工作概述

2011年,安徽省财政学会在省财政厅的直接领导下,在中国财政学会的大力支持下,以"服务发展年"为抓手,紧紧围绕财政厅党组的中心任务,积极开展学术活动,充分发挥参谋、助手和桥梁与纽带的作用,为提升财政服务质量,促进安徽经济发展做出了积极贡献。

【以"服务发展年"为抓手,积极开展系列活动】配合省财政厅在全省财政系统开展"服务发展年"活动,认真谋划,及时制定工作计划和《安徽省财政学会2011年工作要点》,以主题建设年为契机,把"服务发展年"征文、评审和理论研讨作为学会活动的重要内容。共收到全省财政系统和有关高校的应征作品119篇,成立由省财政厅左俊副厅长任组长,财政学会秘书处、财政厅办公室("服务发展年"办公室)、人教处、机关党委等处室负责人和具有一定理论和文字水平的同志担任评委的评审组,对应征作品进行认真的评审,共评出获奖作品30篇,其中:一等奖3篇,二等奖3篇,三等奖6篇,优秀奖18篇,池州市、合肥市、宣城市、安庆市、淮南市、颍上县等6个财政局获评组织奖。11月7日,省财政学会在滁州市召开"服务发展年"理论研讨会,通报了"服务发展年"征文和评审情况,宣读了表彰决定,颁发了获奖证书,并围绕"服务"和"发展"的主题,重点就加强"五项服务"、促进"四项发展"进行了热烈研讨。

【以服务现实为主线,深入开展课题研究】省财政学会以财政科研为依托,紧紧围绕财政改革和经济发展,坚持为财政中心工作服务和为解决现实问题服务的工作方针,充分发挥"智库"作用,先后完成多项课题研究任务,形成了一批高质量的研究成果。认真完成中国财政学会、财政部科研所下达的《"十二五"期间促进中国农业现代化的财税政策研究》全国协作课题研究任务。积极组织、指导市县财政部门联合开展协作课题研究。全省16个市、10个县共参与6个课题研究,通过认真调研、深入研讨和广泛交流,为提高市县科研能力,推动基层财政科研产生了积极的影响。积极申报,并取得了省社科联的课题立项。根据省社科联的要求,财政学会结合本会的研究范围积极组织申报,取得了《转型经济期安徽制造业发展路径及对策研究》课题的任务。

【以服务社会为目标,广泛参与学术活动】省财政学会积极参与省社科界、社会组织联合会、有关院校和中国财政学会组织的学术活动,全年参与省社科联组织的社科学术年会、"创新社会管理论坛"和省社会组织联合会组织的"社团工作人员知识竞赛"等学术活动。根据省社科联和省民间组织管理局的通知,推荐了社科类成果参评作品,其中由财政学会会长陈先森厅长任课题组长、常务副会长左俊副厅长任课题副组长的《关于促进安徽省工业化、城镇化双轮驱动发展的财政政策研究》,获得省社科成果二等奖。积极主动了解厅内社团的活动情况,及时将各学术团体的活动情况总结上报财政厅领导,为厅党组和厅领导了解厅内社团的活动,更好发挥社团组织的作用提供了参考。根据省民政厅的要求,参与了省"百优社会组织"的评选,并提交、申报了相关材料;撰写了安徽省社科年鉴材料;履行了2010年学会年检、学会信息报告和学会秘书处的日常工作。由于工作扎实,省财政学会首批通过了全省标准化学会评估,并在学会骨干培训班上交流了经验。为此,财政学会被安徽省民间组织管理局评为首届“百优社会组织”,被省社科联评为“先进学会”。

(省财政学会秘书处供稿 王恩奉执笔)

安徽省珠算协会工作概述

2011年,在各级财政部门直接领导下,全省珠心算教育推广普及取得了令人振奋的进步,教练教学和选手竞技水平都有了明显提高,促进了全省珠心算教育事业平稳发展。

【促进珠协全面工作开展】2011年,市县珠协一方面继续支持公办小学、幼儿园办好珠心算教学示范,不断充实教练力量、提高教学水平,一些重点校、园选手竞技能力提高很快;另一方面又积极大力扶持民办幼儿园、小学开展珠心算教学。原有示范点更加巩固了,新点也在逐步增多。据不完全统计,全省多数市、县、区都开展了珠心算教学,参加学习人数达2.6万多人。积极参加一些全国性统一活动,应邀参加了上海市珠协和台湾省商业会珠算委员会联合举办的“弘扬中华珠算文化——珠算心算活动展示大会”;组织合肥、六安、马鞍山、亳州、黄山等五市一行16人前往武汉市参观考察了解放军经济军事学院珠心算队及中国珠算心算选手培训基地;根据中珠协要求,对全省进行了认真排队,研究确定推荐合肥市十里庙小学、祁门县阊江小学附属幼儿园和黄山市屯溪大位小学三所公办学校作为全国珠心算教育实验点。

【积极参加各类珠心算比赛】省珠协组建代表队,积极参加全国和全省举办的各类珠心算比赛。5月份举办的“第二十届海峡两岸珠算心算通信比赛”中,我省16个市共有34565人参赛,获全国组织推广二等奖,宿州市昂立珠心算培训学校宋世波教练荣获小学组二等奖(教练奖),萧县龙城镇西关小学张捷同学荣获小学组二等奖,得到了中国珠算心算协会的通报表彰。合肥市、安庆市、滁州市、芜湖市、淮南市、淮北市、黄山市、马鞍山、铜陵市、六安市、池州市等十一市珠算协会获省组织推广特等奖;阜阳市、宿州市、宣城市、蚌埠市等四市珠算协会获省组织推广一等奖;6月份举办的全省第十四届少儿珠心算比赛中,全省有17个市及省粮食分会、阊江小学共派出19支代表队参加,其中小学组有8支代表队,学前组有17支代表队。学生组亳州市、马鞍山市获一等奖;学前组阊江小学、六安市、黄山市获一等奖。8月份举办的全国第三届珠心算比赛中,共有来自全国省、市和解放军队、新疆生产建设兵团的32支代表队343名选手参加,我省选派了亳州、马鞍山两市共7位小选手参加了学生组团体、学生组个人全能和学前组个人加减算的比赛,我省学生组团体总分排名第七,荣获团体二等奖;学生组六位选手均荣获个人全能二等奖;学前组郭一凡小朋友荣获个人加减算二等奖。

【举办珠心算教练员培训班】省珠协自2009年6月开始筹划、组织自编本省适用教材,历时近两年,编写出一本适合本省实际需要的培训教练新教材《安徽省珠心算教练培训讲义》。并于2011年7月11日至16日,举办了一期全省暑期珠心算教练员培训班。各市积极选拔、踊跃推荐学员,导致学员人数爆满,13个市共98人参加培训。培训过程中,主讲老师备课充分,讲稿几经删改、反复推敲,针对性强,比较成熟;全程采用大屏幕投影教学,不仅扩大了教学时段课程容量,而且形象直观,大大增强了学员的理解、吸收能力,有效提高了教学效果;同时,在授课中不断穿插互动,当堂发问,加深了学员们对授课内容的消化接受程度,特别对算理理解更加深透,取得了良好的社会反响。

【推动市县珠协工作开展】2011年,市、县珠协珠心算教育普及推广在稳固中求进,全省示范点有增无减,先进典型的各类活动富有特色。如合肥市珠协新增蜀山新苑小学、肥西桃花中心小学等珠心算教学点,自办的少儿珠心算班春季、暑期、秋季仍然连续招收5个班160多名学员,受市教育局委托举办了一次中断十年的职业学校珠算技术比赛。此外,积极参与市科协系统多种交流、研讨活动,更扩大了珠心算教育的社会影响,也引起了媒体高度关注。马鞍山市珠协年初确定了年度珠心算教育推广目标,并分解落实到县、区、部门、学校及责任人,坚持扶持公办学校和引导民办培训机构相结合,截至年底全市共有22所学校、幼儿园的43个班2151

名少儿学习珠心算。该市还特邀电视台记者采访制作了珠心算教育专题片，广为宣传，社会反响很好。芜湖市 2011 年开办珠心算教学幼儿园增加到 40 多所，在学小朋友 5000 余人。同时加大社会宣传，除一直利用财政系统网络平台，还特别在芜湖市民心声网上介绍珠心算，解答网民有关问题。黄山市财政每年都特别安排专项经费支持珠心算教育，2011 年各区县用于珠心算教育资金达 10 万元，市财政专门安排了 6 万元奖励资金。同时，注重教学研讨和学术研究，积极通过本地和全国各种媒体宣传，2011 年共有 17 篇文章在各类报刊发表。

（安徽省珠算协会供稿 唐向东执笔）

安徽省会计学会工作概述

2011 年，省会计学会在财政厅党组正确领导和中国会计学会具体指导下，在各级会计学会和全省会计界理论工作者和实务工作者的加倍努力下，使全省会计学会工作有计划、有重点的开展，做了大量工作，取得了较好成绩。

【组织开展会计书画摄影作品评选活动】截至 2011 年 6 月 20 日，共收到个人或单位组织推荐参加中国会计学会关于纪念建党 90 周年全国会计书画摄影作品征集 48 件，书法 37 件，摄影 11 件。书法、摄影作品充分体现会计人员热爱党、热爱祖国和会计事业，充分展现了会计人员精神风貌及祖国风光。

【推动会计理论创新与实务结合】积极组织课题研究创新。积极组织调动全省财经院校和实务工作者，开展《企业内控》、《公允价值对企业经营成果的影响及风险防范研究》、《企业资本运作问题研究—以安徽省国有企业为例》等 4 个重点课题研究，力求做到课题研究成果能为我省经济、社会发展服务，为财政强省服务，为会计改革发展服务。

【积极参与南方片区学术研讨会】换届后的七届理事会，高度注重理论研究创新，认真准备大会提交论文，三次在南方片研讨会上交流，有近 10 篇在全国性公开发行的刊物上发表。

【认真组织会计人员相关培训】2011 年 5 月 20 日—25 日在上海财经大学继续教育学院举办一期全省企业中层以上财务会计人员培训班，就宏观经济形势分析与解读、金融市场发展及融资新趋势、企业内部控制与全面预算管理、团队建设与执行力—现代人际交流与心理协调管理、新会计准则深度解读及实施要点等方面进行深入培训，大大提高了学员会计业务知识和操作能力。

【广泛汇编优秀论文】将《纪念安徽会计学会成立三十周年征文活动》中的优秀征文和近几年的课题论文汇编成册，编成《安徽省会计学会成立 30 周年纪念活动征文选编》一书，供广大会计人员学习，以利于广泛的开展学术交流和进一步推动会计理论研究发展。

【加强地方和专业会计学会的工作指导】加强对地方和专业会计学会的指导，省与地方和专业会计学会互动，各地方和专业会计学会，根据省会计学会 2011 年工作重点的通知要求，迅速建立健全机构，广泛举办会计人员培训，有力推动了会计培训、会计理论研究创新、学术交流等工作。

（省会计学会供稿 忻信华执笔）

安徽省农村财政研究会工作概述

2011 年，省农研会不断加强理论学习，以农研会管理规范化为抓手，广泛调研，积极指导和推进各市农研会工作，不断增强全省各级农研会活力和凝聚力。

【开展学会规范化管理与建设活动】根据安徽省民政厅《关于开展全省性公益性社团评估工作的通知》和安徽省社会科学界联合会《关于开展省属社科类学会规范化管理与建设活动的意见》文件精神，省农研会专门讨论制定了《关于开展全省农村财政研究会规范化管理与建设活动的意见》，对全省农村财政研究会，开展规范化管理与建设活动提出了具体要求，为提高我省农研会自律性管理水平，促进各级农研会健康稳步发展，确定了目标。

【及时换届或调整理事成员】针对市、县（市、区）农研会机构人员变化较大的实际，省农研会要求各市农研会对已经届满且条件成熟的、理事变化较大的学会进行换届选举或对部分理事进行调整和补充，以保证学会工作的正常开展。2011 年，淮北、淮南、六安、安庆等市先后进行了理事会换届，其他各市都按省农研会通知要求积极筹备换届和理事调整。

【圆满完成《安徽省农业税收简史》编纂任务】在省财政厅农村财政管理局为主导、有关部门和专家学者的积极参与下，省农研会和各市农研会群策群力，集思广益，寻根溯源，历时五载，编写了 18 分册，近 1110 万字安徽省农业税收简史(1949—2005)，省总册由中国财经出版社公开出版发行。

【精心组织论文评选活动】年初下发《关于印发安徽省农村财政研究会 2011 年工作要点的通知》后，要求各级农研会及理事单位积极开展对“三农”工作中的热点、焦点、难点问题进行调查研究。各地共上报论文 166 篇，经过专家认真评审，共评出一等奖 8 篇；二等奖 15 篇；三等奖 20 篇；优秀奖 120 篇。

【加大培训学习力度】采取“走出去”的方式进行培训学习，组织各市农研会会长、秘书长，前往内蒙古、湖南、肥西、巢湖等地进行特色农业考察。各市农研会主动派出基层财政干部，参加中国农研会的考察培训。

（省农村财政研究会供稿）

安徽省预算与会计研究会工作概述

2011 年，在厅党组的正确领导下，在全国预算与会计研究会的精心指导下，安徽省预算与会计研究会深入贯彻科学发展观，紧紧围绕“为中心、为改革发展、为现实服务”的理念和工作目标，深入开展调查研究，在财政改革与发展中发挥了积极作用。

【圆满召开三届三次常务理事会】在六安市召开安徽省预算与会计研究会三届三次常务理事会议，传达全国预算与会计研究会三届四次常务理事会会议精神和冯秀华常务副会长在部分地区工作座谈会上的讲话，听取《安徽省预算与会计工作汇报和“十二五”开局之年的工作安排》的工作报告。会议还通报表彰了获得 2010 年度优秀论文和调研报告的集体或个人，并颁发了获奖证书。

【精心组织开展优秀论文和调研报告评选活动】2011 年，省预算与会计研究会收到单位和个人申报的论文和调研报告 80 篇，经论文和调研报告评审小组评审，共评出一等奖 4 篇，二等奖 12 篇，三等奖 45 篇，对获奖的 61 个单位和个人的论文和调研报告进行了通报表彰，并颁发了证书。

【积极组织并完成课题研究任务】财政部预算司、全国预算与会计研究会下达《财政预算绩效管理研究》课题后，成立课题领导小组，制定了课题研究实施方案及调研提纲、撰写提纲。到淮南等市进行了实地调研，对初稿进行多次修改补充和完善，顺利完成课题研究任务，被财政部《经济研究与参考》、《预算管理与会计》和厅《调研报告》刊发，并已编入财政厅 2011 年《调研报告汇编》。其次，配合厅社保处共同完成省重点课题——《应对人口老龄化财政政策研究》，并在《安徽财会》上发表。根据全国预算与会计研究会提出的参考课题，结合我省实际，在征求多方面意见的基础上印发了 2011 年 28 个参考指导性课题目录，供全省财政系统、理事单位、通讯联络员、社会有关方面参考，引导大家开展研究。课题下发后，引起了各方面关注和积极参与。

【踊跃参加学术交流活动】全省单位和个人在全国和省级以上报刊上刊登的有关预算与会计改革发展方面的论文、调研报告等一百多篇，部分研究成果在全国《预算管理与会计》、《安徽社科界》上刊登。积极参加省内外多种学术交流活动，我厅预算处、国库处在南昌市召开的“华东地区预算管理与会计工作第二十四次座谈会上做交流发言，受到与会代表的充分肯定。同时，为扩大社会影响，多次向省社科联提供稿件，参加专家座谈会，达到了相互学习、相互借鉴、共同提高的目的。

【积极主动宣传研究成果】将汇编的《获奖论文调研报告集》发放到全国预算与会计研究会、各位理事和理事单位、通讯联络员、有关领导和报刊，供决策和指导工作参考。同时，按照全国预算与会计研究会的要求，2011 年，为全省市、县(区)财政局、理事单位和通讯联络员个人以及厅机关相关处(室）免费征订了 2500 多份《预算管理与会计》月刊，为宣传财政工作，学习交流工作经验，提供了一个良好的平台。

（省预算与会计研究会供稿　李良执笔）

市县（区）财政工作篇

合肥市财政工作概况

合肥市财政工作综述

2011年,合肥财政工作开拓进取,奋力拼搏,不断开创新的业绩,推动了全市经济社会新发展。全年实现财政收入623.8亿元,增长22.7%,占全省的23.7%。其中地方财政收入完成338.5亿元,增长21.1%,在全国省会城市中排名第9位。全市累计完成财政支出474.4亿元,比上年增长27.4%。

【狠抓财政收支管理,财政实力稳步提升】依法加强收入征管,推进税收征管社会化管理,全面开展非税征收及票据管理重点检查。税源管理联动机制逐步健全,财税配合更加协调,非税统管力度进一步加大,收入质量稳步提高。支出结构进一步优化,财政支出有序推进。科学调度资金,着力提高支出预算执行率。城乡社区服务、教育、社会保障与就业、农林水事务、医疗卫生以及住房保障支出大幅增长,财政资金使用效率进一步提高。

【充分运用财政杠杆,经济发展后劲增强】全市各级财政累计投入支持经济发展资金48.4亿元,其中市本级26.6亿元。全年兑现四大政策资金19.2亿元,带动了重点骨干企业及一大批中小企业的快速发展。集中资金重点支持重大招商引资项目建设及重点产业发展,采取了"一事一议"的办法,支持京东方8.5代线、联想、大陆轮胎等全市重大招商项目加快建设。兑现自主创新资金8.8亿元,重点支持高新技术企业开展自主创新。制定出台支持小微企业扶持政策,促进小微企业健康发展,扎实推进"三下乡、一换新"活动,积极推动新能源汽车示范推广工作。全年共为开发园区和乡镇工业聚集区1376家企业工业投资项目办理免收费2299项,免收资金3.86亿元。

【坚持为民理财宗旨,民生财政深入人心】全年全市民生支出达354.7亿元,比上年增长28.5%,占全市财政支出的74.8%。全力推进33项民生工程实施,共投入资金50亿元,全市700多万城乡群众直接受益。在全省民生工程考评和社情民意调查中,再次位居全省前列,连续五年受省政府表彰。全市教育支出66.6亿元,增长45.7%,占财政支出的比重达14%。文化体育与传媒支出5.4亿元,增长31.8%,拨付基本公共卫生资金3768.36万元。推进社会保险提标扩面,连续七年提高基本养老金。强化社会保险基金监管,巩固基层医药卫生体制改革成果。及时落实校舍安全工程建设资金,分解拨付省补资金5897万元。拨付保障性安居工程资金17.39亿元,保证各项保障性安居工程顺利推进。

【城乡统筹力度加大,支持"三农"再创佳绩】全市"三农"支出49.1亿元,比上年增长30.9%。农田水利建设支出6.37亿元,重点支持水库除险加固、农村饮水安全、渠道工程以及小型水源工程等建设。农业综合开发支出1.55亿元,改造中低产田、新建高标准农田共7万亩,高标准建设安徽滨湖、郭河现代农业综合开发示范区。村级公益事业建设"一事一议"财政奖补支出1.45亿元,带动社会资金投入3.54亿元(含农民筹资筹劳),全年奖补"一事一议"项目3068个,村级覆盖面达84%。通过"一卡通"发放各项涉农补贴资金16.43亿元,比上年增长68%,农民人均直接受益401元。投入政策性农业保险保费补贴8498万元,全年种植业参保率达94%,养殖业基本实现应保尽保,累计赔付农民受灾损失9283万元。

【加强财政管理改革，服务发展再上台阶】科学做好2012年部门预算编制工作，全面推行预算评审论证制度。建立健全预算全过程绩效管理机制，切实提高财政资金的使用效益。改革资金管理模式，充分发挥政府性资金的杠杆和导向作用。深化“小金库”治理，着力构建财政“大监督”格局。深入推进“阳光村务工程”，促进村(居)集体“三资”规范化管理。创新财政支农资金管理体制机制，规范监管和考评。扩大政府采购范围，将全市行政单位物业管理费纳入定点采购。完善行政事业单位资产管理。开展全市会计人员信息采集和换证，试点会计从业资格考试无纸化改革。完成全市财政干部行政执法资格确认和资格证件办理等工作。

【全力服务区划调整，做好财税资产移交】省、市巢湖区划调整会议后，合肥市财政局迅速启动，由局主要负责同志带队从8月24日起进入巢湖市驻点，与原地级巢湖市财政系统干部职工齐心协力，共同做好财务与资产移交。

【强化机关内部管理，全面提高工作效能】积极营造机关文化新氛围，成功荣获第三届“全国文明单位”荣誉称号，努力把全局建设成为社会主义精神文明建设的重要阵地。深入开展“服务发展年”活动，牢固树立“服务至上，发展为先”理念，着力做好“五个服务，五个更加注重”，大力弘扬沈浩精神。通过组织干部春训、辅导报告会、警示教育、党课教育、民主生活会、干部廉政谈话等形式深入开展主题教育活动，开展廉政文化建设活动。着力加强学习型机关建设，不断提升机关工作效能。

(合肥市财政局供稿 刘 畅执笔)

庐阳区财政工作概述

2011年，庐阳区稳妥推进各项财政改革，财政工作步入发展快车道。全年完成财政收入18.6亿元，较上年增长23.15%。其中地方收入11.3亿元，增长28.18%；中央收入7.3亿元，增长16.15%。完成财政支出13.5亿元，增长31.65%。

【巩固成果创新机制，征管水平再度提升】率先在全市探索个体税收社会化管理工作，修订完善《庐阳区协税护税考核办法》，清理漏征漏管户型1034户。健全财政收入分析体系，按月对税源户进行分行业、分产业、分税种和分街道分析。跟踪管理建设项目税源，初步展开楼宇经济税源管理，全区共掌握在建项目110个、楼宇85栋、楼宇企业4192家。注重加强监控重点税源、重点项目，确保重点税源的税收贡献度。

【加大投入提高效益，城区建设快速推进】以打造“全省首善之区”为目标，区财政投入向民生工程大力倾斜，在全省率先提高农村散居五保对象和农村低保保障标准，两项标准均为全省最高；预算内中小学生均公用经费标准全市城区最高；全面免除义务教育阶段学生作业本费；计划生育奖(特)扶翻番提标；区财政全额代缴政策性农业保险中农户应承担的参保费用；城乡困难群众医疗救助报销比例处于全省领先水平；家电下乡和家电以旧换新工作均居全省县区之首。全年拨付民生工程资金15911万元，增长53%。加强创业扶持专项资金管理，加快推进各项社会事业建设。

【发挥职能支持引导，区级财政主动作为】大力支持现代服务业和先进制造业“双轮驱动”战略，累计拨付投资引资奖补资金2000万元、现代服务业发展专项资金1000万元、规模以上工业企业奖励资金3026万元。持续推进社会主义新农村建设，累计拨付支农项目资金1814万元，发放惠农补贴合计2306万元。首建金融企业资源库，入库金融企业达304家；严肃高效地做好金融日常监管工作，共审核筹建融资性担保、小额贷款公司24家，注册资本合计30亿元，实际开业16家。被市政府授予“全市金融工作先进(县)区”称号。

【健全机制推进改革，管理更趋科学精细】率先在全市县区建立部门预算基础数据库，夯实预算编制基础，提高预算编制的准确性；率先全面实施预算公开评审，全区37家一级预算单位519个项目全部纳入评审，“开门办预算”成效明显。出台公务消费刷卡目录，提高公务卡刷卡消费比率。加强财政工作研究，首编《庐阳财政信息》，全年共印发六期。

【完善制度强化执行，国资改革纵深推进】严格执行《关于进一步规范全区经营性资产使用管理工作的通知》要求，“公房”出租收益大幅提升，全区公开招租房产225处，招租房产合同年收益快速增长。规范全区行政事业单位资产配置标准和使用年限，有效防范国有资产的无序配置和随意处置。开展区属140余家单位两账核对工作，督促行政事业单位夯实国有资产管理基础。严格控制国有资产超标和低效配置,资产预算的科学性进一步提升。

(庐阳区财政局供稿　张士明执笔)

蜀山区财政工作概述

2011年,蜀山区实现财政收入18.2亿元,同比增长34.8%。其中,地方收入13.1亿元,上划中央收入5.1亿元。区财政总支出17.7亿元,预算执行率100%。

【坚持主动理财,全面建设发展型财政】全年投入4.2亿元用于区级重大项目建设,涵盖旧城旧村改造、经济发展、基础设施建设、社会事业4大类9大项,着力加快“魅力蜀山”建设新进程。全年投入2.09亿元,用于加快新产业园区交通路网、标准化厂房基础设施建设,进一步提高园区招商引资的竞争力和项目承载力,其中一次性投入1.7亿元,用于蜀山区自主创新基地三期及公租房建设。全年安排1600万元科学技术资金,用于支持企业科技创新、科技研发与科教成果转化,重点帮助解决科技型中小企业科研项目资金瓶颈问题。

【坚持改善民生,全面建设民生型财政】坚持以保障和改善民生为重点,积极调整和优化支出结构,财力分配向民生倾斜。全区财政民生支出比上年增加5.19亿元,同比增长79.48%,区级新增财力全部用于民生投入,民生财政得到充分体现。加大民生工程协调推进力度,完善民生工程资金投入和管理机制,全面完成18项民生工程年度目标任务,2009年、2010年连续两年荣获“合肥市民生工程组织实施工作杰出奖”。全区教育支出总量2.2亿元,占财政总支出的15.53%,率先全面免除义务教育阶段学生作业本费,义务教育生均公用经费标准全省最高,投入1500万元用于望江路中学和江淮学校建设,投入1000万元用于学前教育发展。全年社会保障和就业支出1.3亿元,农村低保、农村“五保户”供养、重度残疾人生活救助、特困老人生活补助等进一步提标扩面,城乡低保补差水平位于全省前列;安排就业创业专项资金300万元,促进创业带动就业,全年新增就业人数22829人,新增私营企业及个体工商户4120户。全年共拨付医疗卫生资金3506万元,拨付基层医疗体制改革经费1000万元,全力支持基层医疗体制改革的顺利实施。新建各类保障性住房4663套,其中新建廉租住房204套,新建公租房1001套,城市棚户区改造3458户,均已全部开工建设。全年发放廉租住房补贴253万元,享受廉租租房补贴家庭达1306户。

【坚持服务大局,全面建设服务型财政】投入4000万元,用于绿化大会战、市容市貌整治等,绿化总投资超前10年总和;投入2000万元,在全市率先实行垃圾分类收运改革;投入770万元,对221处排水设施实施整改。安排1.02亿元,支持集文化馆、档案馆、图书馆、青少年活动中心和老人活动中心功能为一体的“三馆两中心”建设;安排5000万元,支持集残疾人康复中心、疾控中心和妇幼保健中心功能为一体的“民生综合服务中心”建设;安排500万元,作为区文化宣传经费;安排300万元,用于群众文体活动建设经费;安排150万元,作为廉政文化建设。投入1500万元,加快新农村建设及农业产业结构调整步伐;投入2000万元,用于支持现代农业示范园基地建设,全面推进城乡一体化;拨付7000万元,对全区23处“三无小区”进行综合整治及物业管理维护;拨付350万元,用于小街巷建设及维护;拨付1000万元,用于平安蜀山公共安全建设。

【坚持改革创新,全面建设创新型财政】一是公开透明办预算。在2012年部门预算编制进程中,邀请人大、纪检、审计及上级财政部门等各方领导和专家,对区直12家单位的部门预算进行公开论证和绩效评价,建立严格的月度分析制度,进一步提高预算执行的均衡性和及时性。二是创新机制强监督。充分发挥财政监督职能作用,创新体制机制,建立蜀山区重大财政资金项目月报制度,实行动态管理,滚动监督,促进项目早建设、早建成、早见效,有力保证了财政资金安全、规范、高效运行,此举被合肥信息、合肥日报、江淮晨报等相关报刊竞相报道;同时积极开展重大支出项目专项检查和跟踪问效,扎实推进“小金库”专项治理工作,进一步规范财政资金管理,严肃财政纪律。三是深化政府采购改革。将“三无小区”改造、绿化大会战等一些较大民生项目纳入政府采购范围。截至11月底,全区共完成政府采购1310次,预算金额3.83亿元,实际采购金额2.07亿元,节约资金1.76亿元,资金节约率达45.95%。政府采购中心连续两年荣获“全市招投标工作先进集体”称号,并荣获“全省招投标先进集体”称号。四是强化国库集中支付改革。区所有一级预算单位实现“全覆盖”，预算内和往来户资金全部实行国库集中支付，教育系统、卫生系统、市容系统、区直各部门人员工资全部实行国库集中支付统一发放。截至11月底，国库系统网上支付资金达7.33亿元，提高财政性资金的拨付效率。

【坚持科学管理，全面建设绩效型财政】一是加强协税护税。建立长效机制，对区重点税源大户、重点行业、重点税种，实行重点监控，建立区、镇(街)、居三级协税护税网络，做到齐抓共管，合力治税。二是加强投融资管理。对区域内的担保机构进行逐户现场检查，进一步提高融资性担保机构经营管理的规范性。截至11月底，各担保机构累计为500余户中小企业提高融资性担保金额近12亿元。三是加强国有资产监管。依托资产信息系统，对全区144家行政事业单位全面实施动态监管，涉及资产总额达7.76亿元。严格资产处置申报审批手续，实行资产处置网上和纸质同步审批，全年共审批国有资产处置申请2548件，有效实现资产处置收益最大化和资产的增值保值。四是严格控制行政成本。厉行节约，严格控制各类行政性开支。2011年，全区“三公经费”实现零增长。

(蜀山区财政局供稿 刘 佳执笔)

瑶海区财政工作概述

2011年，瑶海区财政收入完成11.3亿元，同比增长46.73%。其中：地方收入完成8亿元，同比增长49%。全区财政支出完成8.5亿元，同比增长32%。

【积极强化收入征管】一是积极协调各征管部门，镇、街、开发区全面摸清税源户型，科学分解落实收入任务；二是全面开展房地产、建安企业等重点税收核查清算；三是进一步加强专业市场、私房出租、楼宇经济等零散税收的普查、委托代征工作。2011年全区税收三大支柱行业房地产及建安业、批发和零售业、制造业贡献我区财政收入7.96亿元，比上年增加2.16亿元；全区纳税百万元以上企业338家，比上年增加79家，贡献财政收入达9.6亿元，比上年增加3.2亿元；全年财政收入二十强企业累计贡献财政收入3.72亿元，比上年增加0.92亿元。

【优先保障重点支出】一是加大支农投入。积极落实各项惠农政策，努力做好全区新农村建设、农业结构调整和村级公益事业“一事一议”财政奖补等工作，全年农业投入891万元，比上年增长75.74%。二是加大教育投入。全年教育投入达26936万元，比上年增长49.6%，投入5000万元新建和平中学、新漕冲学校、龙腾家园幼儿园等。三是加大就业和社会保障投入。积极关注扶持社会弱势群体，民生工程资金大幅提标，全区社会保障与就业方面投入4839万元，比上年增长18.75%。四是加大医疗卫生投入。重点支持公共卫生服务体系建设，城镇居民基本医疗保险政策，努力推进基本公共卫生服务均等化。全年医疗卫生支出3888万元，其中：医改资金投入1900万元，积极推进全区基层医药卫生体制改革进程，全区基层医改的架构进一步完善。

【主动服务经济发展】一是认真贯彻落实中央、省、市支持企业发展政策，集中财力支持产业发展，累计兑现支持工业经济平稳运行、自主创新政策兑现和固定资产投资补助等各类扶持政策资金5000多万元，带动了重点税源企业及一批中小企业的快速发展。二是切实减轻企业负担，认真落实开发区、工业园区工业投资项目免收费政策，全年为全区开发园区和工业集聚区100多家企业办理免收费500多项次，共免收各项行政事业性收费近50万元。三是全力推进家电下乡工作，全区89户家电下乡备案网点共销售给农民各类家电22371台(件)、家电以旧换新42180台(件)，累计补贴金额近1450万元。

【逐步完善财政管理】2011年，区财政局继续以精细绩效为目标，积极推行财政改革与创新。预算编制科学精细，坚持开门办预算，强化项目支出论证，提高预算编制的科学性、公正性；深化国库集中支付管理，拓宽支付范围，全区预算单位公务卡改革稳步推行，实现公务支出更加透明、公开；资金管理更加精细，完善出台《瑶海区财政性资金管理和拨款程序暂行规定》，开展清理整顿地方财政专户工作，撤销、归并8个财政资金专户，建立完善财政性资金监督制约机制；政府采购规模不断扩大，全年政府采购节支率达17.95%；财政监督力度不断加大，深入开展“小金库”专项治理，组织全区143家单位开展“小金库”治理“回头看”工作，对19家重点单位进行了重点督查；资产管理进一步加强，制定了《关于进一步加强国有资产监督管理的意见》和《关于区属国有经营性资产划转有关问题的通知》，促进国有资产管理制度化、规范化和信息化。

(瑶海区财政局供稿 孔维金执笔)

包河区财政工作概述

2011年,全区财政收入完成25.3亿元,占年初预算的104.92%,同比增长15.6%。其中地方收入17.2亿元,同比增长17.31%;中央收入8.1亿元,同比增长12.11%,总量位于全市各县区之首。财政支出16亿元。

【多措并举抓收入】强化税收征管举措,建立财税形势预测分析会和财税工作例会制度,着重加强对重点税源、重点企业的调查和分析,及时发现、解决各类问题,确保财政收入平稳增长。同时,建立信息互通机制,强化税务、工商、区直各经济部门之间的资源共享。努力改善投资环境,积极培植总部经济、注册经济、楼宇经济等新的税源增长点。强化非税收入征管,严格落实"收支两条线",实现应收尽收、应缴尽缴。

【优化结构促发展】认真贯彻落实积极的财政政策和区委"双轮驱动"发展战略,安排专项资金4000万元,推动全区经济结构调整和产业升级。全面推动基础设施建设,全年共投入资金6600万元。着力优化生态环境,共拨付绿化大会战和植树造林、清洁家园经费2636万元。认真落实家电(摩托车)下乡、家电(汽车)以旧换新等消费促进政策,兑付"家电下乡"财政补贴资金430万元,兑付"家电以旧换新"财政补贴资金2174万元。2011年区财政共承担兑现省级免收费资金190万元,为辖区企业减轻了负担。

【倾心尽力惠民生】全年共投入8.15亿元用于民计民生和社会事业发展。其中投入教育事业4.7亿元,增长27%;共筹集资金769万元用于农村低保对象的生活保障;全年共打卡发放补助资金150万元。同时,在国家规定享受奖扶年龄60岁的基础上下调至55岁,全区享受扩面奖励人数741人,全年发放扩面奖励资金62万元。全年投入社会保障和就业支出1.1亿元,重点加大农民工和再就业培训。

【科学精细谋改革】全面实施项目预算公开评审机制,引入第三方进行评审论证,不断提高预算编制与审核的透明度。开发预算执行分析监控系统,定期对预算执行情况进行分项梳理和异常情况分析,加强预算执行动态监控。制定财政结转和结余资金管理办法,优化财政资源配置,提高资金使用效益。深化非税收入管理改革。实施预算外收入纳入预算内管理改革,全面推开国库集中支付和公务卡改革。将教育、卫生系统占全区预算支出近40%的资金纳入集中支付,实现全区128家独立核算单位国库集中支付全覆盖。试点恢复集中支付单位的会计主体地位,为推进国库集中支付作出有益探索。全面推开公务卡改革,当年结算金额293.7万元,资金结算率100%。进一步延伸政府采购管理范围,加强对街镇及村(居)政府采购的管理和监督。全区当年完成政府采购7880万元,节约资金1420万元,节约率18.02%。

【完善机制强管理】围绕"依法理财、依法用财",大力组织宣传贯彻《预算法》等法律法规,加强财政财务管理工作,不断提升管理水平。加大财政监督检查力度,深入开展对教育、卫生、社保等民生资金以及重点建设项目资金使用的监督检查,积极探索财政监督与财政管理有机结合的新途径。进一步拓展融资渠道,充分发挥融资协调作用。完善政府、银行、企业合作机制,扩大银企对接成果。

(包河区财政局供稿 沈 岸执笔)

经济技术开发区财政工作概述

2011年,经济开发区财政各项收支任务全面超额完成。全区一般预算收入累计完成64.39亿元,同比增长25.01%。其中税收收入63.01亿元,比上年增长24.5%,总量和增幅均居全市各开发区前列。

【完善金融服务体系】一是组织召开全区银企对接会,搭建银企融资桥梁。加强重点企业调研,挖潜后备上市资源企业21家。其中洽洽食品股份有限公司于2011年成功上市,融资20亿元。二是营造良好金融生态环境,逐步完善和壮大区金融服务体系。2011年全区有1家小额贷款公司实现增资5000万元,4家小额贷款公司申请筹建;已开业的6家小额贷款公司注册资金总额为6.02亿元,共发放贷款445笔,金额14.68亿元,贷款余额为7.43亿元。

【切实保障和改善民生】一是积极开展民生大走访活动,财政干部深入百姓家庭宣传民生政策,探索改进民生工程工作的措施和方法。二是加强民生工程落实力度。2011年共实施17项民生工程,其中资金保障类11项、工程类3项、教育培训类3项,实际到位8519.58万元,到位率100%,其中区级配套资金409.68万元,于6月末全部足额安排到位。三是按照有保有压、突出重点的原则,压缩一般性支出,加大对民生工程资金投入和保障力度。全年社会保障与就业支出2062万元,同比增长3.88%。

【推进财政科学化精细化管理】一是改革部门预算管理方式。加强项目沟通论证,细化项目内容,进一步提高2012年财政预算编制的合理性、科学性。二是加强政府采购管理。全年实际完成采购项目294项,完成率为94.2%。已完成货物、服务及零星工程采购预算7156万元,实际采购金额4520万元,节约资金2623万元。三是对全区所有财务人员,特别是社区居委会财务人员进行培训,对社区财务管理中存在的问题及时整改。

【加强财政资金专户管理】一是累计合并撤销同类、闲置、开户依据不充分等各类财政资金银行账户14个,财政专户撤销率达60%。二是构建资金存放管理新模式。对银行沉淀资金进行分类,按季逐月进行预测,以提高资金使用效益。出台财政性资金存放商业银行的管理办法,引导商业银行加大对区经济发展的支持力度。三是建立共管账户管理制度。在海恒集团和新港工业园办事处分别设立财政收支总分户等共管账户,加强资金的监管力度。

【强化政府投资管理】2011年,完成工程概预算审核85份,申报概预算金额14.46亿元,核减金额6035.74万元。委托工程决算审计项目530个,其中审结项目505个,在审结项目中送审金额合计37007万元,核减金额7537万元。一年来共组织认证项目305个、认证变更签证2767项。积极推进项目管理软件推广和使用,提高工作效率,提升工作水平。

【加强国有资产管理】加强经营性资产考核和管理力度,提高资产运营管理水平。同时不断加强对社区安置房和门面房的清收力度。对重大资产转让项目进行全程跟踪审计、评估,及时上缴收入。全年接收并登记133项财政投资性项目投资总额达到5.29亿元。竣工验收移交备案工作顺利完成。及时处理报废资产和废旧物资等,全年实现国资收益1.7亿元。

(经济技术开发区财政局供稿 陆漫漫执笔)

高新技术开发区财政工作概述

2011年,合肥市高新区完成财政收入40.06亿元,为年初预算的116.86%,同比增长33.03%。一般预算收入完成12.05亿元,同比增长25.81%。其中地方收入5.56亿元,同比增长16.31%;上划中央收入6.49亿元,同比增长35.29%。

【强化收入管理】在认真做好税源普查的基础上,加大对重点税源企业监控分析,及时了解税收变化较大的企业生产经营情况,开展零散税收清查代征工作,对区内1000余家零散税源进行了摸底排查,加强对高新区建筑施工企业税源征收管理,对"五小"企业进行认真梳理,杜绝"跑冒滴漏"现象的发生。

【推进投资融资】继2010年成功发行15亿企业债后,成功发行12亿元7年期的市政债。实现农发行长宁家园项目新增授信5亿元、格力商用项目新增授信3亿元、建行创新大厦项目新增授信2亿元。实现赛维项目8.3亿元银团贷款放款、格力三期3亿元授信和部分放款。

【创新国有资产管理】在全区开展房产清查,摸清高新区财政性投资或区属国有企业投资形成的自用、对外租售、空置的房产情况,进一步规范房产的流转及经营管理行为,明晰产权关系,提高国有房地产的使用效益,积极参与高新区国有企业资产重组、改制等工作,为高新区融资和招商引资贡献一份力量。

【保障民生工程】继续围绕"巩固、完善、规范、提高"总体思路,不断强化组织领导、加大资金投入、创新宣传方式、加强民主参与、注重后期管护,推动民生工程规范、有序实施。

【规范工程结算审计】建立和完善政府投资项目工程价款结算管理办法,进一步规范审计行为。全年共完成各类房屋建筑、市政道路、自来水、供电、燃气、绿化等各类工程结算审计共133项,送审金额5.14亿元,审减额9630万元,审减率18.7%。

【加强政府采购管理】2011年政府采购中标金额1470元,资金节约率为33.66%。创新工作思路,扩大政府采购范围,首次对工程审计、财务管理、勘察、设计、会议旅游、广告宣传、零星市政、水电、绿化、劳务用工、印刷等实施定点服务的公开招标,此举对降低成本、加强防范廉政风险起到了积极作用。

【推进国库集中支付改革】全面实施国库集中支付改革,所有预算单位全部纳入集中支付系统,缩短资金流程,避免资金沉淀,提高资金使用效益。远程申报系统和业务一体化定制软件投入运行,极大方便了预算单位的资金使用。

(高新区财政局供稿 刘合明执笔)

新站综合开发试验区财政工作概述

2011年,全区全口径财政收入累计完成26.5亿元,完成年初预算12.48亿元的212.6%。一般预算收入完成4.49亿元,占年初预算2.3亿元的195.22%。全区一般预算支出13.25亿元,100%完成年度预算,有力地支持了全区经济和社会事业发展。

【充分运用财政杠杆,经济发展后劲增强】集中财力支持产业发展,坚持扶优扶强。积极协助完成京东方六代线进口设备增值税退税(全口径)13.58亿元,占应退税额的90.84%。千方百计减轻企业负担,落实开发园区73家工业投资项目免收行政事业性收费137项,免收费资金2278万元。支持重点企业产业结构调整资金17775万元,积极协助区内重点企业申报国家补助资金,助推区内企业经济发展。强化政府投融资管理,全年融资到位资金53.54亿元,助推企业发展和区内重点项目建设。

【坚持为民理财宗旨,民生财政深入人心】在“万名财政干部大走访”活动中,共走访981户群众,收集意见和建议560条,并对征集意见加以整改落实。19项民生工程进展良好,全年民生工程到位资金15670.7万元。补助类资金及时发放,累计直补和发放资金1504.84万元。城市低收入家庭保障性住房等工程类项目4项全部开工,开工率100%。落实保障性安居工程建设资金12908万元,校舍安全工程资金100万元。全年共销售家电下乡产品8647台,补贴8645台,补贴金额240万元,补贴兑现率99.98%。

【加强财政管理改革,服务发展再上台阶】利用区划调整契机,实施财政体制改革,实现全区范围内的部门预算。开展月度财政收支分析,推行预算评审论证,提高财政资金使用效益。强化财政基础管理工作,先后出台《新站区社区资金管理办法》等12项财政制度。规范账户管理,撤销区级账户4个,社区账户25个,清理应缴未缴非税收入资金201万元。深化国库集中支付改革,全区中小学、社区、卫生院等预算单位纳入国库集中支付。2011年共办理国库集中支付6796笔,支付金额2.36亿元。开展“小金库”治理、村(居)“三资”清查,深入推进“阳光村务工程”。开展行政事业单位固定资产清查,规范国资管理,成功将中房置业公司100%股权转让,国有资本增值率达94.3%。扩大政府采购范围,开展办公用品和印刷业务定点采购,全力配合推进国有房产公开竞租。2011年全年区级采购266项,预算金额2102.79万元,中标金额1732.89万元,节约金额366.90万元。报市招标中心招标项目合计187项,预算金额420656.22万元。为全区424名会计人员完成信息采集并换发会计从业资格证。强化对区属小额贷款公司等非金融机构的监管,转报审批新开业小额贷款公司4家。

(新站区财政局供稿 蔡楚阳执笔)

巢湖经济开发区财政工作概述

2011年,全区财政总收入累计完成5亿元,完成年度预算的115%,同比增长49%,其中一般预算收入累计完成2.5亿元,完成年度预算的107%,同比增长40%。全区财政总支出5.9亿元,增长62%。其中,一般预算支出2.8亿元,增长44%。

【积极筹措资金,各项建设及事业全面发展】全年争取上级国债资金到位国债转贷资金5000万元,企业债券1.3亿元。坚持“统筹兼顾、量入为出、确保重点”的方针,合理编制预算,加强预算执行检查,充分发挥资金使用效益。在保证区各项基础设施建设、征地拆迁有序开展的基础上,稳步提高公安、工商、质检、药监等机关经费保障水平,加大对社会治安综合治理和食品药品安全、安全生产监管工作的支持力度。统筹促进社会事业协调发展。不断提高教育经费占财政一般预算支出的比重,争取义保资金和校舍安全资金的到位与使用;巩固提高医药卫生体制改革成果,支持城乡卫生公共服务体系建设,保障人民群众身体健康。

【落实惠民政策,民生工程全面提升】强化资金保障,完善工作推进机制,狠抓项目落实;深入推进政策性农业保险工作，规范操作程序，提高理赔效率，维护农民利益，增强农业抗风险能力。推广实施惠民直达工程，实现惠农政策和资金管理“一体化”、审核“一线实”、发放“一卡通”；对已实施的民生工程项目实行全面评估，不断加强和完善后续管护制度，确保项目持久发挥效益。加大资金的筹集、调度力度，落实国家一系列财政保障政策，大幅度增加失地农民安置小区工程建设，完善了失地农民养老、居民医疗保险、最低生活保障等社会救助体系。

【深化财政各项改革，理财水平明显提高】完善预算管理体系，全面反映收支总量、结构和管理活动，建立健全预算编制与执行、结余结转资金管理有机结合制度，继续推进政府采购制度改革和非税收入收缴管理改革。加强财政监督检查，做好内部审计工作；加强财政基础业务管理，完善部门基础信息数据库，加强内部资源整合，合理调配力量，形成工作合力，提高运行效率。

（巢湖经开区财政局供稿　刘　□执笔）

肥东县财政工作概述

2011 年，全年财政收入达到 23.5 亿元，实现历史性突破；收入增幅达 57%，在全省县（区）排名中位居前列。收入质量实现新提高。全年税收收入完成 19.2 亿元，增幅达 57.4%，全年地方财政收入完成 15.78 亿元，较上年增长 46.6%，加上各级财政转移支付资金和上年结余等，全年地方一般预算可用财力规模达到 36.03 亿元，财政保障能力显著增强。

【财政职能充分发挥，支持发展成效显著】全年共争取上级各类补助资金 19.43 亿元，全力支持乡镇发展。全年共拨付乡镇（开发区）税收分成资金 2.8 亿元，拨付村组干部报酬、民政优抚等资金 0.54 亿元。全年争取并拨付科技创新、技术改造等中小企业发展专项补助资金 1.11 亿元，为企业提供信用担保 4.2 亿元，安排中小企业贷款贴息 605 万元，有效改善企业融资环境。全年共拨付县投融资平台公司各类财政资金 10.9 亿元。

【社会事业全面发展，改革成果惠及百姓】全年共筹集资金 6.3 亿元实施 30 项民生工程。其中，累计拨付各类资金 0.872 亿元，实施城乡义务教育保障机制改革；筹集并拨付基础教育设施建设资金 0.75 亿元。全年“三农”投入达 5.3 亿元，比上年增长 39.1%。投入资金 0.234 亿元，完成中低产田改造 1.6 万亩；拨付资金 0.714 亿元，完成 28 座病险水库加固工程。创新财政惠农补贴资金“一卡通”发放机制，全年发放农资综合直补、良种补贴、农机购置补贴等 42 项惠农补贴资金 3.76 亿元，比上年增加 0.777 亿元，人均受益 407 元；深入推进农村综合改革，拨付村级公益事业建设一事一议财政奖补资金 0.288 亿元；拨付资金 0.64 亿元，新建和改建农村公路 66 公里。全年医疗卫生投入达 3.5 亿元，较上年增长 41.7%，其中：拨付城乡居民合作医疗补助、城乡医疗救助资金 2 亿元，实现参保人群全覆盖，群众就医报销比例逐步提高；拨付资金 0.622 亿元，深入推进基层医药卫生体制综合改革。

【财政改革全面推进，公共财政框架初步构建】充分发挥财政杠杆作用，通过创新乡镇财政体制、支持重点产业发展和重点项目建设等财政职能手段，促进了经济结构调整和区域协调发展。巩固和完善涉税信息平台系统建设，动态掌握税源增减变动情况。稳步推进财政预算信息公开。切实加强财政专项资金和单位现金管理，保障财政资金安全，提高财政资金使用效益。顺利实施财政业务“平台一体化”推广上线工作，有效整合部门预算、国库集中支付、非税收入征管等信息资源。加强行政事业单位国有资产处置、出租和出借管理，全年通过政府招投标中心集中采购金额达 20.78 亿元，较上年增长 118%，节约率达 17.3%。健全财政监督检查机制，深入开展清理整顿财政专户、“小金库”专项治理等财政财务检查工作。

（肥东县财政局供稿　韩吉贵执笔）

肥西县财政工作概述

2011 年，全县完成财政收入 40.03 亿元，增长 38%；财政支出 35.3 亿元，执行率 98.6%，同比增长 41%。地方财政收入一直稳居全省县（市）第一，占财政总收入的比重为历年来最好。

【收入征管不断强化，财政实力稳步提升】财税部门密切配合，对全县重点税源进行监控。做好烟墩新区企业划转工作，确保按月将该区域内的税收调库至我县。全力做好交警处罚收入罚缴改革试点（合肥、马鞍山试点)。扎实推进国税委托乡镇代征个体税收工作。认真做好政府非税收入征收成本清查,拟定了非税收入新的调控管理办法。

【财政改革深入推进,监管力度大大增强】实施会计集中核算向国库集中支付转轨。将原由会计中心代理履行的核算职能分批移交给原单位,对于暂不要求或暂不具备核算功能的单位,按照会计委派制的模式,由县国库支付中心代理核算。预算编制不断细化。选取10个县直单位,尝试探索预算支出项目公开评审,预算编制的公开性和透明度得到增强。加强与规范财政资金专户管理。统一将原来分散在各科室管理的49个财政专户,移交国库科管理。探索财政性资金存放银行管理改革,提高资金使用的安全性。

【坚持为民理财宗旨,民生财政深入人心】2011年,全县实施30项民生工程,各级政府总投入54333万元,其中县级配套8050万元100%到位。实际使用(拨付)资金46208万元,资金使用率91.3%。对未达到序时进度的项目实行派单调度,就存在的问题提请县政府领导按其工作分工归口调度。"万名财政干部民生工程大走访"活动有序开展。共走访248个行政村、95个社居委,调查城乡居民5931户,对群众反映的意见、建议,逐一予以整改解决。

【社会保障扎实有力,投入持续增长】全年征收五项保险基金3.09亿元,比上年增收0.96亿元。全年社会保障和就业投入2.93亿元、医疗卫生投入4.67亿元,分别比上年增加投入1.47亿元和2.56亿元。县财政专项补助4200万元,有效保障了基层医疗卫生机构的运行。社会保险保障面不断扩大。不断提高养老金和失业金标准,妥善解决全县企业退休人员生活保障问题。全县所有城镇职工、95%以上的农业人口、100%的城镇居民分别参加城镇职工医疗保险、城乡居民合作医疗。同时,逐步提高城乡医疗救助标准,扩大医疗救助对象范围。全年共支付职工医疗保险金6170万元,新农合报销14635万元,兑付大病医疗救助1101万元。城乡居民社会养老保险全面启动,全年共发放新农保养老金6112万元,全县11.4万人受益。

【政府融资规范有序,金融风险控制有效】全县签订政府融资借款项目7个,合同总额13.9亿元,到位资金6.2亿元。有关部门对全县政府债务进行审计,审计组充分肯定了肥西县的债务管理工作。认真开展金融风险检查,对全县开业经营的小额贷款公司和融资性担保公司定期或不定期检查,对每月的财务报表进行审核,对部分企业经营中的不良行为予以纠正。

【城乡统筹加快发展,政策落实规范完善】实施农业综合开发项目5个,项目总投资3272万元;全县所有村居全面完成"三资"清理工作;共为符合条件的企业办理工业投资项目免收费1870.7万元(其中县财政配套资金1093.5万元);县财政设立工业发展专项资金,兑现各类企业奖补1.3亿元;全县投入教育经费支出超过7亿元,同比增加1.7亿元,征收的教育费附加、地方教育附加及提取的教育资金,全额用于教育事业发展;对全县家电下乡网点进行清查,38家不合格网点被取消;通过"一卡通"发放涉农补贴19项,补贴资金2.73亿元。

(肥西县财政局供稿 周 胜执笔)

长丰县财政工作概述

2011年,全县财政收入呈现"总量突破、大步进位、质量提升"的良好发展态势,累计完成一般预算收入21.2亿元,同比增收7.4亿元。在全省76个县(市、区)中位居第10位,较上年前进3个位次,首次跻身十强。其中,地方财政收入累计完成13.1亿元,同比增收4.9亿元,增长60.0%。全县累计完成一般预算支出28.2亿元,同比增支8亿元,增长39.7%。财政收支实现了"十二五"良好开局。

【支持经济发展更加有力】一是大力争取上级项目资金。全年累计实现申报争取上级各类资金81139.6万元,切实增加有效投入,加速县域经济发展。二是完善财政支持经济发展政策体系。进一步完善长丰县承接产业转移促进新型工业、现代农业、服务业发展政策,加大政策宣传力度,优化企业投资环境。2011年,共核实规模以上企业"增产增销"奖补资金1953万元,严格兑现固定资产投资奖励1078万元,累计办理工业投资免收费166家362笔,共1900万元。三是积极开展项目融资工作。全年落实贷款5笔共4.42亿元,着力加大县城与北城道路、管网、广场、土地复垦等基础设施与重要项目建设投入力度,保障全县重点工程顺利实施。充分发挥担保中心作用,全年新增担保企业80户,新增担保金额

30760 万元，县中小企业担保中心获市政府授予“金融工作先进单位”称号。四是大力实施家电下乡、以旧换新与汽车、摩托车下乡工程。县财政累计兑付家电下乡产品补贴 157856 台(件)，补贴金额 4676.51 万元，补贴兑付率 100%；累计兑付家电以旧换新产品补贴 1379 台(件)，补贴金额 50.89 万元，补贴兑付率 100%； 累计兑付汽车摩托车下乡产品 16943 辆，补贴金额 2251 万元。五是推进大招商涵养财源厚度。全局共完成招商引资 10658 万元，与乡镇分成后为 7460 万元，超额完成全年 6000 万元招商任务。

【推动社会发展更加和谐】一是大力实施民生工程。2011 年共实施 32 项民生工程，18 项资金类项目中已有 12 项提前完成全年实施任务，6 项按序时进度实施，16 项建设类项目共 4609 处建设点，已完工 4593 处、在建 16 处，项目开工率为 100%。二是大力支持“三农”发展。整合财政支农资金。纳入整合范围的财政支农专项资金为 11499.93 万元，已整合资金 1433 万元。保障农业安全生产，认真组织油菜及牲畜核灾定损工作，共核定发放理赔资金 2537.6 万元。积极推动以银行贷款、保险“担保”、政府补贴的方式，促进“长丰草莓”可持续发展。加大“一事一议”财政奖补工作力度，全县实施的 633 个项目已全部完成并办理报账，拨付财政奖补资金 2225 万元。加快农业综合开发，基本完成 2010 年杨庙镇、陶楼乡土地治理结余资金项目建设任务，2011 年下塘镇、岗集镇农业综合开发土地治理项目实现当年开工建设。成功申报 2012 年国家农业综合开发高标准农田示范区等项目。三是社会事业均衡发展得到有力保障。全面落实就业再就业扶持政策，进一步完善社会保障体系，落实基层医药卫生体制综合改革政策，完善社会救助体系，落实城乡低保政策，加强乡镇敬老院软硬件设施建设，提高五保户集中供养率。认真落实义务教育经费保障、库区移民扶持、计生奖扶以及各类惠农政策，加快廉租房建设和廉租住房补贴资金发放。四是认真开展“财政干部下基层”活动。认真组织开展“贴民情、听民意、惠民生——万名财政干部大走访”活动，着力解决民生宣传与群众诉求问题。组织开展“十万农户大调查”活动，真实了解“一卡通”、“一线实”、“一网清”惠民资金发放情况，认真开展“千名干部下基层，为民解忧促和谐”主题活动，与群众、企业开展了“面对面、一对一”的结对帮扶，积极帮助群众和企业解决生产、生活与经营中遇到的各类困难。

【提升财政管理更加科学精细】一是预算编制改革进一步深化。积极推行“开门办预算”，基本支出定员定额标准不断提高，预算编制内容不断细化，因公出国(境)经费、公务车购置及运行费、公务招待费等支出严格压缩。扎实开展预算支出绩效评价，着力提高财政资金使用效益。二是税源信息管理及综合治税体系更加完善。税源信息交换平台功能进一步完善，税源信息建设及综合治税机制有效运转，以证护税、证照把关、资金结算、涉税信息传递等关键“堵漏” 环节监督有力。积极组织开展税收专项清查活动。通过督促企业申报及查补入库税款 7019 万元。三是财政资金保值增值成效显著。严格财政资金专户管理，规范账户开设审批程序，完善国库单一账户体系，形成间隙资金规模效应。与各商业银行签订协议，将财政部门管理的所有活期存款账户转为协定存款户，利息较活期增加一倍；共实现财政存款利息增值 500 万元。四是国有资产管理进一步规范。完成国有资产信息化系统升级与培训，资产处置行为进一步规范，2011 年，共受理资产处置申请 17 件，涉及资产原值 2600 万元，实现资产处置收入 1500 多万元，清理单位滞留处置未交收入 206 万元。对纳入监管的 14 家经济实体的 2010 年财务进行了全面审计，进一步规范经济实体财务监督管理。认真开展厂办大集体基本情况调查。完成长丰宾馆、庐丰宾馆产权过户。五是村级财务及“三资”管理日益完善。村集体财务委托代理工作步入正轨，各乡镇(区)村集体财务委托代理服务中心全部设立，人员全部到岗，制度进一步健全，全部实行了会计电算化管理。利用前期“三资”清理成果，组织人员对清理工作进行了全面核查验收，“三资”清理工作顺利通过省级审核验收，被市评为先进单位。六是“小金库”专项治理力度不减。全面深入推进党政机关、事业单位、社会团体和国有及国有控股企业“小金库”治理工作，巩固“小金库”前期治理成果，积极探索建立起一套内容科学、程序严密、配套完备、有效管用的长效制度体系，“小金库”治理进入长效机制阶段。七是财政一体化管理信息系统顺利运行。从 2011 年元旦开始，全县平台一体化财政管理信息系统正式投入使用。基本实现了财政业务集成化、业务流程规范化、财政工作全面化、数据信息共享化的“四化”要求。八是财政系统与干部队伍建设进一步加强。建立健全资金资产管理、人员人事管理、勤政廉政等制度。认真组织开展“服务发展年”、“创先争优”活动,加快基层乡镇财政所建设,积极争取在双凤经济开发区、岗集镇、双墩镇、吴山镇、下塘镇、水湖镇、杨庙镇、朱巷镇设立财政分局,增强财政服务发展能力。

(长丰县财政局供稿)

巢湖市财政工作概述

2011 年,巢湖市财政收入完成 10.5 亿元,增长 42.09%。全市财政支出 21 亿元,增长 41.45%。在巢湖撤区设市重大体制调整变革之年,新的财政体制运转正常,完成了保稳定、保运转的任务。

【狠抓收入征管】积极做好组织收入的协调工作,采取多项激励措施,完善考核机制,支持征收部门加强税收征管;切实规范非税收入执收行为和征收管理,落实“收支两条线”管理规定,进一步加强财政票据管理,强化“以票管收”,加快非税收入征管系统建设与应用,全市非税收入完成 6.84 亿元,完成年预算的 181.5 %;加大“两税”的征收力度,保持税收继续增长,全年共组织“两税”收入 7892 万元,超额完成年初预算;年底顺利将“两税”征管职能划至地税部门。

【支持“三农”发展】继续加大财政“三农”投入,不断扩大公共财政覆盖“三农”的范围,积极推进社会主义新农村建设。一是积极申报项目。结合本市的农业现状和特点,编报以及会同有关部门上报了农业三增、现代农业、农民专业合作组织,农业科技示范推广等项目 13 个。全年共争取到农业综合开发项目 11 个,争取项目资金 1908.2 万元。二是“一事一议”财政奖补工作取得了明显成效。严格按照科学化、精细化管理的要求,规范项目的规划、申报、审批、实施和验收流程,认真组织编制村级公益事业建设 2011—2013 年三年规划,全年共申报审批项目 303 个,全部超进度完工,到位财政奖补资金 1829 万元。其中,市本级财政拨付到位资金 400 万元。

【切实改善民生】一是 33 项民生工程年度目标任务全面完成。全年筹集各类资金 3.92 亿元,开辟民生工程资金“绿色通道”,累计支付民生工程资金 3.44 亿元。二是社会保障体系进一步完善。2011 年完成各项社会保险费收入 2.72 亿元,各项社会保险资金支出 2.51 亿元,做到“应保尽保、两个确保”;城乡居民养老工作正式启动,财政部门为 11.8 万人的参保对象的养老金及时发放;五保供养标准从 1400 元/年/人提高到 1800 元/年/人,让 5866 位五保老人受益;农村居民最低生活保障由 1000 元/年/人提高到 1360 元/年/人,保障人口达 25429 人,发放资金 2039.83 万元。三是全面保障义务教育经费支出,落实城乡教育“两免一补”和资助政策,农村义务教育阶段公用经费在原来基础上每生增加 100 元。

【强化财政监督】一是大力开展“小金库”专项治理。查处庙岗乡卫生院“小金库”两个,涉及总金额 65.51 万元,对“吃空饷”和以重复开票套取新农合专项资金,查收 16.11 万元。二是认真开展重点项目的专项监督检查。对中庙多年来的重点项目、夏阁的云海项目、区重点办、大建设指挥部办公室等单位和项目进行专项检查。三是进一步规范乡财市管乡用工作,全面推行阳光村务工程。四是认真开展会计信息质量检查。重点检查行政事业单位和相关企业会计准则实施情况。五是开展财政性账户清理撤并工作,共撤并账户 34 个,账户统一归口预算(国库)科管理后资金支出进度明显加快。

【深化队伍建设】深入开展“创先争优”活动,加强财政干部队伍建设,举办了各类业务培训,进一步提高财政干部政策理论水平和应用能力。同时鼓励干部职工参加自考、职称考试,全局上下形成学政治、学业务、学先进的良好氛围。建立干部轮岗长效机制,建立有针对性的制度,保证轮岗的持续性和稳定性,当年 3 月,通过公开评议,对全局中层干部进行了轮岗。全面推进“创建规范化乡镇财政所(分局)”工作,其中黄麓、柘皋两分局荣获省级先进单位称号。

(巢湖市财政局供稿 洪雪莹执笔)

庐江县财政工作概述

2011 年,庐江县财政收入完成 15 亿元,比上年增长 49.6%。其中地方收入 8.7 亿元,比上年增长 43.2%;上划中央收入 6.3 亿元,比上年增长 59%。全县财政支出完成 32 亿元,比上年增长 49.8%。

【依法强化收支管理】实行收入目标管理,成立县协税护税工作领导组,落实税收征管部门和协税护税单位工作责任。组织开展年纳税百万元以上企业和重点矿山企业税源调查，建立重点税源动态监管机制。坚持依法治税，规范税收秩序，加大对重点行业税收稽查和清欠力度，努力挖掘收入潜力。进一步完善政府非税收入管理信息化系统，提高非税收入征管精细化水平。坚持优化支出结构与厉行节约并重，实行财政科学有序供给。全县财政重点支出保障有力，教育、科技、社会保障、医疗卫生、农林水利、交通运输、住房保障等支出分别增长53.6%、36.5%、84.4%、46.6%、63.1%、149.5%和78.6%。

【大力支持经济发展】充分发挥融资平台职能作用，多渠道筹集资金7.2亿元，支持园区建设、旧城片区改造和城区基础设施等建设。完善工业主导资金管理办法，安排拨付企业发展专项资金，促进企业加快发展和升级步伐；出台新兴产业资金管理办法，落实培育新兴产业措施，安排新兴产业发展专项资金，巩固和壮大县域支柱税源。县中小企业担保公司全年为182户企业担保贷款36680万元。落实金融部门支持地方经济发展奖励政策，建立政府性资金存款激励机制。认真落实结构性减免税政策，全年办理企业政策性退税2622万元，出口退税8149万元。

【全面落实惠农政策】加大农业投入，拨付农业产业化扶持资金700万元，扶持龙头企业和农民专业合作组织发展；安排以奖代补资金5000万元，用于县域重点骨干农田水利基础设施建设；拨付农业项目资金22854万元，改善农业生产条件。组织实施农业综合开发项目7个，投入资金2735万元，提高农业综合生产能力。全年通过“一卡通”发放各类涉农补贴34968万元，涉及粮食直补、农资综合直补等33项资金，受益农户达29万户。认真落实家电、摩托车下乡和以旧换新政策，全年共兑付补贴资金3259万元，资金兑付率达100%，拉动消费2.95亿元。扎实开展村级公益事业建设一事一议财政奖补工作，全年审定项目446个，完工项目446个，拨付资金2549万元，项目涉及217个行政村，受益农民91.2万人。

【着力保障和改善民生】全年34项民生工程资金投入8.6亿元，足额安排县级配套资金1.4亿元，比上年增长48.9%。全年发放城乡最低生活保障资金7536万元，发放农村五保供养对象生活补助1660万元，发放城乡居民社会养老保险金10439万元。建立了城市低收入家庭住房保障机制，当年开工建设保障性住房1081套。教育培训类项目扎实开展。拨付农村义务教育公用经费和免杂费资金6682万元，发放贫困寄宿生生活补助资金105万元。医疗卫生类项目有序实施。新农合参合农民达97.2万人；14.8万人参加了城镇居民医疗保险。文化建设类项目成效显著。“农家书屋”工程、乡镇综合文化站建成并投入使用。

【不断深化财政改革】加大对镇级奖励扶持力度，支持财政强镇率先崛起。统一部门预算定员定额标准，细化项目预算编制，强化项目支出管理。将全县144个部门预算单位全部纳入国库集中支付管理，办理集中支付业务9263笔，直接支付78570万元，实现预算执行适时动态监管。试点开展财政支出绩效评价工作，进一步规范公务用车管理。实行债务常态化管理。进一步加强“小金库”专项治理工作，严肃财经纪律。

（庐江县财政局供稿　高　勇执笔）

淮北市财政工作概况

淮北市财政工作综述

2011 年，淮北市财政总收入为 90.37 亿元，完成计划的 107.6%，比上年增长 29.1%；全市财政一般预算支出为 87.29 亿元，完成调整预算的 99.7%，比上年增长 32.4%，为全市经济社会又好又快发展做出了积极贡献。

【促进经济发展取得成效】一是强力拉动项目投入。按照国家政策导向和扶持重点，积极做好项目论证、筛选和申报工作，争取土地环境治理、节能技术改造、城乡道路建设等重点项目资金 10 多亿元，有力保障生态环境治理，促进企业升级改造，加快城乡基础设施建设。二是全力推进结构调整。不断壮大主导产业。安排扶持资金 6.7 亿元，大力支持“六大主导产业”和重点企业技术改造、产业升级、做大做强，不断增强经济发展的内生动力，巩固壮大了支柱财源。三是加快培育新兴产业。安排资金 2.3 亿元，培育发展生物医药、精细化工和生物能源产业，推进产业转型升级，做大做强新兴财源。四是快速发展接续产业。安排资金 11.3 亿元，加快推进开发园区建设，扩区扩园，着力提升园区承载能力和集聚能力，培植发展接续财源，为财政增收奠定基础。

【实现收支规模持续扩大】一是财政收支规模不断扩大。大力加强税费征管，健全收入分析、评估、监控和稽查互动机制，强化收入目标管理，税收征管质量和效率明显提高，财政收入再上新台阶，收入突破 90 亿元大关，地方收入接近 40 亿元。不断加快支出进度，财政支出实现快速增长，支出规模将达到 84 亿元，较上年增加近 20 亿元，其中争取到国家和省各类转移支付资金达到 47 亿元，较上年增加 10 亿元，地方财力增加，支出规模壮大，为全市经济社会又好又快发展提供坚实的财力保障。二是财政收入质量明显提高。税收收入保持较快增长，全市实现税收收入 86.1 亿元，增长 28.3%，占财政总收入的 95.6%，增值税、消费税、营业税、所得税分别增长 18%、33%、23%和 130%，主体税种贡献稳定，支撑作用进一步增强。三是县区财政发展态势良好。在政策、资金和项目上，加大对县域经济扶持，有力推动县域经济持续发展，财政收入保持较快增长。濉溪县财政总收入超过 20 亿元，增长 33.3%；相山、杜集和烈山三区地方财政收入分别增长 39.5%、32.1%、44.2%，增幅均高于全市平均水平，成为拉动全市财政收入增长的重要支撑。

【保障民生民计明显改善】2011 年一般预算支出共投入 34 项民生工程资金 18.4 亿元，占一般预算支出的 21%，惠及 200 万城乡居民，人均年受益 800 多元。从补贴政策落实看，全市通过“一卡通”发放各类补贴补助资金7.7 亿元，重点用于解决群众生活和居住困难，初步解决 4.3 万名农村低保对象、1757 名计生奖扶对象、1.2 万名贫困重度残疾人的基本生活保障问题。同时，开工建设近万套廉租住房和公租房。从工程项目建设看，全年共投入工程建设项目资金 9.5 亿元，完成校舍重建和加固工程 294 个，解决了29.3 万平方米校舍安全问题，让 2.4 万名高职、中职、普通高中困难学生享受资助。2.5 万新型农民和农民工接受培训，劳动者素质不断提高；122 万人参加新农合，52 万人参加城镇居民基本医疗保险，14.6 万人次享受城乡医疗救助，18 个社区卫生服务机构、2 个村卫生室建设完成，促进了卫生事业协调发展；有效解决7.4万农村人口饮水安全问题，4所敬老院、5个农村清洁工程、15座农村公路危桥改造工程竣工投入使用，农民生活水平进一步提高；发放补贴23万台家电下乡和以旧换新产品，4个乡镇综合文化站、150个农家书屋建成使用，农村文化设施不断完善。同时，用于教育、医疗卫生、社会保障和就业、保障性住房、文化方面的民生支出达41.3亿元，占财政总支出的47.3%。

【推进城乡统筹步伐加快】2011年，全市“三农”支出26.15亿元，占财政总支出的30%，增长54.7%，有力促进了农业农村各项事业发展。一是现代农业加快发展。投入1.3亿元，强力推进百善、渠沟和烈山农业综合开发示范区建设，不断强化小型农田水利基础设施建设，做大做强农业龙头企业，进一步提升农产品转化水平，着力打造食品工业高地。二是惠农政策全面落实。通过“一卡通”发放23项涉农补贴资金3.46亿元、粮食补贴资金1.58亿元，让134万农民直接受益；拨付304万元支持农业政策性保险，为48万次农户提供20亿元农业风险保障；投入5200万元全力支持春耕生产、夏粮抢收和防汛抗旱，最大限度减少灾害对农业造成的损失。三是城乡统筹稳步推进。安排城乡一体化建设资金1亿元，支持“清洁乡村、美化家园”建设；拨付4100万元，支持健全村级组织运转经费保障机制；筹资筹劳5300万元，开展村级公益事业建设“一事一议”财政奖补项目建设。同时，投入城市基础设施等重大项目建设资金88.6亿元，重点用于生态环境治理和市政重大基础项目建设。

【促规范管理效能明显提升】深入推进预算管理制度改革，切实改进和加强预算编制、预算执行等环节的科学化精细化管理。积极试编“四大预算”，不断强化综合预算，硬化零基预算，细化项目预算，注重绩效预算，建立预算编制、执行、监督、绩效“四位一体”的预算管理模式，增强了预算编制的完整性、科学性和规范性；直接支付比例不断扩大，公务卡结算试点改革积极推进，资金到位率和使用效益明显提高，从源头上防范了违规违纪行为发生，全年共办理公务卡271张，通过刷卡消费的公务支出达36万元，集中支付资金达36亿元，同比增长35.3%；积极开展“三农”、五保供养等民生资金检查，深入推进“小金库”专项治理工作，建立预算信息公开制度，主动接受各方面的监督，财政监督管理进一步规范。

(淮北市财政局供稿 乔林执笔)

杜集区财政工作概述

2011年，全区财政总收入累计完成5.4亿元，为年预算的108%，较上年增收1.1亿元，增长25.24%。地方财政收入完成1.9亿元，为年预算的107.8%,增收5193万元，增长37.1%；全区财政支出累计实现4.9亿元，完成年预算的99.7%，较去年上升25.1%，实现了当年财政收支平衡。区本级财政支出3.9亿元，为年预算的99.7%，同比增支8052万元，增长26.2%。

【抓收入，经济增长稳中有升】坚持把“转方式、调结构、增财源”作为全年工作的重中之重，优化经济结构，为经济发展增添后劲，收入稳定增长机制进一步完善。一是妥善处理好减税与增收的关系。在落实好中央扩大内需减免税费政策、减轻企业负担的基础上，密切配合税务部门强化税收征管，杜绝各种有税不征或减征、缓征行为。二是深入挖掘增收潜力。在规范管理的基础上积极探索非税收入征收管理，加大非税收入的统筹力度，严格实行“收支两条线”管理。三是强化税收目标责任制。按季分月下达收入任务，明确目标，严格考核责任制，完善税收激励机制，充分调动收入征管部门的积极性，确保了全年收入目标任务的完成。

【惠民生，幸福指数逐步提高】一是优先支持教育发展。全年共拨付义保经费1075.44万元，对221名贫困寄宿生补助22.1万元，对2138人免教科书费35.8万元；对2324名中职困难学生发放补助资金34.86万元，对894名普通高中困难学生发放补助资金134.1万元。加固或重建校舍34666平方米，建设15个农村留守儿童活动之家和2个留守儿童活动室。二是努力保障和改善民生。发放582.19万元，保障了3492名农村低保对象的基本生活；发放197.24万元，让958名五保老人颐养天年；为2261名贫困重度残疾人提供生活救助资金135.66万元；为1204户低收入家庭发放租赁补贴资金483.45万元。三是稳步推进卫生改革。全区参加新型农村合作医疗11.75万人，参加率达192%，参加城镇居民基本医疗保险11万多人，城乡医疗救助33404人次,发放救助资金669.31万元。提高妇女儿童健康水平,免费婚检3232对,农村孕产妇分娩补助1304人,儿童计划免疫74860剂次。建设完成4所社区卫生服务站及1所村卫生室。四是加强基础设施建设。建设1座敬老院、1个垃圾中转站、2座综合文化站和7个农家书屋。

【谋发展,三农工作有序推进】一是加强农村基础设施建设。加大基本建设资金、农村义务教育和公共卫生专项资金的投入力度。促进城乡基础设施、教育、医疗卫生和公共文化服务设施均衡发展。二是加大支农惠农政策实施力度。努力增加农村居民收入,全年累计发放综补、直补等涉农补贴资金1980万元。发展农民专业合作社,稳定农民收入。三是促进农业产业化发展。做好农业开发项目,完成朔里镇矬楼和段园镇王姚村两个土地复垦项目,总投资335万元。新增耕地45公顷,开挖鱼塘58.4公顷,新打机井10眼,修建桥涵19座。完成惠邦猪业农民合作社建设项目、年产1000吨枯草芽孢杆菌氨肽酶新建项目流动资金贷款贴息项目和22.5万公斤蔬菜扩建项目土建工程3个产业化项目。

【强监督,财政资金安全高效】加强财政监督,建立健全各项财政制度,财政工作规范运行,财政资金安全高效,财政监管体系不断完善。全面规范乡镇财政组织机构、业务工作、办公条件和内部管理,完成了段园财政所和石台财政所规范化建设,服务环境和质量进一步优化。积极开展政务公开工作,结合区委权力公开透明运行制度,大力推进财政政务公开,着力打造“阳光财政”。加强农村集体“三资”,区财政局成立“三资”监管中心,实现全程监督管理。

(杜集区财政局供稿 朱 杰执笔)

相山区财政工作概述

2011年,相山区财政总收入累计完成8.8亿元,比上年增收1.6亿元,同比增长21.4%。区级财政收入累计完成3.6亿元,同比增长39.7%。区级财政支出累计完成6亿元,剔除上级追加专款,同比增长42.8%。

【加强税收征管】将全区财政收入目标及时分解落实到各征管单位,并签订目标责任书,建立财税联席会议制度,定期通报收入征管情况;建立完整的税源监控档案,全面掌握重点行业、重点税源的税收变化情况,确保税收均衡入库;深化政府非税收入征管改革,加大财政统管力度,努力做到应收尽收;加大对园区建设的融资力度,积极培育和涵养税源,使财政收入与经济发展实现良性互动,确保财政收入随经济增长而较快增长。

【加强支出管理】一是重点保障工资发放和机构运转。全面规范预算收支活动,进一步调整优化支出结构,确保全区行政事业单位人员工资和政策性增资及各种津补贴的正常发放,确保全区行政事业机构的正常运转和社会稳定的支出需要。二是重点保障教育、科技等法定支出需要。2011年教育支出10997万元,同比增长16%;科技支出784万元,同比增长107%。三是重点保障重大项目建设资金需要。全年累计完成固定资产投资72亿元,同比增长35.3%,其中城镇投资39.8亿元,同比增长30.1%;房地产开发投资29.8亿元,同比增长77.4%。全年共安排重点建设项目70个,完成投资60.5亿元。其中,列入市重点项目32个,完成投资33.5亿元。

【加强民生工程建设】全年筹集并拨付民生工程资金1.27亿元,各项惠民政策全面落实。生活补助类工程发放农村低保、低收入家庭住房困难保障补贴等各类补助资金3937.55万元;医疗卫生类工程到位资金2908.14万元,新农合参加7.1万人,参合率98%,实施贫困白内障复明手术30例,开展城乡医疗救助59358人,开展免费婚检4013对;农村基础设施类工程落实资金5584.16万元,农村危桥加固改造工程、农家书屋工程、乡镇综合文化站建设工程、城乡卫生服务体系建设工程、校舍安全工程均已完工并投入使用;就业培训类工程到位资金235.7万元,新型农民培训2077人,农民工技能培训2680人,全部提前或超额完成年度实施任务。全区通过惠农资金“一卡通”,全面兑现各项惠农补贴1072万元,惠及农户56773户。

【支持经济发展】积极发挥财政职能作用,支持全区经济又好又快发展。利用贴息、奖励、补贴补助等手段,促进凤凰山经济开发区快速发展,香港锦泰、康宏园、徽香昱园等58家企业建成投产,天燕食品、鑫乐源膳食纤维、裕强蛋黄派等31个项目正在加快建设。开发区基础设施建设进一步完善,新扩区3平方公里内的凤冠路、凤霞路已建成,科研服务为一体的科创大厦已投入使用。先后实施33个重点商贸项目,金鹰国际、沃尔玛、大润发等大型商贸企业入驻相山,中泰国际广场、韩国商贸城、乐天马特等项目加快建设。2011年,全区共有5000平方米以上大型商业网点37个,限额以上商贸企业43家,国家级商业示范区3个,省级商业示范区5个,城乡市场繁荣活跃。

【加强国有资产管理】制定管理制度,实施产权管理,保证国有资产的安全和完整;推动国有资产的合理配置和有效使用,建立国有资产管理信息系统;合理设置国有资产总账、明细账、分类账和明细卡,定期或不定期对国有资产进行清查盘点,并及时进行账务处理,以保证国有资产账实相符、账账相符、账卡相符,不断提高国有资产管理质量。维护国有资产的安全完整,提高国有资产的利用效率。

【加强财政监督】努力探索新的财政监督和管理方法,不断改进和强化财政监管,推进依法理财。研究制定财政资金内控管理办法,从岗位设置、监控措施等方面,加强岗位互相制约,保证资金安全。定期或不定期对部分区直预算单位和企事业单位的会计业务进行检查。积极配合监察、审计开展综合和专项检查,对检查发现的问题,及时下发整改意见,责成相关单位限期纠正。同时,重点加强对专项资金的监督管理,确保专款专用。

【加强财政队伍建设】进一步强化机关效能建设,区财政局成立了“服务发展年”活动领导小组,制订了“服务发展年”活动实施方案。紧密联系财政工作实际,进一步加强全区财政人员思想建设、业务建设、作风建设、制度建设、文化建设和反腐倡廉建设,积极开展行之有效的服务经济、服务社会、服务民生、服务基层、服务群众等活动,不断完善管理制度,全面提升服务意识,提高工作效率。

(相山区财政局供稿　徐　梅执笔)

烈山区财政工作概述

2011年,全区财政总收入累计完成4.1亿元,比上年同期增长35.3%,其中区级收入完成1.5亿元,比上年增长45.7%。全区财政支出累计完成5.2亿元,比上年同期增长21.1%。

【支持经济增长】紧紧抓住国家实施积极财政政策机遇,围绕全区“大招商、大投入、大建设、大发展”的战略目标,充分发挥财政职能作用,超前谋划,主动服务,加快了全区经济快速发展的步伐。争取各级专项补助资金1.1亿元、安排工业发展扶持资金2.1亿元,大力实施工业强区战略。

【高度关注民生民计】一是将民生工程各项配套资金列入年度财政预算,并通过优化财政支出结构、压缩一般性支出等措施,千方百计确保民生工程资金落实到位。全年累计完成各项投资1.78亿元,其中区级配套资金3733.8万元。二是不断加强民生工程政策宣传,提高群众的知晓率。三是落实各项惠民政策。坚持所有财政补贴资金全部实行区级财政集中统一打卡,提高了补贴资金发放效率,确保惠农资金安全、及时直达到户,全年累计发放各类补贴农民资金4437万元。

【不断深化财政制度改革】一是进一步深化部门预算改革,早编细编预算,提高了预算编制的科学性、合理性,部门预算更加切合实际,强化了预算约束。二是扎实推进政府采购向纵深发展,进一步规范政府采购程序,不断扩大政府采购面,将财政安排的专项资金工程项目全部纳入政府采购。全年完成预算采购资金1530万元,实际支付采购资金1400万元,节约资金130万元,资金节约率为8.5%。三是不断完善“镇财区管”制度,切实加强乡镇财政管理,严格审核乡镇支出。深入开展财政执法检查,定期对《预算法》、“收支两条线”执行情况以及财政各类专项资金使用情况进行全程监督检查。在全区范围内开展行政事业单位资金管理工作,切实加强行政事业单位资产管理信息系统建设,防止国有资产流失。

【大力开展农业综合开发】争取农业项目专项资金2697万元,安排“城乡一体化”资金622.5万元,完成农业综合开发投资1215万元,着力改善农业生产条件,提高农业综合生产能力;拨付“三农”建设资金3560万元,支持农村沼气、农村清洁工程、土地整理以及农田水利等重点工程建设。

【紧抓机关效能建设】一是把机关效能建设和“发展服务年”活动摆在重要议事日程,多次召开领导小组会议,组织全体机关干部职工参加作风建设动员大会,开展了一系列的机关效能建设宣传工作。二是狠抓治庸治懒治散工作,全面提升干部作风建设水平;切实改进机关作风,努力提升办事效能和服务水平。三是强化监督制约,促进廉政建设。认真执行党员领导干部廉洁从政若干准则,使廉政建设工作真正落实到实处。

(烈山区财政局供稿 杨 浩执笔)

濉溪县财政工作概述

2011年,濉溪县财政总收入完成20.1亿元,为预算的100.3%,比上年增长33.6%。全县一般预算支出29.3亿元,为预算的220%,增长40.5%,有力地支持了全县经济社会又好又快发展。

【财政收入迈上新台阶】努力克服各种减收因素影响,加强税源动态管理,依法强化税收征管,规范非税收入管理,努力做到应收尽收。在宏观经济十分严峻的情况下,完成了20亿的财政收入目标,保持了30%以上的增长速度。财政总收入占全县GDP的比重达到14%,税收收入占财政总收入的比重达到97.5%,分别比上年同期提高0.4和7.6个百分点,财政收入结构进一步优化。

【财源建设实现新跨越】一是筹集资金8100万元用于土地置换,努力解决土地瓶颈制约。同时,投入4.7亿元支持开发区和乡镇工业集中区基础设施建设,提高了园区的承载能力。二是认真落实各项财税扶持政策,积极兑现招商引资优惠政策,大力拓展融资渠道,注入1000万元中小企业风险补偿助保金贷款铺底资金。加强与金融单位对接协调,帮助企业解决资金瓶颈。三是利用政策优势,着力做好家电下乡、家电以旧换新等惠民工作。全年家电下乡产品销售11.6万台(件),家电以旧换新3.75万台(件),财政补贴兑付资金3749万元,带动社会消费3.5亿元。

【民生及社会事业取得新进展】一是支持教育优先发展。安排教育支出7.2亿元,免除义务教育阶段学生学杂费、教科书费用,惠及15万人;2326名贫困寄宿生享受生活费补助232万元;对6363名普通高中和中职学校家庭困难学生发放助学金847万元;投入9541万元,加固校舍47388平方米,重建76060平方米。二是健全社会保障体系。拨付各类社会保障资金4.3亿元,为41117名低保人员、6995名五保户发放生活补贴;拨付再就业资金1214万元,完善就业扶持和援助制度;建设农村五保供养机构2处,1536套公租住房建设进展顺利。三是提高公共卫生保障水平。安排医疗卫生支出3.8亿元,87万人纳入新型农村合作医疗保障范围,城乡医疗救助23568人次;落实城镇居民医疗保险县级配套资金475万元,初步建立了覆盖全县100多万人的基本医疗保障体系。

【城乡协调发展步入新阶段】一是加大支农惠农力度。全年整合财政支农资金10223万元用于支持农业发展;安排1540万元用于农业综合开发项目;拨付317万元用于新型农民培训;发放粮食直接补贴、综合补贴等各类财政补贴农民资金27562万元;积极扩大政策性农业保险范围,促进农业生产,增加农民收入。二是加快新农村建设步伐。完善为民服务全程代理和村级组织运转经费保障机制。扎实开展一事一议财政奖补工作,全县批复"一事一议"财政奖补建设项目270个,落实财政奖补资金2657万元,92万农民直接受益。拨付城乡一体化资金2938万元,加快新农村建设步伐。三是放大农业示范区效应。百善现代农业综合开发示范区顺利通过省级验收。成功召开了省级现代农业示范区建设交流现场会,示范区实施成效在中央电视台《新闻联播》节目中播出。

【财政科学管理取得新突破】一是推进各项试点工作。深化部门预算管理、国库集中支付和惠民直达工程试点等改革,财政管理基础不断夯实,财政科学化精细化管理水平不断提高。二是强化财政监督检查。结合财政工作实际,扎实推进政务公开。建立健全财政监督制约机制,认真开展专项资金、重大项目资金监督工作。深入开展了行政事业单位"小金库"专项治理和强农惠农资金专项清理检查"回头看"活动。强化财政资金安全监督检查,实行每月定期检查,确保财政资金安全。三是稳步推进财政信息化建设。积极推进"金财工程"、"平台一体化"等财政管理信息化建设,充分发挥信息系统在支撑财政资金监控、统计分析和决策支持等方面的作用,不断提高财政科学化管理水平。

(濉溪县财政局供稿 肖建生执笔)

亳州市财政工作概况

亳州市财政工作综述

2011 年,全市财政总收入完成 62.17 亿元,为预算的 120%,比上年增长 46.7%。其中地方财政收入完成 34.04 亿元,比上年增长 46.1%;中央收入完成 28.13 亿元,比上年增长 47.5%。全市财政支出完成 138.62 亿元,比上年增加 35.3 亿元,增长 34.1%,财政保障能力显著增强。

市本级财政总收入完成 18.37 亿元,比上年增长 61.3%。其中地方财政收入完成 5.95 亿元,比上年增长 60.8%;中央收入完成 12.42 亿元,比上年增长 61.5%。市本级财政支出完成 14.37 亿元,为预算的 104.8%,比上年增长 23.8%。

【财政实力进一步壮大】一是收入总量跨越 50 亿元、60 亿元两个台阶,比 2009 年翻了一番多,增幅居全省第 2 位。二是收入质量稳步提高,财政总收入占 GDP 的比重首次突破 10%;税收占总收入比重同比提高 1 个百分点。三是县区收入快速增长。涡阳县、谯城区、蒙城县财政收入分别达到 13.1 亿元、12.06 亿元、11.5 亿元,利辛县完成 6.68 亿元。四是上级支持大幅增加。当年省补助各项资金 48.9 亿元,增长 23%,其中补助市本级 8.5 亿元,增长 33%。

【重点支出保障有力】全市一般预算支出完成 132.2 亿元,同比增长 30.5%。全市财政用于民生方面的支出占财政总支出的近 80%,同比增长 33.7%,高出财政总支出增幅 5.5 个百分点。教育、科技、社会保障与就业、医疗卫生、农林水、住房保障支出分别增长 38.7%、144.7%、43.2%、29.5%、36.5%、74.8%。加大教育投入,调度资金 2.7 亿元;帮助高校化债 2695 万元,安排市医院新院建设贴息资金 880 万元,儿童福利院建设资金 362 万元,拨付运兵道改造资金 234 万元。

【民生工程整体提升】2011 年,市民生工程实际落实资金 43.5 亿元,占计划的 124.3%,其中上级资金 30.1 亿元、市县财政配套 9.8 亿元、群众自筹 3.6 亿元。全市 30 项民生工程全部完成年度目标任务。其中 3000 户农村危房改造任务全面完成,共投入资金 3435 万元;12 个农村清洁工程主体全部完工,支出资金 1176 万元;对计划生育奖(特)扶对象和水库移民分别发放 510.4 万元和 40 万元补助资金;新型农村合作医疗完成参合率 96.42%,受益率达 170.2%,对 21.8 万农村低保对象和 3.2 万农村五保供养人员,分别发放补助资金 2.1 亿元和 6588 万元;对 30.2 万人(次)城乡居民开展医疗救助,支出资金 4589 万元;对城乡义务教育阶段学生拨付义务教育保障经费 5.8 亿元;资助中等职业学校学生 2231 万元,资助普通高中学生 2649.4 万元;建成 1851 个"一事一议"财政奖补项目,发放奖补资金 2.4 亿元;完成 3.7 万人新型农民培训任务,发放补助资金 1328 万元;家电下乡补贴资金 1.6 亿元,家电以旧换新补贴资金 4461 万元;621 万亩农作物、20.8 万头能繁母猪及 0.2 万头奶牛参加了政策性农业保险。全省 20 个分等次考核项目中,亳州有 18 个项目居第一等次,被评为全省民生工程工作先进市;利辛县被评为全省民生工程先进县。

【大力支持协调发展】一是加强扶持,推进新型工业化。安排工业发展专项资金 600 万元,安排项目前期工作经费 2000 多万元。兑现重点招商项目财税优惠政策资金近 3 亿元。增加市担保公司注册资本金 1 亿元,放大贷款 5 亿元以上。安排中小企业贷款风险金 300 万元。二是筹措资金,促进城镇化。市本级全年筹集资金 35 亿元,用于基础设施建设。通过盘活利用间隙资金和争取上级超调度资金，增加可用资金近 7 亿元。三是服务“三农”,支持农业现代化。通过“一卡通”发放财政涉农补贴 10.2 亿元。兑付家电下乡、以旧换新财政补贴资金 2.28 亿元。投资 2.72 亿元,实施农村“一事一议”财政奖补项目 1851 个。

【管理绩效不断提高】认真实施资金安全工程,深入开展资金安全检查、账户清理检查、财政借款清理工作。实行预算编制两上两下程序,提高预算编制的透明度。选择 10 家市直单位开展国库集中支付转轨试点，强化单位对资金安全监管和提高使用效益的责任。加强政府采购监管,促进阳光操作、民主理财。选择部分市直单位开展预算支出绩效考评和财政投资项目评审,提高资金使用效益。积极构建规范管理的长效机制,深入开展廉政风险防控管理试点。先后制定完善专户管理办法、政府非税收入资金账户管理办法、财务分级管理办法、资金拨付流程操作手册等相关制度,提高财政管理的针对性和实效性。

【效能建设不断加强】深入开展“能力建设年”和“学习提升年”活动,努力培养“专家型、业务型、技术型、职业型”干部队伍。加强学习,积极开展形势教育、市情分析和对策研究,提高干部的思考能力、理解能力、结合创新能力和执行落实能力。转变作风,坚持换位思考,主动服务,开展上门走访活动,加强与市直单位交流,听取部门意见,掌握实际情况,帮助单位解决问题。

(亳州市财政局供稿 邓 昊执笔)

谯城区财政工作概述

2011 年,全区财政总收入 12.07 亿元,其中国税部门完成 5.1 亿元,占收入任务的 106.3%,同比增长 47.7%；地税部门完成 4.9 亿元，占收入任务的 106.9%,同比增长 54.9%;财政部门完成 2.3 亿元,占收入任务的 123.7%,同比增长 46.3%。

【全力推进民生工程】全区承办民生工程 29 项,实际到位 9.3 亿元,占计划投入总数的 110%。先后建立一事一议财政奖补“六统一”、家电下乡政策采取“三定”监督等举措,推进民生工程稳定开展,其中一事一议兑付财政奖补资金 3735 万元,家电下乡补贴金额 5017.82 万元，农作物受灾理赔资金 653.6 万元,全部通过“一卡通”兑付到受灾农户。十八里现代农业综合开发示范区项目完成投资 9800 多万元,10 余家著名药企入驻项目区。

【全面提升财政管理能力】一是通过“一卡通”发放涉农补贴资金 2.73 亿元。二是全区 179 家单位全部纳入国库集中支付改革运行。三是开展新农合、公共卫生服务、校安工程、沼气等项目财政资金绩效评价,加强财政资金监管。

【全面推进创先争优】一是抓好财政创先争优建设,树立窗口单位示范点。二是认真开展走访活动,向农民群众全面宣讲民生工程等惠民政策，全面征集基层群众的评价和期盼。开展财政涉农补贴保障民生工作调研,访民情、释民惑,汇民智、解民忧。三是利用服务发展年活动为契机，提高财政保障服务质量,提升聚财为公、理财为民的服务理念。四是财政宣传工作成效显著,先后被《中国财经报》、《安徽经济报》、《亳州晚报》等媒体刊用财政信息 340 多条,回复群众网络咨询服务 30 多项,为积极打造阳光财政、和谐财政营造良好氛围。

(谯城区财政局供稿)

蒙城县财政工作概述

2011 年，全县财政总收入累计完成 11.5 亿元,同比增长 40 %,占年度预算的 115 %,超额完成全年财政收入目标任务。全年累计完成两税收入 1.05 亿元,同比增长 38.5%;非税收入完成 2.37 亿元,同比增长 35.44%,占总收入的比重为 21%。

【优化支出结构】不断强化预算管理,集中财力办大事。全县累计支出 28.8 亿元,同比增长 29.7%,占预算的 169.5 %。社会保障水平稳步提升,累计拨付五保户供养补贴 1586.4 万元,农村低保资金 6000 万元。全年安排经费 1065 万元,用于旅游工程建设。

【支持经济发展】一是加大服务企业力度,全力支持企业通过对外招商、内部挖潜、增资扩股、财政帮扶等方式,多渠道筹集资金。二是财政筹资融资创造新业绩。支持完善投融资机制,确保全县重点工程项目建设资金需要，两年来累计到位贷款资金 9 亿元,全年重点项目支出累计完成 10.6 亿元。三是认真做好石油价格改革财政补贴兑付工作，全县共发放补贴资金 831.4 万元。

【着力保障和改善民生】 大力实施 29 项民生工程。全年筹集落实资金 9.5 亿元，资金拨付率 100%。认真履行牵头部门职责，通过建立倒排工期计划表、包保责任制，促进民生工程有序开展。审批村级公益事业"一事一议"财政奖补项目 379 个，落实项目资金 5380 万元，受益群众 118 万人。累计兑付家电、汽车下乡工作补贴资金 7096 万元。政策性农业保险全年完成投保面积 328.77 万亩，赔付灾害资金 1392.21 万元。

【大力推进精细管理】 积极推进财政政务公开，开通财政数据查询系统，为群众及时提供各类补贴数据查询业务。扎实做好政府采购工作，全年累计完成集中采购 143 批(次)，申报采购预算资金 7627.07 万元，资金节约率 12.4%。加强会计管理工作，圆满完成全县会计从业证书更换及信息采集工作，进一步规范对会计从业人员的管理。

【加强廉政建设】 一是严格落实党风廉政责任制，局领导班子成员分别与分管股室负责人签署党风廉政责任书。二是坚持"预防为主、教育为主"的方针，采取多种形式，积极开展廉政文化教育。三是坚持把党风廉政建设作为领导班子自身建设的重要内容，与业务工作紧密结合，不断推动领导班子建设规范化。

（蒙城县财政局供稿）

利辛县财政工作概述

2011 年，全县财政收入接连跨越 5 亿元、6 亿元两个台阶，累计完成 6.7 亿元，其中国税部门入库 1.5 亿元，同比增长 47%；地税部门入库 3.2 亿元，增长 55.4%；财政部门入库 2.1 亿元，同比增长 50%。全年财政收入增幅达 51.4%，超全省平均水平 9.2 个百分点，居全省第 18 位，在全市居第一位。

【财政支出保障有力】坚持以人为本与服务发展并重的原则，支出保障重点突出人员工资、民生工程、"双十工程"等重点项目。一般预算支出累计完成 317575 万元，较上年增长 34.1%。其中教育支出 73416 万元，增长 48.3%；医疗卫生支出 39118 万元，增长 120%；社会保障支出 50662 万元，增长 70%；农林水事务支出 42803 万元，增长 28%。

【支持县域经济发展】一是积极发挥财政信贷、政府融资对经济发展的促进功能。县城投公司完成融资 6.95 亿元，担保公司完成担保贷款 3.1 亿元，小额贷款公司累计放贷超过 8000 万元。二是全面落实各项激励发展的政策。家电下乡和家电以旧换新投入 3313 万元；兑现工业园区以及交通运输企业有关税收优惠约 5000 万元；落实农民退宅进城奖补资金约 1500 万元；拨付新农村建设用地、乡镇工业功能区以及招商引资企业耕占税奖扶约 3000 万元；扶持企业土地价款和契税约 25000 万元。三是积极帮助企业争取项目资金。拨付 2000 万元发展资金，支持工业园区建设；争取皖北发展贴息 136 万元、中小企业技改项目 100 万元、特色产业发展专项 130 万元；物流建设项目 250 万元；外贸促进专项 20 万元。

【民生工程创先争优】实施民生工程 30 项，累计投入资金 10.27 亿元，较上年增长 45.9%。其中县级配套 2.04 亿元，较上年增加 7200 万元。一是加强组织领导，层层签订目标责任状，严格责任追究。二是全面推行"一线工作法"，强化调度督查，形成政府统一领导、部门协调落实、上下联动推进的工作格局。三是着力资金保障，坚持做到预算编制与执行"两个优先"，财政监督、日常监管、资金审计"三个强化"，促进民生工程资金精细化科学化管理。四是严格督查考核，狠抓工作创新，有效推进各项民生工程的实施。

【"三农"支出稳定增长】一是不断加大对农村社会事业的投入。其中：教育 12805 万元，新农合 30407 万元，敬老院建设 1655 万元。二是着力支持农村改革。新型农民养老保险改革共筹措资金 17139 万元，安排基层医疗卫生改革资金 4200 万元，"一事一议"财政奖补项目共实施 446 个、完成投资 8264 万元，种植业、养殖业政策性农业保险投入 2178 万元。三是进一步增加对农村基础设施建设和生产资料、技术等方面的投入。技术推广与培训 1607 万元，灾害救助 2372 万元，生产资料与技术补贴 3609 万元，农资综合补贴 8634 万元，农业综合开发 3446 万元，农田水利建设 5558 万元，农村危桥加固 1860 万元，农村公路建设支出 2000 万元，土地治理专项 10516 万元(基金支出)。

【会计管理科学规范】通过对《会计法》和各项财经法规制度的大力宣传，营造良好的会计工作环境。

开展《会计法》知识竞赛,举办企业会计制度改革培训及乡镇会计人员培训活动;对县工业园企业财务会计人员提供会计实务操作等各种专业技能培训,对会计人员进行继续教育培训。

【财政监督检查有效】紧紧围绕城市建设、民生工程等重点项目,开展土地置换、房屋拆迁等资金及承担保障房建设项目的房地产企业进行专项检查,共查处违规资金2420.78万元,在全省财政监督工作评比中荣获一等奖。

(利辛县财政局供稿)

涡阳县财政工作概述

2011年,全县财政总收入累计完成13亿元,同比增长30%,完成年度预算108.4%。其中地方一般预算收入完成7.5亿元,同比增长31.5%;中央收入完成5.4亿元,同比增长27.6%。税收收入累计完成5.2亿元,同比增长19.7%。一般预算支出完成29.6亿元,增长21.6%,其中乡镇级支出完成1.7亿元。

【财政收入较快增长】一是完善机制抓收入。密切配合部门依法加强征管,建立健全考核激励和工作推进机制,确保全年收入任务超序时完成。二是落实责任抓收入,形成了一级抓一级、层层抓落实的征收格局。三是强化监控抓收入,推进税收征管向科学化、精细化迈进,开展重点行业纳税评估,加大收入督查、税收稽查以及协护税工作力度,千方百计增加收入。

【服务经济发展力度加大】一是积极争取中央、省转移支付和项目投入,认真落实县级投资配套,鼓励吸纳各类社会投资,拉动地方经济增长。预算安排财政资金2.2亿元,支持城区道路、环卫设施等城市重点工程和基础设施建设。二是投入资金近2亿元,用于城西工业园区和闸北工业园区建设。三是担保体系建设不断完善。兴阳担保公司注册资本扩大到1亿元,融资担保能力进一步增强,兴阳担保公司全年累计为中小企业、个体工商户提供担保贷款4.8亿元。四是财政投入近4000万元,支持企业技改贴息、产品研发、市场开拓和服务体系建设。

【突出重点保民生】全县实施29项民生工程,共投入各类资金9.47亿元,较上年增长7%。其中县级财政配套2亿元,保障城乡义务教育、廉租住房建设、医疗卫生、社会保障、文化体育、乡村道路等城乡社会事业发展。不断完善社会保障体系建设,坚持把社保资金向贫困领域和弱势群体倾斜;进一步加大投入,完善家庭经济困难学生资助政策、开展法律援助和其他社会救助工作;认真落实干部职工住房公积金、生育保险、大病救助财政补贴政策等。

【落实政策惠“三农”】一是重点推进“一事一议”财政奖补项目实施,全年实施项目457个,投入资金1.1亿元,涉及全县386个村(居)委会,覆盖率达100%,农民参与率达到90%以上,农村公益事业显著改善,132万农民直接受益。二是强力推进农业综合开发和现代农业项目建设。整合投入涉农项目资金7687.6万元。其中:现代农业生产发展资金4799.7万元,小型农田水利建设资金1527.9万元,农业综合开发资金1360万元。建成高产高效吨粮田示范区5.1万亩,项目区小麦亩均单产首次突破739公斤,获得全省第一。三是加大惠农补贴力度。兑现粮食直补和农资综补资金13245万元,补贴面积387万亩;兑付农机具购置补贴2170万元。家电下乡和以旧换新工作深入推进,全年共兑付家电下乡补贴资金2355.26万元,拉动销售补贴类家电产品71690台(件),兑付率高达99.42%。四是深入开展政策性农业保险试点工作。全年落实补贴保费320万元,农作物49.58万亩因灾获得理赔2306万元。

【财政保障能力增强】一是争取上级转移支付资金16.7亿元、地方政府转贷资金2400万元,有效缓解支出压力。二是积极与省农发行加强合作,争取融资贷款3.2亿元,为经济社会发展提供财力保证。三是加强财政引导,鼓励金融机构加大贷款力度,扩大信贷规模。

【深化改革强管理】一是深化部门预算改革,将全县预算单位的所有收支全面纳入部门预算编制范围。二是所有县级行政事业单位全部纳入国库集中支付改革范围,有效提高资金到位率和时效性。三是探索建立财政资金项目支出绩效评价制度。四是不断完善政府采购工作机制,全年采购资金累计达4.28亿元,资金节约率为15.6%。五是行政事业单位国有资产管理进一步加强,有效防止国有资产的流失。六是政府性债务监管、财政监督检查、会计管理等工作取得新的成效,被亳州市政府评为全市“文明单位”荣誉称号,多项重点工作获得省市县表彰奖励。

(涡阳县财政局供稿)

宿州市财政工作概况

宿州市财政工作综述

2011年，全市财政总收入完成64.1亿元，比上年增收20.9亿元，增长48.5%，完成预算123.3%，其中地方一般预算收入完成39亿元，比上年增长49%。收入增幅居全省第一，收入总量连跨两个10亿元台阶。全市财政支出完成156.7亿元，比上年增长40.8%，完成预算的122.4%。在全省16个市支出排名中，完成预算进度居第一位，增幅居第三位，支出总量居第七位。

【大力组织财政收入】一是及时将人代会批复的收入计划分解落实到国税、地税等征管部门，明确目标责任，严格考核奖惩。二是建立财政、国税、地税"三位一体"的组收联动工作机制，准确把握收入变动发展趋势，抓牢组织收入工作的主动权。三是依法加大征管力度，将财政收入完成情况列入市政府重点调度工作范围，实行每月一调度，每月一点评。税收收入完成541632万元，增长50.8%，占财政总收入的比重达84.55%，比上年提高1.3个百分点，税收对财政收入拉动作用明显，收入质量稳步提高。

【调整优化支出结构】一是落实责任，合力推动，实行专项资金分管局长负责制、业务科室支出进度考核制、重点支出局长亲自调度制和县区支出进度分管局长联系制，形成上下联动、横向互动、齐抓共管的局面。二是加强分析、定期通报，动态跟踪了解部门预算执行情况。三是减少资金拨付环节，改进资金拨付方式，加快拨付进度，着力提高国库集中支付率。四是规范政府预备费和财政超收收入管理，严格控制预算追加。修订出台市级预备费管理办法，进一步明确预备费的动用程序和使用范围。经过不断的调整优化，一般公共服务支出占比继续下降，法定支出和重点支出得到切实保障。财政用在与人民群众直接相关的教育、医疗卫生、社会保障和就业、住房保障、文化等方面的民生支出合计12.6亿元，增长50.4%，占财政总支出的比重达到80.3%，比上年提高5.1个百分点。

【切实提高科学化精细化管理水平】一是继续深化部门预算改革。加快建立由公共财政预算、国有资本经营预算、政府性基金预算和社会保险基金预算组成的有机衔接的政府预算体系，把政府所有收支全部纳入预算管理，全面反映政府收支总量、结构和管理活动。二是继续深化国库管理制度改革。市直52个部门211个预算单位实现集中支付262091万元，比上年增长223%，其中直接支付207972万元，比上年增长330%，占集中支付总额的79.4%。积极推行公务卡制度改革，进一步完善国库集中收缴制度改革，推进财税库银横向联网工作再上新台阶。三是进一步加强非税征管改革。规范收缴行为，加强财政票据管理，推行基建收费征管改革、交警罚款收缴改革，完善非税收入项目数据库，全面实行"单位开票、银行代收、财政统管、政府统筹"的管理模式，政府非税收入管理进一步规范。四是继续完善政府采购制度。不断拓宽采购领域，规范采购行为，深化采购管理，全市累计完成采购资金82685.5万元(不包含基建、建筑类招投标资金)，节约率达11.3%。五是规范地方债务管理。切实做好地方政府性债务统计工作，从8月起使用财政部统一下发的软件，建立债务数据月、季报制度，及时汇总上报数据，实现全口径管理和动态监控。六是加强预算支出绩效考评工作，推动预算绩效管理工作健康持续开展，促进财政支出绩效不断提升。

【扎实推进民生工程】一是调整支出结构,足额落实配套资金,并在《拂晓报》上公示。二是及早安排部署,完善工作机制。三是强化工程调度,加快组织实施。将民生工程纳入政府18项重点调度工作之一,实行"一周一汇报、一月一点评"。四是加强监督检查,确保工程质量。五是创新宣传方式,提升民生工程知晓度。六是加强后续管理,提高运营效益。全市33项民生工程到位资金42.63亿元,比上年增加14.83亿元,增长53.3%。补助类项目13项全部打卡发放到补助对象,工程类项目15项全部完成年度建设任务。财政部门牵头的政策性农业保险、一事一议财政奖补、家电下乡工作进展顺利。政策性农业保险累计承保午秋季小麦、玉米、大豆、棉花等种植物1251万亩,承保率达95%;承保能繁母猪、奶牛等养殖业牲畜28.9万头,承保率达95%;全年累计支付理赔资金7668万元。一事一议共筹集奖补资金24628.7万元,其中财政资金16660万元,有1217个行政村、社区开展了奖补工作,占行政村、社区总数(1250)的97.4%,实施村级公益事业建设项目1975个。家电下乡和家电以旧换新工作扎实开展,销售家电65.3万台,销售金额16.8亿元,兑付财政补贴2.1亿元。省政协有关领导对宿州市民生工程巡视评估后,给予了高度评价和充分肯定。

【支持经济发展力度加大】一是争取省追加各类建设资金40738.7万元、石油价格改革财政补贴6134.6万元、农资综合补贴44621万元支持经济发展。二是申报争取皖北发展项目贴息、生态建设、矿产资源开发整合等专项建设项目105个,获得资金13541万元。三是加强城区基础设施建设,市财政直接投入资金3.58亿元支持完善城市功能,城市博物馆和市民文化活动中心等重点文体项目相继建成使用,文化艺术中心、体育馆等后续项目陆续开工建设。四是市财政安排财源建设资金2000万元,直接支持海螺水泥项目建设;安排工业五年扩张专项资金2000万元,流通业、服务业和旅游业发展专项资金700万元,重点项目编制和前期工作经费1700万元,招商引资专项800万元等发展资金,支持经济发展。出资1000万元注册资金,成立宿马经济区建设投资公司,支持宿马经济区启动发展。五是积极发挥担保公司作用,帮助中小企业解决融资难问题。全市财政出资成立的融资性担保公司已有9家,累计为中小企业担保贷款21.3亿元。六是支持市建投公司做好各类融资工作。

【认真落实强农惠农政策】一是积极实施农业综合开发,促进农业生产条件改善。投入财政资金11839万元,完成中低产田改造10.52万亩,扶持农业产业化经营项目16个。二是争取现代农业发展和农业"三增"示范工程项目资金36610万元,支持现代农业发展。争取小麦抗旱保苗专项和农业生产救灾资金6805万元和建设"四情"(苗情、墒情、病虫情、灾情)监测物联网、村级专业服务队补助645万元,促进粮食稳产增产。三是确定泗县、萧县为省级支农资金整合县,整合各类支农资金达57806万元。四是开展对2010年强农惠农资金专项清查情况进行"回头看"活动。对存在问题进行整改,完善相关管理制度14项。五是夯实惠农补贴政策基础,继续构筑"一卡通"发放绿色通道。全年共通过"一卡通"发放各类补贴资金147856万元,比上年同期增长20.6%。

【金财工程应用平台建设进展顺利】一是成立了实施工作领导小组,多次召开专题会议,推进系统建设。二是协作分工,有序推进。进一步加强与其他部门的协调配合,帮助预算单位解决有关问题,实现部门信息化建设与金财工程应用平台建设的有效衔接和互促互补。三是规范制度管理。严格按照实施方案进行机房改造建设、验收和信息系统业务梳理、开发测试、上线运行。加强内、外网安全管理,发现问题及时处理,确保网络安全畅通。四是培训服务到位。选派多人参加全省财政平台一体化管理信息系统推广实施培训,组织多场针对预算单位业务人员、银行业务员的上机操作培训,使其掌握新系统业务流程,提高具体操作能力。

【切实加强财政监督】一是认真开展"小金库"治理"回头看"工作,复查单位户数2416户,复查面达到100%,发现"小金库"2个,涉及金额71.9万元。二是大力开展会计信息质量检查工作,对32家单位会计信息的真实性、合法性进行检查,共查出各类虚增虚减等违规资金6987万元,已追缴国库899万元,纳入财政专户管理2365万元。三是对全市38个行政事业单位非税收入收缴情况进行检查,查出违规违纪资金3393万元并作了相应处理。四是会同物价部门对市直127户行政事业性收费和政府性基金执收单位开展检查,共审查收费项目278项,涉及收费金额 70839 万元，降低收费标准 6 项。五是强化内部监督，加大对财政专户的清理整顿力度，提高财政资金运行的安全性、规范性。

【不断加强财政队伍建设】一是“服务发展年”活动扎实开展，进一步加强财政系统思想建设、业务建设、作风建设、制度建设。二是机关效能建设进一步加强。建立效能建设的长效机制，促进财政干部依法行政、高效行政、廉洁从政。三是深入开展反腐倡廉建设。严格落实廉政建设责任制，形成一级抓一级、一级对一级负责的廉政工作领导体制和工作机制。严格构建风险防控机制，逐步实施对权力运行工作的常态化、规范化管理，实现财政资金和财政干部“双安全”。四是深化干部人事制度改革，积极推进干部交流轮岗、竞争上岗。五是机关党建工作不断加强，按照“学习型”机关的目标要求，着力抓好干部队伍的政治理论学习。六是扎实推进精神文明工作再上新台阶。不断加大对文明创建活动的人力投入、财力投入，制定切实有效的创建措施，不断创新活动载体，举行“争创四型”机关、争做优秀公仆演讲比赛，开展市直财政系统“迎新春、唱红歌”歌咏比赛等，增强了干部职工的凝聚力和向心力。市财政局获得省第九届文明单位荣誉称号。

（宿州市财政局供稿　寇智执笔）

埇桥区财政工作概述

2011 年，埇桥区充分挖掘增收潜力，调整优化支出结构，不断深化财税改革，全年财政总收入完成 20.1 亿元，财政支出 34.6 亿元，圆满完成年初预算任务，积极促进全区经济社会的发展。

【围绕目标管理，强化收入意识】加强财税库协调，形成合力，确保应收尽收。进一步完善对国、地税部门的考核激励机制，强化各单位目标考评。紧盯重点税源，专项治理采矿业、砖瓦、奇石等行业税收，及时掌握重点产业发展动态、重点企业经营状况、重点工程在建进度；加大协税护税力度，帮助协调解决征管中遇到的实际问题。加强非税收入征管，采取有效措施，加强非税收入征缴力度，并严格执行“收支两条线”管理，应缴尽缴。

【加快财政改革，推行绩效管理】按照统筹兼顾、有保有压的原则，合理界定政府支出范围，在确保工资、津贴补贴、机构运转等基本支出需要的基础上，适当提高行政事业公用经费水平，保障政府机构和乡镇政府正常运转，大力控制和压缩一般性支出，集中财力确保重点项目的实施。继续深化部门综合预算、国库集中收付、政府收支分类改革，加大政府采购力度，推进乡财乡用区管。全面推进和不断完善国库支付、会计集中核算工作。建立和完善部门绩效考核管理办法，提高全员创新意识、责任意识、学习意识、赶超意识。

【突出效能建设，促进服务发展】建立健全岗位责任制、首问负责制、一次性告知制、限时办结制、服务承诺制、失职追究制、绩效考评制、学习制度等八项制度。强化责任追究，加大行政问责力度，把推进效能建设作为党风廉政建设责任制和民主评议的重要内容。积极开展创先争优活动，以开展服务发展年活动为主题，用创建最佳窗口单位为载体，争创全省一流会计中心为目标，凝心聚力，发扬团队精神，改进服务质量，展示行业窗口服务形象。

【保障改善民生，取得新的进展】全年筹集并拨付民生工程资金 97345.95 万元，其中区配套 13418.49 万元。全力做好农村居民最低生活保障工作，巩固应保尽保，推进分类施保；抢抓机遇，合理调整农村中小学、城区学校布局，推进义务教育，让 68 万人次享受义务教育阶段“两免一补”政策，完成校舍加固重建工程 213348 平方米；114.3 万农民参加新型农村合作医疗、21 万人参加城镇居民医保、379.28 万亩农作物参加农业保险，提高了城乡居民应对风险的能力和水平；完善计划生育奖扶政策，开展长效节育措施奖励；建成 612 套廉租住房、10 个乡镇综合文化站、109 个农家书屋、6 所农村敬老院、200 个留守儿童之家、6 个留守流动儿童活动室、3 所社区卫生服务站；家电下乡及以旧换新的商务审核率均达到政策要求，解决 9.15 万农村人口安全饮水问题等。

【深化农村“综改”，加强“乡财”管理】做好村级“一事一议”财政奖补资金的争取使用工作，区综改办与区农委成立了联合工作小组，设立了“一事一议”财政奖补资金专户，完善“一事一议”项目实施的各项规章制度。共有 324 个行政村开展了一事一议财政奖补工作，占行政村总数的 100%，受益人口 142 万人。各级财政安排奖补资金 4587 万元，村集体投入和社会捐助 57 万元，全区累计投入一事一议财政奖补资金 9231 万元。“乡财区管”改革和“村账乡管”与“村级三资管理”工作不断推进。逐步完善乡镇财政部门预算制度，确保乡级财政资金的合理有效使用；逐步建立规范乡镇财政财务管理的长效机制,建立和完善乡财干部管理制度,乡财办事效率明显提高。

【加强财政监督,提升监管水平】依法查处财经领域的违法违纪行为,维护财经秩序,有效发挥财政监督工作职能。全年共查出各种违纪违规资金 1.06 亿元,纠正违纪违规资金 6639.50 万元,依法追缴及处罚 91 万元,监督入库各项税款 263.29 万元,并提出整改意见和建议 200 余条。

【注重组织建设,提高整体素质】一是抓政治理论学习,增强党员向心力。二是推进党的组织建设,提高党员队伍整体素质。三是加强党风廉政建设,提高党组织的公信力。四是抓领导班子建设,增强支部凝聚力。五是抓支部建设,提高支部的战斗力。六是抓培养青年骨干,增强组织吸引力。七是抓精神文明建设,培养高素质的财政队伍。

【加强廉政建设,统领工作全局】把加强党风廉政建设,巩固精神文明成果,展示部门形象作为党风廉政建设的重要内容,要求做到五个“立足”。即:立足党风廉政教育,增强廉洁从政的意识;立足健全决策机制,推进科学民主决策;立足完善权利监督,提高依法理财的能力;立足保障改善民生,保障惠民政策的落实，坚决查处损害群众切身利益的违纪违法案件，让群众实实在在地感受到反腐倡廉建设的实际效果;立足加强作风建设,提升财政部门形象。

(埇桥区财政局供稿　刘德峰执笔)

开发区财政工作概述

2011 年,开发区实现财政总收入 5.8 亿元,同比增收 2.8 亿元,增长 91.45%,增幅居全市第一。

【全力以赴抓收入】一是确定全年财政收入目标任务,层层分解,明确责任,严格落实目标责任制。二是加强税收的日常监管工作,健全税收征管制度,强化税收征管的各项措施,严格执行税收征管法,争取做到应征不漏。三是加强收入调度,定期召开国税、地税、财政部门收入分析会议,及时掌握和了解财政收入进度,解决征管过程中存在的问题。四是在抓好主体税种征收的同时,注重对地方其他税种的征收。2011 年度房产税实现 426 万元,同比增长 343.75%;土地增值税实现 4676 万元,增长 174.57%。

【突出重点保支出】一是在编制年度财政预算时把保工资、保运转作为开发区保稳定、促发展的首要支出安排。全年一般公共服务经费安排 2716 万元,占一般预算支出的 6.7%。二是重民生,使开发区居民充分享受开发区发展的成果。2011 年开发区财政安排征地补偿支出 6500 万元,社会事业费支出 538 万元,占一般预算支出的 17.4%。三是保重点、促招商,尽力支持开发区园区建设和招商引资工作。全年安排基础设施建设支出 2500 万元,占一般预算支出的 6.2%;安排招商引资专项经费 536 万元,促进开发区基础设施建设。四是集中财力办大事,支持开发区硬件建设。

【千方百计谋发展】一是按照管委会的统一安排,为入区企业服务。为华东石油、首文高新等企业全程服务，帮助解决入区企业建设过程中存在的问题。二是做好融资服务工作,充分发挥信用担保公司的桥梁和纽带作用,全年为开发区 36 家企业共提供担保贷款 2.2 亿元。三是认真做好开发区机关、土地出让金、征地拆迁和开发区其他各项社会事业的财务核算工作,为开发区机关运转、招商引资、基础建设和各项社会事业的发展理好财、服好务。四是做好纳税服务工作。在契税征收过程中,既要保证国家税收的足额征收，又要保证购房户应享受的补贴及时足额发放到位。

【队伍建设不放松】一是不断加强对财政干部的政治和业务方面的学习，提高财政干部对党的重大决策重要意义的认识，学习公共财政改革的理论知识,提高依法行政、依法理财的政治业务水平。二是加强对财政干部职工的党风廉政教育，增强拒腐防变的执政能力,树立财政队伍廉洁奉公的公仆形象。三是加强基层财政所建设,设立便民服务大厅,把为人民服务的思想意识落实到具体行动之中。

(开发区财政局供稿　文高冉执笔)

灵璧县财政工作概述

2011 年，全县财政一般预算收入累计完成 4.3 亿元,占预算 128.9%,同比增长 54.5%。全县财政一般预算支出完成25.5亿元,占预算的99.9%,同比增支7亿元,增长37.7%。

【财政收入】进一步明确责任,分解落实收入任务,加强财税库部门协调联动;进一步整顿税收秩序,加大征管力度;进一步强化考核,加大激励力度,充分调动部门和乡镇抓收入的积极性;进一步加强收入调度力度,确保收入快速增长。地方一般预算收入完成31704万元,占预算132.1%,同比增长50.8%;中央收入完成10255万元,占预算113.8%,同比增长63.1%。从县乡分级情况看:县直收入33255万元,同比增长60.3%;乡镇收入9288万元,同比增长36.9%。从分部门征收情况看:国税收入11464万元,同比增长72.3%;地税收入16179万元,同比增长30.2%;财政部门收入14997万元。

【财政支出】按照“保增长、保民生、保稳定”的要求,积极调度财政资金,注重调整优化支出结构,突出保障重点,不断加大公共服务领域投入,优先保障各类民生支出的需求,促进灵璧经济社会和谐稳定发展。全年教育支出75102万元,增长48.6%;社会保障和就业支出21606万元,增长73.4%;医疗卫生支出37413万元,增长22.1%;农林水事务支出42018万元,增长40.9%。

【民生工程】坚持抓早、抓紧、抓到位,积极争先进位、争创一流,圆满完成了各项目标任务,取得了良好的成绩,荣获“2011年全市民生工程组织实施工作先进县”荣誉称号。全县共实施32项民生工程,其中:补助类项目15项,通过“一卡通”共发放补助资金25333.1万元,惠及全县百万人民群众;工程类项目15项,全县共投入资金55610.34万元,除农村危桥改造项目为跨年度建设项目外,其余全面竣工;培训类项目2项,共投入资金442.48万元。全县32项民生工程到位资金81385.92万元,其中县配套11117.59万元,群众自筹4855.43万元,民生工程资金全部拨付到位,拨付率100%。坚持分管县长负责制,适时召开民生工程调度会;坚持“一月一通报,一项一通报”,每月排出各项目实施进度;坚持“一线办公”,现场调度,现场督办;补助类项目严格坚持公开、公平、公正原则,严格执行“群众评议、张榜公示、打卡发放”的方式;工程类项目从工程招标到竣工验收,全程接受群众监督。通过组织新闻媒体督查、组织人大代表和政协委员视察以及随机抽查、暗访等多形式、多渠道,全面开展民生工程监督检查,确保民生工程阳光操作。

【国库集中支付】积极推进国库集中支付制度改革和财政平台一体化信息管理系统建设。至年底,全县共187个单位上线运行,县直83个预算单位实现工资统发,基本实现财政管理横向到边、纵向到底。

【支农惠农】通过“一卡通”发放财政补贴农民资金2.53亿元;投入1426万元,实施小农水重点县项目建设;投入963万元,实施水利冬修、农村安全饮水、水库除险加固等项目;投入扶贫资金2189万元,积极推进扶贫工作;投入1200万元,实施高标准农田建设示范工程项目。

【“两基”建设】将全县20个财政所全部纳入规范化财政所建设,提前一年完成省财政厅部署的任务。一是抓好组织建设,确保乡镇财政机构更加稳定,进一步完善财政所垂直管理体制。二是梳理思路,明确职责,确保职能定位更加准确。三是优化流程,细化标准,确保业务基础更加扎实。四是健全制度,强抓落实,确保内部管理更加规范,做到“职责明确、制度健全、操作规范、运转高效”,切实树立财政部门良好形象。五是提升能力,接受监督,确保工作效能全面提升。着力增强财政干部职工的学习能力、创新能力、谋划能力、执行能力和自律能力。六是强化学习,服务发展,确保队伍素质明显提高。七是加大投入,精细施工,确保办公条件进一步改善。共投入专项资金200万元,其中省厅补助100万元,切实加强10个财政所的基础设施建设。渔沟财政所和向阳财政所被评为省级规范化财政所建设先进单位。

(灵璧县财政局供稿)

泗县财政工作概述

2011年,泗县财政总收入完成5.1亿元,为预算的133.5%,增长53.9%。其中:地方收入完成3.8亿元,为预算的141.5%,增长59.2%;中央收入完成1.2亿元,为预算的119.5%,增长51%;出口退税完成1918万元,为预算的95.9%,增长1%。2011年全县财政支出超20亿元,完成20.3亿元,为预算的190.6%,增长38.9%。

【强化收支管理】一是不断强化收入目标管理,认真落实收入征管责任和激励机制,全面推行社会综合治税,堵塞税收漏洞,进一步抓好重点税源监控。二是切实加强预算执行分析,坚持做大收入规模与提高收入质量并重,依法组织财政收入,保证了收入稳定增长。三是按照有保有压的要求,不断调整和优化财政支出结构,统筹预算内外财力,大力压缩一般性开支,加大资金调度力度,合理安排各项重点支出,促进了经济发展和社会稳定。

【积极支持经济发展】一是通过安排土地出让金、争取上级专项补助、预算内安排等形式,多渠道筹集资金5亿元,支持全县重点工程建设及开发区、乡村工业园区发展。城市供水改建项目、清水湾公园建设项目、开发区路网建设项目等顺利实施。二是进一步整合财政支农资金,支持农业重点工程建设,有效改善农村生产生活条件,促进农业发展,增加农民收入。三是深入开展家电及汽车、摩托车下乡工作,严格规范补贴审核兑付程序,确保补贴资金及时兑付,进一步繁荣农村市场。四是安排招商引资费用1000万元,保证全县招商引资工作的深入开展。五是健全完善中小企业信用担保体系,促进中小企业健康发展。

【全面实施民生工程】一是把民生工程列入部门目标责任考核范围,实行"一票否决",明确部门工作职责,狠抓政策落实,强力推进各项民生工程项目实施。二是建立"政府投入为主、社会投资为辅"的多元化民生工程资金筹措机制,足额安排民生工程配套资金,构建民生工程资金拨付"快速通道"。三是全方位、多渠道开展民生工程政策宣传,群众满意度和知晓率大幅度提高。四是进一步强化工程项目后期管护,健全完善管护制度。五是建立一月一调度、一季一通报的督查工作机制,每月至少开展一次全面督查,重点项目跟踪督查,同时从人大代表、政协委员、离退休干部、工青妇代表中聘请监督员加强监督。

【认真落实惠农政策】一是进一步完善财政补贴农民资金发放信息网络化管理,全年通过"一卡通"发放各类财政补贴农民资金2.96亿元。县财政补贴农民资金管理和"一卡通"打卡发放工作连续四届荣获全省综合考核一等奖。二是深入开展政策性农业保险工作,圆满完成小麦及秋季玉米、大豆承保任务,并做好农业保险灾情查勘、定损及理赔工作。三是全面推进村级公益事业建设一事一议财政奖补工作,严把项目审批关,强化监督管理,确保工程质量。

【坚持依法科学理财】一是大力推行部门预算改革,全面实施综合财政预算,财政资金使用效益得到了有效发挥。二是深入推进国库集中支付改革,加强财务监督,规范支出管理,国库集中收付覆盖面不断扩大,运行流程更为优化。三是加强政府非税收入征收管理信息系统建设,进一步规范政府非税收入征管和财政票据管理。四是深入贯彻《政府采购法》及相关政策,依法规范政府采购程序,积极拓宽政府采购范围,政府采购规模进一步扩大。五是扎实推进"乡财县管"改革,不断加大乡镇支出审核力度,对手续不完备及违规发放津补贴等支出坚决不予报销,进一步加强了乡镇财政资金监管。六是深入开展"小金库"专项治理工作。

【加强干部队伍建设】一是建立健全了学习培训长效机制,提高了财政干部政治素质和业务水平。二是深入开展"服务发展年"活动,充分发挥财政职能作用。三是广泛开展"进村入户大走访、倾听民意惠民生"活动,组织全县财政系统300余名干部职工深入基层、深入农户,宣讲各项惠民政策,检查政策落实情况。四是积极开展"班子成员带头大走访"活动,局领导班子成员及相关股室负责人进村入户,征集基层群众的评价和期盼,为群众排忧解难。五是狠抓全系统党风廉政建设,健全完善了内部规章制度,深入开展党风廉政教育,增强财政干部的廉洁从政意识。六是进一步完善政府信息公开制度,大力推行政务、事务、财务"三公开",加强财政新闻宣传,争取社会各界理解、支持。

(泗县财政局供稿　满　盈　缪娜娜执笔)

萧县财政工作概述

2011年,全县财政收入完成8.1亿元,比上年增收3.5亿元,增长75.8%;财政支出完成30.2亿元,比上年增支9亿元,增长42.6%。

【加强收入征管,财政收入持续快速增长】紧紧抓住城市大建设、大发展、大招商的有利时机,认真分解细化财政收入任务,主动与国税、地税、房管、国土等部门联系,强化综合治税,积极开展两税征管突击活动,全面贯彻预算外资金管理收入纳入预算管理政策,财政收入继续保持快速增长的态势。税收收入占财政总收入的81%,比上年提高1.3个百分点。财政部门共组织财政收入24458万元,占年度任务的166.4%,比上年增收9963万元,增长68.7%,其中

"两税"收入完成 9804 万元,比上年增收 4379 万元,增长 80.7%。

【优化支出结构，财政保障能力进一步提升】充分利用加快皖北地区发展的政策机遇，积极争取上级转移支付资金 244790 万元。民生工程支出 88910 万元,比上年增加支出 30700 万元,增长 52.7%,其中县级配套资金 12436 万元,比上年增加支出 5011 万元,增长 67.5%。重点支出保障有力:教育支出 86540 万元,科学技术支出 1674 万元,文化体育与传媒支出 2327 万元，社会保障和就业支出 28052 万元,医疗卫生支出 44187 万元，农林水事务支出 43398 万元,住房保障支出 20439 万元,上述支出占财政总支出的 75%,比上年提升 6 个百分点。一般性支出比上年有较大幅度下降,财政支出结构进一步优化。

【深化财政改革,创新型机关建设步伐进一步加快】国库集中支付范围和规模不断扩大,全年通过国库集中支付累计支付资金 88194 万元。按照医药卫生体制改革的要求，对乡镇卫生院全面完成国库集中支付。同时积极开展财政银行账户清理活动,撤销银行账户 55 个,保留 27 个,所有财政银行账户纳入国库股集中管理。政府采购制度进一步完善,全年实现政府采购资金 39490 万元，节约资金 4880 万元，节约率 11%。积极开展乡镇财政会计业务互查活动,乡镇财务进一步规范。加大乡镇卫生院的票据清理和全县行政事业单位"收支两条线"专项检查活动,非税收入征管改革进一步推进。行政事业单位国有资产管理改革稳步推进，严格资产增减变动月报告制度。进一步贯彻政法经费保障体制改革政策,全年拨付政法转移支付资金 2954 万元。积极参与医药卫生体制改革,拨付 23 个乡镇卫生院医改财政补助资金 4612 万元。

【大力开展服务发展年活动,促进经济社会快速健康发展】一是积极争取经济建设项目资金,全年申报项目 63 个,争取经济建设资金 45083 万元。帮助企业贷款贴息 368 万元,为 35 家企业提供担保贷款 27900 万元。二是积极开展强农惠农资金专项清查回头看活动,大力推进县级支农资金整合试点。全年通过"一卡通"发放涉农补贴资金 33977 万元,涉及项目 28 个。全年共采集会计人员信息 1950 名,颁发会计证 1762 个。开展预算支出绩效考评,全年考评项目 4 个。积极开展清理整顿家电下乡骗补专项活动、开展"收支两条线"专项检查和会计信息质量检查。三是对民生工作早启动、早安排、早谋划,提出在全市实现"保二争一"的目标,进一步完善了联络员会议制度和民生工程报表报送制度。积极开展民生工程宣传月和民生大走访、大回访活动,印发宣传手册 2 万余份，专题文艺演出 15 场，走访群众 2745 户,征求群众意见 247 条,建议 312 条,落实整改措施 5 条。全年筹集政策性农业保险保费 3120 万元,通过"一卡通"发放政策性农业保险理赔资金 1931 万元。共拨付家电下乡补贴资金 3746 万元,兑付率 100%,销售家电 14.5 万台,受益群众 31.1 万户。投入一事一议建设资金 5550 万元，实施一事一议项目 280 个,覆盖全县 257 个行政村。四是围绕"科学理财创先进、学习沈浩争先锋"主题,进一步巩固争先创优活动成果。制定一系列内部管理制度,加强质量监督,加快推进财政一体化管理信息系统建设,实现省、市、县、乡镇、银行间联网。五是深入推进"五型机关"创建活动和文明创建活动,形成了全员参与、和谐共建的氛围。走访农户 80 户,结对帮扶 23 户困难群众。对外部环境进行美化，职工办公环境明显改善。加强效能建设和廉政文化建设,认真开展廉政风险排查。加大社会治安综合治理工作力度,机关和谐氛围浓厚,职工精神饱满,干事创业积极性高涨。

（萧县财政局供稿）

砀山县财政工作概述

2011 年,砀山县财税部门紧紧抓住经济持续向好的有利时机,依法加强收入征管,实现财政收入的较快增长,超额完成了年度预算。全年完成财政收入 5.1 亿元,财政支出 20.4 亿元。

【支出结构进一步优化】在保证农业、科技、教育等法定支出增长的同时,重点增加安排了医疗卫生、社会保障和就业、住房保障、交通运输等直接关系民生的社会事业发展支出，支出分别增长 49%、28%、90%、135%，为促进全县经济社会事业发展提供了坚实的财力保障。

【支持经济发展力度进一步加大】一是拨付出口货物退增值税 2295 万元，有效减轻了企业税负,支持了外向型企业发展。二是争取省追加各类建设资金 2.5 亿元,支持了污水处理厂建设工程、利民河改造、农村危房改造和清洁工程等多个项目。三是积极实施"四下乡、两换新"工作,刺激农村市场需求。做到财政补贴及时兑付,应补尽补,全县共拨付"四下乡、两换新"财政补贴资金3440万元,补贴家电11万台,家电下乡回收旧家电5277台,新家电销售5786台,新家电销售商务审核率100%,财政补贴金额149.6万元。

【支农投入进一步增加】全面落实各项强农惠农政策,大力支持现代农业发展,着力改善农业发展基础,努力增加农民收入。全年农林水支出2.8亿元,比上年增加10552万元,增长59%。积极实施农业综合开发,促进农业生产条件改善。投入资金2504万元,完成中低产田改造2万亩,扶持农业产业化项目5个。农村最低生活保障资金、农村贫困学生"两免一补"等补贴规模显著扩大,涉农补贴大幅增加,直接增加农民收入。全年累计完成财政补贴农民资金发放2.19亿元,实现人均增收235元。强力推进政策性农业保险试点,全年共赔付资金829.46万元,其中种植业赔付666.55万元,养殖业赔付162.91万元,减轻了农民因灾的损失。加快推进农村综合改革,全面启动村级公益事业建设"一事一议"财政奖补试点工作,涉及155个行政村、农业人口85.6万人,346个项目全部完工,支付奖补资金2640万元。完善为民服务全程代理制,"惠民直达工程"试点成效显著。

【倾力实施33项民生工程】一是为切实加强民生工程管理,开设"民生工程资金专户",建立民生工程资金拨付的绿色通道。全县共拨付各级财政民生工程资金6.35亿元,占实际落实到位资金的100%,保障各项工程的顺利实施。全县28项民生工程全部完成或超额完成省、市下达的目标任务,在全市民生工程考核中获得一等奖。

【管理效能进一步提升】按照加强财政科学化、精细化管理的要求,着力推进财政管理改革,启动预算支出绩效评价工作,全面实施县级国库管理制度改革,县级财政一体化管理信息系统、财、税、库、银横向联网全部上线运行,国库直接支付率进一步提高,政府采购的范围和领域进一步扩展。推进体制机制创新,进一步健全财政管理制度。全面加强行政事业单位资产管理,推进预算管理与资产管理的有机结合。建立健全财政监督检查机制,加强会计信息质量的检查评估,深入推进"小金库"专项治理工作,规范财政资金管理,严肃财经纪律,积极实施阳光村务工程,建立了规范高效的村级运行机制。

【创先争优和服务发展年活动扎实开展】深入开展"服务发展年"和"争做新时期老实人"及星级达标活动,财政人员服务水平普遍提高,服务发展意识明显增强,创业干事的积极性进一步提高。

(砀山县财政局供稿)

蚌埠市财政工作概况

蚌埠市财政工作综述

2011年,全市财政收入完成136亿元,比上年增长34.1%;财政支出141.3亿元,比上年增长32.1%,为全市经济和社会事业平稳发展提供了财力保障。全年荣获全国文明单位、全国2006—2010年财政法制教育宣传先进集体、全省民生工程组织实施工作先进单位等荣誉。

【强化财政管理】对征收部门组织的全市财政收入、市本级财政收入实行双目标考核。制定培植财源、增加财政收入的一系列指导意见。统一内外资企业城市维护建设税、教育费附加税收制度,上调土地增值税、电力企业增值税预征率,调整市区园区城镇土地使用税等级范围及适用税额标准。实施政府性资金存放、综合治税、支出管理三项改革,建立政府性资金存放与金融机构对我市贡献直接挂钩的激励机制,市本级22项重点支出全部提交领导小组专题会议研究确定。推进"非税收入、绩效评价、预算公开"三项管理。制定市本级行政事业单位资金往来结算票据使用管理暂行办法和政府非税收入票据管理暂行办法。

【支持企业发展】筹集并拨付资金35.9亿元,支持中国建材、中粮生化、中粮燃料酒精、八一化工、环球药业、花鼓灯嘉年华、万达广场等项目建设;争取省财政豁免丰原集团欠款510万美元。支持浦发银行、中信银行在蚌设立分支机构,支持中小企业担保公司组建蚌埠担保集团;投入资金3000万元,支持成立蚌埠皖北金牛创业风险投资公司;优化发展环境,取消31项涉企行政事业性收费,减免企业各类税费21.1亿元,其中为企业办理增值税退税1亿元,减免缓工业企业行政事业性收费1.4亿元,并在全省率先建立专利权质押贷款风险补偿机制。

【支持城市大建设】筹集并拨付资金27.5亿元,支持开展征迁拆违行动,推进城市基础设施建设和保障性安居工程建设。筹集并拨付资金1.2亿元,支持城市规划、园林绿化、路灯亮化等项目建设。筹集拨付资金,支持撤销两桥收费站,支持城市公交车辆更新升级,筹集资金支持购买环卫清扫保洁车辆。进一步理顺市区土地出让收入分配关系,推进市区国有建设用地使用权净地出让管理。

【加大社会保障领域投入】筹集并拨付企业离退休人员养老金、就业补助金等资金22.3亿元,解决离休干部历年医疗欠费1.2亿元。落实"十个提高"政策,为居民兑现购房补助1.14亿元。筹集并拨付教育专项资金2.8亿元,支持蚌埠二中等项目建设和学前教育发展,完成蚌埠学院上划工作。支持开埠百年、市十三届运动会等活动举办,支持全民健身活动中心、体育场东看台等项目建设。筹集并拨付政法专项资金2.1亿元,支持公安三项建设等项目建设,推进社会管理创新。落实财税扶持政策,统筹资金3.6亿元,支持保障性住房建设,超额完成省下达的保障性住房建设任务。

【推进新农村建设】统筹安排资金1.2亿元,支持淮河河道整治、天河泵站、淮干宋家滩工程等项目建设和组建市水利建设投资公司;争取中小河流治理、水污染治理、农田水利设施建设等资金1.4亿元;拨付支持土地流转、土地整治、新建蔬菜基地、农村危房改造和村庄整治等项目建设资金6.1亿元;农业综合开发投入0.868亿元;通过"一卡通"发放29项涉农补贴资金8.6亿元,增长15.7%,人均受益357

元。村级公益事业一事一议财政奖补投入0.91亿元。政策性农保理赔资金0.7亿元。家电下乡和以旧换新财政补贴1.3亿元,拉动消费12.4亿元。

【注重改善民生】33项民生工程目标任务全面完成,我市被省政府评为全省民生工程组织实施工作先进市。民生工程投入35亿元,落实配套资金9.5亿元,资金配套率和拨付率均达100%。一是补助发放类项目保障有力。向农村低保对象、农村五保户供养、重度残疾人生活救助和贫困精神残疾人等提供补助共计113.7万人次,发放资金1.69亿元;建设7770套廉租房和5418套公租房,社会(儿童)福利中心、光荣院建设主体工程完成。二是医疗卫生类项目稳步实施。新农合参合258.7万人,参合率97.8%;城镇居民医保参保人数达57.7万人;城乡医疗救助24万人,发放救助资金5610万元;重大传染病医疗救治319例,贫困白内障患者免费复明手术741例;城乡卫生体系建设完工157个;免费婚检2万多对,农村孕产妇住院补助2.9万人。三是农业和农村基础设施类项目全面完成。拨付政策性农业保险补贴7800万元;农村饮水安全工程完工10个项目;农村户用沼气完成建池3500口,4处大中型沼气工程项目完成主体工程,4座小一型病险水库除险加固工程全部完成;2000户农村危房改造任务和11个乡镇的农村清洁工程全部完成;一事一议奖补完工项目781个;新建和改扩建敬老院17所;完成危桥改造9座。四是文化建设类项目有序开展。推进义务教育保障机制改革,惠及37.5万名义务教育阶段学生;资助7.3万人次高校、中职和普通高中学校贫困生;完成新型农民培训、农民工技能培训5万人;457个农村留守儿童之家和儿童活动室完工;784个校舍安全工程项目完工,面积82.9万平方米。450个农家书屋、14个乡镇综合文化站已建成投入使用。

(蚌埠市财政局供稿 王定安执笔)

龙子湖区财政工作概述

2011年,全区实现一般预算收入5.9亿元,比上年增长26%;实现地方收入3.6亿元,比上年增长27%。实现一般预算支出3.2亿元,较上年增长32%。

【强化财源建设】围绕工业强区目标,加快园区建设,承接产业转移,引进一批重大工业项目;大力实施棚改攻坚行动,强化项目推进力度,积极培育城市经济新业态。坚持以招商引资为抓手,加大项目跟踪服务力度,培植新增长效税源,增强财政增长后劲。

【依法组织收入】加强税收部门协调,不断完善税源监控和共享机制。加强对收入的分析、预测,尤其是对重点税源的动态监控和调度,适时开展纳税评估,确保实现应收尽收。结合棚户区改造,及时解缴、及时结算土地出让金,严格实行专户存储、专款专用。加强对非税收入的征收和管理,以部门综合预算为杠杆,严格目标责任管理,不断增强综合财力。

【保障重点支出】调整和优化财政支出结构,提高公共财政保障能力。严格控制预算追加,建立经费支出的追踪问效机制;加强对财政资金的审计监督,严格控制一般性支出;保障事业单位绩效工资改革和基层医疗卫生体制改革、民生工程扩面提标、园区建设支出和征迁拆违等重点支出。

【推进财政改革】推进财政科学化精细化管理,完善部门综合预算编制,加快"金财工程"建设,健全预算编制、执行、监督工作,加强内控,优化工作流程,促进财政管理科学化、精细化。完善国库集中支付改革,扩大改革范围,提高财政直接支付比例,加强支出进度日常管理,实行经常性支出均衡拨付,专项经费即时拨付,发挥集中支付平台作用,减少资金周转环节,提高预算执行力。

【加强自身建设】加强对广大财会人员的政策理论、财政业务、勤政廉政知识的培训教育工作,开展财政日常监督检查,重点加强对扩大内需资金、民生工程资金、重点工程项目建设资金的监管力度。加强对非税收入的监管,执行"收支两条线",强化日常管理和监督,从源头上防止和杜绝"小金库"问题的发生。加强对乡镇财政工作的关心和指导,争取和协调资金帮助乡镇财政所改善办公条件,提高为农服务水平。指导和帮助乡镇整合各种支农资金,加快新农村建设,落实政策性农业保险、家电和汽车摩托车下乡、涉农补助资金"一卡通"、农村公益事业"一事一议"财政奖补等各项农业发展政策,推进惠民直达工程实施。

(龙子湖区财政局供稿)

蚌山区财政工作概述

2011 年,全区实现一般预算收入 6.5 亿元,比上年增长 81.41%;一般预算支出 3.9 亿元,比上年增长 45.11%,为区经济社会的发展提供了保障。

【加强税源建设,提高增收能力】推进项目建设,发挥项目税收的引领作用。区重点项目光彩玉器城、安徽商之都、南山郦都等项目建设速度加快,实现税收同比大幅度增长。花鼓灯嘉年华、新威电子、万达广场等项目建设进展顺利,城南新区建设成效显著,姜桥路、航华路全面完工,陶山变电投入运营,安置房建设加速推进,部分工业项目建成投产,财政增收增强了后劲。拓宽融资渠道,培育财政收入新的增长点。其中,永泰隆小额贷款公司全年共投放贷款 6.9 亿元,缴纳税收 900 多万元;利源、金汇达两家小额贷款公司各注册资金 1 亿元并获省金融办审批;永利担保公司顺利完成扩股注册 2 亿元, 与银行合作担保,共实现担保金额 1.25 亿元。

【落实财政奖励政策,支持企业发展】拨付科技创新和研发资金,支持科技创新型企业发展,增强企业竞争力。拨付中小企业发展专项资金 14270 万元,兑现各项财政奖励政策,调动企业发展积极性。加大对电子信息产业、商贸流通和现代服务业等新型产业的支持力度,鼓励玻璃行业、乳品加工业的换代升级。加大城南新区规划和建设力度,为招大引强创造条件。

【依法征税管费,实现应收尽收】加强对重点税源、重点行业、重点税种的税收监控和稽查,规范房地产和建安企业税收,实现营业税收入近 2 亿元。规范行政事业性收费、罚没收入、土地出让金、国有资产处置等非税收入,从源头杜绝"小金库"发生。严查各种偷税漏税案件,堵塞税收漏洞,做到应收尽收、应缴尽缴。

【优化支出结构,保证重点支出】按照统筹兼顾、有保有压、集中财力办大事的原则, 压缩一般性支出,集中财力优先保工资、保社保、保稳定、保运转、保重点发展和民生支出。拨付退伍士兵安置金、就业补助金、抚恤金、社救金、农村最低生活保障和农村五保供养资金等 2644.62 万元; 拨付医疗卫生经费 1857.02 万元,建立医务人员奖评机制,配置基层医务室医疗器械。民生支出 33511 万元,占财政总支出 85.20%,其中:教育支出 11166.69 万元,新建三十二中、回民小学、铁三小教学楼,计生和"三农"投入均高于法定增长要求。

(蚌山区财政局供稿)

禹会区财政工作概述

2011 年全区完成财政收入 10.1 亿元,完成预算的 115.9%,同比增长 39.1%。其中:地方收入完成 4.5 亿元,完成预算的 117.8%,同比增长 41.4%。一般预算支出完成 3.75 亿元,完成预算的 157.2%,同比增长 26.9%。

【积极组织收入】分析经济财税形势,明确目标,分解财政目标任务;加大对企业的扶持力度,培育培植新的财力增长点;依靠财企联系制度,做好为企业服务工作;加大非税收入的征缴力度,加强对国有资产处置收入和大建设拆旧款的征管。

【保障重点支出】 全年投入教育事业发展资金 492 万元,投入基层医疗机构经费 704 万元,筹集政法部门建设和消防设施配备资金 1048 万元,发放低保金 2103 万元,投入优抚救济、再就业及基本公共卫生等社保资金 2663 万元, 投入残疾人康复资金 418 万元,投入改善城乡社区环境经费 940 万元,将老旧生活小区和城中村环卫清扫经费纳入预算管理。

【推进财政管理改革】制定并下发区街道财政体制改革实施意见。强化采购监管,规范采购行为,加强采购服务, 全年采购招标项目 50 个, 采购资金 4045 万元。制定区财政资金拨付及管理业务内部控制等制度。清理整顿财政专项资金,整合撤并银行账户 20 余个,严格控制四项费用开支。

【扎实推进民生工程】制定完善民生工程考核办法等相关制度,强化协调督查,定期召开调度会,解决难点问题,实行按月通报制度。开展民生工程"大走访"活动和入户调查工作,发放宣传彩页、社情民意问卷等宣传材料 10.4 万份。强化资金保障,全年财政投入民生工程资金 17045 万元, 其中区级落实配套 6919 万元。各项民生工程任务顺利完成, 15 个校安加固项目全面完工,5 个校舍重建项目主体竣工; 新建 1 个综合文化站、9 个农家书屋、13 个留守儿童之家;廉租房建设工程顺利开工;农村低保、五保、计生奖扶、残疾人救助等补助类项目均足额发放到位。

【支持经济发展】落实财税优惠政策,退付中粮生化、新源电子等企业增值税2687万元,补贴资金203万元支持中粮生化办理房产证过户;筹集资金2792万元,全力支持八一化工征地扩建;投入支持发展平台建设资金2417万元,推进机械装备制造产业园和禹通物流项目建设;投入企业科技创新资金364万元,用于企业专利资助和新产品、新材料开发等;投入征迁拆违和文明创建工作经费662万元,保证旧城改造顺利推进;统筹资金4177万元,开工建设1400套廉租房和1600套经济适用房。投入土地出让金7000余万元,确保新金泰化工等区域拆迁补偿工作顺利推进。协调争取资金7787万元,用于政府主导的日化厂等区域拆迁补偿。

【落实支农惠农政策】全年销售家电下乡产品3200台,补贴78万元,补贴资金兑付率实现99.5%;通过财政补贴农民资金"一卡通"发放各项强农惠农资金1337万元;拨付农业综合开发项目工程进度资金503万元;推进2011年度村级公益事业一事一议财政奖补工作,完成2010年全省涉农民生工程一事一议自查并配合市检查工作,全年审批一事一议建设项目26个,申请财政奖补资金80万元。

(禹会区财政局供稿)

淮上区财政工作概述

2011年,全区财政总收入4.1亿元,较上年增长51.6%,增收1.4亿元。其中:地方财政收入2.9亿元,较上年同期增长28.3%,增收6287万元。财政总支出3.6亿元,较上年增长16%。

【积极组织收入】完善乡镇财政综合考评办法、收入目标奖励办法和企业税收奖励办法,落实激励机制。健全财税收入例会制度,坚持按月调度,按月分析,形成组织收入的联动机制。加强对重点企业和重点税源监控,密切关注企业经营形势变化对税收的影响,加强纳税评估和税收稽查,堵塞税收征管漏洞,切实做到应收尽收。

【着力改善民生】全区25项民生工程累计拨付资金8030万元,资金拨付率100%。拨付补助补偿类资金5475万元,涉及低保对象、"五保户"供养等2794人,城乡医疗救助455人。拨付教育培训类资金819万元,其中义务教育保障经费781万元,农民工培训资金38万元,为811名农民工提供免费职业技能和创业培训。用于工程建设类资金1736万元。改扩建敬老院600平方米,新建公租住房1347套,重建或加固校舍面积21700平方米。

【服务经济发展】推进城市建设,筹措项目资金、土地出让金近50000万元用于全区基础设施建设;落实各项税收优惠政策,支持优势产业、龙头企业发展;帮助企业解决融资难题,协调金融机构、担保公司为20余家企业提供担保贷款。

【推进新农村建设】投入农业综合开发项目资金500万元,用于梅桥乡土地治理改造中低产田0.5万亩;争取中央、省财政资金1750万元,用于曹老集镇土地整治项目,治理面积1.28万亩,通过治理,开挖疏浚大小沟渠60公里,新建桥梁1915座,使项目区1.28万亩农田基础条件得到改善,受益农户人均增收0.14万元;推动村级公益事业建设一事一议财政奖补工作,落实财政奖补资金144万元,实施"一事一议"以奖代补项目10个,其中,道路修建项目7个,农田水利设施改造项目3个,受益人口3.07万人;通过"一卡通"发放各类涉农补贴资金1993万元,筹集政策性农业保险资金275万元,理赔农民灾害损失78.5万元;落实"家电、汽车摩托车下乡和家电以旧换新"政策,全年共兑付"下乡产品"补贴资金164.6万元。

(淮上区财政局供稿)

经济开发区财政工作概述

2011年,蚌埠经济开发区实现财政收入8.07亿元,同比增长42.52%。其中地方收入完成5.7亿元,同比增长37.29%。财政支出6.23亿元。

【积极组织收入】关注税收征管情况,掌握税款入库情况,积极推动协税护税工作。协调督促税务部门做好税收工作,维护重点税源,全年共组织税收收入7.32亿元,其中地方税收收入4.66亿元,同比增长18.73%。

【注重民生工程】2011年民生支出达到5.1亿元,占财政支出81.58%。全区共实施农村低保、五保供养、城镇居民基本医疗保险、新型农村合作医疗及住房保障等18项民生工程,筹集拨付民生工程资金

0.95 亿元，粮食直补、农资综合直补、水稻良种补贴共计 106.49 万元及时发放，兑付家电下乡补贴资金约 17 万元。

【支持城市建设】为加快招商引资项目落地及城市基础设施建设，积极筹措建设资金，全年共支出 11.62 亿元用于龙子湖环湖公园、兰凤山庄农民安置房及大学园区基础设施等项目建设。

【加强资金管理】加强财政管理和审核，做好财政财务收支的会计核算工作，及时拨付全区的各项财政支出，确保人员工资按时发放和机关正常运转，推进各项工作的有序开展。加强财政预算外资金的收支管理，严格按规定收取行政事业性费、政府性基金和其他财政预算外资金。规范政府采购，全年实施政府采购项目(货物类)16 项，节约资金 122 万元。

（经济开发区财政局供稿）

怀远县财政工作概述

2011 年，全县财政总收入完成 13.5 亿元，比上年增长 65.6%。其中地方收入完成 78121 万元，比上年增长 69.1%。

【培财源抓征管】强化税收征管，建立综合治税网络。成立县、乡综合治税领导小组，形成“政府领导、部门配合、社会参与、信息化支撑”的社会综合治税体系，注重培育基础财源。2011 年争取项目资金 1013 万元，落实财税优惠政策 10472 万元，落实招商引资配套资金 6838 万元，为 71 家中小企业办理担保贷款 58920 万元，筹措资金 3360 万元支持园区基础设施建设。非税收入采取以票管收，源头控收，完成 23302 万元。

【调结构保重点】投入教育资金 28104 万元，促进教育均衡发展；投入文化体育事业经费 924 万元，完成了 10 个乡镇综合文化站、192 个农家书屋建设以及县图书馆、文化馆建设；投入资金 12678 万元，用于城乡居民最低生活保障、农村“五保户”供养、计划生育家庭奖励扶助、大中型水库移民后期扶持、城市低收入家庭和公共租赁住房保障、重度残疾人生活救助等方面；投入城市基础设施建设资金 3390 万元。

【促“三农”保增收】投入农业综合开发资金 41222 万元，完成治理改造、新增土地面积 38.4 万亩。落实粮食直补、良种补贴、农机补贴、家电下乡等惠农政策，发放涉农补贴资金 27199 万元。安排农村基础设施建设资金 8833 万元，改善农村生产生活环境。

（怀远县财政局供稿）

五河县财政工作概述

2011 年全县完成财政收入 8.53 亿元，比上年增长 78%，其中地方收入 6.59 亿元，完成年初预算的 130%，比上年增长 82%。全县财政支出完成 22.2 亿元，比上年增长 50%。

【加强财税征管】加强与税务部门协作，做到涵养基础税源，依托重点税源，抓好中小税源；分解任务，按月调度，按旬督促；强化非税收入征管，加大稽查力度，全年完成非税收入 23328 万元，占年初预算的 127%，比去年同期增长 68%；加强与国土、房管、城建等部门的协调沟通，加大重点房地产项目和大型工程税收征管，全年完成“两税”15871 万元，其中征收契税 10162 万元，征收耕地占用税 5709 万元，完成预算的 176.3%。

【深化制度改革】深化部门预算改革，提高政府预算的透明度。编制预算内、预算外资金统筹安排的综合预算，强化财政资金的管理和监督；强化行政事业单位国有资产监管。完成了 23 宗资产有偿转让、2 宗资产无偿划转工作，完成行政事业单位、破产企业共 35 笔资产招(续)租工作，完成 3467.4 万元国有资产收益的收缴入库任务。

【服务社会发展】通过“一卡通”发放财政补贴农民资金 2.4 亿元，受益农业人口 15.3 万户 59 万人；推进农村公益事业建设“一事一议”财政奖补工作，申报 331 个项目，筹资 601 万元，下拨财政奖补资金 1863 万元；家电下乡财政补贴资金 2010 万元，销量 63700 台，全市排名第二；完成农业开发投资 1199.17 万元，其中财政资金 695.76 万元，自筹 503.41 万元。完成土地治理项目投资 809.17 万元，完成产业化经营项目投资 390 万元。

【注重保障民生】投入民生工程资金 69951 万元，增长 63.6%。开展“贴民情、听民意、惠民生”万名财政干部大走访活动和财政补贴农民资金 “十万农户大调查”活动。全县财政干部共调查走访 227 个村(居)2318 名(户)居民，召开居民座谈会 94 场，群众满意度高。

【强化财政监督】完成预算外专户清理整顿工作,撤并账户127个,实现账户归口、资金国库统管。加大财政综合监督工作力度,重点围绕用于公共服务领域的专项资金使用情况、部门预算编制执行情况等社会关注、群众关心的问题开展监督检查,提高财政资金运行的规范性、安全性。开展家电下乡专项检查工作,追缴资金89.9万元。

(五河县财政局供稿)

固镇县财政工作概述

2011年,全县财政收入完成6.2亿元,比上年增长69.97%,其中地方财政收入完成5.3亿元,占年度预算的163.3%,增长78.6%。全县财政一般预算支出19.2亿元,完成调整预算的99.5%,增长51.6%。

【加强财政管理】规范部门预算编制,强化预算执行,推行非税收入收缴系统,规范非税收入项目,将预算外资金全部纳入预算管理;广泛宣传发动,鼓励乡镇招商引资;明确奖惩措施,完善财政内部监控制度,加大收入清缴力度,清理整顿财政专户,撤销专户33个,合并各类资金11518万元。

【保障重点支出】按照"保工资、保运转、保民生、保重点"的原则,重大决策部署的投入全部落实到位。投入重点工程、重大项目建设资金54200万元,其中,支持城关镇征地拆迁补偿资金12000万元,县经济开发区征地拆迁补偿资金13000万元,蚌固一级公路建设资金8900万元,土地整理7400万元,民生工程配套12200万元,推动了我县"跨越发展、崛起皖北"进程。

【加大民生投入】地方财力80%以上用于民生,共实施民生工程29项,7项生活保障类项目全面落实,6项教育培训类项目扎实开展,7项医疗卫生类项目标准提高,范围扩大,6项农业和农村基础设施类项目快速推进,3项文化建设类项目全面完成。到位资金5.1亿元,资金拨付率100%。被省政府评为"全省组织实施民生工程工作先进县",实施的29个单项工程中有18个项目全市考评第一,综合考评连续三年全市第一,连续两年被省政府评为先进。

【服务经济发展】认真研究政策,科学谋划项目,申报项目58个,资金17610万元;注重招商引资,拨付招商引资经费和奖励共计2800万元;支持中小企业发展和重点项目建设,发挥担保平台作用,为10家企业提供担保贷款2100万元;扶持农民工创业及下岗工人再就业,为163家经营户提供小额担保贷款772万元,财政贴息24万元。

【注重社会事业】加大对教育事业投入,实施校安工程,全县教育支出46887万元,增长65.9%;加大对社会保障和医疗卫生事业投入,投入医疗卫生事业经费21005万元,增长64.5%;社会保险基金支出21177万元,逐步完善了城乡社会保障体系;补偿农民医疗金8188万元,受益人数达72万人次。改善城乡文体基础设施和丰富人民群众精神需求,全年累计投入资金1147万元,增长3.9%。

【全力服务三农】发放粮食综补、直补、农机具购置等涉农补贴16项,发放金额16185万元,保障性住房的投入6720万元,农林水投入21972万元;农业综合开发项目共实施11个,累计投资3104.4万元,财政资金2660.64万元,自筹资金443.76万元。

(固镇县财政局供稿)

阜阳市财政工作概况

阜阳市财政工作综述

2011年,全市各级财政部门以科学发展观为统领,认真贯彻落实积极财政政策,充分发挥财政保运转、保民生、保稳定、促发展、促和谐职能作用,实现财政经济良性互动,财政收入持续较快增长,重点支出得到有效保障,各项工作稳步实施。

【依法组织收入,财政收入再创新高】建立健全财政收入增长机制,提高税收征管质量和效率,规范非税收入管理,财政与经济良性互动格局更加稳固。全市财政收入完成115亿元,增长30.5%,规模首次突破百亿元大关。财政收入质量稳步提高,财政实力不断壮大,为阜阳和谐发展提供了坚实的财力保障。

【加强财政保障能力,财政支出较快增长】坚持保运转、保民生、保稳定,认真落实中央厉行节约要求,严格控制压缩公务用车、公务接待、因公出国(境)等一般性支出增长,不断加大公共服务领域的投入,优先保障和改善民生、教育、农业、社保、卫生支出。全年一般预算支出完成210亿元,增长28%,支出进度明显加快,支出规模创历史新高,重点支出得到有效保障,财政保障水平稳步提升。

【全力推进民生工程,提升群众幸福指数】坚持把保障和改善民生作为财政工作的出发点和落脚点,把民生工程建设纳入规范化、制度化、长效化轨道,在财政收支压力增大的情况下,将更多财力向民生倾斜,全年全市共到位民生工程财政资金55.1亿元,800多万城乡居民从中受益,人民群众生活质量和幸福指数明显提升。2011年市被省政府评为民生工程先进市。

【加大政府采购力度,推进政府采购改革】一是进一步完善采购制度,规范采购程序。完善政府采购多项管理制度,在委托协议签订、信息公布、标书制作、报名、专家抽取、评审过程资金支付等10个环节采取措施,加强对政府采购代理机构、采购人、政府采购协议供应商三方的监管,规范政府采购行为。二是发挥政策导向作用,采购规模保持稳步增长。2011年,全市实现采购金额8.69亿元、采购项目3321个,节约财政性资金近1.12亿元,节约率达13.02%,年增长率达20%以上。市直采购项目521个,采购合同签订金额8650万元,节约资金943万元,节约率10.9%。

【强力支持"三农",加快城乡统筹步伐】一是推进农业项目建设。采取建立项目会商制度、建立项目库等多种措施,提前运作,积极推动。成功申报现代农业项目3个,补助资金3000万元;农田水利重点县建设项目4个,补助资金3200万元;中央应急度汛项目4个,补助资金160万元。二是探索现代农业综合开发示范区建设。共整合项目16个,累计投入资金1.82亿元;整合部门资金1.01亿元,涉及9个项目,有效流转土地7000亩。三是一事一议财政奖补试点成效显现。通过近两年的试点,中央、省、县、村民共投入一事一议建设资金7.62亿元,全市县级财政配套奖补资金1.2亿元,村民自筹及社会捐赠2.5亿元;用于修建村内道路项目3187个,修建小型农田水利设施项目557个,改善了农民生产生活条件,促进了农村增产和农民增收。四是全面建立和完善乡镇、村为民服务全程代理网络。全市167个乡镇均建立了为民服务中心,1774个村都设立了为民服务代理室,为民服务全程代理总规模再上新水平。

【落实积极财政政策,促进经济较快增长】一是落实积极财政政策,加快转变经济发展方式。市经信委、商务局在深入调研的基础上,制订下发了多个实施办法。配合相关部门积极争取中央、省财政资金支持。截至年底,全市共争取国家中小企业发展专项资金450万元,支持中小企业发展项目5个,申报科技型中小企业技术创新项目10个、省财政专项资金项目40项,促进市直国企改制、市政府861计划和6611项目企业的健康发展。二是创新担保服务,有效缓解中小企业融资难问题。全年市财政担保中心共为1052户中小企业提供担保贷款6.06亿元,担保基金扩大4倍,受保企业累计增加销售收入25.16亿元、累计增加利润3.36亿元、累计增加税收1.48亿元、累计增加就业岗位13711人,超额完成年初市政府确定的担保总额3亿元的目标任务。三是深入开展家电汽车摩托车下乡和家电以旧换新工作。全面实施家电下乡补贴资金财政所打卡发放方式,已备案家电下乡指定销售网点1107家,家电下乡产品累计全部销售量为181.45万台,位居全省第一位,补贴兑付率为100%。四是积极构建投融资平台。按照"一个主题、两个提升、三个突破、六个重点"的整体部署,以资金筹措、土地收储、经营运作为重点,全力推进市融资工作实现新跨越。积极争取开行贷款,力争新增开行棚户区贷款额度20亿元。保障建设资金及时拨付,全年累计调度、支付资金16亿元。

【深化财税制度改革,提高科学理财水平】一是健全预算管理制度、规范预算编制管理。全面完善政府预算体系,继续深化部门预算改革,健全程序规范、内容全面、方法科学、公开透明的部门预算制度。建立完善预算编制与预算执行、结余结转资金管理和行政事业单位资产管理有机结合的制度,将预算外资金全部纳入预算管理,提高预算编制科学性和准确性。继续推进政府采购制度改革,全面实施政府非税收入收缴管理改革。继续完善公共财政预算,细化政府性基金预算,推动市县编制国有资本经营预算和社会保险基金预算。二是深化国库集中支付制度改革,提高财政资金使用效益。进一步深化国库集中收付制度改革,健全国库单一账户体系,完善国库集中支付和收入收缴运行机制,健全预算执行动态监控机制,加速财政一体化管理信息系统建设,提高财政管理科学化、精细化水平,实现财税库银税收收入电子缴库横向联网在市、县两级全覆盖。三是扎实做好增收节支工作。认真落实中央厉行节约八项要求,进一步完善公务用车编制管理制度,建立健全因公出国(境)经费管理制度,不断改进公务接待管理办法。四是加强乡镇财政管理。规范乡镇财政管理体制,深化"乡财县管"改革;实行"以乡镇为主体、县乡共编"的乡镇预算编制制度,建立乡镇财政的预算编制、执行、监督紧密衔接并相互制衡体系,推进基础数据库建设,实现乡镇财政预算精细化、科学化、规范化建设。建立乡镇财政支出考核办法,加强监督考核,鼓励增收节支,实行激励约束机制。深入调查研究,摸清乡镇财政所现有办公用房基本情况,充分利用省财政奖补资金进行改、扩建,确保乡镇财政所基础设施建设任务顺利完成。2010—2011年市第二批40个乡镇财政所办公用房建设基本完工。五是加强财政监督管理。创新监督方式,强化收入、支出、绩效的全方位监督管理,建立健全覆盖财政资金和财政运行的全过程监督机制。六是加强非税收入征管。全面落实市直单位政府非税收入管理,强化政府非税收入监督,全面界定市直部门和单位政府非税收入管理范围,积极推进政府非税收入收缴管理改革,全面进行政府非税收入票据管理改革,稳步实施政府非税收入预算管理改革,着力开展政府非税收入管理信息化改革。全年市本级共完成政府非税收入6.8亿元,增长33.3%,超额完成政府确定的2.8亿元的目标任务。

【切实加强队伍建设,全面提升服务质量】一是推行政务公开制度,加强党风廉政建设。全局上下普遍实行责任制,按照一把手负总责、分管领导各负其责的要求,将责任落实情况纳入年度绩效考核。建立责任机制、督查机制和追究机制,确保党风廉政建设和反腐败主要工作任务的全面落实。认真贯彻落实国家、省、市纪委党风廉政建设工作会议精神,促进依法行政、优质行政、廉洁行政,深化政务公开内容,创新政务公开形式,提高政务公开水平。二是深入开展"创先争优"活动。深入开展"五要五比"主题实践活动,坚持在"创、先、争、优、比、学、赶、超"八个字上下功夫,进一步掀起学沈浩创先进争优秀的热潮。三是持续加强机关效能建设。坚持以科学发展观为指导,以"建设效能阜阳、推动加速发展"为主题,以转作风、强素质、解难题、促发展为重点,扎实开展作风效能建设。2006—2010年,连续5年被评为市直效能建设考核先进单位,在民主考评市直单位科长活动中,有五位科长获得殊荣,效能建设工作再创佳绩。四是认真实施“服务发展年”活动。围绕“五项服务”、“五个更加注重”的要求,逐一采取措施,不断提升财政干部职工服务发展的能力;深入推进“五型机关”创建工作。五是加强精神文明创建。继续加大精神文明创建工作力度,切实加强领导、完善机制、落实责任,相继荣获第七届“市文明单位”、第九届“省文明单位”称号,实现“省文明单位”五连冠。

(阜阳市财政局供稿　孙立宏执笔)

颍泉区财政工作概述

2011 年,全区财政收入完成 5.5 亿元,占年初预算的 125.5%,比上年增长 57%。其中:地方收入完成 3.6 亿元,占年初预算的 131.9%,增长 64.8%;上划中央收入完成 1.7 亿元,占年初预算的 108.7%,增长 36.1%。全区财政一般预算支出完成 145546 万元,占年初预算的 153.4%,比上年决算增长 39.8%。

【注重加强收入征管,财政收入实现新跨越】坚持把组织收入摆在突出位置,科学分析预测,加强税源掌控,实现了全年收入持续快速增长。继续强化收入征管,建立健全收入增长机制,不断提高税收征管质量和效率,努力做到应收尽收。进一步深化政府非税收入管理改革,健全征管方式,优化缴款流程,政府非税收入全部纳入预算管理。

【注重发挥财政职能,服务经济取得新成效】大力支持“项目攻坚年”活动,不断加大基础设施建设投入,积极推进“四重”工作深入实施。充分发挥财政职能作用,用活用足财政政策,多渠道争取中央和省市政策扶持资金项目。不断扩大区中小企业担保基金规模,提高融资担保功能,重点支持中小企业发展。区中小企业担保中心全年共为 13 家中小企业提供担保贷款 5891.5 万元,为 113 名下岗人员提供小额担保贷款 656 万元,有效解决了中小企业融资和下岗失业人员创业资金短缺的难题。加大招商引资扶持力度,安排招商引资和项目经费 700 万元,推动全区招商引资工作顺利开展。

【注重实施民生工程,改善民生取得新变化】继续把实施民生工程作为保障和改善民生的重要抓手,以项目为重点,以工程为突破,扎实推进 34 项民生工程。全年共投入各级民生工程资金 4.73 亿元,其中:区级配套 6210 万元,区承担的 29 项民生工程任务于 11 月底提前完成,被评为全省民生工程先进单位。通过实施民生工程,广大人民群众“上学难、看病难、养老难、就业难、住房难”的问题得到有效解决,全区 60 多万群众切实享受了改革发展的成果。

【注重加大三农投入,强农惠农取得新进展】全区“三农”支出达 19221 万元,增长 57.3%,保证了各项强农惠农政策的落实。继续深化财政补贴农民资金管理和支付方式改革,全年共发放各类强农惠农资金 11161 万元。进一步加强农田水利基础设施建设,投入防汛抗旱、小型农田水利基础建设资金 3055 万元,有效应对了夏涝秋旱对全区农业生产的影响。不断加大中小河流治理力度,投入柳河、黑茨河建设资金 4054 万元。加大新农村建设力度,投入新农村建设资金 210 万元。大力实施农业综合开发,完成 2010 闻集田楼、葛桥土地治理项目,治理面积 1 万亩,总投资 936 万元,受益群众 1 万人。

【注重推进改革创新,管理效能得到新提升】继续深化部门预算管理改革,提高预算编制科学化、精细化水平。扎实推进国库集中收付改革,不断扩大资金支付范围,2011 年,国库集中支付改革稳步运行,累计支付金额 44753 万元。惠民直达工程改革试点步伐加快,系统软件于 7 月份投入使用,各项指标全部达到改革试点“五个一”要求,试点工作取得圆满成功。全面推行政府非税收入征管方式改革和行政事业单位资产管理信息化改革,政府非税收入征管系统和资产管理系统平台正式启用,实现了业务平台受理和动态管理。政府采购制度改革深入推进,采购范围和规模进一步扩大,全年共实施集中采购项目 189 个,采购预算 7346.1 万元,实际采购金额 6412.2 万元,节约率为 12.7%。

【注重强化监督管理,依法理财得到新提高】财政“大监督”理念基本确立,事前、事中、事后监督机制逐步形成,财政监督与管理做到了有机融合。民生工程资金监管进一步加强,工程类项目资金,严格实行招投标制、竣工验收制等“六制”管理;对于发放或补助到人的项目资金,坚持“资格确认、资金管理、资金发放、社会监督”四权分离,实行“一线核实”、“一线监督”,全部通过惠民直达工程“一卡通”发放到人。深入开展会计信息质量检查,对违规会计信息单位进行重点检查,进一步提高会计信息质量和财务管理水平。组织开展家电下乡和家电以旧换新“监督年”活动,对家电下乡营销网点进行治理整顿,取消不合格销售网点15个。全面实施强农惠农资金专项检查,重点检查"三农"资金管理使用情况,提高强农惠农政策的落实效果。

(颍泉区财政局供稿 许珠峰执笔)

颍州区财政工作概述

2011年,颍州区共完成财政收入7亿元,为年预算的116.7 %,较上年增收2.2亿元,增长45.8%。全区财政支出完成13.5亿元,较上年增支2.9亿元,增长27.9%,实现了"十二五"的良好开局。

【抓好35项民生工程建设】切实履行牵头职责,以推进家电下乡、政策性农业保险、农村"一事一议"财政奖补等工作为重点,全力落实好惠民政策,实施好35项民生工程。2011年,区级共为民生工程资金配套3551万元,各级到位资金拨付率100%。

【切实做好融资担保】积极搭建银企合作平台,全年共签约合作项目175个,其中,正式合约116个,发放贷款15.5亿元。通过与区信用联社合作,共为区内20家企业担保贷款4085万元,帮助企业解决了融资难问题。

【多措推进党风廉政建设】以党务公开为主体,以廉政文化进机关和廉政风险防控管理工作为两翼,深入贯彻执行《廉政准则》,认真履行"一岗双责"、"一把手四不直接分管"等制度,取得了反腐倡廉工作新成效,被批准为省级廉政文化进机关示范点、全市党务公开和廉政风险防控联系点。

【全面提升财政管理水平】全面实施部门预算,严格预算追加程序,大力开展财政专户清理工作,加大对涉及非税收入、民生工程、政府采购等全区性财政管理事项的规范力度。同时深入开展"强农惠农资金专项清查回头看"、"财政补贴农民资金农户大调查"等活动,获得省级财政补贴农民资金管理和"一卡通"打卡发放工作一等奖。

【有效发挥财政监督作用】通过制订年度财政监督计划,不断强化事前监督、事中监控、事后检查,依法实施财政收支、会计、内部管理等监督,积极构建财政大监督格局,确保财政资金使用规范、安全有效,荣获全省财政监督工作一等奖。

(颍州区财政局供稿 刘小东执笔)

颍东区财政工作概述

2011年,颍东区财政收入4.3亿元,占年预算的118.9%,同比增长41.8%。其中:一般预算收入2.2亿元,占预算115.6%,同比增长29.4%;上划中央收入1.9亿元,占预算117.7%,同比增长55.6%。全年财政支出12.2亿元,同比增长29.2%。

【收入任务超额完成】财税部门密切协作配合,强化工作措施,精心组织安排财政收入,依法加强税收征管,有效推动财政收入稳定均衡增长,取得了良好效果,财政收入继续增长。

【民生支出保障有力】立足保民生、保重点,进一步优化支出结构,着力保障"三农"、教育、保障性住房、医疗卫生、文化、社会保障和就业等支出需要,努力提高民生领域支出水平。农林水事务、教育、医疗卫生、社会保障和就业分别增长51.1%、20.6%、53.0%、43.9%。

【财政支持发展力度加大】一是积极扶持中小企业发展。为猛牛彩印、达亿食品等23家企业担保贷款8020万元,促进中小企业优化调整和持续发展。为支持下岗就业及回乡创业群体,发放小额贷款234笔,担保金额780万元,实现636人再就业。为减少企业融资成本,坚持低担保费、低评估费、零评审费收费标准。二是加大基础建设投入。拨付资金1.28亿元,用于经济开发区建设、农村道路危桥、校安工程、廉租房、农村饮水清洁工程等项目建设。同时,归还贷款本息8366万元,用于土地收储、沟河治理、经济适用房建设及阜涡路拓宽。拨付资金1943万元,推动土地复垦工作。

【民生工程建设提速增效】一是通过召开推进会、专题会、联络会,强化工作组织领导和任务落实。通过落实政府、部门和乡镇三级责任,强化"一把手"负责制,确保民生工程有序推进。通过实施月报制度和简报制度,加快民生工程实施进度。二是强化工作激励机制,出台民生工程考核办法,将民生工程工作纳入区政府年度目标考核,量化考核指标,明确奖惩措施。三是强化工作督查。开展多层面、多角度的督查,分管区长专项督查、区民生办综合督查、部门日常督查有机结合,并逐月通报民生工程进展情况。四是强化资金保障。优先安排民生工程配套资金,实行民生工程资金拨付“绿色通道”。拨付民生工程考核口径资金29956万元，其中区级预算内配套资金3512万元。五是强化民生工程宣传，组织区乡两级财政干部利用一个月的时间进村入户，开展民生工程大走访活动，宣传民生工程政策，征求群众意见和建议，为民生工程建设营造良好的工作氛围。

【“三农”扶持纵深推进】一是拟订财政支农资金整合实施方案，对支农资金的使用和管理进行统筹和规范，积极推动支农资金整合工作。二是拨付抗旱保苗专项资金1034万元，对抗旱保苗资金使用进行专项检查，确保抗旱资金及时到位、规范使用。三是拨付财政扶贫资金344万元，对43座桥梁扶贫项目进行全面检查和验收，对18家农民专业合作社财政扶贫项目进行考察，确定了6家农民专业合作社财政扶贫项目。四是拨付新型农民培训资金225万元，培训农民6239人次。五是做好涉农补贴资金的发放工作，全年通过“一卡通”发放各类农民补贴17076万元；同时实施农机购置补贴发放工作，拨付补贴资金721万元，受益农户1638户；实施家电下乡工程，繁荣农村消费市场。共补贴家电下乡商品61537件，补贴资金1877万元；汽车、摩托车6509台，补贴资金1330万元。六是扎实推动农业保险工作，实现大豆、玉米投保40万亩，能繁母猪承保15750头，投保资金83.4万元，投保率96%。七是全面完成2010年农发项目建设任务，总投资1790万元，改造中低产田1.3万亩，扶持产业化项目2个。

【财政资金监管成效显著】一是进一步完善国库集中支付管理。把预算内、外资金统管起来，最大限度地集中财力，发挥资金的规模优势，提高财政资金的使用效率和政府的宏观调控能力。二是完善政府采购管理，全年共实施191个采购项目，合同金额16500万元，节约资金2800万元，节约率达14.33%。三是规范财政资金监管。对污水管网、印染厂、胡桥社区、关庄社区拆迁赔偿等重点工程项目实施财政监督，加强资金使用监管。同时，进一步推进“小金库”专项治理工作，强化源头治理，维护经济秩序。在对全区120个单位进行“小金库”专项治理复查中，发现问题单位1户，涉及金额16万元。在进行“小金库”督导抽查中，查出问题单位2户，涉及金额18.62万元，均已进行整改。

（颍东区财政局供稿 王继刚执笔）

经济技术开发区财政工作概述

2011年，阜阳经济技术开发区完成财政总收入4亿元，同比增长45%。其中：地方一般预算收入完成2.66亿元，同比增长46.5%。财政支出完成2.89亿元，同比增长63%，基本实现收支平衡。

【认真组织预算编制，加强预算管理】组织有关部门召开预算编制会议，要求凡是列入预算的资金必须列入预算。按照“保民生、保稳定、促发展、构和谐”的原则，安排财政收支预算。强化预算管理，不断细化预算项目，力求提高预算编制的科学性和透明度。

【加强调研，提高组织收入的预见性和主动性】针对区内企业不同的发展现状及存在问题，不断加强调研工作。及时跟踪纳税大户的税收增减情况，对纳税大户收入情况进行专题分析汇报，做好收入预测，牢牢把握税收工作的主动权。同时，及时分析收入中存在的问题，为制定下步措施提供及时准确的信息，避免财政收入大起大落，确保税收收入平稳较快增长。

【进一步加强预算执行管理】一是注重按年度预算安排资金，分时间、分进度拨付。同时，按有保有压的原则，做好财政资金的调度，严控随意调整或追加预算。二是加强对专项资金的管理，专款专用，严加监管。三是保证开发区物流园、各专项工作指挥部等重点项目的支出。四是树立“节支就是增收”的思想观念，强化预算执行约束，控制一般性支出的增长，继续降低行政运行成本，真正把钱用在刀刃上。

【积极推进民生工程建设】2011年开发区实施15项民生工程，共配套资金177.26万元（不包括中小学布点规划资金），实际拨付资金247.75万元，资金拨付率为140%，确保民生工程的顺利实施。同时，对民生工程资金严格审批程序，确保专款专用，做到政策公开、程序规范、打卡发放。

【加强地方债务审计】4月下旬，按照国务院要求，市审计局对开发区地方性债务进行审计。共审计7个年度，是政府性债务审计规模最大的一次。按照审计组的要求，对开发区直接债务、担保债务和第三类债务进行细致摸排、自查、统计。历经1个半月的时间，摸清了开发区债务的构成、规模，为政策性决策提供了可靠的基础资料。

【推进家电下乡工作】通过各职能部门的共同协作和全体工作人员的努力，开发区的家电下乡工作取得了较好的成绩，真正做到政府得民心、农民得实惠、企业得市场。2011年，对9187台家电进行了补贴，兑付资金332.77万元；对120辆汽摩进行了补贴，兑付资金10.11万元；共实施家电以旧换新2258台，补贴资金76.48万元。

【注重廉政风险防控工作】一是健全组织，加强领导。成立了廉政防范管理工作领导小组，制订切实可行的实施方案，明确方法步骤，确定了以人、财、物管理为重点查找廉政风险点的岗位和环节。二是抓好教育，营造氛围。召开全体人员会议，传达部署廉政风险防范管理工作。同时组织人员认真学习党规政纪和党风廉政建设责任制有关规定，明确认真实施风险点防范管理工作的重要性。三是把握关键，找准风险点。紧密结合工作实际，认真查找风险点，从思想道德风险、岗位职责风险、外部环境风险三个方面仔细查找可能存在的风险点。重新梳理各项规章制度，进一步加强管理，并制定相应的监督措施。

（开发区财政局供稿　邢新确执笔）

界首市财政工作概述

2011年，全市财政干部职工深入开展向沈浩同志学习和争先创优活动，围绕支持发展、科学理财、保障民生、和谐稳定开展工作，精心组织收入，有序安排支出，强化预算管理，严格财政监督，较好地完成了各项财政工作任务。

【财政收入稳定增长】全市完成财政收入9.7亿元，同比增长37.7%，增收2.6亿元。收入实绩占人代会批准年度预算的110%，其中：上划中央收入完成4.4亿元；地方一般预算收入完成4.8亿元；出口货物退增值税完成4977万元。

【财政支出平稳有序】全市财政支出完成173313万元，同比增长13.1%，增支20023万元。支出实绩占调整预算120192万元的144.2%。财政部门科学调度财力，均衡安排支出，严格执行预算，继续贯彻中央和省厉行节约八项要求，做好"有保有压"。一般公共服务、公共安全、社会保障和就业、城乡社区事务等大类支出较上年同期大幅增长。

【支持发展再出新招】一是主动"买单"，政策扶持。制定出台再生资源深加工企业贷款贴息办法、外贸进出口企业奖励办法、再生资源企业增值税地方留成奖励办法等扶持政策并及时兑现，指导企业办理再生资源退税17663万元，兑现地方留成等税收奖励16281万元。在财力并不宽裕的情况下拨付企业贷款风险补偿金214万元，再生资源深加工企业、出口创汇企业、劳动密集型企业贷款贴息407万元。二是协调贷款，多方融资。深入企业、实地调研、主动服务，在了解园区企业发展现状、资金需求等实情的基础上，积极为企业提供贷款担保业务。通过联社、徽行、中行、工行、阜康小额贷款公司等合作银行为企业协调解决流动资金贷款34919万元，再生资源退税贷款5000万元，出口创汇企业贷款1100万元，再就业贷款655元，合计41674万元。三是争取项目，鼓励创新。指导企业编报文本、找准帮扶路子，申报技术改造、科技创新、皖北发展、外贸促进、环境保护、就业补助、财政贴息等扶持资金近3000万元，直接注入企业。

【加大投入保障民生】全年实施29项民生工程投入资金4.5亿元，其中本级配套4860万元。足额发放农村低保、五保、贫困重度残疾人、城市低收入家庭住房保障、大中型水库移民、家电下乡和家电以旧换新、计生奖扶等7项生活保障类资金，惠及广大城乡受益人群。城镇居民医疗保障、新农合、城乡医疗救助、重大传染病救治等7项医疗卫生类项目报补支出1.4亿元，参合率和受益面逐步扩大。城乡义务教育经费保障、高校和中职学校家庭困难学生资助、新型农民培训、农民工技能培训、政策性农业保险等5项教育培训保险类项目完成全年任务。农村安全饮水、农村沼气、敬老院、农村清洁工程等7项农业和农村基础设施类项目及农村综合文化站等3项农村文化建设类项目全部建成并投入使用。

【全力抓好支农项目】2011年全市"三农"支出19505万元，比上年增加3744万元，增长23.8%。积极落实惠农补贴政策，通过"一卡通"发放粮食补贴、良种补贴、综合直补等23项涉农补贴11793万元。兑付家电下乡及以旧换新产品、汽车摩托车下乡产品88364台(辆)补贴资金3660万元。大力推进土地开发整理，完成土地复垦4070亩。农业综合开发完成中低产田改造1.1万亩，建设高标准农田1万亩。投资2243万元，新打和恢复机井387眼，配套机泵297台套，建设低压暗管2840亩，新建桥涵436

座，新修机耕路 16.5 公里，农田防护林网植树 6.96 万株，项目区农民人均增收 150 元。顺利实施小麦高产攻关、玉米振兴计划等支农项目，为农业增产增效打下坚实基础。深化农村综合改革，推动示范村镇建设，不断完善为民服务全程代理制，多措并举改善农村人居环境。村级公益事业“一事一议”财政奖补项目进展顺利，实施农田水利设施、道路修建等项目 124 个，投资 5953 万元，行政村覆盖率达 94.7%，群众参与率达 94.2%，农村基础设施不断改善。

【加强管理深化改革】一是不断细化部门预算。量入为出，量财办事，按定员定额标准编细编实部门预算，硬化支出约束，从严控制追加，依法规范操作。二是完善国库集中支付，推进财税库银横向联网，确保财政资金运行安全、规范、有效。三是深化政府采购改革。全年办理公开招标和竞争性谈判采购项目 41 个，询价采购项目 380 个，采购预算总金额 8668 万元，实际支付 7635 万元，节约资金 1033 万元，节约率 11.9 %。四是按照“先易后难、由点及面、先简后繁、逐步推开”的思路，有序推进绩效评价。对农业综合开发土地治理项目、城市低保专项经费、农村清洁工程、城市生活垃圾无害化填埋场建设项目进行了结果评价和过程评价，对工程进展缓慢、后续管理机制不健全、民意调查较差的项目提出整改意见并监督落实。

（界首市财政局供稿 饶 军执笔）

颍上县财政工作概述

2011 年，颍上县财政局坚持科学管理、依法理财，采取一系列措施和办法，大力推进民生工程和社会主义新农村建设，不断深化政府非税改革和国有资产管理改革，机关效能建设和精神文明创建取得积极成效。全年财政收入完成 25.33 亿元，增长 37.3%；财政支出完成 33.42 亿元，同比增长 32.4%。

【强化收入征管，完善征收机制】一是完善县乡财政收入考核机制。全县乡镇累计完成财政收入 1.91 亿元，占年初预算的 120%，比上年同期增加 3275.49 万元，增长 20.67%。二是加强财、税、库联席会议制度。及时研究、解决组织收入过程中出现的问题和矛盾，加强对重点税源监控分析，保障财政收入及时、足额、均衡入库。三是依法加强契税收入征管。财政部门依法征管，堵塞漏洞，加强房产、土地出让收入契税管理，契税收入持续快速增长。

【抢抓机遇，服务县域经济发展】一是积极筹措工业发展资金 3969 万元。二是进一步加大中小企业担保资金注入，打造皖北最大的县级担保融资平台。县中小企业担保中心注册资金增加到 12060 万元。依托县担保中心为 26 家企业担保融资 40 次，累计融资 19714 万元。三是充分利用慎泰投资公司的融资平台，为县基础设施建设争取贷款融资 7.3 亿元。

【关注民生问题，增加三农投入】一是大力实施民生工程。对 33 项民生工程目标任务逐一细化、量化，明确奖惩措施，实行一级对一级负责，层层抓落实。二是规范管理，扎实做好涉农补贴资金管理和发放工作。全年为 34 万户农民发放各类补贴 3.06 亿元。三是加大对“三农”投入力度，支付农业生产救灾资金 2120 万元、应急防汛资金 417 万元、小型农田水利建设专项资金 1846 万元。四是投入 2528 万元平稳推进基层医药卫生体制综合改革。

【加强财政管理，支出保障有力】一是严格控制一般性支出，调整预算支出结构，减少非生产性支出，强化预算约束力。二是加强预算外资金监督管理，初步建立起了“收之有据、用之合理、调度灵活、运筹有方”的非税收入资金管理新机制。三是增强服务发展意识，推动全县经济可持续发展。

【深化财政监督，财政管理水平进一步提高】一是进一步完善县直事业单位银行账户监管。二是组织开展治理“小金库”、农民负担及涉农价格与收费政策落实情况、专项资金使用情况和财政补贴农民资金等专项检查。三是主动接受人大、政协和社会各界监督。四是建立财政预算绩效评价体系，提高财政资金使用效率，下达年度财政支出绩效考评项目，建立项目考评指标。五是进一步完善国有资产管理。在全县范围内建立了行政事业单位资产管理平台，对全县 228 个行政事业单位资产进行了全面统计，基本摸清行政事业单位的“家底”，有效规范行政事业单位资产管理。六是国库集中支付制度改革全面推进，全县预算单位全部纳入国库集中支付系统，提高财政资金的使用效益。

【围绕目标，全面提升财政形象】将文明创建工作贯穿于整个财政工作中，坚持以人为本，全面加强队伍建设，荣获阜阳市第七届文明单位。干部职工素质得到全面提高，社会满意度逐年提高，连续五年在全县政风行风评议中获得前三名。2011年,财政局党总支荣获阜阳市表彰的“先进基层党组织”称号,并被阜阳市政府授予“先进集体”荣誉称号,在全县“公民道德建设实施纲要”知识竞赛中荣获一等奖。

【廉政风险防控扎实开展】作为全县廉政风险防控管理试点单位,县财政局高度重视,及时动员部署,制订实施方案。开展《党员领导干部廉洁从政若干准则》贯彻执行情况专项检查,系统开展《廉政准则》测试、反腐倡廉自查自纠、廉政论文和廉政警句征集评比、上党课、警示教育等廉政文化建设活动,职工廉政意识明显提升,工作作风进一步转变,试点工作取得阶段性成果。

【财政牵头工作有序实施】33项民生工程顺利实施,市级民生工程年度考核获得第一名,被省政府授予“2011年度民生工程组织实施先进县”称号。家电下乡成效明显,全县“家电下乡”产品销量达107250台,销售额2.7亿元,财政补贴资金3240.81万元,财政补贴兑付率100%。政策性农业保险覆盖面不断扩大。全县政策性农业保险能繁母猪投保4万头,奶牛投保153头;小麦投保99.4万亩,水稻投保34.5万亩,大豆投保41.6万亩,玉米投保31万亩。一事一议财政奖补超额完成任务。全县已有302个行政村开展一事一议财政奖补项目,占全县行政村总数的99%,完成目标任务116%。“小金库”治理取得阶段性效果。查处“小金库”38个,涉及资金477.5万元,收缴97.7万元,规范了财政资金管理,达到了治理的效果。农业综合开发项目建设进展顺利。全面完成2009年农业综合开发土地治理项目、省级专项资金项目、省级立项项目、省级科技推广项目、高标准农田建设示范工程项目等项目;基本完成2010年农业综合开发六十铺镇高标准农田示范工程建设项目;2011年农业综合开发土地治理项目进入全面实施阶段。

(颍上县财政局供稿 万 季执笔)

太和县财政工作概述

2011年,全县财政收入完成10亿元,同比增长16.6%,其中完成地方财政收入6亿元,同比增长39.9%。完成地方财政支出30.4亿元,同比增长50.2%。

【多措并举抓管理,财政收支在困难中实现新目标】一是国税、地税、财政等部门密切配合,对重点领域、重点项目、重点企业进行监测分析,加强对骨干企业产供销、实现利税及相关经济指标的动态跟踪,严格税收秩序监督检查,增强组织收入的预见性和可控性。全年组织国、地税入库91156万元、77839万元,占年度财政收入任务的99%。二是坚持“抓大不放小”的原则,采取驻户蹲点、摸底排查等方式,查找薄弱环节,深挖增收潜力,加大契税、耕地占用税等零散税种的征收管理,全年征收入库7685万元,较上年增长224.1%。三是将所有非税收入纳入预算管理,加大收费项目、收费票据和收费标准的监管力度,并严格实行收入任务完成与经费拨付相挂钩,防止收入流失。全年完成非税收入16403万元,占调整预算的105.8%。全年财政收入突破10亿元大关,支出突破30亿元,双创历史新高,为全县经济社会发展提供了坚实的财力支撑。

【围绕惠民抓支出,财政保障民生实现新突破】始终把保障和改善民生作为财政工作的落脚点,对民生工程从政策上首先落实,项目上优先实施,资金上重点保障,预算内足额安排民生工程县级配套资金9851万元,占年初预算的100%;全年累计完成民生工程33项,投入资金79321万元,占财政总支出的26.1%,较上年增加19994万元,增长33.7%。

【服务大局促发展,财政支持经济建设取得新成果】紧紧围绕全县53个重点建设项目,通过争取资金、预算安排等措施,融合财政资金20667万元,加大万福沟治理、工业园区、湿地公园、城镇建设、生态环保等重点建设项目资金投入,增强县域经济发展后劲,培育和壮大财源基础。专项安排基础设施、公路、教育、新农村建设资金30589万元,确保县委、县政府重大决策部署的落实。主动深入企业跟踪服务,指导企业用足、用活、用好国家财政贴息、财政补助及创新政策,共为32户企业争取扶持资金2851万元。安排资金201万元,对纳税大户和支持企业发展的金融机构给予奖励。全年安排皖西北洽谈会、国内各类农展会专项资金120万元,积极做好节会活动的保障服务工作,确保招商引资活动的圆满成功。

【完善机制抓创新,财政改革取得新进展】一是预算管理改革步伐加快。进一步规范部门预算编审流程,使预算更加全面、编制程度更加规范、项目支出更加细化、预算约束更加有力。二是国库集中支付试点有序推进。将全县268个预算单位纳入试点范围，对上级和本级安排的资金全部实行国库统一核算，资金通过国库集中支付渠道直接支付或授权支付。三是收入分配政策全面落实。想方设法筹集资金，将公务员津补和事业单位绩效工资及时足额兑现。

【规范制度强基础，财政管理再添新举措】一是推进国有资产管理。从资产配置、出租、出借、处置四个环节全方位予以规范管理，深入开展行政事业单位资产管理信息系统建设工作，实现国有资产的动态管理。二是完善政府采购管理。加强对重大、重点项目的资金监管，采购范围由办公用品向工程、服务和专项资金延伸。同时，坚持公开透明、阳光采购、优质服务，受到社会的好评。

【整顿程序严纪律，财政监督工作取得新成效】牢固树立"大监督"的理念，充分发挥财政监督在严格预算管理、加强增收节支、保障政策执行中的重要作用，积极推进监督关口前移，突出财政监督的重点和难点，把对财政资金的监督管理贯穿于资金分配的全领域、全过程，精心组织开展会计信息质量、"小金库"专项治理和民生工程、强农惠农资金监督检查等工作。

【强基固本提素质，队伍建设展现新活力】一是注重学习培训，提升业务素质。先后两批组织80名乡镇财政干部赴市财校集中培训会计基础、国资管理、惠农补贴发放、政府采购、税收征管等知识。二是注重改进作风，提升服务水平。将"改进作风、树立形象"活动贯穿于全年财政工作始终。三是注重调查研究，提升工作水平。积极组织开展"贴民情、听民意、惠民生——万名财政干部大走访"活动，深入企业、乡镇参观小型农田水利、医疗卫生、企业发展和重点项目建设情况。通过实地学习调研，增强做好财政工作的使命感和责任感。四是注重廉政建设，提升财政形象。建立健全规章制度，加强干部职工廉政教育。

（太和县财政局供稿　宫保珍执笔）

阜南县财政工作概述

2011年，阜南县完成财政收入4.4亿元，为预算的107.8%，增长35%，其中：税收收入完成3.8亿元，为预算的111.7%，增长39.6%。财政支出完成29.3亿元，占变动后支出预算的96.9%，增长33.9%，增支7.4亿元。

【收入措施不断强化】一是明确任务。按照年初县人代会批准通过的财政收入预算，以县政府文件形式将收入任务分解到各乡镇政府和县国、地、财三个部门。二是加强协调。构建"财、税、库、银"横向联网平台和信息沟通机制，明确职责，加强协调，齐抓共管，形成合力，确保应收尽收。三是强化征管。加强税收专项稽查，清理催收偷逃欠税，源头堵塞收入漏洞，做到大税及时征、小税不漏征、非税足额征，当年完成非税收入6207万元，为预算的88.9%，增长12.2%。四是严格考核。采取"月底通报、季度考核、半年评比、年终总评"的考核办法，对收入增幅大、实现序时入库的单位通报表扬并给予奖励，否则，责成单位主要负责人向县政府作出书面检查，充分调动各乡镇、各有关部门抓好财政收入的积极性。

【重点支出得到保障】一是人员工资足额落实。全县全年工资性支出达到62408万元，增长41.6%，中央和省出台的各项增资政策全部落实到位，干部职工工资及时足额打卡发放。二是社会保障支出持续增长。全年社会保障和就业支出48511万元，增长38.6%；医疗卫生支出48226万元，增长61.7%；住房保障支出15351万元，增长87.7%。三是教、科、农支出稳步提高。全年教育支出64513万元，增长50%；科学技术支出443万元，增长18.8%；农林水事务支出44588万元，增长41.8%。

【惠农政策有效落实】一是涉农补贴足额发放。按照"优质、高效、规范、足额"的原则，全年发放涉农补贴38项，打卡发放补贴资金39823万元，保护了农民群众切身利益。二是农业综合开发项目全面完工。2011年实施的土地治理、种粮大户、粉丝加工等农业综合开发项目全部完工，为农民调整生产结构，发展高效农业奠定了坚实基础。三是汽摩和家电下乡补贴及时兑付。全年兑付汽车摩托车14957台，兑付补贴资金1349万元；兑付家电下乡产品11.6万台，兑付补贴资金3610万元，兑付率全市排名第一。四是一事一议财政奖补全面覆盖。全年批准实施一事一议财政奖补项目607个，总投资7701万元，项目覆盖全县29个乡镇、278个行政村、6522个村民组，受益人口128万人。五是农业投入不断加大。投入农业发展资金1160万元，修建乡村道路23公里，解决了近30万人的行路难问题；投入生产发展资金

122 万元,扩大农民种养规模,帮助改善良种良法,提高土地产出效益。

【民生工程进展顺利】一是加强领导。把 33 项民生工程项目细化到各位分管县长、细化到各个时间段、细化到具体责任人,同时强化部门职责和工作任务,及时反馈有关信息,确保相关工作顺利进行。二是广泛宣传。在县城开展民生工程政策宣传活动、在县电视台开设《民生前沿》专题栏目、在全县开展民生工程"大走访"活动,不断提升民生工程政策知晓度。三是创新措施。建立县、乡、村三级民生工程联络员制度,采取有力措施,保证工程质量,加快工程进度。四是严格管理。通过足额落实民生工程配套资金、开设民生工程资金管理专户、建立民生工程资金拨付"快速通道"及县财政先行垫付等方式,严把标准、严格程序、严格把关,确保发放类资金足额规范发放到位。五是强化督查。成立由县人大、政协、纪委和县委督查组主要负责人任组长的四个高规格督查组,定期加强对民生工程实施情况的督促、检查,发现问题,及时通报,限期整改,确保民生工程实施效果。

【科学理财能力提升】一是继续深化"收支两条线"管理改革。坚持"以票管费、票款同行"制度,全面推行"收缴分离、罚缴分离"管理体制,严禁"以收代支"、"坐收坐支"。二是政府采购成效显著。全年实施集中采购 184 次,完成采购预算金额 39833.63 万元,采购合同金额 34088.58 万元,节约资金 5745.05 万元,综合节约率为 14.42%。三是国库支付扎实有效。修订完善支付制度,明确预算单位、支付中心、代理银行各自责任,着力防范支付风险。共纠正和退回不完整、不合规、不合理支出 122 笔,金额 302 余万元。四是财政监督工作深入推进。先后开展了城镇职工医疗保险、住房公积金管理、民生工程等专项资金检查。同时对全县 237 个机关事业单位"小金库"治理情况进行了全面复查,并对复查中发现的"小金库"5.38 万元及时足额收缴到财政专户。五是财政专户资金管理成效显著。对 7 家商业银行和金融机构的所有财政性存款,采取活期利率、协定利率、定期利率相结合的方式,使财政专户资金存款利息年升溢达到 1100 万元左右。

【干部队伍全面加强】一是深入开展"服务发展年"活动。先后开展了结对帮扶、扶危济困和"一卡通"普查等活动,取得了实实在在的成效。二是深入开展"岗位标兵"评选活动,增强全系统干部职工刻苦学习、爱岗敬业、优质服务、自觉奉献的思想意识。三是深入开展创先争优活动。以沈浩精神为动力,加强财政干部职工思想建设、作风建设和道德建设,在财政系统形成了一种奋发有为比贡献的良好风尚。四是深入开展"百名股长大家评"活动。在全县"百名股长大家评"活动中,财政干部名列前茅。

【阵地建设扎实推进】一是建立健全各项规章制度,切实做到用制度管权、按制度办事、靠制度管人。二是加强基础建设。认真做好第二批规范化乡镇财政所建设的选址、征地、设计、规划和实施工作,按时完成建设任务,顺利通过省、市考核验收,并全部投入使用。三是加强窗口建设。在各乡镇财政所为民服务大厅设立便民服务窗口,明确工作职责,完善服务设施,全面推行"一站式"服务,严格实行首问责任制、限时办结制和责任追究制,切实把乡镇财政所建设成为"环境优美、设施齐全、管理规范、运转高效、服务一流"的规范化财政所。

【廉政风险防控有力】一是开展《廉政准则》学习活动,切实筑牢反腐倡廉思想防线。二是开展日常警示教育活动。加强源头防控,做到警钟长鸣。三是加强干部职工思想教育,引导干部职工树立正确的理想信念,发扬艰苦奋斗的光荣传统。四是增强反腐倡廉教育的实效性。积极开展廉政知识竞赛、预防职务犯罪教育等活动,使反腐倡廉教育深入到干部职工的工作生活中,使广大党员干部时刻绷紧反腐倡廉这根弦,不断提高自身修养,增强拒腐防变能力。

(阜南县财政局供稿 王希文执笔)

临泉县财政工作概述

2011 年,全县完成财政总收入 6.4 亿元,占年度目标任务的 106%,同比增收 1.6 亿元,增长 32.9%,实现了财政收入稳步增长。

【支出结构不断优化】科学统筹安排财政资金,调整优化支出结构,确保全县重点支出需要,促进全县和谐稳定和经济平稳较快发展。2011 年,全县共完成财政支出 324373 万元,占年度目标任务的 125.6%,同比增支 85012 万元,增长 35.5%。

【"一事一议"财政奖补工作成效明显】2011 年,全县农民自筹资金 3538 万元,中央、省、县财政奖补资金 7157 万元，合计 10695 万元。共有 31 个乡镇 286 个行政村实施 478 个项目。其中农田水利 18 项、绿化植树 2 项、文体设施 25 项，环卫设施 20 项，村道的水泥、柏油路面达 412 项，公路里程达 294 公里。

【大力扶持中小企业发展】全年为 159 户企业提供担保贷款 2.4 亿元，年末在保余额 2.3 亿元，中小企业融资难问题得到有效缓解，促进中小企业的壮大和县域经济的发展。

【涉农补贴工作扎实推进】认真做好财政补贴农民资金打卡发放工作，全县涉农补贴资金打卡发放 20 项，共涉及资金 3.36 亿元。积极做好“家电下乡”工作，全年全县销售家电下乡产品 19.3 万台，打卡发放家电下乡补贴资金 5998 万元；销售汽车摩托车下乡产品 20842 台，打卡发放汽车摩托车下乡补贴资金 1833 万元。

【财政监督作用有效发挥】牢固树立过紧日子的思想，大力压缩一般性支出，坚决反对和制止铺张浪费。规范预算执行追加拨款的审核、审批程序，严格执行联席会议集体研究审批制度；扎实开展“小金库”专项治理工作，严肃财经纪律，规范财务管理；加强对基本建设项目立项预算审核，资金使用监督管理，竣工验收决算和绩效考评管理；严格执行采购预算，规范政府采购行为；加强财政资金风险防控，以提高财政资金效益为目的，重新梳理财政业务工作规程，清理排查财政业务管理风险点，坚持以财政资金安全运行为主线，将财政监督体现到业务流、资金流的每个节点和风险控制的各个环节。

【财政体制改革力度加大】继续深化部门预算改革，着力构建公共财政预算、政府性基金预算、国有资本经营预算、社会保障资金预算融为一体的部门预算体系。严格执行“收支两条线”管理，全面推进财政国库集中支付制度改革，政府财政调控能力明显增强。

（临泉县财政局供稿 张颍泉执笔）

淮南市财政工作概况

淮南市财政工作综述

2011年，淮南市财政部门以科学发展观为统领，按照“围绕中心、服务大局，完善制度、分类管理，赢得支持、树立形象”的基本思路，为民理财、促进发展，为民服务、促进和谐，为促进全市经济社会健康发展做出了积极贡献。全市财政收入完成138.85亿元，增长30.9%。全市财政支出完成108.38亿元，增长36.5%。财政收支实现平衡。

【收入规模持续扩大】坚持财政与经济良性互动，坚持依法治税，加强收入征管，全市财政收入138.85亿元，位居全省第五位。地方财政收入完成71.38亿元，增长37.8%；财政收入质量稳步提高，税收收入占财政收入的比重达89%。区域财政良性互动，县域财政发展强劲，潘集区、田家庵区和凤台县财政收入分别超6亿元、11亿元和38亿元。

【落实积极财政政策】围绕整合政府性资金、综合治税、改善民生、招商引资、促进区域发展和企业上市等方面提出意见和建议120余条。出台《淮南市民生工程“十二五”规划》、《“十二五”期间居民收入倍增规划》等19项意见和办法，为促进“十二五”时期社会经济发展提供政策依据和制度支撑。

【财政支出结构优化】坚持“四保三倾斜两促一压缩”：保运转、保民生、保稳定、保法定支出，向教育科技倾斜、向农业倾斜、向战略性新型产业和转变经济发展方式倾斜，促改革、促发展，压缩一般性预算支出。全市财政支出用于社会保障、医疗卫生、教育、公共安全、科技文化、城乡社区事务、农林水、交通运输、住房保障等方面支出达90.7亿元，占支出总量的83.7%，重点项目支出得到有效保障。

【促进经济发展成效明显】充分发挥财政职能作用，做大做强煤电化产业和战略新兴产业，投入财政资金3.5亿元。安排财政资金15.7亿元，推进经济技术开发区、高新产业园区和煤化工产业园等重点项目建设。投入财政资金4000万元，扶持企业开展技术改造、技术创新和资源综合利用。安排中小微企业发展资金3500万元，为623户中小企业办理融资和再就业担保贷款15.45亿元。积极实施家电、汽车、摩托车、下乡及以旧换新政策，兑付产品补贴资金1.33亿元，拉动消费13亿元。大力支持企业上市，投入财政资金5100万元，扶持10家企业做好上市准备。安排1.6亿元，支持淘汰落后产能、节能减排和资源枯竭城市转型。

【持续加大“三农”投入】全市“三农”投入达23亿元，增长27.8%。安排农业综合开发资金3000万元，治理中低产田2.73万亩，完成农业产业化建设项目11个。大幅增加涉农补贴，扩大农资综合直补、良种补贴、农机购置补贴等规模，全市通过“一卡通”发放财政补贴农民资金4.23亿元，发放补贴对象168万人次。提高粮食综合生产能力，安排专项资金，支持稻麦“吨粮市”创建活动。统筹安排保费补贴2886万元，为全市22万农户提供9.7亿元风险保障。推进农村综合改革，下拨资金6400万元，全面推进一事一议财政奖补工作。

【财政管理进一步规范】进一步提高预算编制的规范性、制度性和可操作性，总共节约财政资金4000余万元。全面推进实施财政大监督工作，规范各类资金5000万元。实施绩效考评项目40个，资金总额10.3亿元。清理整顿财政专户，撤销市本级预算单位银行账户，推进公务卡制度改革，节约资金近

2000万元。改革政府性资金存放管理,以竞争和招标的方式提升资金存放效益，增加收入5768万元,同比增长2.6倍。

【试点参与式预算管理】引入网络评审机制,改变现行预算编制的“闭环现象”,扩宽预算编制的参与面,赢得社会各界的广泛好评。随着参与式预算试点的开展,在决策机制方面,财政部门实现角色的完全转换，项目的选择和资金的分配全部根据网民好评委的评分、表决确定,避免了“长官意识”和“财政倾向”影响评审结果的出现。

【凸显财政大监督理念】按照《淮南市财政大监督机制建设实施方案》的部署要求,着力抓好机制制度建设基础性工作。制定出台了《改进财政监督计划体系内容和编报实施等工作的通知》等10项制度,连同2010年制定出台的《淮南市财政部门内部监督检查工作“五项”制度》、《县区乡镇财政监督联络员机制建设有关事项的通知》和2001年市人大颁布的《淮南市监督条例》等11项法规制度,基本形成适合淮南市实际的财政大监督检查的制度体系框架。

【“小金库”三年专项治理显现成效】全市纳入“小金库”治理范围的行政企事业单位和团体共计1544个,共查处乱收费、坐支公房租赁收入、截留财政收入等九类违规违纪违法问题103个，共涉及资金13499.1万元。其中，应收缴、收回和规范资金9893.4万元,已收缴资金4311.1万元、收回资金545万元、规范资金4717万元(催缴税收1244万元)。共查处“小金库”67个,涉及资金2076.3万元,应收缴资金550.9万元,已收缴310.5万元,移交省治理办收缴240.4万元。

【全面实施公务卡改革】进一步深化国库集中收付制度改革，所有市直预算单位全部实施公务卡制度改革。同时,制定了《关于进一步加强财政国库集中支付现金管理的通知》,并协调代理银行建立公务卡自动报账管理系统。当年累计发放预算单位公务卡近万张,刷卡金额5000余万元。

【实施财政集中收付】正式开展建立国库集中支付零余额账户体系，撤销市本级预算单位银行账户工作。制定切实可行的实施步骤,严明组织纪律、岗位职责等工作要求。除保留的88个银行账户外,其余市本级预算单位的银行账户全部撤销，资金全部归集到市财政局开设的“财政往来资金集中账户”。在财政大平台系统中，形成单位的授权支付指标和计划,预算单位的往来结算资金,全部实现了国库集中收付。财政和中行开发的往来归集账户管理系统已正常运转。本次账户清理共撤销各类银行账户839个,归集资金近8亿元。

【财政文化建设迈出新步伐】深入学习“七一”讲话精神,开展“迎接建党90周年”系列征文、评比活动,全市财政干部职工撰写各类文章500多篇。开展依法行政知识竞赛、计算机操作技能比赛、文明单位、学习型机关创建活动,组织开展文艺联欢、乒乓球比赛、羽毛球比赛、摄影比赛等活动,丰富了职工的业余文化生活。编印《淮南财政年鉴》、《淮南财政》、《淮舜财苑》等业务文化书籍。主动接受人大代表、政协委员和社会舆论监督,开展廉政风险防控管理试点工作。市财政局先后获得创建文明城市先进单位、目标管理优秀单位、政风行风评议先进单位等荣誉65项。

(淮南市财政局供稿 吴 波整理)

大通区财政工作概述

2011年,大通区完成财政总收入3.6亿元,为年预算的120.1%,同比增长31.5%;完成地方财政收入1.7亿元,为年预算的125.8%,同比增长38%。财政一般预算支出2.5亿元,同比增长12.1%。

【切实保障民生等重点支出】把预算支出执行率摆在突出位置,强化措施、健全机制,保证各项财政资金和各项补助专款及时到位。严格控制一般性项目的追加，切实保障民生支出。财政一般预算支出2.4亿元,同比增长7.6%,其中社会事务性支出1.9亿元,占一般预算支出的80.04%。

【大力实施民生工程】首先抓资金筹集。积极与上级财政及相关部门联系,争取上级配套资金,认真筹措区级财政配套资金,并及时拨付到位。2011年,累计拨付资金6656.63万元，占计划投资额的113.9%,其中区级配套资金802.05万元,占计划配套资金额的117.7%。其次抓资金的管理,对工程类资金实行专户管理,专项拨款,专账核算,用款实行区级报账制。将资金的拨付与工程建设进度和竣工验收结合起来,切实加强确保专款专用,切实提高资金的使用效益;对发放到户、到人的资金,严格执行“政策公开、程序透明、支付到人、打卡发放”的阳光操作方法,实行社会化发放,杜绝民生工程资金冒领、挪用和截留等现象。

【稳步推进新农村建设】2011 年,各级财政累计投入资金 3603 万元,重点用于农业基础条件改善和农业科技进步,支持建设现代农业,支持生态建设、农民培训、扶贫开发等。积极开展 2012 年度农业综合开发项目申报工作。孔店乡中低产田改造项目被列入 2012 年国家农业综合开发计划,争取上级财政资金 1075.7 万元。在总结惠民资金管理"一卡通"等工作经验的基础上,实施惠民直达工程,形成一个完整系统的惠民政策落实保障体系,全年通过惠民直达系统累计发放各类财政补贴农民 3094 万元。

【进一步提升财政管理水平】继续深化部门预算改革,科学合理确定部门预算定额标准。加强项目资金的编审和管理,按照"有保有压"原则,根据综合财力情况,优先安排区委、政府确定的重大项目以及部门事业发展迫切需要切实可行的项目。2011 年共完成集中采购 156 批(次),采购范围涉及货物类和服务类,申报采购预算资金 638.57 万元,实现合同金额 531.36 万元,节约资金 107.21 万元,资金节约率 16.79 %。推进非税收入改革,进一步规范非税收入征收管理,提高科学化、精细化管理水平。

【强化财政监督】科学制订年度监督检查计划,建立健全日常监督工作机制。先后开展了家电下乡资金检查、强农惠农资金专项清理检查"回头看"、小额贷款公司现场检查、财政支农资金检查、2011 年"小金库"专项治理全面复查、民生工程资金督查、财政专户清理整顿等专项检查,取得了较好成果。

(大通区财政局供稿)

田家庵区财政工作概述

2011 年,全区财政收入完成 11.6 亿元,比上年增长 20.4%,其中地方财政收入完成 8 亿元,比上年增长 16.9%。支出 9 亿元,比上年增长 16.5%。

【强化征管责任】年初科学预测,紧紧围绕预算各项指标,落实收入目标责任制,将收入任务分解落实各征收单位,确保财政收入任务的圆满完成;强化财税调度。坚持定期召开财税调度会,加强收入分析,及时了解收入变动发展趋势,解决工作中的问题;严格依法征管。改进税收征管手段,建立健全重点税源监控长效机制,推进非税收入分类规范管理,确保各项税收及时、足额上缴入库,努力做到应收尽收。

【调整支出结构】进一步调整财政支出结构,不断改进和加强支出管理,确保支出进度,提高财政资金使用效益。牢固树立"保运转、保重点、保民生"的理念,合理分配财力;提高预算编制的完整性和精细化,严格控制一般性支出,强化预算约束;集中财力保障重点支出,支持各项社会事业发展,确保社会保障、农业、教育、科技、工业园区建设等重点支出得到较好保障。

【重点保障民生】精心组织,科学调度,统筹安排,狠抓落实,强力推进 42 项民生工程。加快推进民生工程实施进度,确保各项民生工作按时间进度完成;强化民生工程资金保障,优先安排民生工程资金,调整支出结构,打足打实预算,确保民生工程资金不留缺口,拨付进度不低于序时进度、支出进度不低于建设进度。开展民生工程受益对象大走访活动,在 4 月中旬组织财政干部进行大走访,通过进村入户调查、召开座谈会等形式开展社情民意调查、民生政策宣讲,并与群众面对面交流,了解群众对民生工程等各项惠民政策的知晓程度、满意程度,掌握群众对财政工作和服务的意见和建议。

【健全财政监管机制】继续完善区级部门预算编制工作,提高预算编制的科学性,强化预算约束力,规范财政资金运行程序。完善乡镇财政体制改革,提升乡镇预算编制水平,规范乡镇财政收支行为,促进其依法组织收入,合理安排支出。完善政府采购制度,做好政府采购的日常审批、统计、分析和监督工作,进一步提高采购工作效率。完善专项资金管理工作,依法管理财政专项资金,进一步深化财政资金报账制管理,确保资金的专款专用。完善财政监督机制,建立健全内外部监督检查机制,巩固小金库治理工作成果,认真开展全区财务大检查,推进财政管理工作的制度化、规范化、程序化。

(田家庵区财政局供稿)

谢家集区财政工作概述

2011 年,谢家集区完成财政收入 4 亿元,完成年度预算 114.5%,同比增长 23.5%;支出 4.1 亿元,占年度预算的 165%,比上年同期增长 12%。实现了“保增长、保运转、保民生、促发展”的目标。

【强化收入征管】以组织收入、加强征管为中心,加大执法力度,积极开辟新税源,加大清欠力度,做到应收尽收。重点加强对增值税的征管,提高申报率和入库率。加强对重点行业、重点户的管理,财政收入质量有所提高。建立和完善非税收入征收机制,加强非税收入管理,坚决执行预算外资金“收支两条线”管理规定,清理列收列支,增强政府宏观调控能力。建立完善财源建设的激励机制,充分调动起各乡镇、各部门上项目抓财源建设的积极性。

【加大民生支出投入力度】一是优先保证民生工程项目资金需求。2011 年,全区 35 项民生工程共支出 10663.46 万元,同比增长 10.1%。二是统筹城乡发展,加大对教育、社会保障体系建设、公共医疗卫生和社会文化事业的投入。教育事业支出 13136 万元,增长 43.81%;医疗卫生事业支出 1923 万元,社会文化事业支出 213 万元,同比增长 53.24%。三是切实履行民生工程单位牵头单位职责,注重协调,强化宣传,先后组织召开调度会 7 场,印发各类宣传品万余册,组织开展民生工程知识竞赛和民生工程集中宣传活动,邀请区人大区政协对民生工程进行督查等。四是做好财政局三项民生工作。认真落实国家补贴政策,家电下乡、以旧换新贴补一直保持 99.9%,一事一议行政村参与率达 92.9%,政策性农业保险工作做到应保尽保。

【加大科学化精细化管理力度】加强信息化建设。实施惠民直达工作,安装 OA 自动化办公系统和软件记账系统。先后投入近 100 万资金,完成李郢孜镇财政所、孤堆乡财政所等规范化建设任务。开展“三资”委托代理。在全省率先组建村级“三资”委托代理服务队伍,开展村级“三资”委托代理服务,全区 6 个乡镇成立 6 个“三资”委托代理机构,覆盖全区 56 个村委会 644 个村民小组。开展财务清查工作。成立区会计中心业务人员为核心的清查组,分期分批对六个乡镇财政所的账目进行清查。

【稳步推进财政改革】一是深化部门预算改革。从严控制公务接待、用车、会议等一般性支出,确保重点支出。逐步推行项目库管理,进一步规范部门预算编制、执行、决算和监督等工作。二是稳步推进乡镇财政预算管理方式改革工作。三是政府采购制度建设日趋完善,全年共组织实施集中采购 8 次,实际支付采购资金 500 余万元,资金节约率为 3.8%。四是村级公益事业建设一事一议财政奖补试点工作成效明显。全年完成奖补项目 74 个,完成投资 916 万元,农村一事一议项目的实施,取得了明显的社会效益。五是强化非税收入管理,严格执行“收支两条线”管理。

【强化财政监督】加强专项资金监管。加大对上级扩大内需资金、社会保障资金、基本建设投资、农业综合开发、扶贫开发、教科文、行政政法专项资金监督检查力度,充分发挥专项资金的使用效益。积极开展会计监督、会计管理和会计培训工作。开展财政资金安全检查工作。为进一步加强财政资金安全管理,堵塞财政资金安全管理漏洞,全面推进财政工作精细化、科学化管理水平。8 月份成立区财政资金安全检查领导小组,组成检查组对全区 6 个基层财政所财政资金安全进行专项检查。

（谢家集区财政局供稿）

八公山区财政工作概述

2011 年,八公山区依法加强收入征管,合理安排各项支出,坚持厉行节约、集中财力办大事,着力支持转型发展,切实保障和改善民生,全区财政收支保持较快增长,预算执行情况良好。财政收入完成 2.9 亿元,增长 37.3%。一般预算收入完成 1.1 亿元,增长 24.7%。一般预算支出 2.3 亿元,比上年同期增长 29.6%。

【财政收入大幅增长】严格依法治税,加大税收稽查力度,对重点行业、企业税收规范管理,并对新增税源跟踪监控,在日常征管中做好横向关联分析,健全收入分析、评估、监控和稽查的良性互动机制,税收征管质量和效率明显提高;财政部门加强财税联席会议制度,充分调动各部门积极性,配合开展协税护税工作,增强税收征管合力,同时进一步加大非税收入征管力度,对本级政府非税收入严格实行“收支两条线”管理,保证非税收入的及时足额入库。2011 年是改革开放以来八公山区财政收入增长率最高的一年。

【民生工程资金全面落实】始终把民生工程摆在重要位置,全年各级财政共投入民生工程资金 8607 万元（其中:区本级配套项目资金 684 万元）,比

2010年增加一倍，接近前4年民生工程的投入总额。2011年涉及区32项民生工程任务全面完成。改进民生工程任务下达模式、民生工程资金管理模式、民生工程基层宣传模式和民生工程后续管理模式，不断提高民生工程质量。

【促进经济发展】围绕“旅游立区、工业强区、文化兴区”的发展战略和“开放的旅游新区、新型的工业强区、优美的生态城区”的目标定位，不断加大财政投入。全年共安排工业园区基础建设专项资金319万元、科技专项资金260万元、农民工创业园建设资金158万元、土地征用前期费用1386万元、项目前期谋划经费105万元；安排新农村建设及其他农业发展资金364万元、民族发展资金21万元、国有林场危旧房改造资金124万元；水土保持及公益林建设资金102万元；安排旅游综合服务区专项资金2607万元；人大代表林建设资金155万元、景区道路等旅游基础设施建设资金723万元、淮南子文化园建设资金406万元及文体中心建设资金640万元。

【提高理财水平】大力推进预算信息公开工作，预算管理的透明度、规范度和执行率大大提高。推进非税收入收缴改革。区本级政府非税收入全部纳入系统管理，共有执收单位51家，非税收入项目20个。全年区、镇两级财政共撤销归并财政账户6个，占财政账户的30%，同时规范新设财政账户的审批程序，确保财政资金安全。国有资产管理日趋规范。全年按规定共处置国有资产13宗，包括区直部门上缴的旧车、执法部门上缴的罚没物品，每一宗资产处理都严格执行独立评估、公开拍卖的国有资产处置程序，处置资金全部上缴金库和财政专户。建立惠民资金发放机制。初步建立管理“一体化”、平台“一网联”、审核“一线实”、发放“一卡通”、服务“一站办”的惠民直达发放系统，统一发放惠民补贴资金1718万元，惠及群众44594人次。

（八公山区财政局供稿）

潘集区财政工作概述

2011年，潘集区全力推进财政各项改革，狠抓增收节支，规范财政管理，财政各项工作运行良好。全年实现财政收入6.6亿元，同比增长31.8%；财政支出8亿元，同比增长24.8%。

【财政投入成效明显】一是加大惠民政策落实力度。全力保障各项支农惠农政策的落实，继续加大力度完善各项惠农补贴的发放，积极实施家电下乡、以旧换新等民生政策，发放各类惠民补贴资金14000万元，家电下乡、以旧换新补贴兑付率达100%。二是优先发展教育。继续加大教育经费的投入，全面兑现义务教育学校教师绩效工资；加大教育基础设施维修改造力度，重点解决校舍安全问题；保障职业教育投入资金及时落实；加强教师队伍专业化培训力度，全面推进素质教育。三是加大公共卫生投入力度。认真落实基层医疗卫生体制改革，完善城乡居民基本医疗保险制度，提高全民健康水平，将基层卫生院收支全面纳入预算管理。四是全力保障各类补助资金的落实。加强对城乡最低生活救助、城乡居民基本医疗保险、五保供养、退伍安置、优抚对象的生活补助等资金的落实。五是不断强化民生工程实施效果。2011年，全区共安排实施民生工程项目46项，民生工程实施工作的组织领导更加得力、推进机制更加健全、资金保障更加有力、督促检查更加到位、宣传氛围更加浓厚。全区民生工程已全部顺利完成，投入资金总量达30000万元，区配套资金3500万元，实施的时限、质量和效果均好于往年。

【财政改革稳步推进】一是完成国库集中支付转轨工作。在2010年进行国库集中支付试点工作顺利实施的基础上，已完成会计集中核算向国库集中支付转轨的各项准备工作。二是继续深化部门预算改革。妥善处理好部门需求与财政供给的矛盾，从严控制公务接待、用车、会议等一般性支出，确保重点支出。进一步规范部门预算编制、执行、决算和监督等工作，及时启动了预算项目绩效评价工作。三是不断完善政府采购工作。全年政府采购完成金额1600万元，同比增长700万元。

【财政管理科学精细】一是提升财政管理科学化、精细化水平。以服务发展年活动为契机，以多种拓展活动为载体，全面提升全区财政工作水平。二是加强财政资金的绩效管理。不断强化预算执行监督，探索科学理财的方式方法，制订下发实施方案，切实加强财政预算支出评价工作。大胆突破和创新财政分配理念，强化预算管理，从严从紧控制财政支出；切实推进预算支出绩效评价，加强绩效监督，提高财政资金的使用效益。严格执行财政资金现金管理制度，组织对全区财政资金现金使用情况进行全面清查，进一步规范财政资金管理，保证财政资金安全运行。

（潘集区财政局供稿）

毛集实验区财政工作概述

2011 年，毛集实验区完成财政收入 2.5 亿元，同比增长 35.9%。其中，地方收入 1.2 亿元，增长 58.4%。全年财政支出 3 亿元，占年预算的 235.02%，增长 70.92%。

【强化财政惠农工作】 贯彻落实强农惠农政策，扎实开展涉农资金整合，支持“三农”发展。全年共发放农村五保户补助资金 174 万元，农村困难群众生活救助资金 552 万元，征地拆迁补偿资金 84 万元，农资综合补贴资金 1532 万元，粮食直补资金 257 万元，家电汽车下乡补助资金 293.84 万元，其他财政补贴农民资金 579 万元，共发放财政补贴农民资金 3471.84 万元，及时把惠农政策落实到每个农户。

【积极实施民生工程】 2011 年实施 29 项省级民生工程建设任务，涉及社会生活保障、教育培训、医疗卫生、农业农村、文化建设等，实际支出资金 7147.01 万，支付率达 91.39 %。实施 7 项市级民生工程。采煤沉陷区及被征地农民就业培训 500 人，已培训 792 人，完成目标的 158%；采煤沉陷区居民搬迁安置（以奖代补）任务 225 户、783 人，主体工程已完工；8 条城镇小街小巷整治改造工程已全部完成；市级农房改造项目 196 户全部完成，城市 3 个旧小区综合整治项目已开工建设；39 个市级农村清洁项目全部完成建设任务；市级计生奖励资金 732 人，资金 31.968 万元全部打卡发放；贫困残疾人免费参加新农合与城镇居民医保任务完成。

【推进农业综合开发】 一是抓好 2010 年度农业综合开发土地治理项目实施。2010 年农业综合开发土地治理实施的项目是焦岗乡中低产田改造，治理面积 0.55 万亩，总投资 493.8 万元，该项目建设和资金拨付任务已全部完成，并通过省市验收。二是抓好农业产业化项目实施。该项目总投资 99 万元，其中财政投资 45 万元，企业自筹 54 万元。引进巴马香猪种猪 200 头，技术培训 150 人次；新建 1 栋种猪舍，建筑面积 960 平方米 ；新建生产道路 1200 平方米，购置设备 3 台套，各项工作全面完成。三是抓好 2011 年土地治理项目实施前期工作。2011 年土地治理项目总投资 443.6 万元，治理面积 0.5 万亩。

【开展财政专户清理】 成立财政专户清理整顿工作领导小组，建立健全工作机制，明确目标任务、基本原则、具体内容、工作要求，分阶段实施清理整顿。经清理整顿，原有财政专户 31 个，撤销 4 个，待撤销 2 个，合并 5 个。各财政所原有财政专户 12 个，撤销 3 个。制定和修订了《毛集实验区财政专户管理办法》等规章制度，建立健全内部监督管理机制。

【深化财政监督】 成立财政监督检查组，组织开展财政部门内部各业务管理机构履行财政管理情况、财务与资产管理情况及内部控制等情况专项检查。结合实际，对农业开发项目、农村沼气项目等工程进行财政监督检查，并对专项资金开展绩效考评工作，进一步规范财政专项资金管理，促进财政管理科学化规范化。

（毛集实验区财政局供稿）

经济开发区财政工作概述

2011 年，淮南经济开发区完成财政收入 2.6 亿元，同比增长 39.3%，财政支出完成 1.3 亿元。

【为开发区重点工作提供财力支撑】 2011 年是开发区发展提升年，基础设施建设、土地报批征迁等都需要大量资金，区财政局积极筹措资金，确保重点，有力保障开发区招商引资、基础设施建设及扩区升级等各项重点工作顺利推进，为开发区各项重点工作提供财力支撑。

【做好涉农财政管理工作】 进一步完善财政补贴农民资金管理工作，规范各项补贴资金发放，切实保障农民利益，加大民生工程宣传力度，认真做好农民种粮补贴发放、农村公益建设事业“一事一议”及汽车摩托车下乡补贴资金兑现等工作，让改革成果惠及广大农民。

【进一步加强财政制度建设】 公开办事服务指南及工作流程，制定《淮南经济开发区预算管理暂行办法》、《淮南经济开发区固定资产管理暂行办法》、《淮南经济开发区财政扶持资金管理暂行办法》、《淮南经济开发区会计集中核算实施办法》、《淮南经济开发区财政性投资项目管理暂行办法》、《淮南经济开发区工业项目专项扶持资金暂行办法》等一系列财政财务制度,进一步提升财政管理水平。

(经济开发区财政局供稿)

山南新区财政工作概述

2011年,山南新区财政局立足本职工作,创新工作方法,以保障建设资金为主线,努力规范资金管理,突出抓好重点项目的资金支出,不断提高资金使用效益,在新区开发建设中发挥了积极的作用。

【不断壮大收入规模】2011年,山南新区财政总收入累计完成4.8亿元,比上年增长168.63%;地方财政收入完成4.5亿元,为年预算的273.32%,比上年增长173.32%。财政局密切配合税务部门,对新区范围内的入驻单位及建设项目进行全面了解,并对税源结构、纳税对象进行分析和研究,确定征管重点,做到有的放矢。抓好重点行业和重点税种的税收征管,结合山南新区实际进一步加强建筑施工企业及房地产企业的税收征管,确保工程建设和房地产开发、转让等各环节应收尽收。

【强化预算管理工作】一是全面推行部门预算。突出重点,创新方法,着力提升财政管理工作绩效,全面推行部门预算,进一步规范支出标准,提高财政工作的透明度,提高财政资金的使用效益。二是不断完善预算编制制度。按照综合全面的原则和建立“全口径”预算的要求,探索将所有预算内外收入、政府性基金、债务等收入及部门经费、综合经费、土地及项目支出全部纳入预算编制范围,逐步提高预算编制的科学性和规范性。三是逐步规范预算管理工作。建立与预算管理相适应的业务流程,制定了符合山南新区实际的预算管理办法。

【大力支持招商引资】一是积极落实山南新区投资优惠政策。制定了山南新区建设性规费减免、产业扶持等工作程序,在认真做好税收优惠政策宣传工作的基础上,不断优化办事流程,坚持规范性、效率性原则,以落实税收优惠政策促进税收增长为落脚点,充分发挥税收优惠政策的调控作用,推动了新区经济持续、健康发展。二是强化招商引资企业的税收管理与服务。新区招商引资企业已成为重要财源,除了重点纳税企业山南新区城市基础设施投资建设有限公司以外,广弘地产、正源集团、安徽中城建等招商引资企业的税收也逐步增长。这些企业对提升新区整体经济实力,增强财政发展后劲的作用将日益突出。

【提高资金使用效益】稳步推进基础设施建设。克服资金紧、任务重的困难,不断加大资金调度力度,努力推动山南新区加速发展,累计完成固定资产投资额100.2亿元。全力支持土地报批征收工作。2011年山南新区报批土地3320亩,获批2092亩,实现征地7358亩,为土地运作步入良性轨道奠定了基础。规范项目资金管理,提高资金使用效益。努力做到资金投入与规范管理相结合、资金运行与项目规划相结合,进一步严格项目资金的审批程序,确保重点项目建设的资金需求。

(山南新区财政局供稿)

高新区财政工作概述

2011年高新区财政局成立。区财政局充分发挥财政职能作用,调整优化财政支出结构,加强财政科学化精细化管理,各项工作进展顺利。

【建章立制】制定了《高新区财政支出管理暂行办法》、《高新区行政事业单位财务支出管理暂行办法》、《项目资金支出管理暂行办法》以及《财政补贴资金管理暂行办法》等,构建财政运行基本框架。

【努力提高资金使用效率】针对高新区公务用车现状,与人社局在参照了省内外地市推行公务用车货币化改革成功经验的基础上草拟了《高新区公务用车改革方案》,通过公务用车货币化改革,节约财政支出,建立公平、合理、高效的公务用车制度。积极兑现各项产业、科技、保稳促调政策,加大政策扶持力度,支持企业科技创新、技改投入、清洁生产,加快研发创意设计、软件与服务外包等新兴产业发展。

(高新区财政局供稿)

凤台县财政工作概述

2011年,凤台县财政收入完成38.8亿元,比上年增长28.4%。其中,地方一般预算收入完成14.1亿元,增长15%;上划中央收入完成22.9亿元。全县一般预算财政支出完成229440万元,增长18.2%。

【强化民生工程组织实施】一是强化组织领导，协调推进各民生项目规范有序实施。二是加大宣传力度，扩大民生工程社会影响力，努力提高人民群众对民生工程的知晓度。三是严格监督检查，实行目标考核，建立部门责任追究制度和民生联络员例会制度。四是开展"回头看"、财政干部"大走访"和对困难户"大回访"等调查走访活动。五是强化日常管理，建立健全和完善民生工程长效机制。2011年实施50项民生工程共投入资金6.1亿元，其中县本级配套2.28亿元。

【做好农业综合开发项目实施工作】省、市批复凤台县2010年农业综合开发项目5个，计划总投资1358.2万元，实际完成总投资1128.37万元，其中财政资金1005.2万元，自筹资金375万元。工作中，项目管理严格执行项目法人负责制、工程招投标制、工程质量监理制、项目公示制；项目资金实行"专人、专账、专用"管理和县级报账制、资金直付制、决算审计制，并充分发挥中介机构在项目采购及实施中的监管作用。在各成员单位及项目区乡镇、村的共同努力下，项目计划实施顺利，已通过省、市级验收。

【加大"一卡通"发放和惠民直达工作力度】全年发放各项财政补贴农民资金2.04亿元，全部通过财政补贴农民资金"一卡通"存折发放到位。同时，认真做好惠民直达工程试点工作。乡镇财政按照惠民补助对象"一线实"的要求，加强对各类补助对象的日常审核，确保补助对象真实、准确，严防虚报冒领补助资金的行为。2011年在惠民直达管理系统发放了五保供养、孤儿补贴、村干部报酬、农村低保、计生家庭奖励扶助等五个项目。

【认真开展"小金库"专项治理工作】自开展"小金库"治理工作以来，在全县190家行政事业单位、22家社会团体、19家国有及国有控股企业开展了专项治理。共自查申报"小金库"10个，涉及金额475.92万元，全部按照政策规定处理纠正到位。共收缴资金197.8万元，清理撤销银行账户10个，查处群众举报"小金库"1个，涉及金额190万元。通过治理，保障了国有资产和资金规范、安全、高效运行，促进了党风廉政建设和反腐败工作。

【开展清理财政专户工作】认真对县局及各乡镇财政所财政专户进行清理、归并，实行财政资金集中管理、分账核算、统一收付、统一调度，并制定了财政资金专户管理暂行办法。清理之后，县财政局、各所(分局)保留各类账户74个，与清理之前净减少24个，实现资金及时拨付，防范和化解了财政风险。

【做好财政监督检查工作】紧紧围绕财政中心工作，对"家电下乡"专项资金、补贴农民资金、政府非税收入征管、财政内部审计、会计信息质量等方面开展财政监督检查工作。同时，认真开展对民生工程、农业综合开发项目的专项监督检查工作。对各项惠农政策落实情况、财政补贴农民资金"一卡通"发放工作进行了专题督查，并对督查情况进行通报，对发现的问题及时进行整改。

（凤台县财政局供稿）

滁州市财政工作概况

滁州市财政工作综述

2011年，滁州市财政局以富民强市为目标，以“661”工程和“三个年”建设活动为抓手，全力做好聚财、理财、增财、用财文章。全年完成财政收入125.8亿元，为预算的114.4%，增长39.1%，规模首次超过百亿大关。其中地方一般预算收入完成73.9亿元，为预算的124.6%，增长46.2%。完成财政支出183亿元，占预算的176.4%，增长42.8%。市本级财政收入完成41.1亿元，为预算的101.2%，增长21.5%。其中地方一般预算收入完成16.3亿元，为预算的109.2%，增长22.7%。财政支出完成31.7亿元，为预算的143.6%，增长17.8%。为推进滁州大建设、大发展、大跨越提供了坚实有力的财力支撑。

【民生工程 惠及民生】全市33项民生工程投入资金总额41.2亿元，其中财政投入资金37.9亿元，增长58.6%，市县财政配套6.4亿元，增长52.4%，吸引社会及个人投资3.3亿元，人均收益近千元。资金补助类项目按时足额发放、保险报销类项目保障标准逐步提高、工程建设类项目按计划进度顺利实施，民生工程各项年度任务全面完成。一是老有所养，病有所医，基本生活得到保障。二是学有所教，住有所居，群众生活得到实惠。各级财政筹措资金超过10亿元,开工建设保障性住房3.6万套。三是喝干净水，走平坦路，生活质量得到提高。四是建立机制，落实政策，收入倍增工作开局良好。同时，组织开展民生工程宣传月、“贴民情、听民意、惠民生——财政干部大走访”等多种形式的宣传活动，民生工程的满意度、知晓率、支持率进一步提高。

【收入规模 再上台阶】全市各级财税部门围绕“保位争先”的奋斗目标，组织力量对宏观经济形势和全市经济走势进行研判，充分分析有利条件和不利因素，超前谋划，抢前抓早，加强对收入预算执行情况的分析和监控，增强前瞻性和主动性，努力实现财政经济的良性互动；同时多措并举提高征管质量和征管效率，加大税源调查和税务稽查力度，努力做到应收尽收、及时入库。全年财政收入放量突破，规模首次突破百亿大关，实现“十二五”良好开局。县(市、区)财政增速加快，增长49.6%。其中天长市财政收入超20亿元，凤阳县、全椒县、来安县超过10亿元，其余县市区财政收入均超7亿元。铜城镇、汊河镇等13个乡镇财政收入超亿元，较上年增加7个乡镇。

【优化支出 保障重点】不断加大对民生等重点支出的保障力度。2011年全市13类民生支出累计完成149.2亿元，增长53.1%，占财政支出总量的81.6%，占支出增量的94.4%。其中教科文、社会保障和就业、医疗卫生、农林水事务、住房保障支出分别为32.7亿元、19.6亿元、17.0亿元、34.9亿元、10.4亿元，比上年增长41.4%、40.3%、39.5%、73.6%、136.7%。在加大投入支持经济发展和重点保障支出的同时，认真贯彻落实党政机关厉行节约的各项要求，依照按比例压缩后的经费预算规模，严格财政支出管理，努力降低行政成本，“三公经费”支出实现零增长 。

【调整结构 促进发展】认真落实积极的财政政策，支持和服务经济发展。实施家电下乡和以旧换新工作，累积补贴家电下乡产品99.7万(台)件，兑现补贴资金3亿元，拉动消费达24亿元。完善收入分配格局，进一步提高企业离退休人员养老金水平，促进消费预期持续改善。全力促进再就业工作，统筹安排就业资金1.3亿元。办理出口退税8.3亿元,较上年增长45%。支持市级融资平台发行市政建设债券10亿元,争取地方政府债券转贷资金1.86亿元。加强创业风险投资引导基金运作管理,引导设立全市首家创投基金,吸引到位资金5亿元。积极整合财政专项资金,市本级预算安排工业发展基金1亿元用于统筹安排工业奖励、补助专项资金支持实施“661”行动计划;安排三产引导资金500万元;安排科技创新资金支持创建“全国科技进步先进市”。认真落实高新技术企业税收优惠政策,配合有关部门新认定高新技术企业32家。认真落实增值税转型、小型微利企业所得税优惠等结构性减税政策,增强企业可持续发展能力。

【关注民生 和谐发展】教科文投入32.7亿元,同比增长41.4%。认真落实教育优先发展战略,促进教育事业均衡发展,全额拨付义务教育经费,及时兑现职业教育国家助学金,切实推进校舍安全工程;加大公共文化体系建设,占地2.69公顷,建筑面积2.7万平方米的滁州市艺术学校、歌舞团和戏剧团建成并投入使用;财政安排技术创新资金,支持企业创新发展,荣获科技进步市称号。社会保障和就业投入19.6亿元,增长40.3%。实施积极就业政策,完善相关就业政策的落实;健全社会养老、基本医疗、失业保险、工伤保险、生育保险等社会保障制度。投入医疗卫生17.0亿元,同比增长39.5%。

【增强投入 普惠“三农”】增投入、强基础,围绕百亿粮仓建设,切实加大“三农”投入,全面落实强农惠民政策。筹措6.7亿元支持滁河治理、中小型病险水库除险加固等重点水利工程;筹措1.1亿元支持小农水、现代农业等重点项目建设;筹措1.5亿元支持农业综合开发,改造8.7万亩中低产田和建设3万亩高标准农田;筹措1.9亿元支持实施农村饮水安全工程,解决34万农村群众饮水安全。争取产粮(油)大县奖励资金1.6亿元,支持发展粮食生产。通过“一卡通”及时兑现29项涉农补贴资金17.2亿元,增长16.2%,农民人均受益480多元。加大农村劳动力转移和创业技能培训扶持力度,实现培训6.2万人次。深入开展村级公益事业建设一事一议财政奖补试点,实施项目3009个。

【政策性农业保险】扎实开展政策性农业保险试点工作,全市拨付保费补贴1.1亿元,为75万次农户提供29亿元农业生产风险保障。其中各类种植业田亩承保780.4万亩,养殖业牲畜承保12.91万头。创新品种,开展滁菊特色农业保险调研,制定保费和保率,实现特色农业保险零的突破。全年共发放理赔款1.2亿元,保障了农民利益。

【创新机制 科学管理】深入推进科学化精细化管理,构建预算编制、预算执行、绩效管理、财政监督“四位一体”的公共财政管理体系;出台《关于进一步加强市级财政资金管理的意见》,清理撤并财政专户,统一归口财政国库管理,规范财政资金支付;牵头制定市级工业创新资金管理办法等9项市级财政预算安排的专项资金管理办法,夯实财政管理基础。深化行政事业单位国有资产管理改革,建立国有资产管理信息系统,强化资产配置、处置管理,把好资产出入关。加强政府采购管理,全市政府采购预算金额14.3亿元,资金节约率达到14.6%。市、县(区)全面推行预算支出绩效评价,市财政安排人口计生提升工程等10个重点项目开展了绩效评价。大力推进政府非税收入征管信息化建设,正式启用财政一体化信息管理系统。继续开展“小金库”专项治理工作。

【凝心聚力 服务发展】将局机关效能建设和财政中心工作紧密结合,组织多种形式“学习沈浩见行动”活动,进一步激发党员干部继承党的优良传统、立足岗位创先争优的积极性、主动性;扎实开展“服务发展年”活动。把“服务发展年”活动和“创先争优”、“三民工程大走访”活动结合起来。同时,坚持标本兼治、综合治理、惩防并举、注重预防的方针,严格执行党风廉政建设责任制,深化反腐倡廉宣传教育,进一步规范从政行为。

(滁州市财政局供稿 高 宇 魏震生整理)

南谯区财政工作概述

2011年,全区财政总收入完成7.96亿元,占年初预算144.8%,增长68.2%,其中:地方一般预算收入完成5.45亿元,占预算155.1%,增长73.7%;上划中央收入2.27亿元,占预算114.2%,增长55.8%。全区实现一般预算支出11.2亿元,占年初预算204.4%,增长54.7%。

【财政收入大幅攀升】一是完善重点税源监控机制,对重点税源实行实时监控,及时掌握情况,科学研判收入形势;二是加强财税库银之间联系,实时掌握税源入库状况;二是加强以票管费力度,加强国有资产处置收入管理,提高非税收入质量。全年财政收入实现跨越式发展。收入总量由上年的4.73亿元增长到7.96亿元,实现一年连上5亿、6亿、7亿三个台阶。

【调整优化支出结构】进一步调整和优化财政支出结构,加大对教育、水利、社保及公共安全等方面的投入。安排1124万元发放欠发教师职务补贴,安排225万元招聘100名校园保安;全年投入1000万元设立区级水利专项资金,新增支出126万元将水管单位定编定岗,全部经费纳入财政预算;筹措安排配套资金350万元,城乡养老保险试点工作迅速启动;投入170万元提高联防队员待遇水平,并对部分公安营房进行维修改造。财政部门会同有关部门通过认真测算,确保教育、卫生及离退休等各类人员绩效工资和地方津补贴的及时到位。

【民生工程扎实推进】全年投入资金25835万元,较上年增长9635万元。其中投入义务教育免杂费保障资金1498万元;安排农村低保资金1261万元;发放重度残疾人救助补助资金296万元;新型农村合作医疗实现全覆盖;投入资金3426万元建设保障性住房389套;投入2119万元资金竣工校舍64818平方米;一事一议财政奖补试点工作共筹措资金952万元,安排项目201个;投入资金5707万元完成14个病险水库除险加固;创新政策性农业保险,增加滁菊产业特色农业保险。通过"民生记者春风行"、财政干部大走访、广场庙会宣传日等活动,让民生工程进一步深入人心。

【惠农政策全面落实】一是加大支农资金整合力度。拟订《南谯区2011年整合支农资金扶持主导产业实施方案》,以优质粮油和滁菊两个产业为主导,积极开展支农资金整合。二是及时发放涉农补贴资金。全年共发放涉农补贴资金11146万元,较上年增加1521万元。三是加大农业投入。组织申报江淮分水岭、新农村建设、林业贷款贴息、土地治理、现代农业示范园、森林生态网络建设、小型农田水利重点县等项目,全年争取资金8041万元。四是减轻农民负担。投入抗旱资金254万元购置抗旱物资设备。拨付受灾农户购买种子、化肥、农药等生产资料补助资金180万元。所有装机功率100KW以上的排涝泵站发生的农业排涝电费,全部由财政安排解决。全年,家电下乡共补贴39517台,发放补贴资金1112万元;摩托车下乡共补贴4033辆,发放补贴资金247万元。

【积极推进财政改革】一是修订并完善财政专户资金管理办法;二是增强预算约束力,严格控制预算追加,完善公用定额体系;三是将基层医疗卫生机构、水管单位全部纳入国库集中支付管理,撤销19个单位银行账户,全年纠正不合规支付行为49笔,涉及金额45万元;四是制订和出台预算支出绩效考评实施方案,选取校安工程、病险水库除险加固和再就业资金等项目开展绩效考评。

【坚持科学依法理财】一是从严控制一般性支出,压缩"三公"经费,降低行政成本;二是加强财政监督,坚决打击私设"小金库"行为;三是强化预算执行,加快支出进度,发挥资金效益;四是加强对镇办预算编制的指导和督查,提高镇办预算管理水平;五是深化财政行政审批制度改革,大力推进财政政务公开;六是高度重视人大审查监督及审计监督提出的问题和建议,并切实加以整改。

【加强干部队伍建设】一是深入开展创先争优活动,通过活动的开展,进一步加强学习,凝聚精神,提升标杆,找准问题,理清了思路;二是深入开展机关效能建设推进年活动,切实提高财政干部服务经济、服务社会、服务民生、服务基层、服务群众能力;三是积极推进党风廉政纪检监察信访工作,扎实开展反腐倡廉各项工作。

(南谯区财政局供稿 高 宇 魏震生整理)

琅琊区财政工作概述

2011年,全区完成财政收入7.5亿元,占预算的118.1%,较上年增长46.5%。其中:地方一般预算收入完成4.9亿元,占预算的127.6%,较上年增长57.4%;上划中央收入完成2.4亿元,占预算的103%,较上年增长28.7%;上划省收入完成1957万元,占预算的111.5%,较上年增长40%。全区完成一般预算支出7.4亿元,占预算的116.8%,较上年增长47.4%。

【支持经济发展,夯实财源基础建设】一是全年办理出口退税(免抵调)2981万元,支持外向型企业发展。安排资金5579万元,及时兑现招商引资优惠政策,优化投资环境。二是打造支撑经济发展重要平台,多方筹集资金2751万元,支持琅琊新区和经济开发区建设。三是落实专项资金1331万元,支持工业强区、三产兴区战略,加大节能减排投入,促进经济发展方式转变;争取上级专项资金1341万元,支持霞客公司技术改造、仓储物流中心、城市商贸服务业发展示范区和青少年活动场所建设;争取国债转贷资金1000万元,支持廉租住房建设。四是认真落实国家扩大内需政策,大力实施家电、摩托车下乡和家电以旧换新,拉动城乡消费需求,推动城乡社会事业发展。五是积极争取小额担保贷款贴息、技术开发改造等项目扶持资金,为经济发展储备后劲。

【完善征管机制,促进财政收入稳步增长】一是加强对重点行业、重点企业监控,强化日常征管,认真落实收入目标。二是扎实开展税源普查。堵塞征管漏洞,落实新增税源管控措施,杜绝税源流失。三是依法强化收入征管。国、地税部门结合各自征管职能,创新纳税评估、优化纳税服务、深挖增收潜力,促进税收收入稳步增长。四是区财政部门不断强化非税收入管理,将纳入预算管理的行政事业性收费、罚没收入和国有资产收益及时足额收缴入库。同时,积极应对营业税改征增值税试点改革,会同地税部门研究措施,强化源头管控。

【优化支出结构,财政保障能力显著提升】一是财政支出保障体系日益完善。人员工资和机关运转公用经费保障逐步提高,离休干部医疗费得到及时保障;及时兑现中小学教师绩效工资增资政策和事业单位工作人员预增资政策;社区工作人员基本报酬调增按月发放,社会保险缴费补助政策落实到位。二是全面支持教育发展。认真落实“两个比例,三个增长”要求,全年完成教育支出22235万元,增长29.5%,城乡教育教学条件进一步改善。三是不断增加“三农”投入。完成农业方面支出4194万元,增长124%。继续加大农业综合开发力度,投入资金290万元,改造中低产田4200亩,促进农业综合生产能力提升。四是科技投入持续增加,实现科技投入910万元,增长58.8%。五是支持医疗卫生事业发展。医疗卫生支出完成4894万元,增长15.9%。扩大城乡居民医疗保险覆盖面,当年新型农村合作医疗基金支出1005万元,落实城镇居民基本医疗保险配套支出186万元,健全城乡医疗救助制度。六是社会保障体系进一步完善。社会保障和就业支出完成10134万元,增长28.8%。投入3344万元,用于城乡居民最低生活保障;投入100万元,用于企业军转干部生活补助;投入291万元,用于退役士兵安置;投入77万元,全区农村五保户基本生活得到保障;投入1061万元,认真落实各项促进就业政策。七是突出公共安全重点。继续深化政法经费保障机制改革,检、法、司、综治等部门公用经费全部达到上级要求的保障水平。八是继续加大投入,积极支持信访、安全生产和市容、食品安全整治工作,进一步支持国防、文化、统计、档案、史志、民族宗教和机关事务管理等事业协调发展;安排专项资金100万元,用于社区工作经费补助。

【突出以人为本,民生工程建设成效明显】2011年,全区民生工程累计投入资金1.26亿元,较上年增长106%。其中区财政配套经费2607万元,增长114%。6项生活保障类政策落实到位。农村低保扩面提标全面完成,惠及保障对象2362户3856人。继续全部免除义务教育阶段学生学杂费,拨付到校公用经费1058万元。发放高中家庭经济困难学生资助34万元。实施校舍安全工程项目33个(含撤并),全部完成年度建设任务。200名农民工技能培训任务和13个农村留守儿童之家建设任务全部完成。新型农村合作医疗参合率达95.78%,较上年提高7.46个百分点。积极推进城镇居民基本医疗保险制度,完成参保人数112446人,占目标任务的106%。积极落实“一站式”医疗救助服务措施,救助对象847人次。继续开展种植业、养殖业政策性农业保险试点,并在全市率先办理小麦、油菜理赔。继续实施农村饮水安全工程,8000人饮水不安全问题得到解决。继续实施病险水库除险加固,7座水库除险加固工程全部实现考核目标。审批实施42个村级公益事业一事一议财政奖补项目,惠及全区17个行政村(社区)。认真落实家电下乡、以旧换新政策,当年家电下乡、以旧换新产品累计实现销售额3.71亿元,分别兑付家电下乡、以旧换新补贴资金1618万元和2250万元。

【深化财政改革,健全公共财政管理体系】完善国库集中支付制度,提高财政性资金直接支付比重,优化资金支付流程,规范了集中支付行为。深化政府采购管理制度改革,健全完善各项政府采购制度,规范政府采购行为,2011年实现政府采购金额966万元,资金节约率为9.72%。继续加强非税收入信息系统建设,“收支两条线”管理进一步规范。扎实开展财政专户清理整顿,制定完善财政专户管理办法,切实保障财政资金安全。加强行政事业单位国有资产动态管理,明确监管职责,防止资产流失。全年通过“一卡通”发放涉农补贴资金1958万元。农村综合改革深入实施,强农惠农资金补贴政策、资金发放、监督管理和为民服务落实到位。

【加强财政监管,提升服务发展工作效能】积极履行财政监督职能,突出社会关注的重点资金监管;继续开展“小金库”专项治理、非税收入检查、社保及民生工程等专项资金检查和内部监督,严肃财经纪律,提高资金管理使用的安全性和有效性。重视会计基础工作和会计人员继续教育,扎实做好会计人员信息采集和换证工作,推进会计从业人员诚信建设,不断提高会计工作质量。继续加强规范化管理,全年累计纠正不合理、不合规支出180多笔,涉及金额150余万元。继续推进机关党风廉政建设和效能建设,建立廉政风险防控机制,着力加强和提升干部队伍素质。

(琅琊区财政局供稿 高宇 魏震生整理)

天长市财政工作概述

2011年天长市财政部门加强财政管理,努力增收节支,依法组织收入,优化支出结构,深化财政改革,实现了“十二五”良好开局。全市累计完成财政收入22亿元,完成年度预算的110%,增长42%,增收6.51亿元。其中地方一般预算收入完成13.46亿元,完成年度预算的111.6%,增长46.7%;上划中央收入完成8.55亿元,完成年度预算的107.6%,增长35.2%。2010年完成财政支出28.3亿元,增长55.7%。

【财政实力再上新台阶】一是认真落实收入目标责任制,定期组织召开财税库联席会议,解决存在问题,力争均衡入库。二是加强税收组织协调,强化对重点企业、重点行业、重大项目税收情况的监控,高度重视做好契税、耕地占用税征管工作,努力做到依法应收尽收。全年共完成各项税收收入18.03亿元,较上年增长41.7%。同时,通过加强非税收入监管,挖掘增收潜力,共完成各项非税收入3.98亿元。三是加大向上争取力度。市财政把转移支付资金的争取作为财政工作的重中之重,多方了解项目申报信息;同时,协调、帮助市直各部门做好项目申报、资金争取工作。全年实现转移支付资金3.82亿元,获得省市各类专项资金8.25亿元。

【深入实施33项民生工程】全年筹集民生工程资金5.72亿元,支出各类民生工程资金5.22亿元,其中本级财政配套资金1.17亿元,保证民生工程“提标、扩面、新增”的需要。一是安排社会保障资金760万元,大力支持养老保险制度改革。二是安排培训就业资金535万元,组织开展了新型农民和农民工技能培训,发放创业小额贷款,促进就业。三是安排医疗保障方面资金1751万元,进一步提高农村合作医疗、城镇居民基本医疗保险和社会医疗救助的保障力度。四是安排了农村义务教育保障经费770万元、拨付校舍安全专项资金2438万元,支持实施中小学校舍安全工程及设施配套工程。

【支持经济发展取得实效】一是创新财政支持经济发展的方式,积极帮助企业申报担保贴费、贷款贴息等,放大财政资金效应。二是尽快拨付上级下达支持县域经济发展专项资金,发挥项目资金最大效益。三是严格执行家电下乡、家电以旧换新、摩托车下乡等政策,共兑现补贴资金4004万元。四是认真落实各项税收优惠政策,共拨付工业扶大扶强资金977万元,落实税收优惠政策资金4283万元,办理再生资源退税资金1974万元。五是加大财政以奖代补资金的力度,市财政投入镇(街道)工业集中区5000万元,社会主义新农村建设资金1360万元。

【落实各项惠农政策】一是严格执行各项强农惠农政策,及时兑现粮食直补、农资综合补贴等各类财政补贴农民资金2.71亿元。二是及时拨付农业专项资金1.35亿元,完善农村基础设施,改善农村生产生活条件。三是全面深化农村综合改革,突出抓好“一事一议”财政奖补试点工作,共完成项目投资3160万元,其中财政补助1035万元。

【扎实推进管理制度改革】一是完善预算管理体系,加强基本支出管理,从严审核各类经费支出,努力降低行政成本。二是开展国库集中支付改革扩面,改进预算执行工作,加强资金调度,提高了财政支出的均衡性和时效性。三是加快财政信息化建设,推广和实施全省财政一体化管理信息系统工作取得一定成效。四是完善和创新财政监督检查方式,组织开展强农惠农资金专项检查和“小金库”专项治理。五是开展会计信息质量大检查,加强财会人员后续教育,严格贯彻执行各项会计制度。

【开展“服务发展年”活动】以“服务发展年”为抓手,围绕“五项服务”、“五个更加注重”(服务经济,更加注重主动理财、服务社会,更加注重促进和谐、服务民生,更加注重品牌意识、服务基层,更加注重固本强基、服务群众,更加注重营造环境)的要求,进一步提升财政管理水平,推动全市经济又好又快发展。

(天长市财政局供稿 魏震生 高 宇整理)

来安县财政工作概述

2011年,全县累计完成财政收入10.05亿元,占年初预算125.6%,增长58%。其中地方一般预算收入6.45亿元,占年初预算143.4%,增长66.4%;上划中央级收入3.6亿元,占年初预算102.8%,增长44.9%。全县累计完成一般预算支出16.88亿元,增长43.5%。

【支持经济发展,财政收入跨台阶】全年投入资金24568万元支持“两区”建设;兑现招商引资政策奖励资金2060万元;帮助企业担保融资5430多万元;积极争取上级财政支持企业发展项目资金2371万元。依法强化征管,堵塞跑、冒、滴、漏,努力应收尽收。财政收入实现大跨越,连跳四级台阶,首破10亿元大关,为全县各项事业发展奠定了坚实的基础。

【加大财政投入,民生工程保先进】全年拨付各级财政安排的民生工程项目资金43655万元,落实各项民生工程县级配套资金5836万元。发放补贴类资金20913万元,50万人次城乡居民受益;投入培训类项目资金447万元,2100名农民工接受技能培训、6700名农民接受新型农民培训;投入各项工程类资金21195万元,完成19座病险水库除险加固工程,建成3所敬老院、64个农家书屋、55个留守儿童之家、700户农村危房改造工程、338个“一事一议”财政奖补项目,开工建设3000套廉租房和504套公共租赁住房。

【统筹资金调度,城乡建设展新貌】安排资金1082万元,用于县城、汊河新城、交通道路、环卫设施、园林绿化等项目规划设计;通过BT等方式融资6.5亿元,用于新城区道路、科技楼、图书档案楼、来安中学新校区等项目建设;安排土地出让收入6000万元,用于汊河新城、黄牌、江青圩安置小区等建设投入;安排拆迁补偿资金2.4亿元,支持城市建设征地拆迁、搬迁工作;财力进一步向乡镇倾斜,全额返还乡镇超收收入,重点支持乡镇城镇化建设;新增建设资金6600多万元,用于城乡基础设施配套建设。

【保障重点支出,社会事业齐发展】增加教育投入。从县级超预算收入中增加3900多万元,并从土地出让金中计提教育资金2200万元,支持教育事业发展;拨付校安工程及农村薄弱学校改造资金5858万元、职业教育实训基地资金544万元、贫困寄宿生补助资金93.2万元。加大科技投入,科技投入较上年增长39.7%。进一步加大文化投入,拨付农家书屋、乡镇综合文化站建设、电子阅览室免费开放、公共文化体系建设等各项资金413万元;高标准规划图书档案馆、科技馆等城市建设重点项目。深化农村医药卫生体制改革,调剂资金121万元,消化乡镇卫生院药品挂账,拨付药品零差率补助资金143万元,投入公共卫生资金2200多万元。农业投入法定增长,农林水事业投入资金3亿多元,争取上级农业专项资金12043万元、水利建设资金9021万元。

【落实惠民政策,城乡百姓得实惠】帮助困难群体缓解生活困难,最低生活保障线由1000元调整到1400元,比省政府公布的贫困线标准提高17%;提高五保供养标准,人均增加200元,集中供养对象每人每年2200元,分散供养对象每人每年1700元,分别比省政府规定的标准提高57%和21.5%;落实计划生育家庭奖励(特别)扶助政策,发放补助资金100.24万元;拨付下岗职工就业再就业资金1458万元;落实农村义务教育经费保障机制,及时兑现各类助学金1259.2万元;落实良种补贴、粮食直补、农机补贴、综合直补等各项惠农政策,全年通过“一卡通”发放20项惠民补贴资金1.9亿元;全县148个网点全部实行代垫直补,发放补贴资金2068.2万元;扎实推进村级公益事业一事一议财政奖补和政策性农业保险工作。

【坚持厉行节约,创新管理促规范】加强对资金拨付的审核力度,严格控制一般性支出增长。继续深化部门预算改革、国库集中支付改革,加强对部门单位申报计划的审查及支持凭据审核;开展“小金库”治理、银行账户管理和“公务卡”试点工作,强化财政监督职能;规范非税收入征管,实行非税收入收缴分离制度,完善非税征管系统,非税收入统一实行电子缴款;加强政府性债务统计与管理,努力防范债务风险;开展支出绩效评价工作,学习积累绩效考评经验,完善指标体系,逐步构筑支出必问效、无效必问责的管理模式。

(来安县财政局供稿 高 宇 魏震生整理)

定远县财政工作概述

2011年，全县完成财政收入8亿元，占预算125.9%,比上年增长57.4%。其中税收收入完成4.9亿元,占预算139.9%,增长65.7%;非税收入完成1.5亿元,占预算145.9%,增长61.7%。全县财政支出完成8.7亿元，占预算204%，比上年实绩增支86642万元,增长50.2%。

【攻坚克难争先进位,财政实力再上台阶】面对复杂多变的宏观经济形势，财政部门依法加强收入征管,着力提高征管效率和质量,财政运行继续保持高位增长势头,收支规模再上新台阶。全县财政收入跨过8亿元大关,在上年5亿元的基础上,连续跨越三个台阶,增幅居全省第11位。财政收入质量进一步提高,税收收入占财政收入的比重为81.2%,主体税种贡献稳定，收入结构更趋合理。财政支出25.9亿元,居全省第8位。财力的不断壮大,为全县科学发展、和谐发展提供了物质基础。

【围绕中心给力增长,经济活力显著增强】认真落实国家宏观调控政策,灵活运用财政政策工具,加大跑省争资力度，全年到位中央和省级转移支付19.3亿元，较上年增长50.8%，争取政府转贷资金0.15亿元。发挥政府融资平台作用，全年争取融资5.1亿元,有效弥补我县财力缺口。全年兑现企业扶持资金1630万元，推动县工业主导产业优化升级。积极实施家电、汽车、摩托车下乡和汽车、家电以旧换新政策,全年兑付补贴资金2400.35万元。大力支持经济结构调整,加大对金融机构考核奖励力度,全年兑现奖励资金251万元。促进中小企业和非公经济发展,全年发放贷款2.05亿元。为下岗失业人员提供小额担保贷款1564万元,帮助320名下岗失业人员实现自主创业。

【服务大局谋划发展,重大项目推进有力】紧紧围绕经济发展大局,充分发挥财政职能作用。全年安排重大工程项目、园区建设等支出9.8亿元。积极争取中央、省各类项目资金8.9亿元,有效缓解了财政困难。

【优化支出保障民生,社会事业和谐发展】全年民生投入9.2亿元,增长177%,资金到位率、完工率均为100%。精心实施省市36项民生工程,办成了一批群众欢迎、社会满意的实事难事。深入推进义务教育保障机制改革,加快推进中小学校舍安全工程,多措并举促进农民工、困难群体就业创业。加强社会保障体系建设，推进企业职工养老保险基金“扩面提标”,全面启动城乡居民社会养老保险试点工作。积极落实保障性住房建设财税扶持政策，大力支持文化建设。全年民生工程目标任务圆满完成,惠及全县98万人口。

【加大“三农”投入,城乡统筹步伐加快】全年“三农”支出17.5亿元,增长66.6%。加大水利投入,安排1.82亿元支持病险水库除险加固、小型农田水利等重大基础设施建设,有力促进了我县水利事业发展。支持现代农业,投入1830万元支持农业产业化和现代农业综合开发示范区建设；安排2247万元改造中低产田8000亩,建设高标准农田1万亩;通过“一卡通”发放19项涉农补贴资金3.93亿元,增长17.7%;落实扶贫资金1017万元,促进贫困乡镇脱贫致富；投入农业政策性保险补贴资金2027万元,为8.83万次农户提供了2922万元风险保障;投入2297万元全力支持春耕生产、夏粮抢收和防汛抗旱;安排290万元支持“千村百镇”示范工程建设；投入1190万元支持村级卫生服务设施和村级计生服务体系建设;统筹安排6800万元,支持整体推进农村土地整治示范项目建设;深入推进村级公益事业建设“一事一议”财政奖补试点工作,全年审批682个项目,筹集资金4224万元,全县受益人口83万人。

【深化财政管理改革,全面提升理财水平】全面推行政府预算体系改革,加快建立由公共财政预算、政府性基金预算、社会保障预算等组成的财政预算体系。规范国库集中支付制度,建立健全事前、事中、事后一体化预算执行动态监控机制。强化财政监督管理。着力健全覆盖财政资金跟踪问效检查活动,特别加强扩大内需资金、民生工程资金监管。加大投资项目预算控价审核，全年完成重点项目审核3.8亿元,审减率11%。深入开展“小金库”专项治理和强农惠农资金专项清理检查。开通惠民直达工程网络和电子政务外网,实现全县各乡镇、相关各部门182个节点的网络连接。加强“两基”建设,深入开展创建规范化财政所活动。全面加强财政监督,确立“全员参与、全面覆盖、全程监控”的财政大监督理念,积极构建“预算编制、预算执行、监督检查、绩效评价”四位一体的监督管理新机制。

【全面加强机关效能建设】加强制度建设，规范队伍管理。按照财政职能的转变和公共财政的要求，对原来的各项制度进行修订完善，规范工作流程，量化人员管理考核办法，推进了效能建设。通过多种形式的能力训练，着力提高全体财政干部的团队精神和学习能力、创新能力、谋划能力、执行能力及自律能力。

（定远县财政局供稿　高　宇　魏震生整理）

明光市财政工作概述

2011年，全市财政总收入突破7亿元，完成7.2亿元，为变更预算的102.3%，较上年增收2亿元，增长39%。其中地方一般预算收入完成5.3亿元，为变更预算的106.9%，增长48.1%；上划中央收入完成1.9亿元，为变更预算的100.3%，较上年增长18.6%。全市一般预算支出完成18亿元（含省、滁州市追加支出），增长42.1%。

【惠民生、促和谐，优化支出实现新突破】全年安排民生支出147010万元，增长51.7%，占一般预算支出的比重81.6%，较上年提升5.1个百分点。“三农”总支出40931万元。其中支持现代农业发展资金安排1510万元；发放粮食直补、农资综合补贴等10341万元；安排农村义务教育保障提标经费、农村薄弱学校建设资金1638万元；投入5089万元补助一事一议项目；900万元用于农村危房改造；投入10254万元用于农田水利建设和病险水库除险加固；安排1171万元用于解决村干部岗位待遇。社会保障支出22366万元。其中安排城乡居民最低基本生活保障金6607万元，增长53%，发放就业补助资金1858万元；安排养老服务体系建设资金2246万元；新增支出残疾人社会保障体系和服务体系资金178万元。教育支出32139万元，统一提高农村中小学公用经费保障标准。医疗卫生支出18895万元。其中新增农村和城市社区基层医疗卫生机构补助800万元；统筹安排1178万元支持实施基本公共卫生项目和重大公共卫生项目；拨付15683万元提高新农合与城镇居民医疗财政补助标准；投入1250万元支持市中医院迁建项目建设。社会公共福利水平不断提升。投入659万元用于城市供水和农村环境清洁工程；安排2073万元用于农村饮水安全工程；统筹安排8324万元支持梁郢安置小区和龙泉花苑小区共927套安置房建设。

【扩内需、稳增长，落实积极财政政策】统筹安排城市建设投资有限公司资本金2.1亿元；争取中央代理发行地方政府债券1200万元；继续实施市容环境改善工作，加快生活垃圾场建设；推进国有林场危旧房改造工程建设，加大中小水库除险加固补助。积极落实家电、摩托车下乡和以旧换新等扩大内需政策，扩大补贴品种和补贴对象范围，全年共发放财政补贴1861万元。安排400多万元，加快工业园区中小企业科技园建设；安排2978万元，用于扶持企业发展；建立企业贷款风险补偿机制，鼓励金融机构加大对小企业的贷款投放。

【调结构、上水平，支持发展取得新进展】全年支出2978万元用于支持浩淼消防科技、永言水产集团、安徽榄菊日用制品集团有限公司等高端产业以及重点产业振兴。支出665元用于科技创新和节能减排；安排200万元重点支持女山湖镇扩权强镇试点工作；安排650万元推动乡镇工业集中区的建设；安排资金1311万元支持工业园区新扩区和招商信息、企业服务、招标采购三个中心建设。

【抓改革、增绩效，财政管理水平有新提高】预算编制更加精细规范。部门预算编制更加全面具体，初步建立预算安排与预算执行、绩效考评、资产管理相结合的统筹分配机制，提高资金使用效益；预算执行更加严密有效。构建财税库银联网体制、完善协税护税工作体系和政策体系，同时运用国库集中支付系统信息平台对财政资金的有效使用进行控制，对不规范支出行为的适时预警和及时纠错；政府预算更加公开透明。不断增强预算透明度，积极稳妥推行预算信息公开工作；专项资金绩效管理加快推进。积极开展财政专户清理整顿工作，资金管理日趋规范，保障财政资金运行环节的安全；对全市288个单位“小金库”治理工作进行全面复查，部署、指导、督查扎实有力，“小金库”专项治理工作取得实效。认真开展地方政府债务统计核实和融资平台清理工作，加强地方政府的风险防控与预警工作。

【抓建设、讲效能，服务能力得到新提升】一是加强政风行风建设。认真落实首问负责制、AB岗工作制等8项制度，不断提高工作效率和服务水平；二是扎实推进财政信息宣传;三是自觉接受社会监督;四是投入380万元对第二批4个乡镇财政所用房进行规范化建设;五是积极开展廉政风险防控工作,强化财政资金管理人员队伍建设

(明光市财政局供稿 高 宇 魏震生整理)

凤阳县财政工作概述

2011年,全县财政总收入完成12亿元,较上年增长45.2%。其中县本级一般预算收入完成8.3亿元,超预算27.8%,较上年实际增长47.5%。财政总收入中税收入完成8.8亿元,占收入总额73.3%;非税收入3.2亿元,占收入总额26.7%,剔除探矿权采矿权价款收入一次性不可比因素,非税收入占比为19.1%。全年财政支出完成247084万元,增长49.1%。

【财政收入创新高】一是建立动态监控机制。坚持每月对重点税种、重点行业、重点企业税收的动态分析监控。二是建立定期协调机制。县政府定期或不定期召开收入形势分析会,及时协调解决组织收入中存在的各类问题,始终把握工作的主动权。三是建立精细征管机制。加强税收基础管理,力促应收尽收。四是加强非税收入征管。对探矿权采矿权价款收入、行政事业性收费等收入按规定全额征缴入库。全年实现财政收入120398万元,收入总量、增量、增幅均创历史新高。

【促进县域经济发展】2011年,县财政共安排资金5949万元,用于支持工业园区基础设施和平台建设;安排资金8870万元用于外来企业落户安置、技术改造和土地征用费用;安排资金33400万元用于新城区建设等重点工程项目;安排资金7248万元,用于土地置换工作;积极申报企业淘汰落后产能补助资金。

【加大投入改善民生】全县33项民生工程投入资金50115万元,比上年增长34%,其中县级配套7023万元;公共教育类投入资金10560万元;就业服务类投入资金411万元;社会保障类投入资金6580万元;医疗卫生类投入资金15649万元;住房保障类投入资金3785万元;文化惠民类投入资金592万元;基础设施类投入资金9963万元;其他2项投入资金2575万元。廉租房建设、校舍安全、综合文化站等建设类工程均完成年度任务。

【社会事业全面发展】一是实施重点科研项目,加大节能环保工作力度,充分发挥省、市两级企业技术中心的作用;二是稳步发展教育事业,全年累计用于教育支出40522万元,较上年增长42.9%;三是加大对文物保护及非物质文化的投入,推进我县图书馆、文化馆(站)免费开放工作,县图书馆、文化馆(站)实现无障碍、零门槛进入,启动明中都午门城台修建工程,支持非物质文化遗产保护和发掘;四是不断完善公共卫生体系,新型农村合作医疗稳步推进,新农合全年支出12052万元。

【统筹城乡协调发展】全年投入农林水事务资金44139万元,比上年增长73%。重点支持农田水利、新农村建设、现代农业示范区等工程项目,通过多种渠道,支持"三农",减小城乡差距,统筹城乡协调发展。一是对纳入民生工程项目的强农惠农项目全力支持,高度关注。全年拨付政策性农业保险理赔资金2277万元;拨付村级公益事业"一事一议"财政奖补资金2145万元。二是积极推进农业现代化建设。支持宝迪科技种猪有限公司、丛玉菜业做大做强,实施农业综合开发燃灯寺水库中型灌区节水配套改造项目后续工程建设,加大水利投入,解决最基层农民的实际困难。三是做好财政补贴农民资金的发放工作。全年共发放财政补贴农民资金33270万元。四是兑付"家电下乡"、"以旧换新"补贴资金2923万元。五是开展政策性农业保险。全县全年实际种植业投保面积已达180万亩,参保率达99.4%;养殖业投保率达61.5%。2011年实际收取农户保费444.7万元,实际理赔保险补偿资金2249.5万元。六是争取国家和省财政对农村金融机构定向费用的补贴和县域金融机构涉农贷款增量奖励等政策,引导金融机构加大"三农"信贷投放力度。

【开展双基建设】为解决基层财政所办公实际困难,对2010年以来剩余10个财政所全部启动建设,对超过省下达计划部分的由县局先行垫付资金。板桥和小溪河财政所已完成建设,总铺、红心、殷涧、大溪河、武店、官塘、西泉等7个财政所建设已完成主体施工。同时,为提升全县财政干部计算机操作能力水平,全县财政系统50周岁以下人员均要接受培训并参加2011年下半年全国计算机等级考试。全县共有135名财政干部接受培训并参加考试,占财政干部总人数90%。

(凤阳财政局供稿 高 宇 魏震生整理)

全椒县财政工作概述

2011 年，全县财政一般预算总收入完成 10.3 亿元，为预算的 123.2%，增长 56.7%，其中地方一般预算收入完成 7.4 亿元，为预算的 137.5%，增长 50.9%。地方一般预算收入中，税收收入完成 5 亿元，增长 40.4%；非税收入完成 2.4 亿元，增长 78.7%。全县财政一般预算支出完成 19.2 亿元，较上年增长 52.4%。

【强化财政收入征管】一是强化收入目标实现，收入预算批准后，立即分解落到征收部门，实行按月管理，狠抓均衡入库；二是加强与国税、地税沟通协调，建立收入通报制度及重点建设工程拨款通知制度，通畅财、税、库、银联系，形成合力抓收入；三是加强非税收入管理，大力推行非税征管信息系统运用，以技术手段规范“收支两条线”，加大对国有资产（资源）有偿使用收入征管力度，确保及时足额入库。财政收入增量、增速创历史新高，为全县社会经济稳定较快发展提供了有力的财力支撑。

【培植壮大财源建设】落实中小企业发展专项资金 13765 万元，兑现民企奖励资金 248 万元；开发区基础设施建设投入 4571 万元，支持以君鸿纳米为代表的企业建设资金 5741 万元；投入十谭工业园、襄河镇小企业园、镇工业集中区建设资金共计 9399 万元。通过担保公司平台为企业担保融资 41500 万元；向县城基公司注资 3000 万元，新增贷款 15400 万元；支持外向型企业提升竞争力，累计办理出口退税（免抵调）2722 万元；兑现中央和省财政涉农贷款增量奖励资金 311.5 万元。积极申报各类支持经济发展项目资金，获批项目 26 个，获批资金 3.8 亿元。

【重点支出保障有力】坚持调整和优化财政支出结构，不断加大公共服务领域的投入。用于社会保障和就业支出 22127 万元，增长 44.3%；教育支出 26957 万元，增长 55.5%；医疗卫生支出 16940 万元，增长 30.9%；城乡社区事务支出 11160 万元，增长 70.8%；全面落实保障性安居工程和安置房建设，拨付安置房建设资金 9556 万元，征地补偿款 7786 万元，住房保障支出 9831 万元，增长 71.1%；拨付全县重点建设项目资金 10 亿元，支持城乡建设及农村道路建设。

【全力推进民生工程】2011 年全县民生工程投入资金 4.36 亿元，其中县财政配套资金 6417 万元，比年初预算多安排 665 万元。建设、培训类项目综合开工率、完工率均达 100%。补助类项目均全部完成。一是县委、县政府把民生工程作为重中之重，做到早谋划、早布置、早落实。二是建立民生工程责任制，层层签订民生工程责任状。三是广泛宣传，注重实效。四是完善制度，加强管理，确保资金专款专用并发挥最大效益。五是强化督查，严肃纪律。对各项民生工程实施定期和不定期地督查，对发现的问题及时通报，限期整改。

【加大“三农”惠民投入】全年农林水事务支出 40629 万元，比上年增长 78%。一是专项支持水利事业发展，安排水利兴修和水管体制改革经费 7481 万元。二是加快现代农业发展。整合重点财政支农资金项目 13 个，资金规模 51179.87 万元。三是落实惠农补贴政策。全年发放财政补贴农民资金 11 批次 22 项，资金总额 18932 万元，补贴对象 105 万户次。四是全年销售家电 48041 台，家电以旧换新 25406 台，发放财政补贴资金 2353 万元；摩托车下乡销售 4381 辆，发放财政补贴资金 316 万元，补贴兑付率和审核率达 100%。五是深入推进政策性农业保险试点工程。种植业投保面积 112.3 万亩，投保率 95%以上，投保额 1.51 亿元；投保能繁母猪 10101 头，投保额 1000 万元，占应保的 100%；投保奶牛 150 头，占应保的 100%，投保额 90 万元。六是扎实做好村级公益事业“一事一议”财政奖补工作。全县共申报一事一议项目 363 个，总投资 3052 万元，申请财政奖补资金 1014 万元，涉及全县 10 个镇、94 个村和 6 个国有农场。

【强化财政内部监督】进一步完善专项资金使用监管办法。对财政支农、民生工程等专项资金进行重点监督检查，确保资金使用的规范性、安全性和有效性。加强国有资产动态监管，建立行政事业单位资产管理信息系统，实行资产集中处置，努力避免国有资产流失。全面推进金财工程，实现县直和乡镇 219 个财政管理单位通过光纤线路与财政专网互联互通。继续深入推进“小金库”专项治理工作。对 254 户行政事业单位财务进行“回头看”检查,对 6 户国有及国有控股企业、88 户社会团体继续进行重点检查。按照“全员参与、全面覆盖、全程监控”的精神,全面构建内部监督体系。

(全椒县财政局供稿 高 宇 魏震生整理)

六安市财政工作概况

六安市财政工作综述

2011年,六安市充分发挥财政职能作用,坚持增收节支,深入推进财政科学化精细化管理,实现了"十二五"良好开局。全年实现财政收入93.6亿元,较上年增长36.4%,其中市本级完成18.6亿元,增长28.6%。全市财政支出完成206亿元,增长38.5%。财力的增长,有效推动了经济社会的快速发展。

【支持经济发展】积极贯彻落实省委、省政府关于加快大别山革命老区又好又快发展等决策部署,全年累计申报项目401个,到位资金48.8亿元。设立战略性新兴产业发展引导基金2亿元,制定战略性新兴产业发展专项资金项目管理政策,支持高新技术产业、现代服务业、生态建设及文化创意等产业发展。争取中央财政专项资金1.208亿元,支持节能减排和湖泊生态环境保护;安排专项资金58亿元,支持公共基础设施和重点工程建设;拨付城市建设维护费和一站式收费等7162.71万元;利用中央专项补助资金1.54亿元,进行污水管网建设和水污防治。全年累计减免和退税4.4亿元,引导银行业金融机构新增贷款投放98亿元,分解全市小额担保贷款发放任务7000万元,有效缓解中小企业融资难题。市财政出资355万元,解决市公交总公司更新空调公交车30辆,进一步规范市城投、工投公司管理,明确市国资委为市城投公司、工投公司出资人。

【加强收支管理】一是建立健全征收工作责任制,全年国税收入38亿元,增长38.5%;地税收入35亿元,增长41.7%;财政收入20亿元。二是强化对重点税源监控,对城区注册资金30万元以上近千户新注册企业的税收级次进行确定。三是将预算外管理的收入(不含教育收费)全部纳入预算管理,全市完成非税收入107.79亿元,比上年增长56.8%。依法拍卖特许经营权和小型汽车特殊号牌收入1730万元,划转市直单位国有资产变价收入134.4万元,增强了政府财力。四是强化契税、耕地占用税征管。全年"两税"收入完成7.5亿元,同比增长52%,其中市本级两税完成2.99亿元,同比增长18.54%。

【保障改善民生】一是精心组织实施33项民生工程,全年投入民生工程资金46亿元,其中市县级配套8亿元,是应配套资金的107%。认真编制全市"十二五"居民收入倍增规划,进一步提升群众幸福指数。二是全年教育支出41.7亿元,较上年增长36.6%;全年科技支出1.35亿元;拨付春季学生资助资金1614.33万元;落实市直教育费附加2200万元;分解落实省财政下达的2.39亿元财政教育新增投入任务;预算安排400万元,支持加快文化强市战略。三是支持社会保障体系建设,全市社会保障和就业支出19.3亿元,拨付基层医疗卫生支出24.2亿元,完善城乡基本公共卫生服务经费保障机制;拨付城乡居民养老资金3.01亿元;拨付市直困难企业军转人员养老、医保补贴资金620万元;落实中心城区社区办公、人员补助经费和基础设施建设经费460万元;投入资金18.44亿元,用于新建廉租住房、棚户区改造。四是安排资金3322万元,全额保障政法办公和办案经费;拨付中央政法补助资金693万元;安排市法院审判大楼建设资金500万元;安排专项资金170万元,巩固提升武警支队反恐、防暴能力;筹集消防配套资金1984万元,增强公安消防部队处置突发事件能力。

【城乡统筹发展】全年农林水事务支出34.76亿

元,增长39.5%。一是投入资金1.15亿元,支持现代农业生产发展;安排支农专项资金2278万元,重点支持粮食双百亿工程、农业产业化、土地适度规模经营等;发放粮食直补、农资综合直补7.21亿元;实施农业综合开发项目71个,总投资1.56亿元,在全省率先实施农业综合开发动态监控管理系统。二是推进实施惠民直达工程,全市共发放财政补贴农民资金28.4亿元,涉及29大项60多小项,惠及城乡居民181万户。三是全年销售家电下乡产品160万台,财政补贴资金5.17亿元,兑付率99.31%;销售汽车摩托车下乡产品14.3万台,财政补贴资金2.04亿元;家电以旧换新产品12.3万台,发放补贴4085万元。四是推进政策性农业保险试点工作,县区预算足额安排财政保费补贴配套资金1193万元,审核支付两家保险公司保费补贴资金10274.47万元。五是推进一事一议财政奖补试点工作,通过农民筹资筹劳及各级财政安排等方式筹措资金67491.75万元,惠及人口577万人,受益面95%。

【深化财政改革】一是加强部门预算管理,注重加强制度建设,将政府债务纳入年度预算综合考虑;将预算内外资金合并进行指标管理;积极推进预算信息公开,构建阳光财政。二是将全市预算单位财政性资金纳入国库集中支付平台进行管理,全年累计办理集中支付业务38148笔,支付资金142754万元,办理统发工资16602余万元。三是加强会计工作规范建设,完成了从业资格、专业技术职称、注册会计师、从业资格无纸化试点考务工作;对市直3000余名会计人员进行继续教育培训。四是加强政府采购监管,全市采购金额突破5.8亿元,较去年增长18.1%,资金节约率13.5%。五是加强对国有资产监管,规范资产收入管理。六是加强财政监督检查,开展了农业产业化、科技三项经费资金等30多项绩效考评工作;扎实开展“小金库”专项治理工作,建立治理“小金库”长效机制;加强财政内部监督管理,对局属6个单位科室的经费收支、固定资产管理、专项资金等内容进行内部监督检查;委托会计师事务所对支出科室分管的51家单位预算编制情况进行了内部审查,提高预算编制质量。

【丰富活动成果】一是深入开展服务发展年活动,将建党90周年活动、创先争优、机关党建等活动有机结合起来。二是修订完善效能建设“十项”制度,制订“十项”措施,对资金申请、证件办理、票据核查、工资变更等重点业务事项,明确直接承办人,规定办理时限;积极参加“政风行风热线”上线,及时答复和解决热线提出的咨询、意见或诉求。三是积极申报省第九届文明单位和六安市及市直第六届文明单位;扎实开展与舒城县红光村党组织结对共建活动;与舒城县砂院村开展文明单位结对共建,筹措资金3万元;与市武警支队开展双拥共建活动。局领导和有关科室同志多次赴扶贫联系点金寨县槐树湾乡万冲村,为村级经济发展出谋划策。四是深入开展干部教育培训,大幅度提高干部素质,组织50名市县区财政干部赴厦门国家会计学院进行业务能力培训;组织308名乡镇财政干部到省财政厅干教中心进行岗位能力培训;完成了556名村干部、村报账员的培训,进一步夯实“两基”建设;委托安徽大学商学院对39名会计领军人才进行业务培训。2011年市财政局共有33项工作受到省市级表彰。荣获省文明单位、省民生工程组织实施工作先进单位、省“五五”法制宣传教育工作先进单位、省先进基层党组织、省注册会计师行业党委先进市级行业党组织等殊荣。有10名干部分别荣获全国“五五”普法先进个人、省“五五”普法宣传先进个人、个人二等功等奖励。

(六安市财政局供稿 丁明虎整理)

裕安区财政工作概述

2011年,全区财政收入完成6.6亿元,同比增长50.10%;完成财政支出23.8亿元,同比增长51%。区级财政实力不断增强,有效促进社会经济的发展。

【加强收入征管】对收入目标进行细化、量化,分解落实到部门单位。加强财税库银的沟通、调度,保持收入均衡入库。协助税收征管部门,多方挖潜,保证收入任务完成。全年国、地税共完成48497万元,比上年净增16469万元。依法组织契税、耕地占用税征收。全年契税、耕地占用税收入完成6704万元,比上年净增3198万元。进一步强化票据监管和非税收入入库管理,全年非税收入解缴国库11755万元,比上年净增1535万元。建立健全对乡镇收入实行“超收全留”的激励约束机制,调动乡镇(街)发展经济增加收入的积极性。

【支持经济发展】全年通过土地出让金、财政间歇资金和利用省开行贷款等共筹资 15.3 亿元，支持基础设施建设。向中小企业提供担保贷款和委托贷款 6240 万元；为区内个体工商户、农户、中小微企业提供贷款 3.8 亿元；落实再生资源增值税退税政策，共为企业退税 1135 万元。争取和利用各级各类强农惠农资金近 11 亿元，用于农村基础设施建设、农业生产和农村社会事业发展等。通过保障招商引资工作经费和兑现奖励激励政策等措施，推动全区招商引资工作。

【保障重点支出】加大监管力度，严格控制和节约一般性支出，坚决反对各种铺张浪费行为。财政支出调度有序，保障人员经费、机关正常运转、文化体制改革、“三农”工作、民生工程资金配套等重点支出需要。全年新增民生工程配套 6650 多万元，其中用于文化体制改革 730 多万元、基层医药卫生体制综合改革 1949 万元、保障性住房 4150 万元。合理安排新增转移支付和本级超收收入增加的财力，主要用于落实法律、法规和财政体制规定要求增加的相关支出。

【重视民生工程】把民生工程摆在更加突出的位置，强化措施，精心组织，狠抓落实。在政策宣传上实现全覆盖，使民生政策深入人心。同时，开展民生工程“回头看”活动，夯实和巩固各项民生工程成果。足额安排民生工程配套资金，各级财政共投入 7.86 亿元，其中中央及省市投入 6.2 亿元，区配套 1.66 亿元，比上年增长 66.87%。积极垫付资金，确保项目资金及时足额拨付到位，有力促进了所有的项目整体推进。通过民生工程的有效实施，推动了全区城乡经济和社会事业的和谐发展。

【深化财政改革】认真做好部门预算编制工作，积极配合有关部门在市政工程、民生工程、重点工程、信息化建设等方面实施政府采购，有效节约财政资金。全面落实惠民直达工程，全年集中打卡发放补贴资金 28 项，总额达 4.1 亿元，基础数据和补助对象的准确性和真实性进一步提高。国库集中收付制度改革进一步深化，平台一体化系统实施工作积极推进，全区 126 家预算单位纳入平台管理。

【强化财政监管】大力推进财政科学化、精细化管理，提高财政财务管理水平。规范乡镇财务管理，严格控制新增债务，积极消化原有债务。加快非税收入信息化改革，完善财税库银横向联网收缴。组织开展强农惠农资金专项清理和检查“回头看”活动，做好财政专户清理整顿工作。加大对《会计法》等法律法规的执法检查力度，抓好会计人员的后续教育、职称、从业资格管理和会计领军人才后备队伍建设。积极开展“小金库”专项治理全面复查工作。认真做好全区行政事业单位国有资产管理工作。加强资金监管，做好绩效评价工作，进一步完善财政监控体系。

【加强自身建设】开展“服务发展年”“创先争优”、“三型机关”、“文明单位”、“平安单位”和“巾帼文明岗”等创建活动。加强机关效能建设，公开办事程序，实行文明办公限时办结制、超时默认制、责任追究制，推行首问负责制。加强制度建设，用制度管人管事。加强机关党建工作，注重开展对党员干部的宗旨教育和反腐倡廉教育，进一步增强干部职工的大局意识、廉洁意识、忧患意识和节俭意识，机关作风不断改进，干部素质进一步提高。

（裕安区财政局供稿）

叶集区财政工作概述

2011 年，叶集区完成财政收入 1.9 亿元，同比增收 4386 万元，增长 30.0%，其中财政部门组织收入 5100 万元。全年完成财政支出 4 亿元，同比增支 13153 万元，增长 48.2%。

【支持经济发展】区财政局全力支持地方经济建设，预算内安排招商引资、城市维护费、中小企业信用担保基金、企业税费优惠、发展专项基金等各类财政专项扶持资金 2500 万元，较上年新增 500 万元。相继出台一系列文件，加大招商力度，建立企业融资担保平台，支持工业和民营经济发展，促进农业产业化、规模化发展，同时继续实施基础设施建设，改善投资环境。

【大力改善民生】一是民生工程资金保障力度不断加大，全年民生工程资金总量 12842 万元，较上年增长 73%。其中区级配套 2418 万元，较上年增长 77%。二是加强工程建设类项目特别是已建成项目后续管养维护，确保项目效益持续发挥。三是民生工程实施工作长效机制逐步健全，补助补偿类项目工作流程进一步完善，工程建设类项目“十制”管理进一步健全，保险救助类项目实施程序进一步简化，培训类项目针对性进一步提高。

【加强资产管理】进一步强化资产管理系统建

设,逐步实现全区行政事业单位国有资产动态管理。继续严格执行国有资产处置收入和有偿使用收入"收支两条线"管理,建立行政事业单位国有资产管理体制,确保国有资产管理的规范性、安全性、有效性。

【深化财政改革】一是深化预算管理制度改革,加强部门综合预算中项目支出预算的编制工作,压减非公共性开支和消费性支出,净化财政支出范围。二是加强非税收入管理,全年累计征缴非税收入3787万元(一般预算收入)。三是建立健全财政监督机制。加强会计集中核算监督,严格审核把关,规范票据支出,配合纪检、监察等部门加强专项业务费审批,深入开展"小金库"治理工作。

【规范行政管理】一是规范行政事务管理,开展反腐倡廉制度建设活动,对不符合、不适应新时期财政管理工作需要的制度办法加以清理,进一步修订完善并充实,切实提高行政管理制度的适用性、可操作性。二是规范行政许可管理,将财政许可事项集中到区行政服务中心,明确专人,集中办理。同时,在区行政服务中心设置非税收费窗口,实施"一站式"收费。三是规范财政窗口管理,实施乡镇财政所规范化建设,加强国库集中支付中心、契税纳税大厅窗口服务工作,强化日常管理。加强规范化财政所建设,改进办公场所和服务环境,促进基层财政所工作规范化、程序化、科学化。

(叶集区财政局供稿)

开发区财政工作概述

2011年,财政收入实现7.8亿元,完成年初预算的106.65%,增长36.35%。其中完成财政一般预算支出2.6亿元,同比增长46.23%。

【投资强度持续增加】全年共筹集调度建设资金10亿元,确保一批重点项目的实施。同时,确保建设资金筹集和支付的合理性,力保资金链完整。全年筹措6000万元资金支持东城公司参股拓银担保公司,联合建行助保金贷款扶持企业发展,为企业直接提供融资3200万元。积极帮助企业申报省级中小企业发展资金130万元、技术创新基金110万元、技改贴息专项资金201万元,支持企业做大做强。

【民生工程有序推进】全年民生工程到位资金6774万元,其中上级财政补助3294万元,群众或单位自筹1457万元,区财政配套资金2022万元。为强化绩效考评机制。出台了开发区民生工程实施工作考评办法,并加强督查。全年发放16项惠民补贴资金共352万元。结合"万名财政干部大走访"活动,大力宣传民生工程政策,提高群众知晓率。

【财政监督扎实有效】开展"小金库"专项治理全面复查、督导抽查、整改落实、机制建设等各阶段工作,有针对性地建立和完善防治"小金库"的长效机制。开展所得税税源调查及重点产品国际竞争力调查,为加强税收征管提供了依据。认真做好会计信息质量检查工作,严格按照规定的程序开展检查工作,履行查前公示和查后公告制度等。全年完成财政投资决算审核项目85个,核减额2,671万元,核减率12.94%;完成预算审核项目143个,核减额1,240万元,核减率3.22%。开展对外投资单位年度财务审计,掌握投资单位的经营情况,确保国有资产的保值增值。组织行政事业单位固定财产清理,查清核实管委机关固定资产现状。财政专户清理工作有序开展,严格控制"三公"经费。

【效能建设坚强有力】以落实机关效能建设"十项制度"为抓手,大力开展"六查六看"活动,着力推进制度建设和队伍建设,财政干部的综合素质和整体合力得到增强,服务经济建设的能力和水平得到较大提升。强化财政预算约束力,规范财政局各项工作业务流程。大力推行A、B工作岗位制度,改进工作方式,提高工作效率。

(开发区财政局供稿)

寿县财政工作概述

2011年,全县完成财政收入5.1亿元,同比增长29.3%;完成财政支出31.9亿元,同比增长43.1%。

【强化收入管理】及时调整乡镇财政体制,明确征管主体责任,强化任务观念,加强收入调度。对全县税源状况、税源结构进行了详尽摸排,结合省直管县财政体制及县乡财政管理体制要求,层层分解下达任务,形成"任务明确、责任落实、手段具体、征管到位"的良好氛围,收入质量进一步优化,非税收入占财政总收入比重下降到15%。

【支持经济发展】充分发挥财政职能,按照"南工北旅”特色经济格局的整体构想，优化支出结构，严格控制“三公”支出。对财政支出结构(特别是城市建设资金的拨付上)进行优化调整，城市重点工程建设资金主要由土地出让金、融资(BT 融资、金融信贷)来实现。财政支出突出对民生工程、教育、卫生、三农、社会保障、经济发展、信访稳定及县委、县政府确定的重点工作的投入，公共安全、教育、科技、医疗卫生、农林水、住房保障等支出稳步增长。全年共拨付福润禽业、楚井坊酒业等企业污染防治专项环保项目资金 1424 万元，拨付丰泰纺织等企业加工节水改造项目资金 960 万元，拨付乐林钢构等企业皖北贷款贴息资金 120 万元，拨付支持绿禾公司、远翔油脂等粮油企业项目资金 1168.40 万元，拨付城镇污水管网建设资金 1144 万元，拨付炎刘至合肥新桥机场通道建设资金 5000 万元，有力地保障了县域经济发展。

【实施民生工程】全年实施的 33 项民生工程(光荣院建设无任务)，总投入资金 8.2 亿元，其中县财政配套近 1.5 亿元。生活保障类项目按序时打卡发放，教育培训类项目有序开展，医疗卫生类项目稳步实施，农业和农村基础设施类项目扎实推进，农村文化建设类项目不断完善提高。先后召开 7 次县直实施单位调度会，会同县监察局开展专项督查和综合督查。开展全县民生工程宣传月活动，组织开展了“贴民情、听民意、惠民生万名财政干部大走访”活动，制订 22 项建设类民生工程管护办法，确保建成类民生工程持久发挥效益。

【服务“三农”发展】加大对“三农”投入力度。全年安排农业支出预算 26256 万元，比上年增长 8%。同时，安排了新农村建设、现代农业发展等专项资金 1200 万元，用于支持农业生产发展。争取新增粮食综合直补资金 960 万元，用于全县 320 口当家塘建设；争取农机深松整地项目资金 125 万元；争取农村公路改造等基础设施建设资金 2340 万元；争取中小河流治理项目资金 1796 万元；争取安丰镇梧桐村等七个农村土地整治项目资金 9239 万元等，支持三农发展，农民生活条件得到明显改善，农业生产和抗风险能力得到了较大提高。农业综合开发取得明显成效，县龙川大豆种植农民专业合作社万亩大豆种植基地扩建项目和寿县文杰白鹅农民专业合作社鹅苗养殖基地扩建项目建设任务已基本完成。

【加强财政监督】会同相关部门开展惠民资金管理和发放、两税征收、民生工程、家电下乡、一事一议财政奖补等专项检查，涉及 25 个县直部门，涉及财政资金总额 7600 万元，发现问题 31 项，提出检查建议 29 条；对生猪调出大县奖励资金、淮河流域水污染专项资金、农村清洁工程、科普专项资金、政法系统专项资金等开展绩效考评；开展财政票据清理检查工作；开展欠缴土地出让金清缴工作，共清缴 47617 万元。加强财经纪律监督，认真执行县内有关政府采购、津补贴管理、“三公”支出限额指标等管理制度，加强对统管单位执行财经纪律监督。开展内部财政监督，加强对系统内财政专户管理，堵塞资金管理漏洞。开展“财政专户和专户余额”两项清理工作，规范财政专户管理，提高财政资金运转效率。

【深化改革创新】初步建立了由公共财政预算、政府性基金预算、非税收入预算、政府采购预算和社会保障预算组成的财政预算体系，部门预算编制质量进一步提高。卫生部门财务全面纳入国库集中支付，会计核算业务移交给原单位工作全面完成，实现单位会计核算职能归位。深入推进非税收入科学化精细化管理，将非税收入征管平台延伸到乡镇、交通和交警部门，乡镇非税收入实现即时入库，交通道路执法实现“罚缴分离”和“收支两条线”，交警执法实现本地、异地、高速处罚“一站式”服务。推行财政支出绩效评价管理，安排对 5 个支出股室管理的 10 个资金项目进行绩效考评。村级公益事业建设“一事一议”财政奖补全面实施，集体林权制度改革、农村土地流转改革稳步推进。政法经费保障体制改革稳步实施。基层医药卫生体制综合改革顺利实施，基层医药卫生机构债务清理工作全面开展。财政信息平台一体化建设全面启动。

【加强队伍建设】及时组织召开全县财政干部培训会，对干部队伍建设提出明确要求。按照干部教育培训规划，举办乡镇财政干部计算机等级考试知识培训班 2 期，组织机关人员参加全市财政干部培训 1 次，组织乡镇财政干部参加全省财政系统干部培训 8 次，参学人员 205 人次。开展“四创四比”创争竞赛和双向承诺活动，深入推进“创先争优”和“双学双比”活动取得实效。坚持“系统共建、重在管理”的理念，在全系统开展“一服务，三创建，一评选”活动，即服务经济发展年，创建效能文明单位、人民满意的基层站所(单位)、规范化财政所(单位)，评选人民满意的财政干部。财政干部的学习能力、创新能力、谋划能力、执行能力、自律能力显著提升。

(寿县财政局供稿 周传勇整理)

霍邱县财政工作概述

2011年,全县共组织财政收入17.57亿元,增长44.5%,平均增幅较全省高出16.9个百分点,总量位居全市各县区首位,其中地方级收入完成10.2亿元,增长35.8%;非税收入完成2.6亿元,增长17.7%,全县共完成财政支出37.92亿元,增长39.2%,支出总量继续位居全省县区第1位,有力地支持了全县经济和各项社会事业健康有序发展。

【民生工程顺利实施】全年实施民生工程34项,投入资金总额达到11.4亿元,较上年增长64%。其中教育支出92969万元,增长38.2%;社会保障和就业支出36573万元,增长87.3%;医疗卫生支出50043万元,增长38%;农林水事务支出65942万元,增长52.7%。县级足额配套民生支出1.16亿元,增长31.9%。县财政制订实施方案,健全组织机构,广泛开展政策宣传,对民生专项支出实行常态化、"三维"式督查,进一步健全民生工程良好工作机制。同时,开展民生工程大走访,收集并解决群众反映的问题共425件。大力开展政策性农业保险,全年承保农作物290.7万亩,发放2011年夏季小麦、油菜等作物理赔资金883万元,水稻等秋季农作物理赔1050万元。积极做好家电下乡和家电以旧换新工作,兑付补贴资金11990.2万元。扎实开展一事一议财政奖补,共筹集资金6027万元,1211个批复项目全部完工。

【财源建设力度加大】实行财政新增存款与金融机构新增贷款动态挂钩机制,促进各金融机构全年新增贷款21.2亿元,全年财政贴息106.2万元,累计融资52342万元,解决中小企业和下岗再就业人员发展资金不足问题。全年拨付奖励资金617.62万元,促进各金融机构加大涉农贷款投放。积极向上争取专项资金,到位7.5亿元。安排支持中小企业发展专项资金9515万元、市政建设资金5617万元,并从土地出让金和探矿权价款中列支5995万元用于"三区两园"基础设施建设。

【新农村建设扎实推进】全年打卡发放财政补贴农民资金59442万元,人均受益361.3元。争取到位并及时拨付各类生产抗旱资金2734万元。年初预算一次性安排支农专项资金7313万元,同比增长97%。扎实开展农业综合开发,整合资金1.1亿元,实施3个乡镇的土地治理项目4个,完成土地整治2.46万亩;实施贴息项目2个,完成财政贴息584.8万元。投资1091万元完成革命老区项目3个。投入2000万元,修建县乡道路41.2公里。

【财政监管不断完善】扩大国库集中支付范围,对96个县直预算单位实行国库集中支付。推动财政一体化管理信息系统上线运行,推进财税库银横向联网。健全和完善政府采购制度,实现政府采购金额10538万元,节约资金1427.9万元。加强国有资产管理,按规定程序处置行政事业单位、有关企业国有资产价值684.1万元。完善指纹认证管理,年节约财政支出130.8万元。扎实开展"小金库"治理,复查单位499个。

【队伍建设继续创优】加强制度建设,全年印发相关制度、办法、意见40余个。深化机关党建工作,加强乡镇财政建设,全年共有21个乡镇财政所完成基础设施建设。对地方财政专户进行了清理,撤并账户5个。推进廉政风险防控机制建设,排查风险点,评估风险等级;深入开展职权清理,绘制权力运行流程图180个,从源头上预防腐败。完善乡镇财政人员考勤机制,充分调动乡镇财政干部的工作积极性。继续开设"财政讲坛",提高学习效率。

(霍邱县财政局 鲁俊贤供稿)

舒城县财政工作概述

2011年,全县财政总收入8亿元,比上年增长32.38%,争取上级各类转移支付和追加指标等补助18.5亿元,较上年同口径增加5.4亿元,增长40.9%。全年实现财政总支出24亿元,比上年增长35.94%。在优先保障"三农"、民生工程、教育科技、医疗卫生、社会保障等支出的同时,充分考虑各项事业发展的需要,统筹兼顾,重点支出保障到位。

【财政改革】进一步完善部门预算定员定额标准体系,对项目支出全面实行项目库管理。强化国库集中支付动态监控,正式启用财政一体化信息管理系统,稳步实施财税库银横向联网;大力推进政府非税收入征管和政府采购信息化建设。完善政府预算体系，实行提前通知支付预算编制；加强预算执行管理,建立完善预算执行进度考核和支出责任制度。

【民生工程】全县民生工程共投入资金 7.6 亿元,其中县财政配套资金 1.39 亿元。发放农村低保、五保补助资金 4971.71 万元。发放水库移民后期扶持直补资金 3651.7 万元。全年共新建廉租房 500 套、公共租赁房 500 套,向 2257 户城市低收入家庭发放廉租住房补贴 412.56 万元。城镇居民医疗、新型农村合作医疗、城乡居民医疗救助、重大传染病病人医疗救治和生活救助、提高妇女儿童健康水平等项目报销补偿近 1.84 亿元。全年投入 6508 万元用于加固和重建 11.36 万平方米校舍。政策性农业保险午季作物和水稻投保 108.8 万亩，养殖业投保 5349 头,全年共理赔 568.3 万元。4 座小型水库得到除险加固,改造农村危房 2538 户。实施 488 个村级公益事业建设一事一议财政奖补项目。203 个农家书屋、5 个乡镇综合文化站相继建成使用。全年补贴购买家电 10.5 万台,家电以旧换新销售 1.3 万台件,回收旧家电 1.04 万台件。全年通过惠民直达信息系统发放各类惠民补贴资金 18 大项，发放资金 3.28 亿元。

【国有资产管理】对全县行政事业单位开展资产清查登记,建立固定资产电子信息卡,完善了行政事业单位国有资产动态监管系统,为资产与预算、财务管理相结合提供了信息支持和数据基础。对全县行政事业单位普遍存在国有资产对外出租出借情况进行督查登记,为政府非税收入管理提供有效依据,为经营性资产所有权划转做好准备。同时,规范行政事业单位处置资产程序，保证国有资产变价收入足额及时上缴财政专户。

【财政监督】认真开展“小金库”专项治理工作。对全县 60 户党政机关、58 户事业单位、101 户社会团体、10 户国有及国有控股企业开展了复查，并重点开展了 29 部门单位督查。对县经济适用住房开发有限公司、安徽昌龙水泥有限责任公司、舒城师范附小、舒城县妇幼保健所 4 单位进行了会计信息质量检查。认真开展企业所得税税源调查及重点产品国际竞争力调查。开展清理整顿财政专户工作,共整顿撤销 26 个账户。开展惠民资金管理“一卡通”发放和乡镇财政财务专项检查。

【队伍建设】以开展“服务发展年”活动为主线，以建设“五型功能”财政为目标,以实行财政“科学化精细化管理”为主题,以财政“两基”建设为抓手,实现“两化”目标,即财政核心业务的信息化、乡镇财政所建设的规范化。新建规范化财政所 9 个,从应历届大中院校毕业生中招录 10 名人员,充实到乡镇财政所。县财政局荣获全省 2011 年度财政补贴农民资金管理和“一卡通”打卡发放工作一等奖、省财政厅“接受国家农发办综合检查项目县通报表彰”、省财政厅 2011 年度财政信息化建设统计工作先进单位。

（舒城县财政局供稿）

金寨县财政工作概述

2011 年,全县实现财政收入 5.4 亿元,完成预算的 108.7%,比上年增长 30.4%;实现财政支出 21.8 亿元,增幅比上年提高 2.3 个百分点。在保证工资按时发放、机构正常运转、重点项目资金配套的同时,对新农村建设、民生保障、基层运转等支持力度进一步增强。

【服务经济发展要务】全年财政筹集各类经济建设资金达 8.5 亿元。安排 5000 万元置换利达担保公司实物资本和优先股股本,为将军磁业、山美水泥等 47 户企业提供贷款融资 24095 万元;争取中小企业技术改造、市场开拓、外贸出口等专项资金 627.4 万元,落实企业增值税退税 2304.1 万元,兑现企业发展奖励资金 290.1 万元；筹集配套资金 3000 万元,支持史河防洪堤等重点项目建设；优化城投公司实物资本 1.1 亿元,整合土地出让金 3 亿元,向金融机构融资 2 亿元,用于大城关建设及开发区项目配套;筹措资金 11312 万元，增强开发区企业承载集聚功能;安排专项转移支付资金 2000 万元,支持旅游基础设施和生态建设；争取老区项目资金 1265 万元,支持红军纪念园建设。安排奖扶资金 134 万元,鼓励和支持乡镇发展经济；兑现引资企业增值税奖励 1223.5 万元，拨付招商引资奖励资金和公务费补助 288 万元；全县共兑付家电下乡补助资金 2821 万元。

【推进统筹发展】全县“大三农”支出达 78160 万元,再创历史新高。全县通过“一卡通”发放各类惠民补助资金 40 项共计 4.79 亿元，平均每人补助 844 元，其中惠农补助资金 3.59 亿元，比上年增长

19.8%；拨付抗旱救灾等应急资金 950 万元，最大限度减少灾害对农业造成的损失。安排 2901.3 万元，支持小型农田水利项目建设；投入 4393.1 万元，推进农村土地整治和农业生态治理；安排库区移民后期扶持资金 11011 万元，“一事一议”财政奖补资金 2125 万元，其他专项资金 12183.5 万元，重点支持农村道路改造、病险水库加固、安全饮水等项目建设，争取资金 3200 万元，投放农业担保资金 937 万元，加大对特色种养业等项目的投入，筹措资金 360 万元，重点扶持安态、大别山科技等龙头企业发展；推进产业化扶贫试点，探索贫困村互助资金与农民专业合作组织有效对接。落实财政扶贫资金 710 万元，库区移民资金 1800 万元，重点支持长岭、槐树湾等异地移民搬迁；安排资金 1480 万元，用于农村草危房改造；投入资金 3264 万元，支持农村环境治理，重点实施饮用水源保护、垃圾集中处理、村容村貌整治等项目；争取资金 469 万元，支持农村沼气项目建设。以项目为平台，整合支农资金 25901 万元，集中实施农业产业化、扶贫整村推进、新农村建设等项目 53 个，支农资金整合被评为全省 A 类第一名，获得中央财政奖励资金 450 万元。

【着力改善民生】全县民生支出 177697 万元，比上年增长 29.7%，占一般预算支出的比重达 81.5%。安排民生工程资金 6.1 亿元，县级配套 6216 万元。安排义务教育经费 5640.9 万元，进一步提高农村中小学公用经费保障标准；投入资金 6200 万元，支持农村教育薄弱学校改造；投入资金 1000 万元，用于学前教育校舍建设；落实资金 987 万元，对符合条件的 77379 名义务教育阶段贫困学生免费提供教科书；筹措校舍安全工程专项资金 5038 万元。投入资金 4175 万元，实施城乡低收入保障对象扩面提标；拨付资金 1670.1 万元，对城乡低保对象发放物价补贴和“两节”慰问金；安排资金 9129.6 万元，保障企业离退休人员养老金按时足额发放；落实资金 5370 万元，推进和完善城乡养老保险体系建设。拨付资金 9822.2 万元，对库区移民、计生奖扶对象、重度残疾人发放生活补助；安排保障性安居工程建设资金 3241 万元，并向 1381 户城镇低收入家庭发放廉租住房补贴 310 万元。安排就业补助资金 798.7 万元，提供下岗失业人员小额担保贷款 882 万元。安排资金 2595 万元，支持基层医药卫生体制综合改革；统筹资金 1000 万元，分别建立新农合补偿备用金制度和基层药品采购保障周转金制度；拨付资金 1256.5 万元，支持实施基本公共卫生服务项目和基层卫生服务体系建设；筹措资金 11028 万元，进一步提高城乡医疗保险资金补助比例和救助标准；累计支付住院补助和医疗救助资金 10273 万元，受惠人数达 14.7 万人。投入资金 2310 万元，支持乡镇综合文化站、农家书屋和广播电视村村通建设；争取转移支付资金 450 万元，支持文物保护和群众性文化事业发展。

【深化财政管理】县级国库集中支付单位增加到 158 个；累计办理财政集中支付资金 153650 万元，其中直接支付资金 136748 万元，直接支付率达 89%。深化政府采购制度改革，全年完成工程类采购 68063 万元、货物和服务类采购 3600 万元，资金节约率分别达 20.8%、19.8%。完善县级财政转移支付制度，新增乡级一般转移支付 385 万元，增加村级专项转移支付 193 万元。加大国有资产管理，规范资产配置、使用和处置，全年通过协议转让、拍卖等方式处置存量资产 1134.7 万元，收入全部纳入财政管理。开展创建规范化财政所活动，全县有 19 个乡镇财政档案管理获省级先进单位，有 7 个财政所被评为省、市创建规范化财政所先进单位。开展财政专项资金检查，追缴违规补贴资金 31.1 万元；组织开展五保供养人员核查；继续推进“小金库”专项治理，先后查处违规资金 78.5 万元，并清缴到位。

【提升服务效能】全面推进机关思想、组织、作风、制度和反腐倡廉建设，不断提高机关服务水平。强化制度建设，完善班子成员值周制度和日常监管机制，机关制度建设经验在全省交流。强化内控机制，开展部门预算清理，并对局机关财政年终决算、支出绩效评价等工作进行监督。开展财政业务互审，确保各项资金规范使用。开展财政干部轮岗交流，强化廉政风险防控机制建设，强化文明服务。2011 年，全县乡镇财政财务管理、农业综合开发、部门预算管理、支农资金整合等多项工作受到上级表彰，局机关荣获全县目标管理先进单位、民生工程实施工作先进单位、党建工作先进单位等，同时，还荣获全省财政系统“五五”普法先进单位、全国财政系统“五五”普法先进单位、全省文明单位和全国文明单位等一系列荣誉称号。

（金寨县财政局供稿）

马鞍山市财政工作概况

马鞍山市财政工作综述

2011年,马鞍山市实现财政收入186.3亿元,完成预算的107.5%,比上年增长22%。按照分税制财政体制计算,全市当年可用财力100.3亿元,加中央、省专项转移支付34.2亿元,全市合计可用财力134.5亿元。全市财政支出133.8亿元,完成预算的99.6%,比上年增长21.3%。收支相抵,滚存结余7134万元。

【强化财政收入征管】全市各级财政坚持多措并举,全力以赴抓征管。及时分解落实收入目标任务,完善收入征管保障机制,强化部门间的协作,加大对护税协税工作的考核力度。定期召开财税库联席会议和重点企业座谈会,及时研究分析全市财政经济运行状况。建立涉税信息平台网络,推进综合治税.强化稽查,严厉打击偷逃骗税行为,全年稽查入库税款1.6亿元。强化非税征管,完善非税征缴信息化系统,扩大缴费网点,改革缴费方式,加强对国有资产经营收益、转让和有偿使用收入的征管,非税收入及时足额收缴入库。

【落实积极的财政政策】加强对企业帮扶指导,全年拨付各类专项资金1.2亿元,争取中央投资2.63亿元和财政部代理发行地方政府债券1.56亿元。拨付1.8亿元,促进马鞍山市战略性新兴产业和地方重点企业发展。全年共办理增值税出口退税1.5亿元。积极争取外国政府和国际金融组织贷款,慈湖河环境综合整治工程利用世界银行贷款1亿美元已获国务院批准;十七冶医院、东南骨科医院和消防支队利用外国政府贷款860万美元购买设备已落实。继续实施家电、摩托车、农机具下乡和以旧换新补贴发放工作,累计发放补贴1.45亿元,销售以旧换新产品17万台(套),补贴兑付率达99%,落实石油价格改革,向出租车、公交等城市公用行业发放补贴1.05亿元。向社会公开33个部门122项行政事业性收费内容,营造全民创业和支持企业发展的良好环境,促进全市经济和社会事业发展。

【深化财政改革】完成财政专户和市直行政事业单位银行账户清理撤并工作,撤销财政专户72个,撤销各单位银行账户1073个,归集资金16.2亿元,上缴财政资金6.9亿元。在市直行政事业单位推行公务卡结算制度,提高支出透明度。强力推进国库集中支付改革。完成市属开发区财政体制修订工作,进一步理顺市与区财税分配关系。加强政府采购管理,完成政府采购预算4.15亿元,资金节约率达11.7%。

【强化预算改革与管理】不断完善政府预算体系,提高政府预算的完整性。编制2012年公共财政预算、国有资本经营预算、政府性基金预算、社保基金预算和债务预算等五大预算,政府所有收支全部纳入预算管理。增强预算编制的透明度,保障预算编制结果科学合理。市财政局制定出台市直部门财政结转和结余资金管理暂行办法,全面规范财政结转和结余资金管理。改革预算供给模式,实行"政府花钱买服务"。改革电子政务项目预算编制方式,加强信息化资金管理。严格预算追加,实行专报制度,精心组织实施市本级预算支出绩效考评工作,提高财政资金使用效益。

【实施一事一议财政奖补政策】全年实施一事一议财政奖补项目873个,其中农田水利设施项目417个、村级道路建设项目379个、安全饮水项目6个、环卫项目40个、植树造林项目1项、文化体育设施项目 11 个、其他项目 19 个。项目全部当年开工,计划总投资 1.37 亿元。奖补政策覆盖全市 398 个行政村,村级覆盖面 91.92%,受益农业人口 127 万人。各级财政部门加大奖补投入,积极落实配套资金。

【全力支持民生工程建设】全年实施 45 项民生工程,投入资金 24.6 亿元,增长 29%。建立社会救助和保障标准与物价上涨挂钩联动机制,对低收入群体实施价格临时补贴。城乡低保、农村五保、库区移民补助及时发放,新农保参保提前完成目标任务,居民生育保险制度实现城乡全覆盖,城市低收入家庭住房补贴发放到位。高校、中职和普通高中家庭经济困难学生资助规范运作,农村留守儿童之家和农村留守儿童活动室提前建成。马钢医疗工伤生育保险与市本级并轨,新农合参合率达 99.3%,城镇居民医疗保险参保居民完成省任务的 104%。全年发放医疗救助金 2098 万元,乡镇卫生院及村卫生室建设、贫困白内障患者复明工程、社区卫生服务机构规范化建设全部完成。全市公共图书馆、文化馆和乡镇综合文化站全部免费开放。

【加大"三农"投入】共投入资金 5309 万元,实施 21 个农业综合开发项目。政策性农业保险种植业投保率达到 92.8%,养殖业实现应保尽保。当涂现代农业示范园、和县台湾农民创业园建设稳步推进。完成农村饮水安全工程投资 5574 万元,解决 12 万人饮水不安全问题。农村敬老院建设、农村沼气工程、农村清洁工程、农村病险水库除险加固工程任务全面完成,236 个农家书屋建成并投入使用。投入资金 335 万元,建设农村文化体育设施。投入资金 300 万元,开展新型农民培训工程等涉农培训工作。通过"一卡通"方式及时发放惠农补贴资金 7280 万元。

【优化支出结构】全市各级财政部门积极向上争取转移支付资金 23.6 亿元,比上年增加 52%。依法加大对农、科、教、公共安全等重点支出投入。争取 1.04 亿元资金,推进慈湖河综合整治等水利项目建设。安排 4.2 亿元资金,支持 205 国道、314 省道等重大基础设施建设。安排教育资金 10.12 亿元、医药卫生体制改革资金 0.89 亿元、拨付保障性住房建设资金 3.7 亿元。制定市直机关会议费管理办法,节约会议费开支。

【开展"小金库"专项治理】对全市 339 户党政机关、556 户事业单位、271 户社会团体和 88 户国有及国有控股企业进行全面复查,复查发现"小金库"1 个,涉及资金 74.07 万元。开展"小金库"重点抽查工作,对全市 60 户党政机关、事业单位、社会团体和国有及国有控股企业实施重点抽查。组织开展"小金库"知识有奖竞答活动,通过强化教育、监督,完善体制机制,进一步构建"小金库"专项治理长效机制。

【推进投融资体制改革】对政府投融资工作实行统一管理,整合投融资平台,形成职责明确,分工清晰的职能体系。累计向市城投集团注入经营性资产 70 亿元,市城投集团融资能力显著增强。编制政府投融资计划,科学、合理举借政府债务,实现政府债务一体化管理,增强政府债务风险防控能力。市城投集团全年融资获批 42.96 亿元,合资设立 2 家基金公司和 1 家担保公司。

【完善国有资产监管体制】完善国有资产经营责任考核制度,顺利完成 2010 年度国有及国有控股企业国有资本保值增值考核工作,资产增值率达 5%。加强行政事业单位国有资产管理,全年累计处置资产 1.64 亿元。加强行政事业单位房地产统一经营运作,逐步建立新型的产权集中管理体制。对市直行政事业单位房产统一办理权证,对单位出租、出借房地产统一实行市场化竞拍招租。对 34 户使用国有资产企业进行产权登记年检,完成 4 户企业资产评估核准工作。

【加强财政监督】强化财政监督力度,对财政资金实施跟踪问效。加强对政府公共投资、强农惠农、改善民生、科技创新等政策落实和资金使用情况的监督检查。组织开展会计师事务所执业质量检查和会计信息质量检查,积极开展加快经济转变发展方式监督检查和行政事业单位国有资产专项检查。对 16 个市直预算单位的 18 个项目实施绩效考评,切实提高财政资金使用效益。

(马鞍山市财政局供稿 邓明发执笔)

花山区财政工作概述

2011 年,全区财政收入 14.8 亿元,比上年增长 47.41%。一般预算支出 7.6 亿元,在执行中,因转移支付力度加大,城乡居民医疗保险、五保户供养、安置房建设、校安工程等民生工程任务调整,"四城同创"、老旧小区整治、二级道路修建等市下达任务增加等因素,一般预算支出突破年初预算。

【强化税收征管,确保财政收入目标完成】 一是加强协税护税，保证各项税收及时、足额入库。在国、地税及各街道的配合下，开展4次税源普查和建筑类项目排查工作，共追缴入库税款3902万元。二是加强纳税评估，对区属企业发展前景和纳税情况进行评估，持续关注企业的经营情况和纳税情况。三是充分调动各街道社区培植税源、发展经济的积极性，区级个体税收完成5504万元，增幅超过30%。

【积极筹措资金，支持重点项目建设】一是向上级有关部门争取资金投入，全年实现转移支付资金1.45亿元，争取市财政调度资金7.8亿元。二是与区城投公司紧密配合，发挥融资平台作用，全年融资1.4亿元。三是向有关项目协作单位积极争取周转金，投入达1.2亿元。年资金调度总额达16.8亿元，主要用于危旧房改造、"四城同创"、廉租房建设、软件大厦建设、征迁拆迁、安置房建设及回购、土地复垦等重点项目。

【全力保障民生支出，促进和谐发展】全年实施50项民生工程，共投入资金8.86亿元，比上年增长12.9%。一是全年累计拨付1492万元用于城乡低保。农村"五保户"供养标准实现全覆盖。新型农村养老保险参保率达到81%。二是全年卫生事业支出3012万元，新型农村合作医疗制度参加人群实现全覆盖，基层医改全面完成目标任务。三是城乡教育水平稳步均衡发展，教育民生累计拨付资金25327万元。筹集资金2884.2万元，用于区中小学校舍安全工程建设。四是安排4076万元资金用于农业、林业及水利等基础设施建设，实现了道路"村村通"的目标；加强农业政策性保险，及时打卡发放惠农资金239万元；大力发展农村公益事业，及时拨付"一事一议"奖补资金119.28万元；办理家电下乡和家电以旧换新产品补贴兑付162180台(件)，兑付率100%。

【加强财经监督，强化依法理财】一是认真开展财政资金专项检查，保障资金安全高效运行。二是完善"小金库"专项治理长效机制，开展党政机关和事业单位"小金库"治理"回头看"工作，并将"小金库"专项治理延伸到社会团体、国有及国有控股企业。三是推进资产管理与预算管理相结合，完善资产管理平台，强化行政事业单位资产处置收入及收益监管，进一步健全资产配置、使用、处置、收益管理的制度体系。四是开展财政预算支出绩效审计，共审计了8个民生工程项目和15个专项资金，提高财政资金使用效益。五是继续对"三公"经费实行量化指标控制，深入开展节约型机关建设。六是开展财政专户清理整顿工作，撤销重复多头开设财政专户11个，建立财政专户管理长效机制。七是加强政府投融资平台管理，健全政府债务实时监控，加强政府债务分析预警，防范财政运行风险。

（花山区财政局供稿　邓明发整理）

雨山区财政工作概述

2011年，全区实现财政收入13.7亿元,完成预算的124.55%，比上年增长46.65%。全区财政支出6.4亿元（不含基金预算支出4.5亿元），完成预算的144.08%，比上年增长35.05%。收支相抵，滚存结余45.81万元。

【强化收入征管，确保财政收入持续稳定增长】一是继续推行收入目标责任制，及时了解重点税源企业生产经营状况。二是完善税源监控体系，建立涉税信息平台运行机制，加强对重点领域、重点行业和重点税种的跟踪管理，提高组织收入的主动性和预见性。三是加大税收征管力度，实行个体税收国地税联合征管模式改革，建立联合征管大厅。四是加大税收稽查力度，严厉打击偷逃骗税行为，改善税收环境。五是完善非税收入征管，切实加强对国有资产转让、经营收益、有偿使用收入等非税收入的征管，将应缴国库的非税收入及时足额收缴入库。

【扎实推进民生工程，努力构建和谐社会】全年实施49项民生工程，投入资金8.08亿元，比上年增长19.18%。开展"民生工程集中宣传月"和"贴民情、听民意、惠民生——财政干部大走访"活动，全方位宣传民生工程。工程类项目按进度完成。城市养老和医疗急救服务体系初步建立。城乡低保、"五保户"等生活保障资金及时发放。新型农村养老保险参保率达84.63%，城镇居民医疗保险参保人数完成市下达8.1万人的任务。保障性住房建设任务按计划推进。

【落实支农政策和资金，推进城乡统筹发展】建立健全财政支农资金稳定增长机制，不断增加对"三农"的投入。一是加大农业投入，巩固农业基础地位。实施安民农副产品批发交易中心二期建设固定资产贷款贴息项目—农业综合开发项目，争取中央财政贴息资金68万元；农业保险覆盖面进一步扩大，全区种植业投保率100%。二是提高农民素质,增加农民收入。累计培训农民102人,通过“一卡通”及时向全区近1.5万农户发放各种惠农补贴资金296万元。三是改善农村人居环境,促进城乡一体化。兑现奖励资金20.12万元推动农村土地经营权流转,投资255万元推进农村公益事业“一事一议”财政奖补工作,投资61.36万元实施农村生活垃圾处理设施建设工程,投资180万元加快新农村建设试点村建设。全区广播电视综合覆盖率达到100%,农家书屋和农民体育健身工程建设全部完成,完成一所农村留守儿童活动室建设。

【推进依法理财,不断提高财政管理水平】 一是全面开展“小金库”专项治理复查工作,复查面达100%。二是加强工程建设领域项目信息公开共享专栏建设,对政府投资或使用国有资金建设的项目,从项目立项、政府采购制度执行、资金管理、投资控制、投资评审和专项审计等关键环节开展重点检查。三是认真开展城乡低保金、贫困重度残疾人生活补助资金、农村公益事业“一事一议”财政奖补资金、家电下乡和家电以旧换新补贴资金、农业政策性保险资金、粮食直补和农资综合补贴资金等民生工程资金专项检查工作。

(雨山区财政局供稿　邓明发整理)

金家庄区财政工作概述

2011年,全区财政收入完成14.8亿元,完成调整预算的106.06%,比上年增收4.8亿元,增长47.99%,比年初预算增收2.8亿元。全区财政支出8亿元,完成调整预算的109.91%,比上年增长69.82%。其中一般预算支出8亿元,基金预算支出1974万元,收支相抵,滚存结余273万元。

【强化收入征管,促进收入增长】 一是强化目标管理,及时协调各个环节上征收、入库和退库中存在的问题,确保收入均衡入库。二是继续加强全区重点行业和重点企业税收管理,建立健全收入动态监测系统,推进税源专业化管理改革,确保应收尽收。三是税务部门积极开展形式多样的税收检查,积极清缴欠税,大力查处偷、漏税行为,堵塞税收漏洞;财政部门进一步完善非税收入征管办法,加强非税收入征管力度,确保财政收入进度。

【充分发挥财政职能,推动经济发展】 一是拨付专项资金9566万元,全力支持“1334”工程。为鼓励和支持投资者开办再生资源回收企业,及时拨付奖励资金6502万元。拨付工业园区建设资金2000万元,其他各类奖励资金1064万元。二是扶持全民创业,促进中小企业发展,积极开发公益性岗位帮助困难群体实现就业和再就业等,共拨付就业补助资金278万元。三是拨付安置房土地征迁资金等31300万元。

【全力保障民生支出,促进社会和谐】 在全区实施50项民生工程,投入资金6.3亿元,比上年增长17.54%。一是优先保证教育发展,全区教育支出6759万元,免除义务教育阶段学生学杂费,免费提供教科书以及解决家庭经济困难学生就学问题。二是城乡低保实现全覆盖,新型农村养老保险参保率达到88%。三是全年为4329户过渡期满18个月的拆迁户分配住房,切实缓解城市低收入家庭住房困难问题。四是医疗卫生水平逐步提升完善。重点支持城镇职工基本医疗保险、公共卫生服务体系建设,推进基本公共卫生服务均等化。区财政投入资金400万元,进一步巩固和完善医药卫生体制改革。

【强化财政监督,提升管理水平】 一是认真开展工程建设领域突出问题专项治理工作,对45个投资50万元以上政府投资或使用国有资金建设的项目开展重点检查。二是认真开展民生工程资金、粮食直补和农资综合补贴资金、家电下乡补贴资金等专项检查工作,保障资金安全高效运行。三是继续深入推进党政机关、事业单位、社会团体和国有企业“小金库”专项治理工作。四是认真贯彻中央、省、市有关文件精神,继续从严控制“三公”消费。深入开展节约型机关建设。五是进一步加强和规范地方财政专户的管理,堵塞财政专户资金安全管理漏洞,对全区财政专户开展一次清理整顿工作。共核查财政账户29个,其中合规运行建议保留的16个,需要撤销的7个,需要合并的6个。

【不断深化财政改革,科学精细理财】 一是继续深入开展部门预算改革,深化国库管理制度改革,试运行国库集中支付核算,进一步完善国库单一账户体系。二是加大政府采购力度,把政府购买房产纳入政府采购范围,政府采购规模进一步扩大。三是对区财政补贴农民资金实行县级统一打卡发放,全年通过一卡通专户发放惠农资金52万元。

【加强国有资产管理,提高使用效益】一是整合区融资平台公司,加强国有资产管理,成立区城发集团,为政府安置房建设等重大项目提供资金保障。二是对行政事业单位资产处置,由区资产管理领导小组成员共同研究决定,处置、出租收益实行"收支两条线"管理。三是提高资金使用效率,加强全区资金集中使用调度。对征迁资金拨付进行改革,撤销各分指挥部银行账号,全部集中到区征迁指挥部管理,各项目所需资金由区征迁指挥部直接支付到单位、个人;每月召开一次资金调度会,对急需资金的项目优先安排,加速资金周转。

(金家庄区财政局供稿　邓明发整理)

含山县财政工作概述

全年财政收入完成8.27亿元,超额完成市下达的奋斗目标,较上年增长30.6%,连跨7亿元、8亿元两个台阶,其中镇级收入完成3亿元,增长30%,有5个镇财政收入超两千万元。全年财政支出完成15.2亿元,比上年增长39.2%。

【狠抓民生工程实施】全年投入资金3.96亿元,精心实施33项民生工程,惠及全县45万城乡居民。县公租房建设受到国家住建部领导的充分肯定;义务教育经费保障管理成效明显,被原巢湖市推荐为全国农村义务教育经费管理示范县;广泛开展以白内障复明手术为重点的残疾人康复工作,荣获全国白内障无障碍县称号;完善大中型水库移民后期扶持政策,被评为全国三峡移民信访工作先进集体。

【全力支持地方经济发展】全年发放贷款近40亿元,净增加9.5亿元;增加担保公司资本金至1亿元;设立铸造产业发展基金、农业产业化扶持引导基金和产油大县奖励资金1000多万元。加大财政支持力度,全年统筹各类资金近7亿元,推进重点工程建设。

【不断增强财政保障能力】投入资金近亿元,支持清溪河治理、病险水库加固等农田水利建设和抗旱防汛。完善惠农资金发放与管理工作,启动昭关镇邮政网点,全年通过"一卡通"发放21项惠农资金9470万元,获全省"一等奖"。跨年实施的运漕2009年土地治理项目被评为省优良项目,全省通报表彰。拨付1000多万元,全面实施基层医疗卫生体制改革,兑现基层医疗卫生机构绩效工资。

【不断提高理财水平】建立县经济开发区独立的一级财政体制,全年开发区财政收入突破1000万元。清理撤并财政账户30个,受到省财政厅表彰,《安徽日报》作专题报道。开展保障性住房、农村清洁工程和文化馆建设等财政资金支出绩效评价工作,"小金库"专项治理"回头看"活动顺利完成,公车治理工作有序推进。

【强化"两基"建设】环峰、林头、运漕、仙踪等4个财政所升格为财政分局,开发区财政分局正式运行。硬件建设达到新水平,第二批财政所建设计划顺利完成,清溪、铜闸和林头财政服务大厅按期投入使用。实施陶厂财政所附楼建设工程。围绕争创省市规范化财政所(分局)活动,统一设计28种表格、18类管理台账,提高镇财政业务精细化水平。仙踪、清溪通过省级验收,陶厂通过市级验收,其余5个所(分局)全部通过县级验收,全县财政基础和基层建设进一步加强。

【大力加强自身建设】以开展"服务发展年"为主线,狠抓财政队伍建设,财政形象不断提升,再获县岗位责任制先进单位,政风评议获县直单位第三名。完善财政所考核办法,营造争先进位的良好氛围。抓载体,坚持围绕财政抓党建、抓好党建促发展,机关党建工作持续加强,再获县直机关党建工作先进单位,首次获原巢湖市委"先进基层党组织"荣誉称号。按照确保"资金安全"和"干部安全"的思路,扎实抓好财政系统廉政建设,连续3年获县直机关党风廉政建设第1名。

(含山县财政局供稿　邓明发整理)

和县财政工作概述

2011年,全县完成一般预算收入9.2亿元(不含沈巷镇),比上年增长43.05%,收入连跨8亿元、9亿元两个台阶,实现快速增长。完成一般预算支出17.3亿元,比上年增长42.23%。

【全力支持重点工程建设】全年拨付重点工程建设资金5亿多元,加大对工业、农业、交通、水利等重点工程投入,除确保原先投入外,还安排工业发展引导资金1500万元、农业产业化项目引导资金1000万元(含蔬菜产业提升行动资金)、交通2000万元、水利1500万元等。人员工资及津贴补贴年初预算足额安排到位,每月按时发放;政法经费保障、农村义务教育绩效工资等严格按标准执行到位;基层医药卫生体制综合改革顺利推进。教育、科技、文体、社保、医疗卫生、农林水等重点支出分别同比增长78.11%、15.61%、46.98%、33.29%、50%和56.49%,社会事业得到均衡发展。

【进一步提升服务经济建设能力】 扩大县振兴担保公司注册资本至1.5亿元,单户担保能力由1000万元增至1500万元;顺利通过省政府金融办规范化整顿验收,并获得融资性担保经营许可证。全年为中小企业提供担保贷款5.5亿元,累计担保贷款15.32亿元。

【大力实施民生工程】 实施省33项民生工程全年资金总投入4.72亿元,其中县级筹集的0.66亿元资金全部配套到位。重点强化领导责任、制度建设、资金保障、宣传引导、监督检查五个方面措施,聘请了20名人大代表、政协委员为民生工程监督员,各项民生工程顺利实施。财政部门牵头实施的三项民生工程在全市位列先进位次。

【进一步深化财政改革】 重点深化国库集中支付改革,改变原有资金拨付至项目所在地方式,直接拨付到城投公司,实行报账提款,减少中间环节;通过明确各方职责、及时清算资金和建立应急机制,加快国库集中支付资金拨付进度;逐步实行会计集中核算向国库集中支付转轨,全年将8所县办中学、22家一级主管部门总计80多家单位财务移交本单位,实行国库集中支付。

【进一步规范财政管理】 完善财政性资金审批办法,对审批金额和审批程序进行修改完善,规范签报办理程序,加快资金拨付进度。加强财政专项资金管理,将一般公共服务、教育、科技、文化和各类送温暖、解困和帮扶等专项资金纳入管理,实行跟踪问效管理,建立定期通报制度,加大违规查处力度。开展财政支出绩效考评,对全县医改基金、校安工程、涵闸陡门翻建、企业税收奖返、村级公益事业"一事一议"财政奖补等5个项目开展绩效考评。

【加强财政"两基"建设】 将五个镇财政所升格成立财政分局,进一步加快乡镇财政科学化精细化管理进程。开展县镇共建活动,健全联岗奖补、绩效挂钩、考核兑现的激励机制。县财政局和镇政府共同负责对镇财政所(分局)所设岗位工作人员进行考核,并根据考核结果,拟定奖补标准。自4月1日起,正式运行财政平台一体化管理信息系统,将各级财政部门原先相互独立封闭的业务系统,整合改造为信息共享、数据集中处理的平台运行模式。

【强化干部队伍和财政文化建设】 建立工作周志制度,全体工作人员每周五总结并报送工作周志,包括本周所完成工作事项、未完成的事项及主要原因、下周工作计划,作为工作人员评优、奖惩的重要参考依据,归入人事档案。开展了全县财政干部大走访活动,全县163名财政干部分67个小组,分赴全县10个乡镇139个村(社区)走访。开展岗位争优活动,设立"党员示范岗、创先示范岗",开展公开竞职评议;推行双岗双责制度。加强财政文化建设,局机关成立了乒乓球队、舞蹈队、读书小组等文化活动组织,代表原巢湖市参加省厅组织的建党90周年文艺汇演,举办"迎新春,庆元旦"书画摄影展等。

(和县财政局供稿 邓明发整理)

当涂县财政工作概述

2011年,全县财政收入完成35亿元,超额完成力争任务的13%,较上年同期增长58.3%。完成财政支出33亿元,同比增长60.2%,超额完成67.9个百分点。其中民生类支出同比增长幅度达到78.7%,占总支出的比例的84.1%;教育、城乡社区事务、社会保障和就业、农林水事务、医疗卫生成为最主要的支出项目。

【抓财源促增收,财政实力大幅攀升】 一是出台加快自主创新推动产业转型升级奖励政策、促进工业经济平稳较快发展奖励等政策和办法,加速经济发展。二是认真落实税收征管保障办法,严格部门和乡镇的收入任务考核,坚持依法征管,依法治税,加大重点企业税收监控,提高收入征管质量和效率,实现财政收入的持续增长,税收收入占财政收入的比重在90%以上。三是加大土地出让金的征缴力度,全年清欠土地出让金3.1亿元。四是对再生资源企业做好全程跟踪服务工作,确保企业税收实现较大增长。

【优化结构推建设,加快当涂全面转型】 一是实施积极的财政政策,支持县域发展"四个集中",推动经济社会"四大转型",全力打造幸福当涂。二是严格财政支出管理，从严控制一般性支出，规范政府性投资项目资金支付程序。三是支持全县大投入、大建设、大发展，全年投入城市建设资金 5.3 亿元，整合资金 4.1 亿元用于 205 国道和 314 省道改扩建。四是扶持企业发展，投入 1077 万元专项资金支持企业上市和技术改造，安排财政资金 315 万元支持新型农村金融机构扩大信贷投放。五是做好政府债务偿还工作，从土地出让收益中按 20%提取政府性融资偿债准备金，当年还款 2.7 亿元，年末地方政府债务余额 13.62 亿元，其中财政有直接偿还责任的债务 8.7 亿元。

【支持“三农”惠民生，推进城乡统筹发展】 一是按照县城乡一体化的总体部署，加大三农投入。其中投入水利建设 3080 万元、中低产田改造和农业产业化建设 1937 万元、土地开垦复垦和土地置换 4381 元、整村推进 1600 万元、“一事一议”财政奖补 4112 万元、发放各类涉农补贴资金 8183 万元、兑现家电汽车摩托车下乡和家电以旧换新财政补贴 4246 万元。二是大幅增加水利和教育投入，从 2011 年起，从土地出让净收益中每年分别提取 10%用作农田水利建设资金和教育资金。三是建立多方筹资机制，推行民生工程预算制度，50 项民生工程完成总投资 16 亿元。其中投入城市低收入家庭与公共租赁房住房保障 2.91 亿元，投入护城河生态修复和水质治理 1.5 亿元，投入义务教育经费保障机制改革和校安工程建设 1.1 亿元，投入新型农村合作医疗 1.27 亿元，提升人民群众幸福指数。

【深化改革，理财水平明显提升】 一是深化国库管理模式改革，扩大支付范围，建设平台一体化系统，实施会计核算向国库集中支付转轨。二是规范财政专户管理，对 2010 年底以前的所有财政专户进行全面清理。三是实施新的政府非税收入征收管理办法，除教育收费外，将预算外资金全部纳入预算管理。四是推进部门预算改革，提高公用经费定额标准，保障基本运转需要，实施支出绩效考评，提高预算编制科学性和准确性。五是深化财政监督管理，开展小金库专项治理，开展惠农资金检查，开展非税收入等重大支出项目专项检查。

（当涂县财政局供稿　邓明发整理）

芜湖市财政工作概况

芜湖市财政工作综述

2011年,芜湖市财政总收入完成286.8亿元,为预算的110.8%,比上年增长31.3%。市本级财政总收入完成90.9亿元,增长16.2%。其中中央收入55.3亿元,出口退税8.2亿元,地方收入27.4亿元,为预算的111%,增长29.3%。市本级财政支出完成81亿元,增长53%。其中上解支出9.3亿元,补助区级支出2.2亿元,安排预算稳定调节基金0.9亿元,支出合计93.4亿元。收支相抵结余1.3亿元。

【财政收入结构继续调整优化】全市地方收入完成140亿元,占总收入比重达到48.8%,较上年提高0.8个百分点;第三产业税收实现快速增长,实现96.1亿元,增长45.3%,高出第二产业税收增幅19个百分点,第三产业税收占总收入比重33.6%,较上年提高3.3个百分点;骨干税源企业支撑作用明显,奇瑞汽车、海螺集团、芜湖烟厂、美的电器、格力电器、新兴铸管、华菱电缆等重点税源企业新增税收23亿元,占全市新增收入的33.7%。

【财政支出进一步向重点领域倾斜】全市各级财政安排自主创新和战略性新兴产业发展资金40亿元,占财政总支出比重达到17.1%,较上年增长60%,有力地推动了经济结构调整,增强了经济发展后劲。全市民生工程支出47亿元,占财政总支出的20.1%,较上年增加支出10.2亿元,人民群众特别是弱势群体的生活水平和质量得到进一步提高。

【加强收入征管,发挥税收调控作用】税收征管部门深入实施税源专业化管理改革试点,加强纳税评估,推进税收信息化系统建设,进一步优化税收服务。财政部门加强非税收入征管,规范非税收入行为,保证非税收入足额征收和及时上缴。落实城镇土地使用税调控政策,加大征管力度,促进节约集约用地,全年城镇土地使用税完成9.2亿元,增长40.3%,总额位居全省第一。全年房地产行业入库税收42.5亿元,增长21.8%。全年建筑安装行业入库税收16.3亿元,增长36.1%。全年实现营业税42.1亿元,增长42.2%。

【完善和落实财税政策,促进经济转型发展】全年各级财政兑现各类支持企业发展支出52亿元,累计减免税费54.6亿元。加强融资性担保机构管理,扩大政府性风险投资基金规模,努力解决中小企业融资难问题。落实节能汽车奖扶政策,实施可再生资源建筑应用示范和"金太阳"工程,全年安排财政支出10.7亿元,促进节能减排和资源综合利用。争取中央和省政策性补助资金60亿元,支持经济和各项社会事业发展。统筹调度资金162亿元,支持县区工业园区建设和经济发展。多渠道筹措建设资金61.5亿元,支持青弋江分洪道、城市基础设施、保障房等重点工程项目建设。

【加大"三农"扶持力度,促进城乡统筹发展】全年安排水利投入15.7亿元,较上年增长3倍。开展现代农业综合示范区建设,构建现代农业产业体系。推进政策性农业保险,降低农业生产风险。实施农村公益性事业"一事一议"奖补,加快农村公共服务建设。加大涉农资金整合力度,集中财力支持新农村示范区建设。实施农村危房改造和村庄整治工作,进一步改善农村居住环境。落实各项强农惠农政策,提高涉农补贴标准,增加农民收入,推进农民收入倍增规划实施。全年农业投入24亿元,较上年增长1倍。

【加大社会建设投入,切实保障和改善民生】全年安排教育投入 38.3 亿元，较上年增长 49.2%。化解高校债务 1.56 亿元，开展高中债务调查统计工作。统筹安排地方政府债券等各类财政资金 22.5 亿元，支持保障房建设。整合国有资产、资源，注资 30 亿元成立宜居集团公司，搭建保障房投资、建设、管理和运营平台。进一步提高住房保障面积、保障线收入水平和租金补贴标准，发放廉租补贴 2862 万元，受益 14800 户。全年医疗卫生投入 15.3 亿元，较上年增长 20%。支持市区残疾车整治，安排补贴和奖励资金 3000 万元。完善社区建设投入政策，推进养老服务业发展，提升社区社会管理和公共服务功能。建立创业富民专项扶持资金 5260 万元，制定领军人才创新创业风险投资引导基金管理办法，大力实施小额担保贷款贴息政策。发放家电下乡、家电以旧换新补助资金 1.6 亿元，带动全市家电消费 15.3 亿元。市区发放居民购房补贴 3700 万元，引导 7700 余户(人)购买住房。

【完善体制机制，加强国有资产管理】开展企业国有资产产权登记，全面了解企业国有产权分布与变动情况。开展市直行政事业单位国有资产绩效考核，促进资产采购、使用和管理规范化。对市直行政事业单位无证房产、土地进行清理确权，完善资产权证，明晰资产权属。开展党政机关公务用车治理，制定公务用车配备使用办法，规范公务用车管理。统筹调配机关办公用房，优化办公用房配置。建立城市公共交通成本规制及财政补偿机制，加大公交投入，促进公交事业优先发展。

【深化财政改革，提升财政服务水平】深化收入管理改革。将非税收入全部纳入预算管理，实现收入预算全覆盖；严格执行土地出让金提成分配办法，实施土地出让金收入直接缴库办法；实行非税收入账户资金月末零余额制度，保障非税收入及时足额上缴财政。深化支出管理改革。实施财政结转结余资金管理办法，对市直单位集中开展两次结转结余资金清理，收回单位资金 4255 万元；对公共预算、基金预算、上级补助资金等各类财政资金实行统筹安排，集中财力保障重点项目支出；建立预算信息公开制度，有序推进预算公开，接受社会监督。深化资金管理改革。制定政府性资金存放办法，引导和激励商业银行加大信贷投放力度；清理财政和行政事业单位银行账户，撤销账户 31 个，保障资金安全；开展基层医疗卫生机构和农村公益性债务调查统计，为化解债务做好准备工作；健全各级财政偿债准备金制度，切实防范债务风险。

【完善财政监督机制，提高财政管理质量】对市直机关财务实行会计代理核算，加强财务管理和服务。继续开展"小金库"专项治理工作，完成 1995 户行政事业单位、国有企业和社会团体复查工作。高度重视财政审计意见，对其提出的专项资金支出预算不够细化等问题逐一进行整改完善。建立财政非税收入减免缓补联合审查机制，规范权力运行。完善政府采购代理和评审机制，加强政府采购监管。加强会计从业人员和财务中介机构管理，提升会计信息质量。

【开展创先争优活动，切实做好党建工作】一是深入开展创先争优活动，公开亮诺，接受社会各界监督；二是开展局各党支部换届选举准备工作，推动党支部日常工作开展；三是积极开展机关党委、行业党支部创建活动和机关学习型党组织建设活动，局机关党委荣获"市直机关先进基层党组织"、"市直机关学习型党组织先进单位"称号，国库科被评为"共产党员示范岗"，局机关党委被省厅行业党委授予先进集体，新中天党支部被省财政厅行业党委授予先进党支部；四是继续开展结对帮扶工作，认真研讨下一步帮扶活动的新形式、新举措。

【开展文明创建活动，争创省级文明单位】一是开展春节献爱心捐款活动，捐款总额达 7450 元；二是开展各类主题教育活动，树立财政良好形象；三是组织开展创先争优主题征文和演讲比赛，荣获市直机关三等奖；四是开展群体活动；五是积极组织参加全省财政系统庆祝建党 90 周年文艺汇演活动；六是积极落实市文明办布置的各项日常工作，圆满完成任务。

【开展效能建设活动，推进局机关政风建设】制定效能建设活动方案，以"改进机关作风、提高服务意识、优化财政环境"为主题，进一步深化政务公开，不断简化、优化办事流程，完善制度，改进作风，提高效率，推进落实，更好地服务群众，服务经济社会发展。2011 年度，市财政局荣获第九届省级文明单位，在全市综合考核中荣获一等，"民生工程" 荣获省政府优秀表彰；荣获上级各种单项表彰和奖励 54 项次，其中集体 35 项次(省级 27 项次、市级 8 项次)、个人 19 项次(省级 12 项次、市级 7 项次)。

(芜湖市财政局供稿 周 圣执笔)

镜湖区财政工作概述

2011年,镜湖区实现财政收入33亿元,比上年增长(以下简称增长或下降)34.81%;完成全年预算任务的117.22%。其中地方收入19.2亿元,增长32.22%。全区实现财政支出15.3亿元(含中央、省、市专项转移支付1.2亿元),完成年初预算的153.07%,同比增长59.9%。

【强化税源监管,收入稳中有进】2011年,财政部门将年度财政收入任务分解到国、地税各征管部门,年初开始就狠抓收入进度不放松,按月召开收入调度会,加强财政收入情况分析。对主体税种和骨干税源进行实时监控。组织财税部门、经济主管部门对产值亿元以上工业企业、重点商贸企业以及部分房地产企业进行调研,摸排企业存在的困难,稳定区级财政收入的税基。强化税收征管手段,对中小企业进行逐户摸底调查,保证零星税收及时足额征收到位。健全非税收入管理机制,进一步扩大非税收入纳入预算管理的范围。

【优化支出结构,财政活力增强】一方面严格按照序时进度进行预算拨款,另一方面加大支出保障的力度,把财政资源更多地用于教育、社会保障和就业、医疗卫生等民生方面。2011年教育支出30747万元,占总支出20.16%,较上年增长33.40%;社会保障和就业支出为10408万元,占总支出6.82%,较上年增长78.95%;城乡社区事务支出为29917万元,占总支出19.61%,较上年增长31.86%。同时,积极落实三产兴市的政策,从年初预算安排的产业引导资金中共兑现24大类135项政策性资金支出6767.74万元,其中支持总部经济发展奖励3576.85万元,充分发挥了产业引导资金的导向作用。

【加大民生投入,保障机制不断完善】全年民生工程共投入财政性资金2.5亿元,圆满完成了35项民生工程任务。一是完善保障机制,建立健全了民生工程协调机制、资金筹措落实机制、考核奖惩机制、检查通报制度等相关制度,确保配套资金及时足额落实到位。二是加大宣传力度。三是开展走访活动,积极引导广大群众对改善民生保持合理期望,争取群众对民生工程的理解和支持。四是强化项目督办,改进督查方式,注重督查实效性,使督查工作真正收到事半功倍的效果。五是规范管护措施,对已建成项目,建立健全后续管护措施,安排管护资金,落实管护责任单位和责任人。对新建项目,进行调查核实,落实管护主体,将工程管护纳入总体规划。

【厘清国资家底,资产统一管理】年初成立了区国有资产管理公司,对全区国有资产进行集中管理,从制度上规范资产配置、资产使用到资产处置的行为;建立信息台账,加强与财政核算中心及相关单位之间的业务衔接,实现新增固定资产的足额录入和报废固定资产的及时核销,确保账实相符;积极联系各部门进行资产核查,对有争议的资产联系相关部门进行认定,全力推进全区行政事业单位房屋建筑物资产统一管理工作。

【开展公车治理,建立动态管理机制】区成立公车治理专项工作领导小组,及时报送各类报表。通过自查和上级领导的检查,发现了自身存在的一些问题并及时纠正,建立公车治理动态管理机制,确定区直行政事业单位公务用车统一采购、统一保险、统一定点维修、统一调配和统一报废处置的"五统一",为公务用车管理打下坚实基础。

【深化街道体制改革,基层财力增强】合理划分区街两级财权事权管理范围;适当调整街道财政收支基数;完善区对街专项转移支付制度;健全街道协税护税体系;规范街道预算收入申报制度;实施街道综合财政预算;加强街道房屋产权的管理。全区11个街道(不含方村街道)税收收入总计9760.04万元。其中:国税收入总计3099.7万元,同比增长58.74%;地税收入总计6660.34万元,同比增长57.57%。全区所有街道共自主实施店招整治、摊点群规范、老旧小区改造等一系列工程65项,累计支出2675.17万元,全面提升了人居环境。

【集中管理政府性投资建设项目,节约财政资金】全年区财政局(物采办)委托市政府采购代理处受理政府性招标采购项目182项,项目预算合计290238.028万元,中标金额227958.3206万元,节约财政资金62279.7074万元,节约率21.46%。全年共完成政府建设工程决算审计项目119项,工程决算价格合计88803412.97元,经审计事务所审计后核减金额12114744.07元,核减率14%。

【开展"小金库"治理,党风廉政常抓不懈】区财政根据行政事业单位"小金库"专项治理领导小组工作安排,积极动员部署,按自查自纠、重点检查、集中处理、责令整改四个阶段开展“小金库”专项治理工作。通过自查自纠和重点抽查相结合的方式,对我区行政事业单位及国有控股企业的账目情况进行全面清查,未发现“小金库”现象,但对清查中发现的部分单位存在的账目不清等情况责令其尽快整改。严格按照“收支两条线”的原则对区属各单位的非税收入进行核查,杜绝乱收费现象。同时,区将财政干部党风廉政教育纳入经常性工作范畴,不断加强财政监管力度。进一步加强全区财政工作人员思想建设、业务建设、作风建设、制度建设、文化建设和反腐倡廉建设,努力打造一支适应财政改革发展需要的干部队伍。建立健全政务督办、民主评议、行政过错责任追究等内部规章制度,着力提高工作运行效率。

(镜湖财政局供稿)

弋江区财政工作概述

2011年,弋江区实现财政收入21.6亿元,完成预算的120.2%,同比增长44.1%,其中地方财政收入完成14.4亿元,增长47.9%。全区财政总支出为11.7亿元(含基金支出1435万元),其中一般财政支出11.5亿元,为预算的148.7%,增长41.4%。

【组织收入规模实现新跨越】全面把握有利因素,积极应对经济发展的不确定、不稳定因素,坚持依法合规和应收尽收的组织收入原则,切实加强与税务部门的沟通衔接,依法科学组织收入,财政收入继续保持平稳较快增长,全年入库收入突破20亿元大关,为经济社会发展提供财力保障。

【预算管理水平得到新提升】严格控制公款出国、公务车配置及运行费用、公务招待费以及会议费、购置费等一般性支出。进一步完善部门综合预算编制,坚持公开透明,切实落实“两上两下”部门预算编制工作,将原来纳入专户管理的预算外资金全部缴入国库,实行综合预算管理,增强预算编制和预算管理的科学性、规范性、准确性、透明性。坚持依法科学理财,进一步提高预算管理工作效率,严格执行人代会批准的年度预算,规范财政预算经费拨款程序,努力做好专项经费支出的跟踪问效工作。

【保障改善民生取得新进展】优化财政支出结构,不断加大民生工程支出力度。坚持以人为本、民生为重,与相关职能部门紧密合作,大力推进创业富民,加大就业扶持力度,健全社会保障体系,完善基层医药卫生体制综合改革,认真做好家电下乡、政策性农业保险等补贴发放工作。完善区、镇(街)、村(社区)三级为民服务网络,改进服务方式,提升服务效能。

【国有资产监管得到新加强】完善国有资产管理制度,促进国有资产保值增值,参与制定新建小区商业用房、门面房等公共设施处置方案。阳光操作国有资产处置,严格按照公开、公平、公正的原则,委托有资质的产权交易所,公开对外拍卖或拍租。规范机关办公用电子产品更新、购置、报废等程序,科学合理使用办公电子产品,有效提高办公效率。

【服务经济发展取得新成效】加大资金调度力度,保障重点工程建设支出,积极落实扶持战略性新兴产业发展专项资金,稳步提高建设资金和产业发展资金支出占财政支出总量的比例。加强对企业经济运行情况的调研、分析,规范操作程序,坚持贷审会表决制度,帮助企业解决融资困难,促进融资担保工作的规范化、制度化、公开化。积极配合相关职能部门为企业申报发展项目,争取中央和省、市配套资金支持,促进中小企业健康发展。

(弋江区财政局供稿)

鸠江区财政工作概述

2011年,全区财政收入完成15.2亿元,为预算的119.1%,增长38.5%。其中地方财政收入完成10亿元,为预算的127%,增长45.3%。全区财政支出9.3亿元,增长61.9%。

【财政收入提质增量】2011年,全区财政总收入在去年突破10亿元的基础上继续保持较快增长,总量再上新台阶,规模超过15亿元;地方财政收入首次超过10亿元,实现历史性突破。财政收入大幅增长的同时,收入结构继续不断优化,财政总收入中地方财政收入所占比重达到了66.1%,较上年提高了3.1个百分点。

【税收收入快速增长】在联合电子、基伊埃等一批创新能力强、发展速度快的龙头企业引领下,全区工业经济高开稳走,规模以上工业企业税源得到明显提升,实现税收较上年增长45.4%。与此同时,经济结构调整不断优化,第三产业增加值比重提高,房地产、文化创意产业税收快速增长,实现税收较上年增长63.1%。

【重点支出保障有力】财政支出预算安排更趋合理,均衡性和时效性明显提升,各类重点支出保障有力,支出总量进一步扩大,全区财政总支出规模达9.3亿元。新增财力重点向民生和产业发展领域倾斜。

【强化税收征管,促进收入快速增长】一是强化财税协作,加强日常征管,确保收入均衡入库。二是对重点行业税收继续实行跟踪监管,强化税收监控和分析,充分发挥统计、财政动态预警机制,加强重点监管,确保收入快速增长。三是积极与税务部门配合,开展房地产行业税收检查,落实城镇土地使用税调控政策,加强税收征管;实行税务和建设主管部门联动,堵塞建筑安装行业税收漏洞。四是继续加强综合治税,定期梳理辖区企业税收级次,重点加大对新招商引资企业的税收管理,协调调整企业入库级次,确保税收及时入库。

【加强基础管理,提高财政管理水平】一是完善部门预算管理。完善部门预算编制体系,提高年初预算到位率;加快预算执行进度,进一步提高预算执行的均衡性和有效性。二是规范资产资金管理。继续推进行政事业单位资产动态管理系统的使用与升级改造,加强行政事业单位资产处置管理,有效防范政府债务风险。三是加强财政监管力度。进一步规范政府采购,着力解决采购效率和运作规范问题;加强"三公"经费监管;开展基层医疗卫生机构债务调查统计,为化债做好准备工作;深入开展"小金库"和公务用车治理工作,完善治理长效机制;加大财务培训力度,完善镇街财务管理。四是顺利完成区划调整省对沈巷镇体制划转工作。

【发挥财政职能,推动经济结构调整】一是兑现企业各类扶持资金7445万元,及时拨付科技自主创新资金2580万元;兑现文化创意产业发展资金1021万元,大力扶持文化创意产业发展;兑现工业"小巨人"培育、土地使用税奖励等1236万元。二是及时兑现上市融资费用补贴等各类上市税费补助资金3149万元,推动企业上市工作。三是通过实施政府性担保机构支持中小企业贷款担保,小贷公司贷款增量风险补偿,小额担保贷款及贴息,搭建银企对接平台等形式,多渠道解决中小企业融资难问题。四是围绕鸠江开发区、文化创意产业园等所涉及的重点项目以及按照"跨江创业、联动发展"的总体要求,多渠道筹集资金,确保重点项目建设,提升产业发展空间。

【优化支出结构,着力保障和改善民生】全区教育、社会保障、医疗卫生、住房保障等社会民生类支出累计达7.4亿元,占财政支出比重80%,较上年提高11个百分点。全区地方财力新增部分91%用于民生投入。当年共实施并完成省、市、区32项民生工程任务。认真落实公共财政预算教育占比提高等教育投入政策,持续加大投入,统筹安排教育支出1.62亿元,促进义务教育均衡发展。投入1780万元,进一步提高城乡低保、五保供养等补助标准。设立创业富民扶持专项资金162万元,大力实施小额担保贷款贴息政策,促进全民创业,增加城乡居民收入。安排849万元,加大公共卫生投入,进一步完善医药卫生体制改革,加快公共卫生服务体系建设。统筹安排地方政府债券等各类财政资金8853万元,支持保障房建设。调度资金3700万元,及时调整、兑现沈巷镇各类社保对象、机关事业单位人员等各类群体待遇标准,实行同城同待遇。

(鸠江区财政局供稿)

三山区财政工作概述

2011年,三山区一般预算收入完成6亿元,为预算的100.7%,比上年增长34%。其中中央收入1.8亿元(含出口退税),为预算的144.2%,比上年增长117.7%;地方收入4.2亿元,为预算的89%,比上年增长14.8%。

【依法组织收入】加强收入征管,多方面挖掘税源,积极与税务部门沟通协调,共同解决所面临的困难和问题,多方位开展税源调查,掌握企业的经营状况,尤其对项目建设所涉及的建筑企业,了解其纳税情况,坚持税收属地原则,掌握税收动态,确保各项税收及时足额入库,做到应收尽收。

【实施民生工程】全年实施28项民生工程,其中省定项目22项,市定项目6项,责任单位18个。民生工程任务确定后,区政府和各有关责任单位精心组织、统筹安排、完善制度、筹措资金、创新机制、狠抓落实。全年民生工程总支出达2.2亿元,为年初计划1.94亿元的113.4%,顺利完成了各项目标任务,被评为“安徽省民生工程先进县(区)”。

【兑付补贴资金】全年全区惠民直达工程涉及9个部门,全年全区通过惠民直达工程发放补贴6000万元;销售家电下乡产品21000台,销售额6500万元,财政补贴590万元,补贴率100%;农村公益事业“一事一议”财政奖补共有7个项目开工,项目投资总额达159.28万元,申请财政奖补62.22万元,受益群众达1.62万人。

【加大企业扶持力度】提高税收优惠服务水平,对于符合条件的中小企业,加大政策宣传力度,按照国家税收优惠政策,提供一对一的专项辅导和减免税服务,用好企业所得税、营业税、地方小税种等各项税收优惠政策,为中小企业发展减负助力,全年共兑付企业各项奖励款2508万元。

【加强资产管理】进一步加强国有资产信息化管理,组织各单位进行培训,定期上门指导。不定期检查单位的管理制度、资产登记、责任落实、保持账实一致的情况。进一步做好行政事业单位资产申购、处置、调配、产权登记、年检、盘盈、盘亏、资产评估等审批和服务工作,指导和协调核算中心和单位资产管理人员做好账务调整等业务。

【严格会计核算】继续发挥职能优势,加强财务审核监督,规范财务收支管理。继续加大对“三公”经费支出控制力度。进一步规范公务员和事业单位人员收入分配秩序,执行阳光工资纪律,严格禁止机关事业单位超标准、超范围支出,杜绝各类滥发补贴、奖金、实物等违反财经纪律的现象。减少资金的浪费和不合理的开支,从源头上预防了违规违纪行为的产生。

(三山区财政局供稿 柯 莹执笔)

大桥开发区财政工作概述

2011年,经过开发区财政局全局人员共同努力,区财政工作取得了积极进展。

【抓预算管理,提高财政管理水平】核定预算定额,编制2012年财政、财务预算;严格按预算拨付资金,保证预算单位正常运转;同时加强预算控制,确保资金运行效率。

【抓纳税管理,提高纳税意识】配合区地税部门对区内税收征管户籍进行清理,发现有部分纳税大户税收不在本区,市地税部门拟进行调整。2011年对区内土地使用税进行全面清理,并配合税务部门对区内企业纳税知识培训。

【抓融资工作,提高资金使用效率】新区基础设施建设进入高投入期。经测算新区安置房一期、二期(均配套廉租房),长江南路以及区内4条干道建设,需建设资金36亿元。区财政局努力如期归还老区债务本息,并力争尽早归还还有1.5亿元老的银行贷款本金。区财政与多家相关银行办理贷款授信,授信额度已超过10亿元,新增贷款5.8亿元。同时与工商银行开展信托贷款业务,并加强与其他银行的合作。在保证区资金正常周转和银行承诺无风险前提下利用间歇资金购买短期理财产品,提高资金使用效率。

【抓招投标管理,规范招投标管理行为】2011年,区建设工程全面启动,招投标工作任务重。年度完成招投标77项,节约资金2500多万元。规范招投标行为,由区财政牵头,采购单位、相关主管部门参加,区纪委监察室全程监督,并全过程录音,接受监督。

【抓企业搬迁,保证项目建设按期推进】委托中介机构对区内捷得服饰、皖江棉麻公司等2户企业拆迁资产进行评估,并与企业进行多次艰难谈判,最终按评估价,与企业达成征迁补偿协议,保证了长江南路等重点项目如期推进。

(大桥开发区财政局供稿)

经济技术开发区财政工作概述

2011年,芜湖经济技术开发区财政总收入完成40.1亿元,增长49.1%。其中中央收入完成19.4亿元,出口退税完成3.2亿元,地方一般预算收入完成17.6亿元,增长33.2%。全年财政支出完成17.8亿元。

【抓好税源建设】加强开发区税源建设,对区内重点企业和重点税源户进行调研,协调税务、工商、金融等部门,切实帮助企业解决生产经营中出现的困难和问题。联合国土分局等相关部门全面开展工业用地专项检查,优化完善土地使用税征收和奖励政策。继续做好土地出让金的征缴和催收,督促企业

【深化财政收支改革】积极深化收支改革,强化

支出管理,财政核算中心管理机制进一步优化完善。编制下发制度文件,进一步完善经开区资金支出审批程序和资产管理制度。认真开展公务用车治理工作,逐步建立完善公务用车管理制度。预算体制进一步完善,逐步规范各预算单位的财务管理,集中核算各项财政资金,做到科学理财,依法理财。两办事处财政管理体制日趋合理,做好对办事处财政业务的监督和指导工作,充分调动街道办事处理财积极性,有效促进街道经济和社会各项事业协调发展。

【加强财务监管】加强对开发区行政事业单位财务管理和会计监督,充分发挥财政资金使用效益。同时做好建设投资公司贷款维护及各项贷后检查工作。做好地方债务清理统计,建立完善地方政府债务月报制度,切实加强融资平台公司管理,有效防范财政金融风险。深化“小金库”专项治理工作,进一步巩固专项治理成果。同时构建和完善防治“小金库”长效工作机制,着力解决人民群众反映强烈的突出问题。

【扶持企业发展】开发区对重点企业和支柱产业实行产业发展奖励基金扶持。及时调整并完善产业发展基金奖励办法,全力支持支柱产业发展,全年共支付各类产业发展基金3.4亿元。全年共拨付土地使用税奖励资金1333.49万元,拨付小额贷款公司奖励资金160.48万元。及时拨付科技自主创新、节能考核、小巨人、商标品牌等专项资金达4252.95万元。全年共申请省级以上补助资金达23233万元,信义光伏产业(安徽)控股有限公司“金太阳”示范项目补助资金5600万元,财政部门发挥专项资金监管职能,确保专款专用。拨付芜湖精博热传导等4户企业2010年特色产业项目资金130万元。依据有关政策,积极组织企业做好2011年项目材料申报工作,申报芜湖通和汽车管路系统有限公司等6户企业项2011年特色产业项目资金480万元。

【积极推进民生工程】全年民生工程累计投入10776.3万元。通过多种渠道和方式宣传民生工程,认真开展财政干部大走访活动,深入社区(村)宣传民生工程政策,了解群众对民生工程的意见。继续推进惠民直达工程,惠民直达工程工作逐步规范化、合理化。各项惠民资金均采用“一卡通”拨付,不断推进开发区惠民直达工程“五个一”管理体系建设。积极贯彻执行中央家电下乡和以旧换新等补助政策,发挥财政资金对“扩大内需”政策的拉动作用,共发放家电下乡补助资金78.9万元,在全市兑付率评比中位居第一位。

【全力招商引财】全力以赴加大招商引资、引财力度,全年引进新项目共计16个,总投资达94500万元。其中芜湖美芝压缩机销售有限公司、芜湖小天鹅制冷设备有限公司、芜湖美智空调设备销售有限公司、芜湖美的制冷产品销售有限公司、芜湖美的暖通设备销售有限公司等总部家电销售公司,注册资金达16350万元,打造区域家电销售中心。成功引进芜湖融泰小额贷款有限公司、芜湖鑫丰汇小额贷款有限公司、芜湖迅博小额贷款股份有限公司、芜湖市银运投资担保有限公司,注册资金达42000万元,全力打造自主创新综合配套示范区金融服务平台,完善开发区金融服务体系建设。引进安徽长江能源发展有限责任公司、芜湖民众商贸有限公司、芜湖方圆物流有限公司等7家三产服务企业,年纳税额预计达5000万元,全面提升开发区三产服务水平。

(经济开发区财政局供稿)

无为县财政工作概述

2011年,全县共组织一般预算收入20.3亿元,占年度预算的101.5%,较上年增长14.3%。其中国税部门完成10.4亿元,较上年增长15%;地税部门完成6.8亿元,较上年增长23%;财政部门完成3.5亿元,与上年持平。全县实现一般预算支出32.9亿元,较上年增长28.8%。

【加强财源建设,推动经济发展】优化财税环境,发挥财政资金的杠杆调节作用;落实再生企业退税政策,为企业办理退税3757万元;提高担保公司担保能力,增加担保注册资本金2000万元,新增贷款担保10941万元。落实产业扶持政策。拨付5921万元,兑现企业各类奖励,支持传统优势产业做大做强;调拨3091万元,支持烟花爆竹、煤矿企业有序退出。投入11000万元,用于无为经济开发区、高沟经济开发区、无城工业园区建设;投入13620万元,用于通江大道、县乡道路建设、维修工程等。促进投资消费。争取地方政府债券资金2400万元,推动保障性安居工程项目建设;发放各类补贴5815万元,落实家电、汽车下乡和家电以旧换新政策。发放小额担保贷款 397 户 1588 万元,发挥创业带动就业作用。

【狠抓财政收入,做大财政蛋糕】一是及时将全年收入任务分解落实到部门和乡镇,对部门乡镇一月一通报,一月一调度。二是强化征管。国税部门通过加强对电缆、羽毛等重点行业稽查和评估,全年查补税款和评估各类收入 4000 多万元;地税部门通过项目登记、重点工程及重点企业定期信息交换等制度,促进税收增长;财政部门加大非税收入、契税和耕地占用税清缴力度。三是继续将全年财税目标任务完成情况纳入年度重点工作考评,严格兑现奖惩。

【保障改善民生,推进社会事业】组织实施 33 项民生工程,全年共筹集资金 8.9 亿元,其中县本级配套资金 1.2 亿元,提前两月足额落实到位,到位率 100%。在资金配套上,做到年初预算安排到位,项目变动跟进到位,标准提高追加到位。全年对水库移民后期扶持等 17 个补助补偿类项目,发放 56366 万元;对敬老院等 14 个工程建设类项目投资 32609 万元;对农民工技能、新型农民等教育培训类投入 362 万元,完成培训 7837 人次。教育支出 10.63 亿元,增长 26%;科技支出 3300 万元,增长 22.3%;文化支出 2730 万元,增长 54.7%;计生投入 5393 万元,增长 13.6%;环保投入 5890 万元,用于全县水污染防治、绿化、污水处理等生态建设。

【创新工作举措,推动财政改革】加强专项资金管理,革命老区转移支付专项资金管理在 2011 年度获得全省一等奖、奖金 150 万元。全面清理财政专户,撤销合并专户 11 个,并形成长效机制,确保财政资金安全运行。全面实施国库集中支付改革,64 个部门 243 个会计账套移交给单位,顺利实现会计集中核算向国库集中支付转轨。集中录入 1.5 万人工资基础信息,推进财政统发工资电子化发放。建立基建资金集中监管制度,同时加大对基建项目资金的监管力度,确保各项重点工程顺利推进。

【强化队伍管理,提升干部素质】一是学习培训不断加强,组织干部教育网络在线学习,局机关参学人员通过率达 100%,被县委组织部表彰为先进单位,机关 3 名同志被评为优秀学员。二是建立学习、考勤、考核、督查通报等 10 多项内部管理制度。三是严格考核考评,对综合考核和岗位考核位列前位的所(分局)和个人给予表彰奖励,对考核后三位的个人取消评先评优资格,后三位的所(分局)列为县局帮扶管理对象。四是加大系统政风建设力度,出台效能建设处罚规定,实行评先评优一票否决,全年开展政风建设、效能建设暗访 10 余次,聘请 10 名人大代表、政协委员为政风监督员,共排查廉政风险点 30 个,制定相应的防控对策 29 条,从源头上防止资金运行过程中可能发生的廉政风险。

(无为县财政局供稿)

繁昌县财政工作概述

2011 年,全县完成财政收入 25.9 亿元,为调整预算的 108.9%,同比增长 51%。其中,地方财政收入 13.7 亿元,同比增长 35.6%;中央收入 12.3 亿元,同比增长 73%。全县实现财政支出 22.2 亿元,为预算的 104%,同比增长 27.89%。

【财政收支规范有序】坚持依法治税,强化税收分析,加强对重点税种、重点企业和重点行业的税收监管。深化非税收入管理制度改革,强化土地出让收益、国有资源有偿使用、政府性基金等非税收入征管,确保应收尽收。谋划发展"总部经济",拓展新兴税源。完善考核机制,严格执行税收考核激励约束机制,确保财政收入和经济同步增长。坚持每月分析调度,加快财政支出,坚持优化结构,突出民生保障,着力构建和谐财政、绩效财政。

【持续发展保障有力】一是突出农业产业化加大支持"三农"力度。会同农委等部门编制了农业三增工程、农业社会化服务体系建设、农民专业合作组织、农业产业化四大类 5 个项目,总投资 4210 万元。拨付资金 602 万元,扶持同福食品、华园米业等一批龙头企业,发展农村经济。二是制定和完善各项财税政策。完善招商引资优惠政策,制定再生资源企业奖励政策,调整城镇土地使用税奖励政策。积极落实各项财税政策。执行企业所得税优惠税率,减少税收 4472 万元,兑现结构性减税 18628 万元,增长 91%。兑现企业产业发展奖励资金 11400 万元,增长 43.5%。三是支持全民创业。为 52 家中小企业拨付保费补贴 132.8 万,对县金繁担保公司拨付风险补偿基金 190 万元。发放城镇失业人员创业小额贷款 13000 万元,贴息资金为 595 万元;为 51 家企业申报贷款贴息项目,贴息资金为 291 万元。全年共争取中央财政贴息资金 1000 万元,比上年同期净增 437 万元,增长 77.6%。四是积极争取上级补助资金。精心研究上级财税政策，全年争取上级各类专项补助资金63046万元(其中,对企业补助资金4888万元),增长22%。争取省地债转贷资金6000万元。利用财政政策杠杆作用,争取“三农”贷款奖补资金960万元。全县共销售家电下乡产品79113台，销售额19423.53万元,发放补贴资金2386.21万元,补贴率达到99.98%。五是积极调度资金推进重点项目建设。拨付道路建设工程款5421万元,政务中心建设资金3000万元,县城总体规划款1215万元,廉租房建设资金9360万元,棚户区改造资金7482万元,荻港矿山环境整治资金1980万元等项目建设;投入19382万元(含政府性基金11898万元),支持县工业园基础设施及配套配套设施建设;投入3.1亿元,推进海螺征地拆迁工作;投入15.1亿元,保障城市大建设及重点项目顺利推进。

【民生事业全面发展】实施39项民生工程,累计投入资金4.94亿元。拨付城乡低保资金5324万元,城乡低保月保障标准提高到360元，农村五保户集中、分散供养年人均供养标准分别提高到4368元和2100元。拨付养老保险基金21405万元；全县149891人参加新农保,参保率达99.08%;加大财政投入,筹措资金2.1亿元,落实失地农民保障政策,推进城乡居民医保、养老一体化。完善农村基础设施。拨付资金1381万元,推进农村公益性事业“一事一议”奖补工作,加快农村公共服务建设。支持城乡建设。拨付廉租住房建设资金9360万元,棚户区改造建设资金7482万元，拨付峨溪河水环境整治、县城老旧小区改造、老城区改造及背街背巷、市政交通安全设施等资金3455万元，拨付县乡公路改造、危桥改造、水库除险加固和农村沼气建设资金6802万元，城乡建设效果明显。足额安排并拨付教育费附加,城关一小新校区建成使用,荻港、新港初中迁址新建。兑现奖补资金1006万元,实施民本计生工程。多种形式开展民生工程宣传,提高群众知晓率。

【财政改革深入推进】实施县级预算管理办法,强化县级预算管理。进一步完善公用支出定额体系,提高预算编制、执行的规范性。惠民直达工程日臻完善，通过惠民直达平台发放各项补贴资金47项11193万元,较上年增加2275万元,其中:财政补贴农民资金21项6459万元。财政一体化信息系统7月份上线试运行,为实现财政管理科学化、精细化提供技术支持。服务全县部分事业单位绩效工资改革,加强非税收入的管理，超前谋划,提前介入,对部分事业单位和自收自支单位加大调研力度. 规范行政事业单位临时聘用人员薪酬管理。

【财政管理常抓不懈】建立“学习提升年”活动长效机制,提升全局干部综合素质,继续开展学习型机关创建活动。认真开展契税、耕地占用税执法检查,确保应收尽收。积极开展非税收入收缴及票据使用情况专项检查,加强非税收入管理。全面推进“小金库”专项治理工作,构建和完善“小金库”防治长效机制。开展“家电下乡防治骗补突击检查月”活动,确保惠民政策落到实处。试编国有资本经营预算,规范经营性资产运行和处置。规范公务用车配备及使用。对中小学闲置校园校舍清产核资,盘活闲置国有资产。推进财政支出项目绩效评价，并将结果预算与编制相结合,增强预算约束力。有序推进预算公开,接受社会监督。推动和加快各镇财政所的规范化建设,五个财政所已按要求完成规范化财政所建设目标。扎实推进政风建设和效能建设。

(繁昌县财政局供稿)

南陵县财政工作概述

2011年,全县财政收入完成13.36亿元,为预算的106.9%,比上年增长32.9%;支出19.72亿元,占预算的107.4%,比上年增长15.5%。

【民生工程和社会事业取得新进展】认真实施37项民生工程。全年总投入4.47亿元,增长10%;扎实开展家电下乡和以旧换新工作。改革资金拨付方式简化操作程序,及时支付补贴资金,全年共发放家电下乡补贴资金1823万元,家电以旧换新补贴资金472万元;规范惠农资金发放管理。全年累计发放各类惠民补贴70批次、33项、惠及82万人次,累计发放资金1.37亿元,获省级考评一等奖;深入推进一事一议财政奖补工作。加强项目资金管理,完善项目考核机制,进一步调动镇、村实施项目的积极性。全年共批复奖补项目154个，项目总投资2382万元;深入推进农业综合开发。认真组织申报财政支农项目,推进项目实施进程,全年争取农业综合开发等项目资金4583万元,弋江镇高标准农田建设示范工程项目获全省“优良项目”称号。

【财政服务经济发展取得新成效】支持重点工程

建设。充分发挥财政性资金杠杆和引导作用，全年共筹集建设资金12.44亿元，用于“三区”发展、土地整理等重点项目建设；积极争取项目补助资金。健全目标考核机制，科学分解落实任务，积极配合县直单位争取各类项目资金6.48亿元；大力培育个私经济发展。积极调整产业发展资金支持政策，落实有关税收减免政策，全年共拨付产业发展、企业技改、创业富民等各类资金4695万元，促进了经济财政良性互动发展。

【财政公共支出改革取得新突破】深化部门预算改革。推行预算项目会商制度和项目库建设，强化政府采购预算的编制和执行，提高预算编制科学化精细化管理水平；推进国库支付改革。进一步加强和规范财政资金专户管理。完善工资统发系统，优化支付流程，提高支付效率，扩大支付范围；推行公务卡试点改革。制定《南陵县预算单位公务卡管理暂行办法》，在教育、卫生系统内选择12个单位试行公务卡管理，减少现金支付结算，提高单位支付透明度；认真开展支农资金整合。认真筛选整合项目，精心制定实施方案，顺利通过省级支农资金整合考评验收，并获得省级奖励资金400万元。全年整合资金重点支持粮食和畜禽两大产业，共整合资金4.73亿元；完善非税征管系统改革。完善票据管理制度，细化票据操作规程，健全以票控收机制，规范非税收入的执收行为和代收行为。

【依法理财和文明服务水平得到新提升】开展公务用车专项治理，组建资产管理公司，规范国有资产日常监管、处置和收益分配管理。全年累计收缴闲置车辆23辆，首次面向社会公开拍卖、拍租国有门面房20间，上缴国库拍卖价款和租金收入526.4万元；规范政府采购工作，实行“一站式”服务，全年累计申报采购金额17.11亿元，实际采购金额13.6亿元，节约率20.5%。认真开展“小金库”专项治理工作，通过自查督查认定“小金库”两个，涉及金额79.31万元，强化“三公”经费支出管理，创新管理方式，实行“关口前移”，建立“总额控制，分级管理、月清月结、动态监管、超额报批”的招待费支出管理制度，理顺公务用车申报、审核、审批流程，改革公务用车定点维修办法，有效控制不合理支出增长。加强机关效能建设，以“创先争优”活动为契机，认真开展“服务发展年”和“文明创建”等活动，再获省级文明单位称号。

（南陵县财政局供稿　嵇　妍执笔）

宣城市财政工作概况

宣城市财政工作综述

2011年,宣传市财政总收入完成118.6亿元,同比增长40%。全市财政支出完成141.7亿元,增长35.9%,为经济社会又快又好发展提供了财力保障。全市财政收入首次突破百亿元大关,增幅位居全省第四,总量位居全省第八(比2010年前移2位)。全市财政支出结构不断优化,民生等各项重点支出得到较好保障,全市财政支出中用于民生领域的比重达到81.8%。

【推动经济转型】以皖江城市带承接产业转移示范区建设为契机,全市投入财政性资金16.5亿元、争取世界银行等金融机构贷款38.3亿元、调度市财政间歇资金2.3亿元,支持示范区和市开发区基础设施建设,全力打造活力强、成长快的经济增长极。全市共筹措资金8.7亿元,重点扶持现代装备制造、新材料、新能源、节能环保和生物医药等新兴产业做大做强,培育新兴产业、升级支柱产业和提速现代服务业;争取上级补助资金2000万元,加快淘汰落后产能及关闭小企业,推动产业升级;筹集资金6.8亿元,加快百汇商贸物流园、中国茶府、农副产品批发市场建设,着力提高服务业发展水平。

【统筹城乡发展】全年市本级共筹集财政性资金5.1亿元,新增金融贷款9.6亿元,支持宛溪河综合整治、合工大宣城校区、市体育中心等重点工程建设;积极争取地方政府债券转贷资金0.4亿元,支持市图书馆建设;市本级安排资金0.3亿元,建成全省先进水平的应急指挥系统,进一步增强应对突发事件和防灾减灾能力。推进以水利建设为重点的农业基础设施建设,积极争取上级各类水利资金4.9亿元,重点投入水阳江综合治理、病险水库除险加固等工程建设;加大农业综合开发投入,积极争取项目资金1.1亿元。全年通过“一卡通”发放涉农补贴8.2亿元;兑付家电下乡和以旧换新补贴资金1.8亿元,拉动市场销售15.7亿元;政策性农业保险实现了应保尽保,各级财政保费补贴资金5000万元,赔付金额2000万元,有效提高农业抵御风险的能力。

【优化和改善民生】全市累计拨付民生工程资金21.4亿元,提前完成33项民生工程目标任务。生活保障体系逐步完善,农村低保、五保对象实现应保尽保,保障标准大幅提高;大力推进保障性安居工程建设,切实解决低收入家庭住房困难。医疗卫生项目扎实推进,新农合和城镇居民医保在全省率先实现全覆盖,城乡医疗机构诊疗条件明显改善。进一步提高义务教育公用经费保障水平,着力推进中小学校舍安全工程建设。农村基础设施建设加快,农村饮水安全工程、公路危桥加固改造、清洁工程、沼气工程、一事一议财政奖补项目等全面完工,农村基础设施和生产生活条件明显改善。文化事业产业持续发展,支持文化体制改革,引导演艺院团加快内部改革、创新体制机制;推进公共文化服务体系建设并逐步向社会免费开放;支持“国家首批文化产业示范基地”——文房四宝产业园建设。

【深化财政改革】推进部门预算改革,扩大预算支出绩效评价范围,建立财政结转、结余资金管理制度;完善国库集中支付改革,围绕财政一体化管理信息系统建设,规范国库集中支付流程;深化资产管理改革,继续实施行政事业单位资产财政统管,推进国有资产、资本、资金良性循环;加快国有资源(资产)有偿使用步伐,推进门面房、户外广告使用权、小型客车号牌等公开竞租和竞价出让，增加国有资源(资产)有偿使用收入。建立财政大督格局，大力拓宽财政监督检查的领域和范围，深入开展民生工程、强监农惠农、政府采购、津补贴等专项检查；建立“小金库”治理长效机制，圆满完成专项治理任务。

（宣城市财政局供稿 刘 琼执笔）

宣州区财政工作概述

2011 年，宣州区实现财政收入23.1 亿元，完成年初预算的 120%，比上年同期增收 6.9 亿元，增长 42.7%。财政支出重点用于民生工程建设，全力支持经济社会发展。

【保增长，努力做大财政蛋糕】加大依法综合治税力度，严格落实税收征管责任制，促进各项税费及时足额入库。一是强化部门间的协作与配合，进一步健全和完善财政、国税、地税联席会制度，密切关注收入形势，及时分析收入进度。二是加强税源监控，强化税收征管。三是健全协税护税制度。四是细化目标任务，完善收入责任制。五是规范管理，强化非税收入管理。

【促发展，全力服务区域经济】一是以承接产业转移示范区建设为切入点，充分发挥我区毗邻苏浙沪的区位优势。二是继续贯彻“强镇扩权”发展战略，加大对乡镇政策和资金支持，扩大乡镇招商引资能力，培植新型财源，切实做大做强乡镇财政收入规模。三是继续实施招商引资等奖补政策，大力扶持重点行业、重点企业生产发展，努力打造支柱企业，培育纳税大户，夯实税源基础。四是充分发挥财政贴息、奖补等引导功能，加强银政企的联系与沟通，加大企业融资力度，促进民营经济、现代农业和现代服务业发展，支持科技创新、生态建设，支持生态旅游开发，努力培植新型财源。

【惠民生，促进和谐宣州建设】本着“倾斜民生、服务民生”为宗旨，以省市 33“民生工程”建设和区政府 10 件实事为抓手，继续坚持财力向民生倾斜，着力改善民生，促进社会和谐。一是继续坚持教育优先发展，安排教育事业费支出 47474 万元。二是继续深化医疗卫生体制改革，完善基层医疗卫生服务体系，全年累计安排医疗卫生事业支出 29273 万元。三是继续加大“三农”支出力度，全面落实各项强农惠农政策，努力提升现代农业产业化水平，促进农业农民收入稳定增长。四是继续加大乡村交通、综合文化站、安全饮水工程等基础设施建设，努力改善和提升群众生活质量。五是全面启动城乡居民社会养老保险试点改革，扩大社会保障覆盖范围，保障五保供养基本生活水平，提高城乡低保、社会困难救助标准；六是强力推进家电下乡工程，成效显著，全区现有登记备案家电下乡销售网点 349 家。

【抓改革，努力提高财政管理水平】继续深化各项财政改革，努力规范基础工作，切实提高财政管理的科学化、精细化水平。一是深入推进预算管理改革，继续深化部门预算编制改革，进一步强化综合预算管理，将预算外资金全部纳入预算管理，完善非税收入预算编制，提高非税收入预算的合理性和准确性，全面推行部门预算编制与结余结转资金管理和国有资产管理有机结合制度，促进财政工作整体效能的提高。二是继续深化国库集中支付改革，全面开展财政专户清理归并工作，将所有资金逐步归集到国库科统一管理，集中调度，有效完善国库单一账户体系，提高国库直接支付比率。三是继续加强财政专项资金管理。结合财政专户和财政结余结转资金清理，进一步完善专项资金基础工作台账，强化动态管理。四是继续加强财政监督管理，为充分发挥财政监督职能，将财政监督科升格为财政监督局(副科级)，同时，还会同区纪检监察部门开展了“小金库”专项治理，建立和完善了治理“小金库”的长效机制。

【重三农、大力推进新农村建设】紧紧围绕“建设社会主义新农村”这一宏伟目标，坚持城乡统筹、突出重点，实施“多予、少取、放活”的方针，加大对农业和农村的投入力度，逐步扩大公共财政在农村的覆盖范围，确保“三农”工作有新的突破。一是继续推进高标准项目农田建设工作。二是大力加强对我区农田水利基础设施的建设，2010 年、2011 年两年项目批复建设规模共计 3461.04 万元（不含整合资金）。三是继续抓好村级公益事业建设一事一议财政奖补试点工作。全区共批准实施村级公益事业建设项目 229 个，涉及 24 个乡镇办事处的 192 个村。

【扎实推进“服务发展年”活动开展，以服务促发展】年初成立局“服务发展年”活动领导小组，并确定局纪检组长负责活动具体组织实施和督查。以服务民生为宗旨，扎实推进 33 项民生工程建设。以服务经济发展为目的，切实做好各项政策性退税和奖补工作,帮助企业搞好银企对接,解决资金周转企业困难,为企业发展营造良好的发展环境。

【狠抓机关效能建设,推动财政工作上新台阶】一是抓住关键,在作风建设上下功夫。二是创新机制,在保障制度上下功夫。三是注重实效,在服务群众服务经济发展上下功夫。

(宣州区财政局供稿 蒋 超执笔)

郎溪县财政工作概述

2011年,郎溪县财政收入完成32.8亿元,占年度调整任务的173.3%,增长108.4%;财政总支出35.9亿元,占年度预算的99.3%,增长94.5%。

【抓征管促增收,财政收入再创新高】及时分解落实财政收入目标任务,加强与税务、银行等部门的协作,认真摸排税源,加强税收征管和非税收入管理,确保财政收入继续平稳较快增长。全县完成一般预算收入12.8亿元,超上年收入实绩4.8亿元,增长60.2%,在全市位列第一,在全省位列第七,在全省二类县中位列第二。其中完成地方一般预算收入6.5亿元,增长57.3%。财政收入结构进一步优化,税收收入完成11.8亿元,增长63.7%,比非税收入增幅高36.4个百分点;税收收入占一般预算收入的92.3%,比上年增加2个百分点。

【调结构惠民生,财政保障更加充足】全县财政一般预算支出15.7亿元,增长49.1%。着力于保障和改善民生民计,精心组织实施省33项民生工程。全年投入民生工程资金2.63亿元,其中县财政配套资金0.4亿元。着力于统筹城乡发展,促进农民增收,农业增效和新农村建设。全年累计争取扶贫发展资金1794万元。打卡发放补贴农民资金1.34亿元,人均受益约468元。完成中央、省立项的2010年东夏镇、幸福乡中低产田改造等7个农业综合开发项目的建设内容。积极落实政策性农业保险制度,做到应保尽保。实施农田水利、交通道路等一事一议项目245个,投资总额2500万元。安排资金1440万元做好576座当家塘坝清淤工作。兑付家电下乡和家电以旧换补贴资金1732万元,带动社会商品零售额1.49亿元。

【争投入促发展,财政职能较好发挥】做好再生资源经营企业退税工作,就地累计办理再生资源增值税退税2.4亿元,帮助其办理退税质押贷款1亿元。做好招商引资优惠政策的兑现工作,全年共兑现资金2.6亿元,用于企业技术改造和新产品开发,增强企业发展后劲。对县担保中心追加注册资金,增强贷款担保能力,积极帮助中小企业贷款融资。切实发挥国投公司融资平台作用,投融资22.38亿元支持和保障"三区三园"基础设施建设。全年向上争取各类项目资金6.04亿元。完成土地出让金征收17.43亿元,比上年同期增长174%。

【细管理重配合,财政改革实现突破】继续深化部门预算改革,加大统筹安排的力度。全年共完成政府采购支出11.2亿元,综合节约率11.4%。认真做好会计管理工作,完善会计行业管理信息系统,积极开展会计人员继续教育和农村财会人员财政政策培训工作。推进金财工程建设,按时完成"一体化"系统上线工作。逐步完善国库单一账户体系,对财政资金专户管理情况进行了全面清理,涉及财政资金专户49个。配合做好基层医药卫生体制综合改革试点工作。核定乡镇卫生院收支,实施合理补偿,及时拨付资金,保障基层医药卫生体制改革向纵深推进。继续对政法机关实行经费保障体制改革。

【夯基础强效能,财政形象大幅提升】扎实开展"服务发展年"、"项目推进攻坚年"、"民生工程大走访、惠农资金大调查"、"效能提升年"等活动,通过一系列活动的开展,财政队伍综合素质明显提高,财政队伍建设成果进一步巩固。深入开展规范化乡镇财政所创建活动。对财政分局(所)办公楼全部实行新建。在抓硬件的同时,不忘软环境的打造。改善服务态度,提升服务水平,提高办事效率。深入开展系列主题教育活动,积极参加各类文体活动,丰富干部的精神文化生活,营造了团结、积极向上的工作氛围。新发财政分局通过省规范化建设验收,开发区财政分局在县纪委组织的涉企服务效能评比活动中位居第二名。十字财政分局、毕桥财政分局于10月通过市规范化建设验收。

(郎溪县财政局供稿 张 俊执笔)

广德县财政工作概述

2011年,广德县财政总收入完成19.08亿元,增长43.7%,净增5.8亿元,增幅及增量均创历史最高;

财政支出完成20.7亿元，突破20亿元大关，增长32.9%。

【优化结构，社会事业均衡发展】坚持把保障和改善民生作为财政工作的出发点和落脚点，全年共征收社保基金2.35亿元；新建廉租房、公租房及棚户区住房共1734套，投入资金3687万元；不断提高教育经费支出比重，全年教育支出4.77亿元；深入实施文化惠民工程，全年文化体育建设支出3751万元，同比增长54.1%，积极支持医药卫生体制改革，全年医疗卫生支出2.52亿元，同比增长74.3%；精心组织实施33项民生工程，累计投入资金3.13亿元，县财政配套4475万元，全县33项民生工程全部完成任务。

【发挥职能，支持经济显成效】全面落实财政扶持政策，着力抓好项目争取工作，全年共向上争取项目资金7.4亿元；兑现各类企业扶持资金2.63亿元；为全县21家再生资源企业办理中央退税2.18亿元；为企业争取项目资金8393万元。认真落实家电下乡、以旧换新政策，深入开展防治骗补专项检查，全年兑付家电下乡、以旧换新产品70981台，补贴资金2254万元，兑付率100%。扎实开展纳入政府“十件实事”的“一事一议”财政奖补工作，拨付奖补资金2030万元，整合支农资金2547万元，得到国务院综改办调研组充分肯定。全面完成农业保险试点工作，投保率达100%，共拨付保费补贴223万元、理赔资金168万元，有效化解农业风险。

【加大投入，促进“三农”协调发展】全面落实强农、惠农、富农政策，全年农林水事务支出2.85亿元，同比增长61.9%。通过“一卡通”共发放财政补贴农民资金1.69亿元，同比增长18.2%，全县13万户从中受益。全年整合支农项目31个，整合财政支农资金1.89亿元，引导带动社会投入3.92亿元。加快现代农业建设步伐，扶持农业产业化农头企业，全年共实施农发项目18个，总投资3929万元。全力打造竹产业示范区，笋山竹海项目被列为全省现代农业综合开发示范区项目。

【深化改革，财政管理日趋规范】推进财政科学化精细化管理，全面加强“两基”建设。2011年，桃州、新杭、邱村、柏垫、誓节五个乡镇财政分局正式挂牌成立。成功创建首批规范化乡镇财政省级先进单位1个，市级先进单位2个。继续深化预算管理改革，切实加强地方政府性债务管理，积极开展预算支出绩效考评工作。完善政府集中采购管理，全年共完成采购项目355项，采购金额7.32亿元，综合节约率为9.4%。继续深入开展“小金库”专项治理和会计信息质量检查工作，财政管理日趋规范。

【抓好队伍，财政形象不断提升】在全系统深入开展“创先争优”、“项目建设年”和“服务发展年”活动。切实加强机关效能和作风建设，结合全县民主考评站所长活动，基层工作作风进一步转变。全面推进财政部门党风廉政建设，结合廉政风险防控管理工作，主动接受人大、政协和社会各界的监督，做到风险随时预警，防患于未然。连续三届获得“安徽省文明单位”、连续8年被评为全县“人民满意单位”，连续4年被评为全县“文明行业”，并获得“全省契税耕地占用税征管工作先进单位一等奖”、“安徽省巾帼文明岗”、“全省财政补贴农民资金管理和‘一卡通’打卡发放工作一等奖”、“全省财政系统信息工作先进单位一等奖”，宣城市“会计管理工作先进单位”、“一事一议财政奖补工作一等奖”，县直单位目标管理考核先进单位等多项殊荣。

（广德县财政局供稿　刘　雯执笔）

宁国市财政工作概述

2011年，宁国市完成财政总收入27亿元，上年增收6.9亿元，增长34.5%；完成财政支出25.6亿元较上年增长38.1%。

【保增长，积极做大财政“蛋糕”】定期召开联席会议，加强财税库银之间的联系，关注税源变化，分析收入形势，及时解决相关难题和问题。健全重点企业、重点税源、税收大户及其他纳税人税源信息数据库建设，实行动态管理，规范、精细税收征管。加强政府非税收入管理，完善非税收入征管制度，强化源头管控、以票控收，2011年共收缴非税收入40811万元，较上年增长95.9%。加强土地出让金征收管理，实行“收支两条线”，确保土地出让收入及时足额入库。

【促发展，全力服务县域经济】积极争取上级财政的资金和政策扶持，全年共申报国家重大科技成果转化、环境保护、开发区基层设施财政贴息项目、农村环境综合整治等省、部项目42个，资金达4000万元，申报45个省级、3个国家级中小企业、特色产业等企业扶植项目，到位专项资金1441.8万元。完善国投公司运营体制,探索新形势下投融资新机制,拓宽融资渠道,运用转贷、企业平台借款、发行金融产品等方式,全年共筹集建设资金12.6亿元,推进重点项目和园区建设。制定一系列支持工业、农业、服务业发展的政策,积极扶持企业发展,全年拨付企业扶持资金13000万元。继续大幅度增加财政支农资金投入力度,全年农林水事务支出29230万元,较上年增长36.5%;争取落实14个农业综合开发项目,财政资金3093.3万元;整合各类支农项目资金450万元;全年共发放各类惠农补贴项目21项,补贴资金1.04亿元;发放大中型水库移民后期扶持人口补助资金1157万元,拨付水库后期扶持项目资金918万元,进一步巩固和完善农村综合配套改革。创新担保模式,做大担保规模;全年共为150余户中小企业提供担保融资服务,在保余额达7亿元,担保资本放大比例超过7倍;积极开展妇女小额担保贷款、下岗失业人员小额担保贷款等担保业务。

【惠民生,促进和谐社会建设】全年共投入民生工程资金4.42亿元(其中省定33项民生工程投入资金36977万元),全市38万人受益。拨付城乡义务教育保障经费2286万元,加固校舍29个,重建34个;完成5个乡镇留守流动儿童活动室和15个留守儿童之家的创建,农村低保保障标准提高到月人均165元,城市低保也提高到月人均330元;全年实物配置和租赁补贴保障低收入苦难家庭2474户;医疗体制改革有序推进,城乡卫生服务体系建设顺利推进;农村安全饮水、病险水库加固除险、农村危房改造等工程类项目全面完成年度任务;政策性农业保险在宣城市率先完成承保任务,种植业承保率达100%;首次纳入民生工程的家电下乡和家电以旧换新工作,兑付率和审核率均达到100%;农村公益事业"一事一议"财政奖补试点工作有序推进,全市19个乡镇(街道)、103个村的109个公益项目全部完成。

【抓改革,提高财政管理水平】完成港口镇"镇区合一"财政管理体制、中溪镇"扩权强镇"财政管理体制及第六轮乡镇财政管理体制的制定。深化部门预算改革,进一步推进政府收支分类改革。深化国库集中收付改革,将所有财政性资金都纳入国库集中收付系统进行管理。全年政府采购总额度达71818万元,节约率为13%。完善国资监管体系,将全市行政事业单位国有资产纳入资产管理信息系统实行动态管理,不断充实国资运营公司实力,实现国有资产的保值增值。医疗卫生体制改革有序推进,公共卫生体系建设力度不断加大。加大财政监督检查力度,强化对部门、企业的财务、资产监管,拓展监督领域,提高监督效率,组织开展公务用车专项治理、强农惠农资金专项清理检查"回头看"活动、会计信息质量检查和"小金库"治理"回头看"工作,启动"六五"普法工作。

【强基础,激发机关活力】深化规范化财政所建设,5个新建财政所和8个改建财政所已投入使用,其他6个街道办事处财政所办公楼基本完工,即将投入使用。进一步加强财政所内部管理,加强队伍建设;以"服务发展年"、"市直单位民主考评百名科长"和"民主考评基层站所"、"访民情、听民意、惠民生"、"千名干部下基层"等活动为契机,狠抓效能建设,深化政风行风评议活动,提升服务水平。通过定期举办专题知识讲座、网上在线学习、先锋在线等组织干部进行业务知识和法律法规的学习,提升财政干部的综合素质。加强党风廉政建设的宣传教育,扎实开展"创先争优"、"以人为本、执政为民"、"加强领导干部作风建设专项学习教育活动"等主题教育活动,积极开展"三级书记大走访"和财政干部大走访活动,深入基层,察民情,解民忧。

(宁国市财政局供稿 张 丽执笔)

泾县财政工作概述

2011年,全县财政收入完成8.3亿元,比上年增长37.4%。其中地方财政收入完成5亿元,增长41.6%;上划中央收入完成3.2亿元,增长31.3%。全县财政支出规模实现新跨越,财政一般预算支出完成14.3亿元,增长22.7%。

【着力依法理财,收支规模不断扩大】一是明确责任,形成了上下齐心协力、齐抓共管的工作格局;二是分工协作,加强财税库行及代征单位间的协调联系,做到应收尽收;三是依法征管,严格执行国家新耕地占用税、再生资源、房地产等财税政策;四是强化重点税源监控,及时掌握增减变化,确保主体税收稳步增长;五是深化非税收入征管模式改革,将教育收费以外的非税收入全部纳入预算管理;六是发挥预算执行分析和收入调度作用,合理安排收入计划,确保收入均衡入库。财政收入的快速稳定增长,为全县经济建设和社会各项事业的发展提供了坚强的物质保证。与此同时,坚持调整和优化财政支出结构,不断加大公共服务领域的投入,优先保障和改善民生,确保了教育、政法、科技、文化、社保等支出法定增长,促进了全县社会事业和谐发展。

【着力筹措资金,财政保障能力不断增强】一是积极主动向上争取,把争取上级资金、项目作为一项重要工作来抓,树立争取意识,加大工作力度,争取专项转移支付资金 4.45 亿元、地方政府债券 1300 万元、省旅游发展专项基金 500 万元等。二是夯实平台加强融资,县国投公司注册资本增加到 4 亿元,资产规模达到 20 亿元以上,融资能力显著增强。三是提高中小企业融资担保能力,县中小企业融资担保中心资本金增资到 1 亿元,拓展了与银行金融机构的担保合作,规范了担保经营行为,2011 年为 110 户次企业提供担保 1.5 亿元。四是确保“双十加”、“大投入大建设、大招商大发展”等重点工程资金需求,多措并举筹措建设资金 5 亿多元,推动了全县重点工程建设。五是确保机关正常运转,加强预算执行力度,加快财政资金拨付进度和速度,促进各部门承担的专项工作顺利开展。

【着力支农惠农,民生建设不断深入】一是及时分解落实目标任务和奖惩措施,完善各项民生工程资金管理办法,加强对资金使用的监管。优先调度民生工程资金,落实资金保障,今年民生工程支出达 2.7 亿元,其中县级配套 5079 万元。二是探索建立已建工程项目后续管护机制,保障道路、饮水工程等项目持久发挥效益。三是认真组织惠农资金发放工作,相关资金全部采用“一卡通”方式直接发放到农户。四是做好农业综合开发项目建设工作,稳步实施在建项目,积极申报筹建项目。五是全面落实财政部门牵头实施的“政策性农业保险”、“农村一事一议”、“家电下乡”三项民生工程。

【着力推进改革,财政管理科学化精细化水平不断提高】一是开展财政专户清理整顿工作,制定财政专户资金管理办法,对原有的财政资金专户进行全面清理,通过明确业务流程、健全互控机制,完善财政资金安全运行长效机制。二是拟定并实施新一轮县乡财政体制,理顺县乡财政分配关系。三是加强财政监督管理,树立“大监督”理念,持续开展治理“小金库”工作,切实纠正部分单位违规行为,积极开展各项财政专项监督检查,进一步完善资金监督管理制度。四是积极推进基层医药卫生体制综合改革,确保新型农村合作医疗补助标准提高,着力推进全县城乡居民社会养老保险工作。五是继续深化非税收入管理改革,完善非税收入征管平台建设,确保“收支两条线”制度落实。六是扎实推进金财工程建设,充实了财政信息中心机构人员,建设了标准化机房,局机关内部和局所之间实现了无纸化办公。七是顺利完成平台一体化改革,财政一体化管理信息系统投入使用,财政管理科学化、精细化水平和工作效能迈上新台阶。

【着力提升效能,干部队伍建设不断加强】一是机关效能明显提高。把效能工作放在重要议事日程,把提升机关效能与发挥职工的主观能动性相结合,通过宣传教育、完善规章制度、明确奖惩措施、强化监督考核等方式,使全局职工执行制度的自觉性和效能意识明显提高。二是工作作风明显改进。全局职工较好地树立了服务意识,变被动服务为主动服务。各股室、二级机构都设置了办事流程图,明确服务承诺,积极为群众和来局办事人员办实事,在机关内部形成了“勤学习、重服务、争先进、比奉献”的良好风气。三是财政所规范化建设成效明显。9 个财政所新办公楼建成并投入使用,2 个所办公楼进入招标程序。加强对财政所的工作指导,落实乡镇财政所规范化建设各项要求,全县 11 个财政所实现了规范化管理。昌桥乡财政所被评为省规范化财政所先进单位。

(泾县财政局供稿　周旌安执笔)

旌德县财政工作概述

2011 年,旌德县财政总收入完成 4.5 亿元,完成年初预算任务的 113.4%,比上年增收 1.4 亿元,增长 47.7%。地方一般预算收入完成 2.7 亿元,比上年增收 9185.7 万元,增长 51.3%。全年完成一般预算支出 7.8 亿元,同比增长 28.2%。

【注重收支管理,努力完成收支任务】一是加强收入组织和分析。完善税源动态监控体系,做到以票控税,继续实行财税库联席会议制度,挖掘增收潜力,拓宽增收渠道。二是加强非税收入征管。强化收支两条线管理,深化财政票据电子化管理,严格以票管费,规范收缴程序。全年累计征收非税收入 29991

万元,比上年同期增加4951万元,增长 19.8%。三是抓好契税、耕地占用税征管。全年完成耕地占用税377.6万元,契税4116.3万元。四是优化支出管理。按照集中精力办大事,统筹兼顾保平衡的原则,坚持有保有压,优先保障重点的原则,合理安排支出,确保农业、科技、教育等法定增长和民生工程项目的县级配套。

【注重经济发展,积极争取项目资金】一是加强项目信息追踪,做好项目对接,积极争取上级资金支持,保障全县重大项目建设。二是认真落实好结构性减税政策,进一步完善担保体系,帮助企业解决资金难题。三是积极开展国投、城投公司融资工作,加大争取贷款力度,支持工业集中区基础设施、城东路道路工程项目、县污水处理厂项目建设和徽水河城区段综合治理等重点项目建设。四是集中精力抓招商引资工作,始终把招商引资工作作为全年工作的重中之重,进行任务分解,强化奖励措施,全年完成招商引资任务11288万元,占任务的112.9%。

【注重民生公益,支持社会事业发展】一是认真实施民生工程。全县民生工程投入资金总额14355.77万元,其中:县级财政配套资金3473.18万元。二是积极做好各类涉农补贴资金发放和管理。全县全年通过“一卡制”共打卡发放19项财政补贴农民资金,共计5099万元。三是认真落实“四下乡、两换新”政策。全年共兑付家电下乡产品16187台(件),兑付补贴资金508.87万元,汽车摩托车下乡产品1655辆,兑付补贴资金134.55万元,家电以旧换新1751台,兑付补贴资金52.08万元,兑付率100%。四是加大新农村建设支持。抓住农业发展的政策机遇,发挥财政职能,及时掌握上级投资政策和支持重点,努力争取增加中央和省财政的农业投入。全年共争取上级重点农业项目资金7027.6万元;共下拨新农村专项资金270万元,对全县10个乡镇、22个行政村进行整村推进建设标准,田间道路整修、村镇规划、村内道路硬化等农村公益事业和基础设施建设得到了有效改善,为新农村建设提供较好的硬件环境。五是抓好农业综合开发工作。组织实施了3个国家级项目和3个省级项目,总投入资金589.1万元,申报、实施了2011年3个国家项目。六是认真组织开展村级公益事业建设一事一议财政奖补试点工作。2011年实际实施村数68个,试点项目83个,工程总预算897万元,县财政安排配套资金63万元。目前83个项目已全部完工,完工率为100%。七是认真开展政策性农业保险投保工作。完成水稻和油菜投保面积分别为125152.36和29219.85亩,县财政共承担保险费65.44万元,其中代农户交保费21.8万元。八是认真落实社会保障政策。健全城乡一体的社会保障制度,巩固城镇职工医疗保险、城镇居民医疗保险和农村新型合作医疗的覆盖面,提高保障水平;提高城乡居民最低生活补助标准,扩大保障范围。

【注重财政改革,推进财政规范管理】一是健全部门预算制度,进一步完善部门预算的编制,提高预算编制的统一性和完整性,不断提高公共预算的科学化、精细化水平。二是完善国库集中支付制度,开通财政和各预算单位网络,预算单位直接在网上申报计划,加强横向联网,提高办事效率和预算执行透明度,同时实行国库集中支付软件和总预算会计软件对接,形成从指标下达到支出报表形成的一整套核算体系,提高财务人员工作效率。三是深化非税收入征管改革,切实加强非税收入代收管理,完善非税票据管理。四是开展创建规范化财政所活动,加大财政所基础设施建设,完成省级规范化财政所建设1个和市级规范化财政所2个。

【注重财政监督,确保财政资金安全】一是开展全面清理财政专户工作,对26个财政专户财政专户进行撤销和撤并,将财政专户全部纳入国库股统一管理,严格实行“管账不管钱”、印鉴分开保管,建立、健全严格的内控制度,确保了专项资金的安全。二是加大财政综合监督工作力度,重点围绕用于公共服务领域的专项资金使用情况、部门预算编制执行情况等社会关注、群众关心的问题开展监督检查,提高财政资金运行的规范性、安全性。三是进一步完善财政监督机制,完善国库集中支付平台、非税收入平台建设,努力实现财政资金运行的全过程监控,充分发挥财政资金的使用效能。四是开展会计人员继续教育培训和会计信息质量检查,提高会计从业人员业务水平,规范行政事业单位会计基础工作。五是认真开展治理“小金库”工作。

(旌德县财政局供稿 邢胜超执笔)

绩溪县财政工作概述

2011年,全县财政总收入完成7.3亿元,占年度预算的116.6%,比上年实绩增长34.1%,其中地方一般预算收入完成4.4亿元,占年度预算的134.7%,增长45.5%。一般预算支出6.2亿元,省补专项支出43599万元,一般预算总支出10.6亿元,占年度预算的95.2%,比上年增长40.5%。

【确保收入平稳增长】一是坚持定期财税联席会议制度,强化征管措施,落实征管责任。二是加大收入征管。三是积极引进"总部经济"向上、向外拓展税收增长空间。四是加大政府性基金征收力度,全年共入库31548万元。

【提高民生保障水平】全年财政民生(省财政口径)支出81477万元,占财政一般预算支出76.9%,同比增长56.6%。一是优先安排工资、住房公积金、医保、村级资金等个人经费支出,全年安排近3亿元,发放基本医疗、基本养老、失业保障等三项保险基金9001万元,就业补助752万元,发放城镇低保、农村低保和农村五保供养超过1200万元,确保全县经济社会稳定。二是认真实施"民生工程",全年我县33项民生工程投入资金13127万元,其中县级配套资金1971万元,均已全部安排到位。三是加大财政支农力度,全年县乡农林水事务支出超过13180万元,财政支农专项投入3161万元,其中财政扶贫投入2246万元,大大加快新农村建设步伐。四是认真落实各项惠农政策,发放粮食直补、农资直补、农村低保等财政补助农民资金项目共24项,"一卡通"发放惠农资金超过4425万元,补贴人数近15万人。五是积极做好家电下乡、汽车摩托车下乡工作,全年家电下乡产品补贴资金超628万元,汽车摩托车销售补贴资金超90万元,推进国家惠农政策的实施。

【夯实财源基础】按照县总体规划建设要求,筹集资金全力支持"东进西扩"和"三区一廊"建设,全年财政投入各种建设资金超过3.5亿元。为进一步鼓励投资,加大企业奖扶力度,及时办理各种扶持奖励,财政兑现企业奖补超过7493万元;加强企业融资担保,中小企业担保中心新增31户担保企业,担保金额达8080万元。加强政府债务管理,打造诚信政府,积极化解政府性债务,全年共化解债务近5000万元。

【规范财政管理】一是强化收入管理,加快财税库银联网系统建设,完善非税收入征收管理信息化平台,提高了对非税收入的征管工作质量和效率。二是强化财政支出管理,继续完善以部门预算为基础,以会计核算中心、乡财县管中心为平台,以专户管理、"报账制"、"一卡通"发放等为手段的财政预算支出管理体制,并稳步推进国库集中支付改革。三是加强政府采购管理,按照年度采购目录和项目应采尽采,平均资金节约率达13.5%。四是强化行政事业单位资产管理。五是加强会计管理和财政监督管理。

【抓好队伍自身建设】大力弘扬沈浩精神,增强群众观念,在为民理财、服务群众中实现人生价值。按照财政系统"五个提升"的要求,积极开展以提升"主动理财、科学理财、依法理财、民主理财"为主题的学习实践科学发展观活动。以百名科股长基层站所长民主考评活动为契机,着力改进机关效能建设。认真学习《廉政准则》,不断健全内容监督制约机制,保持财政队伍清正廉洁。

(绩溪县财政局供稿 汪光明执笔)

铜陵市财政工作概况

铜陵市财政工作综述

2011年,全市财政收入首次突破百亿,全年实现115.6亿元,比上年增长30.5%。其中地方财政收入45.4亿元,比上年增长30.6%。全市财政支出完成70.3亿元,比上年增长22.7%。

【积极组织财政收入】一是合理分解收入任务。及时细化分解年初预算任务,根据税源状况和支出需要逐月加强调度,落实收入任务。二是加强收入征管。加强依法纳税宣传,加强征管部门之间协调配合,强化收入征管基础和工作协调力度,确保财政收入及时足额入库。三是及时调整收入任务考核办法,在收入总量增长的同时,有效提高收入质量,收入总量和质量稳定提升。

【主动争取转移支付资金】认真分析应对宏观经济形势变化,把握积极财政政策机遇,多方捕捉中央和省级转移支付政策信息,加强项目报送力度,在争取转移支付上成效显著。2011年,共争取上级转移支付资金23亿元,同比增长15%以上。

【严格控制行政运行支出】按照“厉行节约、勤俭办事”的方针,坚持科学精细管理,加强制度建设,对党政机关的“三公支出”下达年度控制指标和硬性要求。重新制定公务接待经费管理办法,建立因公出国(境)计划与经费联动审批机制,制定完善车改的相关政策制度,严格控制一般公用经费支出。

【全力支持经济发展】全年共拨付各类支持企业发展及办理减免退税15.5亿元。其中投入战略性新兴产业资金2.5亿元,对“铜基新材料、节能环保、先进装备制造、新能源、现代物流和文化创意”等六个产业进行重点扶持。同时,安排科技研究与开发专项资金2500万元、节能减排专项资金2000万元,积极支持科技创新,促进节能减排,发展循环经济,不断推动产业结构优化升级。

【切实加大民生投入】全年民生类总支出为48.3亿元,比上年增长23%,占全部财政支出的70%。全市48项民生工程投入资金超过9.5亿元,比上年增长18%以上,覆盖了全市95%以上城乡居民。民生工程实施取得显著成效,群众满意度超过90%。

【科学调整财政体制】为进一步调动区级发展经济的积极性,建立有利于科学发展的激励约束机制,经过深入调研、认真测算、反复酝酿,制定了《关于调整市区财政体制的方案》。《方案》主要遵循“财权事权相统一、属地征管”等原则,通过调整市区收支范围,规范税收征管秩序,着力做大区级总量,促进市区共同发展。新方案从2012年1月1日起正式实施。

【改革政府性资金管理模式】积极探索政府性资金存放商业银行管理模式改革,按照因素法、公式化方式,把政府性资金存款与商业银行对我市贡献度挂钩,对商业银行实行考核,科学、公平、公正分配存款额度。

【加强财政监督、防范财政风险】对全市18个单位的部门预算检查和11个单位的会计信息质量进行认真检查,并开展5个项目的绩效考评工作,完成了治理“小金库”的全面复查工作。同时,按照市人大常委会要求,严格加强对政府性投融资项目的计划管理,规范政府债务贷款的资金拨付管理,设立政府债务风险偿债准备金,全年拨付建投工程及偿债资金10亿元。

【创新工作机制、增强工作效能】建立领导干部“一岗多责”工作机制。各科室、局属单位“一把手”对本部门的工作业务、效能建设、党风廉政建设工作负总责，并将责任制层层分解到具体岗位，做到了财政工作管到哪里，效能建设就延伸到哪里，党风廉政建设就抓到哪里。同时注重加强作风建设，严明工作纪律，提升工作效率。

【加强廉政风险防控管理】成立局廉政风险防控管理工作领导小组，召开全局廉政风险防控管理工作动员会议。根据局内部职责分工和工作流程，梳理并制定岗位权力目录清单，绘制权力运行流程图，查找权力运行的140多个风险点和相应风险点等级，基本建立一整套权力运行风险防控体系，为机关作风和效能建设建立了有效的制度保障。

【开展“服务发展年”活动】结合铜陵财政实际，制定了《铜陵市财政系统服务发展年活动实施方案》，出实招，求实效，带动财政服务水平全面进步。并将各项重点工作与推进财政中心工作相结合，与优化环境相结合，与创先争优相结合，从整体上推动全局工作不断进步。

（铜陵市财政局供稿）

铜官山区财政工作概述

2011年财政收入全年实现7.12亿元，为年初预算131.86%，同比增长40.55%，其中地方一般预算收入3.48亿元，为年初预算117.85%，同比增长13.91%。全区财政支出5.04亿元，为年初预算136.04%，同比增长30.28%。

【大力组织财政收入】一是在广泛调查和精确测算的基础上，统筹安排国税及地税的收入计划，并合理按月分解收入任务。二是强化税收征管，密切关注收入入库动态，定期召开国税、地税、财政三家联席会议，积极解决入库过程中各种问题。同时加大协护税力度，注重强化税收征管工作，不断完善协护税措施，严格治税，突出抓好重点税源的征收管理，确保税收收入平稳较快增长。2011年全年税收收入为66055万元，为全年财政收入的92.77%。三是进一步加强国有资产收益管理，2011年全区非税收入完成5147万元。

【优化财政支出结构】一是注重财力向“改善民生”倾斜。坚持以人为本，更加注重基本公共服务均衡化，把落实民生指标放在重要位置，加大对教育、科学技术、文化体育和传媒、公共医疗卫生、社会保障和就业，扩大公共财政覆盖范围。全年向教育、公共医疗卫生、社会保障和就业等民生方面投入资金共计30949万元，为全部财政支出的60%以上，其中教育投入占全年支出的24.3%，公共医疗卫生投入占全年支出的4.4%，社会保障和就业投入占全年支出的13.2%，城乡社区事务投入占全年支出的14%。二是大力支持经济发展建设，侧重对现代服务业、物流运输业进行财政扶持，不仅在政策上给予支持，在资金上给予倾斜，全年财政安排企业扶持资金达4500万元。

【大力支持民生工程】2011年26项民生工程区属配套资金近3000万元一次性安排到位，确保民生工程顺利实施。在全区开展一系列民生民意调查、走访及宣传活动，先后组织30余场“大走访”座谈会，并走访收益户100多户。民众知晓率、满意率、支持率在全市县区中排名位居前列。

【强化财政科学管理】一是积极承接市对区财政体制调整，积极主动与市财政局沟通，密切关注财税政策调整变化，准确把握改革重点和发展趋势，制定相关应对措施，为新财政体制的实施做好铺垫工作。二是加强财政监督，开展“小金库”全面复查及专项治理工作，完成89家单位自查自纠工作和13家单位重点抽查工作，进一步完善内部管理制度，提高财务透明度。三是认真开展财政专户清理工作，成立清理整顿财政专户工作领导小组，制定具体实施方案，明确清理整顿工作的对象、范围及主要任务，确保充足资金存转安全和有序调配。

（铜官山区财政局供稿）

狮子山区财政工作概述

2011年，全区财政收入完成3.7亿元，比上年增长47.1%，其中：上划中央财政收入1.7亿元，增长48.7%，地方财政收入2亿元，增长45.9%。

【加强收入征管】一是早打算、早谋划，细化任务，强化责任，分解落实国税、地税征收部门的税收计划，统筹安排镇、办、社区的财政收入目标考核任务，层层落实到位。二是着力创新征管机制，加大对重点税源和主体税种的征管力度,强化了纳税评估,加强税收专业化管理。三是定期召开财税联席会,及时分析财税运行过程中的新情况、新问题予以协调解决,实现财税工作良性互动。同时,积极跟踪协调零散税源,加强市场税收、个体零散税源的代征和重点工程税收入库工作,确保财政收入的稳步增长。

【努力培植后续财源】一是及时兑现工业强市资金、应对金融危机促进中小企业发展补助资金、科技项目资金等政策扶持资金6000多万元。二是积极筹措上市扶持资金2000多万元,继续支持企业发展。三是千方百计通过土地出让金返还、银行融资、向上争取资金等多渠道筹措资金2亿多元,积极支持园区基础设施建设等一批重点项目。四是努力争取上级资金,重点申报特色产业、企业技术改造和产业升级、地质灾害搬迁、农业产业化项目。

【注重改善民生】坚持"为民、利民、惠民"的宗旨,精心组织实施32项民生工程。一是优先安排区级民生工程配套资金1249万元,覆盖了全区95%以上的城乡居民。二是多层次、多渠道、全方位地宣传民生工程。同时开展"大走访"活动。三是创新工作举措。先后出台32项民生工程实施方案,完善各项会议制度、民生工程协调推进制度、数据库报送制度、电话回访制度,强化跟踪问效,全力协调推进,民生工程实施取得显著成效,群众满意度超过90%。

【全面落实惠农政策】积极争取中央、省、市财政资金,支持农村小学校舍改造和村级卫生服务设施、村级计生服务体系建设。及时兑现各项涉农补贴资金,通过"一卡通",采取直补的方式,惠及于民,让老百姓确实感受到公共财政的阳光。全年累计拨付粮补资金、良种补贴、家电下乡等各类涉农补贴25项,累计资金808万元。深入推进农村综合改革,积极开展村级公益事业建设"一事一议"财政奖补试点,加大农村基础设施投入。

【完善财政监管机制】一是深化"两上两下"部门预算编制程序,加强部门预算编制和支出管理。建立起部门履行职能与之相适应的预算分配机制,强化预算约束,严格控制一般性支出,认真落实厉行节约八项要求。二是加强对政府采购的监督管理。严格采购预算,加强对采购的监督管理。政府集中采购资金2402万元,节约资金316.4万元,资金节约率11.6%。三是做好公务员规范津补贴工作。开展了规范津贴补贴自查自纠工作,严肃公务员工资制度改革纪律,进一步规范津贴补贴工作,逐步形成规范津贴补贴工作长效机制。四是加强国有资产管理。完善固定资产管理的基础工作,规范固定资产配置、使用、处置、收益全过程的管理。五是加强财政监督检查。加强财政、审计、监察等部门的沟通和协调机制,形成监管合力。对各行政事业单位的财务情况进行了检查,深入开展"小金库"专项治理和公车治理工作,加大对民生工程、惠农工程、国债项目等财政性投入资金运行情况的监督检查。六是开展清理整顿财政专户工作,确保财政专户管理有章可循,规范操作,做到以制度管账户、管资金,完善内控机制。

(狮子山区财政局供稿)

郊区财政工作概述

2011年,铜陵郊区全年财政收入实现7.2亿元,同比增长78.6%。其中:上划中央收入3.9亿元,同比增长77%;地方财政收入3.3亿元,同比增长81%。全年全区财政总支出4亿元,较上年增长35%。全年区本级财政支出2.9亿元,同比增长36%;乡镇办财政支出1.1亿元,同比增长52%。

【千方百计增强财政实力】一是服务经济建设,奠定财政增收基础。以主导产业建设为基础,以项目建设为抓手,出实招,求实效,积极协助有关部门、单位及时向上编报项目,为区经济的可持续发展提供了项目、资金支持。二是以建立健全科学、完整的政府性收支体系为核心,把收入组织作为第一要务,密切关注财经形势变化,积极支持、配合国地税部门依法加强税收征管,建立健全综合治税机制,按分月下达目标任务要求,挖掘财政增收潜力。三是与规划、国土、城建等要素部门密切配合,落实具体措施,共同抓好土地出让、房地产促建、配套费等非税收入组织,强化行政事业收费预算管理,着力向非税要财力。四是按"有保有压"要求,始终坚持压缩了一般行政事业性项目经费和庆典、节会、论坛等不必要支出,着力从堵塞跑、冒、滴、漏等环节和措施上增加财力。

【积极服务经济发展】财政支持经济发展重点进一步突出。按照扶优、扶强扶大的指导思想,集中有限的土地、政策、资金等资源,支持大项目、好项目的发展,重点支持高新技术产业和现代服务业优先发展,促进我区加快经济结构调整和产业升级。财政专项资金效益进一步提高。筹集财政专项资金2200万元,实施扶持配套、奖励、贴息等一系列扶持措施,不断提升大桥园区、富鑫钢铁、有色金翔、安纳达等骨干税源、主体财源对地方财政的贡献率。财政服务环境进一步优化。继续清理涉企收费项目,建立健全动态化管理的财政支持企业发展项目库,完善支持中小企业信用担保体系建设相关政策,努力打造促进经济发展方式转变的财政经济互动新平台。

【增强民生保障力度】安排落实省市区37民生工程建设资金22300万元。完成社会保障和就业支出4114万元,同比增长12%。发放城镇居民低保金1499万元,农村低保对象低保金195万元,残疾人生活救助51万元,阳光救助15万元;安排72.7万元用于新型农民培训和农民工技能培训。安排中小学校舍安全工程资金198万元;安排学前教育标准化建设与管理项目72万元;安排城乡义务教育经费135万元,促进义务教育健康协调发展。发放城乡医疗救助176万元;配套新型农村合作医疗保险86.2万元。安排16万元用于文化活动场所建设。安排1440万元用于城乡生活垃圾处理项目和老旧小区环境整治综合提升工程。安排农村危房改造和清洁项目91万元,保证城乡建设重点工程顺利实施。

【稳步推进新农村建设】强化农业基础设施投入。积极向上级争取专项扶持,拨付村村通147万元、河道清淤95万元、蔬菜基地63万元、大通国家农业综合开发土地治理181.67万元等农村基础设施建设。拓宽农业保险覆盖面。发放政策性农业保险 万元,小麦实际参保456户,28642.9亩,油菜参保4162户,5918.94亩。扩大财政直补范围。兑付粮食直补53万元,惠及农户3500户。退耕还林粮补83万元,现金补贴125万元。兑付家电下乡225万元、兑付率100%。多策并举发展农村经济。已申报21个一事一议财政以奖代补项目,项目总造价141.75万元,受益18个村218个村民组32394人,项目筹劳2.51万人,筹资1.89万元。

【深化财政管理改革】所有部门单位的部门预算上人代会审议,加强预算约束和预算执行。全区纳入的一级预算单位50个,覆盖面100%。按绩效预算要求,全面开展"小金库"专项治理复查,坚决扫除专项治理工作死角。其中,涉及行政事业单位26个、社会团体3个、国有企业5个。积极配合省审计局对全区政府性债务进行清理核实。

(郊区财政局供稿)

开发区财政工作概述

2011年,铜陵开发区共实现财政收入7.2亿元,较上年同期增收2.4亿元,增幅达到49.8%;财政支出累计完成4.3亿元,较上年同期净增加1.3亿元,同比增长45%。

【积极组织财政收入】通过不断加强与税务等部门的沟通联系,采取一系列措施,进一步挖掘税源。一是对于基建期间土地使用税采取先征后返的优惠政策,促使园区内大量基建企业补缴土地使用税,增收财政收入3000多万元。二是查缴补征以前年度所欠税款,包括有色公司下属企业土地转让增值税费1349万元、原市电器厂以前年度欠税77万元,并协调华源麻业缴纳城维税入库384万元。三是在大江集团公司建立建筑安装业营业税委托代征系统,确保营业税不外流。

【完成土地出让金的清缴工作】多次与市财政局、市国土局等部门进行协商沟通,对历年所欠的土地出让金进行清算,并已取得初步成效。全年共出让土地8宗,总出让金额9.66亿元,其中,市财政扣除五项基金后拨付开发区1.37亿元。

【积极适应财政新体制调整】根据全市统一安排出台的《关于调整市对区财政管理体制的方案开发区财政局多次组织人员学习和研究,并提出应对意见,力争在新一轮体制调整中开发区财政得到更大扶持,真正做大做强。

【加大财政支出的调控力度】通过调整财政支出结构,重点落实好园区基础设施建设需求,加大对区内新兴产业的扶持力度,同时加大对民生工程等社会事务的支持力度。全年共完成财政支出4.3亿元,同比增长45%。同时加大对区内企业的扶持力度,促进财政收入与经济发展的良性互动。通过担保公司、小额贷款公司以及协调银行贷款等方式加大对企业资金扶持力度。先后协调解决浩荣电子、超远电子等企业在银行贷款的协调事宜,并利用通源担保公司的平台为多家企业提供担保,帮扶企业渡过难关,为企业融资提供服务。

(开发区财政局供稿)

铜陵县财政工作概述

2011年，全县财政一般预算收入完成17.5亿元,比上年实绩增长40%。全县财政一般预算支出累计完成16.5亿元。

【强化收入征管】一是深入分析本县多年来财税收入增长变化的趋势和规律,抓好分解落实,强化目标考核,确保全年财政收入任务圆满完成。二是强化财税配合,认真研究税源结构变化情况,挖掘增收潜力,建立税收管理高效、税源监控严密的征收体系,加强征管,确保应收尽收。三是深化综合治税机制建设,建立部门相互协作的税源征管联动机制,充分调动各级各部门组织收入的积极性。四是强化政府各项非税收入管理,不断完善国有土地出让收入、罚没收入、行政事业单位国有资产有偿使用和处置管理办法，提高政府资源性收益运作水平，努力增加收入。

【积极培植财源】一是充分发挥财政调控职能,综合运用税收、奖励等政策工具,建立完善财政扶持重点企业、纳税大户发展的政策引导、资金投入和激励机制。全年用于支持企业发展的各项优惠政策兑现3.6亿元。二是创新招商引资方式,支持发展高新产业,培育优势支柱产业,推进工业化进程;围绕城乡农业发展特点,调整和优化产业结构,推进产业化经营。三是围绕国家、省、市资金投向,主动与上级部门沟通衔接,加紧申报项目,争取更多的支持。四是做强融资平台,增强融资能力,拨付县担保中心注册资本金1500万元，为县域经济发展担保贷款9.98亿元。强化市场资本运作,争取更多信贷资金特别是中长期贷款,助推县域经济发展。五是多渠道解决中小企业融资难问题,制定相关财税配套政策,鼓励、吸引民间资金参与中小企业生产和功能性项目建设,继续安排1000万元企业转贷扶持资金,支持中小企业发展。

【优化支出结构】大力实施民生工程,促进社会和谐稳定。投入资金2.85亿元,其中县级配套0.73亿元,组织实施48项民生工程,群众满意度达97%以上。一是推动教育优先发展。筹措资金4861万元,改造农村中小学校舍4.2万平方米；筹措资金1642.7万元,免除城乡义务教育学杂费,为农村中小学生免费提供教科书、作业本；筹措资金345.6万元,资助中等职业教育和普通高中贫困生。二是推动医疗卫生体制改革。完善基层医疗服务体系,提高保障能力，在乡镇卫生院和社区医疗卫生机构全面落实基本药物零差率销售政策,切实解决人民群众“看病难、看病贵”的困难。提高新型农村合作医疗补助,加大城乡医疗救助力度，支持乡镇卫生院和村级卫生所标准化建设，完善公共卫生和疾病预防控制体系,促进卫生事业协调发展。三是做好社会保障和就业工作,进一步提高城乡低保和五保供养保障标准,为全县8523名农村低保对象发放补助1320万元、为1386名农村五保户发放基本生活补助费431.7万元。拨付115.6万元,落实农村计划生育奖励扶助等政策。足额安排就业补助资金302.4万元,支持就业和再就业培训工作。四是支持公共文化服务体系建设,支持农村群众开展丰富多彩的文化娱乐活动。五是大力推进保障性安居工程建设。投入资金4976万元,兴建廉租房3.1万平方米,支持实施棚户区改造工程,完成改造面积8万平方米,加快解决城市低收入家庭住房困难问题。

【加大“三农”投入】一是完善支农投入稳定增长机制,筹措资金1826万元,大力支持小农水、河道清淤、农村饮水工程、农村沼气工程等重点项目,夯实农业发展基础。二是认真落实各项惠农政策,拨付政策性农业保险补贴资金110万元，积极推进涉农资金拨付“一卡通”,兑付粮食直补、农资综合直补和水稻、玉米等良种补贴资金共计2084万元,兑付家电下乡、汽车摩托车下乡补贴资金833万元,惠及全县千家万户农户,促进农民生产生活水平提高。三是加快推进现代农业发展,投入资金1697万元,实施农业综合开发,安排拨付特色农业资金154万元,农业循环园贴息及项目资金436万元。四是完善村级组织运转经费保障机制，全面推进村级公益事业建设一事一议财政奖补政策,拨付资金923万元,推进村内道路等公益项目建设,改善农民生产生活条件。五是支持农村环境整治,拨付资金1000万元,建设垃圾焚烧炉和垃圾池,开展农村清洁工作。

【坚持科学理财】一是完善部门预算改革,细化项目预算内容,加强支出标准、项目库等基础管理,严格控制预算追加,增强预算执行的刚性。二是扩大国库集中支付范围，积极推进政府采购电子化管理和市场诚信体系建设。三是强化财政资金监管,巩固

"小金库"专项治理工作成果；加强对政府债务的动态监控，主动防范和化解政府债务风险；加强对财政重点支出项目绩效评价工作，完善绩效目标管理体系；继续强化厉行节约，严格控制一般性支出。四是加强国有资产管理，强化资产收入监管，进一步健全资产配置、使用、处置、收入管理全过程监控体系；加强资产信息平台建设，推行国有资本经营预算。

（铜陵县财政局供稿）

池州市财政工作概况

池州市财政工作综述

2011年,池州市财政总收入突破50亿元,完成56.8亿元,同比增长30.9%。其中:市本级完成15.22亿元,同比增长15.9%。全市财政支出完成88.1亿元,同比增长29.6%。其中:民生支出完成64.1亿元,同比增长39.8%。

【服务转型发展】一是加大投入力度,累计安排工业及新兴产业发展资金3.18亿元、园区建设资金14.66亿元、重点项目资金2.87亿元,支持园区扩容升级和重点项目快速起步。二是扩大消费需求,累计兑付财政补贴资金1.77亿元,拉动家电、汽车、摩托车下乡产品消费14.18亿元。三是引导银行业金融机构全年信贷投放318.41亿元,同比增长30.4%,增速位居全省第一。四是完善金融体系,全市新增银行业金融分支机构4家;村镇银行实现"零突破";小额贷款公司开业18家,总资本超10亿元;融资性担保公司开业9家,总资本11.8亿元。五是服务招商引资,安排拨付招商引资专项资金2511万元,为全市306个新引进招商项目、150个竣工投产项目的顺利实施提供有力支持。

【服务民生改善】一是牵头实施民生工程。全市共筹集民生工程资金18.5亿元,其中中央、省级补助资金14.1亿元,市县级配套资金3.72亿元,其他0.68亿元。在全省民生工程暨居民收入倍增工作会议上,池州市被省政府授予"2011年度民生工程组织实施工作先进市"称号。二是牵头实施居民收入倍增规划。围绕就业提升、创业富民、民生普惠、财富增值四大工程,实现城乡居民收入倍增实施工作"十二五"开门红。城镇居民人均可支配收入和农民人均纯收入分别为18925元、6908元,增长18.3%、18.6%,这两项核心指标均超额完成省下达的(14.5%、14.9%)目标任务。三是支持社会事业发展。安排中小学校舍安全工程、义务教育保障经费等教育事业发展资金14.28亿元,安排医疗卫生事业发展资金7.33亿元,累计拨付社会保障和就业资金8.68亿元。

【服务强农惠农】一是增加农业基础建设投入,全市投入农林水事务支出11.08亿元,增长28.7%。二是推进现代农业综合开发示范区建设,累计完成投资3.37亿元,其中:农业综合开发资金7143万元,省财政专项资金1800万元,整合资金5876万元,招商引资17463万元。三是拓宽农民增收渠道,全市通过"一卡通"共拨付良种补贴、退耕还林补贴、粮食综合直补等各类补贴资金4.09亿元,同时开展新型农民培训工程,提高农民职业技能和创收能力。四是优化农业农村发展环境,为全市农业生产提供7.37亿元的风险保障,累计赔付1698万元;筹集资金1.11亿元,完成"一事一议"财政奖补项目587个,惠及全市93.7%的行政村。

【服务公共财政】一是建立现代预算体系,市本级完整编制公共财政、政府性基金、国有资本经营和社保基金"四大预算",政府收支总量、结构和管理得以全面反映;二是规范部门预算,建立部门基本支出定员定额体系,严格项目编制,减少预算追加;三是推行绩效预算,开展财政支出绩效评价;四是完善财政国库管理制度,制定市本级财政专户管理试行办法,共清理撤销账户95个;五是扎实推进"金财工程",提升财政信息化管理水平;六是牵头开展市直行政事业单位国有资产清查登记;七是开展"小金库"治理复查、抽查工作,共查出"小金库"3户,违纪金额26.15万元。同时,不断加强单位内部控制和外部监督,积极构建"小金库"防治长效机制。

【服务队伍建设】一是强化廉政风险防控管理,依据财政工作中职责和环节,尤其针对预算安排、资金分配、财政专户管理、国库集中收付、工程建设、政府采购、投资评审、非税管理等工作中可能存在自由裁量权的岗位和可能缺乏有效监管制约的环节,找准找实,把风险查找延伸到每一个具体岗位和每个人,细化到权力行使的各个环节。二是实行干部交流轮岗,对机关同一岗位工作满5年的8位科室负责人实行轮岗,调整率达57.14%。三是认真开展"服务发展年"活动,积极向省财政厅建言献策,在全省财政系统征文活动中获得二等奖、三等奖各1名,优秀奖4名,受到通报表彰。四是密切与人民群众的血肉联系,在"四民"活动和"五级书记大走访"活动中,局领导班子悉数下访,干部职工累计下访百余人次,落实帮扶资金近80万元,获得联系村(社区)的一致好评;组织开展"万名财政干部大走访活动",全市财政系统干部共进村入户走访群众6603户,召开座谈会398场,征集意见建议1862条,并陆续予以解决或纳入长期规划。

(池州市财政局供稿)

贵池区财政工作概述

2011年,贵池区财政总收入实现14.02亿元,完成预算任务116.84%,比上年增收4.01亿元,增长40.13%,其中完成地方财政收入9.97亿元,为预算的124.56%,增长37.35%;上划中央收入3.71亿元。累计完成一般预算支出21.39亿元,占预算的117.2%,比上年同期一般预算支出15.38亿元,增长39%。

【财源建设】一是配合有关部门,加强项目规划申报,全力以赴争取上级资金,支持项目建设。二是加大重要税源企业和重点项目投融资力度,确保资金及时足额到位。三是加大对民生担保公司的资本投入,实现在保余额5.5亿元。四是加强组织收入。健全财税收入征管目标责任制,配合税务部门加强对重点行业、重点企业的监管,确保税收逐年增长、均衡入库。五是切实把应纳入预算管理的非税收入、政府性基金全面管起来。全年共完成非税收入163103.88万元(不含代管资金),同比增长263.82%。

【保障民生】一是创新工作平台,结合"一网通"工程,搭建民生工程政策信息宣传平台和资金发放查询平台,实现民生工程政策公开、网上查询、网上互动,进一步提高群众知晓率和支持度。二是加大督查调度,确保工程建设高标准、高质量序时推进。三是严格资金管理,加快补助补偿类项目资金拨付进度,保障受益对象及时足额领取补助资金。四是从制度建设、协调推动、宣传发动、基础资金等方面加强管理。五是根据承办单位反馈意见,进行跟踪回访。六是强化考核措施,2011年全区实施省定民生工程项目共投入资金6.46亿元,与上年相比增长近103.1%,其中地方配套资金1.87亿元全部配套到位,资金累计支出6.46亿元,其中补助或发放到人项目1.97亿元,拨付工程建设及社会事业类项目4.49亿元。

【财政管理】一是强化预算管理,建立规范的预算追加调整制度,提高预算执行率。二是实施账户清理,进一步加强和规范财政专户管理,堵塞财政专户资金安全管理漏洞。三是狠抓政府采购,2011年政府采购共受理各类招标采购项目564个,完成招标采购项目564个,采购中标合同金额71881万元,综合节约率6.39%。四是提升会计信息,认真组织全区会计从业人员进行业务培训,其中农村会计人员培训130人次,提高会计人员的素质和业务水平。

【资金保障】一是加大"三农"投入。2011年,全区农林水支出28784万元,增长74.9%。区财政继续对各种涉农资金实行"一卡式"发放,累计发放粮食直补、良种补贴、村干补贴、优抚补助、救灾资金等补贴资金1.47亿元。2011年,全区农业综合开发项目累计完成投资2718.8万元。二是注重社会投入。巩固发展"两基"教育,重点支持农村义务教育和基础教育发展。2011年全区教育支出48500万元,占一般预算支出22.67%;对文化、广播事业全年共支出1297万元;全年计划生育事业费支出1664万元;全年科学三项费用及科学支出952万元。

【队伍建设】一是服务经济,更加注重主动理财。深入基层、开展调查研究,努力将调研成果转化为推动财政改革发展的正确思路和有效举措。二是服务社会,更加注重促进和谐,加大对社会管理和公共服务的资金保障力度。三是继续把实施民生工程作为保障和改善民生的重要抓手。四是服务基层,更加注重固本强基,在全省创建规范化乡镇财政所活动中,区乌沙镇财政所获省级规范化乡镇财政所先进单位称号,牛头山镇财政所、殷汇镇财政所、梅街镇财政所获市级规范化乡镇财政所先进单位称号。五是服务群众,更加注重营造环境,深入开展"访民情、听民意、解民忧、惠民生"活动、万名财政干部大走访活动、规范化财政所创建活动,进一步激发广大财政干部的创业活力。

(贵池区财政局供稿)

青阳县财政工作概述

2011年,青阳县完成财政收入8.5亿元,占预算的113.6%,同比增长30.9%,连续八年保持30%以上增长。其中,税收收入完成6.44亿元,同比增长30.4%,占整个财政收入增收额的75.8%。全县财政预算内总支出20.9亿元,同比增长52.7%。其中,一般预算支出13.3亿元,增长37.7%;基金预算支出7.6亿元,增长88.2%。

【紧抓促进改革创新,服务经济社会发展措施得力】一是突出重点项目扶持力度,坚持以工业化、城镇化"双轮"驱动,加大重点工程建设和工业企业财政投入。重点投放城区南扩工程及其他重点工程建设26926万元,新老汽车站拆迁1483万元,廉租住房、公共租赁房及安置房建设8708万元,城市污水管网建设资金1365万元,中心河流治理项目资金1555万元。认真落实对企业的财政优惠政策,积极兑现工业企业奖励及优惠政策资金2150万元、企业技术改造与创新资金378万元、企业融资担保资金1000万元。二是加大园区建设投入,推进园区扩容升级。投入4466万元加快开发区基础设施建设,投入乡镇工业集中区规划建设资金24076万元,不断强化乡镇工业集中区规划。三是充分发挥县经济投资公司的投融资功能,努力做大财政融资平台。共融通农发行"青阳县蓉城镇农民集中安置房建设项目"贷款1亿元,农民集中安置房建设项目融资贷款7000万元。多渠道、多途径筹集资金,投入城区供水项目2125万元;污水处理厂项目1351万元;垃圾处理厂项目1974万元。四是认真落实财政各项政策,积极加大项目申报和争取力度,引导企业加快发展。全县累计申报项目21个,申报农业特色产业基地2个。

【紧抓优化支出结构,提高民生保障水平】民生工程全年共投入资金2.57亿元,其中县财政配套3830万元,累计发放补助金额8382万元,直接受益99038人。全年共投入教育资金19548万元,同比增长46%。安排文化体育与传媒支出2179万元,支持免费开放公益性博物馆、图书馆,实施文化信息资源共享、农家书屋等惠民文化工程,繁荣农村文化事业。安排社会保障支出14609万元,增长33.5%,其中,安排1907万元低保资金;安排838万元用于保障农村五保对象基本生活和加强敬老院和儿童福利院建设;安排各类优抚、救灾救济和一次性生活补助1595万元;安排再就业资金814万元;安排1214万元,启动新型农村和城镇居民社会养老保险试点工作。投入医疗卫生资金9436万元,全年补偿新农合医疗资金4033万元,支付城镇居民基本医疗统筹基金482万元,发放大病救助资金109万元,将乡镇卫生院工资全部纳入国库集中支付中心统发,共安排卫生体制改革资金632万元。安排公共安全支出4008万元。

【全力服务三农,推进新农村建设步伐】投入安排10个省级新农村示范村生产发展建设资金250万元;全年累计发放各类涉农补贴资金7290万元;全县"一事一议"财政奖补建设公益性工程共111项,财政奖补投入845.76万元,项目受益群众11.67万人;全县共赔付早稻、油菜、能繁母猪保险47.6万元;实施家电和汽车下乡,补贴总数达87412件(辆),发放补贴3370万元,补贴兑付率达到100%;共投入农村安全饮水工程167万元,病险水库除险加固1814万元,童埠排涝站170万元,小农水维修470万元,农村公路养护及公路危桥改造等2115万元,农村清洁工程等建设241万元,农村沼气建设151万元,农业综合开发及土地治理项目3775万元。

【坚持改革创新,提高科学理财水平】一是继续深化预算管理制度改革,充分调动乡镇政府发展经济、培植财源、增收节支的积极性。二是完善国库集中支付改革,国库集中支付中心全年共支付资金6.52亿元。三是扎实推进"两基"建设,继续加强财政分局(所)办公楼改扩建工作,进一步加强财政基础业务管理,促进乡镇财政分局(所)规范化建设工作的开展。四是强化财政监督管理机制,认真开展"小金库"专项治理全面复查工作,对全县251户党政机关、事业单位、社会团体和国有企业进行全面复查；开展2007年—2010年度惠农财政补贴资金发放“回头看”工作，确保资金及时足额发放，确保国家惠农政策落实到位；对污水处理及配套管网建设和病险水库除险加固等重大建设项目实行专项资金定期报告制度；加强专项资金管理，从资金源头进行管理。五是加强国有资产管理。会同有关部门统一拍卖处置行政事业单位资产4起，处置收入12.9万元。六是扎实推进会计管理工作，组织1241名财务人员参加网上会计继续教育培训，开办县直预算单位财务人员培训班。实施会计信息质量检查工作，进一步加强会计基础工作及档案管理。

【以开展“服务发展年”活动为契机，进一步提升全县财政干部队伍素质】一是扎实开展“服务发展年”活动。按照省厅要求，结合“贴民情、听民意、惠民生——财政干部大走访”活动，在全县财政系统开展了“服务发展年”活动，进一步提升全县财政干部队伍素质。二是继续强化干部学习教育制度。坚持并创新周五学习制，利用媒体、视频等多种载体加强财政法规学习和警示教育活动，全面推进依法行政、依法理财。三是认真落实党风廉政建设责任制。开展党风廉政教育专题讲座，进行财政廉政文化演讲比赛，制定党风廉政建设和反腐败工作的实施意见，明确责任分工。四是积极开展文明创建工作。充分发挥工会、局妇委会等组织的作用，开展健康有益的文娱活动。切实解决干部职工困难，创建机关“美化、绿化、亮化、净化”的工作环境，市财政局荣获第六届池州市文明单位及市文明行业称号。

（青阳县财政局供稿 宁 睿整理）

石台县财政工作概述

2011年，石台县财政收入完成1.5亿元，比上年增收2937万元，增长24.3%。全县财政支出完成6.6亿元，比上年增支10512万元，增长18.8%。

【坚持抓收入强征管，财政实力再上台阶】一是强化收入目标管理。严格执行财税收入目标责任制，将收入任务层层分解、逐级逐月落实到位。建立财政、国税、地税等部门收入分析联席会议制度，逐月对财政收入进行科学分解预测，强化收入调度。二是加强契税耕地占用税征管。注重与有关部门协调配合，坚持“先税后证”制度。三是挖掘非税收入增收潜力。强化土地出让金征管，完善政府非税收入征管改革，确保应收尽收。

【坚持重投入固财源，服务发展成效显著】一是积极向上争取项目资金。全年累计争取上级补助资金达5.4亿元，为县域经济发展提供了坚实的财力保障。二是支持景区园区建设。认真落实县委县政府关于旅游发展重大决策，安排1000万元支持牯牛降景区旅游基础设施建设。三是保障重点项目建设。全年累计投入资金1.29亿元用于改善城区基础设施、实施病险水库除险加固、推进农村危桥改造、建设县医院住院大楼及改善石台中学、二中基础设施。四是支持企业发展。安排工业发展基金500万元，投入资金1290万元支持天方茶业集团、山园食品公司、西柏眉茶专业合作社等产业化龙头企业发展。五是强化金融服务。积极支持农村商业银行筹建，强化银企对接。进一步规范小额贷款公司和担保公司运行。全年县担保公司为中小企业贷款5125万元。

【坚持夯基础惠“三农”，城乡统筹步伐加快】一是加大农业投入。全年财政支农支出1.07亿元，比上年增长10%。整合支农资金3914万元、引导社会资金投入6410万元，支持农业产业发展、基础设施、社会事业等项目建设。二是加大农业综合开发力度。完成总投资493.8万元的大演乡农业生态项目建设，横渡镇土地治理项目完成招标，即将开工建设。三是支持农业生产。拨付6051万元财政扶贫及支农专项资金改善农业基础设施。争取资金500万元实施现代农业（茶业）生产发展项目。积极推进政策性农业保险试点工作，油菜、棉花、水稻等农作物承保面积6.41万亩、能繁母猪承保2500头，全年理赔资金14.27万元，有效降低农业生产风险。四是全面落实强农惠农政策。全年通过“一卡通”发放财政补贴农民资金4651万元，比上年增加1696万元，增长57.4%，农民人均受益523元。五是进一步完善和深化为民服务全程代理。继续推进“一网通”工程试点，全年通过“一网通”平台共为民代（办）理事项1339件，得到了上级部门和群众充分肯定。

【坚持优结构促和谐，民生福祉持续改善】一是精心实施民生工程。切实履行部门牵头抓总职责，财政累计投入资金1.32亿元，全面完成33项民生工程目标和任务。二是优先支持发展教育。全年教育支出9842万元,比上年增长64.8%。落实农村义务教育经费保障机制,全年安排保障经费959万元,免费提供义务教育教科书价值137万元,拨付资金355万元对贫困寄宿生、中职及普通高中学校家庭经济困难学生实行资助。三是加强就业和社会保障工作。积极开展新型农村社会养老保险工作,实现城乡居民社会养老保险全覆盖。加强社保基金管理,实现社保基金收入4635万元、支出3671万元。及时提高各项社保补助标准,发放资金6035万元。新建小河镇农民返乡创业园,增加就业岗位527个。发放廉租房补贴资金63万元,投入资金952.6万元支持城市棚户区及农村危房改造,有效改善城乡居民居住条件。四是支持深化医药卫生体制改革。投入资金1565万元推进基层医药卫生体制综合改革,8个乡镇卫生院和66个村一体化卫生室实行药品零差率销售补助,启动乡镇卫生院职工周转房建设。

【坚持推改革建机制,公共财政不断完善】一是完善县乡财政管理体制。制定和实施新一轮乡镇财政管理体制,合理配置县乡财力,保障乡镇基本支出需要,充分调动乡镇理财积极性。二是完善国库管理制度。规范国库集中收付,实现会计集中核算与国库集中收付并轨运行,推进财政平台一体化建设。三是加强预算制度管理。推进政府采购制度改革,加强采购管理,扩大采购范围。全年实现政府采购金额1750万元,节约资金210万元,资金节约率10.7%。进一步加强政府债务管理,防范债务风险,确保管理规范、控制适当。

【坚持抓规范促两化,财政绩效明显提升】扶贫资金绩效考评和报账制管理在全省评比中分获第一、二名。加大基本建设项目预决算审查力度,组织实施预算审查项目59个,审减金额2471万元,平均审减率7.91%;实施决算审查项目86个,审减金额1258万元,平均审减率17.2%。深入推进"小金库"专项治理活动,开展强农惠农资金专项清查"回头看"和家电下乡家电以旧换新监管年活动。加强基层财政建设,开展乡镇财政干部集中培训,完成七都、丁香和横渡镇财政所办公楼新建,全面推进创建规范化乡镇财政所工作。

【坚持提效能强素质,队伍建设不断加强】一是扎实开展服务发展年活动。坚持把推进服务发展年活动作为促进财政工作的重要举措来抓,取得明显成效,提升了财政部门形象。二是深入开展"大走访"活动。将"万名财政干部大走访"活动与"四民"专题活动相结合,提高财政决策的科学性和政策执行的有效性。三是加强廉政建设。规范权力运行,查找风险点并制定廉政防控措施,提升财政干部自我防腐能力。四是持续加强政风建设。认真落实首问负责制、AB岗工作制等,坚持文明办公"五要五不",优化工作流程,简化工作程序,提高服务质量和水平,局机关被授予"安徽省第九届文明单位",8个乡镇财政所被评为县级文明单位。

(石台县财政局供稿 宁 睿整理)

东至县财政工作概述

2011年,全县财政收入完成8亿元,为预算目标的118.5%,增长32.9%;一般预算支出完成18亿元,为预算的133.3%,增长28%。财政保障能力不断增强,有力地支持和促进全县经济社会协调发展。

【增强财政实力】一是加强宏观税负分析。建立完善月度、季度、年度分析调度制度,开展乡镇及园区税源普查,加强对税收增长与经济发展的宏观分析以及对行业、企业税负变动情况的微观分析,查找税源管理存在的问题,并有针对性地开展纳税评估和税务稽查。二是建立收入增长激励机制。进一步完善县乡及园区财政体制,初步实现收入与资金调度的关联机制,调动乡镇、园区依法理财的积极性;调整土地使用税征收标准,完善土地使用税征管机制,促进地方税收增长。三是开展专项治理。协调征管部门,对存在征管漏洞的部分行业、企业以及个体税收开展专项治理。规范会计秩序,提高会计信息质量,堵塞税收漏洞。四是强化政府非税收入征管。加强国有资产收益管理。通过招标等形式,处置国有山场、国有湖面增加国有资产收益2000余万元;强化收支两条线管理,建立交警系统罚缴分离系统,促进了非税征管。

【支持县域经济发展】一是拓宽筹资渠道,支持园区发展。通过整合及调度财政性资源加强与农业发展银行合作,为香隅化工园区融资1.9亿元;加快大渡口开发区、东流工业集中区土地出让步伐,全年园区开发区实现土地出让金5亿元;通过抵押、担保等形式,实施大渡口开发区安置房、香隅化工园区公租房BT方式建设,解决建设资金近2亿元。二是累计安排资金2000万元,实施23个批次建设用地置换项目。三是筹措资金近4亿元,支持县城老河综合治理、县城安置房建设、市政路网等基础设施工程建设、河西大堤及县城区亮化美化工程。四是创新工作方式,服务中小企业发展。增加安排资本金3687万元,使中信担保公司注册资本金达1亿元;全年为92户企业提供担保贷款2.17亿元;加强银企合作,举办银企对接会,签约资金3.33亿元;签订《政银合作协议》,五年内优先为全县提供净增10亿元的信贷支持;主动兑现企业财政扶持资金3000余万元。

【加大民生工程投入】全年实施33项民生工程,投入资金13.6亿元,占财政支出的75.6%,增长31%。一是支持健全社会保障体系建设。全年发放农村低保金及一次性生活补助2008万元;发放农村五保供养资金682.2万元;拨付贫困重度残疾生活特别救助资金249万元,拨付资690万元,启动城乡居民社会基本养老保险制度试点。二是推动教育事业优先发展。发放教科书价值564.2万元,拨付公用经费3582万元;拨付贫困寄宿生补助、中职和普通高中家庭困难学生资助资金282万元;拨付校舍安全工程资金7419万元;投入校园"三防"建设资金360万元。三是支持卫生事业发展,共筹措资金10845.9万元,全县参保率99. 9%。四是增强资金保障,提高妇女儿童健康水平。

【支持新农村建设】全年"三农"支出2.8亿元,增幅达30%。一是大力支持农村基础设施建设。累计投入资金1600万元,实施一事一议财政奖补项目228个;累计投入资金7018万元用于水库加固工程;拨付资金1955万元,支持农村饮用水工程;拨付资金1297万元,用于农村公路危桥改造工程。二是积极落实强农惠农政策。累计发放粮食直补、良种补贴、农资综合补贴、农机具购置补贴等农业生产补贴8406万元;组织实施家电汽车摩托车下乡和家电以旧换新工作,累计补贴资金1900万元。三是支持农村服务支撑体系建设。累计安排保费补贴210万元,兑现理赔资金640万元,减轻农民灾害损失;推进"为民服务一网通"试点工作,完成个试点村"一网通"平台建设;扎实推进新型农民培训和农民工技能培训;加大村级组织保障力度,增加安排村级转移支付1141万元。四是拨付资金582万元,支持农村文化事业建设。

【提高财政管理水平】一是完善政府预算体系。进一步细化专项资金年初预算,将政府性基金、政府性融资项目全额纳入政府预算管理体系。二是健全专项资金管理机制。全年围绕建设工程项目概、预、决(结)算等投资评审项目105个,送审金额33204万元,审减率12.2%。三是推进财政信息平台建设。四是国有资产管理更加规范。成功拍卖国有山场2处,增加国有资产收益170余万元;对全县行政事业单位公务用车进行清理,有效地遏制"三公"经费增长。

【加强机关建设】一是开展主题实践活动,实实在在为群众排忧解难,提升财政部门服务水平。二是加强对干部职工的教育和培训。邀请专家学者就服务民生、建设新农村等热点问题开展专题讲座,提高财政干部综合素质;推进人员岗位交流,全年交流岗位15人次,机关、县乡及乡镇间人员岗位轮换机制初步建立,财政队伍活力明显增强。三是全面加强机关效能建设。加强党风廉政建设和反腐倡廉工作,开展党务公开和权力公开透明运行活动,扎实推进机关效能和政风行风建设,大力开展文明创建工作;规范化财政所(分局)建设取得新进展。四是大力开展财政文化建设。积极参加省市财政系统的各项文艺汇演活动,并与财税各部门联合开展"财税之春"联欢晚会。

(东至县财政局供稿 宁 睿整理)

九华山风景区财政工作概述

2011年,九华山风景区共组织财政收入4亿元,同比增长14.2%。其中,地方一般预算收入3.8亿元,同比增长14.3%;上划中央收入2149万元,同比增长11.8%。共完成支出3.8亿元,同比增长9.7%。

【征管措施不断强化】一是加大收入征管力度,确保收入有序入库。及时与国税、地税联系沟通,了解收入进度,合理调度收入入库,做到收入均衡入库。二是挖掘税收新的增长点。密切关注大愿文化园等大项目的建设进度,努力增加税收收入。三是加强与国土部门的配合,组织土地出让金的征收。全年共组织土地出让金收入4365万元。四是做好契税、耕地占用税两税征缴工作。加强与房产、土地部门的沟通配合,执行"先税后证"的制度,防止税收流失。五是加大市场营销费用保障,拓展旅游市场,推动了门票收入增长。

【完善项目监管机制】一是项目管理上严把监督检查关。全程参与重点工程的招投标、合同签定、施工建设、工程验收等活动,对重点项目实施施工过程全程监督,督促施工企业按照规定的时间要求及时编制竣工财务决算并办理资产移交。二是资金管理上严把拨付关。在拨付项目资金时严格遵循“按计划、按程序、按进度、按预算”的拨款原则,在资金拨付过程中做到“一审、二看、三查”,保证财政资金及时、准确到位。三是工程决算上严把审核关。对已竣工验收的工程,在建设单位提供竣工决算(结算)书后,即委托中介机构进行审核。

【惠民政策不断落实】一是民生工程投入不断增加,工程进展顺利。投入资金2041.94万元,组织实施了23项民生工程,16件惠民实事。23项民生工程中,政策性农业保险、农村居民最低生活保障、农村计划生育家庭奖励扶助、重度残疾人救助、校舍加固工程、乡镇综合文化站建设等13项工程年度任务已经完成;16件惠民实事基本实现目标任务。二是各类涉农补贴及时足额发放。全年通过“一卡通”发放各类涉农补贴1512万元。三是及时发放车辆燃油价格补贴。协同交通局开展出租车和农村道路客运车辆调查摸底,按燃油价格补贴政策,组织发放燃油价格改革财政补贴资金66.3万元。

【监管不断强化】一是认真开展财政监督工作。先后开展重点企业税源调查和会计信息质量检查工作;进一步健全制度、加强监督,落实“小金库”专项治理相关规定。二是加强对村级财务的监督管理,推行阳光村务工程。建立“三资”财务管理系统,对有关财务管理人员进行业务培训;对所有村级资金一律纳入代理服务中心账户管理。三是加大国有资产监管力度。

【自身建设不断加强】一是扎实开展群众主题观点教育活动,深入推进创先争优活动、“四民”活动和“五级书记带头大走访”活动。组织开展“创先争优在行动,我为财政作贡献”主题演讲比赛,激励全体财政干部爱岗敬业和勇于奉献;深入基层开展走访,切实帮助群众解决实际问题,组织党员干部到拥华村开展走访,先后走访困难户10余户,为困难户捐助款物6000余元。二是扎实开展党建活动。在建党90周年之际,相继开展“党在我心中”主题演讲比赛、重温入党誓词等活动,锻炼了党性,增强干部职工的凝聚力。三是切实加强党风廉政建设。贯彻落实党风廉政建设责任制,提高廉洁从政意识,完善反腐倡廉制度,推进惩治与预防腐败体系建设。四是文明创建活动有效开展。坚持文明创建长效机制,文明创建工作常抓不懈,积极组织开展各项文体活动,“五四”青年节组织本单位的团员青年开展“拓展”活动;开展扶贫济困,为患病儿童组织捐款;主动与联系村、联系寺庙开展结对共建,加强单位内部文明创建,第六届市级文明单位验收通过。

(九华山风景区财政局供稿 宁 睿整理)

安庆市财政工作概况

安庆市财政工作综述

2011年,安庆市财政一般预算收入完成156.72亿元,比上年增长29.4%;其中地方一般预算收入完成72.39亿元,比上年增长43.1%。全市财政一般预算支出完成214.83亿元,比上年增长33%。财政经济运行平稳,实现"十二五"良好开局。

【着力保障民生】全市涉及民生的支出占财政总支出的80.35%,高于全省平均水平。各级财政在预算安排上优先保障民生工程配套资金,共投入资金55.83亿元用于实施42项民生工程,有效缓解人民群众"生活难"、"看病难"、"上学难"、"住房难"等突出问题。启动城乡居民收入倍增规划实施工作,深化医药卫生体制改革,明确绩效工资、事业发展、奖励资金分配比例和使用办法,并将财政保障经费列入预算。全市农村最低生活保障标准提高到1196元,较上年增加196元。放宽廉租住房租赁补贴保障对象准入条件,发放廉租住房租赁补贴资金578万元。稳步推进保障性安居工程建设,市本级完成廉租房建设投资1000万元,完成公共租赁房建设投资3550万元。积极支持文化体制改革,安排各剧团财政补贴1124万元,安排再芬黄梅艺术股份有限责任公司省市共建配套资金1000万元,争取省财政自2011年起连续5年每年补助再芬艺术剧院1000万元专项资金。

【夯实三农基础】全市农林水支出达到28.9亿元,比上年增长34.5%。完成农业综合开发投资2.1亿元,比上年增长13.3%,项目个数和投资总额均列全省第一位。组织开展强农惠农资金专项清理检查"回头看"活动,切实维护农民群众的利益。全市通过"一卡通"专用存折发放29大项惠农补贴资金17.6亿元。深入推进政策性农业保险试点工作,全市种植业农作物承保947万亩,赔付油菜损失490万元,小麦损失1305万元,提高了农业抵御风险的能力。深入推进一事一议财政奖补试点工作,全市共有157个乡镇、1609个村、39997个村民组开展了一事一议财政奖补工作,村级覆盖面达到96.9%,受益人口达443.88万人;全年共完成工程项目1928个,完工率达到97.97%。组织开展清理化解农村义务教育债务整改"回头看"活动,争取省财政预留奖补资金4242万元。

【服务经济发展】大力支持皖江城市带承接产业转移示范区建设,市财政安排"6+2"规划编制专项经费300万元。安排财源建设资金3000万元,重点支持企业自主研发和技术创新,推进传统优势产业技术改造和产品升级。兑现企业翻番奖励等资金693万元,拨付城区中小企业发展资金620万元。积极落实科技创新扶持政策,兑现国家技术创新工程奖励111万元,拨付科技成果奖励经费54万元。落实资本金7.7亿元,争取国家农发行40亿元东部水系治理项目。安排旅游发展专项资金800万元,拨付天柱山机场航线补贴、经营补贴、市场开发费以及中小机场补贴资金3200万元。调度拨付城投公司13.5亿元,保障体育中心、政务中心等重点工程资金需求。统筹安排2000万元用于文明创建,安排2000万元用于绿化大会战。市担保集团完成担保额11.1亿元,比上年增长47.6%。全市十大类下乡产品累计销售66.7万台,销售总额18.6亿元,累计补贴家电下乡产品66.2万台,兑付财政补贴2.25亿元,补贴资金兑付率为99.3%。战略性新兴产业专项资金规模扩大到3.5亿元，先后安排600万元用于安徽华晶机械股份公司非晶软磁成套设备项目研发生产、安排500万元支持安庆中美海康通讯有限公司无线通讯系列产品研发生产、安排6000万元支持化工园区发展。

【深化财政改革】开展国有资本经营预算试编基础工作。规范和完善国库集中支付,加强财政直接支付审核;积极推行授权支付网上银行,提高机关工作效能,市本级完成采购预算12535万元,实际采购金额10786万元,资金节约率14%。全面启动行政事业单位国有资产管理改革。市财政一体化管理信息系统于1月1日正式上线运行。

【强化财政监督】扎实开展"小金库"专项治理,全市共复查3675户,复查面100%。对全市685家单位进行"小金库"重点抽查,占单位总户数的18.6%。加强城区税收入库级次稽查，查处并调整收回市本级财力1342万元。对全市46家单位进行会计信息质量检查,查出违规违纪金额9937.4万元。市本级先后对7个项目实施预算支出绩效评价，在单位自评基础上,财政部门对其中4个项目实施重点评价。积极推进财政投资评审工作,全年共完成各类评审、简评项目181个，评审项目报审投资金额31.3亿元,审定投资额为24.8亿元,审减金额6.6亿元,综合审减率21%。

【提升机关效能】围绕财政重点、热点和难点问题开展调查研究,共形成调研报告33篇。认真组织开展"万名干部下基层、当好群众贴心人"活动,局领导班子成员带头深入基层开展访贫问苦、调查研究、征求意见等活动。开展庆祝建党90周年系列活动。深入开展"服务发展年"活动,提升财政干部队伍形象,局机关在市直机关政风行风评议中获得第6名,4名科长在全市"百名科长大家评"活动中全部进入前5名,其中两人被评为"服务发展先进个人"。完善激励机制,调动机关科室和干部职工的工作积极性。加大政务公开力度,打造透明财政。全面开展廉政风险防控工作,监督制约权力运行，完善制度和机制,强化财政干部廉洁理财的自觉意识。

(安庆市财政局供稿　叶武乐执笔)

迎江区财政工作概述

2011年，安庆市迎江区一般预算收入完成4.2亿元,比上年增长28%。其中,地方一般预算收入完成2.7亿元,增长34.5%。全区一般预算支出完成4.4亿元,比上年增长40.7%。

【确保财政收入增长】坚持"月分析、季调度"制度,适时召开收入形势分析会。财税部门密切配合,加强重点行业和重点企业税收监控。积极发挥乡、街协税护税作用，开展辖区内在建项目普查并实行动态管理,防止零散税源流失。主动与上级主管部门联系,争取安庆临港经济开发区土地出让金、华茂纺织城项目资金及时足额到位。拨付专项资金371万元,支持中小企业发展创新；支持全省城市商贸服务业发展示范区创建,扶持商贸企业发展壮大。

【全力保障重点支出】及时拨付33项民生工程资金7738万元,同比增长95%,教育培训类项目扎实推进,医疗卫生类项目有序开展,农业和农村基础设施类稳步实施,生活保障类项目进展顺利。争取中央公检法司基础设施建设资金1135万元,支持法院审判庭建设。拨付资金730万元,兑现退役士兵自谋职业和义务兵优待金政策。投入创建资金330万元,开展小街小巷市容环境卫生综合整治工作。拨付资金200万元，兑现独生子女保健费提标和独生子女父母一次性奖励政策。拨付资金100万元,提高社居委工作人员生活补贴。

【积极落实惠农政策】通过"一卡通"累计发放21项财政补贴农民资金3270万元。兑付家电、汽车、摩托车下乡以及家电以旧换新补贴资金2078万元。全年承保水稻、棉花、玉米56000亩,能繁母猪387头。拨付资金230万元,落实村级公益事业"一事一议"财政奖补政策。按照省市文件要求,落实农村道路日常管理养护经费。开展"阳光村务工程"建设,建立完善的农村集体资金、资产、资源委托代理服务机制。

【不断深化财政改革】开展财政专户资金往来款清理,完善内控制度,对区乡两级财政专户实行清查,撤销、合并账户12个,规范专户管理。完善国库集中支付中心机构建设，开展乡卫生院国库集中支付试点工作。开展"小金库"专项治理回头看工作,复查行政事业单位、社会团体和国有企业105家。全年开展投资评审项目70个，评审金额1亿元，核减金额830万元。全年采购50次，采购金额1500万元，节约资金150万元。开展“家电下乡、家电以旧换新防治骗补监管年”活动，关闭6家不规范网点。

（迎江区财政局供稿）

大观区财政工作概述

2011年，大观区财政一般预算收入完成3.2，比上年增长17.9%。其中，地方一般预算收入完成1.8亿元，增长18.3%。全区财政一般预算支出完成3.6亿元，比上年增长19.6%，各项重点支出得到较好保障。

【强措施促财政增收】 认真分析财政经济形势，及早谋划，调动一切积极因素和力量，齐心协力狠抓财政收入入库。深入企业做好调研，加强重点税源监控，开展实时分析，实现足额征收。不断强化细化非税收入征管，严格实行“收支两条线”制度，不断加强部门间协作联系，确保非税收入及时入库。

【保重点促结构优化】 继续完善义务教育经费保障机制，继续实施中小学校舍安全工程，义务教育保障机制改革基础逐步夯实，全区教育呈现“免费入学、校舍安全、师生和睦、均衡发展”的良好局面，顺利通过教育强区省级复审。同步提高新农合、城镇居民医保财政人均补助标准、保障标准、报销比例，参合人员保障安全感接近基本医疗保险保障人群。积极推进落实基层医药卫生体制改革和基本药物制度等改革，有效减轻参合农民就医负担。适时提高城市低保、农村低保、城乡社会救济、抚恤对象、农村重度残疾人补贴标准，城乡困难群众基本生活得到基本保障。积极推进土地治理、农村饮水安全工程、重点小型病险水库除险加固等农田水利建设，农村基础设施建设有效加强。着力开展涉农资金整合，扎实推进现代农业示范区基础设施建设，示范区生产功效及整体形象逐步提升。及时拨付强农惠农各项补贴资金，实现补贴资金及时兑付。

【重监管促科学理财】 加强预算执行管理，建立预算执行月调度、年考核制度，财政支出进度、均衡性显著提高。充分发挥财政投资评审职能作用，评审类型逐步扩展，服务范围逐步拓展，项目评审委托单位满意率、认同度显著提升。积极构建“预算编制、预算执行、监督检查、绩效考评”四位一体财政监督管理新机制，确保财政资金运行安全、高效。精心实施政府采购，牢固树立质量与价格并重理念，建立采购产品质量定期回访制度，政府采购规模不断扩大，政府采购效率不断提高，努力实现采购单位、投标单位双满意目标。

（大观区财政局供稿 王 勇执笔）

宜秀区财政工作概述

2011年，安庆市宜秀区财政一般预算收入完成2.7亿元，同比增长35.4%。其中，地方一般预算收入1.8亿元，增长45.7%。全区财政支出完成4.7亿元，同比增长52.2%。实现收支平衡，略有结余。

【发展经济夯财源】 继续拓宽融资渠道，引导和带动民间融资，缓解中小企业融资难问题，促进非公经济发展。拨付科技资金760万元、中小企业及非公经济发展资金326万元，用于企业科技创新和技改。拨付园区基础设施建设资金4215万元，为入园工业提供可持续发展空间。拨付节能减排资金349万元，用于环境整治和污水处理。全区五家小额贷款和三家融资担保公司全年共发放贷款21.68亿元、融资担保3.66亿元。

【强化征管抓收入】 认真落实财税联席会议制度，做好税源动态调查和分析，逐步形成财税攻坚、部门配合的财政收入协调机制。坚持依法治税，加强科学管税，突出抓纳税大户和主体税源，做到应收尽收。加大对国有资产监督管理和集中处置力度，加强非税收入征管。

【优化支出调结构】 进一步调整优化财政支出结构，提高资金的使用效益。优先安排事关改革、稳定、发展的重点支出。严格控制会议费、接待费、话费、车辆经费等开支。加大财政支农资金整合力度，加强部门间协调配合，统筹使用预算内外资金难。

【支农惠农固基础】 认真贯彻国家支农惠农政策，加大“三农”投入，巩固农业基础地位，改善农村面貌，提高农民生活质量和收入水平。完成总投资578.5万元五横乡和罗岭镇中低产田改造、总投资320万元安徽绿仙生态农业发展有限责任公司2000吨茭白保鲜库扩建项目。全年通过“一卡通”发放惠农资金 3992.1 万元。实施村级公益事业“一事一议”财政奖补项目 52 个,拨付资金 335 万元,受益农民人口近 10 万人。争取农业产业化资金 55 万元、种油大区奖补资金 117 万元、农村基础设施建设资金 50 万元,加强农村基础设施建设,推动农业产业化进程。认真开展政策性农业保险工作,种植业投保 17 万亩,能繁母猪投保 3264 头。认真开展家电汽车摩托车下乡、家电以旧换新工作,全年销售家电、汽车、摩托车 46356 台(辆),补贴资金 1580.5 万元。

【保障民生促和谐】 全年实施民生工程 35 项,资金支出 1.3 亿元,区级配套 1600 万元。农村低保及提标扩面 643 万元、农村五保供养 305 万元、计划生育家庭奖扶 36 万元、大中型水库移民扶持 15 万元、高中国家助学金 42 万元、高中贫困学生助学金 21 万元,通过“一卡通”及时拨发。五保对象集中供养 821 人,集中供养率 92.8%,居全国先进、全省第一。对 235 户实行廉租住房保障;完成 1522 名重度残疾人救助;补助持证贫困精神残疾人医疗费 2 万元;拨付中小学义务教育公用经费 1054 万元;13.56 万人参加新型农村合作医疗;7.9 万人参加城镇居民基本医疗保障;对 7757 人次城乡特困群众医疗实施救助;筹资 2058 万元,用于 24 座校舍加固和 21 座校舍重建;投资 150 万元用于大中型沼气工程建设;投资 1028 万元用于 828 户危房改造;对 2997 名新型农民和 300 名农民工进行技能培训;创办 1 个社区留守流动儿童活动室和 18 所学校留守儿童之家;对 72 例晚期血吸虫病病人和 56 例肺结核患者进行治疗。建设完工 610 亩各类蔬菜基地。

【深化改革重管理】 全年完成采购金额 2046 万元,节约资金 210 余万元,节约率 9.1%。开展政府性投资财政预审工作,28 个项目送审造价 42633 万元,审减资金 2984 万元,审减率 7%。对全区行政事业单位房(地)产进行清查登记,加强办公楼迁址过程中资产监管,集中处置闲置房产。积极推进资产信息动态化管理,堵塞资产流失漏洞。积极开展教育、医疗和社会救助资金等专项资金检查,围绕“三农”、教育、科技、卫生、社会保障等重点财政资金的分配和使用情况组织专项监督检查,确保专款专用。全面开展“小金库”治理复查和财政专户清理整顿工作。

(宜秀区财政局供稿 严旭日执笔)

开发区财政工作概述

2011 年,安庆市经济技术开发区财政一般预算收入完成 5.5 亿元,比上年增长 11%;财政一般预算支出完成 3.2 亿元,比上年增长 21.2%。

【强化征管保增长】 一是突出协调调度。积极开展税源结构调研,进一步完善目标激励机制,主动加强与国税、地税等部门的衔接,共商征管对策。二是突出征收重点。继续加大重点税源、税种征管力度,建立重点纳税单位走访制度,强化了重点税源动态管理。三是突出精管挖潜。依托老峰镇、菱北办事处协税网,坚持抓大不放小,加强与建设局、经发局等职能部门的联系,有效防止了税源流失。

【优化结构保重点】 以强化部门预算为抓手,保工资、保运转、保民生、保稳定,切实提升财政支出绩效。积极落实政策节支要求,公用经费等一般性支出均比上年有较大压缩。财政预算的准确性和约束力明显提高。优化支出结构,做到有保有压,大力压缩行政性支出,严格控制会议、车辆购置及运行经费等支出。继续加大对民生、社保、医疗卫生、教育科技的投入。

【服务经济促发展】 一是积极组织企业争项争资,推进企业科技创新和节能减排,支持循环经济发展,落实专项资金 1996 万元。二是增加投入扶持企业发展。奖励补贴、安排新兴产业引导资金等形式安排虹泰新材料、帕沃尔气门、旭东工贸等企业 5798.4 万元。三是筹集资金支持建设。安排 14600 万元用于基础设施建设,确保重点工程资金需求。四是努力扩大消费需求。全年销售家电下乡及以旧换新产品 19575 台,销售金额 5753 万元,发放补贴资金 1013 万元。五是投融资支持力度加大。积极调度资金到建投集团,资金流量达 29810 万元,调度 2500 万元启动资金到新成立的皖江高科公司,积极从上级争取间隙资金 2.3 亿元。

【保障民生促和谐】 一是民生工程扎实推进。创新宣传方式,开展联动检查,追回骗补资金 50 万元,查补税收 91 万元。按期拨付民生工程资金 1963 万元,同比增长 4%。二是全力支持教育发展。提高教师福利待遇,在全市率先将住房公积金缴存比例提高至 18%,全年用于教育支出达 6108 万元,同比增长 55.2%。三是提高公共卫生保障水平。全年医疗卫生投入 689 万元，同比增长 24%。四是不断完善民政社保体系。及时兑现五保及城乡低保对象补助资金、各类优抚资金 367 万元；启动老峰敬老院建设，全年社保方面投入资金 1606 万元。五是落实惠民政策。全年发放 21 项惠农补贴资金 817 万元，财政支农效果显著。

【财政监管提绩增效】全年共开展 176 项工程预结算评审，报审金额 27583 万元，审减 3285 万元。政府性债务审计、基层医疗卫生机构债务清理、财政专户清理顺利完成。会计集中核算完成 3000 余次，1.1 亿元资金流量的核算业务，做到财务档案管理规范、归档及时。组织"行政事业单位资产管理信息系统"专项培训，开展资产清查工作。全年政府采购 28 次，采购金额为 271 万元，资金节约率 4.7%。对教育中心各学校开展非税票据专项检查，各单位非税统管资金纳入综合预算，按规定用途项目核实拨付，全年完成非税收入 6753 万元。

（开发区财政局供稿）

桐城市政局工作概述

2011 年，桐城市财政一般预算收入完成 15.4 亿元，比上年增长 39.5%。全市财政支出完成 26.5 亿元，增长 30.8%，有力保障了各项重点支出需要，全市财政运行实现良性循环。

【促进经济较快发展】及时发放困难群众生活补贴 1000 万元，兑现出租车、城市公交车、农村客运班车等油价补贴 2056 万元。先后筹集资金 9.1 亿元，加大城市基础设施建设，争取地方转贷资金 2500 万元，支持重点项目建设。再次向市城投公司注资 1 亿元，提升综合融资和投资能力。安排工业经济发展和科技专项资金 6880 万元，办理再生资源退税 74 万元，安排环保节能支出 5247 万元，促进经济可持续发展。拨付资金 2000 万元，成立文化旅游投资发展有限公司，安排资金 2010 万元，支持披雪瀑等景区建设。继续推进家电摩托车下乡和以旧换新工作，共发放补贴 3182 万元。办理出口退税 11320 万元，鼓励企业上市融资，兑现盛运股份上市融资奖励 300 万元、拨付资金 316 万元支持华祥上市。进一步完善中小企业信用担保体系和风险补偿机制。安排资金 1.3 亿元，加快雨润食品产业园和华祥汽配工业园建设。筹借资金 3000 万元，用于经济开发区扩区征地补偿，筹借资金 5000 万元，推进双新开发区基础设施建设。

【推进民生持续改善】全年民生支出达 21.7 亿元，增长 37.4%，占财政总支出的 81.8%。将农村义务教育阶段中小学年生均公用经费补助标准上调 100 元，将贫困寄宿生生活费年补助标准上调 250 元，提高义务教育阶段教师和基层医疗卫生机构人员住房公积金财政补助标准。将农村五保供养补助标准上调 400 元，继续提高企业退休人员基本养老金水平，新型农村合作医疗和城镇居民基本医疗保险的财政补贴标准由年人均 120 元提至 200 元。着力加强民生工程资金监管，有关资金一律公示并通过"一卡通"发放。

【扶持三农加快发展】全年通过"一卡通"发放农业生产补贴 2.46 亿元。投入资金 2371 万元，实施病险水库除险加固工程。安排资金 3642 万元，推进农村安全饮水工程建设。拨付资金 3998 万元，全力支持防汛抗旱。争取和安排资金 1000 万元，推进农村社区化建设。安排专项资金 2190 万元，重点支持优势特色产业发展。全面落实移民后扶政策，兑现后扶资金 880 万元。筹集资金 5651 万元，着力改善农村交通条件。拨付资金 170 万元支持农户投保，全年因灾向投保户理赔 1652 万元，兑现奖励资金 953 万元。继续推进村级公益事业建设"一事一议"财政奖补试点工作，全年申报奖补项目 309 个，兑现财政奖补资金 2648 万元。进一步完善村级组织运转经费保障机制，村均转移支付近 7 万元，总额超过 1426 万元。

【规范财政精细管理】继续完善部门预算，除教育收费外，预算外收入全部纳入预算管理。坚持保障与激励相结合，完善镇（街道）财政运行激励约束机制。继续深化行政事业单位国有资产管理体制改革，千方百计确保国有资产保值增值。深入推进国库集中支付改革，全面清理整顿财政专户，将所有财政专项资金全部纳入国库集中支付。全面启用财政一体化平台信息系统，切实提高财政数据共享水平和国库支付效率。推进预算绩效管理，对 9 个重点资金项目进行绩效评价。深入开展"小金库"专项治理，顺利完成三年集中整治任务。

【加强干部队伍建设】深入开展机关效能建设，

局机关在市直机关效能建设评议中蝉联满意度第一名，连续4年被市委、市政府授予效能建设先进单位。深入开展干部下基层活动，组织全市200多名财政干部走访群众2186户，征集群众各类意见、建议240余条。深入开展文明创建活动，连续第4次被省委、省政府授予省级文明单位。

（桐城市财政局供稿 汪倪杰执笔）

枞阳县财政工作概述

2011年，枞阳县财政一般预算收入完成11亿元，比上年增长43.6%。其中，地方一般预算收入完成6.4亿元，增长25.7%。财政一般预算支出完成23.7亿元，比上年增长36.68%。

【进一步强化收入征管】健全收入征管机制，税收征管进一步规范化、制度化和精细化。密切关注重点税源变化趋势，实行动态管理。每月定期开展收入分析，下达收入调度任务，确保收入均衡入库。建立健全收入增长激励机制，调动各方面培植财源的积极性。坚持依法治税，强化对重点行业、重点税源的监管。加强和规范非税收入征管，确保非税收入应收尽收。

【优先保障民生支出】优化支出结构，重点保障民生支出。精心实施38项民生工程，全面提升民生保障的范围和标准，累计投入资金7.05亿元，其中县级配套1.05亿元。农村居民最低生活保障6项生活保障类项目保障有力；校安工程等6项教育培训类项目有序开展；新型农村合作医疗等7项医疗卫生类项目稳步实施；村级公益事业建设一事一议财政奖补类8项农业和农村基础设施类项目成效明显；广播电视村村通等4项农村文化和生活类项目全面完成；困难人员就业再就业等7项民生工程有效推进。当年民生工程组织实施年终考核名列安庆市第一，被省政府授予“2011年度民生工程组织实施先进县”称号。

【加大“三农”投入力度】坚持财力分配向“三农”倾斜，当年农林水事务支出36371万元，比上年增长127.8%。通过“一卡通”发放各类财政补贴农民资金28757万元。全面完成农业综合开发年度任务，家电下乡、政策性农业保险覆盖面进一步扩大，全年各类灾害赔付1218万元。大力推进村级公益事业，243个农业人口村实施公益事业“一事一议”奖补项目，投入资金5583.66万元；实施当家塘治理项目456个，投入综合直补资金1368万元；实施村庄整治项目40个，投入奖补资金1000万元。

【深化财政各项改革】调整乡镇财政管理体制，对经济发展较好的13个乡镇实行分税制财政管理体制，对经济困难的9个乡镇实行统收统支的财政管理体制。继续深化部门预算，强化预算项目支出，完善支付管理。财政一体化平台正式上线运行，会计核算向国库集中支付转轨工作全面推进。加强政府采购管理，完成政府采购2728万元，节约资金172万元。规范行政事业性收费、国有资源(资产)有偿使用收入、罚没收入等非税收入征管行为。加强财政投资项目预算审查，完成政府投资审查项目120个，核减资金1.18亿元。完善财政“大监督”机制建设，扎实开展“乡财县管”运行质量、农村中小学财务监督检查和企业会计信息质量检查及小金库专项治理工作。

【扎实开展创建活动】继续开展创先争优活动，扎实开展“服务发展年”活动，开展“贴民情、听民意、惠民生——万民财政干部大走访”活动。进一步深化文明创建工作。效能建设取得新的成果，提升依法行政能力。加强财政系统反腐倡廉制度建设，加强基层财政所规范化建设。全县22个乡镇财政所全部上划县局垂直管理，两个财政所荣获“省级先进单位”称号、四个财政所荣获“市级先进单位”称号。

（枞阳县财政局供稿 刘利中执笔）

怀宁县财政工作概述

2011年，怀宁县财政一般预算收入完成15.4亿元，比上年增长39.3%。其中，地方一般预算收入完成10.9亿元，增长37.6%。财政一般预算支出完成20亿元，比上年增长37.7%。

【支持县域经济发展】一是积极做好再生资源行业增值税退税审核工作，切实减轻企业负担。二是积极贯彻落实中央家电、汽车、摩托车下乡政策，着力拉动农村消费市场。三是积极做好融资工作，大力支持重点项目建设。四是全面并超额完成县委、县政府下达的招商引资任务，增强县域经济发展后劲。

【着力保障改革重点】一是全面推进37项民生

工程。二是推进基层医药卫生体制综合改革,及时足额拨付乡镇卫生院110万元医改运转资金。三是积极开展财政补贴农民资金“千村万户”检测调查工作,进一步加强惠农补贴资金发放管理。四是积极落实政策性农业保险和能繁母猪保险，按时足额赔付农民因灾损失1470万元。五是积极配合相关部门做好清河乡新型农村社会养老保险试点工作。六是全力改善农村居住环境，加快新农村建设步伐；投入3350万元进行村部建设;大力推进以病险水库除险加固等为重点的农田水利建设；大力实施农村户用沼气和农村沼气服务网点建设。

【加大预算执行力度】一是采用全省统一的软件系统,规范和细化全县预算编制。二是及时拨付各单位行政运转经费，保障社会各项事业正常有序开展。三是加强非税收入管理力度,按照“收支两条线”的要求,做到执收执罚收取的非税收入月清年结。四是积极组织征收国有土地出让收入，安排用于城市建设及农业基础设施建设资金3.8亿元。五是对全县公务用车进行摸底清查，并对各单位公务用车编制进行核定。

【积极发展现代农业】以建设平山现代农业综合开发示范区为抓手,推行“种、养、加、饲、肥”五级循环的农业生产发展战略，加快农业产业化发展步伐。安排专人对符合申报条件的农业项目进行专项服务和协调指导，积极向上争取专项资金发展现代农业。大力调整农业产业链条,把发展商品基地和发展农业产业化龙头企业结合起来，逐步形成农副产品“种、养、加、产、销”一条龙的经营体系。

【提高资金使用效益】一是加强内部监督,促进财政管理水平不断提高。加强对民生工程资金的监督检查,保证财政支出资金的安全、规范和有效。二是大力推进“阳光村务工程”,认真开展农村集体“三资”清理工作。三是积极做好“小金库”专项治理工作。

【加强国有资产监管】一是正式启用怀宁县行政事业单位资产管理信息系统，将全县行政事业单位国有资产均纳入信息管理系统管理。二是加强与相关部门协作,把好资产处置关,加强收支两条线管理,资产处置收益全额缴入财政专户。

【规范乡镇财政管理】一是开展基层财政所规范化建设,硬件上新建7个财政所(分局)办公大楼,软件上从制度建设、卫生、环境、人员培训、效能建设等方面予以规范。二是规范乡镇财政收支行为,促进乡镇依法组织收入,防范和化解乡镇债务风险,维护农村基层政权稳定。

【提升干部队伍素质】组织全体财政干部加强政治理论和业务知识学习培训，坚持对党员进行党的知识和党风廉政建设教育，全面提升财政干部素质。扎实开展全省财政系统“学习提升年”活动,组织干部职工参加行政执法考试和通用能力知识竞赛;积极参加“创先争优”活动,认真开展城乡基层党组织结对共建活动。

（怀宁县财政局供稿）

潜山县财政工作概述

2011年，潜山县财政一般预算收入完成6亿元,比上年增长42.1%。其中,地方一般预算收入完成4.1亿元,增长41.3％。全县财政一般预算支出完成19.1亿元,比上年增长29.5%。

【积极培植财源】一是抢抓国家经济发展政策机遇,争取各类专项资金7.59亿元,争取并安排中小企业和优势产业发展基金、旅游发展资金、外贸发展引导资金及特色产业中小企业发展资金1720万元,为352家(次)中小微企业和个体户提供担保贷款7.9亿元。实施委托贷款8.8万元,兑现招商引资企业优惠政策资金2562万元,安排土地出让金7亿元和以奖代补资金500万元。二是着力支持城市建设。安排6545万元,用于城市建设和环境管理。精心运作投资公司,争取银行信贷4.8亿元,支持开发区和度假区农民安置房、南外环路和环城北路等重点工程建设。

【完善征管机制】一是强化预算收入管理。实现个体税收增值税收入1077万元;开展土地增值税清算和企业所得税汇缴,两项税收增收千万元;强化契税和耕地占用税征管,提前半年完成全年“两税”收入任务。16个乡镇完成收入15730万元，增长29.4%,实现乡镇财政收入三年整体翻番。二是规范非税收入征管。严格票证控管,加强基本公共卫生医疗服务收入和砂石收入管理,会同国土、纪检监察部门对近两年的土地出让金解缴情况进行全面清查。全年纳入专户管理的非税收入完成23228万元,增长11.2%,政府调控能力进一步增强。

【增进群众福祉】一是统筹支持社会事业发展。投入1.76亿元,实施校安工程,落实义务教育经费保障机制和扶困助学机制,支持职业教育发展。安排1270万元,支持文化体育传媒事业发展。投入1044万元,用于人口计生事业。争取就业资金1031万元,发放小额担保贷款457万元,支持新型农民培训、梅城和余井农民工创业园建设,推动就业创业。拨付3548万元,用于五保、低保和优抚,保障弱势群体生活。拨付27525万元,用于养老等五大保险。开展乡镇卫生院债务清理、核实和认定工作,拨付1380万元支持基层医疗卫生体制综合改革。争取政法转移支付3870万元,改善政法机关办公办案条件。二是倾力实施38项民生工程,全年共投入5.72亿元开展民生工程政策宣传活动,拓宽群众对政策的知晓面;建立县政府领导包干负责乡镇民生工程推进工作制度,健全民生工程实施情况考核办法和联络员考核办法。

【扶持"三农"发展】投入5026万元,支持小型农田水利重点项目和小流域国家水土保持重点项目建设。争取现代农业生产发展项目资金500万元,安排专项资金770万元。安排扶贫资金500万元,持续支持10个村扶贫连片开发。争取并安排3441万元,支持农村公路和危桥改造建设。争取998万元,实施8个革命老区专项转移支付资金项目。安排5105万元,支持农村危房改造、村庄整治和清洁工程建设。增加安排村级补助200万元,增强村级组织运转保障能力。建成财政补贴农民资金移动手机信息发布平台,打卡发放补贴资金1.94亿元。其中,发放家电汽车摩托车下乡补贴3846万元。拨付一事一议财政奖补资金1945万元,支持219个村级公益事业项目建设。政策性农业保险种植业承保80.1万亩,养殖业能繁母猪承保11870头;打卡发放农业保险理赔资金1050万元。

【提高理财水平】增强预算编制的完整性,启动运行财政平台一体化管理信息系统,完成地方政府性债务审计认定工作。全面推开财政支出绩效评价,完善基本支出供给办法,强化预算结余管理。实施公安交警罚款收入收缴管理改革,清理整顿财政专户,规范收入管理秩序。开展党政机关公务用车问题专项治理,对86个公务用车单位用车情况进行清理;扩容行政事业单位资产管理信息系统,加强国有资产动态管理。开展财政补贴农民资金、扩大内需项目资金和会计信息质量检查、社会团体"小金库"专项治理。完成1549名会计人员的信息采集及换证工作,推进会计管理信息化建设。强化政府采购监管,提高采购资金使用效益。

(潜山县财政局供稿 袁先礼执笔)

岳西县财政工作概述

2011年,岳西县财政一般预算收入完成3亿元,比上年增长18.4%;一般预算支出完成15亿元,比上年增长15.5%。收入质量和支出结构进一步提升,重点支出得到有效保障。

【民生财政彰显活力】将更多财力向民生倾斜,40项民生工程共投入财政资金4.67亿元,县财政配套资金8023万元,民生工程再次荣获省考核先进县,市考核一等奖。全面启动居民收入倍增规划实施工作,进一步深化医药卫生体制改革,深入开展城乡居民养老保险,提高新农合住院补偿、五保供养和城镇低收入家庭补偿标准,社会保障和就业支出达1.7亿元,增长16.1%。开工建设廉租房1565套,住房保障支出1.07亿元。大力支持文化体制改革,教育支出3.7亿元,完成预算的163.3%。

【服务发展成效显著】积极整合资金资源,拨付预算内建设资金3.45亿元,拨付技改、创新、贴息等专项资金1873万元,城投公司融资2.5亿元。立信担保公司新增贷款担保2.3亿元,担保中心发放小额贷款担保6380万元。全面落实结构性减税,进一步规范行政事业性收费,为企业减轻负担1000多万元。认真开展家电下乡、家电以旧换新监管年活动,兑付财政补贴资金1370万元。完成招商引资800万元。积极争取支持,争取省财政转移支付资金、项目建设资金、扶贫资金13亿元。

【支持三农措施得力】全面落实强农惠农富农政策,全年"三农"支出9.59亿元,增长20%。通过"一卡通"发放补贴农民资金20672万元,增长29.2%。深入推进农业综合开发,投入资金1078万元。积极整合财政支农资金,拨付财政扶贫资金6085万元、农作物良种补贴397万元、森林生态补偿资金1393万元。投入农村公益事业建设"一事一议"财政奖补资金861万元。积极推进政策性农业保险,全县水稻投保176874亩、玉米22013亩、棉花1919亩、大豆

10104 亩、茭白 2500 亩、蚕桑 726 张种、能繁母猪 12271 头。农民就业和技能培训、农村基础设施建设力度进一步加大。

【财政改革稳步推进】深化预算管理制度改革，将非税收入全部纳入预算管理。努力提高预算完整性，年初预算到位率比上年提高 4.4 个百分点。完善财政管理体制，加大对基层转移支付力度，最大限度地向民生和“三农”等重点领域倾斜。进一步细化部门预算，积极推进国库集中支付平台一体化建设。强化乡镇财政专项资金监管，率先开通乡镇财政资金监管平台，监管经验在全省、全国乡镇财政专项监管工作会议上交流。加强对群众最关心的重大项目的监督检查，努力提高财政资金使用效益。进一步健全完善政法经费保障机制，公共安全支出完成预算的 190.9%。积极探索稳定增长的生态补偿机制，节能环保支出完成预算的 370%。

【财政管理日趋规范】全面推行县直及各乡镇行政事业单位建立国有资产动态管理系统，全年累计实现国有资产经营收入 400 多万元。深入开展“小金库”专项治理，全面复查 85 个行政机关、293 个事业单位、38 家社会团体和 24 家国有及国有控股企业。认真开展会计信息质量检查，进一步规范乡财县管、国库集中支付和村财民理乡监管，深入开展对工程建设领域的监督检查审计。

【干部形象明显提升】以扎实开展服务发展年活动为契机，认真组织“贴民情、听民意、惠民生——财政干部大走访”和“班子成员大走访”，深入推进创先争优，认真听取群众意见建议。公开录用 8 名大中专毕业生，加强职工学习教育培训，推进机关效能建设，财政局再次获得全县综合绩效考核第一名、招商引资一等奖、党风廉政建设考核第一名。“一卡通”发放、扶贫资金报账制管理、会计信息质量、乡镇财政规范化建设、财政信息、信访维稳等 24 项工作分别获得省、市、县表彰，财政干部队伍整体形象进一步提升。

（岳西县财政局供稿　吴　华执笔）

太湖县财政工作概述

2011 年，太湖县财政一般预算收入完成 3.5 亿元，比上年增长 38.1%。财政一般预算支出完成 17.9 亿元，比上年增长 38.5%，支出预算执行率较上年提高两个百分点，实现收支平衡目标，民生工程等重点工作得到有效保障。

【强化收入征管】一是健全目标考核责任制，严格考核奖惩，促进征管工作顺利开展。二是加强配合协调，强化财税例会机制。强化财政部门在收入管理中的组织协调作用，逐步建立信息相互沟通、数据相互共享、情况相互通报的工作机制，随时掌握税收入库动态，确保各项收入按月及时入库。

【着力改善民生】积极调整和优化支出结构，将更多的资金投向民生领域，履行牵头抓总职责。2011 年全县共投入民生工程资金 5.41 亿元（其中县级足额配套 6169 万元），占财政支出的 30.2%，精心实施 37 项民生工程，促进全县教育文化、医疗卫生、社会保障事业的健康发展，群众生产生活条件得到持续改善。

【推动转型升级】充分发挥财政资金的导向作用，优化整合财政资源，重点支持“六大战略”实施，努力促进经济转型增长。全年拨付园区基础设施建设及环保专项资金 5000 余万元、技改贴息资金 320 万元，兑现招商引资奖励 396 万元，重点支持优势主导产业做大做强，打造经济核心竞争力。安排中小企业发展资金 200 万元，突出扶持中小企业发展，进一步缓解企业融资难问题。着力扩大有效需求，加大政府公共投资力度，充分发挥财政资金引导作用，用足用活家电下乡政策，优化消费环境，促进消费结构升级，释放城乡消费潜能。

【深化财政改革】全面深化各项财税改革，积极构建有利于科学发展的财政体制机制。着手进行财政支出绩效评价工作，制定预算支出绩效考评暂行办法，开展项目绩效考评试点工作，实施绩效考评项目 5 个，提高部门预算到位率和预算约束力。进一步完善乡镇政府财务管理考核办法，细化财务收支平衡考核和控消债务的考核，提高乡镇政府依法理财、自觉理财的积极性，提高财政资金使用绩效。积极推进财政信息平台一体化建设，将县本级预算单位全部纳入管理范围，提高信息处理的及时性、准确性和完整性，实现财政业务流程贯通。

【促进农村发展】全面落实强农惠农富农政策，着力提升新农村建设水平。加大农业项目申报力度，加大农业综合开发力度，规范项目管理，各类农业项目得以顺利实施，极大地改善了项目区农业生产条件。进一步完善财政补贴农民资金管理和发放工作机制，继续扎实做好贫困村村民生产发展互助资金管理工作。积极推进"一事一议"财政奖补试点，稳步开展政策性农业保险试点工作。

【激发队伍活力】不断深化财政干部人事制度改革，提拔一批思想觉悟高、业务能力强的年轻干部，增强广大财干工作的积极性和主动性。牵头举办"财税杯"乒乓球比赛、积极开展"创先争优"演讲赛、"建党九十周年"征文大赛，践行"创新、博爱、务实、卓越"的财政精神。2011年，县财政局先后荣获完成目标任务一等奖、绩效考核二等奖、招商引资三等奖等县级表彰。

（太湖县财政局供稿）

望江县财政工作概述

2011年，望江县财政一般预算收入完成3.9亿元，比上年增长33.8%。其中，地方一般预算收入完成2.8亿元，增长41.2%。财政一般预算支出完成16.3亿元，比上年增长34.8%，重点支出得到有效保障。

【组织实施民生工程】一是精心编制38项民生工程实施方案。二是多形式、多渠道开展民生工程宣传。三是建立数据清晰、查询便捷的民生工程基础资料动态信息数据库，确保民生工程数据资料完整、真实、准确。四是进一步完善《望江县民生工程资金管理办法》，加强资金管理，规范资金拨付程序，合理高效安排使用资金，充分发挥资金使用效益。2011年全县民生工程筹资总额47650万元，其中中央和省补助36036万元，县级配套6725万元，自筹4889万元。

【大力服务"三农"】一是认真落实强农惠民政策，在全县22个部门和10个乡镇开展"强农惠农资金专项清查工作回头看"活动，进一步加强"一卡通"财政补贴资金的管理和发放工作。二是启动惠民直达工程试点工作。三是确立"以农田水利建设为抓手，以主导产业为重点，以创新机制为保障，以农民自愿为基础"的支农资金整合工作思路，被省财政厅列为省级支农资金整合县。四是加强小型农田水利重点县项目建设，主动配合相关部门加强项目申报工作，积极扶持农业主导产业，促进农业产业化发展。五是稳步推进农业综合开发，2009年和2010年建设的华阳镇、杨湾镇高标准农田示范项目和鸦滩镇中低产改造项目完工顺利通过国家综合检查组验收，2011年项目全部完成招标工作并顺利进入实施阶段。六是深入推进政策性农业保险工作，全县通过财政补贴农民资金"一卡通"赔付受灾农户保险赔款243万元，涉及受灾农户10892户。七是进一步做好家电、摩托车下乡工作，对全县家电下乡销售网点进行全面清理整顿，补贴方式由原来的销售网点兑付改为由乡财政分局统一打卡发放。八是扎实开展一事一议财政奖补工作，建立一事一议财政奖补信息系统，加强一事一议财政奖补资金的管理，全县共批准项目252个，项目申报投资概算总额达3797万元。

【深化财政改革】一是继续深化部门预算改革，将预算外资金全部纳入预算管理，提高预算编制的科学性和准确性。二是进一步优化非税收入收缴流程，加强非税收入银行账户、票据使用、单位执收等全方位监管，确保非税收入足额上缴财政。三是深化国库集中收付制度改革。严格控制大额现金支付，不断加大直接支付范围，减少资金流转环节，提高资金运行效率。健全国库单一账户体系，完善国库集中支付和收入收缴运行机制。开展财政专户清理整顿工作，撤并账户35个，建立健全财政专户管理制度。

【加强财政管理】一是努力做好惠民直达业务管理软件的推广与应用，促进财政科学化精细化管理。二是加强乡镇财政规范化建设，调整乡镇财政所管理体制，撤销各乡镇财政所，成立乡镇财政分局。三是深入推进会计管理与监督工作，对全县会计人员基本信息进行核实，换发新版会计从业资格证书1075人。四是对全县50个行政事业单位和社会团体进行了"小金库"重点检查，复查工作成效明显。五是国有资产管理逐步完善，全年共收缴资产处置收入750万元，收缴单位出租出借收入201万元，实现国有资产经营收益284万元，对部分单位账外资产及资产损失进行了及时调账和核销。

【提升服务效能】一是加强廉政建设，健全党风廉政建设责任机制，扎实开展廉政风险防控管理工作。二是加强机关效能建设。建立"优化作风效能、创新服务载体、畅通投诉渠道、完善考评机制"的工作链条，广泛接受社会各界监督，及时严肃查处违犯"六条禁令"的人和事。三是加强财政文化建设。围绕"五项服务"积极创新开展富有特色、紧贴实际的活动，扎实开展“服务发展年”活动。借助报刊、电视台、网络等平台载体，全方位宣传民生工程、财政强农惠农、“四下乡两换新”工程等政策措施，着力提高政策透明度和社会认知度。组织财政干部深入基层、深入群众，广泛开展服务“三农”活动。

（望江县财政局供稿　胡叶琦执笔）

宿松县财政工作概述

2011 年，宿松县财政一般预算收入完成 5.2 亿元，比上年增长 37.1% 。其中，地方一般预算收入完成 3.7 亿元，增长 35.2%。全县一般预算支出完成 20.1 亿元，增长 37%。

【财政收支保持平稳增长】通过采取强化目标责任考核、狠抓税费征管和重点税源监控、加强收入形势分析、积极争取上级政策支持等一系列工作措施，保持全县财政收入持续增长态势。在支出管理中，严格按预算、按指标、按时序拨付，财政保障能力明显增强，各项重点支出得到有效保障。

【支持发展力度不断加大】一是着力改善投融资环境，精心构筑发展平台。通过强化融资平台建设，成功争取政府融资规模 4.52 亿元，实现担保贷款 12013 万元，用于支持工业园区、东北片区、临江产业园的基础设施建设。二是加大“三农”投入，加快农业产业化发展步伐。继续认真落实惠农补贴政策，全县共发放良种补贴、粮食直补、农资综合补贴等 16 大项惠农补贴 2.04 亿元；支持发展现代农业，建设油菜良种繁育基地和优质棉建设基地投入资金 545 万元，重点扶持了春润公司、乡园公司和全美水产养殖有限公司等多家省级龙头企业；认真做好种植业、养殖业承保工作，全年累计赔付 4200 余万元，近 9 万农户从中得到实惠；农业综合开发实施了洲头土地治理项目和三个产业化项目，共计投入资金 1136.2 万元，改造中低产田面积 1.2 万亩，农业综合生产能力进一步增强；积极推行“家电下乡”、“汽车、摩托车下乡”，共拨付补贴资金 2720 万元；抓好“一事一议”筹资筹劳奖补试点工作，累计拨付财政奖补资金 2258 万元。三是为县担保公司增加注册资本 2100 万元，使其注册资本达到 4000 万元，提高融资担保和抗风险能力。四是积极引导民营经济、个体经济发展，主动做好小额担保贷款工作，为支持大专院校毕业生创业和下岗职工再就业提供小额担保贴息贷款 587 万元。五是大力支持基础设施建设。全年共筹措资金 1 个亿用于支持农村公路建设。六是全力支持十件惠民实事和县城十大重点工程续建项目建设，累计安排项目资金 7125 万元。

【改善民生成效更加显著】组织实施 38 项民生工程，共投入资金 6.4 亿元，其中县级配套 7332 万元。在确保资金及时足额拨付到位的同时，按季召开民生工程调度工作会议，以宣传、公示、督查、考评、兑现奖励为抓手，工作机制进一步完善，有效保障了各类民生工程的顺利推进，民生工程工作位居全市前列。2011 年用于民生方面的支出高达 15.76 亿，占总支出的 78.7%，人均受益近 2000 元。

【财政管理改革不断深化】一是全面推进国库集中支付改革，规范资金拨付流程，强化资金的内控管理。二是积极开展预算支出绩效评价试点，选择医改支出中的设备购置支出进行绩效评价并取得较好成效。三是全力做好支农资金整合试点。全面推进洲头、佐坝两个统筹城乡发展实验区和柳坪茶叶产业区的资金整合工作，累计整合资金 11663 万元。四是财政管理基础进一步夯实。加强建立岗位责任制度，构建科学规范的工作流程，使岗位职责更加明晰，预算编制更加细化和完整，预算执行管理更加规范，资金拨付程序更加优化，资金运行更加安全、快捷。

【财政监督力度切实加强】大力开展本级财政投资评审。按照概预算评审结果作为投资控制依据、决算评审结果作为结算依据的原则，全县财政投资评审共完成概、预、决算评审项目 41 个，评审投资总额 70680 万元，审定投资 56846 万元，核减不合理投资 13834 万元，平均综合审减率 19.57%。组织乡镇财政财务集中检查，按月对乡镇财政财务管理进行考核，开展涉农补贴资金检查、国库集中支付单位账务规范以及“小金库”专项治理整改等工作，进一步促进了管理规范化，县财政局被评为“全省财政监督工作先进单位”。

（宿松县财政局供稿）

黄山市财政工作概况

黄山市财政工作综述

2011年,黄山市财政工作以加快建设现代国际旅游城市为战略目标,紧密围绕推进“十大工程”和“四区”建设,全市财政收支较快增长,财政支持经济社会发展的力度进一步加大,各项惠民利民政策全面落实,财政改革迈出新步伐,为促进经济社会又好又快发展做出了积极贡献。

【强化财源建设,保持财政收入快速增长】全市累计完成财政收入64.03亿元,完成年初任务的115%,增长44.6%,两年财政收入翻了一番多。一是抓好收入任务分解,在区县自报任务的基础上,结合区县经济发展实际,下达各地目标任务计划。二是科学分析形势,对全年政策性减收及时做出测算。三是量化工作目标,实行量化调度,为打好全年财政收入攻坚战赢得主动。四是硬化工作责任,对财政收入实行奖惩挂钩考核,调动一切积极因素增加财政收入。五是细化征管措施,加强税源动态监控、企业税收跟踪监管、零散税收源头控管和税费清收查补,不断拓展征管空间。

【强化财政职能发挥,大力支持地方经济发展】一是积极争取上级财政的支持。全年共争取中央和省各类转移支付资金超40亿元,有力保障全市重点项目、重点领域建设资金需要。其中,省财政补助黄山市均衡性转移支付3.26亿元,比上年新增4120万元。二是项目支撑力度明显。已初步筛选出亿元以上服务业项目240个,总投资2700亿元。其中,已纳入“861”行动计划的71个,总投资850亿元。5000万元省服务业发展引导资金计划已下达,“百师宫”——黄山市非遗文化旅游综合体项目、黟县户外运动基地等12个项目获得补助。三是小额担保解困。积极对上争取贴息资金500万,全年小额贷款共发放1140笔、贷款8100万元、贴息456万元,扶持创业1088人,带动就业2754人。四是支持优势产业发展支撑。全市有344个项目符合优势产业发展资金申报条件,共安排补助资金2595.01万元。

【强化民生工程,继续改善民计民生】全市36项民生工程共完成投资额15.4亿元(不含全年棚户区改造完成投资额6.6亿元),完成年度计划的111.3%,较上年增长36.3%。一是不断完善各项工作机制,切实加强市民生办的牵头协调能力。二是规范管理,夯实基础工作。建立和完善以“符合民意的民生工程项目选择机制、规范有序的民生工程政策完善机制、政府主导的民生工程资金保障机制、问题查纠的民生工程督办促进机制、协调配合的民生工程齐抓共管机制、科学考核的民生工程激励约束机制和强化责任的民生工程工作推进机制”为主要内容的长效推进机制。三是协调推进,切实抓出成效。建立健全民生工程纵向、横向和财政局内部协调联动机制。四是营造环境,加强对外宣传。在市政府网站、市财政局网站常年开设民生工程专栏;开展民生工程《政风行风热线》上线活动,倾听百姓呼声;在市主要媒体开辟专栏,向人民群众介绍各项民生工程内容和进展情况。同时,加大在中央、省级媒体上的宣传力度。中央新闻联播对黄山市农村安全饮水、菜篮子基地建设、重度残疾人保障等项目都有专门报道。

【强化重点保障,促进社会和谐稳定】全市财政支出突破90亿元,其中民生支出67.7亿元,占全市财政支出比重超过70%。教育文化、科技卫生、社会保障与就业等重点支出得到有效保障。全市完成免除城乡义务教育学杂费203892人次，提供贫困家庭寄宿生补助春季5264人、秋季5222人。2011年全市完成中小学校舍安全工程加固改造97554平方米。对计划生育奖励扶助首次实行扩面提标，全市已确认上报的对象有10129人，财政拨付资金806.6万元，资金拨付率为100.3%。同时，2011年全市还建成337个农家书屋和35个乡镇综合文化站。巩固完善基层医药卫生体制综合改革，人年均基本公共卫生服务经费标准由15元提高至25元；提高了新农合补助标准，新农合筹资标准由原来人均150元提高到230元；启动实施了社会救助和保障标准与物价上涨挂钩联动机制，进一步提高了城乡低保、养老金、失业金、五保供养等标准。

【强化新农村建设力度，注重“三农”扶持成效】一是完善农村综合改革长效机制。制定村级公益事业建设项目资金管理办法，对各类资金实行集中管理，分村核算。在全市上下的共同努力下，一事一议财政奖补试点工作顺利开展，受益人口106.1万人，占农业人口总数的91%。项目完成率100%。二是政策性农业保险试点投保任务全面完成。全市共投保油菜34.6万亩、水稻50.2万亩、棉花0.2万亩、能繁母猪4.06万头、奶牛909头，保险金额达2.9亿元，各级财政配套保费和农户自筹保费1122.7全部到位。全市农业因灾共获得理赔款570.5万元。三是财政涉农资金增长。黄山市首次列入中央财政支持现代农业生产发展资金扶持，争取扶持资金2700万元，其中市本级安排农业产业化专项资金1000多万元。四是农业综合开发势头正劲。2011年全市农业综合开发支持资金总额度为12000万元，比上年增长10%。

【强化科学发展，新安江生态补偿试点工作稳步推进】经过长达7年的对上争取，2011年全国首个跨省流域生态补偿机制——新安江流域生态补偿机制试点工作正式实施。全市试点项目共涉及8大类61个项目(含启动项目)，总投资11.6亿元，中央资金累计下达2亿元，新安江生态补偿机制试点工作全面按质按期完成总体任务。全年份完成投资3.5亿元，占总投资的30.5%，61个项目全面开工建设。全市组建5支江面(垃圾)打捞队，购置清捞船11只，开展新安江干流漂浮物清捞。在流域22个乡镇建立垃圾中转站或焚烧炉、配置清运车；在100个行政村、418个自然村组建了保洁队伍。开展了水环境自动监测体系和水环境管理体系建设，启动横江重要地段生态修复和丰乐河生态治理工程。中心城区截污口改造工程基本完成，垃圾渗沥液二期工程已完成设备安装并进行系统调试，徽州经济循环园建设初见成效。

【强化务实创新，科学理财水平不断提高】实现部门预算基础信息库、项目库、预算编审库三库合一。开展财政专户清理整顿活动。建立市直单位国有资产管理工作网络，对全市行政事业单位资产实行动态管理。全年共集中支付资金37.77亿元，比上年增长21%。全市两税累计入库51370万元，比上年增收21617万元。依托平台一体化信息系统将国库支付、非税、指标管理等系统资源进行整合，充分运用国库统一支付系统、非税收入汇缴系统、总会计软件系统、行政事业单位资产管理系统、惠民直达工程管理系统等一系列业务软件，提高办公效率。为期三年的“小金库”专项治理工作圆满结束，督促上缴财政金额300.89万元，补缴税款2.96万元，纳入单位账内核算482.59万元。

【强化文明创建，和谐财政形象进一步提升】坚持以开展创先争优活动为主线，不断用党建及精神文明的创建成果为财政发展提供精神动力和文化支撑。市财政局积极参加省财政厅纪念建党90周年文艺晚会和市委市政府举办的“大美黄山红歌扬”歌咏比赛，原创歌舞《水清天蓝新安江》和大合唱《四渡赤水》均获得一等奖和第一名的好成绩。加强局网站建设，对原有两个网站进行整合改造升级成黄山市财政局网，并获得市“优秀政府网站”称号。市财政局以预防腐败案件发生为目标，以规范财政财务业务流程为重点，以廉政风险防范管理为载体，认真组织全体人员查准找全风险点，并建立局长、主管局长、科长、科员四级目标管理机制，实现财政管理的程序化、操作的规范化。

（黄山市财政局供稿　潘南峰执笔）

屯溪区财政工作概述

2011年，屯溪区实现财政收支快速增长。全区预算总收入完成8.38亿元，为预算的121.3%，同比增长42.2%，为“十二五”精彩开局、强势起步奠定坚实的基础。

【强化征管，财政收入快速增长】不断稳固财政收入增收基础，严格落实收入责任制和奖惩机制，完善重点税源监控体系,努力实现应收尽收。成立区个体经济发展服务中心,财政、工商、税务等各部门齐抓共管,在黄山市首创区级个体税收国、地税联合征管及街道协税护税新机制,区、街道、社区三级协税护税网络初步建成。加强非税收入的征管,对各镇、街道及全区行政事业近70家单位2010年票据使用及非税收入"收支两条线"执行情况进行一次专项检查。充分运用财政职能,积极参与并直接服务于招商引资工作,制定考核奖励办法,努力提升税收增长点。完善镇级财政收入考核,逐步规范做大做强镇级财政,壮大地方可用财力。其中,阳湖镇、黎阳镇财政收入双双超过亿元。

【优化结构,民生保障落实有力】一是按照打造"民生工程示范区"要求,抓好民生工程建设。重点实施28项民生工程,全年累计到位资金8836万元,资金拨付率137%;完成投资9390万元,投资完成率146%。二是突出项目支撑,加大"三农"投入,累计投入7414万元用于农林水事务等各项工作.编报农业综合开发、新安江流域生态补偿、一事一议等项目36个,到位项目资金1053万元。三是突出改善民生,把支出重心向"三农"倾斜、向社会和谐事业发展倾斜、向基层和特殊困难群体倾斜,共投入22524万元。四是坚持教育优先发展,全年共投入教育经费5756万元,比上年增长43.6%。五是全年用于科学技术、社会保障和就业、交通运输和住房保障支出,分别比上年增长60.1%、49.9%、153.7%和80.2%。

【加大投入,促进经济社会加快发展】加大对园区建设的投入力度,累计投入1.6亿元继续强力推进九龙低碳经济园区建设,切实做强二产,造就工业强区地位。大力推进项目建设,紧紧抓住机遇,加大向上争取力度,全区对上争取到位资金3.77亿元。招商引资完成12510万元,提前四个月超额完成了区政府年初下达的全年招商引资工作任务。支持现代服务业加快发展,大力培植新型财源,积极申报项目,培植成长性潜在财源。

【注重绩效,财政监管科学规范】以科学化精细化管理为目标,探索预算支出绩效考评,提高财政资金使用效益。深入推进预算管理、国库集中支付等财政改革。财政平台一体化系统建设全面完成,全年共完成政府采购231批次,实现政府采购金额6357万元,比预算采购资金节约801万元,节约率为11.2%。强化国有资产管理改革,共划转接收区直45家行政事业单位国有经营性资产(房屋)200处26274.05平方米。深化农村综合改革,巩固财政"惠民直达工程"成果,共发放21项补贴农民资金2156万元;家电下乡补贴33850台1098万元,补贴兑付率100%;以旧换新补贴37643台1105万元,位居全市第一位。加强对会计持证人员的管理,加快实现与全国会计人员信息管理系统的对接,为750名会计人员更换了统一新版从业资格证。创新监督工作机制,构筑"大监督"格局,在全区开展治理"小金库"全面核查和重点检查;开展财政专户清理整顿工作,通过清理整顿精简账户7个,保留财政专户30个;与监察局联合开展区属改制企业改制资金支出情况、区直一级预算单位"三公"经费的专项检查;组织开展对全区镇级财政财务收支、强农惠农资金、票据使用情况以及专户清理情况的全面检查。

【科学管理,财政形象不断提升】全面加强财政干部队伍思想、组织、作风、制度和反腐倡廉建设,以"创先争优"、开展学习沈浩等先进事迹活动为契机,以落实党风廉政建设责任制为抓手,结合财政系统"两基"建设和"服务发展年"等活动开展,大力推进内部管理制度建设,提高行政效能。增强干部职工工作的主动性和创造性,保障财政各项工作顺利开展。

(屯溪区财政局供稿　鲍秀芳执笔)

黄山区财政工作概述

2011年黄山区一般预算收入完成7.3亿元,比上年实际增长43%,连跨6亿元、7亿元两个台阶,增幅创历史新高。财政支出达到11.62亿元,比上年增长39.4%。

【抓征管,财政收入再上台阶】财政收入实现跨越式增长,继2010年跨4亿、5亿元大关后,又连跨6亿、7亿元大关,达到73118万元,较上年增收21990万元,为年初预算的119.2%。其中,区财政累计完成收入18365万元,同比增长51.7%。收入结构更趋合理。地方收入首次突破5亿元,税收收入完成63492万元,同比增长43.5%,增值税、营业税等主体税种支撑作用明显,税收收入占全部财政收入比重为86.83%。乡镇收入规模超过6亿元,其中千万元以上乡镇12个,乡镇财政实力增强。非税收入完成9597万元,同比增长39.9%;契税、耕地占用税完成

9822 万元,占年度任务数 8600 万元的 114.2%,比上年同期增长 58.6%。

【调结构,重点支出保障有力】优化财政支出结构,加大财政对公共服务领域的投入,优先保障和改善民生,全年一般预算支出达到 11.62 亿元,比上年实绩增长 39.4%。有效保障政法经费保障体制改革、基层医药卫生体制改革、事业单位绩效工资改革,兑现离退休干部职工住房补贴,提高了行政事业单位公用定额和车辆燃修费,调整基层卫生人员住房公积金上缴比例,将基层农机人员纳入区级统发。财政应急保障联动机制不断健全,促进城乡经济社会协调发展。

【保增长,服务发展措施得力】紧紧抓住国家政府性投入带动投资增长的政策机遇,全年共争取上级各类补助资金 7.15 亿元,同比增长 33.1%。综合运用贴息、奖励、补贴等手段,带动信贷资金和社会资本投入,放大财政资金效益。争取企业发展资金 240 万元,支持黄山好视达电动汽车等项目;拨付企业技改贴息 142 万元,办理出口退税 1783 万元、再生资源增值税退税 4803.1 万元;兑现出口企业奖励 51.5 万元,拨付工业发展专项资金 400 万元,拨付旅游发展专项资金 400 万元,积极争取和安排科技、环保、节能减排等专项资金 4917.3 万元。统筹调度资金 1000 万元,用于注册园区助保基金,有效缓解了园区中小企业融资难等;坚持把项目建设作为保增长的重要途径。全年对上争取项目 56 个,用于城市基础设施建设 5594 万元,交通设施建设 2100 万元,水利建设 1585 万元,行政服务设施建设 198 万元,文教卫生、养老体系设施 301 万元,保障性安居工程 3327 万元,环境保护、节能减排 1145 万元等;全年销售家电下乡产品 21141 台,补贴 670 万元;家电以旧换新 7695 件,补贴 231.5 万元。

【惠民生,阳光财政持续给力】全年共投入资金 20972.04 万元实施 36 项民生工程,其中区级配套资金 4813.73 万元。全区共 86992 人参加社会养老保险,占应保人数的 95%,共 2.1 万人领取养老金 733.11 万元;发放生活保障资金 1064 万元,累计保障 87701 人次;"五保户"供养实现应保尽保,向 1672 名"五保"供养户累计发放资金 374.05 万元;向 1292 户困难家庭发放住房补贴 268.5 万元。全年用于医疗卫生资金 8904 万元,支持重大疾病和传染病的防治体系和突发公共卫生事件救助体系建设。新型农村合作医疗参合农民共 125750 人,参合率达 101.62%,城镇居民医疗保险参保人数达 21890 人。统筹安排教育类资金 12206 万元,10145 名学生受惠于义务教育改革政策,1178 名中职学校困难学生获得资助资金 249.6 万元。安排 2490 万元改善农村教师住房、医疗、社保、福利等;投资 308 万元,用于农村中小学校舍建设。积极筹措再就业资金 1119 万元,担保发放小额贷款 797 万元,开展各种专业技术培训,911 人实现再就业。投入资金 1000 万元,完成 6 个农村文化站、30 个农家书屋和 6 个留守儿童活动室的建设。

【抓统筹,支农力度持续加大】全面落实强农惠农富农政策,着力提升新农村建设水平。全年用于农林水事务支出 20822 万元,增长 68.9%。通过"一卡通"发放 21 项惠农补贴 8724 万元,户均受益 1582.8 元,人均受益 705 元。投入资金 949 万元(其中,村民筹资筹劳 457.2 万元、财政奖补资金 363 万元、村自筹资金 128.8 万元),在全区 77 个村实施 78 个农村公益事业"一事一议"财政奖补项目。发放水稻理赔款 121.31 万元,受益农户 8539 户;油菜理赔款 10.44 万元,受益农户 1129 户。加快推进现代农业综合开发示范区建设步伐,示范区已累计投入资金 4.87 亿元。

【求创新,理财水平全面提升】一是深化部门预算改革。除教育收费外,预算外收入全部纳入预算管理,提高预算编制的科学性和准确性。二是深化扩大国库集中支付改革,实现预算收入直达金库、非税收入直达财政专户、工资直达个人账户、专项经费直达项目单位、基建支出直达承建单位、政府采购直达中标供应商等"六个直达"。三是强化财政支出管理,修订完善各类专项资金管理制度,开展财政支出项目资金绩效考评,完善行政事业单位国有资产配置、使用、处置、收益收缴和资产信息动态监管措施。四是加强政府性债务管理,完善债务风险防范机制。五是组织开展乡镇财务、部门预算、民生工程资金以及"小金库"专项治理检查等工作,加强各类专项资金管理。六是在全市率先完成财政信息系统"平台一体化"建设,着力提升财政业务处理信息化水平。

（黄山区财政局供稿　查扬扬执笔）

徽州区财政工作概述

2011 年,徽州区财税部门认真贯彻落实区委区政府有关文件精神,紧扣“5443”工作目标,以打造“财税增效”动车为契机,攻坚克难、奋勇拼搏,充分挖掘增收潜力,调整优化支出结构,不断深化财税改革,全区财政收入持续增长,重点支出得到有效保障,圆满完成了年度目标任务。

【抓机遇,推动经济快速发展】一是支持产业转型发展。投入园区建设资金 8698 万元,快速推进循环经济园等园区基础设施建设,加快打造千亿园区。落实 2000 万元工业发展基金支持传统优势产业进行结构调整,助推企业健康发展。加快总部经济发展,完善优惠政策,总部经济项目累计入库税收 8000 万元以上,占财政收入的 15%。二是认真落实财税优惠政策。借助外力,广泛吸引民间资金、信贷资金和域外资金,增强后续财源建设。兑现企业奖励资金 2761 万元,其中招商引资优惠政策资金 1145 万元,政策性退税资金 429 万元。三是提升融资担保服务功能。创新担保品种,增强防风险意识,选准担保项目,为 87 家企业提供了 4.56 亿元的融资担保贷款业务。规上工业企业税收实现 1.69 亿元,比上年同期增长 80.8%,其中入库税收超 2000 万元企业 2 户,超 1000 万元企业 2 户。完善投融资“借、管、用、还”机制,确保国有资产保值增值,全年融资累计完成 3.2 亿元。四是扩大农村消费需求。继续实施家电下乡、家电以旧换新、摩托车下乡等财政补贴政策,累计销售 15957 台(套),兑现补贴 493 万元。

【抓措施,确保收入稳定增长】一是细化收入目标。财税部门及时研究制定出台一系列增收节支政策,量化分解财税收入任务,积极组织收入。二是加强部门配合。进一步确立财税库行联席会议制度,随时掌握征管工作的新动向。加大税收监督管理力度,完善收入目标考核责任制。三是分析挖掘增收潜力。企业所得税、土地增值税、资源税分别增长 90%、87%、85%。交通运输税收实现 2787 万元,增长 198%。强化非税收入的征收,密切配合相关部门做好土地出让金征缴、清收工作,全年非税收入入库 7095 万元。四是拓宽聚财思路做大收入“蛋糕”。积极落实“异地办厂、原地纳税”、“村级招商、财政奖励”政策,调动乡镇村培财源抓增收的积极性,不断壮大乡镇财政实力和村级集体经济。

【抓民生,提高群众幸福指数】一是更加重视资金筹集。36 项民生工程全年累计完成投资 1.24 亿元,投资完成率 111.6%。二是更加重视统筹协调。围绕健全完善规范透明的政策执行机制和便民利民的工作服务机制,加强督促检查,加快项目实施进度。三是更加重视民情民意。组织开展为期两个月的“贴民情、听民意、惠民生——财政干部大走访”活动,了解群众企盼,畅通民意渠道,推进政策落实,群众的知晓率和满意度进一步提升。2011 年,徽州区民生工程工作在全市考核中名列第一,并得到省考核组的好评。

【抓统筹,推进社会和谐发展】一是对上争资取得新佳绩。积极对上争资,明确任务责任,强化工作对接,完善激励机制,全年争取上级各类资金 4.1 亿元。二是重点项目支出得到有效保障。全年增加教育支出 8589 万元。投入 156 万元为全区农村中小学生提供免费午餐,投入 176 万元积极推进医药卫生体制和基本药物制度等改革。投入新型农村合作医疗资金 1224 万元,城镇居民医疗保险 244 万元。投入 748 万元用于扩大新型城乡居民养老保险试点,投入 1112 万元用于城乡居民最低生活保障。投入 1.3 亿元支持廉租房、公租房、棚户区改造等建设,提高保障性住房水平。三是“三农”投入再创新高。农林水事务支出 9449 万元,重点用于农村饮水安全工程、小型病险水库除险加固等水利建设。通过“一卡通”发放财政补贴农民资金 4500 万元。投入资金 432 万元,对全区 49 个村 50 个项目进行基础设施建设及公益性事业建设。投入资金 1200 万元实施农业综合开发项目,加快新农村建设步伐。累计下拨危房改造资金 308 万元,改善农民居住场所。四是全面启动生态补偿机制。全年共实施生态补偿项目 6 个,总投资 16720 万元。其中,当年争取上级补助 1930 万元。

【抓完善,创新财政管理机制】一是深化部门预算改革,对菜篮子工程等 8 个项目有序开展财政支出绩效评价工作,努力提高财政资金整体效益。二是深化国库集中支付改革,实行国库统一集中支付,累计支付资金 5 亿多元。三是强化非税收入管理,进一步创新非税收入征管模式,启动交警罚没收入征管方式的简化改革,不断提升非税收入征管效率。四是强化预算单位财务管理,严格控制“三公”经费,加强预算单位财务管理，集中培训行政事业单位财务人员 180 人次，提高财务管理水平。五是强化财政监督检查。开展农业、民生等重点项目资金检查，完善内控制度。抽查 21 家单位的“小金库”治理情况，均未发现私设“小金库”问题。会计行业监管工作继续加强，办理了 811 人会计证换证工作。继续完善政府性债务监管体系。

【抓提升，提高干部队伍素质】一是深入推进创先争优活动，充分调动全体财税干部职工的积极性、协作性。二是大力加强机关作风建设。以开展财政五项专题调研活动为突显点，大力倡导干部的求真、务实精神。严格执行党风廉政建设责任制，层层签订《党风廉政建设责任书》，开展排查廉政建设风险点活动，实行行政问责制度，全面提升服务质量和水平。

（徽州区财政局供稿　金　霖执笔）

休宁县财政工作概述

2011 年，休宁县紧紧围绕“一都一城四化”发展战略，财税部门依法组织收入，加强支出管理，积极对上争取政策项目资金，扎实推进民生工程，全力支持经济建设和社会事业平稳较快发展，各项财政目标任务圆满完成，为“十二五”强势开局奠定了坚实的基础。全县财政一般预算收入完成 6 亿元，为调整预算的 100.6%，同比增长 50.1%；财政一般预算支出完成 12.6 亿元，为调整预算的 107.0%，同比增长 38.4%。

【支持经济发展】一是投入资金 2160 万元，加快旅游公路附属工程，“百村千幢”古民居保护、“百佳摄影点”建设。二是筹集资金 4.5 亿元，支持县工业园区和乡镇工业集中区建设。全县共争取各类扶持企业项目资金 4200 余万元，齐云担保公司为企业提供贷款担保 2.2 亿元，有效缓解了企业发展资金矛盾。共拨付资金 5000 余万元，兑现招商引资财税优惠政策。办理出口退税 4759 万元，促进外贸出口稳定增长。三是整合各类支农项目资金 1.2 亿元，大力发展高产优质高效农业，推进农业结构调整。四是筹集城镇基础设施建设资金 3.2 亿元，齐云城投公司新增融资贷款 3.5 亿元。拨付资金 5200 万元，实施新安江流域综合治理、农村清洁、村庄整治、改水改厕、植树绿化等工程。

【惠农强农扎实】一是涉农补贴资金及时发放。全县共发放粮食直补、良种补贴和农业机械购置补贴等 22 类涉农补贴资金 8552 万元。二是“家电摩托车下乡”累计兑付财政补贴资金 1080 万元，补贴下乡家电 2258 台，汽车摩托车 1629 辆，以旧换新 7583 台。三是投入农业综合开发资金 2070 万元，实施土地治理 1.9 万亩，重点扶持龙头企业产业化和专业合作社发展；投入资金 1448 万元，扎实推进扶贫项目实施。四是落实政策性农业保险制度，及时发放农业保险理赔资金 134 万元；拨付资金 2120 万元，支持农村危房整修改造和地质灾害点治理。五是农村综合改革深入推进。拨付财政奖补资金 987 万元，完成了 303 个“一事一议”村级公益项目建设。拨付农民专业合作社资金 160 万元，建立健全农业社会化服务基层体系。进一步加强农村“三资”清理，增加村级转移支付资金，提高村级组织运转经费保障水平。

【民生保障有力】全县用于教育、农业、文化、医疗卫生、社会保障与就业、环境保护、住房保障等民生方面的资金达 10.3 亿元，占财政总支出的 80%以上。一是扩大社会保障覆盖面。全县共计 17.3 万人办理了新型农民养老保险参保手续，累计发放养老金 2930 万元。筹资 956 万元用于返乡农民工就业培训。拨付资金 2865 万元，启动城镇居民社会养老保险试点。二是提高财政补助标准。扩大报销范围和比例，全县新农合参合人数达到 23.38 万人，参合率达到 98.9%；完成了 21 所乡镇卫生院、143 个村卫生室和 4 个社区卫生服务机构建设任务。三是累计投入廉租房建设、公共租赁住房、棚户区改造资金 3154 万元，享受廉租住房保障家庭达 2187 户。四是 36 项民生工程全面完成。投入民生工程资金 2.47 亿元，资金拨付率 121.3%，其中县级落实配套资金 4177 万元。

【统筹社会事业发展】一是增加教育投入。全县教育支出 1.42 亿元，增长 12.8%，义务教育经费保障机制改革工作顺利实施，水毁校舍迅速修复重建。积极实施农村寄宿制学校建设工程，办学条件显著改善。二是促进科技进步。安排 2350 万元，支持高新技术企业发展、科技进步奖励及农村科技知识普及等项目。三是支持文化计生事业发展。拨付资金 490 万元，支持博物馆、图书馆、文化站免费开放和农村文化建设。拨付资金315万元,支持非物质文化遗产和徽州文化生态保护。投入资金530万元,支持广播电视台设备更新,完成11个乡镇综合文化站、91个农家书屋建设。拨付资金2054万元,支持人口和计划生育事业发展。四是深化政法系统经费保障机制改革。拨付政法办案装备资金1659万元,进一步提高政法装备和办案经费保障水平。安排"民情交流日"、综合整治等活动经费300余万元,维护社会和谐稳定。

【提升理财水平】一是深化扩大国库集中支付改革,实现预算收入直达金库、非税收入直达财政专户、工资直达个人账户、专项经费直达项目单位、基建支出直达承建单位、政府采购直达中标供应商等"六个直达"。二是梳理完善各类专项资金管理制度61项,开展了财政支出项目资金绩效考评,完善了行政事业单位国有资产配置、使用、处置、收益收缴和资产信息动态监管措施。三是对政府性债务进行了全面清理审计,有效防范政府债务风险。四是组织开展乡镇财务、部门预算、民生工程资金以及"小金库"专项治理检查等工作,促进了财经秩序的进一步规范。五是在全市率先完成区县财政信息系统平台一体化建设,着力提升县乡财政业务处理信息化水平。

(休宁县财政局供稿　余星源执笔)

祁门县财政工作概述

2011年,祁门县紧紧围绕省市民生暨财政工作会议和县委、县政府确定的各项财政工作目标任务,开拓创新,扎实工作,全县财政收入完成4.08亿元,为预算的119.7%,占市政府下达收入任务的114%,比上年同期增长43.6%。2011年全县财政支出完成97254万元,为预算的99.8%,比上年增长25.4%。

【依法治税强化监管】2011年是祁门县财政增收跨越幅度最大的一年。全县财税部门坚持培植财源和涵养税源并重,科学征管和政策激励并重,着力提高征管效率和质量,全县完成财政收入4.08亿元,增幅创历史新高。乡镇一般预算收入完成5518万元,乡镇收入对完成全县收入任务的支撑作用进一步增强。

【突出重点优化支出】按照统筹兼顾,保证重点的原则,及时拨付救灾、教育、农业等重点支出和关系民生的支出,促进全县各项事业发展。积极争取和筹措安排资金,确保工业园区、绿色产业园区和政务新区的建设和发展需要。严格控制一般性支出,努力降低政府行政成本。进一步加强支出进度管理,强化预算执行意识,加快各类专项资金的拨付进度,各项重点支出得到有效保障。

【全力保障和改善民生】全县36项民生工程实际累计投入资金1.92亿元,比上年净增5226万元,惠及全县18.2万城乡居民。按照民生工作长效化的要求,通过建立和完善科学系统的项目遴选机制、灵活务实的政策完善机制、建养结合的工程运行机制、严格透明的激励约束机制,实现了民生工程滚动发展,促进了民生政策效益最大化,民生工程群众知晓度和满意度不断提高。

【服务县域经济发展】结合该县优势产业,精心编报项目,全年共争取各类项目资金3.1亿元。加强与银、企对接,充分发挥源丰担保公司担保的"乘数效应",全年累计为62户企业解决融资担保2.14亿元,同比增长109%,为缓解全县企业融资压力,壮大企业发展规模提供了重要的资金支持。全面落实优惠奖励政策,依法落实各项减、免、退等税收优惠1666万元;家电下乡、摩托车下乡及家电以旧换新政策稳步实施,全年共兑付财政补贴资金898.5万元。

【落实强农惠农政策】进一步完善财政补贴农民资金"一卡通"发放模式,全年共发放补贴资金5973万元,直补项目达到23项,惠及全县5万户15万人。大力整合支农资金支持农业生产和农村发展,全年共整合各类项目资金2030万元,新建柏溪乡白塔、历口镇环砂等一大批农业项目示范点。村级公益事业"一事一议"财政奖补工作继续推开,全县有149个、总投资额达791.5万元的项目全面实施,受益群众超过15万人。全面完成9个贫困村的整村推进任务,实施整村推进项目34个,贫困村自我发展能力得到明显提升。

【依法理财强化监督】国库集中支付改革继续深入,有效提高了支付效率。财政电子化办公的全面推行,在节约大量资源的同时,大大提高了财政服务能力和服务效率。充分发挥财政监督职能,树立"财政大监督"理念,整合监督力量、创新监督形式、运用监督成果,财政监督的广度和深度有效提升。创新乡镇财政收入考核机制，积极调动乡镇培植财源、协税护税的能动性，促使乡镇财政收入再上新台阶。

（祁门县财政局供稿 黄群飞执笔）

黟县财政工作概述

2011年，在县委、县政府的坚强领导和上级财政部门的精心指导下，黟县财政工作以科学发展观为统领，以加快结构调整和经济发展方式转变为主线，全面落实财政宏观调控政策，大力推动财政改革发展，在提质中求速度，在发展中惠民生，在创新中强管理，全县财政收入增势良好，重点支出保障有力，实现"十二五"良好开局。

【强化征管，财政实力再上台阶】全县财税部门密切协作，依法加强征管，强化收入考核调度，细化征管措施，深入开展重点税源、潜在税源调研。加强重点企业、工程项目等税收的跟踪管理，狠抓缓、欠税款汇算清缴工作，努力做到应收尽收，财政收入保持了较快增长。全县一般预算收入突破2亿元大关，完成23070万元，增长36.5%，收入增幅比上年提高了3.5个百分点。乡镇经济发展对财政的贡献进一步提升，全县8个乡镇财政收入完成14686万元，比上年增长46.1%。财政一般预算支出完成63949万元，同比增长40%。

【落实政策，财政调控卓有成效】全年争取各类补助资金51200万元，比上年同期的45513万元增长12.5%，有力促进了全县经济和社会事业发展。加强社会发展服务保障，合理调度财政资金，累计拨付中央预算内项目资金4322万元，36项民生工程项目配套资金2000万元，及时保证项目建设的资金需要。扩大消费需求，分别兑现家电下乡、家电以旧换新补贴资金273万元和24万元。加强融资平台建设，多渠道为企业提供融资担保，全年累计为县内26户企业提供担保贷款5870万元，比上年同期增长25.8%。开展新安江流域生态补偿试点工作，全年落实资金6646万元，其中争取上级补助资金1400万元。

【以人为本，民生财政持续发力】精心实施36项民生工程，全年投入资金11137万元，比上年增加3090万元，增长34%，惠及9.6万城乡居民，圆满完成年度目标任务，办成了一批群众欢迎、社会满意的实事难事。全县74689人参加新型农村合作医疗，6121人得到医疗救助，3514人享受农村低保，617名农村五保供养对象实现应保尽保，7186名学生接受免费义务教育，11833平方米中小学校舍得到维修、加固和重建，新建廉租房140套、安置房120套、公共租赁住房250套，改造棚户区340户。利用举办国际山地车节、桃花节和油菜花节的有利时机，开展民生工程各项政策及实施情况宣传活动。

【开拓创新，财政改革纵深推进】加强预算编制，不断调整基本支出供给政策，部门预算编制工作进一步完善。国库集中支付改革纵深推进，实现会计集中核算向国库集中支付转轨，全年累计办理支付业务15002笔，财政直接支付资金42151万元。深化财政补贴农民资金管理和支付方式改革，累计发放财政补贴资金4028万元，增长18.7%，全县3万多农户受益。规范政府非税征管，加强非税票据管理，加大监督检查力度，累计征收入库各类政府非税收入16139万元。深化农村综合改革，建立健全村级公益事业建设"一事一议"财政奖补工作长效机制，推进农村社区化建设，全县8个乡镇63个村完工项目77个，投入资金421万元。大力实施农业综合开发，项目总投资672万元（其中财政投资480万元，自筹资金163万元）的碧阳镇中低产田改造土地治理项目顺利通过省级验收，并获得国家农业综合开发项目省级验收先进县称号。

【科学理财，财政绩效明显提升】硬化预算约束，严格执行部门预算。加强财政监督，开展"小金库"专项治理、"收支两条线"和专项资金的事前、事中、事后监督，确保专项资金使用合法性、合规性和效益性，重点检查了8个乡镇、30个县直单位和4个重点项目专项资金。加强会计管理工作，强化会计人员继续教育，努力提高会计管理效能。深入推进财政信息化建设，财政平台一体化改革全面实施。创新体制机制，完善管理制度，进一步完善预算管理制度体系，促进财政精细化管理和规范化运行。

【与时俱进，队伍素质不断提高】以开展"服务发展年"和创先争优活动为契机，加强对财政干部的教育，建立一支作风过硬、业务精湛、积极向上、奋发有为的财政干部队伍。狠抓业务知识和技能培训，全面提高干部职工综合素质。加强财政文化建设，大力弘扬沈浩精神，先后组织和参加市"大美黄山红歌扬"大型歌唱比赛活动、县"庆祝建党90周年暨辛亥革命胜利100周年”红歌赛活动。探索密切联系群众的新途径,倾听民意,整改提高,深入开展“贴民情、听民意、惠民生——财政干部大走访”和“财政班子成员大走访”活动。同时,深入企业、乡镇、基层开展工作调研,全县财政系统共撰写调研报告26篇。将反腐倡廉建设和机关效能建设向全县财政系统延伸,全面实现财政系统建设的常态化、制度化。深入推进“五型机关”创建,强化服务意识。

(黟县财政局供稿 汪建锋执笔)

歙县财政工作概述

2011年,歙县财政总收入完成16.8亿元,同比增长19.3%。其中,一般预算收入完成8.3亿元,占年预算的125.2%,同比增长50.5%。全县一般预算支出完成17.4亿元,为预算的179%,较好保障了机关运转和重点项目建设等支出的需要,实现了财政“十二五”规划的良好开局。

【强化收入征管,财政实力再上新台阶】全县财税三局不断提升科学化、精细化征管水平,组织收入齐头并进,收入增幅均为历年来同期最好。全年税收收入累计完成66651万元,同比增长51.7%。税收收入占财政收入的比重为80.7%,同比增长0.7个百分点,收入质量稳中趋好。不断规范非税收入征缴,有效增加政府可用财力。全年共征收入库非税收入15883万元,占预算的136.5%,同比增长45.9%。同时,进一步优化支出结构,财政保障能力明显增强。深入推进部门预算管理改革,启动财政支出绩效评价试点工作,全面完成会计集中核算制度向国库支付制度的转轨,公共财政支出改革不断深化。

【发挥财政职能,县域经济加速发展】加大财税政策扶持和资金投入,进一步提升园区工业产业化、产业发展聚集化水平。积极申报农民工创业园、工业园区贴息和奖励资金、支持中小企业发展资金、高新技术产业化资金等专项资金,全力促进开发区基础设施和重点项目建设。积极调度各类财政资金支持重点项目建设,累计拨付征地拆迁等项目建设资金4亿余元。落实县委政府激励措施,拨付兑现招商引资等各项考核奖扶资金1000余万元,积极支持各部门和各乡镇招商引资、对上争取等各项政府中心工作。及时兑付金马股份公司、振龙电源等企业2010年度企业扶持政策资金827.83万元,拨付2010年度县工业发展专项资金159万元和2010年度纳税百万元以上企业奖励等资金80.5万元,并将工业企业发展专项资金提高到1500万元。同时,积极做好企业项目的申报争取工作,充分发挥歙县中小企业担保有限公司的平台作用,全年累计提供担保64845万元,为更多的企业和个人解决融资难问题。

【加强统筹协调,民生工程扎实推进】全县实施省市36项民生工程,计划投资37059万元,已到位资金4.1亿元,到位率111%(其中县财政配套到位6970万元,到位率109%),累计完成投资4亿元,实际投资进度为109%。同时,重点抓好财政牵头的村级公益事业“一事一议”奖补试点、家电下乡政策和政策性农业保险三项民生工程的实施工作,共实施“一事一议”项目249个,总投资2192万元,其中财政奖补1586万元,涉及173个行政村,占全县行政村总数的93%;参与群众34.9万人,参与面达83%;全年已兑付家电下乡和以旧换新补贴资金2201.95万元;全面完成油菜、水稻、棉花3项种植业和奶牛、能繁母猪2项养殖业的政策性农业保险工作,理赔款68.28万元通过“一卡通”全部发放到农户手中。

【强力服务三农,城乡协调发展步伐加快】继续对扶贫、以工代赈、新农村建设和农田水利建设等财政支农资金进行整合,共计12799.9万元,加上引导农民、企业自筹和银行信贷等社会资金投入26770.52万元,实际总规模达39570.42万元。整合资金重点安排民生工程、农业生产发展、农村基础设施建设等方面项目。2010年,继续蝉联全省财政支农资金整合工作绩效考评一等奖。全年共通过“一卡通”发放31项财政补贴农民资金14675万元。县财政局荣获全省2010—2011年财政补贴农民资金管理和“一卡通”打卡发放工作一等奖。全面启动实施城乡居民社会养老保险试点工作,积极促进城乡一体化建设。大力实施农业综合开发项目,不断夯实农业发展基础。

【强化监督管理,财经秩序逐步规范】扎实开展强农惠农资金专项清查“回头看”工作,建立健全资金安全有效使用的长效机制,努力提高财政资金使用效益。深入开展对354家党政机关、事业单位、社会团体和国有企业“小金库”的专项治理工作。开展全县乡镇财政业务互查互审工作,进一步规范乡镇财务管理。县财政局荣获2010年全省财政监督工作先进单位，受到省财政厅的通报表彰。

【加强干部管理，队伍建设再上新水阶】深入开展全县财政系统创先争优和“服务发展年”活动。局党总支认真落实党员创先争优公开承诺制度，每季度进行层层点评。严格落实党风廉政建设责任制工作。全面开展财政系统廉政风险防控管理工作，多举措查找廉政风险点，建立防范机制，不断提升拒腐防变的科学化、系统化水平。局机关连续荣获全县政风行风评议“满意单位”和党风廉政建设责任制工作先进单位。县财政局再次荣获“安徽省第九届文明单位”称号，并顺利通过中央文明委复核，继续成为黄山市唯一一家获“全国文明单位”殊荣的县级机关单位。

（歙县财政局供稿　徐跃腾执笔）

财政部门大事篇

省财政分项工作大事记

财政综合工作大事记

1月30日 财政部、国家发展改革委发出通知，自2011年2月1日起，取消31项涉企行政事业性收费项目。

3月31日 省财政厅印发《安徽省地方教育附加征收和使用管理暂行办法》。

4月20日 副省长倪发科、副秘书长余焰炉在副厅长陈军陪同下，对部分市保障性住房建设进行调研。

6月14日 全国收费专项清理电视电话会议召开。

6月28日 省收费公路专项清理领导小组会议召开，研究收费公路清理工作方案。

7月26日 省委常委、常务副省长詹夏来在省财政厅上报的《我省财政加大投入创新融资全力支持保障性住房建设》上批示：请省财政厅进一步总结有关市县筹措保障房建设资金的经验，以适当的方式印发各市县参考。

7月25~29日 省财政厅副厅长陈军带队赴合肥、亳州、宿州、滁州、芜湖、宣城、六安等市，开展从土地出让收益中提取10%用于农田水利建设专题调研。

8月31日《安徽省财政发展“十二五”规划》经省政府批准实施。

9月1日 我省省级财政票据管理信息系统正式运行，票据印刷、发放、核销实现电子化管理。

9月26日 全省财政综合业务培训会议在六安市召开。各市、县、区财政局综合科(股)长120多人参加会议。

9月29日 省规范津贴补贴领导小组会议召开，省委常委、常务副省长詹夏来主持，会议对做好调整津贴补贴工作和迎接专项检查工作有关事宜进行了部署。

10月10日 省收费公路专项清理领导小组会议召开，专题研究我省收费公路清理整改意见，省财政厅副巡视员李友兰参加会议。

11月14日 财政部、国家发展改革委发出通知，自2012年1月1日至2014年12月31日，免征小型微型企业部分行政事业性收费。

11月15日 省财政厅代拟的《安徽省人民政府关于统一从土地出让收益中提取农田水利建设、教育资金的通知》以省政府名义印发。

11月25日 省收费公路专项清理领导小组办公室召开会议，研究布置收费公路清理整改措施落实工作。

12月7日 省财政厅副厅长陈军带队，赴亳州、阜阳开展全省事业单位机构编制清理规范督导。

(厅综合处供稿 李 燕供稿)

预算管理工作大事记

1月17日 省领导张宝顺、王明方、孙金龙、段敦厚、臧世凯、詹夏来、王秀芳、文可芝、任海深、朱维芳、文海英、胡连松、朱先发、郭万清等，到省人大会议中心的省级部门预算查询室视察。

1月18日 省财政厅向省十一届人大四次会议作《关于安徽省2010年预算执行情况和2011年预算草案的报告》。

1月30日 财政部核定我省2011年地方政府债券规模90亿元。

2月25日 省财政厅基本公共服务均等化规划纲要编制领导小组办公室召开第一次会议,《安徽省基本公共服务均等化规划纲要(2011—2015)》编制工作全面启动。

3月18日 省财政厅出台《关于省财政支持皖北加快振兴的实施意见》。

3月18日 省财政厅印发《关于全面推进财政支出绩效评价工作的通知》。

4月9日 省财政厅召开2011年市财政局长座谈会。

4月26日 省政府印发《关于省江南、江北产业集中区财政体制有关问题的通知》。

5月12日 省财政厅转发财政部《财政支出绩效评价管理暂行办法》,对绩效评价工作按财政部要求进行全面规范。

5月18日 省财政厅出台《关于进一步推进预算信息公开工作的意见》。

5月16~26日 全省预算业务培训班在淮南和合肥分三期举办,共500余人参加了培训。

5月30日 财政部在湖北省召开地方财政预决算公开工作会议。

6月23日 省十一届人大常委会第27次会议对《关于安徽省2010年财政决算的报告》和《2011年安徽省本级预算调整方案(草案)》进行分组审议。

6月30日 省财政厅与省国税局、省地税局、人行合肥中心支行联合下发《关于省江北江南产业集中区实行过渡期财政体制有关预算管理问题的暂行规定》。

7月1日 省财政厅下发《安徽省财政厅关于建立和完善县级基本财力保障机制的实施意见》。

7月18日 省财政厅召开2011年上半年全省财政收支形势分析会。

7月25日 全国人大预工委主任、财经委副主任委员高强带队来我省调研政府性债务风险防控和县级基本财力保障机制相关工作。

8月3日 省财政厅下发《关于编制2012年省级部门预算绩效目标的通知》,在省级部门首次开展绩效目标编制工作。

8月5日 经省政府同意,省财政厅下发各市、县(区)人民政府《关于规范我省税收经费相关政策的通知》。

8月17~18日 省财政厅向省十一届人大常委会27次会议作了《关于安徽省2011年上半年预算执行情况及下半年工作意见的报告》,大会分组对《报告》进行了审议。

8月17日 省财政厅召开2012年省级部门预算编制工作会议,常务副省长詹夏来、厅长陈先森、省人大预算工委主任庄立权、省审计厅厅长刘战平分别作了重要讲话。

8月27日 常务副省长詹夏来在省财政厅上报的《关于2010年和"十一五"期间财政情况比较分析的报告》上做出重要批示。

9月6日 省财政厅与省国税局、省地税局、人行合肥中心支行联合下发《关于巢湖区划调整后有关预算管理问题的通知》。

9月6日 省财政厅印发《关于原地级巢湖市市直单位人员安置后租房、交通补助有关问题的通知》。

9月22日 省财政厅印发《关于建立地方政府性债务月报制度的通知》。

10月12日 省财政下达新增对市县均衡性转移支付30亿元。

11月30日 财政部召开全国预算执行工作视频会议。

(厅预算处供稿 黄栋栋整理)

财政国库工作大事记

1月5日 省人大组织召开2010年度预算执行情况和2011年财政经济形势分析会,省财政厅副厅长吴天宏参加会议。

1月14日 省财政厅召开厅机关相关业务处室决算经办人员会议,培训布置部门决算编报工作。

2月11日 省财政厅成立清理财政专户工作领导小组,省财政厅厅长陈先森任领导小组组长。

3月14~17日 全省决算编审会议在芜湖召开,全省各市国库科长、财政总决算及部门决算经办人员共70多人参加会议。

3月29日 财政部国库司监督检查处袁庆海等来省财政厅调研国库集中支付动态监控工作。

4月8日 厅长陈先森主持召开财政专户清理

整顿领导小组会议，听取国库处专户清理整顿情况汇报，研定撤并专户意见。

4月12日 2011年地方政府债券收款信息报财政部国库司。

4月18日 向财政部国库司上报财政专户清理进展情况。

5月9~13日 全国地方部门决算会审会在合肥召开，财政部国库司及全国各省、自治区、直辖市、计划单列市共140多人参加会议。

5月19日 省财政厅副厅长吴天宏到淮南调研财政专户改革管理情况。

6月6日 省财政厅厅长办公会议审定财政专户管理办法。

6月11~20日 省财政厅组织5个核查小组赴全省17个市、部分县(区)、乡镇开展财政专户清理整顿核查工作。

6月11日 省财政厅制发《安徽省财政厅国库资金调度管理暂行办法》。

6月22日 省财政厅修订并完善的《安徽省财政专户管理办法》正式施行。

7月13~16日 财政部国库司赵永旺副司长来我省检查财政专户清理整顿工作。

8月1~8日 我省地方政府债券3年期和5年期各45亿元由财政部正式代理发行，两期债券招标发行票面利率分别为4.07%和4.12%。

8月8日 省财政专户管理信息系统正式上线运行，并率先办理了四笔政府采购支付业务。

8月25~31日 全省财政国库业务培训班在合肥召开。各市、县财政局国库科(股)长及各市总预算会计，江北、江南产业集中区有关同志，共120余人参加了培训。

10月18~19日 全国财政决算工作会议在云南昆明召开，我省财政总决算和部门决算工作均获一等奖。

11月9日 全省部分市、县(区)2011年度政府会计制度专题座谈会在合肥召开。

11月27~29日 2011年度全省财政决算工作会议在马鞍山召开。

12月8~9日 全省县级财政部门决算业务培训班在合肥召开。

12月23日 2011年度财税库银联席会议在合肥举行。省财政厅、省人行、省国税局、省地税局四家单位相关业务负责人参加了会议。

12月31日 代省长李斌莅临省财政厅检查指导工作，并亲切慰问国库处工作人员。

（厅国库处供稿 马 锐整理）

行政财务管理工作大事记

1月 省财政厅与省委统战部联合召开第19届民主党派新春联谊会。

2月 副省长花建慧在省财政厅《关于参与上海世博会专项经费使用情况的报告》上作重要批示。

2月 省财政厅被授予“安徽省质量兴省活动先进单位”荣誉称号。

3月 省财政厅行政处被授予“安徽省‘巾帼建功文明岗’”荣誉称号。

3月 副省长唐承沛在《关于省财政厅对口帮扶寿县陶店回族乡有关情况的报告》上作重要批示。

4月 省财政厅举办省直部门行政财务知识培训班。

5月 副厅长陈军率队开展服务对象走访活动，上门征求省委办公厅、省纪委办公厅、省委组织部和省直工委等部门的意见。

6月 全省行政政法工作会议在蚌埠市召开。各市、县(区)财政局分管局长、行政政法科(股)长及部分省直单位财务处长共200余人参加会议，陈军副厅长出席会议并讲话。

7月 召开联系部门上半年预算执行分析会，对口联系的46个省直单位财务部门负责人参加会议。

7月 省财政厅行政处联合省政府采购中心、省直机关公务用车统一保险服务商平安财险安徽分公司，召开省直机关公务用车统一保险工作恳谈会。由平保承保的39家省直部门分管车辆负责人等60多人参加了会议。

8月 省财政厅副厅长陈军带队到省质监局调研农副产品质量检测情况。

9月 省财政厅行政处召开市级财政行政科长会议，贯彻落实中央和省关于党政机关厉行节约精神。

10月 全省455个农村留守儿童活动室建设任务圆满完成。

11月 省公务用车问题专项治理工作领导小组

正式印发《安徽省党政机关违规公务用车处理实施细则》。

12 月 省财政厅印发《关于省直机关公务用车实行定点加油管理的通知》,全面实行省直机关公务用车定点加油管理。

（厅行政处供稿　刘儒之整理）

政法财务管理工作大事记

1 月 14 日 省直政法、执法部门财务管理工作座谈会在合肥召开,李友兰副巡视员参会并讲话。

3 月 10 日 省财政厅牵头省公检法和地税财装部门，组织赴女子监狱所辖的安徽武鹰制服有限公司实地调研。

3 月 省财政厅政法处及预算处会同省司法厅、省监狱管理局财务装备处先后赴有关监狱单位调研监狱经费保障情况。

4 月 8 日 政法部门使用省产汽车情况座谈会在合肥召开。

4 月 22~23 日 省财政厅政法处在淮南市举办全省政法经费统计报表培训班。

6 月 28~29 日 全省财政行政政法工作会议在蚌埠市召开。

7 月 8 日 省财政厅政法处召开省直政法口部门预算执行分析会。

7 月 28 日 省政法部门装备采购领导小组召开全体会议,研究并决定装备采购工作中的重大事项,省财政厅副厅长陈军出席会议并讲话。

8 月 2 日 省财政厅副厅长陈军带领厅政法处有关同志到省地税局调研。

8 月 3 日 省财政厅副厅长陈军率队赴省公安厅调研财务管理工作。

10 月 10~11 日 省财政厅党组副书记、副厅长王林建率队赴马鞍山市督查全市财政系统工作任务完成情况。

（厅政法处供稿　陈晋整理）

教科文财务管理工作大事记

2 月 21 日 财政部批准同意我省农村信用社比照享受国家开发银行生源地信用助学贷款风险补偿政策，我省成为财政部对国家开发银行以外的地方金融机构助学贷款风险补偿给予补助的唯一省份。

3 月 省财政追加 3 亿元省创业(风险)投资引导基金。

3 月 22 日 省委、省政府召开全省加快推进文化强省建设大会,省委书记张宝顺、省长王三运出席会议并发表重要讲话,省委常委、宣传部长臧世凯主持会议,陈先森厅长出席会议并作讲话。

3 月 22 日 全国中小学校舍安全工程现场会在太原召开。副省长谢广祥代表省政府作经验介绍,省财政厅副厅长罗建国陪同参加会议。

3 月 23 日 全省人口和计划生育工作会议召开,省财政厅荣获 2010 年全省人口和计划生育管理工作先进单位。

3 月 24 日 省人大教科文卫委召开非物质文化遗产保护专题座谈会，省人大常委会副主任朱维芳到会听取汇报，省财政厅副厅长罗建国参加会议并作汇报。

3 月 25 日 省文化体制改革领导小组组织 8 个督查组，就全省国有文艺演出院团转企改制工作进行检查。省委常委、宣传部部长、省文化体制改革领导小组组长臧世凯率第一检查组对安徽演艺集团有限责任公司转企改制工作情况进行了调研，省财政厅副厅长罗建国陪同调研。

4 月 2 日 省财政厅副厅长罗建国在厅教科文处和省委宣传部文化事业发展处负责同志陪同下,赴省属文化产业集团开展中央文化产业发展专项资金绩效管理调研。

4 月 7 日 省财政厅印发《关于切实加强省直教科文部门预算执行管理工作的若干意见》。

4 月 8 日 省财政厅教科文处召开省直教科文部门财务管理暨第一季度预算执行分析会，省财政厅副厅长罗建国出席会议并讲话。

4 月 11 日 省文化厅、省财政厅联合召开全省美术馆、公共图书馆、文化馆(站)免费开放工作会议,省财政厅副厅长罗建国出席会议并讲话。

7 月 22 日 省财政厅教科文处召开省直教科文部门上半年预算执行分析会。

8 月 30 日 国家体育总局副局长冯建中莅临我省检查调研《全民健身条例》贯彻落实情况,并召开安徽、上海等 7 省市体育局长参加的座谈会,副省长谢广祥出席会议并作重要讲话，省财政厅副厅长王林建参加会议并作典型发言。

9月26日 省财政厅召开全省教育投入和管理工作会议,副厅长王林建出席会议并讲话。

12月26日 省财政厅荣获安徽省《全民科学素质行动计划纲要》实施工作先进集体荣誉称号。

12月26日 省财政厅教科文处荣获全省第三次全国文物普查先进集体。

（厅教科文处供稿 侯正华整理）

经济建设财务管理工作大事记

1月27日 省财政厅经建处召开“对口联系部门恳谈会”,厅党组副书记、副厅长王林建出席会议,省发改委、环保厅、国土资源厅、住建厅、交通厅、粮食局、供销社等20多个对口联系部门的分管领导和财务处长参加会议。

2月28日 合肥高新区国家“太阳能光伏发电集中应用示范区”揭牌暨一期项目建设启动仪式在合肥市政务中心举行。

3月17日 省财政厅副巡视员陈传文陪同副省长倪发科赴浙江考察新安江流域生态保护工作。

3月14~15日 省财政厅副巡视员李友兰率省政府节能目标考核第三考核组,赴阜阳市、亳州市,就“十一五”暨2010年节能目标责任工作进行现场评价考核。

4月20日 省财政下达产粮(油)大县中央奖励资金13.6亿元。

6月24日 省财政紧急下拨地质灾害应急补助资金2000万元。

6月29日 省财政厅会同省粮食局定向销售31万吨省级储备粮稳定市场价格。

7月9~10日 国家能源局、财政部、农业部在北京召开全国农村能源工作会议，我省霍山县、潜山县、休宁县、青阳县和肥东县5县被授予“国家绿色能源示范县”。

7月16日 省财政厅经建处在霍山县召开全省财政经建工作座谈会。

8月4日 省政府在马鞍山市召开全省保障性安居工程建设暨质量安全现场会，副省长倪发科出席会议并作重要讲话，省财政厅副巡视员陈传文作专题发言。

9月8~9日 省财政厅副巡视员陈传文率省节能工作检查组对铜陵、芜湖节能目标完成情况实施监督检查。

9月29日 省财政预拨2011年度第一批农村道路客运、城市公交和城市出租车三大行业的成品油价格改革财政补贴资金7.09亿元。

9月27~29日 省财政厅党组副书记、副厅长王林建率队赴滁州市来安县半塔镇、马鞍山市当涂县博望镇、芜湖市繁昌县孙村镇、宣城市泾县云岭镇开展扩权强镇督查工作。

10月28日 财政部、住房城乡建设部、国家发改委公布全国第一批七个镇作为绿色低碳重点小城镇试点,合肥市肥西三河镇入选第一批试点小城镇,成为中部六省唯一试点镇。

10月31日 省财政厅获财政部2010年度全国基建财务决算工作通报表彰。

（厅经建处供稿 贾振东整理）

社会保障财务管理工作大事记

1月6日 河北省财政厅副厅长高云霄带队来安徽调研基层医药卫生体制综合改革情况，省财政厅副厅长吴天宏陪同调研。

1月9~10日 省财政厅副厅长吴天宏率省基层医药卫生体制综合改革第四指导组,先后赴合肥市、滁州市、蚌埠市开展基层医药卫生体制综合改革督查调研。

1月11日 全省残疾人工作会议在合肥召开，省财政厅副厅长吴天宏参加会议并发言。

1月9~12日 部分市县财政部门医改政策研讨班在北京国家会计学院举办，财政部副部长王军出席并作重要讲话,安徽省财政厅作了专题交流讲解。

1月19日 安庆市境内发生4.8级地震,□省财政厅紧急下拨200万元支持安庆市开展震后救灾工作。

1月24日 省财政厅紧急下拨专项资金4.5亿元,确保城乡困难群众春节基本生活。

1月25日 省政府在合肥市召开全省人力资源和社会保障工作会议，省财政厅副厅长吴天宏出席会议并讲话。

1 月 26 日　省财政厅追加安庆市地震灾害救灾专项经费 1000 万元，用于解决受灾群众应急生活和受损房屋修缮。

2 月 4 日　省财政厅会同省人社厅下发《关于调整企业退休人员基本养老金的通知》，对 2010 年 12 月 31 日前已按规定办理退休手续的企业退休人员基本养老金标准进行了调整。

2 月 22~23 日　财政部、民政部在芜湖市召开城乡低保工作调研座谈会，财政部社保司、民政部社会救助司有关领导出席会议，省财政厅副厅长吴天宏参加了座谈会和调研活动。

3 月 9 日　省政府在北京与清华大学举办高层次人才洽谈会，省委书记张宝顺，省长王三运出席洽谈会并与清华大学签署战略合作协议，省财政厅厅长陈先森出席活动。

3 月 11 日　全省老工伤人员纳入工伤保险统筹管理工作视频会议在肥召开，省财政厅副厅长吴天宏出席会议并讲话。

3 月 16 日　省财政厅组织召开部分县公立医院改革试点工作座谈会，吴天宏副厅长出席会议并讲话。

3 月 18 日　省财政厅会同有关部门印发《关于建立社会保险基金预算执行分析报告制度的通知》。

3 月 19 日　省财政厅副厅长吴天宏率队赴安徽医学高等专科学校调研，实地考核学校建设和发展情况。

3 月 23 日　省政府召开全省就业工作会议，省财政厅厅长陈先森出席会议并发言。

3 月 25 日　省政府召开全省农民工工作会议，副省长黄海嵩出席会议并作重要讲话，省财政厅副厅长吴天宏出席会议。

3 月 30~31 日　全省财政社会保障工作会议在合肥市召开。省财政厅副厅长吴天宏出席会议并讲话。

4 月 8 日　人力资源和社会保障部召开 2011 年高校毕业生“三支一扶”工作电视电话会议，省财政厅副厅长吴天宏出席会议。

4 月 9 日　省人大常委会召开专题询问意见落实情况跟踪督办汇报会，听取我省关闭破产集体企业等退休人员参加职工医保问题，省财政厅副厅长吴天宏参会并作专题汇报。

4 月 20 日　省财政厅副厅长吴天宏应邀为河北省医改工作培训班讲课。

4 月 28 日　省财政厅会同有关部门出台《安徽省企业职工养老保险省级统筹责任分担办法》。

5 月 3 日　省财政厅会同有关部门印发《关于征缴养老保险省级统筹调剂金的通知》。

5 月 16 日　省财政厅会同有关部门研究制定了《安徽省职业技能培训补助资金使用管理暂行办法》。

5 月 16~17 日　江苏省财政厅副厅长黄晓平一行来我省马鞍山市考察医药卫生体制改革工作，省财政厅副厅长吴天宏陪同考察。

4 月 ~5 月　省财政厅对各市 2010 年度社会保险基金预算执行管理等情况进行了考核，并对全省基金预算管理先进单位进行评比和表彰。

5 月 22~24 日　财政部社保司副巡视员路英带领有关同志专程来我省调研社会保险基金预算管理暨信息化建设工作。

5 月 26 日　省人大常委会在合肥召开我省贯彻落实老年人权益保障法情况汇报会，省财政厅副厅长吴天宏参加了会议。

5 月 31 日　省财政厅会同有关部门研究制定了《安徽省就业技能培训机构实训设备补助资金使用管理实施细则》。

6 月 2 日　国务院召开全国普通高校毕业生就业工作电视电话会议，省财政厅副厅长吴天宏出席会议。

6 月 7 日　省财政厅会同有关部门印发《关于将 2010 年养老保险超预算保费收入纳入省级统筹特殊调剂的通知》，建立养老保险激励奖励制度。

6 月 7~9 日　省财政厅会同省卫生厅在合肥市举办了《医院财务制度》、《基层医疗卫生机构财务制度》、《医院会计制度》和《基层医疗卫生机构会计制度》等四项制度培训班，省财政厅副厅长吴天宏出席会议并讲话。

6 月 13 日　受财政部委托，财政部驻河南省财政监察专员办副巡视员李天永一行 13 人来皖就医改资金管理使用情况进行专项检查，省财政厅厅长陈先森专程看望了李天永一行，副厅长王林建出席见面会。

6 月 20 日　全国城镇居民社会养老保险试点工作部署暨新型农村社会养老保险试点经验交流会议在北京召开，省财政厅副厅长吴天宏参加会议。

6 月 29 日 省财政厅副厅长吴天宏在社保处《关于 2010 年全省就业专项资金绩效考评的报告》作出批示。

7 月 2 日 省双拥工委召开第 25 次会议，省委副书记孙金龙主持会议并讲话，省财政厅副厅长吴天宏参加会议。

7 月 21~22 日 财政部社保司副司长宋其超一行来皖调研医药卫生体制改革工作以及社保资金绩效考评试点工作，省财政厅厅长陈先森出席见面会，副厅长王林建陪同调研。

7 月 27 日 省财政厅会同有关部门印发《关于城镇个体工商户和灵活就业人员缴纳基本养老保险费问题的通知》。

7 月 28 日 省政府在芜湖市召开社区综合管理体制改革现场会，省财政厅副厅长吴天宏出席会议。

8 月 31 日 全省城乡居民社会养老保险试点工作会议在合肥召开，副省长黄海嵩出席会议并作重要讲话，省财政厅副厅长吴天宏参会并发言。

9 月 3 日 我省社会保险基金预决算工作获财政部评比一等奖。

9 月 3 日 全国社会保险基金管理培训在吉林举办，省财政厅有关人员参加培训，并就社保基金预算管理做典型发言。

9 月 5 日 省财政厅会同省人社厅制定实施城镇职工基本医疗保险市级统筹意见。

9 月 8~9 日 省委、省政府在肥召开全省巩固完善基层医药卫生体制综合改革工作会议，省财政厅厅长陈先森出席会议并发言。

9 月 13 日 省人大常委会召开跟踪督办会，跟踪督办我省关闭破产集体企业等退休人员参加职工医保进展情况，省财政厅副厅长吴天宏参加座谈会，并作专题汇报。

9 月 15 日 中国残联下发表彰决定，省财政厅社保处荣获“十一五全国残疾人康复工作先进集体”荣誉称号。

9 月 20 日 第四次全省残疾人事业会议在肥召开，副省长唐承沛、中残联主任张仪凤出席会议并作重要讲话，副厅长吴天宏参会并发言。

9 月 30 日 省政协召开“积极应对人口老龄化”政协界民情民智座谈会，省财政厅副厅长吴天宏参加会议。

10 月 18~19 日 省财政厅副厅长吴天宏率省医改第四指导组有关人员，再次赴合肥、蚌埠、滁州三市开展基层医药卫生体制综合改革巩固完善情况督查。

10 月 28 日 省财政厅会同有关部门印发了《关于加强“三支一扶”高校毕业生生活保障等有关事项的通知》。

11 月 17 日 全省社保基金预决算工作会议在肥召开。

12 月 5 日 省财政厅召开芜湖县等部分县财政部门推进县级公立医院改革工作座谈会，省财政厅副厅长吴天宏出席会议并讲话。

12 月 6~8 日 公安部党委委员、部长助理刘彦平率国务院农民工工作督察组来皖督查指导农民工工作，省财政厅副厅长吴天宏参加督察工作汇报会。

12 月 16 日 全省构建和谐劳动关系先进表彰大会在合肥市召开，省委副书记孙金龙出席会议并作重要讲话，吴天宏副厅长出席会议。

12 月 26 日 全省实施新型农村合作医疗基金住院费用支付总额预算管理工作视频会议在肥召开，省财政厅副厅长吴天宏出席会议并讲话。

12 月 30 日 省财政厅会同省人社厅出台《安徽省失业保险省级调剂金管理办法》。

（厅社保处供稿　吴昌好整理）

财政企业财务管理工作大事记

1 月 14 日 财政部下发《关于 2009 年 1 月—2010 年 12 月家电下乡补贴资金兑付情况通报》，我省累计补贴兑付率为 100%，高于全国平均水平 2 个百分点。剔除山东、青岛、河南、四川 4 个先期试点地区的不可比因素，我省实际补贴兑付率位居全国第一。省财政厅厅长陈先森对此作出批示。

1 月 19 日 《安徽日报》整版刊登了《安徽家电下乡全国领跑》的宣传文章。

1 月 24 日 安徽省工业调整振兴工作领导小组发文《关于通报表扬 2009—2010 年度全省非煤矿山调整振兴工作做出较好成绩单位的通知》，省财政厅获得殊荣。

2 月 23 日 省政府召开“家电下乡家电以旧换新监管年”活动电视电话会议，副省长花建慧出席会议并作重要讲话，省财政厅厅长陈先森、省商务厅副厅长陈晓玲分别对监管年活动做具体部署。

3月3日 省财政厅会同省商务厅在亳州组织召开“家电下乡家电以旧换新监管年活动”督查交流会。

3月24日 省政府下发《关于表彰2010年省推进与中央企业合作发展工作先进单位的通报》,省财政厅被授予省推进与中央企业合作发展工作组织奖。

4月8日 副省长花建慧主持召开全省外贸形势分析会,省财政厅副厅长左俊参加会议并就促进外贸平稳增长提出意见。

4月21日 国家家电下乡部际联席会议办公室在《家电下乡工作动态》上对我省“监管年”各项活动的部署开展情况进行了宣传。对此,副省长花建慧作出重要批示。

4月29日 省政府召开全省工业经济运行工作电视电话会议,副省长黄海嵩作重要讲话,副厅长左俊代表省财政厅作了发言。

5月5日 省政府在黄山市召开全省出口茶叶质量安全示范区建设(休宁)现场会。国家质检总局副局长蒲长城、副省长花建慧到会并作重要讲话,副厅长左俊出席会议并作发言。

5月15日 省劳动竞赛委员会、省总工会联合发文《关于表彰2010年度安徽省劳动竞赛先进集体、先进个人的决定》,省财政厅企业处刘志毅荣获“安徽省劳动竞赛先进个人”称号,并获得“安徽省五一劳动奖章”。

6月28日 省财政厅、商务厅在阜阳市召开皖北三市家电下乡(以旧换新)工作座谈会,省财政厅副厅长左俊和商务厅副厅长张光建出席会议并讲话。

6月29日 省财政厅副厅长左俊率企业处有关负责同志赴淮南市,就厂办大集体改革工作开展调研。

7月11～12日 全省外商投资企业会计报表会审分析暨大中型水库移民后期扶持资金管理工作座谈会在黄山市召开。

7月22日 财政部对我省2010年家电下乡、汽车摩托车下乡工作予以奖励,并下拨奖励资金1475万元。

7月21日 省政府召开上半年全省工业经济运行工作电视电话会议,副省长黄海嵩出席会议并作重要讲话。省财政厅副厅长左俊作会议发言。

7月25日 财政部、科技部印发《关于同意在合芜蚌自主创新综合试验区开展企业股权和分红激励试点有关问题的函》。

8月2～5日 全国厂办大集体改革暨财政企业政策培训班在辽宁省大连市举办,财政部部长助理刘红薇在会上作重要讲话。

8月19日 省财政厅研究课题《财政促进会展经济发展的研究与思考》得到省委常委、常务副省长詹夏来的充分肯定。

9月13日 财政部下发文件《关于2010年度全国企业财务会计决算工作情况的通报》,省财政厅荣获表彰。

9月14日 省推进皖粤经贸合作工作领导小组对2011年4月以来我省与广东省共同开展的皖粤经贸活动先进集体和先进个人进行通报表彰,省财政厅荣获“组织工作先进集体奖”,厅企业处经本良、李志斌获“合作发展组织工作先进个人”荣誉称号。

10月11日 财政部下发《关于2010年度外商投资企业决算工作情况的通报》,省财政厅荣获表彰。

10月12日 省商务厅向省财政厅发来感谢信,感谢我厅对第六届中国中部投资贸易博览会做出的突出贡献以及长期以来对商务事业的支持。

10月17日 省财政厅副厅长左俊陪同财政部企业司副巡视员段毅才赴芜湖奇瑞公司考察自主品牌汽车工业发展情况。

11月3日 省政府出台《合芜蚌自主创新综合试验区企业股权和分红激励试点工作指导意见》。

11月23日 全国家电下乡部际联席会议办公室对全国1～10月家电下乡产品销售及补贴情况进行通报,我省排名均位居第三。

11月26日 省委、省政府在合肥召开合芜蚌自主创新综合试验区建设推进暨重大政策试点启动大会,省委书记张宝顺出席会议,省长王三运作重要讲话,省财政厅厅长陈先森作大会发言。

11月26日 省财政厅、省科技厅和省委宣传部在合肥召开合芜蚌自主创新综合试验区企业股权和分红激励试点工作新闻发布会,省财政厅厅长陈先森在会上发布了试点工作情况。

11月28日 省财政厅在合肥召开合芜蚌自主创新综合试验区企业股权和分红激励试点工作培训会,省政府常务副省长詹夏来参会并作重要讲话。

(厅企业处供稿 关 勇整理)

金融财政监管和外国政府贷款管理工作大事记

1 月 20 日 省属地方财政金融工作联络会议在合肥召开。省财政厅副厅长左俊出席会议并讲话。

2 月 22~26 日 北欧投资银行东亚和中国区首席代表邵雪民先生来我省考察北欧投资银行项目。省财政厅副厅长左俊与邵雪民先生进行了会谈，并陪同考察了淮南有线广播电视、蚌埠第三人民医院和淮北广电中心 3 个项目。

2 月 25~26 日 全省外国政府贷款工作推进暨培训会议在六安市召开。财政部金融司副调研员周宁东到会指导，省财政厅副厅长左俊出席会议并讲话。

3 月 22~23 日 德国使馆商务参赞贝伦斯博士、KFW 银行北京代表处首席代表米德凯博士、庞小葵高级项目经理一行，对我省合肥市外国政府贷款项目进行考察。

7 月 22~23 日 全省财政金融工作暨培训会议在芜湖召开。财政部金融司处长韩斌、副处长阚晓西出席会议，省财政厅副厅长左俊出席会议并讲话。

7 月 省政府出台《安徽省人民政府办公厅关于发挥财政引导作用支持中小企业和“三农”发展的意见》，成为我省破解中小企业融资难题的一大亮点，受到广泛关注。

9 月 6 日 ~11 月 10 日 审计署南京特派办绩效审计组对我省淮南市环境污染综合治理项目进行绩效审计，该项目被评为良好等次。期间，省财政厅厅长陈先森与审计组一行进行了座谈交流。

10 月 17~20 日 日本国际协力机构中国事务所副所长广泽正行、所长助理高岛亚纱、项目官员王飞一行，对我省日元贷款项目的实施进展情况进行中间监理。省财政厅副厅长左俊及省教育厅、卫生厅、住房和城建厅、广电局等相关部门负责人出席座谈会。

11 月 11 日 全省财政系统小额担保贷款推进会议在合肥召开。省财政厅副厅长左俊出席会议并讲话。

11 月 30 日 省财政厅出台《安徽省融资性担保公司财务管理暂行办法》，成为全国首个规范融资性担保机构公司财务行为的制度。

12 月 5~8 日 全省融资性担保公司财务管理暂行办法培训会议分两期在淮南市和安庆市举行。

（厅金融处供稿 刘凌列整理）

国际金融组织及国家开发银行贷款工作大事记

1 月 27 日 财政部与安徽省人民政府正式签署关于世界银行贷款淮河流域重点平原洼地治理项目《转贷协议》。我省淮河流域重点平原洼地治理项目总投资约 16.4 亿元。

3 月 8~14 日 财政部国际司组团赴美国华盛顿世界银行总部就安徽航道整治项目进行贷款谈判，草签了《贷款协定》、《项目协定》及《谈判备忘录》。世界银行贷款安徽航道整治项目总投资为人民币 19.8 亿元，其中利用世行贷款 1 亿美元。

4 月 18 日 省林业厅、省财政厅在黄山市黄山区联合召开世界银行贷款林业综合发展项目启动会，省财政厅副厅长张广寿出席会议。

9 月 1 日 财政部与安徽省人民政府签订关于世界银行贷款“安徽航道整治项目”《转贷协议》。

9 月 20~22 日 省财政厅和省水利厅在淮南市联合举办世行贷款淮河流域重点平原洼地治理项目的财务管理及提款报账培训班。

11 月 14~17 日 世行贷款支付局局长英博尔一行来我省调研世行贷款支付效率和服务水平情况。

11 月 全球环境基金赠款黄山地区生物多样性保护与可持续利用项目经财政部和联合国粮农组织会签，并获得了全球环境基金董事会的批准，安排赠款 272 万美元。这是我省从该渠道获得的最大一笔赠款。

11 月 22~23 日 省财政厅在北京亚行代表处完成了 40 万美元亚行技术援助赠款支持农村发展的中部省份发展战略研究项目的咨询采购谈判工作，顺利地签署了咨询合同和备忘录。

12 月 安徽省综合交通基础设施项目被国家列入 2011—2013 年利用亚行贷款规划，拟利用亚行贷款 2 亿美元，主要用于皖江城市带承接产业转移示范区国道、省道改善和内河航道综合整治。

12 月 黄山新农村建设示范项目和宣城承接

东部地区产业转移基地基础设施示范项目被国家列入 2012—2014 财年利用世行贷款规划，分别利用世行贷款 1 亿美元和 1.5 亿美元。我省首次有两个项目同时被列入国家利用国际金融组织贷款规划。

12 月　省财政厅共计向世行、亚行提回贷款资金 1.61 亿美元，比上年同期增长 179%。

12 月　省财政厅共计归还财政部到期世行、亚行贷款本息折合人民币约 4.31 亿元，向项目市县和单位回收债务折合人民币 1.47 亿元。

12 月　财政部给予我省世行、亚行贷款利差减免奖励 154 万美元，折合人民币约 980 万元。

12 月　国家开发银行在与我省的两轮合作协议项下累计批准与用款单位签约省级政府信用贷款 401 亿元，发放贷款 334.5 亿元。

（厅国际债务管理处供稿　余　禹整理）

农村财政管理工作大事记

4 月 7 日　省财政厅在岳西县召开全省农村财政管理工作会议，省财政厅副厅长张广寿到会讲话。

4 月 ~5 月初，省财政厅组织 17 个市及部分县分成 8 个组，对申报规范化创建省级先进单位的乡镇财政所（分局）进行考评验收。142 个乡镇财政所（分局）获得省财政厅表彰奖励。

5 月 29 日 ~6 月 2 日　财政部检查组赴安徽，检查省级、金寨、岳西、休宁 3 个县及 6 个乡的乡镇财政资金监管工作情况，给予高度评价，安徽省总评分名列前五。

11 月 10 日　省级两税征管职能划转至省地税局，省本级耕地占用税由省地税局直属局负责征收。

（厅农村局供稿　姚　瑶整理）

会计管理工作大事记

1 月 10 日　全面启动全省会计人员信息采集和换证工作。

2~3 月　省财政厅会同有关部门开展全省会计资格考试安全保密工作检查。

3 月 28~29 日　省财政厅在合肥市和淮南市开展会计从业资格无纸化考试试点。

3~5 月　全省共有 229 家会计师事务所进行业务报备工作。

4 月 24~25 日　会计从业资格考试在全省 17 个考区同时举行，全省共有 15 万人报名参加考试，报名人数再创历史新高。实考 11.2 万人，出考率为 74.7%。经统计，全省合格率为 35.4%。

5 月 11 日　省会计专业技术资格考试领导小组办公室在合肥召开全省会计专业技术资格考试考务工作会议。

5 月 16~17 日　会计专业技术资格考试在全省 17 个考区同时举行，全省共有 7.2 万人报名，其中初级 5.5 万人，中级 1.7 万人，经统计，初级合格率为 22.4%；中级合格率为 12.7%。

5 月 20~25 日　省会计学会在上海财经大学举办全省企业中层以上财务会计人员继续教育培训班。

6 月 4~22 日　全省首批会计领军人才二期培训班在上海国家会计学院举办。

6 月 7 日　省财政厅印发《安徽省会计从业资格证书信息化调转暂行办法》。

6 月 29~ 30 日　全省会计从业资格证书信息化调转培训班在合肥市举办。

8 月 1 日　省财政厅印发《安徽省会计领军人才培养项目考核暂行办法》。

8 月 10 日　省财政厅印发《关于表彰全省先进会计工作者的通报》，授予 10 名同志“安徽省先进会计工作者”荣誉称号。

9 月 4 日　高级会计师考试在安徽大学考点如期举行，全省共有 988 人报名考试，出考率为 70.6%，合格率为 57.9%。会计领军人才考试在安徽大学考点同日举行。

10 月 12~31 日　会计从业资格无纸化考试（试点）在全省 17 个考区进行，全省共 1.7 万人报名，通过率达 28.7%。

11 月 15~16 日　全省会计管理工作会议在合肥召开，财政部会计司副司长欧阳宗书到会做专题报告，省财政厅副厅长左俊出席会议并讲话。

11 月 11~13 日　全省高级会计人才继续教育培训班在安徽大学举行。

12 月　省财政厅开展 2011 年度全省会计管理工作考核评比工作，共评选出一等奖 3 个，二等奖 4 个，三等奖 7 个。

12月16日　省财政厅在合肥市开展全省会计领军人才(第二期)选拔面试工作,省财政厅副厅长左俊担任面试主考官，财政部会计司相关领导莅临现场指导,择优录取20位全省第二批会计领军人才。

12月20日　省财政厅印发《安徽省会计改革与发展“十二五”规划实施意见》和《安徽省会计行业中长期人才发展规划(2011—2020年)》。

12月23~26日　省会计专业高级技术职务评审委员会在合肥市召开全省高级会计师任职资格评审会议。全省共有145人通过评审取得高级会计师任职资格。

(厅会计处供稿　牛　劲整理)

财政监督检查工作大事记

1月10~27日　省财政厅分别对马鞍山市等9个市(县、区)21家再生资源增值税退税企业和初审工作开展检查。

2月22~27日　省财政厅成立调查组,对举报人以实名制方式举报某县国家养殖业专项扶持资金的问题进行调查,并妥善处理善后事宜。

3月16日　省财政厅监督检查局召开全省会计师事务所执业质量检查培训会，各市财政监督检查局局长及抽调的协助检查人员参加培训。

3月20~22日　财政部监督检查局局长吴奇修一行来皖考察调研，并亲切看望厅监督检查局全体同志。

4月13~15日　省财政厅监督检查局在芜湖举办全省各市财政监督局长座谈会,17个市及部分县(区)监督检查局负责人参加。

5月10日　全省“小金库”治理工作电视电话会议在合肥召开。省委常委、省纪委书记、省治理“小金库”工作领导小组第一副组长王宾宜出席会议并作重要讲话,省财政厅党组副书记、副厅长王林建主持会议。

5月30~6月2日　省财政厅监督检查局在合肥举办了绩效评价培训班。部分市、县(区)财政监督干部和中介机构人员共60余人参加。

1~5月　省财政厅监督检查局完成相关企业2010年第四季度的增值税退税复审工作。

6月28日　省财政厅监督检查局召开全省会计信息质量检查业务培训会。

6月13~11月上旬，省财政厅组织成立6个绩效评价组,对大中型水库移民扶持、监狱布局调整资金、国家技术创新工程试点省专项资金、新农合补助资金、战略性新型产业发展引导资金和风险投资引导基金、皖江城市带承接产业转移示范区专项资金等6大类项目开展现场评价工作，并协助17个预算单位对19个财政项目实施自评。

6月22日　省财政厅监督检查局组织召开内部监督检查工作布置会,厅党组成员、纪检组长刘浩作讲话。

8月1~12日　省人大财经委和省财政厅联合组成《安徽省财政监督条例》立法调研组,由省人大财经委副主任、预算工委主任庄立权带队,赴新疆维吾尔自治区和甘肃省开展立法调研。

9月15~18日　财政部在辽宁省铁岭市召开全国财政监督工作会议。省财政厅党组成员、纪检组长刘浩率队参加会议，省财政厅监督检查局局长汪学越就我省会计监督工作作典型交流发言。

9月30日　我省召开贯彻落实全国防治“小金库”长效机制建设经验交流电视电话会议，省委常委、常务副省长、省治理“小金库”工作领导小组组长詹夏来作重要讲话,省财政厅党组书记、厅长陈先森主持会议。

3~10月　省财政厅监督检查局组织开展会计监督工作，全年全省共组织检查行政企事业单位580户,处理处罚117户,涉及违规金额约54亿元,查补税款4832.1万元;检查会计师事务所53户,处罚事务所5家，处罚注册会计师11名，并处罚款3.51万元、没收违法所得4.53万元。

11月28~30日　省财政厅监督检查局在淮南举办全省财政监督检查干部综合业务培训班，全省财政监督系统200多人参加培训。

(厅监督局供稿　汪永飞整理)

政府采购管理工作大事记

1月13~14日　财政部、加拿大外交和国际贸易部联合举办“中加政府采购研讨会”,省财政厅政府采购处负责同志参加会议。

2月　省财政厅选择黄山市开展电子化系统推

广应用试点，逐步探索适合市县实际的电子化政府采购系统建设模式。

2~4 月 省财政厅政府采购处有关同志先后赴黄山、马鞍山、六安等市，进行电子化政府采购系统建设调研。

3 月 24~25 日 省财政厅政府采购处举办政府采购业务培训班。

4 月 22 日 省财政厅政府采购处举办省级单位电子化政府采购系统应用培训班。

5 月 25~27 日 全国 GPA 谈判应对工作和政府采购工作会议在西安召开，省财政厅政府采购处负责同志参加会议。

6 月 7 日 省财政厅召开 GPA 研究工作组会议，及时传达全国会议精神。

6 月 《安徽省政府加入 GPA 初步出价清单》研究报告形成，首次向外提交本省加入 GPA 谈判应对研究成果。

9 月 26~29 日 省财政厅政府采购处组织全省 16 个市政府采购科（办）人员参加财政部干部教育中心与中国财经报社在北京举办的全国财政系统部分省份第一期政府采购新闻采写培训班。

10 月 25~26 日 中部地区政府采购协议（GPA）谈判工作联络组第七次会议在安徽省池州市召开，省财政厅党组副书记、副厅长王林建到会并讲话。

11 月 21~22 日 全省政府采购工作会议在合肥召开。省财政厅党组副书记、副厅长王林建到会并讲话。

12 月 9 日 市县电子化政府采购系统试点推广工作座谈会在合肥召开。

12 月 11 日 省财政厅政府采购处负责同志参加“中国政府采购高峰论坛 2011 年会”。

12 月 22 日 省财政厅印发《关于进一步推动电子化政府采购管理应用系统建设工作的通知》。

（厅采购处供稿 侯洪玮整理）

农村综合改革工作大事记

1 月 14 日 国务院农村综合改革工作小组办公室在京召开清理化解乡村垫交税费等其他公益性债务试点工作座谈会。11 省（市、区）综改办参加了会议，我省综改办负责同志参加会议并作经验交流发言。

1 月 27 日 省综改办下发《关于认真做好 2011 年一事一议财政奖补试点工作的通知》。

3 月 16 日 国务院综改办下发《关于 2010 年农村综合改革信息工作的通报》，我省信息工作获得三等奖。

3 月 17 日 国务院农村综合改革工作小组、财政部、农业部在京召开视频会议。省财政厅副厅长罗建国、省农委副主任许伟和省综改办、省农委、省林业厅、省建设厅相关处室负责同志参加会议。

3 月 23 日 省综改办、省财政厅下发《关于开展村级组织运转经费落实情况专项检查的通知》。

3 月 29 日 省综改办下发《关于印发省农村综合改革领导小组办公室 2011 年工作要点的通知》。

4 月 1 日 省农村综合改革领导小组召开全省村级公益事业建设一事一议财政奖补工作视频会议。省委常委、副省长、省农村综合改革领导小组副组长兼办公室主任赵树丛出席并作重要讲话，省政府副秘书长程中才、省财政厅厅长陈先森、省农委副主任许伟出席会议，省财政厅副厅长罗建国主持会议。

4 月 20 日 省综改办下发《关于加强村级公益设施管护的意见》。

4 月 28 日 国务院综改办在合肥召开部分省份清理化解公益性乡村债务工作座谈会，国务院综改办主任王卫星、副主任丁国光和内蒙古等 18 个省（区）综改办负责同志参加会议。省财政厅厅长陈先森、副厅长张广寿和厅预算处、综改处负责同志参加会议。

6 月 20 日 省综改办下发《关于开展一事一议财政奖补工作检查的通知》。

7~8 月 省综改办在全省范围内组织开展一事一议财政奖补工作大检查。

8 月 9 日 省综改办下发《关于开展村级组织运转经费落实情况省级重点检查的通知》，由厅监督局和会计事务所对太和县、桐城市、天长市、宣州区、长丰县、芜湖县等 6 个县（市、区）村级组织运转经费进行重点检查。

9 月 25 日 国务院综改办在北京召开部分省一事一议财政奖补工作座谈会。

9 月 29 日 省综改办下发《关于印发安徽省 2011 年度村级公益事业建设一事一议财政奖补工作考核办法的通知》。

10月12~14日 由国务院综改办副主任黄维健带队、中农办、农业部、发改委等部门组成的国家联合调研组，对我省一事一议财政奖补工作情况进行深入调研，省财政厅副厅长张广寿和省综改办有关负责同志陪同调研。

11月2日 省综改办将村级组织运转经费保障机制检查情况专题向省委、省政府汇报。省委书记张宝顺、常务副省长詹夏来分别在报告上作重要批示。

11月30日~12月2日 国务院农村综合改革办公室二处王春播处长一行赴我省休宁县、普济圩农场调研指导农村综合改革工作。

12月7日 省综改办在合肥召开村级公益事业建设一事一议财政奖补工作座谈会。

12月中下旬 省综改办对各市2011年度一事一议财政奖补工作进行全面考核。

（厅综改处供稿 杨作华整理）

全省民生工程工作大事记

1月11日 省政府印发《安徽省人民政府关于2011年实施33项民生工程的通知》。

1月25日 省委书记张宝顺在省民生办报送的《全省33项民生工程实施工作总结》上作重要批示。

1月27日 省财政厅出台《关于2011年民生工程资金筹措有关问题的通知》。

2月10日 省长王三运主持召开省政府第70次常务会议，研究了2010年全省民生工程任务完成和考核情况。

2月12日 省民生工程协调小组召开2011年第一次会议，审议讨论了《2011年全省民生工程工作要点》、《2011年度民生工程实施情况考核办法》等事项。

2月17日 省民生办出台《2011年全省民生工程工作要点》。

2月21日 省民生办印发《2011年33民生工程实施办法》。

2月24日 省政府召开全省实施民生工程工作会议，省委书记张宝顺、省长王三运出席会议并发表重要讲话。

3月4日 省民生办分别召开省财政厅民生工程工作办公室主任会议和民生工程省直联络员会议，省协调小组办公室副主任、省财政厅副厅长王林建参会并讲话。

3月22日 省民生工程协调小组办公室、省委宣传部印发《关于进一步加强民生工程宣传报道的通知》，对全省民生工程宣传月活动进行全面部署。

3月28日 省民生办召开全省民生工程工作座谈会，王林建副厅长参会并讲话。

4月1日~30日 省民生办组织开展全省民生工程宣传月活动，在《安徽新闻联播》、《安徽日报》分别开设专栏，印发《安徽财会》民生工程专刊，编印《民生工程政策80问》等。

4月6日 省纪委、省监察厅、省纠风办、省文行办和省电台联合举办《政风行风热线》，省财政厅进行主题为“深入推进民生工程实施”现场直播。省协调小组办公室主任、省财政厅厅长陈先森现场介绍了当前全省民生工作及相关政策规定。

4月 省财政厅会同省直相关部门研究出台工程类项目后期管护的指导性意见。

4月下旬~5月下旬 省财政厅组织开展全省“贴民情、听民意、惠民生——万名财政干部大走访”活动。

4月26日 省委书记张宝顺在《民生工程简报》上对万名财政干部大走访活动作出重要批示。

4月29日 省委常委、常务副省长詹夏来在省财政厅调研并作重要指示。

5月12日 省委常委、常务副省长詹夏来在省民生工程协调小组办公室《关于民生工程“十二五”规划编制工作情况的汇报》上作重要批示。

4月~6月 省民生办结合未来五年财力增长情况，研究编制《安徽省民生工程“十二五”规划》，分别召开了各市财政局(民生办)、12个县(区)政府负责同志、省人大代表和政协委员、专家学者和省直单位5个规划论证会。

6月29日 省长王三运在万名财政干部大走访总结上作重要批示。

6月30日 常务副省长詹夏来作重要批示，充分肯定“万名财政干部大走访”活动。

8月4日 省委常委、常务副省长詹夏来主持召开省民生工程协调小组会议，听取省民生办有关工作情况汇报，审议讨论《安徽省民生工程“十二五”规划》、《2011年度民生工程实施情况考核办法》等事项。

8 月 10 日　省民生办印发《关于健全完善民生工程基础数据库的通知》。

8 月 17 日　省长王三运主持召开省政府第 82 次常务会议，原则通过《安徽省民生工程“十二五”规划》。

8 月下旬 ~9 月上旬　省民生办组织开展全省民生工程巡视评估活动，由省人大常委会朱维芳、郭万清副主任，省政协郑牧民、李宏塔、赵韩、李卫华副主席带队，省财政厅 6 位厅领导分别陪同，对各地 20 个民生工程项目进行重点检查。

9 月 1 日　省政府办公厅印发《安徽省 2011 年度民生工程考核办法》。

9 月 5 日　省政府出台《安徽省民生工程“十二五”规划》。

9 月 30 日　省委书记张宝顺在省民生办报送的《省人大代表、省政协委员民生工程巡视评估活动总结》上作重要批示。

10 月 21 日　省民生办召开 2012 年民生工程项目选择座谈会。

10 月 23 日　省委常委、常务副省长詹夏来在省民生工程协调小组报送的《省人大代表、省政协委员民生工程巡视评估活动总结》报告上作重要批示。

11 月 4 日　省民生办召开全省民生工程调度会议，省财政厅副厅长王林建参会并讲话。

11 月 14 日　省委常委、常务副省长詹夏来主持召开省民生工程协调小组会议。

12 月　经省政府常务会议和省委常委会研究决定，2012 年，我省在 2011 年 33 项民生工程的基础上，退出 3 项，新增 3 项，仍然实施 33 项民生工程。

12 月 20~31 日　省民生办组织 8 个考核组开展财政牵头的民生工程和居民收入倍增规划考核。

12 月 31 日　省委副书记、代省长李斌听取有关民生工程和收入倍增工作的专题汇报。

（省民生办供稿　孟　骞整理）

离退休干部管理工作大事记

1 月　省财政厅组织人员慰问老干部及遗属。

1 月　省财政厅组织离退休干部代表参加新春联欢会演出。

1 月　省财政厅组织离退休干部迎新春招待会，厅领导及相关处室负责人出席。

2 月下旬　省财政厅组织老干部开展麻将比赛活动。

3 月中旬　省财政厅组织离退休干部到池州参加全省财政系统第八届麻将赛活动。

3 月 22 日　省财政厅组织离退休女干部“三八”妇女节外出参观考察。

4 月下旬　省财政厅组织离退休厅级老干部到本省部分县区进行考察。

5 月上旬　省财政厅组织厅老干部钓鱼爱好者到户外钓鱼活动。

6 月　省财政厅组织厅门球协会与太湖协会交流学习活动。

7 月上旬　省财政厅组织人员上门为 80 岁的党员老干部祝寿。

9 月下旬　省财政厅组织老干部参加在淮北举行的全省财政系统第九届麻将比赛。

10 月　省财政厅组织人员上门为 80 岁非党员老干部祝寿。

10 月中旬　第 33 届老干部麻将赛在省直第二活动中心举行，省财政厅组织部分离退休干部参加比赛。

10 月下旬　省财政厅组织退休干部到凤阳小岗村参观考察。

11 月上旬　省财政厅组织离退休厅级干部到本省部分县区参观考察。

12 月上旬　财税审 16 届老干部麻将赛在审计厅开展，省财政厅组织部分离退休干部参加。

（厅离退休处供稿　王亚栋整理）

农业综合开发工作大事记

4 月 27~28 日　全省农业综合开发工作会议在六安市召开。张广寿副厅长出席会议并讲话。

5 月 5~7 日　省政协郑牧民副主席带领部分省政协委员，先后考察了合肥滨湖、芜湖大浦、黄山耿城、巢湖郭河现代农业综合开发示范区，张广寿副厅长陪同考察。7 日下午，考察团在庐江县召开座谈会，陈先森厅长参加了座谈会。

5 月 24 日　省财政厅副厅长张广寿在省农发

局、农业处负责同志陪同下，到肥东县八斗镇开展“大走访”活动，调研农业综合开发项目建设和民生工程情况，走访农户。

7月19~23日 国家农发办王建国主任、周可副主任率有关处负责同志来我省调研，调研组先后考察了六安木南、芜湖大浦、黄山耿城、巢湖郭河现代农业综合开发示范区，陈先森厅长、张广寿副厅长参加了调研。

10月12~11月5日 国家农发办综合检查组对我省实施的2010年国家农业综合开发项目进行了全面检查。

（省农发局供稿 陈 杰整理）

非税收入征管工作大事记

1月17~18日 省非税局在合肥召开全省非税收入征收管理座谈会。省财政厅副巡视员、省非税局局长李友兰出席会议并讲话。

1月25日 省非税局组织召开省级非税收入银行代收工作座谈会。

1月 省非税局对非税收入管理信息系统数据库中的1208个省级执收单位2501个纳入专户管理非税收入项目逐一审核，应纳入预算管理的全部纳入预算管理。

2月21日 省非税局印发《省非税局开展服务发展年活动实施方案》，正式启动服务发展年活动。

2月28日 省非税局、省交警总队在合肥联合召开会议，正式启动合肥、马鞍山两市道路交通违法行为处理罚缴试点工作。

3月1日 省非税局启动对12个省直部门46家执收单位的2010年度非税收入征收管理情况专项检查，共检查补缴非税收入4600多万元。

3月10日 省非税局被省直机关工委、省文明委评为“2008—2010年度省直机关文明单位”。

3月 《安徽政府非税收入管理改革实践与探索》在经济科学出版社公开出版发行。

4月1日 省非税局联合省公路运输管理局印发《关于营运驾驶员考试收缴工作有关事项的通知》，委托省公路运输管理局在全省17个市级收费点安装POS机，所收取的考试费一律缴入省级政府非税收入汇缴结算户。

4月8日 省非税局参加财政部非税收入收缴电子化管理业务需求论证会并作交流发言。

4月13~15日 省非税局在池州市召开一季度全省非税收入收缴执行情况分析会。

5月17~19日 福建省财政厅非税处一行来我省考察非税收入管理改革工作。

6月9日 省财政厅副巡视员、省非税局局长李友兰带领省非税局有关同志，赴合肥市交警支队调研公安交警罚款收入收缴管理改革试点工作。

6月21日 省非税局召开省直考试类收费网上收缴管理座谈会，省人事考试院、省教育考试院、省注协和厅会计处等单位的负责同志参加会议。

7月12~13日 省非税局召开上半年全省非税收入收缴执行情况分析会。

7月21日 省非税局印发《关于开展非税收入征管课题调研的通知》。

9月6日 省财政厅、省公安厅联合召开全省道路交通违法行为处理罚缴工作视频会议，动员和布置全省公安交警罚款收入收缴管理工作。

9月22日~10月9日，省非税局对2012年省级各部门非税收入预算建议数进行全面审核，并提出审核修改意见。

10月 《安徽省省级政府非税收入收缴委托代理协议书》修改完成。

10月10~11日 省财政厅副巡视员、省非税局局长李友兰带领省非税局有关人员，分赴省级非税收入代理银行工行安徽省分行、徽商银行总行，就省级非税收入代收工作及委托代理协议书续签事宜进行座谈。

10月14日 省非税局在蚌埠市召开前三季度全省非税收入收缴执行情况分析会。

10月17~20日 省非税局在合肥举办省级政府非税收入票据管理及信息系统操作培训班。

10月20日 省非税局印发《安徽省省级政府非税收入检查工作规程》。

10月25日 省非税局组织召开非税收入待查资金清理协调会，部分执收单位和代理银行非税业务负责人和经办人员参加会议。

11月16日 省非税局有关人员参加财政部组织的全国非税收入收缴管理培训班并作交流发言。

11月《安徽省非税收入统计手册(2006—2010年)》编印完毕。

12月13日 省非税局研究制定《安徽省省级政府非税收入资金划解规程》。

12月31日 省级非税收入共完成165.7亿元，为全年预算的162.9%。

（省非税局供稿整理）

国库集中支付工作大事记

1月 省级国库集中支付正式启用改版的财政授权支付汇总清算凭证。

1月 支付中心就加强省级预算单位相关支付账户使用和管理等问题向预算单位和代理银行发出通知，对省级预算单位600余个代发工资账户重新核对确认。

1月29日 财政部国库司监督检查处副处长袁庆海一行到支付中心，调研指导省级国库集中支付动态监控系统建设工作。

4月1日 辽宁省财政厅国库处（支付中心）考察组到支付中心，专题考察省级国库集中支付动态监控系统建设工作。

4月 支付中心参加财政部国库司在北京组织召开的预算执行动态监控体系建设座谈会，并作经验交流发言。

4月8日 支付中心与人民银行国库处召开工作交流会，就改进资金支付清算数据传递方式、推进电子对账、优化非部门预算资金支付数据维护流程等内容进行座谈。

5月4日 支付中心与省级国库集中支付代理银行省农业银行就加强和改进代理银行在预算单位零余额账户管理、直接支付业务办理及基层银行网点管理等工作进行专题会商。

5月19日 支付中心组织召开"服务发展、提升效能，深化省级国库集中支付改革"座谈会，省财政厅副巡视员陈传文出席会议并做总结讲话。

6月《安徽省财政厅财政专户管理办法》修订执行，支付中心自7月起开始承担了财政专户的支付凭证核对打印、补录收付款数据、会计核算和对账等集中收付管理工作。

7月 支付中心组成"国库资金管理团"访问了加拿大、美国部分州、市，学习两国州（省）、市级国库集中支付管理经验。

7月19日 北京市财政局及所属四区一县财政局国库处（支付中心）一行12人来省财政厅支付中心考察省级国库集中支付动态监控系统建设工作。

10月 支付中心组织召开财政专户集中支付管理工作专题会议。

11月 省财政厅支付中心班子成员分别带队赴省经信委、淮南市海事局、巢湖监狱等单位走访调研。

12月 省财政厅支付中心与工商银行共同研发的"授权支付财银直联系统"完成研发推广使用。

12月 省财政厅支付中心荣获2011年"省文明窗口"。

（厅国库支付中心供稿 汪新平整理）

政府采购执行工作大事记

1月10日 在第六届全国政府采购集采年会上，采购中心被评为首届全国十佳集中采购机构；政府采购中心组织实施的"安徽省家电以旧换新销售（回收）入围企业采购项目"被评为2010年度全国政府采购精品项目。

1月11日 省直机关工委下发《关于表彰2008—2010年度省直机关文明单位的通报》，省政府采购中心被评为省直机关文明单位，连续四次获此殊荣。

2月8日，政府采购中心先后组织到省审计厅、武警系统、地税系统等50余家采购单位开展上门服务。

2月10日 省财政厅副厅长左俊、商务厅副厅长张光建看望慰问"安徽省家电以旧换新销售（回收）入围企业（第二批）采购项目"评标小组成员。

2月25日 省政府采购中心中层以上干部到江苏省政府采购中心考察学习。

3月10日 广州市政府采购中心主任林志斌、广州市财政局政府采购监管处处长刘志广等一行19人到省财政厅考察调研政府采购工作。

4月17日 政府采购中心组织实施的安徽旅游展区特装搭建项目在2011中国（西安）国内旅游交易会上荣获"最佳组织奖"和"最佳展台奖"两项大奖。

4月27日 省财政厅副厅长左俊主持召开中国人民银行集中采购中心来皖业务调研座谈会，接待中国人民银行集中采购中心主任陈建华、中国人民银行合肥中心支行副行长单凯一行。

4月27日 在第五届全国政府采购家具年会上，省政府采购中心副主任管立新撰写的论文获优秀论文一等奖。省政府采购中心推荐的“安徽省直机关事务管理局省政务大厦家具采购项目”荣获“家具精品项目奖”。

5月初 北京市政府采购中心主任许大卫,深圳市政府采购中心副主任刘丽分别率队来皖调研政府采购工作。

5月11日 政府采购中心被批准列为参照公务员管理单位。

5月26日 2011年全国政府采购工作会议在西安召开，省政府采购中心连续第三次在全国政府采购工作会议上做典型发言。

6月8日 省委第一巡视组潘成国一行来省政府采购中心视察指导工作。

6月9日 省政府采购中心主任姜毅出席第三届全国政府采购信息交流会并讲话。

6月21日 省政府采购中心主任姜毅应邀参加山东省政府采购中心主办的全国政府采购中心主任座谈会。

6月29日 省直机关工委举行庆祝建党90周年暨“一先两优”表彰大会,省政府采购中心党支部被授予省直机关“先进基层党组织”荣誉称号。

6月 政府采购中心管立新、周启安在“创先争优”活动中被评为厅机关“优秀共产党员”。

7月7日 省政府采购中心高效实施“全省人防指挥通信系统服务外包项目”，该项目荣获2011年度全国政府采购精品项目。

7月20日 省直工委副书记钱桂仑率省直效能建设督查调研组一行在厅党组成员、纪检组长刘浩的陪同下来省政府采购中心走访督查。

8月11日 天津市政府采购办副主任栗庆林、天津市政府采购中心主任陈燕平等一行8人来皖调研政府集中采购工作。

8月15日 武警部队后勤部军需物资部副部长陈以跃、省武警总队后勤部部长刘长涛等一行8人来省政府采购中心调研。

8月17日 海口市财政局副局长陈琼瑶率电子化政府采购业务调研组一行8人来政府采购中心考察政府采购电子化平台建设和应用工作。

8月23日 省财政厅副厅长陈军出席2011年中央和省级政法转移支付资金装备采购项目开标。

9月5日 省采购中心举办电子化政府采购系统应用培训会。

10月10日 省委创先办来省政府采购中心督查窗口单位“为民服务创先争优”工作。

10月13日 省纪委常委、监察厅副厅长刘苹来中心检查指导工作。

10月27日 中心荣获2010年度中国政府采购年鉴编纂“最佳供稿奖”,财政部政府采购办主任王瑛为省政府采购中心颁奖。

11月2日 省委创先办再次莅临省政府采购中心检查指导工作。

11月24日 省财政厅副厅长吴天宏出席“安徽省卫生厅2011年中医能力建设设备采购项目”开标会并作讲话。

11月25日 省直单位2012—2013年公务车辆定点加油采购项目合同正式签订，这是省级公务用车定点加油首次实行政府采购。

12月2日 省采购中心主任姜毅应邀参加中央国家机关政府采购中心组织召开的全国部分省(市、区)采购中心主任座谈会,并作主题发言。

12月11日 中国政府采购报社在上海举办政府采购与公共服务高峰论坛，财政部国库司副司长周成跃出席会议并讲话。省政府采购中心“全省小麦优势产区良种补贴采购项目”被评为“政府采购十佳公共服务经典案例”首位。

12月14日 省政府采购中心主任姜毅应邀参加由《中国政府采购》杂志社主办的2012中国政府采购年会暨“批量采购”主题研讨会。

（省政府采购中心供稿　李成名整理）

财政科研工作大事记

3月1日 完成2010年度各市县财政科研课题的评审工作。

3月16~17日 全国财政科研工作会议在广西南宁召开,省财政厅副厅长左俊参会并作交流发言。

3月20日 全省财政科研暨《安徽财会》宣传工作会议在巢湖市召开，省财政厅副厅长左俊到会并讲话。

4 月《安徽省出价清单》课题完成，经省政府同意，报送财政部。

8 月 5 日 财政部科研协作课题《十二五期间促进中国农业现代化的财税政策研究》第一次协作会议在河北秦皇岛召开，省财政科学研究所有关同志参加会议。

9 月 27 日 河南省财政科研所来皖考察直管县财政体制和集中财力办大事有关情况。

9 月 28 日 《关于我省政法装备采购与服务经济发展情况的调研报告》得到常务副省长詹夏来重要批示。

10 月 14 日 财政部科研协作课题《十二五期间促进中国农业现代化的财税政策研究》第二次协作会议在黄山召开，省财政厅副厅长左俊出席会议并讲话。

11 月 7 日 全省财政科研工作座谈会在滁州召开。

11 月 22~23 日 省财政科学研究所组织厅国际债务处的亚行技援项目的协调与管理工作，赴北京与一昊管理咨询公司和亚洲开发银行驻中国办事处进行三方会谈，并共同签署了项目咨询合同。

12 月《安徽财会》座谈务虚会召开。

12 月 省财政科学研究所荣获 2011 年度财政部科研所"财经科研成果宣传一等奖"、中国财政杂志社"宣传工作先进集体"、经济科学出版社"宣传发行工作先进单位"称号。

12 月 荣获"省地方志系统先进单位"称号。

12 月 省财政学会被省民间组织管理局评为全省"百优社会组织"，被省社科界评为省"先进学会"。

（省财科所供稿 刘 兴整理）

注册会计师和资产评估行业管理工作大事记

1 月 20 日 省财政厅厅长陈先森就行业党建做出批示。

1 月 23 日 举办 2011 年度注册会计师、资产评估行业新春联欢会。

2 月 22 日 中国注册会计师行业党委常务副书记、中注协副会长兼秘书长陈毓圭出席全省注册会计师行业创先争优活动点评交流暨工作布置会议。

4 月 6 日 完成 2011 年度注册会计师任职资格检查和 2010 年度资产评估师年检工作。

5 月 3 日 召开安徽省资产评估行业发展座谈会。

5 月 6 日 评选出全省 A 级会计师事务所 20 家、资产评估机构 10 家；B 级会计师事务所 30 家、资产评估机构 20 家。

5 月 20 日 财政部党组成员、副部长王军批示肯定我省会计师事务所分级分类管理。

5 月 23 日 省委常委、组织部长段敦厚对我省行业党建工作作出批示，并要求省创先办推广。

5 月 11 日 中国资产评估协会中东部地区资产评估协会会长会议在安徽召开，中央纪委委员、中评协会长贺邦靖出席会议。

6 月 26 日 省行业党委表彰了 9 家先进市注册会计师行业党组织、17 家先进会计师事务所党支部和 19 名优秀个人。

6 月 27 日 省注册会计师行业党委荣获"全国先进注册会计师行业党组织"称号。

7 月 14 日 省注协与厅干部教育中心联合发文，举办全省主任会计师培训班，将会计师事务所主任会计师、资产评估机构负责人的继续教育纳入全省财政干部培训系统。

8 月 2 日 发布《安徽省注册会计师行业发展规划（2011—2015）》和《安徽省资产评估行业发展规划（2011—2015）》。

8 月 10~11 日 中组部、中国注册会计师行业党委"注册会计师行业系统党建调研组"来皖调研行业党建工作。

8 月 6~19 日 开展全省 2011 年度会计师事务所和资产评估机构执业质量检查。

9 月 2 日 省委常委、组织部长王炯批示充分肯定我省注册会计师行业创先争优活动和党建工作。

9 月 3 日 注册资产评估师全国统一考试开考，省人社厅副厅长陈运才巡视，杨春秘书长陪同巡视。

9 月 17 日 省财政厅厅长陈先森巡视注册会计师全国统一考试（专业阶段）合肥考区，省财政厅考委会领导陈传文、杨春、李朝友等陪同巡视。

11 月 24~25 日 成功举办注册会计师、资产评估行业第三届"诚信杯"羽毛球比赛。

12 月 开展会计师事务所、资产评估机构"大走访"活动。

（省注协供稿 王克法整理）

各市财政工作大事记

合肥市财政工作大事记

1月3日 全市财税金融工作座谈会召开,省委常委、市委书记孙金龙,市委副书记、市长吴存荣,市委常委、秘书长安列,市政府秘书长孔向阳等出席会议。

2月11~14日 全市财政系统干部职工集中开展“春训”活动。

3月8日 合肥市财政局国库处被授予全国“巾帼文明岗”荣誉称号。

3月9日 市本级政府性资金存放商业银行改革工作布置会召开。

3月23日 全市实施民生工程工作会议召开。市委副书记、市长吴存荣,市委常委、常务副市长魏晓明,市人大常委会副主任谢刚,副市长卢仕仁,市政协副主席郭本道等出席会议。

3月31日 市财政局召开2010年度局领导班子及成员年度考核述职述廉测评会。

4月14日 财政部党组成员、部长助理刘红薇在财政部干教中心主任苑广睿和省财政厅副厅长陈军等陪同下,莅临合肥市财政局调研干部教育培训工作。

5月4~10日 全市财政系统干部能力提升高级研修班在清华大学举办,各县区财政局班子成员和市局机关中层干部48人参加培训。

5月5日 省政协党组副书记、副主席郑牧民率省政协考察团实地考察滨湖现代农业综合开发示范区。

6月18日 首期合肥财政大讲堂开办,市财政局党组书记、局长凌明作动员讲话。

7月27日 省纪委常委、省“阳光村务工程”建设检查验收组组长樊勇率省验收组莅临合肥市财政局检查指导农村集体“三资”管理软件推广应用及市级平台监控情况

8月23~24日 省政协党组副书记、副主席郑牧民率省政协委员民生工程巡视评估组来肥,考察民生工程实施工作。

8月24日 合肥市财政局巢湖区划调整移交工作领导小组组长凌明、副组长程林带领各工作组赶赴原地级巢湖市财政局,开展区划调整移交工作。

10月13日 国家农业综合开发综合检查组一行5人来合肥市检查2010年度农业综合开发项目完成情况,副市长孙斌陪同。

10月13~14日 省财政厅副巡视员陈传文一行到合肥市督查指导2011年度财政工作。

12月13日 市委常委、常务副市长魏晓明,副市长孙斌,市政府副秘书长王林宪一行来合肥市财政局调研全市投融资工作。

12月19日 市投融资办牵头召开市投融资工作座谈会,专题讨论市级五家融资平台退出工作。

12月20日 合肥市财政局荣获第三届“全国文明单位”荣誉称号。

(合肥市财政局供稿 刘 畅整理)

淮北市财政工作大事记

1月 相山区渠沟镇现代农业综合开发示范区被省财政厅列为全省第二批18个示范区之一。

2月24日 市财政局组织召开全市“家电下乡

防治骗补检查突击月”活动动员大会。

3月28日 全市财税金融工作会议召开。

3月 市财政局获2010年全省契税、耕地占用税征管工作先进单位称号，陈华等5人获先进个人称号。

3月 市国库支付中心顺利完成全市公务员津补贴改革及事业单位绩效工资兑现工作。

5月 市财政局农业科获全省农业财政综合考评三等奖。

5月 出台《淮北市农业产业化项目“先建后补”暂行办法》。

5月 省财政厅创建规范化乡镇财政所检查组对淮北市创建工作检查验收，临涣镇财政所、古饶镇财政所、朔里镇财政所荣获2010年度创建规范化财政所省级先进单位。

6月24日 市财政局组织参加全省财政系统庆祝中国共产党成立90周年文艺演出，荣获最佳组织奖。

6月29日 市委副书记、市长牛弩韬到市财政局调研指导工作。

7月 市国库支付中心对市直所有预算单位现金使用情况进行调研。

8月2日 市农险办在全市范围内开展养殖业“保险+防疫+信贷”试点工作。

8月9日 市财政局组织召开全市2012年市本级部门预算编制工作会议，安排部署2012年市直部门预算编制工作。

8月25日 市委书记、市人大常委会主任毕美家，市委常委、常务副市长叶露中到市财政局调研指导工作。

9月25~28日 全省财政系统老干部麻将比赛在淮北市举行。

9月 市财政局被市委、市政府评为2011年度抗旱先进集体。

10月20日 省财政厅副厅长陈军一行到淮北市督查指导2011年度财政工作。

10月 市财政局荣获第九届“安徽省文明单位”称号。

11月 省财政厅考核组对我市2010—2011年财政补贴农民资金管理和“一卡通”打卡发放工作检查考核，淮北市、濉溪县双双荣获考核一等奖。

12月20~1日 省财政厅纪检组长刘浩一行到淮北市督查民生工程和倍增规划工作进展情况。

12月 省财政厅副厅长陈军一行到淮北市督查公务用车问题专项治理工作。

12月 全省农业综合开发项目建设推进会在淮北召开。

12月 中央电视台新闻联播《2011：防民生 观经济》栏目，专题播出“淮北百善现代农业示范区，建设高标准农田、实现社会化服务和科技化支撑，保证粮食稳产高产”。省财政厅向淮北市委、市政府发来贺信，对百善示范区取得的优异成绩表示热烈祝贺。

12月 淮北市农业综合开发资金决算、项目统计、宣传报道均获全省一等奖。

12月 市财政局被中央文明委评为第三批“全国文明单位”。

（淮北市财政局供稿 乔 林整理）

亳州市财政工作大事记

1月6日 市委宣传部、市民生办联合举行民生工程工作新闻发布会。

1月10日 受市政府委托市财政局向市三届人大第一次会议提交《关于亳州市2010年预算执行情况和2011年预算草案的报告》。会议批准了市本级预算。

1月16日 市政府下发《关于对市财政局进行表彰的通报》，对市财政局予以通报表彰。

2月10日 市委书记、市人大常委会主任方春明看望慰问全局干部职工，充分肯定财政工作的成绩，并对财政工作提出新要求。

3月1日 市财政局印发《亳州市财政局内部监督检查五项制度的通知》。

3月2日 市财政局、市人社局、市地税局联合印发《亳州市社会保险基金预算考核实施细则的通知》。

3月10日 市财政局印发《关于在全市财政系统开展服务发展年活动的实施意见》。

3月12日 市综改办印发《亳州市村级公益事业建设一事一议财政奖补试点工作各项管理制度的通知》。

3月15日 市政府下发《亳州市人民政府关于实施2010年民生工程的通知》。

3月16日 市财政局、市人社局联合印发《亳州市失业保险市级统筹调剂金使用管理办法的通知》。

4月6日 市政府召开全市民生工程暨财政工作会议，市委副书记、市长沈强参加会议并讲话。市委常委、常务副市长汪一光主持会议并代表市政府与各县区政府、市直相关部门负责人签订2011年民生工程目标任务责任书。市人大常委会副主任屈文进，市政协副主席龚艳玲，市政府秘书长侯化参加会议。市政府表彰了2010年度全市民生工程实施工作先进单位和个人。

4月11日 市政府下发《关于印发资金安全等四项安全工程实施意见的通知》。

4月19日 市委常委、纪委书记时侠联调研亳州现代农业综合开发示范区建设工作情况。

4月 市财政局被评为2010年度市直机关效能建设优秀单位。

5月6日 市财政局印发《关于开展“以人为本、执政为民”主题教育活动实施方案的通知》。

5月11日 市政府办公室下发《关于建立惠农补贴政策监督检查工作机制的通知》。

5月17日 市委书记、市人大常委会主任方春明到涡阳县对民生工程项目进行调研。

5月25日 市政府召开全市民生工程工作调度会。市委副书记、市长沈强参加会议并讲话。

5月28日 市政府任免通知（亳政人字〔2011〕13号）：陈淑敏任市农村综合改革领导小组办公室专职副主任。

5月30日 市财政局印发《亳州市财政局资金安全督查制度的通知》。

5月30日 市财政局印发《亳州市财政局财政专户管理暂行办法》。

6月24日 市政府召开上半年全市民生工程调度会，市委常委、常务副市长汪一光主持会议并讲话。

6月16日 市财政局机关党总支组织全体党员和积极分子参加“缅怀先烈、重温誓词”活动。

6月21~22日 财政部经建司、农业司等国家相关部委领导来亳州调研，并邀请部分全国人大代表进行座谈，副市长马露陪同。

6月24日 市财政局组队参加省财政厅举办的“永远的忠诚”——全省财政系统庆祝建党90周年文艺演出，获优秀组织单位。

7月13日 市委副书记、市长沈强到蒙城县对民生工程项目进行调研。

8月17日 市政府印发《关于进一步加强民生工程工作的意见》。

8月17日 市政府办公室出台《关于进一步加强政府投资项目监督管理的通知》。

8月22日 市财政局印发《机关工作人员效能责任追究办法》。

8月22日 市财政局印发《亳州市家电下乡工作日常考评暂行办法》。

8月25日 市财政局、市民政局联合印发《亳州市城乡居民最低生活保障资金管理实施办法的通知》。

8月27日 省人大常委会委员、财经委副主任委员、常委会财经工委主任丁海中带队对亳州市民生工程开展巡视评估活动。副市长王玉玺代表市政府汇报民生工程开展情况。

8~12月 市财政局开展廉政风险防控管理试点工作。

9月14日 市政府召开全市民生工程工作调度会。市委书记、市人大常委会主任方春明，市委副书记、市长沈强参加会议并讲话。市委常委、常务副市长汪一光，市政协副主席龚艳玲，市委秘书长解杰昂参加调度会。

9月15日 市政府任免通知（亳政人字〔2011〕19号）：省财政厅农村综合改革处副处长汪公发挂职任市财政局副局长(时间一年)。

10月11~12日 省财政厅副厅长吴天宏来亳州市督查财政重点工作情况。市委常委、常务副市长汪一光，副市长马露，市政协副主席齐建华，龚艳玲分别陪同调研。

10月14日 市财政局下发《关于开展“班子成员带头大走访”活动具体实施方案的通知》。

10月20日 市财政局印发《亳州市2011年度村级公益事业建设一事一议财政奖补工作考评办法》和《亳州市政策性农业保险工作考评办法》。

10月24日 市政府办公室印发《亳州市“十二五”居民收入倍增规划实施办法的通知》。

10月25日 市财政局、市卫生局联合印发《亳州市基本公共卫生服务项目资金管理实施细则的通知》。

11月2日 市政府召开全市民生工程工作调度

会，市委副书记、市长沈强参加会议并讲话。

11 月 14 日　市编委下发《关于市财政局设立民生工程办公室等问题的批复》。

11 月 17 日　市政府办公室下发《关于开展市直预算单位会计集中核算向国库集中支付转轨试点工作的通知》。

11 月 21 日　市财政局印发《亳州市家电下乡工作年终考评办法》。

11 月 23 日　市委常委会听取全市民生工程工作情况汇报。

（亳州市财政局供稿　邓　昊整理）

宿州市财政工作大事记

1 月 1 日　市级财政一体化管理信息系统正式上线运行。

1 月 10 日　开始对全市持证会计人员开展会计信息采集和换证工作。

1 月 22 日　省财政厅纪检组长刘浩一行赴萧县看望沈浩同志的母亲。

2 月 25 日　宿州市财政局计算机房改造及大楼综合布线工程顺利通过省财政厅验收。

2 月　市三届人大第三次会议批准宿州市 2011 年本级财政预算。

2 月　市政府将民生工程纳入市政府 18 项重点工作。

3 月 23 日　全市民生工程动员会议召开，市委书记李宏鸣、市长张曙光出席会议并讲话。

3 月　2010 年市级部门预算批复到单位，标志着 2011 年度部门预算编制“两上两下”程序全部完成。

3 月　全市财政供给单位人员信息库更新工作完成。

3 月　市本级财政专户资金（原预算外资金）实行国库集中支付，市级财政性资金实现国库集中支付全覆盖。

3 月　全市开展“家电下乡防治骗补检查突击月”活动。

3 月　省财政厅农村综合改革处处长胡德林到埇桥区挂职任区委常委、副区长，协助分管财政、农村综合改革等工作。

3~5 月　组织开展市级行政事业单位土地房产核查。

4 月 20 日　召开市直财政系统 2010 年度总结表彰暨服务发展年活动动员大会。

4 月　开展民生工程宣传月活动。

4 月　全市财政干部开展“贴民情、听民意、惠民生”大走访活动。

4 月　在全市开展财政专户清理工作，共撤销财政专户 338 个(其中市本级撤销专户 15 个)。

5 月 5~6 日　省财政厅副厅长吴天宏一行到萧县开展“贴民情、听民意、惠民生”大走访活动专题调研。

5 月 30 日　市长张曙光对建设类民生工程进行专题调研，并对建设质量提出要求。

5 月 31 日　召开全市民生工程调度会议，市长张曙光主持会议。

6 月 13 日　市财政局局长王超英向市政协第 32 次主席会议汇报民生工程组织实施情况，市政协主席姜元对民生工程工作给予充分肯定。

7 月中旬　市财政局对机关中层干部进行交流任职。

8 月 12 日　全市民生工程调度会议召开，市长张曙光主持会议并讲话，各分管副市长出席会议。

8 月　省非税收入征收管理局副局长刘明刚挂职任宿州市财政局党组成员、副局长(时间一年)。

8 月 18~19 日　省农发局局长王建培一行到宿州市及砀山县、埇桥区调研。

8 月 24~26 日　省政协副主席李卫华巡查宿州市民生工程。

9 月 10 日　全市城乡居民收入倍增规范实施工作启动。

9 月　2012 年部门预算编制工作正式启动。

9 月　在市本级预算单位中推行公务卡制度改革试点工作。

9 月　市财政局领导开展“班子成员大走访”活动。

10 月 12~13 日　会计从业资格无纸化考试试点工作开展，497 人参加上机考试。

10 月 20~21 日　省财政厅副厅长陈军一行到宿州市督查财政工作。

（宿州市财政局供稿　寇　智整理）

蚌埠市财政工作大事记

1月1日 全市各预算单位申报计划、申请用款以及工资统发实现财政平台一体化信息管理。

1月27日 市财政局召开会议研究落实省纪委电视电话会议精神，明确2011年度党风廉政建设五项工作任务。

2月16日 蚌埠市召开2011年全市财税工作会议，市委副书记、市长周春雨、市委常委、常务副市长张孝成、市人大常委会副主任王岗、市政协副主席袁树友及市政府秘书长吴中尧等领导出席会议，市长周春雨在会上作重要讲话。市财政局局长王莉敏、市国税局局长李奇、市地税局局长徐建华分别在大会上作工作报告。

2月28日 市财政局荣获2010年度市直机关效能建设目标绩效考评先进单位荣誉称号。

3月17日 全市综合治税工作领导小组会议召开，市委常委、常务副市长张孝成参加会议并讲话，市财政局局长王莉敏就我市综合治税前期筹备工作作了说明。

3月30日 全市实施民生工程工作会议召开，市财政局党组书记、局长王莉敏通报了2010年民生工程目标任务完成情况和2011年的工作要点。市政府与县区政府签订了2011年民生工程目标责任书。市委常委、常务副市长张孝成出席会议并讲话。

4月12日 省民生办主任陈永年一行在市财政局负责同志的陪同下，检查指导市民生工程工作。

4月14日 市财政局组织全体干部职工开展为期一周的春季培训，邀请市纪委领导、安徽财经大学及市委党校专家教授就党风廉政建设、“十二五”规划、宏观经济、礼仪及单位文化建设等知识进行讲解。

4月20日 市财政局召开全局干部职工廉政工作会议。

4月24日 2011年度会计从业资格考试顺利结束，全市共有10032人报名参加会计从业资格考试，是历年来会计类考试报名人数最多的一年。考试共设八个考点，336个考场。考试期间，市财政局领导对各考点考试工作进行了巡查。

4月27日 市财政局召开迎接全国文明单位复查动员大会，专题部署精神文明建设暨争创全国文明单位工作。市财政局党组书记、局长王莉敏作动员报告。

5月3日 市财政局党组书记、局长王莉敏带队到市警示教育基地参观“法治与责任”全国检察机关惩治和预防渎职侵权犯罪展览。

5月8–9日 应市财政局邀请，广东惠州聚能公司董事长刘向阳先生一行来蚌考察，分别就人力资源管理软件开发、合作，旧城改造项目与市人社局、禹会区相关专业人士和政府领导会谈，实地考察了棚户区和城中村改造项目。

5月24日 以财政部社保司副巡视员路英为组长的社保基金预算管理调研组来蚌埠市调研，省财政厅副厅长吴天宏、副市长林红陪同调研。

6月2日 市财政局党组书记、局长王莉敏一行到怀远县开展“贴民情、听民意、惠民生”大走访活动，并对怀远县财政部门“大走访”活动的开展情况进行了检查指导。

6月24日 市财政局机关效能建设活动领导小组办公室召开专题会议，研究部署2011年市财政局参加全市民主评议重点科室热点岗位工作。

6月28日 全省财政行政政法工作会议在蚌埠召开，总结交流行政政法财务和资产管理工作的经验。省财政厅副厅长陈军，市委常委、常务副市长张孝成参加会议。

6月29日 市财政局召开全局干部职工大会，热烈庆祝中国共产党建党90周年，并对近两年来涌现出的先进党支部和优秀个人进行表彰。

7月12日 市财政局召开招商引资专题会议，对上半年招商引资工作进行了总结、分析，对有引资实绩的科室、单位提出表扬，并按局“千分制目标考核办法”给予适度奖励。

7月20日 市财政局会同市物价局公布《2010年蚌埠市行政事业性收费项目目录》。

8月8日 市财政局召开专题会议学习吴群同志先进事迹和市委书记陈启涛同志在报告会上的重

要讲话精神。

8月17日 市财政局召开村级公益事业建设一事一议财政奖补工作会议。

8月19~20日 省农业综合开发局局长王建培一行来蚌埠市调研农业综合开发项目建设情况,市财政局局长王莉敏局长、副局长吴延利陪同调研。

9月17~18日 蚌埠市2011年度注册会计师全国统一考试如期举行,全市有1119人报名,考点设在蚌埠六中,共设20个考场。

10月24~25日 省财政厅党组成员、纪检组长刘浩一行来蚌,督查财政部门年度目标任务完成情况、“服务发展年”活动开展、反腐倡廉建设等,并深入固镇县民生工程项目地实地考察。

10月20日 市财政局召开“蚌埠要崛起,我该怎么办”动员大会,传达学习陈启涛书记、周春雨市长在全市大会上的讲话精神,并对财政系统开展大讨论活动进行全面动员。

11月上旬 蚌埠市出台《蚌埠市市本级政府性资金存放金融机构管理改革实施方案》和《蚌埠市市本级政府性资金存放商业银行考核评价激励暂行办法》,建立政府性资金存放与金融机构对蚌埠市贡献挂钩的激励机制,引导和撬动金融机构加大信贷资金支持力度。

12月15日 市长周春雨到市财政局进行工作调研,并慰问财政部门干部职工,市委常委、常务副市长张孝成,市政府秘书长吴中尧陪同调研。

12月31日 全市财政收入完成136亿元,比上年增加34.6亿元,增长34.1%,其中:地方财政收入61.4亿元,同比增长43%;财政支出141.3亿元,比上年增加34.3亿元,增长32.1%。全市13类民生支出合计120.3亿元,占全市财政支出比重为85.1%,超过全省6.7个百分点。

(蚌埠市财政局供稿)

阜阳市财政工作大事记

1月 市财政局召开2011年度推进整治和预防腐败体系检查、党风廉政建设责任制考核暨市管干部年度考核工作汇报会。

1月 阜阳市荣获全省财政“五五”普法先进单位。

1月 阜阳市2011年财政收入实现开门红。

2月 阜阳市家电下乡补贴资金兑付工作成绩显著,位列全省第一。

2月 市财政局开展军民共建单位慰问活动。

2月 市财政局召开全市民生工程工作会议。

2月 市财政局财政平台一体化管理信息系统正式上线。

2月 市财政局全力以赴开展抗旱保苗工作。

3月 阜阳市全面落实全省反腐倡廉建设工作会议精神。

4月 省财政厅对阜阳市政策性农业保险工作进行专项检查。

4月 市财政局组织开展2011年度会计从业资格考试工作。

5月 市财政局召开效能建设工作动员会。

5月 阜阳市开展民生工程政策集中宣传日活动。

5月 全市开展“贴民情、听民意、惠民生——万名财政干部大走访”活动。

5月 市政府代市长于勇来市财政局调研指导工作。

6月 市财政局开展中央政法转移支付资金大检查活动。

6月 省财政厅有关领导来阜阳市检查财政专户清理整顿工作。

6月 市财政局开展民生工程“回头看”活动。

7月 市财政局隆重庆祝中国共产党90诞辰。

7月 市财政局连续7年荣获市政府目标考核先进单位。

7月 皖北三市家电下乡(以旧换新)工作座谈会在阜阳市召开。

7月 市财政局开展“城区社会治安大走访”活动。

8月 全市开展民生工程大检查活动。

8月 召开《政策性农业保险相关问题研究》第三次课题协作会。

10月 全市财政收入首次突破百亿大关。

10月 省财政厅副厅长吴天宏一行来阜督查财政工作。

10月　市财政局深入开展“五级书记大走访”活动。

10月　市财政局荣获第九届安徽省文明单位称号。

11月　阜阳市组织开展2011年金融发展论坛。

11月　全市会计从业资格无纸化考试试点工作圆满完成。

11月　全市财政工作座谈会召开。

12月　市财政局举办2011年皖北四市乡镇干部首期培训班。

12月　市财政局荣获2011年度全省农村财会人员财政支农政策工作先进单位称号。

12月　省财政厅副厅长王林建一行来考核民生工程工作。

（阜阳市财政局供稿　孙立宏整理）

淮南市财政工作大事记

1月14日　市财政局组织全局职工认真学习全省财政工作会议精神。

1月20日　淮南市会计学会第六次会员代表大会召开，选出新一届学会领导机构。

1月21日　举办全市财政系统迎新联欢会。

2月16日　市财政局召开市注册会计师行业党建工作会议。

2月19日　淮南市2011年第十九次网民座谈会暨市财政局“问计于民”网民座谈会召开。

2月21日　省财政厅纪检组长刘浩在市财政局局长陈永多等陪同下，莅临市国库支付中心检查指导。

2月28日　全市财政系统服务发展年活动动员会召开。

3月3日　市财政局召开行政事业单位财政绩效考评工作会议。

3月11日　市财政局局长陈永多为全局干部职工上党课，进行党风廉政和反腐败教育。

3月15日　市财政局召开2011年财政支出绩效考评报告评审会。

3月21日　全市清理市本级预算单位银行账户工作会议召开。

3月22日　市委组织部、市监察局、市人社局领导到市财政局组织办理市政府采购中心整建制划转到市招标局的交接手续。

3月26日　淮南市财政学会成立大会召开，首任会长、市财政局局长陈永多在会上讲话。

3月26日　安徽省会计从业资格无纸化考试试点工作启动。

4月7日　全市民生工程暨财政工作会议召开。市委书记杨振超讲话、市长曹勇主持。

4月11日　召开县区财政局长座谈会。

4月27日　省财政厅副厅长王林建来淮南调研指导战略性新兴产业发展情况。市财政局局长陈永多陪同调研。

5月5日　全市“贴民情、听民意、惠民生——万名财政干部大走访”活动动员会召开。

5月19日　省财政厅副厅长吴天宏来淮南调研财政资金专户管理工作。

5月27日　淮南市党政机关公务用车专项治理和清理规范庆典、研讨会、论坛活动工作会议在洞山宾馆召开。

6月10日　全市部门预算编制工作会议召开

6月20　市财政局合唱队参加市直机关庆祝建党90周年歌咏比赛中以总分第二名的优异成绩被授予“最佳演唱奖”。7月1日，市财政局举办“财政之光——为党旗增辉”文艺汇演，隆重纪念建党90周年。

7月5日　市政协老领导洪祖荣、宋锦霞、杜树梅等30余位老委员视察市财政工作。

7月26日　市直机关公务用车问题专项治理督查核实工作会议召开。

7月28日　市政府召开全市政策性农业保险试点工作会议。

8月5日　市财政局召开动员会，部署廉政风险防控管理试点工作。

8月10日　召开全市民生工程知识电视大赛协调会。

8月29日　省人大常委会财经工委主任丁海中率省人大代表来淮南视察民生工程实施情况。市领导杨振超、曹勇、王宏、王玉成、王诚、蒋昌盛等陪同视察。

9月15日　市“十二五”居民收入倍增规划工作会议在市财政局召开

9月29日　市财政局开展民生工程大回访活

动。

10 月 8 日　省财政厅副厅长张广寿一行来淮南视察财政工作。

10 月 13~14 日　省财政厅副巡视员李友兰率队督查淮南财政工作。

10 月 24 日　全市综合治税工作领导小组会议在市财政局召开。

11 月 1 日　市本级 2012 年参与式预算项目评审会议在市财政局召开。

11 月 4 日　全省民生工程调度会在淮南召开。省财政厅副厅长王林建出席并讲话。

11 月 9 日　市人大召开民生工程实施情况调研会，听取民生工程实施专题情况汇报。

11 月 18 日　淮南市"民生工程"知识电视大赛总决赛在淮南市广播电视台演播大厅举办。

11 月 22 日　市政府召开全市金融形势分析暨金融工作表彰会议。市政府授予市担保投资公司"全市 2010 年度金融工作先进单位"称号。

12 月 6 日　市财政局局长陈永多率局相关科室负责人应邀做客市电台政风行风热线栏目。

12 月 14 日　局党组书记、局长陈永多赴凤台县郭郢村开展调研和慰问。

12 月 28 日　省财政厅副巡视员陈传文率省财政厅城乡居民收入倍增规划和实施民生工程考核组来淮南。市长曹勇、副市长孙全玉、市政府秘书长张云廷及市财政局负责同志陪同。

12 月 31 日　副市长孙全玉深入市财税系统看望慰问干部职工。

（淮南市财政局供稿　吴　波整理）

滁州市财政工作大事记

1 月 11~14 日　滁州市召开四届人大四次会议，会议审查《滁州市 2010 年预算执行情况的报告与 2011 年预算草案》，批准《2010 年市直预算执行情况的报告与 2011 年市直预算》。

1 月 15 日　滁州市政府出台《关于进一步加强市级财政资金管理的意见》。

1 月 22 日　市财政局局长周伟、调研员张贵龙对市财政局选派干部王磊所在的南谯区大柳镇华严庵村进行慰问调研。

2 月 16~18 日　滁州市财政局举办 2011 年度财政干部春训班。

2 月　与市发改委联合制定《滁州市服务业发展引导资金管理办法》。

3 月　滁州市开展"家电下乡、家电以旧换新监管年"宣传活动和"家电下乡防治骗补突击检查月"活动。

3 月 10 日　滁州市财政局出台《滁州市本级民生工程资金预算管理规程》。

3 月 21 日　滁州市委、市政府通报 2010 年度市直单位目标绩效考评情况，市财政局被授予"2010 年度目标绩效考核优秀单位"。

3 月 22~23 日　市人大常委会副主任贾朝峰率领财经工委部分委员深入天长、全椒等地调研民生工程资金管理使用情况。

3 月 23 日　市政府召开全市民生工程实施工作会议。

4 月 8 日　滁州市财政局办公地点搬迁至滁州市政务中心。

4 月 15 日　省财政厅农发局局长王建培一行在市委常委、副市长徐发成等陪同下，深入南谯区视察乌衣镇现代农业综合开发示范区建设工作。

4 月 20 日　滁州市隆重举行民生工程咨询日暨"民生记者春风行"启动仪式。市委常委、市政府常务副市长袁华参加启动仪式并致辞，市人大常委会副主任贾朝峰、市政协副主席郑胜照为参加"民生记者春风行"的记者授旗。

4 月 28 日　滁州市四届人大第二十四次会议任命张志华同志任滁州市财政局局长。

5 月 7 日　省财政厅民生办陈永年主任一行深入明光市开展"贴民情、听民意、惠民生—万名财政干部大走访"活动。

5 月 17 日　滁州市财政局召开全市财政局长座谈会，确保财政收入和序时进度"双过半"。

5 月 18 日　市财政局局长张志华率市民生办主任陈开广等在全椒县县委常委、常务副县长周全教陪同下，到该县开展"万民财政干部大走访"活动。

5 月　进一步完善《滁州市财政局财政专户管理办法》，制定管理流程。

6 月 12 日　省财政厅副厅长张广寿率省抗旱检查指导组莅临滁州检查指导抗旱及夏粮抢种工作。市委常委、副市长徐发成、副市长王图强等陪同检查。

6月　滁州市财政局坚持以“围绕中心抓党建，抓好党建促发展”为主题，全方位开展系列纪念建党90周年活动。

从6月13日起，对市本级行政事业单位国有资产实施动态管理。

6月14日　滁州市民生工程信息网站开通。

6月21日　中共滁州市财政局机关党委隆重召开全体党员代表大会，进行机关党委委员会换届选举。

7月5日　市财政局扎实开展“三民”工程大走访创先争优促发展活动。

7月5日　市委副书记、市政府常务副市长袁华主持召开财税形势分析会议，研究部署下半年财政工作。

7月11~18日　市民生办组织开展全市民生工程综合督查。

7月22日　刘明平副市长深入市财政局调研财政工作。

7月27日　市政府召开全市民生工程推进会。

7月29日　市财政局局长张志华、调研员张贵龙对市财政局选派干部王磊所在大柳镇华严庵村进行慰问、调研。

7月29日　滁州市财政局召开座谈会，隆重庆祝中国人民解放军建军84周年。

8月5日　滁州市出台《科技型中小企业扶持暂行办法》，明确扶持对象和扶持方式。

8月6~22日　省农业综合开发局评审处处长朱湖根一行对滁州市2010年国家农业综合开发项目进行省级验收。

8月10日　市财政局局长张志华主持召开滁州市财政局加快财政支出调度会。

8月22~24日　省政协副主席李卫华率队来滁巡视评估民生工程实施情况。省政协副秘书长严安云、汪沪敏，省政协人资环委副主任陈金沙、项思可，省财政厅副厅长张广寿等一同参加巡视评估。

8月31日　市财政局局长、市民生工程协调小组办公室主任张志华做客滁州日报《在线访谈》栏目与网友在线交流民生工程。

9月8日　中国共产党滁州市第五次党代会第三次全体会议上，张志华当选为滁州市出席省第九次党代表大会代表。

9月26~29日　滁州市效能办、市民生办对县市区民生工程实施情况开展了专项督查。

9月28日　滁州市出台《关于进一步严肃市区财税管理纪律的通知》，规范税收征管秩序。

从10月1日起　滁州市在市直实行办公自动化设备协议供货。

10月9日　市财政局局长张志华一行到明光市督查完善基层医疗卫生体制综合改革工作开展情况。

10月11日　滁州市财政局召开局机关工会会员代表大会，选举产生新一届工会委员会。

10月18日　滁州市财政局信息中心赵鹏同志在市直机关单位第三届职工计算机技能比赛中取得一等奖。

10月18日　省财政厅副厅长吴天宏率省医改第四指导组深入滁州市开展第九次专项指导督查。副市长朱云霞汇报全市贯彻落实省政府巩固完善基层医改工作进展情况。

10月19~20日　省财政厅纪检组长刘浩率厅督查组在滁州市开展财政工作督查。滁州市委副书记、常务副市长袁华和市财政局党组书记、局长张志华陪同督查。

10月20日　滁州市出台《滁州市市级专项资金使用管理办法》、《滁州市市级工业创新资金管理办法》等9项市级财政预算安排的专项资金管理办法。

11月2日　市文明委到市财政局检查验收“省级文明行业”申报工作。

11月2日　滁州市财政局社保科在“十一五”期间，扶残助残成绩显著，被省政府、省残工委授予“扶残助残先进集体”荣誉称号。

11月5日　滁州市召开2012年市级部门预算编制工作会议。

11月12~13日　由国家财政部农业综合开发办公室外资处副处长丁平任团长的世界银行贷款可持续发展农业项目实施省份实地考察团一行16人，深入南谯区学习借鉴世行加灌三期项目管理经验和做法。省农业综合开发局副局长吴行一、市财政局副局长凌文东、南谯区副区长吴胜智陪同考察。

11月15日　滁州市财政局“三民”工程大走访工作组一行深入徐岗社区徐岗居民组开展结对帮扶、慰问困难户活动。

11月　市委副书记、市政府常务副市长袁华出席全市民生工程集中攻坚冲刺目标调度会，听取了16个部门和8个县市区民生工程工作汇报，并逐项进行点评。

12月2日　市委常委、常务副市长章义深入市财政部门调研指导作。

12月10日　滁州市政府召开全市财政收入调度会议。

12月11日　市财政局契税征收窗口被市效能办评为“企业满意窗口”，并予以通报表彰。

12月22~23日　以省财政厅副厅长张广寿为组长的省考核组一行对滁州市“收入倍增”等民生工程实施情况进行检查考核。

（滁州市财政局供稿　高宇、魏震生整理）

六安市财政大事记

1月7日　召开全市非税收入收缴执行情况报告考评暨年度工作会议。

1月10日　市民生办对市直民生工程牵头部门2010年度民生工程宣传工作进行考核评比。

1月21日　市财政年终考评工作会议召开。

2月21日~3月30日　市财政局集中组织6期农村财会人员财政支农政策培训活动，共计556人参加培训。

2月22日　召开全市民生工程实施工作座谈会。

3月2日　全市民生工程暨财税工作会议召开。

3月20日　市财政局深入开展以重点课题研究、走访农户、规范化财政所和会计电算化建设等为主题的“服务发展年”活动。

4月1日　市财政局组织集中观看廉政教育专题片，加强干部廉政教育防范工作。

4月9日　由市民生办牵头组织的“民生工程政策走向街头日”宣传活动在市区广场举行。

4月16~17日　市民生办及市直部分民生工程牵头部门联络员分赴五县三区部分乡镇开展民生工程政策宣传。

5月7日　市财政局局长、民生办主任王琢率民生办有关人员，深入裕安区新安镇开展大走访活动。

5月10日　市财政局组织收看全省“小金库”治理工作电视电话会议。

5月18日　市农发局组织开展农业综合开发监控管理系统软件培训。

5月20日　六安市乡镇财政科学化精细化管理工作推进会在金安区毛坦厂镇召开。

5月25日　市委书记孙云飞调研市民生工程暨财政工作，强调实施并管理好33项民生工程，真正把民生工程办成民心工程、热心工程、良心工程和放心工程。

5月27日　市财政局举办迎接建党90周年党史报告会。

6月2日　市财政局召开警示教育月动员会，并观看六安纪委反腐教育专题纪录片。

6月3日　市财政局40名党员干部赴肥东县瑶岗渡江战役总前委旧址纪念馆接受革命传统教育，隆重纪念中国共产党成立90周年。

6月9~13日　组织开展2011年度民生工程实施情况第一次综合督查。

6月20日　省委第一巡视组组长潘成国、副组长汪卫东一行，赴六安市金安区安徽木南现代农业综合开发示范区考察。

6月25日　“支持城镇化加快发展的相关政策研究”课题研讨会在六安市召开。

7月7日　市非税局组织召开全市非税收入收缴执行情况分析暨半年工作会议。

7月20日　国家农业综合开发办公室主任王建国、副主任周可率员赴六安市调研。

7月23日　市财政局局长王琢率部分干部职工参加“共创美好家园，建设和谐六安”爱国卫生宣传整治活动启动仪式。

7月25日　市财政局与市武警支队举行双拥共建协议签订仪式。

7月29日　市财政局在霍山县召开民生工程基础工作现场会。

8月2日　六安市成为第三批国家可再生能源建筑应用示范市，获得5000万元中央财政补助资金。

8月2日　全国人大代表，民进中央常委、安徽省人大常委会副主任朱维芳率在皖部分全国人大代表来六安调研新农合建设。

8月5日　省财政厅下达六安市2011年第一批巢湖、淮河流域水污染防治财政专项资金4200万元，重点支持金寨县南溪镇环境综合整治等21个项目的污染防治工作。

8月6日 寿县瓦埠湖被财政部列入国家首批8个湖泊生态环境保护试点，获得中央专项资金8000万元。

8月20日 市委书记孙云飞赴裕安区视察保障性安居工程建设工作。

8月4~24日 省农业综合开发局综合处处长程巍东率省验收组来六安检查验收国家农业综合开发项目工程。

8月24~25日 省人大常委会副主任郭万清一行，来六安市视察民生工程实施情况。

8月28日 市财政局会同市农委、粮食局、林业局、发改委对城郊蔬菜基地建设专项资金及粮食双百亿工程引导资金项目开展绩效考评。

9月13日 《六安市本级行政事业单位国有资产收入管理暂行办法》正式出台。

9月15日 市财政局印发《六安市村级公益事业建设一事一议财政奖补项目管护实施办法》。

9月23日 市财政局召开党组中心组(扩大)学习会议，传达学习中共六安市第三次党代会精神。

9月27日 省非税局副局长张黎带领调研组一行来六安市调研公共资源有偿使用收入征收管理、罚没物资收入征收管理和非税收入票据信息化管理等工作。

9月29日 市财政局第二党支部20余名党员干部到市武警支队，开展“迎国庆、进军营、学作风”活动。

9月30日 六安市组织收听收看全国防治“小金库”长效机制建设经验交流电视电话会议。

10月8日 市财政局与市水利局联合印发《六安市市级农田水利建设专项资金使用管理办法》。

10月9日 “看大戏、送电影——六安市民生工程政策进基层”活动启动仪式在金寨县举行。

10月12日 省财政拨付六安市2011年第一批三大行业的成品油价格改革财政补贴资金共计5604.9万元。

10月10~14日 市综改办组织抽查全市一事一议财政奖补试点项目。

10月15日 市财政局深入开展 “班子成员带头大走访”活动。

10月17~18日 省财政厅副巡视员李友兰带队来六安调研督查财政工作。

10月21日 印发《六安市本级行政事业单位国有资产配置管理暂行办法》。

10月20~21日 省农发局局长王建培深入金寨县农业综合开发项目区调研。

10月20~29日 国家农业综合开发检查组来六安检查指导。

10月25日 市财政局牵头在九墩塘社区召开办公服务用房专项工作协调会。

11月8日 以省财政厅纪检组长刘浩为组长的省“阳光村务工程”建设检查验收组来六安市进行检查验收。

11月11日 市财政局召开加强机关效能建设动员大会。

11月25日 全市农业综合开发工作会议召开。

12月4日 市财政局参加全市法制宣传日大型法律咨询服活动，设置了财政法律法规宣传咨询台。

12月6日 市政府依法行政工作考核组检查市财政局2011年度依法行政工作开展情况。

12月10日 市财政局副局长涂成富率有关人员赴叶集试验区孙岗乡六里村开展走访。

(六安市财政局供稿 丁明虎整理)

马鞍山市财政工作大事记

1月7日 市第十四届人大五次会议通过《关于马鞍山市2010年财政预算执行情况和2011年财政预算草案的报告》。

2月20日 启动全市财政系统“服务发展年”活动。

2月24日 启动财政专户清理整顿工作。

2月24日 批复设立马鞍山市博望新区金库。

3月1日 市长张晓麟一行到市财政局调研财政工作。

3月 成立市投融资管理委员会办公室，与市财政局合署办公。

4月15日 启动开展“贴民情、听民意、惠民生——全市财政干部大走访”活动。

5月10日 市财政局研究部署深入推进党政机关、事业单位、社会团体和国有企业的“小金库”专项治理工作。

5月13日 制定市行政事业单位资产管理信息系统工作标准。

5月18日~19日 举办全市行政事业单位资产管理信息系统培训班。

5月29日 市财政局开展“以人为本、执政为民”主题教育活动。

5月31日 市税源管理工作领导小组办公室制定《马鞍山市协税护税工作考核暂行办法》。

6月3日 启动开展强农惠农资金专项清理检查“回头看”活动。

6月4日 安徽省第十四届少儿珠心算比赛在合肥举行，马鞍山市珠心算选手获得学生组团体一等奖、学前组个人第一名的好成绩。

6月18日 召开财政系统三项民生工程（即政策性农业保险制度实施、一事一议财政奖补试点、家电下乡和家电以旧换新）推进会。

6月22日 启动2011年重点产品国际竞争力和企业所得税税源调查工作。

6月29日 启动开展市直行政事业单位日常公用支出情况调研工作。

6月30日 开展2011年度会计信息质量检查。

7月1日 积极开展庆祝中国共产党成立90周年系列活动。

7月13日 召开财政一体化平台政府采购计划申报系统应用培训班。

8月 市委、市政府撤销市国有资产监督管理委员会办公室，成立市人民政府国有资产监督管理委员会，为市人民政府直属特设机构，与市财政局合署办公。

8月23日 启动开展省民生工程资金专项督查工作。

9月 落实省行政区划调整决策部署，同含山县、和县财政部门开展工作对接。

9月15日 启动开展招商引资企业税源调查工作。

10月10日~11日 省财政厅党组副书记、副厅长王林建为组长的省督查组对马鞍山市2011年度财政工作进行督查。

10月25日 启动开展民生工程回访活动。

11月8日 市财政局荣获全国财政“五五”法制宣传教育先进集体称号。

（马鞍山市财政局供稿 邓明发整理）

芜湖市财政工作大事记

1月8日 芜湖市第十四届人民代表大会第五次会议胜利召开，市财政局局长胡锡萍作《关于芜湖市2010年预算执行情况和2011年预算草案的报告》。会议批准了市本级预算。

1月28日 市政府召开全市财政工作会议。市委常委、常务副市长赵馨群出席会议并讲话，市人大副主任韩卫民、市政协副主席杨高出席会议。

2月24日 全省实施民生工程工作会议在合肥召开，芜湖市民生工程荣获省政府颁发的“2010年度全省民生工程组织实施工作先进市”荣誉称号。

3月29日 市政府召开“2011年全市民生工程工作会议”，市委常委、常务副市长赵馨群出席会议并讲话，市人大副主任韩卫民、市政协副主席司旌霞出席会议。

4月14日 全省财政监督局长座谈会在芜湖市召开，省财政厅党组成员、纪检组长刘浩出席并讲话。

5月份 市财政局开展“贴民情、听民意、惠民生——万名财政干部大走访”活动。

5月20日 “芜湖市民生工程网”开通。

6月1日 市财政局印发《关于加强村级公益设施管护的实施意见》。

6月9~10日 省推进与中央企业合作发展工作领导小组副组长桂建平率督查组一行五人来芜湖市开展与中央企业合作发展项目督查工作。

6月23日 全市召开1—5月份财税形势分析会议，市委常委、市委秘书长、市政府常务副市长丁祖荣出席会议并讲话。

7月18~22日 市民生办邀请市人大、市政协、市委督察室和市政府督办室领导组成督查组，对我市民生工程实施情况开展督查。

7月21日 国家农业综合开发办公室主任王建国、副主任周可率国家农发办调研组来芜湖调研大浦现代农业综合开发示范区建设。省财政厅张广寿副厅长陪同。

7月25日 芜湖市第十四届人大常委会第27次会议召开，市财政局局长胡锡萍作《关于芜湖市2010年度财政决算（草案）的报告》和《关于芜湖市

2011 年上半年预算执行情况的报告》。会议通过了两个报告。

7 月 28 日 全国人大财经委副主任委员、全国人大常委会预算工作委员会主任高强一行来芜调研。

8 月 17~19 日 省政协副主席赵韩率省民生工程巡视评估组视察芜湖市民生工程。

9 月 23 日 省推进城乡居民收入倍增规划领导小组办公室主任陈永年一行来芜湖市调研。

10 月 24 日 芜湖市财政局印发《芜湖市市直行政事业单位委托财政会计代理核算业务规范》。

10 月 29~30 日 市财政局在无为县召开了芜湖市县区财政局长座谈会。

11 月 市财政局开展"民生工程宣传月活动"。

11 月 10 日 芜湖市召开十四届人大常委会第二十九次会议,市财政局局长、民生办主任胡锡萍作《关于我市 39 项民生工程实施情况的报告》。

12 月 29 日 芜湖市召开政协十一届二十五次常委会议,市财政局局长、民生办主任胡锡萍作《关于全市 2011 年 39 项民生工程完成情况的通报》。

(芜湖市财政局供稿)

宣城市财政工作大事记

1 月 1 日 市财政局财政一体化管理信息系统正式上线,标志着市本级财政"金财工程"第一阶段工作任务圆满完成。

1 月 6 日 市财政局再度荣获宣城市人民政府通报嘉奖,这是继去年来第二次获得市政府通报嘉奖。

1 月 13 日 市财政局局长陈先平受市政府委托,向市三届人大一次会议作《关于宣城市 2010 年预算执行情况和 2011 年预算草案的报告》。

1 月 14 日 市财政局党总支和团支部共同举办"我心中的财政"读书演讲比赛。

1 月 15 日 市财政局召开加强领导干部作风建设专项学习教育活动动员大会。

1 月 18 日 "民生工程全面实施,广大群众共享改革发展成果"荣列宣城建市十周年"十件大事";农村公路"村村通"荣列宣城建市十周年"十大工程"。

2 月~4 月 全市组织开展家电下乡防治骗补突击检查月活动。

2 月~4 月 市财政局完成市直 183 个单位 2009—2010 年度财政票据年审工作。

2 月 21 日 省政府授予宣城市"2010 年全省民生工程组织实施工作先进市"称号。

2 月 28 日 市委研究决定,曾庆友同志任市财政局党组副书记。

3 月 4 日 市政府授予市财政局"2010 年全市民生工程组织实施工作优秀奖"。

3 月 7 日 全市实施民生工程工作会议召开。市委副书记、市长虞爱华出席会议并讲话。市委常委、常务副市长、组织部长韩永生主持会议,并代表市政府与各县(市、区)政府签订 2011 年民生工程目标责任书。

3 月 22 日 市政府授予市财政局"2010 年全市依法行政先进单位"称号。

3 月 24 日 市委、市政府授予市财政局"2010 年度全市招商引资工作先进单位"称号。

4 月 9~10 日 市首期政府采购评审专家培训会在宣城举办,180 多位评审专家参训。

4 月 14 日 市编委宣编〔2011〕33 号文件批复,宣城市非税收入管理局为市财政局管理的行政执行类事业单位,副县级建制,列入参照公务员管理的财政全额供给事业单位序列。

4 月 14 日 市编委宣编〔2011〕34 号文件批复,宣城市财政国库支付中心为市财政局管理的行政执行类事业单位,副县级建制,列入参照公务员管理的财政全额供给事业单位序列。

4 月 20~5 月 31 日全面启动"贴民情、听民意、惠民生——财政干部大走访"活动。

5 月 全面启动 2011 年"小金库"专项治理工作。

5 月 31 日 全省农业财政工作会议在宣城市召开。

6 月 市财政局制定出台《宣城市政策性农业保险操作规程》。

6 月 15 日 市财政局印发《宣城市市直部门(单位)项目支出预算管理暂行办法》。

6 月 26 日 在全省注册会计师行业创先争优活动表彰大会上,市财政局党总支荣获"先进市级行业党组织"称号。

7月4日　市财政局与市农委共同召开了2011年中央财政支持现代农业发展资金项目(茶叶)布置会。

7月5日　市委组织部决定,肖锋、胡铁群同志任市财政局党组成员。

7月15日　市政府研究决定,刘先锋同志任市财政局总会计师。

8月　宣城承接东部产业转移基地基础设施示范项目正式被国家发改委、财政部列入经国务院批准的"利用世界银行贷款2012—2014财年备选项目规划",安排世行贷款额度1.5亿美元。

8月8日　市财政局印发《关于规范财政国库集中支付受理审核有关事项的通知》(财库支〔2011〕187号)。

8月25日　市委副书记、市长虞爱华参加市财政局领导班子民主生活会。

9月1~2日　省政协巡视评估组来宣城市巡视评估民生工程。

9月4日　市委、市政府授予市财政局"2010年度市直目标管理考核优秀单位"称号。

9月15日　市第一期小型客车号牌公开竞价会成功举办。此次现场竞价会共有13副小型客车号牌成功竞价发放,总成交金额16.25万元。

9月29日　市财政会计学会第五次暨珠算协会第四次会员代表大会召开。

10月10日　市委、市政府授予市财政局"2006—2010年全市依法治市和法制宣传教育先进集体"称号。

10月12~14日,由国务院综改办副主任黄维健率队,农业部、国家发改委等部门参加的联合调研组,来我市调研村级公益事业建设一事一议财政奖补工作。

10月17~18日　陈先森厅长一行来宣城市督查财政工作。

11月2日　市政府出台《宣城市市本级财政结转结余资金管理暂行办法》。

11月4日　陈先平局长走进市广播电台《百姓热线》直播间解读民生。

12月5日　市财政局印发《关于市直单位继续加强公务车定点维修管理的通知》(财购〔2011〕289号)。

12月26日　市财政局局长陈先平一行赴局选派干部任职村宣州区黄渡乡峄山村开展走访调研活动。

(宣城市财政局供稿　刘　琼整理)

铜陵市财政大事记

1月6日　市财政局局长姚新生在铜陵市十四届人大五次会议上作《关于铜陵市2010年财政预算执行情况及2011年财政预算(草案)报告》。

2月24日　在全省实施民生工程工作会议上,省政府授予我市2010年民生工程先进市。

3月8日　市政府常务会审议通过了《铜陵市人民政府关于2011年实施48项民生工程的通知》。

3月10日~12日　市财政局举办为期三天的春季业务培训班。

4月13日　财政部党组成员、部长助理刘红薇来铜陵考察指导财政工作,省财政厅党组书记、厅长陈先森陪同考察。

4月21日　省财政厅副厅长左俊一行来铜陵开展"万名财政干部大走访活动"。

5月16日　孔健同志任铜陵市财政局党组书记、局长。

8月1日　省财政厅党组成员、纪检组长刘浩来铜陵督查指导"小金库"专项治理工作。

8月23日　市财政局局长孔健在市十四届人大常委会第29次会议上作《关于铜陵市本级2010年财政决算暨2011年上半年预算执行情况的报告》。

8月27日　省人大常委会朱维芳副主任视察铜陵市民生工程时指出,希望铜陵用3—5年时间打造民生工程的"铜陵模式"。

10月11日　省财政厅副厅长左俊来铜陵,对2011年财政工作进行督查指导。

10月31日　铜陵市财政收入首次突破百亿元大关,达到100.66亿元,提前两个月完成市政府工作报告提出的全年目标任务,同比增长33.5%。

12月16日　市民生工程领导小组举办铜陵市民生工程专题文艺晚会演出。

12月31日　2011年全市财政收入累计完成115.6亿元,实现了四年翻番,同比增长30.4%,增幅超过全省平均水平。

(铜陵市财政局供稿　方　圆整理)

池州市财政工作大事记

1月1日 池州市财政系统全面启动“服务发展年”主题活动。

3月23日 市二届人大六次会议通过《关于池州市2010年预算执行情况和2011年预算草案的报告》。

4月23日 牵头搭建“金融超市”池州网上银企对接平台。

4月18日 组织开展“万名财政干部大走访活动”。

5月4日 池州市财政“十二五”规划正式定稿。

5月9日 市委组织部任命尹加旺同志为市财政局党组成员。

5月12日 市政府任命尹加旺同志为市财政局总会计师，国库集中支付中心（会计核算中心）主任。免去杨庆安国库集中支付中心（会计核算中心）主任职务。

6月17日 市政府任命罗以强任市政府金融工作办公室副主任（副县级），章丹心任市财政局副调研员。

6月21日 市委任命徐树生为审计局党组书记，免去其市财政局党组副书记职务。

6月27日 市政府免去徐树生市政府国有资产监督管理委员会主任职务。

7月 池州市财政局被评为全省财政系统庆祝建党90周年文艺演出最佳组织单位。

7月 池州市财政局被评为全市“贴民情、听民意、惠民生”专题活动先进集体。

8月 根据市委、市政府统一部署，市财政局开展廉政风险防控管理工作。

9月26日 池州市财政系统开展五级书记大走访活动。

9月 对机关同一岗位工作满5年的8位科室负责人实行了轮岗，调整率达57.14%。

9月29日 市政府免去盛文台市财政局副调研员职务。

10月18日 省财政厅副厅长张广寿率厅有关处室负责人来池州市检查指导服务发展年活动开展情况。

10月24日 中部地区政府采购协议谈判会在池州市召开。

11月 在全省财政系统“服务发展年”征文活动中，池州市财政系统获得征文活动组织奖，征文二等奖、三等奖各1名，优秀奖4名。

11月29日 池州市财政系统被市创建文明行业活动指导委员会授予池州市第五届“市文明行业（系统）”荣誉称号。

12月15日 池州市委、市政府成立倍增工作领导小组，办公室设在市财政局。

12月31日 三年“小金库”治理工作全面结束，共查出“小金库”28个，违纪金额1241.85万元；市治理办获中央“小金库”治理办表彰。

（池州市财政局供稿 宁 睿整理）

安庆市财政工作大事记

1月1日 财政平台一体化信息系统正式上线运行。

3月14日 全市民生工程暨财政工作会议召开。

3月 在凤阳县小岗村大包干纪念馆设立安庆市财政局“党员干部教育基地”。

4月8日 市会计学会第三届理事大会隆重召开。

4月 市财政投资评审中心被市政府授予“安庆市先进集体”称号。

5月26日 市农村财政研究会第二届会员大会隆重召开。

6月29日 市财政局机关党委被授予全市“先进基层党组织”荣誉称号。

6~12月 在全市财政系统组织开展廉政风险防控管理试点工作。

7月 会计从业资格考试进行重大改革，首次实行无纸化考试。

7月 制定出台《安庆市市直部门预算编制规程》。

7月 市财政局组织发放临时价格补贴。

8月 省农业综合开发局对安庆市2010年度农业综合开发项目进行全面检查验收。

8月 市财政局组织开展“十名科长上讲台”活

动。

8 月　《安庆市战略性新兴产业发展引导资金项目管理办法》出台。

9 月　全市七县一市相继列入国家级小型农田水利重点县,项目实施方案获批复。

9 月　市财政局出台《关于进一步推进财政专项支出预算公开的通知》。

9 月　市财政局被省政府授予"'十一五'期间扶残助残先进集体"荣誉称号。

9 月　市财政局推广使用财政授权支付网上银行业务。

10 月　正式实施交警罚款收入收缴规范管理改革。

10 月　成立市财政"六五"普法工作领导小组,制定出台安庆市财政法制宣传教育第六个五年规划。

10 月　制定出台安庆市大棚蔬菜保险实施方案。

10 月 19 日　省财政厅副厅长张广寿来安庆督查财政工作,并召开人大代表、政协委员座谈会。

12 月 27 日　市委、市政府召开动员大会,全面启动深化市直行政事业单位国有资产管理改革工作。

12 月　出台《安庆市会计行业中长期人才发展规划(2011—2020 年)》和《安庆市会计改革与发展"十二五"规划实施细则》。

12 月　对再芬黄梅艺术股份有限公司实行"省市共建",市财政从 2011 年起连续五年每年安排 1000 万元专项资金,并将黄梅戏艺术中心资产交付该公司无偿使用 30 年。

12 月　安庆市区范围内耕地占用税和契税征管职能由市财政局划转至市地方税务局。

12 月　全市家电以旧换新工作圆满收官,财政累计补贴 5333 万元,补贴率达 99.96%。

(安庆市财政局供稿　叶武乐整理)

黄山市财政工作大事记

1 月　从 2011 年起,省直党政机关出差和会议实行定点饭店管理,黄山市共有 23 家饭店中标,位居全省第二。

2 月　黄山市荣获"2010 年民生工程组织实施工作先进市"称号,黄山市黄山区荣获"2010 年民生工程组织实施工作先进县(市、区)"称号。

3 月　黄山市首次开展社会保险基金预算考评工作;并荣获 2010 年度全省社会保险基金预算考评工作二等奖。

3 月 19 日　财政部财监局局长吴奇修来黄山调研财监工作。

4 月　开展民生工程宣传月活动。

4 月　黄山市财政局《完善基层医疗卫生机构政府补偿机制实证分析与研究》的调研报告荣获全省评审二等奖。

4 月 2 日　市委常委会专题听取了全市民生工作汇报,市委书记王福宏对民生工程作出指示。

4 月 12 日　召开全市民生工程工作会议,市政府与各区县、市直各责任部门签订目标责任书,市委书记王福宏、市长宋国权参加会议并讲话。

4 月~5 月　开展"贴民情、听民意、惠民生"全市财政干部大走访活动。

6 月下旬　向市人大代表、政协委员、民主党派发放民生工程"一封信",征求对民生工程的意见。

7 月 7 日　与省国有资产运营公司、省科技产业投资公司就金融不良资产分包处置最终达成一致,并正式签订分包转让合同。

7 月 20 日　全市推广使用会计信息质量检查软件对单位会计信息质量进行检查,对被查单位首次施行网上公示制。

7 月 22 日　国家农发办主任王建国率队来黄山市调研现代农业综合开发示范区建设情况,省财政厅副厅长张广寿、省农业综合开发局局长王建培,黄山市有关领导陪同调研。

8 月 17 日　全市召开新安江流域生态补偿机制试点项目推进会,市政府与各区县及市直成员单位签订了项目责任奖。

8 月 25 日　省人大常委会副主任朱维芳带队巡视黄山市民生工程。

8 月 24~26 日　国家发改委副主任杜鹰带领国家联合调研组来黄山市调研新安江流域水环境保护规划情况,王三运省长、王福宏书记、宋国权市长参加调研。

9 月　国务院综改办 10 周年纪念专题片在黄山市休宁县拍摄完成。

9月22~23日 政策性农业保险相关问题研究课题第四次研讨会在黄山市黄山区召开。

9月26日 财政部、环保部正式印发《新安江流域水环境补偿试点实施方案》。

10月 黄山市城乡居民社会养老保险制度实现全覆盖。

10月 历经八个月开展的强农惠农资金专项清理检查"回头看"活动结束。

10月 市本级"一表清"制度扩面改革启动。

10月 国务院综改办全国农村综合改革二轮试点工作调研在黄山市完成。

10月12日 全市道路交通罚没收入收缴改革正式实施。

10月12~13日 省财政厅副厅长左俊率省厅督查组一行来黄山市督查指导工作。

11月 为期三年(2009年至2011年)的"小金库"治理工作圆满结束。

11月 省注册会计师协会党委专职书记叶德纲带队莅临黄山市检查指导工作。

11月上旬 市四大班子领导对全市民生工程开展视察工作。

11月14~16日 世行贷款支付局局长Mr.Brian Paul Quinn，处长Ms.Manucla Adl一行在省财政厅国际处债务处副处长余禹陪同下，到黄山市调研世行贷款项目债务支付情况。

12月 市财政局机关档案工作目标管理考评荣获省一级单位。

12月 市财政局被省委、省人民政府授予"第九届安徽省文明单位"荣誉称号。

12月 黄山市荣获2011年安徽省推进与中央企业合作发展工作先进单位二等奖。

(黄山市财政局供稿 潘南峰整理)

财经规章篇

省政府行政规章

安徽省人民政府关于印发安徽省新型墙体材料专项基金征收使用管理实施办法的通知

（2011年2月17日　皖政〔2011〕21号）

各市、县人民政府，省政府各部门、各直属机构：

现将《安徽省新型墙体材料专项基金征收使用管理实施办法》印发给你们，请认真贯彻执行。

安徽省新型墙体材料专项基金征收使用管理实施办法

第一章　总则

第一条　为加强新型墙体材料专项基金征收使用管理，加快推广新型墙体材料，促进节约能源和保护耕地，根据《安徽省发展新型墙体材料条例》和财政部、国家发展改革委印发的《新型墙体材料专项基金征收使用管理办法》（财综〔2007〕77号）等有关规定，结合本省实际，制定本办法。

第二条　新型墙体材料专项基金属于政府性基金，全额纳入地方财政预算管理，实行专款专用，年终如有结余结转下年安排使用。

第三条　全省新型墙体材料专项基金征收使用管理政策，由各级人民政府部门和墙体材料行政主管部门负责组织实施。各级墙体材料管理机构具体负责新型墙体材料专项基金的征收和使用管理。

第四条　新型墙体材料专项基金的征收、使用和管理应当接受财政、审计和墙体材料行政主管部门的监督检查。

第二章　征收

第五条　凡新建、扩建、改建建筑工程未使用《安徽省新型墙体材料目录》规定的新型墙体材料的建设单位，应当按照本办法规定缴纳新型墙体材料专项基金。农村居民自建自用住房的除外。

第六条　新型墙体材料专项基金由墙体材料管理机构负责征收，也可由墙体材料管理机构委托其他单位代征。委托代征的，应当签订委托协议书，并报同级财政部门备案。

第七条　建设单位在建筑工程开工前，应当按照规划审批确定的建筑面积以及每平方料10元的标准，预缴新型墙体材料专项基金。预缴新型墙体材料专项基金应当提供下列材料：

（一）新型墙体材料专项基金预缴申报表；

（二）建筑工程规划审批文件等相关材料。

第八条　墙体材料管理机构或者代征单位收到建设单位的预缴新型墙体材料专项基金材料后，应当立即审核，并向建设单位送达新型墙体材料专项基金预缴款通知单。

第九条　建设单位应当按照新型墙体材料专项基金预缴款通知单上核定的预缴金额，将款项缴入同级财政部门政府非税收入汇缴结算户或者财政专户。

第十条　墙体材料管理机构或者代征单位收到建设单位预缴的新型墙体材料专项基金后，应当向缴款单位开具省人民政府财政部门统一印刷的新型墙体材料专项基金专用票据(预收)。

第十一条 城市规划行政主管部门在核发建设工程规划许可证时，应当查验建设单位新型墙体材料专项基金缴纳凭证。

第十二条 新型墙体材料专项基金不得向施工单位收取,也不得在墙体材料销售环节征收,禁止在新型墙体材料专项基金外加收任何名目的保证金或者押金。

第十三条 建设单位应当在建筑工程主体工程竣工后,墙体作粉刷等隐蔽处理前,向墙体材料管理机构申请办理新型墙体材料专项基金结算手续。申请结算新型墙体材料专项基金应当提供下列材料:

(一)新型墙体材料专项基金结算申请表;

(二)新型墙体材料专项基金专用票据(预收)复印件;

(三)招标投标预算书确定的新型墙体材料用量以及购进新型墙体材料原始凭证等资料。

第十四条 墙体材料管理机构自收到建设单位新型墙体材料专项基金结算申请 5 个工作日内,组织查验,确定返退比例,办理结算手续。财政部门应当在收到墙体材料管理机构出具的结算审核意见后 15 个工作日内,办理完成新型墙体材料专项基金返退。

第十五条 新型墙体材料专项基金返退比例按照下列规定确定:

(一) 建筑工程使用节能类新型墙体材料的,新型墙体材料专项基金按照实际使用比例的 100%返退;

(二) 建筑工程使用非节能类新型墙体材料的,新型墙体材料专项基金按照实际使用比例的 80%返退,其中,使用烧结类新型墙体材料的,新型墙体材料专项基金按照实际使用比例的 50%返退。

有下列情形之一的，新型墙体材料专项基金不予返退:

(一)使用的新型墙体材料未经确认的;

(二)新型墙体材料占墙体材料使用总量未达到 60%;

(三)使用国家和省明令禁止的墙体材料的。

第十六条 新型墙体材料专项基金结算手续办结后,墙体材料管理机构应当按照实际征收数额,向缴款单位开具省人民政府财政部门统一印制的新型墙体材料专项基金专用票据(结算)。

第十七条 各级财政部门应当在每星期四将结算后的新型墙体材料专项基金收入的 15%缴入省国库、85%缴入同级国库。不按规定比例解缴的,上级人民政府财政部门可在年终结算时扣缴入库。

第十八条 新型墙体材料专项基金收入在“政府收支分类科目”列第 103 类“非税收入”01 款“政府性基金收入”19 项“新型墙体材料专项基金收入”。

第十九条 除国务院、财政部规定外,任何地方、部门、单位和个人不得擅自改变新型墙体材料专项基金征收对象、扩大征收范围、提高征收标准,或者减、免、缓征新型墙体材料专项基金。

第二十条 建设单位缴纳的新型墙体材料专项基金,计入建安工程成本。

第二十一条 新型墙体材料专项基金代征手续费按照实际代征额 20‰比例,由财政部门通过新型墙体材料专项基金支出预算安排和拨付。

第三章 使用

第二十二条 新型墙体材料专项基金必须专款专用,使用范围包括:

(一)新型墙体材料生产技术改造和设备更新的贴息和补助;

(二)新型墙体材料新产品、新工艺及应用技术的研发和推广;

(三)新型墙体材料示范项目和农村新型墙体材料示范房建设及试点工程的补贴;

(四)发展新型墙体材料的宣传、培训;

(五)代征手续费;

(六)经财政部门批准与发展新型墙体材料有关的其他开支。

第二十三条 墙体材料管理机构履行职能所必需的经费,由财政部门通过部门预算予以核拨,不得从新型墙体材料专项基金中列支。

第二十四条 新型墙体材料专项基金收支预算编制、预决算管理和资金财务管理,按照财政部门的有关规定执行。

第二十五条 新型墙体材料专项基金用于新型墙体材料基本建设工程或者技术改造项目的，按照下列程序办理:

(一)由使用单位提出书面申请及项目可行性报告;

(二)由墙体材料管理机构组织专家对项目可行

性报告进行审查；

（三）基本建设、技术改造和科研开发项目，应当按照国家规定的审批程序和管理权限办理；

（四）经墙体材料管理机构初审、墙体材料行政主管部门同意后，报同级财政部门审批，纳入新型墙体材料专项基金年度预算；

（五）财政部门根据新型墙体材料专项基金年度预算拨付项目资金。

第二十六条　新型墙体材料专项基金支出在“政府收支分类科目”列第215类“资源勘探电力信息等事务”61款“新型墙体材料专项基金支出”。

第二十七条　墙体材料管理机构应当将新型墙体材料专项基金年度收支情况报墙体材料行政主管部门和上一级墙体材料管理机构。

各市墙体材料行政主管部门应当于每年2月底前，将本地区上一年度新型墙体材料专项基金收支情况报省人民政府财政部门和墙体材料行政主管部门。

第四章　法律责任

第二十八条　建设单位不及时足额缴纳新型墙体材料专项基金的，由墙体材料管理机构督促补缴应缴的新型墙体材料专项基金，并自滞纳之日起，按日加收应缴新型墙体材料专项基金0.5‰的滞纳金。

第二十九条　建设单位虚报建筑面积以及新型墙体材料购进数量的，由墙体材料管理机构责令改正，并限期补缴应缴的新型墙体材料专项基金。

第三十条　墙体材料管理机构收到建设单位新型墙体材料专项基金结算申请5个工作日内，未组织查验、确定返退比例、办理结算手续的；财政部门在收到墙体材料管理机构出具的结算审核意见后15个工作日内，未办理完成新型墙体材料专项基金返退的，对直接负责的主管人员和其他直接责任人员，依照有关规定给予处分或者处罚。

第三十一条　墙体材料管理机构及委托代征收单位违反本办法规定征收新型墙体材料专项基金，不按规定使用财政票据，或者截留、挤占、挪用新型墙体材料专项基金的，由财政部门责令改正，并按照《财政违法行为处罚处分条例》（国务院令第427号）、《安徽省发展新型墙体材料条例》等有关规定进行处罚。对直接负责的主管人员和其他直接责任人员依照《违反行政事业性收费和罚没收入收支两条线管理规定行政处分暂行规定》（国务院令第281号）以及国家其他有关法律法规的规定，给予行政处分或者处罚；构成犯罪的，依法追究刑事责任。

第五章　附则

第三十二条　本办法应用中的具体问题，由省人民政府法律工作机构负责解释。

第三十三条　本办法自2011年4月1日起执行。省财政厅、原省经贸委印发的《安徽省新型墙体材料专项基金征收和使用管理实施办法》（财综〔2003〕652号）同时废止。

安徽省人民政府办公厅关于印发安徽省战略性新兴产业发展引导资金项目管理办法的通知

（2011年3月31日　皖政办〔2011〕19号）

各市、县人民政府，省政府各部门、各直属机构：

《安徽省战略性新兴产业发展引导资金项目管理办法》已经省政府同意，现印发给你们，请认真贯彻执行。

安徽省战略性新兴产业发展引导资金项目管理办法

第一章　总则

第一条　为深入贯彻落实省委、省政府关于培育和发展战略性新兴产业的部署，省政府设立省战略性新兴产业发展专项引导资金（以下简称专项资金），用于支持和发展战略性新兴产业。为加强项目管理，提高资金使用效益，特制定本办法。

第二条　专项资金是指2010—2015年，省财政每年安排5亿元用于培育和发展战略性新兴产业的资金。根据“资金跟着项目走”的方针，专项资金主要用于支持全省战略性新兴产业发展的重点项目。

第三条　专项资金支持的项目，应当符合国家产业政策以及省委、省政府确定的关于战略性新兴产业的发展重点和有关要求。

第四条　专项资金支持项目应坚持以下原则：

1.集中财力办大事。支持战略性新兴产业的核心重点项目，培育若干个引领全省经济持续快速发展的支柱产业。

2.竞争择优。采取竞争性扶持方式，“多中选好、好中选优”，不搞平衡，确保支持的项目真正符合战略性新兴产业的发展要求。

3.省市联手。充分发挥市政府在项目建设中的主导作用和企业的主体作用，共同努力，共同推进。

4.引导放大。充分发挥专项资金杠杆作用和乘数效应，引导社会资本投入，带动产业发展。

第五条　部门职责。在省战略性新兴产业领导小组(以下简称省领导小组)领导下，充分发挥省领导小组办公室的统筹协调作用和部门的协同配合作用。省领导小组办公室负责日常组织、协调、督查、调度和推进工作，牵头项目评审和管理。省发展改革委负责规划编制，参与项目管理和监督。省科技厅负责围绕八大战略性新兴产业的共性关键性技术组织重大科技攻关，推进成果转化。省经济和信息化委负责在与民企对接工作中突出战略性新兴产业。省财政厅负责专项资金预算管理，审核下达专项资金。省国土资源厅负责对专项资金支持的项目优先实行土地点供。省环保厅负责项目的环评把关。省国资委负责在省属企业结构调整优化以及与央企对接工作中突出战略性新兴产业。各相关部门都要从政策、资金、市场等方面积极支持战略性新兴产业发展，并根据职责和产业类别参加项目评选。

第二章　项目选择的范围和条件

第六条　专项资金支持的项目覆盖电子信息、节能环保、新材料、生物、新能源、高端装备制造、新能源汽车、公共安全 8 大产业，突出重点，扶优扶强，每年支持项目数不超过 20 个。

第七条　项目遴选标准：

1.关键技术水平全国领先，产品市场前景广阔。

2. 属于产业链核心或关键环节的重大项目，带动能力强，配套项目多，对推动产业发展具有重要的引领作用。

3.投资规模。引进或新建的重点项目投资规模不低于 5 亿元；高技术产业化重点项目投资规模不低于 1 亿元。

4.已开工或具备当年开工条件。符合国家产业政策和节能减排、环评、生产安全、土地规划等要求，项目自筹资金和银行贷款已落实。

5.项目建设周期不超过 2 年。

第八条　项目承担企业的条件：

1.管理团队具有较强的组织管理和项目实施能力，企业法人治理结构完善，机制灵活。

2.技术团队具有较强的创新能力，领军人才在业内具有较大影响力。

3.企业经济实力雄厚，近 3 年利润满足项目筹资和融资需要；有较好的资信等级，资产负债率在 70%以下；筹集的资本金不低于项目总投资的 30%。新设立企业注册资金已到位，满足项目自筹资金要求。

第九条　对项目所在地政府的要求：

1.必须是市政府或江北、江南产业集中区的重点项目，市政府，江南、江北产业集中区管委会在土地供应、建设条件、优惠政策等方面给予了支持。

2.资金投入上，市政府或江北、江南产业集中区按不低于 1∶1 配套，同步到位。对承诺配套投入的资金不能按时到位的，不安排下一年度的支持项目。

第三章　项目申报和评审

第十条　动态管理项目库。省领导小组办公室建立战略性新兴产业项目库，根据各市或江北、江南产业集中区排序上报的项目及时进行动态更新。按照属地原则，在皖央企、省属企业由所在地组织上报。

第十一条　项目评审。每年 4 月，省领导小组办公室牵头组织开展项目评审，省监察厅派员对评审全过程监督。

1.项目初选。省领导小组办公室会同省发展改革委、省财政厅等有关部门，对项目库的项目进行初步筛选，提出参评项目名单。参评项目数原则上为计划安排项目数的 3 倍左右。

2.成立联合评审小组。由省领导小组办公室牵头，成立由省发展改革委、省科技厅、省经济和信息化委、省财政厅、省能源局等部门相关负责人和相关领域技术、财务等方面专家，组成不少于 11 人的项目联合评审小组。

3.公开评审。联合评审小组通过听取项目介绍、公开质疑答辩等方式,现场打分。根据得分高低,按差额确定实地考察的项目名单。

4.实地考察。联合评审小组对项目进行实地考察,出具考察意见。

第十二条 项目公示。省领导小组办公室根据联合评审小组的意见和实地考察情况,会同省发展改革委、省财政厅等部门提出拟支持项目名单,在网上进行为期不少于7天的公示。

第十三条 省领导小组审定。公示结束后,省领导小组办公室会同省发展改革委、省财政厅提出拟支持项目安排意见及引导资金支持方式、额度和进度的建议,报经省领导小组审定。

第四章 项目扶持方式和额度

第十四条 对支持的项目,采用贷款贴息、补助投资、参股投资等方式安排专项资金进行支持。

第十五条 支持额度。

投资补助类项目,一般不超过项目总投资的10%,大体上每个项目在1000万元—5000万元。特别重大的项目,需要突破上述比例的,一事一议,可连续支持。

贷款贴息类项目,依据符合贴息条件的银行贷款总额,按不超过当期银行中长期贷款利率、2年全额贴息计算,确定贴息额。

参股投资类项目,通过招标方式确定或由省领导小组指定出资人代表,原则上在项目建成投入运营或上市后退出,本金和收益仍然用于支持战略性新兴产业。具体管理办法另行制定。

第十六条 专项资金使用不影响省内其他各类资金对战略性新兴产业的支持。获得省级专项资金支持的项目可继续申请国家战略性新兴产业方面的资金支持。

第五章 资金的拨付与项目管理

第十七条 下达批复意见。根据省领导小组审定意见,由省发展改革委、省财政厅于5月份联合批复项目申请报告并下达投资计划。

第十八条 资金拨付。省财政厅根据批复的投资计划,每年5月底前将省补助资金下达至相关市,江北、江南产业集中区财政部门。地方财政部门接到省补助资金后连同本地区安排该项目的资金一并管理,并按项目进度及时拨付资金。

第十九条 协议管理。项目申请报告获得批复后,省领导小组办公室与项目所在市发展改革委、财政局(江北、江南产业集中区管委会)签订项目实施协议,市发展改革委、财政局(江北、江南产业集中区管委会)与项目单位签订项目实施协议,督促项目实施。

第二十条 项目变更。项目实施过程中出现可能影响项目实施目标的重大变更及调整的,项目承担单位要及时提出项目调整的申请报告,由所在市发展改革委会同财政局(江北、江南产业集中区管委会)报省领导小组办公室。省领导小组办公室会同省发展改革委、省财政厅等有关部门,对项目调整申请报告进行评估,提出办理意见报省领导小组审定。调整的项目,视情调整支持资金;终止的项目,支持资金全额收回省财政,纳入下一年度专项资金,继续用于支持战略性新兴产业重点项目。

第二十一条 项目验收。符合验收条件的项目,项目所在市发展改革委、财政局(江北、江南产业集中区管委会)向省领导小组办公室报送验收申请。省领导小组办公室会同省发展改革委、省财政厅等有关部门,组织专家或委托咨询机构进行项目验收。

第二十二条 跟踪问效。省领导小组办公室会同省发展改革委、省财政厅等有关部门,对项目进度及引导资金的使用情况实行监督管理。审计、监察等部门依据职能分工对专项资金的管理和使用情况进行督查。

第六章 附则

第二十三条 本办法自印发之日起执行,省发展改革委、省财政厅负责解释。

安徽省人民政府办公厅关于印发安徽省旅游项目贷款担保风险补助资金管理暂行办法的通知

(2011年8月12日 皖政办秘〔2011〕129号)

各市、县人民政府,省政府有关部门:

省旅游局、省财政厅制订的《安徽省旅游项目贷款担保风险补助资金管理暂行办法》已经省政府同意，现印发给你们，请结合实际，认真贯彻执行。

安徽省旅游项目贷款担保风险补助资金管理暂行办法

第一章　总则

第一条　为进一步促进我省旅游业加快发展，充分发挥财政资金引导和扶持作用，有效缓解旅游项目融资难问题，根据安徽省人民政府《关于进一步加快发展旅游业的实施意见》(皖政〔2011〕33号)，结合我省实际，制定本办法。

第二条　旅游项目贷款担保风险补助资金（以下简称担保补助）从安徽省旅游发展专项资金中切块安排，专门用于融资性担保机构为旅游项目贷款提供担保的风险补助。担保补助规模根据当年全省旅游项目实际贷款情况确定。

第三条　省财政厅对担保补助资金实行专户管理。担保补助资金的管理和使用遵循公开透明、科学评审、专款专用、严格监督的原则。

第二章　范围、标准和程序

第四条　申请使用担保补助贷款的旅游项目应已列入省旅游项目库，包括旅游观光景区、旅游度假区、旅游新业态和旅游商品生产企业等旅游建设项目。

第五条　旅游项目申请担保补助贷款的总额，原则上规模不超过 5 亿元人民币，期限不超过 15 年。

第六条　申请担保补助贷款的旅游企业应具备以下条件：

(一)有固定经营场所，经营管理规范，员工队伍稳定，组织架构较为完善；

(二)旅游主营业务突出，产品具有良好的市场前景，企业生产经营符合国家产业政策、省“十二五”旅游发展规划以及节能和环境保护标准；

(三)有健全的财务制度，财务资料真实可信，企业资产负债率一般应低于 75%；

(四)企业信用较好，无不良贷款记录，无偷漏税等违法违规行为，信用等级符合银行信用等级门槛；

(五)银行和担保机构规定的其他条件。

第七条　申请使用担保补助贷款的旅游企业须提供以下材料：

(一)申请报告：包括项目名称、简介和规划、投资规模、市场前景分析等；

(二)旅游企业基本情况：包括公司章程、验资报告、经济性质、注册资本、主要股东、经营范围、经营规模等；

(三)企业法人营业执照、法定代表人身份等有效证明；

(四)企业上两个年度经会计师事务所审计的财务报表、近期及上年同期的财务报表(资产负债表、利润表、现金流量表及股东权益变动表等)。

(五)银行和担保机构按规定要求提供的其他材料。

第八条　旅游项目申请担保补助贷款工作按以下程序进行：

(一)省旅游局会同省财政厅组织审理申报担保补助贷款的旅游项目，并向融资性担保机构推荐，原则上每半年集中开展一次。

(二)融资性担保机构对旅游项目的贷款开展独立评审，为符合其规定条件的旅游项目提供贷款担保，不得收取保证金，担保费率最高不超过 2%。

(三)金融机构优先向已经融资性担保机构提供担保的旅游项目发放贷款，原则上适用基准以下利率。

(四)省财政按照旅游项目实际获得担保补助贷款总额的 5‰，一次性将担保补助拨付给融资性担保机构，主要用于其损失补偿和补充资本金。

第三章　职责与分工

第九条　旅游项目申请担保补助贷款工作由省旅游局、省财政厅、省政府金融办、安徽银监局共同承担。

(一)省政府金融办负责向申请担保补助贷款的旅游项目单位提供金融政策咨询服务，协调金融机构支持旅游项目担保贷款。

(二)省旅游局负责指导旅游项目贷款担保申请和审核、推荐工作。

(三)省财政厅负责受理融资性担保机构的旅游项目贷款担保补助的申请，并在收到申请的 15 个工作日内予以审核，直接拨付到融资性担保机构指定的账户。

（四）省旅游局、省财政厅会同省政府金融办、安徽银监局搭建银企对接平台，积极向金融机构推荐旅游项目。

第十条 融资性担保机构负责为通过评审的旅游项目提供全额担保并自负盈亏。融资性担保机构要积极开展景区经营权、门票收入权抵押业务，抵押折扣率应当在70%以上。

第十一条 银行等金融机构要为已经融资性担保机构担保的旅游项目及时发放贷款，开辟绿色通道，积极开展见保即贷业务。

第四章 监管和罚则

第十二条 各级旅游、财政部门要认真组织审核、推荐申请担保补助贷款的旅游项目，切实加强项目贷款发放后的使用监管。

第十三条 旅游企业要恪守信用，保证申报担保补助贷款材料的真实性，严格按规定用途使用贷款。

第十四条 各级审计、监察部门要加强对旅游项目贷款担保补助的监管，对弄虚作假、骗补套补、截留占用的，依据相关法律法规严肃查处。

第五章 附则

第十五条 本办法由省财政厅、省旅游局负责解释。

第十六条 本办法自发布之日起实施。

省财政厅规范性文件

安徽省财政厅　安徽省地方税务局　安徽省教育厅关于印发《安徽省地方教育附加征收和使用管理暂行办法》的通知

（2011 年 3 月 31 日　财综〔2011〕349 号）

各市、县（区）财政局、地方税务局、教育局：

为进一步规范地方教育附加征收和使用管理，根据《财政部关于统一地方教育附加政策有关问题的通知》（财综〔2010〕98 号）和《财政部关于调整安徽省地方教育附加征收标准的复函》（财综函〔2011〕5 号）等有关规定，我们对 2003 年省财政厅、地方税务局、教育厅印发的《安徽省地方教育附加征收和使用管理暂行办法》（财综〔2003〕1066 号）进行了修订。经省政府同意，现将修订后的《安徽省地方教育附加征收和使用管理暂行办法》印发给你们，请遵照执行。

安徽省地方教育附加征收和使用管理暂行办法

第一条　为贯彻落实《国家中长期教育改革和发展规划纲要（2010-2020 年）》（中发〔2010〕12 号）精神，进一步规范地方教育附加征收和使用管理，支持教育事业发展，根据《中华人民共和国教育法》、《财政部关于印发〈政府性基金管理暂行办法〉的通知》（财综〔2010〕80 号）、《财政部关于统一地方教育附加政策有关问题的通知》（财综〔2010〕98 号）和《财政部关于调整安徽省地方教育附加征收标准的复函》（财综函〔2011〕5 号）等有关规定，制定本办法。

第二条　凡我省行政区域内缴纳增值税、营业税、消费税的单位和个人（包括外商投资企业、外国企业及外籍个人），应当依照本办法规定缴纳地方教育附加。

第三条　地方教育附加以单位和个人实际缴纳的增值税、营业税、消费税税额为计征依据，计征比率为 2%。

第四条　地方教育附加属于政府性基金，收入就地缴入财政国库，纳入财政预算管理。

对省辖市行政区域范围内征收的地方教育附加，省与市实行 1:9 分成，由征收机关就地分别缴入省级国库和市级国库。

对县（市、区）行政区域范围内征收的地方教育附加，由征收机关就地全额缴入同级国库。

第五条　地方教育附加由各级地方税务部门负责征收。凡缴纳增值税、营业税、消费税的单位或个人，应按规定向主管地方税务部门申报缴纳地方教育附加。省地税局直属局与各市、县地方税务部门的征管范围维持不变。

第六条　实行增值税、营业税、消费税先征后返（退）、即征即退的，除国家另有规定外，对随“三税”附征的地方教育附加，一律不予返（退）还。

第七条　地方教育附加收入，列 2011 年政府收支分类科目 103 类“非税收入”01 款“政府性基金收入”27 项“地方教育附加收入”。地方教育附加支出，列2011年政府收支分类科目205类“教育”10款“地方教育附加安排的支出”。

第八条 地方教育附加的适用票证、征管业务费以及征收管理政策，按照教育费附加的有关规定执行。

第九条 地方教育附加实行专款专用，专项用于发展教育事业，不得从地方教育附加中提取或列支征收或代征手续费。

第十条 各级税务、教育部门应按照同级财政部门规定编制年度地方教育附加预、决算，报同级财政部门审批。

第十一条 地方税务部门要加强地方教育附加征管，确保应收尽收，及时解缴入库。教育部门要加强地方教育附加支出管理，确保资金专款专用，提高资金使用效益。财政、审计和监察部门要加强地方教育附加征收和使用管理的监督检查。

第十二条 凡未经财政部或国务院批准，擅自多征、减征、缓征、停征，或者侵占、截留、挪用地方教育附加的，依照《财政违法行为处罚处分条例》（国务院令第427号）和《违反行政事业性收费和罚没收入收支两条线管理规定行政处分暂行规定》（国务院令第281号）追究责任人的行政责任；构成犯罪的，依法追究刑事责任。

第十三条 本办法从2011年1月1日起执行（对2011年应缴未缴的地方教育附加，由地方税务部门及时补征入库）。省财政厅、省地税局、省教育厅《关于印发〈安徽省地方教育附加征收和使用管理暂行办法〉的通知》（财综〔2003〕1066号）同时废止。

第十四条 本办法由省财政厅、省地税局负责解释

安徽省财政厅关于印发《安徽省党政机关公务用车预算决算管理办法》的通知

（2011年9月27日 财行〔2011〕1547号）

省直各部门，各市、县（区）财政局：

为了加强和规范党政机关公务用车预算、决算管理，根据《安徽省党政机关公务用车配备使用管理办法》（皖办发〔2011〕27号）和财政部关于印发《党政机关公务用车预算决算管理办法》（财行〔2011〕9号）等有关规定，我们制定了《安徽省党政机关公务用车预算决算管理办法》。现印发给你们，请遵照执行。

党政机关公务用车预算决算管理办法

第一章 总 则

第一条 为了规范和加强党政机关公务用车预算决算管理，提高资金使用效益，降低行政成本，促进党风廉政建设，根据《安徽省党政机关公务用车配备使用管理办法》（皖办发〔2011〕27号）和《中华人民共和国预算法》等国家法律法规，制定本办法。

第二条 各级党政机关及其所属行政单位的公务用车预算决算管理适用本办法。

各级党政机关包括各级共产党机关、人大机关、行政机关、政协机关、审判机关、检察机关、民主党派机关等。

第三条 本办法所称公务用车预算决算管理，是指为了保证党政机关公务用车的配备更新和正常使用，对所安排的公务用车购置费用和运行费用实施的预算编制、预算执行、决算编制等管理工作。

第四条 本办法所称公务用车，是指党政机关用于履行公务的机动车辆，分为一般公务用车和执法执勤用车。

一般公务用车是指用于办理公务、机要通信等公务活动的机动车辆。

执法执勤用车是指用于办案、监察、稽查、税务征管等执法执勤公务的专用机动车辆。

第五条 党政机关配备更新公务用车应当严格执行省有关文件规定的配备标准。

第六条 党政机关公务用车实行编制管理。车辆编制按照省有关文件规定，根据人员编制、领导职数和工作需要等因素确定。

第二章 公务用车配备更新计划

第七条 公务用车主管部门根据公务用车的配备更新标准、编制数量和现状，在编制部门预算

之前，编制年度公务用车配备更新计划，作为财政部门安排公务用车预算的重要依据。

第八条　省级党政机关公务用车配备更新计划，由省管局会同省财政厅编制。

第三章　公务用车购置费用预算编制

第九条　公务用车购置费用包括公务用车购置价款、车辆购置税和其他相关支出。

第十条　对年度公务用车配备更新计划，财政部门应当按照公务用车管理规定严格审核。在此基础上，统筹安排公务用车购置费用，并实行严格管理。

第十一条　各级党政机关公务用车购置费用，按照地方部门预算管理有关规定，列入地方财政预算。

第十二条　在编制部门预算时，党政机关公务用车购置费用列《政府收支分类科目》支出经济分类科目“基本建设支出”类或者“其他资本性支出”类下的“公务用车购置”款级科目。预算编制没有细化到经济分类的，应当将“公务用车购置”预算单独列示。

第四章　公务用车运行费用预算编制

第十三条　公务用车运行费用包括公务用车燃料费、维修费、保险费、过路过桥费、停车费和其他相关支出。

第十四条　财政部门应当根据实际需要，结合政府财力状况，科学制定公务用车运行费用定额标准。

第十五条　财政部门根据各单位编制内公务用车数量和运行费用定额标准，核定公务用车运行费用预算，按照隶属关系列入各部门的部门预算。

第十六条　在编制部门预算时，党政机关公务用车运行费用列《政府收支分类科目》支出经济分类科目“商品和服务支出”类下的“公务用车运行维护费”款级科目。预算编制没有细化到经济分类的，应当将“公务用车运行维护费”预算单独列示。

第五章　公务用车预算执行和决算编制

第十七条　公务用车预算确定后，各部门、各单位应当严格执行，原则上不予调整。因特殊情况确需调整的，应当按照规定程序报经财政部门审批。资金支付按财政国库管理制度有关规定执行。

第十八条　年度终了，各部门在编制部门年度决算时，应当统计汇总本部门及其所属单位公务用车增减变动和预算执行情况，并就有关情况作出说明，报送财政部门。

第十九条　地方各级财政部门在审核批复本级各部门年度决算、汇总编制本级和本地区部门决算时，应当统计汇总党政机关公务用车增减变动和预算执行情况，并就有关情况作出说明。

第六章　附　则

第二十条　参照公务员法管理并执行行政单位财务会计制度的事业单位和社会团体的公务用车预算决算管理，依照本办法执行。

第二十一条　地方各级财政部门可以根据本办法的规定，制定本地区和本级的具体办法，并报省财政厅备案。

第二十二条　本办法自发布之日起施行。此前有关公务用车预算决算管理的规定，凡与本办法不一致的，按照本办法执行。

安徽省财政厅　安徽省科技厅关于印发安徽省国家技术创新工程试点省和合芜蚌自主创新综合试验区专项资金项目扶持管理办法（试行）的通知

（2011 年 3 月 15 日　财教〔2011〕264 号）

各市人民政府，省创新办成员单位：

2008 年启动建设合芜蚌自主创新综合试验区以来，在省委省政府坚强领导下，各类创新主体勇于实践、锐意进取，带动全省产业、科技、人才和改革“四大成果”呈现加速涌流的良好发展态势。

为进一步加强国家技术创新工程试点省（以下简称“试点省”）和合芜蚌自主创新综合试验区（以下简称“试验区”）专项资金使用管理，突出资金支持项目，突出使用绩效，充分发挥财政性资金的引导和带动作用，经省政府同意，决定从 2011 年起，实行专项资金项目扶持机制，为此，我们制定了《安徽省国家技术创新工程试点省和合芜蚌自主创新综合试验区专项资金项目扶持管理办法（试行）》，现印发给你们，请结合实际，认真贯彻执行。

安徽省国家技术创新工程试点省和合芜蚌自主创新综合试验区专项资金项目扶持管理办法(试行)

为进一步加强国家技术创新工程试点省和合芜蚌自主创新综合试验区专项资金项目(以下简称“项目”)管理，推进试验区和试点省建设，特制定专项资金项目扶持管理办法。

第一条 项目遴选原则

省级专项资金在优先兑现皖发〔2008〕18号文件规定的省级税收奖励政策前提下，实行项目扶持机制。项目遴选原则为：

(一)突出导向。重点扶持省里确定的八大战略性新兴产业和优势产业项目。

(二)突出牵动。针对重大产品的技术需求，以企业为主体凝练大项目，拉动产业投资，牵动产业链形成。

(三)突出引进。对从省外引进的高端项目和企业及时跟进支持。

(四)突出集成。产学研集成，省、市、县集成，政府、企业、社会投入集成。

(五)突出实效。以项目实施快速集聚创新资源，加速成果转化和产业化，形成更多的“四大成果”。

第二条 项目类型

项目分为攻关、引进和建设三类。攻关类用于扶持解决产业关键技术需求，放大需求效应；引进类以项目形式扶持技术引进、成果引进和人才引进；建设类主要指公共服务平台和产学研实体建设等。

第三条 项目基本要求

项目属于本市重点扶持和发展的战略性新兴产业或优势产业，具有较好的技术基础，项目承担单位有较强的创新能力。攻关、引进类项目2-3年内可实现产业化，预期取得标志性产业及科技成果，建设类项目确保取得标志性建设成果。

第四条 项目遴选办法

(一)以市为主。各市负责具体项目的筛选、评审和日常管理等工作。省负责项目督查和绩效评估。

(二)集成联手。市县要先行给予项目资金支持，省级资金跟进配套支持，并积极争取国家支持。跨市重大项目、前沿性项目省级统筹支持，市里配套。

(三)简化程序。简化申报立项程序，提高效率，重点是加强项目执行的跟踪服务。

(四)属地管理。中央和省属高等学校、科研院所和企业等单位申报项目，实行属地化管理。

第五条 项目遴选程序

(一)每年元月，由省创新办发布年度项目指南，明确支持重点，会同有关部门参考各市上年度项目和资金数下达项目控制数和资金控制数。

(二)每年2月，各市财政部门会同相关部门负责将上年度审核兑现后应由省级承担的税收奖励资金汇总材料上报省财政厅；市科技部门会同相关部门负责联手征集项目需求、组织项目论证和项目整合(如以专项带课题等方式)，在项目控制数和资金控制数范围内，按顺序排出拟报项目(含税收奖励资金项目)，经市领导审定后报送省创新办。

(三)每年3月，省财政厅会同有关部门对省级应承担的税收奖励资金汇总材料进行审查备案，报省领导小组审定；省创新办会同有关部门成立专家组赴市指导、协调，对跨市联动合作项目进行整合，对各市申报项目组织联审，报省领导小组审定。省创新办按领导小组审定的项目下达计划。

(四)各市负责项目合同签订和日常管理。省财政厅按照国库集中支付管理制度下达项目(含税收奖励资金项目)资金。

第六条 监督管理

(一)省创新办建立网上备案项目库，各市负责填报项目备案和执行情况等信息，主动公开项目信息，接受社会监督。

(二)省创新办建立项目绩效考评制度，明确绩效目标，会同有关部门组织项目检查、中期评估和年度考核。各市要建立项目绩效考评制度及时向省创新办备案，切实提高资金使用效益。

(三)专项资金实行专款专用、专账核算。专项资金要纳入项目承担单位财务，统一管理，单独设账，不得挪用。

（四）各市要指导督促项目承担单位健全项目、资金内部管理制度，严格执行国家有关项目管理、财务管理规章制度。

（五）建立市项目、资金绩效及管理情况年度总结制度，总结材料于每年 2 月底前上报省创新办。

第七条　其他

本办法由省财政厅、省科技厅负责解释，自发布之日起施行。

安徽省财政厅　安徽省粮食局关于印发《安徽省粮油仓储设施维修改造专项资金管理暂行办法》的通知

（2011 年 7 月 1 日　财建〔2011〕1087 号）

各市、县（区）财政局、粮食局：

为进一步加强粮油仓储设施维修改造，促进粮油仓储设施维修改造资金管理科学化、制度化、规范化，提高资金使用效益，我们制定了《安徽省粮油仓储设施维修改造专项资金管理暂行办法》，现印发给你们，请遵照执行。

同时，请各市、县（区）粮食局、财政局于 2011 年 8 月底前，将 2011 年仓储设施维修方案报省粮食局、省财政厅审核备案。

安徽省粮油仓储设施维修改造专项资金管理暂行办法

第一章　总　则

第一条　为进一步加强粮油仓储设施维修改造，促进粮油仓储设施维修改造资金管理科学化、制度化、规范化，提高资金使用效益，根据《中华人民共和国预算法》和财政财务管理的有关规定，特制定本办法。

第二条　粮油仓储设施维修改造专项资金（以下简称“专项资金”），是指中央和省财政预算安排的，用于我省承担政策性粮食收储任务的粮食仓储企业仓库维修改造专项资金。

第三条　专项资金支持范围为：全省范围内执行政策性收储任务的国有或国有控股的粮油仓储企业（不包括中储粮油总公司直属库及中央储备粮油承储库点）。

第四条　仓库维修专项资金以库点为单位，采取项目管理方式。各地要建立仓库维修项目库，根据当地粮油仓储设施实际情况，通过实地调研和评测，将确需维修的项目分轻重缓急逐步纳入到项目库中，实行滚动管理。

第二章　维修资金管理

第五条　专项资金按照“因素分配、统筹使用、突出重点、公平公正”的原则进行分配和使用。

第六条　省财政厅、省粮食局根据各地当年政策性粮食收购量、粮油仓储有效仓容量、省级储备粮油承储量、需维修仓容量等因素，综合考虑地方财力和上年度项目实施效果等情况，采取因素法预分配专项资金，并向各地下达预分配资金额度。

第七条　各市、县财政、粮食部门应根据预分配资金额度，确定维修项目并编制本地区维修方案，报省财政厅、省粮食局审核。省财政厅、省粮食局对各地上报的仓库维修方案进行审核后，下达专项资金预算指标。

第八条　各市、县财政部门要按照国库支付有关规定拨付专项资金，有条件的地区要实行县级报账制。

第九条　专项资金必须专款专用，单独核算，专项用于维修工程、材料、设备购置，不得用于管理性支出。

第十条　当年维修结余资金，由市、县财政部门会同粮食部门集中安排用于项目库中其他维修项目。

第三章　维修项目管理

第十一条　各地在安排年度维修项目时要突出重点，结合粮食收储的区域分布，从项目库中合理选择仓储维修项目，确保维修一批，完成一批，不留“半拉子”项目。

第十二条　各市、县粮食和财政部门在确定年度维修项目后，应尽快制定维修方案，方案内容包括基本情况、项目安排、维修计划、资金筹措、工作措施等,并按要求将维修方案报省粮食局、省财政厅审核。

第十三条 各市、县粮食部门在专项资金下达后应尽快组织项目实施，要按照有关规定和要求，实行项目法人责任制、施工合同制,对按规定应进行招标或政府采购的,必须公开招标或政府采购。

第十四条 仓储设施维修内容主要包括：仓库房屋维修、仓库晒场地坪维修,以及仓储其他设施维护等。

第十五条 维修项目除遇重大自然灾害等不可抗力外，原则上当年安排实施的项目必须当年完工。

第十六条 项目完工后,各市、县粮食和财政部门负责组织验收。验收内容包括:维修改造具体内容,维修改造工程量、资金使用、工期、施工管理等。维修改造项目档案存市、县粮食部门备查。

第十七条 项目验收后,各市、县财政和粮食部门要对项目进行绩效评价,重点评价维修工作量完成情况、工程质量情况、资金使用情况、项目实施产生的效益等。评价结果报省财政厅和省粮食局备案,并作为以后年度分配专项资金的依据。

第四章 监督检查

第十八条 各市、县粮食和财政部门要加强对项目实施和资金使用的监督检查,及时跟踪项目实施进度和资金使用情况,发现问题及时纠正,确保专项资金按规定用途使用。

第十九条 各地、各部门和项目实施单位要自觉接受纪检监察、审计部门对维修资金使用的监督检查,自觉接受社会监督。

第二十条 对违规使用专项资金,一经查实,收回专项资金,并取消该市、县下一年度的资金分配,同时按照《财政违法行为处罚处分条例》和有关法律规定,追究有关单位和个人的责任。

第五章 附 则

第二十一条 本办法由省财政厅、省粮食局负责解释。

第二十二条 本办法自下发之日起施行。

安徽省财政厅 安徽省住房和城乡建设厅关于印发《安徽省“十二五”期间城镇污水处理设施配套管网建设项目中央专项资金管理实施细则》的通知

(2011年7月28日 财建〔2011〕1112号)

各市、县财政局、住房和城乡建委(城管局、水务局):

为切实加强我省城镇污水处理设施配套管网建设项目中央专项资金管理,推动加快城镇污水处理设施配套管网建设,促进水污染防治工作取得实效,充分发挥专项资金使用效益,根据财政部、住房和城乡建设部印发的《“十二五”期间城镇污水处理设施配套管网建设项目资金管理办法》(财建〔2011〕266号),结合我省实际,制定《安徽省“十二五”期间城镇污水处理设施配套管网建设项目中央专项资金管理实施细则》。现印发给你们,请遵照执行。

安徽省“十二五”期间城镇污水处理设施配套管网建设项目中央专项资金管理实施细则

第一章 总 则

第一条 为切实加强我省城镇污水处理设施配套管网建设项目中央专项资金管理,推动加快城镇污水处理设施配套管网建设,促进水污染防治工作取得实效,充分发挥专项资金使用效益,根据财政部、住房和城乡建设部印发的《“十二五”期间城镇污水处理设施配套管网建设项目资金管理办法》(财建〔2011〕266号),结合我省实际,制定本实施细则。

第二条 城镇污水处理设施配套管网建设项目中央专项资金(以下简称“中央专项资金”),是指中央财政设立的专项用于支持城镇污水处理设施配套管网及污水泵站(以下简称污水管网)建设的资金。

第三条　中央专项资金实行专项转移支付，具体项目安排和资金管理由省级政府负总责。项目所在市或县级人民政府负责具体项目组织实施。各级住房和城乡建设部门(城管局、水务局)负责指导、组织实施和监督污水管网工程建设，财政部门负责下达、管理和监督专项资金使用。

第四条　中央专项资金使用范围为纳入安徽省城镇污水处理设施及配套管网“十二五”规划的项目，以及根据省政府要求，经省财政厅、省住房和城乡建设厅认定的其他城镇污水处理设施配套管网项目。已使用中央财政其他专项资金的项目，原则上不再纳入使用该专项资金的范围。

第二章　资金安排和使用管理

第五条　中央专项资金采取“集中支持”和“整体推进”两种方式。

集中支持是指对重点流域县及重点镇污水管网建设集中支持，区域推进，干一个，完一个。我省列入国家集中支持的范围包括淮河、巢湖、长江中下游及南水北调等重点流域和重要水源地的县和重点镇，以及江南、江北两个省管产业集中区。

整体推进是指对集中支持以外的其他地区污水管网建设实行以奖代补，我省整体推进范围包括各省辖市城区，以及新安江流域县及重点镇的污水管网建设项目。

本实施细则所称县包括县级市、县城、成建制撤县改区的市辖区以及远郊区县。

第六条　对集中支持地区县及重点镇污水管网建设，中央专项资金按“十二五”建设任务量和控制投资额予以补助，控制投资额由财政部核定，建设任务包括“十二五”期间新建和在建污水管网项目。

中央补助控制投资额的60%，其余投资由项目所在县(市、区)承担。专项资金实行绩效管理，安排项目时按照补助资金的一定比例控制下达。项目竣工后，按照财政部、住房城乡建设部部署开展绩效评价，根据绩效评价结果安排后续补助资金。

第七条　对集中支持地区，鼓励县(市、区)人民政府早建设、早完成任务，对利用自筹资金建成的集中支持地区“十二五”建设任务内的污水管网项目，专项资金下达后可用于项目资金归垫。

集中支持地区污水管网建设任务完成后，中央专项资金如有结余，由省里统筹纳入整体推进资金管理。

第八条　省对集中地区的县及重点镇污水管网建设资金安排，根据年度专项资金规模和轻重缓急原则，集中使用，滚动安排，逐批销号，确保干一个县(或镇)，完成一个县(或镇)。

第九条　集中支持地区在省级安排下达中央专项资金1个月内，将项目安排清单(含地方投入情况)上报省财政厅、住房和城乡建设厅。

第十条　对整体推进地区污水管网建设，根据中央切块安排我省的专项资金，省财政厅会同省住房和城乡建设厅联合组织项目申报和专家评审，根据审核后城镇污水处理设施配套管网建成长度、在建长度、投资规模等因素进行分配。

第十一条　整体推进专项资金可用于新建和在建污水管网项目建设。整体推进地区污水管网项目建设完成后，中央专项资金如有结余，报经同级财政部门审核后，可用污水管网养护和污水处理设施运营。

第十二条　市、县人民政府要将专项资金纳入同级财政预算管理，但不得用于平衡本级预算。要严格按照国库集中支付制度有关规定支付，实行专账核算，专款专用，不得以任何理由、任何方式截留、挤占、挪用、骗取专项资金。

第三章　前期工作和工程建设管理

第十三条　市、县人民政府要做好污水管网项目前期工作，保障前期工作投入，加快项目前期工作进度，保证前期工作质量和深度，确保专项资金安排用于具备开工条件的污水管网项目建设。

第十四条　集中支持地区的县及重点镇，各年度污水管网建设任务量要符合城镇发展规划、城镇污水处理设施建设规划、相关水污染防治规划等规划要求。

第十五条　污水管网建设项目要按照有关规定，选择具备相应资质的设计单位，根据《室外排水设计规范》等国家和行业标准进行工程设计，并完善项目审批(核准)手续。

第十六条　污水管网项目要严格实行项目法人责任制、工程招投标制、施工合同制、工程监理制。

第十七条　各级住房和城乡建设部门(城管局、水务局)要加强污水管网工程建设管理，建立健全工程质量监督和安全管理体系，确保工程质量、安全和建设进度。

第十八条 污水管网项目建设完成后，要严格按照国家《给水排水管道工程施工及验收规范》等相关标准和规范要求，及时组织竣工验收；验收通过后，及时移交运营管理单位，落实各项管护措施，确保尽早发挥效益。

市级住房和城乡建设部门（城管局、水务局）要会同财政部门，将验收结果汇总上报省住房城乡建设厅、省财政厅备案。

第十九条 市、县住房城乡建设部门（城管局、水务局）要加强项目档案管理，项目的相关文件、阶段性总结、资金审批文件、工程监理报告、技术资料、统计数据、图片照片资料等，要及时、科学归档保存，严格管理。

第四章 监督管理和绩效评价

第二十条 对集中支持地区，省财政厅、住房城乡建设厅与市、县人民政府签订责任协议，明确“十二五”建设任务及市县责任。负责项目实施的市、县人民政府应将项目预算及资金使用情况向社会公开，接受社会监督。

第二十一条 各市、县财政、住房和城乡建设部门（城管局、水务局），要自觉接受财政部、住房城乡建设部组织开展的不定期检查、重点督查、专项核查等多种方式的绩效评价。

第二十二条 各市、县财政部门会同住房和城乡建设部门（城管局、水务局）加强预算执行，及时反映中央专项资金支持项目的绩效情况。建设过程中出现影响项目实施及目标完成情况的问题，要及时汇总、上报有关情况，说明原因，提出调整意见。

市、县住房城乡建设部门（城管局、水务局）会同财政部门要按月在财政部内网汇总上报中央专项资金安排使用及项目建设进展情况，各地报送情况将作为中央专项资金绩效评价重要内容之一，上报不及时、不准确的，对集中支持地区相应扣减5%-10%的补助资金，对整体推进地区以后年度原则不予安排资金，并给予通报批评。

第二十三条 对于“报大建小”、虚列支出等弄虚作假的项目和地区，将视情况采取通报批评、停止安排资金或追缴已拨付资金等措施予以处理。

第二十四条 对于违反规定，截留挪用、虚报投资完成骗取中央专项资金或其他违规行为，一经查核，将全省通报，收回已安排的中央专项资金，并按照《财政违法行为处罚处分条例》（国务院令第427号）的规定进行处理。涉嫌犯罪的，移送司法机关处理。

第五章 附 则

第二十五条 财政部原《城镇污水处理设施配套管网以奖代补专项资金管理办法》（财建〔2009〕501号），在新办法出台后同时废止。

第二十六条 本实施细则自印发之日起实施，由省财政厅、省住房城乡建设厅负责解释。

安徽省财政厅 安徽省环境保护厅关于印发《安徽省农村环境连片整治示范资金管理暂行办法》的通知

（2011年10月25日 财建〔2011〕1737号）

各市、县财政局、环保局：

为充分发挥农村环境连片整治示范资金的作用，规范资金管理，提高资金使用效益，我们研究制定了《安徽省农村环境连片整治示范资金管理暂行办法》，现印发给你们，请遵照执行。

安徽省农村环境连片整治示范资金管理暂行办法

第一章 总 则

第一条 为加强和规范我省农村环境连片整治示范专项资金（以下简称“示范资金”）的监督和管理，提高资金使用效益，加快推进农村环境连片整治示范工作，根据财政部、环保部《关于印发〈中央农村环境保护专项资金管理暂行办法〉的通知》（环财函〔2009〕165号）等相关文件规定，结合我省实际，特制定本暂行办法。

第二条 示范资金是指为有效解决危害群众健

康、影响农村可持续发展的突出环境问题、改善农村环境质量,完善农村必要的环境基础设施,健全农村环境保护体制机制而筹集的资金。示范资金主要包括:中央财政补助的农村环境连片整治示范专项资金、省级配套补助资金,以及市、县(市、区)按要求落实的配套资金。

第三条 示范资金管理遵循“突出重点、规划合理、示范先行、确保实效、专账核算、公开透明、专款专用、强化监管”的使用原则。

第二章 示范资金支持范围

第四条 示范资金专项用于省政府确定的我省农村环境连片整治示范区域范围内的村庄环境综合整治、村镇生态环境建设项目,具体包括:

(一)农村饮用水水源地保护项目

1.农村集中式饮用水水源地保护。支持集中式饮用水水源地的环境保护措施,主要用于饮用水水源地排污口拆除、截污及隔离设施建设、标志设置等。

2.农村分散式饮用水水源地保护。支持农村分散式饮用水水源地环境污染防治措施,主要用于截污及隔离设施建设、标志设置等。

(二)农村生活污水和垃圾处理项目

1.农村生活污水处理。支持城镇周边纳入城镇污水统一处理系统进行生活污水收集管网建设(截污纳管);多个相邻的村(包括撤销乡镇的原镇区)进行的集中污水处理设施建设(集中处理);单个村(包括撤销乡镇的原镇区)进行的集中污水处理设施建设。

2.农村生活垃圾处理。支持“组保洁、村收集、镇转运、县(市、区)处理”的生活垃圾转运系统建设,优先解决建制镇的垃圾中转站及其配套渗滤液收集(处理)设施建设和垃圾转运车辆购置 。

(三)畜禽养殖污染治理项目

支持对畜禽养殖小区和畜禽散养密集区实施的非规模化养殖污染治理与废弃物综合利用。

(四)与村庄环境质量改善密切相关的环境综合整治项目

第五条 示范资金不予支持的项目包括:

(一)饮用水水源地保护区范围内污染企业搬迁项目以及单纯改变污水排放去向的管道工程、自来水厂、供水管网建设等基本建设项目。

(二)规模化畜禽养殖场污染治理项目。

(三)大型垃圾填埋场和垃圾焚烧发电设施建设项目。

(四)有明确责任主体(尚未被依法宣告破产或注销工商登记及因其他事由丧失责任能力)的工矿企业污染治理项目。

(五)与解决村庄环境污染问题关联不强的项目,包括饮水解困、道路硬化、街道亮化、村庄绿化、产业结构调整等。

(六)与现有其他国家资金支持方向存在重复的项目。

第六条 示范资金不得用于人员工资、津补贴、办公经费、奖金、公务车辆和办公用房购建等支出。

第三章 示范资金的管理

第七条 省政府每年确定农村环境连片整治示范地区(以下简称示范地区)。示范地区应编制农村环境连片整治计划,经安徽省农村环境连片整治示范工作联席会议办公室审核确定后,省政府与示范地区人民政府签订农村环境连片整治责任书,省财政厅在签订责任书后20个工作日内将示范资金下达到示范地区。

第八条 根据省政府有关农村环境连片整治的工作要求,示范地区人民政府要统筹安排,制定配套资金落实方案,确保配套资金落实到位。并要整合各方资源,积极鼓励镇、村加大对农村环境连片整治示范工程的投入。

第九条 示范资金实行专账管理,示范地区县级财政应将中央、省及地方财政配套资金统一进行专账管理,实行县级财政报账制。由农村环境连片整治项目实施单位根据项目实施计划、实施合同以及实施进度,凭合法有效支出凭证提出报账申请,经县级环保部门审核、财政部门复核后,由县级财政部门拨付项目资金并进行日常核算。此外,应预留示范资金总额10%的工程质量保证金,在项目通过验收后支付。

第十条 实施农村环境连片整治示范项目过程中发生的项目审核论证、资金使用的监督检查、监督监测、竣工验收以及绩效考评等工作经费支出,按照部门预算管理规定纳入同级预算安排。各地应通过地方财政和村庄自筹落实农村环境污染防治设施或工程建成后的运行费用,以确保环境综合整治的持续效果。

第十一条 示范项目应按照工程招投标及政府采购的有关规定执行，大宗物资、设备、技术或服务等，属于政府采购目录范围内的，应实施政府统一采购。杜绝盲目引进国外技术和设备，严格控制进口设备购置费用。

第十二条 示范资金支持的乡镇、村应当按照政务公开要求，将示范资金和使用详细情况、项目安排和具体实施情况等向受益地区群众张榜公布。有条件的地方应当将情况在财政和环境保护部门的政府门户网站上予以公布，以接受社会监督。

第四章 监督检查

第十三条 省财政厅会同省环保厅或委托评审机构对资金使用和项目实施情况进行监督检查。

第十四条 对示范区项目未按计划进度实施，未完成预定任务目标或资金落实不到位的，省财政厅、省环保厅应追缴上年度已下达资金、核减或停止下达本年度预算，对截留、挤占、挪用补助资金或有其他违规行为的，依照《财政违法行为处罚处分条例》（国务院令第427号）的规定进行处理。

第十五条 示范县（市、区）财政和环保部门应于年度计划完成后2个月内将上年度预算执行情况报省财政厅和省环保厅。内容包括项目实施进展情况和成效、中央和省级补助资金以及地方自筹资金到位情况、资金使用情况、管理措施、项目考核验收情况等。

第五章 激励约束机制

第十六条 建立示范工作奖惩激励机制。对于农村环境连片整治示范工作措施得力、示范效果明显、示范特色突出的县(市)，将予以通报表扬，并在资金拨付、涉农项目资金安排，其他专项资金以及相关工作经费安排等方面予以优先考虑和适当倾斜。对于工作推进不力、项目进度迟缓、资金使用滞后、配套资金不到位、资金核算不规范以及违纪违规，使用资金造成不良影响的县（市），给予通报批评，同时将采取停拨示范资金、限期整改等措施；情节严重的，报省政府批准后将采取核减示范资金或取消示范资格、扣回资金、暂停其他项目资金等措施。

第六章 附 则

第十七条 示范地区财政和环保部门，可以根据本办法，结合当地实际，制定具体管理办法，报省财政厅和环保厅备案。

第十八条 本办法由省财政厅、省环境保护厅负责解释。

第十九条 本办法自下发之日起执行。

安徽省财政厅 安徽省水利厅关于印发《安徽省中小河流治理财政专项资金绩效评价实施细则》的通知

（2011年11月11日 财建〔2011〕2009号）

各市、县财政局、水利（水务）局：

为进一步规范中小河流治理财政资金管理，提高资金使用效益，根据财政部、水利部印发的《中小河流治理财政专项资金绩效评价暂行办法》（财建〔2011〕361号）及有关规定，结合我省实际，省财政厅、省水利厅联合制定了《安徽省中小河流治理财政专项资金绩效评价实施细则》。现印发给你们，请遵照执行。

安徽省中小河流治理财政专项资金绩效评价实施细则

第一章 总 则

第一条 为进一步规范中小河流治理财政资金管理，提高资金使用效益，根据财政部、水利部印发的《中小河流治理财政专项资金绩效评价暂行办法》（财建〔2011〕361号）及有关规定，结合我省实际，制定实施细则。

第二条 本办法所称绩效评价，是指对中小河流治理的项目前期工作、建设管理、资金管理、工程建设成果及治理效果、工程验收及后期管护，运用定量、定性指标相结合的评价方法和统一的评价标准，综合评价中小河流治理的绩效目标实现程度。

第三条 绩效评价遵循科学、规范、公平、公正的原则。

第四条 绩效评价工作实行统一组织，分级实施,具体包括项目法人自评、县级复评、省级审定三个步骤。评价方式包括单位自评、专家评审、全面检查和公众评议等形式。

(一)省财政厅、水利厅负责我省中小河流治理绩效评价工作。组织、督促和指导市县开展绩效评价实施工作,及时开展省级审核评定工作。

(二)市县财政、水利部门负责指导项目法人开展绩效评价自评工作,对项目法人自评报告进行复核,及时向省级上报项目绩效评价结果。

(三)项目法人负责绩效评价自评工作,及时向县级财政、水利部门报送相关材料,配合上级部门的检查和评价工作,并对评价中发现的问题进行整改。

第二章 评价依据和内容

第五条 绩效评价工作依据:

(一)国家及省里相关规划和文件。

(二)省财政厅、水利厅出台的相关管理制度。

(三)各项目初步设计资料、土地预审、环评等前期工作文件;项目批复和预算下达文件。

(四)市、县财政、水利部门反映资金筹措和使用管理、工程建设等有关统计数据、通报。

(五)县级以上人民政府及财政、水利部门的有关批复文件、承诺文件、评审检查结论;工程建设过程中形成的有关文件和材料。

(六)其他相关资料。

第六条 绩效评价内容:

绩效评价由对县级工作的绩效评价和对项目绩效评价两部分组成。

(一)县级工作绩效评价内容。

1.工作组织情况:是否根据规划任务制定前期工作及项目建设等分年度实施方案、县级中小河流治理工作责任落实情况、监督检查制度建设及落实情况、组织实施总体成效等。

2.前期工作开展情况:前期工作调查、上报情况是否严格、准确;初步设计审批或审批申请是否符合规定;前期工作审批进度是否满足按期完成规划的进度要求。

3.统计及信息宣传:县级中小河流治理情况报送及信息宣传情况。

4.资金落实情况:市县配套资金落实情况。

(二)项目绩效评价内容。

1.前期工作:主要评价初步设计报告及施工图设计质量。

2.项目建设管理:主要评价项目建设“四制”执行、质量和安全管理情况等。

3.项目资金管理:主要评价资金拨付情况、项目单位财务管理制度是否健全、工程款支付是否及时、资金使用范围是否合规、财务管理是否规范等。

4.工程建设成果及治理效果:主要评价项目是否按照设计要求完成建设任务、投资完成情况、工程防洪和生态效益等。

5.工程验收及后期管护:主要评价工程进度、档案资料管理、竣工验收和建后管护情况等。

(三) 绩效评价指标体系。

根据财政部、水利部的要求,结合我省实际,制定绩效评价指标体系。

第三章 评价的程序

第七条 绩效评价工作原则上于每年上半年集中组织实施,分批次对各地完工项目和项目整体进展情况进行评价。

第八条 绩效评价一般按以下程序进行:

1.项目法人按照本办法要求,完成绩效评价自评工作,并于每年1月底前向县级财政、水利部门报送自评结果和绩效评价报告。市本级(含市辖区)负责实施的项目,项目法人直接向市级财政、水利部门报送自评结果和绩效评价报告。

2.县级财政、水利部门对本行政区域内的中小河流治理项目绩效评价自评情况进行复评汇总,连同绩效评价复评报告于2月底前报送省财政厅、省水利厅。市级财政、水利部门对市本级(含市辖区)负责实施的项目绩效评价自评情况进行复评汇总,连同绩效评价复评报告于2月底前报送省财政厅、省水利厅。

3.省财政厅、省水利厅结合上报材料,委托评审机构,综合运用专家评审、公众评议等方式,于4月底前完成审核评定工作。

第四章 评价结果运用

第九条 绩效评价实行100分制(具体评分标准附后),其中,对县级工作的绩效评价占25分,对具体项目绩效评价占75分。绩效评价结果分四个等级:总分90分及以上的为优秀;80—90分的为良好；70—80 分的为一般；70 分以下或有下列情况之一的为较差：

1.将中央和省级专项资金用于规划外项目的；

2.违背基本建设程序，擅自扩大建设规模、提高建设标准、增加建设内容的；

3.在审计、稽查和其他相关检查中发现质量、资金管理等方面存在重大问题的；

4.项目发生安全生产事故或质量事故的，或者造成重大经济损失和社会不良影响的；

5.项目建设进度严重滞后的；

6.项目法人在自评过程中弄虚作假的。

第十条 县级绩效评价总得分为该地区评价批次省级审定的全部项目得分的算术平均值与县级工作绩效评价得分之和。

第十一条 绩效评价结果是对各地中小河流治理工作的综合评价，评价结果直接与后续项目和资金安排挂钩。

绩效评价结果为优秀的县，在全省范围内通报表扬，完工项目补齐其余 20%补助资金，在安排后续中小河流项目和奖励资金时给予倾斜。

绩效评价结果为良好的县，完工项目补齐其余 20%补助资金。

绩效评价结果为一般的县，视情况安排部分其余补助资金。

绩效评价结果为较差的县，在全省范围内通报批评，视情况扣减其余 20%补助资金，同时减少或暂停后续项目和资金安排规模。

第十二条 本实施细则自发布之日起施行，由省财政厅、水利厅负责解释。省财政厅、省水利厅印发的《安徽省中小河流治理项目绩效考评暂行办法》（财建〔2010〕1493 号）同时废止。

（注：附件略）

安徽省财政厅 安徽省水利厅关于印发《安徽省小型病险水库除险加固财政专项资金绩效评价实施细则》的通知

（2011 年 11 月 21 日 财建〔2011〕2029 号）

各市、县财政局、水行政主管部门：

为进一步规范小型病险水库除险加固财政资金管理，提高资金使用效益，根据财政部、水利部印发的《小型病险水库除险加固财政专项资金绩效评价暂行办法》（财建〔2011〕835 号）及有关规定，结合我省实际，省财政厅、省水利厅联合制定了《安徽省小型病险水库除险加固财政专项资金绩效评价实施细则》。现印发给你们，请遵照执行。

安徽省小型病险水库除险加固财政专项资金绩效评价实施细则

第一章 总 则

第一条 为进一步规范小型病险水库除险加固财政资金管理，提高资金使用效益，根据财政部、水利部印发的《小型病险水库除险加固财政专项资金绩效评价暂行办法》（财建〔2011〕835 号）及有关规定，结合我省实际，制定实施细则。

第二条 本办法所称绩效评价，是指对小型病险水库除险加固的项目前期工作、建设管理、资金管理、工程建设成果及效果、工程验收及后期管护等，运用一定的评价方法和统一的评价标准，综合评价小型病险水库除险加固的绩效目标实现程度。

绩效评价对象为列为国家规划和省级规划的所有小型病险水库除险加固项目。

第三条 绩效评价遵循科学、规范、公平、公正的原则。

第四条 绩效评价工作实行统一组织，分级实施，具体包括项目法人自评、县级复评、市级汇总、省级审定四个步骤。评价方式包括单位自评、专家评审、全面检查、抽样调查和公众评议等形式。

(一)省财政厅、省水利厅负责我省小型病险水库除险加固绩效评价工作。组织、督促和指导市、县开展绩效评价实施工作,及时开展省级审核评定工作。

(二)市级财政、水利部门负责对县级绩效评价报告进行审核汇总,并上报至省财政厅、省水利厅。

(三)县级财政、水利部门负责指导项目法人开展绩效评价自评工作,对项目法人自评报告进行复核。

(四)项目法人负责绩效评价自评工作,及时向县级财政、水利部门报送相关材料,配合上级部门的检查和评价工作,并对评价中发现的问题进行整改。

第二章 评价依据和内容

第五条 绩效评价工作依据:

(一)国家及省里相关规划和文件。

(二)省财政厅、水利厅出台的相关管理制度。

(三)省级人民政府与市级人民政府,市级人民政府与县级人民政府签订的目标责任书。

(四)小型病险水库加固项目安全鉴定(安全评价)及其核查报告,初步设计资料及批复文件、建设资金预算下达文件、项目竣工验收报告等。

(五)市、县财政、水利部门反映资金筹措和使用管理、工程建设等有关统计数据、通报。

(六)各级相关部门对小型病险水库除险加固项目开展审计、稽查、检查、评审等工作的结论;工程建设过程中形成的有关文件和材料。

(七)其他相关文件、资料。

第六条 绩效评价内容:

(一)组织实施。

1.项目组织领导机构是否健全、工作机制是否有效;责任制和责任追究制度是否落实、有关人员责任是否明确、履行职责是否到位。

2.监督检查机制是否健全、是否落实。

3.项目审批程序是否符合规范要求。

4.项目进度情况统计和信息上报是否及时、上报数据是否真实、准确。

5.市县是否按规定制定了具体、操作性强的年度实施方案等。

(二)前期工作。

1.项目安全鉴定(安全评价)和初步设计承担单位资质是否满足有关规定要求。

2.安全鉴定(安全评价)质量与深度是否满足要求。

3.初步设计质量与深度是否满足要求,除险加固措施是否合理。

4.项目初步设计概算是否合理。

5.项目重大设计变更是否按规定履行程序等。

(三)建设管理。

1.项目法人责任制:项目法人组建方式是否规范,内部机构和管理制度是否健全,各项责任是否落实、管理是否到位。

2.招标投标制和合同制:招投标方式和程序是否规范;中标单位资质是否符合规定;有无化整为零、规避招标、虚假招标等行为,有无违法分包和转包行为。

3.建设监理制:监理单位是否按合同规定配备足够的监理人员,监理单位资质及监理人员资格是否满足规定,监理工作是否到位。

4.工程施工:施工单位资质是否符合规定;现场项目部机构设置、技术人员素质和数量、施工设备是否满足工程建设需要;各项管理制度是否健全,各项责任是否落实,现场管理是否到位,施工安全措施是否落实;是否存在擅自改变建设内容、提高或降低建设标准、扩大或缩小建设规模的问题。

(四)资金管理。

1. 资金安排:资金在项目间调剂使用是否合理;市、县是否按规定落实配套资金。

2.资金到位:县级(或基层)财政部门是否按工程进度及时将中央财政专项资金和地方财政资金及时拨付到项目使用单位。

3.资金使用:是否建立资金使用管理制度,是否实行专账管理、单独核算、专款专用,是否存在挤占、挪用、滞留、套取等违规使用建设资金和大额提取现金、白条或虚假发票入账等问题。

(五)工程建设进度。

是否按项目制定实施方案,建设进度是否按计划落实,是否明确主体工程完工、全面完工和验收等时间节点以及验收责任单位;项目是否按要求及时开工建设,是否按期完成建设任务。

(六)工程质量与安全。

1.工程质量:质量监督工作是否到位;施工中是否存在偷工减料,使用不合格的建筑材料、建筑构配件和设备的问题,工程施工质量是否满足设计和规范要求;是否按要求开展质量评定工作;是否发生质量事故以及相应的处理情况。

2.安全生产:安全监督工作是否到位;是否严格执行安全生产准入制度;是否存在施工安全隐患,是否发生安全事故以及相应的处理情况。

(七)工程验收。

重点评价项目竣工验收情况,是否按照规定履行验收程序,已验收的项目是否消除水库的主要病险。

(八)水管体制改革。

重点评价水库长效、良性运行机制是否建立;管理责任主体是否明确,管护人员和维修养护经费是否落实。

(九)除险加固效益。

1.工程变化情况(如工程特征指标、安全性能、管理条件、功能改善等变化情况)。

2.防洪效益(除险加固后保护耕地、保护人口、恢复防洪库容、恢复和新增防洪效益等)。

3.灌溉效益(除险加固恢复兴利库容、恢复灌溉面积、恢复灌溉效益等)。

4.其他效益。

(十)历次监督检查和审计发现问题的整改。

重点评价市县政府和有关部门是否能够及时对国家和省级有关部门历次检查、稽查、督导和审计中发现的问题进行整改,整改是否到位;工程建设过程中存在的违法、违规、违纪行为是否及时得到严肃查处。

第七条 根据财政部、水利部的要求,结合我省实际,制定绩效评价指标体系。

第三章 评价的程序

第八条 小型病险水库除险加固项目绩效评价实行分类型、分时段绩效评价。分类型,即分别按照重点小(一)型、重点小(二)型、一般小(二)型开展绩效评价。分时段,即按规划确定的应完工时间、实际完工时间分别组织开展绩效评价,按要求向省财政厅、省水利厅报送各类规划项目绩效评价报告。同时,每年按要求组织所有规划类型小型病险水库除险加固项目绩效评价工作。

第九条 年度绩效评价,一般按以下程序进行:

1.项目法人按照本办法要求,于每年8月10日前完成上年度安排本年度应完工项目和当年度新安排项目的绩效评价自评工作,并向县级财政、水利部门报送自评结果和绩效评价报告。市本级(含市辖区)负责实施的项目,项目法人直接向市级财政、水利部门报送自评结果和绩效评价报告。

2.县级财政、水利部门对本行政区域内的小型病险水库除险加固项目绩效评价自评情况进行复评,于8月20日前将复评结果汇总报市级财政部门、水利部门。

3.市级财政、水利部门对县级绩效评价报告进行审核汇总,撰写绩效评价报告,并于8月底前上报省财政厅、省水利厅。

4.省财政厅、省水利厅结合上报材料,委托评审机构,综合运用专家评审、公众评议等方式,于每年10月底前完成审核评定工作。

2011年度绩效评价范围包括以前年度安排的所有类别、所有项目。项目法人要于11月底完成自评工作,县级要于12月10日完成复评工作,市级要于12月20日前汇总上报省财政厅。

第四章 评价结果运用

第十条 绩效评价实行100分制(具体评分标准附后),绩效评价结果划分四个等级:总分90分及以上的为优秀;76—89分的为良好;60—75分的为一般;60分以下或有下列情况之一的为较差:

1.违背基本建设程序,擅自扩大建设规模、提高建设标准、增加建设内容的;

2.在审计、稽查和其他相关检查中发现质量、资金管理等方面存在重大问题的;

因资金使用管理中违规违纪被市级以上审计机关和财政部驻各地监察专员办事处检查处理或通报的项目,本年度绩效评价结果按较差处理。一个县被检查处理或通报的项目数超过被评价项目总数25%的,该地区本年度绩效评价结果按较差处理。

3.项目发生安全生产事故或质量事故的,或者造成重大经济损失和社会不良影响的;

4.项目建设进度严重滞后的;

5.项目法人在自评过程中弄虚作假的。

第十一条 县级绩效评价总得分为该地区评价

批次省级审定的全部项目得分的算术平均值。

第十二条 绩效评价结果是对各地小型病险水库除险加固工作的综合评价,评价结果直接与后续项目和资金安排挂钩。

绩效评价结果为优秀的县,在全省范围内通报表扬,重点小(一)型、小(二)型完工项目补齐其余20%补助资金,在安排后续奖励资金和省规划一般小(二)型水库项目时给予倾斜。

绩效评价结果为良好的县,重点小(一)型、重点小(二)型完工项目补齐其余20%补助资金,按计划安排省规划一般小(二)型水库项目资金。

绩效评价结果为一般的县,视情况安排部分重点小(一)型、重点小(二)型项目其余补助资金,同时减少后续省规划一般小(二)型项目资金安排规模,并视情况减少部分后续省规划一般小(二)型项目省级补助资金。

绩效评价结果为较差的县,在全省范围内通报批评,视情况扣减重点小(一)型、重点小(二)型其余20%补助资金,同时限期整改,并减少后续各类小型病险水库项目和资金安排规模,或暂停安排。

第十三条 省财政厅、省水利厅对绩效评价结果以适当方式通报,并下发整改意见。

第五章 附 则

第十四条 本实施细则自发布之日起施行,由省财政厅、水利厅负责解释。

(注:附件略)

安徽省财政厅 安徽省食品药品监督管理局关于印发《安徽省食品药品安全示范县建设项目资金管理暂行办法》的通知

(2011年8月11日 财社〔2011〕818号)

各县(市、区)财政局、食品药品监督管理局:

为进一步规范和加强“食品药品安全示范县”建设项目资金管理,提高资金使用效益,确保群众饮食用药安全,我们制定了《安徽省食品药品安全示范县建设项目资金管理暂行办法》,现印发给你们,请遵照执行。

安徽省食品药品安全示范县建设项目资金管理暂行办法

第一条 为规范“安徽省食品药品安全示范县”(以下简称“示范县”)建设项目资金管理,提高资金使用效益,促进示范县建设,保证餐饮服务食品、药品质量安全,依据财政专项资金管理的有关规定,制定本办法。

第二条 示范县建设项目资金,是指省财政预算安排统筹用于推进示范县创建工作的专项补助资金。

第三条 示范县建设项目资金的使用和管理,应当遵循以下原则:

(一)依法依规,公开、公平、公正。

(二)以奖代补,激励引导。

(三)统筹使用,注重绩效。

第四条 示范县建设项目实行申报评审制,即由申请创建县(市、区)食品药品监督管理局、财政局,根据《安徽省食品药品安全示范县创建标准》自主申报,填写《安徽省食品药品安全示范县专项经费申请表》,经所在地人民政府签署意见后报省食品药品监督管理局、财政厅。

第五条 省食品药品监督管理局、财政厅成立“安徽省食品药品安全示范县建设项目评审小组”,依照《安徽省食品药品安全示范县评审办法》负责申报县评审工作。

第六条 每年省财政补助示范创建县(市、区)控制在20个左右。

第七条 省食品药品监督管理局于每年3月底前,将“安徽省食品药品示范县建设项目评审小组”审定为创建县(市、区)的单位函报省财政厅,作为资金分配的依据,并由省财政厅会同省食品药品监督管理局采取预分配方式予以补助,补助资金可统筹用于项目县(市、区)示范创建工作。

第八条 各项目县(市、区)财政局、食品药品监督管理局要加强示范县建设项目省级补助资金管理,保证资金使用绩效。

第九条 本办法由省财政厅、食品药品监督管理局负责解释。

第十条 本办法自印发之日起实行。

（注：附件1、2、3略）

附件4

安徽省食品药品安全示范县评审办法

第一条 为进一步加强安徽省食品药品安全示范县(以下简称“示范县”)建设项目评审工作，做到公平、公正，确保示范县创建工作顺利推进，制定本办法。

第二条 示范县建设项目评审工作由“安徽省食品药品安全示范县建设项目评审小组”负责实施。

第三条 申报。创建县(市、区)食品药品监督管理局、财政局填写《安徽省食品药品安全示范县专项经费申请表》，经当地人民政府签章同意后，于2月底前上报省食品药品监督管理局、省财政厅，由“安徽省食品药品安全示范县建设项目评审小组”审定是否为创建单位。

第四条 验收。示范县创建周期一般为2年，第一批创建单位自2013年5月起，由创建县(市、区)食品药品监督管理局、财政局，向省食品药品监督管理局、财政厅提出验收申请（有条件的可以提前）。后续创建单位应自确定之日起满2年或提前申请验收。

第五条 省食品药品监督管理局、财政厅组织“安徽省食品药品安全示范县建设项目评审小组”采取评审的办法进行验收。

第六条 评审内容。

（一）创建县食品药品监督管理部门是否作为同级政府工作部门，独立地依法履行对药品研究、生产、流通、使用全过程和餐饮服务食品安全的有效监管。

（二）创建县(市、区)是否组建餐饮服务食品、保健食品、化妆品执法机构。

（三）创建县(市、区)所在地编办是否明确有承担药品不良反应监测任务的机构。

（四）食品药品监管工作是否纳入本级政府对乡镇、街道及相关部门的年度目标考核指标体系，食品药品监管经费是否有保障。

（五）是否成立相应的创建组织领导机构，制定创建方案，细化工作措施，落实工作责任。

（六）是否建立药品、餐饮服务食品安全突发事件应急预案。

（七）是否通过形式多样的宣传活动，普及食品药品安全知识，使老百姓饮食用药安全意识显著提高，自我保护和防范能力明显增强。

（八）是否制订培训计划，对监管工作人员，农村药品协管员、信息员及行政相对人进行法律法规和食品药品相关知识的培训，提升监管人员的业务能力，提高行政相对人的质量意识和责任意识。

（九）药品、餐饮服务食品安全监管责任体系是否健全、监督管理是否达到《安徽省食品药品安全示范县创建标准》。

第七条 评审方式。

（一）“安徽省食品药品安全示范县建设项目评审小组”派员深入创建县(市、区)，采取听汇报、看资料、查现场、召开座谈会等方式进行评审，全面了解创建单位工作开展情况。

（二）现场检查采取100分制，对创建单位现场评分得80分(含80分)以上的，报“安徽省食品药品安全示范县建设项目评审小组”集体研究，评审组半数以上成员同意的作为达标单位。

（三）对达标创建单位分别在省食品药品监督管理局、财政厅门户网站公示7日。

（四）对无异议的创建单位视为验收合格，由省食品药品监督管理局授予“安徽省食品药品安全示范县”称号。

（五）对因创建工作不力，现场检查不足80分，或创建期内发生重大药品、餐饮服务食品安全事故的，省财政厅扣回预拨资金，并由创建县(市、区)人民政府书面向省食品药品监督管理局、财政厅报告未达标原因及整改措施。

第八条 本办法由省食品药品监督管理局、财政厅负责解释。

第九条 本办法自印发之日起实行。

安徽省财政厅　安徽省食品药品监督管理局关于印发《安徽省药品抽验专项经费管理暂行办法》的通知

（2011 年 6 月 21 日　财社〔2011〕819 号）

各市、县（区）财政局、食品药品监督管理局：

为加强食品药品抽验经费的管理，根据《财政部、国家药品监督管理局关于印发〈中央补助地方药品监督机构建设专项经费管理办法〉的通知》（财社〔2002〕6 号）和《安徽省人民政府办公厅关于印发〈安徽省省级预算管理办法的通知〉》（皖政办〔2008〕33 号）等文件精神，研究制定了《药品抽验专项经费管理暂行办法》，现印发给你们，请遵照执行。

安徽省药品抽验专项经费管理暂行办法

第一条　为规范食品药品监督管理工作中药品抽验经费的管理、使用，进一步提高资金使用效益，根据有关规定，结合我省药品抽验工作的实际情况，制定本办法。

第二条　本办法所列药品抽验经费是各级财政安排的药品抽验经费和基本药物及补充药品监管经费。

第三条　省食品药品监督管理局负责全省各地年度药品抽验任务计划编报工作，并于 3 月底前函报省财政厅。

第四条　省财政厅会同食品药品监督管理局按确认后的药品抽验任务量分配药品抽验经费。

第五条　药品抽验经费仅用于与药品质量抽查检验直接相关的成本性支出，不得用于发放奖金、福利等非直接检验成本性支出。

第六条　药品抽验成本包括一次性实验耗材成本和多次性低值实验耗材成本等。

一次性实验耗材包括试药、实验动物（含饲料）、标准品与参照品、集菌器、放射性药品的实验器具、一次性无菌衣（口罩、鞋帽）以及实验室专用的工作服（口罩、鞋帽）等劳保用品、一次性滤材（膜）及活性炭、大孔树脂等。

多次性使用耗材，指使用期限不超过一年或价格在 800 元以下的药品检验物品；单位价值在 5 万元以下的药品检验辅助设备，包括：玻璃仪器，干燥器类、温度计类、小电炉等多次性器具、器材等多次性使用材料。

第七条　药品抽验用实验耗材采取政府采购等方式购置。不适合政府采购的实验耗材实行申报、审批制，即由各级食品药品监督管理局书面报同级财政部门审批。

第八条　政府采购的药品抽验用实验耗材资金，从各级财政安排的药品抽验经费中直接支付；未纳入政府采购的药品抽验用实验耗材经费支付方式由同级财政部门确定。

第九条　各级财政部门、食品药品监督管理部门对药品抽验经费要严格管理，实行专款专用。

第十条　各级食品药品监督管理部门应建立健全药品抽验机构内部控制制度，严格药品检验专用材料管理，明确相关人员责任，做好专用材料采购、验收、保管、领用和清查工作，并实行定额管理，确保材料物资的安全，避免浪费和损失。

第十一条　各级食品药品监督管理部门要会同财政部门建立健全药品抽验项目绩效考核制度。考核内容包括日常监督抽验和基本药物（补充药品）专项抽验。其中：日常监督抽验主要考核抽验计划完成率、初筛率、抽验不合格率、中药饮片中药材抽验比率及不合格药品立案情况等；基本药物（补充药品）专项抽验主要考核计划抽验、送检品种检验、药品检测车使用管理和检验结论准确率等。

抽验项目考核结果与职工绩效工资挂钩，奖优罚劣。

第十二条　省财政厅、省食品药品监督管理局对各地药品抽验绩效考核结果进行抽查，抽查结果与抽验经费挂钩。对抽查不达标地区扣减其经费，用于冲抵下一年度的项目补助经费。

第十三条　本办法由省财政厅、省食品药品监督管理局负责解释并组织实施。

第十四条　本办法自 2011 年起实行。

安徽省财政厅 安徽省卫生厅关于印发《安徽省全面实施新型农村合作医疗基金住院费用支付总额预算管理的暂行办法》的通知

（2011年10月17日 财社〔2011〕1561号）

各市、县（区）财政局、卫生局：

为保障农民参加新型农村合作医疗（以下简称为“新农合”）合理权益，推进新农合支付方式改革，科学使用管理新农合基金，防范基金运行风险，省财政厅、省卫生厅联合制定了《安徽省全面实施新型农村合作医疗基金住院费用支付总额预算管理的暂行办法》。现印发给你们，请认真遵照执行。

安徽省全面实施新型农村合作医疗基金住院费用支付总额预算管理的暂行办法

第一条 政策依据

为保障农民参加新型农村合作医疗（以下简称为“新农合”）合理权益，切实解决群众“看病难、看病贵”问题，科学使用管理新农合基金，防范基金运行风险，根据《中共中央、国务院关于深化医药卫生体制改革的意见》（中发〔2009〕6号）、《中共安徽省委、省政府关于深化医药卫生体制改革的实施意见》（皖发〔2009〕17号）、《卫生部、财政部等部委关于巩固和发展新型农村合作医疗制度的意见》（卫农卫发〔2009〕68号）等文件规定，在认真总结部分县区先行开展新农合基金住院费用支付总额预算管理试点工作经验的基础上，制定本暂行办法。

第二条 适用范围

（一）新农合统筹地区内各类定点医疗机构；

（二）新农合统筹地区以外的省、市级定点医疗机构。

第三条 基本原则

（一）坚持以收定支原则。以上年度新农合统筹基金为基数，按照以收定支的原则，对新农合基金支付定点医疗机构医疗费用进行合理的预算安排。

（二）坚持按量分配原则。以定点医疗机构对参合人员所提供的服务数量及服务质量为依据，合理分配新农合基金。

（三）坚持合理补偿原则。对于年度新农合住院统筹决算额超出年度调整预算额的定点医疗机构，根据基金的管理使用、承受能力等情况，对定点医疗机构基金合理补偿。

（四）坚持与医疗机构新农合管理相挂钩原则。新农合基金预决算与定点医疗机构新农合分级管理、违规违纪、行政处罚及社会满意度等情况相挂钩。

第四条 基金预算

（一）基金划分。新农合统筹基金预算总额按以下四个部分进行分配：

1.当年结余基金（含风险基金）。当年统筹基金结余一般应不超过当年筹集的统筹基金总额的15%（含风险基金）。统筹基金累计结余一般应不超过当年筹集的统筹基金的25%（含风险基金）。

2.门诊统筹基金。原则上占扣除上缴10%省级风险金后的当年筹集的统筹基金的20%。

3.一般诊疗费支付基金。参合人员在乡镇卫生院和社区卫生服务中心发生的一般诊疗费，新农合基金支付统一确定为每人次8元；在一体化管理的行政村卫生室和社区卫生服务站，新农合基金支付统一确定为每人次5元。一般诊疗费支付基金实行总额预付，按定点医疗机构上一年门诊人次乘以一般诊疗费的人均报销标准，以“总额预算、分期支付”的办法支付。

4.住院统筹基金（包括按病种付费的住院统筹基金）。即为扣除上述当年结余基金、门诊统筹基金、一般诊疗费支付基金等部分后的剩余基金。住院统筹基金，按上一年度定点医疗机构的实际发生情况，并结合新农合筹资标准、补偿标准等因素综合确定预算额度。

（二）预算管理。全省各级定点医疗机构住院费用支付总额预算额度，以上一年度的医疗服务数量、质量、水平、次均费用、补偿比例等为参照依据，并结合可用基金规模等情况确定。

（三）基金拨付。年度基金预算实行“分期预拨、年终结算”的方式支付，按每季度预算额度90%的比例预拨给医疗机构。年终结算前,应对医疗机构全面考核,根据全年住院人次、次均住院费用、实际补偿比例等关键指标的合理性和其他重点指标的考核结果,最终确定当年基金应支付的合理额度。

第五条　考核指标

各级卫生、财政部门及经办机构要加强对定点医疗机构主要指标进行量化考核,细化考核实施方案。主要考核如下指标变化情况,统筹地区可结合实际适当增加考核指标。

(一)住院病种结构的变化,将支付方式改革前后的病种结构进行对比,观测重症病人人数变化情况。

(二)治愈率的变化,将改革前后的治愈率进行对比,防止在病人未痊愈的情况下令其提前出院。

(三)转诊转院率的变化,将改革前后的转诊转院率进行对比,防止推诿重症病人。

(四)平均住院日的变化,将改革前后的平均住院日进行对比,尤其是非手术科室的平均住院日;如过度缩短住院日,则可能存在分解住院或劝诱病人未愈出院的现象。

(五)次均住院费用变化,一是可与全省同级同类医院的次均住院费用水平和涨幅作横向对比;二是将改革前后该院自身情况作比较。如果在技术能力没有明显提升的情况下,次均住院费用上涨幅度过大,则属于不正常现象;反之,如果下降幅度过大,应深入分析原因。

(六)实际补偿比例变化,将第二、三、四季度与第一季度进行对比观察。不可报的药品和检查过多、分解住院、大量收治轻症病人、推诿重症病人等情形都会导致实际补偿比下降。

(七)住院人次变化,将改革前后的情况进行对比,与全省同级同类医院进行比较,参考全省住院率的变化和当地住院率的变化进行分析判断。同时,结合该院核定病床数和执业医师数,分析其病床周转次数和床位使用率,判断住院人次增长的合理性。虚假住院、分解住院都会导致住院人次异常上升。

(八)病人满意率变化,将改革前后的情况进行对比,"偷工减料"会导致病人满意率下降。

(九)药品费用和检查费用的变化,将改革前后的数据进行对比分析,对于关键指标出现异常以及重点指标问题较多的医疗机构,其超支部分的药品费用和检查费用,新农合基金可以拒付。

(十)门诊人次、门诊次均费用的变化,将改革前后的数据进行对比分析,防止出现"住院"转"门诊"的现象;可以规定第四季度住院病人不得少于前三季度平均数。

第六条　年终决算

新农合经办机构对在定点医疗机构发生并上传且符合新农合报销范围内的统筹费用进行年终决算。即每年的各定点医疗机构上传实际发生的统筹医疗费用,减去审核核减、违规等因素扣减额度后,为各定点医疗机构年度医疗费用基金支出额度。

第七条　合理补偿

各地要建立对定点医疗机构的激励约束机制,鼓励定点医疗机构控制费用,减轻病人负担。

(一)对经全面考核,考核指标正常变化导致基金预算结余时,将预算结余按一定比例追加给定点医疗机构。具体比例由各地自行确定。

(二)对经全面考核,考核指标正常变化导致基金预算超支时,基金应当合理追加预算额度。

考核指标正常变化指:医疗机构住院人次无明显减少或上升幅度在合理区间(无虚假住院病例)、次均住院费用有所下降或涨幅处于全省同级同类医院平均水平(无虚增收费)、实际补偿比例没有下降或略有上升、其他重点指标均处于正常状态。

(三)对经全面考核,因关键指标出现异常以及重点指标问题较多,导致定点医疗机构出现预算结余,要具体问题具体分析。结余基金处理办法由各统筹地区结合具体情况研究确定。

(四)对经全面考核,因关键指标出现异常以及重点指标问题较多,导致定点医疗机构出现预算超支的,超支部分由新农合基金按不超过30%比例分担、由定点医疗机构按不低于70%比例分担。

第八条　已按《安徽省财政厅、省卫生厅关于开展新型农村合作医疗基金对医疗机构住院费用支付总额预算管理试点工作的指导意见》(财社〔2010〕1531号)开展试点的地区,应按照本办法进行调整完善。

第九条　本办法由省财政厅、省卫生厅负责解释。

第十条　本办法自2012年1月1日全面实施。

安徽省财政厅　安徽省商务厅关于印发《安徽省中央财政商贸物流服务业发展专项资金管理办法》的通知

（2011 年 8 月 29 日　财企〔2011〕1343 号）

各市、县财政局、商务局：

根据中央财政促进服务业发展专项资金的相关要求，我们制定了《安徽省中央财政商贸物流服务业发展专项资金管理办法》，现印发给你们，请贯彻执行。

安徽省中央财政商贸物流服务业发展专项资金管理办法

总　则

第一条　为贯彻落实《中央财政促进服务业发展专项资金管理办法》（财建〔2009〕227 号）、《农村物流服务体系发展专项资金管理办法》（财建〔2009〕228 号）、《中小商贸企业发展专项资金管理暂行办法》（财建〔2009〕229 号）以及财政部、商务部有关业务指导文件精神，规范我省中央财政商贸物流服务业发展专项资金管理，提高资金使用效益，结合我省实际，特制定本办法。

第二条　专项资金的来源是：

（一）中央财政安排的农村物流服务体系发展专项资金；

（二）中央财政安排的促进服务业发展专项资金；

（三）中央财政安排的中小商贸企业发展专项资金；

（四）中央财政安排的与商贸物流服务业发展有关的其他资金。

第三条　省财政促进商贸流通业发展相关资金与中央财政补助资金统筹配套使用。

第四条　专项资金的使用坚持公开透明、规范合理、突出重点的原则，提高资金的使用效益。

资金支持范围

第五条　专项资金的支持范围。

（一）农村物流服务体系发展专项资金支持范围：

1.支持新建和改造农家店、农村综合服务社，加快农村商品配送中心建设，提升商品配送能力；支持农家店实施信息化改造，提高农家店信息化水平；

2.支持大型连锁超市、农产品流通企业与农产品专业合作社开展农超对接，并支持对接双方建设改造鲜活农产品冷链系统、快速检测系统、配送中心、物流配送体系等项目；

3.支持大型农产品批发市场对冷链系统、质量安全可追溯系统、安全监控、废弃物处理以及交易厅棚、仓储、物流、分拣包装、加工配送等设施进行建设改造；

4.支持县乡农贸市场对交易厅棚、冷藏保鲜、卫生、安全、服务等设施进行标准化改造；

5.支持农业生产资料连锁经营，重点培育大型农业生产资料流通企业，加强农业生产资料现代仓储物流设施建设和改造；

6.支持家电下乡、摩托车下乡农村流通网络升级改造；

7.支持农村物流信息公共服务平台、电子交易平台建设；

8.国家确定的其他支持方向。

（二）促进服务业发展专项资金支持范围：

重点支持服务业的技术升级、设施改造、网点建设、系统平台建设、人员培训、公共服务体系建设等，支持的主要行业包括：

1.社区服务、家政服务、副食品安全服务等与居民日常生活直接相关的服务业；

2.商贸流通业、商务服务业、再生资源回收利用体系、废旧物资及旧货流通体系、报废汽车回收拆解企业和二手车交易市场升级改造、业务外包和电子商务等与生产流通相关的服务业；

3.市场信息服务、市场监测及预测预警、应急管理等公共服务业；

4.国家确定的其他需要支持的重点服务业。

（三）中小商贸企业发展专项资金支持范围：

1.提高中小商贸企业的融资能力，包括贷款信用担保、贷款利息补贴等；

2.增强中小商贸企业的风险防范能力，包括支持中小商贸企业信用保险发展等；

3.开展中小商贸企业培训和管理咨询服务等；

4.提高中小商贸企业市场开拓能力，包括参加各类展会、加强品牌建设、应用新型营销方式等；

5. 提升中小商贸企业物流配送和经营辐射能力，升级改造信息系统和开发商贸技术等；

6.国家确定的其他支持方向。

支持方式

第六条 专项资金采取以奖代补、贷款贴息和财政补助等支持方式。

（一）以奖代补。为了提高资金使用效益，对于能够制定具体量化评价标准的项目，采取以奖代补方式予以支持。在项目实施后，根据规定的标准，经审核符合条件的项目，安排奖励资金。

（二）贷款贴息。对于投资规模大、能够获取银行贷款的项目采取贷款贴息方式予以支持。贴息资金根据实际到位银行贷款、规定的利息率、贷款期限和实际支付的利息数计算。

（三）财政补助。对于盈利性弱、公益性强，难以量化评价，不适于以奖代补方式支持的项目采取补助方式予以支持。一般财政补助项目支持额度不超过项目总投资的50%。项目承担单位自筹资金比例较高及地方财政给予支持的优先安排。

项目申报条件和程序

第七条 项目申报条件按照国家每年下发的具体项目申报通知要求办理。

各地要根据本地的发展规划和产业布局，统筹兼顾，合理安排，积极组织项目申报。

第八条 项目申报程序：

（一）企业按隶属关系分别向所在地县（区）商务、财政主管部门申报。县（区）商务主管部门会同财政部门按照国家要求对项目进行初审，并联合行文分别报市商务、财政主管部门。

（二）市商务主管部门会同财政部门对所辖县（区）上报项目进行审核，并联合行文分别报省商务厅和省财政厅。

第九条 省商务厅会同省财政厅对各市上报的项目进行审核、评审，筛选确定国家支持的项目。并按国家要求联合行文分别上报财政部、商务部备案。

项目评审及资金拨付

第十条 对需要评审的项目，省商务厅会同省财政厅委托相关中介机构或组织专家对申报专项资金的项目进行评审。

第十一条 中央财政专项资金下拨后，省财政厅将资金拨付到项目所在市、县财政部门，市、县财政部门按国家规定的支持范围、支持标准及工程实施进度拨付资金。一般可先期预付国家支持标准的70%，待项目竣工验收后再拨付其余资金。

监督管理

第十二条 财政部门负责对专项资金的使用情况进行管理和监督，并组织对专项资金的使用情况进行检查；商务部门负责对项目实施情况进行管理和监督，并负责组织项目竣工验收工作。

第十三条 中央财政商贸物流服务业发展专项资金要坚持专款专用，项目单位应严格按照计划执行，不得擅自变更项目计划和改变资金用途，任何单位或者个人不得滞留、截留、挤占、挪用专项资金。对以虚报、冒领等手段骗取和滞留、截留、挤占、挪用专项资金的，一经查实，省财政厅将追回专项资金，并按有关规定进行处理。

附 则

第十四条 本办法自印发之日起施行。

第十五条 本办法由省财政厅负责解释。

安徽省财政厅 安徽省科学技术厅关于印发合芜蚌自主创新综合试验区省级事业单位全资与控股企业股权和分红激励试点实施细则的通知

（2011年11月10日 财企〔2011〕1907号）

合肥、芜湖、蚌埠市人民政府，省直有关部门：

经省政府同意，现将《合芜蚌自主创新综合试验区省级事业单位全资与控股企业股权和分红激励试点实施细则》印发给你们，请遵照执行。执行中有何问题，请及时向省财政厅、省科技厅反映。

合芜蚌自主创新综合试验区省级事业单位全资与控股企业股权和分红激励试点实施细则

第一章 总 则

第一条 根据财政部、科技部联合印发的《中关村国家自主创新示范区企业股权和分红激励实施办法》（财企〔2010〕8号，以下简称“8号文件”）和省政府印发的《合芜蚌自主创新综合试验区企业股权和分红激励试点工作指导意见》（皖政〔2011〕100号，以下简称“指导意见”）等有关文件精神，为进一步推动合芜蚌自主创新综合试验区（以下简称“试验区”）省级事业单位全资与控股企业股权和分红激励试点工作，特制定本实施细则。

第二条 试点工作坚持以下原则：

（一）建立激励与约束相结合的长效机制，有利于试点企业提升自主创新能力，建立和完善现代企业制度，形成持续发展能力和核心竞争力；

（二）建立收益与责任、风险相匹配的机制，坚持效率优先、兼顾公平，统筹协调国家、企业和技术、管理人员利益关系；

（三）推动体制机制创新，促进产学研深度结合，加速高新技术产业化和科技成果转化；

（四）鼓励试点企业开拓思路，大胆创新，根据本企业的实际情况，研究提出适合本企业特点、操作性强、效果明显的激励方案。

第二章 试点范围和激励对象

第三条 本细则适用于试验区内以下企业：

（一）省教育厅所属高等院校全资与控股企业；

（二）省科技厅所属科研院所全资与控股企业；

（三）省文化系统各大集团公司全资与控股企业；

（四）其他省级主管机关所属事业单位的全资与控股企业。

第四条 激励对象应当是重要的技术人员和企业经营管理人员，包括以下人员：

（一）对企业科技成果研发和产业化作出突出贡献的技术人员，包括企业内关键职务科技成果的主要完成人，重大开发项目的负责人，对主导产品或者核心技术、工艺流程做出重大创新或者改进的主要技术人员，高等院校和科研院所研究开发和向企业转移转化科技成果的主要技术人员；

（二）对企业发展做出突出贡献的经营管理人员，包括主持企业全面生产经营工作的高级管理人员，负责企业主要产品（服务）生产经营合计占主营业务收入（或者主营业务利润）50%以上的中、高级经营管理人员。

企业不得面向全体员工实施股权或者分红激励。

企业监事、独立董事、企业控股股东单位的经营管理人员不得参与本企业股权或者分红激励。

第三章 激励方式

第五条 股权激励，是指企业以本企业股权为标的，采取以下方式对激励对象实施激励的行为：

（一）股权奖励，即企业无偿授予激励对象一定份额的股权或一定数量的股份。

（二）股权出售，即企业按不低于股权评估价值的价格，以协议方式将企业股权（包括股份，下同）有偿出售给激励对象。

（三）股票期权，即企业授予激励对象在未来一定期限内以预先确定的行权价格购买本企业一定数量股份的权利。

企业以股权奖励和股权出售方式实施激励的，企业近 3 年税后利润形成的净资产增值额应当占企业近 3 年年初净资产总额的 20%以上，且实施激励当年年初未分配利润没有赤字。

近 3 年税后利润形成的净资产增值额，是指激励方案获批日上年末账面净资产相对于近 3 年年初账面净资产的增加值，不包括财政补助直接形成的净资产、土地转让增值形成的利润和已经向股东分配的利润(下同)。企业用于股权奖励和股权出售的激励总额，不得超过近 3 年税后利润形成的净资产增值额的 35%。其中，激励总额用于股权奖励的部分不得超过 50%。

第六条　分红激励，是指企业以科技成果实施产业化、对外转让、合作转化、作价入股形成的净收益为标的，采取项目收益分成方式对激励对象实施激励的行为。

第四章　实施激励方案的条件及审批权限

第七条　实施股权和分红激励的企业要具备以下基本条件：

(一)企业发展战略明确，专业特色明显，市场定位清晰；

(二)产权明晰，内部治理结构健全并有效运转；

(三)具有企业发展所需的关键技术、自主知识产权和持续创新能力；

(四)近 3 年研发费用占企业销售收入 2%以上，且研发人员占职工总数 10%以上；

(五)建立了规范的内部财务管理制度和员工绩效考核评价制度；

(六)企业财务会计报告经过中介机构依法审计，且近 3 年没有因财务、税收违法违规行为受到行政、刑事处罚。

第八条　企业内部管理机构应当按资产管理权属将激励方案及听取职工意见情况报主管部门、机构批准。

(一)省教育厅所属高等院校全资与控股企业的激励方案，由企业报高等院校审核同意后，报省教育厅批准。

(二)省科技厅所属科研院所全资与控股企业的激励方案，由企业报科研院所审核同意后，报省科技厅批准。

(三)省文化系统各大集团公司全资与控股企业的激励方案，由企业报集团公司审核同意后，报省财政厅批准。

(四)其他省级主管机关所属事业单位全资与控股企业的激励方案，由企业报其隶属的事业单位审核同意后，暂报主管部门、机构批准。

第五章　工作流程

第九条　申请试点。拟参加试点的企业按属地原则向所在市股权和分红激励试点领导小组办公室(以下称试点工作机构)提出试点申请，并报送相关材料，经试点工作机构审核同意后列入试点名单，参加试点工作机构免费提供的培训辅导、政策咨询。

第十条　拟订方案。试点企业根据相关文件规定，结合本企业实际，采用试点工作机构制定的规范文本，由企业总经理办公会或者董事会负责拟订激励方案和相关工作方案，以职工代表大会或者其他形式充分听取职工的意见和建议。

第十一条　方案审批。激励方案经隶属事业单位审核同意后，试点企业按照第八条规定向主管部门、机构报送激励方案、工作方案、咨询中介机构出具的材料、听取职工的意见和建议情况及其他有关材料。

主管部门、机构可以要求企业法律事务机构或者外聘律师对激励方案出具法律意见书。

主管部门、机构自受理激励方案等材料之日起 20 个工作日内，提出书面审定意见，符合条件的形成审批文件，正式行文批复；不符合条件的，说明理由。

第十二条　申报备案。试点企业将经主管部门、机构审批的激励方案和工作方案报股东(大)会审议通过后，5 个工作日内报本级财政、科技部门备案。

第十三条　组织实施。试点企业的激励方案和工作方案经批准后，企业应及时组织实施，并依法办理资产评估、国有资产变更、工商登记、纳税备案等手续。试点工作机构应跟踪方案实施情况，协调解决试点过程中出现的问题。

第六章　附　则

第十四条　试点企业应当严格按照有关法律、

法规及本实施细则要求进行试点，各级财政、科技部门对企业股权和分红激励方案及其实施情况进行监督，发现违反法律、行政法规和本实施细则规定的，应当责令改正。

第十五条　各主管部门、机构可根据本实施细则，制定具体程序和工作流程，并对外公布。

第十六条　本实施细则未作规定的，按照8号文件和指导意见执行。本实施细则由省财政厅、省科技厅负责解释。

第十七条　本实施细则自印发之日起施行。

安徽省财政厅关于印发《安徽省小额贷款公司财务管理暂行办法》的通知

（2011年7月6日　财金〔2011〕985号）

各市、县（区）财政局：

为加强小额贷款公司财务管理，规范小额贷款公司财务行为，保护小额贷款公司及其他利益相关者的合法权益，根据《金融企业财务规则》（财政部令第42号）、《财政部关于小额贷款公司执行〈金融企业财务规则〉的通知》（财金〔2008〕185号）和《财政部关于印发〈地方金融企业财务监督管理办法〉的通知》（财金〔2010〕56号）等财政财务管理规定，我们制定了《安徽省小额贷款公司财务管理暂行办法》，现印发给你们，请遵照执行。

安徽省小额贷款公司财务管理暂行办法

第一章　总　则

第一条　为加强小额贷款公司财务管理，规范小额贷款公司财务行为，保护小额贷款公司及其他利益相关者的合法权益，根据《金融企业财务规则》（财政部令第42号）、《财政部关于小额贷款公司执行〈金融企业财务规则〉的通知》（财金〔2008〕185号）、《财政部关于印发〈地方金融企业财务监督管理办法〉的通知》（财金〔2010〕56号）等财政财务管理规定，制定本办法。

第二条　在我省内依法设立的具备法人资格的小额贷款公司适用本办法。本办法所称小额贷款公司，是指经省政府金融办批准，在我省辖区内由企业法人、自然人或其他社会组织依法出资设立的，不吸收公众存款，经营小额贷款业务的有限责任公司或者股份有限公司。小额贷款公司拥有独立的法人财产，享有法人财产权，以全部财产对其债务承担民事责任。

第三条　小额贷款公司应遵守国家法律、法规，执行金融方针、政策，在政策规定的范围内开展业务，自主经营，自负盈亏，自我约束，自担风险，其合法的经营活动受法律保护，不受任何单位和个人的干涉。

第四条　小额贷款公司应当根据有关法律、法规和本办法规定，建立健全内部财务管理制度，设置财务管理职能部门，配备专业财务管理人员，运用预测、计划、预算、控制、监督、考核、评价和分析等方法，合理筹集资金，有效营运资产，控制成本费用，规范收益分配，反映财务状况和经营成果，有效防范和化解财务风险，努力实现持续经营和价值最大化。

第五条　各市、县（含县级市）财政部门是辖内小额贷款公司的财务主管部门，应当依法指导、管理和监督本级小额贷款公司的财务管理工作。

第六条　小额贷款公司的设立必须根据省政府关于开展小额贷款公司试点工作的规定，经省政府金融办批准，并依法在工商行政管理部门办理注册登记。

第七条　小额贷款公司在完成工商注册登记后30日内，应当向主管财政部门提交出资人协议及有关部门批准设立的文件、会计师事务所出具的验资报告或证明、企业章程、《企业法人营业执照》等复印件，办理财务登记。

小额贷款公司发生分立、合并、设立分支机构，以及主要工商登记事项发生变更时，在依法完成工商变更登记后30日内，应当向主管财政部门提交有关变更文件复印件，及时办理移交、变更或者变更财务登记。

第八条　小额贷款公司应当自觉接受监管机构和财政、审计部门的监督检查。

第九条　小额贷款公司应当依法缴纳各项税费。小额贷款公司财务处理与税收法律、法规规定不一致的，纳税时应当依法进行调整。

第十条　小额贷款公司在坚持为农民、农业和农村发展服务的原则下，自主选择贷款对象。小额贷款的资金运用必须符合以下规定：

（一）遵循“小额、分散”原则发放贷款，对同一借款人的贷款余额不得超过小额贷款公司资本净额的5%。贷款发放和回收应通过转账结算。除特殊情况外，不得进行现金结算。

（二）在符合国家有关法律、法规的前提下，贷款利率由借贷双方自主约定。

第二章　职责、职权

第十一条　财政部门履行下列财务管理职责：

（一）监督小额贷款公司执行本办法以及其他财务管理规定；

（二）指导、督促小额贷款公司建立健全内部财务管理制度；

（三）指导、督促小额贷款公司建立健全财务风险控制体系，监测小额贷款公司财务风险及其营运状况；

（四）监督小额贷款公司财务行为；

（五）加强小额贷款公司财务信息管理，实施财务评价；

（六）监督小额贷款公司接受社会审计和资产评估；

（七）制定并实施促进小额贷款公司发展的财政、财务政策，组织小额贷款公司财务管理人员的业务培训；

（八）有关法律、法规规定的其他财务管理职责。

第十二条　小额贷款公司的投资者（以下简称投资者）应通过股东会、董事会或其他形式的治理机构行使下列财务管理职权：

（一）执行并督促经营者执行国家及我省有关小额贷款公司财务管理的规定；

（二）决定内部财务管理制度，明确经营者的财务管理权限；

（三）决定财务管理职能部门的设置；

（四）决定财务计划和财务预算，决定筹资、处置重大资产、经营者报酬、利润分配等重大财务事项；

（五）对经营者实施财务监督和财务考核，决定聘任或者解聘财务负责人；

（六）决定聘用或者解聘承办社会审计和资产评估等业务的社会中介机构；

（七）按照章程的规定，行使其他财务管理职权。

投资者可以通过制度规范、章程约定等方式，将投资者财务管理职权全部或者部分授予经营者。

第十三条　小额贷款公司的经营者（以下简称经营者）按照规定行使下列财务管理职权：

（一）执行国家及我省有关小额贷款公司财务管理的规定；

（二）拟订内部财务管理制度、财务控制制度及贷款管理制度，经投资者议定后报主管财政部门备案，并具体组织实施；

（三）组织财务预测，编制财务计划和财务预算草案，实施财务控制、分析和考核；

（四）组织实施筹资、处置重大资产和利润分配等财务管理方案；

（五）组织财务事项审批；

（六）组织缴纳各类税费；

（七）执行国家及我省有关职工劳动报酬和劳动保护的规定，依法缴纳社会保险费、住房公积金等，保障职工合法权益；

（八）归集财务信息，依法组织编制和报送财务会计报告；

（九）提请聘任或者解聘财务负责人；

（十）配合有关机构依法实施的审计、评估和监督检查；

（十一）按照章程的规定，以及股东会或者董事会的要求，行使其他财务管理职权。

第十四条　小额贷款公司财务管理职能部门要切实履行好财务管理职责，客观、全面、准确、及时地反映本企业的财务活动，提供真实、全面、可靠的财务会计报告。

第三章　财务风险控制

第十五条　小额贷款公司应按照《公司法》要求建立健全法人治理结构，明确股东、董事、监事和经理的权责关系，制定必要的议事规则、决策程序和内审制度，提高公司治理的有效性。

第十六条　小额贷款公司应建立健全贷款管理制度和风险控制制度，明确贷前调查、贷时审查和贷后检查的业务流程和操作规范，建立审慎、规范的资产分类和拨备制度，准确进行资产分类，充分计提减值准备金。资产损失准备充足率不得低于100%。

小额贷款公司核销呆账要严格执行国家有关规定，对于符合呆账认定条件的债权，经股东会或董事会批准后予以核销。

第十七条 小额贷款公司应按照国家有关规定建立健全企业内部财务管理制度和会计核算制度，并定期聘请具有相应业务资格的中介机构开展外部审计。

小额贷款公司内部财务管理制度应在正式执行之日起30日内报主管财政部门备案。

第十八条 小额贷款公司应建立信息披露制度，及时披露年度经营情况、重大事项等信息，定期向有关部门、公司股东、提供融资的银行机构和有关捐赠机构提交财务报表和年度业务经营情况、融资情况、重大事项等信息，必要时应向社会披露。

第十九条 小额贷款公司应当根据法律、法规和本办法规定，建立健全财务风险管理制度，明确投资者、经营者和其他相关人员的权限、责任，控制财务风险。

第二十条 小额贷款公司应当定期或至少于每年年终对各类资产进行评价，并逐步实现动态评价，按照规定进行风险分类，对可收回金额低于账面价值的部分，按照国家有关规定计提资产减值准备。

小额贷款公司对关注类贷款、次级类贷款、可疑类贷款、损失类贷款，应当分别按照2%、25%、50%和100%的比例计提贷款损失准备。其中，次级和可疑贷款的损失准备计提比例可以上下浮动20%。

第二十一条 小额贷款公司对计提减值准备的资产，应当落实监管责任。对能够收回或者继续使用的，应当收回或者使用；对已经损失的，应当按照规定的程序核销；对已经核销的，应当对外保密，实行账销案存管理。

第二十二条 小额贷款公司发生关联交易，必须履行规定的程序，并按照规定控制总量和规模，遵循公开、公平、公正的原则，确定并及时结算资源、劳务或者义务的价款，不得利用关联交易非法转移企业经济利益，操纵利润、逃避税收。

第二十三条 小额贷款公司对外担保应当符合法律、法规和有关财务规定，并由股东会或董事会决定；为小额贷款公司投资者或者实际控制人担保的，应当由股东会决议。

小额贷款公司应根据被担保对象的资信及偿债能力，按照内部审批制度，采取相应的风险控制措施，并设立备查账簿登记，及时跟踪监督。

第四章 资金筹集

第二十四条 小额贷款公司筹集资金，应当符合国家及我省有关管理规定。在办理工商登记后，依据会计师事务所验资报告等向出资人出具出资证明书，确定投资者合法权益。

第二十五条 小额贷款公司筹集的资本金，在持续经营期间，投资者除依法进行转让外，不得以任何方式抽逃或者变相抽回。

小额贷款公司在筹集资本金活动中，投资者缴付的出资额超出法定资本金的差额，计入资本公积；经投资者决议并履行相关手续后，资本公积可以用于转增资本金。

第二十六条 小额贷款公司以借款等方式筹集资金，应当符合国家及我省有关规定，明确筹资目的，考虑资金需求和债务风险，签订书面合同。

小额贷款公司筹集资金，应当按规定核算和使用，并诚信履行合同，依法接受监督。

第五章 资产运营

第二十七条 小额贷款公司应当统一管理资金账户，明确资金调度的条件、权限和程序。调度资金应当按照内部财务管理制度，依据有效合同和合法凭证，办理相关手续，不得私存私放资金。

第二十八条 小额贷款公司管理库存现金及其他形式的现金资产，应当满足流动性要求，并控制现金资产总量。

第二十九条 小额贷款公司应当建立合同的财务审查制度，明确业务流程和审批权限，实行财务监控；要跟踪履约情况，明确债权，及时清收应收款项。

第三十条 小额贷款公司应建立抵债资产管理制度。收取、保管和处置抵债资产，应当按照内部财务管理制度规定的工作程序办理。收取抵债资产应当按照规定确定接收价格，核实产权。保管抵债资产应当按照安全、完整、有效的原则，及时进行账务处理，定期检查、账实核对。处置抵债资产应当按照公开、透明的原则，聘请资产评估机构评估作价。一般采用公开拍卖的方式进行处置。采用其他方式的,应当引入竞争机制选择抵债资产买受人。

第三十一条 小额贷款公司应当按照内部财务管理制度规定,定期清查核实各类固定资产,落实使用和管理责任。

第三十二条 小额贷款公司发生的资产损失,应当及时核实,查清责任,追偿损失,并按照国家有关规定进行处理。

小额贷款公司以出售、出租、抵押、置换、报废等方式处置资产,应当根据有关法律、法规的规定,履行相应程序。

小额贷款公司对外捐赠应当符合有关法律、法规的规定,明确捐赠的范围和条件,落实执行责任,严格办理捐赠资产的交接手续。

第六章 成本、费用

第三十三条 小额贷款公司应当结合自身特点,按照内部财务管理制度规定,强化成本费用预算约束,实行成本费用全员管理和全过程控制。

小额贷款公司的成本费用支出应当按照有关规定纳入账内核算,不得违反规定进行调整。

第三十四条 小额贷款公司要加强成本预算编制、执行、分析、考核等环节的管理;建立成本预算执行情况报告制度,定期开展监测、考核,及时分析和控制差异。

第三十五条 小额贷款公司在经营过程中发生的与经营有关的支出,包括各项利息支出(含贴息)扣除允许资本化的部分、手续费支出、佣金支出、应计入损益的各种准备金和其他有关支出,应当按照国家有关规定计入当期损益。

第三十六条 小额贷款公司的成本核算,应当严格区分本期成本与下期成本的界限、成本支出与营业外支出的界限、收益性支出与资本性支出的界限。

小额贷款公司的成本核算,应当以季(月)、年为计算期。同一计算期内,核算成本和营业收入的起止日期、计算范围和口径应当一致。

小额贷款公司要严格执行有关规定,正确核算各项收支和成本费用,不得混淆支出内容、乱用会计科目,逃避财务管理和监控;严禁通过多提或少提应付利息、资产减值准备,多摊或少摊费用支出,以及费用挂账等方式调节利润。

第三十七条 小额贷款公司应当注重费用支出与经济效益的配比,实行费用预算控制,确定必要的费用支出范围、标准和报销审批程序。

小额贷款公司应当强化费用支出约束,对业务宣传费、业务招待费、差旅费、会议费、通讯费、维修费、董事会经费等实行重点监控;对业务宣传费、业务招待费一律按规定据实列支,不得预提。

第三十八条 小额贷款公司应当按照国家和我省有关规定,以及与职工签订的劳动合同,核定和计发职工薪酬,并按规定列支。

第三十九条 小额贷款公司根据有关法律、法规和政策的规定,为职工缴纳的基本医疗保险、基本养老保险、失业保险和工伤保险等社会保险费用,应当据实列入成本费用。

第四十条 小额贷款公司为职工缴纳住房公积金的处理,按照国家有关规定执行;工会经费按照职工工资总额的2%计提;职工教育经费按照不超过职工工资总额的2.5%提取,用于职工教育和职业培训。

第四十一条 小额贷款公司依法缴纳的行政事业性收费、政府性基金以及使用或者占用国有资源等费用,应当据实列入成本。

小额贷款公司对没有法律、法规依据或者超过法律、法规规定范围和标准的各种摊派、收费、集资,有权拒绝。

第四十二条 小额贷款公司根据经营情况支付必要的佣金、手续费等支出,应当签订合同,明确支出标准和执行责任。除对个人代理人外,不得以现金支付。

第七章 收益、分配

第四十三条 小额贷款公司经营业务范围内的各项收入和其他营业收入、营业外收入,应当在依法设置的会计账簿上按照国家有关规定统一登记、核算,不得存放其他单位,或者以任何理由坐支。

投资者、经营者及其他职工履行本单位职务所得收入,全部属于小额贷款公司,应当纳入账内核算,不得隐匿、转移、私存私放、坐支或者擅自用于职工福利。

第四十四条 小额贷款公司发生年度亏损的,可以用下一年度的税前利润弥补;下一年度的税前利润不足以弥补的,可以逐年延续弥补;延续弥补期超过法定税前弥补期限的，可以用缴纳所得税后的利润弥补。

第四十五条 小额贷款公司本年度实现的净利润（减弥补亏损，下同），除法律、法规另有规定外，应当按照提取法定盈余公积金、提取一般（风险）准备金、提取任意盈余公积金、向投资者分配利润的顺序进行分配。以前年度未分配利润，并入本年实现净利润向投资者分配。

法定盈余公积金按照本年实现净利润的10%提取，法定盈余公积金累计达到注册资本的50%时，可不再提取。

一般（风险）准备金应当按照财政部有关规定，于每年年终根据承担风险和损失的资产余额的一定比例（一般风险准备金年末余额不低于年末贷款余额1%）提取，用于弥补尚未识别的潜在损失。

任意盈余公积金按照公司章程或者股东会决议提取和使用。

第四十六条 小额贷款公司经股东会决议，盈余公积（包括法定盈余公积金和任意盈余公积金）可以用于弥补亏损或者转增资本。法定盈余公积金转为资本后留存的部分，不得少于转增前小额贷款公司注册资本的25%。

第四十七条 小额贷款公司弥补以前年度亏损和提取盈余公积后，当年没有可供分配的利润时，不得向投资者分配利润。法律、法规另有规定的除外。

第八章 重组、清算

第四十八条 小额贷款公司根据有关法律、法规的规定，可以通过分立、合并等方式进行重组。

第四十九条 小额贷款公司分立，应当按照资产相关性或者业务相关性原则分割财产、承担债务，并明确分立后的产权关系。

对不能分割的财产，在评估的基础上，经各方协商，由拥有财产的一方给予其他方经济补偿。

第五十条 小额贷款公司合并，应当由合并后存续的小额贷款公司或者新设的小额贷款公司承继合并各方的债权、债务，并明确合并后的产权关系。

第五十一条 小额贷款公司实施重组应当进行可行性论证，履行规定程序，组织开展财产清查，聘请会计师事务所进行审计、资产评估机构进行资产评估，组织与债权人协商，制定债务处置或者承继、股权设置、资本重组的实施方案。

小额贷款公司进行重组时，对拖欠职工的工资和医疗、伤残补助、抚恤费用以及欠缴的基本社会保险费、住房公积金、工会经费等，应当以小额贷款公司现有资产优先清偿。

第五十二条 小额贷款公司被责令关闭、依法破产或者经营期限届满终止经营或者解散的，应当按照国家法律、法规和公司章程的规定实施清算。小额贷款公司自愿清算的，由小额贷款公司股东会决议后执行。

小额贷款公司依法进行清算，应当对非货币财产进行资产评估。

第五十三条 小额贷款公司的清算财产支付清算费用后，按照国家有关法律、法规规定的顺序清偿债务。

第五十四条 小额贷款公司清算完毕，应当编制清算报告，聘用会计师事务所审计，并将清算报告和审计报告报投资者决议或者人民法院确认后，向相关部门、债权人以及其他利益相关者通告。

第五十五条 小额贷款公司与职工解除劳动合同，应当按照国家有关规定支付职工经济补偿金。

第九章 财务信息

第五十六条 小额贷款公司应当在会计电算化的基础上，整合业务和信息流程，推行财务管理信息化，逐步实现财务、业务相关信息一次性处理和实时共享。

第五十七条 小额贷款公司应当按照有关法律、法规和国家统一的财务会计制度的规定，按时编制财务会计报告。

第五十八条 小额贷款公司应当在规定时限内向主管财税机关、监管部门和其他使用方报送中期财务会计报告和年度财务会计报告，不得拖延、拒绝。财务会计报告应包括会计报表及其附注和其他应当在财务会计报告中披露的相关信息和资料。不得编制和对外提供虚假的或者隐瞒重要事实的财务会计报告。

小额贷款公司对外提供的年度财务决算报告，应当经具有相应业务资格的会计师事务所审计。

小额贷款公司负责人对本企业的财务会计报告的真实性、完整性负责。

第五十九条 小额贷款公司应当按财务评价要

求，以企业财务状况和经营成果为基础，定期对企业的盈利能力、资产质量等情况进行总结、评价和考核。

第六十条　财政部门及其工作人员应当履行保密义务，谨慎、合法地保管、使用小额贷款公司提供的财务信息，不得利用未公开的财务信息牟取利益或者损害小额贷款公司利益。

第十章　罚　则

第六十一条　小额贷款公司有下列情形之一的，由财政部门责令限期改正，并视情节轻重予以通报批评：

（一）不按照规定提交设立、变更文件的；

（二）财务风险控制、筹集和运用资金以及资产管理不符合规定要求的；

（三）不按规定开设和管理资金账户的；

（四）不按规定列支成本费用、确认经营收益的；

（五）不按规定计提减值准备、分配利润的；

（六）不按规定处理财政资金、国有资产的；

（七）不按规定顺序清偿债务、处理财产的；

（八）其他违反小额贷款公司财务管理有关规定的。

第六十二条　小额贷款公司有下列情形之一的，由财政部门责令限期改正，并对小额贷款公司及其负责人和其他直接责任人员给予警告：

（一）不按照规定建立内部财务管理制度的；

（二）内部财务管理制度明显与国家法律、法规和统一的财务管理规章制度相抵触，且不按财政部门要求修改的；

（三）不按照规定提供财务信息的；

（四）拒绝、阻挠依法实施的财务监督的。

第六十三条　小额贷款公司违反本办法行为，有关法律法规另有规定的，依照其规定处理、处罚。财政部门在依法实施财务监督中，对不属于本部门职责范围的违法违规事项，应当依法移送相关管理部门处理。

第六十四条　经财政部门监督检查发现，不执行本办法的小额贷款公司以及出现违规行为并在限期内未整改完毕的小额贷款公司，不得继续享受中央和地方财政出台的各项优惠政策。

第六十五条　财政部门工作人员在履行财务管理职责过程中滥用职权、玩忽职守、徇私舞弊，或者泄露国家秘密、商业秘密的，依法进行处理。

第十一章　附　则

第六十六条　本办法由省财政厅负责解释。

第六十七条　本办法自2011年8月1日起施行。

安徽省财政厅关于印发《安徽省政策性农业保险试点工作考评暂行办法》的通知

（2011年9月13日　财金〔2011〕1417号）

各市财政局，省农垦集团，国元农业保险股份责任公司、人保财险安徽省分公司：

为推动我省农业保险持续健康发展，根据我省农业保险政策规定，我厅会同省政府金融办、省农委、安徽保监局再次对《安徽省政策性农业保险试点工作考评暂行办法》进行了修订。现将修订后的《安徽省政策性农业保险试点工作考评暂行办法》印发给你们，请遵照执行。

安徽省政策性农业保险试点工作考评暂行办法

为推动我省农业保险持续健康发展，根据省政府《关于开展政策性农业保险试点工作的实施意见》（皖政〔2008〕42号）精神和省民生工程协调小组关于民生工程实施情况考核的有关要求，特制定本办法。

一、考评对象和期间

（一）符合以下条件的试点单位和保险经办机构，可按本办法规定参加考评。

1.试点单位：以市为单位（省农垦集团以集团为单位）进行考评。种植业保险品种2个以上且投保率达到20%以上；养殖业保险品种1个以上且投保率达到40%以上；未发现违法违纪行为。

2.保险经办机构：以市级保险经办机构为单位进

行考评。主动服务,操作规范,依法经营,未发现虚构保险标的骗取财政补贴资金、编造虚假赔案套取保险资金等违法违规行为。

(二)考评期间。

1.试点单位:上年12月1日至当年11月30日。

2.保险经办机构:当年1月1日至12月31日。

二、考评内容和评分标准

(一)试点单位:考评基础工作、组织推动、监督检查、主要指标4项内容,满分100分。

1.基础工作(15分)

(1)组织机构:本级及所辖各县(市、区)均成立政策性农业保险试点工作的领导机构和工作机构、理赔协调机构,各部门职责分工明确(5分)。

(2)实施方案:制定本地政策性农业保险具体实施方案,工作计划、步骤具体明确,职责落实到单位、部门(5分)。

(3)报表报送:政策性农业保险统计报表和财务报表编报及时,数据真实、准确、完整(5分)。

2.组织推动(25分)

(1)面上宣传广泛深入、形式多样,试点工作环境良好(5分)。

(2)推动建立分工合理、协作有力、运转高效的基层农业保险工作新机制(5分)。

(3)部门配合密切,定期或不定期召开农业保险工作协调会,及时研究协调解决问题(5分)。

(4)未发现下指标、分任务、搞摊派行为(5分)。

(5)未发生强制投保、代垫保费、抵扣补贴、抵扣赔款以及提高标准收取农户保费行为(5分)。

3.监督检查(30分)

(1)组织开展农业保险专项检查2次以上,及时发现解决操作中存在的问题(10分)。

(2)督促保险经办机构加强承保管理,做到承保规范化、精细化(5分)。

(3)督促保险经办机构按照保险条款准确、及时理赔,维护投保农户利益(5分)。

(4)督促保险经办机构按照委托协议,及时足额结算、分配协保员工作经费(2分);未发生基层政府及其所属机构截留工作经费行为(3分)。

(5)开展保险经办机构考核,建立优胜劣汰机制;对未履行协议规定义务的,严格按照规定处理(5分)。

4.主要指标(30分;凡未达到小项考评指标要求的,该小项按0分计)

(1)保险覆盖率:所辖各县(市、区)均同时开展种植业和养殖业保险试点(5分);种植业保险品种3个以上且投保率均达到30%以上(5分)。

(2)农户投保率:两个主要种植业保险品种投保率在40%以上(5分);一个主要养殖业保险品种投保率在60%以上(5分)。

(3)补贴到位率:市县(区)保费补贴足额安排,及时到位(10分)。

(二)保险经办机构:分种植业保险、养殖业保险,考评网络建设、展业承保、防灾减损、理赔服务、资金管理和满意度调查6项内容,满分为100分。

1.网络建设(20分)

(1)规范农业保险站点设置,加强软硬件建设,健全基层农业保险服务体系(5分)。

(2)在乡镇政府见证下,与乡镇、村协保员签订书面委托协议,明确双方权利和义务(5分)。

(3)建立协保员管理制度,开展协保员培训和考核(5分)。

(4)严格按照省政府皖政办〔2010〕31号文件和委托协议规定,及时足额结算、分配、支付协保员工作经费(5分)。

2.展业承保(20分)

(1)采取农民喜闻乐见的声像和文字形式,向农户开展面对面宣传(2分)。

(2)承保手续规范,标的审验严格,承保信息真实(2分);严格执行"见费出单"制度,先收取农户保费,登记制作清册,再开具保单,做到单册内容相符(4分)。

(3)对种养大户、龙头企业和农村合作经济组织,实行直接承保(2分);对一般农户以行政村为单位集体签单,附项目齐全的分户清单(2分)。

(4)将直接承保和集中承保情况在标的所在地行政村张榜公示(2分);收取投保人保费,出具省级或省级以上保险经办机构统一印制的收据或者保险凭证(2分)。

(5)未发生诱导投保、代扣农户保费以及提高标准收取农户保费等违规行为(4分)。

3.防灾减损(5分)

贯彻"预防为主、防赔结合"方针,积极支持、配合政府开展防灾减损工作(5分)。

4.理赔服务(25分)

(1)实行种植业保险分级分类查勘制度,合理确定保险标的受损数量和损失程度，未发生均摊或者变相均摊赔款行为(4 分)。

(2) 种植业保险 7 月末和 12 月末理赔到位率 90%以上、养殖业保险 12 月末理赔到位率 95%以上(4 分)。

(3)查勘定损报告材料真实、手续完备、内容合规(2 分)。

(4)公开理赔标准和政策,执行理赔公示制度(2 分);举办较大和重大赔案理赔说明会(3 分)。

(5)养殖业保险赔款直接支付到农户“一卡通”账户或者龙头企业、农村合作经济组织账户(2 分);种植业保险赔款委托县级农村财政局通过“一卡通”发放到户(3 分)。

(6)未发生随意降低理赔标准,拖赔、惜赔、无理拒赔行为(5 分)。

5.资金管理(10 分)

(1)严格执行省政府皖政[2008]42 号文件及其配套办法,规范银行账户设置,严格按照规定使用资金(4 分)。

(2)政策性农业保险保费匹配申请报送及时,数据真实、准确、完整(4 分)。

(3)对农业保险业务单独分险种核算,按时向同级财政部门报送政策性农业保险财务报告和统计报表(2 分)。

6.满意度调查(20 分)

(1)试点县(市、区)每个乡镇随机调查投保未出险农户不少于 10 户,80%以上被调查农户对经办机构承保服务满意的(4 分)、基本满意的(2 分);试点县(市、区)每个乡镇随机调查出险报案农户不少于 10 户,80%以上被调查农户对经办机构理赔服务满意的(10 分)、基本满意的(5 分)。

(2)当地农业、畜牧、财政等部门对经办机构保险服务满意的(农业、畜牧、财政各 2 分,共 6 分)、基本满意的(农业、畜牧、财政各 1 分,共 3 分)。

三、考评的组织与申报、评定

(一)考评工作由省农险办负责组织实施。

(二) 符合条件的试点单位和保险经办机构,应分别于当年 12 月 10 日和次年 1 月 10 日前向省农险办提交书面申请、自评表和相关材料(其中:市级保险经办机构申请应附同级农险办的审核意见、评分表)。

(三)省农险办根据各试点单位申报材料和当年检查情况，多方征求意见后，进行综合评定打分排名,确定先进试点单位。

(四)市农险办负责组织对其审核同意参评的本地保险经办机构进行考评，并将评分明细表报省农险办。省农险办汇总各市农险办对本地保险经办机构的审核意见和评分表，分种植业和养殖业保险排名,确定先进保险经办机构。

(五)试点单位考评分数计入省政府对各市民生工程实施情况考核总分。

四、表彰奖励

(一)先进试点单位由省农险办通报表彰,并给予一次性奖励。

(二) 先进保险经办机构由省农险办通报表彰,并建议有关保险公司省级或省级以上机构给予相应奖励。

五、奖金用途

奖励资金用于推动本地政策性农业保险工作。

六、附则

(一)本办法自印发之日起试行。各市农险办可根据本办法规定制定对所辖县(市、区)的考评细则。

(二)本办法由省农险办负责解释。

安徽省财政厅 安徽省人民政府金融工作办公室 安徽省银监局 安徽省证监局 安徽省保监局关于印发引进总部或地区总部性金融机构奖励实施办法的通知

(2011 年 10 月 10 日 财金〔2011〕1548 号)

各市、县(区)财政局、政府金融办,各银监分局:

为落实引进总部或地区总部性金融机构奖励政策,提高金融对地方经济发展的支撑作用,根据《安徽省人民政府办公厅关于发挥财政引导作用支持中小企业和“三农”发展的意见》(皖政办〔2011〕56 号),特制定本实施办法。

一、奖补对象及条件

金融机构符合下列条件的，可以申请享受奖励政策：

1.境内外投资者在我省投资设立的具有法人资格、管辖两个或两个以上省份分支机构的银行、保险公司、证券公司、信托投资公司、基金管理公司以及其他非银行金融机构。

2. 直接隶属于省外法人金融机构并单独设立，直接受理周边省份分支机构相关业务的营运总部、资金营运中心等。

3. 金融机构业务总部的母公司注册资本总额，银行不低于20亿元,保险公司不低于10亿元,证券公司、信托投资公司以及其他非银行金融机构不低于5亿元。

二、奖补认定及标准

1.总部或地区总部性金融机构由该金融机构所在地财政部门会同级政府金融办、金融监管部门进行初审后,逐级上报至省财政厅;省财政厅会同省政府金融办、省级金融监管部门进行认定。

2. 对在我省设立总部或地区总部性金融机构的，省财政结合其注册资本或营运资金规模给予一次性补助。其中:注册资本或营运资金10亿元以上(不含10亿元)的,补贴500万元;注册资本或营运资金5-10亿元(不含5亿元)的,补贴300万元;注册资本或营运资金1-5亿元的,补贴200万元。

三、奖补资金申报、审核和拨付

1.总部或地区总部性金融机构应于每年2月15日前，向县级财政部门报送上年度奖励资金申请书及相关材料；县级财政部门于每年2月底前将审核意见报市级财政部门；市级财政部门审核汇总本级和所辖县(市、区)奖励资金申请,于3月15日前报省财政厅。

2.单位申请材料应包括奖励资金申请书及相关材料、总部或地区总部性金融机构奖励资金申报表等。相关材料应包括但不限于以下内容:

(1) 金融监管部门批准设立金融企业的相关文件复印件,颁发的金融企业法人许可证、营业许可证或业务许可证复印件。

(2) 金融企业的营业执照、税务登记证和组织机构代码证复印件。

(3)属于新设立金融机构总部的,应提供法定机构出具的验资证明复印件；属于新迁入金融机构总部的，应提供经中介机构审计的上一年度财务报告复印件。

(4)属于金融机构业务总部的,应提供母公司法定代表人签署的设立业务总部、履行基本职能以及对业务总部法定代表人的授权文件，母公司拨入资本金或营运资金的证明文件。

相关材料复印件，须由申请单位加盖公章证实与原件一致。

3.省财政厅会同省政府金融办审核拟定奖励对象和金额,并按规定程序报批后,由省财政转移支付到市、县(区)财政;市、县(区)财政在收到奖励资金后10个工作日内,据实拨付给有关金融机构。

四、管理与监督

1. 各总部或地区总部性金融机构应如实申报，确保相关材料真实、准确、完整。

2.各级财政部门应加强对辖区内总部或地区总部性金融机构奖励资金申请工作的指导，切实做好奖励资金的审核、拨付和监督工作,保证各项奖励政策落实到位。

3.省财政厅会同省政府金融办对各地奖励资金的申请、审核和拨付情况进行监督检查。金融机构虚报材料，骗取奖补资金的，省财政厅将追回奖补资金,并按照《财政违法行为处罚处分条例》(国务院令第427号)等有关规定处理。

4.本实施办法由省财政厅负责解释。

安徽省财政厅 安徽省人民政府金融工作办公室 中国人民银行合肥中心支行 安徽省银监局 安徽省统计局关于印发银行业金融机构服务中小企业和“三农”奖励与补助实施办法的通知

(2011年10月10日 财金〔2011〕1549号)

各市、县(区)财政局、政府金融办、统计局,人民银行各市中心支行、各县(市)支行,各银监分局:

为落实银行业金融机构服务中小企业和“三农”奖励与补助(以下简称“奖补”)政策,规范银行业金融机构奖补资金申报、审核、拨付和管理,根据《安徽省人民政府办公厅关于发挥财政引导作用支持中小企业和“三农”发展的意见》(皖政办〔2011〕56号),

特制定本实施办法。

一、奖补对象

1.省辖市辖区内小型和微型企业贷款增量奖励的对象为各省辖市辖区内的银行业金融机构市级分行、具有法人资格银行业金融机构。

2.农业保险保单质押贷款的奖励对象为县域内的银行业金融机构县级支行、具有法人资格银行业金融机构，或者各省辖市辖区内的银行业金融机构市级分行、具有法人资格银行业金融机构。

3.银行业金融机构其他金融服务奖补的对象为符合条件的在皖国家开发银行、政策性银行、国有商业银行、股份制银行、邮政储蓄银行、城市商业银行、外资银行、农村合作金融机构(包括农村商业银行、农村合作银行、农村信用联社,下同)、新型农村金融机构。

二、奖补标准和资金来源

1.省辖市辖区内银行业金融机构新增的小型和微型企业贷款，按其当年小型和微型企业贷款季末平均余额增加额的 2‰给予奖励;奖励资金由省、市财政按 5:5 分担；市财政负担的奖励资金可从当地中小企业贷款风险补偿资金中支出。中央财政出台小型和微型企业信贷投放奖励政策的，按其规定执行。

2.新设的村镇银行、贷款公司、农村资金互助社,给予其实收货币资本的 1%、最高不超过 100 万元的一次性奖励;奖励资金由省、当地财政按 5:5 分担。

3.国家开发银行、政策性银行、国有商业银行、股份制银行、城市商业银行、外资银行、农村银行、邮政储蓄银行在县域内新设的分支行，省财政按每个 30 万元予以一次性补助。

4.农村信用社改制为农村商业银行的,省财政给予 20 万元的一次性奖励。

5.省级银行业金融机构在亳州、阜阳、宿州等皖北 3 市新设市级以上分支机构的，省财政给予每个新设机构 30 万元的一次性补助。

6.银行业金融机构开展农业保险保单质押贷款的，按其当年农业保险保单质押贷款季末平均余额的 5‰给予奖励;奖励资金由省和当地财政按 5:5 分担。

三、金融服务的统计、认定

1.2010 年、2011 年小型和微型企业的认定标准,按照原国家经济贸易委员会、国家发展计划委员会、财政部、国家统计局《关于印发中小企业标准暂行规定的通知》(国经贸中小企〔2003〕143 号)规定执行;2012 年及以后年度小型和微型企业的认定标准,依照工业和信息化部、国家统计局、国家发改委、财政部《关于印发中小企业划型标准规定的通知》(工信部联企业〔2011〕300 号)规定执行。

2.对小型和微型企业信贷投放,按照人民银行有关规定进行统计，由各市财政局会同级政府金融办、人民银行审核认定；特定行业贷款企业从业人数,由各市统计部门负责提供。

3.新设的新型农村金融机构、银行业金融机构县域分支行,成功改制的农村商业银行,以及省级银行业金融机构在亳州、阜阳、宿州等皖北 3 市新设市级以上分支机构,按照银监部门有关规定进行统计,由各市财政局会同级政府金融办、银监部门审核认定。

4.农业保险保单质押贷款,按照人民银行有关规定统计,由各级财政部门会同级政府金融办、人民银行审核认定；农业保险保单质押金额低于贷款金额的,按照保单质押金额认定。

5.各级财政部门应会同政府金融办、人行、银监等部门，对银行业金融机构金融服务内容按季进行统计,并于每季度终了后 30 日内报送省财政厅。

四、奖补资金的申报、审核

1.各银行业金融机构应于每年 2 月 15 日前,向同级财政部门报送上年度奖补资金申请书及相关材料。其中,小型和微型企业信贷投放奖励,以各省辖市辖区内的银行业金融机构市级分行、具有法人资格银行业金融机构为单位申报；各银行业金融机构省级分行直属机构发放的小型和微型企业贷款,纳入其省级分行所属市级分行一并申报；不符合奖励条件的也要按上述要求向同级财政部门报送相关数据,对未按要求报送相关数据的,取消其以后年度的奖补资格。农业保险保单质押贷款奖励,以县域内的各银行业金融机构县级支行、具有法人资格银行业金融机构或者省辖市辖区内的各银行业金融机构市级分行、具有法人资格银行业金融机构为单位申报。

2.县级财政部门对辖内各银行业金融机构奖补资金申请材料进行审核,于 3 月 15 日前报市级财政部门。

3. 市级财政部门审核汇总本级及所辖县（市、

区)奖补资金申请,于4月15日前报省财政厅。

4.银行业金融机构申请材料应包括奖补资金申请书及相关材料、市辖区银行业金融机构小型和微型企业贷款增量奖补资金申请表、市辖区银行业金融机构小型和微型企业贷款统计明细表、新设银行业金融机构及农村信用社改制奖补资金申请表、银行业金融机构农业保险保单质押贷款奖补资金申请表、银行业金融机构农业保险保单质押贷款统计明细表和财政部门审核意见等。相关材料应包括但不限于以下内容:

(1)申请增加信贷投放奖励的,应当提交贷款借据复印件,贷款企业上年末资产负债表、损益表(微型企业没有资产负债表、损益表的,应当提供相关说明材料)。

(2)申请增设机构网点一次性补助的,应当提交银监部门筹建和开业批文、金融许可证复印件。

(3)申请新设新型农村金融机构一次性奖励的,应当提交验资报告、金融许可证、营业执照复印件。

(4)申请农业保险保单质押贷款奖励的,应当提交贷款借据、贷款合同、保单质押合同复印件以及贷款企业与贷款银行、保险机构签订的三方协议复印件。相关材料复印件,须由申请单位加盖公章证实与原件一致。

5.省财政厅审核拟定奖补对象和金额,再按程序办理报批手续。

五、奖补资金的拨付和使用

1.省财政厅将省级承担的奖补资金转移支付到市、县(区)。市、县(区)财政部门应在收到省财政奖补资金后10个工作日内,连同本级应承担的奖补资金,拨付给有关银行业金融机构。

2.银行业金融机构小型和微型企业贷款增量奖励、农业保险保单质押贷款奖励,主要用于充实银行业金融机构的风险准备金;各银行业金融机构可根据自身情况,提取10%以内的资金,用于拓展相关贷款业务。其他金融服务奖补资金应纳入单位收入核算。

六、管理与监督

1.各申报单位应当如实统计和上报本单位特定金融服务情况。各级财政部门应加强对辖区内银行业金融机构奖补资金申请工作的指导,切实做好奖补资金的审核、拨付和监督工作。省财政厅将组织对各地奖补资金的申请、审核和拨付情况进行监督检查,保证各项奖补政策落实到位。

2.银行业金融机构虚报材料、骗取奖补资金的,财政部门将追回奖补资金,取消其以后年度的奖补资格,并按照《财政违法行为处罚处分条例》(国务院令第427号)等规定处理;对人民银行、银监部门未认真履行审核职责,导致银行业金融机构虚报材料骗取奖补资金的,由人民银行合肥中心支行、安徽银监局责令其改正,并依照有关规定处理;对市县财政部门未认真履行审核职责,导致银行业金融机构虚报材料骗取奖补资金,或者挪用奖补资金的,省财政厅将责令其改正,追回已拨奖补资金,并按照《财政违法行为处罚处分条例》(国务院令第427号)等规定,对有关单位和责任人员进行处罚。

3.各地应将各银行业金融机构小型和微型企业贷款审核结果,纳入各银行业金融机构对地方发展支持度考核的重要内容。

4. 银行业金融机构中小企业贷款损失补偿,按照省财政厅《关于支持建立中小企业贷款风险补偿专项资金使用管理的指导意见》(财金〔2008〕1277号)规定执行;县域金融机构涉农贷款增量奖励、新型农村金融机构定向费用补贴,依照财政部和我省有关规定执行;对当年新增贷款占新增存款比例达到50%以上的县域金融机构奖励政策,由当地财政部门制定实施办法。

5.本实施办法由省财政厅负责解释。

安徽省财政厅 安徽省人民政府金融工作办公室关于印发《中小企业上市和债务融资奖励与补助实施办法》的通知

(2011年9月27日 财金〔2011〕1550号)

各市、县(区)财政局、金融办(上市主管部门),省江北、江南产业集中区管委会财金部:

为落实中小企业上市和债务融资的财政奖励与补助(以下简称“奖补”)政策,规范奖补资金申报、审核、拨付和管理,根据《关于发挥财政引导作用支持中小企业和“三农”发展的意见》(皖政办〔2011〕56号),特制定本实施办法。

一、奖补对象

(一)符合条件的上市后备中小企业,成功实现首发上市、上市再融资、债务融资的中小企业。

(二)皖北地区和大别山革命老区市、县政府。

二、奖补条件和标准

(一)改制成功、与保荐机构签订上市辅导协议、在安徽证监局办理上市辅导备案登记的上市后备中小企业,省和同级财政分别给予100万元的补助。

(二)在中小板或创业板首发上市成功的中小企业,省和同级财政分别给予50万元的奖励。

(三)上市中小企业成功实施再融资的,省和同级财政分别给予50万元的奖励。

(四)成功实现债务融资的中小企业,省和同级财政分别给予发行费用(包括中介机构费用、发行交易费用、推广宣传费用等)的10%、最高不超过20万元的补贴。

(五)皖北地区和大别山革命老区每培育1家上市中小企业,省财政给予企业所在地政府100万元奖励。

三、奖补对象、条件的认定

(一)中小企业的认定。

中小企业认定标准,按照国家工信部、统计局、发改委、财政部《关于印发中小企业划型标准规定的通知》(工信部联企业〔2011〕300号)规定执行。

(二)债务融资的认定。

债务融资是指经发改委核准发行的企业债券、中小企业集合债券,在银行间市场交易商协会注册发行的中小企业集合票据、中小企业(超)短期融资券、中期票据、区域集优融资券,经证监部门核准发行的公司债。

(三)皖北地区、大别山革命老区的认定

皖北地区的认定,按照《省委省政府关于进一步加快皖北地区发展的若干意见》(皖发〔2010〕16号)执行;大别山革命老区的认定,按照《省委省政府关于进一步促进安徽大别山革命老区又好又快发展的若干意见》(皖发〔2011〕15号)执行。

四、奖补资金的申报、审核和拨付

(一)申报材料。

1.上市后备中小企业,须提供以下材料,并按顺序装订成册:

(1)市级金融办(或上市主管部门,下统称金融办)出具的上市后备资格认定文件;

(2)与保荐机构签订的上市辅导协议;

(3)财政部门要求的其他材料。

2.首发上市、上市再融资、发行公司债的中小企业,须提供以下材料,并按顺序装订成册:

(1)中国证监会相关核准文件;

(2)发行公告;

(3)募集资金验资报告;

(4)财政部门要求的其他材料。

3.发行企业债券、中小企业集合债券的中小企业,须提供以下材料,并按顺序装订成册:

(1)国家发改委核准文件;

(2)募集资金银行进账单;

(3)财政部门要求的其他材料。

4.发行中小企业集合票据、中小企业(超)短期融资券、中期票据、区域集优融资券的中小企业,须提供以下材料,并按顺序装订成册:

(1)中国银行间市场交易商协会出具的接受注册通知书;

(2)募集资金银行进账单;

(3)财政部门要求的其他材料。

相关材料复印件,需由申请单位加盖公章证实与原件一致。

(二)申报及初审。

1.申报企业应于每年2月15日前向同级财政部门报送奖补资金申请书和相关材料。

2.同级财政会同金融办进行初审并出具初审意见,填写《中小企业直接融资奖补资金申请汇总表》(附件1),连同本级申请文件一并于2月底前报送省财政厅。

3.对皖北地区和大别山革命老区政府的奖励,不需申报,由省财政厅根据上市中小企业的申请材料确定。

(三)审核及拨付。

省财政厅会同省政府金融办对各地上报申请予以复核,其间将视情况委托中介机构对债务融资费用补贴申报资料进行审核。审核确认后,省财政将省级承担的奖补资金转移支付到市、县(区)财政。市、县(区)财政在收到奖补资金10个工作日内,连同本级应承担的奖补资金,拨付给有关中小企业和市、县政府。

五、监督检查和法律责任

(一)各申报单位应当认真、如实统计和上报本单位融资担保服务相关情况。

(二) 各市金融办要认真按照省政府金融办关于申报上市后备企业资格认定的有关规定，对企业改制培育进入辅导进程进行实质性核查，出具企业上市后备资格认定文件,并抄送省政府金融办。

(三) 各级财政部门应加强对辖区内企业直接融资的奖补资金申请工作的指导，切实做好奖补资金的审核、拨付和监督工作,保证各项奖补政策落实到位。

(四)省财政厅将组织对各地奖补资金的申请、审核、拨付情况的监督检查,对奖补资金的使用情况和效果实施绩效评价。对虚报材料,骗取奖补资金的中小企业,省财政厅将追回奖补资金,取消其以后年度的奖补资格,并按照《财政违法行为处罚处分条例》(国务院令第427号)等有关规定处理。对虚报材料的上市后备中小企业，省政府金融办将取消其后备资格,不再享受有关上市扶持政策。

六、其他

本办法由省财政厅负责解释。

安徽省财政厅 安徽省人民政府金融工作办公室关于印发融资性担保机构服务中小企业和“三农”奖励与补助实施办法的通知

(2011年9月28日 财金〔2011〕1551号)

各市、县(区)财政局、金融办(融资担保行业监管部门),省江北、江南产业集中区管委会财金部:

为落实融资性担保机构服务中小企业和“三农”的财政奖励与补助(以下简称“奖补”)政策,规范奖补资金申报、审核、拨付和管理,根据《关于发挥财政引导作用支持中小企业和“三农”发展的意见》(皖政办〔2011〕56号),特制定本实施办法。

一、奖补对象

符合条件的融资性担保机构。

二、奖补条件、标准、资金来源和用途

(一)担保放大倍数奖励。

依法合规经营的融资性担保机构，季末平均融资担保余额同比增加且融资担保放大倍数达到5倍(含)以上的,同级财政对其融资担保放大倍数5–10倍(含)部分对应的融资担保额,按1.5‰的比例予以奖励,单户最高不超过150万元。奖励资金可从当地风险补偿资金中列支，用于对融资性担保机构的风险补偿和业务拓展经费补助等。

(二)担保费补贴。

依法合规经营、符合以下条件的县域(包括县、县级市及县改区,下同)融资性担保机构开展的融资担保项目，按当年收取的融资担保费收入的20%予以补贴,单户最高不超过150万元。皖北地区和大别山革命老区,补贴资金由省和县级财政按7:3分担;其他地区,补贴资金由省和县级财政按5:5分担。补贴资金纳入县域融资性担保机构收入核算。

1.融资担保放大倍数达到3倍(含)以上。

2.平均综合担保费率低于2%(含)。

3.自本办法发布之日起,不以任何形式向客户收取保证金。

(三)新设涉农融资性担保公司奖励。

依法合规经营的新设县域涉农融资性担保公司,自开业之日起一年内,融资担保放大倍数达到1倍(含)以上、农业项目贷款担保额占比达50%(含)以上的，予以其实收货币资本1%的一次性奖励,单户最高不超过30万元。皖北地区和大别山革命老区,奖励资金由省级财政负担;其他地区,奖励资金由省和县级财政按5:5分担。奖励资金用于新设涉农融资性担保公司的开办经费补助。

(四)农业保险保单质押担保业务奖励。

开展农业保险保单质押担保业务的融资性担保机构，按其保单质押部分的季末平均担保余额的5‰予以奖励。奖励资金由省和同级财政按5:5分担。奖励资金用于对融资性担保机构的风险补偿和业务拓展经费补助等。

三、奖补条件的认定和指标口径

(一)农业项目贷款担保的认定。

农业项目贷款担保是指融资性担保机构为银行业金融机构向农户、农村企业和农村组织发放的农、林、牧、渔贷款提供的担保。农、林、牧、渔贷款指《中国人民银行中国银行业监督管理委员会关于建立〈涉农贷款专项统计制度〉的通知》(银发〔2007〕246号)“涉农贷款汇总情况统计表”(银统379号)中的“农户农林牧渔业贷款”、“农村企业及各类组织农林牧渔业贷款”、“农村企业及各类组织支农贷款”3类贷款。

（二）皖北地区和大别山革命老区的认定。

皖北地区的认定，按照《省委省政府关于进一步加快皖北地区发展的若干意见》（皖发〔2010〕16 号）执行；大别山革命老区的认定，按照《省委省政府关于进一步促进安徽大别山革命老区又好又快发展的若干意见》（皖发〔2011〕15 号）执行。

（三）依法合规经营的认定。

依法合规经营是指：1. 经行业监管部门认定监管合格，并出具相关意见；2.严格执行财政部门制定的财务会计制度，及时向财政部门报送财务报表及日常财务监管所需的其他相关材料。

（四）指标口径。

1.融资担保是指《安徽省融资性担保公司管理暂行办法》规定的直接融资担保和间接融资担保，但不包括为小额贷款公司贷款和担保机构自身发放委托贷款提供的担保。

2. 融资担保费收入是指综合担保费收入，即：与融资担保项目直接相关的担保费和其他各类费用（如评审费、咨询费等）。

3. 季末平均融资担保余额=∑四个季度末的融资担保余额 *1/4

4. 融资担保放大倍数=年末融资担保余额/年末净资产

5.平均综合担保费率=（∑A/∑B）*100%

A 是指：换算成一年期融资性担保项目对应的综合担保费，A=□当年承保的单个项目综合担保费/担保月数□*12，B=当年承保的单个项目担保额。

四、奖补资金的申报、审核和拨付

（一）申报材料。

1.融资性担保机构申请担保放大倍数奖励，须提供下列材料，并按顺序装订成册：

（1）《安徽省融资性担保机构奖补资金申请表》，并附审计机构出具的专项审计报告；

（2）审计机构与注册会计师资质证明材料（审计机构营业执照与注册会计师执业证书复印件）；

（3）财政部门要求的其他材料。

2.融资性担保机构申请担保费补贴，须提供下列材料，并按顺序装订成册：

（1）《安徽省融资性担保机构奖补资金申请表》，并附审计机构出具的专项审计报告；

（2）《融资性担保机构综合年化担保费率计算表》，并附审计机构出具的专项审计报告；

（3）审计机构与注册会计师资质证明材料（审计机构营业执照与注册会计师执业证书复印件）；

（4）财政部门要求的其他材料。

3. 融资性担保机构申请新设县域涉农机构奖励，须提供下列材料，并按顺序装订成册：

（1）《安徽省新设县域涉农融资性担保机构奖励资金申请表》，并附审计机构出具的专项审计报告；

（2）审计机构与注册会计师资质证明材料（审计机构营业执照与注册会计师执业证书复印件）；

（3）财政部门要求的其他材料。

4.融资性担保机构申请农业保险保单质押担保业务奖励，须提交贷款借据、贷款合同、担保合同、质押合同以及贷款人、融资性担保机构、保险机构三方协议复印件。

相关材料复印件，需由申请单位加盖公章证实与原件一致。

融资性担保机构满足上述多项奖补政策条件的，可由审计机构出具一份合并的专项审计报告。

（二）申报及审核。

1.每年 3 月底前，符合条件的融资性担保机构根据本办法规定，将上年度奖补资金申请书和相关资料报送同级财政部门。

2.同级财政会同行业监管部门对本级管理融资性担保机构奖补资金申请材料进行审核并出具意见，于每年 4 月底前报省财政厅复核。报送材料为《安徽省融资性担保机构服务中小企业和”三农”奖补资金汇总表》和汇总整理后的分户申报材料。

同级财政部门对担保放大倍数奖励的审核意见即为最终意见，省财政厅不再复核，但相关材料也应于 4 月底前报省财政厅备案。

（三）复核及拨付。

省财政厅对各地上报材料予以复核，其间将视情况委托中介机构进行审核。复核确定后，省财政厅按规定办理报批程序后，将省级承担的奖补资金转移支付到市、县（区）财政。市、县（区）财政在收到奖补资金 10 个工作日内，连同本级应承担的奖补资金，拨付给有关融资性担保机构。

同级财政部门拨付担保放大倍数奖励资金，不得迟于上述时间。

五、监督检查和法律责任

（一）各申报单位应当认真、如实统计和上报本单位融资担保服务相关情况。

（二）各级财政部门应加强对辖区内融资性担保机构奖补资金申请工作的指导，切实做好奖补资金的审核、拨付和监督工作，保证各项奖补政策落实到位。

（三）省财政厅将组织对各地奖补资金的申请、审核、拨付情况的监督检查，对奖补资金的使用情况和效果实施绩效评价。融资性担保机构虚报材料，骗取奖补资金的，省财政厅将追回奖补资金，取消其以后年度奖补资格，并按照《财政违法行为处罚处分条例》（国务院令第427号）等有关规定处理。审计机构出具虚假鉴证意见导致融资性担保机构骗取奖补资金的，行业主管部门按相关规定予以处罚，省财政厅将追回奖补资金；市县融资担保行业监管部门未认真履行审核职责导致融资性担保机构骗取奖补资金的，省政府金融办责令其改正，并依照有关规定进行处理，省财政厅将追回奖补资金；市县财政部门未认真履行审核职责导致融资性担保机构虚报骗取奖补资金的，省财政厅将责令其改正，追回奖补资金，并按照《财政违法行为处罚处分条例》规定，对有关单位和责任人员进行处罚。

六、其他

（一）对融资性担保机构的中小企业担保代偿损失补偿，按照《关于支持建立中小企业贷款风险补偿专项资金使用管理的指导意见》（财金〔2008〕1277号）有关规定执行。

（二）2010年12月31日前签订担保合同，且于2011年3月31日前解除担保责任的，执行《关于修订〈安徽省毗邻苏浙地区中小企业担保贴费暂行办法〉的通知》（财金〔2009〕309号）。2011年1月1日后签订担保合同的，执行本办法。

（三）本办法由省财政厅负责解释。

安徽省财政厅关于印发《安徽省融资性担保公司财务管理暂行办法》的通知

（2011年11月30日　财金〔2011〕2137号）

各市、县（区）财政局，各融资性担保机构：

为加强我省融资性担保公司财务管理，规范财务行为、防范财务风险、维护社会经济秩序，根据财政部金融企业财务管理有关规定，结合我省实际，制订了《安徽省融资性担保公司财务管理暂行办法》。现印发给你们，请遵照执行。

安徽省融资性担保公司财务管理暂行办法

第一章　总　　则

第一条　为加强融资性担保公司财务管理，规范融资性担保公司财务行为，促进融资性担保公司法人治理结构的建立和完善，防范融资性担保公司财务风险，保护融资性担保公司及其相关方合法权益，维护社会经济秩序，根据《金融企业财务规则》（财政部令第42号）、财政部《关于印发〈地方金融企业财务监督管理办法〉的通知》（财金〔2010〕56号）等财政财务管理规定和《融资性担保机构管理暂行办法》（银监会令2010年第3号）、《安徽省融资性担保机构管理暂行办法》（皖政办〔2010〕34号）等融资性担保行业监管规定，制定本办法。

第二条　本办法所称融资性担保公司，是指在我省行政区域内依法设立，经营融资性担保业务的有限责任公司和股份有限公司。

事业、社团性质的融资性担保机构比照本办法执行。

第三条　融资性担保公司应遵守国家法律、法规，执行金融方针、政策，依法开展业务，自主经营，自负盈亏，自我约束，自担风险，其合法的经营活动受法律保护，不受任何机关、单位和个人的干涉。

第四条　融资性担保公司应当根据有关法律、法规和本办法规定，建立健全内部财务管理制度，设置财务管理职能部门，配备专业财务管理人员，运用预测、计划、预算、控制、监督、考核、评价和分析等方法，合理筹集资金，有效营运资产，控制成本费用，规范收益分配，反映财务状况和经营成果，有效防范和化解财务风险，努力实现持续经营和价值最大化。

第五条　各市、县（含县级市）财政部门是本行政区域融资性担保公司的财务主管部门，应当依法指导、管理和监督本级融资性担保公司的财务管理工作。

第六条　融资性担保公司在完成工商注册登记后30日内，应当向主管财政部门提交出资人协议、融资性担保机构经营许可证、会计师事务所出具的验资报告或证明、企业章程、《企业法人营业执照》等复印件,办理财务登记,作为对其实施考核、评价和财政支持的依据。

融资性担保公司发生分立、合并、设立分支机构,以及主要工商登记事项发生变更时,在依法完成工商变更登记后30日内,应当向主管财政部门提交有关变更文件复印件,及时办理移交、变更或者变更财务登记。

第七条 融资性担保公司应当依法缴纳各项税费。融资性担保公司财务处理与税收法律、法规规定不一致的,纳税时应当依法进行调整。

第二章 职责、职权

第八条 财政部门履行下列财务管理职责:

(一)监督融资性担保公司执行本办法以及其他财务管理规定;

(二)指导、督促融资性担保公司建立健全内部财务管理制度;

(三)指导、督促融资性担保公司建立健全财务风险控制体系,监测融资性担保公司财务风险及其营运状况;

(四)监督融资性担保公司财务行为;

(五)加强融资性担保公司财务信息管理,实施财务评价;

(六)监督融资性担保公司接受社会审计和资产评估;

(七)制定并实施促进融资性担保公司发展的财政、财务政策,组织融资性担保公司财务管理人员的业务培训;

(八)有关法律、行政法规规定的其他财务管理职责。

第九条 融资性担保公司的投资者(以下简称投资者)应通过股东会、董事会或其他形式的治理机构行使下列财务管理职权:

(一)执行并督促经营者执行国家及我省有关融资性担保公司财务管理的规定;

(二)决定内部财务管理制度,明确经营者的财务管理权限;

(三)决定财务管理职能部门的设置;

(四)决定财务计划和财务预算,决定筹资、处置重大资产、经营者报酬、利润分配等重大财务事项;

(五)对经营者实施财务监督和财务考核,决定聘任或者解聘财务负责人;

(六)决定聘用或者解聘承办社会审计和资产评估等业务的社会中介机构;

(七)按照章程的规定,行使其他财务管理职权。投资者可以通过制度规范、章程约定等方式,将投资者财务管理职权全部或者部分授予经营者。

第十条 融资性担保公司的经营者(以下简称经营者)按照规定行使下列财务管理职权:

(一)执行国家及我省有关融资性担保公司财务管理的规定;

(二)拟订内部财务管理制度,经投资者议定后报主管财政部门备案,并具体组织实施;

(三)组织财务预测,编制财务计划和财务预算草案,实施财务控制、分析和考核;

(四)组织实施筹资、处置重大资产和利润分配等财务管理方案;

(五)组织财务事项审批;

(六)组织缴纳各类税费;

(七)执行国家及我省有关职工劳动报酬和劳动保护的规定,依法缴纳社会保险费、住房公积金等,保障职工合法权益;

(八)归集财务信息,依法组织编制和报送财务会计报告;

(九)提请聘任或者解聘财务负责人;

(十)配合有关机构依法实施的审计、评估和监督检查;

(十一)按照章程的规定,以及股东会或者董事会的要求,行使其他财务管理职权。

第十一条 融资性担保公司财务管理职能部门要切实履行好财务管理职责,客观、全面、准确、及时地反映本企业的财务活动,提供真实、全面、可靠的财务会计信息。

第三章 财务风险

第十二条 融资性担保公司依法建立健全公司治理结构,完善议事规则、决策程序和内审制度,保持公司治理的有效性。

第十三条 融资性担保公司应按照国家有关规定建立健全企业内部财务管理制度、会计核算制度和内部控制制度,并定期聘请具有相应业务资格的中介机构开展外部审计。

融资性担保公司内部财务管理制度应在正式执

行之日起30日内报主管财政部门备案。

第十四条 融资性担保公司应建立财务信息披露制度，及时披露年度经营情况、重大事项等信息，定期向财务主管部门和行业监管部门、公司股东、相关债权人等提交财务报表有关财务信息，必要时应向社会披露。

第十五条 财务风险控制。融资性担保公司应建立以资本风险、集中度风险、流动性风险、资产质量风险、委托业务风险、受托业务风险、关联交易风险、操作风险、分支机构风险等为主要内容的财务风险控制体系，遵循审慎经营原则，制定和明确财务风险管理的权限、责任、程序、应急方案和具体措施，通过识别、评估、监测和控制等手段，适时调整和降低财务风险，使风险控制的内容和措施不断适应管理需要，得到贯彻落实。

第十六条 资本风险控制。融资性担保公司应当建立规范有效的资本补充机制，保持业务规模与资本规模相适应。融资性担保公司融资性担保责任余额最高不得超过净资产10倍。

第十七条 集中度风险控制。融资性担保公司开展担保业务，应当对客户、地区、产业、时段等集中度风险进行限额控制。对单个被担保人提供的融资性担保责任余额不得超过净资产的10%，对单个被担保人及其关联方提供的融资性担保责任余额不得超过净资产的15%，对单个被担保人债券、票据、信托计划发行提供的担保责任余额不得超过净资产的30%。

第十八条 流动性风险控制。融资性担保公司应当保持资产的流动性。运用自有资金投资时，不仅要依法合规，还应对或有债务进行综合评价，保证资产的流动性与或有债务相匹配，防止流动性风险。购置自用固定资产，应以历史成本入账，持续经营情况下不得以评估价值调整账面记录。

第十九条 资产质量风险控制。

（一）融资性担保公司应当保持资产的安全性。应审慎选择股权投资和委托贷款项目，并与自身担保业务相互结合，相互促进。

（二）融资性担保公司应当定期对各类资产进行风险分类，对可收回金额低于账面价值的部分，按照国家有关规定计提资产减值准备。对计提减值准备的资产，应当落实监管责任。对能够收回或者继续使用的，应当收回或者使用；对已经损失的，应当按照规定的程序核销；对已经核销的，应当实行账销案存管理。

（三）未到期责任准备金的提取。融资性担保公司应当按照当年担保费收入的50%提取未到期责任准备金，实行差额提取。

未到期责任准备金应按月提取。

本月应计提的未到期责任准备金=(本月承保项目担保费收入-本月解保项目担保费收入)*50%。

（四）担保赔偿准备金的提取。融资性担保公司应当按照当年年末担保责任余额1%的比例提取担保赔偿准备金；担保赔偿准备金累计达到当年担保责任余额10%的，实行差额提取。

担保赔偿准备金应按月提取。

本月应计提的担保赔偿金=上年末在保余额*1%*1/12+(本月末在保余额-本月初在保余额)*1%

年末，累计提取的担保赔偿准备金超过担保责任余额10%的部分应予转回。

（五）委托贷款减值准备的提取。融资性担保公司应当按照不低于当年年末委托贷款余额的1%提取委托贷款减值准备。

委托贷款减值准备应按月提取。

（六）融资性担保公司应加强对代偿资产的管理，定期对代偿项目的风险状况进行检查，对确定无法收回的应收代偿款应确认为代偿损失。

（七）融资性担保公司应当按照保障相关各方利益、保证支付能力、实现持续经营的原则，合理控制资产负债比例。

（八）融资性担保公司向客户收取的保证金，不应超过该项下金融机构向融资性担保公司收取的保证金。

第二十条 委托业务风险控制。

融资性担保公司应制定委托业务相关政策制度和规则，明确委托业务授权，对委托业务进行风险评估、管理和监控。

（一）明确开展委托业务调查部门和人员责任，组织法律、财务、审计、业务等相关部门对委托业务实施尽职调查，提出可行性报告；

（二）委托业务应实行集体决策，要有完整的书面记录；

（三）应与被委托单位签署委托业务合同和相关服务协议，明确双方责任；

（四）委托业务资金或财产投入，不得影响主营业务开展；

(五)对委托业务应进行跟踪管理,定期进行质量分析,定期对账,制定可行的应急预案。

第二十一条 受托业务风险控制。融资性担保公司应依法合规承担受托业务,为受托运作担保基金设立专门账户,并将担保基金业务与自身业务分开管理、核算,不得挤占挪用,不得转嫁经营风险,并在附注中详细说明列示。

融资性担保公司不承担风险的受托运作担保基金,应在表外列示;融资性担保公司以风险共担方式接受委托运作的担保基金,应在负债中反映,不得计入资本金。

第二十二条 关联方交易风险控制。

(一)融资性担保公司应建立关联方交易管理制度。管理制度内容主要包括:关联方识别与确认;关联交易种类及定价、标准和审批程序;内部回避、内部审计监督、信息披露和处罚等办法。

(二)融资性担保公司同关联方交易条件不得优于对非关联方提供的交易条件。

第二十三条 操作风险控制。

(一)融资性担保公司应建立与其业务规模和复杂程度相匹配的担保业务全程管理和风险控制制度。明确保前调查、项目评审和保后监管、代偿追偿、资产管理的业务流程和操作规范,加强对担保项目的风险评估和管理,建立审慎、规范的分类制度,充分计提风险准备。

(二)融资性担保公司应当确保人员配备与业务规模和内容相适应,合理控制项目经理承担的项目数、项目金额。逐步建立健全客户信用评价和风险评价系统,强化项目风险监控。逐步建立健全风险控制业绩考核和项目责任追究制度,有效实施激励和约束。

(三)融资性担保公司应当加强抵(质)押物和重要有价凭证及权证管理。建立管理台账,定期对各类抵(质)押物进行跟踪检查,确保抵(质)押物真实性和他项权利的落实,逐步实现对抵(质)押物价值和变现能力的动态评价,保持合理的抵(质)押率。要加强对国债、债券、商业承兑汇票、银行定期存单等重要有价凭证的管理,加强流动性调度,满足经营头寸的合理需要;加强固定资产和无形资产等权证管理,避免不当出质影响公司正常经营。

第二十四条 分支机构风险控制。融资性担保公司应当对分支机构实行统一核算,统一调度资金,分级管理的财务管理制度。条件具备的,可以实行统一核算,统一调度资金,业务单元制管理的财务管理制度。

融资性担保公司应当加强对分支机构的财务监管,关注资金异常变动,监督并跟踪分析分支机构财务指标的情况,督促分支机构遵守所在地区关于融资性担保公司财务管理的规定。

第二十五条 其他财务风险控制。融资性担保公司根据本企业经营业务发展需要,建立健全其他财务风险管理政策和规则,进行风险识别、评估、管理和监控,阻断风险,控制漏洞。

第四章 资金筹集

第二十六条 融资性担保公司筹集资金,应当符合国家及我省有关管理规定。在办理工商登记后,依据会计师事务所验资报告等向出资人出具出资证明书,确定投资者合法权益。

第二十七条 融资性担保公司筹集的资本金,在持续经营期间,投资者除依法进行转让外,不得以任何方式抽逃或者变相抽回。

融资性担保公司在筹集资本金活动中,投资者实缴资本金超出认缴资本金的差额,计入资本公积;经投资者决议并履行相关手续后,资本公积可以用于转增资本金。

第二十八条 融资性担保公司取得国家投资、财政补助等财政资金,下达资金时文件明确规定用途的,按照规定用途处理;未明确用途的,区分以下情况处理:

(一)属于国家直接投资的,按照国家有关规定增加国家资本金或者资本公积。

(二)属于担保费率补贴、专项经费补助的,作为收益处理;

(三)属于弥补亏损、救助损失或者其他用途的,作为收益处理。

(四)属于税收返还和风险补偿的,作为一般风险准备金处理。

(五)属于政府转贷、偿还性资助的,作为负债管理。

第五章 资产营运

第二十九条 现金资产管理。现金资产限额应满足流动性、安全性和效益性的要求。融资性担保公司应每月对现金资产进行账账、账实等系统性核对,保证现金资产真实、完整。

第三十条 资金账户管理。融资性担保公司应当统一管理资金账户，明确资金调度的条件、权限和程序。调度资金应当按照内部财务管理制度，依据有效合同和合法凭证办理手续，不得私存私放资金。

融资性担保公司的资金运用，一般通过其基本账户转账，不得有大额现金交易。

第三十一条 债权管理。

（一）融资性担保公司应建立债权管理制度，定期或不定期清理、核对债权，制定收账政策，及时清收应收款项。

（二）融资性担保公司的债务人在破产、债务重组、合并和分立时，融资性担保公司应及时办理债权核销、债权转移和债权重新认定等相关手续。

（三）融资性担保公司的债务人确实无法还清欠款的，融资性担保公司应及时索取有关证据，按规定和程序核销债权，按照账销案存管理。

（四）融资性担保公司每月应进行债权账龄分析，对超过账龄警戒线客户要及时处理。

（五）融资性担保公司应定期编制债权对账单（含企业内部机构、部门和个人之间的往来）。对重要客户应每季度寄一次对账单，企业至少每半年要得到客户书面确认；对其他客户应至少每半年寄一次对账单，企业至少每年要得到客户书面确认。所有对账单寄出前应与明细账和总账核对一致。对账过程和结果要有翔实记录。

第三十二条 对外投资管理。

（一）融资性担保公司应建立对外投资管理制度。选择投资项目时应做好可行性研究，建立严格决策程序，重大投资项目须经集体研究并报股东会或董事会审批。

（二）融资性担保公司对外投资应签订书面合同，明确投资权益，按照内部财务管理制度规定的程序支付投资款项，所需资金纳入财务预算管理，作为长期投资或其他投资核算。

（三）融资性担保公司应及时监控和考核投资项目的效益，落实项目决策者和实施者的责任。

第三十三条 抵债资产管理。

（一）融资性担保公司应建立抵债资产管理制度。收取抵债资产应当按照规定确定接收价格，核实产权。融资性担保公司接收的用以抵债的固定资产原则上不准自用，应组织拍卖变现；确需自用的，应当履行规定的程序后，纳入相应的资产进行管理。处置抵债资产应当按照公开、透明的原则，聘请资产评估机构评估作价。一般采用公开拍卖的方式进行处置。采用其他方式的，应当引入竞争机制选择抵债资产买受人。

（二）融资性担保公司应建立抵债资产台账，对抵债资产从收取直至处置进行翔实记录，要定期检查、账实核对。

第三十四条 固定资产、在建工程管理。

（一）融资性担保公司购建固定资产应纳入支出预算管理，按规定进行审批。采购项目类别和采购限额标准应比照年度主管财政部门发布的有关政府集中采购目录和限额标准的文件执行，在规定限额以上的，应遵循公开、公平、公正的原则进行招投标。特殊情况不宜招标的，应引入市场机制实行比价购建。

（二）融资性担保公司对固定资产和在建工程价值和实物要进行分别管理，每年应进行实物盘点，保证账实、账账相符，落实使用和管理责任。

（三）融资性担保公司固定资产折旧要按照国家有关规定，依据产业发展态势和技术进步的要求，结合固定资产经济寿命及其使用状况，确定折旧年限，选用的折旧方法和折旧政策，一经确定不得随意变更。

（四）融资性担保公司在建工程项目交付使用后，应当在一个年度内办理竣工决算。需要取得权证的固定资产，应在取得固定资产后，按规定期限要求办理权属证明，确保资产产权清晰。

（五）融资性担保公司固定资产处置应遵循公开、透明和评估作价原则，引入市场机制进行处置。

第三十五条 资产损失管理。融资性担保公司发生的资产损失，应当及时核实，查清责任，追偿损失，并按照国家有关规定进行处理。

（一）融资性担保公司债权或者股权损失处理要履行审批手续。

（二）融资性担保公司债权或者股权以外其他资产损失处理。应按照《企业资产损失财务处理暂行办法》（财企〔2003〕233号）等有关规定处理。

第三十六条 资产处置管理。融资性担保公司以出售、出租、抵押、置换、报废等方式处置资产，应当根据有关法律、法规的规定，履行相应程序。

第三十七条 对外捐赠管理。融资性担保公司对外捐赠应当遵守财政部《关于加强企业对外捐赠财务管理的通知》(财企〔2003〕95号)等有关规定,明确捐赠的范围和条件,落实执行责任,严格办理捐赠资产的交接手续。

第六章 成本、费用

第三十八条 成本费用管理总体要求。

(一)融资性担保公司应当建立企业内部成本费用控制体系,强化成本费用预算约束,实行成本费用全员管理和全过程控制。

(二)融资性担保公司在经营过程中发生的与经营有关的支出,包括担保赔偿支出、分担保费支出、手续费支出、业务及管理费、应计入损益的各种准备金和其他有关支出,应当按照国家有关规定纳入账内核算,计入当期损益。不得扩大成本费用开支标准和开支范围,未经授权批准的成本费用项目,一律不得列支。

(三)融资性担保公司要严格执行有关规定,正确核算各项收支和成本费用,不得混淆支出内容、乱用会计科目,逃避财务管理和监控;严禁通过多提或少提资产减值准备,多摊或少摊费用支出,以及费用挂账等方式调节利润。

第三十九条 成本管理。

(一)融资性担保公司要加强成本预算编制、执行、分析、考核等环节的管理;建立成本预算执行情况报告制度,定期开展监测、考核,及时分析和控制差异。

(二)融资性担保公司的成本核算,应当严格区分本期成本与下期成本的界限、成本支出与营业外支出的界限、收益性支出与资本性支出的界限。

(三)融资性担保公司的成本核算,应当以季(月)、年为计算期。同一计算期内,核算成本和营业收入的起止日期、计算范围和口径应当一致。

第四十条 费用管理。

(一)融资性担保公司应当注重费用支出与经济效益的配比,实行费用预算控制,确定必要的费用支出范围、标准和报销审批程序。

(二)融资性担保公司应当强化业务及管理费用支出约束,按照办公费和业务费进行分类核算和管理,对业务宣传费、业务招待费、差旅费、会议费、通讯费、维修费、董事会经费等实行重点监控。其中,业务宣传费、业务招待费一律按规定据实列支,不得预提。

第四十一条 薪酬管理。

融资性担保公司应严格执行国家和省有关规定,建立与当地实际、行业水平及企业经营情况相符合的薪酬管理制度,并在财务决算报告中对年度薪酬方案及实施情况予以说明。

融资性担保公司制订的职工薪酬管理办法,应经股东会或董事会等法定程序议定。融资性担保公司应按照与职工签订的劳动合同,核定和计发职工薪酬。

经营者及其他职工以劳动、技术、管理等要素参与符合有关法律、法规和政策规定的收益分配,按以下情况处理:取得股权的,与其他投资者一同分配利润;没有取得股权的,在相关业务实现的利润限额和分配标准内,在当期费用中列支。

第四十二条 职工社会保险费用管理。

(一)融资性担保公司根据有关法律、法规和政策的规定,为职工缴纳的基本医疗保险、基本养老保险、失业保险和工伤保险等社会保险费用,应当据实列入成本费用。

(二)融资性担保公司在具有持续盈利能力和支付能力的情况下,根据《企业年金试行办法》(劳动和社会保障部第20号令)和《国有金融企业试行企业年金制度有关问题的通知》(财金〔2006〕18号)等有关规定,履行相应审批程序后,可建立职工补充医疗保险和补充养老保险(企业年金)制度。所需费用按照规定比例,在不超过本企业职工工资总额5%范围内,从成本费用中列支,超出规定比例部分,由职工个人负担。

(三)融资性担保公司在实际发放工资和社会保险统筹之外,为职工购买商业保险,所需资金由职工个人负担。

第四十三条 住房公积金、工会经费、职工教育经费管理。

金融企业为职工缴纳住房公积金以及职工住房货币化分配的处理,按照国家有关规定执行。

工会经费应按照职工工资总额2%比例提取,拨交工会使用。

职工教育经费应按照职工工资总额2.5%提取,用于职工教育和职业培训。

第四十四条 行政事业性收费和政府性基金支出管理。

融资性担保公司依法缴纳的行政事业性收费、

政府性基金以及使用或者占用国有资源等费用，应按省级以上人民政府规定的比例(金额)从成本费用中列支。

融资性担保公司对没有法律、法规依据或者超过法律、法规规定范围和标准的各种摊派、收费、集资，有权拒绝。

第七章 收益、分配

第四十五条 收益管理。

(一)融资性担保公司经营业务范围内发生的与经营有关的担保收入、评审收入、手续费收入、追偿收入和其他营业收入、营业外收入，应当在依法设置的会计账簿上按照国家有关规定统一登记、核算，不得存放其他单位，或者以任何理由坐支。

(二)投资者、经营者及其他职工履行本单位职务所得收入，全部属于融资性担保公司，应当纳入账内核算，不得隐匿、转移、私存私放、坐支或者擅自用于职工福利。

第四十六条 分配管理。

(一)融资性担保公司发生年度亏损的，可以用下一年度的税前利润弥补；下一年度的税前利润不足以弥补的，可以逐年延续弥补；延续弥补期超过法定税前弥补期限的，可以用缴纳所得税后的利润弥补。

(二)融资性担保公司本年实现净利润(减弥补亏损，下同)，除法律、行政法规另有规定外，应当按照提取法定盈余公积金、提取一般风险准备金、提取任意盈余公积金、向投资者分配利润的顺序进行分配。

1.法定盈余公积金计提。

法定盈余公积金按照本年实现净利润10%提取，法定盈余公积金累计达到注册资本50%时，可不再提取。

2.一般风险准备金计提。

一般风险准备金按照本年实现净利润的10%提取，一般风险准备金用于弥补亏损，不得用于分红、转增资本。

3.以前年度未分配利润，可并入本年实现净利润向投资者分配。其中，股份有限公司应按照下列顺序分配：

①支付优先股股利；

②提取任意盈余公积金；

③支付普通股股利；

④转作资本(股本)。

(三)除法律、法规另有规定除外，融资性担保公司本年实现净利润弥补以前年度亏损、提取盈余公积和一般风险准备金后，当年没有可供分配利润时，不得向投资者分配利润。

(四)融资性担保公司任意盈余公积金按照本企业章程规定或者股东大会决议提取和使用。

(五)融资性担保公司经股东大会决议，可以用法定盈余公积金和任意盈余公积金弥补亏损或者转增资本。法定盈余公积金转为资本时，所留存的该项公积金不得少于转增前本企业注册资本25%。

第八章 重组、清算

第四十七条 重组。融资性担保公司根据有关法律、法规的规定，可以通过分立、合并等方式进行重组。

(一)融资性担保公司分立，应当按照资产相关性或者业务相关性原则分割财产、承担债务，并明确分立后的产权关系。对不能分割的财产，在评估的基础上，经各方协商，由拥有财产的一方给予其他方经济补偿。

(二)融资性担保公司合并，应当由合并后存续的融资性担保公司或者新设的融资性担保公司承继合并各方的债权、债务，并明确合并后的产权关系。融资性担保公司合并净资产超出注册资本的部分，作为资本公积；少于注册资本的部分，应当变更注册资本或者由投资者补足出资。

对资不抵债融资性担保公司以承担债务方式合并的，合并方应当采取重整措施，按照合并方案履行偿债义务。

(三)融资性担保公司实施重组应当进行可行性论证，履行规定程序，组织开展财产清查，聘请会计师事务所进行审计、资产评估机构进行资产评估，组织与债权人协商，制订债务处置或者承继、股权设置、资本重组的实施方案。

融资性担保公司重组过程中，对拖欠职工的工资和医疗、伤残补助、抚恤费用以及欠缴的基本社会保险费、住房公积金、工会经费等，应当以融资性担保公司现有资产优先清偿。

第四十八条 清算。

融资性担保公司被责令关闭、依法破产或者经营期限届满终止经营或者解散的，应当按照国家法律、行政法规和融资性担保公司章程的规定实施清算。

(一)融资性担保公司自愿清算的，由融资性担保公司股东(大)会决议后执行。融资性担保公司依法进行清算，应当对非货币财产进行资产评估。

(二)融资性担保公司的清算财产支付清算费用后，按照国家有关法律、行政法规规定的顺序清偿债务。

(三)融资性担保公司清算完毕，应当编制清算报告，聘用会计师事务所审计，并将清算报告和审计报告报投资者决议或者人民法院确认后，向相关部门、债权人以及其他利益相关人通告。

第四十九条 融资性担保公司与职工解除劳动合同，应当按照国家有关规定支付职工经济补偿金。

第九章 财务信息

第五十条 财务管理信息化。融资性担保公司应当在会计电算化的基础上，整合业务和信息流程，推行财务管理信息化，逐步实现财务、业务相关信息一次性处理和实时共享。

第五十一条 财务会计报告。

(一)融资性担保公司应当根据有关法律、行政法规的规定，以及财政部门统一要求按时编制财务会计报告。完整的财务会计报告应包括会计报表及其附注。

(二)融资性担保公司应当在规定时限内向主管财税机关、监管部门和其他使用方报送中期财务会计报告和年度财务会计报告，不得拖延、拒绝。

(三)融资性担保公司应当按照《金融企业选聘会计师事务所招标管理办法（试行）》(财金〔2010〕169号）规定选聘具有相应业务资格的会计师事务所实施年报审计。

(四)融资性担保公司负责人对本企业财务会计报告的真实性、完整性负责。融资性担保公司对外提供的中期财务会计报告可以不编制附注。

第五十二条 财务状况评价报告。

(一)融资性担保公司应当按照财政部门统一要求对财务状况进行评价，编制财务状况评价说明。

(二)融资性担保公司应每半年向主管财政部门报送财务状况评价报告。

(三)年度财务状况评价报告应当经具有相应业务资格的会计师事务所审计。

第五十三条 重大财务事项报告。融资性担保公司应及时、主动向主管财政部门报告重大财务事项。

重大财务事项包括：

(一)改制、重组、上市、合并、分立、增资减资、引入战略投资者、产权转让、设立子公司、关闭等可能导致企业实际控制权发生变化的事项。

(二)重大投融资、重大资产采购、重大资产处置、重大诉讼仲裁、企业负责人薪酬、长期股权激励、利润分配等对企业财务有重大影响的事项。

财政部门出资或由地方政府授权财政部门管理的融资性担保公司，(一)中的全部事项和(二)中的重大资产处置、企业负责人薪酬、长期股权激励、利润分配等事项应报主管财政部门审批后实施。

第五十四条 绩效评价。财政部门对融资性担保公司资本充足状况、偿付能力、资产质量、盈利状况和社会贡献等进行绩效评价。绩效评价结果以适当方式公布，作为考核业绩、确定国有融资性担保公司负责人薪酬的依据。

融资性担保公司应按照《金融企业绩效评价办法》(财金〔2011〕871号)规定，填制“金融企业绩效评价软件”数据、及时报送相关材料，接受财政部门绩效评价。并根据财政部门财务绩效评价结果，强化企业的财务管理。

第五十五条 信息保密。财政部门及其工作人员应当履行保密义务，谨慎、合法地保管、使用融资性担保公司提供的财务信息，不得利用未公开的财务信息牟取利益或者损害融资性担保公司利益。

第十章 监督检查

第五十六条 财政部门应加强融资性担保公司日常财务活动监管，根据财务登记资料、财务信息、企业绩效评价结果等建立指标库，监测融资性担保机构运营情况，跟踪掌握财务状况和存在的问题。应建立定期、不定期的检查制度，有计划、分步骤地对融资性担保公司财务执行情况进行专项检查，及时发现和消除风险隐患。

财政部门应主动加强与融资性担保行业监管部门的协调与合作，建立风险联合评估机制，按季进行全面财务分析和预测，发现重大问题，应及时向本级政府、上级财政部门报告，通报监管部门。应制订应急预案，采取适当的化解措施，指导和帮助融资性担保公司化解风险,达到监管要求。

第五十七条　融资性担保公司有下列情形之一的,由财政部门责令限期改正,或者予以通报批评:

(一)不按规定提交设立、变更文件的;

(二)财务风险控制未达到规定要求的;

(三)筹集和运用资金不符合规定要求的;

(四)不按规定开设和管理资金账户的;

(五)资产管理不符合规定,形成账外资产的;

(六)不按规定列支经营成本、费用的;

(七)不按规定确认经营收益的;

(八)不按规定计提减值准备、提留准备金、分配利润的;

(九)不按规定处理财政资金、国有资源的;

(十)不按规定顺序清偿债务、处理财产的;

(十一)不按规定处理职工社会保险费、经济补偿金的;

(十二)其他违反融资性担保公司财务管理有关规定的。

第五十八条　融资性担保公司有下列情形之一的,由财政部门责令限期改正,并对融资性担保公司及其负责人和其他直接责任人员给予警告:

(一)不按照规定建立内部财务管理制度的;

(二)内部财务管理制度明显与国家法律、法规和统一的财务管理规章制度相抵触,且不按财政部门要求修改的;

(三)不按照规定提供财务信息的;

(四)拒绝、阻挠依法实施的财务监督的。

第五十九条　融资性担保公司违反本规则,有关法律、法规另有规定的,依照其规定处理、处罚。财政部门在依法实施财务监督中,对不属于本部门职责范围的事项,应当依法移送相关管理部门。

第六十条　融资性担保公司不执行本办法以及出现违规行为并在限期内未整改完毕的融资性担保公司,不得继续享受中央和地方财政出台的各项优惠政策和扶持措施。

第六十一条　财政部门工作人员在履行财务管理职责过程中滥用职权、玩忽职守、徇私舞弊,或者泄露国家秘密、商业秘密的,依法进行处理。

第十一章　附　　则

第六十二条　本办法自2012年1月1日起施行,暂行两年。

安徽省财政厅关于印发《安徽省政策性农业保险资金管理暂行办法》的通知

(2011年12月14日　财金〔2011〕2276号)

国元农业保险股份有限公司,人保财险安徽省分公司,各市、县(区)财政局:

为规范和加强政策性农业保险资金管理,保障政策性农业保险资金运行安全,促进我省政策性农业保险持续健康发展,根据《安徽省人民政府关于开展政策性农业保险试点工作的实施意见》(皖政〔2008〕42号)、《安徽省人民政府办公厅转发省财政厅等部门关于进一步加强政策性农业保险管理 促进政策性农业保险规范发展意见的通知》(皖政办〔2011〕52号)等有关规定,我们对《安徽省政策性农业保险资金管理暂行办法》(财金〔2008〕457号)进行了修订。现将修订后的《安徽省政策性农业保险资金管理暂行办法》印发给你们,并就新旧办法衔接作如下补充,请一并遵照执行。

一、各试点单位经办保险机构应按照同级财政部门核定的经营费用比例和当年农业保险保费收入,结算2011年度经营费用,并在当地种植业保险资金上划前,办理资金划转手续。

二、各试点单位经办保险机构应将农业保险资金专用账户内的资金,于2012年1月15日前全额上划其省级管理机构在银行开展的种植业保险资金专用账户;并于2012年1月31日前撤销本级农业保险资金专用账户。

三、各省级保险经办机构应于2012年1月31日前,撤销其开设的种植业保险巨灾调剂资金专用账户,将专户内资金划转种植业保险资金专用账户。试点以来,各地调剂使用的巨灾风险准备金,从以后年度上划的种植业保险资金中直接抵减;当地以后年度的种植业保险超赔责任,按照本办法规定执行。

四、各试点单位经办保险机构应于2012年2月10日前,将本级农业保险资金专用账户内资金上划及专户撤销情况报同级财政部门备案;各省级保险经办机构应于2012年2月20日前,将农业保险资金上划以及有关专户开设、撤销情况报省财政厅备案。

安徽省政策性农业保险资金管理暂行办法

第一条 为规范和加强政策性农业保险资金管理，保障政策性农业保险资金运行安全，促进我省政策性农业保险持续健康发展，根据《安徽省人民政府关于开展政策性农业保险试点工作的实施意见》(皖政〔2008〕42号)、《安徽省人民政府办公厅转发省财政厅等部门关于进一步加强政策性农业保险管理促进政策性农业保险规范发展意见的通知》(皖政办〔2011〕52号)等有关规定，特制订本办法。

第二条 政策性农业保险资金是指保险经办机构经营政策性农业保险业务收取的保费资金、保险超赔资金，具体包括投保人缴纳的保费、财政部门划拨的保费补贴、分保摊回资金、按规定筹集的超赔资金、保险资金滋生利息等。

政策性农业保险资金由种植业保险资金、养殖业保险资金构成。

第三条 政策性农业保险资金，区分不同保险模式，实行差异化管理。

种植业保险资金实行"专户储存、单独核算、封闭运作、财政监督"的管理办法；养殖业保险资金管理依照《金融企业财务规则》有关规定执行。

第四条 政策性农业保险资金应单独核算，并分险种、试点单位进行明细核算。

第五条 种植业保险资金实行保费省级统筹、风险全省管控。单季种植业保险在当季种植业保险保费收入300%(含300%)以内的赔付责任，由保险经办机构承担；单季种植业保险在当季种植业保险保费收入300%以上的赔付责任，由省和市县政府共同承担。

第六条 省级保险经办机构应在银行开设种植业保险资金专用账户。原则上，一家省级保险经办机构开展一个种植业保险资金专用账户；经办试点单位较多的省级保险经办机构，可以开设2至3个种植业保险资金专用账户，分试点单位管理种植业保险资金。种植业保险资金专用账户由省级保险经办机构管理、省财政厅监督。

第七条 各试点单位经办保险机构可按照其省级管理机构保费管理有关规定，在银行开设种植业保险保费汇缴专用账户，用于归集、上划种植业保险保费资金。

第八条 各试点单位经办保险机构可按照其省级管理机构理赔管理有关规定，在银行开设种植业保险理赔专用账户，用于接收上级划拨的种植业保险理赔资金，支付被保险人赔款。

第九条 种植业保险经营费用实行季度预划、年终结算的制度。

每年第一、二、三季度终了后30日内，各省级保险经办机构按照15%的经营费用比例和经办地区上季度种植业保险保费收入计算经营费用预划金额，经省财政厅审核同意后，办理资金划转手续。次年1月底前，各试点单位经办保险机构向同级财政部门申请核定上年度种植业保险经营费用比例。各试点单位财政部门根据上年度保险经办机构承保、理赔服务质量等因素，原则上按不高于保费收入的15%(以山区为主的试点单位保险经办机构经营费用比例不高于保费收入的18%)，核定保险经办机构上年度种植业保险经营费用(不含分保业务支出)比例，并抄报省财政厅。省级保险经办机构根据各试点单位财政部门核定的经营费用比例、经办地区上年度保费收入计算可划转经营费用，经省财政厅审核同意后，办理上年度经营费用划转结算手续。

第十条 省级保险经办机构可通过再保险分散种植业保险经营风险，分保方案报省财政厅备案。

第十一条 保险经办机构应按照当年种植业保险保费收入的25%比例，提取种植业保险巨灾风险准备金。

种植业保险保费在划转经营费用、支付赔款、支付分保费用、提取未到期责任准备金、未决赔款准备金后，盈余全额转入种植业保险巨灾风险准备金。

种植业保险巨灾风险准备金应分类核算，逐年滚存，专款专用。

第十二条 当年种植业保险发生大面积灾害，单季种植业保险综合赔付率60%以上时，经省财政厅同意，保险经办机构可按当年保费提取的巨灾风险准备金、以前年度盈余转入巨灾风险准备金、以前年度保费提取巨灾风险准备金的顺序，依次动用种植业保险巨灾风险准备金。财政部出台巨灾风险准备金使用办法的，从其规定。

第十三条 省级保险经办机构应当按月编制《保

险经办机构种植业保险资金专用账户月度收支余情况表》,于月度终了后5日内报送省财政厅。

第十四条 省级保险经办机构应于每年9月底和次年2月底前,分别向省财政厅报告当年午季和上年秋季作物的承保、理赔情况。

第十五条 省级保险经办机构应于年度终了后1个月内将种植业巨灾风险准备金的提取、转入和使用情况报告省财政厅。

第十六条 省级保险经办机构应分别编制政策性种植业保险财务决算和政策性养殖业保险财务决算,经法定代表人签字后,于年度终了后45日内报送省财政厅。省财政厅可委托中介机构对政策性农业保险年度财务决算进行审计。

第十七条 政策性农业保险资金的收取、赔付和管理,应自觉接受财政、保监、审计等部门的监督检查。

第十八条 本办法自2012年1月1日起试行。执行中有何问题和建议,应及时向省财政厅反映。

安徽省财政厅关于印发《安徽省特色农产品保险财政补助实施办法》的通知

(2011年12月15日 财金〔2011〕2356号)

各市、县(区)财政局:

为加强特色农产品保险财政补助资金管理,提高财政资金使用效益,推动我省特色农产品保险业务的开展,根据《安徽省人民政府关于开展政策性农业保险试点工作的实施意见》(皖政〔2008〕42号)、《安徽省人民政府办公厅转发省财政厅等部门关于鼓励开展特色农产品保险试点指导意见的通知》(皖政办秘〔2009〕113号)和省委省政府有关文件精神,我们制定了《安徽省特色农产品保险财政补助实施办法》,现印发给你们,并就有关事宜作如下补充,请一并遵照执行。

一、开展财政扶持的特色农产品保险是创新财政支出方式,助推农业农村经济发展的重要举措。各地要高度重视,结合当地实际和农户需求,自主选择开展特色农产品保险试点;要加强调查研究,合理确定保险金额、保险责任、保险费率和保费筹集政策,科学制定方案,精心组织实施,确保取得实效。

二、各地2011年度开展的特色农产品保险,凡属于本办法规定补助品种范围的,由各市、县(区)财政局于2012年1月底前,将省级财政补助资金申请报送省财政厅。省财政厅将参照本办法有关规定,核定补助地区、品种和金额。

三、各市、县(区)需申请参加2012年特色农产品保险省级财政补助的,请于2012年2月底前,将申请材料报送省财政厅。

安徽省特色农产品保险财政补助实施办法

为加强特色农产品保险财政补助资金管理,提高财政资金使用效益,推动我省特色农产品保险业务的开展,根据《安徽省人民政府关于开展政策性农业保险试点工作的实施意见》(皖政〔2008〕42号)、《安徽省人民政府办公厅转发省财政厅等部门关于鼓励开展特色农产品保险试点指导意见的通知》(皖政办秘〔2009〕113号)和省委省政府有关文件精神,特制定本办法。

一、补助品种

省级财政补助的特色农产品保险标的为,符合我省农业产业政策导向、具有一定产业规模、农户投保意愿强烈,对促进农业增效、农民增收、农村发展具有重要意义的优势特色农产品,包括:规模化种植或养殖的大棚蔬菜、茶叶、桑蚕、中药材、经济果林(包括水果、草莓、核桃、板栗、油茶、毛竹等)、家禽、育肥猪、水产以及省财政厅确定的其他特色农产品。《安徽省省级财政补助特色农产品保险目录》由省财政厅公布。

在上述补助品种以外,各地可根据当地特色农业生产实际和财力状况,自主选择其他特色农产品保险予以支持。

二、补助条件

申请特色农产品保险省级财政补助,须符合以下条件:

(一)特色农产品保险必须纳入《安徽省省级财政补助特色农产品保险目录》。

(二)遵循"政府引导、自主自愿、市场运作"原则，合理确定保险费率和保障水平，并由保险机构自主经营、自负盈亏。

（三）建立保费合理分担机制，原则上农户保费负担比例不低于20%，财政保费补贴比例不高于80%。

（四）农户保险需求强烈，保险覆盖率达到30%以上。

三、补助地区

各市、县（区）财政局在上述补助品种和补助条件下，本着自主自愿原则，提出参加当年特色农产品保险省级财政补助申请，并于上一年11月底前将申请材料报送省财政厅。申请材料应包括以下内容：

（一）基本情况。包括保险标的种养数量、总产值、占当地农林牧渔业总产值比重，规模化种植或者养殖程度等。

（二）保险方案。包括特色农产品的保险金额、保险责任、保险费率、经营主体、经营模式，财政扶持政策文件等。

（三）补贴计划。包括预计的投保数量、投保户数、投保占比、保费规模、保费补贴数额等。

省财政厅遵循突出重点、注重实效原则，在对各地申请材料综合比较评定的基础上，结合我省农业产业政策导向、农户投保意愿、地方政府积极性等因素，选择补助地区和品种。

四、补助标准

省财政厅根据年度预算安排的特色农产品保险省级财政补助资金数额和各地申请特色农产品保险财政补助等因素，按照不高于特色农产品保险保费25%的比例（且不高于市县财政保费补贴比例的50%），确定当年省级财政补助比例。

五、申报程序

各市、县（区）财政局于次年1月底前，将特色农产品保险省级财政补助资金申请报送省财政厅。申请材料应包括申请书、特色农产品保险方案和《特色农产品保险省级财政补助资金申请表》等。申请书应包括但不限于以下内容：特色农产品保险费率、保险金额、经营主体、经营模式，实际投保数量、投保户数、投保占比，保费规模、保费补贴比例、实际补贴数额，减少农户因灾损失、促进特色农业发展等情况。

省财政厅对各地特色农产品保险省级财政补助资金申请进行审核，确定补助比例和各地补助金额，于次年4月底前拨付有关市、县（区）。

六、资金管理

特色农产品保险省级财政补助资金由省财政预算安排，专项用于特定特色农产品保险保费补贴，不得挪作他用。

收到专项资金的地方要加强补助资金管理，确保资金专款专用，努力提高资金使用效益。对骗取或不按规定用途使用补助资金的，一经查实，省财政将视情节扣减、停拨或者追回补助资金，并取消以后年度享受补助政策的资格；对违反规定的责任人，将依照有关规定严肃处理。

安徽省财政厅关于印发《安徽省农业综合开发财政资金县级报账实施细则》的通知

（2011年12月27日 财发〔2011〕2387号）

各市、县（区）财政局，省农垦、监狱、劳教管理局：

为进一步加强农业综合开发资金管理，规范县级报账工作，根据财政部《关于印发〈农业综合开发财政资金县级报账实施办法〉的通知》（财发〔2011〕22号）及农业综合开发资金管理的有关规定，结合我省实际，制定《安徽省农业综合开发财政资金报账实施细则》。现印发给你们，请遵照执行。执行中有何问题和意见，请及时反馈。

安徽省农业综合开发财政资金县级报账实施细则

第一章 总 则

第一条 为进一步加强农业综合开发资金管理，规范县级报账工作，根据财政部《关于印发〈农业综合开发财政资金县级报账实施办法〉的通知》（财发〔2011〕22号）及农业综合开发资金管理的有关规定，结合我省实际，制定本实施细则。

第二条 本细则适用于在我省实施的中央及地方立项农业综合开发项目和部门项目等各类农业综合开发项目。

第二章 报账资金管理

第三条 农业综合开发资金是用于实施农业综合开发项目的专项资金，地方各级农发机构要在财政国库机构设立农业综合开发资金专户，建立专账，配备专人核算和管理项目资金。资金支付按国库管理制度有关规定执行。

第四条 县财政农业综合开发机构（以下简称县级农发机构)，为报账提款的核算单位，负责报账具体事宜，进行日常会计核算和财务管理工作。项目乡镇财政部门要协助县级农发机构做好项目监督、审核、资金使用及报账工作。

第五条 产业化经营财政补助项目和部门项目，建设单位应建立农业综合开发项目资金辅助账。

第三章 报账程序

第六条 土地治理项目的自筹资金，筹集的现金部分要上缴县级农发机构项目资金专户，比照财政资金报账管理；以物折资和投工投劳部分，由乡镇财政部门填制以物折资折算单或投工投劳折款单，报县级农发机构入账核算。

第七条 项目工程开工时，依据开工令县级农发机构可预拨不超过合同金额20%的资金给项目施工单位，作为项目实施启动资金。项目实施后，不得再预付项目工程款。

项目建设过程中，工程进度款的报账由施工单位填制报账申请表和经监理核实的工程量清单，并附项目支出的合法原始凭证，由乡镇财政所初核后，经县级农发机构审核，财政局长审批后支付资金。项目工程进度款报账资金不得超过合同价款的60%。

项目竣工后，项目施工单位应及时办理竣工工程决算。竣工项目经市、县两级验收合格后，县级农发机构及时组织对竣工项目决算进行审计，施工单位依据审计的决算报告及时提供相关报账资料，向县级农发机构申请报账。县级农发机构根据竣工决算审计价，在预留10%的工程质量保证金后，按规定程序结清工程款项。

工程质量保证金预留满1年，且项目工程无质量问题，按规定程序，拨付工程质量保证金。

第八条 实行政府采购的物资设备，由供货单位依据政府采购合同、发票、物资设备签收单等提出申请，经县级农发机构审核报财政局长审批后支付资金。

第九条 产业化经营项目的财政补助资金报账程序。实行“先建后补”的项目按《安徽省农业综合开发项目“先建后补”管理试行办法》（农发评〔2010〕83号)执行。其他比照土地治理项目报账程序执行，

第十条 贷款贴息资金，由项目建设单位提出申请，提供相关合法有效凭证，经县级农发机构审核报财政局长审批后拨付资金。

第十一条 土地治理项目科技推广费报账，由受托单位按具体的实施内容，依据分项实施合同及发票，向县级农发机构申请报账，资金拨付受托单位。省级科技推广示范项目资金报账程序，按《安徽省农业综合开发省级集中科技推广费使用管理有关通知》(财发〔2011〕569号)的规定报账。

第四章 报账凭证管理

第十二条 农业综合开发资金报账提款的依据：

1.项目初步设计(实施方案)批复文书；

2.通过招投标签订的项目工程建设合同及货物购销合同或项目先建后补合同(协议)；

3.报账提款申请书，并附相关有效凭证；

4.项目工程进度及建设质量情况报告。

第十三条 土建工程类报账须提供：

1.预付工程款：申请表、开工报告(令)、中标通知书、承包合同(含工程量清单)。

2.进度报账：申请表、发票、工程量清单。

3.竣工报账：申请表、工程竣工决算、发票和决算审计报告。

第十四条 货物类报账须提供：

1.本级招标：申请书、中标通知书、购销合同、发票、货物验收单、货物领用单；

2.上级招标：上级下发的物资分割单、货物验收单。

3.未实行招标：申请书、发票、货物验收单、货物领用单。

第十五条 服务类报账须提供：

科技示范：科技推广方案、申请书、分项实施合同、发票、验收单、材料领用单、实施总结。

培训类：申请书、合同、发票、会议通知、签到簿、讲课费领条、培训方案。

监理费：申请书、监理合同、发票、监理工作总结。

设计费：申请书、委托合同、发票。

第十六条　补助（贴）类报账须提供：

产业化经营财政补助资金报账：按照土建类、货物类、服务类等提供报账凭证，其报账凭证的日期可追溯至省级农发机构向国家农业综合开发办公室申请立项备案的截止日（项目可行性研究、初步设计（实施方案）、环境评估等前期费用除外）。

贴息资金报账：申请书、项目立项文件、银行借款合同、贷款到位凭证、贷款银行出具的利息结算清单、利息支付原始凭证及相应的复印件等，县级农发机构应在利息单原件上加盖“农业综合开发财政已贴息”印章，原件退回项目单位。

农机补贴报账：申请表、购置农机发票复印件、被补贴人领款花名册、验收单、农机补贴实施方案，县级农发机构应在发票原件上加盖“农业综合开发财政已补助”印章。

第十七条　实行“先建后补”的项目报账：申请表、项目先建后补合同（协议）、项目验收报告、发票、竣工决算审计报告等原始凭证原件及复印件，县级农发机构审核无误后应在发票原件上加盖“农业综合开发财政已补助”印章，原件退回项目建设单位。

第十八条　土地治理项目工程管护资金严格按规定的比例计提，工程管护费报账，由工程管护主体提供经批准的工程用款计划、工程管护合同、发票、工程决算表等，向县级农发部门申请报账。

第十九条　各级农发机构在报账时，要严格审查各种凭证的真实性、合法性、有效性和完整性。对下列情况之一者，不予报账：

1.未列入农业综合开发年度项目计划的支出；

2.应公开招标而未公开招标的工程支出；

3.未按项目合同和施工设计或未经批准改变的项目施工设计进行建设的支出；

4.虚报冒领、与事实不符的支出；

5.工程质量发生问题，经项目监理或工程监督检查要求整改而未整改的项目支出；

6.违反农业综合开发资金管理办法及其他财经制度的支出。

第五章　监督管理

第二十条　报账资金拨付，严格执行《现金管理条例》的相关规定，严格控制现金支出。对与非农户结算的资金均应通过银行转账结算，资金直接拨付到项目工程实施单位、设备物资供应商；对与农户结算的零星支出通过农民“一卡通”实行银行转账。

第二十一条　县级农发机构、乡镇和项目实施单位要建立健全监督制约机制，共同做好农发资金报账工作，并积极配合审计部门进行监督检查。

第二十二条　对县级报账工作中出现的违纪违规问题，除责令改正外，要依照有关规定，区别不同情况予以处理。

第六章　附　则

第二十三条　本实施细则由省财政厅负责解释。

第二十四条　本实施细则自发布之日起执行，《安徽省农业综合开发资金报账实施细则》（财发〔2005〕674 号）同时废止。

安徽省财政厅关于印发《安徽省会计领军人才培养项目考核暂行办法》的通知

（2011 年 8 月 1 日　财会〔2011〕1106 号）

各市财政局，有关单位：

为进一步加强我省会计领军人才培养，逐步实现管理的科学化、制度化和规范化，我厅制订了《安徽省会计领军人才培养项目考核暂行办法》，现印发给你们，请认真遵照执行。

安徽省会计领军人才培养项目考核暂行办法

第一章　总　则

第一条　为加强安徽省会计领军人才培训项目学员的管理，建立培训学员考核机制，根据《安徽省会计领军人才“三五”工程培养规划》和《安徽省会计领军人才“三五”工程培养实施方案》的精神，制定本办法。

第二条 本办法适用于安徽省会计领军人才培养。

第二章 考核细则

第三条 安徽省财政厅、受托培训单位和学员所在单位共同负责学员日常考核工作。

第四条 学员考核分为集中培训、跟踪管理和社会实践三大部分。其中，集中培训考核由学员学习考勤、参与课外讨论、提交培训成果、自学课程完成情况等内容组成。跟踪管理考核由参加论坛和专题讲座、科研课题研究、工作业绩、岗位胜任及单位满意度情况等内容组成。社会实践考核由组织参加调研活动、撰写调研报告、宣传会计法规政策、带动并促进本单位、本系统财务水平提高情况等内容组成。

第五条 集中培训考核主要由受托培训单位负责，报安徽省财政厅审查并认定考核结果。其中，学习考勤成绩根据学员实际出勤情况评定，当次培训无故缺勤超过 3 天的学员，将顺延至下一期。超过两次缺勤超过 3 天或无故缺勤的，将自动被淘汰。参与课外讨论、提交培训成果、自学课程成绩均由受托培训单位和指导老师根据学员实际表现评定。

第六条 各学员需根据受托培训单位提供的阅读书目，认真阅读并撰写读书心得，每年不得少于 2 篇，每篇字数不得少于 2000 字，完成情况记入自学课程成绩。经受托培训单位和指导老师综合评定，未能按照当次培训要求完成自学任务的学员，将顺延至下一期。

第七条 跟踪管理考核由安徽省财政厅和学员所在单位共同负责。学员应定期向安徽省财政厅报告科研课题研究进展情况，安徽省财政厅在充分听取课题指导老师意见的基础上，结合课题研究实际完成时间和质量，评定学员科研课题研究成绩。工作业绩、岗位胜任及单位满意度成绩由学员所在单位根据学员工作实绩予以评定，并报安徽省财政厅。

第八条 各学员必须按时保质保量完成课题研究任务，且每年需在省(部)级以上专业刊物上至少独立发表 1 篇。未能按时完成的，将顺延至下一期。

第九条 社会实践考核由安徽省财政厅和学员所在单位共同负责。其中，调研活动由安徽省财政厅根据会计管理工作和学员培养需要组织安排，各学员应积极参与，并认真撰写调研报告。学员应充分发挥领军带头作用，支持并积极做好会计法规政策宣传工作，带动并促进本单位、本系统财务水平提高，学员职务胜任能力及专业带动作用由学员所在单位根据实际情况综合评定，并报安徽省财政厅。

第十条 在培养期间，凡是累计达到 2 次以上(含 2 次)顺延至下一期培训的学员，则自动被淘汰。安徽省财政厅每年将根据学员实际表现，综合评定学习成绩，并通报学员所在单位。

第三章 附 则

第十一条 本办法由安徽省财政厅负责解释。

财经调研篇

财经论文及调研报告

关于增加我省城乡居民收入问题研究

近年来,我省居民收入增长慢于经济的增长,消费与投资结构不够合理,造成经济发展与居民生活的改善不相对称,制约了经济的长期持续协调发展,亟待完善政策措施,不断提高居民收入水平,促进居民收入与经济发展实现同步增长。

一、我省城乡居民收入状况

"十一五"期间,我省城镇居民人均可支配收入年均增速13.26%,农民人均纯收入年均增速14.88%,分别比全国平均水平高出0.6和2.2个百分点。2010年,我省城镇居民人均可支配收入15788元,农民人均纯收入达5285元,居民收入水平迈上了新台阶。但目前,我省居民收入状况出现了快速增长趋势、差距相对缩小,以及慢于经济发展、存在严重不平衡等两个方面显著特征。

(一)居民收入快速增长,横向差距逐步缩小

(1)增速呈现向上趋势。2000年到2010年,我省居民收入增长起伏较大,但总体上保持了提升势头,居民收入增速在2007年达到顶峰,城镇及农村居民收入增长分别为19.78%和17.42%。2008年、2009年受金融危机影响,收入增长趋势有所放缓,2010年扭转下降势头,并呈加快提升的态势。"十一五"期间,我省城镇居民收入年均增长13.26%,比"十五"时期的9.86%高出3.4个百分点;农村居民人均纯收入年均增长14.88%,比"十五"时期的6.42%高出了8.46个百分点。近年来,我省居民收入增速逐年加快,呈现良好的上升态势。

(2)相对差距逐步缩小。2005年到2010年,我省城镇居民收入与全国的相对差距逐步缩小。2005年,我省城镇居民收入是全国平均水平的80.7%,2010年达到82.6%,每年缩小0.5个百分点左右。但绝对差距仍在扩大,2005年,我省与全国平均水平相差2022.3元,到2010年扩大到3321.0元。我省农村居民收入快速增长,与全国水平相对差距迅速缩小,绝对差距缩小的趋势也很明显。2005年,我省农村居民人均收入水平是全国平均水平的81.1%,2010年则上升到89.3%,5年缩小差距8.2个百分点。

在中部六省中,我省城镇居民收入年均增速居于领先位置,收入水平从中部垫底上升到中部第四,与湖南、湖北、河南的收入差距显著缩小。2005年仅占收入最高的湖南省的88.8%,2010年达到了95.3%,收入差距从1053.3元下降到778.0元。我省农村居民收入一改中部垫底的局面,连续四年增速第一。2010年,我省农村居民收入已超出山西555元,且与其他四省的差距在快速缩小。2005年,我省农村居民收入是收入最高的湖南省的84.4%,2010年则是收入最高湖北省的90.6%,相对差距不断缩小。

(3)收入来源渠道逐步拓宽。从收入构成看,我省城镇居民可支配收入以工资为主,其他收入为辅。但结构调整较为明显,工资以外的收入快速增长。2000年到2009年,工资性收入年均增长12.3%,增长最慢,低于人均收入增长速度,占总收入之比从68.43%下降到66.04%;经营性收入占比由6.31%上升为6.52%;财产性收入增长速度最快,年均增长率达到15.74%,占比由2%上升为2.6%;转移性收入占比由23.89%上升为25.7%。

农民人均纯收入总额稳步增长，收入来源趋向多元化。2000 年到 2009 年，随着农村劳动力的转移，农民工资性收入增长较为迅速，年均达到 14.7%，占比由 28.32%上升到 41.7%；经营性收入（主要为农业收入）增长平缓，年均增长仅有 6.24%；转移性和财产性收入占比较小，但增长最为迅速，年均增长达到 17.71%。

（二）居民收入增长相对滞后，结构性方面存在不平衡

（1）收入增长落后于经济发展。2000 年以来，我省居民收入增长明显滞后于其他主要经济指标的增长。2000 年到 2010 年，我省 GDP 增长了 304.72%，财政收入增长了 611.72%，固定资产投资增长了 1266.67%，工业企业利润增长了 2118.42%，而同期城镇居民收入仅增长了 198.22%，农村居民人均纯收入仅增长了 173.13%，居民收入增长的速度显然较大幅度地慢于经济的增长。根据生产总值收入法构成项目比例，我省劳动者报酬占比由 2000 年的 53.61%下降到 2009 年的 50.08%。

（2）收入不平衡矛盾较为突出。近年来，不同社会群体之间的收入差距，呈现出不断扩大的趋势。一是城乡之间居民收入差距进一步扩大。城乡居民收入比，由 2000 年的 1:2.74 扩大到 2010 年的 1:2.99。二是高低收入户的差距进一步拉大。2009 年，我省城镇居民最低收入户的人均可支配收入为 5671 元，最高收入户的人均可支配收入为 36018 元，两者比例为 1:6.35。而 2000 年两者比例为 1:5，十年高低收入差距绝对额增加了 21287 元，相对差距扩大了 1 倍多。三是行业间职工收入差距逐步扩大。2000 年，我省电力、煤气及水的生产和供应业的在岗职工平均工资最高，达到 9976 元，批发和零售贸易、餐饮业的在岗职工平均工资最低，为 4660 元，两者相差 5316 元。到 2009 年，电力、煤气及水的生产和供应业，批发和零售贸易、餐饮业，虽然在当年并不是排在最高和最低位置上，但两者的在岗职工平均工资的差距已扩大到 12229 元。而从 2009 年最高与最低的在岗职工平均工资差距情况看，金融业的在岗职工平均工资最高，达到 45870 元，农、林、牧、渔业的在岗职工平均工资最低，为 14088 元，两者相差 31782 元。

（3）居民收入水平偏低。近年来，虽然我省居民收入增长迅速，但与全国和中东部省份相比，收入水平仍然偏低，且差距总体仍呈扩大趋势。2010 年，我省城镇人均可支配收入和农村家庭人均纯收入分别为 15788 元和 5258 元，仅为全国平均水平的 83%和 89%。与中部相比，略高于山西，与江西持平，落后于河南、湖北和湖南等省。与东部相比，差距较大。2010 年全省城镇人均可支配收入分别仅为江苏的 68%、浙江的 58%、山东的 79%；农村家庭人均纯收入差距更大，仅占江苏的 58%、浙江的 47%、山东的 75%。此外，与 2009 年相比，我省和全国及东部地区的差距都呈扩大趋势，与中部部分省份的差距也在扩大。因此，较快提高我省居民收入已是刻不容缓的重大事件。

（4）收入结构不够优化。与全国、江苏、浙江、山东等比较，在城镇居民人均可支配收入方面，我省工薪收入与转移性收入不仅是收入的绝对主体，其中工薪收入约占总收入的 70%左右，而且增长相对较快，与别人的相对差距在缩小，但我省在经营性、财产性收入方面，却存在明显的差距。2006 年到 2009 年，我省经营净收入年均增速低于全国平均增速近 10 个百分点，年均增速位居中部六省末位，与增速最快的湖北相比，增速相差达 17.6 个百分点。我省财产性收入年均增长慢于全国平均水平，绝对收入差距从 2005 年的 68.3 扩大到 158.9 元。与江苏等三省相比，财产性收入年均增速明显偏低。在农村家庭人均纯收入方面，工资性收入、经营性收入、财政性收入和转移性收入均实现快速增长。2006 年到 2009 年，四项收入平均增长分别达到 168%、105%、270%和 324%，分别比全国平均水平高出 1.7、2.3、10 和 4.2 个百分点，各项收入均快速增长，尤其是财产性和转移性收入，增长更加迅速。但是农村居民家庭人均纯收入中，经营性收入与工资性收入占绝对主体，经营性收入所占比重达 60%左右，两者的增速直接决定农村人均纯收入的增速，但经营性收入增长速度最慢，直接影响了农村居民收入的快速增长。

二、近年来影响我省居民收入增长的主要原因

当前，我省城乡居民收入增长相对较慢，是因经济增长方式、经济发展阶段、分配体制机制、社会保障制度等多方面原因综合作用的结果。

（一）经济发展方式粗放，影响了居民收入增长

目前，我省处于工业化中期阶段，城镇化与工业化正在加速推进，但经济活动大多处于产业组织分工的末梢，全球产业链的低端，因而技术水平低，创

新能力弱，竞争实力不强，经济运行处于高投入、高消耗、低效益的状况。2009 年，我省的全员劳动生产率为 25230 元 / 人，不到许多发达国家的三分之一。因此，经济发展与收益增长不同步，并且部分收益通过资本、技术、品牌、无形资产等转移到了发达国家和地区，导致我省工资乃至整个居民收入的增长慢于经济的增长。

（二）产业结构层次低，制约了居民收入增长

扩大就业，是提高居民收入的重要途径。但是，我省产业结构层次低，直接影响了就业量的扩大和工资水平的提升。目前，一产从业人员比例过大，2010 年占 39.3%，导致就业不够充分，农民收入水平较低；二产结构偏重，资本要素和技术要素作用大于劳动要素，企业增长对就业的拉动较弱，影响了就业量的扩大；三产比重偏低，2010 年三产产值占比为 33.8%，比全国平均水平低 9.2 个百分点。从世界各国看，人均 GDP 在 3500 美元左右，三产产值占比在 60%左右，从业人员占比在 65%左右，我省三产发展明显滞后，直接导致社会就业能力不足，影响了居民收入快速增长。

（三）经济侧重投资拉动，削弱了居民收入增长能力

近年来，在工业化、城镇化快速发展中，投资发挥了推动经济增长的主体作用。我省固定资产投资增速，已连续八年保持 30%以上，2005 年到 2008 年，投资对经济增长的贡献率从 44%上升到 48.83%，消费贡献率却从 56.2%下降到 51.47%。因此，从整个社会收益分配看，投资多，并长期保持高速增长，必然导致居民收入增长放缓，增长速度滞后于经济的发展。另外，为实现政府主导的投资拉动型经济增长，需要财政支出向投资倾斜，从而相对削弱了财政调控居民收入增长的能力。

（四）收入分配不公，影响了整体收入水平的提高

目前，分配不公问题比较突出，直接影响了居民收入水平的整体提升。在行业之间，国民收入向石油、钢铁、有色金属、烟草等上游及垄断行业倾斜，使这些凭借多年国家投入形成的雄厚基础和垄断地位的国有企业，获取了高额利润，并转化为本部门职工的高工资，这些行业职工平均工资水平超全省平均水平的 2—4 倍，成为经济增长的主要受益者；在企业管理者与职工之间，缺乏合理有效的要素分配制度，没有形成合理的经营者工资决定机制，以及职工工资正常增长机制，造成资本要素超分配、管理要素超分配、劳动力要素低分配的现象，使企业利润增加与职工工资增长不协调，扩大了劳动者与管理者的收入差距；在不同群体之间，由于再分配机制不健全，甚至存在“逆向”调节作用，高收入与低收入的差距不断扩大，影响了居民收入增长的公平性和持续性。

（五）保障制度不完善，影响了居民收入的增长

社会保障制度，既是市场经济的“稳定器”，也是促进居民收入增长同经济发展相适应的调节手段。近年来，我省社会保障建设快速推进，但由于过去欠账较多，目前社会保障与社会经济的发展很不适应，保障体系不健全，覆盖范围不全面，保障标准偏低，从而影响了居民收入水平的提高。尤其是失业保障或最低生活保障标准，直接关联到市场对最低工资水平的认定。2009 年，我省城镇低保平均保障标准(年人均补差)约 1713 元，农村低保平均保障标准(年人均补差)约为 753 元，低于全国平均水平（城市低保 1980 元、农村低保 768 元）。低保的标准偏低，不仅直接影响了居民转移性收入的增长，而且间接影响了市场最低工资的水平。另外，长期以来企业退休人员基本养老金水平偏低，目前我省只有 1200 元 / 月左右，不仅有失社会公平，也直接影响了居民收入水平的提高。

（六）农民增收困难，限制了居民收入水平的提高

我省是农业大省，农业从业人员占了近 40%。但由于目前农业的小规模经营，导致技术含量低，抵御风险能力弱，生产状况落后，农民经营性收入增长潜力有限。另外，由于农村诸多生产要素的产权模糊，不仅降低了农民的融资能力，而且也限制了农民财产性收入的增长。目前，我省农村居民收入水平，仅是城镇居民收入水平的三分之一左右。因此，农民收入的提高乃至整个居民收入水平的提高，在很大程度上要依赖于农民人数的减少，也就是说，要进一步推进户籍管理制度改革和农村社会保障体系建设，大力推进工业化和城镇化进程，促进农村劳动力向城镇有效转移。

三、增加我省城乡居民收入的形势分析

“十一五”以来，我省经济步入了又好又快的发展轨道，经济一直保持两位数增长，地区生产总值跨

入全国万亿元俱乐部。“十二五”期间，随着我省工业化、城镇化的加速发展和皖江城市带产业转移示范区建设的快速推进，以及国家推进收入分配制度改革、提升国内消费能力等政策措施的实施，将使我省提高城乡居民收入具备有力的经济支撑和体制政策保障。

(一)经济发展步入了持续增长与效益提升的黄金阶段

经过多年的发展，我省经济具备了一定的物质基础，尤其部分行业如汽车及工程机械、能源、原材料、家电、农产品加工等，在全国形成了一定的产业优势。随着综合交通条件的改善，以及其他基础设施、科技能力、人才素质等整体跃升，我省已经拥有了保持经济快速发展的基础和支撑条件。特别是皖江城市带承接产业转移示范区的建设，国家技术创新工程试点的确立，以及与长三角的完全融合，目前我省的基本形势是，战略定位准确，发展方向清晰，产业转移加速，区域合作加强，上下齐心协力，创业步伐加快，所有这些进一步促进了我省工业化、城镇化进程，促进了现代农业加速发展，使我省迎来了前所未有的黄金发展期，迎来了提高城乡居民收入水平的大好时机。

(二)转型发展与创新发展提升了经济增长的效益

“十二五”期间，是我省转型发展和创新发展的关键时期。通过增强自主创新能力，培育和发展新兴战略性产业，促使我省转变经济发展方式，进一步增强经济发展的活力，提升经济运行的质量和效益。经过“十一五”的产业组合与发展，尤其是促进一批重点产业的做大做强，目前我省在许多行业具有一定的独特优势，拥有掌握核心技术和自主品牌的知名企业，具备依靠科技创新培育新经济增长点的潜能。今后，随着各项促进转型发展与创新发展的政策措施的落实，我省经济结构、产业结构和消费结构都将会有较大幅度提升，经济发展快速走向现代化、集约化和高效化，这些转变不仅会进一步激活安徽发展的潜力，也为提高城乡居民收入水平提供了物质保证。

(三)收入结构优化拓展了居民收入增长的空间

居民收入来源，主要包括四个部分，即工资性收入、家庭经营性收入、转移性收入和财产性收入。近年来，随着经济的快速发展，我省居民收入水平有了很大的提高，收入来源渠道不断扩大，收入结构快速优化。目前，尽管我省城镇居民收入的大部分来自工薪收入，工资性收入占城镇居民可支配收入的比重达到72.5%，但经营性收入、财产性收入和转移性收入增长速度更快，占整个收入的比重快速提高。2006年到2010年，经营性收入、财产性收入和转移性收入占整个收入的比重分别提高了0.44、0.48和5.3个百分点。随着农村劳动力的大规模转移，我省农民收入来源趋向多元化，尤其是工资性和财产性收入增长迅速，成为支撑收入快速增长的重要力量。因此，随着我省经济的进一步快速发展，全民创业的兴起，居民财产的不断增加，农民各项财产的确权，财政支出结构的调整和转移支付的进一步扩大，等等，将使我省城乡居民收入中的经营性、财产性和转移性收入，出现前所未有的快速增长态势，为提高城乡居民收入水平发挥更重要的促进。

(四)国家分配制度改革与促进居民增收的政策环境

当前，推进分配制度改革，促进居民收入增长，是经济发展方式转变的迫切需要，是避免“中等收入陷阱”的必然选择，对于促进社会公平、维护社会和谐稳定以及保持经济持续协调发展至关重要。党的十七大报告明确指出，要深化收入分配制度改革，增加城乡居民收入。十七届五中全会会议又将收入分配改革、提高居民收入水平作为“十二五”八大攻坚改革之一。今年召开的全国两会，明确要求尽快扭转收入差距扩大趋势，逐步提高居民收入水平，不断改善人民生活质量。可以预见，“十二五”期间随着我国分配制度改革及提高城乡居民收入水平的强力推进，一系列财政、货币、产业、就业等有利于提高居民收入的政策措施将会陆续出台，长期制约居民收入增长的体制机制性问题将逐步化解，城乡居民收入迎来了快速增长的特殊阶段。我省是欠发达省份，居民收入水平相对较低，因此，“十二五”期间，不仅国家促进居民收入增长的政策措施，为我省增加居民收入提供了制度和政策保障，而且我省在新一轮居民收入分配调整中将会得到更大的收益。总之，在“十二五”期间，增加我省城乡居民收入具备了多方面的有利条件和政策环境，居民收入水平将会有一个较大幅度的提升。

当然，“十二五”时期，我省在拥有提高城乡居民收入诸多有利条件的同时，也面临一些不可忽视的挑战。目前突出表现在,一是经济增长的质量和效益还不够理想;二是资源和环境的约束在逐步强化;三是农民增收的困难还比较突出。因此,当前要抓住时机,增强信心,突出重点,在保持经济快速增长的同时,大力推进经济结构调整,实现转型发展和创新发展,完善收入分配制度,努力提高城乡居民的收入水平。

四、提高我省城乡居民收入的思路与建议

提高城乡居民收入水平,涉及社会、经济、管理等各方面的制度完善和政策调整,因而,需要在明确目标的同时,进一步理清思路,按计划、有重点、分步骤地推进改革和调整工作。

(一)促进城乡居民收入增长的基本思路

"十二五"期间,通过推进收入分配制度改革,力争到2015年实现城乡居民收入比2010年翻一番的目标。实现上述目标,需要在推进经济转型和创新发展,实现工业化、城镇化双轮驱动的同时,按照"提升过低收入、调节过高收入、扩大中间收入"的方向,推进分配制度改革,规范分配秩序,强化二次分配的调节功能,完善社会保障体系,明确农村各项产权关系,大力发展资本市场,拓宽收入来源渠道,快速提升城乡居民收入水平,使全体人民共享改革发展的成果。

(1)促进经济增长与结构调整相统一。调整经济结构,转变经济发展方式,是当前落实科学发展观、推进经济又好又快发展的紧迫任务。过去,我省经济基础薄弱,发展方式相对粗放,经济增长的质量和效益不高,直接影响了城乡居民收入与经济的同步增长。因此,要加快经济转型发展,积极调整经济结构和产业结构,推动新型工业化、城镇化加快发展,大力培育新兴产业,增加社会财富蛋糕,夯实居民增收基础。

(2)推动分配改革与经济发展相适应。发展是第一要务,加快发展,富民强省,是提高城乡居民收入水平的物质基础。但现阶段,在加快发展的同时,要更加注重收入分配的调整,通过规范收入分配秩序,努力提高居民收入在国民收入分配中的比重,提高劳动报酬在初次分配中的比重,着力提高低收入群体收入,调节高收入群体收入,扩大中等收入群体的比重,形成合理的收入分配格局。通过全面提高城乡居民收入水平,扩大消费规模,增强内需的能量,加速推进消费结构升级,为经济实现长期持续协调发展提供保障。

(3)实现政府主导与市场自动相配合。提高城乡居民收入,市场发挥着基础性的重要作用。因此,在提高城乡居民收入过程中,既要利用政府的宏观调控手段甚至包括必要的法律和行政手段,强制性地扭转收入分配严重不公的问题,当前尤其要调节过高收入,大幅提高低收入群体的收入水平,逐步缩小收入分配的差距。同时,也要注重发挥市场的自动调节作用,政府要搞好服务和引导,当好监督者和管理者,引导市场形成合理地居民收入分配格局。政府的调控,不能严重干扰、破坏甚至代替市场的分配机制。因此,在提高居民收入的过程中,要充分发挥政府和市场两个作用,避免政府与市场可能出现的冲突,使政府和市场形成合力,加速提高城乡居民的收入水平。

(4)坚持系统完善与重点推进相协调。近年来,我省居民收入增长滞后,是众多因素综合作用的结果,是存在某些缺陷的体制机制系统长期运行的结果。因此,当前缓解收入分配不公的矛盾,提高城乡居民收入水平,既要着眼长远,深化体制机制改革,完善收入分配制度,保持居民收入与经济发展同步增长,又要结合我省实际,找准重点和难点,采取切实可行措施,迅速改变不合理的收入分配格局,提高城乡居民收入水平。当前,要突出规范收入分配秩序,推动居民收入整体提高;要加快完善社会保障体系,提高社会福利水平,大力提高低收入居民的收入水平;要着力支持全民创业,加快民营经济发展,扩大就业,提高城乡居民的经营性收入和工资性收入。

(二)增加城乡居民收入的政策建议

当前,提高城乡居民收入水平,需要在体制和机制等方面深化改革,突出重点和薄弱环节,采取切实有效政策措施,着力提高整个社会的居民收入水平。

(1)积极推进转型发展。一是加快工业化、城镇化进程,促进经济加快发展。二是实施"创新推动"战略,大力培育战略性新兴产业,提升经济发展水平和质量。三是支持农村社会化服务体系建设,促进现代农业加快发展。四是支持民营经济加快发展,增强经济发展的活力。

(2)努力扩大就业水平。一是支持全民创业,促进居民经营性收入快速增长;二是促进服务业和社会事业加快发展,扩大社会经济发展的就业容量;三是支持大中专学生到基层就业,财政给予生活补助,并在机关事业单位招考录用人员时给予照顾；四是加强就业培训，提高农民就业能力。

(3)着力规范分配秩序。一是坚持依法行政，强化监督，取缔各种非法收入；二是加大党政机关和事业单位“小金库”治理力度，清理和规范各种津贴补贴，取消非货币性福利；三是规范公务员的阳光工资，建立事业单位绩效工资制度，提高基层单位、困难地区的工资水平；四是完善国有资本经营预算制度，规范垄断行业收入分配，缩小行业之间收入差距；五是加强行政运行成本的管理与约束，提高政府支出绩效。

(4)建立工资增长机制。一是适时提高最低工资标准，推动企业建立工资协商机制，建立企业职工工资正常增长机制；二是建立机关事业单位工资与经济发展同步增长机制，提高全社会工资水平。三是加大对工资水平的调控力度，将社会工资水平纳入国民经济和社会发展总体规划，对调节工资水平状况进行行政考核。

(5)提高社会保障水平。一是加快提高城乡低保人员和“五保户”的补助标准，大幅提高社会最低收入群体的收入水平；二是稳步提高企业退休人员的养老金待遇，将基本养老金增长与城镇居民生活水平及物价水平挂钩，确保增长的持续性。当前，重点要提高退休较早、养老金偏低的企业退休人员的养老金待遇；三是提高城乡居民医疗保险待遇，减轻医疗卫生方面的支出压力；四是尽快实现新型农村养老保险全覆盖，并逐步提高养老补贴标准；五是实现城镇养老保险的全覆盖，切实消除城镇老年人的后顾之忧。

(6)增加城镇户籍人口。一是加快推进城镇化，扩大城镇接纳人口的容量；二是深化户籍制度改革，撤除农民进城的户籍障碍；三是支持农村土地使用权的流转，促进规模经营，释放农村劳动力；四是支持发展农产品加工业，带动农民向城镇转移；五是加强对城镇户籍人口增长的调控，保证城镇户籍人口与工业化、城镇化同步发展。

(7)提高财产性收入能力。一是搞好农民承包地、宅基地、林地、荒山荒地等使用权的确权，建立服务体系，支持农民各类使用权有偿转让，促进其合理流动，并积极探索农民各类财产权的抵押贷款办法；二是完善征地补偿机制，提高失地农民的补偿标准；三是积极发展城镇住宅、汽车等二级市场和房屋租赁市场，活化居民资产；四是大力发展股份制、股份合作制和合伙制经济，增加居民资产收入；五是支持企业发行债券，发展资本市场，规范民间融资，盘活存量资产。

(8)发挥财政调控作用。一是调整财政支出结构。减少经济建设方面支出，坚持财力分配向民生尤其是向社会保障建设等方面倾斜，扩大居民转移性收入来源，加快提高低收入居民的收入水平；二是进一步扩大转移支付规模。加大对基层、困难地区、事业单位工资改革资金缺口等的补助，逐步实现财政支出的区域间、单位间的均衡化，降低困难地区的税费负担；三是发挥财政资金的杠杆作用。通过盘活国有资本、融资募集等途径，引导社会资金投向民生工程，充分发挥财政资金的导向作用。

课题组组长：陈先森

课题组副组长：左 俊

课题组成员：孟照红 叶翠青 靳贞来 栾敬东 蔡功伙 刘 兴

促进全面转型发展的财政政策研究

安徽省“十二五”规划纲要旗帜鲜明地提出，以“科学发展”为主题，以“全面转型”为主线，为“十二五”时期安徽经济社会发展确立了基调、明确了方向。财政是宏观经济的重要调控手段，财政收支总量和结构影响经济发展速度和产业结构形成；财政支出效益是经济发展效益的必要保障；财政对民生的保障程度，关系到人民物质文化生活水平的不断提高。促进全面转型发展，发挥财政职能作用至关重要。本文旨在结合安徽经济社会发展现状，分析“后危机时代”全面转型发展的现实紧迫性，探寻下一步财政支持路径与方式。

一、促进全面转型发展财政任重道远

经过多年积累特别是“十一五”的快速发展，我省经济总量已经跃上了崭新的高位平台，发展态势蒸蒸日上，但欠发达的省情还没有根本改变，随着外部环境发展变化，长期积累的深层次问题和结构性矛盾日益突出，肩负做大总量与提升质量的双重任务，面临加快发展与转型发展的双重压力。

1.从产业结构来看，我省一产比重较大，二三产

业发展不足，产业结构整体效益水平较低。2009 年，三次产业结构为 14.9:48.8:36.3，同期全国为 10.6:46.8:42.6。从三次产业内部结构来看：一产偏重于传统种植业。2009 年，我省农业增加值中种植业比重达到 53.1%，其中粮食播种面积占总播种面积的 73.3%，比 2000 年提高 7.2 个百分点，比全国高 5 个百分点；二产偏重于资源型行业。2009 年，全省规模以上工业企业实现增加值 3987.9 亿元，重工业增加值占 71.3%，其中冶金、能源、钢铁、水泥和化工产业等资源型行业占主导；三产偏重于传统服务业。2009 年，交通运输、批发零售、住宿餐饮等三大传统服务行业占比为 37.1%，高于全国平均水平；而金融、信息服务、科技服务、商务与租赁服务等现代服务业仅占 22%，低于全国平均水平。

2.从收入结构来看，国民收入在居民、企业、政府之间的分配失衡，相对于企业收入和政府收入，居民收入在国民收入中的比重持续下降。初次分配中，2007 年，我省居民收入占国民收入比重为 65.6%，较 1996 年下降 5 个百分点，而政府和企业比重上升 2.5 个百分点；二次分配中，2007 年，我省居民收入占国民收入比重为 60.9%，较 1996 年下降 8.9%个百分点，而政府和企业比重分别提高 3.6 和 5.3 个百分点。从地区生产总值收入法构成项目来看，2009 年，我省劳动报酬占比 50.1%，较 1990 年下降 15.3 个百分点，劳动报酬占比大幅下降。此外，居民收入增速慢于国民收入增速，分配过程存在城乡、地区、行业、群体间结构失衡，国民收入有向国有经济、非劳动要素、垄断行业集中的趋势，中等收入群体税负较重，不同就业类型和不同行业劳动者之间收入差距过大，等等，都将影响"金字塔型"社会向"橄榄型"社会转型的进程。

3.从需求结构来看，我省经济增长过多倚重投资，特别是 2003 年以来，全社会固定资产投资进入了高增长阶段，年均增速达到 30%以上，2009 年达到 9263 亿元，占 GDP 总量的 92.1%，居中部首位。而全省社会消费品零售总额为 3528 亿元，仅占 GDP 的 35.1%，低于全国平均水平 2.3 个百分点，在中部靠后。按支出法计算的 GDP 中，最终消费率由 2000 年的 64.1%降至 2009 年的 51.5%，下降 12.6 个百分点；资本形成率由 36%升到 48.8%，消费率和投资率基本各占一半，已经偏离常态(国际上投资对消费比例大体是 25：75)。从外需看，我省经济外向度一直较低，货物和服务净出口 1996 年以来一直为负值且处在一个较低水平，2009 年为 -30.4 亿元，占 GDP 的 -0.3%；江苏、浙江 2008 年就分别达到 3301 亿元和 2600 亿元，占 GDP 的 10.4%和 11.6%。2010 年我省外贸依存度为 13.7%，远低于全国 50.1%的平均水平。

4.从区域结构来看，一方面中心城市带动力不强。2009 年，合肥常住人口 510 万人、地区生产总值 2102 亿元，分别占全省的 8.3%和 20.9%，比重在全国省会城市中位次靠后，首位度低于全国多数省会城市，在中部省份中仅高于郑州(占比 7.9%和 17.1%)，对周边城市辐射带动能力有限。另一方面各市发展不均衡。2009 年，人均 GDP 最高的马鞍山市为 51927 元，最低阜阳市只有 7288 元，最高与最低市间的相对比例由 2000 年的 4.6 倍扩大到 7.1 倍；皖江九市 GDP 占全省比重由 2000 年的 58.3%上升到 2009 年的 63.2%，而皖北六市则由 32.8%降至 28.8%，低于其人口所占比重 16.6 个百分点。此外，2009 年，我省城镇化率 42.1%，比 2000 年提高 14.1 个百分点，但仍低于全国 4.5 个百分点，居全国第二十二位，在中部仅高于河南的 37.7%；全省城镇居民人均可支配收入年均增长 11.5%，比农民人均纯收入增幅快 1.7 个百分点，城乡居民收入二元系数从 2000 年的 2.74 扩大到 2009 年的 3.13，居全国第十三位，在中部仅低于山西居第二位（在全国居前十位的除山西外都是西部省份)，表明当前我省二元经济特征明显，城乡差距仍然较大。

5.从要素结构来看，我省长期依靠物质资源的高消耗、高投入的粗放增长方式没有根本性改变，自主创新能力不强，实现以科技进步和提高要素效率为特征的集约型增长还有很长的路要走。一是科技投入比重偏低。2008 年，全省科技经费筹集额 254.54 亿元，其中政府资金比重占 16.3%，较 2000 年下降了 12 个百分点。二是高新技术产业比重偏低。2009 年全省规模以上高新技术产业实现增加值 1094 亿元，占全省工业增加值的 26.9%，占全省 GDP 的 10.9%，略低于湖南省，但与东部沿海地区相比仍有较大差距。三是单位能耗物耗偏高。2008 年，我省万元 GDP 能耗为 1.075 吨标准煤，高于江西；万元工业增加值能耗 2.338 吨标准煤，高出江浙发达地区 1 倍以上；万元 GDP 电耗为 1106.81 千瓦时，位居全国第十四，高于江西、湖南和湖北；万元工业增加值用水量 276 立方米，全国第三，中部最高，是全国平均水平的2.2倍。四是环境问题日益突出。2008年，全省万元工业增加值产生工业废水29.2吨，高出全国18.5%；工业废气4.5万标立方米，中部第二，高出全国66.7%；固体废物2.2吨，高出全国69.2%；污染严重的"三河三湖"中，我省占了两个(淮河、巢湖)。

综合以上分析，促进我省全面转型发展，形势紧迫，任务艰巨。财政作为政府综合经济管理部门，必须把保持经济又好又快发展作为首要任务，全面落实财政宏观调控政策，持续放大财政政策的杠杆效应和财政资金的倍增效应，为实现经济社会全面协调可持续发展发挥更直接、更有力、更有效的作用。

二、促进全面转型发展财政大有可为

财政是党和国家履行经济社会管理职责的物质基础和财力保障。在促进全面转型发展的进程中，财政有信心、有条件、有能力完成光荣历史使命。

1.财政事业发展奠定了良好基础。新中国成立以来，我省财政事业取得了巨大成就，财政面貌发生了翻天覆地的变化。财政运行质量不断提高，初步形成了良性、健康、可持续的财政收入稳定增长机制，财政收入规模连续跨越1000亿元、2000亿元新台阶，财政实力的不断壮大，为促进全面转型奠定了坚实的物质基础。财政支出结构不断优化，财政逐步退出对一般性、竞争性领域的直接投入，不断加大对教育、科技、文化等社会事业、农业、环境保护以及基础设施建设等公共服务领域的支出，优先保障和改善民生，实现了由生产建设财政向公共财政的转型，财政职能的重大转变，为促进全面转型提供了重要支撑。财政改革管理不断加强，部门预算、国库集中收付、政府采购制度体系基本形成，收支两条线管理改革深入推进，预算的完整性、规范性、透明度显著提高，财政管理基础工作和基层建设扎实推进，财政科学化精细化管理水平明显提升，财政体制的完善，为促进全面转型提供了强大动力。

2.社会各界期盼注入了强大动力。随着我省经济社会的发展和人民生活水平的提高，财政工作的地位和作用越来越重要，社会各界对财政的关注度越来越高。省委省政府高度重视财政工作，主要负责同志每年都作出大量指示批示，2009年省政府专门下发关于加强财政科学化精细化管理的指导意见，为做好新时期下财政工作指明了前进方向。人大政协有效监督财政工作，定期听取财政工作汇报，审议财政预决算，参议财政若干重大事项，为改进和加强财政工作提出了宝贵建议。人民群众更加关心财政工作，借助政府信息公开等平台载体，加强对财政政策、资金使用效果的监督，为打造"阳光财政"起到了助推作用。特别是随着财力的显著增强，方方面面都期盼财政加大投入，形势倒逼财政既要服务发展开辟财源，不断做大"蛋糕"，又要集中财力办大事，有效用活"蛋糕"，也要公共财政倾斜民生，切实分好"蛋糕"。

3.主动理财实践积累了有益经验。特别是2008年下半年以来，我们坚持"做科学理财的行家、做服务大局的里手"的理财思路，把促进发展方式转变和经济结构调整，作为财政调控的重要着力点，充分发挥财政政策、资金的引导和杠杆效应，大力支持战略性新兴产业、循环经济和低碳经济发展，促进发展方式转变。省财政从2008年起连续五年，每年安排6亿元专项支持合芜蚌自主创新试验区创新体系建设。安排25亿元支持市县建立中小企业担保基金、中小企业贷款风险补偿和贴息，省政府主要领导评价为科学理财的"经典之作"。2010年安排2亿元支持国家技术创新工程试点省建设，安排10亿元专项支持皖江城市带承接产业转移示范区建设，安排25亿元支持战略性新兴产业发展，迅速抢滩创新发展"制高点"，有力地促进了经济平稳较快发展，积累了在复杂环境中推动经济又好又快发展的宝贵经验。

三、促进全面转型发展财政基本思路

"十二五"是安徽全面建设小康社会的关键期、工业化城镇化的加速期、经济社会发展的转型期，站在新的历史起点上，财政使命重任在肩。必须认真贯彻落实省委省政府的决策部署，把促进全面转型发展贯穿于财政工作的全过程和各领域，在发展中促转型、在转型中谋发展，始终坚持"五个有机统一"。

1.坚持速度与质量的有机统一。"速度"指财政收入的增幅和总量，"质量"指财政收入的结构和质量。有量无质，就做不强财政"蛋糕"，有质无量则做不大财政"蛋糕"，有质有量才能做大做强财政"蛋糕"，才能为转型发展提供坚实的财力保障。要做好"长"字文章，处理好眼前和长远的关系，不仅要算眼前账，更要算长远账，大力培植有发展潜力，有增长后劲的企业，确保税源年年有"新面孔"。要做好"宽"字文章，处理好大和小的关系，做到抓大与抓小并重，既支持重点行业、骨干企业做强，也支持中小企业、非公企业做大,夯实财源基础。要做好“实”字文章,处理好完成任务和服从政策的关系,做到取与予并重,既要依法强化征管,组织收入;又要反对“竭泽而渔”,防止不顾本地税源情况、层次加码压指标、收“过头税”,做到有予有取,予取挂钩,予取有度,形成良性循环。

2.坚持内需与外需的有机统一。促进全面转型发展,必须“三驾马车”共同发力。当前和今后一个时期,我省仍处于投资拉动阶段,扩大有效投入始终是重中之重,做大体量与提升质量同等重要,要坚持在投入中发展、在发展中转变、在转变中升级。同时,投资需求与消费需求密切相关,要积极寻求投资与消费的结合点。这就要求加快建设一批牵动性强的重大项目,着力扩大投资规模,同时更加注重优化投资结构,把投资的重点放在有利于改善发展条件、增强发展后劲上,有利于扩大消费、改善民生上,努力实现投资与消费之间的良性循环。扩内需也要稳外需,要支持加快转变外贸发展方式,积极调整贸易结构,支持有条件的企业走出去,不断拓展发展空间,加快优化需求结构,促进经济增长由主要依靠投资拉动向三大需求协同拉动转变。

3.坚持发展与民生的有机统一。只有经济持续增长,民生改善才有坚实基础;只有民生持续改善,转型发展才有持久动力。改革开放以来,财政支出对经济增长发挥了重要作用,但财政支出用于投资建设和行政管理的比重偏高,势必影响教育、医疗、社保等民生方面的支出,导致社会投资消费失调、人民生活水平提高放缓。财政偏重于经济发展,直接的后果就是产业结构扭曲和资源环境压力增大,也忽视了关系国计民生的公共产品和服务的需求。必须正确处理好建设财政与民生财政的关系,加快健全公共财政支出体系,使财政支出更多地向保障和改善民生倾斜,向新农村倾斜,向困难地区和困难群众倾斜,推动发展重心从偏重经济增长向经济社会协调发展转变,努力使改革发展成果惠及人民群众,让广大群众在共享的同时实现更高水平的多享。

4.坚持增长与环境的有机统一。加强生态文明建设,是转型发展的必然要求,也是重要着力点。现在看,节能环保方面的刚性约束越来越强,广大人民群众对干净的水、新鲜的空气、优美的环境等方面的要求越来越高。我省资源性产业比重较高,淮河、巢湖流域治理任务还相当艰巨,节能环保面临的形势尤为严峻。必须增强危机意识,增强工作的主动性和自觉性,大力支持重点工程和重点领域节能减排,加快淘汰落后产能,加强污水处理厂管网及配套设施建设。同时要牢牢把握节能环保蕴藏的巨大发展机遇,以绿色、环保、低碳技术及其产业化为突破口,加快推进自主创新,大力发展循环经济,努力培育新的经济增长点,着力推动经济增长动力从物质资源消耗为主向创新驱动转变,推动经济增长模式从粗放增长向资源节约型、环境友好型转变。

5.坚持经济与社会的有机统一。维护社会和谐稳定,不仅关系到最广大人民群众的根本利益,也关系到人口、资源、环境协调发展。“十二五”时期,各种社会矛盾易发多发,资源环境压力越来越大,发展形势依然复杂多变,在这种情况下,保稳定、促和谐就是保增长、促发展。财政是构建和谐社会的物质基础、政策手段和体制保障,必须加大对社会管理和公共服务的资金保障力度,及时解决群众反映强烈、影响社会稳定的突出问题,建立健全维护社会稳定的资金保障机制。特别是要坚持有所为有所不为,分清轻重缓急,量力而行,量入为出,集中财力办大事、解难事;牢固树立艰苦奋斗、过紧日子的思想,厉行节约,勤俭办一切事业,坚决制止铺张浪费,坚决抵制和反对奢靡之风,把更多的资金用到保持经济平稳较快增长上来,用到保障社会和谐稳定上来。

四、促进全面转型发展财政路径选择

(一)突出主攻方向,推进经济结构调整

坚持把加快经济结构调整作为今后一个时期财政工作的中心任务,充分发挥财政政策作用直接、运用灵活、定点调控的优势,加快经济发展方式转变。

1.突出协调拉动,着眼拉动内需。增强消费、投资、出口“三驾马车”的协同拉动作用,从传统依靠出口导向型增长方式、投资拉动的增长方式转为以内需拉动增长、以消费支撑的增长方式。把扩大消费需求作为扩大内需的战略重点,认真实施家电下乡、以旧换新消费补贴政策,强化对城乡消费升级的政策引导;加强农村流通设施建设,积极开展现代流通综合试点,促进城乡流通一体化;支持“农超对接”、网上购物等新型流通方式,支持发展新型消费业态。把调整投资结构与扩大消费结合起来,政府公共投资优先安排于扩大内需的在建、续建和收尾项目,发挥好财政调节收入的“二次分配”作用,增加对农民的生产生活补贴,健全农村社会保障体系,努力挖掘农

村市场消费潜力，促进投资消费良性互动。

2.突出产业升级，优化资源配置。结合产业调整和振兴规划，促进我省具有竞争力的钢铁、有色、建材、煤电、化工等优势行业发展，延伸产业链条，提高产业附加值，最大限度地发挥资源优势。大力支持汽车、工程机械等装备制造业发展，推动现代物流、金融、商贸服务等生产性、生活型服务业加快发展。

3.突出节能减排，推进生态环保。把节能减排与发展低碳经济、循环经济、生态工程建设有机结合起来，不断增强资源节约和环境保护的内生动力。完善财政引导和补贴政策，扩大节能环保产品推广使用，积极倡导绿色消费模式。完善"以奖代补"机制，加强节能减排能力建设，坚决淘汰落后产能，积极推进工业、交通、建筑重点领域节能；支持城镇污水管网建设，强化财政对生态环境等公共产品的保障。大力发展循环经济，加快资源循环利用产业发展，支持实施重大生态修复工程。

（二）统筹城乡发展，夯实"三农"基础地位

围绕稳定粮食生产、增加农民收入，积极采取有力措施，加快城乡经济社会发展一体化进程。

1.加大强农惠农力度。健全"三农"投入稳定增长机制，优化和调整支出结构，使财力更多地向新农村建设和现代农业倾斜；加快农田水利建设，大幅度增加农村基础设施建设和生态环境保护的投入；加强技能培训，着力提高农民就业创业能力，多渠道促进农民增收，深入推进财政扶贫开发工作，完善农村互助资金试点，实现互助资金与农民专业合作组织的有效联结。

2.促进农业增产增效。认真实施政策性农业保险，增强农业抗风险能力。大力支持农村金融机构建设，引导金融机构加大"三农"信贷投放，大力支持小麦高产攻关、水稻提升行动、玉米振兴计划，支持启动农业产业化"671"转型倍增计划，加快农业产业化示范区建设步伐，促进农产品加工业集群发展。

3.推进支农资金整合。继续安排支农资金整合县奖补资金，从编制部门预算入手，以项目为平台，继续加大资金整合力度，重点支持"万亩高产高效吨粮田示范县"创建工作，提升支农资金整体效益。

4.加快现代农业发展。坚持以粮食主产区为重点，加强中低产田改造，扎实推进高标准农田示范工程建设。大力推进现代农业综合开发示范区建设，着力打造新农村建设的窗口、农业增效农民增收的平台。

5.深化农村综合改革。积极争取国家新一轮农村综合改革在安徽试点，健全"一事一议"财政奖补试点工作长效机制，完善村级组织运转经费保障机制，继续巩固完善农村为民服务全程代理制，积极稳妥地开展土地整治整村推进，积极探索其他公益性乡村债务清理化解办法，支持推进国有农场税费改革、集体林权制度改革和农村集体土地使用制度综合改革，积极促进城乡一体化综合配套改革试点。

（三）推动科技进步，加快自主创新步伐

继续做好"创新驱动、内生增长"文章，培育形成适应区域竞争的核心优势，牢牢把握发展的主动权。

1.充分发挥科技的引领作用。大力推进科技产业化，更加突出企业在创新中的主体作用，完善促进企业自主创新的财政激励机制，推进产学研一体化，推动创新要素向企业集聚，在电子信息、生物医药、新能源、新材料、节能环保、公共安全、文化创意等领域培育一批成长性强的战略性新兴产业，尤其要集中财力，培育一批基础好、潜力大的领军企业，发挥好安徽自主创新的竞争力和支撑力。

2.充分发挥教育的基础作用。促进教育优先发展，不断提高财政性教育经费支出占一般预算支出的比重，支持开展教育综合改革试点省建设，全面实施素质教育，推进我省由人口大省向人力资源强省转变。加快职教大省建设步伐，积极整合职教资源，培育大批高素质劳动者和技能型人才。积极推进高等教育强省建设，围绕传统优势产业升级、战略性新兴产业培育以及各行各业科学发展的需要，支持优化高校学科、专业结构调整。

3.充分发挥人才的支撑作用。认真落实我省《人才发展规划纲要》，继续实施人才强省战略，支持科技队伍建设，突出培养造就创新型科技人才，特别是以推进高层次人才引进工程为抓手，加大招才引智力度，延揽大批领军人才、拔尖人才和创新团队。不断提高人才服务水平，加大财税政策支持力度，为人才创新创业营造良好环境。

4.充分发挥"平台"的示范作用。支持推进合芜蚌试验区和创新试点省两大平台建设，进一步聚焦重点，发挥好政策叠加效应，力争在创新型产业规模、高新技术企业数、专利授权量、研发平台建设、体制机制创新等方面取得突破，真正变科技优势为产业优势、竞争优势，努力打造一流创新高地，为全省

自主创新探路子、作示范。

(四)坚持协调发展,优化区域发展格局

按照主体功能区规划的要求，注重发挥各地的比较优势,努力形成竞相发展、协调发展的生动局面。

1.加快皖江地区发展。牢牢抓住承接产业转移的难得机遇,进一步加大财税支持力度,加快推进皖江示范区建设,完善组织架构、政策体制和空间布局,尤其是在“承接”上做足文章,加大招商引资力度,强调“择商选资”,注重“招大引强”,尽快在起步区建设、大项目引进、大产业培养上迈出实质性步伐,加快形成品牌效益和抢滩效应,使其成为科学发展、全面转型的先行区。

2.加快皖北振兴步伐。加强财税政策的支持和引导,积极采取暂停财政体制递增上解、加大财政资金投入、加大各类转移支付倾斜力度等措施,使更多的“人财物”向皖北汇集,加快区域间“南北合作”进程,挖掘内生发展潜力;加大支持县域经济发展力度,推动县域经济迈上新台阶,为皖北地区乃至全省经济“强身健体”。

3. 加快推进城镇化。目前我省城镇化率超过40%,如果按城镇化率年均提高1.6个百分点的速度测算,仅城镇基础设施和住房新增投资需求每年超过3000亿元。要把壮大中心城市、提升城市能级作为推进城镇化的首要任务,大力支持合肥经济圈建设,推动芜马同城化进程,提升中心城市的承载力,加快小城镇发展步伐,增强城镇转移人口、吸纳就业、安居乐业的能力,推进“富民兴皖”进程。

4.加快皖南和大别山区发展。坚持环境优先,因地制宜地支持发展资源环境可承载的特色产业,着力构建人与自然和谐相处的生态安全区域。尤其是抓住国际旅游文化示范区建设的机遇,统筹“食、住、行、游、购、娱”六大功能,进一步整合旅游资源,支持开发更多丰富多彩、喜闻乐见的旅游产品,不断增强旅游综合带动力,努力打造国内外一流的旅游观光度假胜地。

(五)加强社会建设,提升群众幸福指数

以推进基本公共服务均等化为重点，以实施民生工程为抓手,更加有效地利用和配置公共资源,科学编制并稳步实施“十二五”民生工程建设规划,不断增进群众福祉。

1.巩固提升民生工程。按照尽力而为、量力而行、有进有退的原则,继续在“巩固、规范、完善、提高”上下功夫,科学确定民生工程项目和投入规模,建立科学系统的项目选择机制;全面整合相关资金,创新多方筹资机制,鼓励和吸引社会资金投入,建立稳定多元的筹资机制;改进工作方式,简化工作程序,加强督促检查,加快项目实施,完善后续管理,建立科学高效的推进机制,努力让人民群众早受益、多受益。

2.健全社会保障体系。重点完善最低生活保障、城镇职工和居民养老保险制度,加快推进城乡社会救助、新型农村社会养老保险、被征地农民社会保障等制度全覆盖，突出抓好保障性安居工程建设,“十二五”期间新建或改造200万套保障性住房，促进“住有所居”取得实质性突破。

3.提高居民收入水平。实施更加积极的就业政策,完善就业援助政策,促进农村劳动力转移就业,加大就业培训投入力度，提高劳动者就业能力。支持优化创业环境,完善创业服务体系,拓展农业创业领域。加大财产权益保护力度，拓宽居民投资理财渠道,积极推进农村产权制度改革,想方设法促进群众增收面持续扩大,确保居民收入增长与经济发展同步,低收入者收入明显增加,贫困人口显著减少。

4.全面加强社会管理。围绕公共安全、社会治安、信息网络等领域存在的突出问题,支持建立矛盾调处化解和社会稳定风险评估机制,支持完善特殊人群管理和服务政策,支持开展打击侵犯知识产权、制售假冒伪劣商品专项行动,着力健全防控结合、应急高效的公共安全体系,确保全省安全形势的基本稳定。

(六)深化财政改革,激发体制机制活力

坚持用改革的办法解决深层次的矛盾和问题,加快推进重要领域和关键环节的财政改革,着力形成有利于促进全面转型发展的财政制度安排。

1.理顺省以下财政体制,促进基本公共服务均等化。继续完善财政转移支付制度，进一步理顺省与市、市与非直管县和市辖区的财政分配关系,努力做到财力与事权相匹配。以满足县级基本财力保障需要,实现保工资、保运转、保民生为目标,力争在“十二五”前三年基本建立起县级基本财力保障机制,“十二五”后期逐步提高保障水平。

2.完善预算编制管理制度,提高预算完整性和透明度。健全政府预算体系，加快建立和完善由公共财政预算、国有资本经营预算、政府性基金预算和社会保障预算组成的"四大预算体系",全面反映财政收支总量、结构和管理活动。健全绩效预算评价体系,在全省全面推开"预算支出绩效考评"工作,完善考评指标,丰富考评方式,健全运行机制,强化结果运用,努力构建制度完善、指标科学、责任明确、约束有力的预算支出绩效管理机制。

3.发挥财政政策和资金保障作用,统筹推进重点领域改革。支持深化医药卫生体制改革,逐步推开公立医院改革;巩固文化体制改革成果;推进国民收入分配制度改革,努力提高居民收入在国民收入分配中的比重,提高劳动报酬在初次分配中的比重,健全企业职工工资正常增长机制和支付保障机制,维护社会公平正义、和谐稳定。

4.推进财政科学化精细化管理,不断提高科学理财水平。加强财政监督管理,继续加强对扩内需等政策性资金的监督管理,规范财政权力运行,建立健全覆盖财政资金和财政运行全过程的监督机制。强化基础和基层管理,加强财政基础业务管理,推进"金财工程"建设,完善部门基础信息数据库;加强财政干部队伍建设,尤其把乡镇财政建设摆在更加突出的位置,扎实开展"创建规范化乡镇财政所(分局)"活动,强化乡镇财政"一线服务"和"一线监督"职能,不断提高全省财政系统的凝聚力、战斗力和影响力。

课题指导:陈先森

课题组组长:徐光耀

课题组成员:左自智　韩永强　尹立祥　韩晓峰

财政投资重点项目绩效考评指标体系构建的研究与思考

一、开展财政投资绩效考评的重要意义

财政投资绩效考评是财政部门和预算部门(单位)根据设定的绩效目标,运用科学、合理的考评方法、指标体系和考评标准,对财政投资的预期和产出效果进行的客观公正考评。绩效考评应以科学规范、公正公开、分级分类和绩效相关为基本原则。

(一)一种有效的预算绩效管理方法

建立财政投资绩效考评体系,能有效推动各预算单位建立财政资金使用责任制,从而形成自我评价、自我约束与外部评价和外部监管相结合的有效管理机制。

1.绩效考评是预算绩效管理的基础。财政投资绩效考评是实施预算绩效管理的基础性工作,贯穿于整个预算绩效管理的全过程。在实施绩效预算的编制阶段,绩效考评成为分配预算的依据。在预算执行和调整阶段,绩效考评为预算执行和调整提供参考。在预算报告分析阶段,既是绩效预算的重要组成部分,又是部门预算和项目支出的效益评价。

绩效考评被视为是一种有效的预算绩效管理方法,是因为随着公共财政框架的逐步建立,政府财政公共投资方向已重点转向基础性和公益性项目,投资项目所产生的间接经济效益、社会效益和生态效益更加突出,与民生改善的关系更加密切。传统的投资项目绩效考评强调对项目的内部成本、资金回收期以及内部收益率等的经济效益评价,其关注的重点是个别投资者的经济绩效,而基于预算绩效管理要求的绩效考评更加强调考评内容的完整性和连续性,包括关注项目与社会收入分配、资源约束、环境协调等众多可持续发展的评价内容。从科学发展观和社会资源优化配置的角度看,以结果和目标为导向的绩效考评,必然是一个目标关联、层次众多、环节衔接、因素相互影响的复杂的系统工程,是一种全过程动态的绩效考核与评价。它正是适应了预算绩效管理的要求并且作为一种不可或缺的经济技术方法而采用的,从这个意义上说,绩效考评是支撑绩效预算的基础。

2.实行绩效考评有利于强化预算约束力。绩效考评就是通过建立起一套能够反映政府公共活动绩效的评价体系,将政府部门的职责进行量化和指标化。在绩效预算制度下,一个部门或单位的预算是根据其所要完成的职能,需要通过一系列客观指标来计算的,而不是由各单位自己说了算。绩效考评既可以理顺预算分配关系,又可以规范单位支出行为,使预算从编制到执行再到结果,都有一种较强的机制来约束,从而减少人为因素的影响。

3. 实行绩效考评有利于绩效理念的形成和完善。推行绩效考评,目的是要逐步建立预算编制有目标、预算执行有监督、项目完成有考评、考评结果有反馈、反馈结果要运用的预算绩效管理模式,对于项

目绩效考评，财政部门可选择有代表性的项目进行重点绩效考评，并通过抓好绩效考评结果的反馈和运用,促进预算部门改善预算管理,优化资源配置,提高财政资金使用效率,逐步建立绩效问责制度。在此基础上推进预算绩效管理,创新管理机制,将绩效理念融入预算管理全过程,使之与预算编制、执行、监督一起作为预算管理的有机组成部分。

(二)市场信号的替代物

1. 绩效考评能够对财政投资结果做出反应,为政府决策提供依据。绩效考评通过分析评价财政分配资金的合规性、合理性和有效性,了解财政投资在相关领域及行业所起的作用，评价财政投资产生的经济效益和社会效益，以及对社会经济生活所产生的影响,不断总结财政投资管理的经验与教训,为提高财政投资决策提供可靠的参考依据。

2.绩效考评能对资源配置做出反应,为政府决策规避风险。通过财政投资绩效考评,获取有效的信息,使政府决策者有效地规避风险及短期行为,节约财政资金，缓解供求矛盾，促进资源的科学有效配置。

(三)有利于提高公众对政府的认知度

1.有利于增加财政投资透明度,提高公众对政府的信任度。政府越来越重视执政的透明度,社会上对公布财政预算的呼声越来越高。将财政投资项目的预算绩效考评、事中绩效考评、决算绩效考评的考评结果，特别是与公众利益密切相关的重大支出项目的考评结果,经政府批准后在一定范围内公布,接受社会和舆论的监督，可以大大增强政府财政投资的透明度,提高公众对政府的信任度。

2.有利于落实科学发展观的要求,解决人民群众最关心的问题。进行财政投资绩效评价,坚持以人为本，以人民群众的满意度为财政投资效果的最高价值标准,最大限度满足社会公众的需要,促进社会的可持续和谐发展。

(四)提高项目绩效的动力机制

1.实行绩效考评有利于推进重点项目建设。通过项目考评可以对资源的分配、项目的改进以及项目的责任做出评判或结论，特别有利于推进重点项目的建设。

2.绩效考评结果的公开公布及公正运用,是确保项目绩效提高的动力。绩效考评结果的公开公布和公正运用是绩效考评工作可持续发展的“生命线”,不断拓展并规范绩效考评结果的运用,方可确保项目资金使用的安全有效,确保项目绩效的提高。

二、安徽省项目绩效考评发展现状

(一)发展现状

近年来，全国有关省市陆续开展了财政投资项目绩效考评的尝试,但由于财政投资管理人员较少,缺乏系统研究，还没有建立成熟的财政投资项目绩效考评办法,现有做法比较简单,类似单项检查,缺乏科学、合理、规范的指标体系,考评的内容不完整,结果缺乏约束力等，难以满足部门预算和财政投资管理的需要。特别需要明确评价什么、如何评价,建立并完善因项目而宜的绩效考评指标体系。安徽省财政投资项目绩效考评工作由预算处（科）牵头组织,各业务处(科)参与、配合,财政监督检查局、投资评审中心等具体实施。大致可分为三个阶段:

1.初步试点阶段。2005 年省财政厅制定了《安徽省省本级项目支出绩效考评管理办法(试行)》(财预〔2005〕569 号),初步确定了省本级项目支出绩效考评的范围、内容、方法、程序。

2.逐步实施阶段。2009 年省财政厅出台了《安徽省预算支出绩效考评实施办法》(财预〔2009〕134 号),提出要统筹规划、循序推进，稳步推行绩效考评工作。2009 年要覆盖一定数量的专项资金项目,2010 年进一步扩大覆盖范围,2011 年力争全省全面推开。

3.广泛开展阶段。2011 年绩效考评工作在全省范围推开,年初省财政厅出台《关于全面推进财政投资绩效考评工作的通知》(财预〔2011〕270 号),提出整体设计、稳步推进,精心筛选、确定项目,规范操作、提高质量,积极探索,建立绩效考评制度框架。

(二)存在问题

1.绩效管理的技术支撑有待加强。一是预算绩效管理的指标体系、评价标准尚未完善,评价指标设定的科学性有待加强；二是政府部门提供的公共产品和服务,追求多元化的公共目标,很多内容难以量化，导致项目绩效目标及其对应的评价指标很难设定;三是缺乏可用于不同项目横向比较的共性指标。

2.绩效制度建设有待完备。预算绩效管理工作的推动仍缺乏统一的法律保障和制度规范,要想推动绩效管理进程,必须自上而下进一步完善制度建设。

3.绩效管理精细化、科学化水平有待提高。相对于财政领域的其他改革，预算绩效管理仍处于起步和探索阶段，与精细化、科学化的财政管理要求，尚有不小差距。

4.绩效考评能力建设有待进一步加强。绩效考评工作既要熟悉国家政策和财政法规，又要具有评价项目所属行业的相关知识，同时还要拥有建设管理、投资分析、经济评价、数理统计、社会调查等方面的专业技能，是一项综合性较强的工作。随着今后评价工作逐步推开，评价队伍建设和能力建设还亟待加强。

（三）难点分析

1.最主要的难点是缺乏科学、规范、针对性强的评价指标体系。财政投资项目类型繁多，同一类支出中的不同项目也有很大差异，很难找到一套合适的指标来覆盖所有项目。

2.项目无法进行横向比较。目前，我们开展绩效考评，还是根据一类项目，拟定一套指标，由于不同类型项目的绩效考评的指标设置、指标权重、评价标准不统一，考评结论出具后，无法对项目开展横向的效益差异比较。

3.缺乏审核标准。对于财政投资项目申报的绩效目标本身的科学性、合理性等问题缺乏必要的分析，因此很难判定部门的绩效目标是否符合社会经济发展的要求。绩效目标的合理性无法审核，影响了绩效考评结论的科学性、客观性。

三、财政投资重点项目绩效考评指标体系研究

财政投资范围广，既有经常性专项业务费支出，也有建设和购置类支出、房屋维修支出、政策研究类和管理类支出，本文研究仅限于近年来财政较为关注的重点投资领域，同时为了提高指标的实用性和可操作性，选择了我们已经开展考评工作且取得了一定工作经验的支出项目作为研究重点，所以，本文选择了4类项目作为研究对象，分别为：中小河流治理、乡村公路、乡镇卫生院、农村敬老院。

通过分析目前项目绩效考评存在的问题及难点，我们把本文的重点放在拟定一部分财政重点支持的项目的绩效考评指标体系，根据财政部《财政投资绩效评价管理暂行办法》的通知（财预〔2011〕285号）精神，结合7年来的绩效考评工作实践，统一指标设置思路，统一分配指标权重，统一一、二级指标，个性化设置三、四级指标，以实现科学系统，注重操作，横向可比的绩效考评指标体系。

（一）总体思路

我们理解的项目绩效考评是指对项目支出的绩效目标及为实现这一目标所安排的预算，运用一定的考评方法、考评指标及评价标准，综合评价绩效目标的实现程度、支出预算的执行结果等。因此我们提出的指标体系：一是项目绩效考评指标；二是项目指标权重；三是项目绩效考评标准。考评指标是指为考核财政投资项目是否达到预期目标而设置的定性或定量控制点，指标的文字描述是通用的，针对不同的项目指标有不同的内涵。考评指标体系遵循项目实施的客观规律把项目分成项目决策、项目管理、项目绩效三部分，按照科学、适用、合理原则选择一定数量（一般30—40个具体考评指标）的指标，采用因素分析法、比较法、专家评判法等方法确定每个指标的权重，建立起一个绩效考评指标体系。

1.绩效考评指标设计原则。总结7年来开展绩效考评工作实践，我们在设计和选择考评指标时遵循“相关性、重要性、可比性、系统性、经济性”的原则，同时指标体系制定紧紧围绕三个方面：一是对国家、省有关项目资金安排与使用政策的理解；二是对财政管理需求的了解；三是对项目特点的掌握。具体设计原则：

（1）统一性原则。为了增强绩效考评行为的法理性，同时提高项目的考评结论的横向可比性，我们拟定的各大类项目的绩效考评一、二级指标按照财政部财预〔2011〕285号文推荐的框架模式拟定，以实现不同类型项目的整体评价结果可以进行横向比较，同类项目中不同个体之间的单个指标评价也可以进行比较。

（2）相关性原则。分析各类项目特点，拟定的指标应当与项目特点密切相关，与项目绩效目标有直接联系，且能够确切地反映项目预期目标的实现程度。

（3）可操作性原则。指标释义简单易懂，评价可以直接取得或通过简明的数学计算或逻辑分析得出，评价指标便于评审人员使用操作。

（4）引导性原则。分析国家对行业的决策规划，相关资金管理政策要求，以及财政决策部门对项目的财政管理需求，指标体系设置中应包含引导性的指标，指标的设计要围绕政府投资的目的，是引导、扶持，还是限制、淘汰。

（5）全面性原则。考评指标的设置覆盖项目全过程，从前期决策、项目实施、到项目投入运行后发挥的效益，每个阶段都有相应指标考评。

(6)定性与定量相结合原则。指标设计首选量化指标，对无法量化的指标或量化后很难取得评价依据的指标采取定性的方式。

2.指标权重设置思路。指标权重反映该指标在整个考评指标体系中的重要性，在百分制中即为指标的百分制分值。根据财政部财预〔2011〕285 号文的精神，以及安徽 7 年来的绩效考评工作的习惯做法,我们采用百分制。为统一评价标准,对于一级指标直接采用财政部 285 号文件的指标分值。

对于根据项目特点设置的二、三、四级指标,从理论研究角度,可以采用定量分析方法,如层次分析法(AHP)、多目标树状图法等等,但此类方法由于需要定量数学分析方法，实际操作复杂又难以掌握理解。因此,从方便实际工作出发,我们采用从管理学理论以及实际工作都证明行之有效的定性分析方法——“德尔菲法”,群体决策、集思广益,根据群体对某指标的重要程度的认定而确定，避免受某些个人主观意愿的影响,形成统一的权重分配方案。如:对于二级权重的设置,在“项目绩效”的二级指标“项目产出”、“项目效果”指标的权重分配中,因为本文选择的研究方向主要是形成固定资产的项目，因此项目产出的绩效较其他财政投资项目更为重要,我们将“项目产出”、“项目效果”的权重分别设为 25、30。

3.考评标准及尺度设置思路。考评标准是判断一个指标好坏的标尺。在财政部《财政投资绩效考评管理暂行办法》关于绩效考评标准的描述是“绩效考评标准是指衡量财政投资绩效目标完成程度的尺度”。由于财政投资项目包含的项目类型繁多,有的项目评价指标的参照标准有明确的规定，这类项目的考评就比较简单;有些项目评价标准不明确,这类项目考评就比较困难;还有一些特殊项目,虽然行业内有相关标准但是针对具体的项目不适用。

为了统一项目的判断标准,方便考评判断,我们设定了各类项目的统一考评尺度，在考评每个指标时，根据评价标准将指标的完成程度依次分为——好、较好、一般、次差、差等 5 个考评尺度,其中完成程度为“好”则取得指标满分值,“较好”则得满分值的 0.9,“一般”则得满分值的 0.7,“次差”则得满分值的 0.3,“差”则得 0 分。

统一考评尺度一是为了统一各类项目的考评评断口径,二是统一考评中需要主观判断的尺度,三是方便实际操作,四是利于各项目的横向对比。

(二)全国重点地区中小河流(以下简称中小河流)治理项目

1.中小河流治理项目特点分析。

本文所称中小河流是指流域面积在 200 至 3000 平方公里的河流。中小河流治理项目是指为提高中小河流重点河段的防洪减灾能力，保障区域防洪安全和粮食安全，兼顾河流生态环境而开展的以堤防、护岸加固和建设,河道清淤疏浚和排涝工程为主的综合性治理项目。

《中共中央国务院关于加快水利改革发展的决定》中发〔2011〕1 号文件(以下简称中央 1 号文件)指出:“十二五” 期间基本完成重点中小河流重要河段治理。强调把水利作为国家基础设施建设的优先领域。因此本文把中小河流治理作为财政投资的重点项目进行研究、评价。

中小河流治理除具有建设项目通用的单件性、固定性、建设周期长、投资不可逆等特点,还具有以下特殊性:

(1)社会关注度高,要求科学化、精细化管理

(2)流域类项目涉及面广,强调综合治理

(3)投资强度大,需要控制负的外部性

(4)使用维护的长期性、艰巨性

2.中小河流治理项目指标体系设置思路。

按照财政部《财政支出绩效评价管理暂行办法》(财预〔2011〕285 号)及财政部、水利部关于中小河流治理有关文件精神，结合安徽省财政投资评审中心先期开展的中小河流治理典型项目绩效评价工作实践,归纳、分析,有针对性地设置绩效考评指标体系,全面、综合评价中小河流治理的绩效目标实现程度。指标设计原则如下:

(1)统一性原则。本文的指标设计严格按照财政部(财预〔2011〕285 号)指标设计模式并结合项目特点,细化四级指标。

(2)科学、规范、公平、公正原则。绩效评价指标设置依据充分,理由正当,评价恰如其分。

(3)满足决策需求原则。按照前述财政部水利部《全国重点地区中小河流治理项目管理暂行办法》(财建〔2009〕819 号),《中小河流治理工程初步设计指导意见》(水规计〔2011〕277 号)设置个性化指标，满足决策需求。

(4)重要性原则。最具代表性的核心指标设置,

优先满足主体工程投资比例要求，限制非功能性投资比例。

(5)相关性原则。细化的四级指标与绩效目标正相关。

(6)可比性原则。同类评价设定共性指标,评价结果可以进行横向比较。

(7)系统性原则。定性指标与定量指标相结合，全面反映项目建设的社会效益、经济效益、环境效益和可持续影响。

(8)可操作性原则。指标释义简明易懂,数据可以通过清单资料查证后取得或通过线性统计分析计算得出。

3.指标释义、评分标准、考评方法。

指标体系设置覆盖项目建设全过程，即事前确定目标,事中纠正偏差,事后总结成功经验,找出需要改进的方面。具体从项目决策、项目管理、项目绩效三个方面,结合中小河流治理项目特点,设置共性指标与个性指标,定性指标与定量指标,共性指标可用于不同类工程项目比较，个性指标用于同类工程项目比较。分别细化说明如下：

(1)项目决策:即项目前期论证、批复阶段。这个阶段是工程建设的关键,主要工作是:筛选项目,确定选址,完成可行性、必要性论证,批复政府投资项目指导性文件:初步设计和概算,确定建设规模、建设内容、建设标准、投资控制额及构成。该阶段设置的10个指标，其中8个为定性指标,2个为定量指标;6个为共性指标,4个为个性指标。

(2)项目管理:即按照施工图,进行项目承、发包,组织项目实施并完成,适时进行偏差纠正。这个阶段,财政投资管理主要以资金运动为主线,共设置14个指标,其中12个为定性指标,2个为定量指标;12个为共性指标,2个为个性指标。

(3)项目绩效:即项目建成后(最好为投入使用一个汛、枯期),对项目工程建成、技术建成、效益、效果、项目与资金管理等方面与项目决策确定目标进行比较、分析,为后续项目建设提供借鉴。该阶段共设置17个指标，其中8个为定性指标,9个为定量指标;4个为共性指标,13个为个性指标。

4.中小河流治理项目指标体系附表(附表略)。

(三)乡村公路。

1.乡村公路项目特点分析。

乡村公路项目是指由财政资金重点支持、为满足地方经济、社会发展需要而建设的由乡(镇)通建制村并连接国道、省道或县道的公路项目。乡村公路主要具有以下特点：

(1)具有公共产品的共同属性;

(2)具有公路产品的特点;

(3)具有基建项目特点;

(4)政府资金的主导性。

2.乡村公路项目指标体系设置思路。

乡村公路项目指标体系设置按照“科学、规范、实用、可比”的指导思想,并根据项目特点对项目从决策、实施到后期效益的可持续发挥实行全过程评价,具体包括项目决策、项目管理、项目绩效三大类评价准则和若干具体指标。通过对项目实施的全过程评价,全面客观的反映乡村公路建设水平、进程以及存在的主要问题，提出阶段性的工作重点和对策措施,加快安徽省农村地区路网发展,推进社会主义新农村建设。

(1) 全面性和相关性原则。乡村公路项目从决策、建设到后续管护涉及多个部门,指标体系既要全面反映项目实施各阶段的实际情况，又要与各部门在项目实施各阶段的实际管理活动息息相关，同时通过同类型项目的比较和对重点指标的优化，着重反映项目管理的现状和突出问题，为进一步推进农村地区路网发展提供决策依据。

(2) 系统性与重要性原则。根据财政部财预〔2011〕285号文，将整个项目绩效考评指标体系分为项目决策、项目管理、项目绩效三大类一级指标和若干二级、三级指标,按照乡村公路项目的实施程序及特点,我们细化了三级指标,设置了具有乡村公路特点的四级指标,以突显指标体系的层次性;同时,注重指标体系内部的逻辑关系，即项目管理类指标的设置是项目决策类指标中决策目标实现的保证,而项目绩效类指标是项目决策、管理类指标科学规范实施的必然结果。在充分考虑考评对象之间的有机联系的同时，注重对指标在整个考评工作中的地位和作用的筛选,选择最具代表性、最能反映乡村公路项目考评要求的指标，尽可能地用较为简练的指标系统反映乡村公路项目的内在规律。

(3)完整性与导向性原则。乡村公路项目考评指标的设置不仅应从经济效益、与国家大政方针的一致性等方面考评项目的内涵与特征，更要从社会效益、环境效益、可持续影响等方面综合考评项目实施的深远影响。同时，建立乡村公路项目绩效评价指标体系，一方面是通过对安徽省乡村公路项目建设现状的评价，科学的指导推进相关工作；另一方面通过对项目的跟踪检查，认清项目实施过程中存在的主要问题，从而为我省统筹安排乡村公路建设资金提供正确的导向。

(4)经济适用性原则。乡村公路项目绩效考评指标的选择要充分考虑项目实施的现实条件，相关指标数据的获得应符合成本效益原则，在合理成本的基础上实施考评。构建指标体系的目的在于指导实践。因此，指标体系的建设应具有可行性和可操作性。即一方面要充分考虑统计资料的来源，便于在现场考评工作中直接或间接获取；另一方面，有些必需的数据、资料虽然目前难以直接取得，但通过这项工作，促使有关单位在后续管理中进行完善，并制定相应的制度措施。为了便于操作，不仅评价方法要简便易行，在指标设计上也要体现精炼原则。

3.指标释义、评分标准、考评方法。按照指标体系设置思路，上一级指标是下一级指标的归纳总结，下一级指标是上一级指标的细化解释。乡村公路项目绩效考评指标体系由项目决策、项目管理、项目绩效 3 大类一级指标，8 项二级指标和 20项三级指标构成，并根据乡村公路项目的实施程序及特点对每项三级指标进行了细化，设置了 51 个反映乡村工作项目特点的四级指标。

(1)项目决策指标。该指标主要评价项目在决策阶段(即准备阶段)的组织实施情况。这个阶段的主要工作是完成项目的规划、设计；根据投资额的大小确定项目的建设内容、建设规模；查找相关政策依据开展项目立项、项目可行性研究工作，准备申报的相关资料，组织项目申报；制定项目资金分配方案。针对该阶段的工作任务，设置的 12 个细化的四级指标全部为定性指标。

(2)项目管理指标。该指标主要对项目在具体实施过程中的资金到位、资金管理、实施程序合规性等方面进行总体评价。针对该阶段的工作任务，设置的 12 个细化的四级指标中有 2 个定量指标，10 个定性指标。

(3)项目绩效指标。该指标主要对项目投入后的产出结果进行具体分析，从产出数量、产出质量、产出时效、产出成本、经济效益、社会效益、环境效益、可持续影响、服务对象满意度等方面综合分析项目绩效目标的完成情况。针对分析对象的特征，设置的 27 个细化的四级指标中有 10 个定量指标，17 个定性指标。

4.乡村公路项目指标体系附表。

(四)乡镇卫生院、敬老院。

1.乡镇卫生院、敬老院项目特点分析。

乡镇卫生院是各级财政投资兴建的卫生行政兼医疗预防工作的综合性机构，是农村三级医疗网点的重要环节，担负着医疗防疫，保健的重要任务，是有助解决农村“看病难、看病贵”问题的重要机构，是安徽省 2007 年十二项民生工程中“城乡卫生服务体系建设”的主要内容。

乡镇敬老院也叫农村五保供养服务机构，是各级财政投资兴建的，为集中供养五保供养对象建设的社会福利事业组织，是安徽省 2009 年新增的 11 项民生工程之一。

(1)乡镇卫生院和敬老院具有准公共产品特点。

(2) 乡镇卫生院和敬老院具有基本建设项目的特点。

(3)乡镇卫生院和敬老院具有民生工作特点。

由于乡镇卫生院和敬老院具有较多类似的特点，本文将此两类项目的指标体系放在一起研究。

2.乡镇卫生院、敬老院指标体系设置思路。

在总结我们多年开展革命老区项目、农村五保供养服务机构项目、乡镇卫生院建设项目、乡镇文化站建设项目等多种项目绩效评价工作经验的基础上，结合财政部最新文件精神设置绩效评价指标体系，指标设计原则如下：

(1)统一性原则。一、二级指标采用财政部财预〔2011〕285 号文推荐指标。

(2)相关性原则。把三级指标科学细化成若干个指标，每个细化指标都与绩效目标直接相关原则。

(3)可比性原则。指标设计按照课题包含所有类型项目的评价结果都能够进行横向比较。

(4)可操作性原则。指标释义简单易懂，评价依据可以直接取得或通过简单数学计算得出，指标对具体执行人员综合素质的要求低等。

(5)引导性原则。指标设计围绕政府投资的目的进行设置。

(6)全面性原则。指标设计覆盖项目决策、项目实施、项目运行的全过程；

(7)定性与定量相结合原则。指标设计首选量化指标，对无法量化的指标或量化后很难取得评价依据的指标采取定性的方式。

3.指标释义、评分标准、考评方法。

指标体系设置思路是上一级指标是下一级指标的归纳总结，下一级指标是上一级指标的细化解释，下面就从项目实施的三个阶段，指标体系表附后，并按照定性、定量、应用的原则把指标解释如下：

(1)项目决策阶段，即项目准备阶段。这个阶段的主要工作就是完成项目的规划、设计；根据投资额的大小确定项目的建设内容、建设规模；查找相关政策依据开展项目立项、项目可行性研究工作，准备申报的相关资料，组织项目申报。该阶段设置10个具体指标全部为定性指标。

(2)项目管理阶段。在这个阶段围绕项目实体管理和资金管理两条主线开展指标设置。该阶段共设置14个指标，其中2个定量指标，12个定性指标。

(3)项目绩效阶段。指标设置围绕项目产出与计划之间的偏差，项目投入运行后的实际效益与项目预期效益之间的差异展开。

四、绩效考评工作展望

(一)深入开展符合安徽省情的绩效考评理论研究

一是加强基础理论研究。安徽省当前在绩效考评工作中遇到的瓶颈和阻力，很大程度上是源于绩效考评研究相对薄弱。财政投资管理的科学化、精细化要求我们从理论上研究绩效考评的理论定位，构建符合安徽省情的财政投资项目绩效考评理论体系。

二是注重实证研究和应用研究。随着安徽省政治体制改革的逐步深入，要求我们在重视基础理论研究的同时，重视对政府绩效管理实践问题的研究，从实践中发掘新的研究思路，及时发现、研究、攻克实践中的热点、难点和亮点问题，使政府绩效考评研究切实为政府管理职能服务。

(二)积极推动安徽省绩效考评实践的科学化和规范化

一是准确定位绩效考评工作的目标。绩效考评是一种以结果为导向的、体现效率政府的有效管理手段。其要义是要贯彻落实科学发展观，推动政府职能转变和管理创新，提高政府管理能力和服务水平，实现财政投资效益最大化，更加合理的配置公共资源。

二是建立系统、完备的安徽省财政投资项目绩效考评指标库。根据财政资金的使用方向和项目类型，深入研究各种类型项目的实际情况和特点，构建出通用指标和专用指标、定量指标和定性指标、合规性指标和效益性指标并存的评价指标库。

(三)积极推进绩效考评工作软件化、程序化

通过采用计算机手段编制可操作性的绩效考评软件，将绩效考评的过程程序化，把绩效考评过程中的大量数据计算和整理工作交给计算机，从而大大减少现场工作强度和人工操作误差，提高考评工作效率。

(四)科学运用绩效考评结果

绩效考评结果运用是绩效管理体系中的一个重要环节，应予万分重视。一是将绩效考评结果作为财政部门每年安排部门预算的重要依据，为预算编制提供参考；二是利用项目绩效考评结果，减少盲目投资、无效投资，合理配置财政资源，提高投资的效益性、安全性；三是利用绩效考评结果，促进部门(单位)树立和加强绩效观念；四是在绩效考评结果的应用中，还应积极探索建立绩效考评结果的责任追究制度，把绩效考评结果与经济责任审计、行政监察结合起来，建立公告警示制度。

课题组组长：王林建
课题副组长：朱旭初 张进 袁圆
课题组成员：陈维光 刘建军 刘群
方金 王进 李昌鹏
方国根 张磊 王飞

安徽省连片特殊困难地区财政扶贫政策研究

“十一五”期间，国家出台了一系列扶贫惠民政策，安徽省各级政府不断加大扶贫资金投入力度，农村贫困人口逐年减少，贫困农户收入快速增长，全省扶贫脱贫事业延续了较好的发展势头。新十年扶贫开发纲要将集中连片特殊困难地区作为扶贫开发的主战场，新形势下，我省财政扶贫工作面临着一系列亟待解决的新问题和新挑战，全面掌握全省连片特困地区的贫困状况和致贫原因，完善连片特困地区的财政扶贫政策，对促进我省尽快消除绝

对贫困、实现跨越发展具有重大意义。

一、安徽省"连片开发"试点工作情况

2007年国家启动扶贫连片开发试点工作以来，安徽省坚持"整体规划、整合资源、集中投入、综合开发"原则，选择岳西县、石台县、宿松县、霍邱县、利辛县、潜山县、泾县、阜南县等15个国家和省扶贫开发重点县，大力开展跨行政村、跨乡镇扶贫连片开发工作。四年来，各级政府高度重视扶贫连片开发试点工作，强化组织领导，加大资金投入，健全工作机制，确保了连片开发试点工作的顺利实施。

一是建立健全连片开发工作机制。建立一个领导重视、部门配合、上下联动的工作机制，是试点工作顺利推进的根本保证。我省坚持"省负总责、县抓落实"的总体方针，试点县根据省总体部署，成立由县长任组长、相关部门和试点乡镇的主要负责人为成员的试点工作领导小组；试点乡镇和村相应成立试点工作领导小组，具体负责项目的组织实施，从而形成了"领导挂帅、部门配合、乡镇实施"的工作格局，切实做到关系统一协调、技术统一指导、资金统筹安排。

二是严格把好连片开发项目规划关。科学规划是开展试点工作的前提。各试点县在坚持"集中连片、突出产业发展"原则的基础上，认真分析当地的区位特点、资源条件和产业发展状况，采取"村民提、公开议、专家审、统筹定"的方法，科学编制试点项目规划上报省，省严格审核后下达批复，各县依据省批复的规划制定年度实施方案，并将年度项目计划及时下达到项目实施乡镇和村。

三是整合资金加大财政投入力度。加大资金支持是试点工作顺利开展的坚实保障。四年来，除中央财政安排扶贫连片开发试点资金5950万元支持8个县外，省财政安排试点专项资金2400万元，比照国家选择了7个县开展试点。在上报规划时，要求各试点县必须按照不低于1:2的比例整合资金，并出具县政府的"资金保证函"，明确整合资金的规模和具体项目。各试点县大力整合涉农资金，仅2010年就整合涉农资金8082.6万元，整合资金比例达1:3.3。同时，为确保资金落实，各试点县对试点资金实行专户管理、专账核算、专款专用。项目实施过程中，各部门项目资金统一进入专户管理，再由财政部门根据项目实施进度下拨给项目实施乡(镇)。资金严格按照扶贫资金管理办法规定使用和管理，做到"统一规划、统筹安排、渠道不变、用途不变、互相配合、形成合力"。

四是积极引入群众参与机制。充分发挥群众的主体作用，是试点工作取得实效的基础。在连片开发试点工作中，试点县充分利用广播、电视、报刊等媒体进行专题报道，在项目区大力宣传试点工作相关信息，使项目区群众深入了解试点工作项目及实施情况。同时，严格执行项目公告公示等制度，通过各种途径使群众参与试点工作的全过程，制定规划时广泛征求群众的意见和建议，项目实施由群众监督，项目验收有群众代表参加，使广大群众能够及时了解试点工作进度，积极参与到项目建设中来。

五是突出特色产业发展。支持特色优势产业发展是促进贫困农户增收的主要途径。岳西县紧扣"产业"发展主题，将试点资金80%以上都安排在茭白、茶叶两个特色产业上，基础设施建设和社会事业发展项目也是围绕产业发展的要求来安排。石台县坚持把连片开发与产业化扶贫相结合，扶持小型农产品加工企业、专业合作社、农产品交易市场建设，带动项目区无性系茶叶、珍珠菜、山茱萸等产业发展，同时，打造"秋浦河十里花果长廊"等项目，以旅游发展带动产业做大做强。利辛县大力发展养奶牛、种植大棚蔬菜和双孢蘑菇等特色产业，通过财政补助吸引外来企业，带动连片开发地区产业发展。

六是加强监督考核。各试点县在落实好项目的实施主体和资金的基础上，对乡(镇)和村下发项目实施通知书，乡(镇)和村按照实施方案进行项目建设。在项目实施过程中，严格执行项目招投标制、公告公示制、资金报账制以及政府采购制度。省对各试点县定期或不定期地进行检查监督，试点县定期检查督促项目实施的进度，并将项目实施情况纳入乡镇年终综合考核和县直有关单位的绩效考评，严格兑现奖惩。2008年，岳西县在县级财政极为困难的情况，对超额完成规划任务的项目安排奖励资金41万元。

四年来，安徽省各试点县因地制宜，突出特色，积极支持贫困地区发展特色优势产业，改善贫困地区的基本生产生活条件，连片开发试点工作取得较好成效。一是农民收入快速增长。2010年，项目区人均收入从3024元增长到3342元，增长了318元。其中，利辛县两个试点村农民人均纯收入从2009年的2600元增加到2010年的3280元，增幅

达20.73%，高出同期全县平均水平1.83个百分点，贫困人口人均增收高达1060元。石台县大力发展高山蔬菜、经果、茶叶等优势特色产业，带动农户人均增收1000元，脱贫近2000人。二是项目区特色优势产业发展初见成效。各试点县主导特色优势产业逐步走上规模化道路。其中，岳西县利用连片开发试点项目，连片发展茭白基地23656亩、改造茶叶基地10897亩；一年内，项目区年净增茭白产值8800万元，茶叶产值201.4万元。绩溪县积极发展山核桃、茶叶、油茶、竹笋、出口蔬菜等产业，建立大棚蔬菜基地300多亩，新造油茶林基地1万亩。三是项目区基础设施条件得到改善。岳西县试点乡镇新建通村水泥路113.7公里，修建堰渠、饮水等水利设施66处；利辛县试点区域修建水泥路16.7公里，柏油路2公里，完成高标准基本农田改造3000亩，节水灌溉1400亩，疏浚大中沟26公里，开挖地头沟18公里。四是项目区社会文化事业较快进步。2008年，岳西县新建和改建村部10个2735平方米；新建校舍8437平方米；改建村卫生室和乡村卫生院2010平方米；新增有线电视用户6300户。2010年，阜南县修建寄宿学校教学楼一栋，新建村卫生室3个、村室3个。五是贫困农户的自我发展意识和能力得到提高。项目村通过项目的宣传、实施、人员培训和公司、种养大户、专业合作社、协会的示范带动，农民亲自参与项目的确定、实施、监督与管理，极大带动了群众发展观念，提升了自我发展能力。

二、安徽省连片特殊困难地区现状及致贫原因

我省是中部地区农业人口较多、贫困人口较为集中的省份，属于欠发达地区，具有集革命老区、军事禁区、环境脆弱地区、粮食主产区、生态保护地区于一体的特殊省情，贫困人口的分布呈现出集中连片、区域同贫的特征。

2009年，我省国土面积为13.96万平方公里，总人口6795万人，其中农业人口5277万人，约占总人口的77.7%。全省共有贫困人口250.66万人，农村贫困发生率达到4.75%，其中，国家扶贫开发工作重点县19个，贫困人口134.52万人，占比53.7%，省扶贫开发重点县10个，贫困人口24.71万人，占比9.9%。与全国相比，我省农业人口比例高出11.5个百分点，贫困发生率高出0.9个百分点，人均指标全面落后。与中部相比，我省农业人口比重大，贫困人口多，贫困发生率高，人均指标垫底，国家扶贫开发工作重点县中部最少。

上述数据表明，当前我省扶贫工作面临的形势仍然十分严峻。通过实地调研和数据分析，我们认真梳理了我省扶贫工作现状和问题，基本掌握了全省三大连片特困地区的贫困状况及致贫原因，以期为下一阶段财政扶贫政策的完善提供一定的决策参考。

(一)大别山地区

广义的大别山地区，位于鄂豫皖交界地带，西接桐柏山，东延为霍山(也称皖山)和张八岭，包括湖北东部的黄冈、孝感部分地区，河南南部的信阳地区，以及我省西部的六安、安庆部分地区，涉及43个县市区，总面积约8万平方公里，人口达到2810多万人。狭义的大别山地区，仅限于我省境内，包括六安市的金寨县、霍山县、舒城县、金安区、裕安区，安庆的岳西县、潜山县、太湖县、宿松县、望江县，共10个县(区)，面积约2.1万平方公里，总人口约为689.4万人。

大别山地区(仅指我省境内地区，下同)是著名的革命老区，由于其独特的自然地理环境，它又是华东最后一片原始森林，是中部地区最大的绿色生态功能区，成为长三角以及长江经济带至关重要的生态屏障。长期以来，受历史、自然、政策等诸多因素的制约，大别山地区经济社会发展水平相对落后，发展速度相对缓慢，发展能力相对薄弱，扶贫攻坚的任务最为艰巨，居我省连片特殊困难地区之首。

经济总量来看，2009年，该地区10个县区共实现生产总值590.86亿元，完成地方财政收入24.4亿元，分别占全省比重为5.9%和2.8%，而该地区总人口和国土面积却占到全省的10.1%和15.3%，经济指标与人口、面积指标不相匹配，欠发达程度可见一斑。

人均水平来看，2009年，该地区10个县区人均生产总值、人均财政收入、农民人均纯收入的平均值为9068元、400元和3951元，只有全省平均水平的55.3%、28.4%和82.5%，与全国相比差距更大，仅为全国平均水平的35.5%、7.8%和72.1%，特别是人均地方财政收入，不足全国的1/10。

贫困状况来看，2009年，按1196元的农村贫困标准，该地区农村贫困人口达64.43万，占全省25.7%，贫困发生率为10.82%，高出全省平均水平

6.07个百分点，10个县区中有9个是国家扶贫开发重点县，贫困面广，贫困人口密度大，主要聚居于自然条件恶劣、经济发展落后的深山区、库区、老区，自我发展能力低。具体的致贫原因主要有：

1.自然条件恶劣。该地区具有典型的山区特征，“七山一水一分田，一分道路和庄园”，自然条件较为恶劣，全区80%的面积为山区、库区和沿河低洼易涝区，人均可用耕地面积较少，农业机械化程度不高，农田水利工程配套率低，农业基础薄弱，农民增收困难，农村生产生活条件长期得不到根本改善，扶贫脱贫任务十分艰巨。

2.各类灾害频发。该地区农村贫困人口多分布于高寒山区和库区一线，生态系统脆弱，深山区易受冰雪霜冻灾害，沿河低洼易受洪涝灾害，丘陵、高岗地易受山洪滑坡等地质灾害，由此导致的再生性因灾返贫现象较为突出。

3.革命老区因素。该地区是著名的革命老区，是仅次于中央苏区的全国第二大革命根据地，为新中国的诞生立下了不朽的功勋，也付出了巨大的牺牲。长期的革命战争破坏了当地生态系统，给当地经济发展带来了一定影响，整体社会发展水平相对落后，正因为此，在国家历次的扶贫政策和规划中，革命老区始终位于扶贫开发重点区域之首。

4.生态保护因素。根据最新的主体功能区划分，该地区大部分县区被列为限制性开发地区，主体功能即是生态保护，部分库区还承担着为周边及下游地区发展提供重要生态屏障和优质水资源的重任，“靠山不能吃山，靠水不能吃水”，山区、库区人民群众的生产生活以及县域经济的发展受到极大的制约，在当前生态补偿政策尚不健全的前提下，地方经济社会发展和扶贫工作面临很大困难。

5.交通瓶颈制约。大别山区，地形地貌极其复杂，山高岭大，人口分散，交通建设和养护成本较高，基础设施建设相对落后，尚未形成畅通的一体化交通网络，已成为制约当地经济社会发展的一大瓶颈。以岳西县为例，境内目前还不通水路、铁路和航空，仅有一条2009年才开通的高速路，国省道均是四级路和等外路，大部分农村公路仅能简易通车，交通致贫现象仍然存在。

6.产业基础薄弱。产业扶贫是一种重要的扶贫方式，该地区处于大别山腹地，自然条件加上政策限制，区域内工业基础十分薄弱，部分县区发展的特色生态农业，也仅仅停留在初加工阶段，规模较小，标准偏低，农业产业规模化、集约化经营程度低，缺乏大型农业产业化龙头企业，产业化带动贫困农户增收的效果不明显。

（二）沿淮行蓄洪区

淮河，是中国长江和黄河之间的大河，全长约1000公里，流域面积18.7万平方公里。受黄河长期侵淮夺淮的影响，淮河河床普遍淤高，水系紊乱、排水不畅，造成了“小雨小灾、大雨大灾、无雨旱灾”的局面。建国后，按照“蓄泄兼筹”的治淮方针，国家开展了大规模的治淮建设，在淮河中游两岸兴建一大批行蓄洪区，用以宣泄和行蓄洪水，削减干流洪峰和扩大泄量，减低洪水对河道两岸堤防的压力，保证淮河下游及重点区域人民群众生命和财产安全。

据统计，淮河干流上现有行蓄洪区共21处，蓄洪区4处，行洪区17处，其中，江苏省仅有1处行洪区，其余全部在安徽省境内，蓄洪区4处，行洪区16处，主要分布在淮河中游两岸，涵盖阜阳南部，六安北部，以及淮南、蚌埠、宿州部分地区，面积约3055平方公里。由于防洪设施有限，行蓄洪区启用标准普遍较低，仅1950年到2004年，运用行蓄洪区的年份有28年，运用行蓄洪区的次数达185次，洪水灾害时刻威胁着行蓄洪区人民群众的生命财产安全，区内群众生产、生活极不安定，严重制约了当地经济社会的发展。

通过分析各个行蓄洪区所在地发展现状，我们发现，以利辛、临泉、阜南、颍上、寿县、霍邱为代表的沿淮行蓄洪区，经济社会发展比较落后，贫困人口较多，返贫现象突出，是我省又一连片特殊困难地区。该地区涉及两市六县，总面积1.4万平方公里，总人口约1023万。

经济总量来看，2009年，该地区6个县共实现生产总值549.9亿元，完成地方财政收入20.1亿元，占全省比重分别为5.5%和2.3%，而地区总人口和国土面积却占到全省的15.1%和10.2%，人口众多，但经济总量和财政收入不高，地区经济社会发展比较落后。

人均水平来看，2009年，该地区6个县人均生产总值、人均财政收入、农民人均纯收入的平均值分别为5531元、199元和3357元，只有全省平均水平的33.7%、14.1%和74.5%，仅为全国平均水平的21.6%、3.9%和65.1%，差距很大，经济总量有限，而地区人口众多,人均指标全面落后。

贫困状况来看,2009年,同样按1196元的农村贫困标准,该地区农村贫困人口达48.31万,占全省19.3%,贫困发生率为5.23%,高出全省平均水平1.48个百分点,6个县均是国家扶贫开发重点县,农业人口多,贫困程度深,扶贫难度大,具体的致贫原因主要有:

1.气候型自然灾害频发。该地区处于淮北平原向江淮丘陵过渡性地带,南北过渡的气候特点,决定了其是气象型自然灾害多发地区。淮河以北属温带半湿润季风气候,淮河以南属亚热带湿润季风气候,由于气候的过渡型特征,南北冷暖气团在上空交汇频繁,地区气象多变。降雨量季节不均,夏雨占全年降水量和径流量的70%以上,严重洪涝主要发生在梅雨期,降水量年际不均,涝年降水量甚至是旱年降水量的三倍以上,导致该地区易涝易旱,洪、涝、旱、渍灾害交替发生,给人民生产生活带来了极大困难,贫困发生率较高。

2.行蓄洪返贫问题突出。该地区分布有一大批淮河防洪工程,沿淮4个蓄洪区全部处于该地区,17个行洪区有4个也处于该地区,且这些行蓄洪区大多位于淮河中游偏上,一旦发生洪涝灾害,处于优先启用状态。长期以来,这些行蓄洪区的使用,为防洪减灾、保障全局做出了重要贡献,也付出了巨大牺牲,突出的一点就是导致了区域性贫困问题,政策性因灾返贫比例大,扶贫工作面临很大挑战,陷入扶贫—脱贫—因灾返贫—再扶贫的怪圈。以霍邱县为例,新中国成立以来,该县城东湖、城西湖、姜家湖曾先后24次奉命行蓄洪,直接经济损失51亿元,1991年的行蓄洪灾造成89万人返贫,2003年的行蓄洪灾造成20万人返贫。

3.人口众多资源匮乏。该地区6个县人口均排在全省县域前十位,总人口占到全省的15.1%,人口分布密度大,而水、矿产、森林等自然资源相对匮乏,人均保有量更是在全省垫底,制约了当地经济社会的快速发展,也限制了农民收入水平的提高。同时,由于该地区多是传统的农业生产区,农村人口比重大,经济文化长期落后,缺乏必要的高水平的人力、信息等社会资源,经济发展缺少智力和技术支撑。

4.基础设施建设薄弱。频发的自然灾害加上随时可能发生的政策性行蓄洪,使得该地区基础设施建设比较薄弱。公路交通总体落后,特别是农村公路,总量少、等级低、质量差,农田水利设施不完善,旱涝保收面积小,抵御自然灾害能力差,仍在沿袭传统的“广种薄收”的粗放型农业生产,现代农业发展缓慢,制约了农业收入水平的快速提高。

(三)皖南深山区

皖南,即安徽南部,位于我省长江以南地区,主要涵盖宣城、黄山全境,以及马鞍山、芜湖、铜陵、池州部分地区。皖南地区总面积约2.66万平方公里,是我国南方丘陵山地的组成部分,尤以黄山、九华山脉为主,山地面积占比50%,丘陵约占38%。独特的人文地理环境造就了皖南地区在我省的旅游文化中心地位,自然景物与人文景观交相辉映,红色旅游与绿色旅游融为一体,境内有四大佛教名山的九华山、“五岳归来不看山,黄山归来不看岳”的黄山、“东方日内瓦湖”的太平湖,等等,都是全国著名的文化旅游胜地。

皖南地区,尤其是皖南深山区,地形复杂,交通不便,加上生态保护限制开发以及地处军事禁区的缘故,导致当地经济社会发展比较落后,人民生产生活条件十分有限,贫困人口较多且脱贫难度较大,是我省第三大连片特殊困难地区。具体来说,在黄山周边呈环状分布,主要涵盖宣城市的泾县、绩溪县、旌德县,黄山市的歙县、休宁县、黟县、祁门县,以及池州市的石台县,涉及3市共8个县,区域面积约1.3万平方公里,总人口约为184.2万人。

经济总量来看,2009年,该地区8个县共实现生产总值248.2亿元,完成地方财政收入14.1亿元,占全省比重分别为2.5%和1.6%,而地区总人口和国土面积占到全省的2.7%和9.3%,地广人稀,且多为山地和丘陵,县域经济总量偏小,财政收入规模较小,经济社会发展水平不高。

人均水平来看,2009年,该地区8个县人均生产总值、人均财政收入、农民人均纯收入的平均值为13049元、825元和4915元,分别是全省平均水平的79.5%、58.5%和109.1%,是全国平均水平的51.0%、16.0%和95.4%,除农民人均纯收入外,均低于全省和全国平均水平。与其他两个连片特殊困难地区比较,该地区人均指标相对较高,主要原因在于当地以山区为主,人口稀少,相应拉高了人均水平。

贫困状况来看,2009年,该地区农村贫困人口达13.17万,占全省5.3%,贫困发生率为8.61%,高出全省平均水平3.86个百分点，8县中有6个是国家和省级扶贫开发重点县，贫困程度较深，扶贫难度较大，尤其是石台县和泾县，贫困发生率分别达到30.05%和16.05%。具体的致贫原因主要有：

1.地理条件制约。该区地处于皖南山区腹地，集自然保护区、生态功能区、革命老区、库区移民区、高山深山区为一体，宜农面积小，人均耕地少，地理条件对农业发展的限制十分突出。同时，山区水土易于流失，旱涝、雪雹、冰冻、滑坡等自然灾害频繁，因灾致贫和返贫的现象比较普遍。

2.政策限制因素。该区有一些地方是国家划定的军事禁区，属于禁止开发地区，更多的是大规模的生态功能保护区，也属于限制开发地区，相关政策的限制给地区发展带来了一定影响。同时，由于该地区人口稀少，经济总量较小，而人均指标较高，使得扶贫资金规模相对较少，难以满足扶贫工作的实际需求。

3.农民增收困难。该地区农民增收渠道十分有限，传统种植业基本停留在自给的水平，除了享受政策性补贴外，很难有其他的增收渠道，茶、竹、药、果等特色产业虽具有一定规模，但由于山区地广人稀，交通不便，多以分散种植和经营为主，特色农产品深加工滞后，产业化规模小，整体效益难以发挥，辐射带动能力有限，农民增收效应不明显。

4.发展要素不足。该地区贫困人口大多居住偏僻分散，经济基础薄弱，生产生活条件差，基础设施和社会事业滞后，资本、人力、技术等发展要素很难到达这些地方，主要以“填鸭式”扶贫方式为主，扶贫效果不佳。同时，由于地处深山区，教育条件有限，农民文化程度普遍偏低，生产技术和手段比较落后，自我发展能力不强，缺乏基本的脱贫致富本领，主动脱贫、自我脱贫的现象比较少。

三、财政支持连片特困地区扶贫攻坚的思路和建议

党的十七大提出，到2020年实现“绝对贫困现象消除”、“全面建成小康社会”的宏伟目标。目前看来，经过二十多年的扶贫开发，全国农村面上的绝对贫困现象已经得到很大缓解。然而，由于历史原因、自然灾害、地理环境、制度约束等瓶颈因素影响，革命老区、深山库区、民族地区等连片集中特困地区，经济社会发展严重滞后，群众生活依然十分困难，区域性、整体性贫困问题还很突出，特别是发展严重不平衡、收入差距扩大，导致连片特困地区矛盾更加突出。因此，党的十七届五中全会明确要求，要加快解决集中连片特困地区的贫困问题。未来十年，我国亟需将集中连片特殊困难地区作为扶贫开发工作的主战场，并采取更有针对性的政策措施予以特殊扶持，确保连片特困地区与全国同步实现全面建设小康社会的目标。

对于欠发达的中部省份来说，安徽省集中连片特困地区的贫困程度深，区域性、整体性特征明显。大别山片区多为山区、库区，人均可用耕地面积较少、交通瓶颈突出、生态系统脆弱、产业基础相对薄弱，同时，作为生态保护区限制其开发，导致该片区自我发展能力严重受限，农村生产生活条件未能根本改善，农民增收十分困难。沿淮行蓄洪区常年旱涝灾害交替发生，政策性返贫问题突出，同时，作为全国小麦主产区，农村人口比重大，经济社会长期落后，农田水利等基础设施相当薄弱，整体贫困程度很深。皖南深山区地形复杂、交通不便，加上生态保护限制开发以及地处军事禁区因素，当地经济基础薄弱，基础设施和社会事业滞后，自我发展能力不强。

当前，安徽正处于科学发展全面转型的关键时期，加快全省扶贫开发方式转变，打好三个集中连片特困地区的扶贫攻坚战，是实现安徽全面转型、加速崛起、兴皖富民的重要内容。解决安徽大别山区、江淮行蓄洪区、皖南深山区等连片特困地区的贫困问题，是一个复杂的系统工程。需要明确思路，有规划、有计划、有重点地推进连片特困地区扶贫攻坚工作。

（一）连片特困地区扶贫攻坚的基本思路

今后十年，安徽将把基本消除绝对贫困现象作为首要任务，以集中连片特困地区为主战场，到2015年贫困人口显著减少，2020年，基本消灭绝对贫困现象。要实现上述目标，需要以提高各个连片特困地区自我发展能力为重点，以帮助贫困人口增加收入、促进片区经济发展为主攻方向，坚持政府主导，以专项扶贫、行业扶贫、社会扶贫为支撑，逐步增强三个片区可持续发展能力，基本解决安徽贫困问题。

1.坚持消灭绝对贫困与促进经济跨越发展相结合。连片特困地区扶贫攻坚不仅要解决贫困人口的温饱问题，更要着力推动片区经济跨越发展，提高贫困地区和贫困人口的自我发展能力，才能彻底解决贫困问题。因此，既要优先解决特困地区最低收入人群的生存问题，更要通过支持优势特色产业、提高劳动力自身素质和劳动技能、完善生产生活条件等途径，全面提高贫困地区可持续发展能力。

2.坚持政府主导与社会参与相结合。解决连片特困地区贫困问题存在诸多困难，需要各级党委政府领导的高度重视和完善的工作机制，加大投入、做好规划，协调推动各项政策措施的落实。同时，要大力吸引社会组织、社会资金项目支持连片特困地区扶贫事业，注重采取市场化运作方式，发挥好政府、市场和社会的多重力量，形成全社会参与的“大扶贫”格局，合力推动连片特困地区经济社会发展。

3.坚持统筹安排和因地制宜相结合。统筹安排跨省、跨县连片以及县内连片特困地区扶贫工作，首先要作好全片地区规划工作，统筹安排专项连片开发资金，突出重点、逐步推进。要根据各地实际情况，因地制宜、区别对待，切实把握各个片区扶贫攻坚的切入点。同时，要把握好扶贫攻坚面上和点上的关系，系统解决贫困群众最关心、最现实、最急需解决的问题。

4.坚持加大投入和整合资金相结合。解决连片特困地区的贫困问题，需要大量财力支持，而连片特困地区地方财力大多较为困难，扶贫开发的历史欠账较多。因此，亟需大幅增加财政投入，突出解决各个片区脱贫发展的瓶颈问题。同时，要积极整合相关涉农资金，形成资金合力，集中财力办大事。

（二）财政支持连片特困地区扶贫攻坚的政策建议

财政政策作为国家宏观经济调控、调节收入分配的主要手段，要围绕连片特困地区扶贫的重点和难点问题，着力完善支持连片特困地区扶贫攻坚的政策体系，推动连片特困地区经济社会全面发展。

1.加大连片特困地区扶贫攻坚投入。大力支持和促进农村贫困地区的统筹协调发展，不断加大对连片特困地区经济社会发展的支持力度。建议中央财政逐步加大对连片特困地区的一般转移支付力度和专项补助力度，强化连片特困地区财力保障；同时，大幅增加专项财政扶贫资金投入，建立健全专项财政扶贫投入的稳定增长机制，相应减少或逐步取消连片特困地区各类支农项目资金县级配套比例，严格控制群众筹资比例；积极引导各项投资优先覆盖连片特困地区并在投入力度上给予倾斜，逐步缩小连片特困地区基础设施建设和各项社会事业与其他地区之间的发展差距。省级财政要进一步加大对连片特困地区转移支付力度，科学设立连片特困地区扶贫开发的专项资金，保证资金增长幅度与财政收入增速同步，推动各省连片特困地区扶贫攻坚工作。县级财政要积极整合各项涉农资金，集中财力完成各片区各阶段的主要攻坚任务，避免资金分散使用。

2.突出财政支持连片特困地区扶贫攻坚重点。一是突出支持连片特困地区特色优势产业发展。继续加大对连片特困地区发展特色优势产业的支持力度，通过财政扶贫政策引导、产业规划、资源整合、资金整合等措施，做强皖南深山区和大别山区茶叶、高山蔬菜、木本油料等特色农产品种植加工业，做大特色旅游业。进一步扶持发展农民专业合作组织，大力支持农业优良品种及实用农业技术的引进推广，扶持特色产业龙头企业发展壮大，促进农业产业化快速发展。二是突出支持改善连片特困地区生产生活环境。大力支持连片特困地区基础设施建设，加大对大别山区、皖南深山区、沿淮行蓄洪区的交通建设支持力度，尽快解决沿淮行蓄洪区基本农田水利设施瓶颈问题，加大人畜安全饮水及贫困农户危房改造力度。加大生态补偿力度，支持大别山区和皖南深山区的生态移民建设。着力提高连片特困地区各项社会事业发展水平。三是突出支持贫困家庭增收。加大贫困家庭新生劳动力职业教育培训、实用技术培训力度，进一步加大对贫困地区人才支持和扶贫助学的扶持力度，防止因学返贫，提高贫困人口素质和能力。适度扩大农村互助资金试点规模和范围，加大扶贫到户贷款财政贴息力度，促进贫困家庭增收。

3. 创新连片特困地区扶贫攻坚的财政支持方式。支持连片特困地区编制扶贫攻坚中长期规划和分年度实施计划，建立健全连片特困地区扶贫开发资金奖惩激励机制，将绩效考评结果与各县下年度财政扶贫资金安排相挂钩，加大“以奖代补”力度，提高财政扶贫资金使用效益。进一步深化扶贫贴息贷款改革，全面放开承贷金融机构，重点扶持一批扶贫龙头企业，扩大贷款规模，增加贷款贴息，积极发展小额到户扶贫贴息贷款和集体联保贴息贷款。创新互助资金运作新机制，逐步推广以产业为支撑的“1+1”模式，实现互助资金与农民专业合作组织、龙头企业的有效连接，积极探索发展产业互助资金。

4. 完善财政支持连片特困地区扶贫攻坚的体制机制。进一步完善公共财政体制，调整和优化支出结构，坚持财力向连片特困地区、向困难群体倾斜，建立财政扶贫资金稳定增长机制，构建扶贫融资平台，推动政策性扶贫向制度性扶贫转变。坚持财政扶贫资金专户管理、封闭运行和资金预拨制度，继续推行和完善财政扶贫资金报账制度、公告公示制度、政府采购制度、项目招投标制度和工程监理制度，进一步提高财政扶贫资金使用管理的安全性、有效性和规范性。结合财政“两基”建设，选择有条件的乡镇探索建立乡镇财政所报账制管理模式，充分发挥乡镇财政所职能作用，进一步增强财政扶贫资金使用效率。加快完善连片特困地区扶贫对象识别机制，结合农村低保与扶贫开发两项制度的衔接试点，逐步建立扶贫开发信息管理和贫困统计监测体系。

课题组组长：张广寿

课题组成员：孔少林　李　霞　叶翠青　魏祥瑾　汪启平　蔡功伙　程丹润

财政促进会展经济发展的研究与思考

会展，指通过举办各种形式的会议和展览、展销，带来直接或间接经济效益和社会效益的一种经济现象和。我省在“十二五”规划中明确提出：“要把推动服务业大发展作为产业结构优化升级的战略重点，积极发展会展经济等新兴服务业。”如何发挥好财政职能作用，促进这一朝阳产业快速成长，并打造成我省经济的新增长点，成为当前值得思考和研究的课题。本文尝试对近年来我省会展发展情况进行一些梳理，通过分析总结经验，就促进会展经济发展提出一些政策建议。

一、发展会展经济的重要意义

会展经济是市场经济条件下的产物，国际会展经济从1851年英国伦敦举办首届世界博览会至今，已有160年历史。作为一种新的经济现象和新的经济增长点，会展经济也越来越被重视和广泛应用，究其作用来说，主要包括以下几个方面。

（一）有利于直接创造经济和社会效益。会展业与旅游业、房地产业并称为世界“三大无烟产业”，具有低污染、高收入、高赢利的特点，其利润一般在20%至25%以上。而会展经济也被称之为“在最短时间、最小空间里，用最少的成本做出最大生意”的经济，享有经济界、科技界“奥林匹克”之誉。举办会展活动不仅可以带来可观的经济效益，可以为社会提供大量的就业机会，带来无法估价的社会效益。据英联邦展览业联合会测算，每增加1000平方米展览面积，可创造100个就业机会。

（二）有利于带动相关产业发展。会展经济涉及服务、交通、旅游、广告、餐饮、通信、住宿、运输、印刷等20多种相关产业，不仅本身能够创造巨大的经济效益，而且还可以产生强大的产业带动效应，拉动相关产业快速发展，成为带动区域产业聚集的“动力引擎”。据ICCA（国际大会与会议组织）统计，每年全世界的会议费用仅10%花在会场组织、管理与接待上，90%花费在旅游活动、购物、交通、餐饮、娱乐和饭店等方面。研究表明，会展业的产业带动系数大约为1:9，即展览场馆的收入如果是1，相关的社会收入为9。

（三）有利于促进区域经济技术合作与交流。现代会展业，在过去简单意义上的展示产品、推销产品、购买商品的基础上，已经升级为一个能够进行经济交流和获得信息的中心。它提供了新思想、新观念相互碰撞、融合的平台，也提供了资源、技术、产品的协作交流平台，促进了区域内的生产、消费各要素的有序、高效、持续流动，能为区域经济的发展提供强大动力。作为一种商业交流与贸易合作平台，会展已日渐成为助力各实体行业完善市场化功能、融入全球化经济的重要“推手”。

（四）有利于提高城市知名度和影响力。会展业是一个十分强调品牌效应的产业，品牌是会展业发展的灵魂，也是会展经济实现可持续发展的关键。随着现代会展业朝着品牌化、专业化、的方向发展，会展经济软实力已经成为一个城市、一个地区乃至一个国家综合实力水平的象征。而会展经济的发展则会给城市带来灵感和创新激励，从而可以改善投资环境，塑造城市的国际化“个性”，培育城市独特的魅力和影响,促进城市的快速发展。

二、我省会展经济发展现状

自20世纪80年代以来,会展经济逐步在我国兴起,并得到了迅猛发展,总体规模每年以20%以上的速度递增。目前,我国已初步形成了“环渤海、长三角、珠三角、东北、中西部”五个会展经济产业带,并初步形成了以北京、上海、武汉、大连、等城市为中心的全国性展览网络。相比之下,我省会展经济起步较晚,但经过十多年的大力推进,已经从无到有,从小变大,并作为一支新生力量活跃在我省经济舞台上。

(一)*我省会展分类概况*。随着我省会展经济的不断发展,我省举办的会展活动日益呈多样化趋势,目前主要包括以下几类:

1.投资贸易类。规模较大的主要有中部投资贸易博览会和国际徽商大会。其中,2009年第四届中博会是我省迄今承办的最大规模的综合性经贸盛会,中部论坛、中博会和徽商大会三会合办,涵盖11项重大活动和22项专题活动,海内外3.8万多名客商参会,盛况空前。中部六省共签订外商直接投资项目127个,投资总额76.1亿美元,引进外资63.7亿美元;签订吸引内资项目356个,投资总额1682.4亿元,引进资金1449亿元。徽商大会是我省主办的一项经典式、综合性经贸盛会,2003年首次举办,2005年升格为国际徽商大会并连续举办了六届,成为弘扬徽商精神,展示安徽风貌,促进交流合作的标志性平台。

2.招商引资类。近几年,为配合皖江城市带承接产业转移示范区建设,主动承接沿海及发达地区省份及中央企业产业梯度转移,我省加大了招商力度,大规模、高层次的招商会展活动不断涌现。如2009年,我省举办了与央企调整结构合作发展会议,中央企业与安徽省企业共签署合同项目75个,其中国务院国资委管理的央企合同项目66个,总投资额1720亿元,签署协议项目162个、意向性项目131个,涉及能源、先进制造业、高新技术产业、现代服务业、基础设施等众多领域。2010年,我省与全国工商联联合举办了与全国知名民营企业合作发展会议,共签下洽谈合作发展项目3615个,投资总额18204亿元,其中合同项目2169个,投资总额10594亿元。

3.交易展示类。我省举办的此类会展多为承办的流动性会展。如中国(合肥)自主创新要素对接会、中国(合肥)农业产业化交易会、第二十二届医药及(安徽)交易会、2004中国畜牧业交易会、第三十八届全国新特药品交易会、第五十七届全国汽车零配件交易会、第十三届华东地区家禽交易会暨安徽省优质畜产品展示会等。其中,中国自主创新要素对接会在2008年经过升级后,经过三届的打造,已经初具国际化特色,并有望成为继深圳“高交会”、北京“科博会”之后的全国三大科技会展品牌之一。我省自主培育的品牌相对较少,影响较大的有合肥苗木花卉交易大会,经过几年的打造,目前已发展成为全国性的会展。此外,跨省办展的如安徽名优农产品、绿色食品交易会,自2000年以来,我省已在上海成功举办了11届。

4.展览展销类。最具代表性的是中国国际农业机械展览会,作为农业机械行业的“亚洲第一展”,我省已经举办了5次。2006年,第十届农机展作为第一个全国性会展正式在合肥举办,成为我省会展经济起步的标志;2009年在我省举办的第十三届农机展上,参展商近2000家,参会人员超过11万,展览面积超过16万平方米,规模创历史新高。此外,我省举办的还有中国(合肥)国际家用电器博览会、2010中国(合肥)国际文化博览会、第四十八届中国教学仪器设备展览会、中国安徽国际汽车展览会、第十三届中国艺术博览会、中国芜湖(国际)茶业博览会等、中国国际(亳州)中医药博览会、中国(芜湖)旅游商品博览会、中国淮北煤炭机械博览会、中国(合肥)住宅产业博览会等,其中不少会展在省内外都具有一定的知名度和美誉度。

5.节庆活动类。此类会展主要依托举办地的资源、历史、文化、产业和区位等方面优势,围绕特定的主题,通过举办大型节庆活动、各种会议和展览展销等系列活动,吸引参展人员及观众前来进行参观访问、经贸洽谈、文化交流、旅游休闲、购物消费等。我省主办或承办的较有特色的节庆活动主要包括:合肥市举办的坚果炒货食品节、徽菜美食旅游节;滁州市承办的中国农民歌会;淮南市连续承办17届的中国文化豆腐节;铜陵市举办11届的、宿州市举办5届的灵璧石国际文化节、砀山县举办21届的砀山梨花旅游节等。

6.论坛发布类。此类会展专业性较强,举办主体较为丰富,展会规模上大小不一,几乎涉及全行业，经常涵盖在其他会展活动中一并举办。如政府部门举办的新闻发布会、成果发布会、高峰论坛等；企业和社会组织举办的信息发布、新品发布、品牌发布会等。我省举办规模较大的如2010年中国企业500强发布暨中国大企业高峰会、江北集中区参加全球资本与企业战略合作高峰会等；规模较小的如、安徽电动车产业发展论坛、安徽服装产业发展论坛等。

7.文体休闲类。我省举办的第十六届国际美术大会是我省举办的一次真正意义上的国际性会展，共有来自56个国际造型艺术家协会成员国的108名代表、世界著名的实力派艺术家、美术理论家等，中国美协主席团成员、全国各地的文联、美协及主要美院、画院的负责人、著名画家千余人出席了这次艺术盛会。它的成功举办也标志着我省国际性大展取得零的突破。另外，规格较高的还有第四届全国体育大会，共50多支代表团（队），1万多名运动员参赛；2010举办的中国（合肥）国际数码娱乐嘉年华，成为我省举办的一次文化盛会。

（二）我省会展经济发展特点。主要表现在以下几个方面：

1.会展数量规模逐年扩大。我省会展数量增长较快，近几年发展增速均超过20%。据不完全统计，2003年，我省举办的各类会展活动仅50场左右，到了2010年已达到206场。合肥、芜湖、马鞍山三市分别以153场、18场、13场的举办场次位居前三甲，其中，省会城市的综合优势突出，占到全省举办场次的74.3%，另外，我省举办的会展规模也在不断扩大，2010年，我省举办的全国性会展数量达到26场，占会展总量的12.6%，展览面积超过2万平方米的展会达24场次。会展规模的扩大也直接带来了巨大的经济和社会效益。以合肥市为例，据统计，2009年，合肥市共有宾馆酒店1159家，总床位数近8万张，有超过百万的市民参加了展会活动或购买过展销的产品，会展拉动第三产业增收25亿元，增长27%，对社会消费品零售总额增长的贡献率达20%。

2.会展硬件设施不断完善。近年来，随着我省现代化立体交通格局的逐步形成，各类会展中心、星级酒店、会议中心、度假村、体育馆、科技馆、公园广场等室内外场馆及其配套服务迅速改善，我省已初步形成了形式多样、搭配合理的场馆体系。目前，我省已拥有安徽国际会展中心、芜湖国际会展中心、安徽省博物馆、安徽省红三环体育馆、蚌埠会展中心、黄山体育馆等大型会展举办场所。其中，具有代表性的为2002年投入运营的安徽国际会展中心，目前总建筑面积已达12.14万平方米，其中室内展厅面积4.95万平方米，室外展览面积3.8平方米，使我省承办会展的能力得到了一个质的提高。另外，正在建设中的合肥滨湖国际会展中心总建筑面积约33.28万平方米，其中展览部分建筑面积约23.08万平方米，投入使用后将成为亚洲展览面积最大及配套设施最齐全的会展中心之一。

3.会展发展环境全面优化。2009年，省政府出台了《关于进一步规范开展各类展览活动的通知》，为我省会展经济的健康有序发展起到了规范指导作用。合肥、芜湖等市还成立了会展经济发展工作领导小组，出台了《关于加快会展业发展的若干意见》、设立了会展发展专项资金。组建了会展行业协会。随着会展活动的蓬勃开展，近年来我省各类会展公司及从事与展览关联业务的企业不断涌现，租赁、广告、保安、保洁、展品运输、仓储、展位搭建等专业服务，以及餐饮、旅游、住宿、交通、运输等相关行业的配套服务的质量迅速提升，加速了我省会展经济的崛起。截至2010年底，全省从事展览相关业务的公司已有上千家，其中专业展览公司约100家。

4.会展管理水平迅速提高。2002年之前，我省缺乏会展中心的载体，因此没有形成展览的市场，造成会展人才稀少，专业办展主体匮乏。随着我省举办会展数量的规模的扩大，我省各级政府、部门、企事业单位、协会组织等都积累了不少办展经验。不少场馆开始将团队建设作为企业发展战略中重要的一部分，培养了一批会展本土人才，大大提升了我省办展的能力。

5.会展品牌效应有效发挥。近年来，我省通过提升优化具有一定品牌效应的规模展会，积极申办全国性、国际性知名展会，努力突显全国性、国际性展会的品牌效应，会展产业的核心竞争力和品牌影响力得到有效提升。特别是作为我省会展龙头的合肥市，举办的“高新技术项目—资本对接会”（后改为“自主创新要素对接会”）被评为“中国会展产业品牌展览会30强”；“中国合肥高新技术项目—资本对接会、中国合肥苗木花卉交易大会、安徽工业装备展和人居环境展”获得“中国长三角地区优质会展项目”称号；中国坚果炒货食品节被评为中国节庆100强，为合肥市赢得了“中国坚果炒货之都”的称号等。会展品牌效应的有效发挥也使合肥市相继获得全国会展新锐城市、全国“最具魅力”和“最具竞争力”会展新锐城市、中国（服务设施）最佳会展城市等多项殊荣。

（三）我省会展经济存在的问题。

1.发展会展经济的意识不强。在会展业十分发达的欧美国家，已经把会展业列为一种重要的支柱产业。我省会展经济正处在起步阶段，一些地方的会展经济意识差、参与程度低，没有充分认识到发展会展经济带来的重要意义，错误地认为会展经济就是“烧钱”经济，很多地方政府、部门和企业办展参展缺乏主动性和积极性，不善于利用展会获取信息、寻找商机、推销产品、展示形象，一定程度上制约着我省会展产业的发展。

2.会展经济发展水平总体偏低。长期以来，东部沿海地区会展经济一直在全国领跑，北京、上海、广州成为全国会展三大巨头城市。相比之下，我省无论是在会展数量、规模、档次、服务等软硬件设施方面，都与东部沿海省份有着较大差距。从中部六省来看，随着河南、湖北、湖南等省开始发力，会展经济正如火如荼发展。以省会城市为例，合肥虽然已经跻身全国会展城市第二方阵，但与郑州、武汉、长沙等中部省会城市相比，依然存在一定差距。

3.会展经济的品牌优势不足。会展经济不仅是一种“规模经济”，更是一种“品牌经济”。随着“会展热”的逐步升温，一些地区在加快场馆建设步伐的同时，忽视了城市在区域竞争力、影响力、市场水平、交通条件等资源因素，盲目追求会展的硬件设施，在品牌培育和核心竞争力的打造方面显得较为薄弱，存在着一些重复办展、多头办展、资源浪费等现象。近年来，尽管我省开始着力打造一批有影响力和号召力的特色会展，但不少冠以“国际”、“中国”头衔的会展名不符实，虽然会展名称较响亮，表面成交量很大，实际履约率和资金到位率却不尽如人意，有相当一部分是“人情协议”，使得会展的品牌效应大打折扣。与“广交会”、“西博会”、“厦洽会”等大型品牌会展相比，我省举办的会展“精品”不多、“内核”不强，目前，我省举办的不少大型会展均为承办的流动性会展，自主培育且具有一定影响力的会展只有徽商大会、央企对接会、民企对接会、合肥苗木花卉展、中部旅游交易会等寥寥几个。

4.会展管理机制存在缺陷。当前，我省具有一定规模的会展基本上都由政府举办和运作，市场化程度不高，尚无一家稍具影响力的专业会展公司，重点会展对政府依赖性很强。虽然政府主导办展有利于集中优势、集聚资源，在短期内推动会展经济发展，但从长期看，政府非专业化、市场化的管理和办展模式必然会造成竞争力下降，难以形成专业、配套的服务，会展也难以办好办大办持久。另外，我省举办的政府性会展主要由政府部门的行政人员操办，一方面，行政人员多为临时抽调，办了上一届不办下一届，不利于我省专业会展人才的培养，有统计显示，我省直接从事会展业的专业人员还不足500人，与全国10万左右的会展从业人员来说，我省的会展人才总量偏少；另一方面，行政人员忙于会展操办事务，将在一定程度上影响日常工作开展。

5.会展经济效应发挥不明显。据统计，国内40%左右的展会是不赚钱的，这其中绝大部分是政府主导型会展。我省同样也面临这个问题，由于举办的会展商业价值较低，收益不明显，产业拉动系数难以达到1:9的比例。随着我省对会展经济的重视程度越来越高，各地对会展经费的投入也不断加大，但在会展活动实施过程中，由于尚未建立费用谈判机制，缺少必要的刚性约束，经费投入往往超出预算，也给地方财政带来了一定的压力。另外，经费投入在使用分配上存在不合理因素，多用于住宿、餐饮等方面，对会展本身宣传不足，因此对企业缺乏足够的吸引力。加上我省尚未建立会展绩效评价体系，会展综合效果好坏，缺乏权威部门作出客观绩效评定，一定程度上也不利于控制开支。

三、财政支持会展经济发展的几点建议

会展经济作为一种新型经济，具有强大的聚集效应和扩散效应，成为扩大内需和促进发展的推进器和新亮点。为此，要积极转变财政职能，充分发挥财政在培育会展品牌、优化会展环境、壮大会展产业等方面的支持促进作用，从而为我省会展经济的持续健康发展创造良好的条件。

（一）要提高对会展经济的认识，确立发展会展经济的现代观念。要摒弃“发展会展经济不经济”、“发展会展经济就是烧钱”等错误观点，正确认识到

发展会展经济不是负担，也不是浪费，而是一项资源、一种机遇，是发展低碳经济和转变经济发展方式的有力举措。要加强宣传，促进政府、企业及市民全面、科学地认识会展经济的作用，不断提高社会参与会展的积极性。此外，要积极引进国际会展新理念，做好会展经济的总体规划，结合自身资源禀赋，有重点地选择符合自身条件和实力的会展类型来精心打造，避免将“大建场馆”和盲目竞办知名流动会展作为发展会展经济的主攻点，造成不必要的资源浪费和无序竞争。

（二）要创新办展模式，提高展会的专业化水平。市场化是会展业发展的必然趋势，必须要坚持市场化办展的导向，积极推动“政府主导型会展”向市场化转型。由于政府掌握着独特的办展资源，目前不可能完全退出会展主体的舞台，因此，可将政府资源与市场手段有机结合，积极探索尝试多种办展模式：一是企业办展、政府配套。政府通过“招标”、“竞争性谈判”等多种方式，确定相关企业办展，政府主要起协调、保障等作用；二是专业公司承办、展务外包。对于运作得比较成功的政府主导型会展，可考虑将展务交由专业的展览机构承办，其他服务进行外包；三是初期扶持、成熟期淡出。对一些发展前景好、潜力大的会展，可考虑在其举办初期给予必要的资金和政策扶持，以迅速推动会展快速发展，待条件成熟时逐步退出。

（三）要加快会展市场主体建设，着力培育会展品牌竞争力。鼓励支持有实力的会展企业通过股份合作、兼并、收购等形式，联合重组，建立符合现代企业制度的多元化的现代会展企业，培育出具有竞争力的大型会展企业集团，逐步形成以大型会展企业为龙头，以中小型会展企业为辅助，各类会展专业服务企业、宾馆饭店、旅游服务相配套的会展市场主体体系。同时，要依托我省的产业优势和区位特点，特别要依托汽车、家电、煤电等支柱产业和优势产品；佛教、道教、道家等特色文化；科教、地理、旅游等特色资源，大胆创意、积极创新，重点开发与此相关联的会展项目。同时，积极争取国家部委、行业协会及国内外知名会展公司的支持，移植或开发一批市场前景好、生命力强的会展项目，培育出一批“拳头会展”，从而提升我省会展经济的核心竞争力。

（四）要加强会展财务管理，促进“节约办展”和“绿色办展”。节约办展不代表降低会展水平，要在坚持资源节约和循环利用的理念下，大力倡导联合办展、合并办展，尽量压缩各项开支，走资源整合之路。一是在会展财务管理中坚持八项基本原则。包括：坚持前期规划原则，将会展活动内容严格限制在总体活动方案范围内；坚持预算控制原则，将会展各类活动费用控制在批复预算额度内；坚持变更签报原则，对活动方案确实需要变更调整的，必须履行报批手续；坚持采购招标原则，将办展办会必需采购的办公设备、安检设备、资料印刷、纪念品、礼品、食宿等，统一纳入政府采购范畴；坚持分级负担原则，按照“谁受益、谁承担”的原则进行费用核算，由各级政府分担费用；坚持体制创新原则，对非会展宴请类的餐饮实行货币化补贴，可补贴至负责接待的单位或邀请范围内的宾客。对会展中心因办会购置的固定资产采取租用方式结算，对可重复使用的材料实行按折价结算的方式节约开支；坚持专账核算原则，对会展资金实行专账核算管理；坚持事后考评原则，引入会展活动绩效考评机制，发挥财政的绩效管理职能。二是科学列支各项费用科目。可将会展活动整个过程的费用支出列支为组织、邀商、对接费；展览展示费；重大活动费；要客接待费；宣传推广费及安保费6大科目，同时对每一科目的列支原则予以明确，从而提高资金的使用效益。三是合理确定各项开支定额标准。对会展中发生的餐饮、住宿、礼品等开支，根据会展规模、层次等，合理确定标准，严格控制成本。同时各项开支标准也作为经费预算、采购、绩效评审的依据。四是严格控制会展财务风险。要完善承办单位内部控制制度，从明确权责、利益相关职务分离、内部监督等方面入手，全面监控会展资金。同时可结合会展活动组织机构的架构特点，建立资金分级审批标准和权限，按审定的会展经费预算标准安排支出，特别是对活动方案变更的决策权应进行严格地限制。

（五）要优化会展软环境，推动会展经济健康持续发展。一是尽快构建政府、行业协会和企业互动的会展管理模式。政府部门要研究制定加快会展业发展的财税扶持政策，并向社会提供政策信息咨询服务，同时进一步完善市场管理制度，强化市场监管，加快会展信用体系建设，为会展活动和会展企业营造公平的市场竞争环境。行业协会要充分发挥政府和企业间的桥梁作用。一方面不断改进和完善行业管理体制,加快制定有关的行业管理规范;另一方面做好会展具体事务的协调和管理工作,并为企业提供信息、研究、培训等方面的服务。二是加快会展专业人才的培养。积极鼓励支持开展会展业人才培训工作,通过高校培养、职业技术培训、“引进来,走出去”等多种渠道和方式,对我省会展业从业人员分类分层次进行培训,提高会展从业人员的业务水平,尽快培养出一批熟悉国际会展惯例、精于会展市场开拓、善于会展管理的高素质专业人才队伍。三是不断改善会展融资环境。鼓励各类金融机构围绕会展企业开展金融信贷创新,对会展企业放宽授信条件,尝试建立会展企业信用担保体系,为其提供贷款、承兑、贴现、信用证等多种信用品种服务。

课题组组长:左　俊

课题组成员:王召远　杨前炉　经本良

何　义　袁　圆　万　勇

安徽省土地出让收支管理问题研究

近年来,随着安徽省工业化和城镇化的加速发展,城镇土地需求量快速增加,城镇土地出让收入大幅增长,总量已接近地方一般财政收入,引起社会的广泛关注和高度重视。深入研究加强土地出让收支管理的新思路和新举措,具有重要现实意义。

一、土地出让收入的内涵和基本特征

土地出让收入是市县人民政府依据《土地管理法》、《城市房地产管理法》等有关法律法规和国家有关政策规定,以土地所有者身份出让国有土地使用权所取得的收入,主要是以招标、拍卖、挂牌和协议方式出让土地取得的收入,也包括向改变土地使用条件的土地使用者依法收取的收入、划拨土地时依法收取的拆迁安置等成本性的收入、依法出租土地的租金收入等。

从理论上分析,目前我国的土地出让收入,是我国市县政府将国有土地一定期限的使用权,一次性转让给土地使用者,而获取的物权转让收益。因此,土地出让收入的本质,是一个与土地和土地使用权相联系的利益分配范畴。由于我国土地的城镇国有和农村集体所有的属性,土地收益体现的分配关系,涉及国家、集体、企业和个人等多个层面,体现着非常复杂的利益分配关系。

目前,我国土地出让的主要路径,是将农村集体的土地,主要是农民承包经营的土地,收归国家所有,然后转让给房地产开发商开发建设商品房,或转让给工商企业作为工商经营用地,并从中取得土地转让的收入。政府要实现土地的有偿转让,需要解决三个方面的重大问题,一是失地农民的生产生活问题,包括农民的住房、就业、养老等;二是城镇增容后的基础设施建设和公共服务体系建设问题,包括道路、排水、电力、供水、供气、其他公共设施等;三是失地农民的市民化问题,主要包括城乡统一的社会保障、文化教育和医疗卫生等。可见,政府要实现土地转让和取得土地出让收入,需要承担重大的社会责任和巨大的工作任务。从这个层面分析,政府实现土地的有偿转让,其根本的目的或主要目的,是积极推进工业化和城镇化发展,而并非是仅仅为了取得数量可观的土地出让收入。

分析政府取得土地出让收入的过程,可以反映出土地出让收入具有的主要特征,即经营性、不稳定性、阶段性和区域性等特征。经营性,指政府的土地出让的净收益,是土地出让总价款减除解决失地农民的生产生活、城镇扩容后的基础设施建设等成本支出后的余额,显然收益具有不确定性和风险性,体现出净收益等于收入减成本支出的经营特征。不稳定性,指土地出让收入直接受土地价格波动和支出成本变动的影响,土地出让净收益很不稳定,必将随经济形势和宏观政策的变化而波动,很难做到比较准确的预测。阶段性,指政府土地出让收入,是工业化和城镇化发展一定阶段的产物,在工业化、城镇化发展的初期和成熟期,政府土地出让收入的规模会很小,不足以引起政府和社会的关注,也就是说,在宏观政策制定方面可以不予考虑。而目前出现的大规模土地出让收入,是我国现阶段工业化和城镇化加速推进的产物,具有不可持续性。区域性,指只有在工业化和城镇化加速发展的地区,才有土地出让收入的大规模增长,而不是在任何地方的任何城市,只要政府愿意和积极推动土地使用权的流转,都能获取大规模且快速增长的土地出让收入。目前,在我国许多经济欠发达的中西部地区,并没有出现大规模的土地出让收入的现象。因此,我国的土地出让收入,具有区域性的特征。

从土地出让收入的内涵和主要特征分析，目前我国大规模的土地出让收入，既不是简单的地价，也不是政府的一般基金收入，更不是政府的财政收入，而是政府在特定时期从土地使用权流转中获得的用于促进工业化和城镇化发展的专项收入。

地价，是土地永久使用权转让的收益。我国土地出让的收入，是一定时期的土地使用权转让的收益，不是整个土地物权转让的收益。因此，我国的土地出让收入，不是严格意义上的地价。虽然目前土地出让收入中有很多的地价因素，但土地出让收入不代表完全的地价。对于住宅等商品房开发项目，采用、出让一定期限的土地使用权的方式，虽然通过了市场定价的机制，土地出让收入具有很大的地价特征，但也不是完全意义上的地价。而对于公租房等项目，以及开发园区等工业项目中的土地转让和定价，大多采取的是行政安排方式，没有完全的市场调节和等价交换的交易，因此，这部分土地出让收入与地价之间基本上是两个概念，没有直接的联系。总之，土地出让收入，不是完全意义上的地价。

政府的一般基金收入，是政府为一定范围内的群众提供一种或多种特殊公共产品或服务，而向其范围内享受该种公共产品或服务群众收取的一种成本补偿。因此，政府的基金收入具有平摊性、稳定性、长期性等特征。而政府的土地出让收入，是特定时期的产物，特定地区的产物，它不是向受益的群众收取，而是通过物权转让的方式取得，不具有平摊性、稳定性和长期性，它不属于政府基金收入的范畴。因此，土地出让收入，不是政府的基金收入。

政府的财政收入，是政府为弥补向社会提供公共产品与服务的成本，采取收税(税收收入)或收费(非税收入)的方式，筹集的全部收入，体现出强制性、无偿性、普遍性(公平性)、稳定性和持续性的特点。因此，目前我国的土地出让收入，从其本质上分析，显然不是政府的财政收入，不具有财政收入的一般特征。因此，土地出让收入，严格意义上说不是政府的财政收入，不是政府的第二财政。正因为如此，目前套用财政预决算的方式，以加强土地出让收入的管理，不仅存在很多不适应的问题，而且确实很难细化和规范，发挥不了一般预算管理的应有成效。

国有资产经营收益，是政府运用掌握的国有资产，按照市场运行的规律，利用市场调节的机制，实现资产盈利水平的最大化，也就是说，要尽量压缩资本运行的成本支出，提高产品的销售价格，以实现资本的利润最大化。但是，政府获取土地的出让收入，不能按照经营的理念，无限地压缩成本方面的支出，因为这些成本支出涉及失地农民的生产生活保障和城镇的基础设施建设，因此不是成本支出越少越好，而是要根据经济社会发展的需要，合理安排成本方面的支出，以促进和适应工业化、城镇化的加速发展。另外，土地出让价格的确定，虽然一般引入了市场调节的机制，但政府的土地出让政策目标，也不应该是单一的追求高价格，而是要兼顾城镇的社会经济统筹发展，合理引导土地出让价格的变化。显然，政府获得的土地出让的净收益，与政府经营国有资产的收益相比，仍然不是一个类型的概念，存在本质方面的区别。因此，土地出让收入，不是政府经营国有土地这类国有资产的收益。

综上所述，目前出现的大规模土地出让收入，是我国工业化和城镇化发展到目前阶段的特定伴随物，是推动和促进工业化、城镇化加速发展的客观要求，是有着非常明确用途的专项收入。

二、土地出让收入快速增长的原因分析

近年来，随着我国经济的持续快速发展，尤其是工业化、城镇化加速发展和社会经济转型的大步推进，我国城镇对土地的需求不断扩大，土地出让收入也随之迅速增长。“十一五”期间，全国共批准新增建设用地 3300 万亩，土地出让收入 7 万多亿元。2006 年到 2010 年，全国土地出让收入从 7000 亿元增加到 27000 亿元，年均增长 40.1%，尤其是 2009 年和 2010 年，全国土地出让收入分别达到 1.4 万亿和 2.7 万亿，分别比上年增长 43.3%和 92.8%。可见，“十一五”时期，是我国土地出让收入大规模迅速增长的时期，之所以如此，是由以下四个方面原因综合作用的结果。

第一，我国当前处于中期阶段，不仅工业化在加速发展，工业用地需求不断增加，而且处在工业化中期的重化工阶段，重化工行业占据工业主导地位，经济发展对钢铁、汽车、装备制造、化工等重化工产品需求上升，重化工行业对土地等资源的需求量较大，从而相应地带动了经济发展对土地供应的大量需求。

第二，我国当前处在城市化加速发展的阶段，大量农民从农村向城镇转移，城镇的住房需求和公共设施需求迅速增加，尤其对道路、交通、房地产、水、电、文化、教育、卫生等需求普遍较大，在城镇的快速扩张中，形成了对土地供应的大量需求。

第三，我国个人升级的重要阶段，已从万元级商品消费提升至十几万元、几十万元级商品消费的阶段，在衣食住行四个不同消费层次中，我国的个人消费正在从衣食向住行方面消费升级，住房和汽车成为这一阶段的潮流。然而，提供住房需要土地，发展汽车需要道路，同样也需要土地，因此，目前我国个人消费结构的升级，使社会经济发展迅速增加了对土地的大量需求。

第四，改革开放以来我国经济的持续快速发展，使我国的综合经济实力迅速增强，国际地位大幅提高，尤其是我国持续稳定发展的社会经济环境，不断提升的吸引力和辐射力，使外资、民资等投资热情上涨，增加了对土地供应的需求，进一步扩大了土地。

上述四大因素的综合作用，大大增加了我国现阶段社会经济发展中的土地需求，突出了土地供求的矛盾。然而，由于土地出让收入的阶段性和区域性特点，土地出让收支管理中的问题也日益突显。

一是行为趋向短期。土地出让收入，是市县政府有较大自主支配空间的可用财力。为推进工业化和城镇化进程，筹集到更多的可支配财力，市县政府希望扩大出让土地规模，来增加土地出让的收入，在这样的利益机制引导下，容易形成政府行为的短期化。比如，为了扩大土地出让收入，获得短期高额收益，市县政府加大基础设施建设力度，降低门槛吸引外商，形成投资和建设的超越现实需要的扩张，呈现出城镇发展的短期化现象。

二是分配倾向城镇。土地出让收入具有经营性特点，为了实现土地出让净收入的最大化，自然出现压缩成本方面支出的情况，即尽量减少对失地农民生产生活的补偿性支出和失地农民市民化方面的软支出，而不断扩大对城镇扩张方面的基本建设支出。因此，这样利益分配的结果，是土地出让收入的支出，向失地农民的支出相对减少，达不到应有支出的份额，支出逐步向城镇倾斜。分配失衡，不利于缩小城乡差别和实现城乡统筹发展。

三是管理缺乏规范。土地出让收入，既不是一般国有资产的经营收益，又不是政府的一般财政收入，因此，在出让规模、出让价格、支出范围、支出成本等不断变化，许多收支方面很难准确预测的情况下，无法制定统一规范的范围、标准和程序。在利益的诱使下，往往成了腐败的温床。

三、安徽省土地出让收支现状及存在的主要问题

2003 年以来，随着新一轮经济增长周期的到来，全省经济发展势头强劲，工业化、城镇化步伐加快，土地资源日趋紧缺，土地资产价值迅速攀升，土地出让收入迅猛增长，支出规模不断扩大。

（一）土地出让收支现状。

1.收入迅速增长，结构逐步优化。2010 年，全省国有土地使用权出让收入 1044.8 亿元，较 2005年的 44.7 亿元增长了 23 倍，年均增长率 87.8%。2010 年全省土地出让收入，相当于政府性基金收入 1198.3 亿元的 87.2%，相当于地方财政收入和总收入的 90.9%、50.6%，分别比 2005 年增加了 78 和 44 个百分点。

从土地收入结构分析，2010 年，全省国有土地出让收入 1044.8 亿元，较上年同比增长 135%。其中，土地出让总价款 912.9 亿元，占比 87.4%；补缴的土地价款 7.2 亿元，占 0.7%；划拨土地收入 8.2 亿元，占比 0.8%；其他收入（包括依法出租国有土地向承租者收取的土地租金收入、出租划拨土地上的房屋应当上缴的土地收益等）116.5 亿元，占比 11.2%。尤其是 2002 年国土资源部《招标拍卖挂牌出让国有土地使用权规定》发布以来，招拍挂土地出让方式的推广，使得出让收入占土地总收入的比重逐步提高，从 2007 年的 79.9%上升到 2010 年的 87.4%。土地出让招拍挂方式的实行，减少人为因素对资源配置的干预和不合理控制，有效遏制了土地资产的流失，从源头上遏制了腐败行为的发生。

2.支出规模逐步扩大，重点支出得到保障。2010 年，全省土地出让支出达 1023.1 亿元，较上年增长 151%，较 2005 年的 42 亿元增长 23 倍，年均增长 89.4%。全省土地出让支出占政府性基金支出总额 1166.4 亿元的 87.7%，占全省财政总支出的 39.5%，较 2005 年提高了 34 个百分点。

近年来，全省土地出让支出重点不断向新农村建设倾斜，保障了被征地农民和被拆迁居民的利益，土地出让收支日益成为地方政府加快城市建设、推动经济社会发展的重要手段，支出效果显著增强。2010年，全省土地出让支出总额为1023.1亿元。其中，征地和拆迁补偿支出447.5亿元，占43.7%；用于土地开发支出43.8亿元，占4.3%；用于城市建设支出243.9亿元，占23.8%；农村基础设施建设支出21.2亿元，占2.1%；补助被征地农民支出7.1亿元，占0.7%；土地出让业务支出6.3亿元，占0.6%；廉租住房支出13.1亿元，占1.3%；其他支出（包括缴纳新增建设用地土地有偿使用费、计提国有土地收益基金、支付破产或改制国有企业职工安置费支出等）240亿元，占23.5%。

3．经济发展不平衡，地区差距明显。我省各地区经济发展程度不一，导致土地出让收支差距明显。2010年，作为全省经济领头羊的合肥市和芜湖市，分别实现土地出让收入256.6亿元和172.6亿元，两者之和占全省土地出让总收入的41.1%，合肥市更是占到全省的1/5。区域来看，以合肥、芜湖为代表的沿江城市土地出让收入所占比重较大，皖北地区所占比重较小，其中，淮北、宿州、阜阳三市2010年土地出让收入仅占全省的9.4%。

目前，全省土地出让收入主要集中在市县两级政府。2010年，全省国有土地出让金收入市、县、乡三级分别占比64.2:35.0:0.8，支出分别占比62.0:35.6:2.4，市级占主体，县级、乡级次之。从收支对比来看，市级部分收入转移到乡级支出，县级收支基本相当。2010年，全省县级实现土地出让收入365.9亿元，较上年增长125%，占全省比重为35%，较2005年提高了12个百分点。县级土地出让金支出总额364.2亿元，较上年增长131%，占全省比重为35.6%，较2005年提高了7个百分点。

4．土地出让收支管理逐步规范，监督检查力度加大。2006年以来，根据国务院办公厅《关于规范国有土地使用权出让收支管理的通知》（国办发〔2006〕100号）等文件要求，我省各级财政部门切实加强了土地出让金的收支管理工作。一是加强制度建设。2006年以来，全省各地结合本地实际出台了一系列土地收支管理的规章制度，如合肥市《关于印发国有建设用地使用权出让收支管理办法的通知》（合政办〔2008〕79号）、芜湖市《关于印发市区经营性用地管理办法的通知》（芜政〔2008〕52号）等，规范了土地出让收支管理。二是从严征收管理。2006年以来，按照财政部统一要求，我省取消了国土部门土地收入过渡户，土地收入就地全额直接上缴地方国库。2009年，要求严格执行首次缴纳比例不得低于全部土地出让价款50%的规定，对拖欠行为进行了全面清缴和处罚，保障了土地出让收入的及时足额入库。三是健全预算管理。建立健全年度土地出让收支预决算管理制度，坚持"以收定支、收支平衡"的原则，合理编制年度土地出让收支预算。同时，建立国有土地出让、储备及收支信息共享制度，初步构建了土地出让收支统计报表体系。四是加强监督检查。逐步建立定期和不定期监督检查机制，强化对土地出让收支的监督管理。

（二）当前我省土地出让收支存在的问题。

1.出让收入流失问题。一些地方为招商引资和保护地方企业，以土地换项目，低成本工业用地等现象较普遍；尤其是变相减免土地出让收入，违规减免土地有偿使用费，以各种形式给予工业用地企业补贴或返还，致使土地出让收入没有做到应收尽收，存在土地出让收入流失的问题。2010年，全省土地出让收入实际缴纳价款1044.8亿元，合同价款1330.0亿元，实际缴款占合同价款78.6%。

2.重点支出保障问题。2010年，我省土地出让支出中用于补助被征地农民、农村基础设施建设、廉租住房的比重分别为0.7%、2.1%、1.3%，均低于全国平均水平。从调研情况看，有些地方征地拆迁补偿支出仅为土地出让支出的20%，低于全省43.7%近24个百分点，个别地方却高于70%；有的地方城市建设支出占到支出总额的40%以上，而廉租住房支出仅占0.4%，等等，土地出让支出结构不合规、不合理的现象仍然存在。

3.收支预算管理问题。一是部门职能不清。土地出让收支预算编制、执行、监督涉及财政、国土、人民银行国库等多个部门，各部门在土地收支预算管理中职责不够明确，造成预算编制的质量和效率不高，预算执行比较困难。二是预算不够细化。土地出让收支的功能分类科目较粗，缺少合理完整的支出标准，影响了预算编制的质量。另外，土地出让收入和支出具有不稳定性和不确定性，事先很难进行预测和成本核算，导致土地出让收支预算缺乏科学依据，增加了预算编制和执行的难度。

4.出让收支监督问题。目前，财政部门仍然不能准确掌握土地出让收支具体情况，财政部门统计的出让收入小于国土部门统计数字、统计报表数字与国库数字不一致、市县报送的国土收支统计报表不及时不准确，部门间信息充分共享等政策规定尚未完全落实。另外，城市土地属于国家所有，必须充分体现国有土地所有权的性质，使人民群众有权了解、监督土地出让收支的具体情况。然而，当前各地土地出让收支情况不透明，收支管理缺乏社会和公众监督。

5. 可支配资金有限问题。按照财政部有关规定，土地出让收益是土地出让收入扣除 8 项成本性支出后的余额。因此，2010 年我省土地出让收益=1104.5 亿元（土地出让收入）－450.0 亿元（征地和拆迁补偿支出）－42.4 亿元（土地开发支出）－3.1 亿元(农业土地开发性支出)－3.3 亿元(补助被征地农民社会保障支出）－3.1 亿元(保持被征地农民原有生活水平补贴支出)－7.2 亿元 (土地出让业务费支出)－39.2 亿元(新增建设用地土地有偿使用费支出)－21.2 亿元 (破产或改制国有企业职工安置支出)=535 亿元。扣除财政部和我省相关文件规定的三个 10%、一个 5%以及总收入 4%—8%的法定提取，得到土地出让可支配收入。2010 年土地出让可支配收入 =535 亿元＊ (1－35%)－1104.5 亿元 *4%或 8% =357.1 亿元或 312.9 亿元。即 2010 年全省土地出让收入扣除现行法定支出外，仅有 312.9—357.1 亿元的可支配资金，不足全部收入的 1/3。按照 2010 年的实际支出规模，城市建设、农村基础设施建设以及其他支出三项就达 437.4 亿元，可支配资金不足以支付三项支出，可能会影响政府的债务偿还能力。

四、进一步加强土地出让收支管理的政策建议

（一）发挥省财政监督管理职能作用。

过去土地出让收入，是城镇的专项收入，其支出全部由市、县、镇政府自主安排，基本的情况是自己的收入，自己安排支出，省级政府没有过问城镇的土地出让收支管理问题。但近年来，土地出让收入规模庞大，增长迅速，支出涉及社会经济发展的很多方面，从支出的功能作用角度分析，土地收支已经具备了“第二财政”的部分性质。同时，目前土地出让收入，是市、县、镇政府的重要收入，加强土地出让收支的管理，是财政部门的应有职责。因此，从科学、统一和规范方面考虑，省级财政有必要加强对全省土地出让收支的管理和监督。

1.完善土地出让收支管理办法。随着社会经济形势发展的变化，要及时制定和完善《管理办法》，在土地出让收入的征收、支出结构的确定、收支预决算制度、监督管理等方面，进行比较具体的明确和规范，切实加强对土地出让收支的管理。

2.建立全省土地价值评估机制。会同国土资源部门，根据工业化、城镇化发展的程度和经济发展形势，通过评估等方式，合理确定不同地区的土地出让指导价，尤其是各地工业用地的基准使用价格，避免土地资源的流失和浪费，提高土地资源的利用效率。

3.提升土地出让收支统计质量。要严格按照规定建立统计督查机制，完善统计报表办法，督促市县及时报送土地收支报表，提高土地出让收支统计的统一性和科学性。

4.建立常态化的监督检查机制。由于土地出让收支的范围、规模、结构、标准和程序等，都会随着社会经济发展形势的变化而发生改变，需要建立一个较高层次的经常化的监督检查机制，及时发现管理中的偏差和问题，适时修改完善《管理办法》，解决存在的矛盾和问题。

（二）科学化精细化管理土地出让收支。

1.明确实行专款专用。不能将土地出让收入视为“第二财政”，用于满足一般的公共需要。需要集中资金促进我省实现工业化与城镇化“双轮驱动”发展。

2.切实保障重点支出。目前，按照专款专用原则，结合实际情况，支出的重点项目包括，征地和拆迁补偿支出、土地开发支出、支农支出、城市建设支出和其他支出。因此，土地出让收入的使用，应确保足额支付征地和拆迁补偿费和补助被征地农民社会保障支出，保障失地农民生产生活的切实需要，促进失地农民向市民化转变；确保城镇基础设施建设的需要，促进城镇化加速发展。

（三）完善土地出让收支预决算制度。

1.明确预算编制主体。要明确各职能部门在土地出让收支预算编制过程中的具体职责。国土资源部门主要负责编制土地出让收入预算，并报财政部门审查。土地出让支出中的征地和拆迁补偿支出、土地开发支出、土地出让业务支出预算由国土资源部门编制；补助被征地农民社会保障支出、保持被征地农民生活水平补贴支出、城市建设支出、廉租住房支出、农村基础建设支出和其他支出预算由人社、城建、农委等相关部门编制。财政部门负责组织、指导、协调土地出让收支预决算编制,审查、汇总和编制本级政府土地出让收支预决算报告。

2.严格收支两条线。按照土地出让金收支预算制度,土地出让收支全额纳入地方基金预算管理。收入全额缴入地方国库,支出一律通过地方基金预算从土地出让收入中予以安排,实行“收支两条线”管理。在地方国库中设立专账,专门核算土地出让收入和支出情况。

3.规范支出程序。在预算执行过程中,土地出让收入超出预算的,原则上不调整当年支出预算,不予追加土地出让支出,超收部分在以后年度安排使用。土地出让收入未完成预算的,按照收支平衡的原则,依照规定程序相应压缩土地出让支出规模。土地出让支出必须严格按照批准的预算执行,资金拨付严格按照财政国库管理制度的有关规定执行。

4.编制收支决算。由于影响土地出让收支的因素较多,准确预测土地出让收支存在一定困难,因此,需要认真编制土地出让收支决算,客观把握年度土地的使用状况,真实反映年度土地出让收支,有利于准确分析土地出让收支形势的变化,加强对土地出让收支的监督管理,更好地编制下年度的土地收支预决算,切实加强土地出让的收支管理。

(四)防范降低地方政府财政风险。

1.加强宏观预测分析。加强对宏观经济形势的分析和判断,及时预测土地出让收入的增长变化情况,做到未雨绸缪,长远规划,合理安排,避免盲目性,减少财政风险。

2.建立财政风险防控机制。目前,土地出让收入规模虽然很大,但可调控的资金有限,为防控财政危机的发生,在确保土地出让收入专款专用的前提下,应将土地出让收支预算与政府一般财政预算有机衔接起来,建立风险预警机制,适时监控预报财政债务风险的程度和增加防控的措施及力度。

3.设立财政偿债稳定基金。根据宏观经济形势的变化,将在资源充沛期获得的一部分“超额”土地出让收入储存起来,以备资源枯竭时使用。建立财政偿债稳定基金,在经济高涨时期,增加的额外收入用于储备;在经济衰退和土地出让收入大量减少时期,用储备资金增加政府必要支出。

课题组组长:左　俊

课题组成员:叶翠青　钱海燕　程丹润

余卫民

户籍制度改革与社会保障关系研究

长期以来,国家在户籍制度改革与社会保障制度建设方面不断进行探索,并取得了较大进展。户籍制度与社会保障之间联系紧密、关系复杂。推动户籍制度改革与社会保障建设之间匹配与协调,对促进经济又好又快发展、构建全面建设小康社会,将起到重要的作用。

一、户籍制度与社会保障的关系

户籍制度是国家搜集、确认、登记有关公民身份、亲属关系以及法定地址等公民人口基本信息的制度。社会保障是国家依法强制建立的、具有经济福利性的国民生活保障和社会稳定系统,是现代社会治理理念的基础性制度。两者都是我国社会管理的重要内容,既相互独立又彼此关联,既相互促进又彼此制约。

(一)户籍制度与社会保障既相互独立又高度关联。作为社会治理制度体系的构成单元,从制度本身看,户籍制度与社会保障各自单行、相互独立,在制度模式和发展路径上不存在交叉和重合。但由于国情不同,特别是我国二元化的社会治理模式,使得包括社会保障在内过多福利功能附着在户籍制度之上,将两者紧紧地捆绑在一起,二元户籍制度导致了城乡社会保障的差别,而社会保障反过来使二元户籍制度更加强化和稳定,两者呈现高度关联性。一方面,户籍制度已成为社会保障的核心载体,附着在户籍制度之上的就业、养老、医疗、卫生、住房、教育甚至部分商品供应制度安排,已成为当前深化户籍制度改革最大的障碍和瓶颈;另一方面,城乡分割的户籍制度,又使得现行的社会保障制度逐步呈现出城乡“剪刀差”和政策“碎片化”的局面。

(二)户籍制度改革为完善社会保障制度提供内在动力。基于户籍制度与社会保障之间的深度耦合和复杂关联,伴随着户籍制度的变革,客观上又催生着不同时期的社会保障制度作出相应的调整。特别是改革开放三十多年来,随着户籍制度改革的不断深入,社会保障的内涵和外延也相应发生了深刻的变动,制度逐渐从有到全,项目日趋从少到多,待遇逐步从低到高。同时,户籍制度的不断变革,要求社会保障制度由只注重城市社会保障转变为也要兼顾农村社会保障制度建设,由只注重城市居民社会保障福利转变为也要兼顾城镇新增居民社会保障待遇,制度覆盖面从城市户籍人口扩展到农村户籍人口,从就业人员扩展到非就业人员,从保障"公家人"扩展到社会人,逐步实现城乡统筹发展。

(三)社会保障建设为促进户籍制度改革提供必要条件。由于两者之间高度的关联性,社会保障建设为保证户籍制度改革取得实效提供必要条件。一方面,作为现行户籍制度的最大"附着物",推进户籍制度改革,需要社会保障及时跟进,需要社会保障发挥"打头殿后"优势和安全网、平衡器、助推器的作用,从而消除户籍制度改革带来的摩擦和阻力,为户籍制度改革取得实效提供条件和奠定基础;另一方面,通过社会保障制度的健全和完善,附着在户籍上的社会保障利益逐渐弱化,户籍将逐步剥离社会利益分配功能,使得户籍制度从人口管制向人口管理转变;同时,随着社会保险统筹级次不断提高(如基本养老保险全国统筹)也为户籍制度加快改革创造条件。

二、户籍制度改革与社会保障关系的历史沿革

从我国的实践来看,户籍制度与社会保障之间关系复杂,在相互促进和彼此钳制中寻找协调发展的均衡点和支撑点,两者的关系可以在彼此的历史演变历程中得到诠释和呈现。根据户籍制度与社会保障关系演变历程,将户籍制度与社会保障关系划分为三个阶段,三个阶段依次递进,特征明显,脉络清晰。

第一阶段:高度捆绑、城乡严格分割阶段(建国初期至改革开放前)

从建国初期到改革开放前,我国户籍制度主要呈现以下几个特点:一是主要以维护城市稳定为目标。1950年,公安部制订《关于特种人口管理的暂行办法(草案)》,稳定新生政权。1951年,出台《城市户口暂行管理条例》,规定在城市中一律实行户口登记,登记的项目包括出生、死亡、迁出、迁入、社会变动等。二是制定城乡严格分割的户籍制度。1955年,国务院发布《市镇粮食定量供应暂行办法》和《农村粮食统购统销办法》,规定城镇人口粮食实行计划供应,农民则吃自产粮。1958年《中华人民共和国户口登记条例》颁布,被视为中国人口管理制度的一个分水岭,确立了一套完善的户籍管理制度,将住房、医疗、教育、就业等同户口性质挂钩,把城乡居民划分为两个身份不同的社会群体,赋予不同的福利保障和发展机会。1963年,公安部将户口正式分为"农业户口"和"非农业户口",城乡分割的户籍制度全面形成。三是严格限制城乡人口流动和迁移。1953—1957年,国务院多次下发关于防止农村人口盲目外流的指示,极大地限制了农村人口向城市迁移。1958年颁布的《中华人民共和国户口登记条例》正式确立了严格的户籍迁移制度,同时,城市户籍人口与社会福利、社会保障挂钩,让农民即使进城也无法享受城里人的待遇,消除农民进城的经济动机。四是人口迁移出现逆城市化现象。1961—1964年,国家为解决城市粮食供应问题,相继出台《关于减少城镇人口和压缩城镇粮销量的九条办法》、《关于处理户口迁移问题的通知》和《关于处理户口迁移的规定(草案)》,部分职工响应政府号召退职回乡支援农村建设。同期,国家开始城镇知识青年上山下乡运动,缓解就业压力。

同期,在严格分割的二元户籍制度下,我国城乡社会保障制度也得到一定发展,主要有以下特征:一是初步构建适应当时条件的、城乡分割的社会保障制度。在城市,实行离退休制度、公费与劳保医疗制度、免费住房制度、粮油价格补贴制度、安置就业制度等。在农村,以土地保障为主,除自然灾害救济及灾荒年份的生活救济外,实行自然就业制度、合作医疗制度、五保户集体供养制度等。二是优先发展城镇社会保障。1951年,国家颁布《劳动保险条例》,具体规定城镇职工在疾病、伤残、死亡以及养老方面可以享有的保险待遇。在国民经济进一步好转的情况下,城市社会保障的实施范围扩大到商业、外贸、金融等13个产业的城镇职工。三是逆城市化推动了农村社会保障的建立。20世纪60年代,随着大量的城镇人口精简下乡,我国农村逐步建立了精简老职工生活补助等救助制度。同时,从50年代末的兴起到70年代中期的鼎盛,全国近90%的农民参加了合作医疗,广大农村群众的看病难问题基本得到解决。

从新中国建立到改革开放前,城乡之间的户籍制度与社会保障彼此分割、区分明显,户籍制度与社会保障之间呈现出高度捆绑、深度耦合的特征。

第二阶段:相互补充、彼此有限关联阶段(改革开放至十六大)

改革开放后,特别是农村土地承包制度改革解放了农村劳动力,导致了人口大流动。汹涌澎湃的“民工潮”,也强有力地冲击着原有封闭式的户籍管理体系。为引导农村人口合理有序地向城镇流动,向非农业领域转移,国家开始尝试对户籍制度进行改革。一是开始有条件放宽进入城镇的户口。1984年,国务院发出《关于农民进入集镇落户问题的通知》,允许长期在城镇务工、经商、有固定职业和住所的农民,在自理口粮的情况下迁入城镇落户;1992年,公安部发布《关于实行当地有效城镇户口制度的通知》,决定在小城镇、经济特区、经济开发区、高新技术产业开发区实行当地有效城镇户口制度。二是探索流动人口管理的新办法。1985年,公安部颁布《关于城镇暂住人口管理的暂行规定》,决定对流动人口实行“暂住证”、“寄住证”和旅客住宿登记证相结合的登记管理办法。同年,为明确流动状态下的公民身份,全国人大常委会颁布实施《中华人民共和国居民身份证条例》,规定凡16岁以上的中华人民共和国公民,均要申领居民身份证。三是调整和完善相关户籍制度政策。一方面,随着经济社会的加快发展和改革的不断深入,逐步放松“农转非”政策,调整的范围也越来越广;另一方面,开始探索小城镇户籍制度改革。1997—2001年,相继出台《关于小城镇户籍制度改革试点方案》、《关于促进小城镇健康发展的若干意见》和《关于推进小城镇户籍管理制度改革的意见》,进一步放开县级以下小城镇对于农民进城落户的限制。

同期,在社会保障方面,主要有以下两方面的特征:一是加速流动的城乡就业制度逐步形成。十一届三中全会以后,农村劳动力得到较大解放,使得大批农民离开土地进城务工,主要向林牧渔业部门转移,向乡镇企业为主要载体的非农产业转移,向大中小城市和乡镇转移。20世纪80年代后,政府进一步解除限制农村劳动力流动的政策,鼓励劳动力到临近小城镇打工,并允许农民自带口粮进入城市务工经商。从2000年开始,中央政府明确提出改革城乡分割的就业体制,取消对农民进城就业的不合理限制的指导性思路,2001年《第十个五年计划纲要》指出要加强劳动力市场建设,完善就业服务体系,促进劳动力合理流动,从此加速流动的城乡就业制度逐步得以形成。二是城乡分割的社会保障制度进一步强化。这一时期的社会保障主要以城市为中心。80年代中期,陆续颁布和出台《企业职工生育保险试行办法》,《关于深化企业职工养老保险制度改革的通知》,《企业职工工伤保险试行办法》、《关于建立城镇职工基本医疗保险制度的决定》,《失业保险条例》和《城市居民最低生活保障条例》等一系列制度,基本建立了较为完整的社会保障体系。农村社会保障制度建设明显滞后,农村居民享受的保障大多局限于救灾、救济和“五保”等。同时,随着农村集体经济的逐渐弱化,农村原有的社会救济、医疗保障等社保功能被严重削弱,农村合作医疗逐步解体,养老保障试点也由于制度设计缺乏吸引力,农民参保的积极性不高,陷入了停滞状态。

这一阶段城乡严格的户籍管理制度渐渐地被撕开缺口,但其框架未做根本性调整,社会保障与户籍制度管理相对应,城乡有别的社会保障制度被进一步强化和固定。户籍制度与社会保障逐渐步入相互补充,彼此有限关联阶段,但仍呈现出不同步、不协调、不融洽的特征。

第三阶段:逐步交融、相互深度结合阶段(十六大至今)

党的十六大召开以后,我国进入统筹发展时期,户籍制度改革进入了一个崭新的阶段。一是城乡二元的户籍制度逐渐被打破。2007年,公安部宣布,中国将大力推进以建立城乡统一的户口登记制度为重点的户籍管理制度改革,逐步取消农业户口、非农业户口的二元户口性质,实现公民身份平等。2008年,十七届三中全会提出,中国总体上已进入着力破除城乡二元结构、形成城乡经济社会发展一体化新格局的重要时期,并把到2020年基本建立城乡经济社会发展一体化体制机制,作为中国农村改革发展的基本目标任务之一。2010年中央一号文件提出,当前要深化户籍制度改革,加快落实放宽中小城市、小城镇特别是县城和中心镇落户条件的政策,促进符合条件的农业转移人口在城镇落户并享有与当地城镇居民同等的权益,横亘在城乡之间严格的户籍制度逐步得到松动。二是户籍制度的改革从小城镇延伸到大中城市。随着时间的推移,户籍制度改革的探索不再局限于小城镇,逐渐向大中城市扩展,许多省份和地区推出了户籍制度改革的最新政策,开始推进城乡一体化的户籍改革。江西省南昌市出台《南昌市进一步改革户籍管理制度》规定，只要在南昌有住所、有收入来源，都可以成为南昌人。成都市从2011年起取消暂住证制度，全面推行居住证。我省在2009年出台了《关于深入推进户籍制度改革放宽城市落户条件的意见》，规定凡在我省城市、城镇范围内有合法固定住所的农民工及其共同居住生活的配偶和未成年子女，可根据本人意愿登记为城镇户口。凡自愿来皖工作的各类大学本科以上毕业生可在我省城镇落户。

在统筹城乡发展的大背景下，社会保障制度逐步得到健全和完善。一方面，更加注重城乡社会保障制度统筹。党的十七大明确提出，到2020年基本建立覆盖城乡居民的社会保障体系。这标志着我国社会保障事业进入一个新的发展阶段，开始由城镇为主向城乡统筹、由职工向居民、由单一支柱向多层次体系的重大转变，覆盖城乡的社会保障体系建设取得突破性进展，实现了制度的“由有到全”，在逐步完善和健全城市社会保障制度的基础上，突出建立公平合理的农村社会保障制度；实现了人群的“由少到多”，注重解决农民工、被征地农民、灵活就业人员以及一些历史遗留突出人群问题，努力做到群体的全覆盖；实现了待遇的“由低到高”，随着经济社会发展和物价水平的提升，逐步提高养老、医疗、城乡低保等社会保障待遇，不断提高群众生活水平。另一方面，更加注重城乡社会保障政策衔接。这一阶段，开始探索城乡间、省际社会保险关系转移接续问题，逐步建立了一些社会保险关系转移接续办法，在一定程度上实现了养老、医疗等社会保险跨地区、跨群体的自由流动和转换；同时，部分地区和城市也开始积极尝试城乡社会保障制度的衔接办法，制定了城镇职工养老保险制度与新型农村社会养老保险制度、城镇职工、居民医疗保险制度与新型农村合作医疗保险制度、城市和农村最低生活保障制度的衔接文件和规定，尤其针对农民工流动性强、社保关系不稳定等特点，探索建立可携带、可转移的社会保障制度衔接方法，破除“画地为牢”式的社保统筹基金管理模式，最大程度保障农民工权益。

这一时期，户籍制度改革促进了迁徙自由的初步实现和城乡身份限制的取消，社会保障制度也确立了覆盖城乡、统筹发展的框架体系，两者之间已日趋呈现相互交融、相互联动的特征。

三、统筹户籍制度改革与社会保障建设的实践与启示

长期以来，我国在户籍制度改革与社会保障关系方面做了很多有益地探索和尝试，对于现阶段进一步统筹户籍制度改革和社会保障建设具有十分重要的借鉴作用。

（一）主要实践。1.以解决流动就业为特征的小城镇户籍制度改革。从20世纪80年代开始，我国逐步推进小城镇户籍制度改革，小城镇户口的准入条件是“有合法固定的住所、稳定的职业或生活来源的人员及与其共同居住生活的直系亲属，均可根据本人意愿办理城镇常住户口”。小城镇户籍制度改革主要是以经济政策为主、以优先考虑就业问题为核心，从而促进农村劳动力向城镇流动。总体上看，小城镇户籍制度改革更注重解决控制城镇人口、缓解城市规模与大量人口迁移要求之间的矛盾，附着于户籍制度之上的社会保障并未同步进行改革，取得小城镇户籍的居民除了粮食供应有保障外，难以获得同等的养老、医疗、就业、住房、教育等方面待遇。

2. 以解决部分群体社保待遇为特征的城市户籍制度改革。大中城市户籍制度改革始于20世纪90年代，主要是由地方探索和自发零星推进，从1994年开始，为吸引人才、资金或推动当地房地产业发展，上海、深圳、广州、厦门、宁波等大中城市相继推出了蓝印户口制度，拥有蓝印户口的人能够享受部分原城镇居民的社会保障待遇，但要在满足一定条件后，才能取得与当地居民同等社会保障待遇。从大中城市户籍制度改革实践来看，大中城市户籍制度改革都没有跳出蓝印户口制度的框架，设置的高门槛将广大农民工拒之门外，附着于户籍制度上的社会保障等福利功能仅在少部分特殊群体中得到解决。

3. 以渐进解决社保待遇为特征的统一居民户籍制度改革。进入新世纪以来，重庆、成都、郑州、济南等一些省市先后开始统一居民户口的改革，主要内容是取消自理口粮户口、农业户口、非农业户口、地方城镇户口、蓝印户口等户口性质，按照实际居住地登记户口，统称为“居民户口”。同时，在推进户籍制度改革进程中，更加注重综合配套和制度统一，逐步消除附着于户籍之上的就业、养老、医疗、住房、低保、教育等基本保障。但是，由于农民市民化的高昂成本（据专家推算，农民真正市民化的人均成本通常在7.5—10万元；经测算我省目前城镇和农村户籍人口年均享受社会保障待遇相差约4万元左右），截至目前，推行户籍一元化的省市尚未真正实现城乡社会保障的一元化。

（二）主要启示。1.以同步推进为原则，加快两者协调发展。各地的改革实践证明，互相割裂、单一推进户籍制度或社会保障改革，都难以取得实质性的效果。单纯地实行户籍制度改革，农村户籍人口只是进行了身份转换，农民的积极性不高，起不到加速城镇化的作用；纯粹地推进社会保障改革，城市负担加重，公共财力难以承受，会导致社会管理的隐患。因此，户籍制度改革与社会保障建设应协同配合，在注重新移民在当地所作贡献基础上，把在当地有纳税记录和缴纳各种社会保险记录作为落户的主要依据，同步推进社会保障制度改革，促进在城市已就业人员的落户，使他们获得与原户籍居民同等的社会保障待遇，从而加快城镇化发展步伐。

2.以分步实施为手段，注重两者合理并进。户籍制度改革主要难点在于，如果彻底放开人口管制，城市人口会激增，财政供给和城市条件都难以支撑；如果不进行社会保障制度改革，城镇新增居民的权益得不到充分保障。鉴于目前的经济社会发展现状，户籍制度与社会保障制度改革不可能一步到位、一蹴而就，只能创新方式方法，稳步推进，分步实施。户籍制度改革层面，遵循梯度推进的原则，根据城镇建设速度、发展程度，采取“居住证制度”等形式有序调控城镇化进程；与此相适应，在社会保障建设层面，遵循“广覆盖、重统筹、多层次、可持续”的原则，优先解决包括农民工在内的有稳定条件的进城人员社会保障等待遇。

3.以均等服务为目标，实现两者相互分离。户籍制度改革难点和关键在于户籍准入的各种条件和户籍背后的各种权利和福利。总体上看，户籍制度改革不仅仅是在形式上统一户口本，而是要对其背后的社会保障待遇进行改革；社会保障建设也不仅仅是在不同的户籍之间给予不同的保障，而是要对不同的户籍给予公平合理、基本均等的保障。因此，户籍制度改革的目标应是将附着在户口本上的各种经济利益、福利待遇与户口管理相脱钩，将它们放到各自的领域合理解决。同时，以基本公共服务均等化为目标，更加注重城乡之间区域之间社会保障制度的统一、政策的衔接、待遇水平的基本均等。

四、统筹户籍制度改革与社会保障建设的财政对策建议

统筹户籍改革与社会保障建设是关乎民生和社会和谐的全局性问题。户籍制度改革与社会保障关系的实质是公民权益的保障，核心是社会资源的分配，归结是公共财政的安排问题。因此，在统筹户籍制度改革与社会保障建设进程中，科学合理的财政政策和制度安排将尤为重要。

（一）加大资金投入，为统筹户籍制度改革和社会保障建设提供财力支撑。一是积极增加财政社会保障投入。进一步强化预算约束，逐步提高各级预算中社会保障支出的比例；着力优化财政支出结构，通过存量调整、增量倾斜等方式，大幅度增加就业、养老、医疗、住房、低保等财政社会保障投入。二是充分发挥社会保险基金统筹共济功能。进一步提高各项社会保险统筹级次，增强社会保险基金在城乡群体之间的统筹和共济能力；进一步拓宽各项社会保险基金的投资渠道，稳步提高基金的收益率，为均衡城乡社会保障水平、推进户籍制度改革提供有力支持。三是努力拓宽社会保险筹资渠道。坚持政府主导的基本保障和市场、慈善提供的补充保障协调发展，坚持传统保障与现代保障的优势互补；通过国有股减持、扩大彩票发行等方式，充实壮大社会保障基金；鼓励和引导社会资本参与社会保障事业和社会保障产业，为均衡城乡社会保障水平、推进户籍制度改革形成合力。

（二）明确投入重点，为统筹户籍制度改革和社会保障建设提供有利条件。一方面，重点支持农村社会保障建设。按照城乡基本社会保障服务均等化的要求，逐步扩大农村社会保障的范围和项目，稳步提高农村社会保障标准和待遇；进一步加强城乡社会保障制度接轨与政策衔接，加快完善城乡社会保障关系的转移接续。另一方面，注重解决城镇新增居民社会保障。结合户籍转移，在有条件的城镇，系统建立城镇新增居民的就业、养老、低保、医疗、卫生、住房等基本保障制度；同时，消除对农民进城务工的歧视性规定和体制性障碍，使他们和城市居民享有同等的基本社会保障服务。

（三）完善财政体制，为统筹户籍制度改革和社会保障建设提供长效保障。一是调整转移支付结

构。逐步减少税收返还、体制补助等非均等化支付，提高一般性转移支付比例，进一步完善均等化转移支付；调整部分专项转移支付项目用途，促进不同区域享有较为统一、基本均等的社会保障服务。二是优化转移支付分配。完善按标准收入和标准支出差额安排转移支付方式，通过均衡性转移支付予以补偿，为贫困区域加大社会保障投入提供保障；将人口迁移、城市化程度、人口红利、福利外溢等纳入转移支付因素范围，使转移支付成为均衡社会保障水平、促进户籍制度改革的有效手段。三是探索建立省际转移支付制度。参照援藏、援疆和援建汶川地震灾区的模式，建立横向的省际、区域间转移支付，在流入地合理分摊流出地社会保障成本的同时，保障流入地持久的人力资源供应，享受人口红利，促进有效实施户籍改革和人口的有序流动。

（四）支持配套改革，为统筹户籍制度改革和社会保障建设提供良好环境。一是大力推动要素领域改革。支持完善农村土地流转机制，鼓励在城镇落户的农民依法将承包地、林地进行流转和变现；推动建立城乡统一的住房产权制度改革；大力支持城乡统一的劳动力市场和公平竞争的就业制度形成，推动城乡人力资源的合理有序流动。二是积极推动社会领域改革。支持推进社会管理创新，进一步提升政府公共服务能力水平；推动建立城乡统一的以身份证管理为核心的户籍管理制度，强化户籍的登记功能，推动落实放宽城镇落户条件；支持完善教育保障机制，保证农民工和城镇新增居民子女享受公平的教育。三是着力推动分配领域改革。探索建立科学合理的分配社会资源、社会权益的制度与机制，促进社会分配的公平与正义；加快推动收入分配制度改革，更加注重就业在一次分配中的作用，更加注重社会保障和公共服务在二次分配中的作用，为统筹户籍制度改革与社会保障建设创造动力源泉。

课题组组长：吴天宏
课题组成员：朱艾勇　解立卫　汪代启
解亚平　孙荣春　汪文志

财政“大监督”理念与乡镇财政职能转换

财政监督是财政职能的重要组成部分，乡镇财政处于财政资金监督管理和财政政策执行的终端环节，是我国财政体系的最基础层级，财政预算执行和国家政策落实的成效如何，很大程度上表现在基层对资金的使用和管理上。近年来，随着国家对“三农”问题的重视和公共财政职能的不断延伸，财政资金不断向乡、村倾斜，用于农村建设发展和改善民生的资金逐年增加，乡镇财政职能打破了原有的财政收支管理格局，管理的内容也力求科学化、精细化。为进一步贯彻统筹城乡发展的要求，推进财政科学化精细化管理，更好地发挥乡镇财政职能作用，2010 年 3 月，财政部下发了《关于切实加强乡镇财政资金监管工作的指导意见》(以下简称《指导意见》)，进一步明确了新形势下乡镇财政工作的方向和重点，旨在健全乡镇财政职能、发挥乡镇财政监管优势、加强财政管理基础工作和基层财政建设。在 2010 年 7 月 27 日召开的全国财政厅(局)长座谈会上，财政部部长谢旭人特别强调，“全面推进财政科学化精细化管理，进一步提高财政管理水平，重点在基础，关键在基层”。作为直接面向广大乡村和农民的最基层财政部门，乡镇财政肩负着推进农村公共服务均等化、落实财政强农惠农政策的重要任务，越来越多的涉农项目和资金需要乡镇一级来落实和监管。因此，在新形势下建立起规范有序的乡镇财政运行机制，夯实管理基础，充分发挥乡镇财政就地、就近的监管优势，最大限度地确保乡镇财政资金的使用效益，为农村社会经济和谐发展“保驾护航”就具有十分重要的意义。在财政“大监督”理念下，乡镇财政如何围绕城乡一体化发展战略和农村改革发展主题，转换工作角色、创新工作思路，加强财政监督职能，积极服务于新农村建设成为财政监督和乡镇财政发展面临的新的课题。

一、当前我省乡镇财政职能及财政监督现状

近年来，我省积极推进乡镇财政管理体制改革，特别是农村税费改革和农村综合改革以来，不断调整完善乡镇财政管理职能，加强和规范乡镇财

政管理，取得了积极的成效。乡镇财政职能由过去的收入征管型向支出管理型转变，由预算管理型向核算管理型转变，由维持保障型向服务发展型转变，促进了农村经济和各项社会事业健康稳定发展。在规范和加强乡镇财政管理的同时，乡镇财政机构在财政监督工作上努力适应新形势下乡镇职能转变的要求，不断进行方式和方法的创新，为保障财政管理的科学、有效和财政资金的安全、规范作出了积极的贡献。

（一）当前我省乡镇财政职能履行情况。根据目前我省财政管理的职权划分，乡镇财政主要有四大职能：一是完善预算管理职能，负责乡镇财政预算管理与执行。二是支持乡镇经济发展职能，依法加强收入征管，协调组织财政收入，支持和服务当地经济发展。三是建立服务机制职能，严格落实各项财政惠农补贴政策，努力建设服务型财政。四是强化资金监管职能，认真做好乡镇财政收支和行政事业单位财务监督，重点加强对支农惠农和民生工程类专项资金使用、村级财务、乡村债务、乡镇资产和减轻农民负担等监管工作。

从对乡镇财政管理的实际调研情况看，农村税费改革特别是取消农业税后，我省乡镇财政所主要业务有以下 13 个方面：1.财政预算管理。负责乡镇财政预算编制；年度收入和支出预算的执行；深化乡财县管改革，推行国库收付制度改革；2.非税收入管理。乡镇非税收入汇缴；非税收入票据管理；3.契税、耕地占用税的征收管理；4.惠农资金管理和发放。按照惠民直达工程要求建立补助对象信息库；按照有关惠农补贴发放政策和财政补贴农民资金“一卡通”等去发放财政补贴资金；5.专项(项目)资金监管。直接管理乡镇本级安排的专项(项目建设)资金；按照有关规定对上级政府分配用于乡镇范围内的专项（项目建设）资金进行监管；6.乡镇财务管理(会计核算中心)。建立和完善乡镇行政事业单位财务管理制度；规范财务收支行为；加强财务监督检查；7.村级财务监管。村级财政转移支付资金拨付和监管；规范和完善村级会计委托代理服务工作；8.国有资产管理。乡镇行政事业单位年度采购管理，乡镇国有资产的购置、登记、处置和监管；9.乡镇债权债务管理。化解乡镇债务，严格控制新增债务，防范债务风险；10.乡镇财政信息化建设。安装、使用和维护上级财政部门要求的统一业务软件系统；在上级财政部门的支持和统一部署下推进乡镇财政信息化建设；11.乡镇财政窗口建设。建立和完善各项财政所内部管理制度，落实政务公开、服务承诺、一次性告知、首问责任等制度，开展创建规范化乡镇财政所（分局）工作；12.参与农村综合改革。按照上级有关政策规定做好农村综合改革的各项业务工作；开展村级公益事业建设“一事一议”财政奖补试点工作；13. 其他业务。政策性农业保险、新型农村养老保险和新型农村合作医疗参保资金的收缴、家电（汽车、摩托车）下乡等工作。同时在实际工作中，乡镇财政工作人员还肩负着包村、计划生育等乡镇其他中心工作任务。

从这次调研的实际情况看，与取消农业税前相比，乡镇财政的工作职能和管理方式发生了“三个转变”：一是由“收入征管型”向“支出管理型”转变。农村税费改革前，乡镇财政收入主要包括征收农业“四税”（农业税、农业特产税、耕地占用税、契税）、行政性收费、罚没收入及“三提五统”等，概括起来就是“催粮要款”，而支出方面主要是保证干部职工工资发放、保证基层政权正常运转。其他如基本建设、发展农村社会事业等方面的支出难以顾及。而税费改革后，乡镇财政收入只剩下耕地占用税，乡镇财政所只负责耕地占用税一个税种，以往乡镇财政所组织财政收入的任务大大减轻。随着县乡财政体制的调整、各项惠农政策的落实和上级财政转移支付力度的加大，乡镇财政管理的资金项目和数量急剧增加，支出规模不断扩大。以亳州市利辛县孙庙乡及王市镇为例，2010 年孙庙乡财政收入（耕地占用税）完成 7.5 万元，而全年该乡财政所拨付乡镇公用经费、各类专项资金、涉农补贴等资金高达 1266.61 万元，收支比为 1:169；利辛县王市镇 2010 年财政收入 15 万元（耕地占用税），全年该镇财政所拨付乡镇公用经费、各类专项资金、涉农补贴等资金高达 1921 万元，收支比为 1:128。由此可见，乡镇组织收入的职能不断萎缩，而支出管理的任务却成倍增长，乡镇财政基本上变成纯支出型财政。二是由“预算管理型”向“核算管理型”转变。2004 年起，我省全面推行了“乡财乡用县监管”改革，普遍建立了以乡镇财政所为核心的“乡村财务核算中心”，将原来乡镇预算管理单位变为核算报账单位，并把村级财务纳入“中心”核算，在保持村级资金所有权、管理权、使用权不变的前提下，实行集中统一管理。从大多数乡镇财政的实际管理情况来看,财政预算管理职能被弱化,已然成为乡镇一级的“财务核算”单位。三是由“维持保障型”向“服务发展型”转变。税改前乡镇财政的一项重要职责就是确保乡镇政权组织和各预算单位的正常运转,随着国家支持“三农”力度的加大和强农惠农政策的不断出台,通过乡镇财政下达的新农村建设资金、各项涉农补贴资金逐年增多,乡镇财政不可替代的承担了这些资金的兑付落实工作。过去“催粮要款”的现象一去不返,从向农民收钱转向给农民发钱,面对面服务农民群众、服务乡村经济社会发展亦成为新时期乡镇财政工作的显著特征。

从全省调研情况看,税费改革以来,我省乡镇财政能够积极适应财政发展的新形势和新要求,积极转换职能,改变管理方式,更加重视支出管理,更加注重服务“三农”,为实施民生财政,落实强农惠民各项政策发挥了积极作用。但是我们也看到,由于实行乡财县管乡用,加之乡镇经济发展水平总体较低,乡镇财政在实际履行职能上存在着一些比较突出的问题:一是乡镇预算编制和管理职能,组织和管理收入职能已严重弱化。有些乡镇仅把财政所作为一个报账机构,财政所基本上停留在会计收支和核算上,综合调控职能难以发挥。二是乡镇财政职能被分割、肢解。作为乡镇一级的财政管理部门,乡财县管后,导致财政对部门财务的管理职权实际等同上划,许多部门、单位的财政性资金游离在乡镇财政管理之外,削弱了乡镇政府统筹使用资金和进行经济调节的能力,同时由于监管缺失,导致各种违规违纪行为的发生,造成国家财政资金的损失和浪费。

(二)我省乡镇财政监督现状。随着国家对“三农”问题的重视和公共财政职能的不断延伸,财政资金不断向乡、村倾斜,用于农村建设发展和改善民生的资金逐年增加,保证党和国家政策的落实和财政资金的安全,也对乡镇加强财政监督提出了更高、更紧迫的要求。从实际调研的情况看,当前我省乡镇财政管理任务重、责任大,财政部门做了大量的工作,为农村经济和社会发展作出了积极的贡献。但是由于多方面因素的影响,乡镇财政监督职能很大程度上没有得到发挥,总体上比较薄弱。具体表现在以下五个方面:

1. 乡镇财政监督的内容与乡镇财政应该履行的管理内容相比覆盖面相对狭窄。根据目前我省财政管理的职权划分,乡镇财政主要有四大职能:一是完善预算管理职能,负责乡镇财政预算管理与执行;二是促进经济发展职能,依法加强收入征管,协调组织财政收入,支持和服务当地经济发展;三是建立服务机制职能,严格落实各项财政惠农补贴政策,努力建设服务型财政;四是强化资金监管职能,认真做好乡镇财政收支和行政事业单位财务监督,重点加强对支农惠农和民生工程类专项资金使用、村级财务、乡村债务、乡镇资产和减轻农民负担等监管工作。

在调研中我们发现,由于实行乡财县管乡用,加之乡镇经济发展水平总体较低,在乡镇一级,预算编制和管理职能,组织和管理收入职能已严重弱化。同时,由于乡镇财政支出中的各类专项资金由各相关部门组织落实,许多地方乡镇财政部门游离于资金和项目管理之外。这些情况的存在,造成乡镇财政监管内容狭窄,监督职能弱化,难以实现有效的管理和监督。

2.乡镇财政监督主要是日常性管理审核,从严格意义上讲不属于专门的财政监督概念。随着县乡财政体制的调整、各项惠农政策的落实和上级财政转移支付力度的加大,乡镇财政管理的资金项目和数量急剧增加,支出规模不断扩大。从全省调研情况来看,目前乡镇财政的主要工作任务,就是把上级的补助和项目资金看好、用好,同时代管村级财务。也就是说,在实际工作中,乡镇财政的主要工作成为对财政资金的日常审核管理,严格意义上的乡镇财政监督工作基本流于形式或者说没有得到真正开展。

3.对乡镇财政工作的监督主要来自于上级财政部门或财政部门外部。目前,我省对乡镇财政的监督主要涉及以下五个方面的内容:一是对预算执行的监督。二是对涉农补贴资金的监督。三是对镇村财务支出的监督。四是对专项资金的监督。五是对非税收入的监督。

然而,由于乡镇一级财政的监督职能没有得到发挥,对以上几个方面的监督主要来自于上级财政部门或财政部门外部。具体包括以下几个方面:

(1)乡镇人大监督。每年年初,乡镇人大要审查上年度财政预算执行情况和确定本年度预算,这种监督主要是侧重于乡镇财政收支预算监督。

（2）市县财政部门监督。如宁国市2004年实行的“乡财市管”后，对乡镇财政的监督检查主要是通过财政局乡财科对乡镇财政资金进行集中式的账户管理。这种监督主要侧重于乡镇财政收支总体的合法、合规性。

（3）审计监督。审计部门通过对重点项目资金进行跟踪审计以及通过对乡镇负责人进行届中和离任审计。

（4）群众监督。将财政收支状况、预算执行情况分析、村级财务收支情况等通过政务公开栏对外公开，接受社会监督。

4.乡镇财政监督缺乏机构和人员，监督工作难以开展。乡镇合并后，规模扩大了，但乡镇财政人数较少，全省1415个乡镇，包括工勤人员在内，合计9783名财政人员，除少数地方乡镇财政所人数达到8—10人，平均每个财政所只有3—5人。如淮南市共有48个乡镇财政所，其工作人员201人，平均每个财政所4人，其中八公山区2个财政所只有5名工作人员。乡镇财政承担着大量的日常管理工作，由于人数较少，日常工作任务繁重。目前，虽然我省一些县市从加强乡镇财政监督着眼，在乡镇设立监督联络员，但大多数乡镇财政基本上没有专门的监督机构和专职监督人员，专项监督检查只能是纸上谈兵。

5.乡镇财政监督机制没有形成，难以实施有效的监督。一是乡镇财政监督组织领导不完善。没有形成一个分工明确、责任清晰、高效运行的领导组织，即使有，大多还是流于形式。二是缺少细化可行的乡镇财政监管职责和监管工作的相关制度。三是财政监督与其他监督主体的关系没有理顺，造成了各监督主体职责分工不明确，难以形成部门协调配合机制。四是监督内容陈旧，缺乏事前事中监督，尤其缺乏事前监督。由于缺乏事前监督，项目单位出于自身利益考虑，以争投资、争项目为目的，只注重争取建设资金，对于项目立项可行性、投资的经济和社会效益缺乏足够的科学论证，致使项目建设出问题成为易发现象。五是县乡财政信息通报和反馈机制不够完善。六是没有统一的乡镇财政监督绩效评价体系和激励考评机制。

二、制约乡镇财政监督职能充分发挥的主要问题

随着财政管理科学化、精细化的推进和财政“大监督”理念的落实，对乡镇财政监督提出了更高的要求，然而，由于乡镇财政管理体制和财政资金管理体制等多方面因素的影响，目前我省乡镇财政监督工作的开展，与新时期财政监督工作和乡镇财政管理的要求存在着较大的差距，主要表现在以下几个方面：

（一）预算管理内容不完整。根据目前实行财政管理体制，乡镇预算编制并没有执行真正意义上的“一级政府一级预算”，乡镇财政仅承担财政供养人员工资申报、公用业务经费报账和涉农资金发放等具体业务，乡镇财政工作单纯、业务范围狭窄。从对金寨县财政管理的实际调研情况看，全县乡镇财政实际上仅为县级财政的一个独立预算单位，是县财政的“报账员”和“出纳员”，乡镇财政的预算管理职能和对财政资金的调控能力被严重弱化。一是收入预算管理职能基本丧失。由于受体制影响，乡镇行政执法权大多直接或间接受制于上级相关职能部门，乡镇财政所缺乏对非税收入有效监督管理。二是支出预算管理职能难以实现。表现在：专项资金监管难。如民政、林业、农业、教育、计生等部门的涉农补助项目资金，受条块管理因素的影响和制约，乡镇财政在对其资金管理上“缺位”；而一些补助类对象，由于种种原因，乡镇财政所不能全面掌握情况，管理成效受到影响；个别专项资金的使用，因乡镇财政所无法全程参与，不能真实掌握情况，难以实现有效监管。三是对乡镇单位国有资产预算管理难。一些乡镇单位购置国有资产不经过政府采购，处置资产往往只是履行销账程序。

（二）财政资金多部门分散管理。根据规定，很多涉及乡镇的农业、水利（含农村饮用水工程）、教育、计生、卫生、财政等项目，实行县级报账制，项目实施单位只对县级主管部门负责，作为项目实施地的乡镇财政无权过问。比如“村村通”工程、新农村建设、千村百镇和许多民生工程资金，往往是钱到了才知道项目，款来了项目也验收了，知情尚且不能，管理更无从谈起，许多项目资金游离于乡镇财政监督之外。乡镇财政机构对乡镇的财务监督本应建立在对乡镇财务了解的基础之上，而现在只能停留在对原始单据和签批手续的合法性审核上。县级会计核算中心工作人员在缺少了实时实地监督且人手少、工作量大的不利因素制约下，只要票据合法有效、手续完备无缺，不论其反映的经济内容是否真实，开支的标准是否合法，尽管心中无底，也只能照单报销,从而形成新的监管死角。而乡镇对上划到县级的卫生、教育等支出在看到明显不合理、不合规的情况下无法采取有效措施,造成乡镇财政监督上的“空白”。

(三)法律地位缺失。监督是财政的职能之一,乡镇财政机构位于财政资金使用的末端,发挥就近、就地监督作用是其职能要求和优势所在。然而,由于缺乏相应的乡镇财政监管的法律法规支持,现行财政监督体制不健全,大部分乡镇财政所没有财政监督权,没有专职监督机构人员,致使目前乡镇财政监督职能得不到有效和有力的发挥。乡镇财政资金监管的内容、重点、主要环节和责任不够细化,职责不够明确,乡镇财政监督的计划性、权威性和成效受到极大的影响。由于缺乏制度性的刚性要求和问责机制,大部分乡镇缺乏开展财政监督专项检查的主动性、积极性,日常监督的作用也难以有效开展。

同时,相对于繁重的工作任务,人员较少的乡镇财政,由于财政监督职责不明确,专职财政监督工作人员基本上没有,大部分财政所都未聘请乡镇财政监督员,财政监督工作在许多地方开展情况不容乐观。

(四)监督手段落后。具有齐全和完整的服务于乡镇财政监督和管理的信息化网络,并确保信息渠道畅通、反馈及时,是实现乡镇财政资金运行全过程动态监督管理的必要条件。然而,目前乡镇财政监督和管理的网络还未完全建成。因此,难以及时、准确、全面地进行信息交流,信息共享的程度不高,制约了乡镇财政监督的及时性和针对性,也使乡镇财政的监督和管理职能作用难以充分发挥。

(五)对财政监督管理的重要性认识不高。乡镇财政所处于上级财政部门和乡镇政府“双重管理”之下,业务上受上级财政部门管理,行政上受当地党委、政府领导,因此乡镇党委、政府的理解支持对乡镇财政监督工作的开展至关重要。目前,一些乡镇领导认为只要完成收入任务,管好财政所自身的账就行了,监督检查是多此一举,进行监督检查是和自己过不去、对着干,乡镇财政干部存在畏难情绪,怕因进行监督检查而得罪人。由于乡镇财政受制于乡镇党委政府,监督检查工作难以开展,部分专项资金存在转移用途、截留挪用现象,乡镇财政“看得见,管不着”,致使乡镇财政监督缺失,资金监管存在盲区。即使作为县(市)级报账的部分项目,也存在县(市)级项目主管部门和乡村项目实施单位互为联手,共同应付财政监督、套取财政资金的现象,影响财政资金的安全性。

三、大监督理念下乡镇财政监督模式

加强“双基”建设,推进财政科学化、精细化管理,需要积极探索新型的乡镇财政监督管理机制,构建适应“大监督”理念要求的新型乡镇财政监督模式。为此,按照“全员参与、全程监控、全面覆盖”的“大监督”理念要求,明确乡镇财政监督职能,发挥乡镇财政就地、就近监督的作用,对财政资金实现“广覆盖、全过程、重绩效”的监督应成为财政大监督理念下的乡镇财政监督模式。

(一)“大监督”理念的基本内涵。所谓财政“大监督”理念,是指以建立“全员参与、全程控制、全面覆盖”的监督机制为目标,通过整合监督力量、创新监督形式、运用监督成果,加强和改进财政监督的组织实施形式,实现对财政政策执行和资金管理使用的事前、事中、事后监督。“大监督”理念的主要内容包括以下方面:

一是全员参与。“全员参与”要表达的是财政监督与财政管理职能的有机融合,财政监督是财政所有职能部门的共同职责,而不是财政专职监督机构“包打天下”、“单打独斗” 行为。 财政监督具有管理的本质属性,“监督就是管理,管理必有监督”,要寓监督于管理之中,促进监督与管理的有机融合。在财政部门内部,业务管理机构是财政分配管理活动的主体,既是财政资金的分配者,也是财政政策的制定和执行者,更应是财政活动的监督管理者,并且其管理监督的成果对财政政策制度的修正更及时、更有效。因此,只有充分发挥业务管理机构的监督作用,管理与监督同步运行,才能有效实现管理与监督的有机融合,达到提高财政管理水平的目标。

二是全面覆盖。“全面覆盖”,一是指财政监督要覆盖所有政府性资金。二是指财政监督要覆盖财政资金运行和财政职能所涉及的经济客体。

三是全程监控。“全程监控”,是指财政监督要贯穿于财政管理活动的全过程。

(二)构建“广覆盖、全过程、重绩效”的新型乡镇财政监督模式。按照财政“大监督”理念的要求,结合当前我省乡镇财政管理实际,乡镇财政监督新型模式应包括以下三个方面内容：

1.广覆盖。财政大监督理念下的乡镇财政监督的范围和内容应涵盖所有政府性资金和财政工作的方方面面。具体是：对财政资金的分类监督、对工程项目资金的监督、对涉农惠农资金使用情况的监督、对国有资产的监督、对债权债务的监督、对政府采购的监督、对非税收入的监督、对镇村财务的监督、对工作的监督等。

(1)对财政资金的分类监督。对乡镇财政综合预算资金、工程项目资金、上级安排的专项补助资金、财政补贴农民资金等，依据《安徽省财政厅关于切实加强乡镇财政资金监管工作的实施意见》，结合各乡镇的实际，制定方案，分类监督。同时，制定一系列财务规章、岗位责任、财政资金管理等制度，明确财政所长、财政结算员、资金会计、核算会计、单位报账员的业务稽查工作分工，保证资金支付业务岗位相互分离，强化内部风险控制，建立科学精细的财政资金收付管理流程。

(2)对工程项目资金的监督。从项目的论证、立项、申报，到工程的验收、资金的拨付，都要进行事前、事中、事后的全程监管；项目实施完毕，由镇直有关技术部门验收、镇财政所签署意见，报县级财政部门拨付全部项目资金。要设立专账，保障专款专用，防止资金被挤占、截留、挪用。

(3)涉农惠农资金使用情况的监督。对所有涉农惠农专项资金实行“一个漏斗”向下的监管机制。在不改变资金所有权、使用权和财务审批权的基础上，由县级财政部门将面向农村的涉农专项资金统一拨付到乡镇。对于按政策须到县级财政部门报账的专项资金，县级财政部门除按规定直接拨付和监管外，同时抄送乡镇财政部门，由乡镇财政部门配合相关部门开展监督检查，并签署意见后，县级财政部门才可以履行报账手续。对于一般的专项资金，县级财政部门负责审核并将相关专项资金拨付到乡镇财政所的涉农资金专户，最后由乡镇财政所负责拨付和监管。

(4)对国有资产的监管。乡镇财政每年都要对本乡镇的国有资产进行一次全面清理，分类建立完善的台账，实行动态管理，建立健全国有资产管理制度，国有资产的购入、使用、处置必须按管理制度执行。

(5)对乡镇债权债务的监管。建立政府性债务专账，将清理锁定的2007年底乡镇政府性债务余额，从原经常性收支会计核算账务中剥离出来，划入债务专账，作为债务锁定的期初余额，遵循现行的行政事业单位会计制度进行核算。开设债务结算专户。无论是乡镇自筹，或债权资金的清收，还是县级财政拨付的偿债资金，一律进入偿债资金专户，对筹集的偿债资金，按“公平、公正、公开”和“规范有序”、“轻重缓急”、“先本后息”原则分配偿付债务，对偿付对象张榜公示后，通过偿债专户直接兑付到债权人。随时监控乡镇债务动态情况，有效控制乡镇债务无序增长。

(6)对乡镇政府采购的监管。全面推行政府采购制度，符合政府采购目录的商品、劳务和工程全部实行招标采购，否则可拒绝入账和资金支付。

(7)对非税收入的监督。完善“征、管、查、处”制度，实行非税收入征管查处相分离，保证非税收入规范运作，做到应收尽收。按照取消预算外资金的原则，在农村范围内的行政事业性收费和罚款，实行收缴分离，按照属地原则，就近缴入行为发生地乡镇财政，纳入镇一级预算管理。

(8)对乡村财务的监督。对乡镇财务严格执行乡镇财务管理制度，加强基本支出定员定额管理，落实厉行节约措施，控制交通费、招待费等非生产性支出增长。对村级资金、资产、资源全面实行“三资”委托代理制，实行“村财民理乡管”，加强对村级财务的管理和监督。

(9)对工作的监督。为夯实乡镇财务会计监管基础，加强会计人员从业资格管理，开展部门、乡镇、村财务管理评比活动，扎实推进，奖励会计人员参加，每年除常规性进行集中培训外，还临时抽派乡、村财务管理人员参加省和省外举办的各类培训教育，提高乡村财务人员素质。

2.全过程。所有支出都要先有计划，符合经批复的部门预算，落实无计划不支出和无预算不拨款，建立规范的资金收付程序。将财政监督工作寓于整个财政收支活动中，监督无处不在，对整个财政管理工作实施全过程监督，做到事前预警、事中监督、事后评价、跟踪反馈的全过程监督。

3.重绩效。要采取县乡联动的办法，由县乡财政部门牵头联合各部门，对乡镇财政资金、工程项目资金等9个方面的内容进行绩效评价，并纳入对乡镇政府年度工作目标考核范围。同时，建立一套乡镇财政监督工作考评办法，对乡镇财政大监督工作进行全面考评形成激励机制，不断总结经验，充分体现、发挥乡镇财政大监督的作用。

四、转换乡镇财政职能，保障乡镇财政“大监督”开展

落实财政大监督理念，强化资金管理监督，需要进一步加强乡镇财政建设，转换乡镇财政职能，并加强对其工作的指导，发挥乡镇自身的能动性。只有这样，乡镇财政对财政资金就地、就近监督，财政管理的科学化、精细化的目标才能得以实现。

（一）转换乡镇财政职能，落实“大监督”理念。财政“大监督”理念下，建立了“预算编制、预算执行、监督检查、绩效评价”四位一体的财政管理新机制，使财政监督贯穿于财政资金运行和财政管理的全过程之中，从而为提高财政资金的使用效益打下扎实的基础。现阶段，实现乡镇财政职能转换，推行“大监督”理念，对进一步强化乡镇财政监督职能具有积极的意义。

1. 财政经济发展形势要求乡镇财政必须坚持“大监督”理念。近年来，全省基层经济运行态势良好，财政在支持经济增长、结构调整、改善民生等方面的投入不断加大，对乡镇财政加强监督工作也相应提出了全新的要求。如何处政监督与宏观经济政策执行的关系；如何确保财政资金运行安全和运行效率；如何适应财政管理科学化、精细化的要求；如何解决财政监督工作面广量大与专职监督队伍力量薄弱的矛盾等，都要求积极构建财政“大监督”长效机制，从制度体系上解决监督缺位问题，真正发挥财政监督的职能作用。

2. 基层财政资金监管现状要求乡镇财政必须推行“大监督”理念。目前，全省乡镇财政机构的监督工作虽然取得了一定成效，但与财政管理科学化、精细化的要求还存在着差距，与服务大局、服务改革、服务管理的要求还存在不相适应的地方，还远远没有实现财政部提出的“三个贯穿于”的财政监督基本理念。因此，乡镇财政必须严格按“大监督”要求去规范监督行为，以“大监督”实际内涵去构建乡镇财政监督体系。

3.“大监督”理念为乡镇财政构建新型乡镇财政监督模式指明了方向。财政监督工作是财政工作的重要组成部分，农村税费改革后，乡镇财政职能已经发生较大地转变，如何重新定位乡镇财政职能，将财政监督工作置于财政工作的有机整体中来定位和思考，把财政监督作为落实财政科学化精细化管理的有力保障，把财政监督贯穿于预算编制和预算执行的事前、事中、事后的每一个环节，把财政监督和绩效评价有机结合起来，互为补充，都必须在“大监督”理念指引下进行探索和实践。

（二）“大监督”理念下转换乡镇财政职能的路径。加强乡镇财政监督建设，必须转换现行的乡镇财政管理职能，进一步明确乡镇财政的监管职责、强化对乡镇财政监督工作的指导，推动乡镇财政建立起“职责明确、保障有效、管理规范、监督有力、运转高效”的财政监管机制。根据现行法律，财政监督的职能明确定位于县级及以上财政机构，为适用法律要求，又能切实加强乡镇财政监督工作，实现两者的有机结合，明确乡镇财政监管职责，从我省的实际出发，应从以下方面探索加强乡镇财政监督建设的途径。

1.明确乡镇财政监督职责，赋予乡镇财政监督权。根据法律规定，结合我省乡镇财政监督工作实际，可以考虑通过以下两种方法，解决乡镇履行监督检查的职能问题：一是建立乡镇财政监督分局。目前我省实行的是“乡财县管”的财政管理体制，结合我省实际，乡镇财政所可以加挂县财政监督局乡镇财政监督分局的牌子，一套机构，两块牌子，从制度上赋予乡镇财政监管职责，明确其监督职能。二是建立财政监督联络员制度。以县级财政监督机构为依托，建立乡镇财政监督联络员制度，明确乡镇财政的监管职责，加强对乡镇监督工作的督促和指导，强化乡镇财政监管工作。通过建立联络员制度，乡镇财政机构监督联络员可以将监管工作开展情况以及反映的问题、政策建议等及时报告上级财政部门；上级财政部门指定乡镇财政机构专人负责监督检查工作，更可以明确落实监管责任。通过督促指导，促进乡镇财政转变观念，进一步强化监督意识，切实履行乡镇财政就地监督、一线监督的职责。

2.落实“大监督”理念，建立新型财政监督运行机制。一是建立乡镇财政机构“牵头组织、综合管理、协调督促、保障全局”的监督机制。针对乡镇财政机构、人员的现状，乡镇财政机构应充分利用财政、纪检、监（检）察、审计、税务等职能部门和资金项目管理相关部门的监督力量，合理分工、相互协调，形成有效的监督合力和制衡机制。各监督主体各有侧重，形成“大监督”的有机组成部分，真正形成财政监督与财政管理的密切融合。乡镇财政监督应将主要精力放在对各项资金的日常监管中，实现管理与监督的有效结合。同时对于开展的专项资金检查，应着重在监督计划的制订、检查项目的选取、范围的圈定和保障全局上下功夫，将大监督理念贯穿于财政监督全过程。二是建立县级财政部门对乡镇财政监督的领导体制，实行一把手负责，县乡联动的监督机制。县级财政部门成立乡镇财政监督工作领导小组，由财政局长任组长，分管局长任副组长，局属单位、专职监督检查机构、其他业务科室负责人和乡镇财政机构负责人为成员，通过这种形式形成“县级财政部门党组统一领导，单位、科室分工负责，县乡监督机构组织协调，全员共同参与”的工作格局，做到县乡联动，主要依靠乡镇，组织开展乡镇财政监督工作。三是建立财政资金拨付、使用上下沟通机制。要实现对乡镇财政资金“全面覆盖、全程监控”的监督，就要求财政所必须全面掌握与乡镇有关的资金信息，上级财政部门应建立机制以保证政策信息通达乡镇财政，上级在下达资金文件和专项资金管理办法时，明确乡镇财政应承担的监管职责和监管要求。同时要进行制度保障，建立健全的乡镇财政资金监督管理制度，细化乡镇财政资金管理办法，充分发挥乡镇财政机构监督管理职能。对于涉农资金基础性数据的采集与审核工作，乡镇财政部门应和有关部门沟通协调，完善信息公开公示制度，建立抽查巡查制度。四是建立县级财政部门各职能科室联系乡镇财政所制度。建立县级财政部门职能科室专职财政监督员制度，各科室对联系的乡镇财政所给予业务上的指导，财政专职监督员定期、不定期了解乡镇财政监督状况，在县级财政监督检查局的协助下开展乡镇财政监督，帮助乡镇财政履行好监督职能，以充分发挥乡镇财政的监督职能作用。五是建立激励与约束机制，争取乡镇领导对财政监督工作的支持。乡镇财政监督能否有效运行，财政监督力度的大小，乡镇党委、政府的态度最为关键，乡镇党委、政府的支持是乡镇财政开展监督工作的坚强保证。财政所应该在县级财政部门的协调下，主动向乡镇党委、政府汇报财政监督工作，加强相关部门的沟通，争取到足够的支持、理解和配合，促进财政监督工作的顺利进行。针对少数乡镇政府和一些单位对财政大监督的认识存在误区，有的认为财政“管得宽”的观点，建立激励和约束机制是保证乡镇财政监督顺利开展的有效措施。各地应因地制宜，通过建立和完善相应的财政奖励政策和约束机制，强化对乡镇财政目标责任的考核，建立健全完善乡镇财政收支行为目标责任考核、考评机制，切实增强乡镇政府实施财政监督的自觉性、主动性。

（三）转换乡镇财政职能、加强财政监督的措施。针对我省乡镇财政监督实际，按照财政“大监督”模式要求，当前加强我省乡镇财政监督工作，应着力做好以下六项工作。

1.制定出台指导性文件，明确乡镇财政监管职能。根据农村社会经济发展的新情况、新形势，特别是构建财政“大监督”机制的需要，应尽快制定指导性文件，进一步明确和完善乡镇财政职能；尽快建立健全乡镇财政监督和管理法规体系。一是要对现有的、不配套的、过时的财政法规、制度进行全面清理，逐一进行修改、补充、完善或废止。为乡镇财政监督和管理提供有力的法律法规和制度依据。二是要加快对乡镇财政基本职能、财政原则、财政活动基本方式和财政决策程序等内容的基本立法规范进程。从法规上确定乡镇财政监督和管理的地位，准确定位乡镇财政所的监管职责。

2.增强乡镇财政综合预算管理职能，健全乡镇预算。重点是将乡镇辖区内发生的财政收支、支农项目资金等政府性资金和财政行为全面纳入乡镇财政管理，确保财政资金安全高效和财政行为的规范有序。乡镇财政所要树立“大财政”、“大监督”观念，不仅要管理好本级财政资金，对于辖区内单位的所有财政资金，财政所都应履行监管职能。

3.加强制度建设，进一步完善乡镇财政监督职能。省里应出台统一的乡镇财政监督工作管理办法，明确乡镇财政对各类政府性资金监管职责、权限、监督范围和手段，使乡镇财政监督有章可循，解决乡镇财政不好监管、不便监管、不敢监管的问题，为乡镇财政机构开展财政大监督提供制度支持。各级各部门在有关资金和项目管理的文件中要明确规定乡镇财政的监管责任，赋予乡镇财政履行监管工作的职责。县级财政要明确乡镇财政的具体监管范围，量化、细化监管任务和责任。乡镇财政应建立健全资金使用、监督管理目标责任制。切实解决目前乡镇财政资金管理中存在的“重投入、轻管理，重建设、轻效益”问题。

4.强化“双基”建设，夯实监管基础。乡镇财政“双基”建设是龙头，资金监管是核心，制度建设是关键，服务“三农”是目标。为了保证乡镇财政有效行使资金监管职能，建议明确乡镇财政所按副科级建制，设置为县级财政部门的派出机构，人、财、物归县级财政部门统一调配，以便行使乡镇财政所的监督管理职能。同时，安排必要的资金，加大对基层财政所软硬件基础设施投入力度，为乡镇财政干部创造必要的工作环境，促进基层财政所规范化建设；借助“金财工程”平台，进一步完善乡镇财政网络化建设，保持网络联接畅通，便于信息查询和监管。

5.加强宣传力度，营造良好的财政大监督理念氛围。各级财政部门要通过各种媒体、渠道广泛宣传财政大监督理念，让全社会了解、理解、关心和支持财政大监督工作，避免被查单位的不理解、不支持。各地要在适当时候曝光一批典型案例和加强正面典型的宣传，增强宣传声势，开展大宣传，增强财政监督的影响力。同时，在人力、财力和物力上给予充分保障，以便发挥好乡镇财政的监督职能。

6.加强乡镇财政机构、队伍建设，为推动财政大监督工作提供保障。建立健全乡镇财政监督机构建设和加强乡镇财政监督干部队伍是做好财政大监督工作的重要组织保障。选调一些年富力强，学历层次高，熟悉财政、会计业务，具有高、中级职称的专业人才充实到乡镇财政监督岗位。同时，针对现有乡镇财政队伍素质参差不齐的状况，加强考核培训，更新知识，提高乡镇财政干部队伍的整体素质。

课题组组长：刘　浩
课题组副组长：陈文权　季必英　连发玉
课题组成员：高维国　汪永飞　戴诗杰
何　林　王光杰　周　建

关于我省政法装备采购与服务经济发展情况的调研报告

政府采购制度，是现代市场经济发展的产物，是政府运用经济手段调控宏观经济运行的重要方式之一。近年来，我省政法装备采购制度和政策不断完善，采购规模快速扩大，在规范财政管理和节约财政支出的同时，因政法装备采购具有集中度较高的特殊性，对部分行业的发展具有十分重要的引导和扶持作用。

一、我省政法装备采购及支持地方经济发展情况

政法部门经费保障虽然不是垂直管理，但其在作战中上下合作联动，因此，政法部门装备采购集中度较高，采购批量较大，在所有行业和部门中最能反映政府采购的效益。我省政法装备主要实行省级集中统一采购，采购资金大部分来源于中央和省。我省基层政法部门装备集中采购工作已连续实施 11 年，采购金额累计逾 26 亿元。政法装备实行政府采购，有力地支持了省内部分产业的发展壮大，促进了地方经济的加速发展。

（一）采购规模不断扩大，质量和效益快速提升。2001 年政法补助专款实施以来，尤其是 2009 年实施政法经费保障体制改革后，随着政法转移支付资金的大幅增加，政法装备采购规模迅速扩大，保障和提升全省政法工作的同时，促进了相关产业和地方经济的快速发展。2006 年到 2010 年，我省政法装备采购规模从 5.1 亿元增长到 13 亿元，五年增长了 154.9%，年均增长 26.4%。“十一五”期间，全省政法装备采购资金达 41 亿元，其中：公安机关 28.7 亿元，检察院 4.7 亿元，法院 5.7 亿元，司法行政机关 1.9 亿元。

2010 年，全省政法装备采购规模为 13 亿元，较 2009 年 11.7 亿元增长了 11.1%。从采购部门来看，公安机关 8.8 亿元，检察院 1.6 亿元，法院 1.9 亿元，司法行政机关（不含监狱劳教）0.7 亿元，分别占政法装备采购规模的 67.7%、12.3%、14.6%和 5.4%，公安机关是政法装备采购金额最大的单位。

近年来，我省政法装备采购规模的不断扩大，有效改善了政法部门装备简单落后的状况，提高了政法部门的办公办案效率，并在减少经费支出、提高装备质量、实现共建共享等方面发挥了重要的作用。

（二）发挥政法装备采购作用，积极支持地方经济发展。因政法装备采购批量规模大、产品要求专业性强等特点，随着政法装备采购的快速增长，政法装备采购对部分产业经济的发展的扶持引导作用越来越明显。

从采购项目来看，2010 年 13 亿元的全省政法

装备采购中，汽车采购3.5亿元(其中省产汽车2.2亿元)，服装采购1.3亿元，信息化建设采购3.3亿元，办公办案设备采购3.5亿元，其他设备采购1.4亿元，分别占比26.9%、10%、25.4%、26.9%和10.8%，汽车和办公办案设备采购资金较大。汽车、办公办案设备、服装等，是我省重要的具有发展潜力和空间的行业，在我省经济发展中具有重要地位。

政府采购是政府调控经济发展的最便捷拉动内需政策措施之一。2010年全省政府采购汽车8.6亿元，其中政法装备汽车采购就达3.5亿元，占40.7%；2010年全省政府采购省产汽车3.1亿元，其中政法装备省产汽车采购2.2亿元，占71%。可见，政法装备采购对我省汽车行业发展的重大影响。积极实施政府采购支持省产汽车发展，尤其是支持以奇瑞、江淮为代表的我省汽车产业，为我省由"汽车大省"向"汽车强省"的跨越作出了积极的贡献。

政法装备采购对汽车行业的影响，不仅体现在市场份额的扩大上，也体现在产品质量和品牌价值的提升上。为进一步做好政法部门使用省产汽车工作，省财政厅积极当好"桥梁"作用，2011年召开省政法主管部门和奇瑞、江淮汽车股份有限公司及销售商见面会，商讨政法部门对使用省产汽车的意见、建议及对策，积极为本省汽车产业技术、研发水平和售后服务等方面的完善献计献策。

政法装备采购还涉及机械制造、精密仪器仪表、电子产品、软件、服装等产业和种类，这些行业大都是我省的支柱性产业。近年来，实施倾向性的政府集中采购制度，发挥政法装备采购的定向调控功能，有力地促进了我省这些行业的快速发展。

在满足政法部门需求的前提下，政法装备采购积极支持企业自主创新和本省企业发展，促进了全省汽车、电子、服装等产业的快速发展。特别是2009年，为应对国际金融危机冲击，支持我省自主创新品牌发展，在政法装备采购中，全部优先采购本省产品，对扩大内需，帮助企业渡过难关，确保全省工业经济平稳较快增长，都起到了十分重要的促进作用。

二、目前我省政法装备采购存在的主要问题

近年来，按照省委、省政府的战略部署和总体要求，积极发挥政府采购的调控作用，优先采购本省自主品牌产品，促进了相关产业的快速发展，但在实际操作中也还面临一些困难和问题。

(一)省产产品所占比重偏低。由于产品在知名度、质量上与省外产品存在一定差距，因此本省产品的中标率较低，除服装和部分汽车外，其他均来自外省企业。2010年，我省政法装备采购13亿元，其中省产产品3.5亿元(省产汽车2.2亿元，服装1.3亿元，服装主要由我省监狱企业生产)，仅占26.9%。

(二)对中小企业倾斜力度较弱。我省政法装备采购在促进企业发展方面，主要体现在汽车等少数支柱性产业上，中小企业生产的装备采购明显不足。我省是农业大省，大型企业较少，市场主体多是中小企业，现行政府采购政策，对中小企业倾斜力度不够，不利于促进我省市场经济的加快发展。

(三)省产产品质量有待提高。我省政法部门使用汽车，大部分采购本省自主品牌，2010年政法部门采购省产汽车2.2亿元，占汽车采购总额的62.9%，对推动省内汽车产业的发展起到了积极作用。但由于技术、质量等原因，部分省产汽车在使用过程中，普遍存在油耗较大、车辆维修频繁且费用较高的情况，维修和养护成本较高。有些政法部门反映政府采购车质量不如市场销售的同款产品。这些都影响了政法部门继续采购省产车的积极性。

(四)产品售后服务有待加强。省级集中采购的部分装备，厂商不与基层政法单位直接签订合同，导致装备分发到基层各政法单位后，一些需要厂商专业人士安装和运行测试的系统、网络、装备等，由于安装、测试的不及时出现质量问题，影响了装备及时发挥效益。

(五)部分采购项目的使用率不高。由于规划的有些装备技术参数与实际情况不符，有的地方没有操作装备的专业技术人员，有的地方没有专业装备的使用场地，少数集中采购来的装备在基层单位适用性不高，影响了装备的使用效率。

三、进一步发挥政法装备采购功能作用，促进产业经济发展的政策建议

当前，随着财政经济的快速发展，政法装备采购的规模和范围逐步扩大，涉及的企业和产业不断拓展，政法装备采购服务产业发展的功能日益增强。要继续完善政策与措施，建立政法部门与本省企业之间长远的互惠共赢机制，进一步发挥政法装备采购促进地方经济发展的功能作用。

(一)完善采购本省企业产品政策。一是制定有利于本省企业发展的政府采购政策。如规定按"同等优先"原则采购本地产品和服务，购买本地产品和服

务给予一定的财政补贴等。二是制定自主创新企业的评价标准和自主创新产品认证制度，政府采购优先考虑本省自主创新产品。三是将采购的品种、类型尽量多样化，使更多本省企业的产品和服务纳入采购范围。四是注重发挥政府采购对市场的导向作用，引导地方企业参与政府采购竞争。

（二）采取支持中小企业发展政策。一是在法规中明确中小企业参与政府采购的优惠待遇，对一些适宜从中小企业采购的项目，如家具、印刷、物业管理等，应必须从中小企业采购。二是通过制定配套措施，改进评审办法，以及对中小企业自主创新产品首购、订购等政策，扩大采购中小企业产品的比例。三是将适宜拆分的大项目分解，专门留给中小企业，支持更多的中小企业参与政府采购。

（三）发挥政法装备采购的导向作用。一是根据《政府集中采购目录》并结合基层政法部门实际需求，稳步扩大政法装备采购产品的范围，提高省产政法装备采购规模。二是明确支持生产自主创新和环保、节能产品的具体政策，优先采购节能产品、环境保护产品和自主创新产品，促进企业走自主创新和节能环保的路子。三是建立政府采购首购和订购制度，利用政府采购来影响企业早期阶段的技术创新活动。如对自主创新含量较高或拥有自主知识产权的产品，实行价格上的优惠，通过政府采购示范作用，提高社会知名度和认可度，推动企业做大做强。四是构建政府与企业的双赢互惠关系，一方面政府要优先采购本地区产品，促进本地产业的快速发展；另一方面，企业要抓住政府采购机遇，不断提高产品质量，实现以质量取胜，服务于地方需要。

（四）规范政法装备采购程序。规范的程序以及完善的制度是政法装备采购发挥功能作用的基础，也是保证采购结果公正公平的前提。一是共建共享、高精尖装备继续实行省级集中采购方式。省级集中采购，能够加强对政法系统资源的整合管理，优化资源配置，避免重复建设，提高装备质量和水平。二是适时加大市县自主采购比例。对单位价值低、技术参数要求不高的普通设备可转由地方政府自主采购，既可缩短采购周期，也便于装备售后服务，提高了采购的机动性和灵活性。三是提高省级集中采购执行效率。健全省级集中采购的部门协调配合机制，加强省与地方的联动反馈机制，确保省级采购合同签订后，采购设备按时、按质、按量配送到基层政法部门。

（五）支持企业提高产品质量及服务水平。一是建立财政部门、政法部门与相关企业之间的信息沟通机制，让企业及时了解政法部门装备发展的趋势和未来对市场产品的需求，将政法部门需求与企业发展规划相协调，不断提高本省企业产品在政法装备采购中的竞争实力。二是支持本省企业提高产品质量。对已纳入采购范围的本省企业进行质量和服务跟踪，设立统一的政府采购售后服务机构，对采购产品的售后服务进行统一指导和协调，督促商家履行“三包”，提高售后服务水平。三是对于已经中标的本省企业，要珍惜政府采购机遇，在出厂前严把质量关，不仅要保质、保量、如期交付产品，更要加大主动上门服务和售后服务力度，想用户之所想，急用户之所急，不断提升响应速度和服务水平。四是建立信息沟通机制，对政法部门使用过程中反映的问题，企业要尽快解决，切实整改，特别是省产汽车企业，要不断加强技术创新力度，切实降低汽车使用能耗，生产出适合政法部门办案等业务工作需要的车型。

（六）充分发挥财政部门的“桥梁”纽带作用。一是当好“宣传员”。宣传解释政府采购的政策，把政策落到实处，让企业了解政府采购市场需求和发展方向，在政府采购上形成互动机制。二是当好“协调员”。就政府采购而言，部门是“客户”，企业是“供应商”，财政部门要发挥“协调员”作用，及时沟通信息，传达各自诉求，协调双方关系，最终达到客户满意、企业实惠的目的。三是当好“裁判员”。政府采购必须遵循一定的规则和程序，强化依法采购，完善监督运行机制，确保采购质量和效率。

课题组组长：陈　军

课题组成员：汪代启　叶翠青　陈　晋

汪文志　程丹润

提升地方政府投融资能力问题研究

加快城市建设、促进地方经济发展需要充分发挥政府的投融资功能，提高地方政府投融资能力。2011 年正处“十二五”起始之年，安徽省工业化、城镇化进程不断加快，发展资金需求量急剧增大，因此，结合我省财政经济发展现状，促进地方投融资平台健康可持续发展,积极探索各种新的投融资方式,提升地方政府投融资能力,以融资带投资,以投资促发展,对推动我省经济社会又好又快发展具有十分重要的现实意义。

一、正确认识地方政府投融资

(一)基本内涵。政府投融资是20世纪40年代后期产生的一个新概念,是一个与财政、金融有着密切联系的独特经济范畴,并以其独特的作用受到世界各国政府的重视。目前,在国内外,理论界对政府投融资的概念尚未达成共识。本文中,地方政府投融资是指地方政府为了促进经济发展和改善人民生活在非竞争性或者竞争性较弱的领域而进行的投融资行为,其本质是以政府为主体,以实施政府政策为目标,以信用为手段直接或间接地有偿筹集资金,将资金投向急需发展的领域、行业的一种资金融通活动。

(二)主要特点。在现代经济发展进程中,地方政府投融资融金融性与财政性为一体,是地方政府"有形之手"与市场"无形之手"对握的最佳结合点,也是地方政府执行国家财政政策与货币政策的重要结合点。它不同于一般的财政投资,也不同于一般的商业性投资,而是介于这两者之间的一种新型的政府投融资方式,其特点在于既体现政府政策取向,又在一定程度上按照信用原则组织经营,是市场性与公共性、财政与金融、有偿性与无偿性、宏观与微观、间接管理与直接管理等的有机结合。

(三)功能作用。政府投融资的根本作用在于充实社会先行资本,填补财政预算无偿投资和一般商业金融投资的空白。国际经验表明,采取将政府财政融资的良好信用与金融投资的高效运作有机结合的方法进行融资和投资,即政府投融资,是发挥政府在公共建设中作用的最佳途径。提升地方政府投融资能力在弥补政府财力短缺、促进经济有效增长、强化政府宏观调控能力等方面具有其他政策所无法比拟的独特优势,能快速地拉动金融机构及社会资本的跟进,起到"四两拨千斤"的作用。

二、我省政府投融资现状

地方政府投融资对地方经济社会发展具有重要的战略作用,近年来,我省不断推进投融资体制改革,增强政府融资能力,为经济社会发展提供了新的动力。

(一)我省政府投融资体制改革情况。我省投融资平台建设虽然起步较晚,但发展非常迅速,如在全国率先建立了农村公路融资平台,成为全国第一个使用开行资金建设农村公路的省份,2010年安徽省安排6亿元用于芜马巢、安池铜两个产业集中区投融资平台的资本金,推进皖江城市带承接产业转移示范区建设。目前,我省省本级成立了省高速公路控股集团公司、省港航建设投资集团有限公司、省交通投资集团有限责任公司、省信用担保集团、省投资集团等5家融资平台公司,与200余家市、县、乡三级投资平台一起,初步构建起适应本地融资要求的投融资主体格局。

近年来,省内许多城市不断借鉴和探索政府投融资改革新思路和新模式,对政府投融资管理体制进行创新,其中投融资理念比较先进、操作方式比较有代表性的有:1. 合肥模式。该模式注重政府投融资及债务一体化管理,政府债务统一归口,统借统还,建立了政府投融资决策、管理、执行、监督四位一体的管理机制。具体包括:一是成立市投融资管理委员会,对全市投融资工作进行统一管理,完善决策机制;二是成立"合肥市投融资管理中心",负责统筹管理政府项目的投融资业务,编制投融资计划,参与土地储备与交易的规划和年度计划工作;三是对部门所属的多个平台公司进行整合,成立合肥市城市建设投资控股(集团)有限公司,作为政府对基础产业、基础设施和公益性项目投资的运作层,代政府行使出资人职责;四是加强监察、审计部门依法对投融资行为进行监督,并建立政府投资项目责任追究制度;五是以投融资改革为契机,同步推出城市建设管理、土地储备与交易招投标管理等一系列配套改革。实行建设项目规划、设计、立项、招标、投资、建设"六分开"。成立市招投标市场管理委员会,整合组建市招投标管理中心,作为市政府统一的招投标交易平台;成立土地储备中心,严格土地一级市场管理;实行工程变更审批"一支笔"制度等等。2. 芜湖模式。该模式注重市区平台公司统一运作,财政资金与贷款资金统筹安排,以提高资金使用效率、降低资金使用成本。具体为:一是建立了高规格强有力的市资金管理和市资金监督领导小组;二是建立了存贷款余额周报制、存量资金余额锁定制、间歇资金有偿调度制等资金管理制度和办法;三是实行贷款统一审批制、负债结构动态优化制,建立起有效的资金筹措、风险防范机制;四是赋予市建投公司土地收储中心职能,明确市建投公司全权受理市区经营性土地收储整理开发业务；五是建立财政与融资平台公司资金协调机制，实行项目统一安排，资金统一调度，成本统一控制、风险统一锁定。此外，蚌埠、安庆、马鞍山、宣城等市也都积极开展投融资工作，建立了政府投融资的管理体系，优化土地交易模式，明确偿债资金来源，强化审计监督检查，努力破解政府投融资实践中遇到的难题，形成了适应当地实际需求的政府投融资模式。

（二）我省政府投融资的主要方式。随着市场经济的发展和地方政府投融资领域的改革进程，我省政府投融资方式出现多元化趋势，除一般通过财政预算安排筹集资金，也通过信用渠道融资；既通过金融机构获得资金，也通过资本市场筹措资金；既吸引国内资金，也利用国外贷款。具体主要有以下几个方面：

1.利用政府投融资平台公司融资。这是地方政府进行投融资的最重要的方式，我省政府投融资平台公司最早始于1991年组建的合肥高新建设投资集团公司，2002年整体发展开始提速，2006年后出现井喷状态。作为地方政府以及部门和机构出资设立，代表政府行使投融资职能的载体，安徽省各级地方政府融资平台利用金融市场和金融工具，通过多种方式和渠道进行融资。主要包括：(1)银行贷款。这是当前地方政府投融资平台最主要的融资渠道，平台公司与各家银行签订合作协议，其中尤以与国家开发银行等政策性银行合作较为普遍和稳定，成为政府投融资最重要的来源；(2)发行债券。这是提高平台公司直接融资比重的主要手段，根据《关于地方政府投融资平台公司发行债券的有关问题的通知》(发改办财金〔2010〕2881号)文件，国家对符合发债条件的融资平台公司发行债券予以支持，各地政府投融资平台不断提升实力，努力达到发债要求，发行了一批公司债券；(3)财政转贷。主要为国债转贷贷款，是政府投融资渠道的重要补充；(4)通过资本市场吸纳社会资金。

2.利用国外贷款融资。利用国外贷款是地方政府进行投融资活动的又一重要形式，从上世纪80年代初至2010年，我省利用国际金融组织和外国政府(包括世行、亚行、日本、德国、荷兰等18个国家和4个金融机构)贷款项目261个，贷款金额49亿美元。其中，国际金融组织贷款59个，贷款金额29.92亿美元；外国政府贷款项目202个，贷款金额19.08亿美元。贷款领域涉及农业、林业、水利、交通、教育、卫生、城建、广电、消防、能源节约、环境保护等方面。通过项目的实施，不仅获得了贷款资金，同时引进了先进的管理经验，推动了技术升级，促进了国际交往与合作，有力推进了我省经济社会发展。

3.通过财政部代理发行地方政府债券融资。在地方政府不得发行政府债券的制度下，争取财政部代理发行地方政府债券，是近年来地方政府投融资活动的新方式，源于2008年年底全国4万亿投资规模的地方配套资金需求。我省是全国第二个发行地方债的省份，2009年争取财政部代理发行地方政府债券77亿元，2010年发行规模达到89亿元。通过合理分配利用资金，发挥地方政府债券对地方投资的带动作用，有效支持了基础设施建设、社会事业发展、生态建设、重要行业及公益性项目的建设。

4.其他融资方式。随着经济持续发展和投融资体制改革的深入，我省政府投融资方式日益多样化，内容也越来越丰富，开始利用包括设立政府引导基金、特许经营权融资等在内的多种方式进行融资，如投入50亿元设立文化产业基金和战略性新兴产业投资基金，通过资本市场吸引战略投资者加入；黄山市、灵璧县、砀山县实施的城区管道天然气特许经营权转让，等等。

（三）政府投融资平台规模。目前，我省的政府投融资基本依靠近年来各地成立的政府投融资平台，地方政府投融资平台基于政府拥有的优质资源建立而成，具体承担当地政府投资项目的融资功能。截至2010年6月末，全省政府融资平台公司为246家(省级平台6家)，资产合计5212亿元，贷款余额合计2773亿元，平均负债率为53.2%。其中，公益性项目债务2151亿元，占全部债务的77.6%；非公益性债务622亿元622亿元，占全部债务的22.4%。从举债方式看，抵押债务695亿元，占25.1%；质押债务921亿元，占33.1%；保证债务369亿元，占13.3%，其中：财政性资金担保债务90亿元；政府信用296亿元，占14.3%；其他方式392亿元，占14.2%。全省政府融资平台公司融资建设的在建计划总投资3879亿元，已落实在建项目资金2997亿元。

三、安徽省政府投融资存在的主要问题

我省地方政府投融资实践在不断探索和完善的同时，也还存在着一些问题，特别是在当前宏观政策

调整和投融资政策收紧的环境下，政府投融资能力受到制约。

(一)投资主体过于单一。目前,我省社会经济非竞争性或者竞争性较低的领域，基本未向民间资本开放,如城市基础设施建设,基本都依靠政府来承担投资的重任,各类投资者,如金融机构、工业企业、社会基金组织等,很少能直接参与其中,造成公共建设资金需求与政府财力短缺的矛盾。此外,目前,我省融资平台公司一般为国有独资,股权结构单一,社会资本参与投资的渠道不畅,未形成股权多元化。

(二)融资渠道较为狭窄。在地方政府债券市场基本空白的情况下，地方政府融资主要依托政府融资平台来实现,受规模和实力的限制,目前我省的政府投融资平台大多未形成多元化的融资渠道，融资来源集中于银行贷款，投融资平台银行贷款占总负债比普遍在80%以上,特别是县级融资平台公司,利用股权和企业债等资本市场直接融资比例过低。在融资方式上,国外流行的BOT、TOT或者衍生融资方式,也尚未得到广泛的采用。

(三)平台发展动力不足。作为现阶段政府实施投融资活动最主要的方式，投融资平台能否有效发挥作用,直接关系到政府投融资活动的实现程度。当前,我省政府投融资平台发展动力不足,主要存在以下几方面问题：

一是地方政府投融资平台公司规模普遍较小，布局分散,发展不够规范,既没有统一的经营模式和管理构架，也没有统一的管理机构和规范性政策文件。二是普遍对自身发展定位缺乏准确的认识和长远发展规划,只是被动享受政府信用,没有有效地将服务地区发展与实现自身发展相统一，缺乏可持续发展能力。三是偿债能力不足。目前我省政府投融资平台的主要偿债资金来源是土地出让收益，如遇国家宏观调控政策特别是土地和房地产政策变化,平台公司的还贷能力将受到严重影响。四是缺乏持续经营模式。有相当多的平台公司没有经营性资源,也缺乏经营动力,只是按照政府要求实施项目投融资,基本没有盈利能力,缺乏自身造血功能。

(四)管理体系尚不健全。长期以来,关于地方政府投融资管理机构、管理机制、政府投融资项目效益评价等一系列问题,都没有得到充分的重视,相关政策和管理制度滞后，尤其是缺乏科学合理的投资决策机制,部门利益与整体利益的冲突、当前利益与长远利益的矛盾、决策理论不完善、决策信息不对称、公众参与程度低等因素造成了政府投融资决策机制、统筹协调机制、监督机制以及风险管理机制的不健全,难以保障政府投融资功能的有效发挥。

四、国内外地方政府提升投融资能力的经验借鉴

以上海、重庆为代表的国内地方政府投融资模式和以美国、日本为代表的国外投融资模式,代表了目前国内外政府投融资的基本现状。尽管各地经济运行、政府政策目标、社会文化等方面与安徽的实际情况有所不同,但总的来说,通过认真分析并吸收这些成功的运作经验，对安徽政府投融资实践的发展和提升地方政府投融资能力无疑具有重要的参考价值。

(一)国外主要做法及经验。1.以市场间接调控为手段、市政债券为主融资渠道的美国模式。美国作为自由经济国家的代表，市场在投资领域也发挥着资源配置的重要作用，政府通过给私人部门提供信用担保,提供免税等优惠条件,鼓励私人部门投资基础设施项目,充分利用民间资本,借助金融市场,实现政府投资渠道多元化。在美国,地方政府发展经济的资金主要是通过各级政府发行市政债券的方式予以解决,发行主体包括政府和政府授权机构,投资者主要是银行、保险公司、基金和个人投资者。其具有三个特点：一是市政债券的核心是运用地方财政或项目的现金流为支撑；二是市政债券通过金融担保及保险公司参与实现债信增级；三是地方政府可以实行利息收入免税的优惠政策,实行低成本融资。

2.以统一管理为基础、以政策性金融为主的日本模式。二战后日本政府在财力不足及民间资本较少的情况下,通过国家信用方式筹集资金,由财政统一管理，并根据国民经济和社会发展规划，以出资(入股)或融资(贷款方式),将资金投向急需发展的领域，因此日本政府投融资资金也被称为“第二预算”,资金由具体的投资机构负责发放,并监督使用和负责回收。日本政府投融资具有三大特点:一是直接体现国家发展经济意图；二是财投资金使用是有偿的,必须付息还本;三是财投资金收益稳定,信誉度高。日本政府投融资的主要负责部门是大藏省,具体操作单位是该省理财局的资金运用部。根据法律规定,政府投融资运作必须贯彻三项基本原则,一是确保偿还原则，无论通过什么途径使用财政投融资资金，都必须偿还本金和利息；二是适应经济发展形势原则，财政投融资资金的筹集和使用要与国家经济景气调节方针一致；三是合理配置资源原则，财政投融资资金的运作要有利于社会资源的合理配置。

经验启示：

（1）充分利用资本市场，打造多元化的投融资渠道是地方政府投融资体制建设的关键。从国外政府投融资平台发展过程可以看出，目前西方发达国家的政府投融资渠道都实现了多元化发展。西方国家在政府投融资体制改革过程中，以组建各种政府投融资机构的方式，从根本上转变政府职能，将基础设施建设的主体让位于私人部门。在这个过程中，政府将市场机制引入到基础设施建设领域中，从而通过私人部门的参与，引人多元化的投融资手段，摆脱了过去政府单一财政投融资渠道的束缚。

（2）规范化、法制化是政府投融资体系成功运用的根本。建立和发展政府投融资体系，应加快完善地方政府投融资规律法规和管理制度。一是有利于体现政府的政策意图，通过明确投资重点，进行集中投资；二是有利于风险防范，政府投融资运作能够始终处于政府统一管理之下；三是有利于资源合理配置，各种投融资金能够得到充分整合。

（二）国内主要做法及经验。1.上海模式。上海市通过组建城市建设投资开发总公司，加快各类公共基础设施建设。上海的融资模式主要涉及两个方面，一是通过上海城市建设开发总公司发行建设债券；另一方面上海市大力发展项目融资，通过与投资者签署“特许权协议”的方式，大规模推出公共基础设施投资者招商，利用公开招标方式选择投资者，对缺乏现金流的城市基础设施项目给予投资者现金流量补贴，促进投资主体多元化。

2.重庆模式。重庆市把原来由政府直接举债为主的投资方式，转变为由建设性投资集团（渝富公司与八大投资集团）向社会融资为主的市场化方式，形成了政府主导、市场运作、社会参与的多元投资格局。其运作模式归纳为：政府把城市资产无偿拨划给投资公司，公司根据政府建设的要求筹集资金后再将资金转借给项目法人。重庆财政投融资体制的创新之处体现在三个方面：一是集团资金注入分别由政府投资形成的固定资产划转、国债资金或财政资金拨付、储备的土地资产、对企业集团税费减免所形成的资产四部分组成；二是政府规定财政不为投资集团担保，投资集团互不担保，投资集团资金不交叉使用；三是公司运营注重净资产与负债的平衡，集团资金流的平衡，资金投入与来源的平衡。

经验启示：

（1）做大做强现有投融资平台，是现阶段地方政府提升融资能力的现实选择。通过加大政策支持力度，整合资源，盘活存量等方式，进一步夯实做强政府投融资平台。同时，推进投资主体多元化，鼓励金融机构、工业生产企业、社会基金组织等，直接参与到公共基础设施建设领域，发挥政府和市场机制相结合的优势。另一方面，推进融资方式多元化。探索通过发行建设债券、向国际资本市场融资、项目融资等多种融资方式，筹集建设资金。

（2）理顺政府与平台公司关系是可持续发展的要求。政企间需要保持严格界限，一方面有利于融资平台健全治理结构，去除管理行政化问题，另一方面有利于防范债务风险，防止引发连锁反应。

五、提升我省地方政府投融资能力的政策建议

针对我省政府投融资现状，借鉴国内外地方政府投融资经验，提升地方政府投融资能力，应以推进财税体制改革和投融资体制改革为方向，以做大做强现有投融资平台为依托，以拓宽融资渠道为突破口，以加快完善政府投融资机制为保障，多措并举，促进地方投融资实践与发展。

（一）深化财税体制改革。当前地方政府财政支出责任与财力的不匹配是导致地方政府举债的体制性因素。长远来看，为减轻地方政府财政收支压力，迫切需要进一步加快财税体制改革，适当上移部分事权和支出责任，平衡地方政府事权和财权，降低地方政府对外融资的依赖性，此外，还应加快政府职能转变，明确政府职能定位，防止政府“越位”和“错位”现象，遏制政府融资冲动，缓解地方政府资金压力。

（二）明确地方政府融资法律地位。发行政府债券是地方政府融资市场化的路径选择和发展趋势，相对于国外的通行做法，一直以来，我国对地方政府举债采取相当谨慎的态度，现行的《预算法》、《担保法》等相关法律法规是禁止地方政府发行债券的。国家应正视地方政府的融资需求，并给予足够重视。财政部代理地方政府发行债券是一次“破冰之旅”，已经为地方政府发债开启了一扇窗，国家相关部委应加快修改《预算法》、《担保法》等法律法规，给予地

方政府适度举债的法律地位，加快市政债券市场的发展，使地方政府的融资渠道由融资平台为主过渡到以市政债券为主。

（三）打造多元化投资格局。1.加大政府投资。一方面要积极争取国家建设资金的支持，抓住国家对中西部地区倾斜及中部崛起的政策机遇，创造条件谋划一批符合全省发展战略规划、具有带动效应和引领作用的重大项目，以项目带投资，促进我省加快发展、加速崛起；另一方面，要优化政府投资结构，逐渐将政府投资资金从完全竞争领域退出，用于扩大在非竞争性或者竞争性较弱领域的规模，进一步统筹调配可利用的资金，提升政府投资效益。

2.放开民间投资。研究完善市场准入机制，除国家禁止或限制的领域外，取消限制条件，鼓励民间资本进入我省公共基础设施建设领域，充分发挥政府导向作用和民间资本的潜在优势，实现投资主体和投资方式的多元化。

3.推进股权多元化。依托资本市场推进我省国有平台公司的并购重组，对国有控股比例过高的企业，引进战略投资者，适当减持国有股比例，改善股权结构，并在股权多元化的基础上建立规范的公司制度，形成有效的内部治理结构。

（四）积极拓展融资渠道。1.充分利用金融机构贷款。进一步加强与金融机构的对接与合作，利用政府资源盘活存量资产，积极提高自身的信用等级以满足金融机构的融资条件，通过构建良好的政银、政保合作机制，签订战略合作协议，争取银行贷款特别是政策性银行贷款，进一步提高间接融资能力。

2.利用企业债券融资。政府融资平台发行的企业债券相当于国外的市政债券，信用等级较高，是地方政府最具潜力的融资方式之一，应重点支持我省政府平台公司发行企业债券，努力扩大企业债券的发行规模，对申请发行企业债券的企业可通过财政贴息、奖励、减免费用等优惠政策予以支持。

3.利用资本市场融资。建立完善企业发行上市的扶持和奖励机制，推动符合条件的投融资公司进行股份制改造，以整体上市或控股、参股企业上市等方式到境内外股票市场融资，或者通过下属项目公司上市融通资金，扩大股权融资规模。

4.积极申请国外贷款。充分利用国外贷款继续支持我国建设的大好时机，进一步加强贷款项目的规划、遴选、立项、评估等前期工作，抓好贷款申报、落实还款责任、转贷、采购、建设等实施环节，充分利用国外贷款资金，缓解地方政府建设资金需求的缺口。

5.利用投资基金筹资。投资基金是一种典型的市场化资本运营模式。我省可根据投资项目的不同性质和用途，设立不同种类的基金，如交通投资基金、战略性新兴产业投资基金，文化产业投资基金等，筹集相应的项目建设资金。

6.利用项目筹资。项目融资是一种比较特别的投融资方式，其主要依靠项目自身的未来现金流量和收益为担保条件来进行融资。根据项目特征，可以积极探索运用BOT（建设—经营—移交）、TOT（移交—经营—移交）等多种融资方式，通过制定相应的鼓励政策，引导其他社会资本参与基础设施建设。

（五）夯实做强政府投融资平台。1.做大做强现有平台。一是集中优势资源打造统一主体，各级政府可对现有平台公司进行必要的整合，将分散资本进行集中，从而打造实力较强、运转更为高效的投融资平台；二是加强存量资产的处置和管理，通过兼并、转让和置换等方式重组、盘活和优化现有存量资产，实现资产流动和资本的有序经营；三是及时整合政府"四资"（资产、资源、资金、资本），通过土地出让收益注入、存量资产注入、规费注入、税收返还注入等形式，充实平台资本金，确保平台的稳步健康发展；四是在重点项目建设和预备上市企业股份制改造中，优先考虑投融资平台参与；五是给予投融资平台一些长期的税费减免，财政贴息等优惠政策，以保证其资金良性循环。

2.积极培育新平台。一是进一步深化投融资体制改革，以行政事业单位经营性资产改革为契机，将原来不具备投融资功能的国有资产经营公司，赋予投融资功能和公司制管理方式；二是各市依托各自优势资源，搭建各具特色的投融资平台，如利用农林资源，配合农业专项资金的使用，搭建农业投融资平台；依托旅游资源优势，搭建旅游投融资平台公司等。三是继续对江北、江南两个产业集中区投融资平台建设注入资本金，进一步加大支持力度，推进皖江城市带承接产业转移示范区建设。

（六）完善政府投融资保障措施。1.建立健全政府投融资和市场投融资协调机制。一是政府投融资活动要遵照市场经济的信用原则，实施市场化的投融资活动；二是政府投融资的政策导向，要对市场投融资的方向、规模发挥引导效应，减少盲目性和短视行为；三是在投融资项目选择上，市场投融资活动优先参与竞争，凡是适合从其他来源获得资金的项目，政府投融资活动不应向其提供资金。在需要使用的领域，要按照地方财力的实际制定各级政府举债的具体计划和投资决策，合理确定地方政府的投资额度，形成合理的投资规模和结构。

2.完善政府投融资管理机制。一是明确政府投融资管理主体。针对地方政府投融资管理分散、政出多门的问题，应坚持地方债务只能由政府或者政府委托一个部门统一管理，集中政府投融资资金分配权，坚持科学决策，建立决策、执行、运作、监督相分离的政府投融资管理体制；二是合理界定投融资范围。坚持投融资结构均衡化原则，在投资项目选择上要偏向民生和基础设施建设等公益性项目；三是注重绩效管理。建立投资、融资和偿还贷款融为一体的良性机制，最大程度调动社会资金，并建立有效的权责约束机制，提高政府投融资活动的效益。

3.建立政府投融资监督机制。一是建立政府投资项目责任追究制度。实施对从建设项目的可行性研究和确定，到招投标、施工、采购、投产及竣工决算的全流程监督；二是强化投资审核与监督制度。严格履行项目审核和建设程序，严格执行规划、产业政策和市场准入标准。其中，财政部门要把好预算执行和资金拨付关，确保资金按投资计划和用途安排使用；三是尝试引入社会监督，提高投融资决策的透明度。

（七）营造良好政府投融资环境。1.树立先进的政府投融资理念。树立现代金融理念，将城市建设管理与市场经济接轨，改变政府大包大揽的思想观念，进一步减少政府对社会投资融资的直接干预，发挥市场对社会资源的优化配置作用；树立多元化投融资理念，加强对国内外地方政府先进融资模式的学习借鉴，指导本地投融资实践。

2.加快地方金融体系建设。一是大力引进股份制银行和外资银行，尽快建立和完善区域银行体系，为经济发展提供金融支撑；二是加强对本省金融机构的支持，加快培育地方金融龙头企业，为服务地方经济提供保障；三是完善本地区融资担保体系建设，形成多层次、多元化、多渠道的担保服务体系，为地方银企合作免去后顾之忧。

3.推进安徽社会信用体系建设。一是加快完善信用法规制度，加强制度保障；二是以“诚信安徽”“投资安徽”为主题，树立安徽对外新形象；三是完善地方政府信用评级制度，努力提高政府信用度；四是健全联合征信系统，加强信用管理体系建设，强化信用环境管理。通过上述手段，积极营造我省良好信用环境，发挥信用体系建设在优化金融生态，服务安徽经济社会发展的作用。

课题组组长：李友兰

课题组成员：黎学东　王　坤　张克敬
刘　翔　刘凌列　刘　兴

新农村建设背景下农村财务会计管理若干问题思考

社会主义新农村建设，不仅开启了“以工哺农、城乡协调发展”新阶段，有力促进了基础设施和公共服务加快向农村延伸和覆盖，而且提出了完善乡村治理结构新命题，对实行村民自治、民主管理和民主决策提出了更高要求。从构建公共财政的基础性工作看，新农村建设肩负的上述两大任务，必须依靠建立健全农村财务会计管理制度来实现。本文从新农村建设大背景出发，调查分析了安徽省宣城、六安、芜湖、滁州、蚌埠等市的农村财务会计管理现状，提出了进一步加强农村财务会计管理的对策建议，以期推进乡村治理结构逐步趋于完善。

一、新农村建设呼唤加强农村财务会计管理

“生产发展、生活宽裕、乡风文明、村容整洁、管理民主”，是社会主义新农村建设的重要内容。其中，“管理民主”既是新农村建设的重要目标，也是新农村建设的政治保障。农村财务会计管理直接关系到广大农民群众的切身利益，它通过民主理财、民主监督，让农民群众充分了解集体财务活动，参与集体财务决策，把民主管理落到实处，有利于进一步健全和完善村务公开和民主管理制度，推动乡村逐步走向良治新局面。

（一）发展农村经济、促进农民增收迫切要求加强农村财务会计管理。建设社会主义新农村的一项最重要任务，就是要发展生产，促进农民增收。而促

进农民增收的一条重要途径,就是要切实提高农村集体资金、资产、资源(简称“三资”)的使用效益。农村集体“三资”是农民群众长期辛勤劳动积累的财富,是发展农村经济、建设社会主义新农村、实现农民共同富裕的重要物质基础。近年来,中央和地方逐年加大对“三农”投入和补贴力度,这些投入和部分补贴、补助,都会反映在农村财务会计管理工作之中。因此,管好、用好农村集体“三资”和各项支农资金,实现资金统筹管理和规范使用,提高资金使用透明度,确保农村集体“三资”不断增值并实现收益最大化,促进农村经济发展和农民增收,迫切要求加强农村财务会计管理。

(二)构建农村和谐社会、密切干群关系迫切要求加强农村财务会计管理。目前,我国正处在工业化城镇化“双加速”新阶段和经济社会结构急速转型期,许多既有利益关系面临着重新调整,农村社会也不能置身其外,必然会随之出现许多新情况、新问题,突出表现在土地征占补偿、村庄整治搬迁改建和城中村改建过程中,侵犯农民和集体合法利益现象时有发生。少数村集体经济组织财务管理混乱问题,已成为农村社会发展中一个不和谐的音符,严重制约着农村经济发展,影响政府形象和干群关系,危及农村社会稳定。因此,加强农村基层党风廉政建设,改进农村基层干部作风,实现村集体经济财务决策民主化、财务管理公开化和财务监督制度化,消除群众对干部的猜疑、密切干群关系,构建农村和谐社会,迫切要求加强农村财务会计管理。

(三)加强财政“双基”建设、夯实财政管理基础迫切要求加强农村财务会计管理。随着农村综合改革的不断深入和公共财政体制的建立,通过乡镇财政下达的新农村建设资金、各项直接针对农民的补贴逐年增多。乡镇财政工作围绕农村综合改革、建立农村工作新机制的要求,逐步建立起以服务农村、服务农民为核心的乡镇财政管理新模式,工作重点转移到乡镇财政资金监管和发放财政补贴资金等服务上。实行“阳光村务工程”后,部分县市区将农村“三资”代理服务中心交由乡镇财政所(分局)办理,乡镇财政直接肩负起村级财务核算与监管的职责。因此,加强乡镇财政双基建设,夯实乡镇财政管理基础,更好地发挥乡镇财政的职能,保障党和政府新农村建设政策措施的有效执行,迫切要求加强农村财务会计管理。

二、我省农村财务会计管理工作取得的突出成绩

党的十七大以来,我省积极推行村级会计委托代理服务工作,逐步建立了村级事务流程化管理、村务监督委员会等制度,并全面开展“三资”清理和推行“三资”委托代理工作,进一步规范村级权力运行,对切实维护农民群众的根本利益,推进农村基层民主建设、维护社会和谐稳定发挥了重要作用。

一方面,在全国较早推行村级会计委托代理服务,覆盖率高。我省根据农村税费改革和乡镇综合配套改革之后农村财务会计管理出现的新情况、新问题,在全国较早地试点推行村级会计委托代理服务工作。目前,除个别村外,我省普遍实行了村级会计委托代理,并按有关规定签订了委托代理协议,覆盖率达 99.8%,远远超过全国平均水平。

另一方面,推进会计委托代理向“三资”委托代理转变,开展农村集体“三资”清理,成效明显。2010年4月,省委办公厅、省人民政府办公厅下发《关于推进“阳光村务工程建设”的意见》,启动了“阳光村务工程建设”。2010年5月,省纪检委等五部门联合发出《关于实行委托代理制度,加强农村集体资金资产资源管理工作的意见》,明确部署了全省推进“三资”委托代理的实施程序、时间要求、工作步骤等,拉开了我省农村集体“三资”清理及委托代理的序幕。其内容是:在现有会计委托服务中心、土地流转服务中心等基础上,整合资源,设立农村集体“三资”委托代理服务中心,具体承担“三资”委托代理的日常工作,积极推行农村集体“三资”清理及委托代理服务工作。目前,作为阳光村务工程建设的第一阶段任务,农村集体“三资”清理工作历时半年多已经结束。通过清理,了解了“三资”现状,摸清了农村集体家底,明晰了产权关系。截至 2009 年 12 月 31 日,全省 105 个县、17313 个村集体资金资产总额为 345.32 亿元,村均 199.45 万元。除农户宅基地以外,全省村组集体拥有各类资源 11710.63 万亩,村均 0.68 万亩;除农户承包的耕地和山林外,现有资源中由村集体经营的资源面积 1824.81 万亩,村均 0.11 万亩。从中可以看出,村集体资金资产资源存量较大。农村集体“三资”清理工作的有效开展,为进一步加强“三资”管理,推动我省农村集体经济发展,促进农村社会和谐稳定打下了良好的基础。

三、我省农村财务会计管理存在的突出问题

我省农村财务会计管理工作在取得令人瞩目的可喜成绩的同时，也存在着一些需要引起重视、抓紧研究解决的问题。从这次调研情况看，主要表现在以下四个方面：

(一)会计基础工作薄弱，会计信息质量不高。通过调查，我们发现村级财务会计基础工作不扎实，存在问题很多。例如，不按照国家统一会计制度核算，账务处理中带有很大的随意性，应收、应付类科目设置不完整，村集体重要的收入来来源"财政补助"项目列示不明确，导致会计信息质量不高；不设账、不记账、不结账、不交账，"口袋账"现象仍然出现在一些村；原始凭证不合法，"白条入账"、签章不全、项目残缺时有发生；个别村 5 万元以下工程建设不通过招投标方式进行，招待费等非生产支出过高、支出发票审批手续不规范，等等。这些问题引起农民群众种种猜测和不满，成为当地干群关系紧张的"导火索"。另外，大多数村仍然采用算盘、手抄等传统工具。核算手段非常落后，导致会计信息不完整、不准确。

(二)管理的资产资源收益低，债务仍呈上升趋势。通过全省"三资"清理结果分析：一是固定资产比重过大，村部房屋、道路、水利等固定资产占资产总额 80%左右，其他可经营性资产数量所占比重很少，资产增值能力有限。二是资源收益有限，全省 2009 年度年收益为 46436.86 万元，平村每亩资源年收益仅 25.45 元。其中，收益最高的土地资源亩均仅 92.97 元，收益最低的山岭年均亩收益更是只有 5.60 元。这说明，目前村集体各项资源尚未得到合理充分的利用，尚不能给村集体带来应有的收益，这与广大农民增收致富的迫切要求形成了强烈反差。三是债务沉重，且呈较明显的增加趋势。2009 年度查出的全省村集体总债务达 114.34 亿元，村均 66.04 万元。与 1998 年相比，债务增加 67.98 亿元，村均增加 39.27 万元。在现有债务中，三年以上债务 67.94 亿元，占 59.40%，三年以下(含三年)债务 46.41 亿元，占 40.60%。村级集体债务极大牵制着村级主要干部的工作精力，不利于农村经济发展及各项政策落实，甚至已成为引发农村纠纷的源头，严重阻碍了新农村建设的推进。

(三)民主理财不力，内部监督缺位。"村务公开、民主管理"制度是新农村建设的一项重大任务，但在现实中，一些地方村务公开欠规范，民主理财、内部监督制度落实不到位。一是村务公开没有做到真实公开、及时公开，该公开的不够公开，该透明的不够透明，或者公开的内容空泛，避重就轻，致使广大群众难以了解集体资金、资产、资源的真实情况。二是事前不进行民意调查，不广泛听取群众的意见，仅凭几个村干部商议就召开村民代表大会进行决议。使到会代表根本无法到群众中去听取意见，在会上就只能发表其个人意见，而不是代表大多数村民的意见，村民代表大会失去了真实意义。三是村务监督委员会的内部监督，难以适应村级财务公开和民主管理的新要求。部分村务监督委员会成员年龄偏大、文化素质偏低，不熟悉财务工作，难以发现账务中存在的较为复杂的问题；部分村务监督委员会成员不能主动履行监督职责，认为税费改革后村级收入主要是上级拨入一些款项，不再向农民收钱，开支也简单明了，没有必要对单据进行认真审核，所以愿意充当老好人，导致内部监督流于形式。要真正发挥村级民主监督的作用，必须提高村务监督委员会的专业性和独立性。

(四)会计人员素质不齐，缺乏从业资格管理。从调查情况看，乡镇会计委托代理服务机构的从业人员中，持有财政部门颁发的会计从业资格证的约占 50%左右，无证上岗的现象比较普遍，具有初、中级职称的从业人员数量更为稀少。如某县村级财务会计人员的最高学历是高中，年龄平均在 40 岁以上，基本无人具有合法的会计从业资格，且基本没有接受过会计专业培训。调查中也发现，有相当一部分从事农村"三资"委托代理服务工作人员，并不熟悉《村集体经济组织会计制度》，难以按照村集体经济组织会计制度要求对村集体经济活动事项进行规范的会计处理，这显然不能适应新形势下农村财务会计管理的新要求。

四、我省农村财务会计管理工作存在问题的原因

(一)农村会计工作管理体制滞后，会计管理力度不够。根据我国《会计法》的规定，国务院财政部门主管全国的会计工作，县级以上地方各级人民政府财政部门管理本行政区域内的会计工作。因此，乡镇财政部门应负责村级财务会计管理工作。但长期以来，我省对村级财务管理的业务主管部门尚无统一规定，目前的"三资"代理机构约三分之二归属乡镇农经管部门管理，三分之一归属乡镇财政部门

管理。由于乡镇农经管部门不是专门会计管理部门,易与财政部门相关会计制度、会计人员管理要求脱节,造成村级会计管理上的弱化。而且,长期以来这种业务主管部门的不一致给农村财务管理带来了较大的难度,影响了管理的效率和效果。同时,“三资”代理服务中心承担着村级“三资”核算和监督管理职能,肩负着“运动员”和“裁判员”双重角色,受人员数量、业务熟悉等情况限制,易造成重核算处理,轻监督管理的现象;并且“三资”代理中心主体在乡镇,资金业务涉及农业、财政、民政、组织等多个部门,造成管理责任多头,缺乏刚性。

(二)“三资”管理水平低,缺少政策引导和制度制约。一方面村委会“三资”管理水平普遍较低,很多村干部虽然很熟悉本村情况,但由于缺乏财经知识,很难完成盘活资产、开发资源,增加集体收益,化解村级债务的重任。另一方面缺少必要的政策引导和制度制约,如:对村集体资产资源经营无管理考核指标,对村集体资产资源长期闲置没有处罚措施,对开发使用不当、效益不高、潜力不大的项目缺少限制和制约办法。

(三)乡村建设任务繁重,造成债务加重。通过全省2009年度“三资”清理结果分析:我省村级用于公益事业的债务多,全省合计为33.47亿元,占债务总额的29.29%。其中道路建设债务最多,为14.20亿元,占公益事业债务总额的42.40%。此外,村部建设债务、新农村建设债务、土地整理债务、农村义务教育债务和计划生育债务所占比例也较大。究其原因,主要是近年来,农村的基础设施建设、公益事业建设步伐明显加快,新农村建设、公路建设、农村电网改造、小流域治理等建设项目初见成效。但不少项目立项时,上级仅能提供部分资金支持,其余资金由村集体自行筹措,不少村由于没有财力承担配套建设资金,只能举债搞建设,给村集体带来了沉重的包袱。

(四)财会队伍不稳定,业务培训经费不足。“三资”代理机构资金管理员或记账员受多次机构调整影响,村报账员受选举换届影响,都存在频繁更换的现象,给会计人员管理带来困难,一定程度上也造成会计人员素质低下。此外,村集体经济组织的会计核算与一般企业的会计核算差别较大,乡镇“三资”代理机构会计人员仅具备会计基本知识是不够的,还必须熟悉村集体经济组织经济业务,能够按照《村集体经济组织会计制度》进行会计核算。《村集体经济组织会计制度》颁布后,虽然省财政厅、省农委联合组织了师资培训,但规模有限,各市、县相关乡镇会计人员培训工作因经费、师资等原因没有接上,村级会计人员难以得到必要学习和培训,没有制度讲解教材,没有业务交流机会,政策水平、业务素质普遍较低。

(五)外部监督难以实施,社会审计不足。实施村级“三资”委托代理服务后,农村财务面临如何实施外部监督的问题。一方面,村级“三资”代理需要强化监督职能。由于乡镇“三资”委托代理机构的工作人员往往一人为几个村提供代理服务,对村情村况不够熟悉,如果缺少村务监督委员会的监督把关,很难准确判别支出手续的真实性,因而难以充分发挥会计的监督作用。另一方面,由财政部门、审计部门和中介机构实施的外部审计尚未做到制度化、常态化。通常只是在村民委员会换届、代理服务机构主要负责人轮换时进行离任审计,很少对村集体经济组织财务预算和决算、集体资产和资源的运营情况以及集体资金的使用和收益分配进行专项审计,外部审计监督的职能作用没有得到有效发挥。

五、加强农村财务会计管理的对策建议

农村财务会计管理工作,对于提高农村集体“三资”委托代理关系的效率加强和效益,确保农村集体“三资”不断增值并实现收益最大化,具有重要的现实意义。当前,我们要从提升“三资”代理服务效率入手,进一步建立健全农村财务会计管理制度,积极推进村级财务公开,着力建设农村会计队伍,全面提高农村财务会计管理水平。

(一)明确委托代理关系,齐抓共管,相互制衡。一是要明确农村“三资”管理的主体是行政村。因此,要保证村级各项资金的所有权、审批权、使用权不变。二是要保持“三资”委托代理中心的相对独立性。“三资”委托代理中心必须坚持独立、客观、公正的基本原则,既要勇于拒绝村委会干部对示意其作出不当的会计处理、提供不实的会计资料,以及其他不符合法律、行政法规和国家统一的会计制度规定的要求,又不能屈从于行政部门及其他单位、个人的压力,违规截留、挪用、代扣村级资金,要保障村级资金能够随时缴进来与拨付出去,以诚信赢得群众及基层干部的支持与信任。

（二）合理规划，强化考核，提升“三资”经营效益。一是要理清产权关系，整合集体资产。通过“三资”清理，彻底剔除无效资产，优化资产质量，同时研究资产使用、维护、流转、处置等管理途径，提高资产使用效率。二是要努力拓宽收入来源渠道，充分利用集体资产发挥经济效益。大力发展农民专业合作社，促进农业、林业、养殖业全面发展，提高村集体经济组织经营收入，逐步改变“坐吃”补助收入和发包收入现象。三是要制定和强化考核制度。实行收支计划管理，财务预算提交村民大会表决通过后，必须严格执行。把集体资产的保值、增值指标量化，将资产处置、发包的透明程度、公开情况纳入对村干部的考核内容，实施奖惩。四是要按照“适地适项、有序有效”的原则，制定“三资”开发规划，建立农村资产资源交易平台，鼓励采取股份、联营、租赁、招标等多种形式，开发利用好每一项资源，实现资产资源效益的最大化。

（三）努力化解村级债务风险，加强村建设项目监控。一方面要积极稳妥化解历史欠债。各级政府要结合村级资源有限、自身压力大，偿债能力弱的实情，制定切实有效的债务化解措施，对因建设基础设施、公益事业的历史欠债，增大政府支持力度；对于其他类型历史欠债，制定化解债务激励措施。各欠债乡村要建立准确的债务台账，按照债务来源、数额大小、时间长短进行分类清理、登记、偿还与核销。要明确债务化解工作责任，建立和完善农村基层干部的监督制度、问责制度，实行新增债务责任追究制度。另一方面要加强对村建项目的监控。村集体经济组织要坚持“量力而行”原则发展公益事业，搞好基础建设。同时实行以收定支，控制新债增长，避免债务风险。相关部门在对村级项目建设投入中，应减少对村级自筹配套资金的要求，通过增加转移支付，加大对村级组织运行的保障力度。

（四）明确“三资”代理中各管理门的职责。《会计法》明确规定，财政部门是全国会计行业的管理机构，且财政部门积累了丰富的会计行业管理经验，因此财政部门负责村级集体财务制度管理，具有政策依据和专业性支持。但是，村级财务管理不同于一般企业和事业单位财务管理，有其特殊性，与财政部门相比，农业经管部门更具有对村级财务管理复杂性的深刻认识和处理农村事务的丰富经验。因此，建议我省要尽快明确财政部门和农业经管部门的分工。如统一将村级财务会计制度、会计人员从业管理依《会计法》归属于财政部门，将村级“三资” 委托代理具体事务统一归属于农业部门。财政部门与农村经管部门协调分配好各自在村集体经济财务管理中的地位和作用，实现资源整合，优势互补，正确划分职责，促进村集体资产保值、增值，促进村集体经济稳步健康发展。

（五）加快农村财务会计管理信息化、规范化和制度化建设。一方面要逐步推进村集体“三资”委托代理业务信息化。要尽快在全省“三资”代理服务机构普及会计电算化，实现计算机记账、算账和编制报表，提高代理服务的工作效率和会计业务的准确性。同时，应以“三资”管理软件为平台，建立“三资”代理服务综合信息平台，逐步实现村级“三资”代理服务系统与国库集中收付系统、财政预算编制、查询监控等系统的联网对接，信息共享。建议采用基于互联网提供软件服务的SAS财务集中管理新模式，加快实现市县乡村四级网络化管理。，让财政转移支付到村的每一笔资金，都可以通过信息平台查询去向、查清用途，农民群众也可随时、随地通过信息平台查询本村各项资金的收支往来情况。另一方面要完善农村财务会计管理规章制度。县及乡镇一级应在《安徽省村集体财务管理办法》指导下，结合本县乡的实际情况，建立并落实村集体经济组织财务管理的一系列规章制度，包括备用金制度、财务预决算制度、债权债务管理制度、收益分配及工资管理制度、财务开支审批制度、票据领用核销制度、定期报账制度、“三资”代理机构会计电算化工作规范和会计档案管理制度等，以进一步规范各村的经费收支和资金使用行为，规范农村集体资产运作程序，规范委托代理服务工作，堵塞涉农收费、财务管理、集体资产处置、村务公开和公章管理使用上的漏洞。优化村务操作程序，不断提高村务决策效率。

（六）规范完善村民自治和政府、社会监管，促进村级民主管理和村务公开。村民自治、民主监督是保障农村财务规范化的基本措施。为切实保障农民群众的合法权益，更好地行使村务监督、民主管理职能，加快和推进民主管理进程，必须坚持多齐下。首先，应进一步严格村务监督委员会的产生办法，避免由村干部指定。其次，做好村务监督委员会成员和村民政策法规、财务知识的普及教育，使全体村民知道自己对集体财务有监督权利，知道哪些是合法的哪些是不合法的，知道如何监督，提高村民民主理财、民主监督水平。第三，要把村务公开落到实处。公开的内容要具体、清晰，应该把所有重大事项决策、集体资产处置、财务收支的程序和结果公开。要创新公开形式，充分利用电子触摸屏查询、手机电话语音查询、电视点播、手机短信、互联网公布等现代技术。公开的形式要方便群众查阅和质询，鉴于财务信息的特点，应主要利用各村组公告栏和办公场所公开，把重要的村务财务及时公告到各村组的公告栏上，而具体、详细的收支等可在各村组办公室公示，方便群众查阅和审核。彻底消除以往村务公开工作中群众处于被动接受状态，把以往的群众被动接受变成了干群互动，促进民主管理、民主监督、民主决策。第四，改革监管方式，提升政府管理手段，建立长效监督机制。纪检监察和政府职能部门（如财政部门、农业部门等）应加强监督检查，通过政府购买服务的方式引入中介机构，加强对村集体经济组织财务预算和决算、村级财务收支、债权债务、“三资”运营及收益分配情况的专项审计。

（七）加大农村财务会计队伍建设力度，为农村财务会计管理提供更多合格人才。会计人员的业务素质决定了会计核算的质量。做好“三资”代理服务工作，提高代理服务机构财务人员和村报账员的会计素质是关键。因此，应进一步开展各种形式的农村会计培训。一是加强会计从业资格培训。与大、中专院校合作，对“三资”代理机构中尚未取得会计从业资格证的从业人员进行有针对性的培训，尽快全面实现持证上岗。二是定期与不定期地对“三资”委托代理机构的在岗会计人员进行继续教育。包括农村财务会计基础知识、会计电算化知识等方面的培训，着力提高农村财会人员的理论水平、业务素质和技能操作水平。可以考虑选择比较规范的“三资”委托代理机构建立示范点，加强全省“三资”委托代理机构之间的交流，取长补短，共同提高。三是加强对村干部、村报账员的会计知识培训。结合阳光工程，开展对村干部、村报账员的会计法规、会计制度、经济管理知识、支农惠农政策等方面的培训，使他们了解法规、熟悉政策，提高村集体经济管理水平。四是逐步建立村报账员任免机制。把村报账员资格认定和管理纳入会计法定管理轨道，调整时必须经过财政部门审查报乡镇政府同意后由乡镇财政所派员办理移交手续，村干部不得自行撤换和私自移交财务手续。村财务人员的任用、免职等必须履行公开选拔、考核、审报手续，从机制上保证会计人员敢于监督，不因村委会换届和村干部变动而变动，形成一支稳定、精干的农村财务队伍。

（八）因地制宜，探索多种模式并存的村级财务会计管理模式。判断村级财务管理模式是否合适，最关键的是看这种财务管理模式能否帮助村集体资产保值增值，村集体经济成员是否得到真正的实惠。“三资”委托代理服务作为我省推行的一种村级财务管理模式，是适应我省现阶段的村级经济发展情况的。但我省村集体收入差距较大，有的村集体收入高，资金流量大，而有的村集体基本靠财政补助和转移支付保持运转，有的甚至负债运转。农村经济发展的不平衡性决定了必须因地制宜地采用不同的财务管理模式。建议随着农村经济的进一步发展，根据各地不同特点、不同基础，探索不同的发展路径，构建适合区域自身特色的村级财务管理模式，以促进农村经济又好又快发展。尝试引入第三方介入（会计师事务所、税务师事务所、财务公司等）模式，将农村集体的财务核算业务委托给通过社会公开招标确定的社会中介组织管理，利用“第三方”的独立性、专业性优势，实现村级财务管理的全面委托、彻底委托、全方位委托代理服务。使政府、集体、农民和中介组织各就各位，各负其责，相互制衡，有效地实现农村集体资产和财务监管中“权、责、利”的有机结合。

课题组组长：陈传文

课题组成员：黄克来　季必英　连发玉

　　　　　　张顺建　吴祎明

积极稳妥推进预算绩效管理

——安徽省推行预算绩效管理的实践和对策建议

近几年来，根据党中央、国务院的决策部署和财政部的要求，我省各级财政部门纷纷开展了预算绩效管理的探索和实践，取得了初步成效。面对“十二五”发展新的形势，我省财政改革发展进入了新的阶段，需要加快推进预算绩效管理进程。现按照财政部预算司和全国预算与会计研究会的安排和要求，本课题在对安徽省开展预算绩效管理进行回顾分析的基础上，对进一步推进预算绩效管理提出若干对策建议。

一、安徽省预算绩效管理进展良好

预算绩效管理是一种全新的预算管理模式，内涵十分丰富，涉及预算编制、预算执行以及绩效评价运用等诸多环节。在省委省政府的高度重视和财政部的大力指导下，安徽省预算绩效管理起步于2005年，先后历经先期试点、点面结合、全面推开三个阶段，形成了以省级为引领，以市县为依托，省市县三级联动、协调推进的工作格局，推动了预算绩效管理工作的扎实开展。突出表现在以下两个方面：

（一）财政支出绩效评价全面推开。财政支出绩效评价是预算绩效管理的核心内容，也最为社会各界关注。安徽省紧紧抓住财政支出绩效评价这一突破口，于2005年出台了《安徽省省本级项目支出绩效考评管理办法》，正式启动支出绩效评价工作。当年选择革命老区专项转移支付资金、城市污水处理厂建设等4个项目开展绩效评价试点工作。2009年，制定了《安徽省预算支出绩效考评实施办法》，提出三年工作规划，明确到2011年在全省范围内全面推行财政支出绩效评价工作，并选择2个市10个县进行试点。2010年试点范围扩大到所有省辖市和30个县。今年，绩效评价工作在全省17个市和61个县全面推开，努力实现绩效评价覆盖所有预算部门和各种类型财政支出的“两个覆盖”目标。

一是整合力量形成工作合力。安徽省财政支出绩效评价工作由财政部门预算处（科、股）牵头组织，各业务处（科、股）参与、配合，财政监督检查局、投资评审中心、预算部门和中介机构组织实施。在项目实施过程中，成立绩效评价领导小组和办公室，负责绩效评价工作的组织领导、沟通协调，并明确各方职责。预算处（科、股）积极发挥牵头作用，在评价工作的多个环节上，主动同支出处（科、股）和预算部门协调与沟通，定期召开碰头会，了解工作进展，解决存在的问题，齐心协力推动绩效评价工作顺利开展。

二是探索扩大绩效评价内容。安徽省坚持事前、事中和事后等多种评价方式并举，将绩效评价融入预算编制、预算执行和预算监督之中。在重点评价上年项目的同时，加强对当年项目和跨年项目的评价；尝试开展基本支出评价，为调整和完善基本支出供给政策提供可靠依据；探索部门整体支出评价，扩大中央和省转移支付项目评价范围。通过几年努力，绩效评价已覆盖到不同资金来源、不同支出类别、不同实施时间的多种类型支出项目。

三是完善绩效评价体制机制。自2005年以来，安徽省连续6年对革命老区等专项转移支付资金项目进行跟踪评价，实现了项目立项、资金安排与评价结果挂钩。目前，革命老区等项目已形成一套比较成熟的组织工作机制、完备的评价指标体系、切实有效的激励奖惩制度，项目管理更加规范，项目实施绩效明显提高。六年来，通过坚持将革命老区等项目绩效评价工作做精做细，从中总结经验、发现问题，从个案中学习借鉴，推广好的做法，全省绩效评价体制机制不断完善。

四是强化绩效评价结果运用。安徽省将结果运用作为绩效评价工作可持续发展的“生命线”，抓紧抓牢，不断拓展结果运用渠道。一方面，对评价过程中发现的问题及时反馈预算部门，督促部门纠正、整改，并将绩效评价和预算编制相结合，将绩效评价结果作为以后年度安排预算的重要参考依据。另一方面，将绩效评价工作情况及财政重点评价项目绩效报告相关部门领导，为领导决策提供参考。同时，加大评价结果的公开力度，在一定范围内披露部分社会关注高的项目资金使用绩效情况，吸引社会公众参与和监督。

五是全面推动市县绩效评价。安徽省坚持一手抓省级示范引领、一手抓市县指导推动，于每年年初确定当年工作重点和目标，要求市县做好“规定动作”，鼓励有条件的地方创新“自选动作”。省财政厅主动加强培训，提高市县相关人员业务水平和操作能力，同时，开展试点地区调研和检查，跟踪了解各试点地区工作进展，督促市县改进工作。年终结束时，省财政厅组织对市县绩效评价工作进行综合考核，对工作成绩突出的市县给予表彰奖励。

（二）全过程预算绩效管理试点有序开展。基于预算绩效编制、执行和控制等管理环节开展的复杂性，安徽省选择先期开展财政支出绩效评价工作基础较好的合肥市探索实施全过程预算绩效管理，力求在总结经验中逐步实现从事后支出评价转向事前编制绩效预算、事中开展评审跟踪、事后开展绩效评价及结果运用的全过程绩效管理方式。

一是建立事前绩效目标申报审核机制。合肥市从2010年开始,将绩效目标管理融入部门预算编制流程,要求预算单位在编制2010年部门预算时,所有申报项目支出要编制绩效目标,作为预算安排评审的依据。为确保项目按期实施,要求单位在编报项目预算时不仅要编制绩效目标,还要编制项目计划进度,作为预算执行事中评审的依据,以此促进当年安排的项目能及时实施完成。当年,预算单位共申报600多个项目支出绩效目标,经市财政局整理、审核确认110个,涉及金额17.3亿元。根据规定,经财政部门审核确认后的绩效目标,随部门预算批复下达预算单位执行,作为绩效评价的依据。

二是推行预算公开评审和事中评定制度。预算决策影响预算资金分配和使用方向,成为预算绩效编制最为关键的环节。合肥市从2010年开始对预算编制程序进行重大改革,推行预算公开评审,引入专家决策机制,通过专家公开评审,把一些无绩效或绩效低的项目,以及临时拼凑的准备不充分的项目鉴别出来,提高预算安排的科学性。在预算公开评审上,合肥市摈弃常规思路,打破"闭门造车",坚持客观公开公正,从"关门砍预算"向"上门编预算"转变,精心设计方案,组建多领域跨专业的预算评审专家队伍,打造"公开、透明、规范、高效"预算编制机制,优质高效开展预算编制评审工作。在预算执行中,合肥市要求预算单位对项目绩效情况进行自查,财政和主管部门开展事中评定,项目完工或年度预算执行完毕后,开展委托第三方开展绩效考评。

三是开展财政政策绩效评价。财政政策直接规定着财政资金的使用范围、投入重点和支持方式,是发挥财政职能的重要载体,更是预算绩效管理的重点内容。合肥市在积极开展财政项目绩效评价的同时,从2011年开始探索尝试财政政策绩效评价。市财政局与市审计局联合牵头组织,拟订工作方案,由市政府办公厅下发通知,确定合肥市财政支持工业、现代农业、服务业和自主创新等四大政策为绩效评价对象,通过公开招标,选定评价中介机构,聘请相关专家分别组成四大政策评价组,根据政策评价指标和评价方法,对主要政策条款兑现项目单位的抽查面不低于50%,其他条款不低于30%。在此基础上,撰写政策评价报告,评价报告经市政府审批后,由市财政局牵头制定政策修订导则,明确政策修订总体要求、政策预算安排及扶持重点等。市直有关部门会同财政部门召开座谈会和专题研讨分析会,按照管理和服务对象的具体情况,对四大政策进行修改完善,报市政府审批。财政扶持政策经市政府审批发布实施后,财政部门会同市直有关部门及时修订政策实施细则,进行政策宣传,并按照公开、公平、公正的原则兑现项目资金,在项目申报、资金兑现两个环节严格实行公示制,确保财政资金在阳光下运行。

二、安徽省预算绩效管理成效初显

经过近几年的实践探索特别是实行支出绩效评价三年规划,安徽省预算绩效管理进展良好,取得了初步成效,并在今年全国预算绩效管理广州会议上作了经验交流,得到了财政部的充分肯定。由于安徽省前期开展预算绩效管理重点在于全面推进支出绩效评价,因而其成效主要体现在支出绩效评价上。

一是预算绩效管理理念逐步树立。通过全面开展财政支出绩效评价和全过程预算绩效管理试点,省直各单位和各市县党委、政府及其各个部门对预算绩效管理有了较为直接的理解和认识,开始重视财政预算绩效问题,并把绩效评价工作列入议事日程。据淮南等市的调查,通过实施大规模的宣传发动,预算单位对绩效评价的知晓率已经达到97%,"重分配轻管理、重使用轻效益"的现象有所遏制,"使用财政资金要进行评价,必须讲究效益",以绩效为目标、以结果为导向的绩效理念也正在各地、各部门逐步形成。

二是支出绩效评价制度框架基本形成。省级出台了《关于进一步加强预算支出绩效考评工作的意见》、《关于全面推进财政支出绩效评价工作的通知》等一系列文件,着力建立和完善制度保障机制、工作运行机制、结果应用机制和持续推进长效机制。各试点市县相继制定了绩效评价管理办法、绩效评价内部工作规程、专家管理办法、评价结果运用办法、绩效评价工作考核办法等,建立绩效评价工作联席会议制度,有的地方还分项目制定专项资金绩效评价管理实施细则,为支出绩效评价工作的开展提供了制度保证。

三是支出绩效评价范围逐步扩大。经过前期先行先试和强化结果运用,安徽省支出绩效评价范围逐步扩大。省级评价项目由2009年的16个扩大到2011年的56个，项目覆盖到省直所有重点支出部门,涉及财政资金从2009年的231.7亿元增至2011年的587.5亿元。2011年省级实施的56个项目,含财政重点评价项目12个(主要是省委、省政府确定的重大项目和社会关注度高的民生工程)、部门自评项目43个和委托省统计局社情民意调查项目1个。与此同时,市县支出绩效评价试点范围从2009年的2市10县扩展到2010年的所有省辖市和30个县,直至2011年在全省17个市和61个县全面推开绩效评价改革。

四是支出绩效评价质量不断提高。为稳步提高评价质量,安徽省在绩效评价过程中着力把好项目选择、指标设计、组织实施和报告撰写四个关口。评价项目由易到难、由点到面,优先选择资金数额大、社会关注度高、可操作性强、评价结果有开发利用价值的项目。项目评价由实施单位设计指标框架,广泛征求支出处(科、股)、预算部门和相关专家意见后，最终确定评价指标体系。每个评价项目成立工作小组,考评组分赴基层,走访企业、群众,对项目实施情况进行深入细致的调查和分析,并设计统一的文本格式和报表式样,做到格式规范、内容完整。从省、市、县2010年实施情况看,评价项目更加丰富,项目实施更加有序,评价指标的科学性和评价结果的公正性明显提高,评价报告得到预算部门的广泛认可。2011年,在全省所有市县全面推开绩效评价改革中,省本级项目增加到56个,其中有43个自评项目,1个社情民意项目,12个重点评价项目，涉及财政资金587.5亿元。

五是财政预算分配更加科学。经过几年探索,我省财政部门逐步建立了以绩效结果为导向的预算资金分配模式,按绩效评价结果确定项目支持手段、资金投向和规模。通过支出绩效目标管理和评价结果运用,将绩效评价与预算编制结合起来。合肥、淮南等一些市县根据项目绩效评定的优秀、良好、中等、较差等四个等级的不同,在下年度预算安排时分别实行优先保障、从宽安排、从紧控制、调整或调减撤销等政策。淮南市在2010年首次开展的绩效评价中就节约财政资金4000多万元,不仅如此,淮南市又对评定优秀的工业立市项目、农贸市场升级改造项目等则分别增加800万元、100万元。特别是合肥市尝试开展申报项目时要求编制绩效目标,审定绩效目标后,测算资金需求,确定项目预算,从而规范了预算部门项目申报行为,加强了预算产出分析,初步改变了长期存在的“先要资金,再找项目”的现象,提高了项目预算的规划性、可执行性和财政审核预算的科学性,提高了预算编制质量,一些无绩效以及准备不充分的拍脑袋的项目被砍了下来,确保财政资金更多地集中于社会效益高、带动作用大的、关键的、迫切的项目上。

六是财政支出责任进一步强化。通过实施绩效评价,财政资金安排有没有给足、财政资金有没有管好用好等就有了衡量的标尺,过去那种项目资金安排、使用、管理等环节中可能存在但难以暴露的问题就容易被揭开,同时也容易分清是财政部门还是预算部门的管理责任。尤其是对财政部门给足资金、但部门没有管好用好的问题,能够引起所在地方党政领导的高度重视,推动他们要求和督促预算部门管好用好财政资金。这就给预算部门形成了一种有形和无形的问责,促使他们进一步增强自我约束意识和支出责任意识,真正围绕绩效目标,不断提高项目管理水平和理财水平,形成一种自我约束、科学规范的管理机制,把钱用在刀刃上,发挥出财政资金的最大效益。

三、当前安徽省预算绩效管理存在的难点和不足

虽然安徽预算绩效管理取得了初步成效，但毕竟预算绩效管理是一项全新的业务,政策性强,技术含量高,涉及面广,加之起步时间不长,安徽省预算绩效管理工作仍处于不断探索和积累经验阶段,有些工作还刚刚破题,在实践中遇到不少矛盾和难题,与新的形势和要求相比也存在一些差距和不足。归结这些难点和不足,既有主观因素,也有客观因素;既有体制机制原因,也有政策技术原因,迫切需要加以研究改进和完善。

一是绩效理念尚未全面牢固树立。一些地方和部门领导对绩效管理和评价工作还不甚了解,对绩效管理和评价的意义认识不清,尤其是对“效”的理解不够,还停留在是否按计划完成任务上,认为只要财政资金使用合法合规就行,至于使用效果与己责任不大,因此对绩效工作重视不够,没有将工作重点放在效益和效果方面。部分市县认为，目前预算绩效管理和评价的物质基础不具备,技术也不成熟,因而存在畏难情绪,以至于少数市县和项目单位部门

存在拖延或被动应付现象,工作缺乏主动性,这在财力较差的县表现得更加突出。部分预算部门也认为是财政部门"求着"、"压着"他们干这件事情,更有甚者,认为是财政部门在变着法子找茬。

二是缺乏强力的法制推进要求。预算绩效管理不仅仅是一种经济行为,更是一种对政府管理行为的再造,迫切需要各级党委政府的重视和支持。应该说,党中央、国务院对推进预算绩效管理高度重视,早在党的十六届三中全会上,就对全党提出要"建立预算绩效评价"。在党的十七届二中、五中全会上也分别提出要"推行政府绩效管理和行政问责机制制度。建立科学合理的政府绩效评估指标体系和评估机制。"以及"完善政府绩效评估制度"。但这些要求还没有落实到法律操作层面,国家"十二五"规划纲要也没有具体提及。这不免给人产生中央的决定只是提出一种中长期的要求。尽管财政部一直在推进此项工作,但这种工作开展当前只限于财政部门在积极推进,还没有成为各级党委和政府的硬任务、硬要求,多数部门也没有将预算绩效管理及其评价纳入到部门重要管理工作中去,不利于预算绩效管理工作的全面深入开展。

三是缺乏规范的预算资金分配体制。现行财政资金安排,除了正常的经各级人代会审定的年初预算之外,存在着大量的预算追加,这部分预算追加,很多都是临时性、突发性、应急性的安排任务,财政部门难以事先编制绩效预算,事中和事后也难以开展控制和绩效评价。即使在编制年初预算时,不少部门以条条下达的文件批复为依据争资金、争项目。作为地方党委、政府包括财政部门也希望以配套资金的方式鼓励相关部门多多争取上级资金,由此导致项目绩效情况往往在预算编制环节显得不很重要,一些项目没有经过充分的绩效论证即可上马。而预算一经批复,一些单位对于项目建设时间观念、成本观念不强或没有,导致已安排预算的项目迟迟不能建成并交付使用,甚至有的部门挤占挪用项目资金,项目建成后又不及时总结分析,从而阻碍和制约了预算绩效工作的开展。

四是缺少专业的预算绩效管理队伍。预算绩效管理工作涉及项目业务、财务、效益等方面知识,能全面掌握这些知识的人员较少。财政、单位人员了解项目业务,中介机构主要了解财务方面知识,但对其他方面仍有所不足,特别是能对效益方面进行较好评价的人才就更加缺乏,因此面对预算绩效管理这项综合性的工作,面对考评项目的千差万别,急需建立一支专业性强、业务能力棒的专业队伍。从当前情况看,市县职能科股人员编制较少,县级从事预算管理工作人员一般在2-3人左右,从事预算绩效管理工作人员更少,这已经成为开展预算绩效管理的一大制约因素,影响了工作的进一步推进。

五是预算绩效管理制度体系不够完善。由于缺乏理论上的有力指导,加之各自还处于实践探索阶段,目前财政部还尚未建立统一、科学、合理的预算绩效管理指标体系、标准体系和相关案例信息数据库,导致各地绩效评价缺乏统一指导,也缺乏可靠的历史和行业资料。大部分地方只是对少数行业、部门、项目建立了相应评价指标,且指标设置较为粗放,指标权重确定、定性指标计分等也缺乏科学的方法,评价结果可比性不强,不能满足从不同层面、不同行业、不同支出性质等方面进行综合、立体评价的要求,必然影响财政支出绩效评价结果的公正合理性。同时,目前的财政预算绩效工作也主要限于对项目支出绩效评价,对基本支出的绩效评价很少,甚至是空白,绩效预算编制和控制没有全过程、全方位展开。此外,预算绩效管理也缺乏激励机制和长效机制,一定程度上影响了预算绩效管理工作的开展。

六是预算绩效管理结果应用水平不高。目前,绩效评价结果仅仅停留在反映情况、找出问题、完善制度层面,没有很好地与财政管理相衔接,把结果运用到预算编制上来,没有很好地和经济社会的发展目标相衔接,把结果运用到促进经济社会发展目标的完成上来,没有很好地与政府绩效评价相衔接,把结果运用政府目标考核上来。同时,大部分地方虽然制定了评价结果应用的办法,但对于支出项目执行的成效、问题及相关责任并没有直接的制度约束,评价结果对于支出分配和支出项目管理应有的参考作用、导向作用和制约作用尚未得到充分体现,这不仅使预算绩效管理工作流于形式,而且也影响了该项工作的权威性和工作的深入开展。

四、稳步推进预算绩效管理的对策和建议

推行预算绩效管理,是党中央、国务院的重大决策部署。尽管国家没有对推行预算绩效管理采取强制性措施、设置具体时间表,但国务院已经于今年3月成立了政府绩效管理工作部际联席会议,指导和推动包括预算绩效管理在内的政府绩效管理工作。

财政部也把进一步提高财政管理绩效作为“十二五”财政工作要着重把握的一个重要方面，提出要“完善预算绩效管理制度，建立健全绩效目标确定、绩效跟踪、绩效评价及结果应用有机结合的预算管理机制，实现全过程预算绩效管理。”今年7月，财政部下发了《关于推进预算绩效管理的指导意见》，在全国范围内部署推进预算绩效管理工作。这就需要地方各级财政部门从当地实际出发，进一步创新思路，创新举措，抓好落实，为全国面上的推开积累经验。现结合安徽实际，提出几点对策建议。

（一）广泛开展预算绩效管理宣传。在传统预算管理中引入预算绩效管理，从注重资金投入管理转向注重预算编制、执行和监管全成果绩效管理，是财政理财理念的一场大变革，也是财政管理工作的一次深刻革命，涉及各部门、各单位的既得利益，实施起来自然难度较大，加之此项工作本身十分复杂，政策技术含量高，迫切需要思想认识先行，迫切需要各部门各单位的协同配合，迫切需要社会各界的共同参与。这就需要以贯彻落实财政部出台的《关于推进预算绩效管理的指导意见》为契机，深入开展一场宣传活动。在宣传内容上，除了要宣传实施绩效预算重大的政治、经济和社会意义，宣传实施预算绩效管理是单位加强自身行政管理改革的现实需要，更重要的是要宣传实施预算绩效管理的指导思想、基本原则、目标任务、主要内容和工作要求，把意见精神交给各预算单位，让各预算单位在原原本本弄清弄懂预算绩效管理内涵、熟知意见精神的基础上，切实打破原有的“重投入、轻产出”，“重分配、轻管理”，“重数量、轻质量”的粗放式预算管理方式，进一步强化“用钱必问效、问效必问责、问责效为先”的预算绩效管理理念，进一步增强大局意识、责任意识和主动意识。在宣传方式上，要采取上门汇报宣传、会议推动等方式进行宣讲，争取党委政府领导重视和支持，争取预算单位理解和配合，也要采取各种新闻媒体、政府网络平台、编制宣传册页等常用的有效形式，引导全社会关注和重视绩效考评工作，努力营造良好工作氛围。

（二）建立健全预算绩效管理工作机制。按照财政部的意见要求，预算绩效管理要遵循“统一领导，分级管理”的原则，各级财政部门要切实加强对预算绩效管理的统一领导，健全组织，理顺工作机制，组织对重点支出进行绩效评价和再评价；各预算单位是本单位预算绩效管理的主体，负责组织、指导单位本级和所属单位的预算绩效管理工作。这就需要将安徽省绩效评价领导小组及其办公室更名为预算绩效管理领导小组及其办公室，充实人员，调整修订相关工作职责，进一步明确各相关成员单位的工作权责，建立工作分工协调机制，形成工作合力。预算处（科、股）具体负责制订预算绩效管理政策和制度规章，牵头组织本级预算绩效管理工作，做好绩效评价实施单位和预算单位之间的沟通协调，做好绩效评价结果反馈、应用和宣传等工作；财政业务处（科、股）具体负责对口预算单位的预算绩效管理工作，参与确定评价项目，配合制定评价指标，指导督促预算单位落实评价结果；财政监督和投资评审机构具体负责参与制定部门自评项目的预算绩效评价指标，组织实施重点项目的评价工作，出具绩效评价报告；预算单位负责本部门业务预算绩效管理指标体系建设，组织自评项目的实施，配合财政部门做好重点项目评价，提供评价工作需要的基础信息和相关资料，落实本部门绩效评价结果。在此基础上，建立规范的预算绩效管理工作流程，优化工作程序，完善工作机制，推动预算绩效管理工作开展。

（三）分步开展预算绩效管理试点。根据财政部意见要求，推进预算绩效管理，是要逐步建立覆盖所有财政性资金，贯穿预算编制、执行、监督全过程的具有中国特色的预算绩效管理体系和“预算编制有目标、预算执行有监控、预算完成有评价、评价结果有反馈、反馈结果有应用”的预算绩效管理机制。而预算绩效管理则是一个由绩效目标管理、绩效运行跟踪监控管理、绩效评价实施管理、绩效评价结果反馈和应用管理共同组成的综合系统，内容十分丰富，实施起来要求很高，只能按照先易后难、以点带面、逐步推开原则，分内容、分区域开展试点，稳步推进。从实施内容来看，可借鉴全面开展支出项目绩效评价的经验做法，分三步走，即先开展基本支出绩效管理试点，再开展单位整体支出绩效管理试点，最后开展财政综合绩效管理试点。从试点区域来看，可总结合肥市开展绩效预算编制和控制的经验做法，从省直部门和地市各选择基础条件较好的3-4个单位开展试点，然后逐步推开。但无论是分内容，还是分区域试点，对每一项试点，都要按照财政部规定的程序和环节严格执行，设定绩效目标，审核绩效目标，批复绩效目标，跟踪监控绩效运行，实施绩效评价管理,做好绩效评价结果反馈和应用,为最终全面实施预算绩效管理积累经验。

(四)制定完善预算绩效管理制度体系。在现行立法条件不太具备的情况下,抓紧制定完善预算绩效管理制度体系尤为必要和迫切,力求将预算绩效管理工作变成一个指令性、经常性、制度性的工作,使预算绩效管理做到制度化、规范化和法制化。要在《安徽省预算支出绩效考评实施办法》的基础上出台具有可操作的安徽省预算绩效管理指导性意见与办法,对预算绩效管理内容、方法、指标、组织管理、对象、工作程序及结果应用等进行统一规定。同时,对不同绩效管理内容,在资金运行的各个环节,分别制定实施细则,指导各地行之有效地开展绩效管理工作。当然,建议向财政部呼吁在修改《预算法》时,增加加强对预算绩效管理的约束性条款,为今后开始预算绩效管理奠定必要的法制基础。要建立预算公开评审论证制度,引入外部决策与监督,明确公开评审的组织机构、专家组成、评审范围、内容、程序以及评审要求和结果运用,增强预算编制科学性。要建立预算绩效报告制度,各预算部门要定期向同级财政部门、下级财政部门要定期向上级财政部门、财政部门定期向同级人民政府提交预算绩效报告,说明预算绩效的完成进度、存在问题、纠正措施和下一步工作重点。

(五)创新完善预算绩效管理方式。预算绩效管理涉及部门多、环节多,各项工作差异较大,需要在实践中不断创新方式,使预算绩效管理工作也要绩效起来。要研究建立科学、规范的预算绩效管理指标和标准体系,按照预算科目分类,在按公共服务、教育、科学技术、文体传媒、医疗卫生、农林水、社会保障、环境保护、经济建设等不同项目分类构建指标库的同时,可考虑按经济科目来分类构建指标库,形成共性指标与个性指标相结合、多层面、立体、交叉的指标体系。要积极探索多类型预算绩效管理评价方式,采取专项评价和综合评价相结合,建立各部门自我评价、财政综合评价、绩效审计评价为一体的绩效评价机制。要强化规范第三方独立机构参与评价模式,制定专家和中介机构参与预算绩效管理办法,建立绩效评价专家库和中介机构数据库,充分吸收专家和社会中介等第三方独立机构积极参与,促使绩效评价工作向纵深发展。要丰富预算绩效评价方法,遵循普遍性和特殊性相结合的原则,体现各级、各部门、各行业和事业发展的特点,采取诸如成本效益分析法、最低成本法、市场函数法、标杆管理法等灵活多样的评价方法,使绩效评价达到预期的效果。要推进预算绩效管理信息系统建设,以金财工程为基础,开发绩效预算评价分析系统软件,建设绩效评价信息交流与沟通平台,实现预算绩效评价工作所需信息的资源共享和互通,为预算绩效管理提供信息技术支撑。

(六)切实强化绩效评价结果反馈和应用。开展预算绩效管理的目的就是要改进预算管理、优化资源配置、控制节约成本、提高公共产品质量和公共服务水平。因此,绩效评价结果反馈和应用得好不好直接决定着预算绩效工作的开展。要建立绩效监督检查机制,加强对绩效目标完成情况的跟踪管理、督促检查,客观反映预算绩效管理和财政支出绩效存在的问题并予以通报,督促部门整改。要探索实行绩效拨款制度,结合绩效监督和审计,变简单追求支出进度为追求绩效完成进度。要建立预算绩效评价结果反馈和应用制度,将绩效评价结果及时反馈给预算具体执行单位,要求其根据绩效评价结果,完善制度,改进措施,提高管理水平,同时将绩效评价结果作为安排以后年度预算的重要依据。要探索建立绩效评价信息公开发布制度,加强对各部门支出的激励和监督,增加政府公共支出的透明度,提高依法行政水平。更为重要的是,要建立绩效问责机制,本着"谁用款、谁负责"的原则,对在预算编制和执行过程中未能达到绩效管理目标或规定标准的各级预算部门(单位)及其责任人员实行绩效问责,形成预算绩效管理强大的威慑力。

(七)深入推进相关配套改革。预算绩效管理既涉及财政工作的方方面面,覆盖到所有财政性资金,贯穿到预算编制、执行、监督全过程,也涉及党和政府工作部署以及决策安排,在实施过程中不可避免地需要相关财政和行政管理体制改革予以跟进。从财政管理改革看,要继续完善政府预算体系,探索实施中、长期预算管理,编制滚动预算,研究完善政府会计制度,在部分预算项目中实行权责发生制,切实使政府按"成本-效益"原则配置和管理财政资源,进一步提高财政资金使用效益;要深化部门预算制度改革、国库集中收付、政府采购管理等相关制度改革,将所有政府性收入全部纳入预算管理;要全面加强国有资产管理,促进资产管理与预算管理有机结合；要按照政府信息公开的要求，积极推进预算公开、执行结果公开，增强预算及其绩效的公开透明，主动接受社会监督，不断推动和提高预算管理绩效。从行政管理改革看，要改进决策机制，真正引入专家决策论证和社会征询制度，广泛接受社会各界的评议，切实提高政府决策的科学性、稳定性；要加强上下政令的统一，实行上下财政资金绩效管理的有机对接，切实将争取的上级资金和地方配套的资金统一纳入绩效管理范围；要引进财政性资金分配竞争机制，大力采用招投标形式购买性公共服务，既能满足社会对公共产品与服务的需要，又可以大大降低政府公共成本；要在保证服务质量、提高政府机构实际工作效率的基础上，进一步缩小政府管理人员规模、降低行政管理成本；要预算将绩效评价结果向同级人民政府报告，为政府决策提供参考，并将绩效评价结果和同级政府目标管理考核相结合，把财政支出绩效评价结果作为政府目标管理考核的重要内容之一。

（八）加强预算绩效管理队伍建设。预算绩效管理工作开展得好不好，关键取决于队伍建设得好不好。针对当前预算绩效管理队伍人才缺失的情况，要切实把预算绩效管理队伍建设作为当务之急。一方面，要充分整合多方力量，集中业务骨干充实财政预算绩效评价队伍；要完善业务培训制度，通过组织培训、学习考察、工作调研、业务交流等形式，对财政预算部门和市县相关人员开展多层次的业务培训；要赋予预算绩效管理人员必要的职权，如在信息查询、资料获取、独立取证以及行政处罚建议等方面给予一些特定的权力，增强其对预算单位开展单位绩效管理的指导监督作用。另一方面，要加强对部门预算单位负责人及其经办人员的培训教育，为聘请的专家和社会中介机构提供预算绩效管理相关资料，让其更快地了解和掌握预算绩效管理内容和实施规程，提高预算绩效管理理论和政策业务水平，共同推动预算绩效管理工作的深入开展。

课题组组长：丁美彩
课题组指导：孟照红
课题组副组长：凌　明　段焕松
课题组成员：朱维新　程　林　谢文革
陈小永　蔡功伙　余成晨
宛中宝　朱仁东　夏敬周
执笔：鲍文前　黄永强　陶　颖

“十二五”期间推进我省民生财政建设研究

近年来，我省积极推进民生工程建设，将各项民生工程汇总安排，实行统一领导，统一推动，统一管理，从而有力促进了我省民生的改善和社会事业的发展。在此过程中，随着财政支出向民生领域的倾斜，也引发了人们对建设民生财政的思考与探索。

一、民生财政的历史溯源和思想基础

民生财政，不是一个严格意义的经济学术语，而是中国学术界因当前政府“民生”执政理念而提出的概念。

（一）民生财政概念的历史溯源

党的十六大召开以后，以胡锦涛为总书记的新一代党中央领导集体提出“以人为本”的发展理念，采取了一系列的利民、惠民政策，深受群众欢迎和拥护，“民生”从此成为党和政府执政的主题词，民生问题也成为学术界关注的热点，但是2007年以前，“民生财政”这个词在学术界还没有被人提起。

采取“精确”方式搜索带有“民生财政”为篇名的文献，共有124篇相关论文，其中大多数文献是2007年党的十七大召开以后才出现的。党的十七大提出“加快推进以改善民生为重点的社会建设”，从此“民生财政”引起社会进行学术上的探讨。然而，政府权威报告和文件中没有明确的关于“民生财政”的提法。因此，“民生财政”在中国当前特殊的社会经济环境下被学术界所提出，它是植根于当前政府关注民生的执政理念。

（二）民生财政的思想基础

财政思想基础，取决于执政者的治国思想和执政理念。民生财政，逻辑上归结于政府的执政为民。目前我国的民生财政建设，体现我党执政为民的民本思想观念。

1.我国传统民本治国的思想精髓。

中国传统的民本思想，是基于封建等级制度和维护统治阶级的前提下确立的，具有自身不可克服的局限性，它是封建统治阶级治国安邦的官方意识形态。

民本思想是我国古代治国思想的精髓，《尚书□五子之歌》中曰“民惟邦本，本固邦宁”，我国古代的民本思想大致可以分为三个历史时期。

第一个时期是先秦时期。西周建立之初,周人汲取殷商覆亡的历史教训,提出“民之所欲,天必从之”、“天视自我民视,天听自我民听”等一系列敬天保民的思想。春秋战国时期,诸子百家争鸣,发表各种重民主张。诸如孔子“节用而爱人,使民以时”、“仁者爱人”,要求统治者爱民、养民、利民、惠民、教民、安民;孟子提出了“民贵君轻”的仁政思想,曰“民为贵,社稷次之,君为轻”、“得民心者得天下”,荀子提出“君民舟水”思想,“君者,舟也;庶人者,水也。水则载舟,水则覆舟”。

第二个时期从秦汉开始一直到唐五代。随着中央集权的君主制的建立,民本思想作为君主治国之术的组成部分,在汉唐两代,鉴于前代秦隋政权的迅速覆亡,统治者不得不重视民心向背在历史上的重要作用。例如,在《贞观政要》中,李世民反复强调:“君,舟也;民,水也。水可载舟,亦可覆舟。”

第三个时期从宋代到晚清。有思想家提出了突破封建等级制度和统治术的先进思想。譬如,北宋张载主张:“民,同胞也;物,吾与也。”其众生平等的理念,显然突破了“君君臣臣父父子子”的封建等级观念。明清之际,黄宗羲提出了“天下之大害者,君而已矣”的宣言,是对封建君权的直接否定。

2.我党执政为民思想的发展。

我党批判地继承了我国传统的民本思想,并赋予民本思想以全新的理论内容,从而推进了民生财政的探索与建设。

我党提出的“全心全意为人民服务”的理念,要求一切从人民利益出发,而不是从个人或小团体的利益出发。“三个有利于”和“三个代表”重要思想,都着眼于人民群众的根本利益,把发展生产力同人民群众根本利益高度统一,把人民的根本利益作为先进生产力与先进文化的价值取向和最终归宿,以人民群众的根本利益为执政的最高标准和最终追求。

党的十六届三中全会确立的科学发展观,要求坚持以民为本,始终抓住立党为公、执政为民这一根本要求,紧紧围绕促进人的全面发展搞建设、谋发展,在经济社会发展的基础上促进人的全面发展,更好地实现人民的愿望、满足人民的需要、维护人民的利益,从而把执政为民的理念提升到了一个新的境界。

二、当前关于民生财政的理解与差异分析

民生财政的提出,是最近几年学术界对执政为民实践的深入思考和理论升华,存在很多不同的理解与认识,研究正在向广泛和纵深发展。

(一)民生财政的概念及内涵

目前,学术界对民生财政这一概念的定义各有侧重,有的学者从“民生财政”的字面意思去把握这一概念,有的学者从民生财政的相关实践政策中总结其定义。综合归纳,对民生财政的界定主要有以下几种情形:

第一,从民生的意义出发去理解和把握民生财政的定义,认为民生财政是指在整个财政支出中用于改善民生部分的支出占主导地位的财政模式。民生财政就是在整个财政支出安排中,通过制度性地合理安排,实现用于教育、卫生、就业、社会保障、社会管理、环境保护等民生项目的支出占到较高的比例,实现社会的公平正义、促进每个社会成员全面发展、切实保障和提高最广大人民群众的生活。

第二,认为我国的“民生财政”等同于公共财政,或“民生财政”就是在我国特殊阶段国情中所产生的阶段性产物。公共财政的内在逻辑、基本框架和全部特征,都决定了它就是民生财政,不可能在公共财政之外再单独存在另一个民生财政,也不宜把民生财政截然划分为公共财政的某一个特殊发展阶段或某一个孤立的组成部分。即公共财政就是民生财政。

第三,从民生财政的职能出发,认为民生财政不仅要在财政支出上倾向民生,而且要在财政收入上体现民生,强调社会公平正义,在不同经济社会发展阶段上的侧重点有所区别,不能仅用财政各项目支出所占的比重进行衡量。认为民生财政,是我国公共财政特有的基本运作模式,是政府执政理念(从以经济建设为中心转到为民执政)在财政上的体现和结果。民生支出,不等于民生财政。民生财政的职能可以划分为三类,一是促进消费水平与生产力水平相适应,或者使消费与生产达到一种均衡;二是控制消费的差距,推进基本消费平等化;三是化解消费风险。民生财政具有普惠性、公平性、公共选择性和‘人本’属性这四大本质特征。

综合上述分析,认为民生财政不构成一种独立的财政体制,而只是一种公共财政体制下具体的财政模式表现形式之一。民生财政这种财政模式,不仅财政支出能够全面公平地保障国民基本的民生项目,而且要求在财政收入中体现社会公平。

(二)民生财政与其他财政模式的关系。

1. 民生财政与“吃饭财政”的关系。

“吃饭财政”，是指经常性支出在财政支出结构中占绝对比重，尤其是行政事业费占重要比重的一种支出结构状态。“吃饭财政”,并不是财政支出主要用于吃饭的财政,而是将人员经费、行政费用和经常性支出等比喻成“吃饭财政”中的“吃饭”。“吃饭财政”与民生财政的关系。“吃饭财政”仍是服务于建设,而非“民生”。市场型政府的民生服务涵盖的内容,主要是教育、就业、分配、社保、医疗卫生、社会管理等。因此,民生财政与“吃饭财政”的口径很不一致,它们是从内容到形式都不一致的两个概念。

2. 民生财政与“建设财政”的关系。

“建设财政”，是指生产建设性支出占财政支出主要部分的财政模式。“建设财政”模式下,非生产性或非建设性的支出项目，其中主要是以改善民生为代表的公共服务性的支出项目，则被置于从属地位或位于边缘地带。因此,“建设财政”不属于“公共财政”,是以物为本位的“物本财政”。“建设财政”虽然最终目标也是促进社会发展，提高人们的物质和文化生活水平，但不是以服务民生为基点的财政。因此,民生财政与“建设财政”是相互对立的两个范畴。

3. 民生财政与公共财政的关系。

公共财政,是指服务于市场经济的财政,主要职责是弥补市场机制的失灵。民生财政,是公共财政的实践深化。首先,民生财政是特别发展阶段的公共财政。以民生支出为重点的财政支出结构,也只有在市场经济发展到一定阶段后才得以出现。其次,民生财政是特殊国情背景下的公共财政。我国当前的公共财政具有转轨体制背景下的还欠特征和二元经济背景下的统筹特征。因此,我国民生财政是在特殊国情背景下对公共财政改革实践的进一步深化。第三,民生财政是特定价值取向的公共财政。如果说我国公共财政是建立于市场化基础上、以公共化为价值取向的财政改革实践，那么民生财政则在此基础上进一步凸显了以人为本的特定价值取向。

三、近年来我省民生财政建设的主要实践

近年来，省委、省政府深入贯彻落实科学发展观，把解决关系群众切身利益的民生问题作为重中之重,将改善民生作为各项工作的出发点和落脚点,优先解决群众最关心、最直接、最现实的利益问题,不断加大保障和改善民生的力度,取得显著成效。全省各级财政部门认真贯彻省委、省政府战略部署,不断加大民生保障力度,让更多财力向民生领域倾斜。2010年全年财政民生投入1096亿元，地方财力新增部分80%用于民生投入。

(一)我省民生财政建设实践与探索

2007以来,按照省委、省政府的统一部署,全省财政部门牵头实施的民生工程，促进了我省民生财政的建设。从2007年12项到2011年33项,民生工程的项目涵盖了公共教育、就业服务、社会保障、医疗卫生、住房保障、文化惠民、基础设施等多个方面,累计投入达1200亿元,惠及6000多万群众,推动了事关基层群众“学有所教、劳有所得、病有所医、老有所养、住有所居”的民生问题的初步解决,开创了以项目实施带动民生财政建设的先河。五年来,作为社会建设的重要载体,民生工程覆盖范围越来越宽,组织实施越来越细,资金投入越来越大,受益群众越来越多,社会影响越来越广,教育、医疗、住房等事关百姓切身利益的民生投入明显加大，民生工程已经成为我省保障和改善民生、促进社会和谐的重要工作品牌。近日,省政府印发了《民生工程“十二五”规划》,对“十二五”期间全省民生工程的指导思想、基本原则、总体目标等做了详细规定,并提出民生工程投入年均增幅不低于16%的硬性约束，民生工程建设的长效机制得以建立，极大地推动全省民生财政建设步伐。

(二)我省民生财政建设存在的主要问题

近年来，我省民生财政建设虽然取得了一定成绩,但建设过程中仍存在一些主客观方面的问题。

1.民生财政建设模式有待规范。目前,我省民生财政建设以民生工程实施为主要载体，突出了改善民生的实践。但民生财政的概念仍不清晰,范围、内容和边界比较模糊，没有按照规范的逻辑秩序循序渐进地推进民生财政建设。即使民生工程的实施,也还存在一些不容忽视的问题，如大多以工程建设类项目的形式推开。这种模式随着项目的增多,由于缺乏长远规划,少数项目并非是群众最基本、最迫切需要的。加上建成后管理责任不明确，养护费用不到位,影响了工程效益的充分发挥。

2.民生财政整体推进力度不够。建设民生财政，涉及财政收入、财政支出和财政管理的各个方面,需要方方面面深化改革,协同推进,建立完整的民生财政框架。目前,在财政支出方面推进力度较大,而在财政收入及财政管理等方面，还没有明确推进民生财政建设的主要思路。另外，建设民生财政，需要政府转变职能，需要各个部门加强配合与支持，而目前主要是财政部门在积极推动，其他相关部门被动应付，没有形成政府各部门统筹推进的局面。

3.民生财政建设投入不足。近年来，民生财政投入有了大幅提高，但覆盖范围和保障水平仍然较低，与群众的基本民生需求很不适应。2010年，按照“五有”口径统计的全省财政民生投入1096亿元，占财政总支出的42.4%，远低于发达国家60%的纯民生支出标准。另外，以民生工程实施为主体的民生财政建设，政府是唯一主体，没有鼓励和吸引社会资金投入民生建设，民生财政建设社会参与度较低，投入资金有限。

四、“十二五”民生财政建设的思路与建议

建设民生财政，是我国社会经济发展到目前阶段政府职能转变的迫切要求，是公平社会分配和提高人民生活水平的现实需要，是现阶段财政改革发展的重要内容。

（一）基本思路

“十二五”时期，我省民生财政建设应围绕“保重点、助贫困、重公平、可持续”这一基本思路，从我省实际出发，稳步推进民生工程和民生财政的建设。

保重点，就是要着力解决人民群众最迫切的实际问题。政府在履行保障民生职能时，必须考虑经济社会发展阶段以及财政可承受能力，不能对民生事项面面俱到，平均用力，必须选择最需要保障且有能力保障的民生事项予以重点倾斜，突出重点，务求实效。

助贫困，就是特别关注对贫困阶层的保护。当前民生财政建设，应把提供人民群众生存所必需的公共产品与公共服务，作为财政保障的首要任务。通过财政再分配，妥善处理社会各阶层的利益关系，保证困难群众的基本生活需要，并逐步共享改革发展成果。

重公平，就是构建科学合理的分配关系。建设民生财政，要运用财政的分配调控职能，维护社会公平正义，体现广大人民群众的根本利益和共同愿望。完善财政分配的民意表达和利益实现机制，形成科学合理的分配关系。

可持续，就是要探索长效的投入机制。建设民生财政，要将短期和长期结合起来。短期内，可以通过民生工程的方式，集中力量解决眼前群众最关心的实际问题；从长远考虑，需要将好的临时性政策固化为体制性安排，逐步形成民生财政的主要内容和制度框架。

（二）政策建议

“十二五”时期，是我省民生财政建设的重要时期，是民生财政从理念到实践，再到成熟规范的重要阶段，是财政改革发展的主要内容。

1.加强理论研究和政策宣传，营造民生财政建设的社会氛围。目前，民生财政的研究比较滞后，没有形成社会统一的认识，民生财政建设缺乏规范的制度安排和体制内容，理论指导落后于实践。在缺乏科学的理论规范的情况下，民生财政的宣传，也严重滞后于实践，社会了解的是民生工程，而非完整的民生财政建设。因此，需要加大民生财政的理论研究和政策宣传的力度，扩大社会影响，增加社会的理解和支持。

2.继续推进民生工程建设，探索民生财政建设思路。我省的民生工程建设，不仅有效解决了目前群众最迫切需要的实际民生问题，而且也探索了一条民生财政建设的途径。积极推进民生工程建设，进一步完善民主项目选择决策机制，规范运行管理程序，加强资金监督评价，研究项目的管理模式和后续资金支持方式，充分发挥项目的社会效益，将会及时满足群众的迫切民生需求，推动政府优化财政支出结构和改革财政管理方式，将更多财力用于民生项目，推动财政模式向民生财政方向发展。

3.不断优化支出结构，加大民生方面财政投入。由于历史原因，我省民生方面欠账较多，“十二五”时期，需要财政不断加大对民生方面的投入。目前，由于经济处于战略调整期，经济增长速度按预期调控目标会有所回落，财政收入增长空间缩小，财政收支矛盾比较突出，在此情况下，需要进一步统一思想和认识，压缩其他方面尤其是扶持经济方面的支出，不断加大财政对民生投入，切实推进民生财政建设，不断扩大内需，促进经济转变方式，为实现新一轮经济快速增长创造条件。

4.完善民生供给机制，引导社会资金参与建设。改善民生，是广泛综合的巨大工程，既要有政府的全力供给，又要引导社会资金的积极参与。要运用财政预算、财政贴息、税收、政府采购、以奖代补、注入资本金、参股等多种政策手段，发挥政策资金的引导作用，撬动多元化、多层次、多渠道的社会资本投向民生，扩大民生需求的有效供给。比如养老、医疗、就业、保障性住房建设、教育等民生需求，财政投入都可以带动社会资金的投资，引导社会资本广泛参与。

5.明确市、县民生事权责任，加大市县民生财政建设力度。民生财政建设，是各级政府的共同目标和建设任务，尤其是市、县政府，承担了全面具体的民生需求，担当了民生财政建设的主要责任。因此，要进一步明确市、县在满足民生需求方面的责任，完善和改进财政体制，使市、县财权与事权相匹配，积极推进市、县民生财政制度建设，不断改善民生和提高人民生活水平。

课题组组长：叶翠青

课题组成员：田淑英　江　庆　程丹润

余卫民

支持城镇化加快发展相关政策研究

——基于安徽"五市"城镇化发展案例的思考

一、城镇化的内涵及主要特征

（一）城镇化的基本内涵

城镇化，是指农村人口不断向城镇转移，城乡产业结构不断得到调整，第二、三产业不断向城镇聚集，从而使城镇数量增加、城镇规模扩大、城镇人口增多、城镇品位提升、城镇结构及功能转变的一种历史过程。城镇化是一个动态性概念，随着时间的延续和空间的变迁，城镇化的内涵和外延也在不断改变和发展。城镇化道路最早的理论是德国经济地家沃而特·克离思塔特于1933年提出的，理论的核心是市区或中心地区的存在给它们周围的地区提供了商品与服务，于是诸如零售、批发、银行业务、保险和休闲等服务业的生产者都要为他们的设施确定区位，以赢得消费者的支出。同时，他指出作出这样的选择有两个原因：一是生产厂家必须选择地址以便得到最低限度的需求；二是消费者愿意购买商品而愿意走的距离。这个理论被公认是有效的说明了城镇为什么存在，是什么决定了它们的发展以及它们在地区和国家里的次序是如何排列的理论。我国政府正式采用"城镇化"一词，应追溯于党的第十五届四中全会通过的《关于制定国民经济和社会发展第十个五年计划的建议》。这是近50年来我国首次在最高官方文件中使用"城镇化"的概念。

城镇化作为一种社会历史现象，既是社会物质文明进步的体现，又是社会精神文明发展的动力。这一历史过程涵盖的内容概括起来表现为两个方面：一方面表现在人的地理位置的转移和职业的改变以及由此引起的生产方式与生活方式的演变；另一方面则表现为城镇人口和城市数量的增加、城镇规模的扩大以及城镇经济社会现代化和集约化程度的提高。

（二）城镇化的主要特征

城镇化的核心是人口就业结构、经济产业结构的转化过程和城乡空间社区结构的变迁过程。城镇化的主要特征体现在三个方面：一是农村人口向城镇人口的转换过程；二是非农产业向城镇的聚集过程；三是农业劳动力向非农业劳动力的转移过程。就我国的城镇化来说，还具有以下特征：

第一，发展速度较快。1949年，我国只有132个城市，城镇化水平为12.6%。新中国成立后的前30年，城镇化速度与世界进程相比较为缓慢，但1980年以后，我国城镇人口增长速度明显加快了，1989年底城镇非农业人口占总人口的比重为18.9%，按照第四次人口普查的统计口径，市镇人口占全国的比重为126.23%。在城镇化率从20%提高到40%的过程中，英国经历了120年、法国经历了100年、德国经历了80年、美国经历了40年、前苏联和日本经历了30年，而我国仅用了22年。可以说：过去的60年，我国的城镇化有了飞快的发展，2011年4月公布的第六次人口普查数据显示，2010年我国居住的城镇人口接近6.66亿，城镇化率达到49.68%。

第二，发展过程曲折。我国城镇化过程的反复性和曲折性是世界上其他国家所少见的，大起大落是其主要教训。

（1）1949～1957年城镇化的短暂健康发展。经过3年医治战争的创伤，恢复了国民经济，使中国很快进入了"一五"计划时期大规模的工业化建设和城市建设。

（2）1958～1960年的过度城镇化。在"一五"计划提前1年完成后，以乡村人口向城镇的过高迁移率为主和以城镇高自然增长率为辅为特征的城镇人口剧增，已经具有过度城镇化的特征。

（3）1961～1965年第一次反向城镇化。仅到1963年6月，全国共减少职工1887万，共减少城镇人口2600万人，形成城镇人口第一次大规模倒流。1964年又调整了市镇建制，缩小郊区范围、撤销了39个城市，这一系列措施使城镇人口比重从16.61%的高峰跌到1965年的14.02%。在调整阶段中逐渐形成起来的户口管制、限制人口流动、知识青年上山下乡、以分散为特征的三线建设、取消城市规划等政策措施影响深远，为后来很长一段时间的城镇化确定了基调。

（4）1966～1976年第二次反向城镇化，如“文革”初期大批知识分子和干部下放劳动；1752万名知识青年上山下乡（包括1962年以后）；大小三线建设进入高峰期，工厂进山、入洞、不建城市；控制大城市规模，而小城镇发展又缺乏必要的政策，农民被禁锢在耕地上；城镇建制的工作基本停顿，新设市极少，建制镇减少，等等。

（5）1977年以来的城镇化新阶段，城镇人口比重连续保持增长，1990年达到了18.96%的水平。城镇化按自上而下和自下而上两种力量及两种形式并行不悖的发展格局已日趋明显。由乡村工业化所带来的乡村城镇化的势头明显增强。2002年我国城镇化率达39.1%，总体上处于城镇化加速发展阶段，但各地极不平衡。广东、辽宁等省已超过50%，甘肃、云南等省尚不足30%。改革开放以来，东部地区的城镇快速发展，以劳务输出为主要形式的内地农村人口跨地区进入东部城镇已达数千万人，未来10□20年这种异地城镇化进程仍将继续。

第三，发展方式多样。

（1）城镇规模。我国幅员辽阔、人口众多，城镇体系的规模结构必然是大中小城市和小城镇协调发展。大中小城市与小城镇各自承担着不同的功能，可以优势互补，而不可能相互替代。小城镇以其门槛低，与农业、农村、农民联系更为直接等特点，在吸纳农村剩余劳动力、推动农村经济社会发展等方面已经并将继续发挥重要作用。大城市不仅将继续是人居中心和经济增长的核心，而且仍将是知识、技术创新的中心和参与国际竞争的“航空母舰”。

（2）扩展方式。城区是城镇发挥功能的核心，我国实现城镇化要以现有城区的扩展为条件。从总体上看，因为我国人多地少，开发历史悠久，适合建设新城的区位已经不多，城区的扩展将主要是现有城区的扩张，同时伴有旧城改造。现有城区扩张，既有建设园区、开发区以及组团布局等跳跃式扩张，也有现有城区“摊大饼”式向周边蔓延，从而形成城区扩展的多样化。

（3）产业结构。在社会主义市场经济体制日益完善和经济全球化的背景下，由于生产地域分工规律的作用，并不存在普遍适合各个城镇的产业结构模式，各城镇的产业结构必然是多样化的，包括以矿产开发、加工制造业为主，也包括以流通、商贸、旅游业、高新技术创新为主，等等，一切都以各城镇自己的要素禀赋为转移。

第四，城乡互促共进。我国的城镇化不是伴随着农村的破产和城乡关系的尖锐对立展开的，它是城乡居民共同富裕、城乡经济共同繁荣的道路，这是中国社会主义城镇化的本质特点。城乡统筹是推进我国城镇化健康发展的新道路，特别是在发展中国家中具有重大的国际意义。城乡统筹，城乡一体化过程具有两个基本涵义：一方面，从城镇化一般规律出发，实现工业与农业、城市与农村的相对均衡发展，解决社会公平问题；另一方面，从现阶段发展城镇化问题的特殊性出发，重点改变农村经济、社会发展的滞后状况，提高和发展农业综合生产力。实施城乡统筹法则，是依循工业化和城镇化发展的普遍规律，必须把城乡统筹作为推动城镇化、工业化的一项战略任务，走一条符合我国国情的城镇化发展道路。具体表现在：①按照比较优势的原则，符合国情国力，多元化选择城镇化发展模式；②将人口流动与城镇建设相结合，大力发展综合性加工工业与现代服务业，生产力布局形成一定规模的经济增长点；③将生产力要素流动和现代农业发展有机结合，发展农业综合生产力，提高商品率，发展农村工业化的贸易经济；④加快乡镇企业二次创业和推进农村城镇化结合起来，发展县域经济，重点培植小城镇成为地区经济的“节点”；⑤以城乡一体化为导向，加快城镇现代化和生态化的建设，关注民生，保护环境，走可持续发展的道路，建设社会主义新农村。其基本经验是以乡镇企业、民营企业为重要载体，充分发挥市场机制的主导性作用，逐步放宽农民自主择业的选择权利，探索与城镇化相结合的就业途径等，进一步开放城市，实现农村劳动力异地转移，提高农民工文化素质，调整就业政策，创新管理体制，促进农村工业、小城镇乡镇企业与城镇化协调发展的路子。今天和未来的城镇化发展战略是中国社会经济发展战略的重要组成部分，与波澜壮阔的农村和城市的经济体制改革密切相关。

二、城镇化是经济社会发展的大趋势

我国农村问题形势严峻，已经成为影响全面建设小康社会成败的关键因素，寻求中国特色的城镇化发展道路，是中国城乡发展的必然选择。党的十六大报告指出："农村富余劳动力向非农业和城镇转移，是工业化和现代化的必然趋势。要逐步提高城镇化水平，坚持大中小城市和小城镇协调发展，走中国特色的城镇化道路。"这一论述，阐明了我国城镇化发展的历史趋势和基本原则，为我国的城镇化进程进一步指明了方向。

第一，城镇化是农村富余劳动力及相关人口向非农产业和城镇转移、破解"三农"问题的根本途径。改革开放以来，农村劳动力的合理利用及剩余劳动力的转移，明显地经历了一个从农业、农村内部消化到跨地区、跨城乡流动的重大变化。这一事实证明农民问题已不可能在农村的范围内解决，转移农村剩余劳动力的主渠道正在从依靠乡镇企业转向依靠城镇化，应将考虑问题的立足点从仅限于农村内部解决转变为通过城镇化统筹解决；将转移的主渠道从仅限于乡镇企业转变为走农村工业化和城镇化相结合的道路；将转移的方式，从仅限于就地、就近，转变为就地、就近与跨区域、跨城乡结合起来。

第二，城镇化是"三化"的重要内容，与工业化合称为推进经济社会不断向前发展的"双轮驱动"。从"三化"协调发展的规律来看，工业化、城镇化、农业现代化是一个有机整体，而城镇化则是"三化"的有效载体，加快城镇化的发展是推动整个"三化"前进的有力杠杆，是全局之举。"十二五"规划纲要指出，同步推进工业化、城镇化和农业现代化，这是中央着眼于社会主义现代化建设全局和长远发展提出的重大战略思想，对于在新的历史起点上更好地统筹城乡发展、进一步协调工农关系和城乡关系、加快形成城乡经济社会发展一体化新格局具有十分重要的指导意义。同步推进"三化"，本质是在工业化、城镇化进程中处理好工农关系、城乡关系，缩小工农差距、城乡差距；核心是建立健全以工促农、以城带乡的长效机制，让农民平等参与工业化、城镇化进程，公平分享工业化、城镇化成果；目标是工业化和城镇化带动农业现代化、农业现代化支撑工业化和城镇化，"三化"互促共进，形成城乡经济社会发展一体化新格局。工业化、城镇化的起步和发展有赖于农业生产力的发展和农业领域中资源要素的转移，而工业化、城镇化的深入发展则将进一步增强以工促农、以城带乡的力量，为农业现代化加快发展创造更为有利的条件。同时，工业化、城镇化深入发展需要两者相互促进。城镇特别是大中城市是生产力的主要载体，它通过对各类先进生产要素的聚集、繁衍和扩散，在加快自身发展的同时，带动着周边地区和农村的发展。

第三，城镇化对于调整经济结构、扩大内需产生重要影响。城镇化可以引发消费需求，有利于大批农民进入城市，变农民消费为市民消费，同时通过农业规模化经营提高农民收入水平，使农村潜在的消费需求变为现实的有效需求；城镇化可以刺激投资需求，有利于加快城镇的交通、供水、供电、通信、文化娱乐等公用基础设施建设，给建筑和房地产市场带来巨大商机，并带动多个相关产业的发展；城镇化能够助推服务业发展，不仅能够推动以教育、医疗、社保、就业等为主要内容的公共服务发展，也能够推动以商贸、餐饮、旅游等为主要内容的消费型服务业，还能够推动以金融、保险、物流等为主要内容的生产型服务业的发展。据测算，城市化率每提高一个百分点，将新增投资需求 6.6 万亿元，能够替代 10 万亿元出口，因而城镇化将成为扩大内需的巨大引擎，是转变经济发展方式的突破口和着力点。

第四，推进城镇化是打破城乡二元结构、促进城乡一体化发展的必由之路。我国农业人口众多，农业和农村发展长期滞后，根本原因在于城乡二元经济结构及其所派生的经济社会管理体制尚未打破，由此导致农村生产要素持续流失、资源配置和基础设施建设严重不足、经济社会发展明显滞后于城市。因此，加快推进城镇化，加快建立逐步改变城乡二元经济结构的体制，实施工业反哺农业、城市支持农村的方针，既是推进我国农业农村现代化的当务之急，也是从根本上解决"三农"问题，全面建设小康社会，加快推进社会主义现代化的必由之路。

三、安徽部分地区城镇化发展现状

积极利用国家关于城镇化发展的宏观政策，有序转移农村人口，提高城镇化水平，既是促进安徽经济快速发展，缩小与东部地区差距，实现全省崛起的战略性选择，更是在新世纪寻求新一轮社会经济发展的重要突破口。为此，安徽作出了不懈的努力。

（一）发展模式

所谓城镇化模式，是指一个国家、一个地区在特定阶段、特定环境背景中城镇化基本特征的归纳和总结。安徽城镇化发展具有以下六种模式:(1)以国有矿业发展为主导的城镇化模式，如淮南市、淮北市;(2)以国有钢铁工业发展为主导的城镇化模式，如马鞍山市;(3)以旅游业发展为主导的城镇化模式,如黄山市;(4)以打造园林城市为主导的城镇化模式,如六安市;(5)以创造经济区域轴心为主导的城镇化模式,如合肥市、省产业集中区及全省各类经济开发区;(6)以区域贸易为主导的城镇化模式,全省95%以上的集镇都是这样发展起来的。(7)以混合产业经济为主导的城镇化模式,如芜湖市等。以宣城市管辖的宁国市港口镇为代表，海螺集团宁国水泥厂、宣城市宁国发电分公司这种大型国企长足发展。目前,港口镇境内现有大中型国有及股份制、个体、私营企业80余家,乡村工业化和农村城镇化程度较高,从而进一步推动了当地经济发展,为地方积累经济基础。以六安市管辖的叶集试验区、霍山县衡山镇、金安区三十铺镇、裕安区城南镇等为代表,近年来各种产业经济蓬勃崛起,全面发展。工业发展和收入提高亦带动了当地第三产业、个体私营企业以及批发零售商业的蓬勃发展。经济的不断扩张,起到了聚集人口和解决农村剩余劳动力的作用，也促进了乡村集体经济和其他乡镇企业发展。

(二)主要做法

以“十一五”期间为例,为加快城镇化发展,加速城镇化和城乡一体化，安徽主要采取了加快突出中心城市建设、培育壮大县域城区、扶持发展中心镇等做法,着力构筑以区域城市为中心、以县域中心城镇为纽带、功能互补的城镇群。

第一,高标准的城市扩容。2005年至2010年,宣城城市建设拆迁面积从2万平方米增至6.1万平方米，建成区面积从24.3平方公里扩大到43平方公里,污水日处理能力达到每日19.5吨,排水管道长度从287公里扩建至1231公里,市区规模不断扩大,城市功能日趋完善;亳州市以市区为核心、三县为支撑,打造皖北最具特色的旅游城市、最具潜力的现代中药产业基地和皖北最具活力的中药等商贸物流中心；六安中心城市建设累计投入政府性资金90.3亿元，建成区面积和人口分别达到60平方公里、60万人;合武铁路和合六叶、合武、六潜高速公路建成通车;兴建了一批公园、广场、纪念园、博物馆等,滨水、绿色、人文特色进一步彰显;滁州市主城区投入超过150亿元，路网框架拓展了30多平方公里,达到70平方公里,新建城市道路大部分达到六车道以上,并以沥青路面为主;主城区规划批准建设高楼总数629幢。这些城市的城区普遍得到绿化、亮化和美化。

第二,快速度的县城拓展。各地充分利用区域经济发展的良好条件,用足用活各级各项发展政策,积极打造县域“经济次中心”,加快县城建设步伐,扩大县城规模,完善基础设施,增强县城的集聚功能,进一步形成以市区为中心，县城为次中心的特色中小城镇群,其中六安市霍山县衡山镇、金寨县江店镇,宣城市郎溪县、广德县、宁国市表现得尤为突出。

第三,小城镇的示范效应。“十一五”期间,六安市先后培育全国小城镇试点镇3个，全国重点镇9个,省级重点镇6个,省中心镇21个,全国历史文化名城1个(寿县),全国历史文化名镇1个(毛坦厂镇),省级历史文化名镇3个,省扩权强镇试点镇8个,充分挖掘塑造不同类型小城镇建设的特色,不断提升试点示范的带动作用,并在全省率先启动了50个市级重点镇建设;2010年宣城市广德县桃州镇、宣州区孙埠镇财政总收入分别超过1亿元、2亿元,农民人均纯收入突破8000元;宁国市港口镇财政总收入超过2亿元,广德县新杭镇更是达到4.5亿元,两镇农民人均纯收入分别达到8800元、8300元;广德县新杭镇、邱村镇人口均已突破8万人,宣州水阳镇、泾县泾川镇均突破9万人,这些乡镇的财政总收入、人口都是宣城地区其他乡镇的一倍甚至几倍之多;滁州市全市82个建制镇、12个乡全部完成总体规划的调整和修编工作，形成了以大滁城为引领,县、镇、村竞相发展的城乡建设新格局。全市有来安县新安镇、全椒县襄河镇、定远县定城镇、凤阳县府城镇、天长市秦栏镇和明光市管店镇6个国家重点镇，凤阳县武店镇等5个省级重点中心镇、17个省政府实施扩权强镇第一批试点镇。全省百强镇中滁州市有9个,其中:天长市铜城镇排名第4。

第四,工业化的有效推进。“十一五”以来,六安市积极融入合肥经济圈,全面启动皖江示范区建设,省级开发区由8家增加到12家;6年累计招商到位内资915亿元、外资6亿美元;六安开发区综合实力由2005年的全省市属省级开发区第十五位跃升至2010年的第七位；抢抓中央扩大内需等政策机遇，争取上级补助资金保持全省前列，六年累计完成固定资产投资 1564 亿元,霍邱铁矿产业园、华电一期、长江精工、金安不锈钢、宝利嘉、海螺水泥、汇联机械、金峰财富、天通科技和应流铸件、迎驾酒业、江淮电机等一大批新建扩建项目建成投产，为工业率先跨越注入了新动力。亳州市着力推进工业新型化和市域城镇化的良性互动,共同提升。按照"板块化发展、园区化承载、集群化推进"的模式,建设工业园区，优化产业布局，同时切实转变工矿产业发展方式,实现集约低碳绿色发展。相对应的城镇主动调整功能定位,与工业园区发展需要相对接,在为工业企业高效提供信息、物流、科研、居住、娱乐等服务的同时,不断增强自身的实力。

第五,现代化的交通网络。"十一五"期间,各地不断完善城市路网，努力建立适应中等城市需要的交通系统,缩短了城镇距离,加快了城乡融合。宣城市公路共完成建设投资 60.4 亿元,比"十五"期间增长 67%,截至 2010 年底,全市公路通车总里程达到 11956 公里,公路密度达到 97 公里 / 百平方公里,同时农村公路累计投资 18.61 亿元，新改建农村公路 5200 公里,是"十五"的 2.9 倍,完成了"村村通"水泥路工程 4470 公里,完成"通乡油路"工程 21 个项目 211 公里;滁州的区位更优越,京沪铁路、京沪高铁、沪汉蓉高铁、宁西铁路和多条高速公路、国道及省道交织成网,穿越和连接市域,滁宁快速通道使两市中心距离仅 60 公里,滁宁轻轨、马滁扬高速公路正在规划、设计、建设中,清流河等内河航道直通长江,从高铁滁州站出发,1 个小时到上海,三个半个小时到北京,主城区距离南京禄口机场、南京新生圩港口、合肥骆岗机场均约 1 小时车程。

(三)具体成效

一是经济实力。我省国民经济和社会发展统计公报显示:2010 年,全年生产总值(GDP)12263.4 亿元(见图 1),按可比价格计算,比上年增长 14.5%。分产业看,第一产业增加值 1729 亿元,增长 4.5%;第二产业增加值 6391.1 亿元,增长 20.7%;第三产业增加值 4143.3 亿元，增长 10%。三次产业比例由上年的 14.9:48.7:36.4 变化为 14.1:52.1:33.8，其中工业增加值占 GDP 的比重为 43.7%，比上年提高 3.3 个百分点。全年财政收入 2063.8 亿元,比上年增长 33%,其中地方财政收入 1149.4 亿元,增长 33%。固定资产投资 11849.4 亿元,比上年增长 33.6%。其中,城镇投资 10928.4 亿元，增长 34%。全年房地产开发投资 2251.8 亿元,比上年增长 34.9%,其中经济适用房投资 28 亿元,增长 16.2%。商品房销售面积 4113.9 万平方米,增长 2.1%。年末在岗职工 339 万人,比上年增加 6.3 万人；城乡私营企业从业人员和个体劳动者 570.8 万人,增加 110.4 万人。全年城镇新增就业 54.8 万人,下岗失业人员再就业 25.2 万人。年末城镇登记失业率 3.66%,比上年下降 0.26 个百分点。

图 1:2010 年全省生产总值

单位:亿元

指　标	绝对数	比上年增长%
生产总值	12263.4	14.5
第一产业	1729.0	4.5
第二产业	6391.1	20.7
第三产业	4143.3	10.0
交通运输、仓储和邮政业	518.5	9.6
批发和零售业	863.1	14.0
住宿和餐饮业	180.3	12.0
金融业	404.2	7.9
房地产业	532.1	0.3
其他服务业	1645.1	11.3

2010 年，宣城市全市实现地区生产总值 525.7 亿元,比上年增长 15.0%,其中第一产业实现增加值 88.5 亿元,增长 4.6%,第二产业为 248.2 亿元,增长 23.3%;第三产业为 189.0 亿元,增长 10.6%。城镇居民人均可支配收入由 2006 年的 9041.29 元上升至 2010 年 15141.36 元,年均增长 1220 元。六安市人均 GDP 由 2005 年的 5026 元增加到 2010 年的 12047 元，是 2005 年的 2.4 倍；一产比重由 2005 年的 26.92%下降到 2010 年的 23.56%,二产、三产比重由 2005 年的 73.08%上升到 2010 年的 76.44%；全社会固定资产投资完成额 517.9 亿元，较 2005 年 116.4 亿元,增加 401.5 亿元,增长 345%;全市财政总收入由 2005 年的 18.7 亿元增长到 2010 年的 68.6 亿元,年均递增 29.7%；财政支出规模 2010 年达到 153.9 亿元,年均递增 31.5%;城镇居民人均可支配收入由 2005 年 7810 元,增加到 2010 年的 15886 元,增长 103%;农民人均纯收入由 2005 年的 2255 元,增加到 2010 年的 4714 元,增长 109%。

二是城镇化水平。"十一五"期间,我省城镇化进程明显加快,与全国差距逐年缩小,全省城镇化率是建国以来城镇化发展最快的一个时期年均提高1.65%左右,比同期全国高出0.75个百分点。城镇化率与全国的差距从2005年的7.49个百分点下降到2009年的4.5个百分点。六安市的城镇化建设快速发展,城镇化率不断提高(见图2)。据调查资料显示,该市城镇化率由2005年的28.7%提升到2010年的39.2%,提高了10.5个百分点,年均提高了2.1个百分点,城镇常住人口达到276万人,比2005年增加近100万人,平均每年增加20万人。

图2:六安市城镇化发展水平指标表

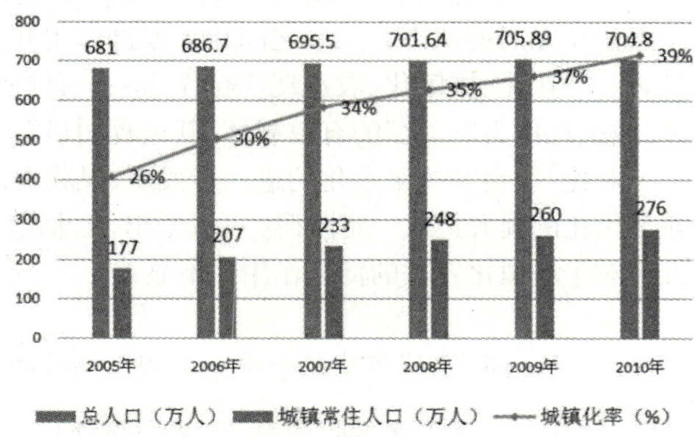

"十一五"以来,滁州市城镇化水平已从2006年36.1%提高到2010年41.5%(见图3)。

图3:"十一五"全市城镇化率变动情况

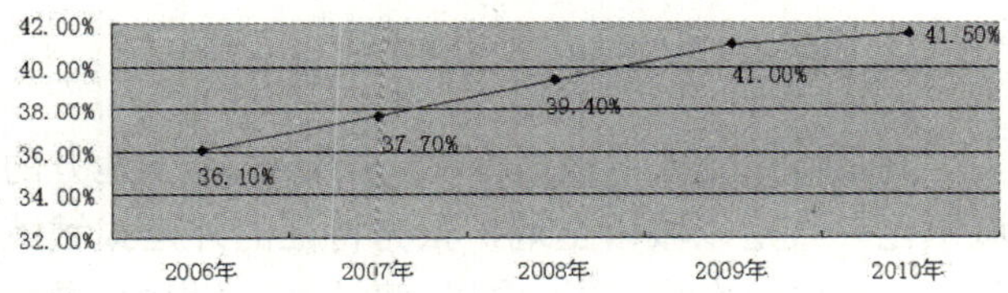

"十一五"以来,淮南市城镇化水平已从2006年60.20%提高到2010年61.80%,一直处于高水平的稳定状态(见图4)。

图4:淮南市城镇化率指标

2006年	2007年	2008年	2009年	2010年
60.20%	61.20%	62.80%	64.90%	61.80%

亳州市设立地级市以来,结合新一轮的行政区划调整,一些中心镇的集聚、辐射能力得到增强。2000年城镇化水平18.8%,2009年已达33.1%(见图5)。

图5:亳州2005—2010年城镇化率趋势图

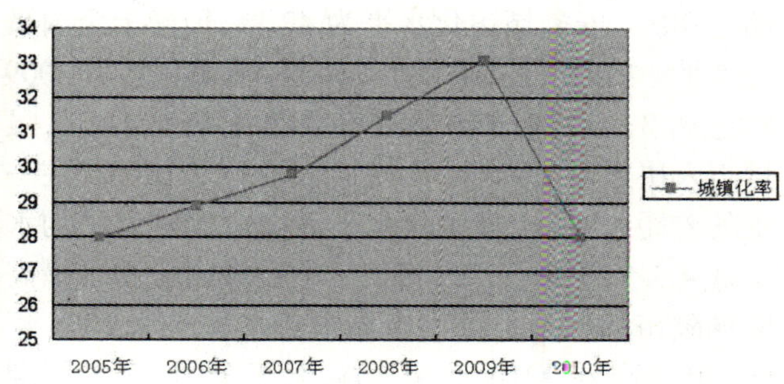

"十一五"以来,宣城市城镇化水平已从2006年38.1%提高到2010年43.3%(见图6)。

图6:"十一五"宣城市城镇化率变动情况

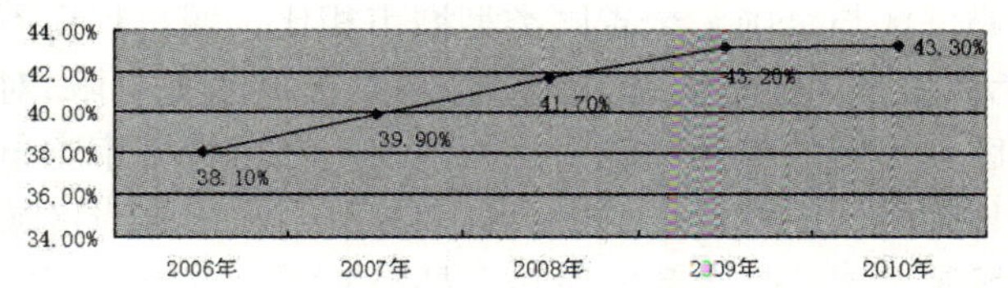

(四)基本经验

第一,城镇化要科学规划。城镇的空间分布及规模与经济布局、特别是区域经济的形成密切相关。要统筹考虑经济布局、就业岗位、人口居住、资源环境特别是水资源,通过规划引导等措施,逐步形成布局合理的城镇化空间格局。要明确城市群内各城镇的主体功能定位,加强分工协作和优势互补,保护绿色空间,消除低水平盲目竞争,增强城市群的整体。

第二,城镇化要节约土地。推进城镇化必须坚持节约和集约利用土地,不能以大量占用土地为代价推进城镇化。近年来,土地城镇化的速度大大快于人口城镇化的速度,一方面导致有效耕种土地日趋锐减,另一方面城镇扩张征用的土地不少处于闲置状态。这一势头必须得到有效遏制。

第三,城镇化要突出特色。城镇化是各类规模的城市发育成长的过程,大中小城市和小城镇都有其存在和发展的必然性,但对其发展不能简单划一,应该根据不同区域的经济发展规模、就业潜力和资源环境的承载能力,宜大则大、宜中则中、宜小则小,科学规划城镇化发展水平、发展速度、发展特色。

四、城镇化发展面临的主要问题及成因

(一)主要问题

一是城镇化水平不高。就全国而言,2009 年底城镇化水平为 46.6%,而工业化国家城镇化水平普遍超过 70%。安徽城镇化水平为 42.1%,仍慢于全国平均水平。如前所述,亳州市 2000 年城镇化水平 2009 年已达 33.1%;2010 年滁州市城镇化率为 41.5%,虽然迈入快速发展阶段,但与全省、全国相比还存在一定的差距;六安市城镇化水平 39.2%,比全省平均水平低 4.5 个百分点,只相当于全省城镇化水平最高的铜陵市的一半;淮南市城镇化水平已从 2006 年 60.20%提高到 2010 年 61.80%,高于全国、全省同期平均水平。由此可见,安徽各地的城镇化水平差异较大,大多数地区的城镇化水平还处于低水平运行状态。

二是城镇的带动力不大。这方面的问题集中表现在后起城市当中,如六安市、宣城市、亳州市等中心城区与全国、全省同类型城市相比,城市规模不大,城市内涵贫乏,经济基础不牢,公共服务有限,对区域发展的带动和辐射能力薄弱。在区域城市竞争日趋激烈的背景下,如何巩固自身优势、增强对区域城镇发展的带动和辐射能力是当务之急。除此之外,县域城镇规模偏小,功能不全,大多数中心镇的供水、排水、供电、娱乐、住房等基础设施薄弱,核心竞争力较差。

三是规划的科学性不强。城镇规划质量不够高,深度不见底,广度不到边,管理不到位。(1)地处交通干线的部分乡镇,存在着“沿路建镇、十里长街”的现象,忽略了小城镇规划布局的整体性;(2)在拆迁工作中没有做到因地制宜,没有很好地利用可用资源;(3)由于规划的原因,出现“前建后拆”现象,人力、物力、财力资源浪费相当严重。

四是城镇化相关要素失调。(1)土地城镇化快于人口城镇化。“十一五”期间,城镇化的加快推进,更多是一种土地的城镇化,许多城镇是一种“摊大饼”式的扩张模式,人口没有相应的大规模地向城镇迁移,致使土地城镇化的速度大大高于人口城镇化。据统计,“十一五”期间滁州市城镇建成区面积从 2006 年的 39.28 平方公里增加到 2010 年的 170.04 平方公里,年均增长 44.2%,明显高于同期城镇人口 3.7%的增长速度,城镇吸纳人口的功能未能得到充分发挥。与此同时,一些城镇在发展中盲目求大求洋,热衷于建大广场、宽马路、大草坪、豪华办公楼、花园式工厂等,不仅造成了对土地资源的过分粗放利用,也造成了对公共财政资金的不当使用。

(2)城镇化滞后于工业化。以宣城市为例,“十一五”期间,该市工业化发展迅猛,规模以上单位个数从 549 家增长至 1334 家,2006 年工业增加值及工业化率仅为 62.27 亿元、22.7%,到 2010 年分别增长至 288.7 亿元、54.92%(见图 7),工业增加值翻两番多,工业化率翻一番多,增长趋势极为明显。相较而言,该期间城镇化率增幅极小,平均每年仅 1 个百分点的上升,增长趋势平缓,城镇化发展逐渐呈现滞后于工业化发展的状态,二者之间相互推进作用并不显著。工业化、城镇化、农业现代化作为一个有机整体,城镇化作为“三化”的有效载体,其进程明显滞后于工业化,既会制约工业化的进一步发展,又将对农业现代化的提升造成一定阻碍。可以看出,工业化的推进对于城镇化发展的促进作用并不显著。

图 7:“十一五”宣城市城镇化率和工业化率对比

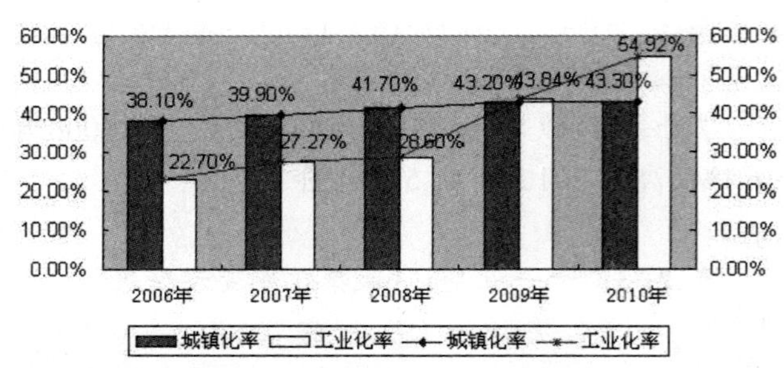

五是城镇化人口被边缘化。多年来,不少地方的城镇化一直是以城镇土地扩张为特征的外延式城镇化。一些城镇在推行“拆农居,建社区”过程中,操作不规范,配套政策不到位,让住上楼房后的农民失去了社会保障;一些农村人口迁往城镇后,不少沦落为“种田无地、就业无岗、低保无份”的“三无”农民,加之无法得到住房保障,成为了边缘化的“二等市民”,影响了社会和谐与稳定。

六是农村自我发展能力削弱。近几年来,一方面随着城镇化进程的加速,耕地一再受到侵蚀;另一方面由于农业比较收益下降,农村现在没有吸引力,留不住人,导致农村劳动力短缺和老化严重,青壮劳力往外流,不少村庄还出现了“空巢村”。农村劳动力短缺和老化,导致农业生产力和收益进一步下降。这个恶性循环，使得农业的可持续发展基本上成为不可能。这不由得让人忧虑国家的粮食安全及农业生产问题。拿猪肉供应来说，价格在 2011 年 6 月中旬创下新高，达到 23.6 元 / 公斤，同比上涨 62%。目前，年富力强的劳动力多不留在农村，本应成为城市鱼肉蔬菜等副食品主要提供者的部分劳动力，已成为购买者，使得供求关系加速失衡；也由于城镇化，过去许多种粮吃的农民变成了进城买粮吃的非农业人口。多年来，中央和地方政府高度重视城市化。在城镇化的推动下，尽管没有解决户籍问题，农村人口还是大量地向城镇转移，农业种植的前景还是让人忧虑。

七是城镇化特色不够明显。城镇文化与娱乐服务设施普遍不足；个别城镇在处理城镇建设与延续历史文脉的关系中，丢弃了宝贵的历史遗产，城镇风貌遭受严重破坏，城镇特色丧失；城镇建筑风格单调，空间环境不尽如人意，文化特色不够明显，降低了整个城镇的品位。

（二）成因解析

一是城镇规划及执行力薄弱。城镇规划编制水平不高，与经济发展和城镇环境变化的实际状况没有很好的衔接，不能有效地指导城镇建设。与此同时，规划管理不到位，土地征用随意性大，致使小城镇发展多处于自发、无序状态，各城镇之间、小城镇与所在县、区之间，缺乏总体协调，管理水平落后。

二是现行土地制度的缺陷。现行农地制度实行承包经营权 30 年不变，对稳定和发展农业有重要作用，另外土地所有权和经营权分离，在客观上赋予了农村剩余劳动力转移巨大推力，但长期以来在农地两权分离情况下，土地产权关系的不明晰和土地流转制度的不健全，使土地流转市场得不到发育，土地不能正常流转，也阻碍了农村剩余劳动力的转移，一些农民工即使想将土地流转，但是他们不能得到合理的补偿，以至于不能不保留一点土地，并根据农业生产季节性特点边打工边种田，难以彻底地融入城市社会。由于土地的集中度不够，规模经营发展过缓，致使农民与土地剥离的进程不快。这种土地制度，在体制上对城镇化发展具有很强的负面影响，是与新时期社会发展的总趋势相违背的。

三是城乡二元户籍制度的制约。二元户籍制度是耸立在城乡之间的“户籍墙”，是我国人口自由流动的最大障碍。目前，我国任何一个地区的城镇化发展都无可避免的面临着这个问题。伴随着经济发展、工业化进程的加快，越来越多的农民进入各县市城区范围就业、生活，然而该部分群体事实上属于“半城市化”群体，即已经进城但尚未市民化的农民工。他们虽然在城市就业、生活，但是并不能享受与城市户口同等的服务，二元户籍制度使他们失去了真正迁入城市、脱掉农民身份的自由；他们的加入只是地理位置的转移和农民向农民工身份的转换，不仅不能构成真正意义上的城镇化，反而造成了城镇化的假象，容易导致各级政府关于城镇化建设和发展的决策失误。

四是农民进城迁移成本较高。首先是直接成本较高。一方面迁城居民在城镇重新买房或建房的投资费用远高于乡村建房，另一方面迁移户在处理农村原住房时成本损失大。其次是迁城的机会成本较高。迁移过程中的机会成本主要包括迁城后的农业收入的损失和必须支付的心理成本。农民放弃土地承包权就意味着放弃了自身的部分固有经济利益，也同时放弃了就业权益，最低生存和保障权益。在目前城镇居民的低保受益面狭小情况下，迁城居民近期内不会享受低保权益，所以对于经济实力不强和祖辈都依赖土地生存的多数农民来说，变卖房产、放弃土地承包权、举家迁城无疑要付出巨大的心理成本。很多农民虽有迁城倾向，还仍然持观望等待态度，决不轻言放弃土地的承包权。与此同时，农村居民迁城后面临全新的工作和生活环境，工作岗位的不稳定性增强，生活节奏由慢变快，人际关系由原来的以亲缘关系和地缘关系为纽带的紧密型转变为以业缘关系为主的松散型，这对于那些乡土观念、宗族观念及传统的生活习惯根深蒂固的农民来说，需要付出的心理成本更高。最后是迁城后的支出费用较大。农村居民的很多生活消费品可以从自家的农田中获得，相比之下，城镇居民的生活消费支出刚性强，消费水平普遍较高，并且没有被纳入社会保障体系范围，在收入水平相同的情况下，进城农民总的生活性支出更高、负担要重。

五是财政保障能力不强。如六安、宣城等市，于 2000 年撤地设市，起步较晚，虽然发展迅速，但目前财政供给能力并不强，尤其在基层，仍然面临乡镇财力短缺、农村经济发展水平偏低、农民生产剩余较少的问题。近年来，城建资金主要来源于土地出让金、银行贷款、财政预算。随着经济形势变化，一方面由于国家实施适度从紧的货币政策，加强房地产市场调控，整顿地方政府融资平台，不少地方城建资金筹资的难度加大；另一方面，用于民生的财政支出需求不断增加，财政预算安排吃紧，资金问题成了制约城镇化发展的瓶颈，而且财政支出压力将在一个相当长的时期内存在，因此推进公共服务均等化，提高农村劳动力素质，实现农业现代化都缺乏足够的财力保障。

六是基本公共服务显失公平。目前，在城乡基本公共服务上存在着供给不均衡的问题。非城镇户口的农民及农民工在融入城市的过程中面临诸多问题，基本社会保障欠缺，对城乡居民无法实行标准统一的养老、失业、医疗、住房和最低生活保障；对计划生育、就业保障、军人复员安置、子女入学等仍实行城乡分治，对城镇居民的保障大多仍按原非农业人口划定保障范围。由于这种不均衡，导致在促进城乡发展的速度和规模上无法实现同步，甚至差距越来越大。无论是教育、卫生、社会保障方面的投入，还是文化、体育、医疗设施方面的建设，在农村的投入都少之又少，这种供给上的失衡，严重偏离了城镇化的内涵和城镇化发展的目标。

五、支持城镇化加快发展的政策措施

“十二五”期间，安徽城镇化发展总体思路应以“十二五”规划架构为依据、以制度创新为动力、以功能培育为基础、以加强管理为保证，积极稳妥地推进城镇化健康发展，走具有安徽特色的新型城镇化道路。主要目标：到2015年全省城镇化率达到50%，迈入城市社会，从根本上解决“三农”问题。在统筹城乡发展的背景下，笔者拟提出以下关于促进城镇化健康发展几个方面的政策建议。

(一)科学编制城镇规划

一是贯彻科学发展观。按照循序渐进、节约土地、集约发展、合理布局的原则，牢固树立科学论证、规划先行的原则，统筹兼顾、积极稳妥地推进城镇化。努力创建经济高效、资源节约、环境友好、布局紧凑、社会和谐的城镇发展新格局，促进城市发展模式从粗放型向集约型转变。建立城镇化发展总体规划与经济社会发展规划、区域规划、土地利用规划、主体功能区规划等相关规划的衔接和协调机制。

二是坚持因地制宜。不同地区城镇化条件、发展水平和发展阶段各不相同，只有根据各地经济社会发展水平、区位特点、资源禀赋和环境基础，合理确定各地城镇化发展目标，因地制宜地制定城镇化战略及相关政策措施，才能最有效地支持城镇化加快发展。要加快编制全省及各市城镇群综合性区域发展规划，突破行政辖区视野界限，编制多专业、多空间且具有前瞻性、综合性与适用性的全省城镇群统筹协调发展的综合性战略规划方案。

三是强化规划约束。要使城镇规划及落实方案在实施中成为具有高权威性、指导性与约束性的法制规章，既能够促进城镇群健康、有序、快速发展，又可以提升区域资源配置的联动能力与长期效率。要以集约型建设、集群化发展增强区域综合竞争力，避免城镇间的无序竞争，切实保护好文化遗存和风景名胜资源。通过严格管理，形成若干用地少、就业多、要素集聚能力强、人口分布合理的城镇群。

(二)增强城镇凝聚功能

首先，区域中心城市具有市场经济的内生优势，是市场的主题，区域中心城市的活力是与市场经济中的企业活力紧密正相关的；其次，区域中心城市的产业结构外向度高，有利于对外经济的合作，它是各种服务业的聚集地，因而具有综合经济功能，产业结构层次和外向度高，主导产业基本是输出产业，区域中心城市拥有大量的资本，同时它也可以吸引外地的资本；再次，基础设施是发挥中心城市经济功能的基本保证；最后，区域中心城市具有科技创新与扩散作用，同时它的管理机构健全，具备经济调节的功能。区域中心城市是国民经济主要增长点，所以发展和完善区域中心城市是国民经济发展的重要内容，也是我国社会主义市场经济完善的一项重要任务。

今后，要着重做好以下几项工作：一是以增强中心城市的吸引力和辐射力为出发点，完善区域中心城市功能，并形成各具特色和功能完善的城镇网络终端；二是完善区域中心城市的积聚和扩散功能，为经济发展和城市综合水平的提高提供良好的平台；三是完善中心城市的生产中心功能，为区域中心城市提供产业支撑；四是完善区域中心城市的服务功能，为各种经济活动和经济要素自由流动提供全面高效的条件；五是完善区域中心城市的创新功能，为中心城市的聚集和扩散功能提供新的动力和活力；六是完善中心城市的基础设施条件和城市行政管理功能，为区域中心城市的发展提供良好的外在条件。

当前，要将城镇建设资金主要用于完善和配套现有设施，重点加强城市供排水管网、燃气管网、供热管网、防灾设施等改造和建设、城市公共交通设施建设、重点流域城市水污染防治设施建设，加大市政公用事业市场化改革力度。加速城市管理信息化，大力发展电子政务，推动数字化、网络化技术在城市工作中的广泛应用。

（三）以产业化推进城镇化

产业化与城镇化的互动发展是现代化的内在规律和客观要求，特别是工业生产的集中性和规模化，引发生产要素不断地向城镇集聚，城镇化的聚集效应又为工业化提供发展依托，两者相辅相成、相互促进。我省城镇化长期滞后于工业化进程，只有转变经济发展方式，选择走“两化”互动发展的道路，才能避免工业化城镇化进程不同步、不协调所造成的经济和社会问题，实现现代化的目标。一是产业选择要与城镇功能定位相匹配，正确把握城镇功能转变和城镇产业结构调整之间互为前提、互相促进的关系；二是产业选择要符合经济社会背景和现代产业发展的逻辑线索，特别要考虑自身区位条件、产业基础、资源禀赋以及产业发展的时代趋势等；三是产业选择要区分主导产业与战略产业，发现和抓好主导产业是一项首要任务，但是发展中逐渐培育战略产业往往也很关键，尽管他们现在的经济和社会影响不大，但是发展的潜力很大；四是产业选择要正视产业承接问题，进入21世纪以来东部沿海地区加快产业结构升级、实行产业区域转移之势不可逆转，要充分认识影响产业转移区位选择的因素，即生产要素条件、相关产业与支持条件、地方政府的服务与支持等；要以配套设施对接为突破口，消除硬环境瓶颈，为承接产业转移夯实基础；要以城市建设和工业园区的对接为主战场，强化载体功能，为承接产业转移搭建平台；要以劳动密集型产业对接为主攻点，促进产业集群，为承接产业转移互补配套；要以人力资本对接为支撑点，提高富余劳动力就业率，为对接产业转移提供坚实的人力支持。要抓住机遇，加大力度推进新型城镇化，以新型工业化为动力，推动区域人口、经济、社会、资源和环境全面协调发展的城镇化，着力解决城镇化滞后于工业化的问题。联动推进新型工业化和新型城镇化，核心在工业化，依托在城镇化，关键在协调联动，要在“两化”互动发展中加快转变经济发展方式，开创现代化建设新局面。

（四）突破户籍制度藩篱

积极推行城镇户籍管理制度改革，完善户籍和流动人口管理办法，实行积极的人口迁移政策，推动城镇人口规模的聚集。各市城区、县（区）人民政府驻地镇及县以下区域中心镇，要全面推行小城镇户籍管理制度改革，彻底取消“农转非”指标和进城落户政策限制，并放宽引进人才户口迁移管理限制。凡属于用人单位急需的紧缺人才，凭本人与用人单位的聘用（劳动）合同，可同时办理本人及其配偶、未成年子女的户口随迁、落户手续；全面推行在城镇投资、兴办企业、购买商品房等人员的常住人口户口登记政策，对符合条件的落户人员，各地各部门均不得以任何理由收取城镇增容或其他类似费用。尽快建立迁徙自由、城乡统一的人口登记制度，切实保障进城务工农民的合法权益，促进农村人口向城镇转移，加快城乡一体化，形成城乡互动、协调发展的新型城乡关系。

（五）实施充分就业工程

实施更加积极的就业政策，在升级、项目布局、政策制定等方面，优先考虑对扩大就业的影响，促进产业结构调整与就业结构调整有机结合。要充分利用各地的土地、水、电、劳动力等资源成本较低的优势，大力发展一批劳动密集型产业。在调整优化产业结构、改造提升传统制造业中，保持就业份额稳中有升；在壮大服务业规模、提升质量以及劳动密集型产业、中小企业和民营经济发展中，更多增加就业岗位；在扎实发展战略性新兴产业中，创造更多智力密集型就业机会；在强化节能减排和应对气候变化、发展绿色经济中，推进绿色就业；在加快区域经济发展、促进产业合理布局、推动产业梯度转移中，实现人力资源的优化配置。要全面完善就业援助政策，多渠道开发新岗位。

打破城乡分割的二元结构，研究制定区域人口转移就业和落户等相关政策措施，促进农民跨行业、跨区域有序转移就业，加快建立和完善城乡一体化的人力资源市场、基层公共就业服务平台和农民工城市服务中心，促进城乡劳动者平等就业，努力实现农民工与城镇就业人员同工同酬；大力发展劳务经济，通过政府推动和中介服务的有效结合，引导成建制建筑、服装加工、机电产品加工、家政服务等劳务输出；按照形成主体功能区要求，充分发挥皖江城市带承接产业转移示范区和经济开发区的辐射带动作用，进一步探索招商引资的新途径，通过产业扩张，推进转移性就业；引导和支持劳动密集型产业、农产品加工业向县城和中心镇集聚，促进农村劳动力就地就近转移就业。

(六)提高城镇化人口素质

农村劳动力素质较低是推进城镇化进程的一个主要制约因素，各地各级政府应将提高农村劳动力素质作为工作重点，加大对农村人口和城镇化人口的教育和培训力度，加快形成政府推动、企业主导、行业配合、学校参与、社会支持、个人努力的职业培训工作新格局。顺应产业优化升级趋势，围绕市场和企业需求，整合培训资源，创新培训机制，着力提高劳动者职业技能和就业能力。高度重视下岗失业人员培训，提高其职业转换能力；加强城乡新成长劳动力培训，增强其就业竞争能力；加大对农村转移劳动力的培训，增强其专项技能和城市生存发展能力。支持企业兴办职业教育，开展职工岗位技能培训，加强实训基地建设，推进校企合作办学，切实缓解企业技能人才结构性短缺矛盾；依托农民专业合作社、专业协会开展针对性培训；支持骨干示范职业院校、技工院校、公共实训基地、职教园区和“双师型”教师队伍建设。要提高补贴标准，创新补贴方式。通过职业教育、技能培训和社会综合知识传输，切实提高他们的综合素质，使其尽快适应城市环境、融入到现代城市社会中去，跟上现代城市社会发展的步伐，分享城市改革与发展的成果。

(七)完善土地管理制度

一是改革和完善农村土地承包制度。推进土地集中，加快农业生产规模经营速度，加快农民与土地的合理剥离进程。(1)加快社会化服务体系建设。积极发展稳定的农业机械、技术、水电等社会化服务组织或专业合作社，为规模经营大户提供产前、产中、产后全程服务，解决规模经营大户的后顾之忧，促进土地规模经营健康发展。(2)建立健全土地流转机制。以乡镇经管站(与财政所合并后为财经所)为依托，建立乡镇农村土地流转服务中心；建立健全农村土地承包经营纠纷仲裁调解体系；逐步建立规范的土地流转程序，坚决查处违规违法流转土地行为。(3)规范操作，稳步推进。充分发挥市场机制在土地流转中的引导作用，用市场手段调节流转行为，采取转包、转让、互换、租赁或股份合作的方式，鼓励土地经营从低效益向高效益规范流转，发展农村土地规模经营，推进现代农业发展。(4)逐步建立农村社会保障体系。积极稳妥地推进农村社会保障制度建设试点，逐步建立农业保险、农村养老保险和医疗保险等社会保险，逐步将农村的社会保障功能由主要依靠土地转变为依靠社会和制度，扩大土地的生产要素功能。(5)制定相应的经济扶持政策。采取产业政策倾斜(项目扶持)、财政扶持、信贷支持、税收优惠等扶持方法，对试点先行的地方予以支持，解决资金缺口，激励发展，推动规模经营。

二是改革和完善农村土地征用制度。既要继续大力推进城镇化，又要树立节约集约用地意识。坚持科学发展的理念，控制城镇用地盲目扩张，合理调控城镇用地增长的规模与速度，按照促进城镇健康发展、走新型工业化道路和建设社会主义新农村的要求，统筹安排城乡建设用地，优化城镇建设用地布局，改善城乡用地关系，构建“中心城市—副中心城市—县域中心城镇—重点镇——般镇”5级城镇等级体系。各类开发区(工业园区、承接产业转移集中示范园区)应在城镇建设用地规划范围内统筹布局，与周边其他用地布局相协调。

(八)激活区域资本市场

在这里，探讨激活区域资本市场的目的，就是为了支持区域产业经济发展和城镇化建设。当前，可从以下几个方面入手：一是加大招商引资力度。准确把握产业转移规律，立足自身比较优势，科学编排推介招商项目，加强与央企、知名民营企业的合作，更加突出专业招商，强化各项招商措施，不断提高招商引资的针对性和实效性，用招大商、招好商引来六安跨越崛起的源头活水。二是完善地方金融体系。吸引更多的金融机构到我市设立分支机构，争取多种金融创新产品在各地先行先试，支持融资性担保机构重组整合、做大做强，进一步优化金融生态，千方百计扩大信贷投放。当前，要积极发展证券、基金、保险、典当、租赁公司等金融服务机构，鼓励优质企业上市，规范和健全资本市场。三是支持鼓励企业直接融资。积极支持、培育和壮大区域经济实体，力争一批企业股改上市。四是进一步增强土地的融资功能。建立“储地—抵押融资—建设—还贷”的城市基础设施建设融资循环机制，进一步提高区域资本的流动性。五是逐步实行市政公用设施有偿使用制度。一方面吸引国内外资金投入城镇各类基础设施建设和开发，另一方面允许开发商从各类基础设施建设和开发中获得合法收益，不断创新“以城养城”的城镇建设和发展模式。六是进一步拓宽居民投机理财渠道。

研究制定鼓励居民资产投资的相关政策法规，不断优化财产性投资环境。进一步解放思想，创新民间资本运行模式，拓展民资准入领域，拓宽民资融资渠道，激发民间资本在推动地方经济发展及城镇化过程中释放更大的能量、发挥更好的效益。探索开展股权、债权、知识产权质押、抵押融资，发展更多适合普通投资者的理财产品。积极发展产业投资基金、风险投资基金等各类股权投资基金，引导民间融资健康发展。规范发展商品房、汽车等二级市场以及房屋租赁和收藏品市场。加强投资理财宣传培训和投资风险教育，加快发展专业理财服务，引导居民逐步从存款保值向投资增值转变。

（九）创新财政管理机制

城镇化发展涵盖城镇建设、社会保障、产业发展等一系列社会问题。在支持城镇化发展过程中，财政部门应更新理财观念，创新管理机制，进一步拓宽筹资渠道，从而在推进城镇化发展的进程中发挥更大的作用。

一是进一步强化资金筹集机制。(1)统筹城市维护建设税、城市公用事业附加、城市基础设施配套费、土地出让金净收益等用于城镇基础设施建设和公共服务设施建设的资金。(2)对城市的户外广告泊位经营权、公共汽车线路经营权以及公园、公路、桥梁、雕塑冠名权等无形资产，采取转让、拍卖、租赁等形式，通过资产变现筹集建设资金。(3)盘活存量和增量土地，调整城市用地结构，置换出城市中心土地，增加土地级差效益；加强对土地一级市场的宏观控制，采用出让、转让、拍卖、置换、综合开发等办法经营城市土地；对于有开发价值的街道、广场、小区的土地，可采取分步、分段拍卖和出让使用权的办法，增加土地收益；除有关政策规定以划拨方式供应土地外，其他建设用地一律采用公开拍卖方式有偿出让土地使用权。同时要一手抓储备，一手抓开发增值，实现土地收益最大化和资源——资本——资产的良性循环；对土地出让金实行“收支两条线”管理，确保应收尽收、专账核算，严格禁止以“招商引资”、“旧城改造”、“国有企业改制”、“以土地换项目”、“以租代征”等各种名义减免土地出让金；确保征地和拆迁补偿支出，土地开发支出，城市建设支出，新增建设用地有偿使用费等，切实保护失地农民利益；加强土地储备资金财务管理，建立健全土地储备成本核算制度，严禁挤占、挪用土地储备资金。

二是进一步强化资源配置机制。抓住中央扩大内需的政策机遇，积极谋划一批促进城乡互动发展、推动全局发展的重大基础项目。按照生态文明的要求，把城乡发展与提高资源利用效率、改善生态环境有机结合起来，推动节能减排，发展循环经济；注重节地、节水、节能、节材，减轻资源环境压力，促进城镇化发展与人口、资源、环境相协调；扎实推进村镇环境综合整治，坚持资金向村镇倾斜、公共服务设施向村镇延伸，推动村镇加快道路、供排水等基础设施和公共服务设施建设；积极推广使用太阳能、风能、沼气、地热等可再生能源，按照发展低碳经济、循环经济，建设低碳城市的总体要求，严格执行新建建筑节能标准。

三是进一步强化社会保障机制。允许城镇规划区域内的失地农民和农民工以企业职工的身份参加城镇社会保险解决其养老、医疗等方面的保障问题；将符合条件的农民工纳入城镇工伤保险，解决他们的工伤或患职业病的医疗救治和经济补偿问题；在合理确定缴费水平的基础上将劳动关系相对稳定的农民工纳入统一的城镇职工基本医疗保险统筹，解决其大病风险；允许其享有城市居民的公共福利，如农民工适龄子女享有城市提供的义务教育服务等。

四是进一步强化投资导向机制。变财政全额投入转为引导性投入，充分发挥财政贴息、以奖代补的乘数效应，对基础设施建设、社会事业发展、农民致富增收等项目，在一定时期内通过财政贴息、以奖代补的方式给予支持；对供水、环卫、园林等城市公用事业，在政府投入不足的情况下，将直接经营管理转为政府规划、统一管理、适度竞争，充分吸引民间资本投入；对基础设施和公益事业项目的建设和建成后一定时期内的经营权，通过 BOT 方式，有偿转让给国内外客商、企业法人、个体经营者，由其自行筹集资金进行建设和运营，并在特许经营期届满后移交政府。

（十）完善监管指标体系

要健全以城镇化率为核心的反应城镇化水平的综合性指标体系：一是反映城镇经济类指标，包括经济总量、经济效益（如单位 GDP 能耗、水耗、地耗）、产业结构、生产要素构成、技术进步、群众收入等；二是反映城镇建设类指标，包括城镇合理布局、交通、水电气供给效能、电信网络等；三是反映城镇生态环境类指标，包括绿化面积、水环境改良等；四是反映城镇社会进步类指标，包括文明程度、城镇化人口素质等。要按照指标体系，对城镇化健康发展情况进行监测和考核。

课题牵头单位：六安市财政局

课题协作单位：淮南市财政局　宣城市财政局

滁州市财政局

安徽省政策性农业保险相关问题调查与思考

安徽省于2007年开展政策性农业保险试点四年多来，农业保险政策在全省各地得到积极的贯彻和落实，为农业生产提供了有力的风险保障，极大减轻了农民因灾损失。但由于政策性农业保险对象的特殊性和地域的复杂性，在具体操作过程中还存在一些问题，在一定程度上阻碍了政策性农业保险的健康、持续发展。为进一步完善农业保险相关政策，规范农业保险经营行为，稳步推进我省政策性农业保险的实施，本调研组以山区、平原、圩区为主要地域特点的安庆、巢湖、阜阳、黄山四市政策性农业保险试点情况展开调研。在总结成绩和成功做法的基础上，对政策性农业保险工作中存在的问题进行了归纳分析，并有针对性的提出建议和对策。

一、开展政策性农业保险的必要性

我国是一个农业大国，幅员辽阔、气候多样、地理复杂，农业灾害频发，而农业本身作为一个低收益、高风险的行业，在市场经济大潮的冲击下，农业抗风险的薄弱性日显突出，尤其是农业的市场风险和自然灾害风险，而政策性农业保险的适时推出，为农业自然灾害风险提供了有力的灾后保障，其意义主要体现在以下三点：

（一）开展政策性农业保险是国家稳定和巩固农业基础地位的战略需要

农业是一个国家和地区的基础性产业，农产品生产安全问题不仅关系到国计民生的稳定，也是国民经济诸多产业的初级产品来源。由于农业生产的脆弱性、以家庭为生产单位的分散性，使我国的农业生产抗风险能力较弱，而我国的国情又决定着政府必须稳定农业、保护农业。2004年以来，中央连续多年“一号文件”对发展政策性农业保险，保护农业生产提出明确要求，特别是2007年中央一号文件提出“按照政府引导、政策支持、市场运作、农民自愿的原则，建立完善农业保险体系”，为我国政策性农业保险的发展确立了指导思想。因此，通过开展政策性农业保险，建立市场化的风险转移和应对机制，分散农业生产风险，补偿农业因灾损失，是我国加强农业基础地位、稳定农业生产、保护粮食安全，推进现代农业发展的重要农业发展战略。

（二）开展政策性农业保险是市场经济条件下政府对农业支持的一个重要手段

我国加入世贸组织后，根据世贸组织成员国的农业协议规定，成员国对农产品的直接价格干预和补贴，包括对种子、肥料、浇灌等农业投入品补贴，对农业营销贷款的补贴等支持手段因对农产品贸易产生扭曲，成员方必须承担约束和削减义务。而政策性农业保险则是根据农业协议的“绿箱政策”所允许的对农业自然灾害救济补贴的一种方式。因此，实施政策性农业保险并将其作为对农业的一种长期扶持手段，是我国顺应市场经济发展的必然要求。

（三）开展政策性农业保险是政府创新救灾方式，提高财政资金使用效率的需要

在现行体制下，当农业发生灾情时，主要由基层政府逐级向上级政府申请救灾。实践表明，由于受政府行政手段局限性影响，对灾害损失缺乏科学审核标准，难以全面、细致、准确核定灾害对农村村、组、户造成的损失，导致救灾款的审核和发放难以做到客观、准确和及时。同时，由于缺乏科学的分配机制和标准，政府救灾资金在分配时调配的余地较大，存在着分配不公正等道德风险，降低了政府救灾资金的使用效率。而专门从事农业保险的经办机构公司将临时性的救灾补贴变为保险赔偿的经济契约行为，将政府的救灾行为与受灾程度紧密结合，充分发挥保险公司在服务网络、风险控制、专业服务等方面的优势，能及时、准确、规范地核定灾情和损失，使资金的分配和使用更加公正、合理、透明和及时，受益农户更普及，财政资金的支农效率进一步提高。

二、安徽省政策性农业保险试点工作成效

安徽省自2007年开展政策性农业保险以来，试点工作跨越了三个阶段，2007年开展政策性能繁母猪保险，2008年在部分市、县增加了种植业政策性保险试点，2009年省委、省政府将政策性农业保

险试点工作列入省民生工程在全省范围内全面推开，农业保险政策通过四年多的实施，成效显著，主要体现在以下四个方面：

（一）全省统一的农业保险试点品种不断扩大，试点范围实现了全覆盖，各地特色农业保险模式不断创新

2007年8月，安徽省在全省范围内实施了能繁母猪政策性保险，2008年试点品种扩大到养殖业中的奶牛、能繁母猪，种植业中的水稻、棉花、小麦等5个品种，2009年增加了大豆保险。试点范围从2008年部分市、县申请参与扩大到全省所有市和县（区）。同年，为促进各地政府加大支持、引导力度，省委、省政府将政策性农业保险试点工作列入省民生工程进行目标考核。在全省统一保险试点品种外，合肥、黄山、安庆等13个省辖市、34多个县（市）、区积极探索，创新保险品种，采取地方财政自筹保费补贴方式，结合各自特点，因地制宜自主开展了蔬菜、茶叶、草莓、生猪、林木等特色农业保险，全省政策性农业保险试点工作在多品种、全范围的局面下稳步推进，为安徽省的农、副业生产提供了强有力的风险保障。

（二）农业保险服务网络基本建立

截至2011年6月底，全省乡镇农业保险服务站（点）已建成1122个、在建10个，已建成服务站的乡镇占全省乡镇的91.88%，设立村级农业保险服务点7872个，签订协议、聘用乡村协保员15493人，已建立服务点的行政村占全省行政村的50%，已聘协保员的乡村占全省乡村总数98.41%，农业保险经办机构和服务网络基本覆盖全省乡镇、村，为农业保险工作持续开展提供了服务保障。

（三）农业保险制度体系基本形成

继2008年省政府出台《关于开展政策性农业保险试点工作的实施意见》（皖政[2008]42号，以下简称《实施意见》）后，省财政厅会同有关部门围绕《实施意见》及时制订了有关保险资金、保费补贴、理赔等管理办法，同时对加强基层管理和服务、规范管理、开展地方特色农产品保险等提出了指导意见，形成了以一个《实施意见》为核心、八个相关制度办法为补充的“1+8”的农业保险制度基本框架。2011年7月份，省政府办公厅出台了《关于进一步加强政策性农业保险管理促进政策性农业保险规范发展的意见》，同时还出台了以完善费率、提高保险金额为核心的全省政策性农业保险调整方案，使我省的农业保险政策进一步贴近了市场要求，在制度体系上进一步完善。

（四）农业保险的灾后保障作用日益凸显

截至2011年6月底，全省累计承保农作物2.23亿亩、牲畜652.3万头，为5300多万户次农户提供了646亿元的农业生产风险保障；累计赔付资金17.8亿元，1431万户次农户从中得到实惠，大量保险赔付资金的发放避免了以往救灾资金低标准、不及时的弊端，确保了受灾投保农户的生产利益得到合理补偿，对农业灾后恢复生产、稳定农业发展发挥了积极作用。

三、政策性农业保险试点工作中存在的问题和成因

政策性农业保险在全国范围内还是一项全新的工作，虽然全国大多省（市）在试点，但仍没有形成一套成熟的做法，同时农保试点工作面对的是广大农户，群体庞大，农业生产经营分散，地域复杂，农作物生长期的冗长及抗灾能力弱等因素，加上保险行业在展业、承保、查勘定损、理赔等操作过程中规范程度不高等客观情况，导致当前的农业保险试点工作在全面推进提升过程中面临着一些有待解决的难点和问题，这些难点和问题归纳起来主要有以下五个方面：

（一）种植散户投保欠主动、保费收取难

由于受农保政策局限性、农户保险意识等方面的影响，在现阶段很难以自主自愿、市场运作的方式完成相当数量的投保，因此在实际工作中，政策性农业保险投保工作的开展是作为工作任务层层下达，最终由乡镇下达到行政村，由村两委组织协保员及其他工作人员逐户上门动员投保，收取保费（规模大户除外），从而产生了投保推动难、保费收取难，农业保险政策在投保阶段只能依靠政府行政力量组织推动，市场运作方式在种植散户中难以奏效的困难局面，投保收费等具体工作只能依靠基层工作人员上门宣传、解释和动员，其原因主要有以下三点：

1.保险金额偏低，对种植散户的吸引力不够。

从调研的四个市看，在阜阳、巢湖、安庆等平原为主的地区，人均耕地只有0.8亩左右，一户种植散户耕地面积在3至4亩，即使全部受灾，按现行的保险金额标准计算，绝收获得赔付金额也不足

1,000元,况且有的灾情还是按受损程度赔偿,获得的赔偿款则更少。安庆枞阳、怀宁、潜山等县部分种植农户2010年受灾获赔金额最高只有255元,最低只有54元。而丘陵、山区农户的耕地更少,如安庆岳西县,人均耕地0.3亩,户均耕地有的不足1亩,安庆岳西县、黄山歙县、黟县等地区受灾种植散户农户获赔金额更低,最少的农户只获赔1.35元。因此,多数种植面积不多的农户,投保主动性不够。

2.大多数种植散户保险意识淡薄。

长期以来,农业生产仍以单户小规模生产为主,单个农户独自承担损失的习惯由来已久,对花小钱买大安的保险意识淡薄。有的农民存在侥幸心理,对政策性农业保险的意义了解不深,认为投保后如果没有受灾就花了冤枉钱,增加负担。据阜阳农险办对种植散户的问卷调查显示,仅有14%的种植农户对农业保险政策比较清楚,38%的种植户知道有农业保险,具体内容不清楚,48%的种植户对农业保险一无所知;在是否愿意投保问题上,44.5%的农民表示愿意参加保险,21.9%的农民不愿意参加,33.6%的农民表示无所谓,不愿参加和表示无所谓的农民超过愿意参保的10个百分点。

3.种植散户保费收取难,成本高。

按现行的农保缴费政策规定的标准,投保农户每亩地只需缴2—3元保费,但由于受大多数种植散户投保积极性不高,缴纳保费主动性不够的影响,农保机构的基层协保员在办理承保、收取保费时需要逐户上门登记和收取。面对农村农户居住地分散、居住地和耕地分离,交通不便以及家庭劳动力外出务工等客观情况,对单个农户往返一次完成投保办理、收取保费非常困难,对多数单个农户需要往返多次。况且按规定六个种植业保险试点品种按规定要一季一次收取,因此,对单个种植散户的投保办理和保费收取,基层协保人员深感费时多、成本大、效率低。一些村组干部为推动农业保险工作,提高参保率,节约收费成本,在部分保费难以及时收取的情况下只得采取集中垫付或一次收取多季保费的方式。以黄山市歙县狮石乡为例,全乡水稻种植面积仅有12.5亩,农户应交纳的保费为37.5元,但由于农户间居住分散,逐户上门办理投保收取保费一次完成的情况下,乡村干部和协保员也需两天时间,除去往返交通吃住费用外,仅人力成本就要支出160元,为所收保费的四倍多。在平原地区,如安庆市枞阳县麒麟镇阳河村,水稻投保面积8808.09亩,参保农户2148户,在一户一次完成投保办理、收缴保费的情况下,村协保员需要一个多月时间,才能完成保费收取工作任务,加上现在农村主要劳动力(大都是户主)外出务工较多、人员流动性较大等因素影响,上门办理投保登记和收费很难一次性完成。因此,种植散户投保积极性不高,投保农户应缴保费收取难、成本高是农保工作在投保阶段最大的难点。

(二)理赔阶段查勘定损程序多,赔付款发放时间长,准确定损难度大

1.查勘定损理赔环节多、时间长。

由于种植业保险投保的是活性标的,即使受灾,也不一定能造成损失,因而大多灾情核损过程较为繁杂。首先查勘是否受灾,确定保险责任和范围,然后针对不同农作物和受灾类型,设定观察期,具体损失程度则要等观察期结束后才能确定,有的甚至要到农作物成熟后才能最终确定。根据保险资金管理办法规定,在确定损失后,赔付款的发放由乡镇三农保险服务站逐级上报到市公司,市公司审核后拨付资金打卡发放,如果全市出现超赔,则需要从省公司调剂巨灾风险金,所需时间更多,从调研的四个市看,农户对理赔款的发放不及时都存有不同程度的异议。

2.农作物受灾损失率确定难。

一是需要按阶段确定损失。按理赔标准规定,试点品种的理赔按不同生长期分段赔付。在核灾时,首先要确定农作物生长期,在绝收的情况下,按不同生长期的赔付标准赔付;在不是绝收的情况下,还要通过观察期观察确定损失。二是准确核定受灾农作物损失率难度大。核定受灾农作物损失,是以受灾后的实收产量与常年正常产量做比较,再计算损失率,而常年正常产量因受各地甚至各乡、村、户的耕地在土质、灌溉、施肥、种子以及田间管理的精细度等方面的不同而难以统一。因此,在上述客观情况的影响下,农保经办机构在办理理赔时,对投保农户农作物损失程度不能单方面直接确定,还必须与农户、村两委协商确定,如协商无果,还要请乡、县理赔机构协调,从而导致赔付款发放到户时间过长。

3.查勘定损工作量大。

农业生产出现自然灾害,往往是整村、整乡镇

甚至全县多个乡镇连片受灾，受灾农户多，总体面积大，由于目前基层经办机构人员力量不足，保险公司短时间内无法逐户核实灾情，只能依赖于投保人的报告，镇村干部及农技人员登记审核、经办机构抽样查勘的方式定损，在实施过程中容易出现假报、错报、乱报等现象，加大了农业保险灾后查勘定损的工作量。

（三）保险经办机构方面存在的不足导致农业保险在各个环节上的管理不够精细化、规范化

1.基层保险经办机构人员力量不足，导致保险服务无法满足基层农保工作需要。

我省目前的保险经办机构主要是国元农业保险公司和人保财险安徽分公司，从这两家公司的县级机构人员配备情况看，都存在人力不足的问题。国元农保县级分公司（服务站）的人员大都在5-8人不等（黄山市各区县只有1—2人），人保公司农险部也只有3—4人。按我省目前的政策性农业保险试点品种和规模，在投保阶段和大面积灾情发生时，对投保标的、数量、权属等要素的审验，理赔阶段对出险现场的逐户核灾、定损等工作量非常大，各县公司现有工作人员无法满足全县十几甚至二十多个乡镇的投保、理赔办理工作需要。尤其是出现灾情的情况下，投保农作物受损，农户急迫要求保险公司勘察定损，以便采取措施补救或复耕，因此多数农户对基层农保机构人力少，定损迟缓现状感到不满。

2.基层服务网点的代理性质无法保证规范服务。

目前，农保承办机构自身独立设定的服务网点未延伸到乡镇、行政村，保费收取、承保登记核实、灾情查勘报损等工作，农保公司只能依靠乡镇三农保险服务站、村级协保员和村民组组长等代理完成。由于三农保险服务站既不属于乡镇政府机构，也不属于农保公司正式设立的机构，三农保险服务站工作人员、村协保员均是兼职，主观上他们对这项工作抱有临时工的意识，敬业精神不强，客观上业务、政策不熟，加上农保公司缺乏对其严格管理、有效控制的手段，从而直接影响到基层农保工作质量。实际工作中时常出现保单填写要素不齐全、信息登记不完整、核灾定损有偏差，投保理赔档案管理不完善等问题。

3.乡村农保经费缺乏，无法满足工作需要

按现行规定，基层乡镇农业保险工作经费来源三要是同级财政安排解决一部分，按规定保险公司应给予一定额度业务补助但未兑现。从各地情况看，乡镇财政主动安排农保工作经费的很少，出现占用基层工作经费的违规行为。村级协保员的报酬则完全来自保费提取（按不低于基层工作经费的70%提取发放）。从黄山市、安庆市国元农业保险公司提供的基层工作经费情况看，黄山全市2010年工作经费只有376340.18元，分配到各县、区就更少，2010年屯溪区只有11677.9元，再分配到各乡镇、村协保员的工作经费和报酬则寥寥无几。岳西毛尖山乡全乡工作经费只有2802元，全额分配给协保员的报酬年人均只有300—500元，无法满足正常工作需要。

4.保险经办机构经营困局影响农保服务质量的进一步提升。

一是承办机构经营性收入的不足，制约了公司服务网络的建设和人员力量的配备，影响了基层经办机构业务补助的供给，从而影响了农业保险的服务质量。作为农业保险的承办机构既要尽可能减轻农民因灾损失，又要顾及公司的积累与发展，但由于政策限定，承办机构从事这项工作所需费用指出只能在保费收入的15%范围内提取，这个比例在保险行业当中是偏低的，每年按保费收入的3.5%提取的基层工作费用也要从这当中扣除，保险公司实际费用列支比例最高只有11.5%，况且农业保险的工作成本远大于其他商业保险。承担我省大部分地市农业保险的国元农业保险公司是成立不久的企业，公司服务网络还处于建设阶段，公司经营性收入的不足无法保证服务网络的健全完善、工作车辆、设备的配置以及员工队伍的建设与培训等工作的资金投入，直接影响了农保服务质量。

二是农业保险公司专职农保人员受限制不能大幅增加。农业保险公司不同于其他商业保险公司，农业保险的投保总量是固定的，业务量不是随着工作人员的增加而增长，如果一味的扩充人员，虽然能满足在投保阶段以及大面积出现灾情情况下的人力需要，但在平时又会形成人员富余，增加公司运营成本，因此，全省政策性农业保险试点工作在基层只能以三农保险服务站的形式代理完成。

（四）农保试点品种过于统一，未能充分考虑地域特性，农保政策难以因地制宜实施

目前，我省农保政策规定的试点品种虽在大多

数地区有普遍性，但未能完全体现山区、丘陵、河湖圩区等地域特点，特别是在大别山区、皖南山区和丘陵地带，全省统一的保险农作物在这些地区种植面积少，也不是这些地区农民最期待的保险品种。由于是统一的农业保险政策规定品种，而且又是地方民生工程考核的重要内容之一，各地农险办、农保公司又不得不强力施行，结果导致承保机构做了同样的工作，却难以收到同样的社会效益和经济效益，承保公司由于承保面积小发生经营亏损，农户想投保的品种未得到保险而不满意。岳西县 2010 年棉花种植面积只有 0.17 万亩，油菜 3.07 万亩，而当地农户主要的种植作物茶叶和茭白分别达到了 13.5 万亩和 5 万亩；黄山歙县水稻种植面积 11.9 万亩，棉花 0.01 万亩，而茶叶和林木种植面积分别达到 15.02 万亩和 195.08 万亩，带有地域特征较强的农作物种植面积远远超过了省规定试点品种的种植面积。

（五）试点县（区）财政保费资金补贴负担较重，影响县（区）政府推进农业保险的积极性

农业是个低收益、高风险的行业。在农业大县、财政弱县的现实情况下，几年来县级财政承担大量保费补贴资金，在 2012 年施行的新方案中，保费随着保险金额和费率的提高有了大幅增长，如水稻，2012 年的保费为每亩 19.8 元，县财政补贴除皖北三市七县外的其他县级财政的负担比例提高到 15%，比原来增加了 5 个百分点。按单亩绝对额计算，每亩水稻县财政承担保费 2.97 元，比原来增加 1.47 元，增幅达 98%，而棉花和油菜则更高，分别达到 104%和 133%，这一系列的调整，进一步加重了县级财政负担。安庆所辖八县 2010 年保费补贴情况和调整后的补贴情况对比，所有县财政保费补贴资金均成倍增加。

四、对策及建议

为强化农业保险政策宣传，完善相关政策，规范农业保险经营行为，解决我省政策性农业保险工作中存在的问题和困难，提出以下对策和建议：

（一）加强政策宣传，健全法律制度，为农业保险政策的实施营造良好的外部环境

1.以强化宣传、服务为切入点，进一步提高引导效应

提高广大农民和种养大户对农保政策的知晓度和认知度是调动投保积极性的前提，是农业保险相关政策实施的重要保证。一是要一如既往保持宣传力度，充分利用电视、报纸、网络等主流媒体开展宣传。二要拓宽宣传渠道。针对农村大部分人员接触报刊、网络较少的现状，拓宽宣传渠道，利用贴近农村生活、农户显而易见的媒介，如利用当前手机较为普遍的有利条件发送保险信息，在乡村人员较为集中的地带印制墙体广告、制作农用车车载流动广告、免费提供农村广播等。三要创新宣传方式。县、乡农险办和保险经办机构要主动作为，走村入户，通过张贴标语、发放宣传折页等方式，扩大政策宣传的覆盖面。四要充实宣传内容。既要加大对农保政策中的投保条件、核灾定损的规范程序、理赔金额的计算等政策细节上的宣传，减少和消除农户对政策的疑虑。又要注重对投保受益农户的典型事例宣传，发挥以点带面的积极效应。五要强化服务观念，以服务带动工作的开展。密切与农委、水利、气象等相关成员单位的联系，通过为农业生产提供农技指导、重大气候变化服务、传授核灾定损知识技能、指导病虫灾害防治等服务性工作，进一步营造试点环境，推动试点工作顺利开展。

2.完善相关政策法规体系，提供推行农业保险的法律支持

农业保险的发展，不仅需要良好的市场运作环境，更需要有一个良好的法律制度环境。我国目前还没有一部全国性的农业保险发展规划和实施细则，更没有一部完善的农业保险法，现行的《保险法》没有涵盖农业保险的内容。建议省政府在已有的规范性制度的基础上尽快提请省人大出台全省农业保险工作条例，明确农业保险工作在地方政府工作中的地位和性质，地方政府工作职责、保费补贴筹集渠道及方式。同时对保险经办机构的经营原则、保险责任、经营模式、运行方式、农业保险的风险准备金的提留、服务流程、资金管理等作出明确规定，从而在法律层面上赋予农业保险经营主体和政府部门、受益主体的权利、责任和义务。

（二）进一步完善政策，调整收费方式，彻底改变投保欠主动、收费成本高的局面

1.提高各试点品种的保险金额，增设保险品种，提高政策吸引力，变农户被动投保为主动投保、被动收费为主动缴费。

目前各试点品种的保险金额按照投保标的生长物化成本来核定，不包含农业生产中的人力成

本、土地流转成本，因而保险金额较低，即使受灾，投保农户获赔较低，尤其是分散种植户，获赔更少，对此我们建议：

一是以当前的生长物化成本加上人力成本为准设定保险金额，让农户投入的人力在受灾的情况下也有回报，达到保护农业生产的积极性。以安庆市种植业局对2010年各品种的种植成本调查情况为例，中稻的种植成本为670元，其中种子30元、化肥200元、农药90元、人工300元（插播与收割），其他费用50元。下表五列示了四个品种的种植成本（含人工费）和保险金额，除小麦成本与保险金额相当外，其他品种（含人工费）都高于保险金额30元至340元不等。按成本类别分，棉花物化成本560元，人工约130元；中稻物化成本495元，人工约300元；油菜物化成本193元，人工约190元，所列品种的人工费用都比较高，在设定保险金额时应适当包括一部分人工成本。

二是以当前的保险为基本险加上收益性的附加险，设立多层次的保险产品结构，满足不同需求农户的投保要求。目前的保险金额是保成本，以此为基本险，增加一个收益附加险，从一定程度上对种植收益给予保险。以水稻为例，当前一亩水稻毛收益为1,200元，设定保险金额800-900元（略低于市场金额，防止道德风险），扣除330元的基本保险，余下的470-570元为收益险，愿意购买收益险的则由农户自行交纳收益险保费，在受灾理赔时，按基本险和设定的收益险的总额计算赔付。

2.改变目前保费逐户收缴的方式，允许村集体收入统购或代扣保费

在当前农险赔付款一律由县财政打卡发放，乡、村已无从克扣、截留赔付款的情况下，农户自筹保费的收取可采取村部统购或扣缴方式。目前的保费收缴都是村部组织人员上门逐户收缴，工作量大、成本高、时间长，既然政策允许以村为单位统保，就可以实行有条件的村委在按村民登记造册并出具投保凭证，通过投保公示告知的前提下，以村集体收入统一承担保费；或在征得农户同意的前提下，用国家对农民的粮食直补、良种补贴或农资综合补贴等支农资金扣缴农户的自筹保费部分。这两种方式不仅可以大幅降低工作量，缩短缴付时间，还能进一步规范收缴行为，杜绝擅自提高标准的违规现象。

3.加强定损协调，减少报批环节，将自主权下放到县级分公司，最大限度缩短理赔款的发放时间

一是经办机构在理赔阶段要加强同乡、县理赔机构的合作，对受灾农户理赔出现争议时要尽快进行查勘定损，协调纠纷，不能因为少数受灾农户的定损协商时间过长影响整个乡镇、村的整体赔付进度。

二是减少报批环节。在尽可能减少核灾定损时间的同时，进一步减少赔付款报批环节，建议将理赔款的发放核批权限下放到县公司，最大程度缩短理赔款的发放时间。

（三）实行法定保险和自愿保险、规定品种与自选品种相结合的参保政策

根据政府对农业、农村经济、社会发展目标，对有关国计民生的粮食和主要农副产品生产以及大面积的生产经营者实行法定强制保险，其他产品及零星散户的生产实行自愿保险。同时针对全省受各地地形、地貌的不同，在规定试点品种面积少于一定量的情况下，可以选择一至二项在当地有举足轻重分量的农作物或经济作物进行试点。

（四）降低县（区）财政保费负担比例，提高基层政府推行政策性农业保险的积极性

自2012年开始，县区财政承担政策性农业保险保费将成倍增加，对各县区政府持续推进政策性农业保险的积极性有一定的挫伤，建议县、区财政负担比例仍维持在10%，提高省级财政承担保费的比例，或作为农产品受益者的省辖市适当承担一定的比例。

（五）激励保险经办机构加大对基层网点的投入，加强员工队伍建设，加大基层工作经费的保障力度，以进一步提高服务质量

1.通过财政补贴、政策支持等手段激励保险经办机构在基层乡镇设立专管员，提高服务能力。

建议一是在一定时期内（如定5年建设期）对保险经办机构在基层乡镇设立专业服务站或配备专职农保员给予一定的财政补贴或奖励，确保农业保险必要的基础性投入需要。二是鉴于农业保险“低保额、低收入、低保障”和“高风险、高成本、高赔付”的强烈反差，农业保险公司的盈利能力相对较弱，建议省政府出台相关政策，对农业保险公司参与竞标的其他商业保险，如政府公务车险、公交车险等政府财产类保险给予优惠或加分政策，鼓励农

业保险公司开发针对农业财产类保险，如农用车、收割机、烘干机等农用设备的保险，扩大农业保险公司经营范围，提高经营盈利能力，达到以险养险的目的。

2.对三农保险服务站实行奖惩措施，促进基层工作规范提高。

由于三农保险服务站及工作人员的代理性质，经办机构在管理上没有约束力，工作即使达不到规范要求，也没有部门问责，同时在全省而言，三农保险服务站也是一支庞大的队伍，为加强这一块的管理，建议经办机构利用业务补助金建立奖惩机制，每年由县公司对各乡镇三农保险服务站及协保员进行考核，奖优罚劣，以达到促进规范的目的。

3.加强业务培训，提高员工业务素质

经办机构应利用农保淡季时间，加强对一线员工及代理机构工作人员在保险理论、条款、政策要求等方面的业务培训。同时，为更加适应农村工作需要，对相关农作物生长习性、气象分析、防灾抗灾等方面的知识技能也要进行学习了解。通过多方面的培训和学习，达到进一步提高员工业务素质，提高队伍服务能力，提高服务质量的目的。

4.健全保险经办机构内部管理制度，确保农业保险工作规范化。

认真履行各项职责和义务，提供优质高效的保险服务，同时，建立规范的监督机制，以减少农业保险带来的道德风险和逆向选择等信息不对称问题。

课题牵头单位：安庆市财政局
课题协作单位：巢湖市财政局　阜阳市财政局
黄山市财政局

地方政府融资现状、方式创新与风险防范问题研究

当前，随着我国工业化、城镇化进程的加快，积极财政政策的贯彻实施，地方政府普遍采取举债方式加快经济建设，防范和化解地方政府债务风险已成当务之急。地方政府债务风险的形成，不仅涉及政府举借和担保的国内外债务，而且涉及经济发展和财政的偿债能力，涉及财政的管理水平。如果政府偿债能力不足，债务规模得不到有效控制，一旦形成地方政府债务风险，将会对地方乃至全国的财政运行、经济发展和社会稳定造成极大的危害。2010 年 6 月国务院发文要求财政部等多部委对地方融资平台公司债务进行清理核实以来，今年 3 月历年来规模最大的地方政府性债务摸底工作又在全国展开。怎样发挥政府的投资效益，将政府性债务控制在一个合理的范围，既能促进经济发展，又不构成未来的财政负担，成为亟待研究和解决的问题。本课题在对马鞍山、铜陵、淮北、宿州四市的政府融资的现状、存在问题进行分析的基础上，提出加强地方政府融资管理、方式创新与风险防范的对策和建议，以期对建立规范的地方政府融资机制提供决策参考。

一、四市政府融资债务的基本情况

（一）四市政府融资债务总量情况

总体来看，四市政府债务总量较大，占 GDP 及财政收入比例较高。截至 2010 年末，四市政府债务余额总计 377.1 亿元，分别占地方 GDP 的 15.8%、财政总收入的 110.3%。其中，马鞍山市债务余额总计 140.9 亿元，分别占地方 GDP 的 17.4%、财政总收入的 100.6%；铜陵市债务余额总计 114.2 亿元，分别占地方 GDP 的 24.5%、财政总收入的 128.9%。宿州市债务余额总计 57.2 亿元，分别占地方 GDP 的 8.8%、财政总收入的 132.6%。淮北市债务余额总计 64.8 亿元，分别占地方 GDP 的 14.0%、财政总收入的 92.5%。

（二）四市政府融资债务结构情况

1.从借债主体来看，融资平台公司是地方政府债务的主要举借主体。截至 2010 年末，四市融资平台公司债务余额共计 269.9 亿元，占总债务余额 66.3%。其中，马鞍山市 12 家融资平台公司债务余额共 110.5 亿元，占其总债务余额 78.5%；铜陵市 5 家融资平台公司债务余额共 84.3 亿元，占其总债务余额 73.8%；宿州市 7 家融资平台公司债务余额共 27.3 亿元，占其总债务余额 47.8%（宿州市通过政府及企业债券融资份额较多，约占 20%）；淮北市 8 家融资平台公司债务余额共 47.7 亿元，占其总债务余额 73.6%。

2.从债务资金来源看，银行贷款是债务主要来源。截至 2010 年末，四市政府债务中，来自银行贷款的债务余额共计 277.7 亿元，占总债务余额 73.6%。其中，马鞍山市来自银行贷款的债务余额 118.4 亿元，占其总债务余额 84.0%；铜陵市来自银行贷款的债务余额 80.2 亿元，占其总债务余额 70.2%；宿州市

来自银行贷款的债务余额32.2亿元，占其总债务余额56.3%；淮北市来自银行贷款的债务余额46.9亿元，占其总债务余额72.4%。

3.从债务资金投向看，债务资金有相当一部分投向市政建设等公共设施方面。截至2010年末，在已支出的政府债务融资资金中，四市用于市政建设等公共设施方面的有167.9亿元，占已支出的政府债务融资资金份额的44.5%。其中，马鞍山市投向市政建设等公共设施方面的有64.1亿元，占已支出政府债务融资资金份额的45.5%；铜陵市投向市政建设等公共设施方面的有50.9亿元，占已支出政府债务融资资金份额的44.6%；宿州市投向市政建设等公共设施方面的有23.7亿元，占已支出政府债务融资资金份额的41.5%；淮北市投向市政建设等公共设施方面的有29.1亿元，占已支出政府债务融资资金份额的44.9%。

4.从债务资金的偿还上看，大都是以财政预算、其他财政资金、举借新债等来偿还，其中又以土地出让金偿还占较大比重，而通过非财政性资金偿还的比重很小。如宿州市2011年偿还政府性债务10.88亿元，其中通过财政预算偿还1.43亿元、通过其他财政资金偿还5.69亿元、通过举借新债偿还1亿元、通过非财政资金偿还2.76亿元。淮北市2010年政府性债务余额64.8亿元中计划通过财政预算偿还19.4亿元，占债务余额的29.94%；通过其他财政资金偿还37.9亿元，占债务余额的58.49%；通过非财政资金偿还7.5亿元，只占债务余额的11.57%。

（三）四市政府融资债务成因分析

1.城市化加速发展，需要大量的基础设施建设资金投入。近年来，我国城市建设明显加快，到2010年，中国城市化水平已达到47.5%。城市化直接带动的巨大投资需求主要分布在与城市基础设施相关的行业，包括城市建设、房地产业、交通运输业、水电气公共服务业等。这与此次调研结果不谋而合。截至2010年底，四市已支出的债务余额中，用于市政建设等公共设施方面167.87亿元，占总债务余额44.5%。这些债务资金的投入，加快了城乡基础设施建设，形成了大量优质资产，促进了各地经济社会发展和民生改善。但是，市政建设等公共设施方面都属于地方纯公共产品，无直接的收入来源用于地方政府融资性的债务补偿。

2.地方政府的财权与事权不相匹配，收支矛盾突出。1994年实行分税制改革以后，财权不断上收，事权不断下沉，地方政府财力与事权不匹配。从资金转移支付来看，尽管中央对地方的转移支付在不断加大，但在转移资金的支付上，多专项转移支付，少一般转移支付，缺乏科学的操作规范。随着基础设施建设和民生工程等公益性项目支出的加大，地方财力益显短缺，使地方政府在加快城市化建设的进程中过多地依赖于土地财政和债务融资。

3.行政考核机制不健全，助长了地方政府负债融资的冲动。我国目前的政绩评价体系过分注重经济指标，如地区GDP增速、固定资产投资额、招商引资数量、市政建设的发达与美观程度等。在债务管理方面，承贷主体与资金使用主体不一致，存在“重政绩考核、轻债务考核”、“重资金投入、轻效益评价”的倾向。在政绩考核的压力下，地方政府往往具有很强的投资冲动，从而使政府债务不断上升。

（四）存在的突出问题

毫无疑问，近年来，地方政府债务融资在弥补地方财力不足、加快城市建设、改善民生、促进地方经济发展等方面发挥了非常重要的作用，但是地方政府在融资平台与债务管理等方面还存在以下突出问题。

1.融资平台实力不强。地区城市化和工业化的快速推进，在地方财力增长有限的情况下，催生了地方政府投融资平台的出现，为地方政府融资提供了载体。而城市化和工业化的发展又带动了地方经济的发展和对资金的需求，使地方政府的债务滚雪球般地越滚越大，任何一个环节的断裂都会导致政府债务风险的发生。目前在各市的融资平台公司中，普遍存在有效资产单一、依赖于土地储备、现金流偏低等问题，尽管其账面总资产较大，但是，一方面大多数公司的有效资产主要是土地，并且当初是以较高的评估价注入，实际变现能力受政策影响大，特别是当前国家对房地产市场实行严格调控，很多地方的土地拍卖均有流拍现象，或者以底价成交。另一方面，多数融资平台公司的投资项目基本是基础设施和公益性项目，缺少经营性收益，投资回报率低，其自身造血功能不足。此外，平台大多依托财政，平台公司与政府之间未设立任何“防火墙”，由此而导致的财政风险不断累计扩大，一旦平台出现风险，将向财政转嫁。

2.债务管理不够规范。政府投资缺乏整体规划和科学论证，存在低水平重复建设现象。融资决策主体与偿债主体不一致，容易导致债务“借用还”职责不清，债务约束力不强，透明度较低，资金使用效益不高。从目前四个市的债务管理情况来看，尽管都出台了相应的管理制度，但还是存在一些不足，主要表现在：一是没有完善政府性债务报告制度。举借政府性债务的部门和单位并无定期向本级财政部门报送上年度政府性债务资金使用报告，这样，财政部门也难以定期向本级人大和政府报送政府性债务报告。因此，人大就无法对政府性债务情况进行监督。二是缺乏严格的债务投资决策责任追究制度。目前也无对因盲目举债、搞低水平重复建设等造成的损失浪费以及因工作失职造成政府性债务无法按期还本付息的，予以追究直接责任人责任的明确规定。三是债务透明度不高。由于《预算法》明确规定地方政府是不能举债的，更不能列赤字预算，这种法律强制性的约束使地方政府无法通过公开、透明与合法的方式实现市场融资，导致地方政府债务隐性化。事实上，政府性债务的大量存在已成不争的事实，这种体外循环的不透明状况，给财政带来难以预见的隐患。

3.偿债准备金安排不足。各市每年在年度预算中都安排一定数额的偿债准备金，用于偿还到期的贷款本息，但由于目前各市财力有限，每年偿债准备金都未能足额安排到位，偿债资金缺口较大。对于将来不可确定的债务风险没有长远的制度安排和风险防范措施，未建立科学、规范和可操作性的定量定性分析预警机制和债务偿还机制。

二、四市政府融资债务的风险分析

目前，大多数研究人员都是引用国债风险度量指标及相应国际风险警戒线来分析评估地方政府债务风险。但是，一方面，有些人员以借债合同形式区分债务类型，将融资平台的自行借债作为其他类债务，从而缩小了政府债务规模。事实上融资平台属政府全资国有企业，且融资投向主要是市政建设。另一方面，又往往将财政总收入作为债务评估及风险度量的对比依据，从而低估了地方债务风险度。

为正确评价政府债务风险情况，我们分别从债务率、债务负担率和债务偿债率等三项指标，以2010年的各市地方政府债务总额和其地方财政收入或其地方可用财力为依据，并将其债务投向于公共领域的比率作为调整系数，对四市的政府债务进行了定量分析，具体情况如下：

（一）债务率指标分析

债务率＝地方年末债务余额＊债务公投率／地方当年综合可用财力

该项指标反映当年地方财政性资产负债的程度。根据国际惯例，该比率一般控制在100%以下。截至2010年底，马鞍山市债务率为44.5%；铜陵市债务率为84.8%；宿州市债务率为21.1%；淮北市债务率为32.0%。都居在国际警戒线以下，如果根据这类指标，我们基本可以判断，各市的债务率都在可控范围之内。

（二）债务负担率指标分析

债务负担率＝地方政府债务累计余额＊债务共投率／地方当年GDP

债务负担率指标反映地方所承担的债务总量相对于同年地方经济总产出规模的比例关系。根据国际惯例，该比率一般控制在45%以下。根据国际惯例，该比率一般控制在45%以下。截至2010年，马鞍山市债务负担率为7.8%；铜陵市债务负担率为11.0%；宿州市债务负担率为3.7%；淮北市债务负担率为6.3%。从计算结果来看，都较好地控制在国际警戒线以下。

（三）债务偿还率指标分析

债务偿还率＝当年地方还本付息额＊债务公投率／当年地方财政收入总额

此项指标主要从政府汲取收入增量情况判断政府债务的偿债风险。考虑目前各地对外公布的地方收入统计口径主要是一般预算收入，政府基金，特别是当下作为地方政府一个重要财力来源的土地出让金并未纳入统计范围，不能真正反映地方政府的财政调控能力与对债务的吸附能力。因此，为了与一般学术研究通行的计算口径一致，我们将土地出让金与当年新偿还债务本息来源一并纳入财政收入总额。即：当年地方财政收入总额＝地方一般预算收入＋土地出让收入＋当年地方偿还债务本息额。

根据国际惯例，该比率一般控制在20%以下。从计算结果来看，截至2010年，马鞍山市债务偿还率为20.6%；铜陵市债务偿还率为17.6%；宿州市债务偿还率为25%；淮北市债务偿还率为12.9%。都徘徊于国际警戒线20%左右。说明近年来，四市债务偿还存在一定压力。

通过对上述三类指标的定量分析，总体来看，四市政府债务的风险指标两低一接近，均属可控范围。

尽管如此，压力依然较大，政府债务风险仍然较高，集中表现在两个方面：一是部分行业和部门政府负有担保责任的债务和其他相关债务转化为政府负有偿还责任的债务的可能性较大。二是融资平台公司盈利能力不强，偿债能力较弱。三是从2010年以后，中央对地方政府债务融资采取了严厉的控制措施，在市级财力本就不富余，偿债风险金捉襟见肘的情况下，如果不采取措施加以控制，一旦融资平台资金链断裂，将会影响地方财政的良性运行与经济的健康发展。

三、四市投融资体制改革的实践探索

针对上述存在的投融资平台规模偏小，布局分散，融资渠道单一，债务管理不规范等问题，四市先后进行了投融资体制改革的实践和探索，取得了初步成效。

（一）初步构建了借、用、还一体化，决策、管理、执行、监督相分离的政府投融资管理体制

决策层：成立由市长任主任的投融资管理委员会，对全市的投融资工作进行统一管理，负责审定投融资中长期规划和年度计划，决策投融资工作的重大事项。管理层：成立市投融资管理委员会办公室或投融资管理中心，具体负责管理政府项目的投融资业务，对政府债务实行"借、用、还"一体化管理，编制年度政府投融资计划。执行层：搭建政府投融资平台，将分属不同部门的政府性投融资公司进行整合，成立"城投集团"，负责基础设施、产业投融资和公益性项目投资，代政府行使出资人职责。形成政府主导、市场运作、社会参与的多元化投资格局，完善土地收储管理体制，充分发挥土地融资功能。监督层：由财政、监察、审计等部门作为投融资管理的监督层，负责对投融资行为进行监督。改革后，实行政府投资项目规划、设计、立项、招标、投资、建设"六分开"管理体制，对城市基础设施建设项目，由规划局具体规划，住建委综合设计，发改委审核立项，所有项目实行市招投标中心统一招标建设，城投集团统一核拨资金，重点工程建设管理局组织施工，审计局负责决算审计。

（二）建立健全政府债务管理机制，进一步强化风险控制

将政府性债务管理纳入规范化、制度化的轨道。一是制定政府债务管理暂行办法，对政府债务的举借、使用、偿还等做了具体规定。根据全市经济社会事业发展的需要，在统筹考虑财力的基础上，对政府债务实施计划管理，编制政府投融资计划，合理、审慎举借政府债务，实现政府债务"借、用、还"一体化管理。二是建立偿债准备金制度。市、县（区）均设立了偿债准备金专户。三是建立政府债务动态管理机制和预警机制。马鞍山市建立了月报制度，按月对全市投融资平台的资产、负债和资金使用情况进行统计分析，对政府债务实行动态监管。建立政府债务风险防范机制。将原来分散在各部门管理的政府债务统一归口市投融资中心管理，实行统借统还。建设政府债务信息化管理系统，实现政府债务"借、用、还"一体化管理。制定政府债务管理办法，规范和加强政府债务管理，防范和化解政府债务风险。

四、美、澳、日、法四国政府性债务对我们的启示

地方政府融资困难和债务风险是当前我国财政领域的一个突出问题，已经成为威胁我国经济安全与社会稳定的隐患。因此有必要学习和借鉴国外发行地方政府债券，防范及化解地方政府债务风险的成功经验，积极慎重地解决好我国的地方政府债务问题。

（一）联邦制的美国、澳大利亚防范模式

美国和澳大利亚都是联邦制国家，实行三级财政体制，即联邦财政、州财政和地方财政。三级财政各有其相对独立的财税制度和专门法，各自编制、审批和执行本级预算。除了联邦政府可以发行债券筹集资金外，两国的州政府和地方政府也可以发行各自的政府债券，筹集一部分财政资金。美国发达的地方政府债券是成为防范地方财政风险最有力的保障。

美国州及地方政府发行债券一般分为一般责任债券和收益债券两类。一般责任债券与财政收入直接挂钩，依靠政府信誉举债，通常由财政部门统借统还：收益债券以拟建项目收费或经营收入作为偿债来源，涉及供水、机场、体育场馆、道路、医院、电厂等领域。不同债券具有不同特点：一般责任债券筹集的收入被认为是政府财政收入的组成部分，募集的资金通常被列入资本预算，需要经过严格的预算审批程序，必要时甚至要全民公决。而收益预算则比较宽松，只要市场认可，政府设立的项目单位可自主发行。由于规定其债券通常由项目收入偿还，收益债券风险完全内部化，即使出现投资亏损，也不会转嫁到政府。为提高投资效率，减少审批程序，一些

州及地方政府更偏好收益债券。据统计，近年来，美国收益债券占市政债券的比重高达60%左右。但收益债券通常不计入地方政府债务规模。为应对地方政府债务风险，美国逐步形成了以规模控制、债务担保、信用评级、证券监管、信息披露、危机化解等为特征的风险控制体系。

澳大利亚为了对地方各级政府债务进行有效监督和管理，于1927年成立了专门机构——借款委员会，根据国家的财政政策目标对各项借款进行有效的调控和协调。澳大利亚监督管理地方政府债券的经验，主要包括以下几个方面：

——规范的金融资本市场规则对整个借款融资活动进行引导，借款委员会进行综合平衡和宏观调控。利用市场经济规则取代政府行政性管制。

——建立信用评级服务。国际知名的信用评级机构为各级政府提供客观、公正、公平和公开的信用评级服务。

——通过私有化方法，将许多公有设施出售给私营部门，从而将原来由借款委员会监控的部门逐步剥离出去，将公有资产变现收入用于偿还政府债务，并将对借债的管理逐步改变为对偿债的管理。

（二）单一制日本、法国模式

日本是实行地方自治制度的单一制国家，现行财政管理体制是由中央、都道府县和市町村三级组成，都道府县和市町村财政构成地方财政，各级地方政府有权以债务形式举借资金。法国属于具有深厚中央集权传统的单一制国家，1982年推行中央与地方分权，实行中央、大区、省和市镇四级财政体制，各级预算相对独立的各级政府也均可以举债。

日本地方政府举债主要通过两种方式，即发行地方债和借款。日本发行地方债的历史可以追溯到二战以前，地方债使用范围上受到明显限制，主要集中于建设性的交通、道路一般公用事业等。日本对地方政府债务的防范和控制主要体现在中央政府对地方债的发行进行严格的管理上。具体包括两方面：一是对地方政府债券的发行实行计划管理。二战后日本中央政府（主要由大藏省和自治省）每年都编制地方债计划，包括发行总额、各种用途、发行方式等，自治大臣在审批各地方政府的发债申请时，将以该计划为依据。二是对各地方政府发行地方债券实行协议审批制度。各地方债的发行必须向自治省上报计划，并经自治大臣批准。实行审批制度的目的在于：防止地方债的膨胀；防止资金过分向富裕地方政府倾斜；统一协调中央、地方政府及民间资金的供求关系。

法国集权式的财政体制虽然使地方受中央的严格控制，但中央与地方以及地方各级政府之间事权与财权明晰，各级财政之间不存在隶属关系，这使得防范地方政府债券有了很好的体制保障。法国模式的主要特点包括：

——通过向银行借款或对外发行地方债券的形式募集资金。筹集的资金只能用于投资或建设地方公共工程，不能用于弥补政府经常性预算缺口。

——完善的金融监管机制，地方政府债务处在中央政府的严密监控之下，并受银行等金融机构的间接监控。很少出现地方政府因对外负债过滥和滥发债券而形成地方财政破产的情况。

（三）四国模式对我国的启示

从美、澳、日、法四国来看，这些发达市场经济国家都建立了比较健全的地方政府融资体系，发行地方债已成为满足地方政府巨大融资需求的方法之一。以下几个方面的共同特征值得我们重视和借鉴：

1.政府级次较少。除法国四级外，其他都只有三级。从财政角度来讲，至少有两方面的好处：一是有利于更清晰地划分各级政府间的财权事权；二是有利于简化政府间转移支付制度的设计和减少转移支付的环节，增加财政政策的时效性。

2.实行法制化管理。各国各级政府的财权事权划分都由宪法或法律作出了明确的规定，增强了各级政府的责任，避免了不必要的相互推诿和争取资金的非正当手段，另外从融资来源、资金管理、投放范围到债务偿还也都有明确的法律规定，大多数国家均规定地方债主要用于城市基础设施建设，特别是市政设施建设。

3.系统化的监督管理体系。包括约束机制、信用评级、审批制度、预警系统等等。如中央对地方发债实行严格的审批制度，总量控制，结构调整。

4.规范的转移支付制度。地方支出中有很大一部分是由上级政府转移支付解决，并且这些拨款都是根据客观、透明的公式计算出来的，减少了转移支付中的随意性和盲目性。

5.地方债主要以长期为主。由于地方债的资金主要用于资本性的建设项目，这些项目建设周期长，收益回收慢，因此客观要求具有足够长的还款周期，否则就会加重地方政府的偿债压力。

五、防范和化解地方政府融资债务风险的对策和建议

通过对马鞍山、铜陵、淮北和宿州四市政府融资现状和存在问题的分析研究，我们认为，近年来地方政府融资规模不断扩大，融资方式不断创新，使各地城市基础设施建设步伐不断加快，城市功能不断提升，公共服务能力进一步增强，有力地促进了地方经济和社会的和谐发展。但是，伴随着地方政府融资规模的扩大，地方政府性债务也快速增加。特别是今年以来国家宏观经济政策调控力度加大，以及地方政府性债务管理中存在的诸多问题，使地方政府债务风险日益显现。政府性债务事关政府信用，影响着一个地方投资发展的软环境，必须高度认识政府性债务风险防范的重要性，以保障债务资金的使用效果和偿债安全。如何防范和化解地方政府性债务风险已成为各级政府必须面对的重要课题。按照“举债有度、还债有信、用债有效、管理有力”的要求，结合各市实际提出以下对策和建议：

（一）规范政府举债行为，使其置于资本市场的监督

地方政府融资最终要过渡到以发行市政债券为主的轨道上来。但是，投融资平台作为地方政府的投融资主体，依然有它存在的必要。当前必须规范地方政府投融资平台建设。一是充实平台实力，提升融资能力，使之走上自主经营、自我积累、自我发展的良性循环轨道。二是按照公司化运营的要求，进一步完善法人治理结构，最大限度地调度政府资金、土地资源，整合资金、资产、土地、资本等资源要素，做大现金流。三是借力银行实现市场化手段控制政府性融资平台负债风险。政府融资平台本质上和银行等金融机构的经营原理是一样的。因此，应加强内部风险控制，编制年度融资计划，明确融资的规模、方式、期限、成本、还贷计划和还款来源，实行债务的封闭运行，防止经营性债务向政府债务的转化。四是推进融资方式多元化，探索通过发行建设债券、项目融资等方式多渠道筹集资金。五是规范政府投融资平台的信息披露和财务状况，使其置于资本市场的监督之下。

（二）清查存量债务，进行分类化解

参照国外政府性债务管理的经验和国内银行等金融机构的风险控制能力，建立一套行之有效的政府性债务风险控制体系和负债资金监管体系。根据国际通行做法，按照直接显性、直接隐性、或有显性、或有隐性的债务分类方法，组织地方政府债务清查，对地方政府债务进行分类登记，摸清地方政府债务的总量和结构。在此基础上，各级地方政府对直接显性债务，应根据债务的数量和期限，制定中长期偿还计划，并建立相应的偿债基金；对直接隐性债务，应预测未来各年度的支出缺口，制定弥补支出缺口计划；对或有显性债务，应坚持“谁借谁还”的原则，清偿债务，必要时可用法律手段进行追讨；对或有隐性债务，应加强管理，尽可能在经济、社会领域“就地”化解；对无法追讨的或有显性债务和无法“就地”化解的或有隐性债务，应纳入直接显性债务进行清偿。地方政府化解存量债务的资金可从预算内资金、预算外资金、国有资产变现收入中筹集，对经济欠发达地区中央财政也应给予一定的债务豁免或资金援助。

（三）拓宽融资渠道，加快地方政府投融资体制改革

一是规范政府投资范围。按照市场经济要求，政府投资应从一般竞争性领域退出，投向交通、能源、市场基础设施、农业基础设施、环境保护、公共卫生、基础科研、教育等民生领域。二是拓宽融资渠道。加强政府财政资金管理，统筹安排其他政府可利用资源，通过提高预算外资金管理水平，及时完整归集所有政府性收费、基金收入；实行国有资产统一调度、分配、使用和运作，盘活现有的政府性公共资产存量；充分利用已建成的城市基础设施进行市场化运作等方式，扩大政府宏观调控能力。三是建立投融资主体利益和风险约束机制，吸引民间资本和社会资本进入公共产品和公共服务领域，推进公共基础设施建设主体多元化。借力民间资本和社会资本，将基础设施和城市公共建设领域逐渐有限度地对民间资本和社会资本开放，形成政府与民间力量合作共同投资城镇化的格局。创新投资管理模式，采取招标民间资本直接参与、特许经营、建设—经营—转让、建设—拥有—经营—转让、建设—转让—经营等构建公共部门与私人企业合作模式，建立和完善公共投资带动民间投资的新机制，逐渐形成多元化的投融资管理新格局。

（四）提高政府投融资效益，增强政府偿债能力

一是建立政府投资项目库。凡是政府投资范围

内的项目，都应组织专家进行投资与收益分析，确保项目投资建立在科学、可行的基础上。所有经过专家可行性论证的项目都应进入政府项目库。二是统一政府融资管理。政府投资项目所需资金，无论是对外债务，还是国内金融机构借款、国债、地方公债等，一律由财政部门统一资金管理。财政部门应根据政府投资计划编制财政融资的预、决算，加强对政府债务借、用、还全过程的管理和监督。三是建立两种不同的偿债机制。对主要体现社会效益而经济效益低下的公益性项目，财政部门应以税收和其他经常性收入作为资金来源建立偿债专项基金，清偿债务。对道路、桥梁、机场、码头等具有可见经济效益的项目，应坚持“谁借谁还”的原则，用项目收益偿还债务。四是制定包括政府投融资决策条件、债务偿还条例和项目决策失误责任追究条例在内的一系列法律法规，实现政府投融资管理的规范化和制度化。五是逐步开放地方企业债券市场。在中央政府严格审批和监管的前提下，允许地方政府发行一定数量的企业债券，以化解目前地方政府的存量债务和防范新增地方政府债务形成的风险。

（五）完善分税制财政体制，实现财权与事权相统一

一是减少政府层次。分税制财政体制要求一级政府一级事权一级财权，我国目前共有28个税种，而要将这28个税种分到五级政府并形成与各级政府事权相对应的稳定的财权，是非常困难的。因此，建议实行三级加两个半级政府，即中央、省、县三级政府和地（市）、乡（镇）分别作为省、县政府的派出机构，为完善我国分税制财政体制奠定良好的前提。二是科学合理地划分各级政府之间的事权。属于全国受益范围的公共产品应由中央政府来提供，比如基础教育，按照全国公共产品均等化的原则，以及全国范围内劳动力流动加快，受益范围的扩大，应由中央政府来承担，这也是发达国家通行的做法。属于地方受益的公共产品，再按受益范围的大小由相应级次的政府来提供。各级政府之间事权划分后应用法律的形式确定下来，避免上级政府随意变更下级政府事权的做法。三是合理划分各级政府之间的财权。根据事权和财权相对应的原则，以及我国目前的税制和发达国家的经验，中央政府的税收应以增值税、消费税和关税为主，省级政府税收应以营业税为主，县级政府税收应以财产税为主。同时，还应扩大地方政府的税种选择权、税率调整权。四是规范财政转移支付。按照全国公共产品供给均等化原则，中央应缩小、取消专项转移支付，加大对事权大于财权的贫困地区的一般转移支付，实现地方政府事权与财权的相匹配。五是修订《预算法》，赋予地方政府适度的发债权。适当时机，可以选择在经济欠发达的中西部地区进行自行发债的试点。

（六）建立健全地方政府债务风险防范和化解机制

一是实行政府债务的一体化管理，实行统借统还，完善借用还一体化管理体系。二是合理确定政府债务规模。根据当年财政收入情况和未来的收入预期，结合具体的债务期限结构、利率水平，对全市的总体债务规模进行测算，确定政府债务的合理规模，制订年度投融资计划，使政府债务风险控制在可承受的范围内。三是优化政府债务结构，将债务结构由短期债务向长期债务转变，全面优化政府债务结构，实现债务还款年度均衡化，科学规避还款高峰和流动性风险。四是建立地方政府债务风险预警机制，防范债务风险。制定地方政府债务统计指标体系，并结合财政、经济、社会发展相关指标，准确反映地方政府性债务风险程度和未来发展变化趋势，对可能出现的地方政府债务风险及早预警，采取措施，做到防患于未然。五是建立政府债务预决算制度，将政府性债务纳入预算管理。同时，地方政府要建立健全偿债准备金制度，通过财政预算安排、土地收益提取、建设项目缴纳等多种方式积极筹措资金，提高地方政府的偿债能力。

课题牵头单位：马鞍山市财政局
课题协作单位：铜陵市财政局　淮北市财政局
宿州市财政局

财政支持战略性新兴产业发展的方式问题研究

战略性新兴产业是引导未来经济社会发展的重要力量。发展战略性新兴产业已成为世界主要国家抢占新一轮经济和科技发展制高点的重大战略。当前我国正处在全面建设小康社会的关键时期，必须按照科学发展观的要求，抓住机遇，明确方向，突出重点，加快培育和发展战略性新兴产业。安徽省委、省政府对培育战略性新兴产业高度重视，将其作为“十二五”期间推动我省全面转型、加速崛起、兴皖富民的重要工作，力争抢占制高点。

一、战略性新兴产业的必要性

战略性新兴产业是以重大技术突破和重大发展需求为基础，对经济社会全局和长远发展具有重大引领带动作用，知识技术密集、物质资源消耗少、成长潜力大、综合效益好的产业。发展战略性新兴产业是我国加快自主创新和结构调整的重要战略举措。《中华人民共和国国民经济和社会发展第十二个五年规划纲要》明确提出，要“以重大技术突破和重大发展需求为基础，促进新兴科技与新兴产业深度融合，在继续做强做大高技术产业基础上，把战略性新兴产业培育发展成为先导性、支柱性产业”。加快培育和发展战略性新兴产业对推进我国现代化建设具有重要战略意义。

一是加快培育和发展战略性新兴产业是全面建设小康社会、实现可持续发展的必然选择。我国人口众多、人均资源少、生态环境脆弱，又处在工业化、城镇化快速发展时期，面临改善民生的艰巨任务和资源环境的巨大压力。要全面建设小康社会、实现可持续发展，必须大力发展战略性新兴产业，加快形成新的经济增长点，创造更多的就业岗位，更好地满足人民群众日益增长的物质文化需求，促进资源节约型和环境友好型社会建设。

二是加快培育和发展战略性新兴产业是推进产业结构升级、加快经济发展方式转变的重大举措。战略性新兴产业以创新为主要驱动力，辐射带动力强，加快培育和发展战略性新兴产业，有利于加快经济发展方式转变，有利于提升产业层次、推动传统产业升级、高起点建设现代产业体系，体现了调整优化产业结构的根本要求。

三是加快培育和发展战略性新兴产业是构建国际竞争新优势、掌握发展主动权的迫切需要。当前，全球经济竞争格局正在发生深刻变革，科技发展正孕育着新的革命性突破，世界主要国家纷纷加快部署，推动节能环保、新能源、信息、生物等新兴产业快速发展。我国要在未来国际竞争中占据有利地位，必须加快培育和发展战略性新兴产业，掌握关键核心技术及相关知识产权，增强自主发展能力。

加快培育和发展战略性新兴产业具备诸多有利条件，也面临严峻挑战。经过改革开放30多年的快速发展，我国综合国力明显增强，科技水平不断提高，建立了较为完备的产业体系，特别是高技术产业快速发展，规模跻身世界前列，为战略性新兴产业加快发展奠定了较好的基础。同时，也面临着企业技术创新能力不强，掌握的关键核心技术少，有利于新技术新产品进入市场的政策法规体系不健全，支持创新创业的投融资和财税政策、体制机制不完善等突出问题。必须充分认识加快培育和发展战略性新兴产业的重大意义，进一步增强紧迫感和责任感，抓住历史机遇，加大工作力度，加快培育和发展战略性新兴产业。

二、支持战略性新兴产业发展的国内外经验借鉴

（一）国际主要经济体的实践及相关财税措施

在“后危机时代”，世界各国积极采取措施，培育新的经济增长点。美国、欧盟、日本等发达国家和新兴经济体重新认识到实体经济的作用和本国经济发展的缺陷，开始采取一系列政策措施促进实体经济发展，政策着力点以扶植新兴产业为主，并根据发展侧重点的不同，选择了不同的新兴产业作为突破口。

1.美国

在全球金融危机爆发后，作为应对举措，美国政府就不断加大对新兴产业的支持力度，重点是以复兴制造业为核心的“再工业化”，使美国经济回归实体经济，主要政策举措是出台了《美国复苏与再投资法案》。在财政投入方面，一是增加新技术和企业创新投入。“复苏法案”提供了180亿美元用于研发。在2010年复苏预算法案中奥巴马提出对关键科研机构的研究开发预算增倍，通过技术创新项目

(TIP)刺激制造业创新，并计划将TIP投入经费从2009年的6000万美元涨到2015年的1亿美元。二是加大在先进的交通和通讯基础设施上的投入。“复苏法案”中提供了360亿元用于先进交通基础设施建设项目，提供72亿美元用于先进通讯基础设施建设。

2.欧盟

与美国相对应的是，欧盟的战略性新兴产业的发展重点放在大力发展“环保型经济”和物联网技术。在财政投入上，欧盟各成员国发起“欧洲经济复苏计划”中计划投资25亿欧元用于资助低碳项目，“环保型经济”中期规划中计划投入130亿欧元用于“绿色能源”，280亿欧元用于改善水质和提高对废弃物的处理和管理水平，640亿欧元推动其他环保产业发展和相关新产品开发。

3.日本

日本未来开拓战略(J复兴计划)指出，以低碳革命为支柱，以节能、新能源、原子能、3R、水处理等环境、资源能源领域作为日本经济骨干产业，主要通过财政补贴、税收优惠、政府采购等方式予以支持。

(二)国内先发地区的实践及相关财税措施

近年来，我国许多地方纷纷采取措施支持本地战略性新兴产业发展，并根据各自的情况出台了不同的扶持政策。

1.江苏省

一是加大财税支持力度。2004年起，江苏省政府设立科技创新和成果转化专项资金，并将资金规模从每年3亿元逐年增加至21亿元，其中70%以上用于培育壮大新兴产业。2009年省政府成立注册资本为30亿元的再担保公司，解决科技型中小企业的融资困难。另外，还安排20亿元专项资金支持重点产业的调整和振兴，主要向发展新兴产业倾斜。此外，用足用好现有各项税收优惠政策，对符合条件的新兴产业企业加快认定为高新技术企业，加大对企业研发经费税前抵扣的执行力度，引导企业用好国家鼓励进口设备的减免税政策，对新兴产业重点企业的土地和房屋使用税进行适当减免。

二是完善金融支持体系。加大创业投资对新兴产业的投资力度，建立江苏省级新兴产业创业投资引导基金，形成各级政府引导支持创业投资体系。加快企业创业板上市，支持具备条件的发行债券、短期融资券、中期票据以及上市公司再融资，鼓励产业投资基金参与重点发展领域股权投资。各级政府通过贷款担保、贴息、风险补贴等方式逐年加大对科技金融的引导和激励，江苏全省金融机构科技贷款总额突破400亿元。鼓励发展创业投资，建立创投骨干机构115家，创投资金管理规模277亿元。

三是优先安排用地。在坚持节约、集约用地的前提下，优先安排新兴产业项目用地，对符合条件的项目实行土地“点供”。江苏省内需平衡布局的项目，优先向新兴产业倾斜。对省级重点项目，地方安排用地指标确有困难的，省有关部门给予适当支持。

2.深圳市

专门设立生物、新能源、互联网三大战略性新兴产业发展的专项资金，计划投资百亿元以上，来支持三大产业迅速形成规模。深圳市计划在这三大产业核心技术开发、攻关、应用、创新技术能力建设、重大项目培育和引进、人才培养以及知识产权标准战略和国内外市场开拓上倾注更大的精力、调动更多的资源、采取更重要的措施。

一是集中财力重点扶持战略性新兴产业。自2009年起，连续7年，每年集中15亿元设立互联网、新能源、生物产业发展专项资金用于支持战略性新兴产业发展。

二是制定了互联网、新能源、生物产业振兴发展政策，将资金来源、用途进行了详细的规定。

三是设立了支持战略性新兴产业发展的投资基金。设立了总额为30亿元的创业投资引导基金，并与国家发改委联合电子信息、生物医药两个产业的创业投资母基金，重点引导社会资金投向深圳战略性新兴产业。

综上所述，国内外各个地区都已充分认识到了新兴产业的重要性，并将支持新兴产业发展提高到了前所未有的战略高度。总的来说，就是必须强化政府在战略性新兴产业布局中引领作用。发挥政府“有形之手”作用，做好引导规范发展工作，制定技术路线和扶持政策。同时，也要发挥市场“无形之手”作用，对已经明确的战略性新兴产业项目，从实际出发，按照科学技术要求和市场规律，采取招投标的办法，确定本地扶持的行业和领域，实行市场配置。

三、安徽省战略性新兴产业发展现状

我省科教资源较为丰富，战略性新兴产业具有一定的产业基础，经过多年培育与引进，部分产业领域走在全国前列。2010年，我省战略性新兴产业产值2871亿元，占整个工业产值15.3%。我省战略性新兴产业已呈现出产业持续快速增长、产业基础日益夯实、产业区域特色明显、行业结构不断优化、领军企业迅速成长、优势品种竞争力逐渐增强、创新能力持续提升等特征，已成为我省经济发展的强大动力和重要支撑。

（一）战略性新兴产业分行业发展现状

电子信息产业。“十一五”以来，我省电子信息产业年均增长21.7%，2010年增长达到50.4%。现拥有31个国家或省级企业技术中心、11个国家或省级工程技术研究中心、33个国家或省级创新型及试点企业，平板显示、信息家电、电子材料和元器件、雷达装备制造等在全国的比较优势明显，软件、汽车电子、微电子等自主创新突出。

节能环保产业。“十一五”以来，我省节能环保产业年均增长40%，比全国同类产业平均增幅高17.8个百分点。现拥有一批环保行业的骨干企业、高校和科研机构，建成一批工程技术研究中心和重点实验室，形成了产学研合作的技术研发体系，节能环保装备、节能产品、资源综合利用等重点领域的关键技术与装备有所突破，新产品研制和工程应用显著进步。

新材料产业。我省铜基新材料、铁基新材料处于全国领先地位。非金属材料深加工、水性高分子材料和纳米在橡胶中的应用等一批技术处于国内领先地位，球形石英粉、高纯超细硅酸锆、锂离子电池正极材料、超级炭负极材料等产品性能处于全国先进水平，已形成合肥、蚌埠、铜陵、马鞍山、宣城、巢湖、无为等新材料产业基地。现拥有合肥物质科学研究院、蚌埠玻璃院、中科大、合工大和安徽大学等专业科研院所，以及一批国家工程技术中心和重点实验室，建成新型材料结构与物性检测等公共服务平台。

生物产业。我省依托丰原生化、安科生物、丰乐种业等龙头企业，主要发展注射用重组人干扰素、安妥沙星、疏风解毒胶囊、聚乳酸、两系杂交水稻等生物名优产品，形成了合肥生物医药、蚌埠生物制造产品、亳州现代中药等全国著名的生产基地或市场交易中心，产业集聚效应明显。近年来我省生物产业年均增长30%以上，产业进入快速发展阶段。

新能源产业。我省拥有一批家新能源装备制造企业，形成合肥、蚌埠、滁州、马鞍山、安庆、六安等新能源产业集中区，随着塞维LDK太阳能电池及组件，海润光伏、晶澳太阳能、普乐新能源，马鞍山天翊光能等项目的建设，我省光伏产业进入快速发展阶段。国家光伏产业研发服务平台和省太阳能电池工程实验室等创新平台为我省光伏产业提供强大技术支撑。

高端装备制造产业。近年来，我省高端装备制造业总产值年均增长60%，增幅居全国较高水平，2010年总产值近419亿元。装备制造业以安徽叉车集团为龙头，呈现集聚发展的态势，无为高沟电缆、宁国密封件、当涂县博望刃具等产业集群处于国内领先地位。

新能源汽车产业。我省拥有安凯、奇瑞、江淮三家新能源汽车自主品牌，新能源客车、乘用车和商用车处于全国前列。芜湖建成电动汽车充电站，奇瑞拥有亚洲最大的汽车实验室；合肥跻身全国25个新能源汽车推广试点城市之列，入选国家首批启动私人购买新能源汽车补贴试点城市。

公共安全产业。我省在矿山安全、交通安全、食品安全、火灾安全、信息安全等领域的技术和产业基础相对较好，拥有火灾科学国家重点实验室、煤矿瓦斯治理国家工程研究中心等具备比较优势的研发平台，量子通信技术、应急信息技术等科技成果在国内外领先，培育了一批拥有核心技术和专利产品、市场开拓能力强、成长性好的公共安全产品制造企业，产业区域特色初步成型。

我省发展战略性新兴产业仍面临不少制约因素，主要有：新兴产业规模较小，产业集聚度不高，竞争优势不明显；企业数量较少，居行业龙头地位、带动力强的领军企业更少，难以形成以点带线、以线带面的联动效应；产学研互动性不强，创新能力不足，科研优势不能迅速转化为产业优势；部分地方认识不到位，缺乏规划指导，支持力度较弱。

（二）“十二五”发展目标

“十二五”时期是安徽省战略性新兴产业加快发展、迎头赶上的关键时期，必须集中力量，以建设战略性新兴产业基地为主线，以领军企业为主体，以核心重大项目为主抓手，以技术和人才为支撑，大力实施“千百十工程”，力争将战略性新兴产业发展成为全省先导产业和支柱产业。

主要发展目标为：到 2015 年，力争战略性新兴产业产值年均增长超过 29%，突破 1 万亿元。增加值翻一番以上。加快建设 1000 个左右新兴产业项目，培育和引进 100 个左右新兴产业领军企业，建成 10 个国内领先、特色鲜明的新兴产业基地，“千百十工程”建设圆满完成。

电子信息产业。形成一批拥有自主创新能力、带动力强的行业领军企业；建成新型平板显示、LED 光电产业、软件与服务外包产业等产业基地，集成电路、汽车电子、电子元器件等产业链。到 2015 年，力争实现产值 3000 亿元。

节能环保产业。至 2015 年，形成一批具有国际先进水平、拥有自主知识产权、年销售额超过亿元的节能环保装备和产品，培育一批领军企业；建成节能环保装备制造、资源综合利用产业基地。到 2015 年实现产业 1500 亿元。

新材料产业。我省材料工业整体技术水平和国际竞争力进一步提升，骨干企业创新能力明显提升；建成高性能铁基材料、铜基材料、硅基材料、高分子材料产业基地。到 2015 年，实现新材料产业总产值 2000 亿元。

生物产业。产业规模进一步扩大，产业层次逐渐提升，涌现出一批领军企业；建成生物制药产业、现代中药产业、生物制造产业基地，并形成安徽生物产业的特色与优势。到 2015 年，生物产业产值达 1500 亿元。

新能源产业。在新能源技术开发，创新成果产业化等方面取得重大进展，一批创新型做大做强；建设生物质能源产业和若干太阳能光伏产业基地。到 2015 年，新能源产业实现产值达到 1000 亿元。

高端装备制造业。形成一批技术含量高、附加值高、市场需求量大的新产品，若干个具有国际竞争力的大型企业集团，以及一批在全国有特色的产业集群。到 2015 年高档装备制造业产值达 1500 亿元。

新能源汽车业。新能源汽车整车研发水平、产业化水平走在全国前列，建成国家级新能源汽车及零部件研究试验基地，新能源汽车产业基地。到 2015 年新能源汽车总产值达 500 亿元。

公共安全产业。建成若干公共安全技术应用平台，一批国家工程（重点）实验室、工程（技术）研究中心，一批科研成果快速实现产业化，公共安全产业集聚化发展。到 2015 年，全省公共安全产业产值达到 500 亿元。

（三）财政支持政策现状

安徽省财政设立省级战略性新兴产业发展专项引导资金，从 2010 年至 2015 年，每年安排 5 亿元，专项用于支持全省战略性新兴产业发展。

专项资金支持项目的原则为：

一是集中财力办大事。支持战略性新兴产业的核心重点项目，培育若干个引领全省经济持续快速发展的支柱产业。

二是竞争择优。采取竞争性扶持方式，“多中选好、好中选优”，不搞平衡，确保支持的项目真正符合战略性新兴产业的发展要求。

三是省市联手。充分发挥市政府在项目建设中的主导作用和企业的主体作用，共同努力，共同推进。

四是引导放大。充分发挥专项资金杠杆作用和乘数效应，引导社会资本投入，带动产业发展。

四、安徽省支持战略性新兴产业发展的财政政策建议

（一）财政政策支持战略性新兴产业发展的方式

加快培育和发展战略性新兴产业，必须健全财税金融政策支持体系，加大扶持力度，引导和鼓励社会资金投入。综合来说，财政支持战略性新兴产业发展的政策手段主要有以下几种：

1.一般预算直接投入政策

一般预算直接投入政策，是政府运用一般预算安排直接支持特定产业发展的一种政策手段。由于一般预算的特殊性质，因此要求该政策支持对象必须是具有公共产品性质或具有准公共产品性质，是单纯依靠市场所不能解决的、存在市场失灵的领域。主要是通过有效的引导和整合技术、投融资体制，利用竞争驱动使新技术生产的产品成本下降，同时使公共部门和私有部门的风险最小，使产品迅速占领市场。

2.国债投入政策

国债投入政策，是国家宏观经济政策的一个重要的子系统，是财政政策的有机组成部分，是调节资源配置、经济利益及其整个经济运行的重要杠杆之一。主要是将国债资金的一部分用于战略性新兴产业发展，由于国债投入一般是重点投入基础性产业，因此该政策的支持对象主要是基础性产业中的新兴产业。

3.财政补贴政策

财政补贴政策是国家协调经济运行和社会各方面利益分配关系的经济杠杆，也是发挥财政分配机制作用的特定手段。该政策是国际上使用较为普遍的一种支持产业发展的政策手段，其特点是较为灵活，补贴对象既可以是生产者，也可以是下游的或终端的消费者。财政补贴一般分为投资补贴、产出补贴和消费补贴。

4.财政贴息政策

财政贴息是政府提供的一种较为隐蔽的补贴形式，即政府代企业支付部分或全部贷款利息，其实质是向企业成本价格提供补贴。财政贴息主要有两种方式：一是财政将贴息资金直接拨付给受益企业；二是财政将贴息资金拨付给贷款银行，由贷款银行以政策性优惠利率向企业提供贷款，受益企业按照实际发生的利率向企业提供贷款，受益企业按照实际发生的利率计算和确认利息费用。

5.财政担保政策

财政担保是借用风险投资原理，支持政府倡导的领域加快发展，而促进战略性新兴产业发展就是其中之一。具体到政策操作层面，不一定是政府直接对项目提供直接的财政担保，也可以通过对战略性新兴产业发展提供担保的公司给予补贴、公用经费、专项资助等多种形式进行。

6.股权和分红激励政策

股权和分红激励是通过奖励企业股权或部分分配利润的方式给为企业发展做出突出贡献的员工的一种激励方式。我省应充分利用国务院批准在合芜蚌自主创新综合试验区开展企业股权和分红激励试点的政策机遇，通过优化企业分配制度，建立有利于自主创新和科技成果转化的中长期激励机制，充分发挥技术、管理等生产要素的作用，推动战略性新兴产业加快发展。

7.以奖代补政策

以奖代补是把补贴改为奖励的政策支持方式。当地方或企业在战略性新兴产业发展和自主创新的目标或者超过预期的效果时，财政给予一定的奖励。以奖代补是一种重要的激励措施，可以充分调动地方或者企业战略性新兴产业和实施自主创新的积极性和创造性。

8.政府采购政策

政府是一个国家内最大的单一消费者，因此政府采购购买力非常大，对经济社会有着非常大的影响，采购规模的扩大或缩小，采购结构的变化对社会经济发展状况、产业结构以及公众生活环境都有着十分明显的影响。通过政府采购的激励效应促进产品开拓市场，使生产者大量生产以降低成本。通过政府采购为广大的市场提供示范和引导的作用，促进新兴产业的社会化应用。

对上述政策手段的支持强度进行归类，大致可以分为：一为支持力度最强的直接投入性政策，包括一般预算直接投入政策和国债投入政策；二为支持强度较强的杠杆投入性政策，通过少量财政资金投入引导更多社会资本投入到政府鼓励的额领域，起到“四两拨千斤”的作用，包括财政补贴、财政贴息、财政担保和以奖代补等方式；三是支持强度最弱的政府采购政策；四是纯政策性支持的股权和分红激励政策。

结合安徽省省情，我们认为以上八种支持战略性新兴产业的财政政策手段都可以在我省加以采用和推行。考虑到我省各地财力的有限性，优先推荐使用支持强度较强同时财政投入负担相对较轻的杠杆投入性政策和股权和分红激励政策，以有限的财政投入撬动尽可能多的社会资金进入支持战略性新兴产业发展之中。

（二）财政支持战略性新兴产业的政策建议

1.要有所为有所不为。根据区域特点、产业基础、产业特色、资源状况等，发挥区域优势，利用现有资源和招商引资成果，有针对性地确定本地区的战略性新兴产业的主导行业。重点支持优势产业，如新能源汽车产业（奇瑞、江淮）、新能源产业、电子信息产业等。

2.要突出重点区域，以重点带动全局。要与皖江城市带承接产业转移示范区、合芜蚌自主创新综合配套改革试验区、技术创新工程试点省等一系列政策结合起来。以合肥、芜湖两个作为目前乃至今后一个时期我省经济发展最具活力和潜力的两大增长极，作为重点发展区域，带动全省的战略性新兴产业再上新台阶。

3.加大财政支持力度。在整合现有政策资源和资金渠道的基础上，加大战略性新兴产业发展专项资金支持力度，建立稳定的财政投入增长机制，增加财政投入，创新支持方式，着力支持重大关键技术研发、重大产业创新发展工程、重大创新成果产业化、重大应用示范工程、创新能力建设等。加大政府引导和支持力度，加快高效节能产品、环境标志产品和资源循环利用产品等推广应用。加强财政政策绩效考评，创新财政资金管理机制，提高资金使用效率。

4.完善税收激励政策。在全面落实现行各项促进科技投入和科技成果转化、支持高技术产业发展等方面的税收政策的基础上，结合税制改革方向和税种特征，针对战略性新兴产业的特点，研究完善鼓励创新、引导投资和消费的税收支持政策。

5.建立健全有利于战略性新兴产业发展的融资体系。金融支持战略性新兴产业需要具备战略性眼光，根据战略性新兴产业不同发展阶段和产业链不同环节的特点，建立健全相应的融资体系。

一是加大政府引导力度。比如，通过启动贴息贷款、设立战略性新兴产业发展专项资金和产业投资基金、对风险投资机构给予税收补贴、完善金融机构考核体制等方式，充分放大政府财政资金和行政管理的杠杆效应，引导包括金融机构、民营资本、国外资本在内的多渠道资金支持战略性新兴产业的发展。

二是完善商业银行金融服务体系。建立合理的项目评级授信体系，引导商业银行在设计内部评级和授信体系时应充分考虑战略性新兴产业项目的具体特点，不仅将企业历史经营数据引入模型，更应当充分认识到企业和项目的成长性。信贷融资工具应重点应用于还款有保障的融资项目，主要向依靠综合收益还款的项目倾斜，向处于产业化后端或产业成熟期的项目倾斜。

三是完善融资担保体系。企业发明专利、商标权、版权等无形资产是战略性新兴产业企业的重要财富。应当引导金融机构加强对无形资产的评估能力，大力发展知识产权质押融资担保模式，完善融资担保体系。鼓励各类担保机构对战略性新兴产业融资提供担保，通过再担保、联合担保以及担保与保险相结合等方式多渠道分散风险。

四是发挥多层次资本市场的融资功能。进一步推进企业上市，支持符合条件的企业上市融资。满足处于不同发展阶段创业企业的需求。大力发展债券市场，扩大中小企业集合债券和集合票据发行规模，积极探索开发新型金融产品，拓宽企业债务融资渠道。

课题牵头单位：合肥市财政局
课题协作单位：芜湖市财政局　蚌埠市财政局
池州市财政局

县域工业园区建设与工业发展的相关问题研究

安徽省“十二五”规划明确指出，加快新型城镇化进程，把经济增长转到以中心城市和县域经济为支撑、统筹城乡区域协调发展的轨道上来。县域工业园区就成为了工业强省的重要增长极。

本课题以宁国、和县、潜山、贵池、蒙城等五个县域工业园区作为当前全省处于不同发展阶段开发区的缩影，通过实地调研分析园区的发展现状，深层次、多层面地探寻园区开发与建设的存在问题，以期为促进全省县域工业园区与工业经济快速健康发展提供切实可行的对策与建议。

一、县域工业园区发展现状

（一）经济总量不断扩大

各园区自成立以来，全力推进园区建设，努力优化发展环境，园区工业经济发展速度不断加快，主要经济指标均呈高速增长态势。2010 年末，宁国开发区实现工业增加值达 53.06 亿元、财政收入 10.59 亿元，“十一五”期间平均增速分别为 43.9%、45.47%；和县开发区实现工业增加值 5.04 亿元、财政收入 1.21 亿元，“十一五”期间平均增速分别为 46.9%、52.40%；潜山开发区实现工业增加值 18.28 亿元、财政收入 1.39 亿元，“十一五” 期间平均增速分别为 24.77%、12.76%；贵池开发区实现工业增加值 8.10 亿元、财政收入 3.32 亿元，“十一五” 期间平均增速分别为 228.66%、114.08%；蒙城开发区实现工业增加值 6.12 亿元、财政收入 8265 万元，“十一五”期间平均增速分别为 46.96%、98.53%。

县域工业园区普遍按照城镇化标准建设基础设施，不断加大固定资产投资力度，平均增速达 50%以上。园区内基本实现了“八通一平”，开发区承载能力不断提升。宁国的南山园区、贵池的池州高新区、蒙城的城南新区已成为旅游观光的新景观、县域经济发展的新增长极。

县域工业园区强力推进“引进来”和“走出去”发展战略，积极吸引外企落户、外资注入，推介优质产品走向世界。宁国、和县、蒙城开发区的进出口总额、外资项目均保持高速、稳健增长，潜山国际物流园已成为皖西地区与世界沟通的窗口，贵池乌沙船舶基地开始承接海外造船订单。

（二）园区发展质量不断提升

园区工业经济的发展质量决定了园区建设和发展的可持续性。各园区着力提高园区工业经济发展质量，大力培育园区特色产业。宁国的耐磨、和县的泵阀、贵池的金属冶炼、蒙城的汽车制造、潜山的医药化工等已位居区域性、甚至全国性的行业领先地位。与此同时，园区工业经济的“软实力”也不断提升。截至2010年末，宁国开发区已拥有企业科研机构56家、潜山开发区拥有中国名牌1件、省名牌11件、和县开发区拥有专利20多项。

县域工业园区的发展质量直接关系到园区的社会效益。各园区不断提高单位收益和投资强度，降低单位能耗，最大限度地吸纳就业人员。2010年宁国开发区每平方公里实现经营（销售）收入15.51亿元、每平方公里财政收入0.85亿元，远高于全省平均水平（10.18亿元、0.35亿元）；宁国南山园区每亩土地投资强度已达到100万元以上、建设项目环评执行率达100%；潜山、和县开发区吸纳就业人员已占全县就业人员的10%以上，蒙城开发区的失地农民补偿安置机制、贵池开发区的廉租房建设已取得显著成效。县域工业园区的社会效益不断扩大，真正成为了社会和谐安定的“稳压器”。

（三）园区管理服务体系不断完善

园区管理服务体系是县域工业园区正常运转的重要保障。各园区管委会秉持服务理念，强化责任意识，在招商“软环境”上下功夫，塑造热情、高效、便捷、优质、廉洁的服务形象。宁国开发区构建了纵向政令通畅、横向关系协调的行政服务一体化平台；潜山开发区建立了项目帮办责任制和月调度制，全程解决项目实施中存在的问题；蒙城制定出台了《关于进一步加强蒙城经济开发区建设的若干意见》等一系列政策，优化配置现有管理服务体系。

二、全省县域工业园区存在的主要问题

县域工业园区在推进县域经济社会高速发展过程中取得了一定的成效，但仍应看到，在当前新机遇、新挑战下，县域工业园区建设和工业经济发展面临着诸多的新问题。

（一）从规划方面看

一是规划缺乏前瞻性。当前园区招商引资只能做到“招商”，尚未达到“选商”。当引入项目的工艺、技术、生产环境与园区规划发生冲突时，以调整规划设计来满足项目落户要求。如潜山开发区内的医药企业对环境质量要求较高，但该区块内还落户了化工、木业等易产生气体、粉尘污染的行业，影响了医药企业所需的外部环境。二是规划落后于现实发展。园区规划的依据只有总体规划，缺乏工业区、功能区的控制性详细规划和生态、基础设施、城市发展等专项规划，无法微观、具体地指导园区建设，引发了工业区与功能区、开发区与行政区的分界模糊。如贵池的高新区四至边界尚未明确，池州高新区内早期规划的三范、杨安小区建设与现行规划不匹配；潜山开发区内落户了行政机关和商品房小区，工业区功能弱化；和县开发区和台湾农业创业园相邻，形成重复建设。三是专业人员配置不足。园区规划人员大部分无规划专业基础，导致规划滞后，难以满足规划先行的要求。如宁国港口生态工业园区，配备的4名工作人员中仅有2人具有规划专业基础，须负责全区13.75平方公里的规划、项目布局、新农村建设等各项工作，工作强度极大。

（二）从土地方面看

一是指标缺口大。当前国家严格控制土地征用，省内各园区普遍受到土地指标的制约，面临着项目等指标、有地无指标的发展难题。宁国开发区约有80个项目急等供地；和县开发区5000亩工业用地仅一半有土地指标；潜山开发区内已无土地指标，近几年无土地指标下拨；贵池开发区现有7000余亩耕地未报批；蒙城开发区2010年土地缺口至少700亩，是全年下拨土地指标的2倍。用地指标已经成为制约园区发展的首要矛盾。二是报批周期长。从调研中看，征地全过程须涉及30多个主管部门审核，完全获批历时近12个月，严重影响了项目落户的进度与效率。三是供地不成片。省内各园区申报之初规模较小，后拓展园区与既有园区难以连片，降低了土地使用效率，无法发挥产业集聚效应。四是土地利用率低。园区企业存在“征而不用，圈而不建”现象。在已落户项目中，部分企业存在单层厂房、容积率低、投

资强度小等现象。各县域工业园区内不同程度地存在此类现象。

(三)从资金方面看

一是银行贷款受限。受货币紧缩政策和国务院对地方融资平台整顿管理的影响,园区融资平台获得银行信贷支持极为有限。今年不断提高的贷款利率,使得已有债务的利息负担更加沉重。二是土地成本与收益倒挂。园区从征地至可供地,土地成本在包括拆迁补偿、青苗补偿、报批费、基础设施建设等各项开支后,约为10~20万元/亩。而流拍、费用缓交、交易价格低于土地成本等局面的出现导致土地成本与收益倒挂,土地出让金对财政收入的支撑作用难以发挥。加之部分企业虚报投资额套取占地面积,导致占地越多,倒挂缺口越大。三是实际可用财力不足。园区现行遵循的“三免五减半”、“零费制”等优惠财税政策,使得实际入库税收极为有限;而上缴部分,无法直接“反哺”园区经济建设的需要,导致地方财力长期“虚”高。四是融资平台无可持续发展能力。当前园区融资平台归入公益类,无法开展投资业务,极易受到政策、市场等外部因素的制约,自身缺乏保值增值的可持续发展能力。

园区企业是园区经济发展的主体。全省开发区中90%为中小企业,普遍存在融资难问题,具体表现为渠道少、成本高、无抵押物、金融配套服务体系欠缺。受今年信贷趋紧的影响,银行严控信贷放款规模和放款周期,上浮贷款利率(最高的上浮60%),导致中小企业融资渠道基本封闭;部分企业为保持运营,不得不转向民间借贷,月息高达4~5分。从调研中看,目前县市区层面成立了政府出资的融资担保中心,但园区内并未建立健全小额贷款、融资担保、资产评估、法律、基金等金融服务体系,无法为园区企业提供专业、便捷、全面的金融服务。

(四)从产业方面看

一是过度追求短期利益。一方面园区之间恶意竞争,通过竞相降低土地价格、给予税收优惠争取项目落户,且过于追求规模和数量。园区引进了大量低产值、低附加值、低端产业的“三低”项目,设立支柱、特色、新兴产业等多个名目以套取政策,而亿元、高新技术、龙头等企业较少,带动效应差;另一方面过于追求“新”、“特”、“大”产业,园区间产业定位雷同,装备制造、电子信息、节能环保、新材料、生物医药等产业广泛遍布于合肥都市经济圈、皖江城市带等地开发区内。

二是产业关联性差。一方面受园区分散不成片的影响,相关企业难以在技术、信息、融资、物流采购等方面形成集聚效应和竞价优势;另一方面,园区内同行业企业之间竞争激烈,龙头企业易形成垄断,压制中小企业发展;此外引入企业过于盲目,缺乏产业发展基础,企业运营成本过高,导致部分企业发展受阻。

三是产业竞争能力弱。园区内企业自主研发平台较少,“两高六新”型的中小科技企业不多,专利申请、品牌建设增长缓慢,来料加工、代工、贴牌仍是园区中小企业主要生产方式。

(五)从服务方面看

一是人才引进机制不活。各项优惠政策未按市场化调整,吸引力不足,导致高层次人才请不来,中层高管聘不来。二是社会化服务设施不足。园区内无高等级医院、公立学校、幼儿园、大型超市等生活服务设施,导致大量务工人员不愿来。三是中介体系不健全。园区内无金融、法律、管理咨询、职业培训等服务机构,使得园区无法运用成熟的软环境吸引企业落户。

三、促进县域工业园区建设与工业发展的对策

正确处理好县域工业园区建设与工业发展的内在关系,直接影响到全省县域工业园区在“十二五”期间的发展速度与质量。因此,要紧抓当前中央、我省经济工作会议以及省内区域发展战略等政策性机遇,推动县域工业园区建设与工业经济协同发展。

(一)更加注重工业化与城镇化的协调性

一是科学规划园区布局加速与城镇对接。按照统筹规划、合理布局、分片开发、滚动推进的要求,将工业园区总体规划与城镇建设总体规划、园区内控制性详细规划、专项规划紧密衔接,依法明确园区的功能定位、边界勘定、空间布局、产业容量与结构,推进园区与城区规划协调共进,提升城镇区域的整体布局。

二是大力发展工业经济推进城镇化进程。以工业经济发展为契机,加快新型工业化发展步伐,稳步提升工业在一、二、三产业中的比重、工业园区在县域经济中的比重,为城镇化进程和统筹城乡区域协调发展提供坚实的经济基础和社会基础。

(二)更加注重项目引进与土地现有规模之间的匹配性

一是继续积极对上争取用地指标。对用地缺口部分,要积极向省市争取追加计划。对重点、重大、省以上部门批准的基础设施项目、国家鼓励发展的产业项目用地,要积极通过纳入“861”项目、点供、增减挂等方式争取专项用地指标。

二是着力加强集约用地、节约用地。严格控制工业园区外的工业项目用地审批,尽量不占或少占耕地。鼓励工业项目、县市区内企业向园区集中,鼓励优先使用多层标准化厂房。设置土地供应条件,对入园企业严格实行供地规模与投资强度、产出效益、上缴税款、容积率等指标挂钩,并在企业经营过程中予以动态监控。对已入园企业长期投资强度不达标的,坚决予以整顿清理,盘活闲置地、低产出地。

三是盘活农村存量建设用地。在社会主义新农村建设过程中,提早入手,撤并整合闲散村庄,积极探索“先征后转”土地使用模式,优化土地报批流程,提高项目落地效率,加快城乡发展和一体化进程。

(三)更加注重本地资金与引进外资的互补性

一是主动衔接辖内外金融机构。继续加强与辖内外金融机构的沟通与交流,组织项目推介、企业走访等形式多样的银企、银担企对接活动,扩充园区信贷规模总量。探索依托园区大型企业建立面向园区中小企业服务的小额贷款公司,充分整合园区各类间接融资渠道筹措资金。

二是完善融资担保体系。鼓励园区政策性担保公司增资扩股、扩大担保比例,组织园区内企业实行联户担保,尝试探索集团公司为下属子公司提供信用担保模式,加快推进集体建设用地使用权抵押担保,鼓励中小企业运用持有的知识产权(专利权、商标权)、货权、债权、股权、银行票据等开展质押物融资担保,缓解中小企业由于担保条件缺失引发的融资难题。

三是鼓励园区内有条件的企业进入直接融资渠道。大力扶持优质企业直接在境内外上市融资,积极推动成长性好、“两高六新”企业的股权分置改革,建立非上市企业股份交易平台,对交易过程中产生的税费予以优惠。对处于发展初期、发展前景较好的企业,尝试发行园区企业集合债券、票据和引入创业投资引导基金。鼓励发展风险投资、创业投资,吸引国内外投资机构、私募投资基金进入园区。

四是充分发挥政府财政性资金的杠杆作用。建立财政资金参与、民间资本为主的园区发展基金投入到园区建设、产业升级中,逐步形成城镇建设投资主体多元化格局。进一步推动融资平台的规范整顿,有条件的地区可以成立自主经营、自筹还贷、自负盈亏的投融资平台,增强园区建设资金的保值增值能力。

五是继续引导民间资本参与园区项目建设。继续开展“BT”、“BOT”、“TOT”等融资方式,引导社会资本参与园区基础设施、重大产业项目建设,缓解园区急需的大额资金困境,以未来的预期收入偿还项目债务。

(四)更加注重园区主导、优势、特色产业之间的层次性

项目是园区建设和发展的生命线。在现行规划、土地的控制区内,深入挖掘园区所具有的区位、矿产、资金、技术、市场等自身优势,着力推进园区产业升级。

一是支持主导产业做大做强。主导产业在园区工业产业中占有相当比重,抓住主导产业就是抓住了园区工业发展的大方向。围绕主导产业,制定与园区发展同步的产业中长期发展规划,明确产业定位和发展方向;围绕产业链,引进带动性强、关联度深、辐射面广的高新、亿元、央企、知名民企以及配套服务企业,形成具有区域特色的产业集聚和企业集群的发展格局。

二是引导中小企业做专做精做配套。中小企业在园区企业数量占到近九成,已成为园区发展不可缺少的生力军。紧抓园区当前面临的国家、省、市发展机遇,进一步细化推动中小企业发展的技术、资金、劳动力优惠政策。引导中小企业围绕主导产业开展配套服务,支持中小企业向“专、精、特、新”方向发展,构建园区经济发展的新增长极。

三是深化软实力平台建设。继续推动创意研发机构、科技孵化中心、产权交易平台的建设,完善创意、研发、转化、交易、服务等功能体系。开展科技人员座谈、专家兼职、寒暑期合作等多种交流形式,鼓励周边高校、科研院所在园区设立研发基地、培训基地、科技成果转化基地,增强园区科技创新整体实力。支持企业开展专利、商标、名牌、品牌的申报工作,增强企业竞争的软实力。

(五)更加注重园区管理机制与园区经济发展的协同性

一是用足用活现有政策。深入研究国家、省市关于园区发展的政策文件,逐项梳理涉及园区发展的

各项条款，制定“政策—条款—对接产业—主管部门—负责人—落实时限”的政策执行路径，确保不遗漏每一项优惠政策，不错过每一个申报期限。动态调整现有园区财税、土地、招商引资、人才引进等优惠政策，已发展较为成熟的地区可比照苏浙沪等沿海发达工业园区、尚处于发展初期的园区可以比照省内发展较为成熟的园区制定有关政策，因地制宜，避免各类政策“一刀切”，确保引入好项目，企业、人才得实惠，土地、税收不流失。

二是加速构建园区配套服务体系。园区配套服务体系已经成为影响招商引资、人才引进的重要因素。继续强化服务理念，推行从意向到开工一体化服务流程，帮助解决企业落户过程中遇到的困难和问题。搭建公共服务平台，为落户企业及时收集汇总技术、市场、物流、采购、融资、用工等信息，促进投资者全身心投入到企业的发展建设中。加快建设社会化服务体系，立足园区实际，尽快推进高等级医院、公立学校、幼儿园、大型超市等生活便利设施建设，大力引入金融、财务、法律、管理咨询、职业培训等中介服务机构，使得职工不出园区即可享受城市化生活，使得企业不出园区即可获得专业性服务。

（六）更加注重发展绿色经济在园区工业发展中的重要性

一是落实减排目标责任制，加快淘汰落后产能，应用先进适用技术和工艺，提升园区内已落户企业的装备水平，改进生产工艺，提高资源综合利用率，实现固体废弃物和污染物达标排放。

二是加快园区内环保基础设施建设，做好园区企业废水、废气、废物集中处置，控制噪声污染，加快园区环境绿化，加强入园项目的节能审查、环境影响评价工作，实行节能减排一票否决。

三是实施节能、节水、节地、节材“四节”工程，加快发展低碳循环经济，确保园区经济增长建立在节约资源和保护环境的基础上，着力打造绿色、和谐、低碳的生态工业园区。

四、促进县域工业园区建设与工业发展的建议

根据我省“十二五”发展规划，结合当前全省县域工业园区发展现状和急需解决的突出问题，我们建议：

财政促进县域工业园区建设与工业发展的思路为：长期性、针对性、协调性和可操作性。即：注重政策执行的长期性，突出扶持对象的针对性，加强园区之间的协调性，提升政策执行的可操作性。具体政策措施如下：

（一）加大资金直投

1.加大对新审批设立的县域工业园区基础设施建设投入。从2011年起连续5年，省财政对审批设立的省级县域工业园区每年各补助1000万元，用于支持园区内基础设施建设，提高园区建设起点。

2.加大皖北、皖西等地县域工业园区基础设施建设投入。从2011年起连续5年，省财政对皖北、皖西等地处于起步发展阶段的县域工业园区每年各补助1000万元，用于园区内河道清理、环境保护等基础设施建设，加快园区项目落地步伐，尽快产生经济和社会效益。

3.加大财政担保基金投入。省财政安排专项转移支付资金20亿元，支持鼓励县域中小企业担保中心增资扩股、设立面向小微型企业应急专项资金，缓解园区小型微型企业的担保难、融资难问题。

（二）整合项目资金

1.整合人力资源资金。省级财政在安排人才引进、下岗再就业培训、农村劳动力转移培训、职业教育、劳动力市场建设等专项资金时，优先向劳动力输入为主的工业园区倾斜，保障园区用工需求。

2.整合产业专项资金。省级财政在安排节能降耗、污染减排、技术改造、产业引导、自主创新等专项资金时，重点向处于皖东、皖南等转型升级的县域工业园区倾斜，支持园区内产业结构调整、企业转型升级。

3.整合贴息专项资金。省级财政在安排财政贴息资金时，优先向工业园区内面临中长期贷款即将到期企业倾斜，对高于基准利率的贷息予以补贴，缓解企业因利率上浮而产生的偿贷压力。

（三）发挥杠杆作用

1.支持搭建投融资平台。通过注入资本金、政府参股等方式，支持鼓励有条件的县域工业园区设立投融资平台，多渠道筹集园区基础设施建设资金，提升园区资产保值增值能力。

2.设立产业发展基金。通过政府出资、政府参股、政策支持等方式，设立用于推进工业园区内主导、优势、特色产业发展的产业基金，拓展园区产业发展的直接融资渠道。

（四）优化税收政策

1.继续减轻企业负担。继续扎实推进“零费制”。

对暂不能取消的收费，按规定的最低收费标准执行，并创造条件限期取消，切实有效减轻园区企业负担。

2.落实税收优惠政策。积极贯彻落实国家、省、市制定的园区企业税收优惠政策，加大对小型微型企业的税收优惠政策落实力度。

（五）健全激励机制

1.建立完善考核机制。进一步完善工业园区综合效益考核机制，将工业园区的财政投入与开发成熟度、产业集聚度、土地投资强度、经济效益、资源环境保护、自主创新、社会效益等指标，并将考核结果与省财政专项资金的分配挂钩。

2.建立健全激励机制。进一步完善税收增长奖励、财政强县奖励等省对下激励性转移支付制度，提升县域工业园区发展的积极性，促进园区经济又好又快发展。

（六）搭建沟通平台

探索搭建县域工业园区沟通平台。由省级相关部门牵头，探索构建县域工业园区对话机制，促进园区间在规划布局、产业定位、发展方向、配套服务体系等方面沟通交流，鼓励园区间立足于差异性、协作性、互补性等层面错位发展，运用市场机制协调园区间的资源配置，打造区中园、共管园、托管园等“飞地经济”新模式，推进基础设施、配套服务、人才交流的共建共用，促进形成园区间利益共享、协调共进的良好局面。

县域工业园区建设和工业发展是一项复杂的系统工程。各级政府要解放思想，抢抓机遇，多措并举，改革创新，努力将工业园区打造成为县域经济发展的加速器、城乡统筹改革的助推器、社会和谐安定的稳压器，推进县域工业园区与县域经济的健康和谐发展。

牵头单位：宁国市财政局

协作单位：贵池区财政局　潜山县财政局

和县财政局　蒙城县财政局

现代农业示范区建设中的相关问题研究

建设现代农业示范区是探索中国特色农业现代化道路的新举措，是创新现代农业发展模式的新实践。2010年的中央一号文件、政府工作报告、国家“十二五”规划纲要都明确指出，要推进现代农业示范区建设。创建现代农业示范区，对推进安徽农业结构战略性调整、示范和引领现代农业发展具有重大意义。本文通过深入调研颍上、歙县、泾县、霍邱、萧县等五县现代农业示范区建设情况，总结了各地示范区建设的成效，探寻了建设中实际存在的困难与问题，并提出针对性建议，以期对全省现代农业示范区建设具有一定的借鉴和推动作用。

一、现代农业示范区建设的探索和成效

近年来，颍上、歙县等五县因地制宜，开展多类型的现代农业示范区建设，初步形成了粮食高产样板区、高效经济作物种植区、标准化畜禽养殖区、农产品加工区、新农村建设展示区五大功能区并进的发展格局。这些示范区的建设已有效地带动了当地农业现代化的发展，并成为当地现代农业发展的亮点。

（一）多层次、多类型的现代农业示范区正在形成

参与调研的5个县，涵盖了安徽省的南、北、中不同地域，有山区、有平原，有粮食主产区、有经济作物主产区，各县都因地制宜积极创建现代农业示范区。建设规格、内容、方式各具特色，既有国家级扶持的示范区，也有省市县各级扶持的示范区；既有培育粮食产业的实践，也有单一经济作物、畜禽养殖的探索；既包括农业现代设施的建设和装备、先进技术和新品种的引进和利用，也包括新农村建设和农业体制的创新、新型农民培训。五县示范区建设的层次、类型和内容的多样性和代表性，其经验做法对指导全省各个区域推进农业现代化具有重要作用。

（二）提高了农业基础设施水平

各地通过示范区建设，大大提高了农业基础设施水平。颍上县建设的红星国家级现代农业示范区，建设“三横两纵”、一循环，宽5米水泥路面的主干道路42公里，田间生产道路按260亩一个网格，完成大中沟4条28公里，修建各类桥、涵、闸和田间配套建筑物380座，已完成大中沟桥建设52座、田间配套建筑

物198座,新打机井150眼。霍邱县长集现代农业园区建设，通过采取土地治理和机械化配套和科技推广等措施,提高了土地的抗灾能力。萧县从抓好以疏浚沟渠、桥涵建设、水利灌溉为重点的农业基础设施建设入手,不断改善农民生产、生活条件。许多示范区还统一购置拖拉机、耕作机、高压喷虫机、动力喷雾器、插秧机、联合收割机、烘干机等各类先进农机具,极大地促进了示范区农业综合生产能力的提升。

（三）培育了地方特色产业

农业现代化示范区的一批具有地方特色农业脱颖而出,生产规模扩大,组织化程度提高,产业链条延产品品牌打响,带动、促进了示范区所在县、乡不同层次的主导产业和支柱产业的形成、发展和壮大,各地围绕地方支柱产业和特色产业打造示范区建设。颍上县建立3万亩的小麦高产基地,歙县发展良种茶园面积2.5万亩,高产优质桑园4.5万亩,泾县建立了一批规模养殖示范基地，建立家禽专业合作社16个,产业农户260户。萧县重点培育无公害蔬菜产业集群、水果产业集群、胡萝卜产业集群,努力促进农业“板块经济”成长,霍邱县冯井合作社开展大棚草莓种植和蔬菜的种植,每亩收入1万多元。通过示范区建设，一批具有地方特色的农产品脱颖而出,促进了各地主导产业好支柱产业的形成、发展和壮大。

（四）在农业现代化发展中发挥了“排头兵”作用

颍上县现代农业示范区,以发展现代农业为主,突出粮食作物生产功能，打造现代化粮食生产核心区,坚持以基础设施建设为重点,着力推进高标准农田建设。通过政策扶持、技术支持,积极引导农民分产业组建专业协会,建立技术培训、生产服务、产品销售、利益共享的新型经营机制,示范区建设已成为带动当地产业升级和农民致富的示范样板。歙县示范区共带动15万农民致富,示范区内农民收入达到6800元,2010年全县农民人均纯收入6524元,比2005年农民人均纯收入2988元增长118%。农民收入来自农业产业化经营收入比例增至36%，比“十五”提升了10个百分点,远远高于全县平均水平。泾县建设的养殖示范区,建设标准化家禽养殖小区18个,其中市级标准化养殖小区4个,家禽养殖向规模化、集约化、标准化方向发展,养殖水平逐步提高。全县年出栏肉鸡5万只以上的养殖场达到260个。拥有市级以上禽业龙头企业5家，其中省级农业龙头企业1家;县级以上家禽产业专业合作社16个;70%左右的畜禽及其产品实现订单化生产，带动了全县养殖业的健康发展。

调研发现，各地在建设农业现代化示范区的实践中主要有以下几个方面的经验。

一是以强化领导为前提。为确保示范区建设工作落实到实处,五个县的县委、县政府都成立了由书记任政委、县长任指挥长、县直多个部门的一把手和示范区乡镇主要负责人为成员的示范区建设指挥部,明确各部门及乡镇职员,细化工作任务,统一调度,密切配合,务求实效。强有力的组织领导,保障了各项工作的落实。

二是以科学规划为基础。规划是行动的前提和指南,为提高示范区建设的科学性,颍上县红星国家级示范区总体规划委托中国科学院进行设计，聘请了安徽省农科院、安徽省农业大学等多位专家为咨询专家,编制了《安徽财政红星现代农业综合开发示范区总体规划》。规范的主要内容包括发展态势分析,总体思路、功能分区布局与发展定位,重点建设项目、投资与效益分析,运行机制,组织管理,保障措施等部分,总体规划要件齐全,结构合理,编制规范,各部门、各单位都以总体规划为纲领,科学合理地安排项目。其他各县也都把规划放在首位,

三是以整合资金为手段。整合资金是各地抓好示范区建设的主要经验。按照“资金性质不变,管理渠道不乱,优势互补”,每人一道菜,当做一桌席,整合资金,整合资源,整合人力,科学规划,突出重点,规范操作,整体联动,合力推进示范区建设进程。颍上县整合各类资金14842.9万元,土地平整项目、农发项目资金、省级科技推广费、产业化财政补贴、省级财政专项资金农业财政资金、粮食产业现代农业生产发展项目资金农业项目资金、水务部门财政资金颍上县粮食产业现代农业生产发展项目资金等财政部门财政资金、新增农资综合补贴粮食基础能力建设项目资金的有效整合，为示范区的快速建设提供了强有力的财力保障。萧县、霍邱等县也积极整合各类资金,集中财力办大事,现代农业示范区建设取得了明显成效。

四是以严格考核为后盾。为抓好各项工作落实,指挥部对各成员单位进行了明确的责任和分工,分解了各单位的任务和要达到的工作目标。要求各部门要树立大局和全局意识,抛弃部门利益,服务从指

挥部统一指挥。各单位各部门申报项目，项目实施计划方案，要按要求先报指挥办公室备案。要明确专人负责项目建设，要定期向指挥部办公室以书面或表格形式报告项目进度和资金使用情况，便于统一掌握，协调安排工作。

二、现代农业示范区建设存在的问题

现代农业示范区建设在各级政府和部门的重视、支持下，取得了明显成效，但在提升示范区建设档次、增强科技研发水平、发挥辐射带动作用等方面，还存在一些问题，主要表现在以下方面。

（一）资金投入有限，整合资金难度大

财政支农资金尚未形成强大合力，难以充分发挥资金统筹效益。多年来，财政支农资金分别掌握在发改委、农委、国土资源局、水利、农业综合开发办等多个部门，部分政策、项目、资金存在交叉、多头管理等问题，在缺少切实可行的系统科学规划的前提下，导致财政支持资金分散，资金统筹使用困难，难以发挥资金统筹效益。同时，当前既定的支农项目资金整合，涉及到各级各部门的工作关系和权利分配，会影响到部门的工作平衡与积极性。调研发现，目前五个县的示范区项目建设资金主要依赖于财政投入和农民企业自筹，各方资金能否按时足额到位，将直接影响示范区建设进程，同时，单一的投资主体面临融资困难瓶颈，影响示范建设步伐。

（二）土地稳定流转难度大

近年来，随着支农政策项目资金的增加，农民对土地特别是耕地的依赖程度十分强烈。土地依然是农民的命根子，他们把能否拥有土地的承包经营权看得很重，担心转让出去很难再收回。同时，现行农村土地承包法和农村土地承包经营权流转管理办法明确规定，土地使用权流转必须坚持“依法、自愿、有偿”的原则，个别农户在流转过程中的要求无法得到满足，会导致现代农业示范区业主所需整片土地无法流转，从而增加了发展现代农业示范区难度，造成土地流转不畅，制约了示范区的规模发展，影响了带动和辐射功能的发挥。

（三）规划布局不够合理，随意性太强

示范区建设综合规划相对滞后，统筹项目整合理念不实。由于没有统一规范的支农资金整合的领导协调机构和机制，支农项目资金的布点和使用，存在部门分割、项目区布局分散、建设效益不高等问题。从调研情况上看，大部分示范区大都兼顾了种植、养殖、林果、花卉、蔬菜等内容，规划小而全，重点不够突出，致使部分示范区建设项目重复，产业结构趋同，缺乏有特色和竞争力的产品。目前，一些干部仍受固有观念的制约，资源开发利用和经营模式停留在初级水平，项目区规划的视角仍停留在种植业的发展和有限的土地开发上，对土地资源的深度开发，充分利用尚有所忽视，同时部分乡镇领导功利性太强，随意更改示范区建设内容，没有全局观和发展眼光，造成项目建设不理想。

（四）农业基础条件较差，无法满足示范区建设需要

以歙县为例，该县的现代农业示范区建设主要有茶叶、蚕桑和经济林果等产业，这些产业前期投入成本大、人力成本高，一次性投入太多，造成农民压力很大，有畏难情绪。特别是由于地处山区，基本没有水利设施，存在灌排条件落后、交通条件差等农业基础设施落后的问题。再加上水利设施陈旧老化，年久失修，不仅抵御自然灾害能力极差，就连满足农业生产基本需要在大部分地方也难以实现，基础设施落后严重制约着全县现代农业生产的发展。从本次调研结果看，歙县认为农业生产“地力差，水资源缺乏”、“农业灌溉条件差、农业生产基本靠天吃饭”和“农业机械化水平低”的农民分别占到了58.3%、61.2%和55.9%。

（五）基层农业科技推广体系不健全，农民培训不能适应现实需要

目前，乡镇农业技术推广机构，除了要承担公益性技术推广外，更多的是要承担各乡镇下达的其他日常行政工作，职能不清、体制不顺、机制不活的推广体系无法满足当前基层农民群众对农业科技服务的渴求。加之乡镇农业专业技术人才奇缺，素质较低，乡镇农技推广“四费”无法保证，造成基层农技推广体系的先天不足，制约了农技推广工作的可持续健康发展，更谈不上服务现代农业示范区发展。同时，调查发现，这几年国家大力实行新新型农民培训工程，但由于年青劳力大部分外出，加上培训机构的责任心不强，培训质量值得商榷，无法从根本上去解决百姓所渴求的现代农业专业知识。

（六）示范区企业人才吸纳困难，无法适应发展需要

通过深入示范区调研，遇到最大的问题就是人才吸纳遇到“引不进、留不住”的困难，示范区与科研

单位、推广单位和生产单位之间利益联结机制不紧密，致使示范区技术人才普遍不足，科技力量薄弱，尤其缺少懂技术、会管理、善经营的复合型人才。歙县早在2007年就发动农业科技人员入企业、入合作社活动，但效果不佳，大部分农业科技人员都有始无终，主要的原因就是企业和合作社无法兑现农业科技人员的待遇问题和提供良好的工作环境，其根本原因是示范区建设及运行经费紧缺，发展后劲不足，给科技人员感到前途迷茫的感觉。

（七）项目区工程运行管护是一大难题

很多示范区建设工程还没有移交，就有部分工程受损现象。项目工程要想长期发挥效益本身就是一项系统的管理课题。示范群项目工程建成后，一般是通过签订工程管护责任书，落实管护主体，实行业主负责制。从多年来情况看，项目工程遭到破坏，全面管护率低的状况还是存在。树木存活率低，田间道路、工程设施等被损坏，且受损工程不能得到及时维修。

三、做好现代农业示范区建设的对策建议

（一）建立完善的管理机制

建设现代农业示范区，关键要有强有力的组织保障和领导机构，并且工作措施要得力，要建立起省、市、县（区）共同联系指导项目建设的制度，进一步完善现代农业示范区建设的管理机构，使农业示范区的管理机构和职能职责制度化，实行效益与报酬挂钩，按企业化运作方式使示范区生产、经营、销售、管理等方面实现优化，积极参与市场竞争，提高示范区综合经济效益。同时，各相关部门都应把示范区建设作为提升传统农业的载体，加快农业产业化的源动力，对示范区的谋划、建设和发展等环节予以关注，投注更多的精力、人力、物力和财力，为打造具有各地特色的现代农业示范区创造一个宽松环境。

（二）建立多元的投资机制

现代农业示范区的投入，关键取决于投资的比较效益和政府的政策引导，要建立多元主体投入、各种资金互补、投入方式多样、资金高效运行的农业示范区投入保障体系。一是建立稳固的政府投资现代农业示范区的资金来源渠道。建立政府投资现代农业示范区稳定的资金渠道是农业示范区建设的根本出路。政府应增加预算内农业投资，保证财政支农资金增长高于经常性财政收入的增长比例，并从中明确投资农业示范区的资金比重。二是多渠道、多元化争取国家项目资金扶持。通过各种渠道争取国家、省市的项目资金和扶持政策。如农业综合开发、各种试验示范等项目资金，用于示范区的基础设施配套和开发建设。建立政府投资农业示范区领导小组会商决策机制，按照“渠道不乱、管理不变，各负其责、各计其功”的原则，将分散于各部门的农业投资统筹安排，重点投资在农业示范区的建设内容和项目安排上。三是激活农民参与现代农业示范区建设的机制。采取土地折价、利益共享，风险同担，激发农民建设现代示范区的热情。或者采取保证一定租金，部分参与分红，使示范区成为农民的利益共同体。

（三）建立有效的运行机制

按照市场化运作、企业化管理的原则，明确示范区建设的责任主体，创新示范区建设的运作机制，打破政府大包大揽的传统格局，形成政府推动为主、部门配合支持、社会力量参与的示范区建设机制。一是积极探索可靠的技术依托机制，加强与大专院校、科研单位、专业技术团体的紧密合作，通过农业技术、科技成果参资入股等方式，鼓励农业科技人员、科研机构直接到示范区创办领办科技型龙头企业、试验基地。充分利用示范示范区高科技的产业特色、高质量的创业环境，吸引农业高技术人才向示范区聚集。二是从各地的自然资源状况、农业生产特点和经济发展水平出发，找准自己的特色优势，进行集中开发生产，创建绿色农产品、绿色食品与有机食品品牌，并采取“订单农业”、标准化生产等方式，把周边农民组织带动起来，形成规模优势，提高优势拳头产品产业化程度。三是坚持以效益为中心，瞄准国际、国内两个市场，充分发挥示范区桥梁纽带作用，一方面将具有特色的种子种苗推广出去，带动周边的基地发展；另一方面要开辟优质农产品销售渠道，通过加工、包装、贮运，延长产业链条，实行良性增值循环运行，逐步把农业示范区建设成为能带动产业升级和农民致富的现代农业产业化“龙头”。

（四）有序流转土地，加大招商引资

各地的现代农业示范区经过几年的建设，示范区内的农业生产条件发生了巨大变化，抗灾，减灾，增产能力大幅提升，高标准标农田建设为实现农业规模化生产，为集约化经营提供了良好的基础。随着农村形势的改变，大批农民都走出土地，土地流转将成了农村新一轮农民致富的增长点，可鼓励农民以土地入股、出租等形式，以及政府采取必要的置换等方式，集中土地，成片开发；在“依法、自愿、有偿”的前提下，出台土地流转指导价格或承包地流转互换办法等政策，在维护土地承包户基本权益，促进示范区加速土地流转。同时，改善招商引资条件，对落户示范区的企业用地优先优惠考虑，为其安家落户提供保障。项目乡镇采取积极有效地措施，利用县优惠的政策，采取走出去、请进来的办法，力促引资企业落地入驻，吸引更多的企业来示范区进行投资建设，尤其注重对粮食生产和粮食深加工企业的招商。企业进来了，土地流转、新农村建设中的问题也就迎刃而解。

(五)培育示范区的主导产业

要在资金扶持上下功夫，采取政策扶持、项目扶持、信贷扶持、财政补贴、招商引资等多种办法，逐步形成多条腿走路、多方筹资、多轮驱动的新格局。要在引进优良品种和先进技术上下功夫，根据示范区的产业示范定位，引进“高产、优质、高抗”的新品种，提高产品的市场竞争力。要在产品终端上下功夫，着力解决产品深加工、精包装、耐贮快运等领域的问题，增加产品附加值。

(六)培养示范区的建设人才

一方面要充分利用多种畅通“管道”，引进高素质的农业科技人才为示范区建设服务；另一方面积极利用农业科技入户、农村劳动力转移培训、科技下乡等时机，加强对农民的技能培训教育，提高农民的科技文化素质，通过引进一批、培训一批、带动一批、影响一批，培养示范区多样化的会种养业、会加工销售，懂经营管理的人才。

(七)切实解决农民筹资投劳落实难的问题

建议国家应该对经济不发达的县区别对待，根据实际情况取消或减少项目建设地方配套资金，并给予资金倾斜照顾，这样才能真真切切的把国家的惠民政策落实到位。取消农民筹资投劳在政策上的硬性规定，可在项目建设之前根据实际情况，做好宣传工作，鼓励农民自愿筹资投劳，将其作为乡镇竞争立项条件优先立项。

(八)探索建立更加完善的工程管护措施

项目建成验收后，要落实管护责任人。一是在项目立项设计中着重考虑实用性强的，使用频率高的工程，对那些多年一用的工程尽量少建，让农民感得到工程作用大，少不了，从而发自内心的去自觉爱护工程。二是继续加大调研，建立健全管护制度，根据工程的性质不同更加细致地落实管护责任人。三是充分发挥农民技术监督员的作用，努力调动农民群众监督工程建设、管护工程设施的积极性，建立以农民技术监督员为主管护队伍，明确报酬，职责和奖惩。建立责任追究制，加大对破坏工程行为的打击力度。设置管护经费，使受损工程及时落实维修，从而确保工程长期发挥效益。

(九)强化示范区的组织领导

一是加强组织领导。现代农业示范区建设是一项复杂巨大的系统工程。各县、乡镇和有关部门务必须齐抓共管，明确目标，落实责任，按照部门职责，各司其职，尽职尽责，齐心协力，密切配合，进一步完善服务设施，积极申报和争取国家农业项目的支撑，加快推进现代农业示范区建设，确保示范区上档次、升水平。确保现代农业示范区建设整体推进。二是强化督促检查。要把现代农业示范区建设纳入乡镇和有关部门的年度工作目标考核内容，加强督查，跟踪考评，对在现代农业示范区建设中做出突出成绩的单位和个人，要予以表彰奖励，对落实任务不好的要严肃追究相关人员责任。

课题牵头单位：颍上县财政局

课题协作单位：歙县财政局　泾县财政局

霍邱县财政局　萧县财政局

财经统计篇

全省财经统计资料

2011 年安徽省国民经济和社会发展统计公报

2012 年 2 月 23 日

2011 年，是实施“十二五”规划的第一年，面对复杂严峻的国内外发展环境，全省人民在省委、省政府的坚强领导下，认真贯彻落实国家各项宏观调控政策，紧紧围绕科学发展主题和全面转型、加速崛起、兴皖富民主线，攻坚克难，锐意进取，加快推进经济发展方式转变，保持了经济社会又好又快发展，较好地完成了年初确定的目标任务，实现了“十二五”良好开局。

一、综合

初步核算，全年生产总值(GDP)15110.3 亿元，按可比价格计算，比上年增长 13.5%。分产业看，第一产业增加值 2020.3 亿元，增长 4%；第二产业增加值 8226.4 亿元，增长 17.9%；第三产业增加值 4863.6 亿元，增长 10.5%。三次产业比例由上年的 14:52.1:33.9 变化为 13.4:54.4:32.2，其中工业增加值占 GDP 的比重为 46.2%，比上年提高 2.4 个百分点。全社会劳动生产率为 36986 元/人，比上年增加 6234 元。人均 GDP 达 25340 元(折合 3923 美元)，比上年增加 4452 元。

居民消费价格上涨 5.6%，涨幅比上年高 2.5 个百分点；商品零售价格上涨 5.3%，比上年高 2.1 个百分点；工业生产者出厂价格上涨 8.3%，工业生产者购进价格上涨 10.8%，分别比上年低 0.7 个和 1 个百分点；固定资产投资价格上涨 8.1%，农业生产资料价格上涨 14.3%，分别比上年高 2.7 个和 12.3 个百分点。

年末全省从业人员 4120.9 万人，比上年增加 70.9 万人。其中，第一产业 1598.9 万人，增加 15.3 万人；第二产业 1038.5 万人，增加 22 万人；第三产业 1483.5 万人，增加 33.6 万人。年末在岗职工 365.7 万人，增加 26.7 万人；城乡私营企业从业人员和个体劳动者 598.5 万人，增加 27.7 万人。全年城镇新增就业 62.3 万人，下岗失业人员再就业 24.1 万人。年末城镇登记失业率为 3.72%。

二、农业

全年粮食作物种植面积 6621.5 千公顷，比上年扩大 5.1 千公顷，其中优质专用小麦面积 1985 千公顷，扩大 92.4 千公顷。油料种植面积 878.3 千公顷，减少 66 千公顷。棉花种植面积 350.4 千公顷，扩大 6 千公顷。蔬菜种植面积 790.3 千公顷，扩大 14.7 千公顷。

全年粮食产量 3135.5 万吨，比上年增加 55 万吨，增长 1.8%，连续六年创新高。油料产量 213.8 万吨，下降 6.1%；棉花产量 37.8 万吨，增长 19.9%。

年末全省生猪存栏 1467.3 万头，比上年增长 1.7%；全年生猪出栏 2721.1 万头，下降 2.2%。主要肉类产量 371.8 万吨，下降 0.9%，其中猪牛羊肉产量 265.1 万吨，下降 2.3%。禽蛋产量 119.7 万吨，增长 0.5%。牛奶产量 22.5 万吨，增长 9.9%。水产品产量 199.5 万吨，增长 3.2%。

年末全省农业机械总动力 5657.1 万千瓦，比上年增长 4.6%。农用拖拉机 252.6 万台，增长 1.6%；农用运输车 66.5 万辆，增长 0.1%。全年化肥施用量(折纯)326.9 万吨，增长 2.2%。农村用电量 117.3 亿千瓦时，增长 9.2%。有效灌溉面积 3547.7 千公顷，新增

51.2千公顷;新增节水灌溉面积28.3千公顷。

三、工业和建筑业

全年规模以上工业增加值7061.7亿元,比上年增长21.1%,其中轻、重工业分别增长27.2%和18.6%,轻、重工业增加值比例由上年的29.7:70.3变化为30.8:69.2。股份制、外商及港澳台投资企业生产继续快速增长,增幅分别为22%和20%。

全省37个工业行业增加值全部增长,其中通信设备、计算机及其他电子设备制造业增长78.7%,纺织服装、鞋、帽制造业增长42.3%,电气机械及器材制造业增长31.8%,金属制品业增长29.6%,通用设备制造业增长27.7%,非金属矿物制品业增长24.4%,化学原料及化学制品制造业增长19.1%,农副食品加工业增长18.7%,黑色金属冶炼及压延加工业增长15.1%,有色金属冶炼及压延加工业增长14%,交通运输设备制造业增长13.7%,电力、热力的生产和供应业增长11.1%,煤炭开采和洗选业增长9.3%。六大高耗能行业增加值增长16.1%,装备制造业增加值增长28.3%,高新技术产业增加值增长24.6%,战略性新兴产业产值增长62.1%。

主要工业产品产量中,原煤、发电量分别增长8.6%和13.5%,粗钢、钢材分别增长5.3%和12%,水泥增长22.6%,家用洗衣机增长28.6%,家用电冰箱增长49.8%,房间空调器增长72.8%,彩色电视机增长38.6%,汽车下降5.9%。

全省规模以上工业企业主营业务收入23895.5亿元,比上年增长42.8%;利税2254.8亿元,增长43.8%,其中利润1306.9亿元,增长52.5%。煤炭开采和洗选业、电气机械及器材制造业、交通运输设备制造业、非金属矿物制品业、化学原料及化学制品制造业、农副食品加工业等18个行业利润均超20亿元,累计实现利润1146.3亿元,占全部规模以上工业的87.7%。工业经济效益综合指数312.3,比上年提高39个百分点。

全年全社会建筑业增加值1246.8亿元,比上年增长9.3%。资质内建筑企业利税总额245亿元,增长16.6%。房屋建筑施工面积28278.9万平方米,增加4983.2万平方米;房屋竣工面积10773.6万平方米,增加261.3万平方米。

四、固定资产投资

全年固定资产投资12126.3亿元,比上年增长27.6%。其中,城镇投资11350.9亿元,增长27.7%;农村投资775.4亿元,增长26.3%。工业及信息化产业技术改造投资2947亿元,增长41.8%。民间投资7937.1亿元,增长31.7%。

从产业看,第一产业投资下降0.9%,第二产业增长30.5%,第三产业增长25.7%。从行业看,工业投资增长33%,其中制造业增长36.4%,制造业中的装备制造业增长48.4%。六大高耗能行业投资增长28.3%。三产中的金融业投资增长1.6倍,租赁和商务服务业增长1倍,文化、体育和娱乐业增长10.4%。

全年房地产开发投资2590.1亿元,比上年增长27.9%;其中经济适用房投资47亿元,增长67.7%。商品房销售面积4581.6万平方米,增长11.4%;商品房销售额2183.1亿元,增长26%;商品房待售面积605万平方米,增长16%。2011年,全省开工建设保障房42.9万套,开工率达108.6%。

全年共安排“861”行动计划项目3871项,当年完成投资5333.8亿元。开工建设合肥鑫晟TFT-LCD八代线、三安光电(淮南)产业化、滁州浩德太阳能电池、赛维LDK太阳能电池及组件、亳州济人现代中药产业化、蚌埠柳工汽车起重机底盘、奇瑞年产10万台6AT变速箱、马钢年产120万吨冷轧板、黄山徽文化艺术长廊、南翔(芜湖)国际物流园、来安南京湾(香江)总部基地、岳武高速安徽段和浦发银行合肥综合中心等一批重大项目;合肥京东方液晶六代线、彩虹TFT-LCD玻璃基板、龙源来安20万千瓦风电场、马鞍山华菱3万辆重卡扩建、合肥日立挖掘机扩建及关键零部件工程、定远大型盐化工一期、无为华谊煤基多联产精细化工一期、大陆马牌轮胎等一批工程已建成。全年新增煤炭产能630万吨,电力装机容量339.4万千瓦。

五、国内贸易

全年社会消费品零售总额4900.6亿元,比上年增长18%。按经营单位所在地分,城镇消费品零售额4061.2亿元,增长18.2%;乡村消费品零售额839.4亿元,增长17.5%。按消费形态分,商品零售4321.4亿元,增长18%;餐饮收入579.2亿元,增长18.2%。按企业规模分,限额以上企业零售额2047.3亿元,增长33.4%;限额以下企业零售额2853.3亿元,增长6.3%。

从限额以上企业(单位)商品零售类值看,吃、穿、用商品零售额比上年分别增长40.2%、30.9%和

33.1%。其中，粮油类增长45.6%，肉禽蛋类增长39.6%,服装类增长33.3%,化妆品类增长29.3%,金银珠宝类增长47.5%,日用品类增长27.9%,中西药品类增长28.9%,体育娱乐用品类增长27.3%,文化办公用品类增长31.2%，通讯器材类增长26.6%,家用电器和音像器材类增长34.6%，建筑及装潢材料类增长59.4%，家具类增长1.1倍，汽车类增长21.1%,石油及制品类增长48.4%。

六、对外经济和旅游

全年进出口总额313.4亿美元，比上年增长29.1%。其中,出口170.8亿美元,增长37.6%;进口142.5亿美元,增长20.2%。从出口经营主体看,生产型、贸易型企业出口分别增长46.1%和11.1%。从出口商品看，机电产品、高新技术产品出口分别增长53.5%和41.6%。

全年新批外商投资企业263家，比上年下降6.4%;合同利用外资34.4亿美元,增长59.1%;实际利用外商直接投资66.3亿美元，增长32.2%。到2011年底,来皖投资的境外世界500强企业增加到57家。

全年对外经济技术合作新签合同金额20.1亿美元,比上年增长27.1%;完成营业额25.1亿美元,增长22.7%；当年外派劳务人员13574人，增长7.5%。全年新批境外企业(机构)47个,实际对外投资5.1亿美元。

全年入境旅游人数265.2万人次，比上年增长33.6%;国内游客22534.8万人次,增长46.8%。旅游总收入1900.6亿元,增长65.5%。其中,旅游外汇收入13.2亿美元,增长60.6%;国内旅游收入1815亿元,增长65.8%。年末全省共有A级旅游景点(区)380处。

七、交通和邮电

全年交通运输、仓储和邮政业增加值587.5亿元,比上年增长10%。

全年旅客运输量18.6亿人,货物运输量26.8亿吨,分别比上年增长16.4%和17.7%;旅客运输周转量1652.5亿人公里,货物运输周转量8435.2亿吨公里,分别增长10%和18.1%。全年港口货物吞吐量3.7亿吨,增长15.1%,其中外贸货物吞吐量277万吨,增长7.4%。全省民航机场旅客吞吐量511.2万人次,比上年增长17.7%,其中合肥机场旅客吞吐量439.9万人次,增长15.2%。

年末全省民用汽车拥有量289.4万辆，比上年增长19%,其中私人汽车205.3万辆,增长23.5%。民用轿车拥有量116万辆,增长32.4%,其中私人轿车96.3万辆,增长38.2%。

全年邮电业务总量361.1亿元，比上年增长19.9%。其中,电信业务总量334.2亿元,增长22.7%;邮政业务总量26.9亿元,下降7%。年末本地固定电话交换机总容量1443.6万门，比上年减少85.2万门。本地固定电话用户1243.9万户,比上年增加13万户;移动电话用户3259.4万户,增加460.7万户。每百人拥有电话（含移动)73.5部，比上年增加7.7部。年末基础电信运营企业计算机互联网宽带接入用户457.4万户,增加115.3万户。

八、财政、金融、证券和保险业

全年财政收入2632.8亿元,比上年增长27.6%,其中地方财政收入1463.4亿元,增长27.3%。全部财政收入中,增值税增长27.9%,营业税增长29.9%,企业所得税增长44.8%。财政支出3305.7亿元，增长27.7%。其中,社会保障与就业支出增长16.6%,医疗卫生支出增长49.1%，城乡社区事务支出增长23%,文化体育与传媒支出增长19.9%,教育支出增长45.7%,科学技术支出增长20.6%。全年33项民生工程累计投入468亿元,惠及6000万城乡居民。

年末全省金融机构各项存款余额(人民币口径,下同）达到19404.3亿元，比上年末增加3038.2亿元,增长18.6%。其中,单位存款余额9295.7亿元,增长19.9%;城乡居民储蓄存款余额9233.6亿元,增长18.6%。金融机构各项贷款余额13729.8亿元,比上年末增加2323.7亿元,增长20.3%。其中,短期贷款余额4996.2亿元，增长25%；中长期贷款余额8270.9亿元,增长16.5%,中长期贷款中个人贷款余额2913.5亿元,增长22.9%。

全年在上海、深圳证券交易所发行新股11只(A股),非公开发行11只,发行可转换公司债券1只,共筹集资金358.4亿元。到2011年末,全省有上市公司77家,上市公司市价总值4566.4亿元,比上年下降20.7%。全年我省境内证券经营机构证券交易量12722亿元，期货经营机构代理交易量44500亿元。

全年保险业保费收入432.3亿元，比上年增长8%。其中，财产险业务保费收入142.8亿元，增长19.4%;人身险业务保费收入289.5亿元,增长3.1%。

赔款和给付125.4亿元,增长22.7%。其中,财产险业务赔款支出71.1亿元,增长22.8%;人身险业务赔款和给付支出54.3亿元,增长22.5%。

九、教育和科学技术

年末全省共有研究生培养单位18个,在学研究生41773人。普通高校104所,普通本专科在校生99.1万人,高等教育毛入学率26.4%,比上年提高2.1个百分点。各类中等职业教育(不含技工学校)在校生94.8万人。普通高中734所,在校生127.9万人,高中阶段毛入学率83.5%,比上年上升3.5个百分点。初中2962所,在校生249.9万人,初中阶段适龄人口入学率99.1%。小学13343所,在校生443.6万人,小学学龄儿童入学率为99.8%。各级各类成人学校毕业生37.1万人。全面实施免费义务教育,受益学生693.5万人。

年末全省共有各类专业技术人员166.6万人,比上年增长4.3%。科研机构2221个,其中大中型工业企业办机构692个。从事研发活动人员10.2万人,其中科学家和工程师8.7万人。全年用于研究与试验发展(R&D)经费214亿元,增长30.7%,相当于全省生产总值的1.42%。全省有国家大科学工程5个;有国家实验室2个,国家重点(工程)实验室13个,省级(含重点)实验室99个,部属(含院属)实验室35个;有省级以上工程(技术)研究中心273家,其中国家级8家。

全年共取得省部级以上科技成果860项。主要科技成果有:有机废弃物的厌氧生物定向转化机制、露天转地下开采平衡过渡关键技术、多功能液压破拆装备及应用等。

全年受理专利申请48556件,授权专利32681件,分别比上年增长28.5%和1倍。共签订各类技术合同5795项;成交金额65亿元,比上年增长40.9%。

年末全省共有县以上产品质量检验机构712个,其中系统内100个,国家检测中心13个;有产品质量、体系认证机构2个,累计完成强制性产品认证企业1588个;有法定计量技术机构 79个,全年强制检定计量器具134.7万台(件);累计制定国际标准3项、国家标准366项,制定、修订地方标准1528项;有中国名牌产品37个、国家地理标志产品29个、安徽名牌产品965个。

全年省测绘档案资料馆为社会各界提供各种比例尺地形图16900幅,测绘基准成果2622点(次),航空航天遥感数据17.5万平方千米,数据量4993GB;完成国家基本比例尺地形图生产与更新29470幅、地理国情动态监测412平方千米、"天地图·安徽"地图网站数据更新120GB。

十、文化、卫生和体育

年末全省共有文化馆120个,公共图书馆97个,博物馆120个,乡镇综合文化站1261个。全国重点文物保护单位56处、合并国保项目2处,省级重点文物保护单位455处。国家级非物质文化遗产名录60项,省级名录273项。广播电台15座,中波发射台和转播台23座,广播综合人口覆盖率97.62%。电视台15座,有线电视用户490.8万户,电视综合人口覆盖率97.92%。全年出版报纸98种,总印数12.4亿份;期刊(杂志)178种,总印数0.6亿册;图书6798种,总印数2.5亿册;电子、音像出版物257种,出版数量134.3万盒(张)。有各级国家档案馆142个,馆藏档案资料1303.2万卷(件、册),库馆总建筑面积18.6万平方米。

年末全省共有卫生机构7357个,其中医院758个,卫生院1397个,社区卫生服务中心(站)1848个,妇幼保健院(所、站)118个,疾病预防控制中心124个。卫生技术人员20.8万人,其中执业(助理)医师8.3万人,注册护士8.5万人。医院、卫生院床位18.3万张。全年诊疗1.3亿人次。村卫生室1.54万个,乡村医生和卫生员5.6万人,农村有医疗点的村占总村数的97.6%。参加新型农村合作医疗的农业人口4917万人,参合率为98.9%。

全年在国际和国内重大比赛中,我省运动健儿共获得44枚金牌、32枚银牌和33枚铜牌。其中,世界冠军6个、世界亚军3个,亚洲冠军9个。"全民健身、健康安徽"系列主题活动蓬勃开展,全年共举办百人以上的群众体育活动1583次,其中现代体育项目活动1208次,民间传统体育活动375次。

十一、人口、人民生活和社会保障

2011年,全省人口出生率12.23‰,比上年下降0.47个千分点;死亡率5.91‰,下降0.04个千分点;自然增长率6.32‰,下降0.43个千分点。年末户籍人口6875.9万人,比上年增加48.9万人;常住人口5968万人,增加11万人。城镇化率44.8%,比上年提高1.6个百分点。

全年城镇居民人均可支配收入18606元,比上年增长 17.8%，扣除价格因素，实际增长 11.8%。人均消费性支出 13181 元，增长 14.5%，其中食品支出增长 20.1%，衣着支出增长 11.9%，居住支出增长 22.1%，医疗保健支出增长 23.1%。城镇居民家庭恩格尔系数为 39.8%，比上年高 1.8 个百分点。城镇居民人均住房建筑面积 32.1 平方米，比上年增加 0.5 平方米。

全年农村居民人均纯收入 6232 元，比上年增长 17.9%，扣除价格因素，实际增长 11.3%。人均生活消费支出 4957 元，增长 23.5%，其中食品支出增长 25.9%，衣着支出增长 27.9%。农村居民家庭恩格尔系数为 41.5%，比上年高 0.8 个百分点。农村居民人均拥有住房面积 35 平方米，比上年增加 3 平方米。

年末全省参加城镇基本养老、医疗保险人数分别为 729 万人和 1611.9 万人。参加失业保险人数为 397.7 万人，全年为 12.2 万名失业人员发放了不同期限失业保险金。全省参加工伤、生育保险人数分别为 422.1 万人和 400.1 万人。被征地农民养老保险制度全面推进，年末参保人数 200.8 万人。城乡居民养老保险参保人数 2178 万人，其中新型农村养老保险试点参保人数 2108.6 万人。农村低保提标扩面全面完成，年末保障人数 216.3 万人，全年发放低保金 25.8 亿元；城市低保应保尽保，年末保障人数 84.2 万人。

年末全省有各类收养性单位床位 22.6 万张，收养各类人员 17.7 万人，城镇社区服务中心 506 个，社区服务站 1908 个。全年销售社会福利彩票 35.6 亿元，筹集社会福利资金 10.7 亿元。

十二、资源、环境和安全生产

全省已发现的矿种为 158 种(含亚矿种)。查明资源储量的矿种 126 种(含普通建筑石料矿种)，其中能源矿种 6 种，金属矿种 22 种，非金属矿种 96 种，水气矿产 2 种。全年地质勘查部门开展各类地质(科研)项目(省级)220 项，新增查明资源储量的大中型矿产地 14 处(其中共生 1 处)。

年末全省共有省、市、县级环境监测站 87 个。监测的 16 个省辖城市均开展了空气环境质量监测，有 14 个城市空气质量达到二级标准。已建成自然保护区 37 个，其中国家级 7 个、省级 26 个、市级 4 个。当年人工造林面积 68.7 千公顷。年末森林面积 3804 千公顷，活立木总蓄积量 21710 万立方米，森林蓄积量 18075 万立方米。

淮河干流安徽段水质以Ⅲ类为主，总体水质状况良好。长江干流安徽段水质以Ⅱ-Ⅲ类为主，总体水质状况优；主要支流总体水质状况良好。巢湖湖区整体水质状况轻度污染，9 条主要环湖支流整体水质状况中度污染。新安江干、支流水质状况优。全省城市集中式饮用水水源地水质达标率为 96.1%。

全年亿元 GDP 生产安全事故死亡人数为 0.22 人，比上年下降 21.4%；工矿商贸从业人员十万人生产安全事故死亡人数为 1.52 人，下降 3.8%；煤矿百万吨死亡人数为 0.28 人，与上年持平；道路交通万车事故死亡人数为 2.79 人，下降 11.2%。全年发生道路交通事故 13928 起，发生火灾事故 5400 起。

2011 年度安徽省一般预算收支决算总表

编制单位:厅国库处　　　　单位:万元

预算科目	决算数	预算科目	决算数
一、税收收入	11083094	一、一般公共服务	3453371
增值税	1646777	二、外交	
营业税	3791816	三、国防	55660
企业所得税	1532602	四、公共安全	1285816
企业所得税退税		五、教育	5647064
个人所得税	400445	六、科学技术	770251
资源税	145233	七、文件体育与传媒	623451
固定资产投产方向调节税		八、社会保险和就业	3929760
城市维护建设税	746490	九、医疗卫生	2772261
房产税	230943	十、节能环保	819647
印花税	137028	十一、城乡社区事务	2807584
城镇土地使用税	428479	十二、农林水事务	3518663
土地增值税	519784	十三、交通运输	2195891
车船税	74090	十四、资源勘探电力信息等事务	1253996
耕地占用税	419911	十五、商业服务业等事务	656290
契税	1002723	十六、金融监管等事务支出	80626
烟叶税	6773	十七、地震灾后恢复重建支出	
其他税收收入		十八、国土资源气象等事务	408697
二、非税收入	3552514	十九、住房保险支出	1612193
专项收入	799902	二十、粮油物资管理事务	272994
行政事业性收费收入	1257109	二十一、储备事务支出	39117
罚没收入	340738	二十二、国债还本付息支出	118996
国有资本经营收入	280425	二十三、其他支出	707583
国有资源(资产)有偿使用收入	622039		
其他收入	252301		
本年合计	14635608	本年支出合计	33029911

2007—2011年度安徽省国税收入一览表

数据来源:省地税局　　　　单位:万元

项目	2007年	2008年	2009年	2010年	2011年
国税部门组织收入合计	5560274	6743092	7803105	10308023	11711564
一、税收收入合计	5554377	6737113	7797255	10301904	12882404
其中:国内增值税	3312271	3890864	4481210	5633726	6789099
国内消费税	773485	851051	1295312	1701400	2034958
营业税	334	143	285		286
外商投资企业和外国企业所得税	220826	319214	319214	469367	
企业所得税	1208805	1276251	1746926		2350259
个人所得税	130601	96963	45694	13069	5306
代征其他地方各税	199855	225610			
海关代征	267410	463677	416532	751097	1152349
二、其他收入	5897	5979	5850	6119	8720

2007—2011年度安徽省地税收入一览表

数据来源:省地税局　　　　单位:万元

项目	2007年	2008年	2009年	2010年	2011年
地税部门组织收入合计	5426483	7165432	8321139	10470881	14340401
一、税收收入合计	3050933	4084336	4853541	6513918	8912851
其中:营业税	1366205	17770	2197692	2919302	3791812
资源税	74301	98458	115566	126488	145231
个人所得税	326615	438893	530180	786287	995806
土地使用税	73246	220370	283706	325214	428479
城市维护建设税	303801	380946	433411	565695	770643
印花税	49134	63303	83456	111530	137031
房产税	96948	113751	149662	176178	230950
车船使用税	19695	34167	48192	59459	74090
土地增值税	89166	123106	154584	320001	519784
企业所得税	509938	654047	646440	869431	1441471
教育费附加	138751	176431	205750	266406	370782
二、基金费收入合计	1382909	2374260	3079842	3466032	5425888
三、税务部门其他罚没收入	1290	1254	1566	2441	1662

各市财经统计资料

2011年度合肥市一般预算收支决算总表

编制单位:厅国库处　　　　单位:万元

预算科目	决算数	预算科目	决算数
一、税收收入	2745361	一、一般公共服务	511263
增值税	344133	二、外交	
营业税	1168933	三、国防	6893
企业所得税	302527	四、公共安全	181152
企业所得税退税		五、教育	671066
个人所得税	73666	六、科学技术	190348
资源税	8491	七、文件体育与传媒	53590
固定资产投产方向调节税		八、社会保险和就业	384341
城市维护建设税	185412	九、医疗卫生	308893
房产税	76616	十、节能环保	103562
印花税	41532	十一、城乡社区事务	1107402
城镇土地使用税	56204	十二、农林水事务	339547
土地增值税	171930	十三、交通运输	120100
车船税	17514	十四、资源勘探电力信息等事务	297772
耕地占用税	31965	十五、商业服务业等事务	82904
契税	266438	十六、金融监管等事务支出	7083
烟叶税		十七、地震灾后恢复重建支出	
其他税收收入		十八、国土资源气象等事务	30686
二、非税收入	639752	十九、住房保险支出	181235
专项收入	110568	二十、粮油物资管理事务	16805
行政事业性收费收入	181384	二十一、储备事务支出	4638
罚没收入	41006	二十二、国债还本付息支出	630
国有资本经营收入	83934	二十三、其他支出	148985
国有资源(资产)有偿使用收入	107932		
其他收入	114928		
本年合计	3385113	本年支出合计	4748895

2011年度淮北市一般预算收支决算总表

编制单位:厅国库处　　　　单位:万元

预算科目	决算数	预算科目	决算数
一、税收收入	358206	一、一般公共服务	84073
增值税	105788	二、外交	
营业税	96890	三、国防	297
企业所得税	46919	四、公共安全	39063
企业所得税退税		五、教育	167983
个人所得税	8509	六、科学技术	11648
资源税	10108	七、文件体育与传媒	6776
固定资产投产方向调节税		八、社会保险和就业	102430
城市维护建设税	33246	九、医疗卫生	78888
房产税	5826	十、节能环保	9364
印花税	4720	十一、城乡社区事务	136657
城镇土地使用税	27761	十二、农林水事务	68102
土地增值税	12971	十三、交通运输	21780
车船税	2391	十四、资源勘探电力信息等事务	34992
耕地占用税		十五、商业服务业等事务	18324
契税	3077	十六、金融监管等事务支出	3036
烟叶税		十七、地震灾后恢复重建支出	
其他税收收入		十八、国土资源气象等事务	22563
二、非税收入	22513	十九、住房保险支出	57175
专项收入	25795	二十、粮油物资管理事务	3075
行政事业性收费收入	12392	二十一、储备事务支出	899
罚没收入	7269	二十二、国债还本付息支出	441
国有资本经营收入	-25804	二十三、其他支出	5351
国有资源(资产)有偿使用收入	1625		
其他收入	1236		
本年合计	380719	本年支出合计	872917

2011年度亳州市一般预算收支决算总表

编制单位:厅国库处　　单位:万元

预算科目	决算数	预算科目	决算数
一、税收收入	263009	一、一般公共服务	153009
增值税	45294	二、外交	
营业税	105995	三、国防	808
企业所得税	13755	四、公共安全	50505
企业所得税退税		五、教育	296119
个人所得税	4552	六、科学技术	8664
资源税	1515	七、文件体育与传媒	9777
固定资产投产方向调节税		八、社会保险和就业	194934
城市维护建设税	17723	九、医疗卫生	203727
房产税	4120	十、节能环保	19566
印花税	3072	十一、城乡社区事务	21447
城镇土地使用税	8314	十二、农林水事务	175738
土地增值税	10629	十三、交通运输	42471
车船税	4909	十四、资源勘探电力信息等事务	38805
耕地占用税	16707	十五、商业服务业等事务	38986
契税	25894	十六、金融监管等事务支出	6632
烟叶税	530	十七、地震灾后恢复重建支出	
其他税收收入		十八、国土资源气象等事务	7387
二、非税收入	77432	十九、住房保险支出	86957
专项收入	11383	二十、粮油物资管理事务	13002
行政事业性收费收入	35726	二十一、储备事务支出	1198
罚没收入	16983	二十二、国债还本付息支出	856
国有资本经营收入	4775	二十三、其他支出	15601
国有资源(资产)有偿使用收入	7090		
其他收入	1475		
本年合计	340441	本年支出合计	1386189

2011年度宿州市一般预算收支决算总表

编制单位:厅国库处　　　　单位:万元

预算科目	决算数	预算科目	决算数
一、税收收入	291817	一、一般公共服务	167035
增值税	50660	二、外交	
营业税	115179	三、国防	494
企业所得税	16607	四、公共安全	64697
企业所得税退税		五、教育	403972
个人所得税	5781	六、科学技术	10299
资源税	8818	七、文件体育与传媒	23658
固定资产投产方向调节税		八、社会保险和就业	126102
城市维护建设税	19890	九、医疗卫生	206167
房产税	4755	十、节能环保	28030
印花税	3077	十一、城乡社区事务	33779
城镇土地使用税	13105	十二、农林水事务	235172
土地增值税	17759	十三、交通运输	51688
车船税	3550	十四、资源勘探电力信息等事务	54100
耕地占用税	8168	十五、商业服务业等事务	31969
契税	24462	十六、金融监管等事务支出	7624
烟叶税	6	十七、地震灾后恢复重建支出	
其他税收收入		十八、国土资源气象等事务	16421
二、非税收入	97806	十九、住房保险支出	79929
专项收入	15982	二十、粮油物资管理事务	15427
行政事业性收费收入	49477	二十一、储备事务支出	1791
罚没收入	20684	二十二、国债还本付息支出	7598
国有资本经营收入	374	二十三、其他支出	4308
国有资源(资产)有偿使用收入	9385		
其他收入	1904		
本年合计	389623	本年支出合计	1570260

2011 年度蚌埠市一般预算收支决算总表

编制单位:厅国库处 单位:万元

预算科目	决算数	预算科目	决算数
一、税收收入	455778	一、一般公共服务	124041
增值税	75255	二、外交	
营业税	155803	三、国防	2482
企业所得税	30039	四、公共安全	61339
企业所得税退税		五、教育	249768
个人所得税	7546	六、科学技术	45090
资源税	100	七、文件体育与传媒	14886
固定资产投产方向调节税		八、社会保险和就业	163545
城市维护建设税	56995	九、医疗卫生	136355
房产税	9997	十、节能环保	91470
印花税	5028	十一、城乡社区事务	137959
城镇土地使用税	20161	十二、农林水事务	150313
土地增值税	35313	十三、交通运输	48121
车船税	3701	十四、资源勘探电力信息等事务	18471
耕地占用税	23720	十五、商业服务业等事务	32197
契税	32120	十六、金融监管等事务支出	844
烟叶税		十七、地震灾后恢复重建支出	
其他税收收入		十八、国土资源气象等事务	16111
二、非税收入	157822	十九、住房保险支出	105928
专项收入	35529	二十、粮油物资管理事务	9853
行政事业性收费收入	73157	二十一、储备事务支出	931
罚没收入	14518	二十二、国债还本付息支出	486
国有资本经营收入	8620	二十三、其他支出	1909
国有资源(资产)有偿使用收入	20433		
其他收入	5565		
本年合计	613600	本年支出合计	1412099

2011年度阜阳市一般预算收支决算总表

编制单位:厅国库处　　　　单位:万元

预算科目	决算数	预算科目	决算数
一、税收收入	451089	一、一般公共服务	179037
增值税	90256	二、外交	
营业税	152917	三、国防	4508
企业所得税	29642	四、公共安全	87849
企业所得税退税		五、教育	473487
个人所得税	8078	六、科学技术	13133
资源税	4812	七、文件体育与传媒	21668
固定资产投产方向调节税		八、社会保险和就业	324064
城市维护建设税	43471	九、医疗卫生	306392
房产税	6523	十、节能环保	23061
印花税	4930	一一、城乡社区事务	93441
城镇土地使用税	10314	一二、农林水事务	265646
土地增值税	22389	一三、交通运输	87676
车船税	8097	一四、资源勘探电力信息等事务	67851
耕地占用税	11410	一五、商业服务业等事务	44759
契税	58123	一六、金融监管等事务支出	9291
烟叶税	127	一七、地震灾后恢复重建支出	
其他税收收入		一八、国土资源气象等事务	15181
二、非税收入	106244	一九、住房保险支出	113623
专项收入	24198	二十、粮油物资管理事务	15621
行政事业性收费收入	56505	二十一、储备事务支出	2501
罚没收入	13256	二十二、国债还本付息支出	3457
国有资本经营收入		二十三、其他支出	13395
国有资源(资产)有偿使用收入	5840		
其他收入	6445		
本年合计	557333	本年支出合计	2165641

2011年度淮南市一般预算收支决算总表

编制单位:厅国库处　　　　单位:万元

预算科目	决算数	预算科目	决算数
一、税收收入	586640	一、一般公共服务	120454
增值税	154050	二、外交	
营业税	164881	三、国防	5020
企业所得税	46221	四、公共安全	64204
企业所得税退税		五、教育	195931
个人所得税	21771	六、科学技术	20076
资源税	14112	七、文件体育与传媒	11731
固定资产投产方向调节税		八、社会保险和就业	133185
城市维护建设税	50679	九、医疗卫生	90011
房产税	12282	十、节能环保	18439
印花税	6908	十一、城乡社区事务	121566
城镇土地使用税	24024	十二、农林水事务	95509
土地增值税	16601	十三、交通运输	33980
车船税	2747	十四、资源勘探电力信息等事务	55098
耕地占用税	16802	十五、商业服务业等事务	20150
契税	55562	十六、金融监管等事务支出	619
烟叶税		十七、地震灾后恢复重建支出	
其他税收收入		十八、国土资源气象等事务	21453
二、非税收入	127169	十九、住房保险支出	67417
专项收入	29692	二十、粮油物资管理事务	4854
行政事业性收费收入	55175	二十一、储备事务支出	1406
罚没收入	14742	二十二、国债还本付息支出	11843
国有资本经营收入	19598	二十三、其他支出	3436
国有资源(资产)有偿使用收入	5961		
其他收入	2001		
本年合计	713809	本年支出合计	1096382

2011年度滁州市一般预算收支决算总表

编制单位:厅国库处

单位:万元

预算科目	决算数	预算科目	决算数
一、税收收入	541584	一、一般公共服务	179455
增值税	78210	二、外交	
营业税	203258	三、国防	4708
企业所得税	42771	四、公共安全	78976
企业所得税退税		五、教育	296976
个人所得税	10361	六、科学技术	17422
资源税	8970	七、文件体育与传媒	15806
固定资产投产方向调节税		八、社会保险和就业	196425
城市维护建设税	37470	九、医疗卫生	169911
房产税	11024	十、节能环保	35330
印花税	6522	十一、城乡社区事务	141549
城镇土地使用税	31919	十二、农林水事务	346397
土地增值税	33670	十三、交通运输	83676
车船税	4066	十四、资源勘探电力信息等事务	41605
耕地占用税	6646	十五、商业服务业等事务	30152
契税	66697	十六、金融监管等事务支出	6381
烟叶税		十七、地震灾后恢复重建支出	
其他税收收入		十八、国土资源气象等事务	34132
二、非税收入	197000	十九、住房保险支出	104387
专项收入	34377	二十、粮油物资管理事务	22862
行政事业性收费收入	71567	二十一、储备事务支出	2131
罚没收入	26232	二十二、国债还本付息支出	9102
国有资本经营收入	51	二十三、其他支出	15090
国有资源(资产)有偿使用收入	57866		
其他收入	6907		
本年合计	738584	本年支出合计	1832473

2011 年度六安市一般预算收支决算总表

编制单位:厅国库处　　　　单位:万元

预算科目	决算数	预算科目	决算数
一、税收收入	426996	一、一般公共服务	233122
增值税	51264	二、外交	
营业税	172257	三、国防	1434
企业所得税	32046	四、公共安全	84719
企业所得税退税		五、教育	458629
个人所得税	10234	六、科学技术	14172
资源税	11929	七、文件体育与传媒	29522
固定资产投产方向调节税		八、社会保险和就业	193340
城市维护建设税	24118	九、医疗卫生	250927
房产税	7285	十、节能环保	47448
印花税	4386	十一、城乡社区事务	82702
城镇土地使用税	12156	十二、农林水事务	351636
土地增值税	20521	十三、交通运输	95352
车船税	5694	十四、资源勘探电力信息等事务	22788
耕地占用税	13182	十五、商业服务业等事务	42149
契税	61924	十六、金融监管等事务支出	2291
烟叶税		十七、地震灾后恢复重建支出	
其他税收收入		十八、国土资源气象等事务	16141
二、非税收入	140565	十九、住房保险支出	93685
专项收入	21655	二十、粮油物资管理事务	17220
行政事业性收费收入	83880	二十一、储备事务支出	2562
罚没收入	17079	二十二、国债还本付息支出	23099
国有资本经营收入	549	二十三、其他支出	34081
国有资源(资产)有偿使用收入	12237		
其他收入	5165		
本年合计	567561	本年支出合计	2097019

2011年度马鞍山市一般预算收支决算总表

编制单位:厅国库处　　　　单位:万元

预算科目	决算数	预算科目	决算数
一、税收收入	687091	一、一般公共服务	162198
增值税	163473	二、外交	
营业税	198605	三、国防	275
企业所得税	44268	四、公共安全	57960
企业所得税退税		五、教育	250134
个人所得税	15824	六、科学技术	34956
资源税	17403	七、文件体育与传媒	22427
固定资产投产方向调节税		八、社会保险和就业	127681
城市维护建设税	56987	九、医疗卫生	110434
房产税	25080	十、节能环保	40309
印花税	13512	十一、城乡社区事务	176084
城镇土地使用税	33326	十二、农林水事务	116998
土地增值税	27259	十三、交通运输	50570
车船税	3335	十四、资源勘探电力信息等事务	29475
耕地占用税	16747	十五、商业服务业等事务	32661
契税	71272	十六、金融监管等事务支出	2476
烟叶税		十七、地震灾后恢复重建支出	
其他税收收入		十八、国土资源气象等事务	24375
二、非税收入	227303	十九、住房保险支出	127606
专项收入	35142	二十、粮油物资管理事务	6820
行政事业性收费收入	74287	二十一、储备事务支出	666
罚没收入	18419	二十二、国债还本付息支出	3388
国有资本经营收入	3619	二十三、其他支出	5450
国有资源(资产)有偿使用收入	93906		
其他收入	2200		
本年合计	914394	本年支出合计	1382943

2011年度芜湖市一般预算收支决算总表

编制单位:厅国库处　　　　单位:万元

预算科目	决算数	预算科目	决算数
一、税收收入	1184167	一、一般公共服务	161052
增值税	181434	二、外交	
营业税	420731	三、国防	3558
企业所得税	121602	四、公共安全	72931
企业所得税退税		五、教育	356648
个人所得税	28346	六、科学技术	145933
资源税	13708	七、文件体育与传媒	33494
固定资产投产方向调节税		八、社会保险和就业	220279
城市维护建设税	93917	九、医疗卫生	156376
房产税	28570	十、节能环保	135317
印花税	19291	十一、城乡社区事务	282702
城镇土地使用税	92089	十二、农林水事务	200468
土地增值税	47876	十三、交通运输	60838
车船税	5244	十四、资源勘探电力信息等事务	130529
耕地占用税	17923	十五、商业服务业等事务	34167
契税	112036	十六、金融监管等事务支出	3568
烟叶税	1400	十七、地震灾后恢复重建支出	
其他税收收入		十八、国土资源气象等事务	9578
二、非税收入	215537	十九、住房保险支出	224534
专项收入	53224	二十、粮油物资管理事务	6830
行政事业性收费收入	70597	二十一、储备事务支出	1500
罚没收入	37593	二十二、国债还本付息支出	15687
国有资本经营收入	15827	二十三、其他支出	125785
国有资源(资产)有偿使用收入	22680		
其他收入	15616		
本年合计	1399704	本年支出合计	2381774

2011年度宣城市一般预算收支决算总表

编制单位:厅国库处　　　　单位:万元

预算科目	决算数	预算科目	决算数
一、税收收入	536103	一、一般公共服务	187706
增值税	110662	二、外交	
营业税	174531	三、国防	977
企业所得税	37560	四、公共安全	54921
企业所得税退税		五、教育	285675
个人所得税	11968	六、科学技术	42518
资源税	14488	七、文件体育与传媒	22046
固定资产投产方向调节税		八、社会保险和就业	124992
城市维护建设税	40759	九、医疗卫生	132737
房产税	8678	十、节能环保	32335
印花税	6562	十一、城乡社区事务	136357
城镇土地使用税	29574	十二、农林水事务	204079
土地增值税	26821	十三、交通运输	61131
车船税	3489	十四、资源勘探电力信息等事务	19786
耕地占用税	13691	十五、商业服务业等事务	28629
契税	53456	十六、金融监管等事务支出	3923
烟叶税	3864	十七、地震灾后恢复重建支出	
其他税收收入		十八、国土资源气象等事务	12356
二、非税收入	147498	十九、住房保险支出	53182
专项收入	26809	二十、粮油物资管理事务	9115
行政事业性收费收入	33142	二十一、储备事务支出	858
罚没收入	25964	二十二、国债还本付息支出	3690
国有资本经营收入	25459	二十三、其他支出	4815
国有资源(资产)有偿使用收入	33770		
其他收入	2354		
本年合计	683601	本年支出合计	1421828

2011 年度铜陵市一般预算收支决算总表

编制单位:厅国库处　　　　单位:万元

预算科目	决算数	预算科目	决算数
一、税收收入	331884	一、一般公共服务	78653
增值税	66917	二、外交	
营业税	108322	三、国防	72
企业所得税	27074	四、公共安全	39988
企业所得税退税		五、教育	80797
个人所得税	5452	六、科学技术	17938
资源税	10978	七、文件体育与传媒	9407
固定资产投产方向调节税		八、社会保险和就业	75425
城市维护建设税	25616	九、医疗卫生	38620
房产税	6917	十、节能环保	22164
印花税	4825	十一、城乡社区事务	88252
城镇土地使用税	22772	十二、农林水事务	23730
土地增值税	14461	十三、交通运输	26886
车船税	1357	十四、资源勘探电力信息等事务	73654
耕地占用税	4524	十五、商业服务业等事务	43317
契税	32669	十六、金融监管等事务支出	817
烟叶税		十七、地震灾后恢复重建支出	
其他税收收入		十八、国土资源气象等事务	14394
二、非税收入	121697	十九、住房保险支出	56084
专项收入	15849	二十、粮油物资管理事务	2114
行政事业性收费收入	39341	二十一、储备事务支出	763
罚没收入	4555	二十二、国债还本付息支出	309
国有资本经营收入	12394	二十三、其他支出	13251
国有资源(资产)有偿使用收入	36500		
其他收入	13058		
本年合计	453581	本年支出合计	706635

2011年度池州市一般预算收支决算总表

编制单位:厅国库处　　单位:万元

预算科目	决算数	预算科目	决算数
一、税收收入	263229	一、一般公共服务	157677
增值税	23625	二、外交	
营业税	104321	三、国防	2722
企业所得税	16793	四、公共安全	30110
企业所得税退税		五、教育	143217
个人所得税	5489	六、科学技术	10150
资源税	8615	七、文件体育与传媒	9476
固定资产投产方向调节税		八、社会保险和就业	86559
城市维护建设税	10764	九、医疗卫生	73631
房产税	3686	十、节能环保	16805
印花税	2668	十一、城乡社区事务	68147
城镇土地使用税	21612	十二、农林水事务	114576
土地增值税	14074	十三、交通运输	33822
车船税	1380	十四、资源勘探电力信息等事务	23755
耕地占用税	5068	十五、商业服务业等事务	16262
契税	44458	十六、金融监管等事务支出	1006
烟叶税	676	十七、地震灾后恢复重建支出	
其他税收收入		十八、国土资源气象等事务	4951
二、非税收入	146679	十九、住房保险支出	55346
专项收入	16316	二十、粮油物资管理事务	3616
行政事业性收费收入	62612	二十一、储备事务支出	561
罚没收入	7191	二十二、国债还本付息支出	794
国有资本经营收入		二十三、其他支出	27897
国有资源(资产)有偿使用收入	55050		
其他收入	5510		
本年合计	409908	本年支出合计	881080

2011年度安庆市一般预算收支决算总表

编制单位:厅国库处　　单位:万元

预算科目	决算数	预算科目	决算数
一、税收收入	458280	一、一般公共服务	296507
增值税	77539	二、外交	
营业税	171468	三、国防	1659
企业所得税	32180	四、公共安全	88957
企业所得税退税		五、教育	496390
个人所得税	10603	六、科学技术	34719
资源税	8125	七、文件体育与传媒	41212
固定资产投产方向调节税		八、社会保险和就业	239009
城市维护建设税	27717	九、医疗卫生	237270
房产税	11184	十、节能环保	52770
印花税	6399	十一、城乡社区事务	99356
城镇土地使用税	14704	十二、农林水事务	287545
土地增值税	22888	十三、交通运输	71724
车船税	4696	十四、资源勘探电力信息等事务	20861
耕地占用税	22445	十五、商业服务业等事务	45444
契税	48332	十六、金融监管等事务支出	5141
烟叶税		十七、地震灾后恢复重建支出	
其他税收收入		十八、国土资源气象等事务	17966
二、非税收入	265668	十九、住房保险支出	80918
专项收入	23065	二十、粮油物资管理事务	13849
行政事业性收费收入	93407	二十一、储备事务支出	1987
罚没收入	20555	二十二、国债还本付息支出	4479
国有资本经营收入	58903	二十三、其他支出	11124
国有资源(资产)有偿使用收入	56841		
其他收入	12897		
本年合计	723948	本年支出合计	2148887

2011 年度黄山市一般预算收支决算总表

编制单位:厅国库处　　　　单位:万元

预算科目	决算数	预算科目	决算数
一、税收收入	328383	一、一般公共服务	141696
增值税	28217	二、外交	
营业税	147730	三、国防	5581
企业所得税	19751	四、公共安全	48570
企业所得税退税		五、教育	106105
个人所得税	7681	六、科学技术	21190
资源税	3061	七、文件体育与传媒	29854
固定资产投产方向调节税		八、社会保险和就业	120365
城市维护建设税	13845	九、医疗卫生	82761
房产税	8176	十、节能环保	33407
印花税	3167	十一、城乡社区事务	37046
城镇土地使用税	10065	十二、农林水事务	122671
土地增值税	24622	十三、交通运输	32780
车船税	1920	十四、资源勘探电力信息等事务	23553
耕地占用税	13851	十五、商业服务业等事务	33390
契税	46127	十六、金融监管等事务支出	2324
烟叶税	170	十七、地震灾后恢复重建支出	
其他税收收入		十八、国土资源气象等事务	10396
二、非税收入	126618	十九、住房保险支出	49079
专项收入	8471	二十、粮油物资管理事务	2972
行政事业性收费收入	29979	二十一、储备事务支出	1177
罚没收入	14187	二十二、国债还本付息支出	14810
国有资本经营收入	14508	二十三、其他支出	42499
国有资源(资产)有偿使用收入	39497		
其他收入	19976		
本年合计	455001	本年支出合计	962226

2011年度各市县(区)一般预算收入表

编制单位:厅国库处　　　　单位:万元

地区	收入合计	小计	增值税	营业税	企业税得税	城市建设维护费	契税	小计	专项收入	行政事业性收费收入	罚没收入
安徽省地市合计	12726920	9909617	1646777	3661821	859755	738609	1002647	2817303	488055	1022628	299963
宣城市	683601	536103	110662	174531	37560	40759	53456	147498	26809	33142	25964
宣城市本级	111161	82531	7493	37423	5538	7120	7728	28630	4903	8210	3610
宣城市区县合计	572440	453572	103169	137180	32022	33639	45728	118868	21906	24932	22354
宣州区	124881	103015	23024	27719	6533	6960	17383	21866	5318	1672	1546
郎溪县	65716	55884	17936	16100	1653	5587	4888	9832	3970	2504	3077
广德县	100011	85041	21825	24653	7219	6646	5911	14970	4536	4000	6400
宁国市	160704	120132	21892	41917	11560	8897	7275	40572	4166	8309	4248
泾县	50334	36438	7698	13173	1881	2154	2479	13896	1411	4934	4861
旌德县	27079	19636	4280	5755	1178	1244	4116	7443	1145	1148	850
绩溪县	43715	33426	6514	7791	1998	2151	3676	10289	1360	2365	1372
宿州市	389623	291817	50660	115179	16607	19890	24462	97806	15982	49477	20684
宿州市本级	132252	96303	14507	36984	7928	7573	4752	35949	6356	17675	7165
宿州市区县合计	257371	195514	36153	78195	8679	12317	19710	61857	9626	31802	13519
埇桥区	10056	87630	23947	33410	2966	8549	526	12926	4226	5908	1972
砀山县	34570	25436	3426	9749	795	960	5624	9134	990	4775	2860
萧县	52996	37883	4720	13591	3244	1359	8731	15113	2115	10209	2543
灵璧县	31704	19040	1541	10242	808	704	1960	12664	1551	5556	3495
泗县	37545	25525	2519	11203	866	745	2869	12020	744	5354	2649
滁州市	738584	541584	78210	203258	42771	37470	66697	197000	34377	71567	26232
滁州市本级	163409	127463	19843	36667	13748	15894	17223	35946	9113	14106	5582
滁州市区县合计	575175	414121	58367	166591	29023	21576	49474	161054	25264	57461	20650
琅琊区	49219	40231	4661	21319	2441	2555	2325	8988	782	537	670
南谯区	54486	42745	4277	22840	3310	2254	3590	11741	951	4526	1200
天长市	134573	95109	22193	26779	6068	6374	17276	39464	3652	15205	4945
来安县	64525	48595	7680	19594	3612	2466	7096	15930	1983	2997	6847
全椒县	73561	49688	4999	19679	5149	1785	6025	23873	1824	3065	994
定远县	63491	48614	3195	21630	2299	1625	6826	14877	1230	8307	2397
凤阳县	82564	50689	7970	17877	4583	2382	2535	31875	13694	13802	2039
明光市	52756	38450	3392	16873	1561	2135	3801	14306	1148	9022	1558
池州市	409908	263229	23625	104321	16793	10764	44458	146679	16316	62612	7191
池州市本级	173537	107678	7285	41182	7720	5686	26137	65859	4136	49289	2274
池州市区县合计	236371	155551	16340	63139	9073	5078	18321	80820	12180	1332	4917
贵池区	99719	65099	7724	31728	4819	2164	4490	34620	2185	7331	1103
石台县	11532	8091	677	3194	340	258	1563	3441	260	820	606
青阳县	62813	42196	4537	15261	2415	1477	5645	20617	8774	2772	902
东至县	62307	40165	3402	12956	1499	1179	6623	22142	961	2400	2306

地区	收入合计	小计	增值税	营业税	企业所得税	城市建设维护费	契税	小计	专项收入	行政事业性收费收入	罚没收入
阜阳市	557333	451089	90256	152917	29642	43471	58123	106244	24198	56505	13256
阜阳市本级	184729	140420	14122	45316	4429	20939	29800	44309	10426	22530	4035
阜阳市区县合计	372604	310669	76134	107601	25213	22542	28323	61935	13772	33975	9221
颍州区	39415	35572	6338	16884	2735	1582	3000	3843	700	2885	233
颍泉区	35883	33385	4080	13019	2406	1483	7660	2498	653	1533	241
颍东区	22202	19443	2556	10976	703	903	1600	2759	437	1297	323
临泉县	37616	28390	3776	12565	1318	1411	1106	9226	1021	3156	3766
太和县	60114	43795	9199	16748	1725	3090	7685	16219	1998	12849	907
颍上县	101902	93752	34050	20011	14173	8241	1304	8150	5263	1767	776
阜南县	27642	21435	2443	10056	732	917	2989	6207	804	4490	542
界首市	47930	34897	13692	7342	1421	4915	2979	13033	2896	5998	2433
六安市	567561	426996	51264	172257	32046	24118	61924	140565	21655	83880	17079
六安市本级	175941	137869	9019	63556	6741	8250	28260	38072	5928	22574	5414
六安市区县合计	391620	289127	42245	108701	25305	15686	33664	102493	15727	61306	11665
金安区	48300	36261	2834	17095	2753	1512	3160	12039	1068	8216	664
裕安区	46519	34764	3573	15565	2537	1331	5010	11755	878	8240	1659
寿县	37333	29646	2110	12621	1499	884	6591	7687	656	3536	2998
霍邱县	102341	76134	15088	24071	8112	3193	3913	26207	6818	15899	2133
舒城县	53642	40600	3848	17555	3024	1718	5134	13042	1067	5962	1951
金寨县	37400	26739	3391	11326	1494	1242	5276	10661	1037	4902	592
霍山县	66085	44983	11401	10468	5886	5988	4580	21102	4203	14551	1668
合肥市	3385113	2745361	344133	1168933	302527	185412	266438	639752	110568	181384	41006
合肥市本级	2227030	1743936	231565	781146	217261	132175	197048	483094	88608	106711	23233
合肥市区县合计	1158083	1001425	112568	387787	85266	53237	69390	156658	21960	74673	17773
瑶海区	79966	75364	6275	30012	4950	3562	0	4602	0	2063	1842
庐阳区	112745	101958	6564	32878	17397	4419	0	10787	0	1648	1240
蜀山区	136841	134178	5006	53658	12996	5801	0	2663	0	1057	790
包河区	172216	161193	14594	54912	10954	8210	0	11023	17	3322	2276
肥东县	157804	114111	19139	54240	4250	6707	13995	43693	4722	22766	3412
长丰县	131020	107057	17677	49412	8202	6034	10387	23963	3994	5791	2590
肥西县	2214885	176623	25618	67473	11827	12251	29200	38262	6925	26488	2922
庐江县	86923	70251	9933	23393	9596	3303	9297	16672	4253	8980	2476
巢湖市	65683	60690	7762	21819	5094	2950	6511	4993	2049	2558	225
蚌埠市	613600	455778	75255	155803	30039	56995	32120	157822	35529	73157	14518
蚌埠市本级	258302	180911	38249	50971	12720	40159	13066	77391	25514	30469	5977
蚌埠市区县合计	355298	274867	37006	104832	17319	16836	19054	80431	10015	42688	8541
龙子湖区	35844	34506	5113	15409	2253	2225	0	1338	960	290	74
蚌山区	48167	47000	2918	19462	2469	2143	0	1167	918	153	80
禹会区	45407	42004	9703	13081	5474	4835	0	3403	2072	703	622

地区	收入合计	小计	增值税	营业税	企业所得税	城市建设维护费	契税	小计	专项收入	行政事业性收费收入	罚没收入
淮上区	28540	23975	2195	13131	2178	1556	0	4565	667	2698	272
怀远区	78121	54820	11859	19610	3154	3880	5007	23301	3087	15601	2739
固镇县	53287	29959	1440	8393	685	669	3885	23328	963	12537	3231
五河县	65932	42603	3778	15746	833	1528	10162	23329	1348	10706	1523
淮南市	713809	586640	154050	164881	46221	50679	55562	127169	29692	55175	14742
淮南市本级	351123	267958	64807	44673	32379	21549	40094	83165	18253	32775	10429
淮南市区县合计	362686	318682	89243	120208	13842	29130	15468	44004	11439	22400	4313
田家庵区	80279	78086	6897	46711	4405	4793	0	2193	0	1676	489
大通区	16960	15959	5894	5734	410	1894	0	1001	0	510	471
谢家集区	63320	59851	5515	27526	3040	3059	13039	3469	0	3026	362
八公山区	11476	11082	4567	3258	1141	1016	0	394	0	176	209
潘集区	37580	26907	7562	8843	1949	4382	0	10673	1602	4135	529
凤台县	153071	126797	58808	28136	2897	13986	2429	26274	9837	12877	2253
铜陵市	453581	331884	66917	108322	27074	25616	32669	121697	15849	39341	4555
铜陵市本级	277951	177833	25115	48042	14541	19748	25601	100118	11517	34574	2609
铜陵市区县合计	175630	154051	41802	60280	12533	5868	7068	21579	4332	4767	1946
铜官山	34749	29602	5459	17861	3915	0	0	5147	0	332	392
狮子山区	20483	20198	3640	13323	1850	0	0	285	0	148	102
郊区	33232	27200	10398	10564	2553	0	0	6032	0	300	346
铜陵县	87166	77051	22305	18532	4215	5868	7068	10115	4332	3987	1106
马鞍山市	914394	687091	163473	198605	44268	56987	71272	227303	35142	74287	18149
马鞍山市本级	348009	266045	63766	54045	14262	23483	44354	81964	15565	41205	7754
马鞍山市区县合计	566385	421046	99707	144560	30006	33504	26918	145339	19577	33082	10395
花山区	102072	64024	9006	30854	6122	4351	0	38048	1813	917	448
雨山区	76338	59897	15416	22930	5315	5481	0	16441	2344	9794	578
金家庄区	90343	49378	15170	16591	4399	6247	0	40965	2631	1327	398
当涂县	180205	151636	46895	40028	7947	12976	12357	28569	9231	9627	5686
含山县	54117	41283	6009	15191	2773	2000	7738	12834	1641	7197	1945
和县	63310	54828	7211	18966	3450	2449	6823	8482	1917	4220	1340
淮北市	380719	358206	105788	96890	46919	33246	3077	22513	25795	12392	7269
淮北市本级	230915	216962	76753	39471	37391	26631	3000	13953	17480	10461	6293
淮北市区县合计	149804	141244	29035	57419	9528	6615	77	8560	8315	1931	976
相山区	36011	34635	2565	15492	1925	978	0	1376	610	500	248
杜集区	19203	18078	3113	6983	566	479	0	1125	267	631	212
烈山区	15179	13683	1936	6612	762	494	0	1496	390	626	284
濉溪县	79411	74848	21421	28332	6275	4664	77	4563	7048	174	232
芜湖市	1399704	1184167	181434	420731	121602	93917	112036	215537	53224	70597	37593
芜湖市本级	450106	327354	77692	78241	44295	47800	5437	122752	25883	42747	21514
芜湖市区县合计	949598	856813	103742	342490	77307	46117	106599	92785	27341	27850	16079

地区	收入合计	小计	增值税	营业税	企业所得税	城市建设维护费	契税	小计	专项收入	行政事业性收费收入	罚没收入
镜湖区	195287	189227	13757	93855	13984	10683	19725	6060	4580	1440	28
弋江区	143839	139281	10113	52044	13188	6092	30269	4558	2606	1432	494
鸠江区	96832	94536	10341	36020	7284	5222	14264	2296	2239	0	36
三山区	42113	41057	2140	13634	2379	1521	8892	1056	652	246	138
繁昌县	136605	118116	21662	32057	21439	6417	6042	18489	6896	2262	2230
南陵县	87328	69280	8280	34489	5291	3518	5257	18048	2179	8691	3557
芜湖县	134374	119234	14450	54366	9020	6512	13686	15140	3556	4099	6600
无为县	113220	86082	22999	26025	4722	6152	8464	27138	4633	9680	2996
安庆市	723948	458280	77539	171468	32180	27717	48332	265668	23065	93407	20555
安庆市本级	228701	128593	33595	40780	11291	12901	7000	100108	10520	19907	5657
安庆市区县合计	495247	329687	43944	130688	20889	14816	41332	165560	12545	73500	14898
迎江县	27607	25842	1798	16124	1408	1533	0	1765	658	249	653
大观区	18305	16304	1800	9679	1165	1145	0	2004	493	630	217
宜秀区	17803	13076	1398	6275	874	777	0	4727	345	1042	167
怀宁县	108938	59005	8914	14941	4888	2222	6863	49933	3938	29565	1846
枞阳县	64035	46042	10294	12948	3931	1789	7584	17993	1513	7144	1933
桐城市	109129	62903	8101	24396	4675	3262	8457	46226	1410	18085	1850
潜山县	41183	29599	3694	11823	1381	1250	6633	11584	1297	2927	2052
太湖县	23856	17595	1803	7202	488	637	3550	6261	963	2103	2011
宿松县	36966	22737	2146	10982	652	773	3525	14229	566	5874	2760
望江县	28270	22028	2121	10379	828	831	3450	6242	740	3280	548
岳西县	19155	14559	1875	5939	599	597	1270	4596	622	2601	861
黄山市	455001	328383	28217	147730	9751	13845	46127	126618	8471	29979	14187
黄山市本级	164831	111865	4956	52095	7323	4112	20700	52966	1905	14568	9005
黄山市区县合计	290170	216518	23261	95635	2428	9733	25427	73652	6566	15411	5182
屯溪区	49458	35142	3217	19550	2724	1942	0	14316	725	1834	469
黄山区	52653	43056	3886	18604	2237	1698	5890	9597	1197	2612	1251
徽州区	36772	29706	4065	12290	1880	1538	2595	7066	1071	1824	564
祁门县	32400	20308	1966	6675	718	675	3816	12092	531	2100	504
黟县	17948	12209	1171	6839	382	616	956	5739	438	1095	296
休宁县	42668	33709	3878	13009	1535	1411	6556	8959	1058	2064	798
歙县	58271	42388	5078	18668	2952	1853	5614	15883	1546	3882	1300
亳州市	340441	263009	45294	105995	3755	17723	25894	77432	11383	35726	16983
亳州市本级	61460	54023	13153	21175	4430	5672	0	7437	3120	1734	1929
亳州市区县合计	278981	208986	32141	84820	9325	12051	25894	69995	8263	33992	15054
谯城区	76433	60617	11305	25248	3072	4167	5880	15816	2071	6409	2635
涡阳县	74783	52287	10258	20764	2068	3751	3610	22496	3627	6436	5627
蒙城县	77204	53510	8131	21413	2383	2820	6696	23694	1817	16807	4154
利辛县	50561	42572	2447	17395	1802	1313	9708	7989	748	4340	2638

2011 年度各市县(区)一般预算支出表

编制单位:厅国库处　　　　　　　　　　　　　　　　　　　　　　　单位:万元

地区	支出合计	一般公共服务	国防	文化体育与传媒	社会保障和就业	医疗卫生	节能环保	城乡社区事务	农林水事务	交通运输	金融监管等事务支出	其他支出
安徽省地市合计	27067248	2936978	41488	355330	2812676	2583100	709377	2764446	3098127	922595	63056	472977
宣城市	1421828	187706	977	22046	124992	132737	32335	136357	204079	61131	3923	4815
宣城市本级	200964	26033	503	6596	16183	9984	4980	38446	30348	6796	1380	1069
宣城市区县合计	1220864	161673	474	15450	108809	122753	27355	97911	173731	54335	2543	3746
宣州区	274070	27473	204	1343	33362	27985	2048	26792	45520	18533	203	109
郎溪县	157249	16527	0	1571	10265	14695	4753	12225	25043	5664	32	18
广德县	207002	33594	61	3751	18219	25213	4077	8778	28514	6014	626	950
宁国市	256007	40699	187	2006	20395	25682	4354	31193	29230	9810	910	2189
泾县	142707	20842	17	2103	10190	11634	1581	11574	19162	10146	159	0
旌德县	77843	9168	0	1876	8183	7417	3088	4212	13082	2058	47	0
绩溪县	105986	13370	5	2800	8195	10127	7454	3137	13180	2110	566	480
宿州市	1570260	167035	494	23658	126102	206167	28030	33779	235172	51688	7624	4308
宿州市本级	261768	29191	269	12705	7525	11534	9913	12954	25555	11149	6542	2276
宿州市区县合计	1308492	137844	225	10953	118577	194633	18117	20825	209617	40539	1082	2032
埇桥区	347547	45969	0	2155	41343	51849	1798	7696	54785	11065	266	290
砀山县	203597	22032	118	2051	14673	32462	3710	1497	28499	5969	84	1368
萧县	301834	27803	20	2327	28052	44187	6813	4203	43398	9749	562	329
灵璧县	252430	19627	0	2068	21606	37343	3123	4212	42070	7524	67	25
泗县	203084	22413	87	2352	12903	28792	2673	3217	40865	6232	103	20
滁州市	18324473	179455	4708	15806	196425	169911	35330	141549	346397	83676	6381	15090
滁州市本级	317245	41721	1858	4571	22957	15735	7533	31526	49113	11049	3712	5771
滁州市区县合计	1515228	137734	2850	11235	173468	154176	27797	110023	297284	72627	2669	9319
琅琊区	73950	6408	0	196	10097	4894	531	1155	4172	158	9	4842
南谯区	112031	7353	0	463	11651	10612	863	9027	30012	2304	151	509
天长市	282687	20362	213	2406	24867	28051	6472	34085	46893	24375	1282	766
来安县	168815	16657	114	1458	17300	18060	3186	19223	30421	6577	51	15
全椒县	191373	19591	423	1549	22183	16941	3786	11169	40628	18552	458	494
定远县	259199	18796	98	1484	32223	31277	2684	16401	60449	9051	251	1393
凤阳县	247084	29452	199	2771	32785	25446	8539	6962	43778	6373	239	85
明光市	180089	19115	1803	908	22362	18895	1736	12001	40931	5237	228	1215
池州市	881080	157677	2722	9476	86559	73631	16805	68147	114576	33822	1006	27897
池州市本级	279208	53133	2607	3438	16370	10883	9993	48414	26490	12889	878	2433
池州市区县合计	601872	104544	115	6038	70189	62748	6812	19733	88086	20933	128	25464
贵池区	222901	37488	105	1297	25731	28024	1487	1388	28786	5491	0	24224
石台县	66379	9537	0	1117	7840	5392	1494	2580	10727	3723	28	0
青阳县	131593	21534	10	2179	14609	11684	1740	13609	20099	5402	73	20
东至县	180999	35985	0	1445	22009	17648	2091	2156	28474	6317	27	1220

地区	支出合计	一般公共服务	国防	文化体育与传媒	社会保障和就业	医疗卫生	节能环保	城乡社区事务	农林水事务	交通运输	金融监管等事务支出	其他支出
阜阳市	2165641	179037	4508	21668	324064	306392	23061	93441	265646	87676	9291	13395
阜阳市本级	307410	33500	3357	8363	36035	14003	4844	29563	15409	30376	6606	11121
阜阳市区县合计	1858231	145537	1151	13305	288029	292389	18217	63878	250237	57300	2685	2274
颍州区	142958	15890	87	602	22151	19770	808	4210	14713	1968	0	33
颍泉区	145533	11912	68	584	24824	19533	1510	4320	19450	4736	98	20
颍东区	122490	10740	120	884	23756	19256	2057	1833	16421	1801	0	0
临泉县	338506	26524	327	2289	54955	65526	1478	8802	43958	8363	51	0
太和县	303732	22759	50	2429	36157	50896	2500	15119	42545	11088	205	413
颍上县	334228	24030	276	2741	47135	46936	4023	14864	46852	11888	229	1718
阜南县	292887	19623	186	2387	48955	47636	3829	6239	46793	13953	1322	90
界首市	177897	14059	37	1389	29975	22836	2012	8491	19505	3503	780	0
六安市	2097019	23312	1434	29522	193310	250927	47448	82702	351636	95352	2291	34081
六安市本级	328542	36569	429	7522	15133	16279	13718	30985	45300	12858	149	13787
六安市区县合计	1768477	196553	1005	22000	178152	234648	33730	51717	306336	82434	2142	20294
金安区	197085	25660	149	2134	22592	28541	2079	3325	33814	7131	0	5260
裕安区	238328	30880	167	2780	23637	34158	2615	2222	32891	10236	50	3404
寿县	319362	29872	127	3972	28237	42345	11627	6020	67791	16031	418	1
霍邱县	379217	40322	190	4242	36573	50043	4098	12519	65942	24644	1032	1519
舒城县	241786	26222	128	2003	25055	33195	5050	8238	41272	8541	466	2966
金寨县	218597	26219	108	4071	24744	27121	4081	4434	37950	7281	21	3288
霍山县	174102	17378	136	2798	17264	19245	4180	14959	26676	8620	155	3856
合肥市	4748895	511263	6893	53590	3843[illegible]	308893	103562	1107402	339547	120100	7083	148985
合肥市本级	2649064	199879	5906	38236	153119	93155	59221	881886	89334	72666	4368	111730
合肥市区县合计	2099831	311384	987	15354	231222	215738	44341	225516	250213	47434	2715	37255
瑶海区	104222	14395	0	180	10086	7128	334	23563	1145	59	0	6732
庐阳区	135206	22345	0	486	9165	9013	853	20400	3421	2641	0	8042
蜀山区	176552	29644	0	1393	17085	6015	90	73721	7843	15	0	5615
包河区	160150	31337	0	832	13733	9009	671	22544	10874	1176	0	3556
肥东县	354121	49508	0	3757	39782	42383	10441	27320	54628	7652	248	185
长丰县	282153	31265	219	2247	23662	37347	7433	20741	38474	7087	1326	6448
肥西县	352756	70693	173	3420	29292	46745	5815	17946	49679	8372	677	5139
庐江县	319562	32002	318	1981	55886	37450	10051	8999	55291	10274	418	514
巢湖市	215109	30195	277	1058	32530	20648	8653	10282	28858	10158	46	1024
蚌埠市	1412099	124041	2482	14886	163542	136355	91470	137959	150313	48121	844	1909
蚌埠市本级	540177	32051	810	8371	56350	39418	80023	77879	25627	23218	167	1631
蚌埠市区县合计	871922	91990	1672	6515	107192	96937	11447	60080	124686	24903	677	278
龙子湖区	31550	6261	64	270	6322	2137	0	4330	1209	823	0	0
蚌山区	39340	4523	53	357	2725	1955	0	6139	820	162	4	0
禹会区	37410	4137	52	207	6072	2353	747	8513	1716	883	6	0

地区	支出合计	一般公共服务	国防	文化体育与传媒	社会保障和就业	医疗卫生	节能环保	城乡社区事务	农林水事务	交通运输	金融监管等事务支出	其他支出
淮上区	35796	4803	0	336	2659	2495	510	8952	3600	1249	6	0
怀远区	315255	28313	1192	2192	29855	43781	4438	7080	52608	8782	92	226
固镇县	190909	22131	205	1147	0843	20809	2783	18521	21923	5770	156	33
五河县	221662	21822	106	2006	28711	23407	2969	6545	42810	7234	413	19
淮南市	1096382	120454	5020	11731	133185	90011	18439	121566	95509	33980	619	3436
淮南市本级	536679	57763	2762	6067	68348	46704	12789	58765	28681	23634	363	3125
淮南市区县合计	559703	62691	2258	5664	64837	43307	5650	62801	66828	10346	256	311
田家庵区	90025	12658	157	454	9291	3458	109	7832	4973	200	0	209
大通区	25012	5308	0	98	3906	2232	0	142	4155	0	0	0
谢家集区	87967	6570	1597	287	5482	2291	98	43053	2848	3	0	
八公山区	23310	2798	83	530	4022	1505	123	1794	1070	9	0	82
潘集区	79839	8393	96	1199	7505	10405	152	1299	8683	904	0	20
凤台县	253550	26784	325	3096	34631	23416	5168	8681	45099	9230	256	0
铜陵市	706635	78653	72	9407	75425	38620	22164	88252	23730	26886	817	13251
铜陵市本级	422528	39414	72	6673	46785	18058	20592	62736	6072	20781	817	7775
铜陵市区县合计	284107	39239	0	2734	28640	20562	1572	25516	17658	6105	0	5476
铜官山区	50352	8867	0	138	6624	2215	173	7058	2	663	0	1971
狮子山区	29995	5526	0	242	2760	1406	95	3400	786	11	0	932
郊区	40013	7099	0	436	4075	1484	165	8884	2328	553	0	349
铜陵县	163747	17747	0	1918	15181	15457	1139	614	14542	4878	0	2224
马鞍山市	1382943	162198	275	22427	127681	110434	40309	176084	116998	50570	2476	5450
马鞍山市本级	518400	61488	66	13981	42662	31650	19088	116320	19750	31470	1289	2157
马鞍山市区县合计	864543	100710	209	8446	85019	78784	21221	59764	97248	19100	1187	3293
花山区	76269	9854	0	288	3416	3012	166	9719	4076	0	0	315
雨山区	69540	8166	0	401	9986	4310	4819	7055	2031	0	0	1333
金家庄区	80016	9325	0	230	4315	2644	5175	6764	680	0	0	613
当涂县	302239	35828	0	3290	33202	28878	2109	26672	33553	5786	584	922
含山县	151501	14583	145	1819	14241	14504	4654	7061	24670	4980	227	42
和县	184978	22954	64	2418	19859	25436	4298	2493	32238	8334	376	68
淮北市	872917	84073	297	6776	102430	78888	9364	136657	68102	21780	3036	5351
淮北市本级	420696	26064	297	4383	47880	28868	4177	97829	14504	11800	2716	1591
淮北市区县合计	452221	58009	0	2393	54550	50020	5187	38828	53598	9980	320	3760
相山区	59701	15353	0	175	8567	4677	590	5521	6241	201	0	170
杜集区	48584	8862	0	231	7654	3460	51	2114	3818	956	0	304
烈山区	51342	6740	0	143	7399	3370	271	2005	7590	531	0	2995
濉溪县	292594	27054	0	1844	30930	38513	4275	29188	35949	8292	320	291
芜湖市	2381774	161052	3558	33494	220279	156376	135317	282702	200468	60838	3568	125785
芜湖市本级	987559	30572	2079	21726	58844	33967	119309	125861	74159	19277	1365	90373
芜湖市区县合计	1394215	130480	1479	11768	161435	122409	16008	156841	126309	41561	2203	35412

地区	支出合计	一般公共服务	国防	文化体育与传媒	社会保障和就业	医疗卫生	节能环保	城乡社区事务	农林水事务	交通运输	金融监管等事务支出	其他支出
镜湖区	152539	13040	206	1433	10403	8108	20	29917	2094	477	0	12050
弋江区	115138	7971	91	648	1059[illegible]	4551	200	36695	2411	1269	0	17923
鸠江区	93137	9309	188	989	1143[illegible]	5706	0	24975	3106	973	0	0
三山区	60725	8760	88	112	618[illegible]	4339	72	5851	5031	782	0	74
繁昌县	221671	25908	291	3196	2587[illegible]	17633	4271	22585	20413	5391	936	3904
南陵县	197176	17573	191	1425	2661[illegible]	19752	1307	14344	29958	17826	380	866
芜湖县	224450	18701	198	1235	2371[illegible]	18292	4248	13731	25228	5807	222	595
无为县	329379	29218	226	2730	46615	44028	5890	8743	38068	9036	665	0
安庆市	2148887	296507	1659	41212	23900[illegible]	237270	52770	99356	287545	71724	5141	11124
安庆市本级	374695	34260	837	17931	5644[illegible]	29110	18384	32124	27340	24231	3076	836
安庆市区县合计	1774192	262247	822	23281	18256[illegible]	208160	34386	67232	260205	47493	2065	10288
迎江县	43852	15069	0	391	465[illegible]	2250	4	3586	2170	32	0	106
大观区	37061	7645	0	147	262[illegible]	3185	1278	1335	4131	379	0	45
宜秀区	47183	6791	0	485	383[illegible]	7261	549	1131	6862	241	0	2415
怀宁县	252288	43424	487	5331	2301[illegible]	24884	5695	6028	30766	4161	154	286
枞阳县	237286	33596	267	3352	2783[illegible]	37419	2441	1958	36371	6080	49	112
桐城市	265250	36466	0	2518	2364[illegible]	26488	5247	27956	36157	8555	1065	946
潜山县	198194	29769	68	2463	2401[illegible]	19407	5442	14566	27316	6896	328	1022
太湖县	179143	23292	0	1387	18568	19623	5251	1505	32555	5512	54	2050
宿松县	200562	29091	0	1908	1865[illegible]	29074	2772	4765	31612	7216	231	247
望江县	163556	21098	0	1738	1862[illegible]	22135	3672	1588	30031	4907	184	50
岳西县	149817	16006	0	3561	1710[illegible]	16434	2035	2814	22234	3514	0	3009
黄山市	962226	141696	5581	29854	12036[illegible]	82761	33407	37046	122671	32780	2324	42499
黄山市本级	235988	36498	5157	7227	1883[illegible]	11426	11263	13027	13974	9973	1015	22383
黄山市区县合计	726238	105198	424	22627	10153[illegible]	71335	22144	24019	108697	22807	1309	20116
屯溪区	82138	16814	0	1160	1371[illegible]	6280	680	3232	7504	2537	0	10029
黄山区	117208	20869	382	1968	1184[illegible]	8905	3193	6167	20278	3581	167	4028
徽州区	65765	9882	0	1839	690[illegible]	3734	3760	1943	9442	2358	17	121
祁门县	97254	13807	32	2940	13808	10895	2652	2638	14516	3111	48	2449
黟县	63949	9310	10	3716	846[illegible]	6442	1910	2590	9805	1923	290	1145
休宁县	126223	16261	0	5963	1875[illegible]	12629	4583	2619	21756	3578	299	786
歙县	173701	18255	0	5041	2804[illegible]	22450	5366	4830	25396	5719	488	1558
亳州市	1386189	153009	808	9777	19493[illegible]	203727	19566	21447	175738	42471	6632	15601
亳州市本级	146308	15894	423	923	639[illegible]	8119	6628	3914	11533	6808	5800	13381
亳州市区县合计	1239881	137115	385	8854	18853[illegible]	195608	12938	17533	164205	35663	832	2220
谯城区	311895	37386	0	1710	4342[illegible]	45428	2095	7939	37994	12101	0	206
涡阳县	309374	26473	263	2996	4624[illegible]	55911	3010	3789	46720	7921	580	1733
蒙城县	301037	35696	0	1910	4403[illegible]	44472	4860	2594	37976	7560	0	0
利辛县	317575	37560	122	2238	5483[illegible]	49797	2973	3211	41515	8081	252	281

2011年度各市县(区)一般预算平衡部分收入表

编制单位:厅国库处　　　　单位:万元

地区	收入合计	本年收入	小计	增值税和消费税税收返还	所得税基数返还	小计	体制补助	结算补助	专项转移支付	上年结余	调入资金
安徽省地市合计	28666427	12726920	809312	621724	187588	6805230	2559071	33471	7268676	471124	175197
宣城市	1481131	683601	35057	25446	9611	311481	123078	1713	368645	47887	4860
宣城市本级	222791	111161	2801	1655	1146	25199	10810	1526	62769	16427	434
宣城市区县合计	1258340	572440	32256	23791	8465	286282	112268	187	305876	31460	4426
宣州区	287898	124881	5874	4298	1576	73416	25011	4	58702	10025	0
郎溪县	157669	65716	2967	2472	495	36469	16270	24	47513	3	4001
广德县	209436	100011	4665	3332	1333	49308	20280	37	50173	3679	0
宁国市	262245	160704	10707	7617	3090	36384	11830	33	47806	1519	425
泾县	149109	50334	4404	3355	1049	39418	16222	34	44504	9149	0
旌德县	79924	27079	1300	892	408	24134	10829	25	24703	1708	0
绩溪县	112059	43715	2339	1825	514	27153	11826	30	32475	5377	0
宿州市	1634821	389623	19431	14927	4504	704959	256823	347	475381	28223	604
宿州市本级	296371	132252	4106	2642	1464	46935	22260	-1145	87655	20826	597
宿州市区县合计	1338450	257371	15325	12285	3040	658024	234563	1492	387726	7397	7
埇桥区	361909	100556	7141	5876	1265	161083	54148	1374	85510	3319	0
砀山县	206641	34570	2134	1981	153	104276	43970	34	62315	1339	7
萧县	303947	52996	2551	1882	669	150241	55436	27	94484	175	0
灵璧县	254553	31704	2034	1437	597	142190	46381	21	77244	381	0
泗县	211400	37545	1465	1109	356	100234	34628	36	68173	2183	0
滁州市	1919087	738584	58136	41617	16519	463289	171936	1927	595818	35440	9220
滁州市本级	344591	163409	22679	18163	4516	19654	17509	-8254	109216	20050	1683
滁州市区县合计	1574496	575175	35457	23454	12003	443635	154427	10181	486602	15390	7537
琅琊区	91109	49219	2587	1955	632	20537	4528	8055	15158	2608	0
南谯区	124910	54486	1737	891	846	25915	9518	1985	40858	914	0
天长市	295813	134573	7227	4677	2550	59707	19900	22	82494	4406	5706
来安县	175850	64525	3709	2885	824	47459	19282	26	57029	2028	0
全椒县	191723	73561	6044	2623	3421	48845	18319	30	61419	54	0
定远县	260310	63491	2679	1963	716	101964	35569	20	88843	1833	0
凤阳县	249257	82564	4536	2763	1773	75412	25866	24	80126	3388	1813
明光市	185524	52756	6938	5697	1241	63796	21455	19	60675	159	0
池州市	889330	409908	11448	6720	4728	206210	82513	220	234883	6062	3119
池州市本级	281585	173537	2623	1478	1145	17134	7884	-278	75691	1600	0
池州市区县合计	607745	236371	8825	5242	3583	189076	74629	498	159192	4462	3119
贵池区	225009	99719	4064	2372	1692	62551	22995	0	51339	1017	3119
石台县	69102	11532	733	479	254	27707	11517	29	25476	2654	0
青阳县	132346	62813	1436	873	563	33711	14109	432	32405	681	0
东至县	181288	62307	2592	1518	1074	65107	26008	37	49972	110	0

地区	收入合计	本年收入	小计	增值税和消费税税收返还	所得税基数返还	小计	体制补助	结算补助	专项转移支付	上年结余	调入资金
阜阳市	2323736	557333	49921	43494	6427	952470	351207	775	650654	90223	1335
阜阳市本级	352589	184729	29757	26564	3193	51369	16505	653	75598	7136	0
阜阳市区县合计	1971147	372604	20164	16930	3234	901101	334702	122	575056	83087	1335
颍州区	143340	39415	1310	1258	52	59633	26448	0	35609	5573	0
颍泉区	152015	35883	1777	1389	388	64696	25381	0	44427	3432	0
颍东区	129981	22202	554	468	86	67064	26396	0	35649	2712	0
临泉县	346117	37616	2572	1882	690	189265	63957	33	110645	2719	0
太和县	343700	60014	3536	2498	1038	146046	55849	22	85174	46161	769
颍上县	351898	101902	1934	1646	288	134936	51352	19	98262	11998	566
阜南县	320711	27642	2487	2159	328	155984	55343	26	112754	9244	0
界首市	183385	47930	5994	5630	364	73477	29976	22	52536	1248	0
六安市	2122263	567561	27753	17724	10029	793746	288148	235	701852	6545	3406
六安市本级	345137	175941	5114	3888	1226	45101	21900	91	108607	5387	487
六安市区县合计	1777126	391620	22639	13836	8803	748645	266248	144	593245	1158	2919
金安区	199222	48300	2441	1224	1217	82051	33628	0	64208	322	0
裕安区	237837	46519	1754	927	827	113363	36641	0	73303	398	0
寿县	319485	37333	2940	1488	1452	151347	50100	24	125865	0	0
霍邱县	385249	102341	3794	2300	1494	154830	53136	21	116733	291	660
舒城县	242246	53642	4251	3173	1078	102543	37626	45	77925	26	2259
金寨县	218741	37400	3170	2134	1036	97151	35098	28	79807	113	0
霍山县	174346	66085	4289	2590	1699	47360	20019	26	55404	8	0
合肥市	5059801	3385113	141085	113778	27307	523162	222944	2534	847480	54571	21210
合肥市本级	2814910	2227030	102619	90991	11628	49411	41647	-28284	364498	18660	392
合肥市区县合计	2244891	1158083	38466	22787	15679	473751	181297	30818	482982	35911	20818
瑶海区	132727	79966	3400	2200	1200	25902	2197	17679	13870	2236	353
庐阳区	147697	112745	7087	3240	3847	2373	0	227	23587	1905	0
蜀山区	181827	136841	2615	1157	1458	12480	5980	4054	16109	4782	0
包河区	210741	172216	3794	1899	1895	6540	2785	272	17463	6155	0
肥东县	360258	157804	4038	2956	1082	88002	37062	30	86780	5166	15468
长丰县	287459	131020	2577	1689	888	68461	29105	47	74184	3420	4997
肥西县	378368	214885	5154	3898	1256	74677	31094	18	73048	5197	0
庐江县	326172	86923	5087	2770	2317	118188	40077	16	108162	5912	0
巢湖市	219642	65683	4714	2978	1736	77128	32997	8475	69779	1138	0
蚌埠市	1583113	613600	90953	82824	8129	344579	124639	7403	468448	29921	7212
蚌埠市本级	648502	258302	77817	74415	3402	58960	26879	7370	202261	23850	7212
蚌埠市区县合计	934611	355298	13136	8409	4727	285619	97760	33	266187	6071	0
龙子湖区	44049	35844	1228	86	1142	2551	0	0	4426	0	0
蚌山区	53868	48176	1173	64	1109	1276	0	0	3170	82	0
禹会区	55806	45407	1176	239	937	2782	0	0	6311	130	0

地区	收入合计	本年收入	小计	增值税和消费税税收返还	所得税基数返还	小计	体制补助	结算补助	专项转移支付	上年结余	调入资金
淮上区	43202	28540	342	94	248	4522	0	0	8037	1761	0
怀远区	323403	78121	5015	4199	816	122525	41287	-24	112234	29/8	0
固镇县	191512	53287	1650	1438	212	74195	29423	30	59263	717	0
五河县	222771	65932	2552	2289	263	77768	27050	27	72746	473	0
淮南市	1194818	713809	28043	22327	5716	187031	74148	110	227498	20065	2672
淮南市本级	548483	351123	16138	14045	2918	67299	49392	-563	88239	15984	0
淮南市区县合计	646335	362686	11905	8282	2798	119732	24756	673	139259	4081	2672
田家庵区	111816	80279	2410	1627	783	11494	5778	66	17133	500	0
大通区	31137	16960	1386	1019	367	5882	1532	24	6905	4	0
谢家集区	93302	63320	1878	1624	254	13829	5780	66	11992	393	1890
八公山区	26720	11476	996	811	185	6964	2292	26	5579	323	782
潘集区	90710	37580	851	496	355	27098	4415	24	24900	281	0
凤台县	292650	153071	4384	2705	854	54465	4959	467	72750	2580	0
铜陵市	749688	453581	23842	13241	10601	75952	22471	97	150904	18601	19608
铜陵市本级	446815	277951	17010	8898	8112	41192	450	-1587	89180	5592	9790
铜陵市区县合计	302873	175630	6832	4343	2489	34760	22020	1684	61724	13009	9818
铜官山区	53117	34749	873	295	578	6422	4957	787	8894	2179	0
狮子山区	32316	20483	1080	517	563	3058	2054	588	5980	1492	223
郊区	44699	33232	1249	719	530	4557	2584	1634	5053	608	0
铜陵县	172741	87166	3630	2812	818	20723	12426	-1325	41797	8730	9595
马鞍山市	1530551	914394	64309	47612	16697	216175	84633	2031	281511	9803	25959
马鞍山市本级	536195	348009	42407	30559	11848	10195	84	614	94286	2325	25573
马鞍山市区县合计	994356	566385	21902	17053	4849	205980	84549	1417	187225	7478	386
花山区	125859	102072	3196	2495	701	8901	5742	0	11191	499	0
雨山区	100931	76338	3788	3226	562	11080	6743	0	9682	43	0
金家庄区	103845	90343	2152	1639	513	3745	1260	0	7349	256	0
当涂县	317821	180205	5646	4538	1108	63435	30903	475	64795	1000	0
含山县	154426	54117	3682	3033	649	48452	17358	19	43187	3588	0
和县	192014	63310	3438	2122	1316	70367	22543	923	51021	2092	386
淮北市	908213	380719	28436	22882	5464	221194	58631	93	227546	3203	30505
淮北市本级	446222	230915	21500	17104	4396	71055	25099	60	107208	2744	0
淮北市区县合计	461991	149804	6846	5778	1068	150139	33532	33	120338	459	30505
相山区	59823	36011	0	0	0	10754	0	0	12409	8	641
杜集区	48808	19203	0	0	0	19422	0	0	9965	128	90
烈山区	52838	15179	0	0	0	22180	0	0	12243	296	1840
濉溪县	300522	79411	6846	5778	1068	97783	33532	33	85721	27	27934
芜湖市	2566374	1399704	120334	94767	25567	300323	117492	14014	639036	17604	29073
芜湖市本级	1006976	450106	95157	78800	16357	20275	13858	13515	393282	3906	22300
芜湖市区县合计	1559398	949598	25177	15967	9210	279598	103634	499	245754	13698	6773

地区	收入合计	本年收入	小计	增值税和消费税税收返还	所得税基数返还	小计	体制补助	结算补助	专项转移支付	上年结余	调入资金
镜湖区	225341	195287	2802	1677	125	7431	2996	0	7936	2885	0
弋江区	165844	143839	1613	736	877	8569	2234	0	2975	2848	0
鸠江区	125866	96832	2192	1331	861	15867	5244	425	2497	5478	0
三山区	66622	42113	213	0	213	14314	3277	0	3818	564	0
繁昌县	223330	136605	5719	3532	2187	30762	10325	14	42609	1635	0
南陵县	197423	87328	2363	1227	1136	46641	19543	16	51583	35	6773
芜湖县	225364	134374	3806	3172	634	36609	16508	21	46420	55	0
无为县	329608	113220	6469	4292	2177	119405	43507	23	87916	198	0
安庆市	2231948	723948	58599	43576	15023	712142	283169	1327	670804	32855	4000
安庆市本级	426045	228701	34256	26243	8013	57487	19881	2535	88798	10303	1500
安庆市区县合计	1805903	495247	24343	17333	7010	654655	263288	-1208	582006	22552	2500
迎江区	47136	27607	993	745	248	2707	1625	-707	13941	1788	0
大观区	38674	18305	613	498	115	5640	4134	-509	12588	1428	0
宜秀区	48005	17803	1340	1137	203	9025	5139	-234	17761	976	1000
怀宁县	254622	108938	4585	3568	1017	66072	27739	40	69699	1428	0
枞阳县	244411	64035	2461	1887	574	93427	32321	25	74483	8705	0
桐城市	266922	109129	6099	3732	2367	72940	31744	40	73302	1452	1500
潜山县	201373	41183	2181	1418	763	85170	35088	27	68141	3698	0
太湖县	179607	23856	1524	1123	401	86509	31869	25	63862	2856	0
宿松县	211144	36966	1622	1054	568	98293	36178	28	73058	5	0
望江县	163834	28270	1620	1320	300	72782	29405	29	59850	12	0
岳西县	150175	19155	1305	851	454	72090	28046	28	55321	204	0
黄山市	988601	455001	20770	10543	10277	207303	91817	407	285498	5448	1593
黄山市本级	248253	164831	6478	2043	4435	13787	7988	195	56402	2755	0
黄山市区县合计	740348	290170	14292	8500	5792	193516	83829	212	229096	2693	1593
屯溪区	84141	49458	1802	1203	599	10895	4254	6	20286	700	0
黄山区	118721	52653	1808	983	825	23803	10201	37	38076	381	0
徽州区	72571	36772	890	523	367	11485	5028	17	21911	420	93
祁门县	97527	32400	1953	1177	776	30859	13790	38	31095	220	0
黟县	64187	17948	879	589	290	18669	8260	30	24514	189	0
休宁县	126636	42668	2542	1673	869	37453	16392	39	42869	104	0
歙县	176565	58271	4418	2352	2066	60352	25904	45	50345	679	1500
亳州市	1482952	340441	31285	20246	11039	575214	205422	238	442718	64673	10821
亳州市本级	184448	61460	18082	11157	6925	26928	6345	-803	59606	11672	0
亳州市区县合计	1298504	278981	13203	9089	4114	548286	199077	1041	383112	53001	10821
谯城区	347641	76433	2241	1051	1190	138388	49517	877	95775	31099	505
涡阳县	322632	74783	5156	3369	1787	129625	48538	30	95460	15208	0
蒙城县	309044	77204	4641	3806	835	121646	45056	112	91981	5526	4746
利辛县	319187	50561	1165	863	302	158627	55966	22	99896	1168	5570

2011年度各市(区)一般预算平衡部分支出表

编制单位:厅国库处　　　　单位:万元

地区	支出总计	本年支出	小计	体制上解	出口退税专项上解	专项上解	安排预算稳定调节基金	年终结余	其中:净结余
安徽省地市合计	2807078	27067248	664759	606429	58330	20094	318682	595644	84446
宣城市	1425843	1421828	1515	-2306	3821	500	2000	55288	1404
宣城市本级	201749	200964	-1715	-2306	591	500	2000	21042	580
宣城市区县合计	1224094	1220864	3230	0	3230	0	0	34246	824
宣州区	274346	274070	276	0	276	0	0	13552	1517
郎溪县	157665	157249	416	0	416	0	0	4	-801
广德县	207897	207002	895	0	895	0	0	1539	108
宁国市	257058	256007	1051	0	1051	0	0	5187	0
泾县	142956	142707	249	0	249	0	0	6153	0
旌德县	77894	77843	51	0	51	0	0	2030	0
绩溪县	106278	105986	292	0	292	0	0	5781	0
宿州市	1587185	1570260	-575	-1085	510	500	17000	47636	700
宿州市本级	262769	261768	-1085	-1085	0	-7914	10000	33602	700
宿州市区县合计	1324416	1308492	510	0	510	8414	7000	14034	0
埇桥区	358100	347547	139	0	139	8414	2000	3809	0
砀山县	203758	203597	161	0	161	0	0	2883	0
萧县	301858	301834	24	0	24	0	0	2089	0
灵璧县	252473	252430	43	0	43	0	0	2080	0
泗县	208227	203084	143	0	143	0	5000	3173	0
滁州市	1870426	1832473	15987	10376	5611	350	21616	48661	280
滁州市本级	319569	317245	-8121	-9336	1215	350	10095	25022	0
滁州市区县合计	1550857	1515228	24108	19712	4396	0	11521	23639	280
琅琊区	85651	73950	11701	11577	124	0	0	5458	158
南谯区	124396	112031	8244	8135	109	0	4121	514	0
天长市	286800	282687	3113	0	3113	0	1000	9013	66
来安县	174381	168815	566	0	566	0	5000	1469	12
全椒县	191714	191373	341	0	341	0	0	9	9
定远县	259199	259199	0	0	0	0	0	1111	0
凤阳县	247187	247084	103	0	103	0	0	2070	0
明光市	181529	180089	40	0	40	0	1400	3995	35
池州市	884125	881080	318	-148	466	382	2345	5205	939
池州市本级	279825	279208	-1110	-1138	28	382	1345	1760	12
池州市区县合计	604300	601872	1428	990	438	0	1000	3445	927
贵池区	224121	222901	1220	990	230	0	0	888	10
石台县	67400	66379	21	0	21	0	1000	1702	62
青阳县	131691	131593	98	0	98	0	0	665	655

地区	支出总计	本年支出	小计	体制上解	出口退税专项上解	专项上解	安排预算稳定调节基金	年终结余	其中：净结余
东至县	181088	180999	89	0	89	0	0	200	200
阜阳市	2193460	2165641	5670	3690	1980	570	21579	130276	6213
阜阳市本级	325670	307410	3690	3690	0	570	14000	26919	660
阜阳市区县合计	1867790	1858231	1980	0	1980	0	7579	103357	5553
颍州区	143012	142958	54	0	54	0	0	328	0
颍泉区	145672	145533	139	0	139	0	0	6343	0
颍东区	127498	122490	106	0	106	0	4902	2483	0
临泉县	338558	338506	52	0	52	0	0	7559	0
太和县	304120	303732	388	0	388	0	0	39580	0
颍上县	334432	334228	204	0	204	0	0	17466	0
阜南县	296229	292887	665	0	665	0	2677	24482	5524
界首市	178269	177897	372	0	372	0	0	5116	29
六安市	2115136	2097019	2497	-330	2827	620	15000	7127	2223
六安市本级	339717	328542	555	-355	911	620	10000	5420	516
六安市区县合计	1775419	1768477	1942	25	1916	0	5000	1707	1707
金安区	198837	197085	1752	1410	342	0	0	385	385
裕安区	237141	238328	-1187	-1384	197	0	0	696	696
寿县	319485	319362	123	0	123	0	0	0	0
霍邱县	384749	379217	532	0	532	0	5000	500	500
舒城县	242178	241786	392	0	392	0	0	68	68
金寨县	218691	218597	94	0	94	0	0	50	50
霍山县	174338	174102	236	0	236	0	0	8	8
合肥市	5007316	4748895	183055	163026	20029	4558	70808	52485	21868
合肥市本级	2802219	2649064	173983	158044	15829	-55018	34300	12691	2386
合肥市区县合计	2205097	2099831	9182	4982	4200	59576	36508	39794	19482
瑶海区	130588	104222	22	0	22	24991	1353	2139	2100
庐阳区	145788	135206	4999	4982	17	5583	0	1909	1909
蜀山区	177145	176552	0	0	0	593	0	4682	4682
包河区	204372	160150	1358	0	1358	28409	14455	6369	4857
肥东县	354431	354121	310	0	310	0	0	5827	2527
长丰县	282612	282153	459	0	459	0	0	4847	1523
肥西县	373227	352756	1071	0	1071	0	19400	5141	1738
庐江县	320099	319562	537	0	537	0	0	6073	86
巢湖市	216835	215109	426	0	426	0	1300	2807	60
蚌埠市	1556442	1412099	101373	100497	876	400	42570	26671	3926
蚌埠市本级	628593	540177	82519	82155	364	-25703	31600	19909	234
蚌埠市区县合计	927849	871922	18854	18342	512	26103	10970	6762	3692
龙子湖区	43716	31550	6324	6254	60	5842	0	333	333
蚌山区	53868	39340	3454	3454	0	5104	5970	0	0

地区	支出总计	本年支出	小计	体制上解	出口退税专项上解	专项上解	安排预算稳定调节基金	年终结余	其中：净结余
禹会区	55229	37410	8813	8624	189	9006	0	577	577
淮上区	41992	35796	45	0	45	6151	0	1210	994
怀远县	320328	315255	73	0	73	0	5000	3075	1476
固镇县	190977	190909	68	0	68	0	0	535	312
五河县	221739	221662	77	0	77	0	0	1032	0
淮南县	1168009	1096382	41337	41087	250	290	30000	26809	1452
淮南县本级	525870	536679	–29659	–29909	250	–150	19000	22613	99
淮南县区县合计	642139	559703	70996	70996	0	440	11000	4196	1353
田家庵区	111267	90025	21177	21177	0	65	0	549	549
大通区	30628	25012	5598	5598	0	18	0	509	9
谢家集区	93259	87967	5274	5274	0	18	0	43	36
八公山区	26338	23310	3008	3008	0	20	0	382	167
潘集区	90207	79839	6355	6355	0	13	4000	503	0
凤台县	290440	253550	29584	29584	0	306	7000	2210	592
铜陵市	720477	706635	12776	11626	1150	1066	0	29211	811
铜陵市本级	432514	422528	10178	9886	292	–192	0	14301	585
铜陵市区县合计	287963	284107	2598	1740	858	1258	0	14910	226
铜官山区	51439	50352	707	250	457	380	0	1678	78
狮子山区	30649	29995	338	175	163	316	0	1667	82
郊区	41214	40013	746	597	149	455	0	3485	16
铜陵县	164661	163747	807	718	89	107	0	8080	50
马鞍山市	1521655	1382943	108249	105494	2755	2303	28160	8896	1793
马鞍山市本级	533873	518400	13951	12807	1144	1522	0	2322	552
马鞍山市区县合计	987782	864543	94298	92687	1611	781	28160	6574	1241
花山区	125464	76269	32979	32920	79	116	16100	395	195
雨山区	100888	69540	31204	31155	49	144	0	43	43
金家庄区	103572	80016	23460	23405	55	96	0	273	273
当涂县	316291	302239	6052	5207	845	0	8000	990	635
含山县	151631	151501	130	0	130	0	0	2795	22
和县	189936	184978	473	0	473	425	4060	2078	73
淮北市	897766	872917	23579	23017	562	250	1020	10447	8459
淮北市本级	442621	420696	23086	22679	407	–1161	0	3601	1753
淮北市区县合计	455145	452221	493	338	155	1411	1020	6846	6706
相山区	59767	59701	66	66	0	0	0	56	56
杜集区	48668	48584	84	84	0	0	0	140	0
烈山区	52550	51342	188	188	0	0	1020	288	288
濉溪县	294160	292594	155	0	155	1411	0	6362	6362
芜湖市	2536945		121032	108611	12421	7155	26984	29429	15482
芜湖市本级	993924		–8877	–18252	9375	6242	9000	13052	20

地区	支出总计	本年支出	小计	体制上解	出口退税专项上解	专项上解	安排预算稳定调节基金	年终结余	其中：净结余
镜湖区	222456	152539	69786	69123	663	0	131	2885	2885
弋江区	159233	115138	36095	35815	280	0	8000	6611	6611
鸠江区	120388	93137	22235	22127	108	913	4103	5478	5478
三山区	66507	60725	32	-202	234	0	5750	115	115
繁昌县	222344	221671	673	0	673	0	0	986	71
南陵县	197373	197176	197	0	197	0	0	50	50
芜湖县	225334	224450	884	0	884	0	0	30	30
无为县	329386	329379	7	0	7	0	0	222	222
安庆市	2189340	2148887	39963	36817	3146	490	0	42608	3105
安庆市本级	412942	374695	37757	36817	940	490	0	13103	336
安庆市区县合计	1776398	1774192	2206	0	2206	0	0	29505	2769
迎江区	44199	43852	347	0	347	0	0	2937	53
大观区	37244	37061	183	0	183	0	0	1430	107
宜秀区	47242	47183	59	0	59	0	0	763	0
怀宁县	252412	252288	124	0	124	0	0	2210	1168
枞阳县	237344	237286	58	0	58	0	0	7067	1000
桐城市	265912	265250	662	0	662	0	0	1010	0
潜山县	198328	198194	134	0	134	0	0	3045	242
太湖县	179162	179143	19	0	19	0	0	445	0
宿松县	200745	200562	183	0	183	0	0	10399	0
望江县	163824	163556	268	0	268	0	0	10	10
岳西县	149986	149817	169	0	169	0	0	189	189
黄山市	981001	962226	2555	883	1672	220	16000	7600	634
黄山市本级	243598	235988	1412	883	529	-802	7000	4655	0
黄山市区县合计	737403	726238	1143	0	1143	1022	9000	2945	634
屯溪区	83293	82138	133	0	133	1022	0	848	248
黄山区	118335	117208	127	0	127	0	1000	386	386
徽州区	71914	65765	149	0	149	0	6000	657	0
祁门县	97321	97254	67	0	67	0	0	206	0
黟县	64078	63949	129	0	129	0	0	109	0
休宁县	126558	126223	335	0	335	0	0	78	0
歙县	175904	173701	203	0	203	0	200	661	0
亳州市	1415657	1386189	5428	5174	254	440	23600	67295	15157
亳州市本级	171005	146308	5257	5174	83	440	19000	13443	634
亳州市区县合计	1244652	1239881	171	0	171	0	4600	53852	14523
谯城区	311923	311895	28	0	28	0	0	35718	8730
涡阳县	309448	309374	74	0	74	0	0	13184	5313
蒙城县	305646	301037	9	0	9	0	4600	3398	319
利辛县	317635	317575	60	0	60	0	0	1552	161

财政机构人员篇

省财政厅机构人员

（2011 年 12 月 31 日）

省财政厅机关及厅属单位处级以上干部名单

财政厅机关

厅长室

党组书记、厅长:陈先森
党组副书记(正厅级)、副厅长:王林建
党组成员、副厅长:张广寿　左　俊
　　　　　　　　吴天宏
党组成员、纪检组长:刘　浩
党组成、员副厅长:陈　军
副巡视员:李友兰　陈传文

办公室

主　任:徐光耀
副主任:左自智　虞建斌

综合处

处　长:王　玲
副处长:李运孝　金嘉岳
副调研员:姚　伟

税政条法处

处　长:周名桨
副处长:方旭华
副调研员:杨玉林　高　峰

预算处(预编办)

处　长:孟照红
副处长(副主任):段焕松　尹祥领
　　　　　　　　方山恩
调研员:邵　军
副调研员:谢文革

国库处

处　长:解立卫
副处长:廖晓虹　张　玲
副调研员:王永力　田　丰

行政处

处　长:张　力
副处长:左磊明　宋葛民
副调研员:宋　频　陈　蕙

政法处

处　长:汪代启
副处长:孙荣春
调研员:刘建平

教科文处

处　长:朱长才
副处长:焦玲仪　方习利
副调研员:洪　军

经济建设处

处　长:于华伟
副处长:张恒景　朱玉琴　陈维光
调研员:唐志英　侯宇翔
副调研员:吴建辉

农业处

处　长:孔少林
副处长:王茂胜　李　霞
副调研员:储　敏　魏祥瑾

社会保障处

处　长:朱艾勇
副处长:林晓明　徐玉明　解亚平
副调研员:汪小俊

企业处

处　长:王召远
副处长:杨前炉　刘志毅
调研员:经本良　殷路滨
　　　　周晓丽　田　野
副调研员:何　义　汪跃建

金融处

处　长:黎学东
副处长:王　坤
副调研员:张克敬

国际债务管理处

处　长:刘　华
副处长:余　禹

副调研员:刘　翔

农村财政管理局

局　长:鲍习生

副局长:连发玉　张忠文

副调研员:杨　刚　周腾云

会计处

处　长:黄克来

副处长:季必英

调研员:张承倩　忻信华

行政事业单位资产管理处

(国有资本经营预算处)

处　长:虞明哲

副处长:韩剑辉　周　远

监督检查局

局　长(副厅级):汪学越

副局长:杨延彬　丁　俊　陈文权

处长(副处级):高维国　徐　明
胡继龙

调研员:徐中洋

政府采购处

处　长:宋宝泉

副处长:孙友三

调研员:何沁沅

副调研员:陈东川

农村综合改革处

处　长:胡德林

副处长:徐向前　汪公发

副调研员:胥慰庆

民生办:

主　任:陈永年

副主任:朱士昂(国有资本经营预算处处长)
潘　琦　宋先贵

人事教育处

处　长:孙学鹏

副处长:彭高俊

副调研员:张先虹

机关党委

专职副书记:江永泓

副调研员:李　云

纪检监察室

主　任:李朝友

副调研员:苏照存　黄建和

离退休处

处　长:缪　青

厅属单位

省信用担保集团

总经理、党委副书记:钱　正

党委书记、副总经理:迟本能

副总经理、党委委员:邓寿安　范　强
杨新潮　叶　斌

省农业综合开发局

局　长(副厅级):王建培

副局长(正处级):吴行一

副局长(副处级):王定友　陈　军

省非税收入征收管理局

局　长:李友兰

副局长:张　黎(正处级)　潘　琦　刘明刚

省财政厅国库支付中心

副主任:许先才　陈　欢

省财政投资评审中心

主　任:朱旭初

副主任:张　进　袁　圆　徐延俊

省财政信息中心

主　任:李森林

副主任:达小敏　姚先飞

省政府采购中心

主　任:姜　毅

副主任:张文超　管立新　邓建成

省财政科学研究所

所　长:叶翠青

副所长:鲍文前　朱克俊

省注册会计师协会(省注册会计师管理处)

处长(秘书长):杨　春

党委专职副书记:叶德刚

副秘书长(副处长):

副处长:张行宇　张顺建　胡正中

省财政干部教育中心

主　任:董照军

副主任:李　军　马再兴

行政事业单位资产管中心

主　任:刘小兵

副主任:韩宪平　周　涛　董永权

(厅人事教育处供稿)

各市财政系统机构人员

（2011 年 12 月 31 日）

合肥市财政系统领导名单

合肥市财政局

局　长:凌　明

副局长:程　林　李炳云　陈　伟　夏永强

纪检组长:陈卫东

市投融资管理中心副主任:陈　刚

总会计师:朱　荣

庐阳区财政局

局　长:沈项林

副局长:仲　伟　周　莹

瑶海区财政局

局　长:程　曾

副局长:赵　宁　胡俊虎　许　辉

蜀山区财政局

党组书记:陈　丽

局　　长:董士权

国资办主任:梁　波

副局长:蔡洪波　王祖胜　吕贤斌

国资办副主任:赵浙兰

包河区财政局

局　长、党组书记、国资办主任:岳　华

副局长:高光胜　陈爱群　周明洁

采购中心主任、党组成员:孟忠祥

国资办副主任:程相云

经济技术开发区财政局

局长、国资办副主任:陆勤山

副局长:刘　岸　石　华

国资办副主任:郭华荣

财务管理中心副主任:费红英

新站综合开发试验区财政局

局　长:程世琴

副局长:傅　雷　唐风玲

高新技术开发区财政局

局　长:昂朝晖

副局长:路广军　王　强

财务中心主任:王安东

巢湖市财政局

局长、党组书记:张年明

副局长、党组副书记:邓本宝

副局长:倪　青

副局长:财政监督局局长:周　群

副局长:朱立平

肥东县财政局

局　长:何　斌

党组书记:夏庆华

副局长:张东兵　王　磊　吴晓东　孙维荣

纪检组长:王　远

总会计师:许先翠

肥西县财政局

局　长:徐治国

党组书记、副局长:余宏山

金融办主任:徐建生

国资办主任、副书记:颜德树

副局长:夏智新　张慧平　矣善山

纪检组长:袁家民

总会计师:何友才

财政监督局局长:陈先锋

长丰县财政局

党组书记、局　长:童有柱

党组副书记、副局长:陈　凯

党组成员、副局长:叶良传　荣　之

党组成员、纪检组长:余长龙

党组成员、国库支付中心主任:许忠农

党组成员:　朱鸿鹏

庐江县财政局

局　长:周久福

总会计师:王丙生

副局长:袁建民　陶学顺　钱　俊　王宏文

纪检组长:殷礼生

巢湖经济开发区财政局

局　长:袁世武
副局长:黄丽虹

庐阳区

三十岗乡财政所　所　长:李春林
大杨镇财政所　所　长:钱志军

瑶海区

龙岗开发区财政分局局　长:韦礼红
大兴镇财政所　所　长:费文杰

蜀山区

井岗镇财政所　所　长:李志华
南岗镇财政所　所　长:陶应忠
蜀山经济开发区财政所所长:许义文

包河区

常青街道财政所　所　长:彭大金
望湖街道财政所　所　长:沈业泉
大圩镇财政所　所　长:杨　林
义城街道财政所　所　长:吴志力
包公街道财政所　所　长:陈　阵
芜湖路街道财政所　所　长:孙家财
烟墩街道财政所　所　长:许爱武
淝河镇财政所　所　长:郑善祥
包河工业区财政所　所　长:黄建树

肥东县

肥东经济开发区财政分局局长:姚卫东
合肥循环经济示范园财政分局局长:
张玉贵
店埠镇财政分局　局长:朱邦胜
撮镇镇财政分局　局长:张永践
陈集乡财政所　所　长:陈兆金
古城镇财政所副所长:万兴平(主持工作)
马湖乡财政所　所　长:赵夕如
响导乡财政所　所　长:王　川
八斗镇财政所　所　长:袁圣平
杨店乡财政所　所　长:胡长明
白龙镇财政所　所　长:李功文
元疃镇财政所　所　长:谢长发
张集乡财政所　所　长:何长亚
梁园镇财政所　所　长:丁腾渊
包公镇财政所　所　长:阚家钊
石塘镇财政所　所　长:闻春木
众兴乡财政所　所　长:张贤文
桥头集镇财政所　所　长:胡玉萍
牌坊回族满族乡财政所所　长:陈长胜
长临河镇财政所　所　长:杨盛林

肥西县

桃花工业园财政分局局　长:王恒传
紫蓬山财政分局　局　长:张永安
新型示范工业园财政分局　局　长:汪　平
上派镇财政分局　局　长:李　祥
三河镇财政分局　局　长:余　刚
桃花镇财政所　所　长:王　超
紫蓬镇财政所　所　长:汤　杰
丰乐镇财政所　所　长:蔡丹元
严店乡财政所　所　长:张　波
花岗镇财政所　所　长:魏宏文
山南镇财政所　所　长:董光武
柿树岗乡财政所　所　长:郭少奇
官亭镇财政所　所　长:潘学军
铭传乡财政所　所　长:邵正年
小庙镇财政所　所　长:杨伟民
高店乡财政所　所　长:吴　兵
高刘镇财政所　所　长:李诚然

长丰县

水湖镇财政所　所　长:闫兴松
罗塘乡财政所　所　长:孟凡富
朱巷镇财政所　所　长:陆士贵
左店乡财政所　所　长:孔凡国
造甲乡财政所　所　长:杨良基
杜集乡财政所　所　长:许金忠
下塘镇财政所　所　长:徐　军
陶楼乡财政所　所　长:韩　毕
双墩镇财政所　所　长:李咏梅
岗集镇财政所　所　长:杨德丰
杨庙镇财政所　所　长:董　梅
吴山镇财政所　所　长:祝泽选
义井乡财政所　所　长:邵红霞
庄墓镇财政所　所　长:闫媛媛
双凤开发区财政所　所　长:陈　斌

庐江县

开发区财政局　局　长:周美海
庐城镇财政所　所　长:方志平
冶父山镇财政所　所　长:王宏国
汤池镇财政所　所　长:徐　贺
万山镇财政所　所　长:钱金龙
金牛镇财政所　所　长:韩　松
郭河镇财政所　所　长:束晓明
石头镇财政所　所　长:张立华
同大镇财政所　所　长:王言胜

白山镇财政所　　所　长:张安稳
盛桥镇财政所　　所　长:伍明能
白湖镇财政所　　所　长:刘保才
龙桥镇财政所　　所　长:卢华东
矾山镇财政所　　所　长:刘胜利
泥河镇财政所　　所　长:苏建醒
罗河镇财政所　　所　长:张和平
乐桥镇财政所　　所　长:龙力保
柯坦镇财政所　　所　长:钱明华

巢湖市

柘皋镇财政所　　所　长:钱泽民
槐林镇财政所　　所　长:魏守稳
烔炀镇财政所　　所　长:花业金
黄麓镇财政所　　所　长:朱永胜
苏湾镇财政所　　所　长:许瑞宏
栏杆集镇财政所　所　长:王诗松
庙岗乡财政所　　所　长:方泽芒
夏阁镇财政所　　所　长:周光斌
中庙办事处财政所所　长:张更生
中垾镇财政所　　所　长:孙荣海
坝镇镇财政所　　所　长:孙时中
散兵镇财政所　　所　长:方先春
银屏镇财政所　　所　长:高树宏
亚父办事处财政所所　长:张正亚
天河办事处财政所所　长:周仲香
凤凰山财政所　　所　长:李异年
卧牛山办事处财政所所长:童新生

巢湖经济开发区

半汤财政所　　所　长:刁杰富

淮北市财政系统领导名单

淮北市财政局

党组书记、局长:李晓光
副局长:赵拥军　任士新　仲　杰
总会计师:叶卫平
纪检组长:龙保民
市开发区财政局副局长(主持工作):项　珺

濉溪县财政局

局　长:关春燕
党组书记:马庆春
副局长:蔡晓春　尤　毅
纪检组长:张　坤
总会计师:汪炳臣

杜集区财政局

局　长:王　可
副局长:王吉聪　张俊影

相山区财政局

局　长:林晓海
副局长:王斌仁

烈山区财政局

局　长:王祥顶
副局长:朱　梅　史庆超
纪检书记:孟新丽

濉溪县

濉溪开发区财政局　局　长:营劲松
濉溪镇财政所　　所　长:蔡　奇
刘桥镇财政所　　所　长:张少华
百善镇财政所　　所　长:李怀红
韩村镇财政所　　所　长:杨学森
铁佛镇财政所　　所　长:刘广夫
临涣镇财政所　　所　长:谢士忠
南坪镇财政所　　所　长:刘洪彬
五沟镇财政所　　所　长:郭清海
孙疃镇财政所　　所　长:毕跃华
四铺乡财政所　　所　长:马洪源
双堆集镇财政所　所　长:李从祥

杜集区

高岳街道办事处财政所所　长:丁　敏
矿山集街道办事处财政所所长:徐　杰
朔里镇财政所　　所　长:许　生
石台镇财政所　　所　长:刘丰年
段园镇财政所　　所　长:冯　岩

相山区

渠沟镇财政所　所　长:邢　浩
任圩街道办事处财政所所　长:张　丽

烈山区

烈山镇财政所　　所　长:刘　庆
古饶镇财政所　　所　长:費佳音
宋町镇财政所　　所　长:张士民
杨庄办事处财政所　所　长:高　峰

亳州市财政系统领导名单

亳州市财政局

局长、党组书记:杨学国

副局长、党组成员:张传宾　王　锴　汪公发

副局长:陈昭敏

总会计师:周金钟

综改办专职副主任:陈淑敏

谯城区财政局

局　长:王　伟

副局长:李　建　陈胜志

涡阳县财政局

局长、党组书记:姜怀明

副局长、党组成员:李书颂　侯信武　孙　杰

党组成员:张　杰

农发办主任、党组成员:何金彩

支付中心主任、党组成员:江　云

蒙城县财政局

局　长:黄　欣

副局长:熊景夏　张　军　陈保英　席汉斌

党组成员:杨润亚　吕桂芹

利辛县财政局

局　长:张贺武

党组副书记:江洪章

副局长:刘富修　都蔚来　张晓风

财监局局长、党组成员:刘寒松

农发办主任、党组成员:张国企

开发区财税局

局　长:吕　锋

谯城区

十八里镇财政所　所　长:支效林

十河镇财政所　所　长:韩朝民

赵桥乡财政所　所　长:李　鹤

双沟镇财政所　所　长:李先林

淝河镇财政所　所　长:南子富

古城镇财政所　所　长:刘　芳

立德乡财政所　所　长:王如玲

龙扬镇财政所　所　长:李　刚

大杨镇财政所　所　长:张　冲

古井镇财政所　所　长:王玉泉

谯东镇财政所　所　长:孙　琦

花戏楼财政所　所　长:周　丽

汤陵财政分所　所　长:慕朝新

薛阁财政所　所　长:杜丽娟

观堂镇财政所　所　长:闫家迎

沙土镇财政所　所　长:马德龙

五马镇财政所　所　长:张玉奇

张店乡财政所　所　长:张　峰

颜集镇财政所　所　长:车振涛

芦庙镇财政所　所　长:刘景林

华佗镇财政所　所　长:黄　涛

魏岗镇财政所　所　长:怀济田

城父镇财政所　所　长:刘继洲

十九里镇财政所　所　长:陈　影

牛集镇财政所　所　长:王自强

蒙城县

城关镇财政所　所　长:徐恒华

庄周办事处财政所所　长:张叶琴

漆园办事处财政所所　长:刘　芳

辛集乡财政所　所　长:王　浩

乐土镇财政所　所　长:杨　峰

三义镇财政所　所　长:耿云灵

楚村镇财政所　所　长:李　凯

力巴镇财政所　所　长:郑　武

王集乡财政所　所　长:杨　鹏

白杨林场财政所　所　长:刘西连

双涧镇财政所　所　长:潘海鹏

立仓镇财政所　所　长:王丙良

坛城镇财政所　所　长:葛铁军

范集工业园区财政所所长:唐殿军

小涧镇财政所　所　长:李修山

岳坊镇财政所　所　长:于　海

马集镇财政所　所　长:李修德

板桥集镇财政所　所　长:赵廷法

许疃镇财政所　所　长:丁新社

涡阳县

城关街道办事处　所　长:李　伟

城西街道办事处　所　长:罗　涛

闸北街道办事处　所　长:袁　辉

城东街道办事处　所　长:李继芳

西阳镇财政所　所　长:郭维勤

双庙镇财政所　所　长:郑　超

楚店镇财政所　所　长:刘　彬

高公镇财政所　所　长:吕文坤

义门镇财政所　所　长:赵良德

新兴镇财政所　　所　长:李景田
龙山镇财政所　　所　长:木成坤
青町镇财政所　　所　长:陆　良
石弓镇财政所　　所　长:张本云
曹市镇财政所　　所　长:徐　超
高炉镇财政所　　所　长:葛显平
公吉寺镇财政所　所　长:王全成
店集镇财政所　　所　长:王贵云
临湖镇财政所　　所　长:宋兴明
标里镇财政所　　所　长:张　涛
花沟镇财政所　　所　长:葛友峰
陈大镇财政所　　所　长:张　伟
牌坊镇财政所　　所　长:李名华
马店集镇财政所　所　长:周廷知
丹城镇财政所　　所　长:董　超
林场财政所　　　所　长:柴继云

利辛县

城关财政所　　所　长:李　涛
望疃财政所　　所　长:戴　利
中疃财政所　　所　长:李　鹏
江集财政所　　副所长:江雪峰
旧城财政所　　所　长:聂　奎
西潘楼财政所　所　长:董炳银
刘家集财政所　所　长:关　军
孙集财政所　　所　长:关　键
纪王场财政所　所　长:孙东风
张村财政所　　所　长:何鹏飞
汝集财政所　　所　长:高　祥
王人财政所　　所　长:韩　敏
巩店财政所　　所　长:王继中
孙庙财政所　　所　长:刘晓强
马店孜财政所　所　长:李继强
永兴财政所　　所　长:宫　琦
胡集财政所　　所　长:解　茜
大李集财政所　所　长:姜之安
展沟财政所　　所　长:张　林
新张集财政所　所　长:王　健
阚疃财政所　　所　长:姜　勇
程家集财政所　所　长:王　辉

宿州市财政系统领导名单

宿州市财政局

党组书记、局长:王超英
党组成员、调研员:王　辉　刘文英
党组成员、副局长:欧亚东　张建新
　刘明刚(挂)
党组成员、纪检组长:张　民
党组成员、总会计师:潘相明
副局长:谢　安

经济技术开发区财政局

局　长:张　奇
副局长:文高冉

埇桥区财政局

党组书记、局长:夏令海
党组成员、副局长:苏　航　黄天健
　吴　韶　何传莉
党组成员、财监局局长:张亚东
党组成员、政府采购中心主任:李东坡

灵璧县财政局

局长、党组书记:王　咏
副局长、农业综合开发局局长、党组成员:王兆春
副局长、党组成员:姜岭泉　陶双洁
党组成员、纪检组长:程跃武
党组成员、工会主席:冷亚飞
党组成员、总会计师:张　梅
党组成员:赵　卡

泗县财政局

党组书记、局长:骆泽会
党组副书记、副局长:刘立春
党组成员、副局长、农发办主任:张松陵
党组成员、副局长:刘　奎　蔡景光
党组成员、纪检组长:朱亚东
党组成员、泗城镇财政分局局长:余红良

萧县财政局

党组书记、局长:刘善安
党组副书记、农业综合开发局局长:郝　新
党组成员、副局长:李天真　李　冰
党组成员、纪检组长:徐卫东

砀山县财政局

党组书记、局长:杨文祥

党组成员、副局长:周咸东

党组成员、副局长、非税收入管理局局长:曹海锋

党组成员、副局长(挂)、农业综合开发局局长:张胜利

党组成员、工会主席:王华光

总会计师:黄乔平

埇桥区

时村镇财政分局　局　长:周步敬
符离镇财政分局　局　长:付向阳
朱仙庄镇财政分局　局　长:丁家龙
芦岭镇财政分局　局　长:陈　超
北杨寨乡财政分局　局　长:王建军
祁县镇财政分局　局　长:纵少鹏
夹沟镇财政所　所　长:蒋守志
大店镇财政所　所　长:黄　伟
城东街道财政所　所　长:腾团结
三八街道财政所　所　长:金正宇
二铺乡财政所　所　长:李　勇
三里街道财政所　所　长:郭晓龙
北关街道财政所　所　长:任启峰
道东街道财政所　所　长:刘　勇
东关街道财政所　所　长:靳怀启
南关街道财政所　所　长:秦德君
西关街道财政所　所　长:魏　强
埇桥街道财政所　所　长:马跃武
沱河街道财政所　所　长:王成宏
汴河街道财政所　所　长:蔡世平
褚兰镇财政所　所　长:潘　超
杨庄乡财政所　所　长:郭　锐
曹村镇财政所　所　长:耿　勇
支河乡财政所　所　长:陈　亮
栏杆镇财政所　所　长:马　亮
解集乡财政所　所　长:周步敬
桃沟乡财政所　所　长:张　建
永安镇财政所　所　长:孙礼会
灰古镇财政所　所　长:尹　松
顺河乡财政所　所　长:万　彬
蒿沟乡财政所　所　长:尹传杰
苗安乡财政所　所　长:李如山
西寺坡镇财政所　所　长:丁效亭
桃园镇财政所　所　长:潘启超
大营镇财政所　所　长:孙　勇
永镇乡财政所　所　长:程　效

灵璧县

韦集镇财政所　所　长:许　岩
向阳乡财政所　所　长:李　冰
黄湾镇财政所　所　长:侯　君
娄庄镇财政所　所　长:赵运输
杨疃镇财政所　所　长:闫兴跃
尹集镇财政所　所　长:付振明
浍沟镇财政所　所　长:王现理
朱集乡财政所　所　长:付廷宽
尤集镇财政所　所　长:王从山
下楼镇财政所　所　长:王会礼
朝阳镇财政所　所　长:陈益尚
渔沟镇财政所　所　长:程仲超
大路乡财政所　所　长:张持凤
高楼镇财政所　所　长:李玉白
大庙乡财政所　所　长:任公民
冯庙镇财政所　所　长:张　超
禅堂乡财政所　所　长:高存玖
虞姬乡财政所　所　长:陈　浮
灵城镇财政所　所　长:张　曦
开发区财政所　所　长:王宗迎

泗　县

泗城镇财政分局　局　长:余红良
大路口乡财政所　所　长:刘言港
墩集镇财政所　所　长:高　磊
草庙镇财政所　所　长:于庆标
瓦坊乡财政所　所　长:许正华
黑塔镇财政所　所　长:沈广忠
刘圩镇财政所　所　长:尤墩跃
山头镇财政所　所　长:周昌习
黄圩镇财政所　所　长:李庆春
大庄镇财政所　所　长:刘道胜
屏山镇财政所　所　长:周长波
大杨乡财政所　所　长:韩修余
长沟镇财政所　所　长:陈　捷
草沟镇财政所　所　长:赵明科
丁湖镇财政所　所　长:郝　猛
开发区财政所　所　长:刘传贤

萧　县

龙城镇财政所　所　长:吴信瑞
黄口镇财政所　所　长:高全军
杨楼镇财政所　副所长:王信权
新庄镇财政所　副所长:何　静

赵庄镇财政所　　所　长:杨兴民
张庄寨镇财政所　副所长:马　健
大屯镇财政所　　所　长:梁　杰
青龙镇财政所　　所　长:蒋　杰
石林乡财政所副所长(主持工作):纵兆学
孙圩子乡财政所　所　长:朱孝民
王寨镇财政所　　所　长:颛孙毅
祖楼镇财政所　　所　长:邵长彬
酒店乡财政所　　所　长(主持工作):郝振超
丁里镇财政所　　所　长:许　磊
马井镇财政所　　所　长:郝允峰
闫集镇财政所　　所　长:萧春雷
圣泉乡财政所　　所　长:张颂荣
刘套镇财政所　　所　长:王忠民
白土镇财政所　　所　长:安孝民
庄里乡财政所副所长(主持工作):袁龙连
官桥镇财政所　　所　长:扈祥绪
永固镇财政所　　所　长:韩　华
杜楼镇财政所　　所　长:黄继明
开发区财政所　　所　长:盛　凯

砀山县

砀城镇财政所　　所　长:刘　瑾
玄庙镇财政所　　所　长:薛继秋
关帝庙镇财政所　所　长:戚冠学
唐寨镇财政所　　所　长:汪　鹏
周寨镇财政所　　所　长:唐怀堂
赵屯镇财政所　　所　长:付　浩
葛集镇财政所　　所　长:张春立
朱楼镇财政所　　所　长:卞　卡
官庄坝镇财政所　所　长:张玉阁
良梨镇财政所　　所　长:周衍波
曹庄镇财政所　　所　长:陈晓宇
程庄镇财政所　　所　长:邵延强
李庄镇财政所　　所　长:郭进良
经济开发区财政所负责人:王安鲁
薛楼板材加工园区财政所负责人:邵　丽

蚌埠市财政系统领导名单

蚌埠市财政局(国资委)

党组书记、局长(国资委主任):王莉敏
副局长:吴延利
党组成员、副局长:叶斌
党组成员、副局长:林国立
党组成员、国资委副主任:马　飙
党组成员、纪检组长:翁美君
党组成员、支付中心主任:唐忠利
党组成员、总会计师:沈明仕
调研员、机关党委书记:王爱林

龙子湖区财政局

局　长:陈传奇
副局长:李忠东　张利军

蚌山区财政局

局　长:卢佩彬
党组书记、副局长:孙　平
副局长:冯双全

禹会区财政局

局　长:周传奇
副局长:谢红雨　沈如强　沈德明

淮上区财政局

局　长:徐　杰
副局长:王守仁　刘闽莉

经济开发区财政局

局　长:朱大光
副局长:竺　琪

高新区财政局

局　长:张广际
副局长:王联邦　刘富国

怀远县财政局

局　长:王守本
副局长:石富勤　张　明　史桂芳
党组副书记、纪检组长:陈家礼

五河县财政局

党组副书记、局　长:李贵兵
党组书记:张耀武
副局长:乔启昌　马　辉　郭泽慧
党组成员、农发办主任:凌德宏
党组成员、纪检组长:陈尚标
党组成员、总会计师:王尊昌

固镇县财政局

党组书记、局　长:左金培
党组成员、副局长:崔怀贵　李　飞　郁　青
党组成员、开发区财政分局局长:徐其军
党组成员、农村财政管理局局长:仲　谋
党组成员、城关财政分局局长:陈福柱
总会计师:张店全

龙子湖区

长淮镇财政所　所　长:郭风江

李楼乡财政所　所　长:王至全

蚌山区

雪华乡(宏业村街道)财政所　所　长:葛　超

燕山乡财政所　所　长:方同英

天桥街道财税服务所　所　长:路冬梅

青年街道财税服务所　所　长:丁忠胜

纬二街道财税服务所　所　长:高　亭

黄庄街道财税服务所　所　长:李金凤

禹会区

长青乡财政所　所　长:王秀珠

秦集镇财政所　所　长:顾正修

淮上区

小蚌埠镇财政所　所　长:陈满堂

吴小街镇财政所　所　长:高乃全

曹老集镇财政所　所　长:王明珠

梅桥乡财政所　所　长:唐士鸿

怀远县

城关镇财政所　所　长:宋士乐

包集镇财政所　所　长:崔云峰

龙亢镇财政所　所　长:韩利清

河溜镇财政所　所　长:姚　昊

常坟镇财政所　所　长:魏守航

马城镇财政分局　局　长:李同新

双桥集镇财政所　所　长:年福启

魏庄镇财政所　所　长:张立柱

万福镇财政所　所　长:邹德国

唐集镇财政所　所　长:张根祥

淝河乡财政所　所　长:赵　勇

褚集乡财政所　所　长:荣克轩

陈集乡财政所　所　长:张绍兴

古城乡财政所　所　长:赵　彬

徐圩乡财政所　所　长:姚玉春

淝南乡财政所　所　长:葛红斌

兰桥乡财政所　所　长:王　琼

荆芡乡财政所　所　长:赵秀峰

找郢乡财政所　所　长:常　飞

涡北新区财政所　所　长:孙敦忠

工业园区财政所　所　长:陆　恒

荆涂风景区财政所　所　长:胡守陆

五河县

城关镇财政分局　局　长:陈全意

开发区财政分局　局　长:付保成

朱顶镇财政所　所　长:朱全松

小溪镇财政所　所　长:张　军

头铺镇财政所　所　长:吴明海

新集镇财政所　所　长:黄保举

大新镇财政所　所　长:朱怀杰

临北回族乡财政所　所　长:邓　超

沫河口财政所　所　长:张茂绪

浍南镇财政所　所　长:彭思洋

东刘集财政所　所　长:蒋光胜

申集镇财政所　所　长:孙立群

小圩镇财政所　所　长:张贤明

沱湖乡财政所　所　长:陈先桥

武桥镇财政所　所　长:庄思跃

双忠庙镇财政所　所　长:蒋友虎

固镇县

仲兴乡财政所　所　长:任广廷

任桥镇财政所　所　长:王道永

湖沟镇财政所　所　长:谢　进

杨庙乡财政所　所　长:李晓清

连城镇财政所　所　长:欧阳瑞

新马桥镇财政所　所　长:崔怀军

王庄镇财政所　所　长:孙玉胜

石湖乡财政所　所　长:王跃飞

濠城镇财政所　所　长:孔祥云

刘集镇财政所　所　长:王业鹏

阜阳市财政系统领导名单

阜阳市财政局

党组成员、副局长:李文志　杨海涛　侯永贵

党组成员、纪检组长:史万美

党组成员、总会计师:孙永刚

颍东区财政局

党组书记、局长:陈艳丽

党组成员、副局长:赵红星

党组副书记、纪检组长:蒋祥翠

党组成员、工会主席:邵爱华

颍泉区财政局

党组书记、局长:李程杰

党组成员、副局长:刘金明　张　炜

党组成员、纪检组长:孙　全

颍州区财政局

党组书记、局长:刘建斌

党组成员、农发局局长:许　勇

副局长:郭道光　王献斌　刘小东　应　坤

纪检组长:高　英

界首市财政局

党组书记、局长:马建华

党组副书记、农业综合开发局局长:李　萍

党组成员、副局长:张立宪　曹　丽　独文杰

阜南县财政局

党组书记、局长:王　震

党组成员、副局长:冷大海

党组成员、副局长:倪洪林

党组成员、副局长:熊东田

党组成员、纪检组长:崔　林

党组成员:张开雷

太和县财政局

党组书记:尚卫东

副书记、副局长:王　进

副局长:于　海　邢　峻

纪检组长:张　科

党组成员:于　翔　李　岩

颍上县财政局

党组书记、局长:刘江淮

副局长:王　耀　邓　颍　唐瑞坤

临泉县财政局

党组书记、局　长:李　晖

党组副书记:史祥富

党组成员、副局长:高　飞　孟　俊

党组成员、纪检组长:张冠军.

党组成员:马　鹏

开发区财政局

局　长:肖吟峰

副局长:李存志　王应康

颍东区

向阳办财政所　所　长:闫俊启

河东办财政所　所　长:董强龙

新华办财政所　所　长:王全杰

老庙镇财政所　所　长:张　涛

冉庙乡财政所　所　长:徐月林

插花镇财政所　所　长:高　伟

枣庄镇财政所　所　长:陈庆文

正午镇财政所　所　长:高兰义

口孜镇财政所　所　长:闫　雷

袁寨镇财政所　所　长:武学成

新乌江镇财政所　所　长:白怀玉

杨楼孜镇财政所　所　长:宋振东

颍泉区

中市办财政所　所　长:汪　涛

周棚办财政所　所　长:白　勇

宁老庄镇财政所　所　长:齐　伟

行流镇财政所　所　长:曹　军

闻集镇财政所　所　长:刘绍军

伍明镇财政所　所　长:唐　伟

颍州区

文峰办财政所　所　长:胡向明

鼓楼办财政所　所　长:何　涛

清河办财政所　所　长:付　涛

颍西办财政所　所　长:郭艳芳

王店镇财政所　所　长:郝秀彬

西湖镇财政所　所　长:刘庆宇

程集镇财政所　所　长:卢　峰

九龙镇财政所　所　长:龚九鹏

马寨乡财政所　负责人:刘　伟

袁集镇财政所　所　长:刘海彬

三合镇财政所　负责人:刘立国

景区办财政所　所　长:张志民

三十里铺镇财政所所　长:方　亮

界首市

西城财政所　所　长:刘颂阳

东城财政所　所　长:李少华

颍南财政所　所　长:胡光宇

光武镇财政所　所　长:夏永丽

靳寨乡财政所　所　长:岳　雷

芦村镇财政所　所　长:程　伟

邴集财政所　所　长:李　斌

大黄镇财政所　负责人:张　强

新马集镇财政所　所　长:张克勤

田营镇财政所　所　长:彭新华

陶庙镇财政所　所　长:宋爱敏

王集镇财政所　所　长:彭庆华

泉阳镇财政所　所　长:齐　影

代桥乡财政所　所　长:王传士

砖集镇财政所　所　长:陈志华

舒庄乡财政所　所　长:任　磊

顾集财政所　所　长:程德启

任寨乡财政所　所　长:陈俊荣

阜南县

鹿城镇财政所 所 长:翟 韧
园区财政分局 局 长:代洪德
田集镇财政所 所 长:李淑君
公桥乡财政所 所 长:李华焰
方集镇财政所 所 长:乔恩成
段郢乡财政所 所 长:王灼庆
王堰镇财政所 所 长:王广新
洪河桥镇财政所 所 长:李 芸
地城镇财政所 所 长:王玉林
于集乡财政所 所 长:乔印腾
龙王乡财政所 所 长:王同金
王化镇财政所 所 长:卢 峰
王家坝镇财政所 所 长:郎士元
老观乡财政所 所 长:徐 刚
曹集镇财政所 所 长:杨大国
郜台乡财政所 所 长:刘维建
中岗镇财政所 所 长:张子芳
苗集镇财政所 所 长:赵复林
柳沟乡财政所 所 长:王贺新
黄岗镇财政所 所 长:马永群
张寨镇财政所 所 长:朱桂明
焦陂镇财政所 所 长:王道侠
朱寨镇财政所 所 长:王丽敏
三塔镇财政所 所 长:孙玉昌
许堂乡财政所 所 长:韩坤峰
柴集镇财政所 所 长:张西庆
新村镇财政所 所 长:戎泽峰
王店孜乡财政所 所 长:王 辉
赵集镇财政所 所 长:耿朝程
会龙乡财政所 所 长:李 刚

太和县

城关镇财政所 所 长:方 黎
旧县镇财政所 所 长:徐之坤
大新镇财政所 所 长:李新聚
肖口镇财政所 所 长:刘树军
胡总乡财政所 所 长:王丙玺
赵集乡财政所 所 长:余鸿鸣
关集镇财政所 所 长:刘书强
三塔镇财政所 所 长:韩纯东
郭庙乡财政所 所 长:李效宗
原墙镇财政所 所 长:张 鹏
三堂镇财政所 所 长:李 旭
苗老集镇财政所 所 长:张 冲
宫集镇财政所 所 长:刘业任
二郎乡财政所 所 长:杨继华
阮桥镇财政所 所 长:刘韩锋
坟台镇财政所 所 长:陶克敏
双浮镇财政所 所 长:付金生
马集乡财政所 所 长:桑传法
五星镇财政所 所 长:李俊峰
倪邱镇财政所 所 长:刘维洗
洪山镇财政所 所 长:康 伟
桑营镇财政所 所 长:刘 磊
赵庙镇财政所 所 长:范兴建
李兴镇财政所 所 长:李 林
清浅镇财政所 所 长:韩宝玉
双庙镇财政所 所 长:王 伟
税镇镇财政所 负责人:吴 标
皮条孙镇财政所 所 长:范兆生
大庙镇财政所 所 长:池 鹏
蔡庙镇财政所 所 长:石凤杰
高庙镇财政所 所 长:张秉如
水上财政所 所 长:张亚东

颍上县

慎城镇财政所 所 长:朱 奎
十八里铺乡财政所所 长:王佩刚
西三十铺镇财政所所 长:韩 俊
新集镇财政所 所 长:吴天贵
建颍乡财政所 所 长:王 峰
六十铺镇财政所 所 长:刘树俭
五十铺乡财政所 所 长:李少义
红星镇财政所 所 长:高 勇
耿棚镇财政所 所 长:吴立森
盛堂乡财政所 所 长:强国清
润河镇财政所 所 长:程继亮
南照镇财政所 所 长:杨 明
关屯乡财政所 所 长:许传胜
半岗镇财政所 所 长:兰洪波
八里河镇财政所 所 长:汪喜春
垂岗乡财政所 所 长:杜学成
王岗镇财政所 所 长:李树刚
赛润乡财政所 所 长:罗晓华
刘集乡财政所 所 长:余 琴
杨湖镇财政所 所 长:刘保方
鲁口镇财政所 所 长:尚立川
黄坝乡财政所 所 长:郝廷祥
江店镇财政所 所 长:蒋家骥

夏桥镇财政所　所　长:刘　习
谢桥镇财政所　所　长:毕兰富
迪沟镇财政所　所　长:侯学成
陈桥镇财政所　所　长:官喜良
江口镇财政所　所　长:夏广良
古城乡财政所　所　长:张传军
黄桥镇财政所　所　长:姜之友

临泉县

城关镇财政所　所　长:陈　锐
工业园区财政所　所　长:张　雷
牛庄乡财政所　所　长:陈　玲
杨桥镇财政所　所　长:王　健
谭棚镇财政所　所　长:曹建民
高塘乡财政所　所　长:吴春堂
范兴集乡财政所　所　长:姚　勇
老集镇财政所　所　长:梁有生
滑集镇财政所　所　长:高　峰
土陂乡财政所　所　长:姜永明
吕寨镇财政所　所　长:王世洲
谢集乡财政所　所　长:陈宜荣
单桥镇财政所　所　长:曾　健
长官镇财政所　所　长:刘　伟
杨小街乡财政所　所　长:任　亮
宋集镇财政所　所　长:刘成年
张新镇财政所　所　长:闫成章
陈集镇财政所　所　长:陶维红
艾亭镇财政所　所　长:李仰德
陶老乡财政所　所　长:陶守恒
田桥乡财政所　所　长:王建军
韦寨镇财政所　所　长:常登科
迎仙镇财政所　所　长:魏　峰
瓦店镇财政所　所　长:洪庆中
庙岔镇财政所　所　长:范绍栋
姜寨镇财政所　所　长:张大飞
张营乡财政所　所　长:吴广森
黄岭镇财政所　所　长:王俊平
鲖城镇财政所　所　长:周建军
白庙镇财政所　所　长:赵　磊
庞营乡财政所　所　长:谷俊宝
关庙镇财政所　所　长:刘相春
开发区京九办事处财政所所长:杜　梅

淮南市财政系统领导名单

淮南市财政局

党组书记、局长:陈永多
党组成员、副局长:管迎新　曹　宏
党组成员、纪检组长:宋建军
总会计师:张琳娜
副调研员:芮长海

凤台县财政局

党组书记、局长:张海舟
党组副书记:张云峰　黄学进
副局长:姬玉扬　周淦芳　田　辉

大通区财政局

局　长:王本明
副局长:贾爱云　蒋振辉

田家庵区财政局

局　长:李勇强
副局长:胡滕昌

谢家集区财政局

局　长:于良珍
副局长:赵道平

八公山区财政局

局　长:管迎悦
书　记:吴　青
副局长:张　敢

潘集区财政局

局　长:刘　胜
书　记:段德昌
副局长:赵允龙　李传平

毛集实验区财政局

局　长:贾时洋
副局长:许士传　陈　鸿

经济开发区财政局

局　长:李　萍
副局长:柏　云

山南新区财政局

局　长:翟　明

淮南高新区财政局

局　长:彭树文

煤化工产业园区财政局

局　长:陈宏伟

凤台县

城关镇财政分局　局　长:郑克辉
开发区财政所　所　长:陈佩辉
城北乡财政所　所　长:康殿成
丁集乡财政所　所　长:吴永谱
尚塘乡财政所　所　长:刘子厚
杨村乡财政所　所　长:宋道淑
钱庙乡财政所　所　长:孟献全
古店乡财政所　所　长:张　琴
顾桥镇财政所　所　长:王俊宣
桂集镇财政所　所　长:胡宗荣
刘集乡财政所　所　长:谢家亮
新集镇财政所　所　长:吕文林
大兴集乡财政所　所　长:邱金阔
朱马店镇财政所　所　长:高勤贵
岳张集镇财政所　所　长:胡　云
李冲回族乡财政所所　长:杨　渊
关店乡财政所　所　长:樊春良

大通区

九龙岗镇财政所　所　长:马凤琳
洛河镇财政所　所　长:梅　振
上窑镇财政所　所　长:宗升贵
孔店乡财政所　所　长:芮长芬

田家庵区

舜耕镇财政所　所　长:连西坦
安成镇财政所　所　长:王国庆
三和乡财政所　所　长:徐　勇
史院乡财政所　所　长:杨济生
曹庵镇财政所　所　长:吴庆周

谢家集区

望峰岗镇财政所　所　长:邱文士
唐山镇财政所　所　长:应　娟
李郢孜镇财政所　所　长:周　伟
杨公镇财政所　所　长:王晓梅
孤堆乡财政所　所　长:王　震
孙庙乡财政所　所　长:王长志

八公山区

八公山镇财政所　所　长:哈方礼
山王镇财政所　所　长:孔德野

潘集区

田集财政所　所　长:李炳军
芦集镇财政所　所　长:赵云四
贺疃乡财政所　所　长:任印清
潘集镇财政所　所　长:胡开国
泥河镇财政所　所　长:陈传厚
古沟回族乡财政所所　长:刘　斌
平圩镇财政所　所　长:曹多军
架河乡财政所　所　长:许瑞昌
高皇镇财政所　所　长:陈道喜
夹沟乡财政所　所　长:许瑞武
祁集乡财政所　所　长:吕永红

毛集实验区

毛集镇财政分局　局　长:徐家秀
焦岗乡财政所　所　长:石小品
夏集乡财政所　所　长:刘福韧

滁州市财政系统领导名单

滁州市财政局

局　长:周　伟
副局长:杜永珍　马有山　凌文东
党组成员、非税局局长:李德标
调研员:张贵龙

琅琊区财政局

局　长:聂　丽
副局长:马　兵　谢永国

南谯区财政局

局　长:赵永宾
党组书记:李克宝
副局长:孙宁生　徐友林
党组副书记:李家瑞
党组成员:谢秀生　唐玉才　王怀瑞

来安县财政局

局　长:秦　陶
副局长:詹晓平　彭保泰

全椒县财政局

局　长:姜志山
副局长:张　雷　赵和平
纪检组长:郭再传

天长市财政局

局　长:查建勋
党组副书记:黄　奎
副局长:王晓春　赵建中　欣金石
纪检组长:赵建中
党组成员:潘桂来　吴晓东　赵红旗

定远县财政局

局　长:杨　燕

副局长:周　坚　詹克英　毛传斌

党组成员:袁　斌　葛　明

凤阳县财政局

局　长:王兴德

党组书记:洪　杨

副局长:宋　伟　徐传保　李锦柱

明光市财政局

局　长:周利修

副局长:王根友　阚　兵

党组成员:殷立成　赵英会　熊正义

琅琊区

清流财政所　所　长:汤立志

扬子财政所　所　长:徐　庆

琅琊财政所　所　长:周皖进

东门财政所　所　长:贡　伟

南门财政所　所　长:杨华军

西门财政所　所　长:杨宏林

北门财政所　所　长:余　乐

西涧财政所　所　长:张宝友

南谯区

乌衣镇财政所　所　长:张天梅

沙河镇财政所　所　长:任道军

章广镇财政所　所　长:张道清

大王办财政所　所　长:祝怀贵

龙蟠办财政所　所　长:王功龙

黄泥岗镇财政所　所　长:鄢　毅

珠龙镇财政所　所　长:王　军

施集镇财政所　所　长:宋　然

大柳镇财政所　所　长:张　伟

腰铺镇财政所　所　长:江厚英

来安县

新安镇财政所　所　长:章宏斌

舜山镇财政所　所　长:朱　贵

三城乡财政所　副所长:朱和武

汊河镇财政所　所　长:许玉伟

独山乡财政所　副所长:湛承兵

施官镇财政所　所　长:时永前

半塔镇财政所　副所长:王金良

张山乡财政所　副所长:衡思勇

雷官镇财政所　副所长:李光武

杨郢乡财政所　副所长:章道勇

水口镇财政所　所　长:罗章铭

大英镇财政所　所　长:王玉春

全椒县

襄河镇财政所　所　长:潘振林

古河镇财政所　所　长:高　健

马厂镇财政所　所　长:黄顺虎

二郎口镇财政所　所　长:李义龙

六镇镇财政所　所　长:蔡兴明

石沛镇财政所　所　长:蔡传先

武岗镇财政所　所　长:刘树来

十字镇财政所　所　长:应吉平

西王镇财政所　所　长:徐本春

大墅镇财政所　所　长:黄开维

定远县

藕塘镇财政所　所　长:雍广生

界牌镇财政所　所　长:范明和

仓镇财政所　所　长:谢从辉

大桥乡财政所　所　长:曹士跃

池河镇财政所　所　长:范祥平

桑涧镇财政所　所　长:赵顶升

拂晓乡财政所　所　长:黄开美

三河镇财政所　所　长:杨　刚

定城镇财政所　副所长:倪　刚

西卅店镇财政所　所　长:许茂玉

严桥乡财政所　所　长:靳　松

范岗乡财政所　所　长:桑文如

永康镇财政所　所　长:张本群

炉桥镇财政所　所　长:陆凤海

能仁乡财政所　所　长:陈学陆

七里塘乡财政所　所　长:汪玉聪

张桥镇财政所　所　长:李如秀

连江镇财政所　所　长:唐开刚

二龙乡财政所　所　长:彭　珺

吴圩镇财政所　所　长:周恒民

蒋集乡财政所　所　长:王　振

朱湾镇财政所　所　长:杨　诚

凤阳县

武店镇财政所　所　长:代之兰

官塘镇财政所　所　长:王　琨

西泉镇财政所　所　长:孙天雷

殷涧镇财政所　所　长:程夕勇

红心镇财政所　所　长:詹绍军

板桥镇财政所　所　长:郭茂庭

枣巷镇财政所　所　长:张从波

大溪河镇财政所　所　长:刘　璋

府城镇财政所　　所　长:朱学忠
临淮镇财政所　　所　长:赵传胜
刘府镇财政所　　所　长:刘文乐
大庙镇财政所　　所　长:孙世礼
总铺镇财政所　　所　长:代　伟
黄湾乡财政所　　所　长:鲁善飞
小溪河镇财政所　所　长:徐　军
工业园区财政分局局　长:朱道哲

明光市

柳巷乡财政所　　所　长:周继学
明西街办财政所　所　长:申维西
泊岗乡财政所　　所　长:蒋道勇
桥头镇财政所　　所　长:王跃新
三界镇财政所　　所　长:吴兆林
明南街办财政所　所　长:王　强
苏巷镇财政所　　所　长:张贵宝
古沛镇财政所　　所　长:王广忠
涧溪镇财政所　　所　长:杨基山
女山湖镇财政所　所　长:王元良
管店镇财政所　　所　长:阚绪照
张八岭镇财政所　所　长:张守贵
明东街办财政所　所　长:梁兴海
石坝镇财政所　　副所长:万夕贵
明光街办财政所　所　长:田　猛
自来桥镇财政所　所　长:戴乔汝
潘村镇财政所　　所　长:石泽卫

天长市

天长办财政所　　所　长:王学田
城东新区财政所　所　长:李　晔
永丰镇财政所　　所　长:姚宪平
杨村镇财政所　　所　长:潭万平
冶山镇财政所　　所　长:焦有升
郑集镇财政所　　所　长:沈学官
铜城镇财政所　　所　长:李华庭
大通镇财政所　　所　长:陈云海
秦栏镇财政所　　所　长:叶开伟
仁和镇财政所　　所　长:张殿卿
万寿镇财政所　　所　长:胡明余
金集镇财政所　　所　长:金友武
汊涧镇财政所　　所　长:周春和
石梁镇财政所　　所　长:唐传月
新街镇财政所　　所　长:王德华
张铺镇财政所　　所　长:王国林

六安市财政系统领导名单

六安市财政局

党组书记、局　长:王　琢
副局长:涂成富　汪英来
党组成员、市综改办专职副主任:杨庆法
调研员:徐维武
副调研员:黄子胜

金安区财政局

党组书记、局　长:汪国庆
党组副书记、副局长:朱建萍
副局长:丁　剑　余永生
纪检组长、监察室主任:刘学军
总会计师:陈　章

裕安区财政局

局　长:王化峰
党组书记、副局长:张义军
党组副书记、副局长:刘　俊
副局长:余道乔　朱庆国
杜成发　王利超
党组成员、工会主席:潘明础

叶集区财政局

党组书记、局长:戚世宏
党组成员、副局长、农业综合开发办公室主任:杨文忠
党组成员、副局长、建设投资经营公司总经理:赵先林
党组成员、副局长、非税收入征收管理局局长:刘昌盛
党组成员、副局长:孟凡银
纪检组长:台德炜
党组成员、国库支付中心主任:陶国庆
党组成员、纪检组长:台德伟

开发区财政局

副局长:李　欣　翁良文　郝宗刚　王秀奇

霍山县财政局

党组书记、局　长:郑为鹏
党组副书记、副局长:葛荣清
党组成员、副局长:刘朝东
副局长:魏德明
党组成员、副局长:刘传保

党组成员:高宗敏
党组成员、农村局局长:谢家富
党组成员、总会计师:蒋　超
党组 成员、纪检组长:江雪虹
工会主席:魏明友

霍邱县财政局

党委书记、局长:李　峰
党委副书记:常道友
国资局局长、财政局副局长:王树平
党委委员、副局长:张家　俊王　惠　陈遵坤
党委委员、农村局局长:许道连
党委委员、工会主席:刘维成

寿县财政局

局　长:祝锦玉
国资委主任:江　洪
副局长:赵成凤
党组成员:方　杰
党组成员、总会计师:孙　宏
党组成员:裴久成
党组成员、农村局局长

金寨县财政局

党组书记、局　长、国资委主任:胡　浩
党组成员、国资委副主任:桂　新
党组成员、副局长:付泽民　李　隆
党组成员:王　龙
党组成员、农村局局长:陈　勇　李述庆
党组书记:张常存
非税局局长:陈福俊
会计中心(国库支付中心):冯　俊
中小企业信用(农业)担保中心主任:汪德全

舒城县财政局

党组书记、局　长:李光来
党组副书记、副局长:钟玉红
财贸口党委书记、党组副书记:黄　萍
党组成员、副局长:姚燕平　韦　征
张俊柱　王大方
党组成员、纪检组长:谢远森
党组成员、投资公司副经理:杨　成

金安区

开发区财政分局　局　长:蔡英祥
东市街道财政所　所　长:彭能传
中市街道财政所　所　长:蔡　磊
三里桥街道财政所所　长:李俊玲
清水河街道财政所所　长:史　彬
望城岗街道财政所所　长:孙　超
城北乡财政所　所　长:夏立峻
椿树镇财政所　所　长:李学秀
东河口镇财政所　所　长:谢　应
东桥镇财政所　所　长:何宏应
横塘岗乡财政所　所　长:梁德圣
马头镇财政所　所　长:朱殿文
毛坦厂镇财政所　所　长:刘　炯
木厂镇财政所　所　长:张修勤
淠东乡财政所　所　长:周　山
施桥镇财政所　所　长:金宗林
双河镇财政所　所　长:陈新和
孙岗镇财政所　所　长:钟志满
翁墩乡财政所　所　长:唐兆刚
先生店乡财政所　所　长:赵庭保
张店镇财政所　所　长:张涛元
中店乡财政所　所　长:姚　健
卅铺镇财政所　所　长:杨瑞鹏

裕安区

小华山街道财政所所　长:李敦品
鼓楼街道财政所　所　长:熊祖虎
西市街道财政所　所　长:程克平
石板冲乡财政所　所　长:朱家忠
平桥乡财政所　所　长:吴　辉
青山乡财政所　所　长:管应发
城南镇财政所　所　长:邬宗敏
韩摆渡镇财政所　所　长:张之权
丁集镇财政所　所　长:许友收
新安镇财政所　所　长:赵以见
顺河镇财政所　所　长:田兴胜
单王乡财政所　所　长:张　晖
苏埠镇财政分局　局　长:林元华
西河口乡财政所　所　长:廖王娟
石婆店镇财政所　所　长:程业明
狮子岗乡财政所　副所长:李茂州
独山镇财政所　所　长:赵本雨
分路口镇财政所　所　长:马如邵
江家店镇财政所　所　长:郎道才
徐集镇财政所　所　长:金家吾
罗集乡财政所　所　长:刘家刚
固镇镇财政所　所　长:魏启凤

叶集区

三元乡财政所　所　长:汪立刚
孙岗乡财政所　所　长:宋国霖

平岗办事处财政所所　长:朱　洪
镇区办事处财政所所　长:沈业菊

霍山县

衡山镇财政所　所　长:刘玉石
但家庙镇财政所　所　长:张建中
下符桥镇财政所　所　长:彭　钧
与儿街镇财政所　所　长:余良军
黑石渡镇财政所　所　长:谢福文
佛子岭镇财政所　所　长:余大权
落儿岭镇财政所　所　长:查　勇
诸佛庵镇财政所　所　长:唐家胜
大化坪镇财政所　所　长:刘作贞
漫水河镇财政所　所　长:汪辉群
上土市镇财政所　所　长:刘　虎
太阳乡财政所　所　长:张　军
太平畈乡财政所　所　长:何祥田
磨子潭镇财政所　所　长:金先明
东西溪乡财政所　所　长:罗来成
单龙寺乡财政所　所　长:陈家林

寿　县

寿春财政分局　副局长:吴承明
八公山乡财政所　所　长:涂　敏
双桥镇财政所　所　长:祝　斌
丰庄镇财政所　所　长:吴宝山
涧沟镇财政所　所　长:赵　奎
正阳关财政分局　局　长:李福成
迎河镇财政所　所　长:史秀宝
张李乡财政所　所　长:孙应时
板桥镇财政所　所　长:田国洲
安丰财政分局　局　长:宋中考
隐贤镇财政所　所　长:孙　杰
众兴镇财政所　所　长:许光开
保义镇财政所　所　长:张永祥
茶庵乡财政所　所　长:刘庆友
三觉镇财政所　所　长:李正明
堰口财政分局　副局长:王守前
窑口乡财政所　所　长:袁绪江
安丰塘财政所　所　长:丁传格
陶店乡财政所　所　长:杨秀根
炎刘镇财政所　所　长:宋　瑾
刘岗镇财政所　所　长:王运辉
双庙镇财政所　所　长:时英元
大顺镇财政所　所　长:马道龙
瓦埠镇财政所　所　长:张子好

小甸镇财政所　所　长:洪　申
新桥产业园财政所所　长:王业树

舒城县

城关镇财政所　所　长:夏纪政
开发区财政所　所　长:华兴圣
桃溪镇财政所　所　长:丁阳圣
南港镇财政所　所　长:张功稳
舒茶镇财政所　所　长:黄玉宝
春秋乡财政所　所　长:程从越
千人桥镇财政所　所　长:毛德琼
杭埠镇财政所　所　长:孔令贵
百神庙镇财政所　所　长:孔令其
干汊河镇财政所　所　长:许礼荣
柏林乡财政所　所　长:周　敏
张母桥镇财政所　所　长:谈儒文
棠树乡财政所　所　长:盛吉富
万佛湖镇财政所　所　长:刘万奇
五显镇财政所　所　长:傅世韵
阙店乡财政所　所　长:葛贵余
晓天镇财政所　所　长:储德元
山七镇财政所　所　长:胡显月
高峰乡财政所　所　长:胡竟成
河棚镇财政所　所　长:谭永红
汤池镇财政所　所　长:常维爱
庐镇乡财政所　所　长:陈少俊

霍邱县

城关镇财政分局　局　长:牛金合
姚李镇财政分局　局　长:窦德山
河口镇财政所　所　长:李祖堂
长集镇财政所　所　长:李炳广
户胡镇财政所　所　长:张玉和
石店镇财政所　所　长:王贤贵
马店镇财政所　所　长:唐兰英
周集镇财政所　所　长:李绍明
临水镇财政所　所　长:张习芝
孟集镇财政所　所　长:卜春华
新店镇财政所　所　长:吴成贵
洪集镇财政所　所　长:孙家安
花园镇财政所　所　长:宗克诚
乌龙镇财政所　所　长:沈明乐
高塘镇财政所　所　长:曾凡诚
岔路镇财政所　所　长:胡建友
龙潭镇财政所　所　长:李传炎
曹庙镇财政所　所　长:黄应旭

众兴镇财政所　　所　长:冯浩然
夏店镇财政所　　所　长:李传斌
白莲乡财政所　　所　长:程学云
邵岗乡财政所　　所　长:郭凤云
冯井镇财政所　　所　长:李友军
范桥乡财政所　　所　长:付　祥
王截流乡财政所　所　长:李立成
城西湖乡财政所　所　长:董西保
临淮岗乡财政所　所　长:田开军
宋店乡财政所　　所　长:何承光
三流乡财政所　　所　长:王　宏
潘集乡财政所　　所　长:赵本勇
冯瓴乡财政所　　所　长:刘本玲
彭塔乡财政所　　所　长:雷家杰

金寨县

梅山镇财政所　　所　长:李贤悦
双河镇财政所　　所　长:张经奎
桃岭乡财政所　　所　长:祝学俊
铁冲乡财政所　　所　长:胡少友
全军乡财政所　　所　长:程鹏飞
南溪镇财政局　　局　长:余正良
汤家汇镇财政所　所　长:张经喜
斑竹园镇财政所　所　长:漆仲甫
吴家店镇财政所　所　长:姜新云
果子园乡财政所　所　长:田家理
沙河乡财政所　　所　长:田　耿
关庙乡财政所　　所　长:詹必福
古碑镇财政所　　所　长:闻业新
花石乡财政所　　所　长:袁文刚
槐树湾乡财政所　所　长:张经楼
燕子河镇财政所　所　长:刘从彬
天堂寨镇财政所　所　长:陶兴华
长岭乡财政所　　所　长:江涛声
青山镇财政所　　所　长:余玉林
油坊店乡财政所　所　长:侯守勇
张冲乡财政所　　所　长:吴德清
白塔畈乡财政所　所　长:吴为中
麻埠镇财政所　　所　长:陈勇军

马鞍山市财政系统领导名单

马鞍山市财政局

局　长:丁济民
副局长:徐道才　刘宇辉　李超先　吴　斌　董清华
纪检组长:曾祥宝
总会计师:何桂芳

花山区财政局

局　长:韩有林
副局长:赵　珍

雨山区财政局

局　长:陶　金
副局长:张　峰

金家庄区财政局

局　长:钱德俭
副局长:徐业标　许　珉

经济技术开发区财政局

局　长:李迎庆
副局长:杨庆新

慈湖高新区财政局

副局长:汤翠芳

承接产业转移示范园区财政局

局　长:万晓文

博望新区财政金融局

副局长:李金宝

含山县财政局

局　长:刁明山
副局长:裴小勇　杨永州　乔能彬
纪检组长:宫尚峰

和县财政局

局　长:李家洲
党组书记、副局长:张德胜
副局长:朱文宏　伋兴卫　范长淮
总会计师:王传标
工委主任:童文胜

当涂县财政局

局　长:钱　镜
党组书记:谢儒云
副局长:江　华　程立浦　苏　琴
工会主席:王德宝

纪检组长:王华国

党组成员、农业综合开发局局长:秦传明

花山区

霍里镇财政所　所　长:王　飞

雨山区

向山镇财政所　所　长:李晓斌

佳山乡财政所　所　长:王金枝

金家庄区财政局

慈湖乡财政所　所　长:王良平

经济技术开发区

银塘镇财政所　所　长:陶明华

承接产业转移示范园区

年陡乡财政所　所　长:黄玉宝

博望新区

博望镇财政分局局长:陶生蓬

丹阳镇财政所所长:刘明忠

新市镇财政所所长:成之华

含山县

环峰镇财政所　所　长:贾斯文

林头镇财政所　所　长:郭佩献

运漕镇财政所　所　长:奚德兰

仙踪镇财政所　所　长:李　娟

陶厂镇财政所　所　长:撒孝兵

铜闸镇财政所　所　长:马　胜

昭关镇财政所　所　长:李伏森

清溪镇财政所　所　长:黄荣宗

和　县

历阳镇财政分局主要负责人:陶昌华

香泉镇财政分局主要负责人:吴祚明

乌江镇财政分局主要负责人:沈守彪

石杨镇财政分局主要负责人:戴进才

白桥镇财政所　所　长:陈开义

姥桥镇财政所　所　长:许晓明

西埠镇财政所　所　长:孙发水

功桥镇财政所　所　长:何龙俊

善厚镇财政所　所　长:黄义龙

沈巷镇财政所　所　长:管大俊

当涂县

县经济开发区财政分局局长:姜占成

姑孰镇财政所　所　长:陈晓霞

太白镇财政所　所　长:吴开义

黄池镇财政所　所　长:朱　翔

石桥镇财政所　所　长:汤晓方

护河镇财政所　所　长:尹成鑫

乌溪镇财政所　所　长:诸金刚

塘南镇财政所　所　长:姜跃进

大陇乡财政所　所　长:汤复金

江心乡财政所　所　长:许亚虎

湖阳乡财政所　所　长:徐为红

青山河开发区财政局主要负责人:吴金虎

芜湖市财政系统领导名单

芜湖市财政局

党组书记:徐茂环

局　长:胡锡萍

副局长:蒋庆贵　周庆华　童宗新

纪检组长:朱　武

副局长:史维峰

镜湖区财政局

局　长:戴　鸣

副局长:严兆清　宋兰兰

鸠江区财政局

局　长:焦朝凤

副局长:邢庭勇

弋江区财政局

局　长:张　娟

副局长:孙　辉　张　良

三山区财政局

局　长:俞　翔

副局长:郭炳生　黄蔚文　洪桂滢

经济技术开发区财政局

局　长:李锐锋

副局长:李翠萍　丁惠群

长江大桥开发区财政局

局　长:吴祖满

芜湖县财政局

局　长:顾玉才

副局长:范家仁　宋　文　邵　伟

繁昌县财政局

局　长:胡宗波

副局长:汪安宁　汤　斌　殷曙霞

南陵县财政局

党组书记、局　长:朱　华

副局长:李立新

纪检组长:徐　文

副局长:张幼平

无为县财政局

党组书记、局 长:李作果

副局长:胡春生 陈先荣(兼农发办主任)
胡卫星 丁如海 杨金玉

纪检组长:潘潭渊

总会计师:罗前英

镜湖区

方村街道财政所 所 长:王次武

鸠江区

沈巷财政分局 局 长:管大俊

官陡街道财政所 所 长:何 华

四褐山街道财政所所 长:石相鹏

湾里街道财政所 所 长:徐桂芳

清水街道财政所 所 长:潘友春

裕溪街道财政所 所 长:孔尚龙

三山区

峨桥镇财政所 所 长:夏治平

经济技术开发区

龙山办事处财政所 所 长:何纪生

万春办事处财政所 所 长:刘 蓉

芜湖县

湾沚镇财政所 所 长:陈其宣

六郎镇财政所 所 长:苏德敏

陶辛镇财政所 所 长:周赟三

红杨镇财政所 所 长:董思标

花桥镇财政所 所 长:王万田

繁昌县

繁阳镇财政所 所 长:韩承良

荻港镇财政所 所 长:仇 波

孙村镇财政所 所 长:尚显龙

平铺镇财政所 所 长:陈益胜

峨山镇财政所 所 长:万帮敏

南陵县

籍山镇财政所 所 长:杨洁楷

弋江镇财政所 所 长:聂好根

许镇镇财政所 所 长:秦贤科

三里镇财政所 所 长:朱银水

河湾镇财政所 所 长:孙中华

工山镇财政所 所 长:吴海民

家发镇财政所 所 长:王祖文

烟墩镇财政所 所 长:廖必学

无为县

无为经济开发区财政局局长:李海权

二坝镇财政所 所 长:方 勇

石涧镇财政所 所 长:周根发

襄安镇财政所 所 长:汪红兵

高沟镇财政所 所 长:倪合洲

白茆镇财政所 所 长:张春耕

无城镇财政所 所 长:丁 军

汤沟镇财政所 所 长:王荣平

陡沟镇财政所 所 长:叶正亮

福渡镇财政所 所 长:夏绿松

红庙镇财政所 所 长:刘先跃

严桥镇财政所 所 长:张良岩

开城镇财政所 所 长:刘启志

赫店镇财政所 所 长:李继松

泉塘镇财政所 所 长:焦 衡

蜀山镇财政所 所 长:何尧舜

合毛乡财政所 所 长:徐源明

牛埠镇财政所 所 长:张志生

昆山乡财政所 所 长:杨宣华

洪巷乡财政所 所 长:李登宏

刘渡镇财政所 所 长:夏绿松

十里墩乡财政所 所 长:肖俊生

姚沟镇财政所 所 长:倪受平

泥汊镇财政所 所 长:伍纪年

宣城市财政系统领导名单

宣城市财政局

党组书记、局 长:陈先平

党组副书记、副局长:曾庆友

党组成员、副局长:刘富贵 罗少彬

党组成员、纪检组长:江 艳

党组成员、综改办专职副主任:肖 锋

党组成员、副调研员:胡轶群

总会计师:刘先峰

宣州区财政局

局 长:李 峰

副局长:汤文军 程小清 刘肇虎

总会计师:花国平

郎溪县财政局

党组书记、局长:周道平

副局长:孙宝昌 夏玉芳

党组成员、农村财政管理局局长:余贵林

党组成员、总会计师：罗新满
党组成员、纪检组长：陈玉斌

广德县财政局

党组书记、局长：吴宗萍
党组成员、副局长：李忠宝　田宝奎
副局长：周燕燕
党组成员、总会计师：李国祥

宁国市财政局

党组书记、局长：余　平
党组副书记、纪检组长：谢洪文
党组成员、副局长：程嘉斌　洪观全
党组成员、副局长、系统工会主席：汪　廷
总会计师：李三六
党组成员：徐东晖　吕　波

泾县财政局

党组书记、局长：曹秋萍
党组成员、总会计师：刘　辉
党组成员、副局长：翟永清　曹　斌　王富明
党组成员、纪检组长：张先俊
党组成员、非税局局长：许爱民
农村局局长：赵仕才
民生办主任：章　宏
国库支付中心主任：丁　珉

绩溪县财政局

局　长：夏庆玖
副局长：洪华春　周振翼　方拥军　章亚华
纪检组长：徐廷祥

旌德县财政局

党组书记、局长：谭德辛
党组成员、副局长：程建华　程建元　周小健
党组成员、总会计师：汪锦生
党组成员、纪检组长：程鸿基

宣州区

水阳财政分局　局　长：王兴良
狸桥财政分局　副局长：张小松
孙埠财政分局　局　长：汪　超
水东财政分局　局　长：杨庆民
鳌峰财政所　所　长：杨贵清
沈村镇财政所　所　长：李孙林
敬亭山办事处财政所所长：吴　严
古泉镇财政所　所　长：张胜贵
西林办事处财政所所　长：贡海军
杨柳镇财政所　所　长：胡德宝
双桥乡财政所　副所长：胡青松
新田镇财政所　所　长：孙木松
周王镇财政所　所　长：郑敏毅
溪口镇财政所　所　长：胡怀金
五星乡财政所　所　长：王海平
洪林镇财政所　所　长：方　虎
文昌镇财政所　副所长：高文喜
寒亭镇财政所　所　长：孙应富
向阳镇财政所　副所长：杨建东
朱桥办事处财政所所　长：唐　勇
养贤乡财政所　所　长：冯年宝
黄渡乡财政所　副所长：王乾忠
济川财政所　所　长：张建农
澄江财政所　所　长：任晓辉
金坝乡财政所　副所长：章荣清

郎溪县

梅渚镇财政所　所　长：李定齐
凌笪乡财政所　所　长：岑国庆
涛城镇财政所　所　长：潘学斌
南丰镇财政所　所　长：王元成
十字镇财政所　所　长：李官林
姚村乡财政所　所　长：钱相红
毕桥镇财政所　所　长：任玲芝
飞里乡财政所　所　长：蓝　峡
幸福乡财政所　所　长：李大平
东夏镇财政所　所　长：李　刚
新发镇财政所　所　长：陈　萍
建平镇财政所　所　长：赵慧兰
平发区财政分局　局　长：任志勇

广德县

经济技术开发区财政分局局长：张益明
桃州财政分局　局　长：王庆福
邱村财政分局　局　长：郑　兴
誓节财政分局　局　长：欧阳忠禄
柏垫财政分局　局　长：石传宏
新杭镇财政所　所　长：李光义
东亭乡财政所　所　长：蒋　伟
卢村乡财政所　所　长：陈　林
四合乡财政所　所　长：赵永华
杨滩乡财政所　所　长：吴万清

宁国市

港口镇财政所　所　长：汪　辉
西津办事处财政所所　长：朱成元
南山办事处财政所所　长：何　平
河沥办事处财政所所　长：刘国华

汪溪办事处财政所所　长:程　林
竹峰办事处财政所所　长:洪天润
云梯乡财政所　所　长:胡汉全
仙霞镇财政所　所　长:汪　虹
宁墩镇财政所　所　长:王　跃
南极乡财政所　所　长:周保权
万家乡财政所　所　长:余国斌
中溪镇财政所　所　长:刘以宁
梅林镇财政所　所　长:欧阳美文
霞西镇财政所　所　长:王荣林
甲路镇财政所　所　长:冯银海
胡乐镇财政所　所　长:吕　钊
青龙乡财政所　所　长:陈　闽
方塘乡财政所　副所长:鲍金水
天湖办事处财政所所　长:石春祥

泾　县

泾川镇财政所　所　长:卫三荣
榔桥镇财政所　所　长:江荣福
茂林镇财政所　所　长:董先敏
桃花潭镇财政所　所　长:查爱国
云岭镇财政所　所　长:徐志林
黄村镇财政所　所　长:赵承翀
丁家桥镇财政所　所　长:曹新成
昌桥乡财政所　所　长:汤正虎
琴溪镇财政所　所　长:冯阳生
蔡村镇财政所　所　长:汪　瑨
汀溪乡财政所　所　长:胡道胜

绩溪县

华阳镇财政所　所　长:曹向明
临溪镇财政所　所　长:陈卫国
瀛洲乡财政所　所　长:程新光
长安镇财政所　所　长:黄梦利
上庄镇财政所　所　长:胡建兵
扬溪镇财政所　所　长:汪满鹏
板桥头乡财政所　所　长:汪国庆
金沙镇财政所　所　长:胡国军
伏岭镇财政所　所　长:叶正光
家朋乡财政所　所　长:张孝辉
荆州乡财政所　所　长:胡　斌

旌德县

旌阳镇财政所　所　长:吕有水
版书乡财政所　所　长:方家喜
俞村乡财政所　所　长:吴国清
蔡家桥镇财政所　所　长:陶太宏
云乐乡财政所　所　长:董根发
三溪镇财政所　所　长:冯铜友
兴隆乡财政所　所　长:王家学
孙村乡财政所　所　长:潘　煜
庙首镇财政所　所　长:赵　福
白地镇财政所　所　长:陶如宝

铜陵市财政系统领导名单

铜陵市财政局

党组书记、局　长:孔　健
常务副局长:黄宝林
副局长:凌　勇
纪检组长:姚从斌
机关党委书记、副调研员:李桂珍
副调研员:钟　瑛

铜官山区财政局

局　长:蒯正军
副局长:何振武　程小爱

狮子山区财政局

局　长:洪保国
副局长:沈　斌　黄颂青

郊区财政局

局　长:王立群
副局长:章建华　夏副兵

开发区财金局

局　长:程　啸
副局长:丁建明

铜陵县财政局

局　长:梅柏林
副局长:何跃进　洪步胜　陈志双　刘朝晖
国资委副主任:郑宏辉
纪检组长:姜　建
总会计师:侯东升

郊　区

桥南办财政所　所　长:张绍新
灰河乡财政所　所　长:查金霍
铜山镇财政所　所　长:陈良兵
安铜办财政所　所　长:黄陆润
大通镇财政所　所　长:周固元

狮子山区

西湖镇财经所　所　长:朱立贵

东郊办财政所 所 长:陆承辉

铜陵县

五松镇财政经济管理所所长:朱 萍

天门镇财政经济管理所所长:戴恒友

顺安镇财政经济管理所所长:陈正富

钟鸣镇财政经济管理所所长:章潮发

东联乡财政经济管理所所长:曹利斌

西联乡财政经济管理所所长:唐新卫

胥坝乡财政经济管理所所长:曹 强

老洲乡财政经济管理所所长:李玉娥

池州市财政系统领导名单

池州市财政局

党组书记、局长:李建华

党组成员、金融办主任:何宏炳

党组成员、副局长:吴庆华 莫助国 杨庆安

党组成员、总会计师兼国库支付中心主任:尹加旺

党组成员、金融办副主任:罗以强

党组成员、副调研员:唐曙明

党组成员、农发办主任:唐海洋

党组成员、民生办主任:程保东

调研员:张龙妹

副调研员:章丹心

贵池区财政局

党组书记、局长:章丹心

党组书记、副局长:钟茅丰

副局长:胡贵祥 许孝怀 何 杰 胡世鸿

纪检组长:王新友

工会主席:张 雯

青阳县财政局

党组书记、局长:甘心传

党组成员、副局长:严茂森 张益平 屠昌友 汪来发

党组成员、招标局副局长:程寅昌

党组成员、纪检组长:光 明

党组成员、国库集中支付中心主任:丁学军

东至县财政局

局长、党组副书记:周运开

党组书记:饶凤洲

党组副书记、副局长:汪正长

副局长:张增玲

党组成员:周胜良 汪 洋

石台县财政局

党组书记、局长:邬开政

党组成员、副局长:黄学真 王诗祥 汪庆五

党组成员、纪检组长:彭代强

党组成员、国有资产管理办公室主任:吴绿林

九华山风景区财政局

党组书记、局长:赵良贵

党组副书记:吴翠凤

副局长:鲍玉生 程 超

开发区财政局

局 长:盛文台

副局长:张应平 王 彬 汪赛琪

站前区财政局

局 长:李明雨

贵池区

池阳办财政所 所 长:钱跃文

秋浦办财政所 所 长:汪 利

江口办财政所 所 长:胡孔璋

里山办财政所 所 长:方 涛

涓桥镇财政所 所 长:汪曙华

秋江办财政所 所 长:喻 松

乌沙镇财政所 所 长:陈 敏

殷汇镇财政所 所 长:卢志刚

牛头山镇财政所 所 长:杨颜国

唐田镇财政所 所 长:周 盾

牌楼镇财政所 所 长:王来保

梅街镇财政所 所 长:胡秀清

棠溪镇财政所 所 长:邱 毅

梅村镇财政所 所 长:何腾飞

马衙办财政所 所 长:杨韶红

墩上办财政所 所 长:周迎义

梅龙办财政所 所 长:方继安

杏花财政所 所 长:周桃四

清风财政所 所 长:包启友

清溪财政所 所 长:刘冬青

青阳县

蓉城镇财政分局 局 长:郭江宁

杨田镇财政分局 局 长:王 频

朱备镇财政分局 局 长:施国华

新河镇财政分局 局 长:黄超龙

木镇镇财政分局 局 长:杨大宏

丁桥镇财政分局 局 长:方 勇

乔木乡财政分局　局　长:邓继涛
西华乡财政分局　局　长:吴玉才
庙前镇财政分局　局　长:陈相银
杜村乡财政分局　局　长:伍黎明
陵阳镇财政分局　局　长:熊晔宏

东至县

尧渡镇财政分局　局　长:王长福
东流镇财政分局　局　长:朱国平
大渡口镇财政分局局　长:夏校生
香隅园区财政局　所　长:王洪权
龙泉镇财政所　所　长:刘仁贵
昭潭镇财政所　所　长:左根水
青山乡财政所　所　长:徐国进
泥溪镇财政所　所　长:许成顺
官港镇财政所　所　长:钱　勇
木塔乡财政所　所　长:孔双乐
花园乡财政所　所　长:王志松
香隅镇财政所　所　长:方胜昔
胜利镇财政所　所　长:檀曙明
张溪镇财政所　所　长:刘国清
葛公镇财政所　所　长:王亦斌
洋湖镇财政所　所　长:吴维军

石台县

仁里镇财政所　所　长:徐华海
七都镇财政所　所　长:李贵高
横渡镇财政所　所　长:彭先果
仙寓镇财政所　所　长:陈发根
大演乡财政所　所　长:严纲文
矶滩乡财政所　所　长:查朝平
丁香镇财政所　所　长:张圣德
小河镇财政所　所　长:徐华久

九华山风景区

九华镇财政所　负责人:张军英
九华乡财政所　所　长:孙华峰

安庆市财政系统领导名单

安庆市财政局

局　长:王赵春
副局长:万　翔　张志国　王思丰
纪检组长:邵显桥
总会计师:丁卫星
党组成员:杨利民

枞阳县财政局

局　长:马满华
副局长:郭　峰　陈旭升　何嗣进
党组成员:汤卫东　左敏生
纪检组长:胡世新

怀宁县财政局

局　长:陈业南
副局长:柴绍来　丁丽华
纪检组长:杜可诚

潜山县财政局

局　长:聂玉兰
副局长:朱徐林　王生海　郑茯苓
纪检组长:袁向东
党组成员:王奇凌

宿松县财政局

局　长:李金星
党组副书记:张火南
副局长:徐　侃　余锡刚　高福荣
　　　　余爱国　桂松寿
党组成员:杨学文　余长才

太湖县财政局

局　长:程林森
副局长:吴立新　朱和平　潘建华
党组成员:詹李生　吴先桃

望江县财政局

局　长:王　进
党组书记:张松林
副局长:徐苑生　郑邦波　吴学明
党组成员:徐俊欣
总会计师:蒋五毛

桐城市财政局

局　长:赵　斌
副局长:王忠生　刘胜保　都宜健
　　　　张　伟　吴曙红
国资中心副主任:井自顺
纪检组长:余宜庆
党组成员:严　平
总会计师:张仲平

岳西县财政局

局　长:李爱群
副局长:储　卫　朱读文　储福枝
党组成员:徐爱民　孟献忠

宜秀区财政局

局　长:吴昌维

党组副书记:吴海宏　王贵明

副局长:严旭日

大观区财政局

局　长:刘晓丽

副局长、纪检组长:方来铁

副局长:张　剑

迎江区财政局

局　长:丁爱华

副局长:吴　军　杨晓克

开发区财政局

局　长:毕圣国

副局长:程皖生　马　加　龙其平(挂)

枞阳县

开发区财政局　局　长:陈旭升

枞阳镇财政所　所　长:汪晓华

铁铜乡财政所　所　长:刘　芳

𠙶山镇财政所　所　长:许德红

汤沟镇财政所　所　长:唐义长

老洲镇财政所　所　长:汪桂林

陈瑶湖镇财政所　所　长:周雄飞

周潭镇财政所　所　长:王　平

横埠镇财政所　所　长:姚信华

钱铺乡财政所　所　长:周志学

金社乡财政所　所　长:刘东苟

白梅乡财政所　所　长:慈龙宝

项铺镇财政所　所　长:胡江春

会宫乡财政所　所　长:董松美

官埠桥镇财政所　所　长:吴亚松

义津镇财政所　所　长:李必发

其林镇财政所　所　长:吴福胜

浮山镇财政所　所　长:姚佐平

长沙乡财政所　所　长:方习中

凤仪乡财政所　所　长:陈先锋

白湖乡财政所　所　长:周柯云

雨坛乡财政所　所　长:胡正春

钱桥镇财政所　所　长:吴其龙

怀宁县

石牌镇财政分局　局　长:何宏亮

雷埠乡财政所　所　长:丁士彬

腊树镇财政所　所　长:潘结和

黄龙镇财政所　所　长:张宏斌

清河乡财政所　所　长:陈夏节

三桥镇财政所　所　长:何　侃

小市镇财政所　所　长:李志阳

黄墩镇财政分局　局　长:王黄送

公岭镇财政所　所　长:丁旭东

秀山乡财政所　所　长:崔　奎

高河镇财政分局　副局长:夏明和

马庙镇财政所　所　长:陈　进

金拱镇财政所　所　长:洪　志

茶岭镇财政所　所　长:吴建民

月山镇财政分局　副局长:雍红卫

石镜乡财政所　所　长:杨爱平

凉亭乡财政所　副所长:朱　云

洪铺镇财政所　所　长:徐　瑛

江镇镇财政所　所　长:余庆华

平山乡财政所　所　长:郭　梅

潜山县

梅城镇财政所　所　长:徐合平

王河镇财政所　所　长:金旺根

黄泥镇财政所　所　长:姚万东

黄铺镇财政所　所　长:彭杨生

痘姆乡财政所　所　长:肖骈臻

余井镇财政所　所　长:李飞跃

油坝乡财政所　所　长:凌江来

源潭镇财政所　所　长:储焰根

黄柏镇财政所　所　长:潘晓应

官庄镇财政所　所　长:施玉来

塔畈乡财政所　所　长:余本江

槎水镇财政所　所　长:郝其林

龙潭乡财政所　所　长:涂铁群

水吼镇财政所　所　长:黄德清

五庙乡财政所　所　长:葛彭旺

天柱山镇财政所　所　长:李有中

开发区分局　局　长:贾华旭

太湖县

晋熙镇财政分局　局　长:孙珍年

徐桥镇财政所　所　长:何小平

城西乡财政所　所　长:王治宇

新仓镇财政所　所　长:张华庚

寺前镇财政所　所　长:吴武林

北中镇财政所　所　长:王新华

刘畈乡财政所　所　长:潘礼革

江塘乡财政所　所　长:周三应

小池镇财政所　所　长:马章德

牛镇镇财政所　所　长:潘继伟

弥陀镇财政所 所 长:潘先祺
百里镇财政所 所 长:查德红
汤泉乡财政所 所 长:祝 勤
天华镇财政所 所 长:陈韶华
大石乡财政所 所 长:胡龙江

岳西县

莲云开发区财政分局局长:吴卫国
天堂镇财政所 所 长:谢宏岳
响肠镇财政所 所 长:陈增益
毛尖山乡财政所 所 长:朱灿东
和平乡财政所 所 长:闻声学
包家乡财政所 所 长:王国庆
冶溪镇财政所 所 长:李敬东
河图镇财政所 所 长:徐自安
五河镇财政所 所 长:蒋贻中
主簿镇财政所 所 长:胡发达
石关乡财政所 所 长:秦启明
头陀镇财政所 所 长:徐建华
温泉镇财政所 所 长:王 萍
莲云乡财政所 所 长:刘建华
来榜镇财政所 所 长:储文胜
青天乡财政所 所 长:储永青
店前镇财政所 所 长:刘文高
白帽镇财政所 所 长:刘德述
古坊乡财政所 所 长:徐声林
中关乡财政所 所 长:蒋东贵
菖蒲镇财政所 副所长:朱诗咏
田头乡财政所 所 长:胡端阳
姚河乡财政所 所 长:汪新林
巍岭乡财政所 所 长:储德先
黄尾乡财政所 所 长:宛敏春

宿松县

孚玉镇财政所 所 长:许 钊
复兴镇财政所 所 长:朱来春
洲头乡财政所 所 长:黎承林
汇口镇财政所 所 长:张晚元
许岭镇财政所 所 长:赵金牛
二郎镇财政所 所 长:邓志海
破凉镇财政所 所 长:胡颂保
凉亭镇财政所 所 长:梅兴祥
佐坝乡财政所 所 长:徐文明
长铺镇财政所 所 长:周国政
千岭乡财政所 所 长:齐长贵
陈汉乡财政所 所 长:尹 睿
下仓镇财政所 所 长:石先武
五里乡财政所 所 长:贺行槐
高岭乡财政所 所 长:黎德新
程岭乡财政所 所 长:徐文胜
九姑乡财政所 所 长:吴松柏
河塌乡财政所 所 长:石焰炉
北浴乡财政所 所 长:张青松
柳坪乡财政所 所 长:虞邦国
隘口乡财政所 所 长:杨庆丰
趾凤乡财政所 所 长:郭东亮

望江县

华阳镇财政所 所 长:赵红霞
杨湾镇财政所 所 长:赵家武
雷池乡财政所 所 长:方夕来
太慈镇财政所 所 长:周龙贵
凉泉乡财政所 所 长:王胜中
长岭镇财政所 所 长:龙 彬
鸦滩镇财政所 所 长:汪 庆
赛口镇财政所 所 长:游 勋
高士镇财政所 所 长:徐先秉
漳湖镇财政所 副所长:王学明
开发区财政所 所 长:耿成华

桐城市

开发区财政局 局 长:倪小玲
直属征收稽查所 所 长:王绪文
文昌办事处财政分局局长:许建国
龙眠办事处财政分局局长:倪晋流
大关镇财政分局 局 长:倪胜旺
吕亭镇财政分局 局 长:陈五九
孔城镇财政分局 局 长:胡家旺
金神镇财政分局 局 长:张卫东
嬉子湖镇财政所 所 长:张小四
范岗镇财政分局 局 长:钟普查
鲟鱼镇财政所 所 长:张国才
黄甲镇财政所 所 长:李红星
唐湾镇财政所 所 长:钱 诚
新渡财政分局 局 长:张国刚
双港镇财政分局 局 长:吕张根
青草镇财政分局 局 长:江元苗

宜秀区

大桥开发区财政分局局长:吴海宏
杨桥镇财政所 所 长:阮宜庆
白泽湖乡财政所 所 长:方轶宏
大龙山镇财政所 所 长:刘华阳

罗岭镇财政所　所　长:张　军
五横乡财政所　所　长:周张杰

大观区

十里铺乡财政所　所　长:方真胜
海口镇财政所　所　长:丁高云
山口乡财政所　所　长:谢江娅

迎江区

龙狮桥乡财政所　所　长:齐永明
长风乡财政所　所　长:余深海
新洲乡财政所　所　长:鲍成联

开发区

老峰镇财政所　所　长:方　亚
菱北办事处财政所所　长:许春香

黄山市财政系统领导名单

黄山市财政局

党组书记、局长:汪理文
党组成员、副局长:刘浪彬　洪绍球　汪健明
调研员:许秋善
副调研员:郭志立

屯溪区财政局

党组成员、局长:高木火
党组成员、副局长:韩玲明　周　艳
党组成员:程敏行

黄山区财政局

党组书记、局长:陈佑隆
党组副书记:张明珠
副局长:朱拥军　夏拥军　林安宁
纪检组长:陈鸿新
党组成员:杜五四　徐　祥

徽州区财政局

党组书记、局长:彭文苹
党组书记:王明平
党组成员、副局长:龙秋缨　周国兵
党组成员、担保公司总经理:洪　钟

祁门县财政局

局　长:李超群
副局长:郑　忠　江红娟
纪检组长:汪文济

休宁县财政局

局　长:汪　川
党组书记:吴清德
副局长:汪钧宝　余　平　孙新万

歙县财政局

局　长:胡寅辉
党组书记、副局长:潘世华
副局长:汪义元
副局长:王德跃
纪检组长:汪　峰
党组成员:方　亮　黄利华

黟县财政局

局　长:李旭明
党组书记:汪松九
副局长:汪继祖　王　亮　常爱珍　余国富
纪检组长:胡　林

屯溪区

屯光镇财政所　所　长:胡建民
黎阳镇财政所　所　长:胡娟兰
阳湖镇财政所　所　长:江丽红
新潭镇财政所　所　长:张小勤
奕棋镇财政所　所　长:余海跃

黄山区

汤口镇财政所　所　长:陈启龙
谭家桥镇财政所　副所长:陈　罡
三口镇财政所　所　长:章震强
仙源镇财政所　所　长:金丽琴
新明乡财政所　副所长:项其平
甘棠镇财政所　所　长:黄文德
耿城镇财政所　所　长:徐　冬
龙门乡财政所　所　长:汪　剑
焦村镇财政所　所　长:王士哲
太平湖镇财政所　所　长:王　斌
乌石乡财政所　所　长:严鹤民
新华乡财政所　所　长:李伟民
新丰乡财政所　所　长:宁三九
永丰乡财政所　所　长:黄君辉

徽州区

岩寺镇财政分局　局　长:汪少娟
西溪南镇财政所　所　长:王晓宁
潜口镇财政所　所　长:唐淑英
呈坎镇财政所　所　长:蒋龙波
富溪乡财政所　所　长:戴四清
杨村乡财政所　所　长:曹海波

洽舍乡财政所　所　长:郑　婕

祁门县

祁山镇财政所　所　长:曹和平
大坦乡财政所　所　长:张接军
小路口镇财政所　所　长:李祁安
金字牌镇财政所　所　长:陈松开
柏溪乡财政所　所　长:叶松木
凫峰乡财政所　所　长:胡国胜
平里镇财政所　所　长:胡伯进
溶口乡财政所　所　长:苏智敏
芦溪乡财政所　所　长:康明辉
祁红乡财政所　所　长:谢飞腾
塔坊乡财政所　所　长:林征红
历口镇财政所　所　长:汪新锋
渚口乡财政所　所　长:倪浩均
古溪乡财政所　所　长:谢民兴
闪里镇财政所　所　长:汪敏政
新安乡财政所　所　长:倪国振
箬坑乡财政所　所　长:许跃飞
安凌镇财政所　所　长:汪继华

休宁县

海阳镇财政所　所　长:汪克盛
齐云山镇财政所　所　长:查显才
万安镇财政所　所　长:宋夏福
五城镇财政所　所　长:洪艳中
东临溪镇财政所　所　长:卢建国
蓝田镇财政所　所　长:胡秋生
溪口镇财政所　所　长:吴新宝
流口镇财政所　所　长:汪爱萍
汪村镇财政所　所　长:方林平
商山乡财政所　所　长:王玉明
岭南乡财政所　所　长:金拾斤
龙田乡财政所　所　长:程年生
璜尖乡财政所　所　长:项振声
白际乡财政所　所　长:汪社文
榆村乡财政所　所　长:范新端
渭桥乡财政所　所　长:陈建军
陈霞乡财政所　所　长:程伟平
板桥乡财政所　所　长:张荣贵
山斗乡财政所　所　长:詹光辉
鹤城乡财政所　所　长:方金根
源芳乡财政所　所　长:杨有华

歙　县

徽城镇财政分局　局　长:吴光玉
桂林镇财政所　所　长:张敏云
郑村镇财政所　所　长:郑毅华
北岸镇财政分局　局　长:吴正忠
富堨镇财政所　所　长:程　虎
深渡镇财税分局　局　长:凌　晨
杞梓里镇财政所　所　长:方润日
王村镇财政所　所　长:姚兰芬
三阳乡财政所　所　长:洪绍发
武阳乡财政所　所　长:严建军
霞坑镇财政所　所　长:吴红蓉
溪头镇财政所　所　长:徐有辉
岔口镇财政所　所　长:方锡金
坑口乡财政所　所　长:汪惠来
雄村乡财政所　所　长:张伟正
小川乡财政所　所　长:潘利群
昌溪乡财政所　所　长:郑　春
许村镇财政所　副所长:汪晓军
街口镇财政所　所　长:余永忠
上丰乡财政所　所　长:潘四清
璜田乡财政所　所　长:江岳年
森村乡财政所　副所长:汪晓军
长陔乡财政所　所　长:毕灶寿
金川乡财政所　所　长:潘政兆
绍濂乡财政所　所　长:毕正利
新溪口乡财政所　所　长:汪鹤年
石门乡财政所　所　长:项厚海
狮石乡财政所　所　长:鲍永忠

黟　县

碧阳镇财政所　所　长:程春辉
宏村镇财政所　所　长:谢中平
西递镇财政所　所　长:柯峙峰
渔亭镇财政所　所　长:柯光明
洪星乡财政所　所　长:方晓海
美溪乡财政所　所　长:李永胜
宏潭乡财政所　所　长:胡建平
柯村乡财政所　所　长:查新华

2011年全省财政系统职工统计表

编制单位:厅人事教育处　　　　单位:人

项目		总计	性别		民族		政治面貌				学历				
			男	女	汉	其他	中共党员	共青团员	民主党派	其他	研究生	大学本科	大学专科	中专	高中及以下
总计	合计	18776	12858	5918	18615	161	14059	460	132	4125	158	7675	8321	1940	682
	厅(局)级	13	11	2	13		13				2	8	3		
	地市局(处)级	375	304	71	371	4	351		11	13	24	297	54		
	县局(科)级	2602	1928	674	2575	27	2240	4	65	293	71	1687	772	60	12
	一般干部	14593	9725	4868	14477	116	10759	440	53	3341	61	5516	6991	1630	395
	工勤人员	1193	890	303	1179	14	696	16	3	478		167	501	250	275
省(区、市)厅局	合计	591	435	156	584	7	463	4	17	107	75	412	74	8	22
	厅(局)级及以上	13	11	2	13		13				2	8	3		
	处(局)级	154	118	36	153	1	142		5	7	20	111	23		
	科级	194	130	64	191	3	165	2	11	16	36	147	10		1
	一般干部	191	149	42	188	3	122	2	1	66	17	138	26	5	5
	工勤人员	39	27	12	39		21			18		8	12	3	16
市(地、州)局	合计	2054	1287	767	2021	33	1370	52	57	575	43	1355	513	71	72
	局(处)级及以上	221	186	35	218	3	209		6	6	4	186	31		
	科级	1024	660	364	1010	14	780	2	38	204	27	743	234	19	1
	一般干部	621	306	315	609	12	291	47	12	271	12	395	171	30	13
	工勤人员	188	135	53	184	4	90	3	1	94		31	77	22	58
县(市、区)局	合计	6917	4484	2433	6850	67	5136	204	49	1528	31	3284	2895	490	217
	局(处)级及以上	1384	1138	246	1374	10	1295		16	73	8	797	528	41	10
	科级	1661	1181	480	1644	17	1400	9	11	241	3	864	681	79	34
	一般干部	3394	1815	1579	3361	33	2170	186	21	1017	20	1552	1502	267	53
	工勤人员	478	350	128	471	7	271	9	1	197		71	184	103	120
乡(镇)所	合计	9214	6652	2562	9160	54	7090	200	9	1915	9	2624	4839	1371	371
	所(股)级及以上	2318	2035	283	2311	7	2143	6	2	167	1	749	1266	233	69
	一般干部	6408	4239	2169	6364	44	4633	190	6	1579	8	1818	3345	1016	221
	工勤人员	488	378	110	485	3	314	4	1	169		57	228	122	81